W0397233

UNSER ONLINE-BONUS

Herzlichen Glückwunsch zum Kauf dieses Buches. Auf der unten genannten Website finden Sie exklusive und kostenlose Zusatzangebote. Klicken Sie rein – es lohnt sich!

www.doko-buch.de

KOMPETENZ · HANSER · GEWINNT

Doberenz/Gewinnus

Der VB-Programmierer

Walter Doberenz/Thomas Gewinnus

Der VB-Programmierer

VB lernen – Professionell anwenden – Lösungen nutzen

HANSER

Die Autoren:

Professor Dr.-Ing. habil. Walter Doberenz, Altenburg
Dipl.-Ing. Thomas Gewinnus, Frankfurt/Oder

Bibliografische Information der Deutschen Nationalbibliothek:

Die Deutsche Nationalbibliothek verzeichnet diese Publikation in der Deutschen Nationalbibliografie; detaillierte bibliografische Daten sind im Internet über http://dnb.d-nb.de abrufbar.

Lektorat: Fernando Schneider
Herstellung: Stefanie Bruttel
Umschlagdesign: Marc Müller-Bremer, www.rebranding.de, München
Umschlagrealisation: Stephan Rönigk
Datenbelichtung, Druck und Bindung: Kösel, Krugzell
Ausstattung patentrechtlich geschützt. Kösel FD 351, Patent-Nr. 0748702
Printed in Germany

ISBN 978-3-446-42022-9

Inhalt

Vorwort

Dieses Buch ist für all diejenigen bestimmt, die einen kompakten und gründlichen Einstieg in Visual Basic suchen und sich gleichzeitig mit den grundlegenden Techniken und Konzepten der .NET-Programmierung vertraut machen wollen. Gerade fortgeschrittene Programmierer können das Buch mit Gewinn als Nachschlagewerk und zur Lösung typischer alltäglicher Aufgabenstellungen nutzen.

Natürlich lässt sich angesichts der Fülle an Büchern zu Visual Basic das Rad nicht völlig neu erfinden. Trotzdem ist das Buch weit mehr als nur eine komprimierte Zusammenfassung all der Informationen und Konzepte unserer VB-Bücher. Vielmehr wurde es durch neue Inhalte angereichert und setzt – nicht nur dadurch – seine eigenen Schwerpunkte.

Die Inhalte sind so gewählt, dass sie sich auf das »Kerngeschäft« des Programmierers beschränken. Auch mit einer neuen Version von Visual Studio, genauer gesagt Visual Basic, verliert dieses Buch deshalb nicht seinen Wert!

Das Buch verzichtet auf begleitende Themen wie ASP.NET, WPF, XML sowie Reporting und stellt stattdessen das Erlernen der sprachlichen Grundlagen von Visual Basic und der OOP sowie die zur Entwicklung fortgeschrittener Anwendungen erforderlichen Bausteine, Techniken und Tools in den Vordergrund.

Erfahrungsgemäß führt das bloße lineare Abhandeln der Grundlagen einer Programmiersprache zu isoliertem »Scheuklappenwissen«. Dieser Gefahr aber wirken zahlreiche Beispiele im Text sowie mehrere Kapitel mit Lösungen und komplexen Beispielapplikationen entgegen. Der Einsteiger wird somit schnell und effektiv ein Verständnis des objektorientierten Ansatzes entwickeln.

Die Entwicklung von Programmen besteht nicht nur im Schreiben von Code – Softwareentwicklung ist eben nicht nur Programmierung! Aus diesem Grund haben beispielsweise das Arbeiten mit dem Klassen-Designer, die Verwendung von Design-Pattern, die Entwicklung mehrschichtiger Anwendungen und die testgetriebene Entwicklung mittels Unit-Tests einen besonderen Stellenwert in diesem Buch.

Zum Buchinhalt

Das Buch besteht aus fünf Teilen. Die Kapitel innerhalb eines Teils bilden nicht immer eine logische Aufeinanderfolge, sie können auch quer gelesen werden.

- **Teil I: Einführung in die Visual Basic-Programmierung**
  Im Kapitel 1 erhalten Sie einen Überblick über die .NET-Technologie und einen Einstieg in die Entwicklungsumgebung von Visual Studio. Kapitel 2 setzt sich zum Ziel, den absoluten Anfänger in einem Schnellkurs ein erstes Gefühl für die Programmierung mit Visual Basic zu vermitteln. Die Kapitel 3, 4 und 5 behandeln umfassend die Syntax und die objektorientierten Features von Visual Basic bis hin zu den relativ neuen LINQ-Spracherweiterungen.
- **Teil II: Bausteine komplexer Anwendungen**
  Kapitel 7 zeigt Ihnen, wie Sie einfache Konsolenanwendungen erstellen können. Die nachfolgenden Kapitel 8, 9 und 10 setzen sich detailliert mit der Programmierung der Benutzerschnittstelle mittels Windows Forms auseinander. Kapitel 11 widmet sich den Grafikfunktionen von GDI+ sowie der Druckausgabe. Wie Sie auf Verzeichnisse und Dateien zugreifen, erfahren Sie in den Kapiteln 12 und 13. Die Kapitel 14, 15 und 16 behandeln den Datenbankzugriff unter ADO.NET.
- **Teil III: Methoden und Werkzeuge der Softwareentwicklung**
  In Kapitel 17 widmen wir uns der Fehlerbehandlung und dem Umgang mit dem Debugger. Die Kapitel 18 und 19 erläutern zwei für den fortgeschrittenen Programmierer unverzichtbare Tools: Klassen-Designer und Unit-Test. Einen Einstieg in die Verwendung von Entwurfsmustern und professioneller mehrschichtiger Anwendungsarchitekturen vermitteln Ihnen die Kapitel 20 und 21 (Observer Pattern, Webdienst als Microkernel). Kapitel 22 und 23 erklären das Ressourcen-Management und das Verteilen von Anwendungen.
- **Teil IV: Rezepte/Lösungen**
  In den Kapiteln 24 (Sprache/OOP), 25 (Oberfläche/Komponenten) und 26 (Sonstiges) werden Ihnen kurze, typische Lösungen für die verschiedensten Aufgabenstellungen präsentiert.
- **Teil V: Komplexbeispiele**
  In diesem Teil werden verschiedene Programmiertechniken in einem größeren Zusammenhang demonstriert. Kapitel 27 zeigt am Beispiel einer kleinen Textverarbeitung die Programmierung von Windows Forms MDI-Anwendungen. Kapitel 28 wendet sich mit einem wissenschaftlichen Rechner an den mathematisch interessierten Leser. Die Verwendung von Random Access-Dateien steht im Kapitel 29 im Mittelpunkt. Den Abschluss in Kapitel 30 bildet eine Beispielanwendung für Multithreading.

Inhalte Buch-DVD/Beispieldateien

Auf der Buch-DVD finden Sie die aktuellen Installationsdateien für die kostenlosen Express-Editionen von Visual Basic 2008, Visual C# 2008, Visual C++ 2008 sowie Visual Web Developer 2008 von Microsoft.

Den Code sämtlicher Beispiele dieses Buches können Sie unter *www.doko-buch.de* herunterladen.

Im Interesse des Lesers haben wir den Beispielcode bewusst nicht mit auf die DVD gebrannt, da wir ihn so leichter pflegen und ergänzen können.

Beachten Sie bitte folgende Hinweise:

- Einige wenige Datenbankprojekte verwenden absolute Pfadnamen, die Sie vor dem Kompilieren des Beispiels erst noch anpassen müssen.
- Für einige Beispiele sind der Microsoft SQL Server, der Microsoft Internet Explorer sowie der Microsoft Internet Information Server erforderlich.
- Beachten Sie auch die zu einigen Beispielen beigefügten *Liesmich.txt*-Dateien, die Sie auf besondere Probleme hinweisen.

Kontakt zu den Autoren

Wenn Sie Vorschläge oder Fragen zum Buch haben, können Sie uns selbstverständlich auch direkt über *autoren@doko-buch.de* oder unsere Website *www.doko-buch.de* kontaktieren.

Zum Schluss möchten wir allen danken, die uns beim Schreiben dieses Buchs unterstützt haben, und Ihnen, liebe Leserin und lieber Leser, viel Erfolg beim Programmieren mit Visual Basic wünschen.

Walter Doberenz und Thomas Gewinnus

Altenburg/Frankfurt/O., im Juli 2009

I.

Teil I: Einführung in die VB-Programmierung

1 Einführung in die .NET-Technologie

Dieses Kapitel behandelt die folgenden Themen:

- Zur Geschichte von .NET
- Das .NET-Konzept
- Die Visual Studio-Entwicklungsumgebung

Dieses einführende Kapitel soll Ihnen eine kurze Übersicht über die .NET-Technologie vermitteln, in welcher die Sprache Visual Basic eine nicht zu unterschätzende Rolle spielt. Außerdem wird das für die Programmierung wohl wichtigste Werkzeug, Visual Studio, in einem für den Einstieg ausreichenden Umfang erläutert.

Hinweis

Mit Sicherheit wird der absolute Programmiereinsteiger mit vielen Fachbegriffen dieses Kapitels wenig oder auch gar nichts anfangen können. Er sollte die entsprechenden Passagen einfach überblättern und erst zu einem späteren Zeitpunkt darauf zurückkommen, nachdem er in der Programmierung Fuß gefasst hat. ■

1.1 Zur Historie von .NET

Mehrere Jahre lang hatte Microsoft an .NET herumgewerkelt, bis es am 16. Januar 2002 endlich so weit war und das .NET-Framework und die Entwicklungsumgebung Visual Studio .NET der Entwicklergemeinde präsentiert werden konnten.

Das Kürzel .NET ist die Bezeichnung für eine gemeinsame Plattform für viele Programmiersprachen. Beim Kompilieren von .NET-Programmen wird der jeweilige Quelltext in MSIL (*Microsoft Intermediate Language*) übersetzt. Es gibt nur ein gemeinsames Laufzeitsystem für alle Sprachen, die so genannte CLR (*Common Language Runtime*), das die MSIL-Programme ausführt.

Die neue .NET-Technologie wurde deshalb notwendig, weil sich die Anforderungen an moderne Softwareentwicklung in den letzten Jahren dramatisch verändert haben, wobei das Internet mit seinen hohen Ansprüchen an die Skalierbarkeit einer Anwendung, die Verteilbarkeit auf mehrere Schichten und ausreichende Sicherheit der hauptsächliche Motor war, sich nach einer grundlegend neuen Sprachkonzeption umzuschauen.

Mit .NET fand ein radikaler Umbruch in der Geschichte der Softwareentwicklung statt. Nicht nur dass jetzt »echte« objektorientierte Programmierung zum obersten Dogma erhoben wird, nein, auch langjährig bewährte Programmiersprachen wurden völlig umgekrempelt und die einst hoch gelobte COM-Technologie zum Auslaufmodell erklärt!

1.1.1 Vom alten VB zu VB.NET

Mit .NET fand ein radikaler Umbruch in der Geschichte der Softwareentwicklung statt. Nicht nur dass jetzt »echte« objektorientierte Programmierung zum obersten Dogma erhoben wird, nein, auch eine langjährig bewährte Sprache wie das alte Visual Basic wurde völlig umgekrempelt.

Als konsequent objektorientierte Sprache erfüllt VB.NET folgende Kriterien:

- **Abstraktion**
  Die Komplexität eines Geschäftsproblems ist beherrschbar, indem eine Menge von abstrakten Objekten identifiziert werden können, die mit dem Problem verknüpft sind.
- **Kapselung**
  Die interne Implementation einer solchen Abstraktion wird innerhalb des Objekts versteckt.
- **Polymorphie**
  Ein und dieselbe Methode kann auf mehrere Arten implementiert werden.
- **Vererbung**
  Es wird nicht nur die Schnittstelle, sondern auch der Code einer Klasse vererbt (Implementations-Vererbung statt der COM-basierten Schnittstellen-Vererbung).

Die einst hoch gelobte COM-Technologie wurde zum Auslaufmodell erklärt. Es sind noch keine zehn Jahre vergangen, da hatte Microsoft verkündet, dass alle gegenwärtigen und zukünftigen Entwicklungen auf COM[1] basieren werden. Microsoft kann natürlich nicht über Nacht diese Technologie auf die Müllkippe entsorgen, denn zu viele Programmierer würden dadurch auf immer und ewig verprellt werden und sich frustriert einer stabileren Entwicklungsplattform zuwenden. Aus diesem Grund wird COM auch in .NET noch einige Zeit sein Gnadenbrot erhalten.

1.1.2 Wie funktioniert eine .NET-Sprache?

Jeder in einer beliebigen .NET-Programmiersprache geschriebene Code wird beim Kompilieren in einen Zwischencode, den so genannten MSIL-Code (*Microsoft Intermediate Language Code*), übersetzt, der unabhängig von der Plattform bzw. der verwendeten Hardware ist und dem man es auch nicht mehr ansieht, in welcher Sprache seine Source geschrieben wurde.

Erst wenn der MSIL-Code von einem Programm zur Ausführung genutzt werden soll, wird er vom *Just-in-Time(JIT)-Compiler* in Maschinencode übersetzt. Ein .NET-Programm wird also vom Entwurf bis zu seiner Ausführung auf dem Zielrechner tatsächlich zweimal kompiliert (siehe folgende Abbildung 1.1).

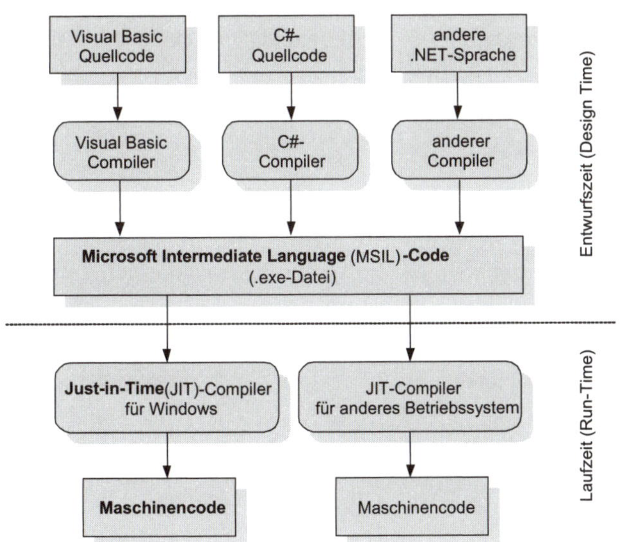

Abbildung 1.1
Grundkonzept JIT-Compiler

Hinweis

Für die Installation eines Programms ist in der Regel lediglich die Weitergabe des MSIL-Codes erforderlich. Voraussetzung ist allerdings das Vorhandensein der .NET-Laufzeitumgebung (CLR), die Teil des .NET Frameworks ist, auf dem Zielrechner. ■

[1] *Component Object Model*

1.2 Das .NET-Konzept

Es ist nun an der Zeit, sich mit der grundlegenden .NET-Philosophie und den damit verbundenen zahlreichen Begriffen und Features näher anzufreunden. Wir wollen und können hier nur das Wichtigste erklären.

1.2.1 Das .NET-Framework

.NET ist die Infrastruktur für die gesamte .NET-Plattform, es handelt sich hierbei gleichermaßen um eine Entwurfs- wie um eine Laufzeitumgebung, in welcher Windows- und Web-Anwendungen erstellt und verteilt werden können.

Die nachfolgende Abbildung 1.2 versucht, einen groben Überblick über die Komponenten des .NET Frameworks zu geben.

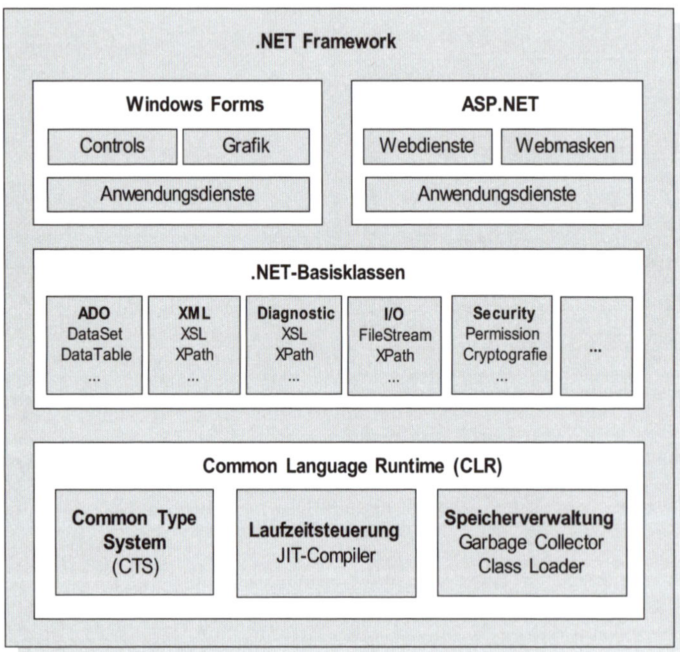

Abbildung 1.2 Wichtige Komponenten des .NET-Frameworks

Zu den wichtigsten Komponenten des .NET-Frameworks Begriffen zählen:

- Common Language Specification (CLS)
- Common Type System (CTS)
- Common Language Runtime (CLR)
- .NET-Klassenbibliothek

- diverse Basisklassenbibliotheken wie ADO.NET und ASP.NET
- diverse Compiler z.B. für C#, VB.NET ...

Im Folgenden sollen die einzelnen .NET-Bestandteile einer näheren Betrachtung unterzogen werden.

1.2.2 Die Common Language Specification (CLS)

Hinweis

Ganz egal, mit welcher .NET-Programmiersprache Sie arbeiten, der Quellcode wird immer in ein und dieselbe Intermediate Language (MSIL) kompiliert. ■

Um den sprachunabhängigen MSIL-Zwischencode erzeugen zu können, müssen allgemein gültige Richtlinien und Standards für die .NET-Programmiersprachen existieren. Diese werden durch die *Common Language Specification* (CLS) definiert, die eine Reihe von Eigenschaften festlegt, die jede .NET-Programmiersprache erfüllen muss.

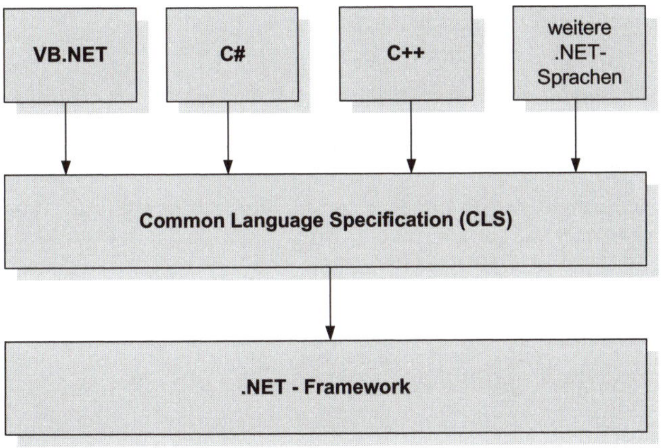

Abbildung 1.3 Die Bedeutung der CLS

Besonders für die Entwicklung von .NET-Anwendungen im Team haben die Standards der CLS weitreichende positive Konsequenzen, denn es ist nun zweitrangig, in welcher .NET-Programmiersprache Herr Müller die Komponente X und Herr Meier die Komponente Y schreibt. Alle Komponenten werden problemlos miteinander interagieren!

Auf einen wichtigen Bestandteil des CLS kommen wir im folgenden Abschnitt zu sprechen.

1.2.3 Das Common Type System (CTS)

Ein Kernbestandteil der CLS ist das *Common Type System (CTS)*, es definiert alle Typen[1], die von der .NET-Laufzeitumgebung (CLR) unterstützt werden.

Alle diese Typen lassen sich in zwei Kategorien aufteilen:

- Wertetypen (werden auf dem Stack abgelegt)
- Referenztypen (werden auf dem Heap abgelegt)

Zu den Wertetypen gehören beispielsweise die ganzzahligen Datentypen und die Gleitkommazahlen, zu den Referenztypen zählen die Objekte, die aus Klassen instanziiert wurden.

Hinweis

Dass unter .NET auch die Wertetypen letztendlich als Objekte betrachtet und behandelt werden, liegt an einem als *Boxing* bezeichneten Verfahren, das die Umwandlung eines Wertein einen Referenztypen zur Laufzeit besorgt. ■

Warum hat Microsoft mit dem heiligen Prinzip der Abwärtskompatibilität gebrochen und selbst die fundamentalen Datentypen einer Programmiersprache neu definiert?

Als Antwort kommen wir noch einmal auf eine wesentliche Säule der .NET-Philosophie zu sprechen, auf die durch CLS/CTS manifestierte Sprachunabhängigkeit und auf die Konsequenzen, die dieses neue Paradigma nach sich zieht.

Microsofts .NET-Entwickler hatten gar keine andere Wahl, denn um Probleme beim Zugriff auf sprachfremde Komponenten zu vermeiden und um eine sprachübergreifende Programmentwicklung überhaupt zu ermöglichen, mussten die Spezifikationen der Programmiersprachen durch die CLS einander angepasst werden. Dazu müssen alle wesentlichen sprachbeschreibenden Elemente – wie vor allem die Datentypen – in allen .NET-Programmiersprachen gleich sein.

Da .NET eine Normierung der Programmiersprachen erzwingt, verwischen die Grenzen zwischen den verschiedenen Sprachen, und Sie brauchen nicht immer umzudenken, wenn Sie tatsächlich einmal auf eine andere .NET-Programmiersprache umsteigen wollen.

Als Lohn für die Mühen und den Mut, die eingefahrenen Gleise seiner altvertrauten Sprache zu verlassen, winken dem Entwickler wesentliche Vereinfachungen. So sind die Zeiten des alltäglichen Ärgers mit den Datentypen – wie z.B. bei der Übergabe eines Integers an eine C-DLL – endgültig vorbei.

1.2.4 Die Common Language Runtime (CLR)

Die Laufzeitumgebung bzw. *Common Language Runtime* (CLR) ist die Umgebung, in welcher .NET-Programme auf dem Zielrechner ausgeführt werden, sie muss auf einem Computer nur einmal installiert sein, und schon laufen sämtliche .NET-Anwendungen, egal ob sie in Visual Basic, C# oder Delphi.NET programmiert wurden. Die CLR zeichnet für die Ausführung der Anwendungen verantwortlich und kooperiert auf Basis des CTS mit der MSIL.

---

[1] Unter .NET spricht man allgemein von Typen und meint damit Klassen, Interfaces und Datentypen, die als Wert übergeben werden.

Mit ihren Fähigkeiten bildet die *Common Language Runtime* (CLR) gewissermaßen den Kern von .NET. Den Code, der von der CLR ausgeführt wird, bezeichnet man auch als verwalteten bzw. *Managed Code.*

Die CLR ist innerhalb des .NET-Frameworks nicht nur für das Ausführen von verwaltetem Code zuständig, der Aufgabenbereich der CLR ist weitaus umfangreicher und umfasst zahlreiche Dienste, die als Bindeglied zwischen dem verwalteten MSIL-Code und dem Betriebssystem des Rechners die Anforderungen des .NET-Frameworks sicherstellen, wie z.B.

- ClassLoader
- Just-in-Time(JIT)-Compiler
- ExceptionManager
- Code Manager
- Security Engine
- Debug Machine
- Thread Service
- COM-Marshaller

Die Verwendung der sprachneutralen MSIL erlaubt die Nutzung des CTS und der Basisklassen für alle .NET-Sprachen gleichermaßen. Einziger hardwareabhängiger Bestandteil des .NET-Frameworks ist der Just-in-Time Compiler. Deshalb kann der MSIL-Code im Prinzip frei zwischen allen Plattformen bzw. Geräten, für die ein .NET Framework existiert, ausgetauscht werden.

1.2.5 Die .NET-Klassenbibliothek

.NET ist komplett objektorientiert aufgebaut – unabhängig von der verwendeten Sprache oder der Zielumgebung, für die programmiert wird (Windows- oder Web-Anwendung).

Jeder .NET-Code ist innerhalb einer Klasse verborgen, und sogar einfache Variablen sind zu Objekten mutiert, die Eigenschaften und Methoden bereitstellen. Jeder, der die Sprache Visual Basic erlernen will, muss sich ultimativ mit dem Konzept der OOP vertraut machen (siehe dazu Kapitel 4).

Die .NET-Klassenbibliothek ist so gigantisch, dass es wenig Sinn macht, in diesem Buch auch nur einen annähernd kompletten Überblick zu geben.

1.2.6 Das Konzept der Namespaces

Alle Typen des .NET-Frameworks werden in so genannten Namensräumen (Namespaces) zusammengefasst. Unabhängig von irgendeiner Klassenhierarchie wird jede Klasse einem bestimmten Anwendungsgebiet zugeordnet.

Die folgende Tabelle zeigt beispielhaft einige wichtige Namespaces für die Basisklassen des .NET-Frameworks:

Tabelle 1.1 Einige Namensräume für Basisklassen

Namespace	... enthält Klassen für ...
`System.Windows.Forms`	... Windows-basierte Anwendungen
`System.Collections`	... Objekt-Arrays
`System.Drawing`	... die Grafikprogrammierung
`System.Data`	... den ADO-Datenbankzugriff
`System.Web`	... die HTTP-Webprogrammierung
`System.IO`	... Ein- und Ausgabeoperationen
`System.Diagnostics`	... Debuggen des Programms

Mit den Namespaces hat auch der Ärger mit der Registrierung von (COM-)Komponenten bei Versionskonflikten sein Ende gefunden, denn eine unter .NET geschriebene Komponente wird von der .NET-Runtime nicht mehr über die ProgID der Klasse mit Hilfe der Registry lokalisiert, sondern über einen in der Runtime enthaltenen Mechanismus, welcher einen Namespace einer angeforderten Komponente sowie deren Version für das Heranziehen der »richtigen« Komponente verwendet.

Wie auch die Klassenbibliothek sind die Namespaces in einer hierarchischen Struktur angeordnet. Die Wurzel heißt `System`, hier werden die fundamentalen Klassen organisiert.

1.2.7 Zugriff auf COM-Komponenten

Es sind noch keine zehn Jahre vergangen, da hatte Microsoft laut verkündet, dass alle gegenwärtigen und zukünftigen Entwicklungen auf COM[1] basieren werden. Microsoft kann natürlich nicht über Nacht diese Technologie auf die Müllkippe entsorgen, denn zu viele Programmierer würden dadurch auf immer und ewig verprellt werden und sich frustriert einer stabileren Entwicklungsplattform zuwenden. Aus diesem Grund wird COM auch unter .NET noch einige Zeit sein Gnadenbrot erhalten.

Verweise auf COM-DLLs werden so eingebunden, dass sie zur Entwurfszeit quasi wie .NET-Komponenten behandelt werden können.

Über das Menü *Projekt|Verweis hinzufügen...* und Auswahl des »COM«-Registers erreichen Sie die Liste der verfügbaren COM-Bibliotheken. Nachdem Sie die gewünschte Bibliothek selektiert haben, können Sie die COM-Komponente wie gewohnt ansprechen.

Die verheerenden Folgen der Trennung von Beschreibung und Code bei COM-Komponenten sind ja hinreichend bekannt (Überschreiben alter COM-Komponenten bei der Installation neuer Anwendungen) und einer der Gründe, die zur Entwicklung der .NET-Technologie geführt haben.

Hinweis

Wenn Sie COM-Objekte, wie z.B. alte ADO-Bibliotheken, in Ihre .NET-Projekte einbinden wollen, müssen Sie auf viele Vorteile von .NET verzichten. Durch den Einbau der zusätzlichen Interoperabilitätsschicht sinkt die Performance meist deutlich ab. ■

---

[1] *Component Object Model*

1.2.8 Was sind Assemblys?

Unter .NET treten die Assemblys die Nachfolge der COM-Komponenten an, sie vermeiden deren Nachteile, denn sie sind selbst beschreibend. Eine Assembly entsteht als Ergebnis der Kompilierung von .NET-Quellcode. Präziser ausgedrückt versteht man unter einer Assembly eine Basiseinheit für die Verwaltung von Managed Code und für das Verteilen von Anwendungen, sie kann sowohl aus einer einzelnen als auch aus mehreren Dateien (Modulen) bestehen. Eine solche Datei (*.dll* oder *.exe*) enthält MSIL-Code (kompilierter Zwischencode). Wie Sie bereits wissen, ist MSIL (bzw. IL) ein Format, das erst zur Laufzeit in nativen Code kompiliert wird. Eine Assembly, auch Assemblierung genannt, kann auch mehrere Dateien enthalten.

Die Klassenverwaltung in Form von selbst beschreibenden Assemblies vermeidet Versionskonflikte von Komponenten und ermöglicht vor allem dynamische Programminstallationen aus dem Internet. Anstatt der bei einer klassischen Installation bisher erforderlichen Einträge in die Windows-Registry genügt nunmehr einfaches Kopieren der Anwendung.

Normalerweise müssen Sie die Assemblierungen referenzieren, in welchen die von Ihrem Programm verwendeten Typen bzw. Klassen enthalten sind. Eine gewisse Ausnahme ist die Assemblierung *mscorlib.dll*, welche die Basistypen des .NET Frameworks in verschiedenen Namensräumen umfasst.

Assemblys enthalten aber nicht nur IL-Code, sondern auch so genannte Metadaten, die die Struktur der .NET-Komponente beschreiben.

1.2.9 Metadaten und Manifest

Dem mit COM-Komponenten einher gehende Gespenst der Versionskonflikte wird mit den .NET-Assemblys der Nährboden entzogen. Möglich wird dies durch so genannte Metadaten, die nicht mehr nur einzelne Komponenten, sondern die Assembly als Einheit beschreiben. Diese Beschreibung ist wesentlich umfassender als es in den COM-Typbibliotheken üblich war. Außerdem werden die Metadaten direkt in der Assembly untergebracht, die dadurch »selbst beschreibend« wird und so z.B. auf Registry-Einträge verzichten kann. Metadaten können daher nicht versehentlich verloren gehen oder mit einer falschen Dateiversion kombiniert werden.

Hinweis

Es gibt unter .NET nur noch eine einzige Stelle, an der sowohl der Programmcode als auch seine Beschreibung gespeichert werden! ■

Die eine Assembly beschreibenden Daten bezeichnet man als deren *Manifest*. Ein solches Manifest enthält die folgenden Informationen:

- Namen und Versionsnummer der Assembly
- Informationen über andere Assemblys, von denen die aktuelle Assembly abhängig ist
- Angaben über die von der Assembly veröffentlichten Typen
- Sicherheitsrichtlinien, die den Zugriff auf die Assembly regeln

Metadaten ermöglichen es, zur Laufzeit festzustellen, welche Typen benutzt und welche Methoden aufgerufen werden. Daher kann .NET die Umgebung an die Anwendung anpassen, sodass diese effizienter arbeitet.

1.2.10 Der Reflection-Mechanismus

Der Mechanismus zur Abfrage der Metadaten wird Reflexion (*Reflection*) genannt. Das .NET-Framework bietet dazu eine ganze Reihe von Methoden an, mit denen jede Anwendung – nicht nur die CLR – die Metadaten von anderen Anwendungen abfragen kann.

Auch Entwicklungswerkzeuge wie Microsoft Visual Studio verwenden die Reflexion, um z.B. den Mechanismus der Intellisense zu implementieren. Das erleichtert das Schreiben von Code ungemein: Sobald Sie einen Methodennamen eintippen, zeigt die Intellisense eine Liste mit den Parametern der Methode an oder auch eine Liste mit allen Elementen eines bestimmten Typs.

Weitere nützliche Werkzeuge, die auf der Basis von Reflexionsmethoden arbeiten, sind der IL-Disassembler (ILDASM) des .NET Frameworks oder der .NET-Reflector von Roeder.

Hinweis

Eine besondere Bedeutung hat Reflexion im Zusammenhang mit dem Auswerten von Attributen zur Laufzeit (siehe folgender Abschnitt). ■

1.2.11 Attribute

Wer noch in älteren objektorientierten Sprachen (z.B. VB 6, Delphi 7) zu Hause ist, der kennt Attribute als Variablen, die zu einem Objekt gehören und damit seinen Zustand beschreiben.

Unter .NET haben Attribute eine grundsätzlich andere Bedeutung:

Hinweis

.NET-Attribute stellen einen Mechanismus dar, mit welchem man Typen und Elemente einer Klasse schon beim Entwurf kommentieren und mit Informationen versorgen kann, die sich zur Laufzeit mittels Reflexion abfragen lassen. ■

Auf diese Weise können Sie eigenständige selbst beschreibende Komponenten entwickeln, ohne die erforderlichen Infos separat in Ressourcendateien oder Konstanten unterbringen zu müssen. So erhalten Sie mobilere Komponenten mit besserer Wartbarkeit und Erweiterbarkeit.

Man kann Attribute auch mit »Anmerkungen« vergleichen, die man einzelnen Quellcode-Elementen, wie Klassen oder Methoden, »anheftet«. Solche Attribute gibt es eigentlich in jeder Programmiersprache, sie regeln z.B. die Sichtbarkeit eines bestimmten Datentyps. Allerdings waren diese Fähigkeiten bislang fest in den Compiler integriert, während sie unter .NET nunmehr direkt im Quellcode zugänglich sind. Das heißt, dass .NET-Attribute typsichere, erweiterbare Metadaten sind, die zur Laufzeit von der CLR (oder von beliebigen .NET-Anwendungen) ausgewertet werden können.

Mit Attributen können Sie Design-Informationen definieren (z.B. zur Dokumentation), Laufzeit-Infos (z.B. Namen einer Datenbankspalte für ein Feld) oder sogar Verhaltensvorschriften für die Laufzeit (z.B. ob ein gegebenes Feld an einer Transaktion teilnehmen darf). Die Möglichkeiten sind quasi unbegrenzt.

Wenn Ihre Anwendung beispielsweise einen Teil der erforderlichen Informationen in der Registry abspeichert, muss bereits beim Entwurf festgelegt werden, wo die Registrierschlüssel abzulegen sind. Solche Informationen werden üblicherweise in Konstanten oder in einer Ressourcendatei untergebracht oder sogar fest in die Aufrufe der entsprechenden Registrierfunktionen eingebaut. Wesentliche Bestandteile der Klasse werden also von der übrigen Klassendefinition abgetrennt. Der Attribute-Mechanismus macht damit Schluss, denn er erlaubt es, derlei Informationen direkt an die Klassenelemente anzuheften, sodass letztendlich eine sich vollständig selbst beschreibende Komponente vorliegt.

1.2.12 Serialisierung

Fester Bestandteil des .NET-Frameworks ist auch ein Mechanismus zur Serialisierung von Objekten. Darunter versteht man das Umwandeln einer Objektinstanz in sequenzielle Daten, d.h. in binäre oder XML-Daten oder in eine SOAP-Nachricht mit dem Ziel, die Objekte als Datei permanent zu speichern oder über Netzwerke zu verschicken.

Auf umgekehrtem Weg rekonstruiert die Deserialisierung aus den Daten wieder die ursprüngliche Objektinstanz.

Das .NET-Framework unterstützt zwei verschiedene Serialisierungsmechanismen:

- Die *Shallow-Serialisierung* mit der Klasse `System.Xml.Serialization.XmlSerializer`.
- Die *Deep-Serialisierung* mit den Klassen `BinaryFormatter` und `SoapFormatter` aus dem `System.Runtime.Serialization`-Namespace.

Aufgrund ihrer Einschränkungen (geschützte und private Objektfelder bleiben unberücksichtigt) ist die Shallow-Serialisierung für uns weniger interessant. Hingegen werden bei der Deep-Serialisierung alle Felder berücksichtigt, Bedingung ist lediglich die Kennzeichnung der Klasse mit dem Attribut `<Serializable>`.

Anwendungsgebiete der Serialisierung finden sich bei ASP.NET, ADO.NET, XML etc.

Hinweis

Ein Beispiel für die Serialisierung von Objekten ist im Abschnitt 20.2.5 zu finden. ■

1.2.13 Multithreading

Multithreading ermöglicht es einer Anwendung, ihre Aktivitäten so aufzuteilen, dass diese unabhängig voneinander ausgeführt werden können, bei gleichzeitig besserer Auslastung der Prozessorzeit. Allgemein sind Threads keine Besonderheit von .NET, sondern auch in anderen Programmierumgebungen durchaus üblich.

Unter .NET laufen Threads in einem Umfeld, das Anwendungsdomäne genannt wird, Erstellung und Einsatz erfolgen mit Hilfe der Klasse `System.Threading.Thread`.

Nicht in jedem Fall ist die Aufnahme zusätzlicher Threads die beste Lösung, da man sich dadurch auch zusätzliche Probleme einhandeln kann. So ist beim Umgang mit mehreren Threads die Threadsicherheit von größter Bedeutung, d.h., aus Sicht der Threads müssen die Objekte stets in einem gültigen Zustand vorliegen und das auch dann, wenn sie von mehreren Threads gleichzeitig benutzt werden.

1.3 Der Einstieg in Visual Studio

Visual Studio ist eine universelle Entwicklungsumgebung (IDE[1]) für Windows- und für Web-Anwendungen, die auf Microsofts .NET-Technologie basieren. Alle notwendigen Tools, wie z.B. für den visuellen Oberflächenentwurf, für die Codeprogrammierung und für die Fehlersuche, werden hier bereitgestellt.

Visual Basic ist nur eine der möglichen objektorientierten Sprachen, die Sie unter Visual Studio einsetzen können. So werden z.B. noch Visual C# und C++ unterstützt.

Hinweis

Erwarten Sie an dieser Stelle keine auch nur annähernd umfassende Beschreibung der Visual Studio-IDE, das würde bei der Vielzahl von Optionen, Fenstern, Menübefehlen und Tools nur heillose Verwirrung stiften. Stattdessen erklären wir die IDE später nach dem Prinzip »soviel wie nötig« in leicht verdaulichen Häppchen im Kontext mit den zahlreichen Buchbeispielen. Dem Einsteiger empfehlen wir dazu unseren VB-Crashkurs in Kapitel 2. ■

1.3.1 Ein erster Blick auf die IDE

Wählen Sie auf der Startseite von Visual Studio den Menüpunkt *Datei|Neu|Projekt...*, so öffnet sich der Startdialog »Neues Projekt« (Abbildung 1.4) mit einem umfangreichen Angebot an unterschiedlichen Vorlagen[2] für Visual Basic-Projekte, wobei für den Einsteiger zunächst die »Windows Forms-Anwendung« von besonderem Interesse sein sollte.

Haben Sie das Häkchen bei »Projektmappenverzeichnis erstellen« gesetzt, so erzeugt Visual Studio automatisch einen Unterordner mit dem Namen des Projekts in dem als Speicherort eingetragenen Hauptverzeichnis[3].

Hinweis

Namen und Speicherort des Projekts sollten Sie unbedingt **vor** dem Klicken der *OK*-Schaltfläche eintragen, denn ein späteres Umbenennen ist ziemlich umständlich. ■

---

[1] *Integrated Developers Environment*

[2] Die Abbildung bezieht sich auf die Team System-Edition, bei den anderen Editionen von Visual Studio ist das Angebot an unterschiedlichen Projekttypen bzw. Vorlagen mehr oder weniger eingeschränkt.

[3] Voraussetzung ist, dass im Optionen-Dialog (Menü *Extras|Optionen...*) unter *Projekte und Projektmappen* ein Häkchen bei *Neue Projekte beim Erstellen speichern* gesetzt ist.

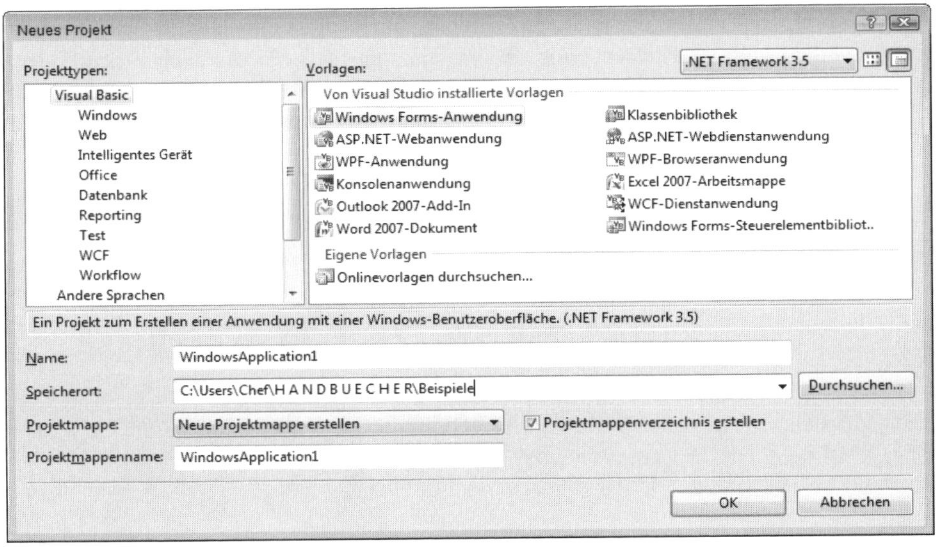

Abbildung 1.4 Neues Projekt erstellen

Haben Sie als Projekttyp »Windows Forms-Anwendung« gewählt, könnte Ihnen Visual Studio etwa den in Abbildung 1.5 gezeigten Anblick bieten, wobei auf die für den Einstieg zunächst wichtigsten Fenster besonders hingewiesen wird.

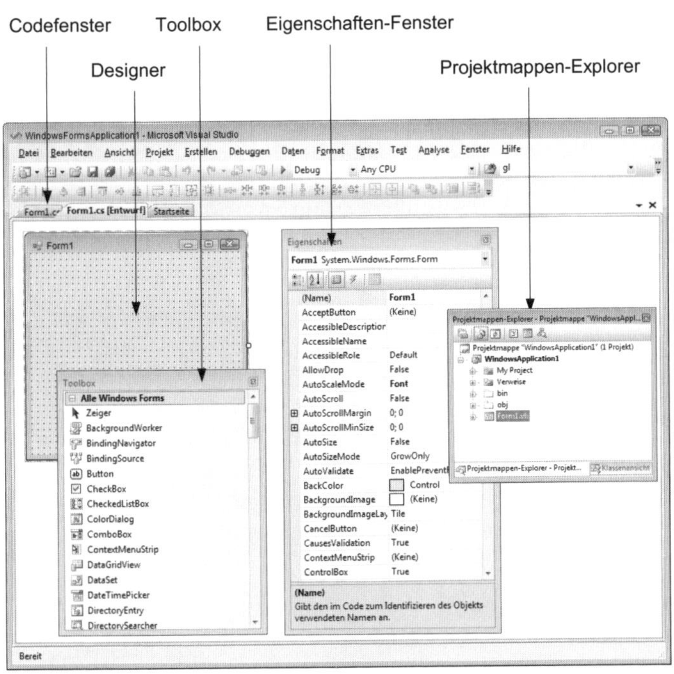

Abbildung 1.5 Die wichtigsten Fenster der Visual Studio-IDE

Falls sich eines der Fenster versteckt hat, können Sie es über das *Ansicht*-Menü herbei holen. Besonders wichtige Fenster – wie z.B. Projektmappen-Explorer, Toolbox und Eigenschaften-Fenster – können auch über die Schnellstart-Schaltflächen (in der Symbolleiste von Visual Studio) aufgerufen werden.

1.3.2 Der Projektmappen-Explorer

Da es unter Visual Studio möglich ist, mehrere Projekte gleichzeitig zu bearbeiten, gibt es eine Projektmappendatei mit der Extension *.sln* (Solution), deren Inhalt im Projektmappen-Explorer (Menü *Ansicht|Projektmappen-Explorer*) übersichtlich angezeigt wird. Sie können dieses Fenster deshalb ohne Übertreibung auch als »Schaltzentrale« Ihres Projekts bezeichnen.

Die zu jedem einzelnen Visual Basic-Projekt gehörigen Dateien und Einstellungen werden in einer XML-Datei mit der Extension *.vbproj* verwaltet.

Hinweis

Öffnen Sie Ihre Projekte immer über die *.sln*-Projektmappendatei statt über die *.vbproj*-Projektdatei, selbst wenn nur ein einziges Projekt enthalten ist! ■

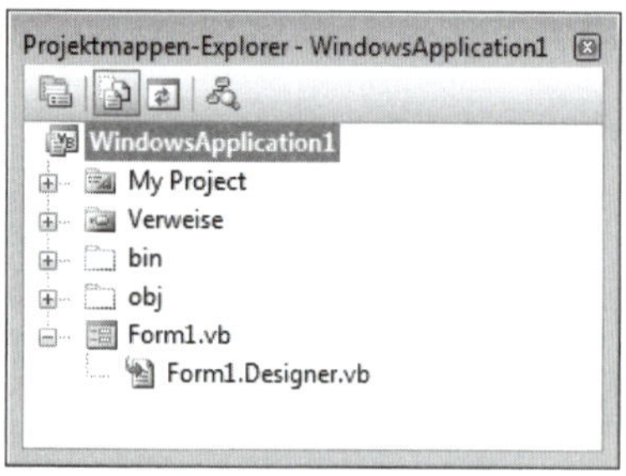

Abbildung 1.6
Der Projektmappen-Explorer

Hinweis

Um alle Einträge zu sehen, müssen Sie die kleine Schaltfläche »Alle Dateien anzeigen« in der Symbolleiste des Projektmappen-Explorers klicken. ■

Zur Bedeutung der einzelnen Einträge bzw. Dateien:

- *MyProject*
  Hier sind verschiedene Dateien zusammengefasst, die die Projekteigenschaften bestimmen. *AssemblyInfo.vb* enthält z.B allgemeine Infos zur Assemblierung des Projekts (siehe Abschnitt 1.2.8), wie Titel, Beschreibung, Versionsnummer, Copyright. Weitere Dateien beziehen sich auf die Ressourcen und die Projekteinstellungen.
- *Verweise*
  Hier sind die aktuell für das Projekt gültigen Verweise auf Namensräume bzw. Assemblierungen (siehe 1.2.6) enthalten. Standardmäßig hat Visual Studio bereits die wichtigsten Verweise eingestellt, weitere können Sie über das Kontextmenü der rechten Maustaste hinzufügen.

- *Form1.vb*
  Diese Datei enthält eine partielle Klasse (siehe 4.10.4), die den von Ihnen selbst hinzugefügten Code von `Form1` kapselt.
- *Form1.Designer.vb*
  Diese Datei enthält eine partielle Klasse, die den vom Windows Forms Designer automatisch generierten Code von `Form1` kapselt. Der gesamte Code von `Form1` ist also zwischen den partiellen Klassen in *Form1.vb* und *Form1.Designer.vb* aufgeteilt.

Durch Doppelklick auf eine dieser Dateien können Sie diese im Designer bzw. im Codefenster zwecks Bearbeitung öffnen.

1.3.3 Der Designer

Im Designer-Fenster entwerfen Sie die Programmoberfläche bzw. Benutzerschnittstelle Ihrer Anwendung. Ähnlich wie bei einem Zeichenprogramm entnehmen Sie der Toolbox Steuerelemente und ziehen diese per Drag & Drop auf ein Formular. Hier können Sie weitere Eigenschaften, wie z.B. Größe und Position, direkt mit der Maus und andere, wie z.B. Farbe und Schriftart, über das Eigenschaften-Fenster ändern.

Toolbox

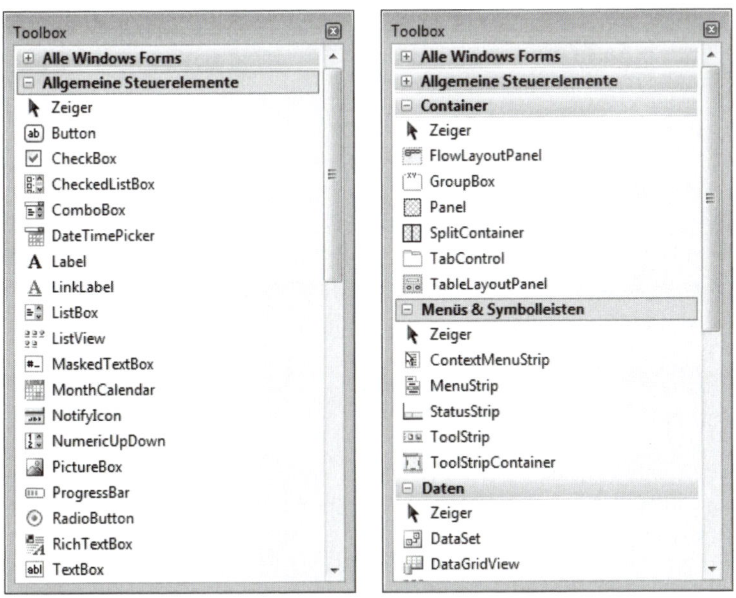

Abbildung 1.7 Die Toolbox in der Standardansicht

Die Werkzeugsammlung (Toolbox) wird häufig benötigt (Menü *Ansicht/Toolbox*). Auf verschiedenen Registerseiten, die später von Ihnen auch frei konfiguriert werden können, finden Sie eine umfangreiche Palette verschiedenster Steuerelemente für Windows-Anwendungen.

1.3.4 Das Eigenschaften-Fenster

Im Eigenschaften-Fenster (Menü *Ansicht/Eigenschaftenfenster* bzw. *F4*) werden die zur Entwurfszeit editierbaren Eigenschaften des gerade aktiven Steuerelements aufgelistet. Normalerweise hat jede Eigenschaft bereits einen Standardwert, den Sie in vielen Fällen direkt übernehmen können.

Es mag zunächst irritieren, erweist sich aber als sehr praktisch, dass das Eigenschaftenfenster auf einer extra Registerseite auch die für ein Steuerelement verfügbaren Ereignisse anbietet (siehe Kapitel 10).

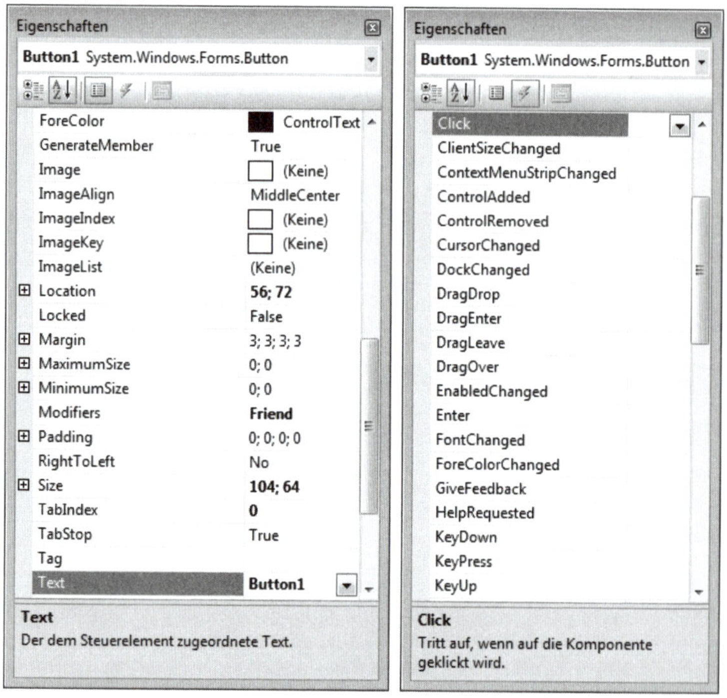

Abbildung 1.8 Eigenschaftenfenster

Hinweis

Das Aktivieren eines bestimmten Steuerelements geschieht entweder durch Anklicken desselben auf dem Formular, oder durch Auswahl in der Klappbox am oberen Rand des Eigenschaften-Fensters. ■

1.3.5 Das Codefenster

Für die eigentliche Programmierung ist das Codefenster zuständig. Logischerweise wird dieses damit auch zu Ihrem Hauptbetätigungsfeld als Visual Basic-Programmierer. Die folgende Abbildung zeigt ein Beispiel.

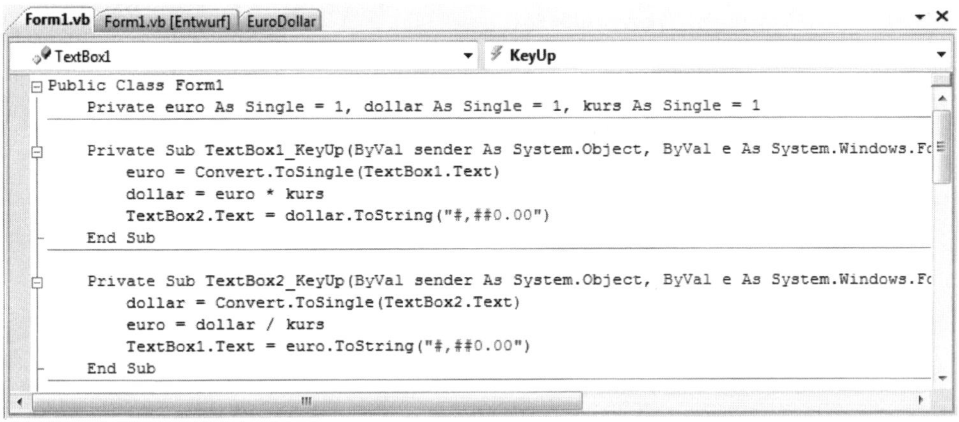

Abbildung 1.9 Das Code-Fenster

Der Code-Editor unterstützt Sie auf vielfältige Weise beim Schreiben von Quellcode, so markiert er Wörter farblich, unterbreitet Ihnen Vorschläge (Intellisense), weist Sie auf Fehler hin oder rückt den Text automatisch ein. Mehr dazu erfahren Sie bei der praktischen Arbeit im nächsten Kapitel.

2 Visual Basic-Crashkurs für Anfänger

Dieses Kapitel behandelt die folgenden Themen:

- Programmablaufplan (PAP)
- Konsolenanwendungen
- Wichtige VB-Sprachelemente
- Erste Windows-Programme
- Einfache Fehlersuche

Wie führt man einen Anfänger am besten in eine Programmiersprache ein? Die Meinungen dazu sind durchaus umstritten. Viele Autoren vertreten die Auffassung, dass zunächst alle Sprachelemente breit und ausführlich erklärt werden müssen, ehe es zu zusammenhängenden Beispielen kommen darf. Aufgrund der Komplexität einer Programmiersprache wie Visual Basic führt dieser Weg mangels Erfolgserlebnissen erfahrungsgemäß aber schnell zur Ermüdung des Lernenden, zu Langeweile und Lustlosigkeit.

Wir, die Autoren dieses Buchs, halten hingegen den »Sprung ins kalte Wasser« bzw. das »learning by doing« für die effektivste Lernmethode. Das schließt nicht aus, dass an anderer Stelle auch die sprachlichen Grundlagen systematisch dargeboten werden und bei Bedarf jederzeit dort nachzuschlagen sind.

Die folgende Serie von sieben Anfängerbeispielen benutzt zunächst Konsolenanwendungen, um einige grundlegende Visual Basic-Sprachelemente zu üben. Die letzten drei Beispiele zeigen dann den Übergang zur zeitgemäßen Windows-Programmierung.

Hinweis

Eine systematische Darstellung der sprachlichen Grundlagen erfolgt erst im Kapitel 3, verwenden Sie dieses Kapitel zum gelegentlichen Nachschlagen! ■

2.1 Es lebe der gute alte PAP!

Vor Beginn des Windows-Zeitalters wurden Programme geschrieben, die für jede Ein- und Ausgabe von Daten eine neue Textzeile in einem Bildschirmfenster (Konsole) erzeugten. Dieses Verhalten war ein Erbe aus jener Zeit, als lediglich Fernschreiber für die Ein- und Ausgabefunktionen von Computern zur Verfügung standen.

Aber auch heute noch kann es für den Newcomer durchaus sinnvoll sein, wenn er für seine ersten Schritte die klassische Konsolentechnik verwendet. So kann er sich doch auf das zunächst Wesentliche, nämlich die Logik von Visual Basic-Befehlen, konzentrieren, ohne von der erdrückenden Vielfalt der Windows-Oberfläche abgelenkt zu werden.

Hinweis

Ausführlich gehen wir auf Konsolenanwendungen im Kapitel 7 ein. ■

Lassen Sie uns zu Beginn folgende einfache Aufgabe lösen:

Nacheinander sind drei positive ganze Zahlen einzugeben. Das Programm soll die größte der drei Zahlen ermitteln und das Ergebnis anzeigen.

Programmablauf

Ein Programmablaufplan (PAP), wie ihn die folgende Abbildung 2.1 zeigt, ist zwar heute etwas aus der Mode gekommen, für den Anfänger kann er aber durchaus hilfreich sein, um die Anweisungsfolge eines Visual Basic-Programms besser zu verstehen.

Sie erkennen das altbekannte EVA-Prinzip eines Programms, wobei die Anweisungen in der Reihenfolge

- Eingabe,
- Verarbeitung,
- Ausgabe

ausgeführt werden.

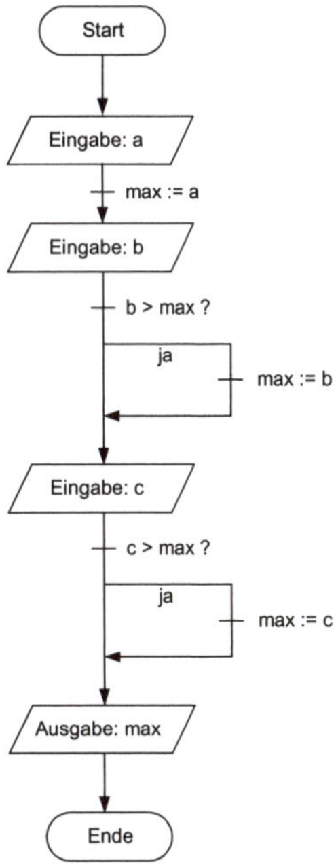

Abbildung 2.1
Unser erster PAP

Programmierung

Wählen Sie auf der Startseite von Visual Studio das Menü *Datei|Neu|Projekt...* Es öffnet sich das Dialogfenster »Neues Projekt«. Wählen Sie den Projekttyp *Visual Basic* und die Vorlage *Konsolenanwendung*. *Name* und *Projektmappenname* können auf den Standardeinstellungen *ConsoleApplication1* verbleiben. Nachdem Sie den *Speicherort* (das Verzeichnis, in welchem Ihr Projekt abgespeichert werden soll) festgelegt haben, erscheint das Fenster des Quellcode-Editors, in welchem bereits ein Codegerüst »vorgefertigt« ist. Ihren eigenen Code fügen Sie innerhalb der `Main`-Methode hinzu (siehe Abbildung 2.2).

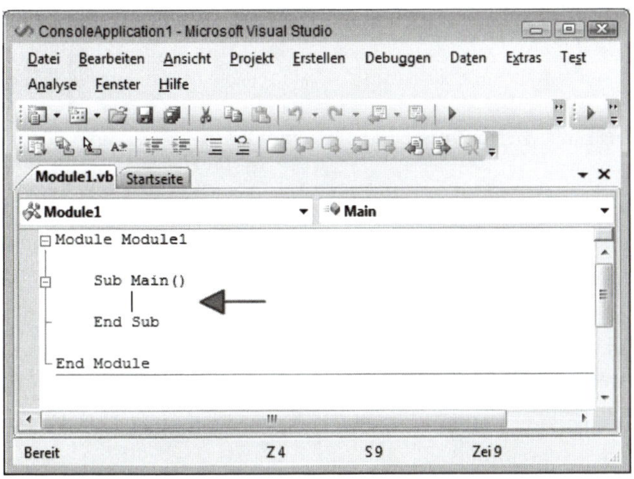

Abbildung 2.2 Hier tragen Sie Ihren Code ein

Ergänzen Sie, ohne länger darüber nachzudenken, den Code entsprechend folgendem VB-Listing. Dabei können Sie die mit Apostroph (') eingeleiteten Kommentare bedenkenlos weglassen, da sie eh vom Compiler überlesen werden:

```
Module Module1
    Sub Main()
        Console.WriteLine("Maximum von drei Zahlen")  ' Überschrift
        Console.WriteLine()                           ' Leerzeile
        Dim a, b, c, max As Integer                   ' Variablendeklaration
        Console.WriteLine("Geben Sie die erste Zahl ein!")
        a = CInt(Console.ReadLine())                 ' Eingabe a
        max = a                                      ' Initialisieren von max
        Console.WriteLine("Geben Sie die zweite Zahl ein!")
        b = CInt(Console.ReadLine())                 ' Eingabe b
        If b > max Then max = b                      ' Bedingung
        Console.WriteLine("Geben Sie die dritte Zahl ein!")
        c = CInt(Console.ReadLine())                 ' Eingabe c
        If c > max Then max = c ' Bedingung
        Console.WriteLine("Das Maximum ist " + max.ToString())     ' Ergebnisausgabe
        Console.ReadLine()                          ' Programm wartet auf <Enter>, um zu beenden
    End Sub
```

Kompilieren Sie das Programm (F5-Taste) und überzeugen Sie sich von seiner Funktionsfähigkeit.

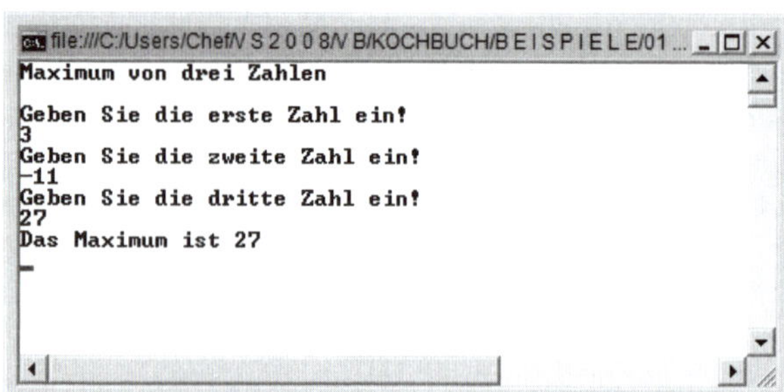

Abbildung 2.3
Das Konsolen-Fenster in Aktion

Hinweis

Durch Drücken der Enter-Taste beenden Sie Ihre erste VB-Anwendung. ■

Bemerkungen

Im Vorgriff auf die weiteren Kapitel erfolgt für den Anfänger hier die Zusammenstellung einiger wichtiger Visual Basic-Grundlagen, wie sie in diesem Beispiel zur Anwendung gekommen sind:

- Unser VB-Programm beginnt mit der `Main`-Methode, die gewissermaßen den Einstiegspunkt in das Programm darstellt.
- Jedes VB-Programm besteht aus einer Folge von Anweisungen. Es besteht kein Unterschied zwischen Groß- und Kleinschreibung!

- Jede VB-Anweisung wird mit einem Zeilenumbruch abgeschlossen, eine Zeile ist also eine kompletter VB-Befehl.
- Die mit einem Apostroph (') eingeleiteten Anweisungen sind lediglich Kommentare und für den Programmablauf bedeutungslos.
- Vor Beginn eines Programms (bzw. eines in sich abgeschlossenen Programmteils) sind alle benötigten Variablen zu deklarieren, d.h., ihr Name und ihr Datentyp müssen festgelegt werden.
- Unter »Initialisierung einer Variablen« versteht man das Zuweisen eines Anfangswertes.
- `ReadLine` und `WriteLine` sind die einfachsten Ein-/Ausgabeanweisungen, wie Sie sie allerdings nur bei einer Konsolenanwendung verwenden sollten. Die Endung `...Line` der Befehlswörter bewirkt einen Zeilenvorschub.
- Die `If... Then...`-Anweisung (wenn ... dann ...) ist ein Verzweigungsbefehl (gewissermaßen eine »Programm-Weiche«) und führt eine Anweisung in Abhängigkeit von einer Bedingung aus.

2.2 Ab ins Regal!

Ein erheblicher Makel des Vorgängerbeispiels ist seine Festlegung auf nur drei Zahleneingaben.

Erweitern Sie das Programm so, dass es die Eingabe einer flexiblen Anzahl von Werten ermöglicht!

Der im folgenden PAP (Abbildung 2.4) dargestellte Algorithmus geht davon aus, dass die Zahlenwerte nicht mehr in Einzelvariablen `a`, `b`, `c`, sondern in einem so genannten Array, gespeichert werden. Stellen Sie sich ein solches Array wie ein Regal mit einzelnen Fächern vor, in denen beliebig große Zahlenwerte abgelegt werden. Die Fächer sind beschriftet mit 1, 2, 3 ... Die Anzahl der »Regalfächer« beträgt `Nmax`. Diese Konstante ist ausreichend groß zu wählen, damit genügend Reserven für die maximale Anzahl `N` von Zahlenwerten vorhanden sind.

Programmablauf

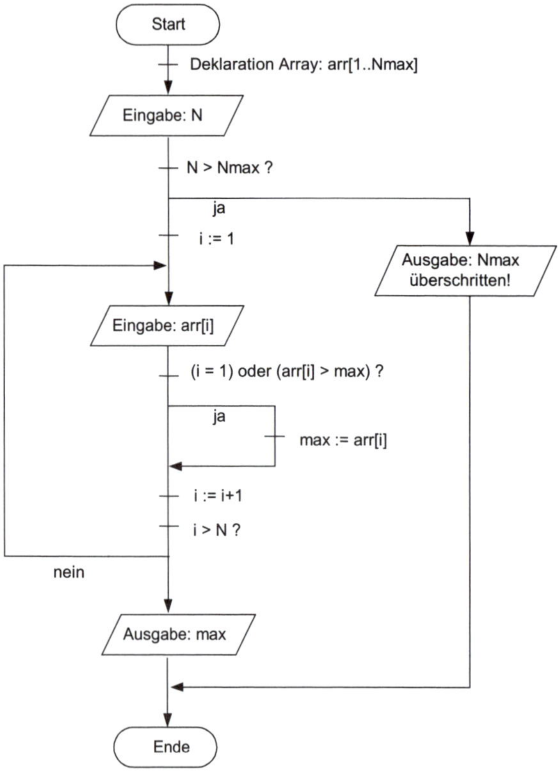

Abbildung 2.4
PAP (zweite Version)

Programmierung

Die Umsetzung des PAP in ein VB-Programm wird Ihnen umso leichter fallen, je besser Sie das Vorgängerbeispiel verstanden haben:

```
Module Module1
    Sub Main()
        Const Nmax As Integer = 10                    ' maximale Anzahl von Werten

        Console.WriteLine("Maximumbestimmung einer Zahlenfolge")     ' Überschrift
        Console.WriteLine()                                  ' Leerzeile
        Dim arr(10) As Integer                               ' Array dimensionieren
        Dim n, max As Integer                                ' zwei Variablen deklarieren

        Console.Write("Geben Sie die gewünschte Anzahl von Werten ein: ")
        n = Convert.ToInt32(Console.ReadLine())              ' Eingabe n
        If (n > Nmax) Then                                   ' Bedingung trifft zu
            Console.WriteLine("Es dürfen maximal nur " & _
                              Nmax.ToString() & " Werte eingegeben werden!")
        Else                                                 ' Bedingung trifft nicht zu
            For i As Integer = 1 To n                        ' Beginn der Schleife
                Console.Write("Geben Sie die " & i.ToString() & ".Zahl ein: ")
```

```
            arr(i - 1) = Convert.ToInt32(Console.ReadLine())   ' Eingabe i-te Zahl in Array
            If (i = 1) Or arr(i - 1) > max Then max = arr(i - 1)
        Next i                                          ' Ende der Schleife
        Console.WriteLine()
        Console.WriteLine("Das Maximum ist " & max.ToString() & " !")    ' Ergebnis
    End If
    Console.ReadLine()
  End Sub
End Module
```

Gleich nach Programmstart werden Sie zur Eingabe der Anzahl von Werten aufgefordert, die beliebig groß sein kann.

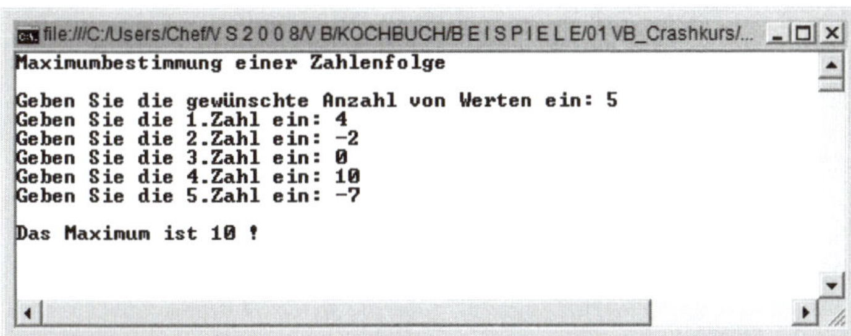

Abbildung 2.5 Konsolenausgabe

Bemerkungen

- Die Kommentare im Quelltext beschränken sich nur auf die Neuigkeiten gegenüber dem Vorgängerbeispiel, vor allem auf das Array `arrr(10)` und die `For ... To ... Next`-Schleifenanweisung, die genau `n` mal durchlaufen wird.
- Ein Array-Index steht immer in runden Klammern hinter der Arrayvariablen. Der untere Index eines Arrays beginnt mit null, deshalb wird im Feld `arr(0)` die erste Zahl gespeichert.
- Die `ToString`-Funktion, über die jedes .NET-Objekt verfügt, verwandelt den Array-Index `i` (Datentyp `Integer`) in eine Zeichenkette (Datentyp `String`), damit eine Ausgabe über `Write` ermöglicht wird.

2.3 Aufhören oder weitermachen?

Im Vorgängerbeispiel wurde das Programm nach einem einzigen Durchlauf beendet, danach machte sich ein Neustart erforderlich.

Ergänzen Sie das Programm so, dass es nach Ermitteln des Maximums entweder wieder von vorn beginnt oder aber beendet werden kann!

Programmablauf

Der Programmablauf (Abbildung 2.6) weist viele Analogien zum Vorgängerbeispiel (Abbildung 2.5) auf.

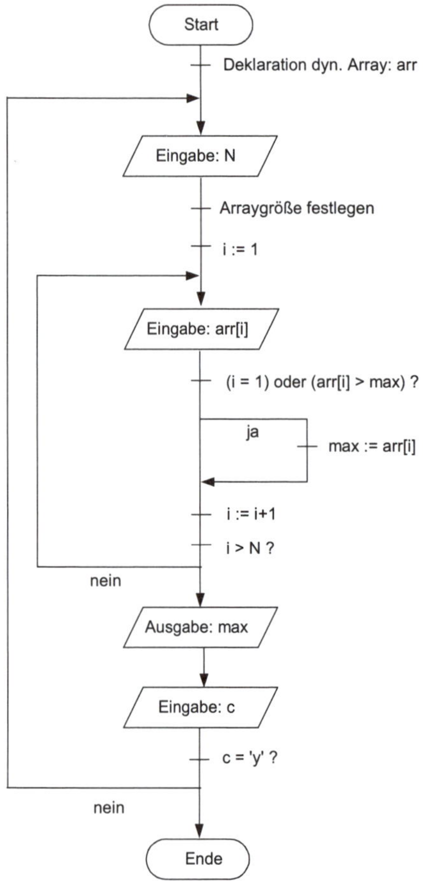

Abbildung 2.6
PAP (dritte Version)

Programmierung

Öffnen Sie den Code-Editor und ergänzen Sie das Programm. Der Programmablauf weist viele Analogien zum Vorgängerbeispiel auf, deshalb wird nur auf die Neuigkeiten per Kommentar hingewiesen.

```
Module Module1

    Sub Main()
        Console.WriteLine("Maximum einer Zahlenfolge")          ' Überschrift
        Console.WriteLine()                                     ' Leerzeile
        Dim arr() As Integer
        Dim n, max As Integer
        Dim c As String
        Do
            Console.Write("Geben Sie die gewünschte Anzahl von Werten ein: ")
```

```
            n = Convert.ToInt32(Console.ReadLine())          ' Eingabe n
            ReDim arr(n)
            For i As Integer = 1 To n
                Console.Write("Geben Sie die " & i.ToString() & ".Zahl ein: ")
                arr(i - 1) = Convert.ToInt32(Console.ReadLine())   ' Eingabe i-te Zahl
                If i = 1 Or arr(i - 1) > max Then max = arr(i - 1)
            Next i
            Console.WriteLine()
            Console.WriteLine("Das Maximum ist " & max.ToString() & " !")   ' Ergebnis
            arr = Nothing
            Console.WriteLine()
            Console.Write("Wollen Sie das Programm beenden? (j/n) ")
            c = Console.ReadLine()
        Loop While c <> "j"
    End Sub

End Module
```

Sie können den Berechnungszyklus jetzt beliebig oft wiederholen und dabei die Länge der einzugebenden Zahlenreihe neu festlegen.

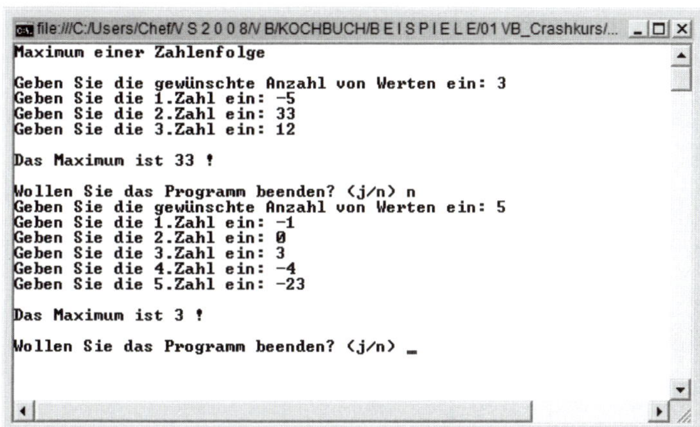

Abbildung 2.7 Konsolenausgabe

Hinweis

Nach Eingabe von »j« bzw. »n« müssen Sie die Enter-Taste drücken! ■

Bemerkungen

- Mit `Nothing` (eine Zeigervariable auf »nichts«) wird der vom Array belegte Speicherplatz wieder freigegeben.
- Die `Do ... Loop While...`-Schleifenanweisung verlangt am Ende eine Abbruchbedingung.
- In unserem Beispiel dient die `String`-Variable `c` der Entgegennahme einer Benutzereingabe (»j« bzw. »n«).

2.4 Jedes Programm lässt sich verbessern!

Es gibt kein Programm, das man nicht noch weiter verbessern könnte. Da sich von einer Zahlenreihe weitaus mehr Informationen gewinnen lassen als nur der Maximalwert, sollen Sie noch ein weiteres Problem lösen:

Ergänzen Sie das Programm, damit auch Minimum und Durchschnitt ausgegeben werden!

Programmierung

Trotz der erweiterten Funktionalität erscheint der nachfolgend abgebildete PAP keinesfalls komplizierter zu sein als als sein Vorgänger.

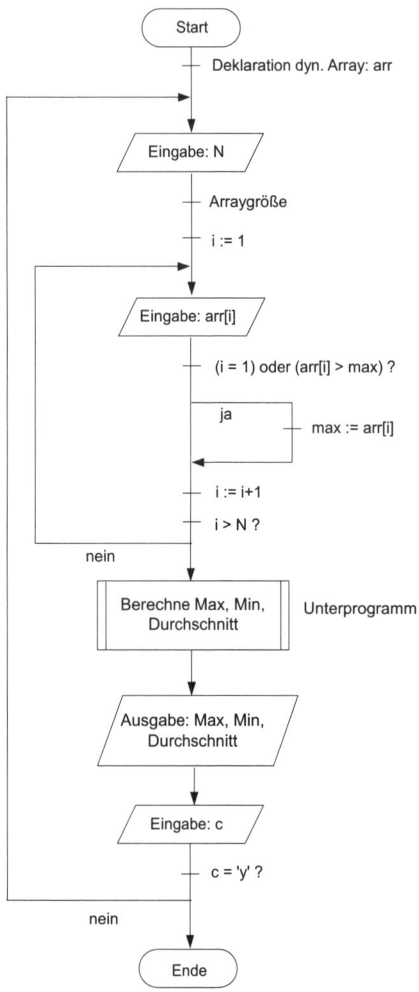

Abbildung 2.8
PAP (vierte Version)

Dies wurde vor allem durch Auslagern der Berechnungsfunktionen für Maximum, Minimum und Durchschnitt in ein Unterprogramm (eine Methode) erreicht.

Programmierung

Aufgrund der vielen Analogien zum Vorgängerbeispiel wird auch hier nur auf die Besonderheiten per Kommentar hingewiesen:

```
Module Module1
    ' globale Variablen deklarieren:
    Private arr() As Integer
    Private max, min As Integer
    Private av As String

    Private Sub berechne()                    ' hier beginnt die Methode
        Dim sum As Double = arr(0)            ' lokale Variable
        min = arr(0)
        max = arr(0)     ' globale Variablen initialisieren
        Dim n As Integer = arr.Length - 1
        For i As Integer = 1 To n
            If arr(i) > max Then
                max = arr(i)
            Else
                If arr(i) < min Then min = arr(i)
            End If
            sum += arr(i)
        Next i
        sum = sum / (n + 1)               ' Durchschnitt berechnen
        av = sum.ToString("#0.00")        ' globale Variable zuweisen
    End Sub                                                ' hier endet die Methode

    Sub Main()
        Console.WriteLine("Auswerten einer Zahlenfolge")         ' Überschrift
        Console.WriteLine()                                      ' Leerzeile
        Dim n As Integer
        Dim c As String
        Do
            Console.Write("Geben Sie die gewünschte Anzahl von Werten ein: ")
            n = Convert.ToInt32(Console.ReadLine())         ' Eingabe n
            ReDim arr(n - 1)
            For i As Integer = 1 To n
                Console.Write("Geben Sie die " & i.ToString() & ".Zahl ein: ")
                arr(i - 1) = Convert.ToInt32(Console.ReadLine())    ' Eingabe i-te Zahl
            Next i
            Console.WriteLine()
            berechne()                     ' Zahlenfolge auswerten (Methodenaufruf)
            ' Globale Variablen anzeigen:
            Console.WriteLine("Das Maximum ist " & max.ToString() & " !")
            Console.WriteLine("Das Minimum ist " & min.ToString() & " !")
            Console.WriteLine("Der Durchschnitt ist " & av & " !")
            arr = Nothing
            Console.WriteLine()
```

```
            Console.Write("Wollen Sie das Programm beenden? (j/n) ")
            c = Console.ReadLine()
            Console.WriteLine()
        Loop While c <> "j"
    End Sub
End Module
```

Vergleichen Sie die Leistungsfähigkeit dieses Programms mit der ersten Version, so ist doch bereits ein deutlicher Unterschied festzustellen:

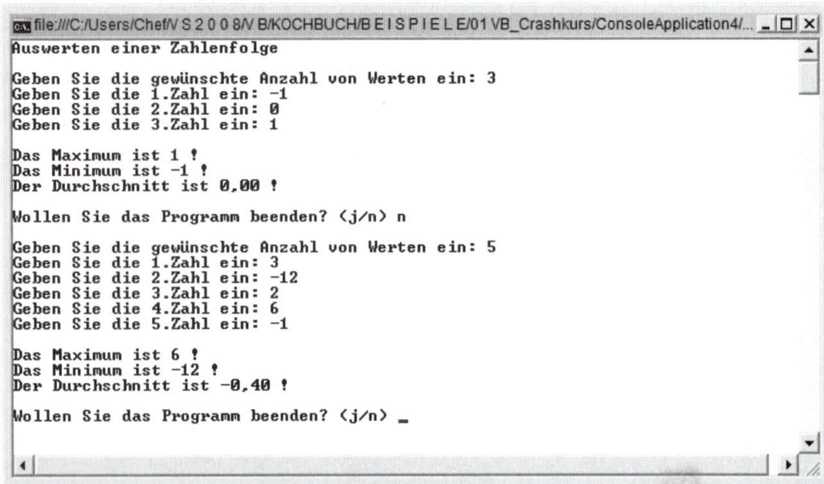

Abbildung 2.9 Konsolenausgabe

Bemerkungen

- In unserem Quellcode wurden Variablen auf globaler Ebene (gültig innerhalb des gesamten Programms) und auf lokaler Ebene (gültig innerhalb der Methode `berechne`) benutzt. Eine lokale Variable hat immer Vorrang vor einer gleichnamigen globalen Variablen.
- Die lokale Variable `sum` enthält anfangs die Summe und zuletzt den Durchschnitt, wird also zweifach benutzt. Etwas übersichtlicher wäre es, wenn Sie stattdessen eine weitere lokale Variable (z.B. `average`) verwenden würden.
- Die `ToString(»#0.00«)`-Methode besitzt hier einen so genannten Formatierungsstring als Argument, damit der Durchschnitt (eine Gleitkommazahl!) so in eine Zeichenkette umgeformt wird, dass immer zwei Nachkommastellen angezeigt werden.
- Die `Length`-Eigenschaft der `arr`-Variablen liefert die Anzahl der Array-Elemente. Da die Indizierung eines dynamischen Arrays stets mit null beginnt, ist der höchste Index immer um Eins niedriger.
- Ein Unterprogramm (hier die benutzerdefinierte Methode `berechne`) ist immer dann zweckmäßig, wenn die Übersichtlichkeit des Programms erhöht werden soll, oder aber wenn gleiche Codeabschnitte mehrfach ausgeführt werden sollen. Außerdem wird ein Wiederverwendbarkeit des Quellcodes erleichtert.

- Nicht nur der trostlose Textbildschirm, auch die mühselige Bedienung, bei der der Rechner die Reihenfolge der Benutzereingaben zwangsweise vorgibt, wird Ihnen missfallen haben. Dies sollte ein weiterer wichtiger Grund dafür sein, von der Konsolen- zur Windows-Anwendung überzugehen (siehe folgende Beispiele).

2.5 Schluss mit langweiliger Konsole!

Wir wollen die langweiligen Konsolenanwendungen nun endlich hinter uns lassen und ab jetzt zeitgemäße Windows-Applikationen verwenden. Auch hier geht es mit einer ganz einfachen Aufgabe los.

Lösen Sie mit einer Windows Forms-Anwendung das gleiche Problem (Maximumbestimmung von drei Integer-Zahlen) wie im Beispiel 2.1!

Oberflächenentwurf

Starten Sie Visual Studio und öffnen Sie ein neues Projekt (Projekttyp »Visual Basic«, Vorlage »Windows Forms-Anwendung«).

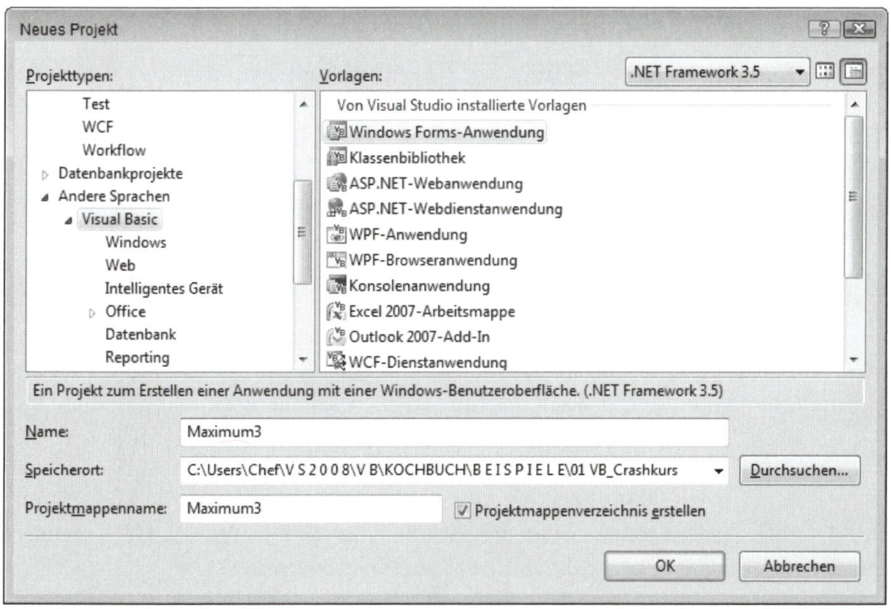

Abbildung 2.10 Neue Windows Forms-Anwendung erstellen

Geben Sie als *Namen* z.B. »Maximum3« ein und suchen Sie sich den Speicherort bzw. Projektordner aus.

Mit F4 holen Sie sich das Eigenschaftenfenster in den Vordergrund und stellen damit die `Text`-Eigenschaft (das ist die Beschriftung der Titelleiste) des Startformulars `Form1` neu ein: »Maximum von drei Zahlen«.

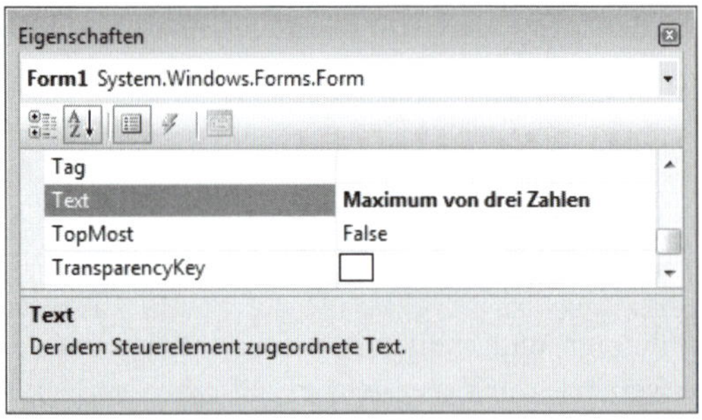

Abbildung 2.11
Festlegen der `Text`-Eigenschaft

Von der Toolbox (*Strg+Alt+X*) ziehen Sie die Steuerelemente (3 mal `TextBox`, 1 mal `Button`, 4 mal `Label`) gemäß folgender Abbildung auf `Form1` und stellen auch hier bestimmte `Text`-Eigenschaften neu ein:

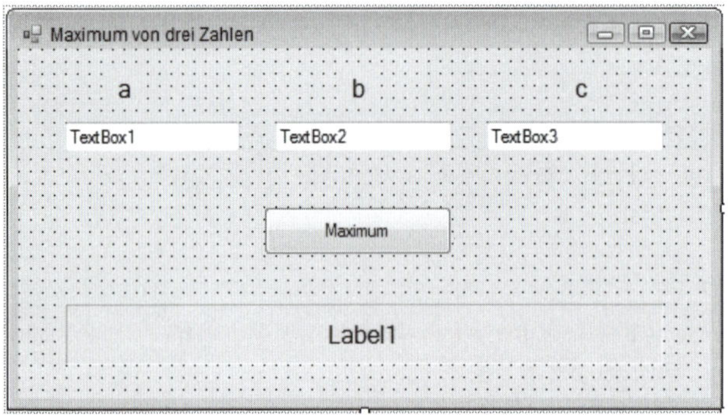

Abbildung 2.12
Entwurfsansicht von `Form1`

Programmierung

Durch einen Doppelklick auf `Button1` wird automatisch das Codefenster der Klasse `Form1` mit dem bereits vorbereiteten Rahmencode des `Click`-Eventhandlers geöffnet. In diesem Zusammenhang ist ein für den Einsteiger wichtiger Hinweis zu beachten, der auch für die Zukunft gilt:

Hinweis

In der Regel sollten Sie den Rahmencode der Eventhandler nicht selbst eintippen, sondern immer auf die oben genannte Weise durch Visual Studio erzeugen lassen! ■

```
Public Class Form1

    Private Sub Button1_Click(ByVal sender As System.Object, ByVal e As System.EventArgs) _
                                                                         Handles Button1.Click
       ' Hier müssen Ihre VB-Anweisungen eingefügt werden!
    End Sub

End Class
```

Füllen Sie den Körper des obigen Eventhandlers mit den erforderlichen Anweisungen aus, sodass der komplette Eventhandler schließlich folgendermaßen aussieht:

```
    Private Sub Button1_Click(ByVal sender As System.Object, ByVal e As System.EventArgs) _
                                                                         Handles Button1.Click
        Try
            Dim a As Integer = Convert.ToInt32(TextBox1.Text)      ' Eingabe a
            Dim max As Integer = a                                 ' Initialisieren von max
            Dim b As Integer = Convert.ToInt32(TextBox2.Text)      ' Eingabe b
            If b > max Then max = b                                ' Bedingung
            Dim c As Integer = Convert.ToInt32(TextBox3.Text)      ' Eingabe c
            If c > max Then max = c                                    ' Bedingung
            Label1.Text = "Das Maximum ist " & max.ToString & " !"     ' Ergebnisausgabe
        Catch ex As Exception
            MessageBox.Show(ex.Message, "Fehler")                      ' Fehlermeldung
        End Try
    End Sub
```

Hinweis

Beim Vergleich mit der Konsolenanwendung erkennen Sie, dass Ein- und Ausgabe deutlich einfacher und übersichtlicher geworden sind! ■

Nachdem Sie das Projekt abgespeichert haben, kompilieren und starten Sie das Programm mit der F5-Taste (oder durch Klick auf die entsprechende kleine Schaltfläche mit dem grünen Dreieck auf der Symbolleiste von Visual Studio):

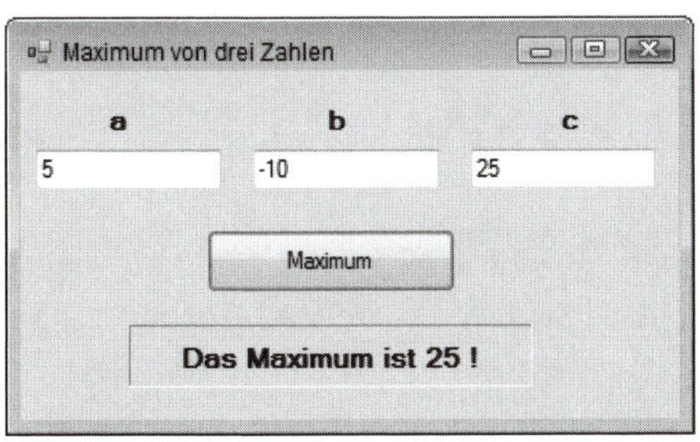

Abbildung 2.13
Laufzeitansicht

Wenn Sie die Programmbedienung mit der bei einer Konsolenanwendung vergleichen, so stoßen Sie auf ein Hauptmerkmal der Windows-Programmierung: Eine fest vorgeschriebene Reihenfolge für die Benutzereingaben gibt es nicht mehr!

Hinweis
Sie können mit der Tab-Taste den Eingabefokus zwischen den einzelnen Komponenten der Bedienoberfläche verschieben! ■

Sie können mit der Tab-Taste den Eingabefokus zwischen den einzelnen Komponenten der Bedienoberfläche verschieben! In unserem Beispiel darf man nur Ganzzahlen eingeben. Dank Fehlerbehandlung mittels `Try-Catch`-Block stürzt das Programm aber bei falschen Eingaben nicht ab, sondern liefert eine höfliche Meldung:

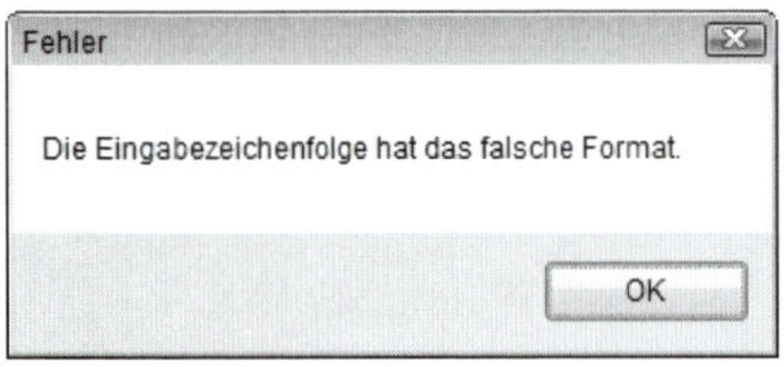

Abbildung 2.14
Fehlermeldung

Bemerkungen

- Genauso wie im Konsolen-Beispiel haben wir es auch auch hier mit VB-Anweisungen zu tun, die sich jetzt allerdings innerhalb einer Ereignisbehandlungsmethode (Event-Handler) befinden.
- Im Unterschied zur Konsolenanwendung (`ReadLine`/`WriteLine`) ist die Programmierung der Ein-/Ausgabe der Zahlen etwas umständlicher. Deren Werte sind zunächst in der `Text`-Eigenschaft der drei Textboxen enthalten und müssen mit Hilfe der `Convert`-Klasse vom Datentyp `String` in den `Integer`-Datentyp umgewandelt werden. Die Ergebnisausgabe erfolgt umgekehrt mittels der bereits bekannten `ToString`-Methode, deren Ergebnis der `Text`-Eigenschaft von `Label1` zugewiesen wird.

2.6 Darf es auch etwas anspruchsvoller sein?

Mittlerweile sind Sie auf den Geschmack gekommen und wollen sich an eine etwas anspruchsvollere Windows-Anwendung heranwagen. Schließlich verfügt Visual Studio nicht nur über solch einfache Steuerelemente wie `Label`, `TextBox` und `Button`, sondern über ein ganzes Arsenal attraktiver und leistungsfähiger Controls.

Verwandeln Sie das Konsolenprogramm aus 2.4 in eine Windows Forms-Applikation und zeigen Sie die Zahlenreihe in einer ListBox an. Für die Eingabe sollen nicht nur ganze Zahlen, sondern auch Gleitkommazahlen zulässig sein.

Oberflächenentwurf

Da Sie die allgemeine Vorgehensweise bereits am Vorgängerbeispiel geübt haben, werden sich die folgenden Erläuterungen nur auf das Spezifische beschränken.

Die folgende Abbildung 2.15 zur Gestaltung der Benutzerschnittstelle ist lediglich als Anregung zu verstehen. Eine `TextBox` dient zur Eingabe der Zahlen, die per Enter-Taste in eine `ListBox` übernommen werden sollen. Für die bequeme Bedienung und Anzeige sind weiterhin zwei `Button`- und drei `Label`-Steuerelemente vorgesehen.

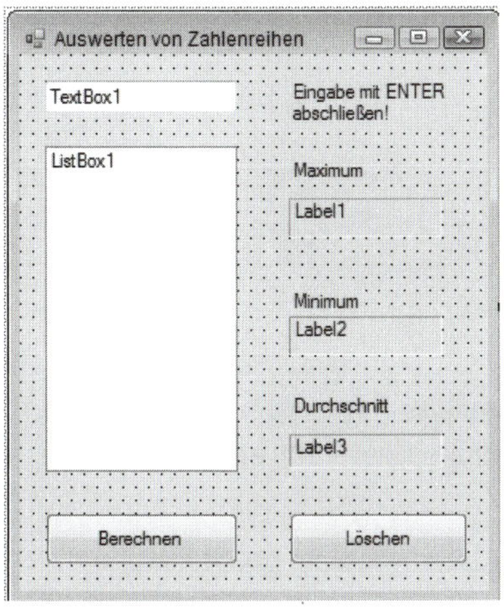

Abbildung 2.15
Entwurfsansicht

Programmierung

In die Klasse `Form1` tragen Sie zunächst folgenden Code ein, wie er Ihnen bereits in ähnlicher Gestalt aus der entsprechenden Konsolenanwendung bekannt ist:

```
Public Class Form1
    Private arr() As Double                      ' globale Variable deklarieren
    Private max, min As Double
    Private av As String

    Private Sub berechne()
        Dim sum As Double = arr(0)               ' lokale Variable
        min = arr(0)
        max = arr(0)                             ' globale Variable initialisieren
        Dim n As Integer = arr.Length - 1
        For i As Integer = 1 To n
            If arr(i) > max Then
                max = arr(i)
            Else
                If arr(i) < min Then min = arr(i)
            End If
            sum += arr(i)
        Next i
        sum = sum / (n + 1)                  ' Durchschnitt berechnen
        av = sum.ToString("#0.00")           ' globale Variable zuweisen
    End Sub
```

Der folgende Event-Handler für das KeyUp-Ereignis von TextBox1 überträgt dann den Eintrag nach ListBox1, wenn die Enter-Taste gedrückt wird. Anschließend wird der Eintrag in der Textbox gelöscht, um für neue Zahleneingaben bereit zu sein.

Hinweis

Tippen Sie den Rahmencode dieser Event-Handler nicht per Hand ein, sondern erzeugen Sie ihn über die »Ereignisse«-Seite des Eigenschaftenfensters (F4)! ■

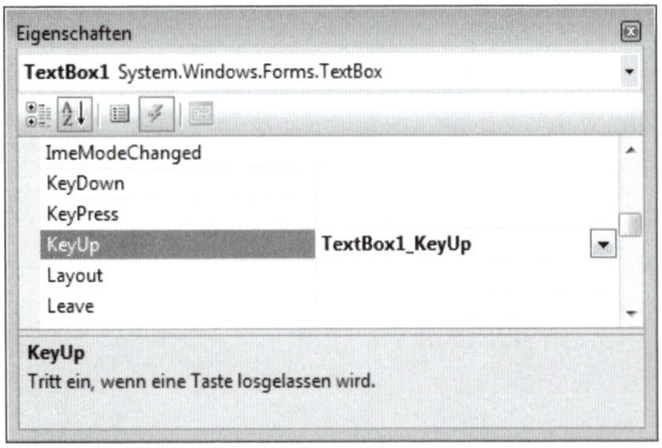

Abbildung 2.16
Zuweisen eines Event-Handlers

```
Private Sub TextBox1_KeyUp(ByVal sender As System.Object, _
                    ByVal e As  System.Windows.Forms.KeyEventArgs) Handles TextBox1.KeyUp
      If (e.KeyCode = Keys.Enter) And (TextBox1.Text <> String.Empty) Then       ' Enter-Taste
         ListBox1.Items.Add(TextBox1.Text)      ' TextBox => ListBox
         TextBox1.Text = String.Empty           ' TextBox-Inhalt löschen
      End If
   End Sub
```

Ein weiterer Event-Handler wertet das Click-Ereignis von Button1 aus. Der Inhalt der ListBox wird ausgelesen und in das Array kopiert. Da der erste Eintrag einer ListBox (genauso wie das erste Feld des Arrays) immer den Index null hat, kann man das Kopieren elegant in einer For...Next-Schleife erledigen. Nach Aufruf der Methode berechne erfolgt dann die Ergebnisanzeige:

```
   Private Sub Button1_Click(ByVal sender As System.Object, _
                         ByVal e As System.EventArgs) Handles Button1.Click
      Dim n As Integer = ListBox1.Items.Count        ' Anzahl der ListBox-Einträge
      If n > 0 Then               ' ListBox hat mindestens einen Eintrag
         ReDim arr(n - 1)         ' Array dimensionieren
         For i As Integer = 0 To n - 1
            Try
               arr(i) = Convert.ToDouble(ListBox1.Items(i))       ' ListBox => Array
            Catch ex As Exception                                  ' Fehlerbehandlung
               MessageBox.Show(ex.Message, "Fehler")
            End Try
         Next i
         berechne()                  ' Methodenaufruf
         Label1.Text = max.ToString()      ' Ergebnisanzeige
         Label2.Text = min.ToString()
```

```
        Label3.Text = av                    ' Gleitkommazahl formatieren
     End If
  End Sub
```

Der letzte Event-Handler ermöglicht das Löschen der gesamten Zahlenreihe, um wieder von vorn beginnen zu können:

```
  Private Sub Button2_Click(ByVal sender As System.Object, _
                                        ByVal e As System.EventArgs) Handles Button2.Click
     ListBox1.Items.Clear()
     arr = Nothing                      ' Array freigeben
     TextBox1.Text = String.Empty
     Label1.Text = String.Empty
     Label2.Text = String.Empty
     Label3.Text = String.Empty
  End Sub
End Class
```

Geben Sie eine beliebig lange Zahlenkolonne ein (jede Zahl mit Enter-Taste abschließen) und lassen Sie sich dann das Ergebnis der Auswertung anzeigen:

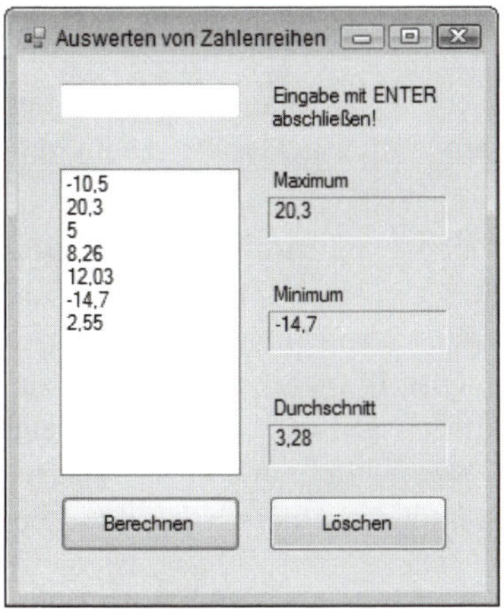

Abbildung 2.17
Laufzeitansicht

Bemerkungen

- Vergleichen Sie den Quellcode dieses Programms mit dem der Konsolenanwendungen aus den Vorgängerbeispielen. Nach einiger Praxis dürfte es Ihnen nicht schwer fallen, weitere »alte« Konsolenprogramme auf ähnliche Weise unter Visual Studio »aufzumöbeln«. Dabei wird das »Zusammenschieben« der Benutzerschnittstelle nicht das Problem sein, da die Vorgehensweise starke Ähnlichkeiten mit einem Zeichenprogramm hat. Dreh- und Angelpunkt ist vielmehr das Aufbrechen des linearen Programmablaufs (PAP) und seine zweckmäßige Verteilung auf verschiedene Event-Handler.
- In einer Windows Forms-Anwendung hat der klassische Programmablaufplan (PAP) – zumindest außerhalb von Methoden bzw. Event-Handlern – seine Bedeutung weitestgehend verloren, da es keine festgelegte Reihenfolge der Benutzereingaben mehr gibt.

- Wenn Sie auch dieses letzte Beispiel ohne größere Schwierigkeiten gemeistert haben, sind Sie auf dem besten Weg zu einem hoffnungsvollen Visual Basic-Programmierer, denn Sie haben bereits ein Gefühl für die wichtigsten sprachlichen Grundlagen entwickelt. Die Zeit ist also reif, um die sprachlichen Grundlagen zu vertiefen und sich an anspruchsvollere Projekte zu wagen.

2.7 Hilfe, mein Programm liefert falsche Ergebnisse!

Es kommt leider ziemlich selten vor, dass ein Programm auf Anhieb 100%-ig funktioniert. Glücklich der, wer sich nur beim Eingeben des Codes vertippt hat (Syntaxfehler, Variable nicht deklariert, Klammer oder Semikolon vergessen, ...), er wird bereits von Visual Studio auf den Fehler hingewiesen, indem die entsprechenden Stellen im Codefenster mit farbigen Wellenlinien unterschlängelt werden.

Eine weitere Sorte von Fehlern, z.B. falsche Datentypen, tritt erst beim Kompilieren des Programms ans Tageslicht. Hier erhalten Sie meist ausreichende Rückmeldungen vom Compiler, die Ihnen dabei helfen, das Übel zu beseitigen.

Die oben genannten Entwurfszeit- bzw. Kompilierfehler sind eher harmloser Natur und treten mit zunehmender Programmierpraxis immer seltener auf. So richtig unangenehm können aber die so genannten logischen Fehler werden. Bei dieser heimtückischen Spezies lässt sich Ihr Programm zwar anstandslos kompilieren, das böse Erwachen kommt aber zur Laufzeit, wenn unsinnige Resultate erzeugt werden. Hier liegen meistens Denkfehler beim Programmentwurf vor. Aber auch hier lässt Sie Visual Studio nicht im Regen stehen, sondern stellt Ihnen einen integrierten Debugger zur Verfügung, mit dessen Hilfe Sie die Fehlerursache systematisch einkreisen können.

Weil der Umgang mit dem Debugger zu den grundlegenden Fertigkeiten eines .NET-Programmierers gehört, sollte sich der Anfänger so früh wie möglich damit vertraut machen. In den Quellcode des Vorgängerbeispiels haben wir deshalb einen winzigen Fehler, mit allerdings gravierenden Auswirkungen, eingebaut (siehe folgende Abbildung 2.18).

Bei der aus den Zahlen »1«, »2« und »3« bestehenden Reihe wird zwar das Minimum richtig ermittelt, Maximum und Durchschnitt sind aber offensichtlich falsch. Was tun?

Ihre Aufgabe: *Laden Sie das fehlerhafte Projekt (aus den Beispieldaten) und testen Sie es! Finden Sie den Fehler mit Hilfe des Debuggers!*

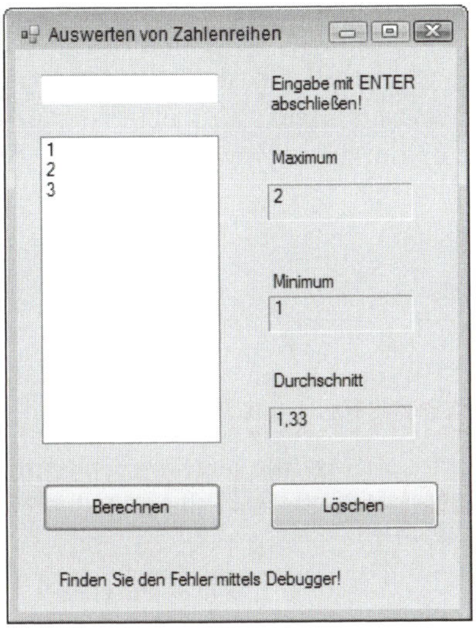

Abbildung 2.18
Hier stimmt doch etwas nicht!

Haltepunkt setzen

Da die eingegebenen Werte richtig in der `ListBox` erscheinen liegt es nahe, den Fehler innerhalb der Methode `berechne` zu suchen. Wir setzen deshalb einen Haltepunkt vor die Kopfzeile dieser Methode, indem wir einfach mit der Maus links auf den breiten grauen Rand des Codefensters klicken (siehe Abbildung 2.19).

```
Private Sub berechne()                           ' hier beginnt die Methode
    Dim sum As Double = arr(0)                   ' lokale Variable
    min = arr(0)
    max = arr(0)     ' globale Variablen initialisieren
    Dim n As Integer = arr.Length - 1
    For i As Integer = 0 To n - 1
        If arr(i) > max Then
            max = arr(i)
        Else
            If arr(i) < min Then min = arr(i)
        End If
        sum += arr(i)
    Next i
    sum = sum / (n + 1)                ' Durchschnitt berechnen
    av = sum.ToString("#0.00")         ' globale Variable zuweisen
End Sub                                          ' hier endet die Methode
```

Abbildung 2.19 Code-Fenster mit einem Haltepunkt

Code schrittweise abarbeiten

Starten Sie das Programm wie gewohnt (F5) und geben Sie einige Werte (1, 2, 3) ein. Nach Klick auf die Schaltfläche »Berechnen« stoppt die Programmausführung am Haltepunkt. Mit der F11-Taste (oder das Menü *Debuggen/Einzelschritt*) können Sie nun schrittweise den Code abarbeiten. Dabei zeigt der gelbe Pfeil den Programmfortschritt an. Über die aktuellen Werte der Variablen können Sie sich per QuickInfo informieren (einfach mit der Maus darauf zeigen).

```
Private Sub berechne()
    Dim sum As Double = arr(0)              ' lokale Variable
    min = arr(0)
    max = arr(0)    ' globale Variablen initialisieren
    Dim n As Integer = arr.Length - 1
    For i As Integer = 0 To n - 1
        If arr(i) > max Then
            max = arr(i)
        Else                 i | 1
            If arr(i) < min Then min = arr(i)
        End If
        sum += arr(i)
    Next i
```

Abbildung 2.20 Wo liegt der Fehler?

Schnell werden Sie feststellen, dass die `For...Next`-Schleife vorzeitig abgebrochen wird, sodass der zuletzt eingegebene Wert ignoriert wird. Korrigieren Sie also die fehlerhaften Kopfzeile und das Programm wird fehlerfrei funktionieren:

- falsch : `For i As Integer = 0 To n-1`
- richtig: `For i As Integer = 1 To n`

Debug-Modus beenden

Über das Menü *Debuggen/Debugging beenden* bzw. durch Klick auf die kleine ■-Schaltfläche in der Symbolleiste kehren Sie wieder in den normalen Entwurfsmodus zurück. Den oder die Haltepunkt(e) entfernen Sie am einfachsten dadurch, indem Sie nochmals darauf klicken.

Bemerkungen

Die in diesem kleinen Beispiel demonstrierten Fähigkeiten des Debuggers zeigen nur die Spitze des Eisbergs, denn er kann weitaus mehr (Fehlerbedingungen auswerten, Ausdrücke überwachen ...). Ziel war es lediglich, dem Einsteiger so früh wie möglich die Scheu vor dem Einsatz dieses unverzichtbaren Tools zu nehmen.

Hinweis

Mehr zum Debugger erfahren Sie im Kapitel 17. ■

3 Einführung in Visual Basic

Dieses Kapitel behandelt die folgenden Themen:

- Grundlegende Syntax
- Variablen und Datentypen
- Typkonvertierungen
- Operatoren
- Kontrollstrukturen
- Komplexere Datentypen
- Nutzerdefinierte Funktionen

Visual Basic ist, wie alle .NET-Sprachen, streng objektorientiert aufgebaut. In diesem Kapitel wollen wir Ihnen den für den Einstieg wichtigsten Sprachkern von Visual Basic erklären, ohne dabei gezielt die objektorientierten Features hervorzuheben. Wir zeigen Ihnen, wie Sie Anweisungen schreiben, mit Datentypen umgehen, Schleifen und Verzweigungen einsetzen, Arrays definieren und Funktionen bzw. Prozeduren aufrufen. Die etwas anspruchsvolleren Bestandteile von Visual Basic folgen erst in späteren Kapiteln (objektorientiertes Programmieren in Kapitel 4, fortgeschrittene Sprachelemente in den Kapiteln 5 und 6).

Hinweis

Dieses Kapitel ist, in Übereinstimmung mit der Lern-Philosophie dieses Buchs, nicht zum linearen Durcharbeiten, sondern eher zum gelegentlichen Nachschlagen gedacht! ■

3.1 Grundlagen der VB-Syntax

Dem Einsteiger empfehlen wir ein gelegentliches Rückblättern zu den Beispielen des Vorgängerkapitels, wo solch grundlegende Begriffe wie Anweisungen, Klassen, Namensräume und Gültigkeitsbereiche bereits grob erklärt wurden.

3.1.1 Anweisungen

Wir verstehen unter einer Anweisung einen Befehl, der eine bestimmte Aktion ausführt. Wie in jeder anderen Programmiersprache auch müssen die Visual Basic-Anweisungen bestimmten Regeln entsprechen, die man in ihrer Gesamtheit als *Syntax* bezeichnet.

Eine der wichtigsten Syntaxregeln kennen Sie bereits aus den Beispielen des Vorgängerkapitels, nämlich dass jede Anweisung mit einem Zeilenumbruch abzuschließen ist.

Durch gute Strukturierung Ihres Quellcodes, wie z.B. blockweises Einrücken, machen Sie Ihre Programme übersichtlicher und verringern somit die Fehlerquote.

Hinweis

Die Entwicklungsumgebung von Visual Studio erleichtert Ihnen das blockweise Einrücken unter anderem durch das Menü *Bearbeiten/Erweitert/Zieleneinzug vergrößern* bzw. *verkleinern* oder durch die entsprechenden Schaltflächen ( ) der Symbolleiste. ■

3.1.2 Bezeichner

Für die Namensgebung von Elementen Ihres Programms (Variablen, Methoden, Klassen, ...) verwendet man so genannte Bezeichner.

Namensgebung und Schlüsselwörter

Bei der Namensgebung müssen Sie sich an folgende Regeln halten:

- Als Zeichen sind Groß- und Kleinbuchstaben, der Unterstrich »_« sowie die Ziffern 0 ... 9 zulässig.
- Jeder Bezeichner muss mit einem Buchstaben (oder einem Unterstrich) beginnen und ohne eingeschlossene Punkte und Typkennzeichen auskommen.
- Ein Bezeichner muss innerhalb seines Gültigkeitsbereichs eindeutig sein (also keine Mehrfachvergabe des gleichen Namens).
- Bezeichner müssen kürzer als 256 Zeichen sein und
- dürfen keine *Schlüsselwörter* sein.

Bei *Schlüsselwörtern* handelt es sich um vordefinierte reservierte Bezeichner, die den Kern von Visual Basic ausmachen, z.B. `Class`, `Dim`, `Sub`, `If`, `End` etc..

Hinweis

Schlüsselwörter sind im Codefenster von Visual Studio standardmäßig blau eingefärbt. ■

Beispiel Zulässige und unzulässige Namensgebung

```
euro
_radius
Zwerg7
%Anteil                     ' unzulässig, weil "%"-Zeichen am Anfang
7Zwerge                     ' unzulässig, weil Ziffer am Anfang
dim                         ' unzulässig, weil Schlüsselwort
```

Leerzeichen etc.

Leerzeichen zwischen den Befehlswörtern sind im Allgemeinen bedeutungslos und werden in der Regel von Visual Studio automatisch korrigiert. Außerdem gibt es eine ganze Reihe weiterer Zeichen, die z.B. als Operatoren fungieren.

Beispiel Berechnung eines Ausdrucks mit Divisions- und Additions-Operator

```
z = x/y + 10
```

Groß-/Kleinschreibung

Da die Groß- und Kleinschreibung in Visual Basic egal ist, dürfen Sie keine Bezeichner verwenden, die sich lediglich durch die Groß- und Kleinschreibung voneinander unterscheiden. Sie sollten die Groß-/Kleinschreibung aber dafür einsetzen, um die Lesbarkeit Ihres Programms zu verbessern.

Beispiel Beide Bezeichner dürfen Sie nicht nebeneinander verwenden. Der erste Bezeichner ist besser lesbar als der zweite und sollte verwendet werden.

```
MeineAdresse        ' gut lesbar
meineadresse        ' doppelter Bezeichner, schlecht lesbar
```

3.1.3 Kommentare

Kommentaranweisungen (im Editor im Allgemeinen grün hervorgehoben) dienen als zusätzliche Erläuterungen für den Programmierer und werden vom Compiler überlesen. Für das Kennzeichnen von Kommentaren verwenden Sie den einfachen Apostroph (').

Hinweis

Im Unterschied zu anderen Sprachen kennt Visual Basic keine mehrzeiligen Kommentare. ■

Beispiel Kommentare

```
x = y + 10                 ' Addiere 10 zum Wert von y
' Jede neue Kommentarzeile muss extra eingeleitet werden.
```

3.1.4 Zeilenumbruch

In Visual Basic steht normalerweise pro Zeile eine Anweisung, d.h., ein Zeilenumbruch ist in der Regel gleichbedeutend mit dem Anweisungsende. Im Folgenden wollen wir auf die Ausnahmen hinweisen, mit denen man diese »eiserne Regel« umgehen kann.

Lange Zeilen teilen

Wenn eine Anweisung sehr lang ist, kann das ihre Lesbarkeit im Quelltexteditor beeinträchtigen, und es ist außerdem unbequem, da man horizontal scrollen muss. Man kann aber eine solche Zeile durch einen Unterstrich mit vorangestelltem Leerzeichen trennen. Auch in vielen der abgedruckten Listings dieses Buchs werden Sie diese Schreibweise antreffen.

Beispiel Die erste Zeile eines Event-Handlers wird auf zwei Zeilen aufgeteilt.

```
Private Sub Button1_Click(ByVal sender As System.Object, _
                          ByVal e As System.EventArgs) Handles Button1.Click
```

Hinweis

Zeichenketten müssen Sie vorher in Teilketten zerlegen, bevor Sie sie trennen! ■

Beispiel Eine Zeichenkette wird korrekt getrennt.

```
Label1.Text = "Dies ist eine sehr lange Zeichenkette, die sehr unübersichtlich wäre " & _
", wenn man sie nicht trennen würde."
```

Mehrere Anweisungen pro Zeile

Um Platz zu sparen, können aber auch mehrere Anweisungen pro Zeile geschrieben werden, diese sind dann durch einen Doppelpunkt (:) voneinander zu trennen.

Beispiel Die Anweisungen

```
euro = CSng(TextBox1.Text)
dollar = euro * kurs
```

kann man wie folgt in eine Zeile schreiben:

```
euro = CSng(TextBox1.Text) : dollar = euro * kurs
```

3.2 Datentypen und Variablen

Jedes Programm »lebt« in erster Linie von seinen Variablen, die bestimmten Datentypen entsprechen. Es ist daher logisch, dass wir dieses Thema an den Anfang unserer Betrachtungen zur Sprache Visual Basic stellen müssen.

3.2.1 Fundamentale Typen

Die folgende Tabelle gibt eine Übersicht der einfachen (fundamentalen) Datentypen, die Visual Basic zur Verfügung stellt:

Tabelle 3.1 Die einfachen Visual Basic-Datentypen

VB-Datentyp	.NET-CLR-Typ	Erläuterung	Länge [Byte]
`Short`	`System.Int16`	kurze Ganzzahl zwischen -2^{15} ... $2^{15}-1$ (-32.768 ... 32.767)	2
`Integer`	`System.Int32`	Ganzzahl zwischen -2^{31} ... $2^{31}-1$ (-2.147.483.648 ... 2.147.483.647)	4
`Long`	`System.Int64`	lange Ganzzahl -2^{63} ... $2^{63}-1$ (-9.223.372.036.854.775.808 ... 9.223.372.036.854.775.807)	8
`Single`	`System.Single`	einfachgenaue Gleitkommazahl mit 7-stelliger Genauigkeit zwischen ca. +/- 3.4E-45 und +/-3.4E+38	4
`Double`	`System.Double`	doppeltgenaue Gleitkommazahl mit 16-stelliger Genauigkeit zwischen ca. +/- 4.9E-324 und +/-1.8E+308	8
`Decimal`	`System.Decimal`	hochgenaue Gleitkommazahl zwischen 0 ... +/- 79E+27 (ohne Dezimalpunkt) und ca. +/-1.0E-29 ...7.9E+27 (mit Dezimalpunkt)	16
`Date`	`System.DateTime`	Datum/Zeit zwischen 1. Januar 1 bis 31. Dezember 9999	8
`Char`	`System.Char`	ein beliebiges Unicode-Zeichen	2
`String`	`System.String`	beliebige Unicode-Zeichenfolge mit einer maximalen Länge von ca. 2 000 000 000 Zeichen	2 pro Zeichen plus 10
`Boolean`	`System.Boolean`	Wahrheitswert (`True`, `False`)	2
`Byte`	`System.Byte`	positive Ganzzahl zwischen 0 ... 255	1
`Object`	`System.Object`	universeller Datentyp	4

Wie Sie obiger Tabelle entnehmen, entsprechen alle Visual Basic-Datentypen einer Klassendefinition im .NET-Framework.

Die CLR-Datentypen sind im `System`-Namensraum angeordnet. Bei der Deklaration (siehe unten) ist es egal, welchen der beiden möglichen Typbezeichner Sie angeben.

3.2.2 Namensgebung von Variablen

Zusätzlich zu den unter 3.1.2 aufgeführten Regeln für selbst definierte Bezeichner sollten Sie folgenden Empfehlungen gemäß *Common Language Specification* (CLS) folgen:

- Beginnen Sie den Namen einer Variablen möglichst mit einem Kleinbuchstaben.
- Falls Bezeichner aus mehreren Wörtern zusammengesetzt sind, so sollten ab dem zweiten Wort alle Wörter mit einem Großbuchstaben beginnen (»Kamelschreibweise«).

Beispiel Ein Variablenname, der sich aus mehreren Wörtern zusammensetzt.

```
meinHaushaltskassenSaldo
```

Hinweis

Die Konventionen der Namensgebung von Variablen gelten auch für Konstanten, Funktionen/Prozeduren und andere benutzerdefinierte Sprachelemente. ■

3.2.3 Deklaration von Variablen

Variablen sind benannte Speicherplatzstellen, der Variablenname dient dazu, die Speicheradresse im Programmcode quasi wie über einen Alias anzusprechen.

Dim-Anweisung

Sie können Variablen mit dem Schlüsselwort `Dim` deklarieren und ihnen mit `As` einen Datentyp zuweisen[1].

```
Dim Variablenname As Datentyp
```

Beispiel Verschiedene Variablendeklarationen

```
Dim a As Single
Dim anzahl As Integer
Dim breite As Double
```

In einer Anweisung lassen sich auch mehrere Variablen hintereinander deklarieren.

Beispiel Die gleichen Deklarationen wie im Vorgängerbeispiel

```
Dim a As Single, anzahl As Integer, breite As Double
```

Laut obiger Tabelle kann man als Datentyp auch den CLR-Typ angeben.

Beispiel Die folgenden Deklarationen sind gleichwertig.

```
Dim i As Integer
Dim i As System.Int32
Dim i As Int32
```

3.2.4 Mehrfachdeklaration

Wenn Sie mehrere Variablen vom gleichen Datentyp hintereinander deklarieren wollen, genügt es, den Datentyp nur einmal anzugeben.

[1] Später werden Sie erfahren, dass man außer mit *Dim* auch noch mit *Private*, *Public* oder *Static* deklarieren kann.

Beispiel Statt

```
Dim i As Integer
Dim j As Integer
```

dürfen Sie auch schreiben

```
Dim i, j As Integer
```

3.2.5 Anfangswerte zuweisen

Zusammen mit der Deklaration können Sie die Variablen auch gleich initialisieren.

Beispiel Statt

```
Dim max As Single
max = 99.99
```

können Sie kürzer formulieren:

```
Dim max As Single = 99.99
```

3.2.6 Option Explicit

Dieser Schalter, der am Beginn eines Moduls steht

```
Option Explicit On|Off
```

erzwingt die Deklaration einer Variablen, bevor sie verwendet wird (`On`), oder ermöglicht die sofortige Verwendung ohne vorherige Deklaration (`Off`).

Beispiel Sie haben vergessen, die Variable `j` zu deklarieren

```
Option Explicit On
Dim i As Integer
j = 10         ' undeklarierte Variable erzeugt Compiler-Fehler !
i = 10
```

... aber so bemerken Sie Ihren Fehler nicht:

```
Option Explicit Off
Dim i As Integer
j = 10         ' neue Variable vom Object-Datentyp wird erzeugt !
i = 10
```

Hinweis
Sie sollten grundsätzlich mit `Option Explicit On` arbeiten, da dies die Typsicherheit erhöht und die Fehlerquote senkt. ■

Wenn Sie im Projektmappen-Explorer auf den Projektnamen rechtsklicken und *Eigenschaften* wählen, können Sie im Projekteigenschaftenfenster unter »Kompilieren« die Kompilierungsoption `Option Explicit` für die gesamte Anwendung festlegen.

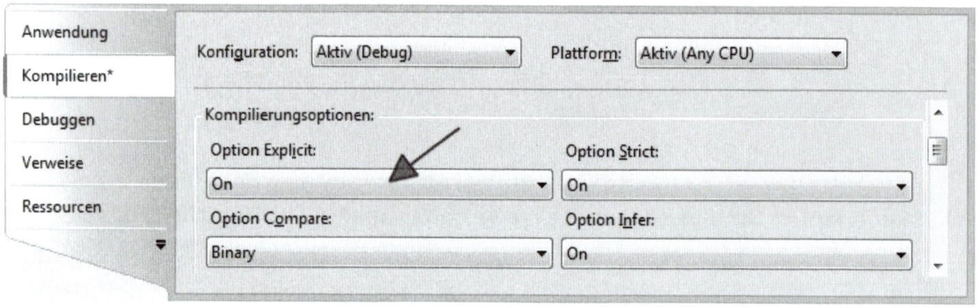

Abbildung 3.1 `Option Explicit` festlegen

3.2.7 Option Strict

Ähnlich wie `Option Explicit` steht dieser Schalter am Beginn eines Moduls oder kann ebenfalls im Projekteigenschaftenfenster eingestellt werden (siehe obige Abbildung 3.1).

```
Option Strict On|Off
```

Ist die Schalterstellung `Off` (unter Visual Studio ist das der Standard), so gibt es einige (fragwürdige) Erleichterungen beim Zuweisen unterschiedlicher Datentypen. So kann z.B. bei der Variablendeklaration auf die Angabe des Datentyps verzichtet werden, die Variable ist dann automatisch vom Typ `Object`[1].

Beispiel Der folgende Code ergibt einen Fehler, da die `As`-Klausel fehlt:

```
Option Strict On
...
Dim x
```

Dieser Code aber lässt sich fehlerfrei kompilieren:

```
Option Strict Off
...
Dim x         ' x ist vom Object-Datentyp
```

Hinweis

Der Lernende ist gut beraten, wenn er zunächst mit `Option Strict On` arbeitet, da dies das Verständnis der Programmiersprache fördert und das Portieren des Codes nach anderen .NET-Sprachen (z.B. C#) deutlich erleichtert! ■

[1] Die im Zusammenhang mit der relativ neuen LINQ-Technologie eingeführte *Typinferenz* ermöglicht ebenfalls das Deklarieren von Variablen ohne Angabe eines Typbezeichners, allerdings muss dazu ein Anfangswert zugewiesen werden (siehe Abschnitt 3.4.2 bzw. Kapitel 6).

3.2.8 Konstanten deklarieren

Im Unterschied zu Variablen bleibt der Wert einer Konstanten während der gesamten Laufzeit eines Programms unverändert. Sie legen ihn einmalig mit der `Const`-Anweisung fest. Es ist allgemein üblich, den Namen einer Konstanten in Großbuchstaben zu schreiben.

Beispiel Konstanten

```
Const PI As Single = 3.1415
Const MELDUNG As String = "Achtung"
Const ANZAHL As Integer = 5
Const X1 As Double = 3 / 4, x2 As Double = 2 + 1 / 3
```

Sammlungen von Konstanten werden üblicherweise in so genannten *Enumerationen* »zusammengehalten« (siehe 3.8.1).

3.2.9 Gültigkeitsbereiche von Deklarationen

Bis jetzt hatten wir Variablen ausschließlich mit dem Zugriffsmodifizierer `Dim` deklariert. Es gibt allerdings noch mindestens drei weitere Alternativen (`Static`, `Private`, `Public`), die sich bezüglich *Sichtbarkeit* und *Lebensdauer* unterscheiden. Was bedeutet das?

- Sichtbarkeit
  ... bestimmt, von welchen Stellen des Programms auf die Variable zugegriffen werden darf.
- Lebensdauer
  ... beschreibt, wie lange die Variable den für sie reservierten Speicherplatz beansprucht.

Die folgende Tabelle vermittelt dazu zunächst einen allgemeinen Überblick:

Tabelle 3.2 Gültigkeitsbereiche

Zugriffs-modifizierer	Deklaration in	Sichtbarkeit	Lebensdauer
`Dim`	Sub/Function	lokal	bis Prozedur verlassen wird
`Static`	Sub/Function	lokal statisch	Programmlaufzeit
`Private`	Modul	modulglobal	Programmlaufzeit
`Public`	Modul	programmglobal	Programmlaufzeit

Nun wollen wir einen genaueren Blick auf die einzelnen Deklarationsmöglichkeiten werfen.

3.2.10 Lokale Variablen mit Dim

Eine lokale Variable wird in der Regel mit `Dim` deklariert und ist nur innerhalb der `Sub` bzw. `Function` bekannt, in welcher sie deklariert wurde. Das bedeutet, dass sich ihre Sichtbarkeit auf diesen Bereich beschränkt und von außerhalb der Lese- und Schreibzugriff verwehrt ist. Bei jedem neuen Aufruf der Sub bzw. `Function` wird die Variable mit ihrem Leerwert (0 oder

Leerstring "") neu initialisiert. Beim Verlassen des Blocks werden alle mit Dim deklarierten Variablen zerstört, und der von ihnen belegte Speicherplatz wird wieder freigegeben.

Beispiel Platzieren Sie auf einem Formular einen Button und hinterlegen Sie dessen Click-Ereignis wie folgt.

```
Private Sub Button1_Click(ByVal sender As System.Object, _
                            ByVal e As System.EventArgs) Handles Button1.Click
Dim anzahl As Integer       ' lokale Variable
  anzahl = anzahl + 1
  MessageBox.Show(anzahl.ToString)
End Sub
```

Bei jedem Klick auf den Button zeigt das Meldungsfenster »1« an, obwohl wir eigentlich »hochzählen« wollten. Eine Lösung bietet das Deklarieren mit Static (siehe nächster Abschnitt).

Die Gültigkeit lokaler Variablen innerhalb einer Prozedur kann weiter eingegrenzt werden, wenn Sie diese innerhalb eines Anweisungsblocks deklarieren. Allerdings darf dann im übergeordneten Block eine gleichnamige Variable nicht nochmals auftreten.

Beispiel Die Variable s gilt nur innerhalb des If-Then-Blocks.

```
Dim i As Integer = 5
If i < 5 Then
   Dim s As String = "Ich bin in einem Block deklariert!"
End If
MessageBox.Show(s)         ' Fehler: Variable s unbekannt
```

3.2.11 Lokale Variablen mit Static

Eine Deklaration mit Static anstatt Dim bedeutet, dass der Wert einer Variablen nicht »verlorengeht«, wenn die Prozedur, in welcher die Variable deklariert wurde, zwischenzeitlich verlassen und später wieder aufgerufen wird.

Beispiel Bei jedem Klick auf den Button erhöht sich der angezeigte Wert um eins.

```
Private Sub Button1_Click(ByVal sender As System.Object, _
                              ByVal e As System.EventArgs) Handles Button1.Click
  Static anzahl As Integer     ' lokale Variable
  anzahl = anzahl + 1
  MessageBox.Show(anzahl.ToString)
End Sub
```

Hinweis

Static-Deklarationen können **nicht** für globale Variablen angewendet werden! ■

3.2.12 Private globale Variablen

Mit `Private` (oder ausnahmsweise auch `Dim`) deklarieren Sie globale Variablen, deren Sichtbarkeit sich auf das Modul beschränkt. Eine solche Variable kann von jeder Prozedur innerhalb des Moduls aufgerufen und modifiziert werden. Außerhalb des Moduls ist die Variable unbekannt. Logischerweise deklarieren Sie eine private globale Variable außerhalb jeglicher Prozedur, d.h., im Allgemeinteil eines Moduls.

Hinweis

`Dim` auf Modulebene bedeutet so viel wie `Private`, sollte aber im Interesse eines sauberen Programmierstils nicht verwendet werden. ■

Beispiel Drei private globale Variablen werden deklariert und mit Anfangswerten initialisiert:

```
Private euro As Single =1, dollar As Single = 1, kurs As Single =1
```

3.2.13 Public Variablen

Wenn Sie möchten, dass auf Modulebene deklarierte Variablen auch noch allen anderen Modulen Ihrer Anwendung zur Verfügung stehen sollen, dann müssen Sie diese mit `Public` deklarieren.

Beispiel Der Name einer Datenbankdatei, die Sie in Ihrem Projekt von mehreren Formularen aus öffnen müssen, wird in einer anwendungsglobalen Variablen gespeichert.

```
Public dbName As String = "C:\Beispiele\Datenbankanwendung1\Firma.mdb"
```

3.3 Einfache Datentypen im Überblick

In diesem Abschnitt wollen wir die fundamentalen Datentypen (siehe Tabelle 3.1) etwas genauer unter die Lupe nehmen und auf einige Besonderheiten aufmerksam machen.

3.3.1 Byte, Short, Integer und Long

Die Datentypen `Byte` (8 Bit), `Short` (16 Bit), `Integer` (32 Bit) und `Long` (64 Bit) dienen dem Speichern von ganzzahligen Werten. Bei der Auswahl ist darauf zu achten, ob der Datentyp für Ihre Zwecke groß genug ist und ob evtl. ein Vorzeichen benötigt (welches `Byte` nicht bietet) wird.

Wenn Sie die Werte als Literale – d.h. direkt im Quellcode – zuweisen wollen, müssen Sie natürlich auch auf die Einhaltung der Wertebereiche achten.

Beispiel Der folgende Code führt zu einer Fehlermeldung: *»Der Konstantenausdruck ist im Typ »Short« nicht repräsentierbar.«*

```
Dim i As Short
i = 100000                ' Fehler
```

Hinweis

Bei eingeschalteter strenger Typprüfung müssen die zugewiesenen Literale dem Datentyp der Variablen entsprechen. ■

Beispiel Der folgende Code führt zur Fehlermeldung *»Option Strict On lässt keine impliziten Typkonvertierungen von Double in Short zu.«*

```
Dim i As Short
i = 10.5                   ' Fehler bei Option Strict On oder 10  bei Option Strict Off
```

Wenn Sie im Beispiel aber `Option Strict Off` einstellen, so wird die letzte Anweisung ohne Murren akzeptiert, und `i` erhält den gerundeten Wert (10).

Für ein ganzzahliges Literal können auch die hexadezimale (Präfix `&H`) oder oktale Schreibweise (Präfix `&O`) Verwendung finden.

Beispiel Die drei folgenden Zuweisungen sind identisch.

```
Dim b As Byte
b = 255
b = &HFF
b = &O377
```

3.3.2 Single, Double und Decimal

Der `Single`-Typ genügt nur recht bescheidenen Ansprüchen, denn bei einer Vorkommastelle kann er nur etwa sieben Nachkommastellen speichern, während es bei `Double` 15 sind. Der hochgenaue `Decimal`-Datentyp hat 29 Stellen, die sich auf Vor- und Nachkomma aufteilen.

Hinweis

Wenn Sie Gleitkommazahlen im Quelltext zuweisen, dürfen Sie nicht das Komma, sondern müssen den Punkt als Dezimaltrenner verwenden. ■

Beispiel Deklarieren und Zuweisen einer Gleitkommavariablen

```
Dim a As Single
a = 0.45
```

Andererseits dürfen Sie sich nicht wundern, wenn z.B. bei Zahleneingaben in ein Textfeld nur das Komma als Dezimaltrennzeichen akzeptiert wird. Dies hängt mit der deutschen Ländereinstellung zusammen (Windows-Systemsteuerung).

3.3.3 Char und String

Beide Datentypen basieren auf dem Unicode-Zeichensatz, der pro Zeichen 2 Byte beansprucht (im Unterschied zu dem klassischen ASCII- bzw. ANSI-Zeichensatz mit 1 Byte pro Zeichen). Mit dem Unicode können deshalb nicht mehr nur maximal 255, sondern bis zu 65535 (!) verschiedene Zeichen gespeichert werden.

Den Typ `Char` verwenden Sie zum Speichern eines einzelnen Zeichens, während Zeichenketten im `String`-Datentyp gespeichert werden. Haben Sie die strenge Typprüfung eingeschaltet, so sind `Char`-Literale mit dem Literalzeichen `c` abzuschließen.

Beispiel Einer `Char`-Variablen wird das Zeichen »A« zugewiesen.

```
Dim z As Char = "A"c
```

Stringausdrücke schließt man in »Gänsefüßchen« ein.

```
Dim s As String = "Ich bin ein String!"
```

Einzelne Strings kann man mit dem »+«- oder »&«-Operator zusammenfügen. Letztere Variante (Kaufmanns-UND) wird aber wärmstens empfohlen.

Beispiel Addition von zwei Zeichenketten

```
Dim s1 As String = "Hallo ", s2 As String = " .NET Freunde!"
MessageBox.Show(s1 & s2)
```

Mehr zur Stringverarbeitung erfahren Sie im Kapitel 5!

3.3.4 Date

Datums-/Zeitwerte werden in Variablen vom `Date`-Typ als ganze 64-Bit-Zahlen (8 Bytes) gespeichert. Der Bereich umfasst den 01. Januar des Jahres 1 unserer Zeitrechnung bis zum 31. Dezember 9999 und Uhrzeiten von 0:00:00 (Mitternacht) bis 23:59:59.

Ein `Date`-Literale muss durch das Rautenzeichen (#) eingeschlossen sein und im Format `m/d/yyyy` (US-amerikanische Schreibweise) angegeben werden.

Werden `Date`-Werte in den `String`-Typ konvertiert, wird das Datum entsprechend des in der Systemsteuerung des Computers eingestellten **kurzen** Datumsformats dargestellt, die Uhrzeit entspricht dem eingestellten Zeitformat (12 oder 24 Stunden).

Beispiel Der 27.11.1955 wird einer Datumsvariablen zugewiesen und in einem Meldungsfenster angezeigt.

```
Dim dat As Date = #11/27/1955#        ' Reihenfolge: Monat/Tag/Jahr
MessageBox.Show(dat.ToString)
```

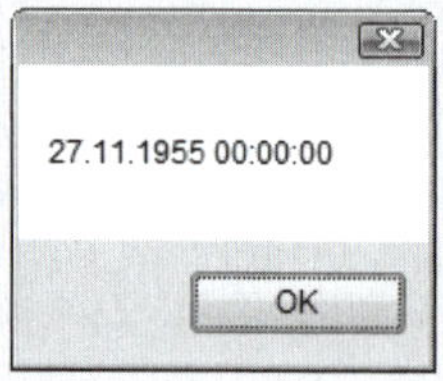

Wollen Sie zusätzlich zum Datum die Uhrzeit mit angeben, muss diese dahinter im Format *hh:mm:ss AM|PM* notiert werden.

Beispiel Der 17. August 1987, 19.00 Uhr

```
Dim dat As Date = #8/17/1987 7:00:00 PM#
```

Um auch deutsche Datumsstrings zuweisen zu können, können Sie z.B. die `CDate`-Typkonvertierungsfunktion verwenden.

Beispiel Ein Datum wird über eine `TextBox` zugewiesen.

```
Dim dat As Date = CDate(TextBox1.Text)
```

Hinweis

Weitere Informationen über Datums-/Zeitfunktionen bzw. die Methoden der `Date`-Klasse entnehmen Sie dem Kapitel 5. ■

3.3.5 Boolean

Ein `Boolean` beansprucht satte 16 Bit, obwohl eigentlich nur ein einziges Bit zum Speichern von `True` bzw. `False` reichen würde, aber hinter dieser scheinbar unglaublichen Verschwendung stecken rechentechnische Gründe. Standardmäßig wird eine `Boolean`-Variable bei ihrer Deklaration mit `False` initialisiert.

`False` entspricht einem Integer-Wert von 0, wenn Sie `Boolean` in `Integer` konvertieren, `True` entspricht dem `Integer`-Wert -1. Etwas anders sieht es aus, wenn Sie umgekehrt einen Integer in einen `Boolean` konvertieren wollen, denn dann wird jeder von null abweichende Wert zu `True` (siehe auch Typkonvertierung im Abschnitt 3.5).

3.3.6 Object

Dieser universelle Datentyp spielt als »Mutter für alles« eine Sonderrolle, denn ihm können Sie beliebige Datentypen zuweisen. Alle Klassen des .NET-Frameworks sind von `System.Object` abgeleitet, und `Object` ist dafür lediglich ein Alias.

Eine `Object`-Variable ist ein so genannter *Referenztyp*, denn sie speichert nicht den tatsächlichen Wert, sondern lediglich einen 4 Byte großen Zeiger auf die Adresse der zugewiesenen Variablen.

Vor der Ausführung arithmetischer Operationen und bei eingeschalteter strenger Typprüfung (`Option Strict On`) müssen Sie einen `Object`-Typ mit `CType` immer in den gewünschten Typ konvertieren.

Beispiel Zwei Objektvariablen referenzieren eine `String`- bzw. eine `Integer`-Variable und werden (nach erfolgter Typkonvertierung) zur ersten Objektvariablen addiert. Das Ergebnis wird in einen String konvertiert und angezeigt.

```
Dim s As String = "16"
Dim i As Integer = 20
Dim o1 As Object = s
Dim o2 As Object = i
o1 = CType(o1, Integer) + CType(o2, Integer)     ' referenziert Integer mit Wert 36
MessageBox.Show(o1.ToString)                     ' Ergebnis ist "36"
```

Hinweis

Den `Object`-Datentyp sollten Sie nur in Ausnahmefällen verwenden, da mit ihm die Typsicherheit (trotz `Option Strict On`) verloren geht (Fehlerquelle!). ■

3.4 Weitere wichtige Sprachfeatures

Bevor wir uns im nächsten Abschnitt dem Konvertieren von Datentypen zuwenden, wollen wir noch einige wichtige Typen und Aspekte beleuchten.

3.4.1 Nullable Types

Einer der Hauptunterschiede zwischen Wertetypen, wie `Integer` oder `Structure` , und Referenztypen, wie `Form` oder `String`, ist der, dass Referenztypen so genannte Null-Werte unterstützen. Eine Referenztyp-Variable kann also den Wert `Nothing` enthalten, d.h., die Variable referenziert im Moment keinen bestimmten Wert. Demgegenüber enthält eine Wertetyp-Variable immer einen Wert, auch wenn dieser, wie bei einer `Integer`-Variablen, den Wert 0 (null) hat. Falls Sie einer Wertetyp-Variablen `Nothing` zuweisen, wird diese auf ihren Default-Wert zurückgesetzt, bei einer `Integer`-Variablen wäre das 0 (null)).

Der Compiler kann aber durch ein der Typdeklaration nachgestelltes Fragezeichen (?) einen Wertetyp in eine generische `System.Nullable(Of T As Structure)`-Struktur verpacken.

Beispiel Einige Deklarationen von Nullable-Typen

```
Dim i As Integer? = 10
Dim j As Integer? = Nothing
Dim k As Integer? = i + j                ' Nothing
```

Beispiel Ein an die Subroutine `PrintValue` übergebener Integer-Wert wird nur angezeigt, wenn ihm ein Wert zugewiesen wurde. Ansonsten erfolgt die Ausgabe »Null Wert«.

```
Sub PrintValue(ByVal i As Nullable(Of Integer))
    If i.HasValue Then
      Console.WriteLine(CInt(i))
    Else
      Console.WriteLine("Null Wert!")
    End If
End Sub
```

Von Nutzen dürften Nullable-Typen besonders dann sein, wenn Daten aus einer relationalen Datenbank gelesen bzw. dorthin zurückgeschrieben werden sollen (siehe dazu Kapitel 14, 15, 16).

3.4.2 Typinferenz

Dieses in Zusammenhang mit der LINQ-Technologie (siehe Kapitel 6) eingeführte Sprachfeature erlaubt es, dass der Datentyp einer Variablen bei der Deklaration vom Compiler automatisch ermittelt wird, ohne dass Sie explizit den Typ angeben müssen.

Die Deklaration erfolgt mit dem Schlüsselwort `Dim`, wobei man auf die `As`-Klausel verzichtet.

Hinweis

Damit der Compiler den Typ der Variablen feststellen kann, muss eine per Typinferenz deklarierte Variable unbedingt bei der Deklaration initialisiert werden. ■

Manch ein VB-Entwickler wird denken, dass es sich hierbei um dasselbe Verhalten wie bei `Option Strict Off` handelt, tatsächlich aber erhalten Sie eine streng typisierte Variable.

Beispiel Die Initialisierung der Variablen `a` wird vom Compiler ausgewertet und der Typ aufgrund des Wertes 35 auf `Integer` festgelegt.

```
Dim a = 35
```

Obige Zeile ist semantisch identisch mit folgendem Ausdruck:

```
Dim a As Integer = 35
```

Der Datentyp wird einmalig bei der ersten Deklaration der Variablen vom Compiler festgelegt und kann danach nicht mehr verändert werden.

Beispiel Da die Variable `b` vom Compiler als `Integer` festgelegt wurde, kann ihr später kein `Double`-Wert zugewiesen werden.

```
Dim b = 7
b = 12.3              ' Fehler!
```

Hinweis
Typinferenz funktioniert nur bei lokalen Variablen! ■

3.5 Konvertieren von Datentypen

Anders als seine Vorgänger aus Basic-Urzeiten nimmt es Visual Basic mit den Datentypen sehr genau, zumindest wenn wir »sauber« programmieren wollen und dazu die `Option Strict On` eingeschaltet haben.

3.5.1 Implizite und explizite Konvertierung

Unabhängig vom tatsächlichen Wert, wie er in der Variablen gespeichert ist, lassen sich verschiedene Datentypen nur dann gegenseitig zuweisen, wenn der Wertebereich des rechten Datentyps in den linken »passt«. In einem solchen Fall findet eine so genannte *implizite Konvertierung* statt, die der Compiler automatisch vornimmt.

Beispiel Die Zuweisung `Byte` zu `Integer` funktioniert problemlos.

```
Dim b As Byte = 100
Dim i As Integer = b
```

Geradezu »oberlehrerhaft« verhält sich .NET im umgekehrten Fall. Egal ob der Wert in den kleineren Datentyp passen würde oder nicht – es wird halt gemeckert.

Beispiel Obwohl der Wert `100` problemlos von einer `Byte`-Variablen aufgenommen werden könnte, erscheint eine Fehlermeldung.

```
Dim i As Integer = 100
Dim b As Byte = i       ' Fehler!
```

Um den erbosten Compiler zu beschwichtigen, ist eine so genannte *explizite Typkonvertierung* erforderlich, für die es unter VB.NET verschiedene Wege gibt.

- Verwendung einer sprachspezifischen Konvertierungsfunktion, wie z.B. CByte oder CDbl (siehe Tabelle Seite 93).
- Konvertieren mit der CType-Funktion
- Konvertierungen über die Convert-Klasse
- Verwenden der ToString-Methode (nur für Konvertierung in String-Datentyp)
- Einsatz der Parse-Methode (nur für Konvertierung aus String-Datentyp)

Beispiel Drei explizite Typkonvertierungen mit dem gleichen Ergebnis.

```
Dim i As Integer = 100
Dim b As Byte = CByte(i)           ' Variante 1
Dim b As Byte = CType(i, Byte)     ' Variante 2
Dim b As Byte = Convert.ToByte(i)  ' Variante 3
```

3.5.2 Welcher Datentyp passt in welchen?

Bei einer impliziten Konvertierung unter Option Strict On kann stets nur der kleinere der beiden Datentypen in einen größeren umgewandelt werden.

Beispiel Implizite Typkonvertierung Byte in Double

```
Dim d As Double
Dim b As Byte = 100
d = b                    ' d erhält den Wert 100
```

In der folgenden Abbildung entnehmen Sie der Pfeilrichtung, welcher Typ automatisch welchen Typ aufnehmen kann.

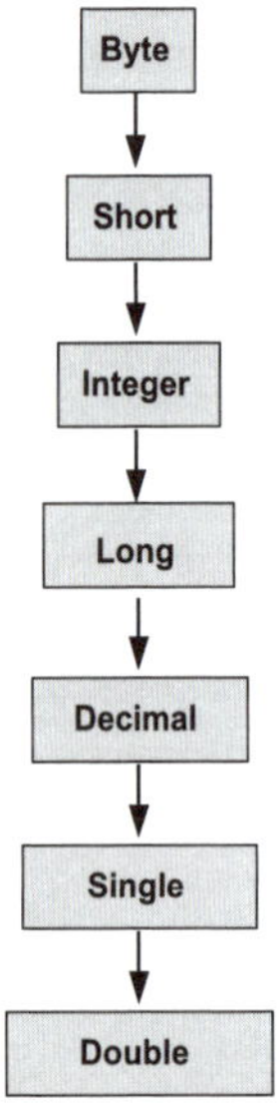

Abbildung 3.2
Aufnahmefähigkeit der Datentypen

In obiger Abbildung werden Sie die Datentypen `Char`, `String` und `Boolean` vermissen. Für die beiden letzteren ist generell keinerlei automatische Typkonvertierung möglich, hier bleibt Ihnen nur die explizite Konvertierung.

Die implizite (sprich automatische) Konvertierung eines `Char` in einen `String` ist jedoch möglich.

Beispiel Umwandlung eines Zeichens in einen String

```
Dim zeichen As Char = "A"c
Dim s As String = zeichen          ' s ergibt sich zu "A"
```

3.5.3 Spezielle Konvertierungsfunktionen

Zur expliziten Typkonvertierung stellt Visual Basic gnädigerweise für jeden fundamentalen Datentyp eine Funktion zur Verfügung (siehe Tabelle 3.3).

Tabelle 3.3 Konvertierungsfunktionen

Konvertierungsfunktion	Datentyp	Konvertierungsfunktion	Datentyp
`CShort` (*Ausdruck*)	`Short`	`CBool` (*Ausdruck*)	`Boolean`
`CInt` (*Ausdruck*)	`Integer`	`CByte` (*Ausdruck*)	`Byte`
`CLng` (*Ausdruck*)	`Long`	`CChar` (*Ausdruck*)	`Char`
`CDec` (*Ausdruck*)	`Decimal`	`CDate` (*Ausdruck*)	`Date`
`CSng` (*Ausdruck*)	`Single`	`CStr` (*Ausdruck*)	`String`
`CDbl` (*Ausdruck*)	`Double`	`CObj` (*Ausdruck*)	`Object`

Beispiel Alle drei Variablen haben unterschiedliche Datentypen.

```
Dim a As Integer = 10000, b As Double = 10000000000000.0, c As Single
c = CSng(a + b)
MessageBox.Show(b.ToString)   '  zeigt "1E+13"
```

Beispiel Ein `True` entspricht hier dem Integer-Wert -1 (`False` ist 0).

```
Dim b As Boolean = True
Dim i As Integer
i = CInt(b)            ' i erhält den Wert -1
```

Hinweis

Während bei impliziten Typkonvertierungen nichts verloren geht, können bei expliziten Konvertierungen durchaus Genauigkeitsverluste auftreten. ■

Beispiel Bei der Konvertierung `Double` zu `Integer` werden die Nachkommastellen gerundet.

```
Dim i As Integer
Dim d As Double = 12.7456789
i = CInt(d)              ' i erhält den Wert 13
```

Beispiel Eine `Integer`-Zahl ungleich null wird immer zu `True` konvertiert.

```
Dim b As Boolean
Dim i As Integer = 10
b = CBool(i)           ' b erhält den Wert True
```

Beispiel Wird ein `String` mit `CChar` in eine `Char`-Variable kopiert, so erhält diese das erste Zeichen des Strings.

```
Dim s As String = "Hallo"
Dim z As Char = CChar(s)      ' z erhält den Wert "H"
```

3.5.4 Die CType-Funktion

Mit Hilfe dieser Funktion können Sie die explizite Konvertierung der verschiedenen Standarddatentypen vornehmen.

`CType``(`*`expr`*` As Object, `*`type`*` As Object)`

`expr` = zu konvertierender Ausdruck

`type` = Typbezeichner des Zieltyps

Beispiel Konvertieren eines `Double`- in einen `Integer`-Typ

```
Dim i As Integer
Dim d As Double = 12.7456789
i = CType(d, Integer)              ' i erhält den Wert 13
```

3.5.5 Die Convert-Klasse

Diese Klasse besitzt für jeden Datentyp eine spezielle Konvertierungsmethode, der man den zu konvertierenden Ausdruck als Argument übergibt.

`Convert``.`*`typMethode`*`(`*`expr`*` As Object)`

`typeMethode` = eine der Konvertierungsmethoden (`ToBoolean`, `ToByte`, `ToInt32`, ...)

`expr` = zu konvertierender Ausdruck

Beispiel Ein String wird in eine Double-Zahl konvertiert.

```
Dim s As String = "55,7"
Dim d As Double = Convert.ToDouble(s)
MessageBox.Show(d.ToString)                ' zeigt "55,7"
```

3.5.6 Die Parse-Methode

Die numerischen Typen Byte, Int16(Short), Int32(Integer), Int64(Long), Single und Double verfügen u.a. über die (statische) Parse-Methode, welche die Stringdarstellung einer Zahl in den entsprechenden Typ konvertieren kann.

Beispiel Der Inhalt einer TextBox wird in eine Gleitkommazahl konvertiert.

```
Dim z As Double = Double.Parse(TextBox1.Text)
```

Hinweis

Die Parse-Methode hat den Vorteil, dass zusätzlich Kulturinformationen mit übergeben werden dürfen, welche die Besonderheiten eines bestimmten Landes berücksichtigen. ■

3.6 Operatoren

Operatoren verknüpfen Variablen bzw. Operanden miteinander und führen Berechnungen durch. Wir unterscheiden zwischen

- Zuweisungsoperatoren,
- arithmetischen Operatoren,
- logischen Operatoren und
- Vergleichsoperatoren.

Doch bevor es richtig losgeht sollten wir uns mit dem Begriff *Ausdruck* etwas anfreunden. Man versteht darunter die kleinste ausführbare Einheit eines Programms. Ein Ausdruck setzt zumindest einen Operator voraus und benötigt meist zwei Operanden.

Beispiel Im Ausdruck

```
i = 12
```

ist der *Operator* das Gleichheitszeichen (=), die beiden *Operanden* sind die Variable i und die Konstante 12.

3.6.1 Arithmetische Operatoren

Neben den vier Grundrechenarten werden folgende Operatoren unterstützt:

Tabelle 3.4 Arithmetische Operatoren

Operator	Beispielausdruck	Erklärung
+	`x + y`	Addition
-	`x - y` `-x`	a) Subtraktion b) negative Zahl
*	`x * y`	Multiplikation
/	`x / y`	Division
\	`x \ y`	Integer-Division (liefert nur ganzzahligen Anteil)
Mod	`x Mod y`	Modulo-Division (liefert Restwert)
^	`x ^ y`	Potenzoperator
&	`"a" & "b"`	Addition von Zeichenketten

Beispiel Die Ergebnisse einiger arithmetischer Operationen werden kommentiert.

```
Dim i As Integer, d As Double
i = 3 *(4 + 5) * 6          ' 162
d = 3 ^ 2                   ' 9
d = 7 / 3                   ' 2.3333333333333
d = 7 \ 3                   ' 2 (ganzzahlige Division!)
i = 7 Mod 3                 ' 1 (Rest!)
```

3.6.2 Zuweisungsoperatoren

In Ergänzung zum normalen Zuweisungsoperator (=) gibt es für fast alle arithmetischen Operatoren eine Kurzformnotation (siehe Tabelle).

Tabelle 3.5 Zuweisungsoperatoren

Operator	Beispielausdruck	Erklärung
=	`x = y`	x wird der Wert von y zugewiesen
+=	`x += y`	x ergibt sich zu x + y
-=	`x -= y`	x ergibt sich zu x - y
*=	`x *= y`	x ergibt sich zu x * y
/=	`x /= y`	x ergibt sich zu x / y (Nachkommastellen bleiben)
\=	`x \= y`	x ergibt sich zu x \ y (Nachkommastellen abgeschnitten)
^=	`x ^= y`	x wird mit y potenziert
&=	`x &= y`	an String x wird String y angehängt

Der einfache Zuweisungsoperator ist für den Einsteiger immer etwas problematisch, da er sich rein äußerlich nicht vom Vergleichsoperator unterscheidet.

Beispiel Das erste »=« wird als Zuweisungs-, das zweite »=« hingegen als Vergleichsoperator interpretiert, d.h., x wird True, falls y gleich z ist, sonst False.

```
x = y = z
```

Um die Lesbarkeit zu verbessern, sollte man den Vergleichsausdruck klammern:

```
x = (y = z)
```

Die verkürzten Zuweisungsoperatoren nur bringen relativ bescheidene Verbesserungen.

Beispiel Anstatt

```
i = i + 1
```

kann man schreiben

```
i += 1
```

3.6.3 Logische Operatoren

Logische Operatoren verknüpfen zwei boolesche Variablen bzw. Ausdrücke miteinander, um daraus einen neuen True-/False-Wert zu ermitteln.

Tabelle 3.6 Logische Operatoren

Operator	Beispielausdruck	Erklärung
And	x And y	**Und:** liefert True, wenn beide Operanden True sind
Or	x Or y	**Oder:** liefert True, wenn mindestens einer der Operanden True ist
Xor	x Xor y	**Exklusiv Oder:** liefert True, wenn genau einer der beiden Operanden True ist
AndAlso	x AndAlso y	**Spezielles Und:** ist der erste Operator False, wird der zweite nicht mehr überprüft
OrElse	x OrElse y	**Spezielles Oder:** ist der erste Operator True, wird der zweite nicht mehr überprüft
Not	Not x	**Negation:** negiert den Wahrheitswert

Hier die Wahrheitstabelle der wichtigsten zweistelligen logischen Operationen:

Tabelle 3.7 Wahrheitstabelle

Operand 1	Operand 2	And	Or	Xor
False	False	False	False	False
False	True	False	True	True
True	False	False	True	True
True	True	True	True	False

Beispiel Der Variablen b wird der Wert True zugewiesen[1].

```
Dim b As Boolean = True And True Or False And False
```

3.6.4 Vergleichsoperatoren

Vergleichs- oder relationale Operatoren vergleichen zwei Ausdrücke miteinander und liefern als Ergebnis einen Wahrheitswert. In Visual Basic ist das übliche Angebot enthalten.

Tabelle 3.8 Vergleichsoperatoren

Operator	Beispielausdruck	Bemerkung
=	x = y	Arithmetische Vergleiche. (der Stringvergleich wird von links nach rechts entsprechend dem ANSI-Code der Zeichen durchgeführt)
<	x < y	
<=	x <= y	
>	x > y	
>=	x >= y	
<>	x <> y	

Beispiel Und-Verknüpfung von zwei Ausdrücken.

```
Dim x As Integer = 5, b As Boolean
b = (x < 5) And (x >= 0)              ' b ist False
```

Im obigen Beispiel steht das Ergebnis bereits nach dem Auswerten des ersten Ausdrucks fest. Man könnte also Rechenzeit einsparen, wenn man auf das Auswerten des zweiten Ausdrucks verzichten würde. Um ein solches Verhalten zu erreichen, stehen die logischen Operatoren AndAlso und OrElse zur Verfügung.

Beispiel Das Vorgängerbeispiel wird rationeller programmiert.

```
Dim x As Integer = 5, b As Boolean
b = (x < 5) AndAlso (x >= 0)          ' b ist False
```

3.6.5 Rangfolge der Operatoren

Es ist klar, dass bei einem Zuweisungsoperator (=) immer erst die rechte Seite ausgerechnet und dann der linken Seite zugewiesen wird. Aber in welcher Reihenfolge werden die Operationen auf der rechten Seite ausgeführt? Antwort gibt die folgende Tabelle, welche die Operatoren in ihrer hierarchischen Rangfolge zeigt.

[1] Umständlicher geht es wohl kaum, aber Sie wollen ja schließlich etwas lernen!

Tabelle 3.9 Operatoren

Operator
()
^
-
* /
\
Mod
+ -
= < >
<> <= >=
Not
And AndAlso Or OrElse
Xor

Die weiter oben in der Hierarchie stehenden Operationen werden immer **vor** den weiter unten stehenden ausgeführt.

Beispiel Arithmetische Operationen

```
Dim y As Double = 2 ^ 2 + 1 + 2 / 4               ' y = 5,5
```

Beispiel Boolesche Operationen

```
Dim b As Boolean = Not True And False Or 5 > 6     ' b = False
```

Hinweis
Durch Klammern kann die hierarchische Reihenfolge außer Kraft gesetzt werden. ■

3.7 Kontrollstrukturen

Verzweigungs- und Schleifenanweisungen unterbrechen den linearen Programmablauf und gehören zum Einmaleins des Programmierens.

3.7.1 Verzweigungsbefehle

»Programmweichen« werden durch Entscheidungsanweisungen (Verzweigungen) gestellt. Die folgende Tabelle gibt einen Überblick über die zum »Basic-Urgestein« zählenden Entscheidungsbefehle.

Tabelle 3.10 Verzweigungsanweisungen

Verzweigungsanweisung	Erklärung

`If Bedingung Then Anweisungen`
`[Else Anweisungen]`
`End If`
	Bedingte Verzweigung, wenn die gesamte `If Then`-Anweisung in einer einzigen Zeile steht, kann auf `End If` verzichtet werden.

`If Bedingung1 Then`
`Anweisungen`
`[ElseIf Bedingung2 Then`
`Anweisungen`
`ElseIf Bedingung3 Then`
`Anweisungen .....]`
`[Else Anweisungen]`
`End If`
	Blockstruktur `If...ElseIf...End If`
	Jede Zeile muss mit `Then` enden! `Else`-Anweisungen werden dann ausgeführt, wenn keine der `If`- bzw. `ElseIf`-Bedingungen zutrifft.

`Select Case Ausdruck`
`Case Ausdruck1`
`Anweisungen`
`[Case Ausdruck2`
`Anweisungen .....]`
`[Case Else`
`Anweisungen]`
`End Select`
	Blockstruktur `Select Case/Case/ End Select`
	Der Ausdruck kann eine Variable oder ein beliebiger Ausdruck sein, der mit den hinter `Case` angeführten Ausdrücken verglichen wird. Nach erstem Erfolg wird der Block verlassen!

In den meisten Fällen werden Sie zum Prüfen von Bedingungen die `If-Then`-Anweisung verwenden.

Hinweis

Wenn Sie die `If-Then`-Anweisung in **einer** Programmzeile unterbringen, braucht das Blockende nicht mit `End If` markiert zu werden. ■

Beispiel In dieser einzeiligen `If-Then`-Anweisung wird im `Label` »Verbessern!« angezeigt.

```
Dim zensur As Byte = 3
If zensur = 1 Then Label1.Text = "Gratuliere!" Else Label1.Text = "Verbessern!"
```

Beispiel Die Alternative für das Vorgängerbeispiel braucht zwar mehr Platz, ist aber übersichtlicher.

```
Dim zensur As Byte = 3
If zensur = 1 Then
    Label1.Text = "Gratuliere!"
Else
    Label1.Text = "Verbessern!"              ' zutreffende Bedingung
End If
```

Optional können Sie im `If-Then`-Block noch `ElseIf`- und `Else`-Zweige verwenden, wobei die `ElseIf`-Bedingung nur dann geprüft wird, wenn keine der vorstehenden `If`-Bedingungen erfüllt war.

Beispiel Im `Label` wird »Befriedigend« angezeigt.

```
Dim zensur As Byte = 3
If zensur = 1 Then
   Label1.Text =  "Sehr gut!"
ElseIf zensur = 2 Then
   Label1.Text =  "Gut"
ElseIf zensur = 3 Then                  ' zutreffende Bedingung
   Label1.Text =  "Befriedigend"
 '(usw.)
End If
```

Mit `Select Case` wird ein Ausdruck auf mehrere mögliche Ergebnisse hin überprüft. Im Testausdruck kann ein beliebiger arithmetischer oder logischer Ausdruck stehen.

Beispiel Diese Kontrollstruktur leistet das Gleiche wie das Vorgängerbeispiel.

```
Dim zensur As Byte = 3
Select Case zensur
   Case 1: Label1.Text = "Sehr gut"
   Case 2: Label1.Text =  "Gut"
   Case 3: Label1.Text =  "Befriedigend"     ' zutreffende Bedingung
   '(usw.)
End Select
```

In einem `Case`-Zweig können auch mehrere Bedingungen geprüft werden.

Beispiel Das `Label` zeigt »Frühling« an.

```
Dim monat As Byte = 5
Select Case monat
   Case 12,1,2: Label1.Text =  "Winter"
   Case 3,4,5: Label1.Text =  "Frühling"       ' zutreffende Bedingung
   Case 6,7,8: Label1.Text =  "Sommer"
   Case 9,10,11: Label1.Text =  "Herbst"
   Case Else
      Label1.Text =  "kein gültiger Monat!"
End Select
```

Alternativ zum Aufzählen mehrerer Bedingungen kann mittels `To` auch ein Bereich angegeben werden.

Beispiel Ein Zweig aus dem Vorgängerbeispiel könnte wie folgt ersetzt werden.

```
  ...
   Case 3 To 5: Label1.Text = "Frühling"
  ...
```

Hinweis
Sie sollten, wo immer es geht, anstelle einer `If Then`-Anweisung mit eingeschachtelten `ElseIf`-Verzweigungen eine `Select Case`-Anweisung verwenden. `Select Case` wird wesentlich schneller ausgeführt, da die Prüfbedingung nur einmal auszuwerten ist. ■

3.7.2 Schleifenanweisungen

Visual Basic kennt zwei Grundtypen:

- `For-Next`- und
- `Do-Loop`-Schleifen

Die folgende Tabelle gibt einen Überblick über alle möglichen Schleifenkonstruktionen:

Tabelle 3.11 Schleifenanweisungen

Schleifenanweisung	Erklärung

`For Zähler=Anfangs To Endwert [Step Schritt]`
`Anweisungen`
`[Exit For]`
`Anweisungen`
`Next [Zähler]`
	`For...Next`-Zählschleife, Abbruch mit `Exit For`, ohne `Step` ist Schritt 1

`Do [While|Until Bedingung]`
`Anweisungen`
`[Exit Do]`
`Anweisungen`
`Loop`
	`Do While...Loop`-Bedingungsschleife, Abbruchbedingung am Schleifenanfang

`Do`
`Anweisungen`
`[Exit Do]`
`Anweisungen`
`Loop [While|Until Bedingung]`
	`Do...Loop While`-Bedingungsschleife, Abbruchbedingung am Schleifenende

`While Bedingung`
`Anweisungen`
`End While`
	gleichbedeutend mit `Do While ... Loop`-Bedingungsschleife

For-Next-Schleifen

Bei diesem klassischen Schleifentyp wird die Zählervariable automatisch hochgezählt bzw. heruntergezählt (inkrementiert/dekrementiert).

Beispiel Zehnmal untereinander den laufenden Index und einen Text in einer `ListBox` ausgeben

```
Dim i As Integer
For i = 1 To 10
        ListBox1.Items.Add(i.ToString & " Viele Wege führen nach Rom!")
Next i
```

Die Angabe der Zählervariablen `i` nach `Next` kann auch weggelassen werden, aus Übersichtlichkeitsgründen sollte man das aber nicht tun.

Do-Loop-Schleifen

Schleifen dieses Typs erlauben eine flexible Programmierung, da die Abbruchbedingung sehr variabel ist. Um das Inkrementieren/Dekrementieren der Zählervariablen muss man sich allerdings selbst kümmern.

Bei `While` wird die Schleife ausgeführt, **während** die Bedingung erfüllt ist, bei `Until` nur so lange, **bis** die Bedingung erfüllt ist.

In Abhängigkeit davon, ob die Abbruchbedingung am Schleifenanfang oder an deren Ende kontrolliert wird, spricht man auch von *kopfgesteuerten* bzw. *fußgesteuerten* Schleifen.

Beispiel Ein identisches Resultat wie die obige `For-Next`-Schleife ergibt die folgende `Do While` ... `Loop`-Schleife:

```
Dim i As Integer = 1
Do While i <= 10
   ListBox1.Items.Add(i.ToString & " Viele Wege führen nach Rom!")
   i += 1
Loop
```

3.8 Komplexe Datentypen

Sie sind als Programmierer natürlich nicht nur auf die einfachen Datentypen `Integer`, `Single`, ... angewiesen, sondern können auch selbst neue, komplexere Datentypen erzeugen. Wir wollen in diesem Abschnitt Aufzählungstypen (Enumerationen) und strukturierte Datentypen behandeln.

3.8.1 Aufzählungstypen

Sammlungen von miteinander verwandten Konstanten können in so genannten Enumerationen (`Enum`) zusammengefasst werden.

Hinweis

Alle in der Enumeration enthaltenen Konstanten müssen vom gleichen Datentyp sein, zulässig sind nur `Byte`, `Short`, `Integer` und `Long`. ■

```
[Private|Public] Enum Name As Datentyp
        Konstante1 = wert1
        Konstante2 = wert2
        ...
End Enum
```

Falls die Angabe des Datentyps weggelassen wird, handelt es sich automatisch um `Integer`-Konstanten.

Beispiel Eine Enumeration für drei Konstanten vom `Byte`-Datentyp

```
Public Enum erstesQuartal As Byte
        JANUAR = 1
        FEBRUAR
        MÄRZ
End Enum
```

Es genügt, wenn nur der ersten Mitgliedskonstanten (`JANUAR`) ein (`Byte`-)Wert zugewiesen wird, der Wert der Nachfolger wird automatisch um eins erhöht.

Auf die deklarierten Konstanten kann direkt zugegriffen werden.

Beispiel Verwendung der oben deklarierten Enumeration

```
Const monat As Byte = erstesQuartal.FEBRUAR
```

Auch eine vorherige Variablendeklaration ist möglich.

Beispiel Eine Modifikation des Vorgängerbeispiels

```
Dim quartal As erstesQuartal
Const monat As Byte = quartal.FEBRUAR
```

3.8.2 Strukturen

Mit der `Structure`-Anweisung definieren Sie komplexe Datentypen, die ein oder auch mehrere Element(e) enthalten dürfen.

Hinweis

In diesem Abschnitt wollen wir Strukturen nicht tiefgründiger behandeln, sondern nur einen ersten Einblick gewähren. ■

Deklaration

Vom Prinzip her entspricht die Definition einer *Struktur* der einer *Klasse* (siehe Kapitel 4), allerdings sind Strukturen *Wertetypen*, während Klassen zu den *Verweis- bzw. Referenztypen* gehören.

Eine einfache Struktur hat folgenden Aufbau:

```
[Private|Public] Structure Name
    Dim Mitglied1 As Datentyp
    ...
End Structure
```

Beachten Sie:

- Die Structure-Anweisung ist auf lokaler bzw. Prozedurebene unzulässig und nur auf globaler Ebene anwendbar.
- Damit die Elemente einer Struktur von außerhalb sichtbar sind, muss der Public-Modifizierer vorangestellt werden.[1]

Beispiel Um in einer Variablen zur Personenbeschreibung neben dem Namen auch noch das Alter zu erfassen, definieren Sie einen neuen Datentyp:

```
Public Structure Person
    Dim Vorname, Nachname As String
    Dim Alter As Byte
End Structure
```

Hinweis

Denken Sie immer daran, dass allein mit der Definition eines Datentyps noch keine Variable dieses Typs existiert! Diese muss – wie jede andere Variable auch – erst noch deklariert werden. ■

Beispiel *(Fortsetzung)* Sie erzeugen zwei Variablen des oben definierten Datentyps Person:

```
Dim person1, person2 As Person
```

Datenzugriff

Um auf den Wert einer Strukturvariablen zuzugreifen, müssen Name und Element durch einen Punkt (so genannter *Qualifizierer*) voneinander getrennt sein[2].

Beispiel Fortsetzung des Vorgängerbeispiels

```
Dim a As Integer, name As String
person1.Vorname = "Max"         ' Schreibzugriff
```

[1] Diese Darstellung ist etwas vereinfacht, die ausgereifte Programmierung verlangt auch hier, genauso wie bei Klassen, das Prinzip der Kapselung.

[2] Dies entspricht der Schreibweise beim Zugriff auf Objekteigenschaften.

```
person1.Nachname = "Müller"
person1.Alter = 50
a = person1.Alter              ' Lesezugriff
name = person1.Vorname & "  " & person1.Nachname
```

Man kann natürlich nicht nur, wie eben beschrieben, auf die einzelnen Felder einer Strukturvariablen, sondern auch auf die Variable insgesamt zugreifen.

Beispiel Die Variable `person1` wird »geklont«.

```
person2 = person1
```

With-Anweisung

Ein vereinfachter Zugriff auf Strukturvariablen ist mit der `With- End With`-Anweisung möglich.

```
With Strukturvariable
  ' Anweisungen
End With
```

Beispiel Das Vorgängerbeispiel könnte auch so geschrieben werden:

```
Dim a As Integer, name As String
With person1
   .Vorname = "Max"
   .Nachname = "Müller"
   .alter = 50
   a = .alter
   name = .Vorname & "  " & .Nachname
End With
```

Hinweis

Mit der `With`-Anweisung kann auch der Zugriff auf Eigenschaften und Methoden beliebiger Objekte vereinfacht bzw. übersichtlicher gestaltet werden (siehe dazu Kapitel 4). ■

Bemerkungen

Wie bereits erwähnt, haben Strukturen viele Ähnlichkeiten mit Klassen. Genauso wie diese können sie beispielsweise über einen oder mehrere (überladene) Konstruktoren verfügen, mit denen die Felder initialisiert werden können. Aber es gibt da mehrere wesentliche Unterschiede, unter anderem können Sie für eine Struktur selbst keinen Standard-Konstruktor (das ist einer ohne Parameter, d.h. mit leeren Klammern) erstellen, denn dies wird immer vom Compiler erledigt, der die Felder dann (je nach Datentyp) mit den Werten `0`, `Nothing` oder `False` initialisiert.

Beispiel Die Strukturvariable person1 wird mit ihrem Standard-Konstruktor erzeugt und initialisiert. Das Feld alter hat automatisch den Wert 0.

```
Dim person1 As New Person()
Dim a As Integer = person1.Alter                ' a erhält den Wert 0
```

Und noch ein wesentlicher Unterschied zu Klassen und anderen Verweistypen:

Hinweis

Bei Strukturvariablen spielt sich nach wie vor alles auf dem Stack ab (auch das Instanziieren mit New), der Heap ist für Wertetypen tabu! ■

3.9 Nutzerdefinierte Funktionen/Prozeduren

Funktionen und Prozeduren kapseln wiederverwendbaren Programmcode und erleichtern somit nicht nur die Arbeit des Programmierers, sondern tragen auch im erheblichen Maß zur Übersichtlichkeit des Programmcodes bei.

Funktionen und Prozeduren sind unter Visual Basic zunächst das, was man in den Anfangszeiten der Programmierung als »Unterprogramm« bezeichnet hat. Später, im OOP-Kapitel 4, werden Sie feststellen, dass Funktionen und Prozeduren zu Methoden einer Klasse mutiert sind.

3.9.1 Deklaration und Syntax

Falls Sie nur an einem einzigen Rückgabeparameter interessiert sind, sollten Sie einer Funktion den Vorzug vor einer Prozedur geben, andernfalls ist meistens eine Prozedur die richtige Entscheidung.

Function

Funktionen deklarieren Sie mit dem Schlüsselwort Function. Als Funktionstyp bzw. Rückgabewert kommt eigentlich jeder Datentyp in Frage. Jede Function hat einen Namen und einen Körper. Letzterer enthält die beim Methodenaufruf auszuführenden Anweisungen. Ein vorzeitiges Verlassen ist mit Exit Function möglich. Den Rückgabewert können Sie entweder mittels Return übergeben oder aber direkt in den Funktionsnamen schreiben.

```
[Private|Public] Function Name ([Parameterliste]) As Datentyp
   ' Code definieren
   ' ...
   [Exit Function]       ' Vorzeitiges Verlassen
```

```
    ' ...
    Return Ausdruck        ' Rückgabe des Funktionswertes
End Function
```

Die *Parameterliste* ist eine durch Kommas separierte Liste mit den einzelnen Parametern (Argumenten), von denen jeder wie folgt notiert wird:

```
[ByVal|ByRef] Parameter [As Datentyp]
```

Zur Bedeutung der Übergabeart `ByVal` bzw. `ByRef` siehe 3.9.3.

Beispiel Funktion zur Berechnung des Kugelgewichts. Übergabeparameter sind der Radius und das spezifische Gewicht.

```
Private Function Kugel(ByVal ra As Double, ByVal sg As Double) As Double
    Dim vol As Double = 4 / 3 * Math.PI * Math.Pow(ra, 3)
    Return sg * vol
End Function
```

Beim Aufruf der Funktion müssen Reihenfolge und Datentyp der Parameter exakt übereinstimmen. Im aufrufenden Code muss der Rückgabewert einer Variablen gleichen Datentyps wie die Funktion zugewiesen werden.

Beispiel *(Fortsetzung)* Obige Funktion wird mit einer eisernen Kugel von 20 cm Durchmesser getestet.

```
Dim g As Double = Kugel(10, 7.87)               ' Radius ist 10cm, spez. Gewicht = 7,87 gr/cm3
MessageBox.Show(g.ToString("#,#0.000 Gramm"))  ' das Gewicht der Kugel ist 32.965,779 Gramm
```

Sub

Prozeduren werden mit dem `Sub`-Schlüsselwort (kommt von *Sub*routine) deklariert und haben keinen Rückgabewert. Ansonsten gelten die gleichen syntaktischen Regeln wie bei Funktionen.

```
[Private|Public] Sub Name ([Parameterliste])
    ' Code definieren
    ' ...
    [Exit Sub]        ' Vorzeitiges Verlassen
    ' ...
End Sub
```

Da eine Prozedur keinen Rückgabewert hat, arbeitet sie oft mit globalen Variablen zusammen.

Beispiel Anwenden einer Prozedur zum Berechnen des Kugelgewichts

```
Private gew As Double              ' globale Variable
```

```
Private Sub Kugel(ByVal ra As Double, ByVal sg As Double)
  Dim vol As Double = 4 / 3 * Math.PI * Math.Pow(ra, 3)
```

Die globale Variable `gew` wird mit dem Ergebnis gefüttert:

```
  gew = sg * vol
End Sub
```

Beim Aufruf einer Prozedur können Sie, müssen aber nicht, das Schlüsselwort `Call` voranstellen. Wir bevorzugen diese Variante nur gelegentlich in der Lernphase, da so keinerlei Verwechslungsgefahr mit dem Aufruf einer Funktion besteht.

Beispiel *(Fortsetzung)* Unsere Prozedur wird nun ebenfalls mit der legendären Eisenkugel getestet.

```
Call Kugel(10, 7.87)
MessageBox.Show(gew.ToString("#,#0.000 Gramm"))   ' zeigt "32.965,779 Gramm"
```

3.9.2 Parameterübergabe allgemein

In unseren bisherigen `Kugel`-Beispielen hatten wir beim Aufruf der Funktion bzw. der Prozedur feste Zahlenwerte (Literale) übergeben. In der Praxis treten an diese Stelle aber meistens Variablen oder sogar Ausdrücke.

Signatur der Parameterliste

Normalerweise muss beim Aufruf einer Funktion/Prozedur die so genannte *Signatur* der Parameterliste beachtet werden, d.h., die Reihenfolge der Parameter und ihr Datentyp müssen zur deklarierten Parameterliste passen (Ausnahme: benannte Parameter, siehe unten).

Beispiel *(Fortsetzung)* Die in 3.9.1 deklarierte *Kugel*-Funktion wird aufgerufen.

```
Dim radius As Double = 5
Dim spezGew As Double = 7.87
Dim gew As Double = Kugel(2 * radius, spezGew)
```

Benannte Parameter

Die Verwendung *benannter Parameter* macht es möglich, dass die in der Signatur festgelegte Reihenfolge bei der Parameterübergabe nicht unbedingt eingehalten werden muss. Allerdings sind dann der deklarierte Name des Parameters und die Zeichenfolge »:=« voranzustellen.

Beispiel Das Vorgängerbeispiel wird mit benannten Parametern ausgeführt, die Reihenfolge der übergebenen Werte ist bewusst vertauscht.

```
Dim radius As Double = 5
Dim spezGew As Double = 7.87
Dim gew As Double = Kugel(sg := spezGew, ra := 2 * radius)
```

Hinweis
Die Verwendung benannter Parameter vereinfacht die Programmierung besonders dann, wenn Sie Funktionen/Prozeduren aufrufen, die über viele optionale Parameter verfügen (siehe Abschnitt 3.9.4). ■

3.9.3 Übergabe mit ByVal und ByRef

Jedem Mitglied der Parameterliste einer Funktion/Prozedur ist entweder `ByVal` oder `ByRef` vorangestellt. Dadurch wird festgelegt, ob die Parameterübergabe »als Wert« (`ByVal`) oder »als Referenz« (`ByRef`) erfolgen soll. Was bedeuten diese Übergabearten?

By Reference

Wenn Sie eine Variable `ByRef` übergeben, so wird nicht der Wert, sondern der Zeiger auf die Speicherplatzadresse der Variablen übermittelt. Der aufgerufenen Funktion/Prozedur ist es dadurch möglich, am Wert der Variablen »herumzudoktern«. Auf diese Weise können auch Prozeduren ihre Ergebnisse ohne Verwendung globaler Variablen (siehe obiges Beispiel) zurückliefern.

Beispiel In obiger Prozedur zur Kugelgewichtsbestimmung wird die Übergabeart des ersten Parameters in `ByRef` geändert. Dadurch wird es möglich, über diesen Parameter auch das Berechnungsergebnis zu übertragen.

```
Private Sub Kugel(ByRef ra As Double, ByVal sg As Double)
  Dim vol As Double = 4 / 3 * Math.PI * Math.Pow(ra, 3)
  ra = sg * vol         ' Radius wird zu Gewicht!
End Sub
```

Zum Testen der Prozedur: Wir haben den ersten Parameter bewusst nicht mit `radius`, sondern mit `x` bezeichnet, da er seine Bedeutung wechselt und nach dem Aufruf der `Kugel`-Prozedur eigentlich `gewicht` heißen müsste.

```
Dim x As Double = 10
Dim spezGew As Double = 7.87

Kugel(x, spezGew)
MessageBox.Show(x.ToString("#,#0.000 Gramm"))      ' zeigt "32.965,779 Gramm"
```

By Value

Mit der standardmäßigen `ByVal`-Übergabe wird der Wert des übergebenen Parameters in eine vom Compiler erzeugte lokale Variable des Funktions- bzw. Prozedurkörpers kopiert. Die aufrufende Variable und die lokale Variable im Inneren der Funktion/Prozedur haben danach nichts mehr miteinander zu tun, eine Veränderung des Wertes der lokalen Variablen bleibt ohne Rückwirkung auf den Übergabeparameter, so dass ein »Zurückgeben« von Ergebnissen – wie im obigen Beispiel gezeigt – nicht möglich ist.

Wenn Sie hingegen `ByRef` übergeben, so verfügt die aufgerufene Funktion/Prozedur nur scheinbar über eine eigene lokale Variable. In Wirklichkeit steht der ursprüngliche Parameter weiter zur Verfügung, eine »Entkopplung« hat nicht stattgefunden.

Hinweis
Im Interesse der Fehlersicherheit Ihrer Programme sollten Sie Parameter grundsätzlich `ByVal` übergeben (das gilt auch für Referenztypen wie Arrays, Strings und sonstige Objekte). `ByRef` sollten Sie nur dann verwenden, wenn Sie es tatsächlich benötigen und Werte nach außen hin verändern wollen. ■

3.9.4 Optionale Parameter

Wenn Sie Parameter mit dem Schlüsselwort `Optional` deklarieren, können Sie diese beim Aufruf auch weglassen, sie werden dann durch Standardwerte aufgefüllt.

Beispiel Unsere `Kugel`-Funktion wird modifiziert, so dass der zweite Parameter optional ist und den Standardwert 7.87 (spezifisches Gewicht von Eisen) erhält.

```
Public Function Kugel(ByVal ra As Double, Optional ByVal sg As Double = 7.87) As Double
    Dim vol As Double = 4 / 3 * Math.PI * Math.Pow(ra, 3)
    Return sg * vol
End Function
```

Für den Aufruf der Funktion gibt es nun zwei Versionen:

```
Dim g As Double = Kugel(10)                           ' Berechnung mit Standardwert (Eisen)
MessageBox.Show(g.ToString("#,#0.000 Gramm"))         ' zeigt "32.965,779 Gramm"
```

oder

```
Dim g As Double = Kugel(10, 11.34)                    ' Berechnung für 11.34gr/cm3 (Blei)
MessageBox.Show(g.ToString("#,#0.000 Gramm"))         ' zeigt "47.500,881 Gramm"
```

Hinweis
Einem optionalen Parameter müssen Sie **immer** einen Standardwert zuweisen! ■

Eine modernere Alternative zu optionalen Parametern ist das Überladen von Funktionen/Prozeduren (siehe folgender Abschnitt).

3.9.5 Überladene Funktionen/Prozeduren

Wenn mehrere gleichnamige Funktionen/Prozeduren ohne Namenskonflikt friedlich nebeneinander existieren, so spricht man von *überladenen* Funktionen. Die Unterscheidung zwischen ihnen wird vom Compiler anhand der Parameterliste, sprich Signatur, getroffen. Unter Signatur verstehen wir die Reihenfolge der übergebenen Parameter und deren Datentyp.

Hinweis
Überladene Funktionen/Prozeduren müssen eine unterschiedliche Signatur haben! ■

Beispiel Die `Kugel`-Funktion steht in zwei überladenen Versionen zur Verfügung. Die erste Version verlangt als Parameter den Radius und das spezifische Gewicht.

```
Private Function Kugel(ByVal ra As Double, ByVal sg As Double) As Double
    Dim vol As Double = 4 / 3 * Math.PI * Math.Pow(ra, 3)
    Return sg * vol
End Function
```

Eine zweite Version soll nur das Volumen der Kugel berechnen.

```
Private Function Kugel(ByVal ra As Double) As Double
    Dim vol As Double = 4 / 3 * Math.PI * Math.Pow(ra, 3)
    Return vol
End Function
```

Wenn Sie jetzt in der IDE von Visual Studio die Funktion verwenden wollen, werden Ihnen automatisch beide überladenen Versionen angeboten:

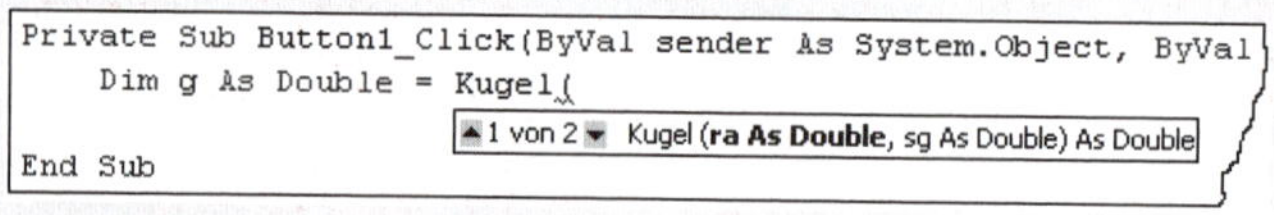

Der Aufruf ist entweder so

```
Dim g As Double = Kugel(10, 7.87)        ' liefert "32.965,779"
```

oder so möglich

```
Dim v As Double = Kugel(10)              ' liefert "4.188,790"
```

Wie Sie bestimmt schon bei der Arbeit im Codefenster von Visual Studio bemerkt haben, werden für die meisten Objektmethoden mehr oder weniger viele Überladungen angeboten.

Beispiel Die `Show`-Methode der `MessageBox` hat insgesamt 21 Überladungen!

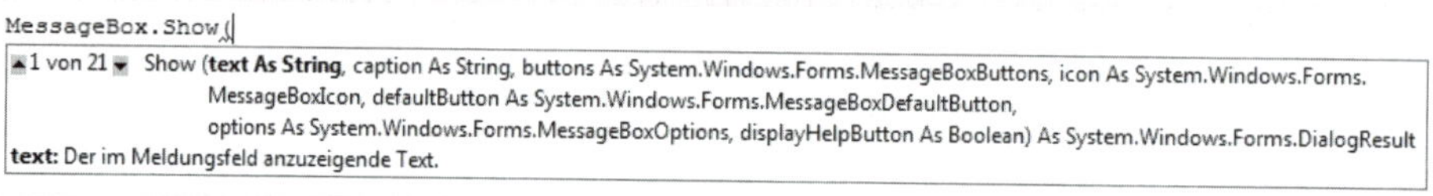

4 Objektorientiertes Programmieren

Dieses Kapitel behandelt die folgenden Themen:

- Allgemeine Grundlagen der OOP
- Eigenschaften, Methoden, Ereignisse
- Konstruktor und Destruktor
- Vererbung und Polymorphie
- Spezielle Klassen

In .NET ist alles ein Objekt! Viele Entwickler – insbesondere wenn sie mit »altem« Code zu kämpfen haben – tun sich immer noch ziemlich schwer mit OOP, weil ihnen die Komplexität einer vollständigen Anwendung zu hoch erscheint.

Visual Basic erlaubt es Ihnen aber, bereits ohne fundierte OOP-Kenntnisse objektorientiert zu programmieren! Davon haben Sie bereits vor der Lektüre dieses Kapitels, mehr oder weniger unbewusst, Gebrauch gemacht: Sie haben Ereignisbehandlungsroutinen (Event-Handler) geschrieben und den Objekten der visuellen Benutzerschnittstelle (Form, Steuerelemente) Eigenschaften zugewiesen bzw. deren Methoden aufgerufen.

Die Entwicklungsumgebung von Visual Studio erlaubt objektorientiertes Programmieren bereits mit einem Minimum an Vorkenntnissen. Das vorliegende Kapitel will etwas tiefer in die OOP-Problematik eindringen und präsentiert Ihnen neben einigen grundlegenden Ausführungen die für den Einstieg wichtigsten objektspezifischen Features von Visual Basic im Überblick.

4.1 Strukturierte versus objektorientierte Programmierung

Im Unterschied zur objektorientierten ist die klassische strukturierte Programmierung ziemlich sprachunabhängig und hatte Zeit genug, um auch in den letzten Winkel der Programmierwelt vorzudringen.

Demgegenüber stand es um die Akzeptanz der objektorientierten Programmierung bis Anbruch des .NET-Zeitalters zu Beginn dieses Jahrtausends noch nicht zum Besten, das aber hat sich seitdem dramatisch geändert.

4.1.1 Was bedeutet strukturiert?

Gern bezeichnet man die strukturierte Programmierung auch als Vorläufer der objektorientierten Programmierung, obwohl dieser Vergleich hinkt. Richtig ist, dass sowohl strukturierte als auch objektorientierte Programmierung fundamentale Denkmuster sind, die gleichberechtigt nebeneinander existieren.

Die Grundkonzepte der strukturierten Programmierung wurden beginnend mit dem Ende der Sechzigerjahre entwickelt und lassen sich mit folgenden Stichwörtern charakterisieren: hierarchische Programmorganisation, logische Programmeinheiten, zentrale Programmsteuerung, beschränkte Datenverfügbarkeit.

Ziel der strukturierten Programmierung ist es, Algorithmen so darzustellen, dass ihr Ablauf einfach zu erfassen und zu verändern ist.

Gegenstand der strukturierten Programmierung ist also die bestmögliche Anordnung von Code, um dessen Transparenz, Testbarkeit und Wiederverwendbarkeit zu maximieren.

Dass VB eine konsequent objektorientierte Sprache ist, bedeutet noch lange nicht, dass man damit nicht auch strukturiert programmieren könnte, im Gegenteil. Im Kapitel 2, wo sich alles um die grundlegenden sprachlichen Elemente von VB dreht, haben wir uns fast ausschließlich auf dem Boden der traditionellen strukturierten Programmierung bewegt und versucht, die OOP noch weitestgehend auszuklammern. So haben wir es größtenteils ignoriert, dass selbst die einfachen Datentypen Objekte sind, und haben z.B. anstatt mit Methoden mit Funktionen und Prozeduren und anstatt mit Klassen mit strukturierten Datentypen (`Structure`) gearbeitet. Tatsächlich können Sie aber mit OOP alles machen, was auch die strukturierte Programmierung erlaubt.

Anstatt globale Variablen in einem Modul zu deklarieren, können Sie statische Klasseneigenschaften verwenden.

Um fit für die aktuellen Herausforderungen zu sein, sollten Sie deshalb – wo immer es vertretbar ist – nach objektorientierten Lösungen streben.

4.1.2 Was heißt objektorientiert?

Die objektorientierte Programmierung entfaltete auf breiter Basis erst seit Ende der 80er-Jahre mit dem Beginn des Windows-Zeitalters ihre Wirkung. Sehr bekannte Vertreter objektorientierter Sprachen sind C++, Java, Smalltalk und Borland Delphi – aber auch das alte Visual Basic war bereits in vielen wesentlichen Zügen objektorientiert aufgebaut.

Objektorientierte Programmierung ist ein Denkmuster, bei dem Programme als Menge von über Nachrichten kooperierenden Objekten organisiert werden und jedes Objekt Instanz einer Klasse ist.

Im Unterschied zur strukturierten Programmierung bedeutet »objektorientiert« also, dass Daten und Algorithmen nicht mehr nebeneinander existieren, sondern in Objekten zusammengefasst sind.

Während Module in der strukturierten Programmierung zwar auch Daten und Code zusammenfassen, stellen Klassen jetzt Vorlagen dar, von denen immer neue Kopien (Instanzen) angefertigt werden können. Diese Instanzen, d.h. die Objekte, kapseln den Zugriff auf die enthaltenen Daten hinter Schnittstellen (Interfaces).

Der große Vorteil der OOP ist ihre Ähnlichkeit mit den menschlichen Denkstrukturen. Dadurch wird vor allem dem Einsteiger, der bisher über keine bzw. wenig Programmiererfahrung verfügt, das Verständnis der OOP erleichtert.

Hinweis

Die OOP verlangt eine Anpassung des Software-Entwicklungsprozesses und der eingesetzten Methoden an den Denkstil des Programmierers – nicht umgekehrt! ■

Die OOP ist eine der wenigen Fälle, in denen der Einsteiger gegenüber dem Profi zumindest einen kleinen Vorteil besitzt: Er ist noch nicht in der Denkweise klassischer Programmiersprachen gefangen, die dazu erziehen, in Abläufen zu denken, bei denen die in der realen Welt zu beobachtenden Abläufe Schritt für Schritt in Algorithmen umgesetzt werden, etwa um betriebliche Prozesse per Programm zu automatisieren.

Die OOP entspricht hingegen der üblichen menschlichen Denkweise, indem sie z.B. reale Objekte aus der abzubildenden Umwelt identifiziert und in ihrer Art beschreibt.

Das Konzept der objektorientierten Programmierung (OOP) überwindet den prozeduralen Ansatz der klassischen strukturellen Programmierung zugunsten einer realitätsnahen Modellierung.

4.2 Grundbegriffe der OOP

Bevor wir uns den Details zuwenden, sollen die wichtigsten Begriffe der objektorientierten Programmierung zunächst allgemein, d.h. ohne Bezug auf eine konkrete Programmiersprache, erörtert werden.

4.2.1 Objekt, Klasse, Instanz

Der Programmierer versteht unter einem *Objekt* die Zusammenfassung (Kapselung) von Daten und zugehörigen Funktionalitäten. Ein solches Softwareobjekt wird auch oft benutzt, um Dinge des täglichen Lebens für Zwecke der Datenverarbeitung abzubilden. Aber das ist nur ein Aspekt, denn Objekte sind ganz allgemein Dinge, die Sie in Ihrem Code beschreiben wollen, es sind Gruppen von Eigenschaften, Methoden und Ereignissen, die logisch zusammengehören. Als Programmierer arbeiten Sie mit einem Objekt, indem Sie dessen Eigenschaften und Methoden manipulieren und auf seine Ereignisse reagieren.

Eine *Klasse*[1] ist nicht mehr und nicht weniger als ein »Bauplan«, auf dessen Grundlage die entsprechenden Objekte zur Programmlaufzeit erzeugt werden. Gewissermaßen als Vorlage (Prägestempel) für das Objekt legt die Klasse fest, wie das Objekt auszusehen hat und wie es sich verhalten soll. Es handelt sich bei einer Klasse also um eine reine Softwarekonstruktion, die Eigenschaften, Methoden und Ereignisse eines Objekts definiert, ohne das Objekt zu erzeugen.

Hinweis

In VB haben Sie grundsätzlich die Möglichkeit, zwischen Klassen und Strukturen zu wählen. Letztere wurden bereits im Sprachkapitel (Abschnitt 3.8) einführend behandelt, bieten allerdings noch weitaus mehr Möglichkeiten, die fast an die von Klassen heranreichen. Wir aber wollen uns im vorliegenden Kapitel ausschließlich mit Klassen beschäftigen. ■

Man erhält erst dann ein konkretes Objekt, wenn man eine *Instanz* einer Klasse bildet. Es lassen sich viele Objekte mit einer einzigen Klassendefinition erzeugen.

Beispiel Auf dem Montageband werden zahlreiche Auto-Objekte nach ein und denselben Konstruktionsvorschriften für die Klasse »Auto« gebaut. Diesen Vorgang könnte man auch als Bildung von Instanzen der Klasse »Auto« bezeichnen. Während die Klasse lediglich die Eigenschaft *Farbe* definiert, wird der konkrete Wert (rot, blau, grün ...) erst beim Erzeugen des Objekts (der Instanz) zugewiesen.

4.2.2 Kapselung und Wiederverwendbarkeit

Klassen realisieren das Prinzip der *Kapselung* von Objekten, das es ermöglicht, die Implementierung der Klasse (der Code im Inneren) von deren Schnittstelle bzw. Interface (die öffentlichen Eigenschaften, Methoden und Ereignisse) sauber zu trennen. Durch das Verbergen der inneren Struktur werden die internen Daten und einige verborgene Methoden geschützt, sind also von außen nicht zugänglich. Die Manipulation des Objekts kann lediglich über streng definierte, über die Schnittstelle zur Verfügung gestellte öffentliche Methoden erfolgen.

Klassen ermöglichen die *Wiederverwendbarkeit* von Code. Nachdem eine Klasse geschrieben wurde, können Sie diese an verschiedenen Stellen innerhalb einer Applikation verwenden.

---

[1] Oft wird anstatt »Klasse« mit völlig gleichwertiger Bedeutung auch der Begriff »Objekttyp« (oder auch »Typ«) verwendet.

Klassen reduzieren somit den redundanten Code einer Anwendung, sie erleichtern außerdem die Wartung des Codes.

4.2.3 Vererbung und Polymorphie

Echte Vererbung (*Implementierungsvererbung*) ermöglicht es Klassen zu definieren, die von anderen Klassen abgeleitet werden, wobei nicht nur die Schnittstelle, sondern auch der dahinter liegende Code (die Implementierung) vom Nachkommen übernommen wird.

Da es nun möglich ist, die Implementierung einer Klasse für weitere Klassen als Grundlage zu verwenden, kann man Unterklassen bilden, die alle Eigenschaften und Methoden ihrer Oberklasse (auch oft als Superklasse bezeichnet) erben. Diese Unterklassen können zu den geerbten Eigenschaften neue hinzufügen oder Eigenschaften der Oberklasse verstecken, indem sie diese überschreiben.

Wird von einer solchen Unterklasse ein Objekt erzeugt (also eine Instanz der Unterklasse gebildet), dann dient für dieses Objekt sowohl die Ober- als auch die Unterklasse als »Bauplan«.

Visual Basic unterstützt das Überschreiben (*Overriding*) von Methoden[1] der Oberklasse mit alternativen Methoden der Unterklasse.

OOP macht es möglich, ein und dieselbe Methode für ganz verschiedene Objekte zu verwenden, man nennt dies dann *Polymorphie* (Vielgestaltigkeit). Jedes dieser Objekte kann die Ausführung unterschiedlich realisieren. Für das aufrufende Objekt bleibt der Vorgang trotzdem derselbe.

Beispiel Die Methode »Beschleunigen« ist in einer »Fahrzeug«-Klasse definiert, welche an die Unterklassen »Auto« und »Fahrrad« vererbt. Es ist klar, dass diese Methoden in beiden Unterklassen überschrieben, d.h. völlig unterschiedlich implementiert werden müssen.

Als Polymorphie, die aufs Engste mit der Vererbung verknüpft ist, kann man also die Fähigkeit von Unterklassen bezeichnen, Eigenschaften und Methoden mit dem gleichen Namen, aber mit unterschiedlichen Implementierungen aufzurufen.

4.2.4 Sichtbarkeit von Klassen und ihren Mitgliedern

Um die Klasse bzw. ihre Mitglieder (Member, Elemente) gezielt zu verbergen oder offen zu legen, sollten Sie von den Zugriffsmodifizierern Gebrauch machen, die den Gültigkeitsbereich (bzw. die *Sichtbarkeit*) einschränken.

Klassen

Die folgende Tabelle 4.1 zeigt die möglichen Einschränkungen bei der Sichtbarkeit von Klassen.

[1] Nicht zu verwechseln mit dem Überladen (Overloading) von Methoden.

Tabelle 4.1 Zugriffsmodifizierer für Klassen

Modifizierer	Sichtbarkeit
`Public`	Unbeschränkt. Auch von anderen Assemblierungen aus können Objekte der Klasse erstellt werden.
`Friend`	Nur innerhalb des aktuellen Projekts. Außerhalb des Projekts ist kein Objekt dieser Klasse erstellbar. Gilt als Standard, falls kein Modifizierer vorangestellt wird.
`Private`	Nur innerhalb einer anderen Klasse.

Klassenmitglieder

Die folgende Tabelle zeigt die Zugriffsmöglichkeiten auf die Klassenmitglieder (Member).

Tabelle 4.2 Zugriffsmodifizierer für Klassenmitglieder

Modifizierer	Sichtbarkeit
`Public`	Unbeschränkt.
`Friend`	Innerhalb der aktuellen Anwendung wie `Public`, sonst wie `Private`.
`Protected`	Wie `Private`, Mitglieder dürfen aber auch in abgeleiteten Klassen verwendet werden.
`Protected Friend`	Innerhalb der aktuellen Anwendung wie `Protected`, sonst wie `Private`.
`Private`	Nur innerhalb der Klasse.

Die Schlüsselwörter `Private` und `Public` definieren immer die beiden Extreme des Zugriffs. Betrachtet man die jeweiligen Klassen als allein stehend, so reichen diese beiden Zugriffsarten völlig aus. Mit solchen, quasi isolierten, Klassen lassen sich allerdings keine komplexeren Probleme lösen.

Um einzelne Klassen miteinander zu verbinden, verwenden Sie den mächtigen Mechanismus der Vererbung. In diesem Zusammenhang gewinnt die `Protected`-Deklaration wie folgt an Bedeutung:

- Da eine abgeleitete Klasse auf die `Protected`-Member zugreifen kann, sind diese Member für die abgeleitete Klasse quasi `Public`.
- Ist eine Klasse nicht von einer anderen abgeleitet, kann sie nicht auf deren `Protected`-Member zugreifen, da diese dann quasi `Private` sind.

Mehr zu diesem Thema finden Sie im Abschnitt 4.9 (Vererbung und Polymorphie).

4.2.5 Allgemeiner Aufbau einer Klasse

Bevor der Einsteiger seine erste Klasse schreibt, sollte er sich zunächst im einführenden Sprachkapitel 3 mit den Strukturen (siehe Abschnitt 3.8.2) anfreunden, die in Aufbau und Anwendung starke Ähnlichkeiten zu Klassen aufweisen (der wesentliche Unterschied ist, dass Strukturen Wertetypen, Klassen hingegen Referenztypen sind). Auch im Aufbau von Funktionen bzw. Methoden sollte sich der Lernende auskennen (Abschnitt 3.9).

Im Unterschied zu einer Struktur (Schlüsselwort `Structure`) wird eine Klasse mit dem Schlüsselwort `Class` deklariert. Hier die (stark vereinfachte) Syntax:

```
Modifizierer Class Bezeichner
        ' ... Felder
        ' ... Konstruktoren
        ' ... Eigenschaften
        ' ... Methoden
        ' ... Ereignisse
End Class
```

Im Klassenkörper haben es wir es mit »Klassenmitgliedern« (Member) wie Feldern, Konstruktoren, Eigenschaften, Methoden und Ereignissen zu tun, auf die wir noch detailliert zu sprechen kommen werden.

Die Definition der Klassenmitglieder bezeichnet man auch als *Implementation* der Klasse.

Beispiel Eine einfache Klasse `CKunde` wird deklariert und implementiert.

```
Public Class CKunde
   Private _anrede As String           '    Feld
   Private _name As String             '    dto.

   Public Sub New(anr As String, nam As String)    ' Konstruktor
      _anrede = anr
      _name = nam
   End Sub

   Public Property name() As String                ' Eigenschaft
     Get
        Return _name
     End Get
     Set(ByVal value As String)
        _name = value
     End Set
   End Property

   Public Function adresse() As String             ' Methode
      Dim s As String = _anrede & " " & _name
      Return s
   End Function
End Class
```

Unsere Klasse verfügt damit über zwei Felder, eine Eigenschaft und eine Methode. Da die beiden Felder mit dem `Private`-Modifizierer deklariert wurden, sind sie von außen nicht sichtbar.

4.3 Ein Objekt erzeugen

Existiert eine Klasse, so steht dem Erzeugen von Objektvariablen nichts mehr im Weg. Eine Objektvariable ist ein Verweistyp, sie enthält also nicht das Objekt selbst, sondern stellt lediglich einen Zeiger (Adresse) auf den Speicherbereich des Objekts bereit. Es können sich also durchaus mehrere Objektvariablen auf ein und dasselbe Objekt beziehen. Wenn eine Objektvariable den Wert `null` enthält, bedeutet das, dass sie momentan »ins Leere« zeigt, also kein Objekt referenziert.

Unter der Voraussetzung, dass eine gültige Klasse existiert, verläuft der Lebenszyklus eines Objekts in Ihrem Programm in folgenden Etappen:

- Referenzierung (eine Objektvariable wird deklariert, sie verweist momentan noch auf `Nothing`)
- Instanziierung (die Objektvariable zeigt jetzt auf einen konkreten Speicherplatzbereich)
- Initialisierung (die Datenfelder der Objektvariablen werden mit Anfangswerten gefüllt)
- Arbeiten mit dem Objekt (es wird auf Eigenschaften und Methoden des Objekts zugegriffen, Ereignisse werden ausgelöst)
- Zerstören des Objekts (das Objekt wird dereferenziert, der belegte Speicherplatz wird wieder freigegeben)

Werfen wir nun einen genaueren Blick auf die einzelnen Etappen.

4.3.1 Referenzieren und Instanziieren

Es stehen zwei Varianten zur Verfügung.

Variante 1 erfordert zwei Schritte:

```
Modifizierer myObject As Klasse
myObjekt = New Klasse(Parameter)
```

Beispiel Ein Objekt `kunde1` wird referenziert und erzeugt.

```
Private kunde1 As CKunde                  ' Referenzieren
kunde1 = New CKunde1()               ' Erzeugen
```

In *Variante2*, der Kurzform, sind beide Schritte in einer Anweisung zusammengefasst, d.h., das Objekt wird zusammen mit seiner Deklaration erzeugt.

```
Modifizierer myObject = New Klasse()
```

Beispiel Das Äquivalent zum Vorgängerbeispiel.

```
Private kunde1 As New CKunde()
```

Dem Klassenbezeichner (*Klasse*) müsste genauer genommen noch der Name der Klassenbibliothek (bzw. Name des Projekts) vorangestellt werden, doch dies wird unter Visual Studio nicht erforderlich sein, da der entsprechende Namensraum (*Namespace*) bereits automatisch eingebunden wurde (`Imports`-Anweisung).

Obwohl die Kurzform sehr eindrucksvoll ist, können Sie hier keine Fehlerbehandlung (`Try...Catch`-Block) durchführen. Diese Einschränkung macht diese Art von Deklaration weniger nützlich.

Empfehlenswert ist also fast immer das getrennte Deklarieren und Erzeugen[1].

Beispiel Eine mögliche Fehlerbehandlung

```
Private kunde1 As CKunde
Try
   kunde1 = New CKunde()
Catch e As Exception
   MessageBox.Show(ex.Message)
End Try
```

4.3.2 Klassische Initialisierung

Anstatt die Anfangswerte einzeln zuzuweisen, können Sie diese zusammen mit einem Konstruktor übergeben. Zunächst ein Beispiel ohne eigenen Konstruktor, wobei der parameterlose Standardkonstruktor zum Einsatz kommt..

Beispiel Das Objekt `kunde1` wird erzeugt (Standardkonstruktor), zwei Eigenschaften werden einzeln zugewiesen.

```
Dim kunde1 As New CKunde()
kunde1.anrede = "Frau"
kunde1.name = "Müller"
```

Beispiel Das Objekt `kunde1` wird erzeugt und mit einem Konstruktor initialisiert.

```
Dim kunde1 As New CKunde("Frau", "Müller")
```

Hinweis

Weitere Einzelheiten entnehmen Sie dem Abschnitt 4.8. ■

4.3.3 Objekt-Initialisierer

Man kann ein Objekt auch dann erzeugen und seine Eigenschaften (keine privaten Felder!) initialisieren, wenn es dazu keinen Konstruktor gibt.

---

[1] Aus Platz- und Bequemlichkeitsgründen halten sich auch die Autoren nicht immer an diese Empfehlung.

Beispiel Das Vorgängerbeispiel mit Objekt-Initialisierer

```
Private kunde1 As New CKunde With {.anrede = "Frau", .name = "Müller"}
```

Hinweis

Mehr zu Objekt-Initialisierern siehe Abschnitt 4.8! ■

4.3.4 Arbeiten mit dem Objekt

Wie Sie bereits wissen, erfolgt der Zugriff auf Eigenschaften und Methoden eines Objekts, indem der Name des Objekts mit einem Punkt (.) vom Namen der Eigenschaft/Methode getrennt wird.

Objekt.Eigenschaft|Methode()

Beispiel Die Eigenschaft `Guthaben` des Objekts `kunde1` wird zugewiesen und die Methode `adresse` aufgerufen.

```
kunde1.Guthaben = 10
Label1.Text = kunde1.adresse()
```

4.3.5 Zerstören des Objekts

Wenn Sie das Objekt nicht mehr brauchen, können Sie die Objektvariable auf `Nothing` setzen. Vorher können Sie (müssen aber nicht) die `Dispose`-Methode des Objekts aufrufen, vorausgesetzt, Sie haben Sie auch implementiert.

Beispiel Der `kunde1` wird entfernt.

```
kunde1.Dispose()
kunde1 = Nothing
```

Hinweis

Das Objekt wird allerdings erst dann zerstört, wenn der Garbage Collector festgestellt hat, dass es nicht länger benötigt wird. ■

4.4 DEMO: OOP-Einführung

Raus aus dem muffigen Hörsaal, lasst uns endlich einmal selbst eine einfache Klasse erstellen und beschnuppern!

4.4.1 Vorbereitungen

- Öffnen Sie ein neues Projekt (z.B. mit dem Namen »Kunden«) als Windows Forms-Anwendung.
- Auf das Startformular (`Form1`) platzieren Sie zwei `Labels` und zwei `Buttons`.

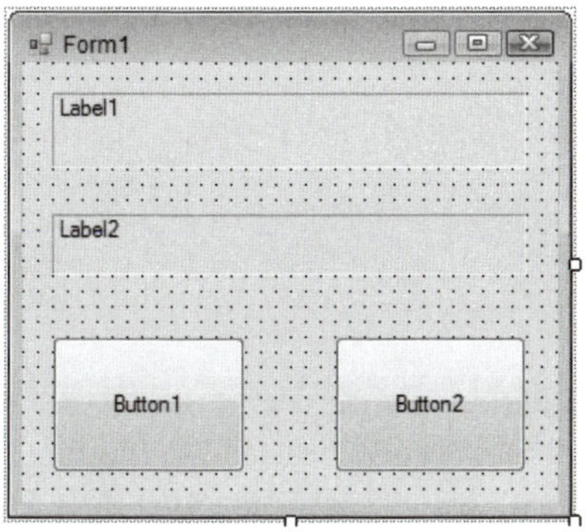

Abbildung 4.1
`Form1` in der Entwurfsansicht

- Nachdem Sie den Menüpunkt *Projekt|Klasse hinzufügen...* gewählt haben, geben Sie im Dialogfenster den Namen *CKunde.vb* ein und klicken »Hinzufügen«. Der Projektmappen-Explorer zeigt jetzt die neue Klasse:

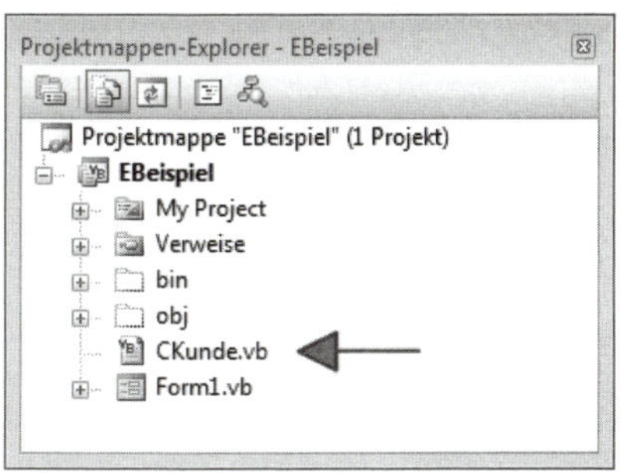

Abbildung 4.2
Die neue Klasse `CKunde`

Hinweis

Sie müssen eine Klasse nicht unbedingt in einem eigenen Klassenmodul definieren, Sie könnten die Klasse z.B. auch zum bereits vorhandenen Code des Formulars (*Form1.vb*) hinzufügen. Das Verwenden eigener Klassenmodule (idealerweise eins pro Klasse) steigert aber die Übersichtlichkeit des Programmcodes und erleichtert dessen Wiederverwendbarkeit. ■

4.4.2 Klasse definieren

Tragen Sie in den Klassenkörper die Implementierung der Klasse ein, sodass der komplette Code der Klasse schließlich folgendermaßen ausschaut:

```
Public Class CKunde
    Public Anrede As String                ' einfache Eigenschaften
    Public Name As String                  '    dto.
    Public PLZ As Integer                  '    dto.
    Public Ort As String                   '    dto.
    Public Stammkunde As Boolean           '    dto.
    Public Guthaben As Decimal             '    dto.

    Public Function getAdresse() As String                ' erste Methode
        Dim s As String = Anrede & " " & Name & vbCrLf & PLZ.ToString & " " & Ort
        Return s
    End Function

    Public Sub addGuthaben(ByVal betrag As Decimal)      ' zweite Methode
        If Stammkunde Then Guthaben += betrag
    End Sub
End Class
```

Bemerkungen

- Die Klasse verfügt über sechs »einfache« Eigenschaften, und zwar sind das alle als `Public` deklarierten Variablen, die man auch als »öffentliche Felder« bezeichnet. Die Betonung liegt hier auf »einfach«, da wir später noch lernen werden, wie man »richtige« Eigenschaften programmiert.
- Weiterhin verfügt die Klasse über zwei *Methoden* (eine Funktion und eine Prozedur). Die Funktion `getAdresse()` liefert als Rückgabewert die komplette Anschrift des Kunden.
- Die Prozedur (`Sub`) `addGuthaben()` hingegen liefert keinen Wert zurück, sie erhöht den Wert des `Guthaben`-Felds bei jedem Aufruf um einen bestimmten Betrag.

4.4.3 Objekt erzeugen und initialisieren

Wechseln Sie nun in das Code-Fenster von `Form1`.

Zu Beginn deklarieren Sie eine Objektvariable `kunde1`:

```
Private kunde1 As CKunde              ' Objekt referenzieren
```

Dem linken Button geben Sie die Beschriftung »Objekt erzeugen und initialisieren« und belegen sein `Click`-Ereignis wie folgt:

```
Private Sub Button1_Click(ByVal sender As System.Object, ByVal e As System.EventArgs) _
                                                               Handles Button1.Click
    kunde1 = New CKunde()            ' Objekt erzeugen (instanziieren)
    With Kunde1                      ' Objekt initialisieren:
        .Anrede = "Herr"
        .Name = "Müller"
        .PLZ = 12345
```

```
            .Ort = "Berlin"
            .Stammkunde = True
        End With
    End Sub
```

4.4.4 Objekt verwenden

Hinterlegen Sie nun den rechten Button mit der Beschriftung »Eigenschaften und Methoden benutzen« wie folgt:

```
    Private Sub Button2_Click(ByVal sender As System.Object, ByVal e As System.EventArgs) _
                                                                          Handles Button2.Click
        Label1.Text = Kunde1.getAdresse    ' erste Methode aufrufen
        Kunde1.addGuthaben(50D)            ' zweite Methode aufrufen
        Label2.Text = "Guthaben ist " & Kunde1.Guthaben.ToString("C")    ' Eigenschaft lesen
    End Sub
```

4.4.5 Intellisense – die hilfreiche Fee

Sie haben beim Eintippen des Quelltextes (insbesondere im Code-Fenster von `Form1`) bereits gemerkt, dass Sie durch die Intellisense von Visual Studio eifrigst unterstützt werden.

Die Intellisense weist Sie z.B. auf die verfügbaren Klassenmitglieder (Eigenschaften und Methoden) hin und ergänzt den Quellcode automatisch, wenn Sie doppelt auf den gewünschten Eintrag klicken.

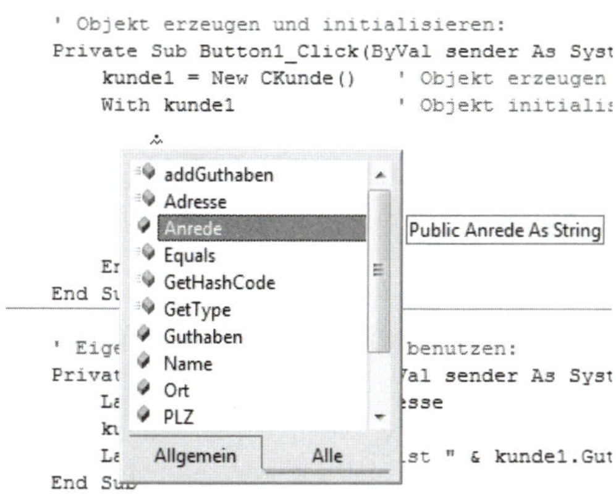

Abbildung 4.3
Intellisense

Falls das gewünschte Klassenmitglied nicht erscheint, müssen Sie sofort stutzig werden und es keinesfalls mit dem gewaltsamen Eintippen des Namens versuchen, denn dann gibt es wahrscheinlich einen Fehler beim Kompilieren. Überprüfen Sie stattdessen lieber nochmals die Klassendeklaration, z.B. ob vielleicht nicht doch der `Public`-Modifizierer vergessen wurde.

4.4.6 Objekt testen

Nun ist es endlich so weit, dass Sie Ihr erstes eigenes VB-Objekt vom Stapel lassen können. Unmittelbar nach Programmstart betätigen Sie den linken Button und danach den rechten. Durch mehrmaliges Klicken auf den zweiten Button wird sich das Guthaben des Kunden Müller in 50 €-Schritten erhöhen.

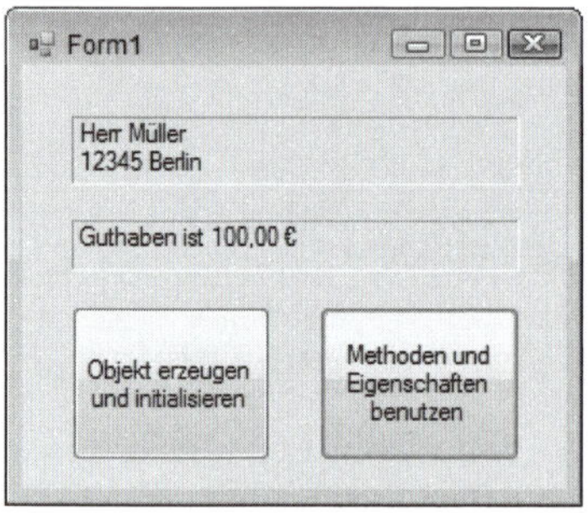

Abbildung 4.4
Laufzeitansicht

Falls Sie zu voreilig gewesen sind und unmittelbar nach Programmstart den zweiten statt den ersten Button gedrückt haben, stürzt Ihnen das Programm mit der Laufzeit-Fehlermeldung »Der Objektverweis wurde nicht auf eine Objektinstanz festgelegt.« ab.

4.4.7 Warum unsere Klasse noch nicht optimal ist

Unsere Klasse funktioniert nach außen hin zwar ohne erkennbare Mängel, ist hinsichtlich ihrer inneren Konstruktion aber keinesfalls als optimal zu bezeichnen. Wir haben deshalb keinerlei Grund, uns zufrieden zurückzulehnen, denn das uns unter Visual Basic zur Verfügung stehende OOP-Instrumentarium wurde von uns bei weitem noch nicht ausgeschöpft.

- Beispielsweise haben wir nur »einfache« Eigenschaften, nämlich `Public`-Felder verwendet, was eigentlich eine schwere Sünde in den Augen der OOP-Puristen ist (siehe Abschnitt 4.5).
- Weiterhin war das Initialisieren der Eigenschaften über mehrere Codezeilen ziemlich mühselig (von einem hilfreichen Konstruktor haben wir noch keinerlei Gebrauch gemacht, siehe Abschnitt 4.8).
- Außerdem wird eine Klasse erst dann so richtig effektiv, wenn wir davon nicht nur eine, sondern mehrere Instanzen (sprich Objekte) ableiten. Diese wiederum kann man ziemlich elegant in so genannten Auflistungen (Collections) verwalten (siehe Kapitel 5).

Doch zur Beseitigung dieser und anderer Unzulänglichkeiten kommen wir erst später. Ein weiteres Problem, was uns unter den Nägeln brennt, können und wollen wir aber nicht weiter aufschieben und es gleich im folgenden Abschnitt behandeln.

4.5 Eigenschaften

Eigenschaften bestimmen die statischen Attribute eines Objekts, sie leiten sich von dessen *Zustand* ab, wie er in den Zustandsvariablen (Objektfeldern) gespeichert ist. Im Unterschied zu den Methoden, die von allen Instanzen der Klasse gemeinsam genutzt werden, sind die den Eigenschaften zugewiesenen Werte für alle Objekte einer Klasse meist unterschiedlich.

4.5.1 Eigenschaften kapseln

Von den im Objekt enthaltenen Feldern sind die `Public`-Felder als »einfache« Eigenschaften zu betrachten.

In unserem Beispiel hatten wir für die Klasse `CKunde` solche »einfachen« Eigenschaften als `Public`-Variable deklariert. Das allerdings ist nicht die »feine Art« der objektorientierten Programmierung, denn das Veröffentlichen von Feldern widerspricht dem hochgelobten Prinzip der Kapselung und erlaubt keinerlei Zugriffskontrolle wie z.B. Wertebereichsüberprüfung oder die Vergabe von Lese- und Schreibrechten.

Idealerweise sind deshalb in einem Objekt nur private Felder enthalten, und der Zugriff auf diese wird durch Accessoren (Zugriffsmethoden) gesteuert.

In diesem Sinn ist eine *Eigenschaft* gewissermaßen ein Mitteldding zwischen Feld und Methode. Sie verwenden die Eigenschaft wie ein öffentliches Feld. Vom Compiler aber wird der Feldzugriff in den Aufruf von Accessoren – das sind spezielle Zugriffsmethoden auf private Felder – übersetzt. Doch schauen wir uns das Ganze lieber in der Praxis an.

Deklarieren von Eigenschaften

Eigenschaften werden ähnlich wie öffentliche Methoden deklariert. Innerhalb der Deklaration implementieren Sie für den Lesezugriff eine `Get`- und für den Schreibzugriff eine `Set`-Zugriffsmethode. Während die `Get`-Methode ihren Rückgabewert über `Return` liefert, erhält die `Set`-Methode den zu schreibenden Wert über den Parameter `value`.

```
[Public|Friend|Protected] Property Eigenschaftsname As Type
       Get
            ' hier Lesezugriff (Wert=priv.Felder) implementieren
            Return Wert
       End Get
       Set(ByVal value As Type)
             ' hier Schreibzugriff (priv.Felder=value) implementieren
        End Set
End Property
```

Wir wollen nun unser Beispiel mit »echten« Eigenschaften ausstatten. Dazu werden zunächst die `Public`-Felder in `Private` verwandelt und durch Voranstellen von »_« umbenannt, um Namenskonflikte mit den gleichnamigen Eigenschafts-Deklarationen zu vermeiden.

```
Public Class CKunde
    Private _anrede As String       '   privates Feld
    Private _name As String         '    dto.
    ...
```

Der Schreibzugriff auf die Eigenschaft `Anrede` soll so kontrolliert werden, dass nur die Werte »Herr« oder »Frau« zulässig sind. Geben Sie die erste Zeile der `Property`-Deklaration ein, so generiert Visual Studio automatisch den kompletten Rahmencode:

```
Public Property Anrede() As String
    Get

    End Get
    Set(ByVal value As String)

    End Set
End Property
```

Abbildung 4.5
Automatisch erzeugter Rahmencode für eine Eigenschaft

Sie brauchen dann nur noch den Lese- und den Schreibzugriff zu implementieren, sodass die komplette Eigenschaftsdefinition schließlich folgendermaßen aussieht:

```
Public Property Anrede() As String
    Get
        Return _anrede
    End Get
    Set(ByVal value As String)
        If (value = "Herr") Or (value = "Frau") Then
            _anrede = value
        Else
            MessageBox.Show("Die Anrede '" & value & "' ist nicht zulässig!", _
                                                    "Fehler bei der Eingabe!")
        End If
    End Set
End Property
```

Beim Implementieren der Eigenschaft `Name` machen wir es uns etwas einfacher. Hier soll uns die einfache Kapselung genügen (es gibt also keinerlei Zugriffskontrolle):

```
Public Property Name() As String
    Get
        Return _name
    End Get
    Set(ByVal value As String)
        _name = value
    End Set
End Property
```

Zugriff

Wenn Sie ein Objekt benutzen, merken Sie auf Anhieb natürlich nicht, ob es noch über »einfache« oder schon über »richtige« Eigenschaften verfügt, es sei denn, die in die `Get`- bzw. `Set`-Methoden eingebauten Zugriffsbeschränkungen werden verletzt und Sie erhalten entsprechende Fehlermeldungen.

Beispiel Sie wollen die Anrede »Mister« zuweisen, was zu einem Laufzeitfehler führt.

```
Dim kunde1 As New CKunde()
kunde1.Anrede = "Mister"      ' Fehler!
```

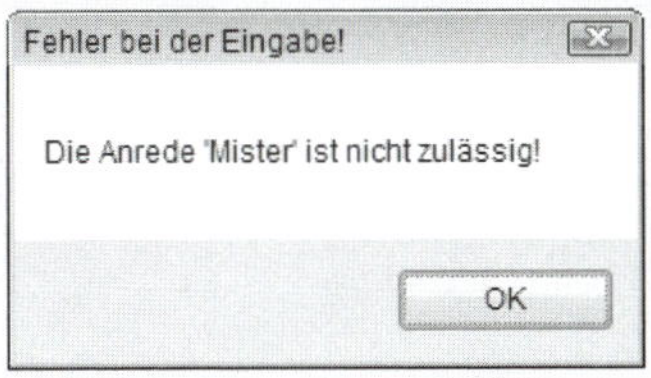

Bemerkung

- Beim Schreiben des Quellcodes in der Entwicklungsumgebung Visual Studio merken Sie den »feinen« Unterschied zwischen »einfachen« und »richtigen« Eigenschaften, denn die Intellisense zeigt dafür unterschiedliche Symbole.
- In unserem Beispiel verhält sich nur die Eigenschaft `Anrede` »intelligent«, d.h., sie unterliegt einer Zugriffskontrolle. Bei den übrigen Eigenschaften erfolgt lediglich eine 1:1-Zuordnung zu den privaten Feldern. Hier sollte man nicht »päpstlicher als der Papst« sein und es bei den ursprünglichen `Public`-Feldern belassen. Wir aber haben diesen (eigentlich sinnlosen) Aufwand bei der `Name`-Eigenschaft nur wegen des Lerneffekts betrieben.

4.5.2 Eigenschaften mit Zugriffsmethoden berechnen

Mit Zugriffsmethoden lässt sich weit mehr anstellen, als nur den Zugriff auf private Felder der Klasse zu kontrollieren. So können z.B. innerhalb der Methode komplexe Berechnungen mit den Feldern (die man auch *Zustandsvariablen* nennt) und den übergebenen Parametern ausgeführt werden.

Beispiel Eine Klasse `CKreis` hat die Eigenschaften `Radius`, `Umfang` und `Fläche`. In der einzigen Zustandsvariablen `r` braucht aber nur der Radius abgespeichert zu werden, da sich die übrigen Eigenschaften aus `r` berechnen lassen (`Get` = Lesezugriff) bzw. umgekehrt (`Set` = Schreibzugriff).

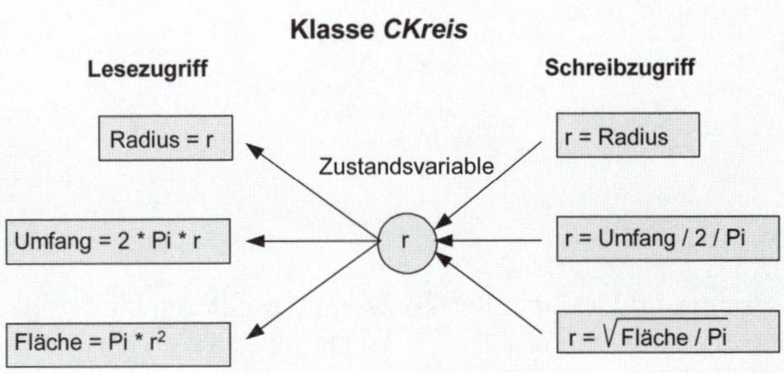


```
Public Class CKreis
    Private r As Double                     ' die einzige Zustandsvariable
```

Die Eigenschaft Radius:

```
    Public Property Radius() As String
        Get
            Return r.ToString("#,#0.00")
        End Get
        Set(ByVal value As String)
            If value <> String.Empty Then
                r = CDbl(value)
            Else
                r = 0
            End If
        End Set
    End Property
```

Die Eigenschaft Umfang:

```
    Public Property Umfang() As String
        Get
            Return (2 * Math.PI * r).ToString("#,#0.00")
        End Get
        Set(ByVal value As String)
            If value <> String.Empty Then
                r = CDbl(value) / 2 / Math.PI
            Else
                r = 0
            End If
        End Set
    End Property
```

Die Eigenschaft Fläche:

```
    Public Property Fläche() As String
        Get
            Return (Math.PI * Math.Pow(r, 2)).ToString("#,#0.00")
        End Get
        Set(ByVal value As String)
            If value <> String.Empty Then
                r = Math.Sqrt(CDbl(value) / Math.PI)
            Else
                r = 0
            End If
        End Set
    End Property
End Class
```

Hinweis

Das komplette Programm finden Sie unter 24.27 »Eigenschaften sinnvoll kapseln«! ■

4.5.3 Lese-/Schreibschutz für Eigenschaften

Es kommt häufig vor, dass bestimmte Eigenschaften nur gelesen oder nur geschrieben werden dürfen (*ReadOnly* bzw. *WriteOnly*). Um diese Art der Zugriffsbeschränkung zu realisieren, ist keinerlei Aufwand erforderlich – im Gegenteil:

Hinweis

Um eine Eigenschaft allein für den Lese- bzw. Schreibzugriff zu deklarieren, lässt man einfach die `Get`- bzw. die `Set`-Zugriffsmethode weg. ■

Beispiel In unserer `CKunde`-Klasse soll das Guthaben für den direkten Schreibzugriff gesperrt werden. Das klingt logisch, da zur Erhöhung des Guthabens bereits die Methode `addGuthaben` existiert.

```
Public Class CKunde
    ...
    Public ReadOnly Property Guthaben() As Decimal
        Get
            Return _guthaben
        End Get
    End Property
    ...
End Class
```

Bereits in der Entwicklungsumgebung von Visual Studio wird nun der Versuch abgewiesen, dieser Eigenschaft einen Wert zuzuweisen:

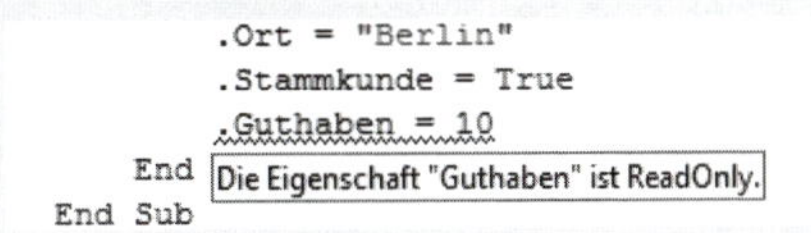

4.5.4 Statische Eigenschaften

Mitunter gibt es Eigenschaften, deren Werte für alle aus der Klasse instanziierten Objekte identisch sind und die deshalb nur einmal in der Klasse gespeichert zu werden brauchen.

Hinweis

Statische Eigenschaften (*Klasseneigenschaften*) werden mit dem Schlüsselwort `Shared` deklariert. ■

Außer dem `Shared`-Schlüsselwort gibt es beim Deklarieren keine Unterschiede zu den normalen Instanzeneigenschaften.

Statische Eigenschaften können benutzt werden, ohne dass dazu eine Objektvariable deklariert und ein Objekt instanziiert werden muss! Es genügt das Voranstellen des Klassenbezeichners.

Beispiel Die Klasse CKunde soll zusätzlich eine »einfache« Eigenschaft Rabatt bekommen, die für jedes Kundenobjekt immer den gleichen Wert hat.

```
Public Class CKunde
   ...
   Public Shared Rabatt As Double
   ...
End Class
```

Der Zugriff ist sofort über den Klassenbezeichner möglich, ohne dass dazu eine Objektvariable erzeugt werden müsste.

Beispiel Allen Kunden wird ein Rabatt von 15% zugewiesen.

```
CKunde.Rabatt = 0.15
```

Hinweis

Vielen Umsteigern, die aus der strukturierten Programmierung kommen, bereitet es Schwierigkeiten, auf ihre globalen Variablen zu verzichten, mit denen sie Werte zwischen verschiedenen Programmmodulen ausgetauscht haben. Genau hier bieten sich statische Eigenschaften an, die z.B. in einer extra für derlei Zwecke angelegten Klasse CAllerlei abgelegt werden könnten. ■

4.6 Methoden

Methoden bestimmen die dynamischen Attribute eines Objekts, also sein Verhalten. Eine Methode ist eine Funktion, die im Körper der Klasse implementiert ist.

4.6.1 Öffentliche und private Methoden

Bereits im Kapitel 2 haben Sie gelernt, wie man Methoden programmiert. Jetzt wollen wir noch etwas nachhaken und den Fokus auf die Methoden richten, die in unseren selbst programmierten Klassen zum Einsatz kommen.

Genau wie das bei »richtigen« Eigenschaften der Fall ist, arbeiten in einer sauber programmierten Klasse alle Methoden ausschließlich mit privaten Feldern (Zustandsvariablen) zusammen.

Hinweis

Wenn Sie eine Methode als Private deklarieren, ist sie nur innerhalb der Klasse sichtbar, und es handelt sich um keine Methode im eigentlichen Sinn der OOP, sondern eher um eine Funktion/Prozedur im herkömmlichen Sinn. ■

Beispiel Die beiden öffentlichen Methoden `getAdresse()` und `addGuthaben()` arbeiten mit sechs privaten Feldern zusammen.

```
Public Class CKunde
```

Private Variablen:

```
    Private _anrede As String
    Private _name As String
    Private _plz As Integer
    Private _ort As String
    Private _stammkunde As Boolean
    Private _guthaben As Decimal
```

Öffentliche Methoden:

```
Public Function getAdresse() As String
        Dim s As String = _anrede & " " & _name & vbCrLf & _plz.ToString & " " & _ort
        Return s
End Function

Public Sub addGuthaben(ByVal betrag As Decimal)
        If _stammkunde Then _guthaben += betrag
End Sub
```

Der Aufruf:

```
Private kunde1 As New CKunde()
...
Label1.Text = kunde1.getAdresse          ' erste Methode (Funktion) aufrufen
kunde1.addGuthaben(50)                   ' zweite Methode (Prozedur) aufrufen
```

4.6.2 Überladene Methoden

Innerhalb des Klassenkörpers dürfen zwei und mehr gleichnamige Methoden konfliktfrei nebeneinander existieren, wenn sie eine unterschiedliche Signatur (Reihenfolge und Datentyp der Übergabeparameter) besitzen.

Beispiel Zwei überladene Versionen einer Methode in der Klasse `CKunde`, die erste hat nur den Nettobetrag als Parameter die zweite den Bruttobetrag und die Mehrwertsteuer.

```
Public Class CKunde
    ...
    Public Sub addGuthaben(ByVal betrag As Decimal)
        If _Stammkunde Then _Guthaben += betrag
    End Sub

    Public Sub addGuthaben(ByVal brutto As Double, ByVal mwst As Double)
        If _Stammkunde Then _Guthaben += CDec(brutto / (1 + mwst))
    End Sub
    ...
End Class
```

Wenn Sie diese Methoden verwenden wollen, so fällt die Auswahl im Code-Fenster leicht:

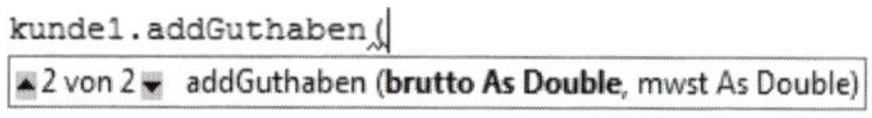

4.6.3 Statische Methoden

Genauso wie *statischen Eigenschaften* können *statische Methoden* (auch als *Klassenmethoden* bezeichnet) ohne Verwendung eines Objekts aufgerufen werden. Statische Methoden werden ebenfalls mit dem `Shared`-Modifizierer gekennzeichnet und eignen sich z.B. gut für diverse Formelsammlungen (ähnlich `Math`-Klassenbibliothek). Auch können Sie damit auf private statische Klassenmitglieder zugreifen.

Hinweis

Der Einsatz statischer Methoden für relativ einfache Aufgaben ist bequemer und ressourcenschonender als das Arbeiten mit Objekten, die Sie jedes Mal extra instanziieren müssten. ■

Beispiel Wir bauen eine Klasse, in der wir wahllos einige von uns häufig benötigte Berechnungsformeln verpacken.

```
Public Class MeineFormeln

    Public Shared Function kreisUmfang(ByVal radius As Double) As Double
        Return 2 * Math.PI * radius
    End Function

    Public Shared Function kugelVolumen(ByVal radius As Double) As Double
        Return 4 / 3 * Math.PI * Math.Pow(radius, 3)
    End Function

    Public Shared Function Netto(ByVal brutto As Decimal, ByVal mwst As Decimal) As Decimal
        Return brutto / (1 + mwst)
    End Function
    ...

End Class
```

Der Zugriff von außerhalb ist absolut problemlos, weil man sich nicht mehr um das lästige Instanziieren einer Objektvariablen kümmern muss.

Hinweis

Leider kann bei Klassen die `With`-Anweisung nicht verwendet werden, da diese nur bei Objekten funktioniert. ■

Beispiel *(Fortsetzung)* Die statischen Methoden der Klasse `MeineFormeln` werden in einer Eingabemaske aufgerufen.

```
Private Sub Button1_Click(ByVal sender As System.Object, ByVal e As System.EventArgs) _
                                                           Handles Button1.Click
    Dim r As Double = Convert.ToDouble(TextBox1.Text)       ' Kreisradius konvertieren
    Label1.Text = MeineFormeln.kreisUmfang(r).ToString("0.000")
    Label2.Text = MeineFormeln.kugelVolumen(r).ToString("0.000")

    Dim b As Double = Convert.ToDouble(TextBox2.Text)       ' Brutto konvertieren
    Label3.Text = MeineFormeln.Netto(b, 0.19).ToString("C")
End Sub
```

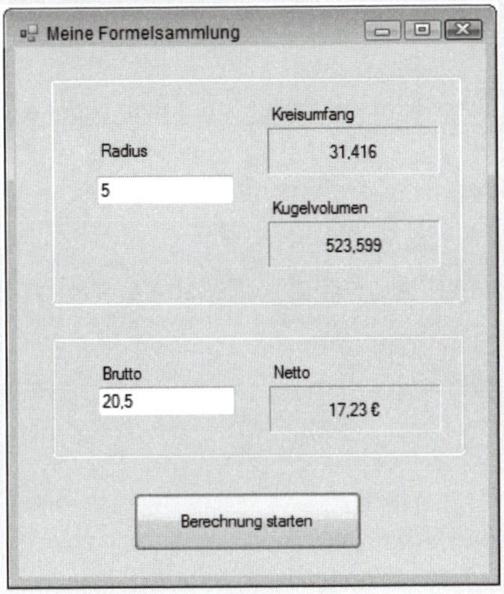

4.7 Ereignisse

Nachdem wir uns den Eigenschaften und Methoden von Objekten ausführlich gewidmet haben, wollen wir die Dritten im Bunde, die Ereignisse, nicht vergessen. Wie Sie bereits wissen, werden Ereignisse unter bestimmten Bedingungen vom Objekt ausgelöst und können dann in einer Ereignisbehandlungsroutine abgefangen und ausgewertet werden.

Allerdings bieten bei weitem nicht alle Klassen Ereignisse an, denn diese werden nur benötigt, wenn auf bestimmte Änderungen eines Objekts reagiert werden soll.

Nachdem wir mit dem Deklarieren von Eigenschaften und Methoden überhaupt keine Probleme hatten, hört aber bei Ereignissen der Spaß auf.

Hinweis

Eine ausführliche Einführung in das .NET-Ereignismodell erhalten Sie im Kapitel 20 (Microsoft Event Pattern). ■

Im Folgenden werden deshalb nur die wichtigsten Grundlagen der Ereignismodellierung erläutert.

4.7.1 Ereignis deklarieren

Ein Ereignis fügen Sie der Klassendefinition über das `Event`-Schlüsselwort zu.

```
Public Event Ereignisname([Parameterdeklarationen])
```

Beispiel In einer Klasse `CKunde` wird ein Ereignis mit dem Namen `GuthabenLeer` deklariert.

```
Public Class CKunde
    ...
    Private _guthaben As Decimal

    Public Event GuthabenLeer(ByVal Sender As Object, ByVal e As String)

    Public Sub New(ByVal betrag As Decimal)        ' Konstruktor
        ...
        _guthaben = betrag
    End Sub
    ...
```

4.7.2 Ereignis auslösen

Ausgelöst wird das Ereignis ebenfalls im Klassenkörper über das Schlüsselwort `RaiseEvent`.

```
RaiseEvent Ereignisname([Parameterwerte])
```

Beispiel (*Fortsetzung*) Das Ereignis `GuthabenLeer` »feuert« innerhalb der Methode `addGuthaben` dann, wenn das Guthaben den Wert von 10 € unterschreitet.

```
    Public Sub addGuthaben(ByVal betrag As Decimal)
        _guthaben += betrag
        If _guthaben <= 10 Then
            Dim msg As String = "Das Guthaben beträgt nur noch" & _guthaben.ToString("C") & "!"
            RaiseEvent GuthabenLeer(Me, msg)
        End If
    End Sub
    ...
End Class
```

Die Ereignisdefinition ist in diesem Beispiel bewusst einfach gehalten, um den Einsteiger nicht zu verschrecken. Normalerweise sollten Ereignisse immer zwei Parameter an die aufrufende Instanz übergeben: eine Referenz auf das Objekt, welches das Ereignis ausgelöst hat, und ein Objekt der `EvenArgs`- oder einer davon abgeleiteten Klasse (siehe 20.2.2). Auf Letzteres haben wir der Einfachheit wegen verzichtet und stattdessen einen einfachen Meldungsstring übergeben.

4.7.3 Ereignis auswerten

Um dem Compiler mitzuteilen, dass das Objekt über Ereignisse verfügt, müssen Sie bei der Referenzierung der Objektvariablen vor dem Objektbezeichner das Schlüsselwort `WithEvents` einfügen.

```
Private|Public WithEvents Objektname As Klassenname
```

Beispiel *(Fortsetzung)* Wir verwenden die im Vorgängerbeispiel definierte Klasse `CKunde` in einem Formular `Form1` mit einem `Button`:

```
Public Class Form1
```

Der Einfachheit wegen erledigen wir die Referenzierung und die Instanziierung der Objektvariablen `kunde1` in einem Schritt und weisen dabei dem Kunden ein Anfangsguthaben von 100 Euro zu.

```
    Private WithEvents kunde1 As New CKunde(100)
```

Der Eventhandler für das Ereignis `GuthabenLeer` des Kunden:

```
    Private Sub kunde1_GuthabenLeer(ByVal Sender As Object, ByVal e As String) _
                                                   Handles kunde1.GuthabenLeer
        Label1.Text = e.ToString
    End Sub
End Class
```

Bei jedem Klick auf den `Button` wird das Guthaben des Kunden um 10 € verringert:

```
    Private Sub Button1_Click(ByVal sender As System.Object, _
                              ByVal e As System.EventArgs) Handles Button1.Click
        Kunde1.addGuthaben(-10)
    End Sub
```

Nachdem Sie den `Button` neunmal geklickt haben, feuert das Ereignis und im `Label` erscheint eine Meldung:

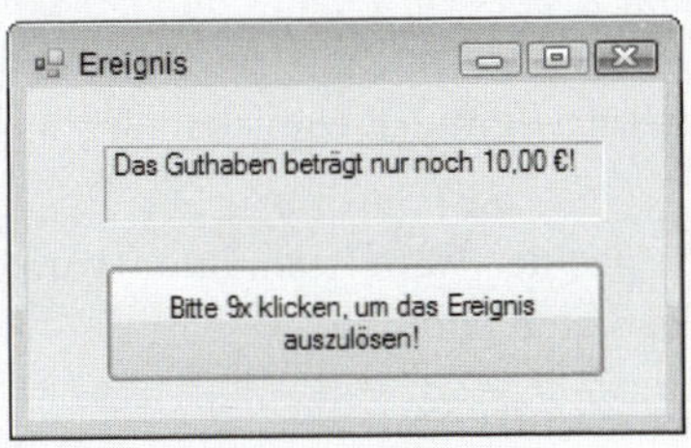

Visual Studio unterstützt Sie beim Erstellen des Rahmencodes der Event-Handler für selbst definierte Ereignisse natürlich genauso, wie Sie das z.B. für das `Click`-Ereignis eines `Buttons` zur Genüge gewöhnt sind:

Nach dem Deklarieren der Objektvariablen wird in der linken oberen Klappbox das Objekt selektiert und in der rechten das Ereignis. Dieser Rahmencode wird automatisch generiert:

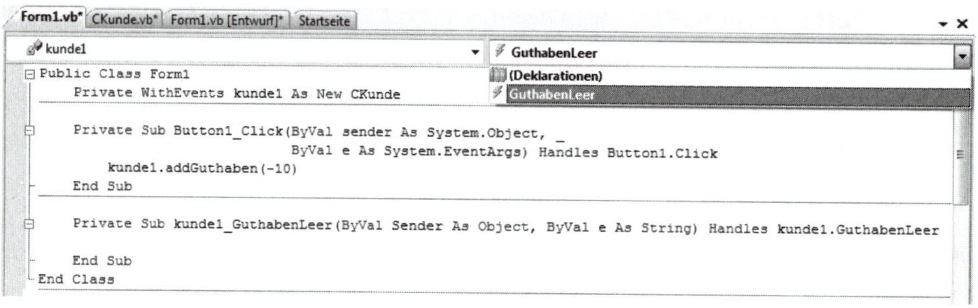

Abbildung 4.6 Automatisch erstellter Rahmencode

4.7.4 Benutzerdefinierte Ereignisse (Custom Events)

Meistens deklarieren Sie ein Ereignis mittels `Event`-Schlüsselwort unter Angabe eines Ereignisdelegaten, die Codegenerierung für die Ereignisverwaltung erfolgt automatisch.

Beispiel Standardmäßige Ereignisdefinition in zwei Schritten

```
Public Delegate Sub NumberChangedHandler(ByVal i As Integer)
Public Event NumberChanged As NumberChangedHandler
```

In der Regel ist diese Art der Deklaration auch völlig ausreichend, aber in einigen Fällen möchten Sie die Ereignisverwaltung doch lieber selbst in die Hand nehmen.

Benutzerdefinierte Ereignis-Accessoren (Custom Events) erlauben dem Programmierer die genaue Definition der Vorgänge, die beim Hinzufügen bzw. Entfernen eines Eventhandlers und beim Auslösen eines Events ablaufen sollen (siehe dazu auch die Ausführungen zum Microsoft Event Pattern im Kapitel 20).

Deklaration

Durch Deklarieren eines *Custom Events* wird dem Compiler mitgeteilt, dass er die Codegenerierung für die Ereignisverwaltung außer Kraft setzen soll, der Programmierer muss sich also nun selbst darum kümmern wie die Ereignishandler an-/abgemeldet und aufgerufen werden.

Ein Custom Event wird durch das der `Event`-Deklaration vorangestellte `Custom`-Schlüsselwort unter Angabe eines Ereignisdelegaten definiert.

Beispiel Deklaration eines benutzerdefinierten Ereignisses `NumberChanged`

```
Public Delegate Sub NumberChangedHandler(ByVal i As Integer)
Public Custom Event NumberChanged As NumberChangedHandler
```

Wenn Sie nach einer solchen Ereignisdeklaration die `Enter`-Taste drücken, erstellt Visual Studio automatisch den Rahmencode für die Ereignis-Acessoren (auf ähnliche Weise wie für Properties):

```
Public Custom Event NumberChanged As NumberChangedHandler
    AddHandler(ByVal value As NumberChangedHandler)

    End AddHandler

    RemoveHandler(ByVal value As NumberChangedHandler)

    End RemoveHandler

    RaiseEvent(ByVal i As Integer)

    End RaiseEvent
End Event
```

Abbildung 4.7 Rahmencode für Ereignis-Acessoren

Wie Sie sehen, besteht die Deklaration eines Custom Events aus drei Sektionen, die unter folgenden Bedingungen abgearbeitet werden:

- `AddHandler`, wenn ein Ereignishandler entweder mittels `Handles`-Schlüsselwort oder `AddHandler`-Methode hinzugefügt wird.
- `RemoveHandler`, wenn ein Handler mittels `RemoveHandler`-Methode wieder entfernt wird.
- `RaiseEvent`, wenn ein Ereignis ausgelöst wird.

Sie müssen sich jetzt also selbst um das Hinzufügen und Entfernen der Handler zu bzw. aus ihrem Container (üblicherweise eine Collection), sowie um die Benachrichtigung der angeschlossenen Handler beim Auslösen des Ereignisses kümmern. Obwohl das mehr Codezeilen erfordert als eine standardmäßige Implementierung, haben Sie eine größere Flexibilität beim Programmieren.

Anwendung

Da das alles ziemlich verwirrend klingen mag, soll ein Beispiel Licht in die Dunkelheit bringen.

Beispiel Eine Klasse `CCounter` erzeugt im Sekundentakt eine Zahl von 1 bis 10 und löst dabei das benutzerdefinierte Ereignis `NumberChanged` aus. Als Container für die angemeldeten Eventhandler dient eine (generische) `List`:

```
Public Class CCounter

    Public Delegate Sub NumberChangedHandler(ByVal i As Integer)
    Private handlers As New List(Of NumberChangedHandler)
```

```
    Public Custom Event NumberChanged As NumberChangedHandler

        AddHandler(ByVal value As NumberChangedHandler)
            If handlers.Count <= 3 Then handlers.Add(value)
        End AddHandler

        RemoveHandler(ByVal value As NumberChangedHandler)
            handlers.Remove(value)
        End RemoveHandler

        RaiseEvent(ByVal i As Integer)
            If i > 30 Then
                For Each handler As NumberChangedHandler In handlers
                    handler.Invoke(i)
                Next
            End If
        End RaiseEvent
    End Event
```

Die Methode, in welcher das Ereignis ausgelöst wird:

```
    Public Sub DoCount()
        For i As Integer = 1 To 10
            System.Threading.Thread.Sleep(1000)
            RaiseEvent NumberChanged(i * 10)
        Next
    End Sub
End Class
```

Ein Eventhandler zeigt die erzeugten Zahlen in einer `ListBox` an:

```
Private Sub c_NumberChanged(ByVal i As Integer)
    ListBox1.Items.Add(i.ToString)
End Sub
```

Schließlich der Test der Klasse `CCounter`:

```
Private Sub Button1_Click(ByVal sender As System.Object, ByVal e As System.EventArgs) _
                                                            Handles Button1.Click
    Dim c As New CCounter              ' Instanziierung
    AddHandler c.NumberChanged, AddressOf c_NumberChanged       ' Eventhandler anmelden
    c.DoCount()                        ' Methode aufrufen, die das Ereignis auslöst
    RemoveHandler c.NumberChanged, AddressOf c_NumberChanged    ' Eventhandler abmelden
End Sub
```

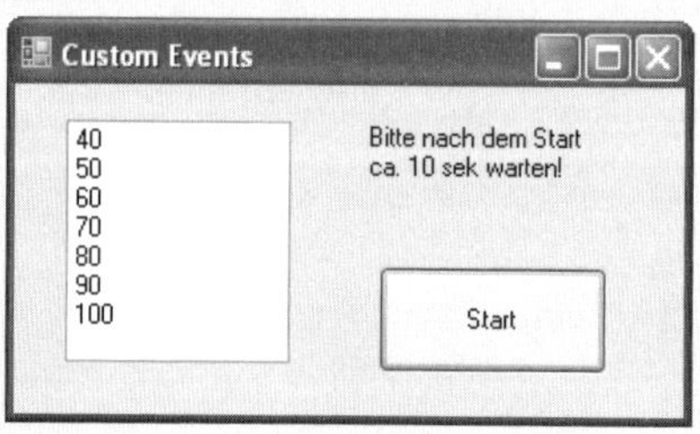

Wie Sie an diesem Beispiel sehen, ermöglichen Ihnen benutzerdefinierte Ereignisse eine freizügige Programmierung der Verwaltung Ihrer Ereignishandler. Im obigen Code haben wir als Container für die Ereignisdelegaten eine typisierte `List` gewählt, wir hätten aber auch z.B. eine (untypisierte) `ArrayList` nehmen können. In die `AddHandler`-Sektion wurde von uns eine Bedingung eingebaut, die die Anzahl der angeschlossenen Eventhandler auf 3 limitiert. Die `RaiseEvent`-Sektion bewirkt, dass die angeschlossenen Handler nur dann benachrichtigt werden, wenn die übergebene Zahl größer als 30 ist.

Ein nicht zu unterschätzender Vorteil von Custom Events ist auch das Vorhandensein eines zentralen Containers (im Beispiel die `handlers`-Liste), welcher alle angemeldeten Eventhandler innerhalb der Eventdeklaration kapselt.

Die doppelte Benutzung von `RaiseEvent` (innerhalb der `DoCount`-Methode und innerhalb der `Custom Event`-Ereignisdefinition) kann möglicherweise Verwirrung stiften. Deshalb sei hier nochmals auf den grundlegenden Unterschied hingewiesen: `RaiseEvent` in der `DoCount`-Methode löst das `NumberChanged`-Ereignis aus, die `RaiseEvent`-Sektion hingegen spezifiziert den beim Auslösen des Ereignisses auszuführenden »organisatorischen« Code, d.h., alle im Container (`List`) enthaltenen Eventhandler (Delegates) werden durchlaufen und aufgerufen.

4.8 Arbeiten mit Konstruktor und Destruktor

Eine »richtige« objektorientierte Sprache, zu der Visual Basic ja mittlerweile auch gehört, realisiert das Erzeugen und Entfernen von Objekten mit Hilfe von Konstruktoren und Destruktoren.

Hinweis
Wenn Sie in einigen bisherigen Beispielen in den von Ihnen selbst entwickelten Klassen keinen eigenen Konstruktor definiert hatten, so wurde automatisch der von `System.Object` geerbte parameterlose `New`-Standardkonstruktor verwendet. ■

4.8.1 Der Konstruktor erzeugt das Objekt

Der Konstruktor ist gewissermaßen die Standardmethode der Klasse und kann in mehreren Überladungen vorhanden sein.

Hinweis
Der Konstruktor ist immer eine `Sub` mit dem Namen `New()`. ■

```
Public Sub New([Parameterliste])
        ' Parameter den Feldern der Klasse zuweisen
        ' Initialisierungscode ausführen
End Sub
```

Der Konstruktor wird automatisch bei der Instanziierung eines Objekts aufgerufen und dient vor allem dazu, den Feldern des neu erzeugten Objekts Anfangswerte zuzuweisen.

Hinweis

Nachdem Sie einer Klasse einen oder mehrere Konstruktoren hinzugefügt haben, sind Sie auch zur Verwendung von mindestens einem davon verpflichtet. Die bisher gewohnte einfache Instanziierung von Objekten ist nicht mehr möglich, d.h., der von `System.Object` geerbte parameterlose Konstruktor steht nicht mehr zur Verfügung! ■

Deklaration

Einen Konstruktor fügen Sie dem Klassenkörper ähnlich wie eine `Set`-Eigenschaftsprozedur mit dem Namen `New` hinzu. Als Parameter übergeben Sie die Werte für die Felder, die Sie initialisieren möchten.

Wie bei jeder anderen Methode können Sie auch hier mehrere überladene Konstruktoren implementieren.

Beispiel Unserer Klasse `CKunde` werden zwei überladene Konstruktoren hinzugefügt.

```
Public Class CKunde
```

Die (natürlich privaten) Zustandsvariablen:

```
    Private _anrede As String
    Private _name As String
    Private _plz As Integer
    Private _ort As String
    Private _stammkunde As Boolean
    Private _guthaben As Decimal
```

Der erste Konstruktor initialisiert nur zwei private Variablen:

```
    Public Sub New(ByVal Anrede As String, ByVal Nachname As String)
        _anrede = Anrede
        _name = Nachname
    End Sub
```

Der zweite Konstruktor initialisiert alle Variablen der Klasse. Um den Code etwas zu kürzen, wird für die ersten beiden Variablen der erste Konstruktor bemüht:

```
    Public Sub New(ByVal Anrede As String, ByVal Nachname As String, ByVal PLZ As Integer, _
                ByVal Ort As String, ByVal Stammkunde As Boolean, ByVal Guthaben As Decimal)
        Me.New(Anrede, Nachname)
        _plz = PLZ
        _ort = Ort
        _stammkunde = Stammkunde
```

```
        _guthaben = Guthaben
    End Sub
End Class
```

Aufruf

Da wir der Klasse `CKunde` zwei Konstruktoren hinzugefügt haben, ist die bisher gewohnte parameterlose Instanziierung von Objekten mit dem `New()`-Standardkonstruktor nicht mehr möglich (es sei denn, Sie fügen selbst eine weitere Überladung hinzu, die keine Parameter entgegen nimmt)!

Beispiel *(Fortsetzung)* Zwei Objekte der oben deklarierten Klasse `CKunde` werden erzeugt und mit Anfangswerten initialisiert. Für jedes Objekt wird ein anderer überladener Konstruktor verwendet.

```
Try
      Dim kunde1 As New CKunde("Herr", "Müller")
      Dim kunde2 As New CKunde("Frau", "Hummel", 12345, "Berlin", True, 100)
      ' Dim kunde3 As New CKunde()              ' geht nicht mehr!!!
      MessageBox.Show("Objekte erfolgreich erzeugt!")
Catch ex As Exception
      MessageBox.Show("Fehler beim Erzeugen des Objekts!")
End Try
```

Sie sehen, dass das Initialisieren der Objekte viel einfacher geworden ist. Anstatt umständlich eine Eigenschaft nach der anderen zuzuweisen, geht das jetzt mit einer einzigen Anweisung.

4.8.2 Bequemer geht's mit einem Objekt-Initialisierer

Vor allem in Hinblick auf die in der neuen LINQ-Technologie erforderlichen anonymen Typen (siehe Kapitel 6) wurden so genannte Objekt Initialisierer eingeführt. Damit können nun öffentliche Eigenschaften und Felder von Objekten ohne das explizite Vorhandensein des jeweiligen Konstruktors in beliebiger Reihenfolge initialisiert werden.

Der Objekt-Initialisierer erwartet das Schlüsselwort `With` unmittelbar nach dem Erzeugen des Objekts. Anschließend folgt die in geschweiften Klammern eingeschlossene Liste der zu initialisierenden Member.

Hinweis

Einem Objektinitialisierer können nur Eigenschaften oder öffentliche Felder übergeben werden, das Initialisieren privater Felder, wie im obigen Konstruktor-Beispiel, ist nicht möglich! ■

Beispiel Erzeugen einer Instanz der Klasse `CPerson`

```
Public Class CPerson
   Public Name As String
   Public Strasse As String
```

```
    Public PLZ As Integer
    Public Ort As String
End Class
```

Der Objektinitialisierer:

```
Dim person1 As New CPerson With {.Name = "Müller", .Strasse = "Am Waldesrand 7", .PLZ = 12345, _
                                 .Ort = "Musterhausen"}
```

Beispiel Verschachtelte Objektinitialisierung beim Erzeugen einer Instanz der Klasse `Rectangle`:

```
Dim rect As New Rectangle With {.Location = New Point With {.X = 3, .Y = 7}, _
                              .Size = New Size With {.Width = 19, .Height = 34} }
```

Beispiel Initialisieren einer Collection aus Objekten

```
Dim personen() = {New CPerson With {.Name = "Müller", .Strasse = "Am Wald 7", .PLZ = 12345, _
                                    .Ort = "Musterhausen"}, _
                  New CPerson With {.Name = "Meier", .Strasse = "Hauptstr. 2", .PLZ = 2344, _
                                    .Ort = "Walldorf"}, _
                  New CPerson With {.Name = "Schulz", .Strasse = "Wiesenweg 5", .PLZ = 32111, _
                                    .Ort = "Biesdorf"}}
```

4.8.3 Destruktor und Garbage Collector räumen auf

Das Pendant zum Konstruktor ist aus objektorientierter Sicht der Destruktor. Da der Lebenszyklus eines Objektes bekanntlich mit dessen Zerstörung und der Freigabe der belegten Speicherplatzressourcen endet, ist der Destruktor für das Erledigen von »Aufräumarbeiten« zuständig, kurz bevor das Objekt sein Leben aushaucht.

In .NET haben wir allerdings keine echten Destruktoren, da hier die endgültige Zerstörung eines Objekts nicht per Code, sondern automatisch vom Garbage Collector vorgenommen wird. Dieser durchstöbert willkürlich und in unregelmäßigen Zeitabständen den Heap nach Objekten, um diejenigen zu suchen, die nicht mehr referenziert werden.

An die Stelle eines echten Destruktors tritt ein Quasi-Destruktor. Das ist eine Finalisierungsmethode, die zu einem unbestimmbaren Zeitpunkt vom Garbage Collector aufgerufen wird, kurz bevor dieser das Objekt vernichtet.

Der `Public`-Zugriffsmodifizierer entfällt, da Sie selbst den Destruktor nicht aufrufen dürfen, auch Parameter dürfen nicht übergeben werden.

```
Protected Overrides Sub Finalize()
        ' hier Code für Aufräumarbeiten implementieren
End Sub
```

Beispiel Unsere Klasse CKunde erhält ein öffentliches statisches Feld, welches durch den Konstruktor inkrementiert und durch den Quasi-Destruktor dekrementiert werden soll. Wir beabsichtigen damit, die Anzahl der momentan instanziierten Klassen (sprich Anzahl der Kunden) abzufragen.

Der auf das Wesentliche reduzierte Code von CKunde:

```
Public Class CKunde
    Public Shared anzahl As Integer = 0
```

Konstruktor:

```
    Public Sub New()
        anzahl += 1
    End Sub
```

Quasi-Destruktor:

```
    Protected Overrides Sub Finalize()
        anzahl -= 1
        MyBase.Finalize()           ' Aufruf der Basisklassenmethode
    End Sub

End Class
```

Wir verwenden zum Testen der Klasse ein Windows-Formular mit zwei Buttons, einer Timer-Komponente (Interval = 1000, Enabled = True) und einem Label.

Zum Code der Klasse Form1 fügen Sie hinzu:

```
    Private kunde1 As CKunde               ' Objekt referenzieren
```

Objekt erzeugen:

```
    Private Sub Button1_Click(ByVal sender As System.Object, ByVal e As System.EventArgs) _
                                                        Handles Button1.Click
        kunde1 = New CKunde
    End Sub
```

Objekt entfernen:

```
    Private Sub Button2_Click(ByVal sender As System.Object, ByVal e As System.EventArgs) _
                                                        Handles Button2.Click
        kunde1 = Nothing                   ' Objekt dereferenzieren
    End Sub
```

Anzeige der im Speicher befindlichen Instanzen im Sekundentakt:

```
    Private Sub Timer1_Tick(ByVal sender As Object, ByVal e As System.EventArgs) _
                                                        Handles Timer1.Tick
        Label1.Text = CKunde.anzahl.ToString()
    End Sub
```

Nach dem Programmstart fügen Sie durch Klicken auf den linken Button ein Objekt kunde1 hinzu, wonach sich die Anzeige von 0 auf 1 ändert. Anschließend klicken Sie auf den rechten Button, um das Objekt wieder zu entfernen.

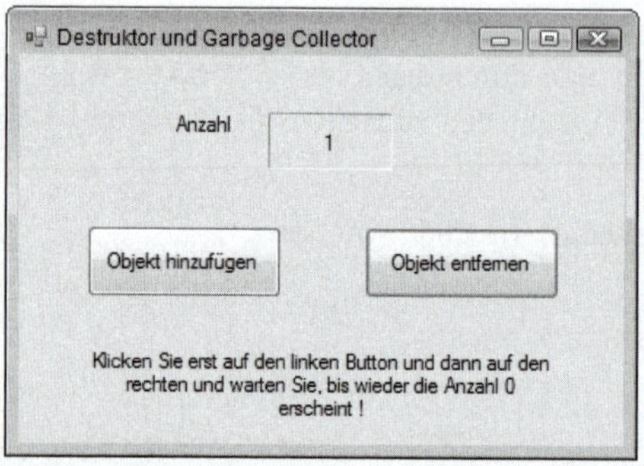

Es kann ziemlich lange dauern, bis die Anzeige wieder auf 0 zurück geht, nämlich dann, wenn dem Garbage Collector gerade einmal wieder die Lust zum Aufräumen überkommt und er den Quasi-Destruktor aufruft[1].

Übrigens können Sie auch den linken Button mehrmals hintereinander klicken. Die Anzeige zählt zwar hoch, das aber täuscht, denn es bleibt bei nur einer Objektvariablen (`kunde1`). Allerdings wird Ressourcenverschwendung betrieben, denn dem Objekt wird immer wieder ein neuer Speicherbereich zugewiesen. Der vorher belegte Speicher liegt brach und wartet auf die Freigabe durch den Garbage Collector.

Hinweis

Obiges Beispiel sollten Sie aufgrund seiner Unberechenbarkeit keinesfalls als Vorbild für ähnliche Zählaufgaben verwenden! ■

Da wegen der Unberechenbarkeit der Objektvernichtung der Umgang mit der `Finalize`-Methode ziemlich problematisch ist, sollten Sie für das definierte Freigeben von Objekten besser eine separate Methode verwenden (siehe `Dispose`-Methode).

4.9 DEMO: Vererbung und Polymorphie

Ein zentrales OOP-Thema ist die *Vererbung*, die es ermöglicht, Klassen zu definieren, die von anderen Klassen abhängen. Eng mit der Vererbung verknüpft ist die *Polymorphie* (Vielgestaltigkeit). Man versteht darunter die Fähigkeit von Subklassen, die Methoden der Basisklasse mit unterschiedlichen Implementierungen zu verwenden. Visual Basic unterstützt sowohl Vererbung als auch polymorphes Verhalten, da das Überschreiben (*Overriding*) der Basisklassenmethoden mit alternativen Implementierungen erlaubt ist.

[1] Der Garbage Collector läuft in einem eigenen Thread, er wird nur dann aufgerufen, wenn sich die anderen Threads in einem sicheren Zustand befinden.

Durch Vererbung können Sie sich die Programmierarbeit wesentlich erleichtern, indem Sie spezialisierte Subklassen verwenden, die den Code zum großen Teil von einer allgemeinen Basisklasse erben. Die Subklassen heißen auch *abgeleitete Klassen, Kind-* oder *Unterklassen*, die Basisklasse wird auch als *Super-* oder *Elternklasse* bezeichnet. In den Subklassen können Sie bestimmte Funktionalitäten überschreiben, um spezielle Prozesse auszuführen.

Lassen Sie uns anhand eines kurzen und dennoch ausführlichen Beispiels die wichtigsten Vererbungstechniken demonstrieren!

4.9.1 Vererbungsbeziehungen im Klassendiagramm

Mittels *Unified Modeling Language* (UML) lassen sich Vererbungsbeziehungen zwischen verschiedenen Klassen grafisch darstellen.

Das folgende, mit Visual Studio erzeugte, Klassendiagramm zeigt eine Basisklasse `CKunde`, von der die Klassen `CPrivatKunde` und `CFirmenKunde` »erben«.

Die Basisklasse hat die Eigenschaften `Anrede`, `Nachname`, `StammKunde` (ja/nein) und `Guthaben` und die Methoden `getAdresse()` und `addGuthaben()` (das Guthaben ist hier als Bonus zu verstehen, der den Kunden in prozentualer Abhängigkeit von den getätigten Einkäufen gewährt wird). Die `New`-Methoden sind nichts weiter als die Konstruktoren der entsprechenden Klassen.

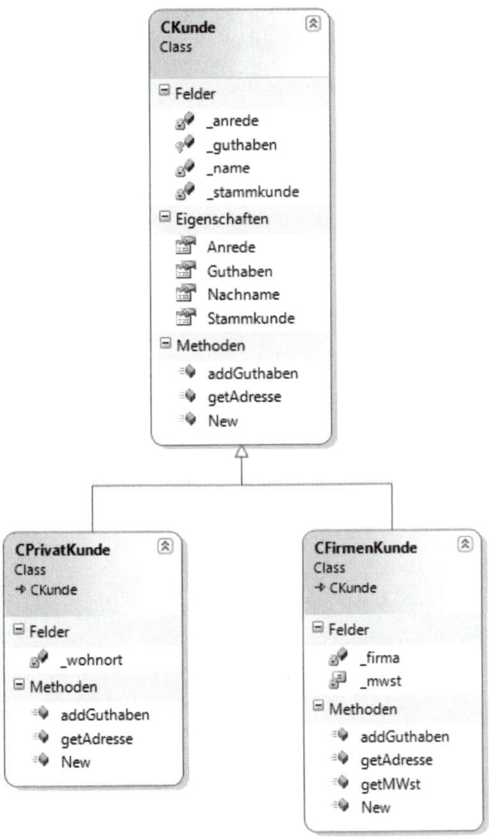

Abbildung 4.8
Klassendiagramm

4.9.2 Überschreiben von Methoden (Method-Overriding)

Die Subklassen `CPrivatKunde` und `CFirmenKunde` können auf sämtliche Eigenschaften und Methoden der Basisklasse zugreifen und fügen selbst eigene Methoden (auch Eigenschaften wären natürlich möglich) hinzu.

Die »geerbten« Methoden `getAdresse` und `addGuthaben` tauchen allerdings nochmals in den beiden Subklassen auf, warum? In unserem Beispiel handelt es sich um so genannte *überschriebene Methoden*, d.h., Adresse und Guthaben sollen für Privatkunden auf andere Weise als für Firmenkunden ermittelt werden. Genaueres dazu erfahren Sie im nächsten Abschnitt.

Hinweis

Verwechseln Sie das *Überschreiben* von Methoden nicht mit dem in Kapitel 3 beschriebenen *Überladen* von Methoden. Beides hat nichts, aber auch gar nichts, miteinander zu tun! ■

4.9.3 Klassen implementieren

Vorbild für die drei zu implementierenden Klassen ist obiges Klassendiagramm.

Basisklasse CKunde

Die Deklaration entspricht (fast) der einer normalen Klasse. Dass es sich um eine Basisklasse handelt, erkennt man in unserem konkreten Fall eigentlich nur an dem `Protected`-Feld und an den `Overridable`-Methodendeklarationen[1].

```
Public Class CKunde
```

Die privaten Felder:

```
    Private _anrede As String
    Private _name As String
    Private _stammkunde As Boolean
```

Auf das folgende Feld soll auch eine Subklasse zugreifen können:

```
    Protected _guthaben As Decimal
```

Der eigene Konstruktor:

```
    Public Sub New(ByVal Anrede As String, ByVal Nachname As String)
        _anrede = Anrede
        _name = Nachname
    End Sub
```

Die Eigenschaften:

```
    Public WriteOnly Property Anrede()
        Set(ByVal value)
            _anrede = value
        End Set
    End Property
```

[1] Eigentlich hätten wir die Klasse auch noch als *MustInherit* deklarieren müssen (siehe dazu 3.6.6).

```
    Public WriteOnly Property Nachname()
        Set(ByVal value)
            _name = value
        End Set
    End Property

    Public Property Stammkunde() As Boolean
        Get
            Return _stammkunde
        End Get
        Set(ByVal value As Boolean)
            _stammkunde = value
        End Set
    End Property
    Public ReadOnly Property Guthaben() As Decimal
        Get
            Return _guthaben
        End Get
    End Property
```

Die folgenden beiden Methoden sollen von den Subklassen überschrieben werden können:

```
    Public Overridable Function getAdresse() As String
        Return _anrede & " " & _name
    End Function

    Public Overridable Sub addGuthaben(ByVal betrag As Decimal)
        If _stammkunde Then _guthaben += betrag
    End Sub

End Class
```

Subklassen

Die erste Methode in der Subklasse ist in der Regel der Konstruktor. Dieser Konstruktor benutzt das `MyBase`-Schlüsselwort, um den Konstruktor der Basisklasse aufzurufen. Falls aber die Basisklasse über keinen eigenen Konstruktor verfügt, wird der Standardkonstruktor automatisch aufgerufen, wenn ein Objekt aus einer Subklasse erzeugt wird.

Das `Overrides`-Schlüsselwort der beiden Funktionen bedeutet, dass hier die in der Basisklasse definierten Funktionen überschrieben werden. Das erlaubt der Subklasse, eine eigene Implementierung der Funktionen zu realisieren.

Hinweis

Wenn Sie das `Overrides`-Schlüsselwort in der Subklasse vergessen wird angenommen, dass es sich um eine »Schattenfunktion« der originalen Funktion handelt. Eine solche Funktion hat denselben Namen wie das Original, überschreibt dieses aber nicht. ■

Der Code für die Subklasse `CPrivatKunde`:

```
Public Class CPrivatKunde
    Inherits CKunde
```

```
    Private _wohnort As String
```

Der Konstruktor ist notwendig, weil auch die Basisklasse einen eigenen Konstruktor verwendet:

```
    Public Sub New(ByVal Anr As String, ByVal Name As String, ByVal Ort As String)
        MyBase.New(Anr, Name)  ' Aufruf des Konstruktors der Basisklasse
        Me._wohnort = Ort      ' klassenspezifische Ergänzung
    End Sub
```

Die Methoden werden überschrieben:

```
    Public Overrides Function getAdresse() As String
        Return MyBase.Adresse & vbCrLf & _wohnort
    End Function

    Public Overrides Sub addGuthaben(ByVal geld As Decimal)
```

5% des Rechnungsbetrags werden als Guthaben angerechnet (Direktzugriff auf die `Protected`-Variable der Basisklasse `CKunde`):

```
        _guthaben += 0.05 * geld
     End Sub
End Class
```

Der Code für die Subklasse `CFirmenKunde` unterscheidet sich in einigen Details:

```
Public Class CFirmenKunde
    Inherits CKunde
    Private _firma As String
    Private Const _mwst As Double = 0.19
```

Konstruktor (notwendig, weil Basisklasse eigenen Konstruktor verwendet):

```
    Public Sub New(ByVal Anr As String, ByVal Name As String, ByVal Frm As String)
        MyBase.New(Anr, Name)             ' Aufruf des ererbten Konstruktors
        Me._firma = Frm
    End Sub
```

Überschreiben der überschreibbaren Methoden:

```
    Public Overrides Function getAdresse() As String
        Return MyBase.Adresse & vbCrLf & _firma
    End Function

    Public Overrides Sub addGuthaben(ByVal brutto As Decimal)
        Dim netto As Decimal = brutto / CDec((1 + _mwst))        ' Netto berechnen
        MyBase.addGuthaben(netto * 0.01D)         ' 1% als Guthaben angerechnet
    End Sub
```

Eine normale Methode:

```
    Public Function getMWst() As Double
        Return _mwst
    End Function
End Class
```

Subklasse CPrivatKunde

Diese Klasse erbt alle Eigenschaften und Methoden der Basisklasse, wird also sozusagen um deren Code »erweitert«. Das Overrides-Schlüsselwort der beiden Methoden bedeutet, dass hier die in der Basisklasse als Overridable definierten Funktionen überschrieben werden. Das erlaubt der Subklasse, eine eigene Implementierung der Funktionen zu realisieren.

Der Code für die Subklasse CPrivatKunde:

```
Public Class CPrivatKunde
    Inherits CKunde                        ' erbt von der Basisklasse CKunde!
    Private _wohnort As String
```

Ein eigener Konstruktor ist notwendig, weil auch die Basisklasse einen eigenen Konstruktor verwendet:

```
    Public Sub New(ByVal Anr As String, ByVal Name As String, ByVal Ort As String)
        MyBase.New(Anr, Name)              ' Aufruf des Konstruktors der Basisklasse
        Me._wohnort = Ort     ' klassenspezifische Ergänzung
    End Sub
```

Die Methode getAdresse() wird so überschrieben, dass zusätzlich zu Anrede und Name (von der Basisklasse geerbt) noch der Wohnort des Privatkunden angezeigt wird:

```
    Public Overrides Function getAdresse() As String
        Return MyBase.getAdresse & vbCrLf & _wohnort
    End Function
```

Die Methode addGuthaben() wird komplett neu überschrieben. Ohne Rücksicht auf die Zugehörigkeit zur Stammkundschaft werden jedem Privatkunden 5% vom Rechnungsbetrag als Bonusguthaben angerechnet:

```
    Public Overrides Sub addGuthaben(ByVal geld As Decimal)
```

Hier erfolgt ein Direktzugriff auf die Protected-Variable _guthaben der Basisklasse CKunde:

```
        _guthaben += 0.05 * geld
    End Sub

End Class
```

Subklasse CFirmenKunde

Der Code für die Subklasse CFirmenKunde unterscheidet sich in folgenden Details von der Klasse CPrivatKunde:

- Die Methode getAdresse() liefert statt des Wohnorts den Namen der Firma des Kunden.
- Die addGuthaben()-Methode berechnet zunächst den Nettobetrag und addiert davon 1% zum Bonusguthaben. Damit nur Stammkunden in den Genuss dieser Vergünstigung kommen, wird dazu die gleichnamige Methode der Basisklasse aufgerufen.
- Die neu hinzugekommene »stinknormale« Methode getMWSt() erlaubt einen Lesezugriff auf die Mehrwertsteuer-Konstante.

```
Public Class CFirmenKunde
    Inherits CKunde

    Private _firma As String
    Private Const _mwst As Double = 0.19
```

Auch hier ist ein Konstruktor notwendig (weil Basisklasse eigenen Konstruktor verwendet):

```
    Public Sub New(ByVal Anr As String, ByVal Name As String, ByVal Frm As String)
        MyBase.New(Anr, Name)           ' Aufruf des ererbten Konstruktors
        Me._firma = Frm
    End Sub
```

Überschreiben der überschreibbaren Methoden:

```
    Public Overrides Function getAdresse() As String
        Return MyBase.getAdresse & vbCrLf & _firma
    End Function

    Public Overrides Sub addGuthaben(ByVal brutto As Decimal)
        Dim netto As Decimal = brutto / CDec((1 + _mwst))          ' Netto berechnen
        MyBase.addGuthaben(netto * 0.01)          ' 1% als Guthaben angerechnet
    End Sub
```

Und zum Schluss noch eine ganz normale Methode:

```
    Public Function getMWst() As Double
        Return _mwst
    End Function

End Class
```

Die Implementierung unserer drei Klassen ist geschafft!

Testoberfläche

Um die Funktionsfähigkeit der drei Klassen zu testen, gestalten Sie die folgende Benutzerschnittstelle:

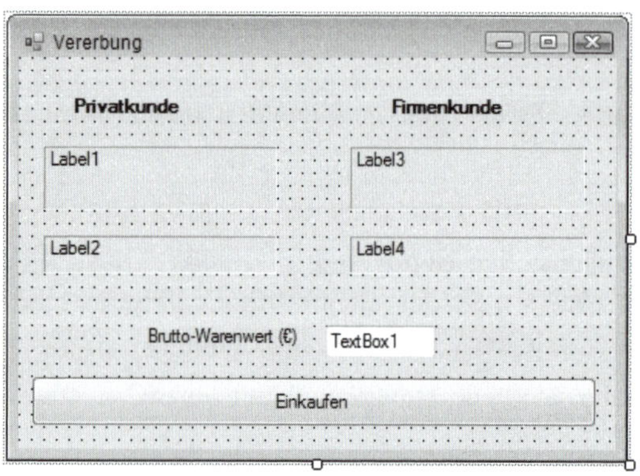

Abbildung 4.9
Entwurfsansicht der Benutzerschnittstelle

4.9.4 Objekte implementieren

Es genügt, wenn wir mit nur zwei Objekten (ein Privat- und ein Firmenkunde) arbeiten:

```
Public Class Form1
    Private kunde1 As CPrivatKunde
    Private kunde2 As CFirmenKunde
```

Im Konstruktor des Formulars werden dic beiden Objekte erzeugt. Fügen Sie zunächst den Rahmencode des Konstruktors hinzu, indem Sie in den beiden ComboBox-Controls am oberen Rand des Codefenster Folgendes einstellen: Klassenname = Form1, Methodenname = New.

Die Ja-/Nein-Eigenschaft StammKunde muss allerdings extra zugewiesen werden, da es dazu keinen passenden Konstruktor gibt.

```
Public Sub New()

        ' Dieser Aufruf ist für den Windows Form-Designer erforderlich.
        InitializeComponent()
        ' Fügen Sie Initialisierungen nach dem InitializeComponent()-Aufruf hinzu.

        kunde1 = New CPrivatKunde("Herr", "Krause", "Leipzig")
        kunde1.Stammkunde = False

        kunde2 = New CFirmenKunde("Frau", "Müller", "Master Soft GmbH")
        kunde2.Stammkunde = True

        TextBox1.Text = "100"
    End Sub
```

Bei Klick auf den »Einkaufen«-Button werden für jedes Objekt diverse Eigenschaften abgefragt und Methoden aufgerufen:

```
    Private Sub Button1_Click(ByVal sender As System.Object, _
                                     ByVal e As System.EventArgs) Handles Button1.Click
        Dim brutto As Decimal = Convert.ToDecimal(TextBox1.Text)
        Label1.Text = kunde1.getAdresse()
        kunde1.addGuthaben(brutto)
        Label2.Text = "Bonusguthaben ist " + kunde1.Guthaben.ToString("C")

        Label3.Text = kunde2.getAdresse()
        kunde2.addGuthaben(brutto)
        Label4.Text = "Bonusguthaben ist " + kunde2.Guthaben.ToString("C")
    End Sub

End Class
```

Praxistest

Überzeugen Sie sich nun davon, dass die drei Klassen wie gewünscht zusammenarbeiten und dass Vererbung tatsächlich funktioniert.

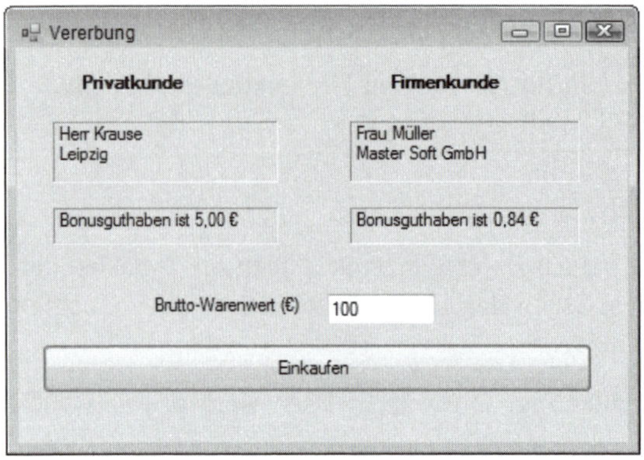

Abbildung 4.10
Laufzeitansicht

Die Werte in der Laufzeitabbildung sind wie folgt zu interpretieren:

- Dem Privatkunden Krause wurde ein Guthaben von 5 € (5% aus 100 €) zugebilligt (Stammkundschaft spielt bei Privatkunden keine Rolle, da die Methode `addGuthaben()` komplett überschrieben ist).
- Frau Müller ist eine Firmenkundin und erhält – nur weil sie Stammkundin ist – ein mickriges Guthaben von 0,84 € (1% auf den Nettowert).
- Durch wiederholtes Klicken auf »Einkaufen« kumulieren die Bonusguthaben.

4.9.5 Polymorphe Methoden

Untrennbar mit der Vererbung verbunden ist die so genannte Polymorphie (Vielgestaltigkeit). Polymorphes Verhalten bedeutet, dass erst zur Laufzeit einer Anwendung entschieden wird, welche der möglichen Methodenimplementierungen aufgerufen wird, da dies zum Zeitpunkt des Kompilierens noch unbekannt ist.

Im obigen Beispiel hatten wir von den Vorzügen der Polymorphie allerdings noch keinen Gebrauch gemacht, denn Privat- und Firmenkunde wurden in einzelnen Objektvariablen gespeichert und bereits per Programmcode fest mit ihren Methoden `getAdresse()` und `addGuthaben()` verbunden.

Um Polymorphie sichtbar zu machen, müssen wir das bei der Implementierung der Objekte zielgerichtet ausnutzen. Wie wir gleich sehen werden, treten die Vorzüge von Polymorphie besonders augenscheinlich zutage, wenn Objekte unterschiedlicher Klassenzugehörigkeit nacheinander in Arrays oder Auflistungen abgespeichert werden.

Beispiel Wir nehmen die drei Klassen des Vorgängerbeispiels (`CKunde`, `CPrivatKunde`, `CFirmenKunde`) als Grundlage. An deren Implementierungen brauchen wir keinerlei Veränderungen vorzunehmen, denn polymorphes Verhalten ergibt sich als logische Konsequenz aus der Vererbung von Klassen. Änderungen müssen wir lediglich beim Abspeichern der Objektvariablen vornehmen, die diesmal in einem Array mit drei Feldern vom Typ der Basisklasse `CKunde` abgelegt werden sollen:

```
Public Class Form1
    Private Kunden(2) As CKunde          ' Referenz auf Basisklasse CKunde!
```

Im Konstruktorcode des Formulars erzeugen wir einen Privat- und zwei Firmenkunden:

```
Public Sub New()
    ' Dieser Aufruf ist für den Windows Form-Designer erforderlich.
    InitializeComponent()

    ' Fügen Sie Initialisierungen nach dem InitializeComponent()-Aufruf hinzu.

    Dim kunde1 As New CPrivatKunde("Herr", "Krause", "Leipzig")
    kunde1.Stammkunde = False

    Dim kunde2 As New CFirmenKunde("Frau", "Müller", "Master Soft GmbH")
    kunde2.Stammkunde = True

    Dim Kunde3 As New CFirmenKunde("Herr", "Maus", "Manfreds Internet AG")
    Kunde3.Stammkunde = False
```

Unser eingangs deklariertes Array nimmt nun Privat- und Firmenkunden in wahlloser Reihenfolge auf:

```
    Kunden(0) = kunde1
    Kunden(1) = kunde2
    Kunden(2) = Kunde3
    TextBox1.Text = "100"
End Sub
```

Das Array wird zunächst in einer `For-Next`-Schleife durchlaufen. Dabei werden die polymorphen Methoden (das sind die mit `Overridable` bzw. `Overrides` deklarierten) für alle Objekte aufgerufen. Es werden also sowohl die Adressen ausgegeben als auch für jeden Kunden das Guthaben berechnet, nachdem er für 100 € Waren gekauft hat.

```
Private Sub Button1_Click(ByVal sender As System.Object, ByVal e As System.EventArgs) _
                                                              Handles Button1.Click
    Dim brutto As Decimal = Convert.ToDecimal(TextBox1.Text)
    Label1.Text = String.Empty

    For i As Integer = 0 To Kunden.Length - 1
        Kunden(i).addGuthaben(brutto)
        Label1.Text = Label1.Text & vbCrLf & Kunden(i).getAdresse & vbCrLf & _
                                        Kunden(i).Guthaben.ToString("C") & vbCrLf
    Next
End Sub
```

Obwohl im Array die Objekte bunt durcheinander gewürfelt sind, »weiß« das Programm zur Laufzeit genau, welche Implementierung der Methoden `getAdresse` und `addGuthaben` für den Privat- und für den Firmenkunden die richtige ist:

Hinweis

Genau darin liegt der springende Punkt zum Verständnis der Polymorphie! ■

Beispiel Die alternative Implementierung mittels For-Each-Schleife bringt das Problem der Polymorphie noch deutlicher auf den Punkt:

```
Private Sub Button2_Click(ByVal sender As System.Object, ByVal e As System.EventArgs) _
                                                                Handles Button2.Click
    Dim brutto As Decimal = Convert.ToDecimal(TextBox1.Text)
    Label1.Text = String.Empty
```

Die Schleifenvariable ku ist eine Referenz auf die Basisklasse CKunde:

```
    For Each ku As CKunde In Kunden
        ku.addGuthaben(brutto)
        Label1.Text = Label1.Text & vbCrLf & ku.getAdresse & vbCrLf & _
                                              ku.Guthaben.ToString("C") & vbCrLf
    Next
End Sub

End Class
```

Praxistest

Das Ergebnis anhand der abgebildeten Testoberfläche beweist, dass Vererbung und Polymorphie tatsächlich untrennbar miteinander verknüpft sind. Egal ob Privat- oder Firmenkunde – es werden immer die passenden Methodenimplementierungen aufgerufen:

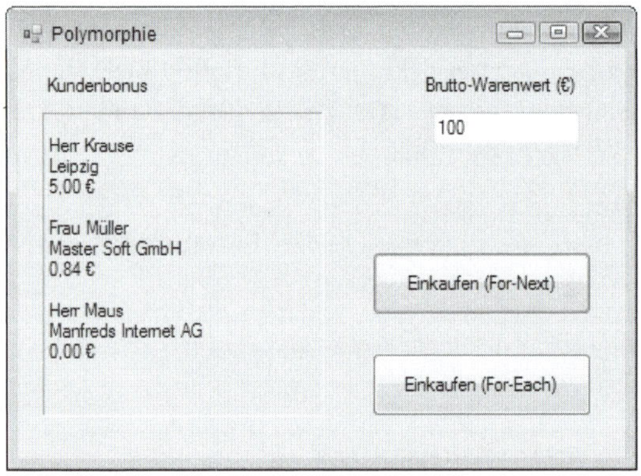

Abbildung 4.11 Laufzeitansicht

Hinweis

Das tiefere Verständnis der Polymorphie ist mit Sicherheit der schwierigste Part der OOP, deshalb wurde unser Beispiel bewusst einfach gehalten, damit Sie zunächst zu einem Grundverständnis gelangen, welches Sie später weiter ausbauen können. ■

4.9.6 Allgemeine Hinweise und Regeln zur Vererbung

Nachdem wir nun am praktischen Beispiel die Programmierung von Vererbungsbeziehungen kennen gelernt haben, werden wir auch die folgenden Regeln und Hinweise verstehen:

- Alle öffentlichen Eigenschaften und Methoden der Basisklasse sind auch über die abgeleiteten Subklassen verfügbar.
- Methoden der Basisklasse, die von den abgeleiteten Subklassen überschrieben werden dürfen (so genannte *virtuelle* Methoden) , müssen mit dem Schlüsselwort `Overridable` deklariert werden.
- Fehlt das Schlüsselwort `Overridable` bei der Methodendeklaration, so bedeutet das, dass dies die einzige Implementierung der Methode ist.
- Methoden der Subklassen, welche die gleichnamige Methode der Basisklasse überschreiben, müssen mit dem Schlüsselwort `Overrides` deklariert werden.
- Wenn Sie das `Overrides`-Schlüsselwort in der Subklasse vergessen, wird angenommen, dass es sich um eine »Schattenfunktion« der originalen Funktion handelt. Eine solche Funktion hat denselben Namen wie das Original, überschreibt dieses aber nicht.
- Private Felder der Basisklasse, auf die die Subklassen zugreifen dürfen, müssen mit `Protected` deklariert werden.
- Die Basisklasse wird der Subklasse durch das der Klassendeklaration nachgestellte Schlüsselwort `Inherits` bekannt gemacht:

```
Public Class SubKlasse
Inherits Basisklasse
    ' ... Implementierungscode
End Class
```

- Eine Subklasse kann immer nur von einer einzigen Basisklasse abgeleitet werden (keine multiple Vererbung möglich).
- Mit dem `MyBase`-Objekt kann von den Subklassen auf die Basisklasse zugegriffen werden, mit dem `Me`-Objekt auf die eigene Klasse.
- Wenn die Basisklasse einen eigenen Konstruktor verwendet, so müssen in den Subklassen ebenfalls eigene Konstruktoren definiert werden (Konstruktoren können nicht vererbt werden!).
- Der Konstruktor einer Subklasse muss den Konstruktor seiner Basisklasse aufrufen (`MyBase`-Schlüsselwort).
- Falls aber die Basisklasse über keinen eigenen Konstruktor verfügt, wird der Standardkonstruktor automatisch aufgerufen, wenn ein Objekt aus einer Subklasse erzeugt wird.

4.10 Besondere Klassen und Features

Zum Schluss wollen wir noch auf einige wichtige Klassen und Features eingehen, die in der OOP eine besondere Rolle spielen.

4.10.1 Abstrakte Klassen

Klassen, die lediglich ihr »Erbmaterial« an andere Klassen weitergeben und von denen selbst keine Instanzen gebildet werden, bezeichnet man als *abstrakt*. Typische Beispiele für abstrakte Klassen wären *Fahrzeug*, *Tier* oder *Nahrung*[1]. Um zu verhindern, dass von abstrakten Klassen Instanzen gebildet werden, können diese mit dem Schlüsselwort `MustInherit` gekennzeichnet werden.

Beispiel In unserem Vorgängerbeispiel werden von der Klasse `CKunde` keine Instanzen gebildet, sie kann deshalb als abstrakt deklariert werden.

```
Public MustInherit Class CKunde
...
End Class
```

Während die Referenzierung nach wie vor möglich ist

```
Dim Kunde As CKunde
```

schlägt der Versuch einer Instanziierung fehl:

```
Kunde = New CKunde("Herr", "Krause")              ' Fehler
```

Hinweis

Abstrakte Klassen ähneln einem weiteren sehr wichtigen Softwarekonstrukt der OOP, der Schnittstelle (siehe Abschnitt 4.11). ■

4.10.2 Abstrakte Methoden

In Verbindung mit polymorphem Verhalten finden sich innerhalb abstrakter Klassen oft auch *abstrakte Methoden*, diese enthalten grundsätzlich keinen Code, da sie in den abgeleiteten Klassen komplett mit `Overrides` überschrieben werden. Zur Kennzeichnung abstrakter Methoden verwenden Sie das Schlüsselwort `MustOverride`.

Hinweis

Die Deklaration einer abstrakten Methode erfolgt in einer Zeile, also ohne Rumpf. ■

Beispiel Die Funktion `getAdresse` einer abstrakten `CKunde`-Klasse wird in den Subklassen komplett überschrieben und kann deshalb anstatt mit `Overridable` mit `MustOverride` deklariert werden.

---

[1] Können Sie sich vielleicht vorstellen, wie eine Instanz der Klasse *Fahrzeug* konkret aussehen soll?

```
Public MustInherit Class CKunde
...
 Public MustOverride Function getAdresse() As String       ' abstrakte virtuelle Methode
...
End Class

Public Class CPrivatKunde
    Inherits CKunde
...
    Public Overrides Function getAdresse() As String     ' überschreibt Methode der Basisklasse
        Return _Anrede & "  " & _Name & "  " & _Wohnort
    End Function
...
End Class
```

4.10.3 Versiegelte Klassen

Wenn Sie unbedingt verhindern möchten, dass andere Programmierer von einer von Ihnen entwickelten Komponente weitere Subklassen ableiten, so müssen Sie Ihre Klasse mit Hilfe des Modifikators `NotInheritable` schützen.

Beispiel Die Klasse `CPrivatKunde` wird versiegelt und darf deshalb keine Nachkommen haben.

```
Public NotInheritable Class CPrivatKunde
    Inherits CKunde
    ...
End Class
```

Beim Versuch, davon eine Subklasse abzuleiten, schlägt Ihnen der Compiler erbarmungslos auf die Pfoten:

```
Public Class CStudent             ' Fehler!!!
    Inherits CPrivatKunde
    ...
End Class
```

Hinweis

Eine versiegelte Klasse kann niemals eine Basisklasse sein. Vererbungsmodifikatoren wie `MustInherit` und `Overridable` führen in einer versiegelten Klasse zum Compilerfehler, da sie keinen Sinn ergeben! ■

Übrigens: Ein allseits bekanntes Beispiel für eine versiegelte Klasse ist der `String`-Datentyp, was jedweden Begehrlichkeiten einen Riegel vorschiebt.

4.10.4 Partielle Klassen

Das Konzept partieller Klassen ermöglicht es, den Quellcode einer Klasse auf mehrere einzelne Dateien aufzusplitten. In Visual Studio wird zum Beispiel auf diese Weise der vom Designer automatisch erzeugte Layout-Code (z.B. *Form1.Designer.vb*) vom Code des Entwicklers (*Form1.vb*) getrennt, was zu einer gesteigerten Übersichtlichkeit beiträgt, wovon man sich nach Öffnen eines neuen Windows Forms-Projekts selbst überzeugen kann).

Die Programmierung ist denkbar einfach, denn alle Teile der Klasse sind lediglich mit dem Modifizierer `Partial` zu kennzeichnen.

Beispiel Eine einfache Klasse `CKunde`

```
Public Class CKunde
        Private _name As String
        Protected _guthaben As Decimal = 0

        Public Property NachName() As String
            Get
                Return _name
            End Get
            Set(ByVal value As String)
                _name = value
            End Set
        End Property

        Public Property Guthaben() As Decimal
            Get
                Return _guthaben
            End Get
            Set(ByVal value As Decimal)
                _guthaben = value
            End Set
        End Property

        Public Sub addGuthaben(ByVal betrag As Decimal)
            _guthaben += betrag
        End Sub
    End Class
```

Obige Klasse könnte (als eine von mehreren Möglichkeiten) wie folgt in drei partielle Klassen aufgesplittet werden:

```
Partial Public Class CKunde
        Private _name As String
        Protected _guthaben As Decimal = 0
End Class

Public Class CKunde
        Public Property NachName() As String
            Get
                Return _name
```

```
            End Get
            Set(ByVal value As String)
                _name = value
            End Set
        End Property

        Public Property Guthaben() As Decimal
            Get
                Return _guthaben
            End Get
            Set(ByVal value As Decimal)
                _guthaben = value
            End Set
        End Property
End Class

Partial Public Class CKunde
        Public Sub addGuthaben(ByVal betrag As Decimal)
            _guthaben += betrag
        End Sub
End Class
```

Wie Sie sehen, kann (muss aber nicht) bei einer der partiellen Definitionen auf `Partial` verzichtet werden, diese Klasse ist dann gewissermaßen die Ausgangsklasse, die durch den Code der anderen partiellen Klassen erweitert wird.

Hinweis
Auch `Structure`- oder `Interface`-Definitionen können mittels `Partial` gesplittet werden! ■

4.10.5 Die Basisklasse System.Object

Jedes Objekt in .NET ist von der Basisklasse `System.Object` abgeleitet. Diese Klasse ist Teil des Microsoft .NET Frameworks und beinhaltet die Basiseigenschaften und -methoden, wie sie für ein .NET-Objekt erforderlich sind.

Alle öffentlichen Eigenschaften und Methoden von `System.Object` stehen automatisch auch in jedem Objekt zur Verfügung, welches Sie erzeugt haben. Beispielsweise ist in `System.Object` bereits ein Standardkonstruktor enthalten. Wenn Sie in Ihrem Objekt keinen eigenen Konstruktor definiert haben, wird es mit diesem Konstruktor erzeugt.

Viele der öffentlichen Eigenschaften und Methoden von `System.Object` haben eine Standardimplementation. Das heißt, Sie brauchen selbst keinerlei Code zu schreiben, um sie zu benutzen.

Beispiel Die `ToString`-Methode liefert den Namen der Anwendungskomponente (die Windows-Anwendung heißt hier *Vererbung*) und die Klassenzugehörigkeit von `kunde1`.

```
MessageBox.Show(kunde1.ToString)
```

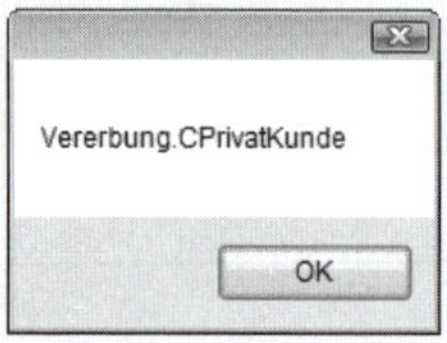

Sie können das standardmäßige Verhalten von `ToString()` mittels `Overrides`-Schlüsselwort verändern. Dies erlaubt Ihnen eine individuelle Implementierung einiger Eigenschaften bzw. Methoden von `System.Object`.

Beispiel Die gleiche `ToString`-Methode des Vorgängerbeispiels liefert nun den Namen des Kunden, wenn Sie die folgende Methode zum Klassenkörper von `CKunde` hinzufügen.

```
Public Overrides Function ToString() As String
   Return _name
End Function
```

4.10.6 Property-Accessors

Die `Get`- und `Set`-Accessoren von Eigenschaften hatten in den ersten .NET-Versionen von Visual Basic die gleiche Sichtbarkeit wie die Eigenschaft zu der sie gehören. Seit .NET 2.0 ist es möglich, den Zugriff auf einen dieser Accessoren zu beschränken. Meist ist dies für den `Set`-Accessor sinnvoll, während der `Get`-Accessor in der Regel öffentlich bleiben soll.

Beispiel Eine Eigenschaft mit `Get`- und `Set`-Accessoren. Der `Get`-Accessor besitzt die gleiche Sichtbarkeit wie die `KontoNummer`-Eigenschaft, während der `Set`-Accessor nur einen `Friend`-Zugriff erlaubt.

```
Private _knr As String
Public Property KontoNummer() As String
    Get
        Return _knr
    End Get
    Friend Set(ByVal value As String)
        _knr = value
    End Set
End Property
```

4.11 Schnittstellen (Interfaces)

Bis jetzt hatten wir es nur mit der klassischen Form der Vererbung, der so genanten Implementierungsvererbung, zu tun. Ein weiteres mächtiges Feature der OOP ist das Konzept der Schnittstellenvererbung. Der Einsteiger tut gut daran, sich zunächst mit der Implementierungsvererbung (insbesondere mit abstrakten Klassen und Methoden, siehe dazu Abschnitt 4.10 vertraut zu machen, ehe er sich mit Schnittstellen beschäftigt.

4.11.1 Wozu braucht man Schnittstellen?

Das .NET-Framework (die CLR) unterstützt keine Mehrfachvererbung, d.h., eine Unterklasse kann immer nur von einer einzigen Oberklasse erben. Das hat seinen gutem Grund, denn allzu leicht verliert der Programmierer im Gestrüpp mehrfacher Vererbungsbeziehungen über mehrere Hierarchie-Ebenen hinweg die Übersicht, instabiler Code und Chaos sind die Folge.

Einen Ausweg bietet die Verwendung von Schnittstellen, diese bieten fast alle Möglichkeiten der Mehrfachvererbung, vermeiden aber deren Nachteile. Schnittstellen dienen dazu, um gemeinsame Merkmale ansonsten unabhängiger Klassen beschreiben zu können.

Hinweis

Die Deklaration einer Schnittstelle ähnelt der einer Klasse, nur dass das Schlüsselwort `Class` gegen das Schlüsselwort `Interface` ausgetauscht wird. Die erbende Klasse hingegen benutzt anstatt des Schlüsselworts `Inherits` das Schlüsselwort `Implements`. ■

Eine Schnittstelle können Sie sich zunächst wie eine abstrakte Klasse vorstellen, in welcher nur öffentliche Methoden definiert, aber nicht implementiert werden (die Methodenrümpfe bleiben leer).

Anstatt weiterer langatmiger Ausführungen wollen wir die Grundlagen der Interface-Programmierung anhand eines zweiteiligen Beispiels erklären, in welchem wir die Implementierungssvererbung von einer abstrakten Klasse einer Schnittstellenvererbung gegenüberstellen.

4.11.2 DEMO: Variante 1 (mit Implementierungsvererbung)

Eine Klasse `CKunde` soll allgemeine Eigenschaften eines Kunden (`Name`, `PLZ`, `Ort`) sowie eine Methode `getAdresse` von einer Klasse `CPerson` erben. Um den im zweiten Beispiel vollzogenen Übergang zur Schnittstellenvererbung zu erleichtern, verwenden wir hier keine »normale« Basisklasse, sondern eine abstrakte Klasse mit abstrakten Methoden[1].

[1] Zugegeben, dies ist eine besonders extreme Form der Implementierungsvererbung, bei der eigentlich keinerlei Code vererbt wird, aber hier soll es ja nur um die Demonstration eines Prinzips gehen.

Klasse CPerson

Unsere abstrakte Klasse CPerson, die lediglich abstrakte Eigenschaften/Methoden bereitstellt, verfügt über keinerlei Implementierung von Code und hat damit bereits starke Ähnlichkeiten zu einer Schnittstelle.

```
Public MustInherit Class CPerson
    Public MustOverride Property Name() As String
    Public MustOverride Property PLZ() As Integer
    Public MustOverride Property Ort() As String
    Public MustOverride Function getAdresse() As String
End Class
```

Klasse CKunde

Die erbende Klasse CKunde liefert an zusätzlichen öffentlichen Mitgliedern das Guthaben des Kunden, sowie die Methode addGuthaben zur Erhöhung des Guthabens. Die in der Oberklasse mit MustOverride gekennzeichneten abstrakten Methoden müssen in der Unterklasse CKunde komplett überschrieben werden (deshalb der Modifizierer Overrides).

```
Public Class CKunde
    Inherits CPerson

    Private _name As String
    Private _plz As Integer
    Private _ort As String
    Public Guthaben As Decimal

    Public Sub addGuthaben(ByVal betrag As Decimal)
        Guthaben += betrag
    End Sub
    Public Overrides Function getAdresse() As String
        Dim s As String = _name & vbCrLf & _plz.ToString & " " & _ort
        Return s
    End Function

    Public Overrides Property Name() As String
        Get
            Return _name
        End Get
        Set(ByVal value As String)
            _name = value
        End Set
    End Property

    Public Overrides Property Ort() As String
       ...
    End Property

    Public Overrides Property PLZ() As Integer
      ...
    End Property
End Class
```

Test

```
Public Class Form1
    Private kunde1 As CKunde

    Private Sub Form1_Load(ByVal sender As Object, ByVal e As System.EventArgs) _
                                                          Handles Me.Load
        kunde1 = New CKunde()
        With kunde1
            .Name = "Müller"
            .PLZ = 12345
            .Ort = "Berlin"
        End With
    End Sub

    Private Sub Button1_Click(ByVal sender As System.Object, ByVal e As System.EventArgs) _
                                                          Handles Button1.Click
        Label1.Text = kunde1.getAdresse
        kunde1.addGuthaben(50D)
        Label2.Text = "Guthaben ist " & kunde1.Guthaben.ToString("C")
    End Sub

End Class
```

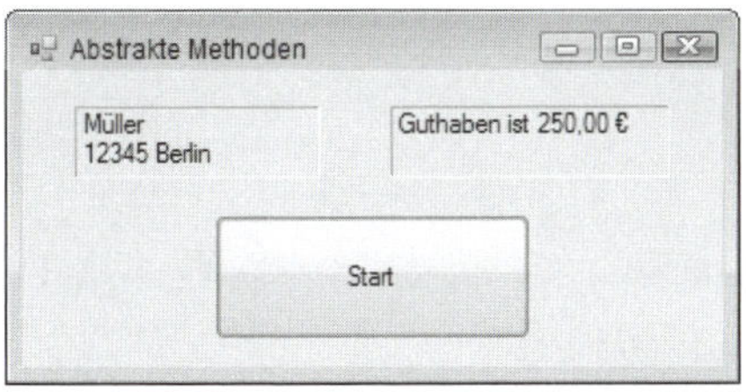

Abbildung 4.12
Laufzeitansicht

4.11.3 DEMO: Variante 2 (mit Schnittstellenvererbung)

Wir öffnen ein neues Projekt, um nun die Funktionalität des Vorgängerbeispiels mittels Schnittstellenvererbung zu realisieren.

Interface IPerson

Eine Schnittstelle können Sie zu Ihrem Projekt genauso hinzufügen wie eine neue Klasse. Anstatt des Schlüsselworts `Class` verwenden Sie aber `Interface`. Da laut Konvention der Namen einer Schnittstelle mit »I« beginnen sollte, benennen wir sie in unserem Fall mit `IPerson`.

```
Public Interface IPerson
    Property Name() As String
    Property PLZ() As Integer
    Property Ort() As String

    Function getAdresse() As String
End Interface
```

Vergleichen Sie den Code mit dem der Klasse CPerson aus dem Vorgängerbeispiel so stellen Sie fest, dass er übersichtlicher geworden ist. Die Zugriffsmodifizierer (Public) für die Mitglieder der Schnittstelle fehlen komplett, denn diese haben in einer Schnittstellendefinition nichts zu suchen.

Hinweis

Die Festlegung der Zugriffsmodifizierer für die Mitglieder der Schnittstelle ist allein Angelegenheit der Klasse, die die Schnittstelle implementiert! ■

Klasse CKunde

Mit dem Schlüsselwort Implements geht die Klasse CKunde die Verpflichtung ein, ausnahmslos alle Mitglieder der Schnittstelle IPerson zu implementieren. Weiterhin wird durch explizite Kennzeichnung der Methodendeklarationen mit Implements und nachfolgendem Namen der Schnittstelle und dem (mit Punkt abgetrennten) Namen der Methode das Problem von Mehrdeutigkeiten aus der Welt geschafft.

```
Public Class CKunde
    Implements IPerson

    Private _name As String
    Private _plz As Integer
    Private _ort As String
    Public Guthaben As Decimal

    Public Sub addGuthaben(ByVal betrag As Decimal)
        Guthaben += betrag
    End Sub

    Public Function getAdresse() As String Implements IPerson.getAdresse
        Dim s As String = _name & vbCrLf & _plz.ToString & " " & _ort
        Return s
    End Function

    Public Property Name() As String Implements IPerson.Name
        Get
            Return _name
        End Get
        Set(ByVal value As String)
            _name = value
        End Set
    End Property

    Public Property Ort() As String Implements IPerson.Ort
        ...
    End Property

    Public Property PLZ() As Integer Implements IPerson.PLZ
        ...
    End Property
End Class
```

Test

Vielleicht haben Sie es bereits vermutet: Der Code von `Form1`, in welchem die Klasse `CKunde` instanziiert und verwendet wird, gleicht bis ins letzte Detail dem des Vorgängerbeispiels.

4.11.4 Abfragen, ob Schnittstelle vorhanden ist

Manchmal möchte man vor der eigentlichen Arbeit mit einem Objekt wissen, ob dieses eine bestimmte Schnittstelle implementiert hat. Eine Lösung bietet eine Abfrage mit dem `TypeOf`-Operator.

Beispiel Wir ergänzen die Bedienoberfläche des Vorgängerbeispiels um eine zweite Schaltfläche.

```
Private Sub Button2_Click(ByVal sender As System.Object, ByVal e As System.EventArgs) _
                                                           Handles Button2.Click
    If TypeOf kunde1 Is IPerson Then
        MessageBox.Show("Das Objekt kunde1 hat die Schnittstelle IPerson implementiert!")

    End If
End Sub
```

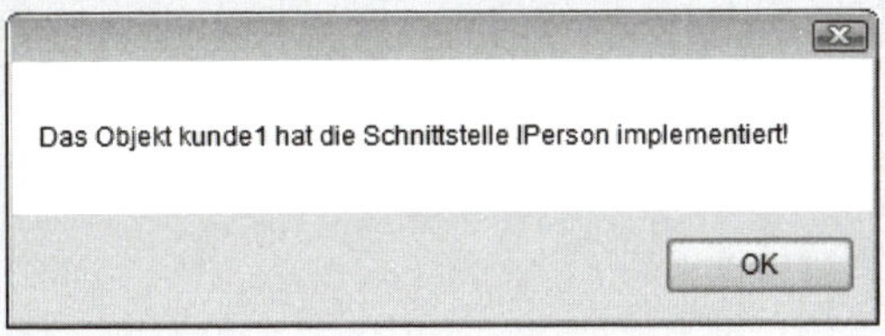

4.11.5 Mehrere Schnittstellen implementieren

Eine Klasse kann nicht nur eine, sondern auch mehrere Schnittstellen gleichzeitig implementieren, was quasi Mehrfachvererbung bedeutet, wie sie mit der klassischen Implementierungsvererbung nicht möglich ist.

Beispiel Eine Klasse implementiert zwei Schnittstellen

```
Public Class CFerrari
    Implements CFahrzeug, CRennauto
    ...
End Class
```

4.11.6 Wichtiges zur Schnittstellenprogrammierung

Die Schnittstellenprogrammierung ist ein weites Feld und bis jetzt haben wir nur an der Oberfläche gekratzt. Wichtige Prinzipien hier nochmal in Kürze:

- Anstatt von einer abstrakten Klasse zu erben, werden die abstrakten Methoden über eine Schnittstelle veröffentlicht. Damit erlangt man gewissermaßen die Funktionalität der Mehrfachvererbung und umgeht deren Nachteile.

- Eine Schnittstelle ist wie ein Vertrag: Sobald eine Klasse eine Schnittstelle implementiert, muss sie auch ausnahmslos alle (!) Mitglieder der Schnittstelle implementieren und veröffentlichen.
- Der Name der implementierten Methode sowie deren Signatur muss mit deren Definition in der Schnittstelle übereinstimmen.
- Mehrere Schnittstellen können zu einer neuen Schnittstelle zusammengefasst werden und selbst Schnittstellen implementieren.

Hinweis

Ausführliche Beispiele zur Schnittstellenprogrammierung finden Sie im Kapitel 5 (Abschnitt 5.7, Collections), Kapitel 19 (Arbeiten mit dem Klassen-Designer) und im Kapitel 21 (Verteilte Anwendung in Microkernel-Architektur). ■

5 Weitere VB-Sprachfeatures

Dieses Kapitel behandelt die folgenden Themen:

- Namespaces
- Arrays
- Zeichenkettenverarbeitung
- Operatorenüberladung
- Collections
- Generics
- Delegates

Das Sie nun mit den Grundlagen der objektorientierten Programmierung vertraut sind, können wir jetzt die sprachlichen Grundlagen von Visual Basic weiter ausbauen und Ihnen weiteres Rüstzeug, wie den Umgang mit Namensräumen, Arrays und Zeichenketten, Zahlenformatierungen, mathematischen und Datumsfunktionen, Generics und Delegates, mit auf den Weg geben.

5.1 Namespaces (Namensräume)

Zu Beginn dieses Kapitels wollen wir uns einem Thema widmen, welches unbedingt mit zu den Grundkonzepten von .NET gehört, die Namensräume. Diese bilden eine hierarchisch organisierte Verwaltungsstruktur für die inzwischen fast astronomisch große Anzahl von Klassen des .NET-Frameworks. Andererseits wäre das Chaos vorprogrammiert, denn die Übersicht ginge verloren und Namenskonflikte ließen sich nicht vermeiden.

5.1.1 Ein kleiner Überblick

Namensräume bilden die Kategorien für die Klassendefinitionen, man kann sie näherungsweise mit der Ordnerstruktur eines Dateisystems vergleichen. Demzufolge wird auch jeder Programmcode in Namespaces verwaltet. Eröffnen Sie ein neues Projekt, so wird diesem automatisch von der IDE ein neuer Namensraum zugeordnet (entspricht standardmäßig dem Namen der Projektdatei bzw. Assemblierung).

Damit zu Beginn bereits eine gewisse Grundfunktionalität vorhanden ist, werden standardmäßig bereits die wichtigsten Klassen über ihre Namespaces eingebunden. Die entsprechende Liste findet sich im Projektmappen-Explorer, nachdem Sie den Knoten *Verweise* aufgeklappt haben (Klicken Sie vorher auf die kleine Schaltfläche »Alle Dateien anzeigen« unterhalb der Titelleiste des Projektmappen-Explorers):

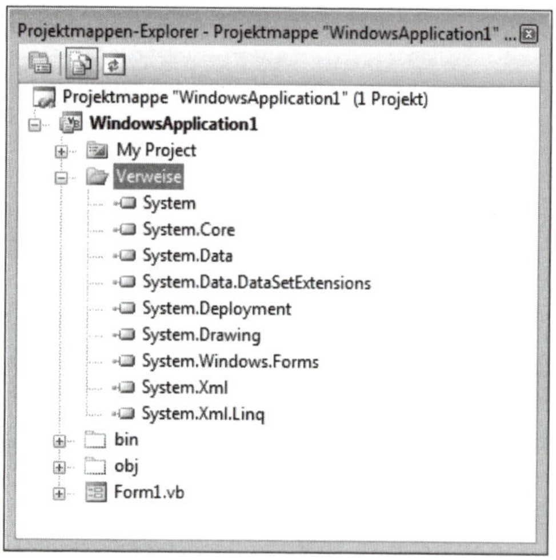

Abbildung 5.1
Verweise im Projektmappen-Explorer

Wenn Sie für Ihre Programmentwicklung noch weitere Klassen benötigen, so öffnen Sie das Kontextmenü *Verweise* im Projektmappen-Explorer und wählen Sie *Verweis hinzufügen...*

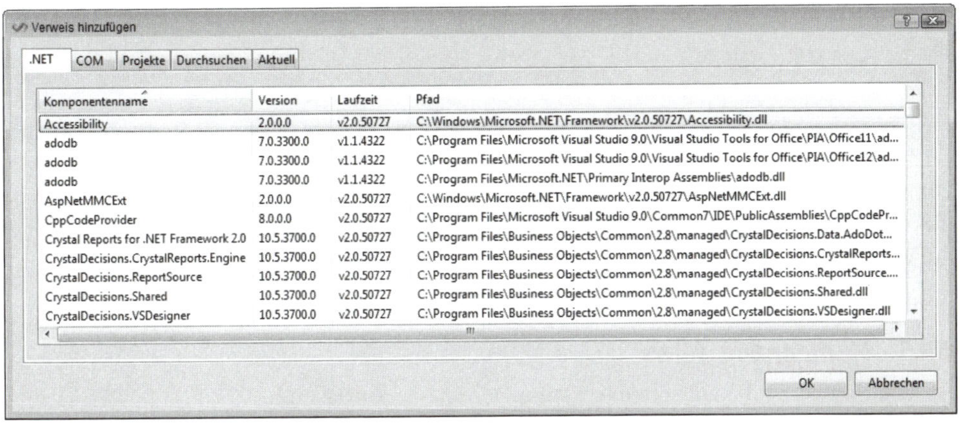

Abbildung 5.2 Einen neuen Verweis hinzufügen

In der Liste der Verweise erkennen Sie auch den Pfad zu der Datei, die die entsprechende Klassenbibliothek enthält (**.dll*). Meist sind inhaltlich verwandte Klassen in einem Namespace zusammengefasst. Es ist aber durchaus üblich, dass eine Datei mehrere Namensräume enthält. Auch der umgekehrte Fall, dass sich ein Namespace über mehrere Dateien erstreckt, ist möglich.

5.1.2 Die Imports-Anweisung

Um einem häufigen Missverständnis vorzubeugen, soll gleich zu Beginn eine Klarstellung erfolgen:

Hinweis

Die `Imports`-Anweisung »importiert« keine Klassen bzw. Namespaces, sie verkürzt nur die Schreibweise beim Zugriff auf bestimmte Klassen bzw. Namespaces, die bereits über *Verweise* (siehe oben) eingebunden sind. ■

Klassen, die sich im selben Namespace befinden, »kennen« sich gegenseitig und benötigen deshalb keine voll qualifizierte Namensangabe. Im anderen Fall müssen dem Namen einer Klasse die Namespaces vorangestellt werden, was oft zu langen und unübersichtlichen Ausdrücken führt (so genannte *voll qualifizierte Bezeichner*). Um derartige »Bandwürmer« zu vermeiden, steht am Anfang eines Projekts bzw. vor einer Klassendefinition in der Regel eine mehr oder weniger lange Liste von `Imports`-Anweisungen, was im nachfolgenden Code zu einer verkürzten Typnotation führt, welche meist nur noch den Typbezeichner erforderlich macht.

Beispiel Die voll qualifizierte Typdeklaration einer generischen Liste

```
Dim myList As System.Collections.Generic.List(Of String)
```

... kann wie folgt verkürzt werden:

```
Imports System.Collections.Generic
```

```
...
Dim myList As List(Of String)
```

Das Haar in der Suppe: Wenn in verschiedenen Namensräumen Klassen mit gleichen Typbezeichnern existieren, so führt die Verwendung von `Imports` zu Mehrdeutigkeiten, denn der Compiler »weiß« nicht, welcher Typ denn nun gemeint ist. In einem solchen Falle sollten Sie die voll qualifizierten Typbezeichner beibehalten. Eine elegantere Möglichkeit bietet aber die Verwendung eines Alias.

5.1.3 Namespace-Alias

Ausgangspunkt ist die vollständige Syntax der `Imports`-Anweisung:

```
Imports [Alias =] Namespace
```

Beispiel Ein Alias für den Namespace `System.Collections.Generic` vereinfacht die Deklaration einer generischen Auflistung:

```
Imports GColl = System.Collections.Generic
...
Dim myList As GColl.List(Of String)
```

Man kann das sogar noch weiter treiben und selbst komplette Klassenbezeichner durch einen Alias ersetzen.

Beispiel Eine Modifikation des Vorgängerbeispiels:

```
Imports GCollStrList As System.Collections.Generic.List(Of String)
...
Dim myList As GCollStrList
```

5.1.4 Namespaces in Projekteigenschaften

Öffnen Sie das Eigenschaftenfenster des Projekts (Menü *Projekt/<Anwendungsname>-Eigenschaften...* bzw. Kontextmenü *Eigenschaften* oder Doppelklick auf den Knoten *My-Project* im Projektmappen-Explorer), so können Sie sich auf der Seite »Verweise« einen Überblick über die eingebundenen Verweise (oben) und die anwendungsweit gültigen Namespaces (unten) verschaffen. Die Liste der Verweise entspricht den im Projektmappen-Explorer aufgeführten Verweisen.

Durch Setzen von Häkchen bei »Importierte Namespaces« können Sie Namensräume einbinden, die dann für die gesamte Anwendung gültig sind.

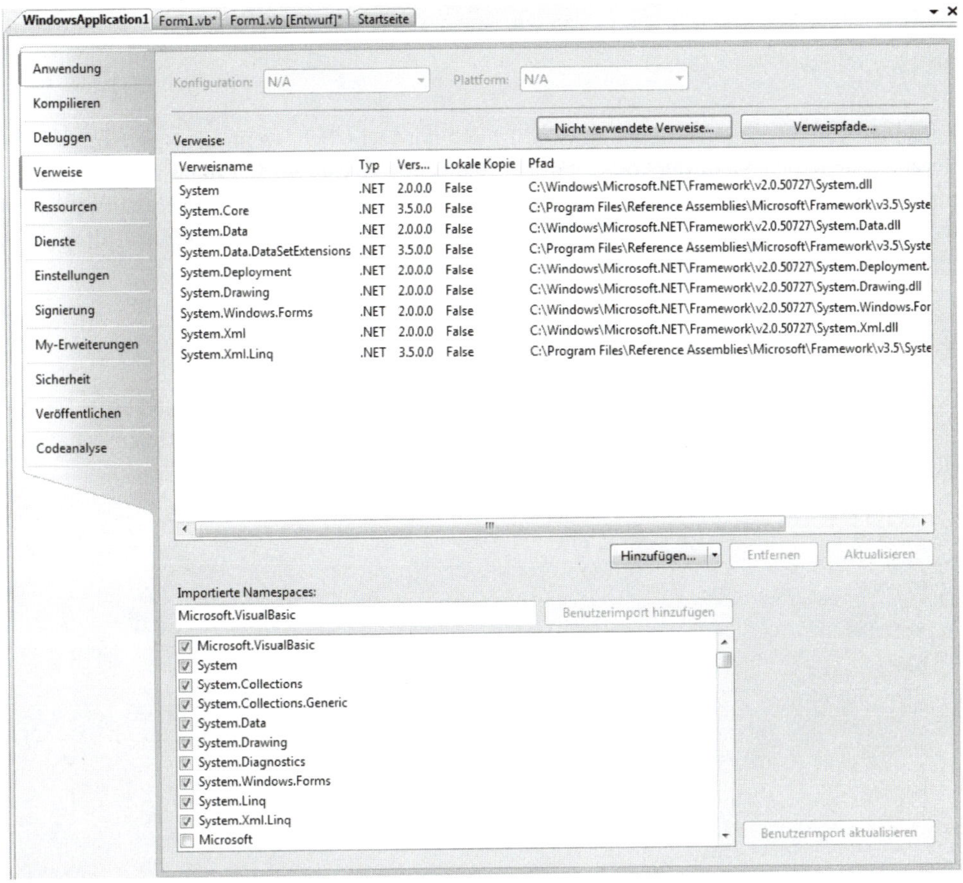

Abbildung 5.3 Automatisch importierte Namespaces

5.1.5 Namespace Alias Qualifizierer

Die Fähigkeit des Zugriffs auf ein Mitglied im globalen Namespace ist nützlich wenn ein Mitglied möglicherweise von einem anderen mit gleichem Namen verdeckt wird. Das führt dazu, dass zunächst im globalen Namespace »nachgeschaut« wird, anstatt im direkt zugeordneten Namespace.

Das Schlüsselwort `Global` ermöglicht den Zugriff auf den Stamm-Namespace (oder leeren Namespace) an erster Stelle in der Namespace-Hierarchie.

Beispiel Bisher war es Ihnen unmöglich, einen `System.IO`-Namespace in der Namespace-Hierarchie Ihrer Firma zu definieren ...

```
Namespace MeineFirma.System.IO          ' nicht möglich!
```

... denn dies hätte zu Konflikten mit den Verweisen auf den `System`-Namespace in Ihrer Anwendung geführt.

Mit dem Schlüsselwort `Global` können Sie die Namespaces nun unterscheiden:

```
Dim aFile As Global.System.IO.File
```

Natürlich wäre es ziemlich unsinnig, wenn nicht gar lächerlich, wenn Sie – wie im obigen Beispiel – einen eigenen Namespace mit `System` benennen würden. Trotzdem ist es in größeren Projekten durchaus möglich, dass die Namen von Namespaces doppelt auftreten. In solchen Situationen ist ein globaler Namespace-Qualifizierer durchaus hilfreich, da er den direkten Zugriff auf den Root-Namespace ermöglicht.

5.1.6 Eigene Namespaces einrichten

Den von der Entwicklungsumgebung für Ihr neues Projekt automatisch vergebenen Namespace (Stammnamespace) können Sie auf der Seite »Anwendung« des Projekteigenschaften-Dialogs ändern.

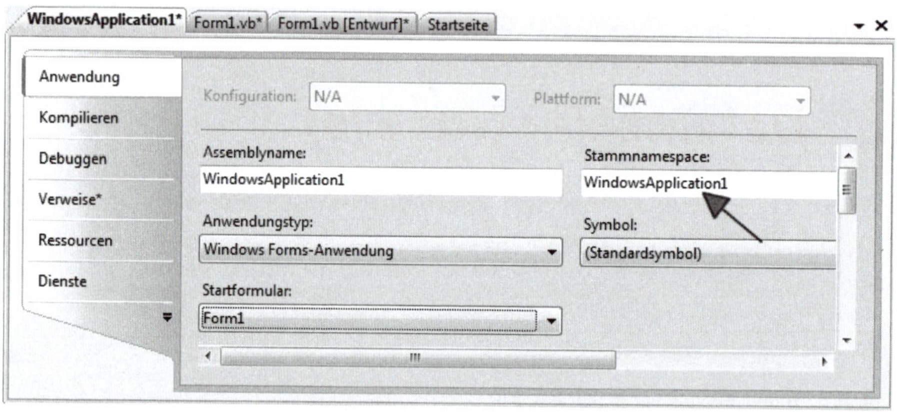

Abbildung 5.4 Eigenen Namespace vorgeben

Ein neues Windows Forms-Projekt erhält standardmäßig von der IDE den Namen `WindowsApplication1`. Folglich wird es automatisch in den Stammnamespace `WindowsApplication1` eingebunden.

Hinweis

Sie können aber auch neue eigene Namespaces eröffnen, das natürlich nicht innerhalb, sondern nur außerhalb von Klassendeklarationen. Das Einbetten in einen anderen Namespace ist hingegen möglich. ■

Beispiel Zwei verschachtelte Namespaces werden innerhalb des Stammnamespace eingerichtet.

```
Namespace myNamespace1
    Public Class meineKlasse1
        ...
```

```
    End Class

    Namespace myNamespace2
        Public Class meineKlasse2
            ...
        End Class
    End Namespace

End Namespace
```

Und vergessen Sie niemals:

Hinweis
Ein Typ in einem übergeordneten Namespace hat nicht automatisch Zugriff auf einen Typ im untergeordneten Namespace! ■

5.2 Datenfelder (Arrays)

Arrays eignen sich zum Speichern mehrerer Variablen eines bestimmten Datentyps. Gegenüber der Verwendung vieler einzelner »normaler« Variablen ergibt sich der Vorteil, dass nur ein einziger Variablenname benötigt wird, die Unterscheidung erfolgt über einen Index.

Im vorliegenden Abschnitt wollen wir lediglich die für den Einstieg wichtigsten Grundlagen vermitteln und auf die komplexeren (objektbasierten) Array-Features nur am Rand eingehen.

5.2.1 Ein Array deklarieren

Mit der `Dim`-, `Private`-, `Public`- oder `Static`-Anweisung kann man nicht nur normale Variablen, sondern auch ein- und mehrdimensionale Arrays definieren.

Hinweis
Der untere Index eines Arrays ist standardmäßig null (0). ■

Der Datentyp des Arrays kann beliebig sein. Für ein eindimensionales Array gilt folgende Syntax:

```
Zugriffsmodifizierer arrName(obererIndex) As Datentyp
```

Beispiel Eine Array-Variable `a`, die 101 Gleitkommawerte aufnehmen kann, wird deklariert.

```
Dim A(100) As Single
```

5.2.2 Zugriff auf Array-Elemente

Der Zugriff auf einzelne Elemente des Arrays erfolgt wie bei normalen Variablen, nur dass dem Namen der Array-Variablen der in Klammern stehende Index folgt.

Beispiel *(Fortsetzung)* Zugriff auf das im Vorgängerbeispiel deklarierte Array

```
A(0) = 12.5     ' Schreibzugriff auf das unterste Element
Dim b As Single
b = A(100)      ' Lesezugriff auf das oberste Element
```

5.2.3 Oberen Index ermitteln

Wir wissen mittlerweile, dass der untere Index eines Arrays immer null ist. Was aber, wenn der obere Index unbekannt ist? In diesem Fall fragen Sie einfach die `Length`-Eigenschaft des Arrays ab, welche die Anzahl der Feldelemente zurück gibt. Der obere Index ist immer um Eins kleiner als die Länge.

Beispiel Die Länge des in den Vorgängerbeispielen verwendeten Arrays wird angezeigt.

```
MessageBox.Show(A.Length.ToString)          ' zeigt 101, oberer Array-Index ist 100
```

Hinweis

Als weitere Alternativen bieten sich die `UBound`-Funktion (für die allerdings die `Microsoft.VisualBasic`-Klassenbibliothek importiert werden muss), sowie die Funktionen `GetLength(0)` und `GetUpperBound(0)` an. ■

5.2.4 Explizite Arraygrenzen

Bei diesem Feature handelt es sich wohl eher um Augenwischerei, denn nach wie vor beginnt in Visual Basic der unterste Index eines Arrays mit 0. Allerdings können Sie bei der Deklaration die 0 explizit hinschreiben, um den Code lesbarer zu machen.

Beispiel Deklaration eines Integer-Arrays mit sechs Feldern

```
Dim a(5) As Integer       ' alte Schreibweise (gilt nach wie vor!)
Dim b(0 To 5) As Integer  ' neuere Schreibweise
Dim b(1 To 5) As Integer  ' Fehler!!!
```

5.2.5 Arrays initialisieren

In der Regel werden Arrays bei der Erzeugung mit ihrem Leerwert (0 oder Leerstring "") initialisiert, so wie dass auch bei den normalen Datentypen der Fall ist. Um bereits beim Erzeugen Werte zuzuweisen, müssen Sie diese in geschweiften Klammern { }, getrennt durch Kommata, auflisten. In diesem Fall müssen Sie auf die Angabe der Indexgrenze verzichten, denn diese ergibt sich ja automatisch aus der Anzahl der übergebenen Werte.

Beispiel Ein `String`-Array mit fünf initialisierten Feldern

```
Dim arbeitsTage() As String = {"Montag", "Dienstag", "Mittwoch", "Donnerstag", "Freitag"}
```

5.2.6 Zugriff mittels Schleife

Für den sequenziellen Zugriff auf alle Array-Elemente eignen sich prinzipiell alle Schleifenanweisungen.

Beispiel Ein `Integer`-Array wird mit den Zahlen 0 ... 100 gefüllt.

```
Dim A(100) As Integer
Dim i As Byte
For i = 0 To 100
    A(i) = i
Next i
```

For-Each-Schleife

Eine weitere wichtige Zugriffsart ist die `For-Each`-Schleife, mit welcher alle Elemente des Arrays durchlaufen werden können, ohne dass deren Anzahl bekannt sein müsste.

```
For Each Element In Array
  ' Anweisungen
[Exit For]
  ' Anweisungen
Next [Element]
```

Beispiel Das im Vorgängerbeispiel gefüllte Array wird ausgelesen.

```
Dim i As Integer
For Each i In A
    MessageBox.Show(i.ToString)
Next i
```

Hinweis
In der Regel ist das Durchlaufen einer Auflistung mit `For-Next` schneller als mit `For-Each`. ■

Eine besonders wichtige Rolle spielt die `For-Each`-Schleife im Zusammenhang mit dem Durchlaufen von Objektauflistungen (Collections).

5.2.7 Mehrdimensionale Arrays

Ein Array darf auch mehr als nur eine einzige Dimension haben. Die einzelnen Dimensionen werden bei Deklaration bzw. Zugriff durch Kommas voneinander getrennt. Sie können sich beispielsweise ein zweidimensionales Array als »Regal« vorstellen, welches nach seiner Definition zunächst aus »leeren« Fächern besteht, die in mehreren Reihen übereinander angeordnet sind und die jeweils eine Variable des deklarierten Datentyps aufnehmen können.

Beispiel Ein (zweidimensionales) Gleitkomma-Array mit 10 Zeilen und 20 Spalten wird deklariert.

```
Dim C(9, 19) As Single     ' C(0,0) ... c(9, 19)
```

Mit den folgenden Anweisungen legen Sie in jedes Fach den Wert 5.5 ab:

```
Dim i, j As Integer
For i = 0 To 9              ' für alle Zeilen
  For j = 0 To 19             ' für alle Spalten
    C(i,j) = 5.5
  Next j
Next i
```

Mehrdimensional initialisieren

Auch mehrdimensionale Arrays lassen sich mit Anfangswerten initialisieren, die Werte der einzelnen Dimensionen werden in geschweiften Klammerpaaren hintereinander aufgeführt.

Beispiel Ein zweidimensionales String-Array wird erzeugt und mit Namen und Wohnort von drei Personen initialisiert.

```
Dim Personen(,) As String = {{"Meier", "Berlin"}, {"Schultze", "Leipzig"}, _
                             {"Krause", "Bonn"}}
Dim s As String = Personen(2,1)
```

Die folgende Anweisung zeigt »Bonn«:

```
MessageBox.Show(s)
```

Die Inhalte des Arrays:

	0	1	2
0	Meier	Schultze	Krause
1	Berlin	Leipzig	Bonn

Hinweis

Zur Bestimmung der Länge der einzelnen Dimensionen eines mehrdimensionalen Arrays ist die Length-Eigenschaft ungeeignet. Verwenden Sie stattdessen die GetLength- oder GetUpperBound-Methode. ■

5.2.8 Dynamische Arrays

Wenn die Größe des Arrays nicht konstant bleibt, sondern sich während der Programmausführung ändert, spricht man von einem *dynamischen* Array.

Hinweis

Grundsätzlich sind alle mit einer .NET-Sprache deklarierten Arrays dynamisch! ■

ReDim-Anweisung

Man kommt nicht um das Deklarieren dynamischer Arrays herum, wenn die Array-Abmessungen erst zur Laufzeit bekannt sind. Dazu können Sie eine Array-Variable zunächst »leer« deklarieren, indem Sie die Angabe der Dimension in den ()-Klammern einfach leer lassen und erst später mittels `ReDim`-Anweisung die Array-Abmessungen festlegen.

Beispiel Die Array-Größe wird erst zur Laufzeit festgelegt.

```
Dim A() As Integer      ' Array-Variable "leer" deklarieren
Dim i As Byte
...
i = 100
ReDim A(i)              ' Array-Größe festlegen
```

Auch um die Dimension eines Arrays nachträglich zu ändern, verwenden Sie die `ReDim`-Anweisung.

Beispiel Wir haben eine Array-Variable `a` deklariert, die 100 Gleitkommawerte aufnehmen kann, und wollen später im Programm die Dimension auf 150 erhöhen.

```
Dim A(99) As Single     ' Anfangsgröße festlegen
...                     ' mit dem Array arbeiten
ReDim A(150)            ' Array vergrößern, alle Felder werden auf 0 zurückgesetzt
```

Hinweis

Bei mehrdimensionalen Arrays können Sie nur die letzte Dimension verändern! ■

Bei einem Umdimensionieren wie im obigen Beispiel gehen die alten Feldinhalte verloren, einen Ausweg zeigt die `Preserve`-Option.

Preserve-Option

Die `Preserve`-Option sorgt dafür, dass durch das Umdimensionieren der alte Feldinhalt nicht zerstört wird.

Beispiel Das Vorgängerbeispiel wird so geändert, dass der alte Feldinhalt erhalten bleibt.

```
Dim A(99) As Single     ' Anfangsgröße festlegen
...                     ' mit dem Array arbeiten
ReDim Preserve A(150)   ' Array vergrößern, die Felder 0 ... 99 behalten ihren Inhalt
```

Hinweis

Wesentlich schneller geht das dynamische Hinzufügen mit Instanzen der `ArrayList`-Klasse (siehe 5.7.5)! ■

5.2.9 Zuweisen von Arrays

Ebenso wie Sie den Inhalt einer Variablen einer anderen Variablen zuweisen können, z.B. `a = b`, können Sie auch einem Array ein anderes Array zuweisen. Doch Achtung – hier ist ein wesentlicher Unterschied zu beachten:

Hinweis
Alle Arrays unter .NET sind *Referenztypen*, speichern also direkt keine Werte, sondern nur Referenzen (Zeiger) auf einen bestimmten Speicherbereich. Normale Datentypen hingegen zählen zu den *Wertetypen*. ■

Das gegenseitige Zuweisen von Array-Variablen führt also nicht zu einem Kopieren der Werte, sondern lediglich zum »Verbiegen« eines Zeigers, d.h. zum Zuweisen einer neuen Speicheradresse.

Beispiel Ein mit den Werten 1, 2 und 3 initialisiertes Array `A` wird einem Array `B` zugewiesen, anschließend wird im Array `B` ein Feld geändert.

```
Dim A() As Integer = {1, 2, 3}
Dim B(2) As Integer
B = A                                ' kein Kopieren, sondern nur Referenzieren!
B(0) = 5
MessageBox.Show(B(0).ToString)       ' zeigt erwartungsgemäß "5" an
MessageBox.Show(A(0).ToString)       ' zeigt nicht "1", sondern ebenfalls "5" an!
```

Im Beispiel wurde der Zeiger, der vorher das Array `B` referenzierte, »verbogen« und zeigt nun ebenfalls auf `A`. Was aber passiert mit dem Speicherbereich des `B`-Arrays? Er steht nicht mehr zur Verfügung und wird bei nächster Gelegenheit vom Garbage Collector entsorgt.

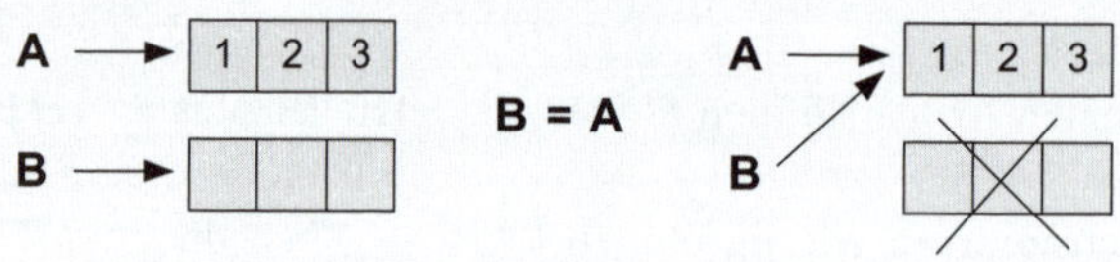

Um ein Array wirklich in ein anderes zu kopieren, könnten Sie zunächst einen umständlichen Weg beschreiten und die Werte einzeln zuweisen.

Beispiel Das Vorgängerbeispiel wird so geändert, dass ein echtes Kopieren stattfindet.

```
Dim A() As Integer = {1, 2, 3}
Dim B(2) As Integer
Dim i As Byte

For i = 0 To 2
  B(i) = A(i)
Next i
B(0) = 5

MessageBox.Show(A(0).ToString)       ' zeigt "1" an
MessageBox.Show(B(0).ToString)       ' zeigt "5" an
```

Hinweis
Eine elegantere Lösung mittels `Clone`-Methode finden Sie im Abschnitt 5.2.12. ■

5.2.10 Arrays aus Strukturvariablen

Ist für den Einsteiger der Umgang mit Strukturvariablen schon gewöhnungsbedürftig, so ist deren Einbau in Arrays für manchen eine schier unüberwindliche Barriere. Dabei ist das gar nicht so schwierig zu verstehen, wenn man ein plausibles Beispiel parat hat.

Beispiel Spieler einer Fußballmannschaft

```
Structure Spieler
    Dim name As String
    Dim tore As Integer
    Dim gehalt As Decimal
    Dim auswahlspieler As Boolean
End Structure
```

Deklaration und Zugriff:

```
Dim AlleSpieler(10) As Spieler     ' eine Mannschaft
AlleSpieler(0).name = "Kahn"
AlleSpieler(3).name = "Klose"
```

Beispiel Eine komplette Fußballmannschaft

```
Structure Mannschaft
    Dim verein As String
    Dim alleSpieler() As Spieler  ' Verweis auf Substruktur!
    Dim trainer As String
End Structure
```

Deklaration und Zugriff:

```
Dim Mannschaft1 As Mannschaft, Mannschaft2 As Mannschaft
With Mannschaft1
   ReDim .alleSpieler(10)
   .verein = "Bayern München"
   .alleSpieler(0).name = "Kahn"
   .alleSpieler(3).tore = 12
   .trainer.name = "Klinsmann"
 End With
```

Beispiel Alle Spieler mit mehr als zehn Toren werden zu Auswahlspielern.

```
For i = 0 To Mannschaft1.alleSpieler.Length - 1
  With Mannschaft1.alleSpieler(i)
     If .tore > 10 Then .auswahlspieler = True
  End With
Next i
```

5.2.11 Löschen von Arrays

Um alle Elemente eines Arrays zu löschen, verwenden Sie die `Erase`-Anweisung. In diesem Fall bleibt die Array-Variable erhalten.

Beispiel Das Array `A` wird gelöscht und anschließend neu dimensioniert.

```
Erase A
ReDim A(5, 10)
```

Eine weitere Löschalternative zeigt das folgende Beispiel (in diesem Fall wird auch die Arrayvariable zur »Entsorgung« freigegeben).

Beispiel Setzen einer Array-Variablen auf `Nothing`

```
A = Nothing
```

Hinweis

Wenn Sie nur die Werte, aber nicht die Elemente des Arrays löschen wollen, können Sie auch die `Clear`-Methode der `Array`-Klasse anwenden (siehe Abschnitt 5.2.12). ■

5.2.12 Eigenschaften und Methoden von Arrays

Um das Arbeiten mit Arrays zu vereinfachen, müssen wir uns mit deren *Eigenschaften* und *Methoden* anfreunden. Lassen Sie sich nicht verwirren, wenn im Folgenden von zwei verschiedenen Arten von Eigenschaften/Methoden die Rede ist:

- *Instanzeigenschaften und -methoden*
  Diese wenden Sie auf eine Array-Variable an.
- *Klasseneigenschaften und -methoden*
  (auch als *statische* Eigenschaften/Methoden bekannt) Diese wenden Sie direkt auf die `Array`-Klasse an.

Wenn Sie sich die Beispiele dieses Abschnitts näher anschauen, dürfte Ihnen der Unterschied bald klar werden. Die folgenden Tabellen sollen lediglich einen Überblick vermitteln[1].

Wichtige Instanzeigenschaften und -methoden

Tabelle 5.1 Instanzeigenschaften und -methoden von Arrays

Eigenschaft bzw. Methode	Beschreibung
`Length`	... liefert Gesamtanzahl der Array-Elemente
`Rank`	... liefert die Anzahl der Array-Dimensionen
`Clone() As Array`	... kopiert alle Elemente aus Quell- in Ziel-Array
`CopyTo(arr As Array, index As Integer)`	... kopiert Elemente ab `Index` von Quell- in Ziel-Array

[1] Die exakte Syntax entnehmen Sie bitte der Dokumentation.

Eigenschaft bzw. Methode	Beschreibung
GetLength(dim As Integer) As Integer	... liefert die Anzahl Elemente einer bestimmten Dimension
GetUpperBound(dim As Integer) As Integer	... liefert den oberen Index einer bestimmten Dimension
Initialize()	... initialisiert alle Array-Elemente auf ihre Standardwerte

Array-Dimensionen bestimmen

Es gibt verschiedene Möglichkeiten, um die Anzahl von Elementen, die zu einer bestimmten Array-Dimension gehören, zu ermitteln.

Beispiel Verschiedene Varianten zur Längenbestimmung eines zweidimensionalen Arrays

```
Dim A(10, 12) As Single
Dim n As Integer

n = A.Length                 ' 143     (Gesamtzahl der Elemente = 11 x 13 = 143)
n = A.GetLength(0)           '  11
n = A.GetLength(1)           '  13
n = A.GetUpperBound(0)       '  10
n = A.GetUpperBound(1)       '  12
n = UBound(A)                '  10
```

Arrays Kopieren

Die Clone-Methode bietet eine Möglichkeit zum 1:1-Kopieren von Arrays. Die Abmessungen des Ziel-Arrays müssen dabei **nicht** unbedingt mit denen des Quell-Arrays übereinstimmen.

Beispiel Der Inhalt des Arrays A wird in das Array B kopiert.

```
Dim A() As Integer = {1, 2, 3}
Dim B() As Integer

B = CType(A.Clone(), Integer())        ' man achte auf die Klammern bei Integer()!
B(0) = 5
MessageBox.Show(A(0).ToString)         ' zeigt "1" an
MessageBox.Show(B(0).ToString)         ' zeigt "5" an
```

Da die Clone-Methode einen Wert vom Object-Datentyp zurückgibt, musste mit CType in einen Integer konvertiert werden.

Wichtige (statische) Methoden der Array-Klasse

Die folgenden Mitglieder der Array-Klasse sind statisch, können also ohne vorhandene Instanz eines Datentyps aufgerufen werden:

Tabelle 5.2 Methoden der Array-Klasse

Eigenschaft bzw. Methode	Beschreibung
BinarySearch(arr As Array, val As Object [, comp As IComparer]) As Integer	... dient zur (schnellen) binären Suche in einem sortierten (!) Array

Eigenschaft bzw. Methode	Beschreibung
`BinarySearch(arr As Array, index As Integer, length As Integer, val As Object [, comp As IComparer]) As Integer`	... dient zur (schnellen) binären Suche ab *index* und für *length*-Elemente in einem sortierten (!) Array
`Clear(arr As Array, index As Integer, length As Integer)`	... löscht die Werte der Elemente ab *index* für *length*-Elemente (die Elemente bleiben erhalten!)
`IndexOf(arr As Array, val As Object [, start As Integer] [count As Integer]) As Integer`	... dient zur (langsamen) sequenziellen Suche in einem Array
`Sort(arr As Array [, index As Integer, len As Integer] [comp As IComparer]) As Array`	... dient zur vollständigen bzw. teilweisen Sortierung eines Arrays

Suchen in Arrays

Das folgende Beispiel bezieht sich auf die statischen Methoden `Sort` und `BinarySearch`.

Beispiel Ein eindimensionales `Integer`-Array mit 10 Elementen wird nach der Zahl 11 durchsucht. Vorher wird es sortiert, um `BinarySearch` anwenden zu können.

```
Dim A() As Integer = {13, 11, 5, 3, 12, 1, 3, 6, 4, 2}
Dim i As Integer

Array.Sort(A)                       ' neue Reihenfolge {1, 2, 3, 3, 4, 5, 6, 11, 12, 13}
For i = 0 To A.Length - 1
   MessageBox.Show(A(i).ToString)   ' zeigt sortierte Reihenfolge an
Next i
i = Array.BinarySearch(A, 11)       ' Suche nach der Zahl 11
If i > 0 Then
  MessageBox.Show(i.ToString)       '  gefunden an Position 7 im sortierten Array
Else
  MessageBox.Show("Nichts gefunden!")
End If
```

5.2.13 Übergabe von Arrays

In der Parameterliste von Funktionen/Prozeduren können auch Arrays übergeben werden. Dazu deklarieren Sie diese mit leeren Klammern.

Beispiel Eine Funktion berechnet den Mittelwert eines übergebenen `Double`-Arrays.

```
Public Function Mittelwert(ByVal zahlen() As Double) As Double
    Dim i As Integer, sum As Double = 0
    Dim z As Integer = zahlen.Length
    For i = 0 To z - 1
         sum += zahlen(i)
    Next i
    Return sum / z
End Function
```

Die Verwendung:

```
Dim zahlen() As Double = {1.5, 2, 3.8, 0.7}        ' Array mit vier Werten
Dim mw As Double = Mittelwert(zahlen)              ' Aufruf der Funktion
MessageBox.Show(mw.ToString)                       ' zeigt den Durchschnitt "2"
```

Funktionen sind natürlich auch zur Rückgabe von Arrays in der Lage.

Beispiel Die Funktion liefert ein zweidimensionales `String`-Array.

```
Public Function Kundenliste() As String(,)
   Dim Kunden(,) As String = _
    {{"Meier", "Berlin"}, {"Schultze", "Leipzig"},{"Krause", "Bonn"}, {"Schneider", "München"}}
   Return Kunden
End Function
```

Bei der Verwendung der Funktion achten Sie darauf, dass der untere Feldindex immer mit null beginnt:

```
Dim liste(,) As String = Kundenliste()
MessageBox.Show("Name: " & liste(2, 0) & ", Wohnort: " & liste(2, 1))
```

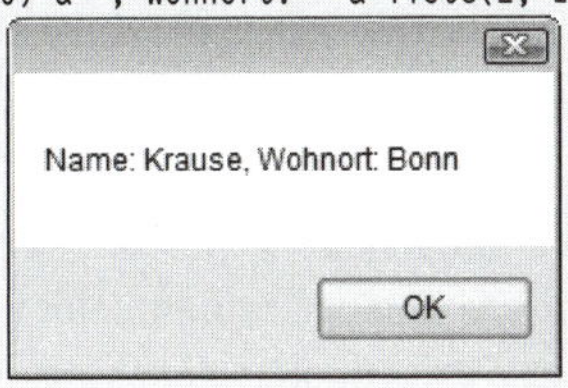

5.3 Zeichenkettenverarbeitung

Bereits im Kapitel 3 hatten Sie Möglichkeiten kennen gelernt, mit denen Konvertierungen von und in den `String`-Datentyp vorgenommen werden können. Es ist jetzt an der Zeit, dass Sie sich mit weiteren wichtigen Verfahren zur Manipulation von Zeichenketten vertraut machen.

5.3.1 Strings zuweisen

Ebenso wie Arrays sind auch Strings *Referenztypen*, d.h., eine Stringvariable speichert nicht den Wert, sondern nur einen Verweis (Referenz, Adresse) auf die Speicherstelle. Allerdings gilt es, einen wesentlichen Unterschied festzuhalten:

Hinweis

Mit jeder Änderung an einer `String`-Variablen wird ein neuer String erzeugt! ■

Durch diese Besonderheit wird ein Verhalten wie bei Wertetypen erreicht, obwohl es sich um Referenztypen handelt. Wer es nicht glaubt, möge folgendes Beispiel ausprobieren.

Beispiel Ein String s2 erhält einen Verweis auf einen String s1. Anschließend wird s1 geändert.

```
Dim s1 = "Berlin"
Dim s2 = s1                ' s2 referenziert s1
s1 = "München"             ' legt neues String-Objekt an (ohne Auswirkung auf s2)!
MessageBox.Show(s1)        ' zeigt "München"
MessageBox.Show(s2)        ' zeigt "Berlin"
```

Die folgende Abbildung soll Ihnen das Beispiel noch einmal grafisch verdeutlichen.

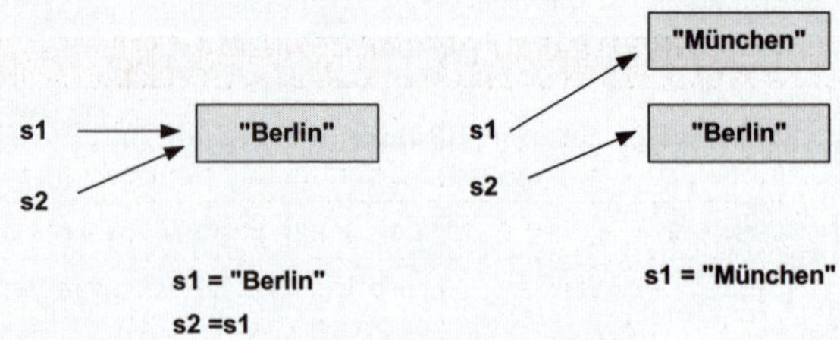

Performance-Probleme

Dass Strings im Speicher als unveränderliche Zeichenketten abgelegt werden, hat natürlich seinen Preis. Wird der Inhalt einer String-Variablen sehr häufig geändert, so kann dies zu einer deutlichen Verringerung der Performance der Anwendung führen. In solchen Fällen sollten Sie auf die Fähigkeiten der StringBuilder-Klasse aus dem Namespace System.Text zurückgreifen.

Beispiel Zu einer Stringvariablen wird zwanzigtausendmal ein Wert hinzuaddiert.

Zunächst die Addition auf herkömmliche Weise:

```
Dim s As String = String.Empty
For i As Integer = 0 To 20000
  s &= i.ToString()
Next i
```

Während obige Schleife mit einem modernen PC ca. 5 Sekunden Zeit beansprucht, kann das gleiche Problem mit einem StringBuilder in Bruchteilen einer Sekunde erledigt werden:

```
Dim sb As New System.Text.StringBuilder
For i As Integer = 0 To 20000
    sb.Append(i.ToString)
Next i
Dim s As String = sb.ToString
```

Hinweis

Ein ausführliches Testbeispiel zur Stringaddition mit eingebauter Zeitmessung finden Sie unter 24.13! ■

5.3.2 Eigenschaften und Methoden eines Strings

Ähnlich wie beim Array-Datentyp haben wir es auch hier mit zwei Gruppen von Eigenschaften/ Methoden zu tun:

- Instanzeigenschaften und -methoden und
- Klasseneigenschaften und -methoden.

Während Erstere auf Objekte des String-Datentyps angewendet werden, sind Letztere statische Mitglieder der String-Klasse.

Wichtige Instanzeneigenschaften und -methoden

Tabelle 5.3 Instanzeneigenschaften und -methoden von Strings

Eigenschaft/Methode	Beschreibung
Chars()	... liefert die Zeichen als Char-Array
Length	.. liefert die Anzahl der Zeichen
EndsWith(val As String) As Boolean	... testet, ob String mit einem bestimmten String endet
IndexOf(val As {String|Char} [, startIndex As Integer][,count As Integer]) As Integer	... sucht Position eines übergebenen Zeichens/Strings, liefert -1 wenn erfolglos
Insert(startIndex As Integer, val As String) As String	... fügt String ab *startIndex* ein
PadLeft(totalWidth As Integer [,paddingChar As Char]) As String	... füllt String links mit einer Anzahl Zeichen auf, bis Gesamtbreite *totalWidth* ereicht ist
PadRight(totalWidth As Integer [,paddingChar As Char]) As String	... wie PadLeft, nur rechts
Remove(start As Integer, count As Integer) As String	... löscht eine Anzahl von Zeichen ab einer bestimmten Position
Replace(old As Char|String, new As Char|String) As String	... ersetzt alle Zeichen bzw. Teilstrings
Split(separator As Char, count Integer) As String()	... zerlegt String in Teilstrings auf Basis eines Trennzeichens in ein String-Array
StartsWidth(val As String) As Boolean	... testet, ob String mit einem bestimmten String beginnt
SubString(start As Integer, [length As Integer] As String	... liefert einen Teilstring ab einer bestimmten Position (in einer bestimmten Länge)
ToCharArray([start As Integer,] length As Integer]) As Char()	... liefert String (oder Teilstring) als Char-Array
ToLower([cult As CultureInfo]) As String	... konvertiert alle Zeichen in Kleinbuchstaben
ToUpper([cult As CultureInfo]) As String	... konvertiert alle Zeichen in Großbuchstaben
Trim([trimChars() As Char]) As String	... löscht alle vor- oder nachlaufenden Leerzeichen (oder andere)

Einige Beispiele für Instanzeneigenschaften

Um eine einzelne Char-Variable aus einer String-Variablen herauszukopieren, greifen Sie auf die Chars-Eigenschaft des Strings zurück.

Beispiel Das erste Zeichen (es hat immer den Index 0 !) wird herausgefiltert.

```
Dim s As String = "Hallo", c As Char
c = s.Chars(0)                ' liefert "H"
```

Beispiel Die Anzahl Zeichen einer TextBox wird in einem Meldungsfenster angezeigt.

```
TextBox1.Text = "Hallo liebe Leute!"
MessageBox.Show(TextBox1.Text.Length.ToString, "Stringlänge")
```

Beispiel Die Länge eines Strings wird in einer TextBox angezeigt.

```
Dim s As String, len As Integer
s = "Wie lang ist dieser Text?"
len = s.Length
TextBox1.Text = len.ToString            ' zeigt "25"
```

Einige Beispiele für Instanzenmethoden

Beispiel Alles herauskopieren ab Position 8

```
Dim s As String = "Macht Visual Basic wirklich Spaß?"
TextBox1.Text = s.Substring(8)          ' zeigt "sual Basic wirklich Spaß?"
```

Beispiel Sechs Zeichen ab Position 8 herauskopieren

```
Dim s As String = "Macht Visual Basic wirklich Spaß?"
TextBox1.Text = s.Substring(8, 6)       ' zeigt "sual B"
```

Beispiel Suchen nach einer bestimmten Zeichenfolge

```
Dim s As String = "Das Wetter ist heute warm und sonnig!"
TextBox1.Text = s.IndexOf("warm").ToString        ' zeigt "21"
```

Beispiel Ersetzen einer bestimmten Zeichenfolge

```
Dim s As String = "Ist Visual Basic nicht eine Herausforderung?"
```

```
TextBox1.Text = s.Replace("Herausforderung", "Zumutung")
' zeigt "Ist Visual Basic nicht eine Zumutung?"
```

Beispiel Mehrfaches Ersetzen

```
Dim s As String = "Ist Visual Basic nicht eine Herausforderung?"
TextBox1.Text = s.Replace("e", "E")      ' zeigt "Ist Visual Basic nicht EinE HErausfordErung?"
```

Beispiel In Groß- oder Kleinbuchstaben verwandeln

```
Dim s As String = "Ist Visual Basic nicht umwerfend schön?"

TextBox1.Text = s.ToUpper     ' zeigt "IST VISUAL BASIC NICHT UMWERFEND SCHÖN?"
TextBox1.Text = s.ToLower     ' zeigt "ist visual basic nicht umwerfend schön?"
```

5.3.3 Kopieren eines Strings in ein Char-Array

Beispiel `String` in `Char`-Array

```
Dim s As String = "Hallo"
Dim c As Char() = s.ToCharArray()
Dim i As Integer

For i = 0 To c.GetUpperBound(0)
  MessageBox.Show(c(i).ToString)    ' zeigt nacheinander "H", "a", "l", "l", "o"
Next i
```

Obwohl es eigentlich mit den Stringmethoden nichts direkt zu tun hat, soll der Vollständigkeit halber auch der umgekehrte Weg gezeigt werden.

Beispiel `Char`-Array in `String`

```
Dim c As Char() = {"H"c, "a"c, "l"c, "l"c, "o"c}
Dim s As String = c            ' direkte Zuweisung möglich!
MessageBox.Show(s)             ' zeigt "Hallo"
```

5.3.4 Wichtige (statische) Methoden der String-Klasse

Die folgenden Mitglieder der `String`-Klasse sind statisch, können also ohne vorhandene Instanz eines Datentyps aufgerufen werden:

Tabelle 5.4 Methoden der `String`-Klasse

Methode	Beschreibung
`Compare(str1 As String, str2 As String [ignoreCase As Boolean]) As Integer`	... vergleicht zwei Strings mit (oder ohne) Berücksichtigung der Groß-/Kleinschreibung
`Copy(str As String) As String`	... erzeugt neue Stringinstanz

Methode	Beschreibung
Empty()	... liefert einen Leerstring
Format(format As String, arg0 As Object [, arg1 As Object] [, arg2 As Object]) As String	... formatiert einen String aufgrund von Formatierungsargumenten
Join(separator As String, val() As String [start As Integer, count As Integer]) As String	... erzeugt aus String-Array einen einzelnen String, wobei die Teile durch Separator getrennt werden

Stringvergleich

Beispiel Vergleich des Inhalts zweier TextBoxen unter Berücksichtigung der Groß-/Kleinschreibung

```
Dim i As Integer            ' Rückgabewert der Compare-Methode
i = String.Compare(TextBox1.Text, TextBox2.Text, False)
Select Case i
   Case -1 : Label1.Text = "String 1 ist kleiner als String 2 !"
   Case 0 : Label1.Text = "String 1 ist gleich String 2 !"
   Case 1 : Label1.Text = "String 1 ist größer als String 2 !"
End Select
```

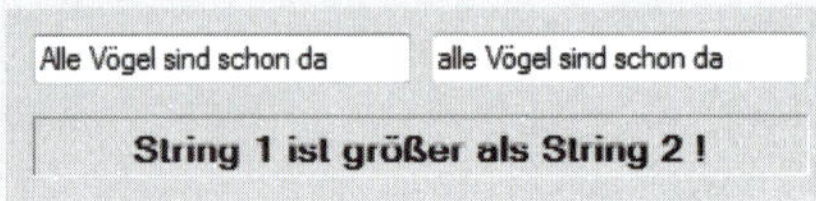

Strings zerlegen und wieder zusammenbauen

Ein gutes Beispiel für das Zusammenwirken von Instanzen- und Klassenmethoden ist das Zerlegen und Zusammenfügen von Zeichenketten. Zum Einsatz kommen die Split-Methode (eine Instanzenmethode) und die Join-Methode (eine statische Methode der String-Klasse).

Beispiel Ein String wird in Teilstrings zerlegt.

```
Dim A() As String
Dim s As String = "Heute ist ein wunderschöner Tag!"
A = s.Split(" "c)              ' Trennzeichen ist das Leerzeichen!
Dim i As Integer
For i = 0 To A.GetUpperBound(0)
     MessageBox.Show(A(i))      ' zeigt Array-Elemente nacheinander an
Next i
```

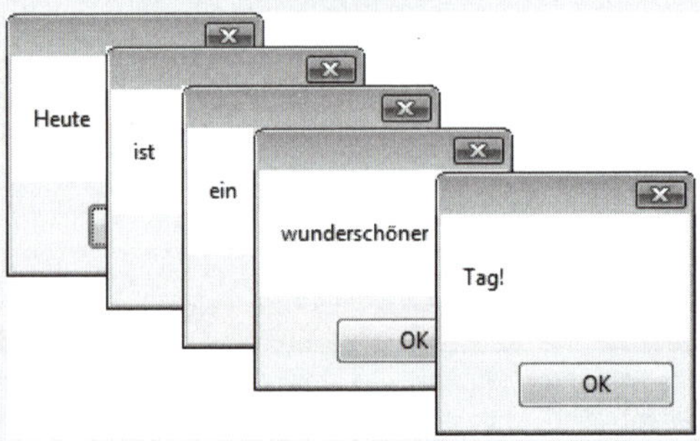

Beispiel Der String wird wieder zusammengefügt, neues Trennzeichen ist »-«:

```
s = String.Join("-", A)
MessageBox.Show(s)
```

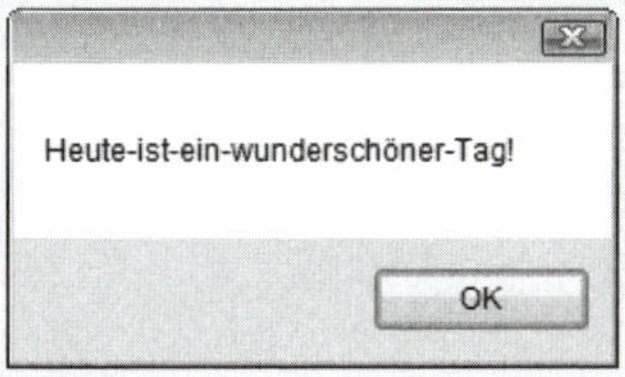

Beispiel Der Inhalt einer mehrzeiligen TextBox (MultiLine-Eigenschaft ist True) wird zeilenweise in einem Array abgelegt und anschließend wieder zurück in die TextBox kopiert.

```
Dim A() As String
A = TextBox1.Text.Split(CChar(vbCrLf))          ' zeilenweise ab in's Array!
...
TextBox1.Text = String.Join(CChar(vbCrLf), A)   ' marsch zurück in die Anzeige!
```

Hinweis

Um die Konstante vbCrLf (Zeilenrücklauf und neue Zeile) nutzen zu können, müssen Sie die Microsoft.VisualBasic-Klassenbibliothek referenzieren (standardmäßig sollte dies bereits der Fall sein). ■

5.4 Zahlen formatieren

Um Daten in Ihrem Programm anzuzeigen, müssen diese meistens vorher in den String-Datentyp verwandelt werden. In den meisten Fällen brauchen Sie für die Datenanzeige die hohe Genauigkeit nicht, mit denen VB die Zahlenwerte berechnet hat, oder aber Sie wünschen einfach einige »kosmetische« Korrekturen. Die beiden wichtigsten Möglichkeiten, um sich diese Wünsche zu erfüllen, sind

- Anwenden der ToString-Methode der Variablen
- Anwenden der Format-Methode der String-Klasse

Beide Verfahren lassen sich nicht nur zum Formatieren von Zahlen, sondern auch für Datums-/ Zeitangaben verwenden.

Hinweis

Bei Formatierungen werden die Originalwerte grundsätzlich nicht beeinflusst! ■

5.4.1 Die ToString-Methode

Alle Datentypen – mit Ausnahme von `String` – verfügen über die `ToString`-Methode, welche nicht nur einen beliebigen Wert in einen `String` konvertiert, sondern ihn auch noch formatieren kann.

```
var.ToString(formatString)
```

Beispiel Formatierte Währungsanzeige

```
Private euro As Decimal
TextBox1.Text = euro.ToString("#,##0.00")    ' zeigt z.B. "25.678,50"
```

Für viele übliche Formatierungen können Sie auch standardisierte Formatstrings einsetzen.

Beispiel Den Formatierungsstring des Vorgängerbeispiels ersetzen wir durch die Standardformatierung »C«, die sich auf das in der Systemsteuerung eingestellte Währungsformat bezieht.

```
TextBox1.Text = euro.ToString("C")
```

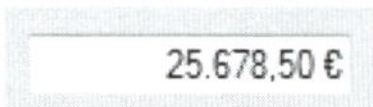

Zahlenformatierungen

Tabelle 5.5 Wichtige Zahlenformatierungen

Formatstring	Beschreibung	Beispielwert	Ergebnis
C	Währung mit Standard -Dezimalstellen	12345.67	12.345,67 €
E	Wissenschaftliches Format	12345.67	1,234567E+004
F2	Zahl mit zwei festen Dezimalstellen	12345.67	12345,67
F4	Zahl mit vier festen Dezimalstellen	12345.67	12345,6700
G	Allgemeines Format	12345.6789	12345,6789
X	Hexadezimales Format	255	FF
0.00	Nutzerdefiniertes Format	12345.6789	12345,68
#,#0.00	dto.	0.6789	0,68
#,#.00	dto.	0.6789	,68

Datumsformatierungen

Zur Formatierung von Datum und Zeit stehen mit der `ToString`-Methode vielfältige Möglichkeiten zur Verfügung. Auch hier haben Sie die Auswahl zwischen verschiedenen Standardformaten oder benutzerdefinierten Formatierungen.

Beispiel Das aktuelle Datum wird in einem Meldungsfenster angezeigt.

```
Dim d As Date = Date.Now
MessageBox.Show(d.ToString("D"))
```

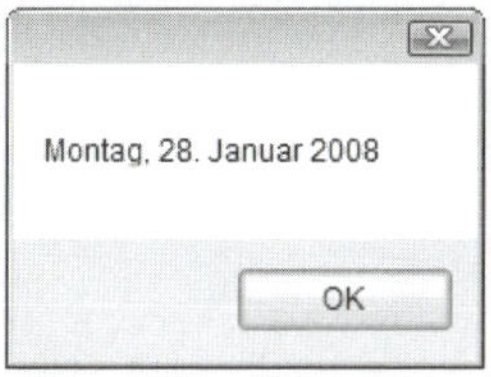

Die folgende Tabelle gibt eine Übersicht über die wichtigsten Möglichkeiten.

Tabelle 5.6 Datumsformatierungen

Formatstring	Beschreibung	Beispiel
d	kurzes Datumsformat	18.06.2008
D	langes Datumsformat	Dienstag, 18.Juni 2008
f	langes Datum mit kurzer Zeit	Dienstag, 18.Juni 2008 08:39
F	langes Datum mit langer Zeit	Dienstag, 18.Juni 2008 08:39:05
g	kurzes Datum mit kurzer Zeit	18.06.2008 08:39
G	kurzes Datum mit langer Zeit	18.06.2008 08:39:05
m oder M	Monat-/Tag-Format	18 Juni
t	kurzes Zeitformat	08:39
T	langes Zeitformat	08:39:05
u	Universelles (ISO-)Format	2008-06-18 08:39:05Z
y oder Y	Jahr Monat	Juni 2008
dd.MM.yy	nutzerdefiniert	18.06.08
dddd,dd.MMMM yyyy	dto.	Dienstag, 18.Juni 2008
yyyy-MM-dd	dto.	2008-06-18
MM\/dd\/yy	dto.	06/18/08
hh:mm:ss	dto.	08:39:05
h:mm	dto.	8:39

Hinweis
Informationen zu Datums-/Zeitfunktionen finden Sie im Abschnitt 5.5.2. ■

5.4.2 Die Format-Methode

Hier handelt es sich um eine statische Methode der `String`-Klasse, mit welcher man ziemlich komplexe Formatierungen erzielen kann.

Beispiel Zwei Datumsformatierungen sind in einem Text eingeschlossen.

```
Dim d As Date = Date.Now
Dim st As String = "Wir treffen uns heute am {0:d} etwa gegen {1:h:mm}!"
MessageBox.Show(String.Format(st, d, #10:45 AM#))
```

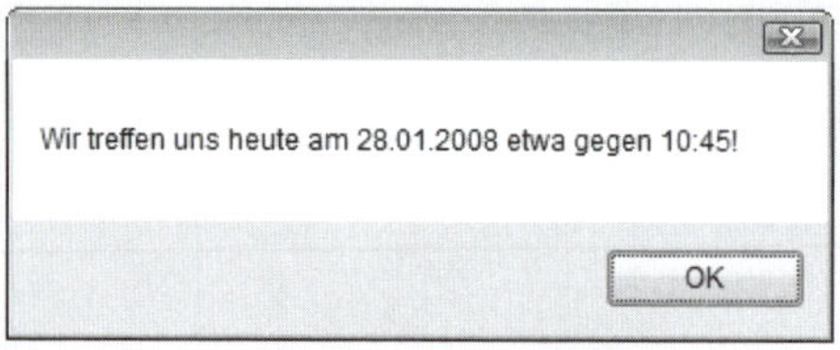

Zu obigem Beispiel gibt es sicherlich allerhand Klärungsbedarf:

Der String st enthält in den geschweiften Klammern zwei Formatspezifikationen, deren allgemeine Syntax wie folgt ist:

```
{Index[, Minimalbreite][:Formatstring]}
```

- Der **Index** bestimmt das zu formatierende Argument. In unserem Beispiel gibt es zwei Argumente, d und #10:45 AM#, das erste hat wie immer den Index 0, das zweite den Index 1.
- Mit **Minimalbreite** können Sie optional angeben, wie breit der formatierte Teilstring mindestens sein soll. Für positive Werte wird der String nach links, für negative Werte nach rechts mit Leerzeichen aufgefüllt.
- Der optionale **Formatstring** wird nach denselben Regeln erstellt, wie wir sie bereits im vorhergehenden Abschnitt kennen gelernt haben.

Ein weiteres Beispiel aus dem mathematischen Bereich soll unsere Betrachtungen zur Format-Methode abrunden (weitere umfangreiche Informationen finden Sie in der Hilfe-Dokumentation).

Beispiel Hier werden drei Argumente berechnet und formatiert.

```
Dim r As Integer = 10
Const Pi As Double = Math.PI
Dim s As String = "Ein Kreis hat einen Radius von {0} m." & vbCrLf & _
                  "Der Umfang beträgt {1:0.00} m." & vbCrLf & _
                  "Die Fläche ist {2:0.00} m2."
MessageBox.Show(String.Format(s, r, 2 * Pi * r, Pi * r * r))
```

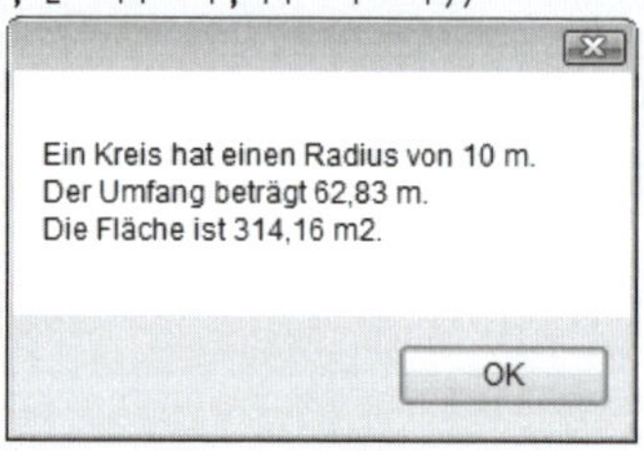

5.5 Vordefinierten Funktionen

Es folgt ein Überblick über die in der `Math`- und der `DateTime`-Klasse bereitgestellten Eigenschaften und Methoden zur Ausführung von in der Praxis häufig vorkommenden Berechnungen.

5.5.1 Mathematik

Die `Math`-Klasse stellt eine Vielzahl von (statischen) Methoden zur Verfügung, mit denen Sie die üblichen mathematischen Funktionen aufrufen können:

Tabelle 5.7 Mathematische Funktionen

Methode	Erläuterung
`Abs(x)`	liefert den Absolutwert einer Zahl x (Wert ohne Vorzeichen)
`Atan(x)`	berechnet den Arcustangens einer Zahl x
`Cos(x)`	berechnet den Cosinus eines Winkels x (Bogenmaß)
`Exp(x)`	liefert e^x (die x-te Potenz zur Basis e)
`Log(x)`	liefert natürlichen Logarithmus (Basis e)
`Log10(x)`	liefert dekadischen Logarithmus (Basis 10)
`Max(x, y)`	liefert Maximum von x und y
`Min(x, y)`	liefert Minimum von x und y
`Pi`	die Zahl Pi = 3,1415.....
`Pow(x, y)`	berechnet die Potenz x^y
`Round(x,n)`	rundet den Ausdruck x auf n Nachkommastellen
`Sign(x)`	berechnet das Vorzeichen eines Ausdrucks x
`Sin(x)`	berechnet den Sinus eines Winkels x (Bogenmaß)
`Sqrt(x)`	ermittelt Quadratwurzel von x
`Tan(x)`	berechnet Tangens eines Winkels x (Bogenmaß)

Hinweis

Die zu übergebenden Argumente und der Rückgabewert der Methoden der `Math`-Klasse haben im Allgemeinen den Double-Datentyp. Bei `Option Strict On` (eingeschaltete strenge Typprüfung) sind deshalb die entsprechenden Konvertierungsfunktionen zu bemühen. ■

Eine Anwendung der `CSng`-Konvertierungsfunktion zeigt das folgende Beispiel.

Zahlen runden

Beispiel Rundung einer `Single`-Zahl auf zwei Nachkommastellen

```
Dim t As Single
```

```
t = CSng(Math.Round(12.477, 2))
MessageBox.Show(t.ToString)          ' zeigt "12,48"
```

Winkel umrechnen

Der Winkel wird grundsätzlich im Bogenmaß (Radian) angegeben. Die Umrechnungsformel lautet:

Rad = Grad * Pi /180

Beispiel Der Sinus von 30 Grad

```
Dim d As Double = Math.Sin(30 * Math.PI / 180)          ' liefert 0,5
```

Wurzel- und Potenzoperationen

Für diese Operationen stehen sowohl die Pow-Methode als auch der einfache Potenzoperator (^) zur Verfügung.

Beispiel Die dritte Wurzel aus 10

```
Dim d As Double = 10
d = Math.Pow(10, 1 / 3)
MessageBox.Show(r.ToString("0.0000"))                    ' zeigt 2,1544
```

oder einfach mit dem Potenzoperator

```
d = r ^ (1 / 3)
```

Logarithmus und Exponentialfunktionen

Log(x) und Exp(x) sind zueinander Umkehrfunktionen. Sie beziehen ihre Basis auf die Zahl e (2.718282...). Es gilt der Zusammenhang:

Exp(Log(x)) = Log(Exp(x)) = x

Beispiel Der »Beweis« für obige Formel[1]

```
Const x As Double = 25
Dim y As Double

y = Math.Exp(Math.Log(x))
MessageBox.Show(y.ToString)     ' zeigt "25"
y = Math.Log(Math.Exp(x))
MessageBox.Show(y.ToString)     ' zeigt "25"
```

Beispiel Nachbildung des **dekadischen** Logarithmus (zur Basis 10) durch eine selbst definierte Funktion

```
Function Log10(ByVal x As Double) As Double
    Log10 = Math.Log(x) / Math.Log(10)
```

[1] Den Mathematikern unter den Lesern werden zwar die Haare zu Berge stehen, aber hier geht es nur um Programmierpraxis.

```
End Function
...
Dim d As Double = Log10(100)

MessageBox.Show(d.ToString)                ' zeigt "2"
```

Da nicht nur der natürliche, sondern auch der dekadische Logarithmus von der Math-Klasse zur Verfügung gestellt wird, ist man auf den »Eigenbau« der Log10-Funktion nicht mehr angewiesen.

Beispiel Das Vorgängerbeispiel wird vereinfacht.

```
Dim d As Double = Math.Log10(100)

MessageBox.Show(d.ToString)                ' zeigt "2"
```

5.5.2 Datums- und Zeitfunktionen

Wir wollen wir uns hier den zahlreichen Eigenschaften und Methoden zuwenden, mit denen Datums-/Zeitberechnungen möglich sind.

Wie bereits bei der Array- und der String-Klasse gezeigt, müssen wir auch hier unterscheiden, ob die Eigenschaften/Methoden auf eine DateTime-Variable (Instanz) oder direkt auf die DateTime-Klasse angewendet werden.

Wichtige Instanzeneigenschaften und -methoden

Die folgende Tabelle zeigt einen Einblick in das reichhaltige Sortiment:

Tabelle 5.8 Datums- und Zeitfunktionen

<table>
<tr><th>Eigenschaft/Methode</th><th>Beschreibung</th></tr>
<tr><td>Second, Minute, Hour, Day, Month, Year</td><td>... liefern die Bestandteile eines Datums als Integer-Zahl.</td></tr>
<tr><td>DayOfWeek</td><td>... liefert den Wochentag als Teil der DayOfWeek-Enumeration (Monday, Tuesday, Wednesday, Thursday, Friday, Saturday, Sunday).</td></tr>
<tr><td>DayOfYear</td><td>... liefert die auf das Jahr bezogene Nummer des Tages als Integer-Zahl.</td></tr>
<tr><td>AddDays(val As Double) As DateTime</td><td rowspan="5">... liefert ein neues Datum zurück, welches sich aus der Addition des übergebenen Wertes zum Datum berechnet.
val ist eine Zahl, die aus ganzen Tagen und den Bruchteilen eines Tages besteht, sie kann auch negativ sein!</td></tr>
<tr><td>AddHours(val As Double) As DateTime</td></tr>
<tr><td>AddMinutes(val As Double) As DateTime</td></tr>
<tr><td>AddMonths(val As Double) As DateTime</td></tr>
<tr><td>AddYears(val As Double) As DateTime</td></tr>
<tr><td>ToLongDateString() As String</td><td rowspan="4">... liefern das Datum als kurzen oder langen Datums-/Zeitstring und können als Alternative zur ToString-Methode eingesetzt werden.</td></tr>
<tr><td>ToLongTimeString() As String</td></tr>
<tr><td>ToShortDateString() As String</td></tr>
<tr><td>ToShortTimeString() As String</td></tr>
</table>

Beispiel Die Eigenschaften eines Datums, welches in eine TextBox eingegeben wurde

```
Dim dat As Date = CDate(TextBox1.Text)
Dim i As Integer = dat.Hour                    ' i erhält den Wert 13
Dim i As Integer = dat.Minute                  ' i erhält den Wert 10
Dim i As Integer = dat.Year                    ' i erhält den Wert 2008
```

Beispiel Der Wochentag für das Datum 18.6.2008 wird ermittelt.

```
Dim dat As Date = #6/18/2002#
Dim day As DayOfWeek
day = dat.DayOfWeek
MessageBox.Show(day.ToString)            ' zeigt "Wednesday"
```

Beispiel Der wievielte Tag im Jahr ist der 18.6.2008?

```
Dim dat As Date = #6/18/2002#
Dim i As Integer
i = dat.DayOfYear                         ' i erhält den Wert 170
```

Beispiel Das Datum, was genau 2,5 Tage vor dem 18.6.2008, 18:30 liegt

```
Dim dat As Date = #6/18/2008 6:30:00 PM#
dat = dat.AddDays(-2.5)
MessageBox.Show(dat.ToString)              ' zeigt "16.06.2008 06:30:00"
```

Beispiel Formatierte Ausgabe der Zeit

```
Dim dat As Date = #6/18/2008 6:30:00 PM#
MessageBox.Show(dat.ToShortTimeString)    ' zeigt "18:30"
```

Wichtige Klasseneigenschaften und -methoden

Die Tabelle zeigt die wichtigsten, dabei ist auch ein alter Bekannter, die Now-Methode.

Tabelle 5.9 Wichtige Klasseneigenschaften und -methoden

Eigenschaft/Methode	Erläuterung
Now	... liefert das aktuelle Datum mit Zeit
Today	... liefert aktuelles Datum ohne Zeit
DaysInMonth(year As Integer, month As Integer) As Integer	... liefert die Anzahl von Tagen eines Monats
IsLeapYear(year As Integer) As Boolean	... stellt fest, ob das Jahr ein Schaltjahr ist
Parse(s As String[...]) As DateTime	... dient zum Umwandeln eines Strings in einen DateTime-Wert mit optionalen Kulturinformationen

Beispiel Die Tage des Monats Februar 2008

```
Dim i As Integer = Date.DaysInMonth(2002, 2)        ' i erhält den Wert 29
```

Beispiel Ist das Jahr 2008 ein Schaltjahr?

```
Dim year as Integer = 2008
If Date.IsLeapYear(year) Then
   MessageBox.Show("Das Jahr " & year.ToString & " ist ein Schaltjahr!")
Else
   MessageBox.Show("Das Jahr " & year.ToString & " ist kein Schaltjahr!")
End If
```

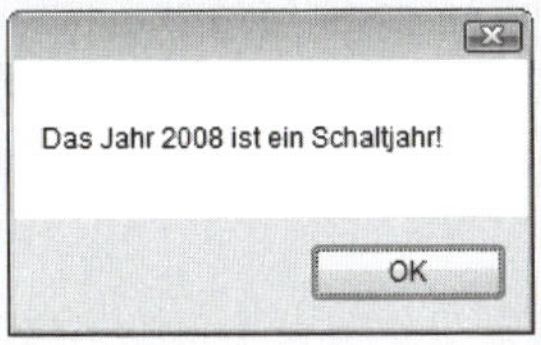

Als Alternative zur CDate-Konvertierungsfunktion lässt sich mit der statischen Parse-Methode ein String in einen DateTime-Wert umwandeln.

Beispiel Umwandlung des Inhalts einer TextBox in einen DateTime-Wert

```
Dim d As DateTime = DateTime.Parse(TextBox1.Text)
```

Die Parse-Methode hat den Vorteil, dass in einer weiteren Überladung zusätzlich Kulturinformationen mit übergeben werden dürfen, welche die Besonderheiten eines bestimmten Landes berücksichtigen.

5.6 Überladen von Operatoren

Das Überladen von Operatoren ermöglicht es, dass den bereits in VB vorhandenen Standardoperatoren (+, -, ...) eine beliebige andere Bedeutung zugewiesen wird.

5.6.1 Syntaxregeln

Die Syntax basiert auf dem Schlüsselwort Operator.

```
Public Shared Operator Operator (Operand1, Operand2) As Ergebnistyp
    ...
    Return ergebnis
End Operator
```

Obige Syntax gilt für binäre Operatoren (+,-, *, /, ...), die zwei Operanden für die Ausführung der Operation brauchen.

Für unäre Operatoren (+=, ...) gilt:

```
Public Shared Operator Operator (Operand) As Ergebnistyp
 ...
 Return ergebnis
End Operator
```

5.6.2 DEMO: Addition von Arrays

Zwei gleichgroße eindimensionale Double-Arrays sollen mittels einer Überladung des »+«-Operators addiert werden.

Klasse CArray

Die Klasse CArray kapselt den Zugriff auf ein internes eindimensionales Array:

```
Public Class CArray
    Public Shared N As Integer           ' Anzahl der Elemente
    Private arr() As Double              ' 1-dim. Array
```

Der Konstruktor erzeugt das Array in entsprechender Größe:

```
    Public Sub New(ByVal nr As Integer)        ' Konstruktor
        N = nr
        ReDim arr(nr)
    End Sub
```

Ein als Standardeigenschaft getarnter Indexer ermöglicht den bequemen indizierten Zugriff auf die Elemente der Instanzen der Klasse CArray:

```
    Default Public Property Index(ByVal i As Integer) As Double
        Get
            Return arr(i)
        End Get
        Set(ByVal value As Double)
            arr(i) = value
        End Set
    End Property
```

Eine Überladung des »+«-Operators wird definiert. Rückgabewert ist eine neue Instanz von CArray:

```
    Public Shared Operator +(ByVal a1 As CArray, ByVal a2 As CArray) As CArray
        Dim a As New CArray(N)
        For i As Integer = 0 To N - 1
            a(i) = a1(i) + a2(i)
        Next i
        Return a
    End Operator
End Class
```

Klasse Form1

Anwendung der Operatorenüberladung bei der Addition von zwei Instanzen von CArray:

```
Public Class Form1
    Private Sub Button1_Click(ByVal sender As System.Object, ByVal e As System.EventArgs) _
                                                                        Handles Button1.Click
        Dim A1 As New CArray(3)
        A1(0) = 1.5 : A1(1) = 5.25 : A1(2) = -0.75
        Dim A2 As New CArray(3)
        A2(0) = 0 : A2(1) = 2.3 : A2(2) = -7.1
        Dim A3 As CArray = A1 + A2          ' Anwendung des überladenen "+"-Operators!
        For i As Integer = 0 To CArray.N - 1
            MessageBox.Show(A3(i).ToString())   '  "1,5", "7,55", "-7,85"
        Next i
    End Sub
End Class
```

5.6.3 Konvertierungsoperatoren überladen

Nicht nur »normale« Operatoren, sondern auch Konvertierungsoperatoren wie CType, können überladen werden. Hier muss allerdings noch das Schlüsselwort Widening oder Narrowing angeben werden:

- Widening »versichert« dem Compiler, dass die Umwandlung auf jeden Fall fehlerfrei durchgeführt wird und dass kein Informationsverlust eintritt (implizite Typumwandlung, z.B. bei Umwandlungen von Integer nach Long).
- Narrowing bedeutet genau das Gegenteil: hier muss damit gerechnet werden, dass ein Fehler auftritt oder dass Informationen verloren gehen (explizite Typumwandlung).

Beispiel *(Fortsetzung)* Wenn Sie im obigen Beispiel den Wert einer Instanz von CArray mit CType(A3, String) in einen String konvertieren wollen, gibt es einem Compilerfehler, denn der Typ CArray kann nicht in String umgewandelt werden. Durch eine Überladung des CType-Konvertierungsoperators können Sie aber ein wunschgemäßes Ergebnis erhalten:

```
    Public Shared Widening Operator CType(ByVal Value As CArray) As String
        Dim s As String = String.Empty
        For i As Integer = 0 To N - 1
            s &= Value(i) & "  "
        Next
        Return s
    End Operator
```

Der Test:

```
MessageBox.Show(CType(A3, String))
```

5.7 Auflistungen (Collections)

Wenn Sie mehrere Objekte speichern wollen, so ist es häufig günstiger, dies anstatt in einem Array in einer Auflistung (Collection) zu tun. Eine Collection verhält sich »intelligenter« als ein Array, es gibt. z.B. keine unbelegten Speicherstellen, wie sie bei einem Array nach dem Löschen eines Eintrags entstehen. Die Größe einer Collection passt sich dynamisch den jeweiligen Erfordernissen an, das Hinzufügen und Löschen von Einträgen wird über spezielle Eigenschaften und Methoden gesteuert. In der Regel ist auch die Performance besser.

Das .NET-Framework stellt zu diesem Zweck über den Namensraum `System.Collections` zahlreiche Auflistungsklassen zur Verfügung, von denen wir hier nur auf zwei wichtige Typen, `ArrayList` und `Hashtable`, näher eingehen wollen.

5.7.1 Beziehungen zwischen den Schnittstellen

Alle Auflistungsklassen verfügen über gemeinsame Methoden, die durch Schnittstellen beschrieben werden, welche von der Schnittstelle `IEnumerable` abgeleitet sind. Die folgende Abbildung zeigt die Beziehungen zwischen diesen Schnittstellen.

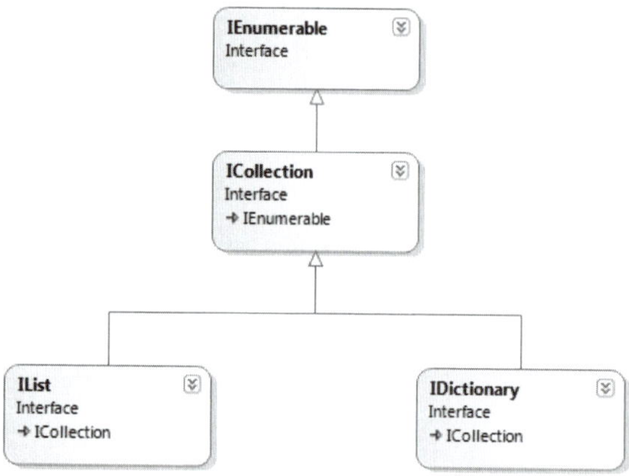

Abbildung 5.5
Beziehungen zwischen den Schnittstellen

Wie Sie erkennen, wird `ICollection` direkt aus `IEnumerable` abgeleitet, wobei beide Schnittstellen die Grundfunktionalität für jede Art von Auflistungsklassen bereitstellen. Nachfolgend spalten sich die Schnittstellen in die Typen `IList` (für Auflistungsklassen auf die per Index zugegriffen wird) und `IDictionary` (für Auflistungen, auf die über eine Schlüssel-Wert-Kombination zugegriffen wird).

5.7.2 IEnumerable

Diese Schnittstelle stellt die Kernfunktionalität einer Collection bereit und macht einen Enumerator verfügbar, der ein einfaches Iterieren durch eine Auflistung unterstützt.

Die einzige Methode `GetEnumerator()` liefert einen Enumerator-Objekt zurück, welches die Methoden `Current()`, `MoveNext()` und `Reset()` hat.

Nach dem Erstellen eines Enumerators oder nach dem Aufrufen der `Reset`-Methode wird ein Enumerator zunächst vor dem ersten Element der Auflistung positioniert. Der erste Aufruf der `MoveNext`-Methode legt den Enumerator auf das erste Element der Auflistung fest.

Wenn `MoveNext` das Ende der Auflistung erreicht, wird der Enumerator hinter dem letzten Element in der Auflistung positioniert, und `MoveNext` gibt `False` zurück. Wenn sich der Enumerator an dieser Position befindet, liefern nachfolgende Aufrufe von `MoveNext` ebenfalls `False`, bis `Reset` aufgerufen wird.

Beispiel Der Inhalt einer mit `String`-Objekten gefüllten Auflistung `coll` wird in einer `ListBox` angezeigt.

```
Dim en As IEnumerator = coll.GetEnumerator()                ' Enumerator-Objekt referenzieren
Do While en.MoveNext()
   ListBox1.Items.Add(en.Current)
Loop
```

Wie wichtig der im Hintergrund agierende Enumerator ist, wird am Beispiel der `For Each`-Schleife deutlich, mit welcher eine beliebige Auflistung komplett durchlaufen werden kann.

Beispiel Das Vorgängerbeispiel wird mit einer `For Each`-Schleife gelöst.

```
For Each str As String in coll
   ListBox1.Items.Add(str)
Next
```

Hinweis

Verwechseln Sie nicht `IEnumerable` mit `IEnumerator`. `IEnumerable` ist die Schnittstelle, die von der Auflistungsklasse implementiert wird. `IEnumerator` hingegen ist die Schnittstelle eines Enumerators, wie er von der `GetEnumerator`-Methode der Auflistungsklasse geliefert wird. ■

5.7.3 ICollection

Diese Schnittstelle erweitert `IEnumerable` um weitere Funktionalität. Hier die wichtigsten Eigenschaften bzw. Methoden:

Tabelle 5.10 Member von `ICollection`

Member	Beschreibung
`Count`	... liefert die Anzahl der Elemente in der Auflistung
`IsSynchronized`	... liefert `True`, wenn Auflistungsobjekt synchronisiert (threadsicher) ist
`SyncRoot`	... liefert Objektreferenz, die den Objektzugriff synchronisiert
`CopyTo()`	... kopiert die Elemente der Auflistung in ein Array

5.7.4 IList

Diese Schnittstelle wird von besonders vielen Klassen des .NET Frameworks implementiert. Hier ihre wichtigsten Mitglieder:

Tabelle 5.11 Member von `IList`

Member	Beschreibung
`Item`	... ermöglicht den Zugriff auf ein Element der Liste (ist Indexer für `IList`)
`Add`	... fügt ein Element am Ende der Auflistung hinzu
`Clear`	... löscht alle Elemente der Auflistung
`Contains`	... stellt fest, ob ein bestimmtes Element zur Auflistung gehört
`IndexOf`	... liefert den Index eines bestimmten Objekts
`Insert`	... fügt ein Objekt an eine bestimmte Position in die Auflistung ein
`IsFixedSize`	... stellt fest, ob die Kapazität der Auflistung vergrößert werden kann
`IsReadOnly`	... stellt fest, ob die Auflistung schreibgeschützt ist
`Remove`	... entfernt ein Element aus der Auflistung unter Angabe der Referenz
`RemoveAt`	... entfernt ein Element aus der Auflistung unter Angabe des Index

Die `Add`-Methode hat keinerlei Einfluss auf die Positionierung des Elements innerhalb der Liste, denn ein neu hinzugefügtes Element wird immer an das Listenende gesetzt. Der Rückgabewert der `Add`-Methode liefert den Index, den das Element erhalten hat.

Hinweis

Ein mittels `Remove` oder `RemoveAt` freigegebener Index bleibt nicht unbelegt, sondern bewirkt eine Indexverschiebung aller nachfolgenden Elemente. ■

5.7.5 Die ArrayList-Collection

Die `ArrayList` ist eine nullbasierte Collection, der mittels `Add`-Methode beliebige Elemente hinzugefügt werden können. Beim Erzeugen einer `ArrayList` können Sie eine Startkapazität angeben.

Überschreitet die Anzahl der Elemente die Startkapazität, so wird die `ArrayList` automatisch vergrößert. Erzeugen Sie eine `ArrayList` ohne Startkapazität, so wird automatisch der Wert 16 eingestellt.

Beispiel Drei Nachkommen der Klasse `CKunde` unterschiedlichen Typs werden in einer `ArrayList` gespeichert:

```
Dim kunde1 As New CPrivatKunde("Herr", "Krause", "Leipzig")
Dim kunde2 As New CFirmenKunde("Frau", "Müller", "Master Soft GmbH")
Dim kunde3 As New CFirmenKunde("Herr", "Maus", "Manfreds Internet AG")

Dim kunden As New ArrayList(3)       ' Startkapazität 3
kunden.Add(kunde1)
kunden.Add(kunde2)
```

```
kunden.Add(kunde3)
```

Für alle Kunden-Objekte wird die (polymorphe) `addGuthaben`-Methode aufgerufen:

```
For Each ku As CKunde In kunden
    ku.addGuthaben(brutto)
Next ku
```

Hinweis
Im Vergleich mit einem normalen Array, das Sie nur ziemlich umständlich dynamisch vergrößern können, schneidet eine `ArrayList` deutlich schneller ab (zum Teil mehr als Faktor 100!). ■

Weitere Eigenschaften und Methoden

Ein Direktzugriff auf die einzelnen Elemente entspricht dem bei einem normalen Array, allerdings ist dazu explizite Typkonvertierung erforderlich.

Beispiel *(Fortsetzung)* Das Guthaben des ersten Kunden soll angezeigt werden.

Die folgende Anweisung führt zu einem Konvertierungsfehler:

```
Label1.Text = kunden(0).Guthaben.ToString("C")              ' Fehler!
```

Das aber funktioniert:

```
Dim kd As CKunde =  CType(kunden(0), CKunde)                ' Typecasting
Label1.Text = kd.Guthaben.ToString("C")
```

Mit `AddRange` fügen Sie Elemente aus einer anderen Auflistung hinzu.

Beispiel Zwei Personen werden der Kundenliste hinzugefügt.

```
Dim personen As ArrayList = New ArrayList(2)
...
kunden.AddRange(personen)
```

Interessant dürften weiterhin die Methoden `Clear` (entfernt alle Elemente), `RemoveAt` (entfernt Element am angegebenen Index), `Sort` (Sortieren) und `BinarySearch` (Suchen in sortierter Auflistung) sein, die so wie bei einem normalen Array funktionieren.

5.7.6 Die Hashtable

Die `Hashtable` ist eine Auflistung, die das schnelle Auffinden von Objekten erlaubt. Beim Hinzufügen von Elementen muss allerdings von Ihnen ein eindeutiger (also nicht mehrfach vorkommender) Schlüsselwert angegeben werden. Für den Schlüssel sind beliebige Datentypen möglich, meistens nimmt man dafür `Integer`- oder `String`-Werte. Allerdings wird in der `Hashtable` nicht der Schlüssel gespeichert, sondern dessen so genannter `Hashcode` (eine automatisch ermittelte Integer-Zahl zur eindeutigen Identifizierung des Schlüsselwerts).

Beispiel (*Fortsetzung*) Die drei im Vorgängerbeispiel erzeugten Instanzen der Klassen CPrivatKunde bzw. CFirmenKunde werden mit den Integer-Schlüsseln 101, 102, 103 in einem Hashtable-Objekt gespeichert.

```
Dim kunden As New Hashtable()

kunden.Add(101, kunde1)
kunden.Add(102, kunde2)
kunden.Add(103, kunde3)
```

Für alle Kunden-Objekte wird die addGuthaben-Methode aufgerufen:

```
For Each ku As CKunde In kunden.Values
    ku.addGuthaben(brutto)
Next ku
```

Der direkte Zugriff auf das Element mit dem Schlüssel 102:

```
Dim kd As CKunde = CType(kunden(102), CKunde)
Label1.Text = kd.Guthaben.ToString("C")
```

Hinweis

Weil Sie die Felder einer Hashtable nicht normal indizieren können, ist das Durchlaufen mittels For...Next-Schleife nicht möglich, Sie müssen also immer die For...Each-Schleife verwenden. ■

5.8 Generische Datentypen

Generics muten zunächst wie ein Paradoxon an, erlauben sie doch dem Programmierer die typsichere Verwendung von Klassen, die nicht an einen bestimmten Typ gebunden sind. Die Anwendung ist nicht nur auf Klassen beschränkt, sondern auch auf andere .NET-Typen wie Strukturen, Schnittstellen, Delegaten und Methoden übertragbar.

Gemeinsames Merkmal aller Generics ist die Übergabe von variablen Datentypen (Parametrisierung von Klassen- oder Methodendefinitionen). Der Nutzer einer Klasse gibt also die Datentypen vor, die die Klasse intern verarbeiten soll.

Hinweis

Die variablen Datentypen werden in Klammern (Of *Datentyp*) unmittelbar nach dem Klassen- bzw. Methodenbezeichner angegeben. ■

Beispiel Erzeugen einer generischen Liste zum Speichern von Integer-Zahlen

```
Dim gL As New System.Collections.Generic.List(Of Integer)
```

Um die Vorzüge der Generics richtig würdigen zu können, wollen wir uns zunächst noch einmal daran erinnern, wie es früher (unter .NET 1.x) war.

5.8.1 Wie es früher war

Vor Einführung der Generics mussten wir unsere Typen immer in bzw. aus ein(em) System.-Object casten und verloren so alle Vorzüge einer typorientierten Entwicklungsstrategie. So verlangt auch die bekannte System.Collection.ArrayList -Klasse, dass die Elemente der ArrayList als System.Object gespeichert werden.

Beispiel Objekte einer Klasse CKunde werden in einer ArrayList gespeichert und wieder ausgelesen.

```
Public Class CKunde
    Private _nachName As String

    Public Sub New(ByVal nN As String, ByVal a As Integer)
        Me._nachName = nN
    End Sub

    Public Property NachName() As String
        Get
            Return Me._nachName
        End Get
        Set(ByVal value As String)
            _nachName = value
        End Set
    End Property
End Class
```

ArrayList erzeugen und zwei Objekte hinzufügen:

```
Dim aList As New System.Collections.ArrayList()
aList.Add(New CKunde("Müller"))
aList.Add(New CKunde("Meier"))
```

Beim Zugriff auf den Inhalt der ArrayList ist explizites Typecasting erforderlich:

```
For i As Integer = 0 To aList.Count - 1
    Dim kd As CKunde = CType(aList(i), CKunde)
    ListBox1.Items.Add(kd.NachName)
Next i
```

Miserable Typsicherheit bei den alten Collections

Die »alten« Collections garantieren keinerlei Typsicherheit. So können Sie zu einer Liste beliebige Objekte unterschiedlichen Typs hinzufügen, ohne dass Ihnen dabei der Compiler auf die Finger haut.

Beispiel Zu unserer obigen Kundenliste lassen sich problemlos auch Zahlen hinzufügen.

```
Dim aList As New System.Collections.ArrayList()
aList.Add(New CKunde("Lehmann"))
aList.Add(44)       ' kein Fehler!
```

Das böse Erwachen kommt erst beim Zugriff:

```
For Each kd As CKunde In aList
  ListBox1.Items.Add(kd.NachName)      ' Fehler!
Next kd
```

Eine eigene generische Collection-Klasse bedeutet viel Arbeit

Natürlich kann der Profi `IEnumerable` und `IEnumerator` auch selbst implementieren, um eine eigene typsichere Collection für einen gegebenen Typ, z.B. `CKunde`, zu erzeugen. Das kostet allerdings einiges an Arbeit, und Sie fangen damit immer wieder von vorn an, wenn Sie eine weitere typsichere Auflistung benötigen.

Warum uns auch ein Array nicht weiterhilft

Der scheinbar einfachste Weg zu einer typsicheren Collection ist das Erzeugen eines Arrays des gewünschten Typs.

Beispiel Ein Kunden-Array wird erzeugt und mit zwei Elementen initialisiert.

```
Dim kunden() As CKunde = New CKunde() {New CKunde("Müller"), New CKunde("Meier")}
For Each kd As CKunde In kunden
       ListBox1.Items.Add(kd.NachName)
Next kd
```

Das garantiert zwar Typsicherheit, die Wiederverwendbarkeit des Codes ist aber miserabel und auch das Arbeiten mit einem solchen Array ist umständlich und ziemlich fehleranfällig. Wenn Sie z.B. einen neuen Kunden hinzufügen wollen, müssen Sie zunächst ein temporäres Array erzeugen und alle Kunden dort hineinkopieren, anschließend das alte Array vergrößern, die Kunden dorthin zurück kopieren und dann den neuen Kunden am Ende des Arrays einfügen.

5.8.2 Typsicherheit durch Generics

Seit Einführung der Generics steht endlich eine Vorlage zum Erzeugen typsicherer Collections für Elemente beliebigen Typs zur Verfügung. Eine solche generische Klasse ist in der Lage, alle wesentlichen Aufgaben zu erfüllen, die wir für unsere Auflistungen brauchen: Hinzufügen, Löschen, Einfügen, etc.. Auch andere Collection-Typen, mit denen wir es allgemein zu tun haben, werden berücksichtigt, so wie z.B. `Stack` (First in, Last out) oder eine `Queue` (First in, First out), etc. Im Folgenden soll das Prinzip der Generics erklärt werden.

Einen einfachen generischen Typ deklarieren

Anhand einer sehr einfachen generischen Klasse wollen wir demonstrieren, wie diese als Container für eine Vielzahl anderer Typen verwendet werden kann.

Die Syntax der Deklaration ist ähnlich wie bei der Verwendung der Klasse, nach dem Of-Schlüsselwort folgen ein Platzhalter für einen oder mehrere Datentypen. Diese Platzhalter können wir nun dort verwenden, wo wir ansonsten einen Typen verwendet hätten.

Beispiel Aufgabe der Klasse CStore(Of T) ist es, den Wert eines beliebigen Typs T zu speichern.

```
Public Class CStore(Of T)
  Dim tp As T
  Public Property Val As T
      Get
          Return tp
      End Get
      Set (ByVal value As T)
         tp = value
      End Set
  End Property
End Class
```

Der Klassennamen CStore(Of T) ist der erste Hinweis, dass es sich um einen generischen Typ handelt, die runden Klammern umschließen das Of-Schlüsselwort und den Typen-Platzhalter T. Die Variablendeklaration Dim tp As T erzeugt eine Mitgliedsvariable mit dem Typ T, bzw. dem generischen Typ, der erst später mit der Konstruktion der Klasse spezifiziert wird.

Einziges öffentliches Klassenmitglied ist die Eigenschaft Val, wobei T auch hier den generischen Typ der Eigenschaft repräsentiert.

Generischen Typ verwenden

Um eine generische Klasse für einen beliebigen Typen zu verwenden, brauchen Sie nur eine neue Instanz zu erzeugen, wobei Sie den Namen des gewünschten Typs übergeben.

Beispiel (*Fortsetzung*) Verwenden der Klasse CStore mit verschiedenen Datentypen und Anzeige in einer ListBox.

```
' für String-Datentyp:
Dim aString As New CStore(Of String)
aString.Val = "Hallo"
ListBox1.Items.Add(aString.Val)
' für Datentyp CKunde:
Dim kunde As New CStore(Of CKunde)
kunde.Val = New CKunde("Müller")
ListBox1.Items.Add(kunde.Val.NachName)
```

Obwohl wir in diesem Beispiel ein und dieselbe Klasse `CStore` verwendet haben um einen String oder einen Kunden zu speichern, bleibt ihr ursprünglicher Typ unverändert. Und das alles funktioniert, ohne dass wir `System.Object` verwenden mussten!

5.8.3 List-Collection ersetzt ArrayList

Das wohl wichtigste Einsatzgebiet für Generics sind Collections jeglicher Art. Aus Gründen der Abwärtskompatibilität zu .NET 1.1 musste allerdings auf eine Änderung/Erweiterung der im Namespace `System.Collections` bereits vorhandenen Klassen verzichtet werden. Als Alternative zur `ArrayList` bietet sich jetzt die generische `List` Klasse an.

Beispiel Erzeugen einer generischen `List` für den benutzerdefinierten Typ `CKunde` (Deklaration der Klasse `CKunde` siehe oben).

```
Dim kunden As New System.Collections.Generic.List(Of CKunde)
```

Hinweis

Achten Sie darauf, dass der `Generic`-Namespace (innerhalb des `System.Collections` Namespace) eingebunden ist. ■

Dort werden Sie alle neuen (generischen) Klassen wie `List`, `SortedList`, Dictionary, `Queue`, `Stack`, ... finden. Die `List`-Klasse in diesem Namespace ähnelt der `System.Collections.ArrayList` Klasse, allerdings gibt es einige wichtige Unterschiede.

Beispiel (*Fortsetzung*) Um die Verwendung der generischen `List` zu zeigen, wollen wir dreimal eine Schleife durchlaufen in welcher wir einen neuen Kunden (`Müller1`, `Müller2`, `Müller3`) erzeugen und diesen zur Collection hinzufügen:

```
For i As Integer = 0 To 2
      Dim Kunde As New CKunde("Müller" + (i+1).ToString())
      kunden.Add(kunde)
Next i
```

Durch die Collection iterieren und jedes Element in einer `ListBox` ausgeben:

```
For Each kd As CKunde In kunden
     ListBox1.Items.Add(kd.NachName)
Next kd
```

Eine andere Möglichkeit zur Ausgabe der Liste ist eine einfache `For`-Schleife.

Beispiel Die Nachnamen aller Kunden in einer `ListBox` anzeigen

```
For i As Integer = 0 To kunden.Count - 1
      ListBox1.Items.Add(kunden(i).NachName)
Next i
```

5.8.4 Über die Vorzüge generischer Collections

Die Arbeit mit einer generischen List unterscheidet sich deutlich von unseren durch die ArrayList geprägten Gewohnheiten. Wir brauchen uns keinerlei Gedanken mehr über den zu speichernden Datentyp machen, weil unsere generische Collection typsicher arbeitet. Stellvertretend für die anderen generischen Collections sollen die Vorteile der generischen List-Klasse hier noch einmal zusammengefasst werden:

- Das Boxing von Wertetypen ist nicht mehr erforderlich, weil die generische Liste »weiß«, welcher Datentyp zu speichern und wie viel Speicher dafür zu reservieren ist.
- Anstatt eines Laufzeitfehlers erhalten Sie bereits einen Compiler-Fehler, falls Sie einen falschen Datentyp in der List speichern wollen.
- Ein Typecasting entfällt, wenn Sie auf die Werte der generischen List zugreifen wollen.

Beispiel: Eine eigene Klasse CStack

Zwar gibt es bereits im Namespace System.Collection.Generic eine Klasse Stack, wir aber wollen eine Klasse CStack mit ähnlicher Funktionalität selbst programmieren.

Beispiel Unsere Klasse CStack speichert beliebige Datentypen nach dem Push/Pop-Prinzip und benutzt selbst die generische List-Klasse (siehe oben).

```
Public Class CStack(Of Type)
     Private _list As New List(Of Type)          ' generische List-Klasse
     Public Function Pop() As Type
          Dim index As Integer = _list.Count - 1
          Dim val As Type = _list(index)
          _list.RemoveAt(index)
          Return val
       End Function

       Public Sub Push(ByVal item As Type)
          _list.Add(item)
       End Sub
End Class
```

Der Zugriff am Beispiel des Speicherns von Integer-Zahlen:

```
Private Sub Button1_Click(ByVal sender As System.Object, ByVal e As System.EventArgs) _
                                                                     Handles Button1.Click
       Dim s1 As New CStack(Of Integer)
       For i As Integer = 1 To 5
          s1.Push(i)
       Next i
       For i As Integer = 1 To 5
          MessageBox.Show(s1.Pop.ToString)     ' zeigt 5, 4, 3, 2, 1
       Next i
End Sub
```

5.8.5 Typbeschränkungen durch Constraints

Mitunter ist es ein Nachteil, dass eine (generische) Klasse beliebige Datentypen verarbeiten kann. Mit so genannten `Constraints` kann man festlegen, welche Typen als Typ-Platzhalter infrage kommen. Man verwendet dazu das der Klassendefinition nachgestellte `As`-Schlüsselwort.

Beispiel Die Klasse `CStack` (siehe obiges Beispiel) kann nur noch Objekte (Referenztypen) speichern, die das `IComparable`-Interface unterstützen. Ein Speichern von Integer-Zahlen ist also nicht mehr möglich.

```
Class CStack(Of Type As {Class, IComparable})
```

Beispiel Der generischen Typ `Dictionary` mit einem `Constraint`

```
Public Class Dictionary(Of T As IComparable)
```

Die `As`-Klausel beschränkt den `T`-Typ auf den Typ `IComparable`. Falls `T` das `IComparable`-Interface nicht implementiert, gibt es einen Compiler-Fehler.

5.8.6 Generische Methoden

Eine Methode mit Typ-Parameter ist generisch (*Generic Method*). Ähnlich wie bei der Klasse wird der Typ in runden Klammern (mit vorangestelltem `Of`-Schlüsselwort) angegeben.

Beispiel Generische Methode für Vertauschen von zwei beliebigen Objekten

```
Private Sub genSwap(Of T)(ByRef a As T, ByRef b As T)
     Dim tmp  As T = a
     a = b
     b = tmp
End Sub
```

Anwendung für `Image`-und für `String`-Objekte:

```
Dim im1, im2 As Image
Dim s1, s2 As String
...
Private Sub Button1_Click(ByVal sender As System.Object, ByVal e As System.EventArgs) _
                                                                  Handles Button1.Click
    genSwap(im1, im2)
    PictureBox1.Image = im1
    PictureBox2.Image = im2
    genSwap(s1, s2)
    Label1.Text = s1
    Label2.Text = s2
End Sub
```

5.9 Was sind Delegates?

Die Delegat-Technologie gehört zweifelsfrei zu den tragenden Säulen von .NET. Jeder, der tiefer in .NET eindringen will, muss sich mit dieser Technik anfreunden, bildet sie doch die Basis für andere wichtige .NET-Features, wie zum Beispiel das Ereignismodell, Callbacks oder die Lambda Expressions bis hin zu LINQ.

5.9.1 Delegates sind Methodenzeiger

Der Begriff »Delegate« bedeutet »delegieren« bzw. »weiterleiten«. Damit ist bereits das Wesentliche gesagt, denn ein Delegate macht nichts anderes, als einen Methodenaufruf an eine konkrete Methode weiterzuleiten. Man kann also einen Delegate durchaus auch als typisierten Funktionszeiger (Pointer) bezeichnen. Pointer, wie man sie beispielsweise auch von der Sprache C her kennt, sind ein leistungsfähiges Werkzeug, um Algorithmen flexibel zu gestalten.

Pointer und .NET – das müsste Sie eigentlich stutzig machen, denn das passt nicht so recht zusammen. Die althergebrachte Zeigertechnik ist ziemlich unübersichtlich, nicht selten kommt es zu Speicherzugriffsfehlern und damit zu bösen Programmabstürzen. Aus diesem Grund haben die .NET-Entwickler die klassische Pointertechnologie kategorisch ausgeschlossen. Stattdessen wurden - in konsequenter Weiterführung des objektorientierten Paradigmas des .NET-Frameworks -Methodenzeiger in Objekten gekapselt.

Hinweis

Ein Delegate ist ein Objekt, das den Zeiger auf die Methode eines anderen Objekts enthält. ■

Damit wird, wie bei jedem anderen Objekt auch, ein Delegate gewissermaßen als Instanz einer Klasse, d.h. eines Objekttyps, erzeugt.

Um von vornherein begriffliche Klarheit zu schaffen, wollen wir gleich von Beginn an die Bezeichnungen »Delegate-Typ« und »Delegate-Objekt« sauber voneinander trennen. Ersterer ist vergleichbar mit dem Begriff der Klasse und der zweite mit dem des Objekts (also der Instanz, die auf eine konkrete Methode zeigt).

Das Arbeiten mit einem Delegate unterscheidet sich prinzipielle nicht von der gewohnten OOP-Strategie (Klasse bzw. Typ definieren, Objektvariable referenzieren, erzeugen und initialisieren). Insgesamt sind folgende Schritte erforderlich:

1. Definition des Delegattypen mittels `Delegate`-Schlüsselwort:
2. Deklaration eines Objekts vom Typ des Delegaten.
3. Instanziieren der Delegaten mittels `New` (erst hier wird das Delegate-Objekt erzeugt, welches auf die konkrete Methode zeigt. Als Argument wird die Adresse der Methode übergeben, die vom Delegaten aufgerufen werden soll.
4. Der Aufruf des Delegate-Objekts (an die Stelle der konkreten Methode tritt das Delegate-Objekt).

Die Schritte im Einzelnen:

5.9.2 Delegate-Typ definieren

Ein Delegate-Typ beschreibt die Signatur der Methode, auf welche der daraus instanziierte Delegate zeigen soll. Die Deklaration eines Delegate-Typs hat folgendes Format:

```
<Sichtbarkeit> Delegate Function Name([<Parameterliste>]) As Rückgabetyp
```

oder

```
<Sichtbarkeit> Delegate Sub Name([<Parameterliste>])
```

Hinweis

Die Parameterliste einer Delegate-Typdefinition entspricht der Parameterliste der Funktionen/Prozeduren, auf die die daraus erzeugten Delegate-Objekte zeigen sollen. ■

Beispiel Eine Delegate für eine Funktion compA, die zwei Integer-Zahlen vergleicht:

```
Private Function compA(ByVal x As Integer, y As Integer) As Boolean
    If y < x Then
        Return True
    Else
        Return False
    End If
End Function
...
```

Delegate-Typ für obige Funktion definieren:

```
Private Delegate Function CompDlg(ByVal x As Integer, ByVal y As Integer) As Boolean
```

5.9.3 Delegate-Objekt erzeugen

Ein Delegate kann entweder mit einer benannten Methode oder aber auch mit einem Lambda Expression (siehe 5.3.5) instanziiert werden.

Beispiel (*Fortsetzung*) Delegate-Objekt des Typs CompDlg für die Methode compA erzeugen.

```
Dim compMethod As CompDlg = Nothing               ' referenzieren
compMethod = New CompDlg(AddressOf compA)         ' instanziieren
```

Mit dem Delegate-Objekt arbeiten

Die Verwendung unseres Delegate-Objekts unterscheidet sich nicht von der Verwendung einer herkömmlichen benannten Methode.

Beispiel (*Fortsetzung*) Funktionsaufruf des Delegate-Objekts `compMethod`:

```
MessageBox.Show(compMethod(5, 4).ToString)              ' zeigt "True"
```

Zum Vergleich der Aufruf der benannten Methode `compA`:

```
MessageBox.Show(compA(5, 4).ToString)                   ' zeigt "True"
```

5.9.4 Delegates vereinfacht instanziieren

Wie auch bei normalen Objekten üblich, können auch bei Delegates das Referenzieren und das Instanziieren in einer einzigen Anweisung realisiert werden.

Beispiel Vereinfachtes Referenzieren und Instanziieren des Delegate-Objekts aus dem Vorgängerbeispiel

```
Dim compMethod As New CompDlg(AddressOf compA)
```

Auch auf den `New`-Operator kann verzichtet werden!

Beispiel *(Fortsetzung)* Das Vorgängerbeispiel lässt sich weiter vereinfachen.

```
Dim compMethod As CompDlg = AddressOf compA
```

Da das Delegate-Konzept auch für Generics gilt, sorgt auch hier die vereinfachte Instanziierung für mehr Übersicht.

Beispiel Obiges Beispiel mit einem generischen Delegaten für den Vergleich von `Double`-Zahlen

```
Private Delegate Function CompDlg(Of T)(ByVal x As Integer, ByVal y As Integer) As Boolean
...
Dim compMethod As CompDlg(Of Double) = AddressOf compA
...
```

5.9.5 Automatische Delegate-Typ-Konvertierung

Ab VB 9.0 gibt es ein weniger streng typisiertes Delegatenkonzept. In den Vorgängerversionen mussten beim Binden einer Methode an einen Delegaten die Signaturen von Methode und Delegate exakt übereinstimmen. Diese Einschränkung wurde jetzt aufgehoben (Relaxed Delegates).

Beispiel Zu einem Formular soll per Code ein `Button` zum Schließen des Formulars hinzugefügt werden. Dabei musste bislang die Signatur der `OnClick`-Ereignisbehandlungsroutine exakt mit der des (im Hintergrund deklarierten) Eventhandler-Delegaten der `Button`-Klasse übereinstimmen:

```
Delegate Sub EventHandler(ByVal sender As Object, ByVal e As EventArgs)
```

Zunächst der klassische Code (VB 8.0):

```
Private WithEvents btn As New Button

Private Sub OnClick1(ByVal sender As Object, ByVal e As EventArgs) Handles btn.Click
        Me.Close()
End Sub

Private Sub Form1_Load(ByVal sender As Object, ByVal e As System.EventArgs) Handles Me.Load
        btn.Text = "Beenden"
        Me.Controls.Add(btn)
End Sub
```

Ab VB 9.0 lässt sich derselbe Code wie folgt vereinfachen:

```
Private WithEvents btn As New Button

Private Sub OnClick1() Handles btn.Click
        Me.Close()
End Sub

Private Sub Form1_Load() Handles Me.Load
        btn.Text = "Beenden"
        Controls.Add(btn)
End Sub
```

5.9.6 Lambda-Ausdrücke

Die Lambda-Ausdrücke gehörten zu den spektakulärsten sprachlichen Neuerungen von VB 9.0. Die Syntax basiert auf dem Schlüsselwort `Function`.

```
Function(Inputparameter) Expression
```

Die *Inputparameter* werden im *Expression* ausgewertet und liefern so gewissermaßen den Rückgabewert des Lambda-Ausdrucks.

Ein Lambda-Ausdruck ist quasi eine namenlose Funktion, von der ein einzelner Wert berechnet und zurückgegeben wird. Im Gegensatz zu benannten Funktionen kann ein Lambda-Ausdruck gleichzeitig definiert und ausgeführt werden. Im folgenden Beispiel wird `True` angezeigt.

Beispiel Ein Delegate-Objekt `compMethod` zum Vergleichen von zwei Integerzahlen wird mittels Lambda-Ausdruck definiert.

```
Delegate Function CompDlg(ByVal x As Double, ByVal y As Double) As Double

Dim compMethod As CompDlg = Function(x As Integer, y As Integer) x > y
...
MessageBox.Show(compMethod(5, 4).ToString)        ' True
```

Lambda Ausdrücke haben ihr Haupteinsatzgebiet innerhalb der neuen LINQ-Technologie (siehe Kapitel 6. Einen Vorgeschmack liefert das folgende Beispiel.

Beispiel Definition einer Abfrage über eine (generische) Liste

```
Dim employees As List(Of Employee) = New List(Of Employee)
Dim query = employees.FindAll(Function(c) c.City = "London")
```

Hinweis

In LINQ liegen vielen der Standardabfrageoperatoren Lambda-Ausdrücke zugrunde, diese werden vom Compiler erstellt, um Berechnungen zu erfassen, die in grundlegenden Abfragemethoden wie `Where`, `Select`, `Order By`, `TakeWhile` usw. definiert sind. ■

6 Einführung in LINQ

Dieses Kapitel behandelt die folgenden Themen:

- LINQ-Architektur
- LINQ to Objects
- Anonyme Typen
- Erweiterungsmethoden
- LINQ-Syntax
- LINQ-Abfragen

LINQ (Language Integrated Query) ist ein relativ neues Visual Basic-Sprachfeature. Bei *LINQ to Objects* handelt es sich um die allgemeinste und grundlegendste LINQ-Implementierung, welche auch die wichtigsten Bausteine für die übrigen LINQ-Implementierungen liefert. In einer SQL-ähnlichen Syntax können miteinander verknüpfte Collections/Auflistungen abgefragt werden, die über die `IEnumerable`-Schnittstelle verfügen.

6.1 LINQ-Grundlagen

Der wichtigste Vorteil von LINQ ist die standardisierte Möglichkeit, nicht nur Tabellen in einer relationalen Datenbank abzufragen, sondern auch Textdateien, XML-Dateien und andere Datenquellen, die eine identische Syntax verwenden. Ein zweiter Vorteil ist die Fähigkeit, diese standardisierten Methoden von jeder .NET-konformen Sprache (wie zum Beispiel C# oder VB) aus aufrufen zu können.

6.1.1 Die LINQ-Architektur

Die folgende Abbildung soll die grundsätzliche Architektur von LINQ verdeutlichen.

Je nach Standort des Betrachters besteht LINQ einerseits aus einer Menge von Werkzeugen zur Arbeit mit Daten, was in den verschiedenen LINQ-Implementationen (LINQ to Objects, LINQ to DataSets, LINQ to SQL, LINQ to Entities und LINQ to XML) zum Ausdruck kommt. Andererseits besteht LINQ aus einer Menge von Spracherweiterungen (momentan für C# und VB).

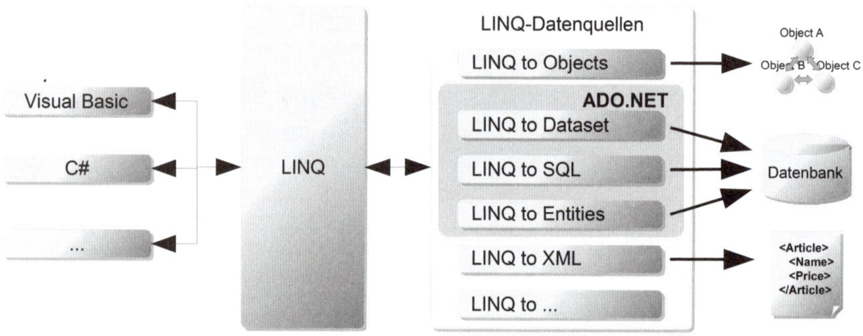

Abbildung 6.1 Die LINQ-Architektur

6.1.2 LINQ-Implementierungen

LINQ eröffnet zahlreiche Varianten für den Zugriff auf verschiedenste Arten von Daten. Diese sind in den verschiedenen LINQ-Implementationen (auch als »LINQ Flavors« d.h. »Geschmacksrichtungen« bezeichnet) enthalten. Folgende LINQ-Provider werden als Bestandteil des .NET 3.5 Frameworks bereitgestellt (siehe obige Abbildung):

- LINQ to Objects (arbeitet mit Collections die `IEnumerable` implementieren),
- LINQ to XML (Zugriff auf XML Strukturen),
- LINQ to SQL (Zugriff auf SQL Datenbanken),
- LINQ to DataSet (arbeitet auf Basis von DataSets) und
- LINQ to Entities (verwendet das ADO.NET Entity Framework als ORM).

Diese LINQ-Provider/Implementationen bilden eine Familie von Tools, die einzeln für bestimmte Aufgaben eingesetzt oder aber auch für leistungsfähige Lösungen mit einem Mix aus Objekten, XML und relationalen Daten kombiniert werden können.

Hinweis
Wir werden uns hier hauptsächlich auf LINQ to Objects beschränken, da dieser Provider die grundlegende Technologie bereitstellt und die übrigen Flavours mehr eine Angelegenheit der Datenbankliteratur sind. ■

Nochmals sei hier betont, dass LINQ eine offene Technologie ist, der jederzeit neue Provider hinzugefügt werden können. Die im .NET Framework 3.5 enthaltenen Implementationen bilden lediglich eine Basis, die eine Menge von Grundbausteinen (Abfrage-Operatoren, Abfrageausdrücke, Abfragebäume) bereitstellt.

Die Einführung von LINQ machte mehrere Ergänzungen der .NET-Programmiersprachen erforderlich, von denen einige bereits in Kapitel 5 (Lambda-Ausdrücke) bzw. im einführenden Sprachkapitel 3 (Typinferenz) bzw. im Kapitel 4 (Objektinitialisierer) besprochen wurden. Auf zwei weitere Sprachfeatures (anonyme Typen und Erweiterungsmethoden), ohne die LINQ nicht möglich wäre, wollen wir im Folgenden kurz eingehen.

6.1.3 Anonyme Typen

Darunter verstehen wir einfache namenlose Klassen, die vom Compiler automatisch erzeugt werden und die nur über Eigenschaften und dazugehörige private Felder verfügen. »Namenlos« bedeutet, dass uns der Name der Klasse nicht bekannt ist und man deshalb keinen direkten Zugriff auf die Klasse hat. Lediglich eine Instanz steht zur Verfügung, die man ausschließlich lokal, d.h. im Bereich der Deklaration, verwenden kann.

Die Deklaration anonymer Typen erfolgt mittels eines anonymen Objekt-Initialisierers, d.h., man lässt beim Initialisieren einfach den Klassennamen weg. Der Compiler erzeugt die anonyme Klasse anhand der Eigenschaften im Objekt-Initialisierer und anhand des jeweiligen Typs der zugewiesenen Werte.

Beispiel Eine Objektvariable `person` wird aus einer anonymen Klasse instanziiert.

```
Dim person = New With {.Nachname = "Müller", .Alter = 53}
```

Der Compiler generiert hierfür intern (in MSIL-Code) die folgende Klasse:

```
Friend Class ??????
    Private _nachname As String
    Private _alter As Integer

    Public Property Nachname() As String
        Get
            Return _nachname
        End Get
        Set(ByVal value As String)
            _nachname = value
```

```
        End Set
    End Property

    Public Property Alter() As Integer
        Get
            Return _alter
        End Get
        Set(ByVal value As Integer)
            _alter = value
        End Set
    End Property
End Class
```

Hinweis

Da der Typ der Eigenschaften aus der jeweiligen Klasse bzw. Struktur des im Objekt-Initialisierer zugewiesenen Wertes abgeleitet wird, darf man hier nicht `null` zuweisen, denn der Compiler kann in diesem Fall den Datentyp der Eigenschaft nicht bestimmen. ■

Beispiel Fehlerhafter Code, der Compiler kann den Typ der Eigenschaft `Alter` nicht ableiten.

```
Dim person = New With {.Nachname = "Müller", .Alter = Nothing}  ' Fehler!
```

Sobald eine weitere anonyme Klasse deklariert wird, bei der im Objektinitialisierer Eigenschaften mit gleichem Namen, Typ und in der gleichen Reihenfolge wie bei einer anderen bereits vorhandenen anonymen Klassen angegeben sind, verwendet der Compiler die gleiche anonyme Klasse und es sind untereinander Zuweisungen möglich.

Beispiel Da Name, Typ und Reihenfolge der Eigenschaften im Objektinitialisierer bei `person` (siehe oben) und `kunde` identisch sind, ist eine direkte Zuweisung möglich.

```
Dim kunde = New With {.Nachname = "Krause", .Alter = 29}
person = kunde
```

6.1.4 Erweiterungsmethoden

Normalerweise erlaubt eine objektorientierte Programmiersprache das Erweitern von Klassen durch Vererbung. Ab VB 9.0 wurde eine neue Syntax eingeführt, die das direkte Hinzufügen neuer Methoden zu einer vorhandenen Klasse erlaubt. Mit anderen Worten: Mit Erweiterungsmethoden können Sie einem Datentyp oder einer Schnittstelle Methoden außerhalb der Definition hinzufügen.

In Visual Basic müssen sowohl die Erweiterungsmethode als auch das Modul, welches die Erweiterungsmethode enthält, mit dem Attribut `System.Runtime.CompilerServices.Extension` versehen werden.

Beispiel Die Klasse `System.Int32` wird um die Methoden `mult()` und `abs()` erweitert.

```
Imports System.Runtime.CompilerServices
<Extension()> _
Public Module IntExtension
    <Extension()> _
    Public Function mult(ByVal i As Integer, ByVal faktor As Integer) As Integer
        Return i * faktor
    End Function

    <Extension()> _
    Public Function abs(ByVal i As Integer) As Integer
        If i < 0 Then i = -1 * i
        Return i
    End Function
End Module
```

Der Test:

```
Public Class Form1
    Private Sub Button1_Click(ByVal sender As System.Object, ByVal e As System.EventArgs) _
                                                                   Handles Button1.Click
        Dim zahl As Integer = -95
        TextBox1.Text = zahl.mult(7).ToString              ' -665
        TextBox2.Text = zahl.abs.ToString                  '   95
    End Sub
End Class
```

In diesem Beispiel kann man nun die Erweiterungsmethoden `mult` und `abs` für jede Integer Variable so nutzen, als wären diese Methoden direkt in der Basisklasse `System.Int32` als Instanzen-Methoden implementiert.

Hinweis

Falls in `System.Int32` bereits eine `abs`-Methode mit der gleichen Signatur wie die gleichnamige Erweiterungsmethode existieren würde, so hätte die in `System.Int32` bereits vorhandene Methode Vorrang vor der Erweiterungsmethode. ■

Erweiterungsmethoden ermöglichen es Ihnen, einem vorhandenen Typ neue Methoden hinzuzufügen, ohne den Typ tatsächlich zu ändern. Die Standardabfrageoperatoren in LINQ stellen eine Reihe von Erweiterungsmethoden dar, die Abfragefunktionen für jeden Typ bieten, der die `IEnumerable(Of T)`-Schnittstelle implementiert.

Beispiel Durch die folgende Erweiterungsmethode wird der `String`-Klasse eine `Print`-Methode hinzugefügt.

```
<Extension()> _
Public Sub Print(ByVal s As String)
    Console.WriteLine(s)
End Sub
```

Die Methode wird wie jede normale Instanzenmethode von String aufgerufen:

```
Dim msg As String = "Hallo"
msg.Print()
```

6.2 LINQ-Abfragen

LINQ stellt bekanntlich grundlegende Abfragefunktionen in einer SQL-ähnlichen Syntax bereit. Dazu gehören zunächst als wichtigster Standard das Angeben einer Quelle (From), das Festlegen der zurückzugebenden Daten (Select), das Filtern (Where) und das Sortieren (Order By). Hinzu kommt eine Fülle weiterer Operatoren, wie z.B. für das Gruppieren, Verknüpfen und Sammeln von Datensätzen, auf welche wir aber erst später eingehen wollen.

6.2.1 Grundlegendes zur LINQ-Syntax

Die LINQ-Abfrageoperatoren sind als Erweiterungsmethoden (siehe Abschnitt 6.1.4) definiert und in der Regel auf beliebige Objekte, die das generische Interface IEnumerable(Of T) implementieren, anwendbar.

Beispiel Gegeben sei die Auflistung:

```
Dim monate() As String = {"Januar", "Februar", "März", "April", "Mai", "Juni", _
                    "Juli", "August", "September", "Oktober", "November", "Dezember"}
```

Die folgende LINQ-Abfrage selektiert die Monatsnamen mit einer Länge von 6 Buchstaben, wandelt sie in Großbuchstaben um und ordnet sie alphabetisch.

```
Dim expr = From s In monate _
                  Where s.Length = 6 _
                  Order By s _
                  Select s.ToUpper()
```

Die Ergebnisanzeige:

```
For Each item As String In expr
    ListBox1.Items.Add(item)
Next item
```

Das Resultat in der ListBox:

```
AUGUST
JANUAR
```

Obiges Beispiel demonstriert das allgemeine Format einer LINQ-Abfrage:

```
From ... < Where ... Order By ... > Select ...
```

Eine LINQ-Abfrage muss immer mit `From` beginnen. Im Wesentlichen durchläuft `From` eine Liste von Daten. Dazu wird eine Variable benötigt, die jedem einzelnen Datenelement in der Quelle entspricht.

Hinweis
Wer die Sprache SQL kennt, der wird zunächst darüber irritiert sein, warum eine LINQ-Abfrage mit `From` und nicht mit `Select` beginnt. Der Grund hierfür ist der, dass nur so ein effektives Arbeiten mit der IntelliSense von Visual Studio möglich ist. Da zuerst die Datenquelle ausgewählt wird, kann die IntelliSense geeignete Typmitglieder für die Objekte der Auflistung anbieten. ■

Weiterhin erkennen Sie, wie vom neuen Sprachfeature der lokalen Typinferenz (implizite Variablendeklaration) Gebrauch gemacht wird, denn die Anweisung

```
Dim expr = From s In monate ...
```

ist für den Compiler identisch mit

```
Dim expr As IEnumerable(Of String) = From s In monate ...
```

6.2.2 Zwei alternative Schreibweisen von LINQ Abfragen

Grundsätzlich sind für LINQ Abfragen zwei gleichberechtigte Schreibweisen möglich:

- Query Expression-Syntax (Abfrage-Syntax)
- Extension Method-Syntax[1] (Erweiterungsmethoden-Syntax)

Bis jetzt haben wir aber nur die Query Expression-Syntax verwendet. Um die volle Leistungsfähigkeit von LINQ auszuschöpfen, sollten Sie aber beide Syntaxformen verstehen.

Beispiel Die LINQ-Abfrage des obigen Beispiels in *Extension Method-Syntax.*

```
Dim expr = _
           monate.Where(Function(s) s.Length = 6). _
           OrderBy(Function(s) s). _
           Select(Function(s) s.ToUpper())
```

Oder kompakt in einer Zeile:

```
Dim expr = monate.Where(Function(s) s.Length = 6).OrderBy(Function(s) s). _
                                                   Select(Function(s) s.ToUpper())
```

Wie Sie sehen, benutzen wir bei dieser Notation Erweiterungsmethoden und Lambda-Ausdrücke. Aber auch eine Kombination von *Query Expression-Syntax* mit *Extension Method-Syntax* ist möglich.

[1] Die *Extension Method-Syntax* wird auch als *Dot Notation Syntax* bezeichnet.

Beispiel Obiges Beispiel in gemischter Syntax:

```
Dim expr = _
          (From s In monate _
           Where s.Length = 6 _
           Select s.ToUpper()). _
           OrderBy(Function(s) s)
```

Hier wurde ein Abfrageausdruck in runde Klammern eingeschlossen, gefolgt von der Erweiterungsmethode `OrderBy`. Solange wie der Abfrageausdruck ein `IEnumerable` zurückgibt, kann darauf eine ganze Kette von Erweiterungsmethoden folgen.

Die Query Expression-Syntax (Abfragesyntax) ermöglicht das Schreiben von Abfragen in einer SQL-ähnlichen Weise. Wo immer es möglich ist, empfehlen wir, vor allem der besseren Lesbarkeit wegen, die Verwendung dieser Syntax. Letztendlich konvertiert jedoch der Compiler alle Queries in die andere, auf Erweiterungsmethoden basierende, Syntaxform. Dabei wird z.B. die Filterbedingung `Where` einfach in den Aufruf einer Erweiterungsmethode namens `Where` der `Enumerable`-Klasse übersetzt, die im Namespace `System.Linq` definiert ist.

Allerdings unterstützt die Query Expression-Syntax nicht jeden standardmäßigen Abfrage-Operator bzw. kann nicht jeden unterstützen den Sie selbst hinzufügen. In einem solchen Fall sollten Sie direkt die Extension Method-Syntax verwenden.

Abfrageausdrücke unterstützen eine Anzahl verschiedener »Klauseln«, z.B. `Where`, `Select`, `Order By`, `Group By` und `Join`. Wie bereits erwähnt, lassen sich diese Klauseln in die gleichwertigen Operator-Aufrufe übersetzen, die wiederum über Erweiterungsmethoden implementiert werden. Die enge Beziehung zwischen den Abfrageklauseln und den Erweiterungsmethoden, welche die Operatoren implementieren, erleichtert ihre Kombination, falls die Abfragesyntax keine direkte Klausel für einen erforderlichen Operator unterstützt.

6.2.3 Übersicht der wichtigsten Abfrage-Operatoren

Die Klasse `Enumerable` im Namespace `System.Linq` stellt zahlreiche Abfrageoperatoren für LINQ to Objects bereit und definiert diese als Erweiterungsmethoden für Typen die `IEnumerable(Of T)` implementieren.

Hinweis

Kommen bei der Extension Method-Syntax (Erweiterungsmethoden-Syntax) Abfrage-Operatoren bzw. -Methoden zur Anwendung, so sollten wir bei der Query Expression-Syntax (Abfrage-Syntax) präziser von Abfrage-Klauseln bzw. -Statements sprechen. ■

Die folgende Tabelle zeigt die wichtigsten standardmäßigen Abfrage-Operatoren von LINQ.

Tabelle 6.1 LINQ-Abfrage-Operatoren

Bezeichnung der Gruppe	Operator
Beschränkungsoperatoren (Restriction)	`Where`
Projektionsoperatoren (Projection)	`Select, SelectMany`

Bezeichnung der Gruppe	Operator
Sortieroperatoren (Ordering)	`OrderBy, ThenBy`
Gruppierungsoperatoren (Grouping)	`GroupBy`
Quantifizierungsoperatoren (Quantifiers)	`Any, All, Contains`
Aufteilungsoperatoren (Partitioning)	`Take, Skip, TakeWhile, SkipWhile`
Mengenoperatoren (Sets)	`Distinct, Union, Intersect, Except`
Elementoperatoren (Elements)	`First, FirstOrDefault, ElementAt`
Aggregatoperatoren (Aggregation)	`Count, Sum, Min, Max, Average`
Konvertierungsoperatoren (Conversion)	`ToArray, ToList, ToDictionary`
Typumwandlungsoperatoren (Casting)	`OfType T`

Die folgende Abbildung illustriert an einem Beispiel, wie einige der bereits im Vorgängerabschnitt diskutierten neuen Sprach-Features in LINQ-Konstrukten zur Anwendung kommen und wie die Abfrage-Syntax vom Compiler in die äquivalente Erweiterungsmethoden-Syntax umgesetzt wird.

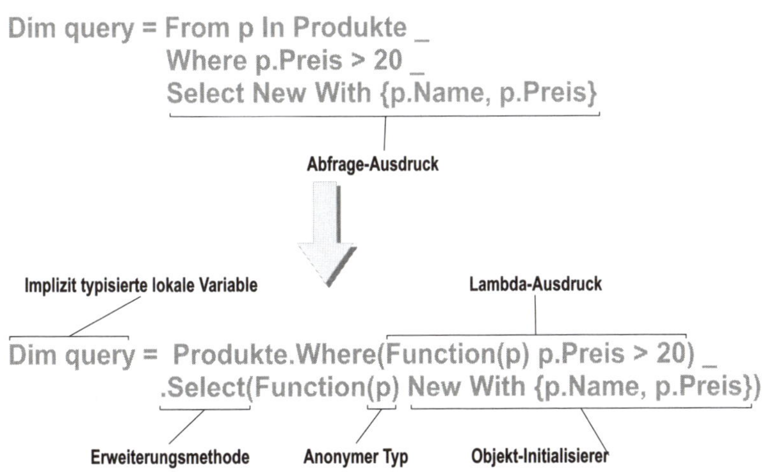

Abbildung 6.2 Vergleich zwischen Abfrage-Syntax (oben) und Erweiterungsmethoden-Syntax (unten)

6.3 DEMO: LINQ to Objects

Das Ziel der folgenden Beispiele ist nicht die vollständige Erläuterung aller in obiger Tabelle aufgeführten Operatoren und deren Überladungen, sondern vielmehr eine Demonstration des prinzipiellen Aufbaus von Anweisungen zur Abfrage von Objektauflistungen.

In der Regel werden beide Syntaxformen (Query Expression-Syntax und Extension Method-Syntax) gegenübergestellt, denn nur so erschließt sich am ehesten das allgemeine Verständnis für die auch für den SQL-Kundigen nicht immer leicht durchschaubare Logik der LINQ-Operatoren bzw. -Abfragen.

Für die Beispiele zu LINQ to Objects wird überwiegend auf eine Datenmenge zugegriffen, deren Struktur das folgende, mit dem Klassendesigner von Visual Studio entwickelte, Diagramm zeigt.

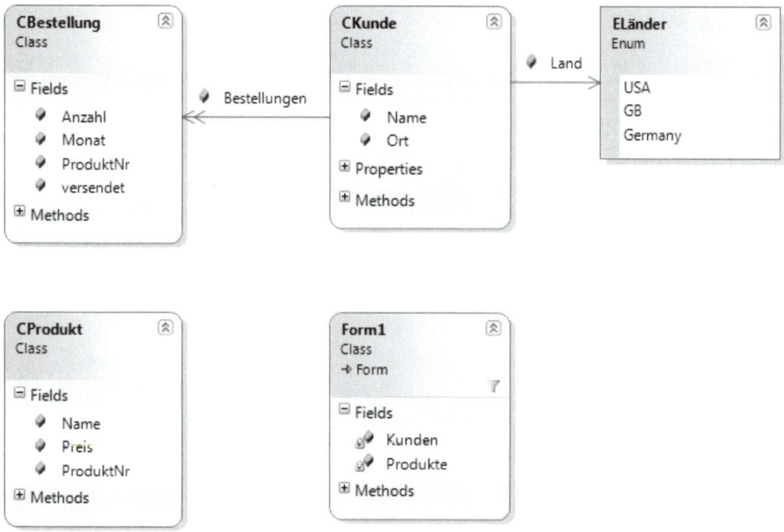

Abbildung 6.3 Klassenstruktur

Hinweis

Die verwendeten Daten haben ihren Ursprung nicht in einer Datenbank, sondern werden per Code erzeugt (Listing siehe Beispieldaten zum Buch). ■

6.3.1 Die Projektionsoperatoren Select und SelectMany

Diese Operatoren »projizieren« die Inhalte einer Quell-Auflistung in eine Ziel-Auflistung, die das Abfrageergebnis repräsentiert.

Select

Der Operator macht die Abfrageergebnisse über ein Objekt verfügbar, welches `IEnumerable(Of T)` implementiert.

Beispiel Die komplette Produktliste wird ausgegeben. Zunächst in Extension Method-Syntax:

```
Dim allProdukte = Produkte.Select(Function(p) p.Name)
```

Alternativ die Query Expression-Syntax:

```
Dim allProdukte = From p In Produkte Select p.Name
```

Die Ausgabe der Ergebnisliste:

```
  For Each p In allProdukte
          ListBox1.Items.Add(p)
      Next
```

Der Inhalt der ListBox sollte dann etwa folgenden Anblick bieten:

```
Marmelade
Quark
Mohrrüben
...
```

Beispiel Das Abfrageergebnis wird auf einen anonymen Typ projiziert, der als Tupel (Datensatz) definiert ist.

```
Dim expr = Kunden.Select(Function(k) New With {k.Name, k.Ort})
```

Die Ausgabeschleife:

```
For Each k In expr
   ListBox1.Items.Add(k)
Next
```

Das Ergebnis:

```
{Name = Walter, Ort = Altenburg}
{Name = Thomas, Ort = Berlin} ...
```

SelectMany

Stände nur der Select-Operator zur Verfügung, so hätte man zum Beispiel bei der Abfrage der Bestellungen für alle Kunden eines bestimmten Landes das Problem, dass das Ergebnis vom Typ IEnumerable(Of CBestellung) wäre, wobei es sich bei jedem Element um ein Array mit den Bestellungen eines einzelnen Kunden handeln würde. Um einen praktikableren, d.h. weniger tief geschachtelten, Ergebnistyp zu erhalten, wurde der Operator SelectMany eingeführt.

Beispiel Die Bestellungen aller Kunden aus Deutschland sollen ermittelt werden.

```
Dim bestellungen = Kunden.Where(Function(k) k.Land = ELänder.Germany). _
                                        SelectMany(Function(k) k.Bestellungen)
```

Alternativ der Abfrageausdruck in Query Expression Syntax:

```
Dim bestellungen = From k In Kunden _
                   Where k.Land = ELänder.Germany _
                   From b In k.Bestellungen _
                   Select b
```

Das Auslesen des Ergebnisses der Abfrage:

```
For Each b In bestellungen
    ListBox1.Items.Add(b)
Next
```

Das Ergebnis (Voraussetzung ist eine entsprechende Überschreibung der `ToString()`-Methode der Klasse `CBestellung`):

```
ProdNr: 2 , Anzahl: 4 , Monat: März, Versand: False
ProdNr: 1 , Anzahl: 11, Monat: Juni , Versand: True
...
```

6.3.2 Der Restriktionsoperator Where

Dieser Operator schränkt die Ergebnismenge anhand einer Bedingung ein. Sein prinzipieller Einsatz wurde bereits in den Vorgängerbeispielen hinreichend demonstriert. Außerdem können auch Indexparameter verwendet werden, um die Filterung auf bestimmte Indexpositionen zu begrenzen.

Beispiel Die Kunden an den Positionen 2 und 3 der Kundenliste sollen angezeigt werden.

```
Dim expr = Kunden.Where(Function(k, index) (index >= 2) And _
                                          (index < 4)).Select(Function(k) k.Name)
```

Die Ausgabe:

```
For Each kd In expr
    ListBox1.Items.Add(kd)
Next
```

Das Ergebnis:

```
Holger
Fernando
```

6.3.3 Die Sortierungsoperatoren OrderBy und ThenBy

Diese Operatoren bewirken ein Sortieren der Elemente innerhalb der Ergebnismenge.

OrderBy/OrderByDescending

Das Pärchen ermöglicht Sortieren in auf- bzw. absteigender Reihenfolge.

Beispiel Alle Produkte mit einem Preis kleiner gleich 20 sollen ermittelt und nach dem Preis sortiert ausgegeben werden (der teuerste zuerst).

```
Dim prod = Produkte _
            .Where(Function(p) p.Preis <= 20) _
            .OrderByDescending(Function(p) p.Preis) _
            .Select(Function(p) New With {p.Name, p.Preis})
```

Oder alternativ als Abfrageausdruck:

```
Dim prod = From p In Produkte _
          Where (p.Preis <= 20) _
          Order By p.Preis Descending _
          Select p.Name, p.Preis
```

Die Ausgabeschleife:

```
For Each p In prod
    ListBox1.Items.Add(p)
Next
```

Das Resultat:

```
{Name = Käse, Preis = 20}
{Name = Mohrrüben, Preis = 15}
...
```

ThenBy/ThenByDescending

Diese Operatoren verwendet man, wenn nacheinander nach mehreren Schlüsseln sortiert werden soll. Da `ThenBy` und `ThenByDescending` nicht auf den Typ `IEnumerable(Of T)`, sondern nur auf den Typ `IOrderedSequence(Of T)` anwendbar sind, können diese Operatoren nur im Anschluss an `OrderBy`/ `OrderByDescending` eingesetzt werden.

Beispiel Alle Kunden sollen zunächst nach ihrem Land und dann nach ihren Namen sortiert werden.

```
Dim knd = Kunden.OrderBy(Function(k) k.Land) _
         .ThenBy(Function(k) k.Name) _
         .Select(Function(k) New With {k.Land, k.Name})
```

Der alternative Abfrageausdruck:

```
Dim knd = From k In Kunden _
          Order By k.Land, k.Name _
          Select k.Land, k.Name
```

Die Ausgabe

```
For Each ku In knd
    ListBox1.Items.Add(ku)
Next
```

... führt in beiden Fällen zu einem Ergebnis wie diesem:

```
{Land = USA, Name = Fernando}
{Land = USA, Name = Holger}
{Land = GB, Name = Alice}
{Land = Germany, Name = Thomas}
{Land = Germany, Name = Walter}
```

Reverse

Dieser Operator bietet eine einfache Möglichkeit, um die Aufeinanderfolge der Elemente im Abfrageergebnis umzukehren.

Beispiel Das Vorgängerbeispiel mit umgekehrter Reihenfolge der Ergebniselemente:

```
Dim knd = Kunden.OrderBy(Function(k) k.Land) _
          .ThenBy(Function(k) k.Name) _
          .Select(Function(k) New With {k.Land, k.Name}) _
          .Reverse()
```

Ergebnis:

```
{Land = Germany, Name = Walter}
{Land = Germany, Name = Thomas}
...
```

6.3.4 Der Gruppierungsoperator GroupBy

Dieser Operator kommt dann zum Einsatz, wenn das Abfrageergebnis in gruppierter Form zur Verfügung stehen soll. `GroupBy` wählt die gewünschten Schlüssel-Elemente-Zuordnungen aus der abzufragenden Auflistung aus.

Beispiel Alle Kunden nach Ländern gruppieren

```
Dim knd = Kunden.GroupBy(Function(k) k.Land)
```

Der alternative Abfrageausdruck:

```
Dim knd = From k In Kunden Group By k.Land Into Group
```

Durchlaufen der Ergebnismenge:

```
For Each kdGroup In knd
    ListBox1.Items.Add(kdGroup.Land)
    For Each kd In kdGroup.Group
        ListBox1.Items.Add("  " & kd.Name)
    Next
Next
```

Der Gruppenschlüssel (`kdGroup.Key`) ist hier das Land. Die Standardausgabe der Gruppenelemente erfolgt entsprechend der überschriebenen `ToString()`-Methode der Klasse `CKunden` (siehe Beispieldaten zum Buch):

```
Germany
   Walter - Altenburg - Germany
   Thomas - Berlin - Germany
USA
   Holger - Washington - USA
   Fernando - New York - USA
GB
   Alice - London - GB
```

Der GroupBy-Operator existiert in mehreren Überladungen, die alle den Typ IEnumerable(Of IGrouping(Of K, T) liefern. Die generische Schnittstelle IGrouping(Of K, T) definiert einen spezifischen Schlüssel vom Typ K für die Gruppenelemente (Typ T).

Beispiel Alle Produkte werden nach ihren Anfangsbuchstaben gruppiert.

```
Dim prodGroups = Produkte.GroupBy(Function(p) p.Name(0), Function(p) p.Name)
```

Die (verschachtelte) Ausgabeschleife:

```
For Each pGroup In prodGroups
    ListBox1.Items.Add(pGroup.Key)
    For Each p In pGroup
        ListBox1.Items.Add("  " & p)
    Next
Next
```

Das Ergebnis:

```
M
  Marmelade
  Mohrrüben
  Mehl
Q
  Quark
K
  Käse
H
  Honig
```

Zum gleichen Resultat führt der folgende Code unter Verwendung eines Abfrageausdrucks:

```
Dim prodGroups = From p In Produkte _
                 Group By FirstLetter = p.Name(0) _
                 Into prods = Group
```

Die (verschachtelte) Ausgabeschleife:

```
For Each pGroup In prodGroups
    ListBox1.Items.Add(pGroup.FirstLetter)
    For Each pr In pGroup.prods
        ListBox1.Items.Add("  " & pr.Name)
    Next
Next
```

6.3.5 Verknüpfen mit Join

Mit diesem Operator definieren Sie Beziehungen zwischen verschiedenen Auflistungen. Im folgenden Beispiel werden Bestelldaten auf Produkte projiziert.

Beispiel Die Bestellungen aller Kunden werden aufgelistet.

```
Dim bestprod = Kunden _
               .SelectMany(Function(k) k.Bestellungen) _
               .Join(Produkte, Function(b) b.ProduktNr, _
               Function(p) p.ProduktNr, Function(b, p) New With {b.Monat, p.ProduktNr, _
                p.Name, p.Preis, b.versendet})
```

Alternativ die Notation in Abfragesyntax:

```
Dim bestprod = From k In Kunden _
               From b In k.Bestellungen _
               Join p In Produkte On b.ProduktNr Equals p.ProduktNr _
               Select New With {b.Monat, p.ProduktNr, p.Name, p.Preis, b.versendet}
```

Beim Vergleich (`Equals`) ist zu beachten, dass zuerst der Schlüssel der äußeren Auflistung (`b.ProduktNr`) und dann der der inneren Auflistung (`p.ProduktNr`) angegeben werden muss.

Die Anzeigeroutine:

```
For Each bp In bestprod
    ListBox1.Items.Add(bp)
Next
```

Das Ergebnis liefert die Übersicht über alle Bestellungen:

```
{Monat = März, ProduktNr = 2, Name = Quark, Preis = 10, versendet = False}
{Monat = Juni, ProduktNr = 1, Name = Marmelade, Preis = 5, versendet = False}
{Monat = November, ProduktNr = 3, Name = Mohrrüben, Preis = 15, versendet = True}
{Monat = November, ProduktNr = 5, Name = Honig, Preis = 25, versendet = True}
{Monat = Juni, ProduktNr = 6, Name = Mehl, Preis = 30, versendet = False}
{Monat = Februar, ProduktNr = 4, Name = Käse, Preis = 20, versendet = True} ...
```

6.3.6 Aggregat-Operatoren

Zum Abschluss unserer Stippvisite bei den LINQ-Operatoren wollen wir noch einen kurzen Blick auf eine weitere wichtige Familie werfen. Diese Operatoren, zu denen `Count`, `Sum`, `Max`, `Min`, `Average` etc. gehören, setzen Sie ein, wenn Sie verschiedenste Berechnungen mit den Elementen der Datenquelle durchführen wollen.

Count

Die von diesem Operator durchzuführende Aufgabe ist sehr einfach, es wird die Anzahl der Elemente in der abzufragenden Auflistung ermittelt.

Beispiel Alle Kunden sollen, zusammen mit der Anzahl der von ihnen aufgegebenen Bestellungen, angezeigt werden.

```
Dim kdn = Kunden.Select(Function(k) _
          New With {k.Name, k.Ort, .AnzahlBest = k.Bestellungen.Count})
```

Oder das Gleiche in Abfrage-Syntax:

```
Dim kdn = From k In Kunden _
```

```
        Select k.Name, k.Ort, AnzahlBest = k.Bestellungen.Count()
```

Wir iterieren durch die Ergebnismenge:

```
For Each ku In kdn
    ListBox1.Items.Add(ku)
Next
```

Die Ausgabe:

```
{Name = Walter, Ort = Altenburg, AnzahlBest = 1}
{Name = Thomas, Ort = Berlin, AnzahlBest = 2}
...
```

Wie Sie sehen, scheint die Anwendung dieser Operatoren einfach und leicht verständlich zu sein.

Sum

Wie es der Name schon vermuten lässt, können mit diesem Operator verschiedenste Summen aus den Elementen der Quell-Auflistung gebildet werden. Zunächst ein einfaches Beispiel.

Beispiel Die Summe aller Preise der Produktliste

```
Dim total = Produkte.Sum(Function(p) p.Preis)
```

Die alternative Abfrage-Syntax (eigentlich gemischte Syntax):

```
Dim total = (From p In Produkte Select p.Preis).Sum()
```

Die Ausgabe

```
ListBox1.Items.Add(total)
```

... liefert mit den ursprünglichen Beispieldaten den Wert 105.

Das folgende Beispiel ist nicht mehr ganz so trivial, da sich hier der Sum-Operator innerhalb einer verschachtelten Abfrage versteckt.

Beispiel Die Gesamtsumme der von allen Kunden aufgegebenen Bestellungen wird ermittelt.

```
Dim expr = From k In Kunden _
           Join b In _
           ( _
                  From k In Kunden _
                  From b In k.Bestellungen _
                  Join p In Produkte _
                  On b.ProduktNr Equals p.ProduktNr _
                  Select New With {k.Name, .BestellBetrag = b.Anzahl * p.Preis} _
           ) On k.Name Equals b.Name
```

```
    For Each k In expr
        ListBox1.Items.Add(k.b)
    Next
```

Das Ergebnis:

```
{Name = Walter, BestellBetrag = 40}
{Name = Thomas, BestellBetrag = 340}
...
```

6.3.7 Verzögertes Ausführen von LINQ-Abfragen

Normalerweise werden LINQ-Ausdrücke nicht bereits bei ihrer Definition, sondern erst bei Verwendung der Ergebnismenge ausgeführt. Damit hat man die Möglichkeit, nachträglich Elemente zu der abzufragenden Auflistung hinzuzufügen bzw. zu ändern, ohne dazu die Abfrage nochmals neu erstellen zu müssen.

Beispiel Alle Produkte, die mit dem Buchstaben »M« beginnen, sollen ermittelt werden.

```
Dim MProds = From p In Produkte Where p.Name(0) = "M" Select p.Name
```

Die Ergebnismenge wird das erste Mal durchlaufen und angezeigt:

```
For Each prod In MProds
    ListBox1.Items.Add(prod)
Next prod
ListBox1.Items.Add("----------")
```

Anschließend ändern wir ein Element in der der Abfrage zugrundeliegenden Quelle:

```
Produkte(0).Name = "Milch"
```

... und durchlaufen die Ergebnismenge ein zweites Mal:

```
For Each prod In MProds
    ListBox1.Items.Add(prod)
Next prod
```

Die Ausgabe im Listenfeld zeigt, dass in der zweiten Ergebnismenge das geänderte Element erscheint:

```
Marmelade
Mohrrüben
Mehl
-----------
Milch
Mohrrüben
Mehl
```

Wir sehen, dass die definierte Abfrage immer dann neu ausgeführt wird, wenn wir (wie hier in der `For-Each`-Schleife) auf das Abfrageergebnis (`MProds`) zugreifen.

Abfragen dieser Art bezeichnet man deshalb auch als »verzögerte Abfragen«. Mitunter aber ist dieses Verhalten nicht erwünscht, d.h., man möchte das Abfrageergebnis nicht verzögert, sondern sofort nach Definition der Abfrage zur Verfügung haben. Das hätte auch den Vorteil, dass sich die Performance verbessert, weil die Abfrage nicht (wie im Beispiel innerhalb der `For Each`-Schleife) immer wieder zur Ausführung kommt. Abhilfe schafft hier die im nächsten Abschnitt beschriebene Anwendung von Konvertierungsmethoden.

6.3.8 Konvertierungsmethoden

Zu dieser Gruppe gehören `ToArray`, `ToList`, `ToDictionary`, `AsEnumerable`, `Cast` und `ToLookup`. Sowohl die Methoden `ToArray` als auch `ToList` forcieren ein sofortiges Durchführen der Abfrage.

Beispiel Das Vorgängerbeispiel wird wiederholt, diesmal aber wird das Abfrageergebnis in einem Array zwischengespeichert.

```
Dim MProds = (From p In Produkte Where p.Name(0) = "M" Select p.Name).ToArray
...
```

Die Änderung der Quellfolge bleibt jetzt ohne Konsequenz für das Abfrageergebnis:

```
Produkte(0).Name = "Milch"
...
```

Ausgabe:

```
Marmelade
Mohrrüben
Mehl
-----------
Marmelade
Mohrrüben
Mehl
```

II.

Teil II: Bausteine komplexer Anwendungen

7 Kommandozeilenanwendungen

Dieses Kapitel behandelt die folgenden Themen:

- Grundaufbau von Kommandozeilenanwendungen
- Interaktion mit der Umgebung
- Überblick zur Klasse System.Console

Auch in Zeiten multimedialer, bunter und verspielter Windows-Oberflächen hat die gute alte Kommandozeilen- bzw. Konsolenanwendung, wie Sie diese bereits aus DOS-Urzeiten kennen, nach wie vor ihre Daseinsberechtigung. Sei es, um ein kleines Hilfsprogramm zu schreiben, oder auch nur als Beispielprogramm, bei dem es um Inhalte und nicht um optische Effekte geht (siehe Kapitel 2).

Hinweis

Wer an optisch anspruchsvolleren Anwendungen interessiert ist, mag gleich zum Kapitel 8 (Windows Forms) weiterblättern. ■

7.1 Grundaufbau/Konzepte

Konsolenanwendung

Eine Konsolenanwendung erstellen Sie in Visual Studio über die gleichnamige Vorlage (Menü *Start|Neu|Projekt*). Wichtig ist in diesem Zusammenhang die Auswahl des gewünschten .NET-Zielframeworks (zur Verfügung stehen die Versionen 2, 3, 3.5), für das Sie die Konsolenanwendung entwickeln wollen.

Hinweis

Bestimmte Anwendungs- bzw. Entwicklungsfeatures, wie z.B. das Entity-Framework, LINQ etc. sind nur verfügbar, wenn Sie eine Framework-Version wählen, die diese Features auch unterstützt. Informieren Sie sich also vorher, welche Features Sie brauchen. ■

Nach Abschluss des Assistenten (Sie müssen noch ein Zielverzeichnis wählen) finden Sie sich bereits im Grundgerüst Ihres zukünftigen Programms wieder. Wie schon erwähnt, steht die Oberfläche bei Konsolenanwendungen nicht im Mittelpunkt und so verwundert es auch nicht, wenn Sie es in diesem Fall mit dem VB-Quellcode von *Module1.vb* zu tun bekommen (siehe folgender Abschnitt).

Ganz nebenbei werfen wir noch einen Blick auf den Projektmappen-Explorer (Abbildung 7.1), dieser zeigt uns noch eine weitere Datei (*AssemblyInfo.vb*), mit der wir uns ebenfalls kurz beschäftigen wollen.

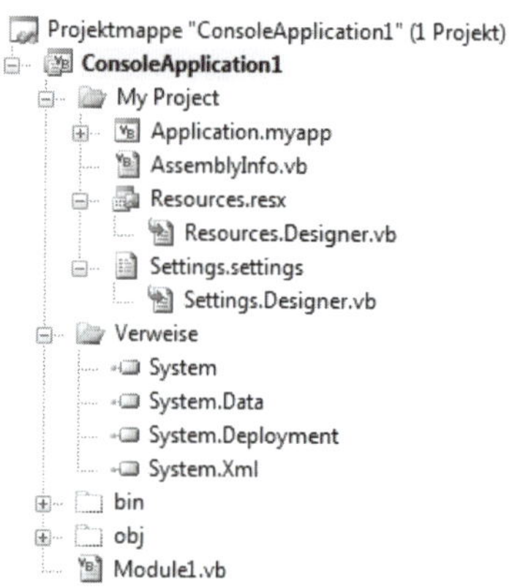

Abbildung 7.1
Projektmappe einer neuen Konsolenanwendung

Die Konsolenanwendung ist zu diesem Zeitpunkt bereits ausführbar, nach Betätigen der F5-Taste können Sie sich davon überzeugen. Allerdings werden Sie nicht mehr als ein kurzzeitig aufflackerndes Konsolen-Fenster sehen, da keinerlei Ein- und Ausgaben vorgenommen werden.

7.1.1 Unser Hauptprogramm - Module1.vb

Mit der schon geöffneten Datei *Module1.vb* liegt bereits das Hauptprogramm und damit der Einstiegspunkt vor Ihnen. Der VB-Code (Beispiel 7.1) enthält, im Gegensatz zu seinem C#-Pendant, lediglich den nackten Rumpf der `Sub Main`.

Beispiel Unser Hauptprogramm

```
Module Module1

    Sub Main()
    End Sub

End Module
```

Hinweis

Für C#-Programmierer: In Visual Basic werden die Namespaces `Microsoft.VisualBasic`, `System`, `System.Collections`, `System.Collections.Generic`, `System.Data`, `System.Diagnostics` per Default importiert (*Projekt|Einstellungen|Verweise*) und tauchen deshalb auch nicht in der Liste der Importe auf. ■

Sub Main()

Die `Main`-Methode ist sowohl für den Start als auch für das Ende Ihres Programms verantwortlich. Aus dieser Methode heraus erstellen Sie Ihre Objekte und rufen die gewünschten Methoden auf. Ist der in der Methode definierte Code abgearbeitet, wird das Programm beendet.

Im Gegensatz zu den Windows Forms-/WPF-Anwendungen müssen wir uns im Falle einer Kommandozeilenanwendung um die »Nachrichtenschleife«, d.h. in diesem Fall die dauernde Abfrage der Eingabe, selbst kümmern. Bezogen auf unser erstes Beispiel bedeutet dies, dass die Anwendung sofort nach dem Start auch schon wieder beendet ist, da weder Daten abgefragt noch ausgegeben wurden.

Beispiel Ein- und Ausgabe

```
Module Module1
...
    Sub Main()
        Dim eingabe As String = ""
```

Abfragen einer Eingabe, die mit der Enter-Taste abgeschlossen wird:

```
        eingabe = Console.ReadLine()
```

Ausgabe des eingegebenen Wertes:

```
        Console.WriteLine("Sie haben '{0}' eingegeben!", eingabe)
```

Und hier warten wir auf eine beliebige Taste, sonst ist das Programm sofort beendet, ohne dass Sie die Ausgaben sehen können:

```
        Console.ReadKey()
    End Sub
...
```

Hinweis

Rufen Sie obiges Beispiel direkt von der Kommandozeile aus auf, können Sie auf das `ReadKey` verzichten, da das Kommandozeilenfenster ja geöffnet bleibt. ■

7.1.2 Rückgabe eines Fehlerstatus

Gerade Kommandozeilenprogramme werden häufig aus Skript-Dateien (.BAT, .CMD) heraus aufgerufen. In diesen Fällen steht meist das Problem, wie Programmergebnisse/-fehler sich auf den weiteren Ablauf des Skripts auswirken sollen. Auch dafür bietet `Main` eine Lösung. Neben der bereits vorgestellten Variante (`Sub`) ohne Rückgabewert können Sie diese Methode alternativ auch als `Function` mit einem `Integer`-Rückgabewert deklarieren. Dieser kann später z.B. in einer .BAT-Datei per %ERRORLEVEL% ausgelesen und verarbeitet werden.

Beispiel Rückgabe und Auswertung eines `Integer`-Wertes

```
Module Module1

    Function Main() As Integer
        Return 7
    End Function

End Module
```

Die *Test.bat*:

```
rem test.bat
@echo off
test.exe
echo Rueckgabewert = %ERRORLEVEL%
```

Nach dem Starten der *Test.bat* erhalten Sie folgende Ausgabe an der Kommandozeile:

Hinweis

Über entsprechende `If`-Abfragen lässt sich so der Programmablauf des Skripts aus der Kommandozeilenanwendung heraus steuern. ■

7.1.3 Parameterübergabe

Kommandozeilenprogramme erhalten in vielen Fällen die nötigen Informationen als Parameter beim Programmstart. Wie Sie sicher schon vermutet haben, übernimmt ein String-Array-Parameter `args` der `Main`-Methode die Aufgabe, die übergebenen Parameter abzubilden.

Beispiel Auswerten der Kommandozeilenparameter

```
Module Module1

    Sub Main(ByVal args() As String)
        For Each arg As String In args
            Console.WriteLine(arg)
        Next
        Console.ReadKey()
    End Sub

End Module
```

Alternativ können Sie auch die `Environment.GetCommandLineArgs`-Collection auswerten, wie es folgendes Beispiel zeigt:

Beispiel Auswerten der Kommandozeilenparameter per `GetCommandLineArgs`

```
Module Module1

    Sub Main()
        For Each arg As String In Environment.GetCommandLineArgs()
            Console.WriteLine(arg)
        Next
        Console.ReadKey()
    End Sub

End Module
```

Hinweis

Beachten Sie, dass diese Variante im ersten Element den kompletten Pfad der EXE zurückgibt! ■

Um beim Testen nicht jedes Mal zur Kommandozeile wechseln zu müssen, können Sie die Parameter auch über die Visual Studio-IDE übergeben.

Rufen Sie dazu über *Projekt|Eigenschaften|Debuggen* den folgenden Dialog (Abbildung 7.2) auf und tragen Sie die Werte in die Textbox »Befehlszeilenargumente« ein.

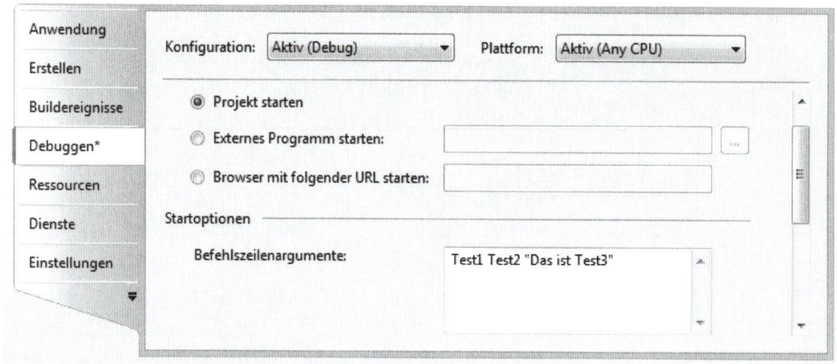

Abbildung 7.2 Parameterübergabe aus Visual Studio heraus

7.1.4 Zugriff auf die Umgebungsvariablen

Was für den Windowsprogrammierer die Registrierdatenbank ist, sind für den Entwickler von Kommandozeilentools die Umgebungsvariablen. Über diese lässt sich recht bequem der Ablauf eines kleinen Programms steuern. Abrufen können Sie die Umgebungsvariablen über die `Environment.GetEnvironmentVariables`-Methode, diese gibt ein `Dictionary` zurück, das aus einer Kombination vom `Key` und `Value` besteht.

Beispiel Abrufen aller Umgebungsvariablen

```
...
   Sub Main()
      For Each de As System.Collections.DictionaryEntry In Environment.GetEnvironmentVariables()
         Console.WriteLine("{0}:{1}", de.Key, de.Value)
      Next
      Console.ReadKey()
   End Sub
...
```

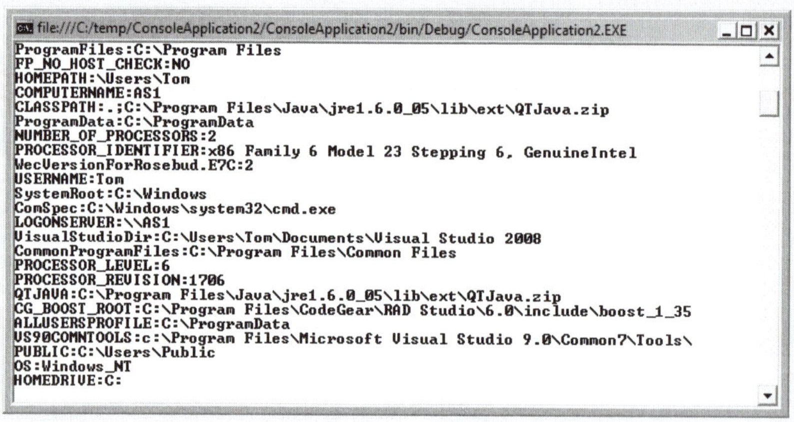

Den direkten Zugriff auf eine einzelne Umgebungsvariable erhalten Sie über die Methode `GetEnvironmentVariable`, die den zugehörigen Wert zurückgibt:

```
Public Shared Function GetEnvironmentVariable (variable As String) As String
```

Beispiel Abfrage der PATH-Variablen

```
...
    Sub Main()
        Console.WriteLine(Environment.GetEnvironmentVariable("PATH"))
        Console.ReadKey()
    End Sub
...
```

7.2 Die Kommandozentrale: System.Console

Haben Sie die vorhergehenden Beispiele aufmerksam studiert, wird Ihnen sicher noch die Klasse `System.Console` in Erinnerung geblieben sein. Diese Klasse enthält zahlreiche Mitglieder, die zum einen die Ein- und Ausgabe, zum anderen aber auch das optische Erscheinungsbild der Kommandozeile bestimmen. So können Sie unter anderem Größe und Position des Konsolenfensters und dessen Farbeinstellungen verändern, Ausgaben absolut positionieren, den Kursor ein-/ausblenden, Signaltöne ausgeben usw. Die folgenden Tabellen und Beispiele sollen einen ersten Überblick bieten.

7.2.1 Eigenschaften

Tabelle 7.1 Wichtige Eigenschaften von `Console`

Eigenschaft	Typ	Beschreibung
`Title`	`String`	Titel des Konsolenfensters
`CursorVisible`	`Boolean`	Sichtbarkeit des Kursors
`CursorTop`	`Integer`	Zeilenposition des Kursors
`CursorLeft`	`Integer`	Spaltenposition des Kursors
`BackGroundColor`	`ConsoleColor`	Hintergrundfarbe der Schrift
`ForeGroundColor`	`ConsoleColor`	Vordergrundfarbe der Schrift
`BufferHeight, BufferWidth`	`Integer`	Höhe und Breite des Pufferbereichs
`CapsLock`	`Boolean`	Ist die Feststelltaste gedrückt?
`Error`	`TextWriter`	Standard-Fehlerausgabestream

Eigenschaft	Typ	Beschreibung
`In`	`TextReader`	Standard-Eingabestream
`Out`	`TextWriter`	Standard-Ausgabestream
`WindowHeight,WindowWidth`	`Integer`	die Fensterabmessungen
`WindowTop,WindowLeft`	`Integer`	Position des Fensterbereichs in Bezug auf den Bildschirmpuffer

7.2.2 Methoden/Ereignisse

Tabelle 7.2 Wichtige Methoden von Console

Methode	Beschreibung
`Clear`	... löscht das Konsolenfenster
`SetWindowSize`	... setzt Höhe und Breite des Konsolenfensters
`SetCursorPosition`	... positioniert den Kursor
`ResetColor`	... setzt Farbeinstellungen auf Standardwerte
`SetBufferSize`	... setzt Höhe und Breite des Bildschirmpuffers
`SetWindowPosition`	... setzt die Position des Konsolenfensters relativ zum Bildschirmpuffer
`MoveBufferArea`	... verschiebt kompletten Fensterausschnitt
`ReadKey`	... liest nachfolgende Tastatureingabe
`Read`	... liest einzelnes Zeichen aus dem Eingabestream
`ReadLine`	... liest eine Zeile aus dem Eingabestream
`Beep`	... erzeugt Signalton
`Write`	... schreibt Zeichen ohne Zeilenvorschub
`WriteLine`	... schreibt eine Zeile

Last but not least verfügt `Console` auch noch über ein Ereignis, mit dem Sie auf die Tastenkombination Strg+C reagieren können:

```
Public Shared Event CancelKeyPress As ConsoleCancelEventHandler
```

Im Weiteren wollen wir an einigen kleinen Beispielen die Verwendung der obigen Member demonstrieren.

7.2.3 Textausgaben

Wie der Tabelle 7.2 zu entnehmen ist, bieten sich für die Ausgabe von Text die Methoden `Write` und `WriteLine` an. Beide verfügen über eine beeindruckende Anzahl von Überladungen, die es ermöglichen, fast jeden relevanten Datentyp ohne vorherige Konvertierung zu übergeben. Beide Methoden unterscheiden sich lediglich darin, dass `Write` auf das Anfügen eines Zeilenvorschubs verzichtet. Die Ausgabe selbst erfolgt an der aktuellen Position, die Sie wiederum mit `CursorLeft` und `CursorTop` beeinflussen können.

Beispiel Verwendung Write/WriteLine

```
...
    Sub Main()
        Console.Write("H")
        Console.Write("a")
        Console.Write("l")
        Console.Write("l")
        Console.Write("o")
        Console.Write(" ")
        Console.WriteLine("Welt")
        Console.CursorTop = 5
        Console.CursorLeft = 10
        Console.Write("Absolute Positionierung")
        Console.ReadKey()
    End Sub
...
```

Das Ergebnis:

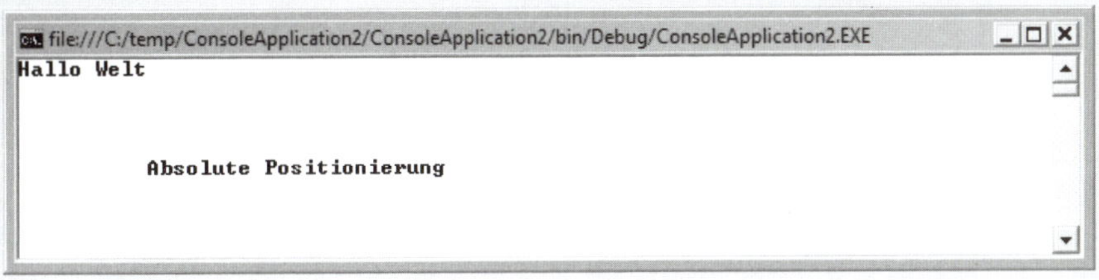

Hinweis

Über die Eigenschaft Console.Out.NewLine haben Sie Einfluss auf die Art des Zeilenvorschubs, so können Sie den Wert beispielsweise auf »vbCrLf + vbCrLf« festlegen, um einen doppelten Zeilenvorschub zu erzielen. ■

7.2.4 Farbangaben

Für die optische »Verbesserung« Ihrer Anwendung bieten sich die Eigenschaften BackGroundColor- und ForeGroundColor an. Beide Farbeigenschaften werden durch Werte aus der ConsoleColor-Enumeration repräsentiert. Die Farbpalette erinnert an gute alte DOS-Zeiten:

Tabelle 7.3 Farbwerte der ConsoleColor-Enumeration

Nr	Farbe	Nr	Farbe	Nr	Farbe	Nr	Farbe
0	Black	4	DarkRed	8	DarkGray	12	Red
1	DarkBlue	5	DarkMagenta	9	Blue	13	Magenta
2	DarkGreen	6	DarkYellow	10	Green	14	Yellow
3	DarkCyan	7	Gray	11	Cyan	15	White

Beispiel Verwendung von Farbwerten

Diese Konsolenanwendung verteilt zufällig verschiedenfarbige Zeichen »x« über die verfügbare Fensterfläche. Falls das gleiche Zeichen zweimal hintereinander erscheint, hält das Programm mit einem Signalton an. An der Position des letzten Zeichens wird die Gesamtanzahl von Schleifendurchläufen ausgegeben.

```
Sub Main()
    Const ym As Integer = 40
    Const xm As Integer = 80
    Dim xp As Integer = 0
    Dim yp As Integer = 0
    Console.CursorVisible = False
    Console.SetWindowSize(xm, ym)
    Dim rnd As New System.Random()
    Dim i As Integer = 0
    Do
        xp = Console.CursorLeft
        yp = Console.CursorTop
        Console.CursorLeft = rnd.Next(0, xm)
        Console.CursorTop = rnd.Next(0, ym)
        Console.ForegroundColor = CType(rnd.Next(1, 16), ConsoleColor)
        Console.Write("x")
        i += 1
    Loop While Not ((Console.CursorLeft = xp) AndAlso (Console.CursorTop = yp))
    Console.Beep(1000, 3000)
    Console.Write(i.ToString())
    Console.ReadKey()
End Sub
```

Das Ergebnis:

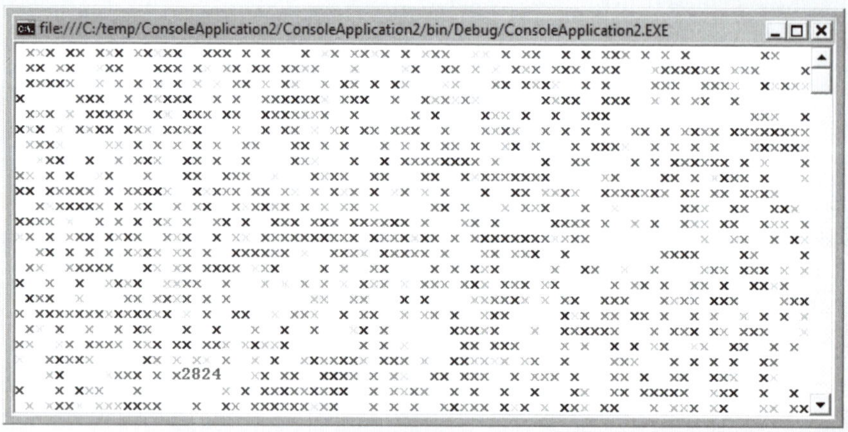

7.2.5 Tastaturabfragen

Die `ReadKey`-Methode liefert ein Objekt (genauer genommen eine Struktur) vom Typ `ConsoleKeyInfo`, dem man alle Informationen über die gedrückte Taste entnehmen kann.

Tabelle 7.4 Eigenschaften von ConsoleKeyInfo

Eigenschaft	Beschreibung
Key	... liefert die gedrückte Taste als Mitglied der ConsoleKey-Enumeration
KeyChar	... liefert das Unicode-Zeichen der gedrückten Taste
Modifiers	... liefert die gleichzeitig gedrückte ALT-, STRG- oder SHIFT-Taste als Mitglied der ConsoleModifiers-Enumeration

Beispiel Verwendung von ReadKey

Nach jeder Tastenbetätigung wird »Hallo« ausgegeben. Nur mittels Esc-Taste kann die Schleife verlassen werden.

```
...
    Sub Main()
        Dim cki As ConsoleKeyInfo
        Do
            Console.WriteLine("Hallo")
            cki = Console.ReadKey(True)
        Loop While cki.Key <> ConsoleKey.Escape
    End Sub
...
```

In der ConsoleKey-Enumeration ist quasi jede nur denkbare Taste enthalten (siehe Online-Dokumentation), lediglich für Shift, Alt oder Strg gibt es eine Sonderbehandlung durch die ConsoleModifiers-Enumeration.

Modifiers-Eigenschaft und ConsoleModifiers-Enumeration

Das ConsoleKeyInfo-Objekt kann mittels seiner Modifiers-Eigenschaft und deren bitweiser Verknüpfung mit einem Mitglied der ConsoleModifiers-Enumeration auch feststellen, ob zusammen mit einer anderen Taste die Shift-, Alt- oder Strg-Taste betätigt wurde, sodass quasi beliebige Tastaturabfragen möglich sind.

Beispiel Es werden die gedrückte Tastenkombination und der zugehörige Unicode ausgegeben.

```
    Sub Main()
        Dim cki As ConsoleKeyInfo = Console.ReadKey(True)
        Dim sb As New System.Text.StringBuilder()
        sb.Append("Sie haben gedrückt die Taste(n): ")
        If cki.Modifiers <> 0 Then
            If (cki.Modifiers And ConsoleModifiers.Shift) <> 0 Then sb.Append("SHIFT+")
            If (cki.Modifiers And ConsoleModifiers.Alt) <> 0 Then sb.Append("ALT+")
            If (cki.Modifiers And ConsoleModifiers.Control) <> 0 Then sb.Append("CTL+")
        End If
        sb.Append(cki.Key.ToString() & "  (Zeichen: " + cki.KeyChar + ")")
        Console.WriteLine(sb.ToString)
    End Sub
```

Als Ergebnis erscheint auf der Konsole z.B.:

```
Sie haben gedrückt die Taste(n): SHIFT+ALT+H   (Zeichen: H)
```

Hinweis

Wenn Sie das Beenden durch Strg+C vermeiden möchten, müssen Sie die folgende Anweisung einfügen: `Console.TreatControlCAsInput = True` ■

7.2.6 Arbeiten mit Streamdaten

In alten DOS-Zeiten waren Konstrukte wie dieses häufig anzutreffen:

```
dir *.* | programmxyz.exe > ausgabe.txt
```

Sinn und Zweck eines solchen Konstrukts ist das Umleiten der Ausgabe von »dir« mittels Pipe (das |-Zeichen) an die Eingabe der Anwendung »programmxyz.exe«. Die Ausgaben von »programmxyz.exe« werden wiederum in eine neue Datei »ausgabe.txt« umgeleitet (per >-Zeichen).

Möchten Sie mit Visual Basic eine derartige Anwendung erstellen, die Eingaben wie oben gezeigt entgegennimmt, verarbeiten und weitergeben kann, vergessen Sie ganz schnell die meisten der bisher beschriebenen Features. Dreh- und Angelpunkt sind jetzt die beiden Eigenschaften `Console.In` und `Console.Out`.

Hinweis

Ein absolutes Positionieren des Kursors oder andere derartige Anweisungen sind in diesem Zusammenhang nicht angebracht und führen zwangsläufig zu einem Laufzeitfehler. ■

Bei `Console.In` bzw. `Console.Out` handelt es sich um einen `TextReader` bzw. einen `TextWriter`, was die Verwendung wesentlich vereinfacht.

Beispiel Verwendung von `Console.In` und `Console.Out`

Einlesen des Eingabestreams und Ausgabe mit laufender Zeilennummer.

```
Sub Main()
    Dim zeile As String = ""
    Dim nr As Integer = 0
    zeile = Console.In.ReadLine()
```

Zeilenweises Verarbeiten des Eingabestreams solange Daten vorliegen:

```
    Do While zeile IsNot Nothing
```

Zeilenweise Ausgabe der gelesenen Daten:

```
        Console.Out.WriteLine("Zeile {0}: {1}", nr.ToString("D4"), zeile)
        nr += 1
        zeile = Console.In.ReadLine()
    Loop
End Sub
```

Rufen Sie die erstellte Anwendung *Test.exe* an der Kommandozeile wie folgt auf:

```
dir *.* | Test.exe > ausgabe.txt
```

Jetzt können Sie das Ausgabeergebnis in der Datei *ausgabe.txt* betrachten:

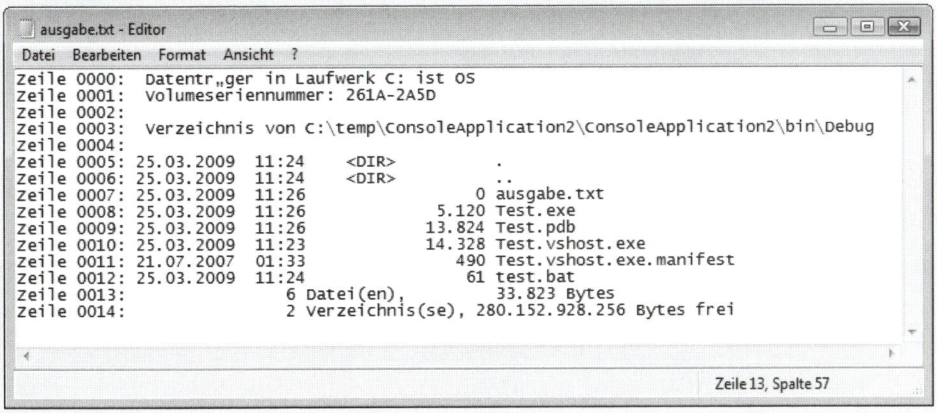

7.2.7 DEMO: Farbige Konsolenanwendung

Das folgende, etwas längere, Beispiel soll Ihnen noch einmal die diversen Features der `Console`-Klasse demonstrieren.

```
Module Module1
```

Die folgende Methode zeichnet einen »Truck« in der Farbe *cc* am linken Rand der Zeile *y* :

```
    Private Sub drawTruck(ByVal cc As ConsoleColor, ByVal y As Integer)
```

Karosserie zeichnen:

```
        Console.BackgroundColor = cc
        Console.CursorTop = y
        Console.CursorLeft = 5
        Console.Write(" ")
        Console.CursorLeft = 6
        Console.Write(" ")
        Console.CursorTop = y + 1
        For i As Integer = 1 To 8
           Console.CursorLeft = i
           Console.Write(" ")
        Next
```

Räder zeichnen:

```
        Console.BackgroundColor = ConsoleColor.Black
        Console.ForegroundColor = cc
        Console.CursorTop = y + 2
        Console.CursorLeft = 2
        Console.Write("O")
```

```
        Console.CursorLeft = 7
        Console.Write("O")
```

Der Einsprung in das Programm:

```
    Sub Main()
        Const xm As Integer = 80   ' Fensterbreite
        Const ym As Integer = 40   '    "   höhe
        Const ypos As Integer = 5  ' Spur, in welcher Truck fährt
        Dim msg As String = "Drücken Sie eine beliebige Taste, um {0}"
```

Titel festlegen:

```
        Console.Title = "Konsolen-Truck"
        Console.SetWindowSize(xm, ym)
        Console.WriteLine("Willkommen zur Truck-Demo!")
        Console.Write("Welche Farbe soll der Truck haben? (rot=1, blau=2, grün=3) ")
```

Eingabe abfragen:

```
        Dim farbe As String = Console.ReadLine()
```

Kursor ausblenden:

```
        Console.CursorVisible = False
         Select Case farbe
            Case "1" : drawTruck(ConsoleColor.Red, ypos)
            Case "2" : drawTruck(ConsoleColor.Blue, ypos)
            Case "3" : drawTruck(ConsoleColor.Green, ypos)
            Case Else : drawTruck(ConsoleColor.White, ypos)
        End Select
        Console.SetCursorPosition(0, ypos + 4)
        Console.ResetColor()
        Console.WriteLine(msg, "den Truck zu starten!")
        Console.ReadKey()
```

Soundausgabe:

```
        Console.Beep()
```

Unser Truck »fährt« jetzt von links nach rechts:

```
        For i As Integer = 0 To xm - 10
           Console.MoveBufferArea(i, ypos, 9, 3, i + 1, ypos)
           System.Threading.Thread.Sleep(50)
        Next
        Console.Clear()
        Console.Beep()
        Console.SetCursorPosition(0, 0)
        Console.ResetColor()
        Console.WriteLine(msg, "die Truck-Demo zu beenden!")
        Console.ReadKey()
    End Sub
End Module
```

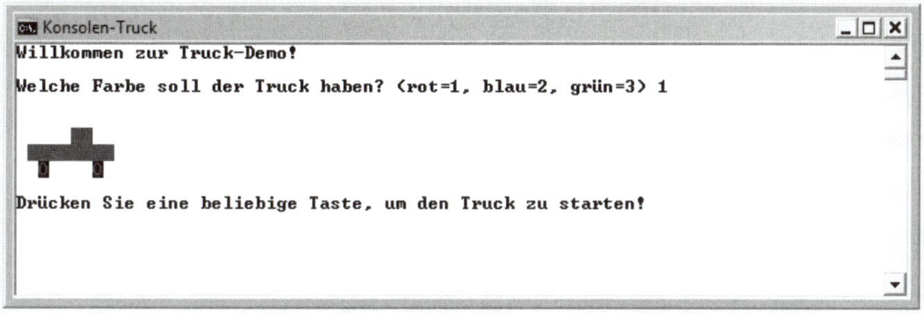

7.2.8 Weitere nützliche Informationen zur Console-Klasse

Wer sich intensiver mit der Entwicklung von Konsolenanwendungen beschäftigen will, findet im Internet weitere Informationen:

- Die Hilfe für die `Console`-Klasse:

  http://msdn.microsoft.com/de-de/library/system.console.aspx

- Ein Parser für Kommandozeilenparameter:

  http://www.codeproject.com/KB/recipes/command_line.aspx

Damit wollen wir das Thema »Konsolenanwendungen« abschließen, denn das Haupteinsatzgebiet für Ihre Visual Basic-Anwendungen dürfte die Windows-Oberfläche sein, womit wir auch schon beim nächsten Thema bzw. Kapitel angelangt sind.

8 Einführung in Windows Forms-Anwendungen

Dieses Kapitel behandelt die folgenden Themen:

- Grundaufbau/Konzepte
- Die Application-Klasse
- Allgemeine Eigenschaften/Ereignisse von Komponenten

Der derzeit sicher noch am häufigsten realisierte Projekttyp dürften die sogenannten Windows Forms-Anwendungen sein. Diese entsprechen, im Gegensatz zu den WPF-Anwendungen, in Ihrer optischen Aufmachung weitgehend ihren Win32-Pendants. Der große Vorteil dieses Anwendungstyps ist die fast schon unüberschaubare Vielfalt an Komponenten, die es für fast jede Aufgabe gibt.

Ausgerüstet mit grundlegenden Visual Basic- und OOP-Kenntnissen werden die folgenden Kapitel Sie in die Lage versetzen, umfangreichere Benutzerschnittstellen eigenständig zu programmieren. Der Schwerpunkt des aktuellen Kapitels liegt zunächst auf dem Anwendungstyp selbst, nachfolgend werden wir uns mit dem Formular als der »Mutter aller Windows Forms-Komponenten« und seiner grundlegenden Interaktion mit den Steuerelementen beschäftigen. Abschließend werfen wir einen Blick auf die einzelnen visuellen Komponenten bzw. Steuerelemente.

8.1 Grundaufbau/Konzepte

Windows Forms-Anwendung

Die »gewöhnliche« Windows Forms-Anwendung erstellen Sie in Visual Studio über die gleichnamige Vorlage. Beachten Sie in diesem Zusammenhang auch die unscheinbare kleine Combobox am oberen Dialogfensterrand, über die Sie vorgeben, für welches .NET-Zielframework Sie die Anwendung entwickeln wollen.

Hinweis

Bestimmte Anwendungs- bzw. Entwicklungsfeatures, wie z.B. das Entity-Framework, LINQ etc., sind nur verfügbar, wenn Sie eine Framework-Version wählen, die diese Features auch unterstützt. Informieren Sie sich also vorher, welche Features Sie brauchen[1]. ■

Nachdem Sie diesen Schritt erfolgreich hinter sich gebracht haben, finden Sie im Designer bereits ein einfaches Windows Form vor. Ein Blick in den Projektmappen-Explorer (Abbildung 8.1) zeigt jedoch noch eine Reihe weiterer Dateien, mit denen wir uns im Weiteren intensiver beschäftigen wollen.

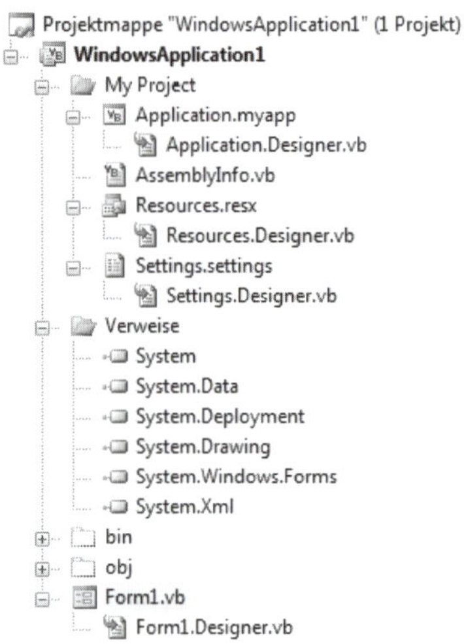

Abbildung 8.1
Projektmappe einer neuen Windows Forms-Anwendung

Die Anwendung selbst ist zu diesem Zeitpunkt bereits ausführbar, ein Klick auf F5 und Sie können sich davon überzeugen. Doch nach diesem Blick auf die Bühne wollen wir nun zunächst in den »Technik-Keller« hinabsteigen, bevor wir uns in den weiteren Kapiteln mit der »Requisite«, d.h. der optischen Gestaltung der Anwendung, abmühen wollen.

---

[1] Pauschal die neueste Framework-Version zu verwenden ist meist auch keine gute Idee, da gerade im kommerziellen Umfeld nicht jeder Ziel-PC auch über das entsprechende Framework verfügt. Insbesondere Administratoren sind nicht immer begeistert, wenn dauernd neue Software mit weiteren Abhängigkeiten aufgespielt werden soll.

8.1.1 Wo ist das Hauptprogramm?

Auch bei intensiver Suche werden Sie nicht fündig werden. Die VB-Entwickler haben den »echten« Einstiegspunkt für die Anwendung gut versteckt. Erst bei einem Blick mit dem .NET-Reflektor in die fertig kompilierte Anwendung werden Sie die gewünschten Informationen finden (siehe folgendes Beispiel)

Beispiel Ausschnitte aus einer fertig kompilierten VB-Windows Forms-Anwendung

Konstruktorcode der Klasse `MyApplication`

```
<DebuggerStepThrough> _
Public Sub New()
    MyBase.New(AuthenticationMode.Windows)
    AddHandler MyBase.Shutdown, New ShutdownEventHandler(AddressOf Me.MyApplication_Shutdown)
    AddHandler MyBase.Startup, New StartupEventHandler(AddressOf Me.MyApplication_Startup)
    AddHandler MyBase.NetworkAvailabilityChanged, _
               New NetworkAvailableEventHandler(AddressOf Me.MyApplication_NetworkAvailabilityChanged)
    AddHandler MyBase.UnhandledException, _
               New UnhandledExceptionEventHandler(AddressOf Me.MyApplication_UnhandledException)
    AddHandler MyBase.StartupNextInstance, _
               New StartupNextInstanceEventHandler(AddressOf Me.MyApplication_StartupNextInstance)
    Dim VB$t_ref$L0 As List(Of WeakReference) = MyApplication.__ENCList
    SyncLock VB$t_ref$L0
        MyApplication.__ENCList.Add(New WeakReference(Me))
    End SyncLock
    Me.IsSingleInstance = False
    Me.EnableVisualStyles = True
    Me.SaveMySettingsOnExit = True
    Me.ShutdownStyle = ShutdownMode.AfterMainFormCloses
End Sub
```

Die Methode `Main`:

```
<EditorBrowsable(EditorBrowsableState.Advanced), STAThread, DebuggerHidden> _
Friend Shared Sub Main(ByVal Args As String())
    Try
        Application.SetCompatibleTextRenderingDefault( _
            WindowsFormsApplicationBase.UseCompatibleTextRendering)
    End Try
    MyProject.Application.Run(Args)
End Sub
```

Ursache für diese Geheimniskrämerei ist die standardmäßige Verwendung des Anwendungsframeworks in Visual Basic.

Dieses Anwendungsframework können Sie über den Menüpunkt *Projekt|Eigenschaften|Anwendung* aktivieren/deaktivieren. Zusätzlich lassen sich über den Assistenten einige Anwendungseigenschaften einstellen bzw. die oben gezeigten Anwendungsereignisse anzeigen (siehe Abbildung 8.2).

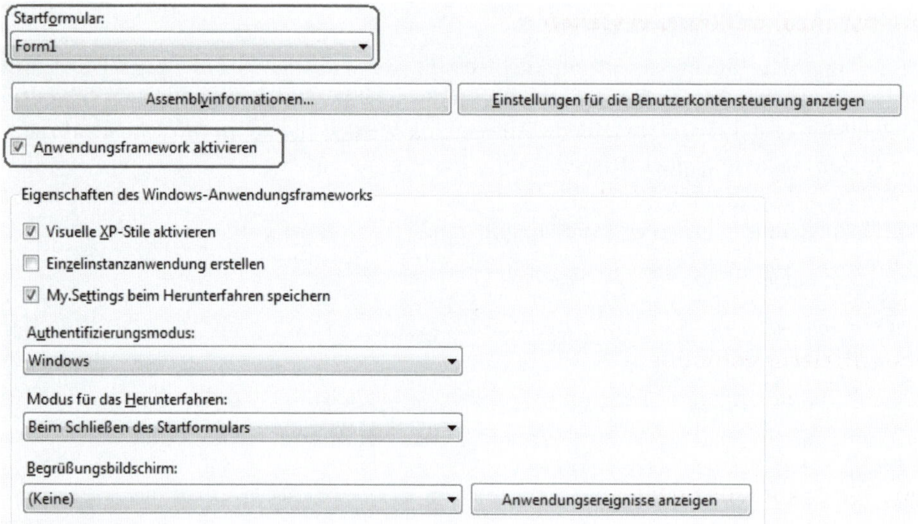

Abbildung 8.2 Optionen des Anwendungsframeworks festlegen

Wie Sie obiger Abbildung entnehmen können, lässt sich das gewünschte Startobjekt bzw. Hauptfenster der Anwendung problemlos zuweisen, ohne dass Sie sich mit Code »die Finger schmutzig machen müssen«. Alle obigen Einstellungen finden Sie später im Konstruktor der `MyApplication`-Klasse wieder.

Doch was haben die anderen Optionen für eine Bedeutung?

Visuelle XP-Stile aktivieren

Sicher ist Ihnen auch nicht verborgen geblieben, dass sich seit Windows XP ein neues Layout für die einzelnen Windows Forms-Steuerelemente eingebürgert hat. Voraussetzung für deren Nutzung ist das Setzen der `Application.EnableVisualStyles`-Eigenschaft.

Wie sich die Eigenschaft auf ein fiktives Formular auswirkt, zeigen die beiden folgenden Abbildungen.

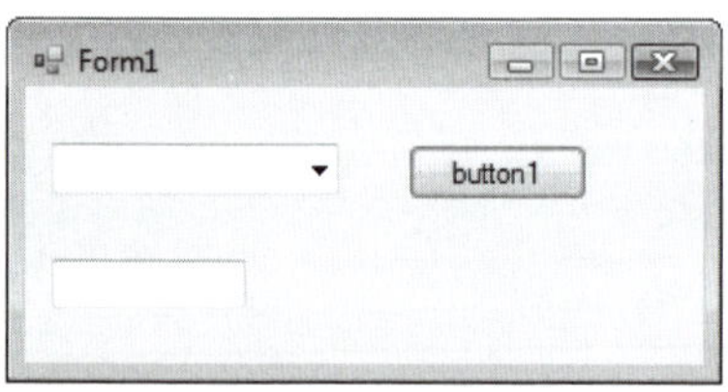

Abbildung 8.3
Mit `EnableVisualStyles`-Aufruf

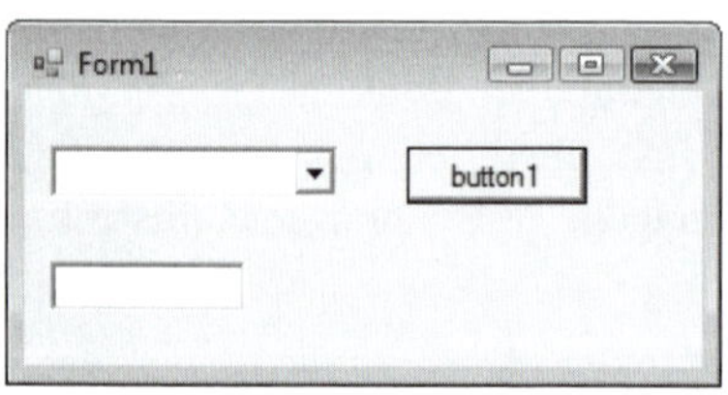

Abbildung 8.4
Ohne `EnableVisualStyles`-Aufruf

Einzelinstanzanwendung erstellen

Setzen Sie hier ein Häkchen, kann nur eine Instanz der Anwendung gestartet werden. Hier haben Sie als VB-Programmierer echte Vorteile gegenüber Ihren C#-Kollegen, die diese Funktionalität mühsam programmieren müssen.

My.Settings beim Herunterfahren speichern

Ändern Sie während des Programmablaufs die Settings (wir kommen später darauf zurück), werden diese entweder explizit per `My.Settings.Save()`-Aufruf oder durch diese Option gesichert.

Authentifizierungsmodus

Per Default (Windows) werden die Anmeldedaten des aktuellen Anwenders für die Ausführung verwendet. Alternativ können Sie per Code auch andere Credentials verwenden.

Modus für das Herunterfahren

Sie können die Anwendung entweder beim

- Schließen des Startformulars oder
- beim Schließen des letzten Formulars

automatisch beenden lassen.

Begrüßungsbildschirm

Das hier spezifizierte Formular wird vor dem Hauptformular für die per `MinimumSplashScreenDisplayTime`-Eigenschaft definierte Zeit angezeigt.

Beispiel Ändern der `MinimumSplashScreenDisplayTime`-Eigenschaft

```
Partial Friend Class MyApplication

        Protected Overrides Function OnInitialize(ByVal commandLineArgs As_
                System.Collections.ObjectModel.ReadOnlyCollection(Of String)) As Boolean
            Me.MinimumSplashScreenDisplayTime = 15000
            Return MyBase.OnInitialize(commandLineArgs)
        End Function
        ...
End Class
```

Anwendungsereignisse

Über den Button »Anwendungsereignisse anzeigen« erreichen Sie das Codefenster der partiellen Klasse *MyApplication*, für welche die folgenden Ereignisse verfügbar sind:

- *Startup*
  ... beim Starten der Anwendung (vor dem Erstellen des Startformulars)
- *Shutdown*
  ... nach dem Schließen aller Anwendungsformulare (wird nicht ausgelöst, wenn die Anwendung nicht normal beendet wird!)

- *StartupNextInstance*
  ... beim Starten einer Einzelinstanzanwendung, wenn diese bereits aktiv ist.
- *NetworkAvailabilityChanged*
  ... beim Herstellen oder Trennen der Netzwerkverbindung
- *UnhandledException*
  ... wenn in der Anwendung eine unbehandelte Ausnahme auftritt.

Den Rahmencode für die Eventhandler erzeugen Sie auf gewohnte Weise mit Hilfe der Comboboxen am oberen Rand des Codefensters.

Beispiel Beim Starten der Anwendung erscheint ein Meldungsfenster mit dem Text »Hallo«.

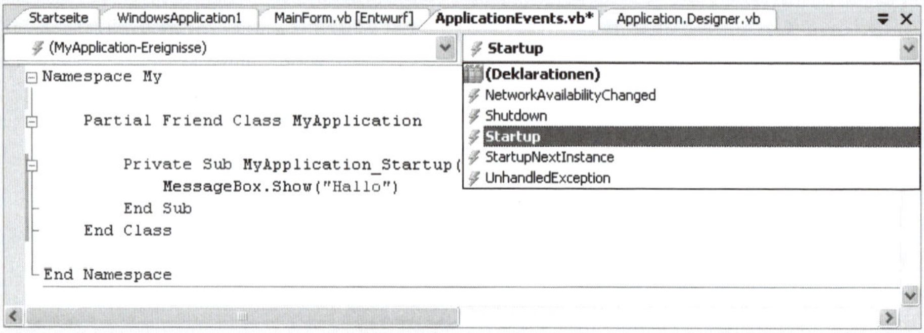

Und was ist mit einer eigenen Sub Main?

Wer auf das Anwendungsframework verzichten kann/will, der hat entweder die Möglichkeit, eine Formular als Startobjekt festzulegen (siehe Abbildung 8.2), oder Sie erstellen ein neues Modul und definieren Ihre eigene `Sub Main`, die Sie dann per Assistent als Startobjekt festlegen können.

Beispiel Eigenes Hauptprogramm erstellen

```
Module Module1

    <STAThread()> _
    Sub Main(ByVal args() As String)
        MessageBox.Show("Hallo User")
        Application.Run(New Form1())
    End Sub

End Module
```

Wie Sie in obigem Beispiel sehen, können Sie mit dieser Sub Main auch die Programmparameter auswerten. Besser ist allerdings die Verwendung der `GetCommandLineArgs`-Collection, diese steht jederzeit zur Verfügung und erfordert nicht schon beim Programmstart eine entsprechende Auswertung.

Doch was hat es eigentlich mit dem Aufruf der `Application.Run`-Methode auf sich?

Hierbei handelt es sich um den eigentlichen Mittelpunkt einer jeden Windows Forms-Anwendung. `Application.Run` erstellt die für jede Windows-Anwendung erforderliche Nachrichtenschleife, die beispielsweise Maus- und Tastaturereignisse, aber auch Botschaften des Systems oder anderer Anwendungen, entgegennimmt.

Die zweite Aufgabe dieser statischen Methode ist das Instanziieren des Hauptformulars und dessen Anzeige. Wird dieses Fenster geschlossen, ist automatisch auch die Nachrichtenschleife der Anwendung beendet, das Programm terminiert. Dies gilt auch, wenn Sie aus dem Hauptformular heraus (dies ist zunächst `Form1`) weitere Formulare öffnen.

8.1.2 Die Oberflächendefinition - Form1.Designer.vb

Eigentlich nicht für Ihre Blicke bestimmt, fristet die Datei *Form1.Designer.vb* ein relativ unbeachtetes Dasein. Doch dieser Eindruck täuscht, enthält doch diese Datei die eigentliche Klassendefinition von `Form1` inklusive Initialisierung der Oberfläche. Gerade der letzte Punkt ist besonders wichtig: Jede Komponente, die Sie im Formulardesigner in das Formular einfügen und konfigurieren, wird in dieser Klassendefinition (Methode `InitializeComponent`) instanziiert und konfiguriert.

Beispiel *Form1.Designer.vb*

```
<Global.Microsoft.VisualBasic.CompilerServices.DesignerGenerated()> _
Partial Class Form1
    Inherits System.Windows.Forms.Form

    'Das Formular überschreibt den Löschvorgang, um die Komponentenliste zu bereinigen.
    <System.Diagnostics.DebuggerNonUserCode()> _
    Protected Overrides Sub Dispose(ByVal disposing As Boolean)
        Try
            If disposing AndAlso components IsNot Nothing Then
                components.Dispose()
            End If
        Finally
            MyBase.Dispose(disposing)
        End Try
    End Sub

    'Wird vom Windows Form-Designer benötigt.
    Private components As System.ComponentModel.IContainer
```

Die folgende Methode sollten Sie keinesfalls selbst editieren[1]:

```
    <System.Diagnostics.DebuggerStepThrough()> _
    Private Sub InitializeComponent()
        Me.components = New System.ComponentModel.Container
```

[1] Mit einer Ausnahme: Haben Sie später einmal einen oder mehrere Eventhandler in der Datei *Form1.vb* gelöscht, können Sie deren Zuweisung zu den einzelnen Ereignissen am bequemsten in dieser Datei aufheben. Die betreffenden Zeilen sind durch die »beliebte« rote Wellenlinie des Editors gekennzeichnet, es genügt, wenn Sie diese Zeilen löschen.

Ab hier folgen die Initialisierungen der einzelnen Formular-Komponenten:

```
        Me.Timer1 = New System.Windows.Forms.Timer(Me.components)
        Me.SuspendLayout()
        '
        'Timer1
        '
        Me.Timer1.Enabled = True
        Me.Timer1.Interval = 2000
        '
        'Form1
        '
        Me.AutoScaleDimensions = New System.Drawing.SizeF(6.0!, 13.0!)
        Me.AutoScaleMode = System.Windows.Forms.AutoScaleMode.Font
        Me.ClientSize = New System.Drawing.Size(284, 264)
        Me.Name = "Form1"
        Me.Text = "Form1"
        Me.ResumeLayout(False)
    End Sub
End Class
```

Haben Sie sich obiges Listing genauer angesehen, wird Ihnen aufgefallen sein, dass die Klasse `Form1` als `Partial` deklariert ist. Dies ermöglicht es, den Code der Klassendefinition auf mehrere Dateien aufzuteilen, was in unserem Fall bedeutet, dass wir in *Form1.vb* den Rest der Klasse `Form1` vorfinden.

8.1.3 Die Spielwiese des Programmierers - Form1.vb

Womit wir auch schon den Übergang zum eigentlichen Tummelplatz für Ihre Aktivitäten kommen. Visual Studio hat für uns bereits ein kleines Codegerüst vorbereitet, das lediglich aus dem nackten `Form1`-Klassenrumpf besteht.

Beispiel *Form1.vb*

```
Public Class Form1

End Class
```

Fügen Sie später in `Form1` eine Schaltfläche (`Button`) ein, wird die Oberflächendefinition in der Datei *Form1.Designer.vb* abgelegt, den Code für die Ereignisbehandlung definieren Sie in *Form1.vb*.

Beispiel Code nach Einfügen eines Buttons

In *Form1.Designer.vb*:

```
    <System.Diagnostics.DebuggerStepThrough()> _
    Private Sub InitializeComponent()
        Me.Button1 = New System.Windows.Forms.Button
```

```
        Me.SuspendLayout()
        '
        'Button1
        '
        Me.Button1.Location = New System.Drawing.Point(12, 25)
        Me.Button1.Name = "Button1"
        Me.Button1.Size = New System.Drawing.Size(137, 54)
        Me.Button1.TabIndex = 0
        Me.Button1.Text = "Button1"
        Me.Button1.UseVisualStyleBackColor = True
...
    End Sub

    Friend WithEvents Button1 As System.Windows.Forms.Button
...
```

In *Form1.vb*:

```
Public Class Form1
    Private Sub Button1_Click(ByVal sender As System.Object, ByVal e As System.EventArgs) _
                                 Handles Button1.Click
        Me.Close()
    End Sub
End Class
```

8.1.4 Die Datei AssemblyInfo.vb

Verschiedene allgemeine Informationen, wie z.B. der Titel der Anwendung oder das Copyright, können als Attribute in die Datei *AssemblyInfo.vb* eingetragen werden. Zugriff auf diese Datei erhalten Sie über den Projektmappen-Explorer (unter *Properties*).

Beispiel Auszug aus *AssemblyInfo.vb*

```
...
<Assembly: AssemblyTitle("WindowsApplication1")>
<Assembly: AssemblyDescription("")>
<Assembly: AssemblyCompany("")>
<Assembly: AssemblyProduct("WindowsApplication1")>
<Assembly: AssemblyCopyright("Copyright © 2009")>
<Assembly: AssemblyTrademark("")>

<Assembly: ComVisible(False)>
...
```

Editieren lassen sich die Einträge am einfachsten über den folgenden Dialog, den Sie über *Projekt|Eigenschaften|Anwendung|Assemblyinformationen* erreichen:

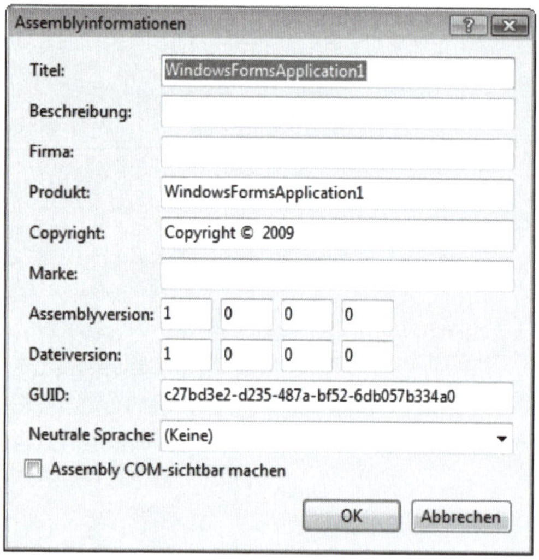

Abbildung 8.5
Dialog *Assemblyinformationen*

Zur Laufzeit können Sie auf die Einträge über bestimmte Eigenschaften des `Application`-Objekts zugreifen.

Beispiel Anzeige des Eintrags unter `AssemblyProduct` in einem Meldungsfenster.

```
MessageBox.Show(Application.ProductName)
```

8.1.5 Resources.resx/Resources.Designer.vb

Beide Dateien stellen das Abbild der unter *Projekt|Eigenschaften|Ressourcen* definierten Ressourcen dar. Die XML-Datei *Resources.resx* enthält die eigentlichen Definitionen, die Sie mit dem in Abbildung 8.6 gezeigten Editor erstellen können. Hier können Sie sehr komfortabel nahezu beliebige Ressourcen (Bilder, Zeichenketten, Audiodateien, ...) zu Ihrem Projekt hinzufügen.

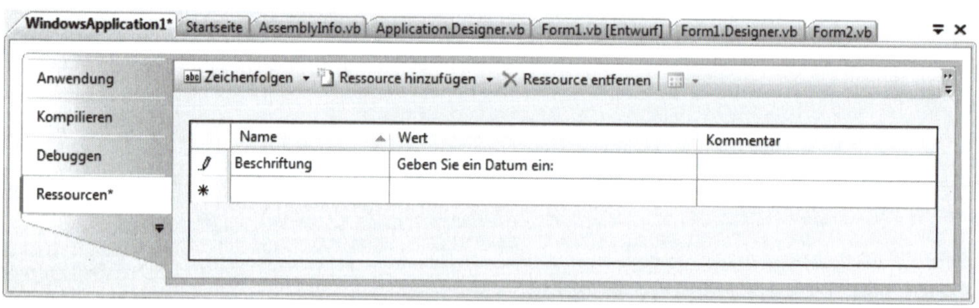

Abbildung 8.6 Ressourceneditor

Im Gegensatz dazu stellt die Datei *Resources.Designer.vb* für die Ressourcen entsprechende Mapperklassen bereit, die den späteren Zugriff auf die einzelnen Einträge vereinfacht und vor allem typisiert.

Verantwortlich dafür ist die `Properties.Resources`-Klasse:

```
<ProjektNamespace>.My.Resources.<ResourceName>
```

Beispiel Die Bildressource *BeimChef.bmp* wird in einer `PictureBox` angezeigt.

```
PictureBox1.Image = My.Resources.BeimChef
```

8.1.6 Settings.settings/Settings.Designer.vb

Diese beiden Dateien sind zur Entwurfszeit für die Verwaltung der Programmeinstellungen verantwortlich. Die XML-Datei *Settings.Settings* enthält die eigentlichen Werte, die Sie jedoch nicht direkt zu bearbeiten brauchen, sondern unter Verwendung eines komfortablen Editors (siehe Abbildung 8.7).

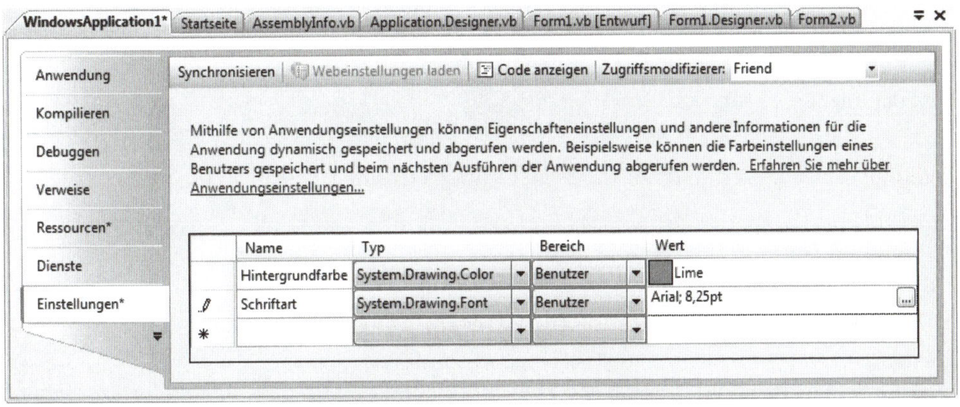

Abbildung 8.7 Zwei Einstellungen festlegen

Für jede Einstellung können Sie *Name*, *Typ*, *Bereich* und *Wert* festlegen. Wenn Sie den Bereich als *Anwendung* spezifizieren, wird diese Einstellung später (Laufzeit) in der Konfigurationsdatei *<Anwendungsname.exe>.config* unter dem *<applicationSettings>*-Knoten gespeichert. Falls Sie *Benutzer* wählen, erfolgt die Ablage unterhalb des *<userSettings>* Knotens.

Die Datei *Settings.Designer.vb* stellt für die oben definierten Einträge eine Mapperklasse bereit, die den späteren Zugriff auf die einzelnen Einträge vereinfacht und vor allem typisiert.

Beispiel *Settings.Designer.vb*

```
Namespace My

   <Global.System.Runtime.CompilerServices.CompilerGeneratedAttribute(), _
    Global.System.CodeDom.Compiler.GeneratedCodeAttribute("Microsoft.VisualStudio.Editors.
              SettingsDesigner.SettingsSingleFileGenerator", "9.0.0.0"), _
    Global.System.ComponentModel.EditorBrowsableAttribute(Global.System.ComponentModel.
```

```
                  EditorBrowsableState.Advanced)> _
    Partial Friend NotInheritable Class MySettings
        Inherits Global.System.Configuration.ApplicationSettingsBase
...
        <Global.System.Configuration.UserScopedSettingAttribute(), _
         Global.System.Diagnostics.DebuggerNonUserCodeAttribute(), _
         Global.System.Configuration.DefaultSettingValueAttribute("Lime")> _
        Public Property Hintergrundfarbe() As Global.System.Drawing.Color
            Get
                Return CType(Me("Hintergrundfarbe"), Global.System.Drawing.Color)
            End Get
            Set(ByVal value As Global.System.Drawing.Color)
                Me("Hintergrundfarbe") = Value
            End Set
        End Property
...
}
```

Der Zugriff auf die eingetragenen Einstellungen ist – ähnlich dem Zugriff auf Ressourcen – einfach über die `My.Settings`-Klasse möglich.

```
<Projekt Namespace>.My.Settings.<SettingsName>
```

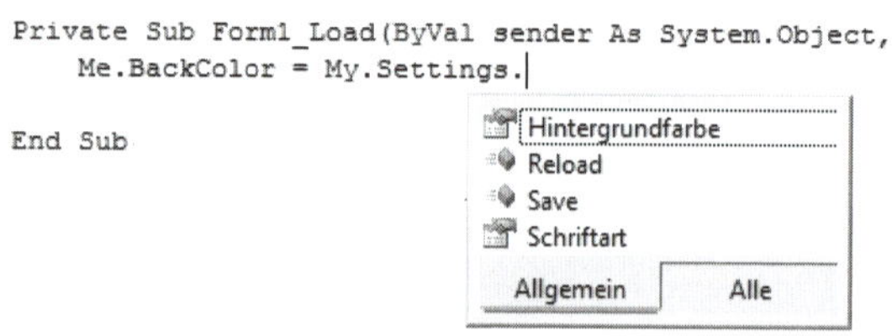

Abbildung 8.8
Verwendung der Einstellungen

Doch auch das Zurückschreiben von Nutzer-Einstellungen ist über obige Klasse problemlos möglich.

Beispiel Die Einstellungsänderungen in die *<Anwendungsname>.exe.config*-Datei zurückschreiben

```
My.Settings.myColor = Color.AliceBlue
My.Settings.Save()
```

Hinweis

Da auch der spätere Programmbenutzer die zur Assembly mitgegebene XML-Konfigurationsdatei (z.B. *<Anwendungsname>.exe.config*) editieren kann, ergeben sich einfache Möglichkeiten für nachträgliche benutzerspezifische Anpassungen, ohne dazu das Programm erneut kompilieren zu müssen. ■

8.1.7 Settings.vb

Nanu, hatten wir diese Datei nicht gerade? Nein, hierbei handelt es sich quasi um den zweiten Teil der Klassendefinition von `Settings` aus *Settings.Designer.vb*, was dank partieller Klassendefinition problemlos möglich ist. Im Normalfall dürften Sie diese Datei nicht zu sehen bekommen, aber wenn Sie sich die Mühe machen, über den Designer (siehe Abbildung 8.7) den Button *Code anzeigen* anzuklicken, findet sich kurz darauf auch diese Datei in Ihrem Projekt.

Beispiel *Setting.vb* mit möglichen Ereignissen

```
Namespace My
    Partial Friend NotInheritable Class MySettings

        Private Sub MySettings_PropertyChanged(ByVal sender As Object, _
                ByVal e As System.ComponentModel.PropertyChangedEventArgs) Handles Me.PropertyChanged

        End Sub

        Private Sub MySettings_SettingChanging(ByVal sender As Object, _
                ByVal e As System.Configuration.SettingChangingEventArgs) Handles Me.SettingChanging

        End Sub

        Private Sub MySettings_SettingsLoaded(ByVal sender As Object, _
                ByVal e As System.Configuration.SettingsLoadedEventArgs) Handles Me.SettingsLoaded

        End Sub

        Private Sub MySettings_SettingsSaving(ByVal sender As Object, _
                ByVal e As System.ComponentModel.CancelEventArgs) Handles Me.SettingsSaving

        End Sub
    End Class
End Namespace
```

Mit den in dieser Datei bereitgestellten Eventhandler-Rümpfen bietet sich die Möglichkeit, auf das Laden, Ändern und Sichern von Einstellungen per Ereignis zu reagieren.

8.2 Ein Blick auf die Application-Klasse

Die Application-Klasse aus dem Namespace System.Windows.Forms ist für den Programmierer von zentraler Bedeutung und unser Kapitel über die Grundlagen von Windows Forms-Anwendungen wäre höchst unvollständig, würden wir auf diese wichtige Klasse nur ganz am Rand eingehen. Den ersten Kontakt mit ihr hatten Sie bereits in der Main-Methode (siehe dazu auch Seite 259).

Die Application-Klasse bietet einige interessante statische Eigenschaften und Methoden, von denen wir hier nur die wichtigsten kurz vorstellen wollen:

8.2.1 Eigenschaften

Tabelle 8.1 Wichtige Eigenschaften von Application

Eigenschaft	Beschreibung
AllowQuit	... darf die Anwendung beendet werden (readonly)?
CommonAppDataPath	... ein gemeinsamer Anwendungspfad.
CommonAppDataRegistry	... ein gemeinsamer Registry-Eintrag.
CompanyName	... der in den Anwendungsressourcen angegebene Firmenname.
CurrentCulture	... ein Objekt mit den aktuellen Kulturinformation (Kalender, Währung).
ExecutablePath	... der Name der Anwendung inklusive Pfadangabe.
LocalUserAppDataPath	... Anwendungspfad für die Daten des lokalen Benutzers.
OpenForms	... Collection der geöffneten Formulare.
ProductName	... der in den Ressourcen angegebene Produktname.
ProductVersion	... die in den Ressourcen angegebene Produktversion.
StartupPath	... der Anwendungspfad.
UserAppDataPath	... Pfad für die Anwendungsdaten.
UserAppDataRegistry	... Registry-Schlüssel für die Anwendungsdaten.

Hinweis

Einige der obigen Eigenschaften lassen sich den Einträgen der Datei *AssemblyInfo.vb* zuordnen (siehe dazu Seite 265). ■

Beispiel Abrufen aller geöffneten Formulare

```
For Each f As Form In Application.OpenForms
    ListBox1.Items.Add(f.Name)
Next
```

Beispiel Abfrage von UserAppDataPath und UserAppDataRegistry

```
TextBox1.Text = Application.UserAppDataRegistry.ToString()
TextBox2.Text = Application.UserAppDataPath.ToString()
```

Der Registry-Schlüssel:

```
HKEY_CURRENT_USER\Software\WindowsFormsApplication1\WindowsFormsApplication1\1.0.0.0
```

Das Verzeichnis:

```
C:\Users\Tom\AppData\Roaming\WindowsFormsApplication1\WindowsFormsApplication1\1.0.0.0
```

8.2.2 Methoden

Tabelle 8.2 Wichtige Methoden von Application

Methode	Beschreibung
DoEvents	... ermöglicht Verarbeitung ausstehender Windows-Botschaften.
EnableVisualStyles	... ermöglicht die Darstellung mit Styles
Exit	... Anwendung beenden.
ExitThread	... schließt aktuellen Thread.
Run	... startet das Hauptfenster der Anwendung (Beginn einer Nachrichtenschleife für den aktuellen Thread).
Restart	... die Anwendung wird beendet und sofort neu gestartet
SetSuspendState	... versucht das System in den Standbymodus bzw. den Ruhezustand zu versetzen.

Den Einsatz der Run-Methode haben wir ab Seite 263 besprochen. Wie Sie DoEvents richtig verwenden, zeigen wir Ihnen im folgenden Beispiel.

Beispiel Eine zeitaufwändige Berechnungsschleife blockiert die Anzeige der Uhrzeit. Durch Aufrufen von DoEvents läuft die Uhr auch während der Berechnung weiter.

```
Public Class Form1
```

Zunächst wird die »Uhr« programmiert (vorher haben Sie eine Timer-Komponente in das Komponentenfach gezogen: Interval = 1000, Enabled = True):

```
    Private Sub Timer1_Tick(ByVal sender As System.Object, ByVal e As System.EventArgs) _
                                                                   Handles Timer1.Tick
        Label1.Text = DateTime.Now.ToLongTimeString()
    End Sub
```

Die Berechnungsschleife wird gestartet:

```
    Private Sub Button1_Click(ByVal sender As System.Object, ByVal e As System.EventArgs) _
                                                                   Handles Button1.Click
        Dim a As Double = 0
        For i As Integer = 1 To 100000000
            a = Math.Sin(i) + a
```

Nach jedem 1000ten Schleifendurchlauf wird CPU-Zeit freigegeben, sodass auf andere Ereignisse reagiert werden kann:

```
            If i Mod 1000 = 0 Then Application.DoEvents()
```

Wenn Sie obige Anweisung auskommentieren, »steht« die Uhr für die Zeit der Berechnung.

```
        Next
```

Die Ergebnisanzeige:

```
        Label2.Text = a.ToString()
    End Sub
```

Anwendung beenden:

```
    Private Sub Button2_Click(ByVal sender As System.Object, ByVal e As System.EventArgs) _
                                                                   Handles Button2.Click
        Application.Exit()
    End Sub
End Class
```

Das Ergebnis:

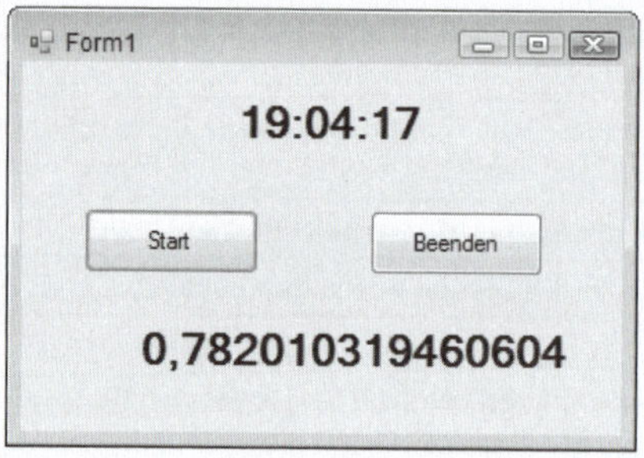

Eine recht effiziente Art, für Ruhe unter dem Schreibtisch zu sorgen, zeigt das folgende kurze Beispiel.

Beispiel Den PC in den Ruhezustand versetzen

```
...
    Application.SetSuspendState(PowerState.Suspend,False,True)
...
```

8.2.3 Ereignisse

Last but but not least verfügt die Application-Klasse auch über diverse Ereignisse:

Tabelle 8.3 Ereignisse der Application-Klasse

Ereignis	Beschreibung
ApplicationExit	... wenn die Anwendung beendet werden soll.
EnterThreadModal	... vor dem Eintritt der Anwendung in den modalen Zustand.

Ereignis	Beschreibung
`Idle`	... die Applikation hat gerade nichts zu tun.
`LeaveThreadModal`	... der modale Zustand wird verlassen.
`ThreadException`	... eine nicht abgefangene Threadausnahme ist aufgetreten.
`ThreadExit`	... ein Thread wird beendet. Handelt es sich um den Hauptthread der Anwendung, wird zunächst dieses Ereignis und anschließend `ApplicationExit` ausgelöst.

8.3 Allgemeine Eigenschaften von Komponenten

Die wichtigsten sichtbaren Objekte, mit denen wir es beim visuellen Entwurf der Bedienoberfläche zu tun haben, sind Formulare (*Forms*) und Komponenten (auch als Steuerelemente, Controls oder Dialogelemente bezeichnet). All diese Objekte verfügen über Eigenschaften (*Properties*), Methoden (*Methods*) sowie über Ereignisse (*Events*), auf welche sie reagieren können (siehe OOP-Kapitel 4).

8.3.1 Übersicht

Es gibt eine Vielzahl von Standard-Eigenschaften, über die (fast) alle Komponenten verfügen. Auf viele Eigenschaften kann nur zur Entwurfszeit, auf andere erst zur Laufzeit zugegriffen werden. Das ist auch der Grund, warum Letztgenannte nicht im Eigenschaften-Fenster der Entwicklungsumgebung zu finden sind. Die Eigenschaften können zur Entwurfszeit (E) und/oder zur Laufzeit (L) verfügbar sein (r = nur lesbar).

Tabelle 8.4 Allgemeine Eigenschaften visueller Komponenten

Eigenschaft	Erläuterung	E	L
`Anchor`	Ausrichtung bezüglich des umgebenden Objekts	x	x
`BackColor`	Hintergrundfarbe	x	x
`BorderStyle`	Art des Rahmens	x	r
`Cursor`	Art des Cursors über dem Steuerelement	x	x
`CausesValidation`	siehe `Validate`-Ereignis		
`ContextMenu`	Auswahl eines Kontextmenüs	x	x
`Dock`	Andockstellen bezüglich des umgebenden Objekts	x	x
`Enabled`	aktiv/nicht aktiv	x	x
`Font`	Schriftattribute (Namen, Größe, fett, kursiv etc.)	x	x
`ForeColor`	Vordergrundfarbe, Zeichenfarbe	x	x
`Handle`	Fensterhandle, an welches das Control gebunden ist		r

Eigenschaft	Erläuterung	E	L
Location	Position der linken oberen Ecke	x	x
Locked	Sperren des Steuerelements gegen Veränderungen	x	
Modifiers	Zugriffsmodifizierer (Private, Public, ...)	x	x
Name	Bezeichner	x	
TabIndex	Tab-Reihenfolge	x	x
TabStop	Tabulatorstopp Ja/Nein	x	x
Tag	Hilfseigenschaft (speichert Info-Text)	x	x
Text	Beschriftung oder Inhalt	x	x
Visible	Sichtbar Ja/Nein	x	x

Einige dieser Eigenschaften bedürfen einer speziellen Erläuterung.

8.3.2 Font

Mit dieser Eigenschaft (die in Wirklichkeit ein Objekt ist) werden Schriftart, Schriftgröße und Schriftstil der Text-Eigenschaft eingestellt (gilt nicht für die Titelleiste eines Formulars). Die Einstellung zur Entwurfszeit ist kein Problem, da ja zusätzlich auch ein komfortabler Fontdialog (der von Windows) zur Verfügung steht:

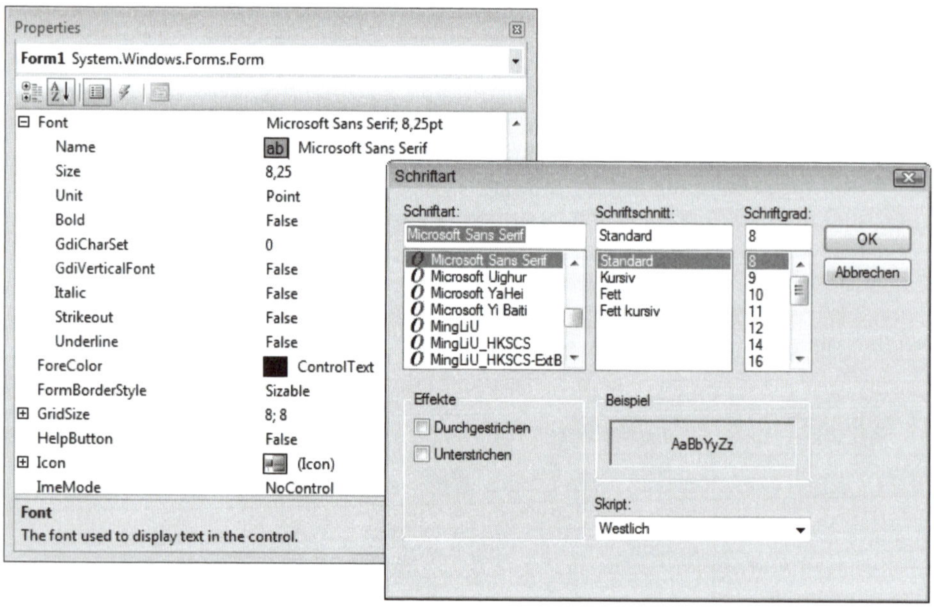

Abbildung 8.9 Fontdialog für die Font-Eigenschaft

Der Zugriff auf die Font-Eigenschaften per Programmcode ist aber nicht mehr ganz so einfach.

Beispiel Sie können zwar die Schriftgröße einer TextBox lesen:

```
MessageBox.Show(TextBox1.Font.Size.ToString)     ' zeigt z.B. 8,25
```

Ein direktes Zuweisen/Ändern der Schriftgröße ist allerdings nicht möglich, da diese Eigenschaft schreibgeschützt ist:

```
TextBox1.Font.Size = 12              ' Fehler (read only)
```

oder

```
TextBox1.Font.Size = TextBox2.Font.Size      ' Fehler (read only)
```

Um die Schrifteigenschaften zu ändern, müssen Sie ein neues Font-Objekt erzeugen.

Beispiel Ändern der Schriftgröße einer TextBox

```
TextBox1.Font = New Font(TextBox1.Font.Name, 12)
```

Obiges Beispiel zeigt allerdings nur einen der zahlreichen Konstruktoren der Font-Klasse. Darunter gibt es natürlich auch welche, die das Zuweisen des Schriftstils (fett, kursiv, ...) ermöglichen.

Tabelle 8.5 Die möglichen Schriftstile sind in der FontStyle-Enumeration definiert

Schriftstil	Beschreibung
Regular	normaler Text
Bold	fett formatierter Text
Italic	kursiv formatierter Text
Underline	unterstrichener Text
Strikeout	durchgestrichener Text

Beispiel Inhalt einer TextBox fett formatieren

```
TextBox1.Font = New Font(TextBox1.Font, FontStyle.Bold)
```

Was aber ist, wenn ein Text gleichzeitig mehrere Schriftstile haben soll? In diesem Fall müssen die einzelnen Schriftstile mit einer bitweisen ODER-Verknüpfung kombiniert werden.

Beispiel Der Inhalt einer TextBox wird mit der Schriftart »Arial« und einer Schriftgröße von 16pt gleichzeitig fett, kursiv und mit Unterstreichung formatiert.

```
TextBox1.Font = New Font("Arial", 16, FontStyle.Bold Or FontStyle.Underline Or FontStyle.Italic)
```

Das Ergebnis:

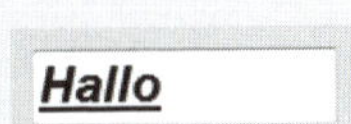

8.3.3 Handle

Die Handle-Eigenschaft ist wohl mehr für den fortgeschrittenen Programmierer bestimmt. Der Wert ist ein Windows-HWND und natürlich schreibgeschützt. Wenn das Handle noch nicht vorhanden ist, wird das Erstellen durch den Verweis auf diese Eigenschaft erzwungen.

Beispiel Der Klick auf Button1 bewirkt, dass unter Verwendung des Handles von Button2 auch dieser mit einem Rechteck umrandet wird:

```
Private Sub Button1_Click(ByVal sender As Object, ByVal e As EventArgs) Handles Button1.Click
    ControlPaint.DrawFocusRectangle(Graphics.FromHwnd(Button2.Handle), Button2.ClientRectangle)
End Sub
```

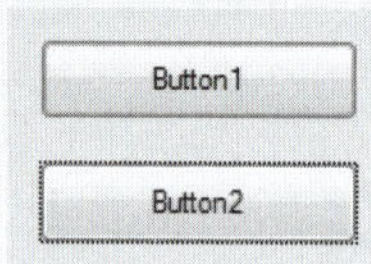

8.3.4 Tag

Diese Eigenschaft müssen Sie sich wie einen unsichtbaren »Merkzettel« vorstellen, den man an ein Objekt »anheften« kann. Im Eigenschaftenfenster erscheint Tag zwar als String-Datentyp, in Wirklichkeit ist Tag aber vom Object-Datentyp, denn per Programmcode können Sie dieser Eigenschaft einen beliebigen Wert zuweisen.

Beispiel Sie haben der Image-Eigenschaft einer PictureBox ein Bild zugewiesen und wollen beim Klick auf die PictureBox einen erklärenden Text in einem Meldungsfenster anzeigen lassen:

```
...
PictureBox1.Tag = "Das ist meine Katze!"
...
Private Sub PictureBox1_Click(ByVal sender As Object, ByVal e As EventArgs e)
    MessageBox.Show(PictureBox1.Tag.ToString)     ' zeigt "Das ist meine Katze!"
End Sub
```

8.3.5 Modifiers

Beim visuellen Entwurfsprozess werden Steuerelemente vom Designer wie private Felder der Form-Klasse angelegt, ein Zugriff von außerhalb ist also zunächst nicht möglich.

Modifiers ist keine Eigenschaft im eigentlichen Sinn, sondern lediglich eine Option der Entwicklungsumgebung die Sie dann brauchen, wenn Sie von einem Formular aus auf ein Steuerelement zugreifen wollen, welches sich auf einem anderen Formular befindet. Angeboten werden die Modifizierer Public, Friend, Protected Friend, Friend, Protected.

Beispiel Nach Klick auf einen auf Form1 befindlichen Button soll der Inhalt einer auf Form2 befindlichen TextBox in einem Label auf Form1 angezeigt werden.

Der folgende Code in Form1

```
Public Class Form1

    Private Sub Button1_Click(ByVal sender As Object, ByVal e As EventArgs) _
                                                         Handles Button1.Click
        Dim f2 As New Form2()
        f2.Show()                   ' für Zugriff nicht notwendig!
        Label1.Text = f2.TextBox1.Text
    End Sub
End Class
```

... funktioniert nur dann, wenn in Form2 die Modifiers-Eigenschaft der TextBox auf Public, Friend oder Protected Friend gesetzt wurde.

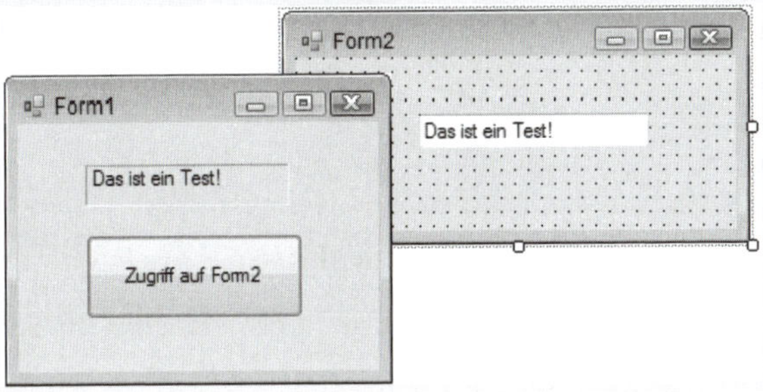

8.4 Allgemeine Ereignisse von Komponenten

Wir wollen uns zunächst nur auf die Ereignisse beschränken, die für die meisten Komponenten gleichermaßen zutreffen, und auf einige grundsätzliche Programmierkonzepte eingehen.

8.4.1 Die Eventhandler-Argumente

Wie bereits im Einsteigerkapitel mehrfach gezeigt, werden jedem Ereignis-Handler zwei Parameter übergeben:

- das sender-Objekt,
- die eigentlichen Parameter als Objekt mit dem kurzen Namen e.

Was können wir mit beiden Werten anfangen?

8.4.2 Das sender-Objekt

Da Ereignis-Handler einen beliebigen Namen erhalten und auch »artfremde« Komponenten sich ein und denselben Eventhandler teilen können, muss es ein Unterscheidungsmerkmal für den Aufrufer des Ereignisses geben. Über den sender ist es möglich zu entscheiden, welches Objekt das Ereignis ausgelöst hat.

Zunächst werden Sie sicher enttäuscht sein, wenn Sie sich die einzelnen Eigenschaften bzw. Methoden des sender-Objekts ansehen, lediglich eine Methode GetType ist zu finden. Doch keine Sorge, typisieren Sie das Objekt (siehe Sprachkapitel, Abschnitt 3.5), so haben Sie Zugriff auf alle objekttypischen Eigenschaften und Methoden der das Ereignis auslösenden Komponente.

Beispiel Ein gemeinsamer Ereignis-Handler (TextChanged) für mehrere Textboxen zeigt in der Kopfzeile des Formulars den Inhalt der jeweils bearbeiteten Textbox an.

```
Private Sub TextBox_TextChanged(ByVal sender As Object, ByVal e As EventArgs) Handles _
                              TextBox1.TextChanged, TextBox2.TextChanged, TextBox3.TextChanged
        Me.Text = CType(sender, TextBox).Text
End Sub
```

Doch was, wenn zum Beispiel ein TextChange von einer TextBox und einer ComboBox kommt? Die obige Definition ist zwar noch möglich, aber spätestens beim Testen der Anwendung gibt es Ärger (Fehlermeldung »Der Objektverweis wurde nicht auf eine Objektinstanz festgelegt.«), da der Typ nicht stimmt.

Kein Problem: Wie immer im Leben einigt man sich in diesem Fall auf den kleinsten gemeinsamen Nenner, was in diesem Fall besser »gemeinsamer Vorfahre« heißen müsste.

Beispiel Anzeige des Control-Bezeichners in der Kopfzeile

```
Private Sub TextBox_TextChanged(ByVal sender As Object, ByVal e As EventArgs) Handles _
                                                      TextBox1.TextChanged, ComboBox1.TextChanged
        Me.Text = CType(sender, Control).Text
End Sub
```

Der Typ Control weist zwar nicht alle Eigenschaften und Methoden einer TextBox bzw. einer ComboBox auf, hat jedoch zumindest eine Name- und eine Text-Eigenschaft, ein Handle etc.

Brauchen Sie unbedingt den speziellen Objekttyp, können Sie zunächst mittels GetType den Typ von sender feststellen um dann, in Abhängigkeit vom Typ, unterschiedliche Aktionen auszuführen.

Beispiel Auch den folgenden Eventhandler teilen sich mehrere Text- und ComboBoxen gemeinsam. Ändert sich der Inhalt einer TextBox, so wird dieser in der Titelleiste des Formulars angezeigt. Ändert sich aber die Text-Eigenschaft einer ComboBox, so wird nur deren Namen angezeigt.

```
Private Sub TextBox_TextChanged(ByVal sender As Object, ByVal e As EventArgs) Handles _
                                     TextBox1.TextChanged, ...,  ComboBox1.TextChanged, ...
```

```
    Select Case sender.GetType.Name
        Case "TextBox"
            Me.Text = CType(sender, TextBox).Text
        Case "ComboBox"
            Me.Text = CType(sender, ComboBox).Name
    End Select
End Sub
```

8.4.3 Der Parameter e

Was sich hinter dem Parameter `e` versteckt, ist vom jeweiligen Ereignis abhängig. So werden bei einem `MouseDown`-Ereignis unter anderem die gedrückten Tasten und die Koordinaten des Mausklicks im Parameter `e` übergeben:

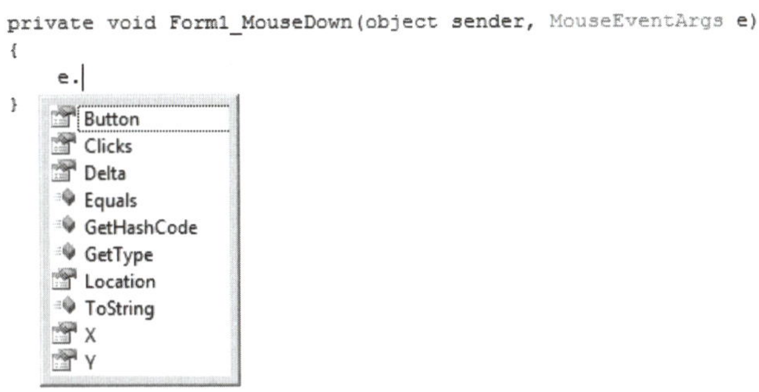

Abbildung 8.10 Eigenschaften von `e` bei einem `MouseDownDown`-Ereignis

Teilweise werden über diesen Parameter auch Werte an das aufrufende Programm zurückgegeben.

Beispiel Das Schließen des Formulars verhindern.

```
Private Sub Form1_FormClosing(ByVal sender As Object, ByVal e As FormClosingEventArgs) Handles _
                                                                    MyBase.FormClosing
    e.Cancel = True
End Sub
```

8.4.4 Mausereignisse

Wenn sich der Mauskursor über einem Objekt befindet, können die folgenden Mausaktivitäten (teilweise mit Übergabeparametern) ausgewertet werden:

Tabelle 8.6 Mausereignisse

Ereignis	... tritt ein, wenn
`Click`	... auf das Objekt geklickt wird.
`DblClick`	... auf das Objekt doppelt geklickt wird.
`MouseDown`	... eine Maustaste niedergedrückt wird.

Ereignis	... tritt ein, wenn
MouseUp	... eine Maustaste losgelassen wird.
MouseMove	... die Maus bewegt wird.
MouseEnter	... wenn die Maus in das Control hinein bewegt wird.
MouseLeave	... wenn die Maus aus dem Control hinaus bewegt wird.

Bei einem `MouseDown` können Sie über `e.Button` unterscheiden, welcher Button gerade gedrückt wurde (`Left`, `Middle`, `Right`). Gleichzeitig können Sie über `e.x` bzw. `e.y` die Koordinaten bezüglich des jeweiligen Objekts ermitteln.

Hinweis

Jeder Doppelklick löst auch auch ein »normales« `Click`-Ereignis aus. Man sollte deshalb überlegt zu Werke gehen, wenn für ein Control beide Events gleichzeitig besetzt werden sollen. ■

Beispiel Beim Niederdrücken der rechten Maustaste über dem Formular wird eine `MessageBox` erzeugt, wenn sich die Maus in dem durch die Koordinaten 10,10 (linke obere Ecke) und 110,110 (rechte untere Ecke) bezeichneten Rechteck befindet.

```
Private Sub Form1_MouseDown(ByVal sender As Object, ByVal e As MouseEventArgs) Handles _
                                                                    MyBase.MouseDown
    If e.Button = MouseButtons.Right Then
        If New Rectangle(10, 10, 100, 100).Contains(e.X, e.Y) Then MessageBox.Show("Erfolg!")
    End If
End Sub
```

Beispiel Ändern der Hintergrundfarbe einer `ListBox`, wenn die Maus darüber bewegt wird.

```
Private Sub ListBox1_MouseEnter(ByVal sender As Object, ByVal e As EventArgs) Handles _
                                                                ListBox1.MouseEnter
    CType(sender, ListBox).BackColor = Color.Blue
End Sub

Private Sub ListBox1_MouseLeave(ByVal sender As Object, ByVal e As EventArgs) Handles _
                                                                ListBox1.MouseLeave
    CType(sender, ListBox).BackColor = Color.White
End Sub
```

8.4.5 Tastaturereignisse

Wenn ein Steuerelement den Fokus hat, können für dieses Objekt folgende Keyboard-Events ausgewertet werden (Tabelle 8.7)

Tabelle 8.7 Tastaturereignisse

Ereignis	... tritt ein, wenn
KeyPress	... eine Taste gedrückt wird.
KeyDown	... die Taste nach unten bewegt wird (mit Intervall).
KeyUp	... eine Taste losgelassen wird.

KeyPress registriert das Zeichen der gedrückten Taste, während KeyDown und KeyUp auf alle Tasten der Tastatur (einschließlich Funktionstasten und Tastenkombinationen mit den Tasten *Umschalt*, *Alt* und *Strg*) reagieren können.

Beispiel Beim Loslassen einer Zifferntaste innerhalb einer TextBox wird die Ziffer in eine ListBox übernommen (48 ... 57 sind die ANSI-Codes der Ziffern 0 ... 9).

```
Private Sub TextBox1_KeyUp(ByVal sender As Object, ByVal e As KeyEventArgs) Handles _
                                                                TextBox1.KeyUp
    If e.KeyValue > 47 And e.KeyValue < 58 Then
        ListBox1.Items.Add(e.KeyValue - 48).ToString()
    End If
End Sub
```

Für KeyDown und KeyUp wird im Eventhandler ein Parameter e vom Typ KeyEventHandler übergeben, der folgende Informationen bereitstellt:

Tabelle 8.8 Eigenschaften von KeyEventArgs

Eigenschaft	Typ	Beschreibung
Alt	Boolean	... ist die Alt-Taste gedrückt?
Control	Boolean	... ist die Strg-Taste gedrückt?
Handled	Boolean	... wurde das Ereignis behandelt?
KeyCode	Keys	... der eigentliche Tastencode.
KeyData	Keys	... alle Tastendaten.
KeyValue	Integer	... der Tastaturwert als Integer.
Modifiers	Keys	... welche Zustandstasten (Strg, Shift oder Alt) wurden gedrückt?
Shift	Boolean	... ist die Shift-Taste gedrückt worden?
SuppressKeyPress	Boolean	... soll das Ereignis an das Steuerelement weitergeleitet werden?

Beispiel Tasteneingaben (Del-Taste) herausfiltern

```
Private Sub TextBox1_KeyDown(ByVal sender As System.Object, _
                    ByVal e As System.Windows.Forms.KeyEventArgs) Handles TextBox1.KeyDown
    If (e.KeyCode = Keys.Delete) Then e.Handled = True
End Sub
```

Etwas weniger auskunftsfreudig ist der Ereignishandler von KeyPress, hier können Sie über den Parameter e nur die Eigenschaften KeyChar und Handled abfragen.

8.4.6 Wozu brauchen wir KeyPreview?

`KeyPreview` ist kein Ereignis, sondern eine Formulareigenschaft! `KeyPreview` steht aber im engen Zusammenhang mit den Tastaturereignissen und soll deshalb (ausnahmsweise) bereits an dieser Stelle erwähnt werden. Wenn `KeyPreview` den Wert `False` hat (Voreinstellung), werden die Ereignisse sofort zur Komponente weitergegeben. Hat `KeyPreview` aber den Wert `True`, so gehen, unabhängig von der aktiven Komponente, die Tastaturereignisse `KeyDown`, `KeyUp` und `KeyPress` zuerst an das Formular. Erst danach wird das Tastaturereignis an das Steuerelement weitergereicht. Damit kann an zentraler Stelle auf Tastaturereignisse reagiert werden.

Beispiel Entsprechend dem vorhergehenden Beispiel soll beim Drücken einer Zifferntaste deren Wert in eine `ListBox` übernommen werden, in diesem Fall jedoch bei allen Controls des aktuellen Fensters.

Setzen Sie im Eigenschaftenfenster (F4) die Eigenschaft `KeyPreview` des Formulars auf `True` und erzeugen Sie folgenden Event-Handler:

```
Private Sub Form1_KeyUp(ByVal sender As Object, ByVal e As KeyEventArgs) Handles MyBase.KeyUp
    If e.KeyValue > 47 And e.KeyValue < 58 Then
        ListBox1.Items.Add((e.KeyValue - 48).ToString)
    End If
    e.Handled = True
End Sub
```

Hinweis

Da in diesem Beispiel bei `KeyPreview=True` das Ereignis nur im Event-Handler des Formulars und nicht auch im aktuellen Steuerelement verarbeitet werden soll, haben wir `e.Handled` auf `True` gesetzt. ■

8.4.7 Weitere Ereignisse

Die folgenden Events finden Sie ebenfalls bei einer Vielzahl von Objekten:

Tabelle 8.9 Weitere Ereignisse

Ereignis	... tritt ein, wenn
`Change`	... der Inhalt der Komponente geändert wird.
`Enter`	... die Komponente den Fokus erhält.
`DragDrop`	... das Objekt über der Komponente abgelegt wird.
`DragOver`	... das Objekt über die Komponente gezogen wird.
`HelpRequested`	... die Hilfe angefordert wird (F1).
`Leave`	... die Komponente den Fokus verliert.
`Paint`	... das Steuerelement gezeichnet wird.
`Resize`	... die Komponente in der Größe verändert wird.
`Validate`	... der Inhalt von Steuerelementen überprüft wird.

Beispiel Wenn die TextBox den Eingabefokus erhält, soll sich die Hintergrundfarbe ändern.

```
Private Sub TextBox1_Enter(ByVal sender As Object, ByVal e As EventArgs) Handles _
                                                                   TextBox1.Enter
    TextBox1.BackColor = Color.Yellow
End Sub
```

Beim Verlassen stellen wir die normale Farbe ein:

```
Private Sub TextBox1_Leave(ByVal sender As Object, ByVal e As EventArgs) Handles _
                                                                   TextBox1.Leave
    TextBox1.BackColor = Color.White
End Sub
```

Im Zusammenhang mit dem Auftreten der Fokus-Ereignisse spielt häufig auch die Reihenfolge eine Rolle:

Enter ⇨ GotFocus ⇨ Leave ⇨ Validating ⇨ Validated ⇨ LostFocus

8.4.8 Validätsprüfungen

Das Validate-Ereignis ermöglicht es, zusammen mit der CausesValidation-Eigenschaft den Inhalt von Steuerelementen zu prüfen, **bevor** der Fokus das Steuerelement verlässt. Das Validate-Ereignis eignet sich besser zum Überprüfen der Dateneingabe als das LostFocus-Ereignis, da LostFocus erst **nach** dem Verschieben des Fokus eintritt.

Validate wird nur dann ausgelöst, wenn der Fokus in ein Steuerelement wechselt, bei dem die CausesValidation-Eigenschaft True ist (Standardeinstellung).

CausesValidation sollte nur bei den Controls auf False gesetzt werden, deren Aktivierung keine Validätskontrolle auslösen soll, wie z.B. eine »Abbrechen«- oder eine »Hilfe«-Schaltfläche.

Hinweis

Ist die Prüfung innerhalb des Validating-Events nicht erfolgreich, können Sie mit e.Cancel die weitere Ereigniskette (siehe oben) abbrechen. ■

Beispiel Der Fokus wandert nur dann zum nächsten Steuerelement, wenn in die TextBox mehr als fünf Zeichen eingegeben werden.

```
Private Sub TextBox1_Validating(ByVal sender As System.Object, _
             ByVal e As System.ComponentModel.CancelEventArgs) Handles TextBox1.Validating

    If TextBox1.Text.Length < 5 Then
        MessageBox.Show("Bitte mindestens 5 Zeichen eingeben!")
        e.Cancel = True
    End If
End Sub
```

8.5 Allgemeine Methoden von Komponenten

Auch hier nur ein Auszug aus dem reichhaltigen Sortiment:

Tabelle 8.10 Wichtige Methoden visueller Komponenten

Methode	Erläuterung
`Contains`	... kontrolliert, ob ein angegebenes Steuerelement dem aktuellen untergeordnet ist.
`CreateGraphics`	... erzeugt ein `Graphics`-Objekt zum Zeichnen im Steuerelement (mehr dazu im Grafik-Kapitel 11).
`DoDragDrop`	... beginnt eine Drag & Drop-Operation.
`FindForm`	... ruft das übergeordnete Formular ab.
`Focus`	... setzt den Fokus auf das Objekt.
`GetContainerControl`	... ruft das übergeordnete Steuerelement ab.
`GetType`	... ruft den Typ des Steuerelements ab.
`Hide`	... verbirgt das Steuerelement.
`Invalidate`	... veranlasst das Neuzeichnen des Controls.
`Refresh`	... erneuert den Aufbau des Steuerelements.
`Scale`	... skaliert das Steuerelement.
`SelectNextControl`	... aktiviert das folgende Steuerelement.
`SetBounds`	... setzt die Größe des Steuerelements.
`Show`	... zeigt das Steuerelement nach dem Verbergen wieder an.

Beispiel `SetBounds`

Die folgende Anweisung verschiebt das aktuelle Formular an die Position 10,10 und verändert gleichzeitig die Größe auf 100 x 100 Pixel:

```
Me.SetBounds(10, 10, 100, 100)
```

Beispiel Skalieren einer `GroupBox` mit dem Faktor 1,5

```
GroupBox1.Scale(1.5, 1.5)
```

9

Windows-Formulare verwenden

Dieses Kapitel behandelt die folgenden Themen:

- Einführung in die Form-Klasse
- Lösen praktischer Aufgabenstellungen
- MDI-Anwendungen unter der Lupe

Fast jede Windows-Applikation läuft in einem oder mehreren Fenstern ab, die sozusagen als Container für die Anwendung fungieren. Schon deshalb ist das Formular (Klasse `Form`) das wichtigste Objekt der visuellen Benutzerschnittstelle, wir werden uns also damit etwas ausführlicher auseinander setzen müssen.

Hinweis

Die Ausführungen zu den allgemeinen Eigenschaften/Methoden und Ereignissen aus dem vorhergehenden Kapitel treffen auch auf die Windows Formulare zu. Sie sollten also das Kapitel 8 bereits durchgearbeitet haben. ■

9.1 Übersicht zur Form-Klasse

Haben Sie ein neues Windows Forms-Anwendungsprojekt geöffnet, werden Sie bereits im Designer von einem ersten Formular begrüßt.

Wie ein Formular aussieht, brauchen wir sicher nicht weiter zu erklären, welche Eigenschaften jedoch für das Aussehen verantwortlich sind, soll die folgende Abbildung verdeutlichen:

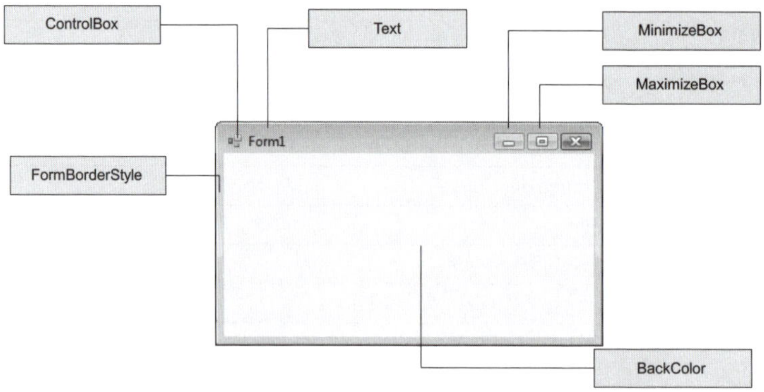

Abbildung 9.1 Einfluss der Eigenschaften auf die visuelle Erscheinung eines Formulars

Für die weitere Orientierung sollen die folgenden Tabellen sorgen, die in Kürze die wichtigsten Eigenschaften, Methoden und Ereignisse des Formulars erläutern. In den weiteren Abschnitten wenden wir uns dann spezifischen Themen rund um das Formular zu.

9.1.1 Wichtige Eigenschaften

Tabelle 9.1 Wichtige Eigenschaften eines Formulars

Eigenschaft	Beschreibung
`AcceptButton` `CancelButton`	Diese Eigenschaften legen fest, welche Buttons mit den Standardereignissen Enter-Taste bzw. Esc-Taste verknüpft werden. Diese Funktionalität wird häufig in Dialogboxen verwendet (siehe auch `DialogResult`). Löst der Nutzer eine der beiden Aktionen aus, wird der Ereigniscode der jeweiligen Taste verarbeitet.
`ActiveControl`	... bestimmt das gerade aktive Control.
`ActiveForm`	... bestimmt das aktive Formular der Anwendung.
`ActiveMdiChild`	... ermittelt das gerade aktive MDI-Child-Fenster.
`AutoScroll`	... bestimmt, ob das Formular automatisch Scrollbars einfügen soll, wenn der Clientbereich nicht komplett darstellbar ist.
`BackgroundImage`	... eine Grafik für den Hintergrund.
`ClientSize`	... ermittelt die Größe des Formular-Clientbereichs.
`ContextMenu`	... das Kontextmenü des Formulars.
`ControlBox`	... Anzeige des Systemmenüs (`True`/`False`).

Eigenschaft	Beschreibung
`Controls`	... eine Collection aller enthaltenen Controls.
`Cursor`	... legt die Gestalt des Kursors für das aktuelle Formular fest.
`DesktopBounds`	... legt Position und Größe des Formulars auf dem Desktop fest, z.B. `Me.DesktopBounds = New Rectangle.Create(10, 10, 100, 100)`
`DesktopLocation`	... legt die Position des Formulars fest.
`DialogResult`	... über diesen Wert können Dialog-Statusinformationen an ein aufrufendes Programm zurückgegeben werden.
`DoubleBuffered`	... ermöglicht flackerfreie Darstellung von Grafiken
`Dock`	... setzt die Ausrichtung gegenüber einem übergeordneten Fenster.
`DockPadding`	... setzt den Zwischenraum beim Docking von Controls.
`FormBorderStyle`	... setzt den Formularrahmen. Dieser hat auch Einfluss auf das Verhalten (Tool-Window, Dialog etc.).
`HelpButton`	... soll der Hilfe-Button angezeigt werden?
`Icon`	... das Formular-Icon.
`IsMdiChild`	... handelt es sich um ein MDI-Child-Fenster?
`IsMdiContainer`	... handelt es sich um ein MDI-Container-Fenster?
`Location`	... die linke obere Ecke des Formulars.
`MaximizeBox` `MinimizeBox`	... Anzeige der beiden Formular-Buttons (`True`/`False`).
`MaximumSize` `MinimumSize`	... setzt maximale bzw. minimale Maße für das Fenster.
`MdiChildren`	... eine Collection der untergeordneten MDI-Child-Fenster.
`MdiParent`	... ermittelt den MDI-Container.
`Menu`	... das Hauptmenü des Formulars.
`Modal`	... wird das Formular (Dialog) modal angezeigt?
`Opacity`	... Transparenz des Formulars in Prozent.
`OwnedForms`	... eine Collection der untergeordneten Formulare.
`Owner`	... das übergeordnete Formular.
`ShowInTaskbar`	... soll das Formular in der Taskbar angezeigt werden?
`Size`	... die Formulargröße.
`StartPosition`	... wo wird das Fenster beim ersten Aufruf angezeigt (zentriert etc.)?
`Text`	... der Text in der Titelleiste.
`TopMost`	... soll das Formular an oberster Position angezeigt werden?
`TransparencyKey`	... welche Formularfarbe soll transparent dargestellt werden?
`Visible`	... ist das Formular sichtbar?
`WindowState`	... ist das Fenster maximiert, minimiert oder normal dargestellt?

Beispiel Abfrage des aktiven Steuerelements

```
Private Sub Button1_Click(ByVal sender As System.Object, ByVal e As System.EventArgs) Handles _
                                                                                Button1.Click
   If sender Is Me.ActiveControl Then MessageBox.Show("Hallo")
End Sub
```

Controls-Auflistung

Mit dieser Eigenschaft ist der Zugriff auf alle im Formular vorhandenen Steuerelemente möglich.

Beispiel Alle Controls im aktuellen Formular um zehn Pixel nach links verschieben

```
For Each c As Control In Me.Controls
   c.Left -= 10
Next
```

Der Zugriff auf Elemente der `Controls`-Auflistung eines Formulars ist nicht nur über den Index, sondern auch über den Namen des Elements möglich.

Beispiel Zugriff auf ein spezielles Control über dessen Namen

```
Dim tb As TextBox = Controls("TextBox2")
MessageBox.Show(tb.Text)
```

9.1.2 Wichtige Methoden

Die wichtigsten Methoden für Formulare sind im Folgenden zusammengestellt.

Tabelle 9.2 Wichtige Formular-Methoden

Methode	Beschreibung
`Activate`	... aktiviert das Formular.
`BringToFront`	... verschiebt das Formular an die oberste Position (innerhalb der Anwendung).
`Close`	... schließt das Formular.
`CreateControl`	... erzeugt ein neues Steuerelement.
`CreateGraphics`	... erstellt ein `Graphics`-Objekt für die grafische Ausgabe.
`DoDragDrop`	... startet eine Drag & Drop-Operation.
`Focus`	... setzt den Fokus auf das Formular.
`GetNextControl`	... liefert das folgende Control in der Tab-Reihenfolge.
`Hide`	... verbirgt das Formular.
`Invalidate`	... erzwingt ein Neuzeichnen des Formularinhalts.
`PointToClient` `RectangleToClient`	... rechnet Screen-Koordinaten in Fensterkoordinaten um (je nach Fensterposition).
`PointToScreen` `RectangleToScreen`	... rechnet Fensterkoordinaten in Screen-Koordinaten um.

Methode	Beschreibung
`Refresh`	... erzwingt ein Neuzeichnen des Fensters und der untergeordneten Controls.
`SelectNextControl`	... verschiebt den Eingabefokus bei den untergeordneten Controls.
`Show`	... zeigt das Fenster an.
`ShowDialog`	... zeigt das Fenster als Dialogbox (modal) an.

Beispiel Umrechnen in Screen-Koordinaten

```
Private Sub Form1_MouseDown(ByVal sender As System.Object, _
                    ByVal e As System.Windows.Forms.MouseEventArgs) Handles MyBase.MouseDown
    Me.Text = "Screen-Koordinaten: " & Me.PointToScreen(New Point(e.X, e.Y)).ToString
End Sub
```

Die Anzeige hängt jetzt nicht nur von der relativen Mausposition, sondern auch von der absoluten Position des Formulars ab:

Hinweis

Statt des Namens des Formulars (z.B. `Form1`) können Sie auch `Me` verwenden oder den Bezeichner völlig weglassen, da der Code ja in der aktuellen Klasse ausgeführt wird. ■

9.1.3 Wichtige Ereignisse

Neben den bereits im vorhergehenden Kapitel aufgelisteten Events sind für ein Formular auch die folgenden Ereignisse von Bedeutung:

Tabelle 9.3 Wichtige Formularereignisse

Ereignis	... tritt ein, wenn
`Activated`	... das Formular aktiviert wird.
`FormClosing`	... das Formular geschlossen werden soll. Sie können den Vorgang über den Parameter `e.Cancel` abbrechen und so ein Schließen des Formulars verhindern.
`FormClosed`	... das Formular geschlossen ist.
`Deactivate`	... ein anderes Formular aktiviert wird.
`Load`	... das Formular geladen wird.
`Paint`	... das Formular neu gezeichnet werden muss.
`Resize`	... die Größe eines Formulars verändert wird.
`HelpRequested`	... Hilfe vom Nutzer angefordert wird (F1).
`Layout`	... die untergeordneten Controls neu positioniert werden müssen (Größenänderung des Formulars oder Hinzufügen von Steuerelementen).
`LocationChanged`	... sich die Position des Formulars ändert.
`MdiChildActivated`	... wenn ein MDI-Child-Fenster aktiviert wird.

Beim Laden eines Formulars treten – nach Aufruf des Konstruktors – die Ereignisse in folgender Reihenfolge auf:

`Move` ⇨ `Load` ⇨ `Layout` ⇨ `Activated` ⇨ `Paint`

Beim Schließen hingegen haben wir es mit folgender Ereigniskette zu tun:

`FormClosing` ⇨ `FormClosed` ⇨ `Deactivate`

Beispiel Verwenden des `Paint`-Events zum Zeichnen eines Kreises

```
Private Sub Form1_Paint(ByVal sender As System.Object, _
                        ByVal e As System.Windows.Forms.PaintEventArgs) Handles MyBase.Paint
   e.Graphics.DrawEllipse(New Pen(Color.Black), 0, 0, 100, 100)
End Sub
```

Mit jedem Anzeigen oder jeder Größenänderung wird `Paint` ausgelöst. Das Ergebnis:

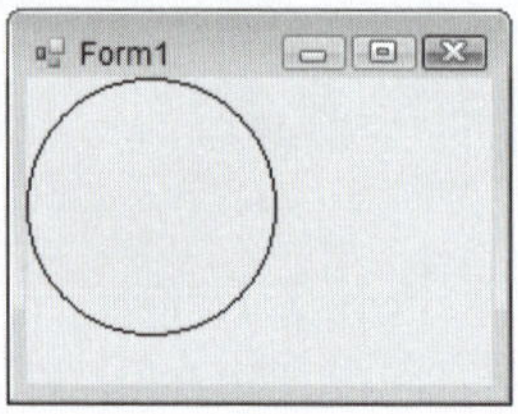

Hinweis

Mehr zur Grafikprogrammierung finden Sie im Kapitel 11. ■

9.2 Praktische Aufgabenstellungen

Im folgenden wollen wir die o.g. Eigenschaften, Methoden und Ereignisse nutzen, um einige recht praktische Aufgabenstellungen im Umgang mit Windows-Formularen zu lösen.

9.2.1 Ein Fenster anzeigen

Wie Sie aus der Startprozedur `Main()` heraus ein Fenster aufrufen, wurde im vorhergehenden Kapitel beschrieben. Wie Sie hingegen aus dem Hauptfenster heraus weitere Formulare aufrufen, soll Mittelpunkt dieses Abschnitts sein.

Zwei grundsätzliche Typen von Formularen müssen Sie unterscheiden:

- modale Fenster (Dialoge)
- nichtmodale Fenster

Die Unterscheidung zwischen beiden Varianten findet erst beim Aufruf bzw. bei der Anzeige eines `Form`-Objekts statt, zur Entwurfszeit wird diese Unterscheidung nicht getroffen, sieht man einmal von unterschiedlichen Rahmentypen (`FormBorderStyle`-Eigenschaft) ab.

Nichtmodale Fenster

Hierbei handelt es sich um ein Fenster, das den Fokus auch an andere Fenster abgeben bzw. das auch verdeckt werden kann.

Die Anzeige erfolgt mit Hilfe der Methode `Show`, die asynchron ausgeführt wird, d.h., es wird bei der Programmverarbeitung nicht auf das Schließen des Formulars gewartet.

Hinweis

Vor der Anzeige des Formulars muss dieses mit `New` instanziiert werden! ■

Beispiel Instanziieren und Anzeigen eines weiteren Formulars

```
Private Sub Button1_Click(ByVal sender As System.Object, ByVal e As System.EventArgs) _
                                                               Handles Button1.Click
    Dim f2 As New Form2()
    f2.Text = "Mein zweites Formular"
    f2.Show()
End Sub
```

Der »Nachteil« dieser Fenster: Sie können zum einen verdeckt werden, zum anderen wissen Sie als Programmierer nie, wann der Anwender das Fenster denn schließt[1]. Für die Eingabe von Werten und deren spätere Verarbeitung sind sie also ungeeignet.

Modale Fenster (Dialoge)

Abhilfe schaffen die Dialogfenster, auch modale Fenster genannt. Diese werden statt mit `Show` mit der Methode `ShowDialog` angezeigt. Die Programmausführung wird mit dem Aufruf der Methode an dieser Stelle so lange gestoppt, bis der Nutzer das Formular wieder geschlossen hat.

Beispiel Modaler Aufruf eines Formulars, auf welchem sich eine `TextBox` befindet. Nach dem Schließen wird der Inhalt der `TextBox` in einer `MessageBox` angezeigt.

```
    Dim f2 As New Form2()
    f2.Text = "Bitte tragen Sie Ihren Namen ein ..."
    f2.ShowDialog()
    MessageBox.Show(f2.TextBox1.Text)      ' Anzeige des Eingabewerts
```

Zu einer ordentlichen Dialogbox gehören im Allgemeinen auch ein OK- und ein Abbruch-Button. Auf diese Weise kann im aufrufenden Programm schnell entschieden werden, welcher Meinung der Anwender beim Schließen der Dialogbox war. Von zentraler Bedeutung ist in diesem Fall der Rückgabewert der Methode `ShowDialog`.

[1] Natürlich könnten Sie die entsprechenden Ereignisse auswerten, aber übersichtlicher wird Ihr Programm dadurch sicher nicht, vor allem dann nicht, wenn es um eine synchrone Programmabarbeitung geht.

Beispiel Auswerten des Rückgabewertes

```
Dim f2 As New Form2()
If f2.ShowDialog() = DialogResult.Abort Then
  ...
 End If
 ...
```

Tabelle 9.4 Die Werte der *DialogResult*-Enumeration

DialogResult
Abort
Cancel
Ignore
No
None
OK
Retry
Yes

In der Dialogbox selbst stellen Sie den Rückgabewert entweder durch das direkte Setzen der Eigenschaft `DialogResult` ein oder Sie weisen den beiden Buttons (OK, Abbruch) die gewünschte `DialogResult`-Eigenschaft zu.

Beispiel Auf `Form1` befinden sich ein `Label` und ein `Button`. Über Letzteren wird ein Dialogfenster `Form2` aufgerufen, das die Schaltflächen »OK« und »Abbruch« besitzt. Außerdem hat `Form2` eine `TextBox`, deren `Modifiers`-Eigenschaft Sie auf `Public` oder `Friend` (Standard) setzen müssen.

```
Public Class Form1
    Private Sub Button1_Click(ByVal sender As Object, ByVal e As EventArgs)
        Dim f2 As New Form2()
        f2.Text = "Bitte tragen Sie Ihren Namen ein ... "
        If f2.ShowDialog() = DialogResult.OK Then Label1.Text = f2.TextBox1.Text
    End Sub
End Class
```

Der Code von `Form2`:

```
Public Class Form2
```

Wir ergänzen den Konstruktorcode:

```
    Public Sub New()

        ' Dieser Aufruf ist für den Windows Form-Designer erforderlich.
        InitializeComponent()

        ' Fügen Sie Initialisierungen nach dem InitializeComponent()-Aufruf hinzu.
```

Die folgenden beiden Zuweisungen können Sie auch direkt im Eigenschaftenfenster von *Button1* bzw. *Button2* vornehmen:

```
        Button1.DialogResult = DialogResult.OK
        Button2.DialogResult = DialogResult.Abort
    End Sub
End Class
```

Nach Klick auf »OK« wird der in `Form2` eingetragene Wert in `Form1` angezeigt.

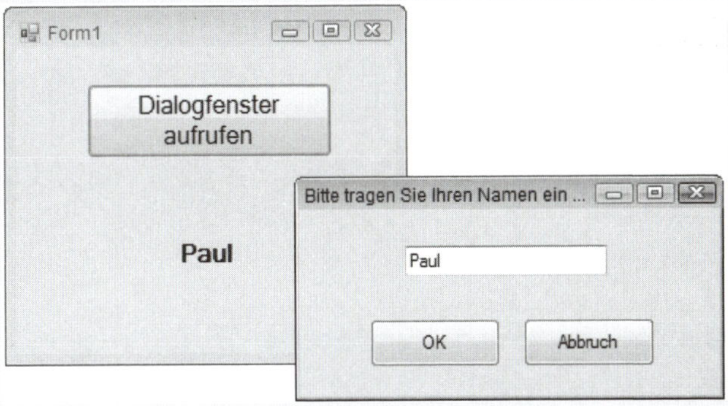

9.2.2 Einen Splash Screen beim Anwendungsstart anzeigen

Von vielen kommerziellen Anwendungen ist Ihnen sicher die Funktion eines Splash Screens bekannt. Der Hintergrund ist in vielen Fällen, dass die Zeit für das Laden von Programmmodulen, Datenbanken etc. für den Endanwender irgendwie sinnvoll überbrückt werden soll, ohne dass der Verdacht aufkommt, die Anwendung »hängt«. An einem recht einfachen Vertreter dieser Gattung wollen wir Ihnen die prinzipielle Vorgehensweise demonstrieren.

Beispiel Einsatz eines Splash Screens

Erstellen Sie zunächst ein neues Projekt und fügen Sie diesem neben dem Standardformular `Form1` ein weiteres Formular `mySplashScreen` hinzu. Diesem gilt auch zunächst unsere Aufmerksamkeit.

Fügen Sie `mySplashScreen` einen `Label` für die Begrüßungsmeldung und einen `Label` für mögliche Statusmeldungen hinzu. Setzen Sie weiterhin die `FormBorderStyle`-Eigenschaft auf den von Ihnen favorisierten Wert (z.B. `None`), sowie die Eigenschaft `StartPosition` auf `ScreenCenter`. Nicht vergessen dürfen wir auch die Eigenschaft `TopMost`, die wir tunlichst auf `True` setzen sollten, damit unser Formular auch im Vordergrund steht und nicht hinter dem Hauptformular der Anwendung verloren geht.

Die Klassendefinition erweitern Sie bitte um die im Folgenden fett hervorgehobenen Einträge:

```
...
Public Class mySplashScreen
```

Da wir nur ein Formular benötigen, definieren wir diese gleich intern und statisch:

```
    Private Shared frmSplashScreen As mySplashScreen = Nothing
```

Mit der folgenden `Start`-Methode wird das Formular initialisiert und angezeigt. Da die Methode statisch ist, können wir diese direkt mit `SplashScreen.Start()` aufrufen.

```
    Public Shared Sub Start()
        If frmSplashScreen IsNot Nothing Then
            Return
        End If
        frmSplashScreen = New mySplashScreen()
        frmSplashScreen.Show()
    End Sub
```

Auch das Schließen des Formulars übernimmt eine statische Methode der `mySplashScreen`-Klasse:

```
    Public Shared Sub [Stop]()
        frmSplashScreen.Close()
        frmSplashScreen = Nothing
    End Sub
```

Möchten Sie Statusmeldungen anzeigen, ist dies über die statische Methode `SetMessage` möglich. Die Meldungen werden im `Label2` angezeigt:

```
    Public Shared Sub SetMessage(ByVal msg As String)
        frmSplashScreen.Label2.Text = msg
        Application.DoEvents()
    End Sub
...
```

Selbstverständlich können Sie auch noch Fortschrittsanzeigen etc. in diesem Formular unterbringen, das Grundprinzip dürfte jedoch weitgehend gleich bleiben.

Was fehlt ist die Integration des neuen Splash-Screens in Ihre Anwendung. Öffnen Sie dafür die Datei *ApplicationEvents.vb* (*Projekt|Eigenschaften|Anwendung|Anwendungsereignisse anzeigen*) und nehmen Sie folgende Erweiterung vor:

```
Namespace My

        Private Sub MyApplication_Startup(ByVal sender As Object, _
                         ByVal e As Microsoft.VisualBasic.ApplicationServices.StartupEventArgs) _
                         Handles Me.Startup
            mySplashScreen.Start()
        End Sub
    End Class

End Namespace
```

Last but not least ist auch unser eigentliches Programm von Interesse. Wir wollen hektische und langwierige Datenbankoperationen beim Öffnen von `Form1` mit einer einfachen Schleife und der `Thead.Sleep`-Methode simulieren:

```
...
Imports System.Threading

Public Class Form1

    Private Sub Form1_Load(ByVal sender As System.Object, ByVal e As System.EventArgs) _
                       Handles MyBase.Load
        For i As Integer = 0 To 99
            Application.DoEvents()
            Thread.Sleep(50)
```

Hier besteht die Möglichkeit, den aktuellen Fortschritt im Splash Screen anzuzeigen:

```
            mySplashScreen.SetMessage("Schritt " & i.ToString())
        Next i
```

Sind alle Ladeaktivitäten absolviert, sollten wir auch unseren Splash Screen wieder ausblenden:

```
        mySplashScreen.Stop()
    End Sub
End Class
```

Beim Start der Anwendung sollte jetzt zunächst unser Splash Screen erscheinen und anschließend Form1.

Hinweis
Man kann sicher auch die Anzeige des Splash Screens in einen extra Thread auslagern, um die Aktualisierungen dieser Forms unabhängig von den anderen Aktivitäten der Anwendung zu realisieren. Die Alternative ist das regelmäßige Aufrufen der DoEvents-Methode, wie in obigem Beispiel demonstriert. ■

9.2.3 Eine Sicherheitsabfrage vor dem Schließen anzeigen

Für das Schließen der Anwendung bieten sich viele Möglichkeiten und so ist es sicher ratsam, die entsprechende Routine zentral zu organisieren. Dazu bietet sich das FormClosing-Ereignis an, wie es das folgende Beispiel zeigt.

Beispiel Sicherheitsabfrage vor dem Schließen des Formulars anzeigen

```
Private Sub Form1_FormClosing(ByVal sender As System.Object, _
              ByVal e As System.Windows.Forms.FormClosingEventArgs) Handles MyBase.FormClosing
    e.Cancel = MessageBox.Show("Programm beenden?", "Frage", MessageBoxButtons.YesNo) = _
                                                                DialogResult.No
End Sub
```

Das Ergebnis

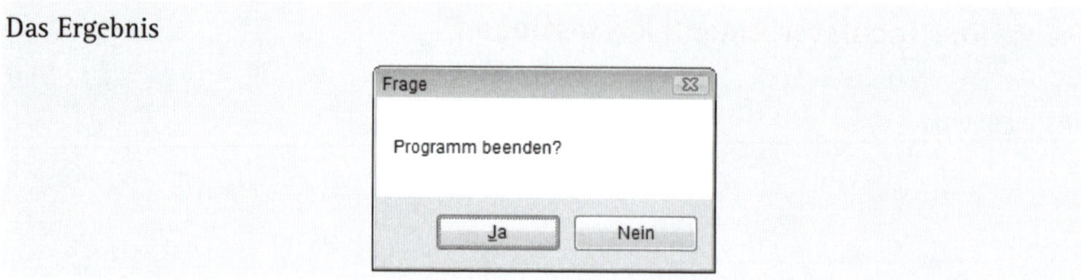

Die Neugier des Programmierers ist in vielen Fällen angebracht, und so bietet der Parameter `e` ganz nebenbei auch Informationen darüber, warum das Ereignis ausgelöst wurde. Verantwortlich dafür ist der Member `CloseReason`, dessen einzelne Konstanten Sie der folgenden Tabelle entnehmen können.

Tabelle 9.5 `CloseReason`-Enumeration

Member	Beschreibung
`ApplicationExitCall`	Die Methode `Application.Exit` wurde im Programm aufgerufen.
`FormOwnerClosing`	Das Hauptformular wurde geschlossen.
`MdiFormClosing`	Das zentrale MDI-Form wurde geschlossen.
`None`	Hier weiß auch die API nicht weiter.
`TaskManagerClosing`	Der Taskmanager will die Anwendung schließen.
`UserClosing`	Ein Nutzeraktion (Formularschaltflächen) führt zum Schließen.
`WindowsShutDown`	Das Betriebssystem wird heruntergefahren.

9.2.4 Ein Formular durchsichtig machen

Sind Ihnen die bisherigen Formulare zu schlicht, können Sie Ihre Anwendung auch mit einem Transparenzeffekt aufpeppen. Setzen Sie dazu einfach die `Opacity`-Eigenschaft auf einen Wert zwischen 0% (vollständige Transparenz) und 100%. Das Ergebnis bei 50% zeigt folgender Bildschirmausschnitt mit Blick auf den Desktop:

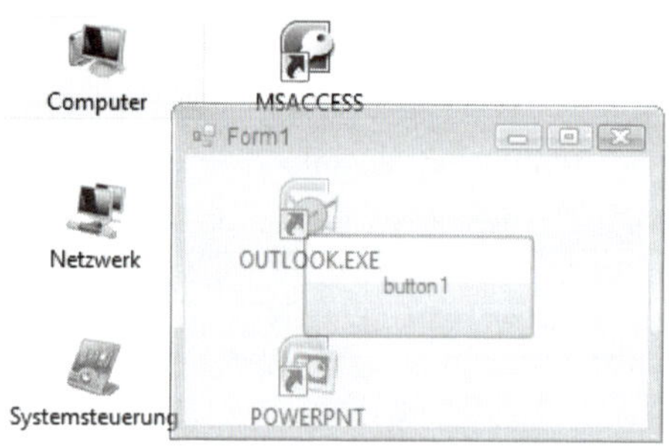

Abbildung 9.2
Ein transparentes Fenster in Aktion

9.2.5 Die Tabulatorreihenfolge festlegen

Gerade bei Dialogboxen ist die Eingabereihenfolge von übergeordnetem Interesse. Was nützt dem Anwender eine Dialogbox, in der der Eingabefokus willkürlich zwischen den Text- und ComboBoxen hin und her springt?

Da der Wechsel von einem Eingabe-Control zum nächsten mit der Tabulatortaste erfolgt, spricht man auch von Tabulatorreihenfolge. Jedes sichtbare Steuerelement verfügt zu diesem Zweck über die Eigenschaften `TabIndex` und `TabStop`. Während mit `TabStop` lediglich festgelegt wird, ob das Control überhaupt den Fokus erhalten kann (mittels Tab-Taste), können Sie mit `TabIndex` Einfluss auf die Reihenfolge nehmen.

Visual Studio unterstützt Sie bei dieser Arbeit recht gut. Um den Überblick zu verbessern, können Sie die Tabulatorreihenfolge im Entwurfsmodus sichtbar machen. Aktivieren Sie diese über den Kontextmenüpunkt *Ansicht/Aktivierreihenfolge*. Ihr Formular dürfte danach zum Beispiel folgenden Anblick bieten:

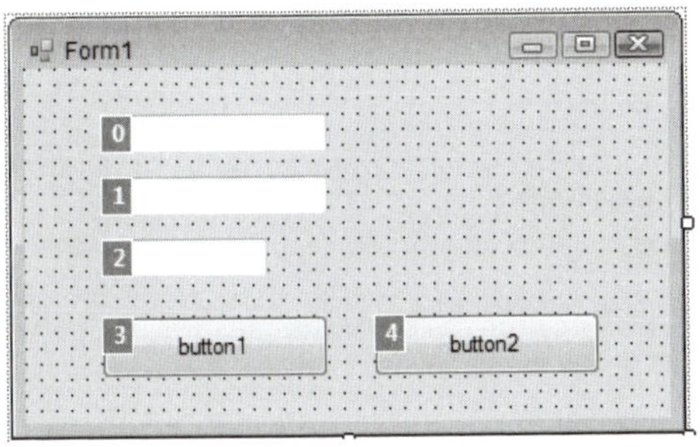

Abbildung 9.3
Tabulatorreihenfolge festlegen

Klicken Sie jetzt einfach in der gewünschten Reihenfolge in die kleinen Fähnchen, um die Tabulatorreihenfolge zu ändern.

9.2.6 Ausrichten und Platzieren von Komponenten im Formular

War es in der ersten Version von Visual Studio noch eine Qual bzw. ein riesiger Aufwand, Komponenten in einem Formular sauber auszurichten, stellt dies heutzutage kaum noch ein Problem dar. Zwei wesentliche Verfahren bieten sich an:

- **Docking** (Andocken an die Außenkanten einer übergeordneten Komponente)
- **Anchoring** (Ausrichten relativ zu den Außenkanten einer übergeordneten Komponente)

Verantwortlich für das Ausrichten sind die beiden nahe liegenden Eigenschaften `Dock` und `Anchor`.

Hinweis

Natürlich wollen wir der Vollständigkeit halber nicht vergessen, hier auch auf die Eigenschaften `Location` (linke obere Ecke) und `Size` (Breite, Höhe) hinzuweisen. ■

Dock

Öffnen Sie das Eigenschaftenfenster (F4) und wählen Sie die Eigenschaft `Dock`, steht Ihnen der Eigenschafteneditor (Abbildung 9.4) zur Verfügung.

Eine Komponente lässt sich mit dieser Eigenschaft fest an den vier Außenkanten oder in der verbleibenden Clientfläche ausrichten. Dabei verändert sich die Größe der Komponente nur so, dass die Ausrichtung an den Außenkanten erhalten bleibt.

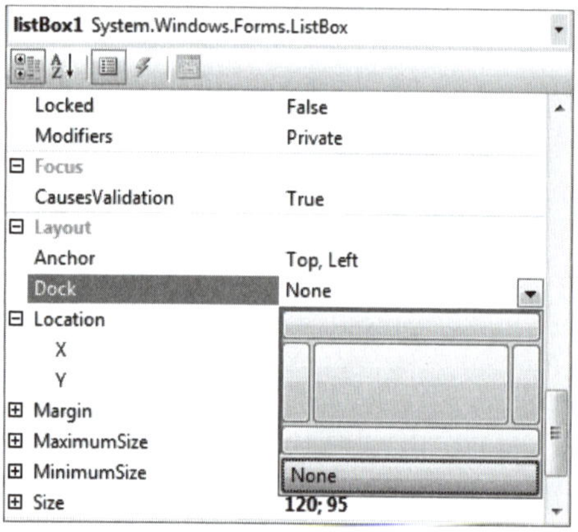

Abbildung 9.4 Eigenschafteneditor für `Dock`

Beispiel Ausrichten zweier Listboxen in einem Fenster

Die linke `ListBox` ändert lediglich ihre Höhe, die rechte `ListBox` füllt immer den gesamten freien Formbereich aus.

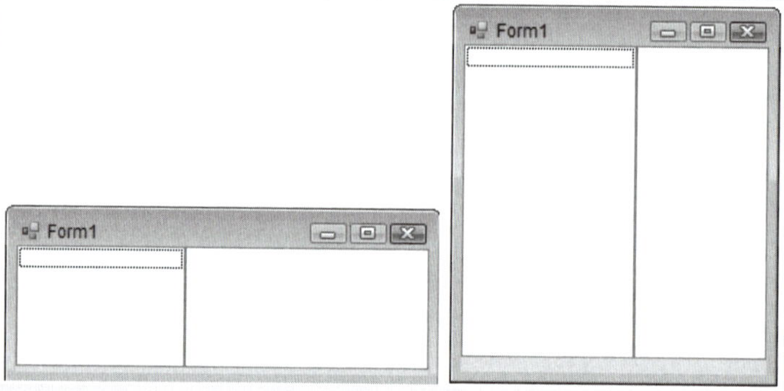

Hinweis

Möchten Sie die Ausrichtung aufheben, wählen Sie im Eigenschaften-Editor die unterste Schaltfläche (`None`). ■

Damit stellt jetzt auch das Positionieren von Bildlaufleisten kein Problem mehr dar, einfach die Komponenten am rechten bzw. am unteren Rand ausrichten.

Hinweis

Mit der Formulareigenschaft Padding können Sie einen Mindestabstand beim Docking vorgeben. Auf diese Weise lassen sich Ränder zu den Formularkanten definieren. ■

Anchor

Etwas anders als die Dock-Eigenschaft verhält sich die Anchor-Eigenschaft. Standardmäßig ist Anchor immer mit Left, Top aktiv, bei Größenänderungen des Formulars bleibt also der Abstand der Komponente zum linken und oberen Rand der umgebenden Komponente immer gleich. Auch hier steht ein eigener Eigenschafteneditor zur Verfügung:

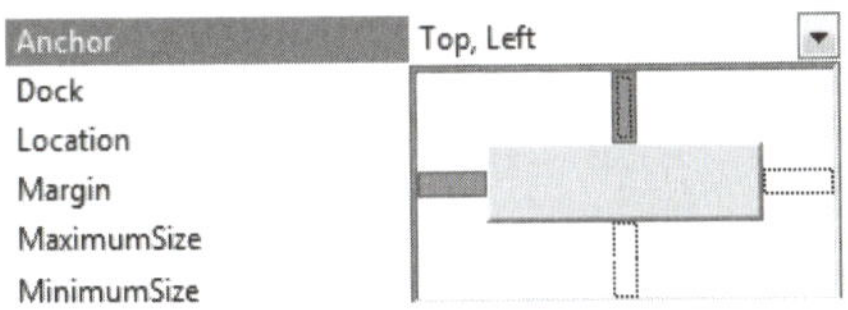

Abbildung 9.5 Eigenschafteneditor für Anchor

Die folgenden Abbildungen zeigen Ihnen die Auswirkungen verschiedener Anchor-Einstellungen auf ein Formular:

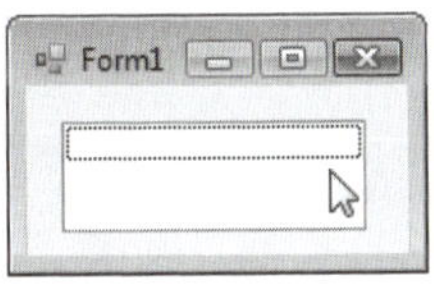

Original Fenstergröße

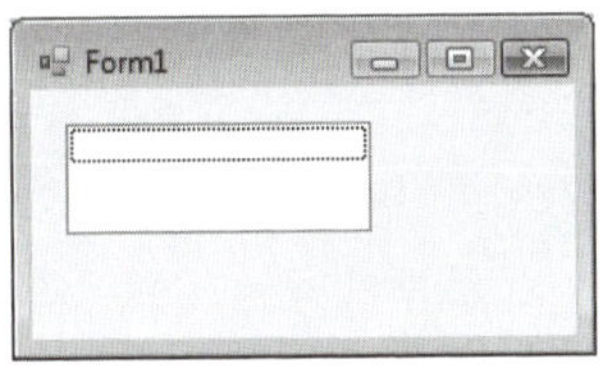

Fenster vergrößert (Anchor=Left,Top)

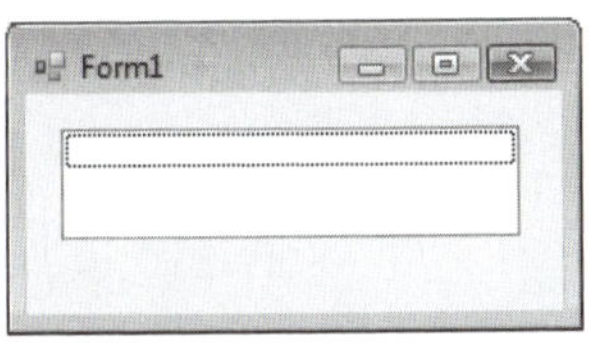

Fenster vergrößert (Anchor=Left,Top,Right)

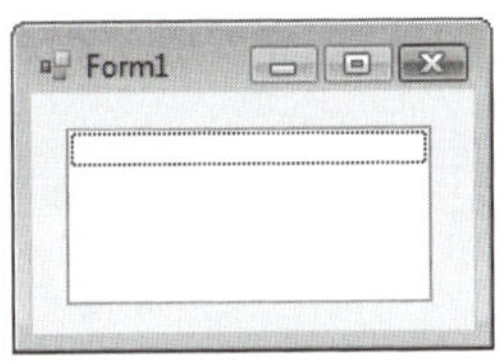

Fenster vergrößert (Anchor=Left,Top,Right,Bottom)

Zur Laufzeit können Sie die Anchor-Eigenschaft mit den Werten der Enumeration AnchorStyles festlegen (siehe folgende Tabelle).

Tabelle 9.6 Konstanten von AnchorStyles

Konstante von AnchorStyles	Das Steuerelement ist ...
None	... nicht verankert.
Top	... am oberen Rand verankert.
Bottom	... am unteren Rand verankert.

Konstante von AnchorStyles	Das Steuerelement ist ...
Left	... am linken Rand verankert.
Right	... am rechten Rand verankert.

Da die AnchorStyles-Enumeration über ein <FlagsAttribut> verfügt, können die einzelnen Konstanten bitweise verknüpft werden.

Beispiel Herstellen der Standardverankerung eines Button

```
Button1.Anchor = AnchorStyles.Left Or AnchorStyles.Top
```

9.2.7 Spezielle Panels für flexibles Layout

Auch hier geht es um die Bereitstellung eines flexiblen Formularlayouts. Allerdings haben wir es, im Unterschied zum vorhergehenden Abschnitt, mit keinen Formulareigenschaften mehr zu tun, sondern mit speziellen Panels, die Sie im »Container«-Segment der Toolbox vorfinden.

SplitContainer

Diese Komponente gilt als Nachfolger für den Splitter und besteht aus zwei Panels, die durch einen zur Laufzeit veränderlichen Balken getrennt sind.

Abbildung 9.6
Beispiel für den SplitContainer

Wichtige Eigenschaften sind Orientation (horizontale oder vertikaler Trennbalken), IsSplitterFixed (fester oder beweglicher Balken) und BorderStyle (in der Standardeinstellung None bleibt der Balken unsichtbar).

FlowLayoutPanel

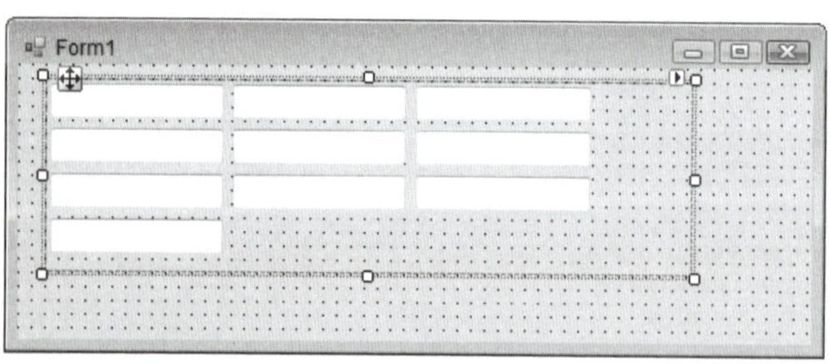

Abbildung 9.7
FlowLayoutPanel

Diese Komponente layoutet die auf ihr platzierten Steuerelemente dynamisch in horizontaler oder vertikaler Richtung, d.h., bei einer Größenänderung des Formulars werden die Steuerelemente automatisch »umgebrochen« (`WrapContents = True`). Wichtig ist die `Anchor`-Eigenschaft, die die Ränder des Containers (`Top`, `Bottom`, `Left`, `Right`) bestimmt, an welche die Steuerelemente gebunden werden sollen.

TableLayoutPanel

Diese Komponente besorgt ein dynamisches Layout, welches sich an einer Gitterstruktur orientiert. Wichtig sind die `Rows`- und die `Columns`-Eigenschaft, die über spezielle Dialoge (aufrufbar über den Smarttag rechts oben) den individuellen Bedürfnissen angepasst werden können.

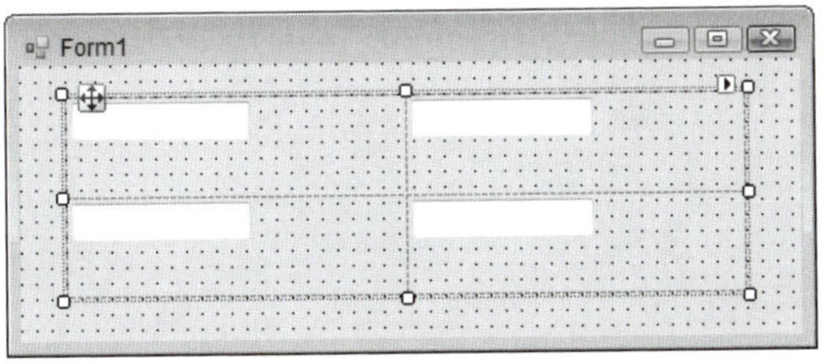

Abbildung 9.8
`TableLayoutPanel`

9.2.8 Menüs erzeugen

An dieser Stelle wollen wir etwas vorgreifen, da `MenuStrip`- und `ContextMenuStrip`-Komponente (Nachfolger der veralteten `MainMenu`- und `ContextMenu`-Controls) eigentlich erst in das folgende Kapitel gehören, wo es um die Beschreibung der wichtigsten Steuerelemente geht. Doch die optische Verzahnung zwischen Menü und Formular ist so eng, dass wir bereits an dieser Stelle auf dieses Thema eingehen wollen.

Beide Komponenten haben gegenüber dem veralteten `MainMenu/ContextMenü` wesentlich verbesserte Features. So kann jedem Menüelement über seine `Image`-Eigenschaft auf einfache Weise eine Grafik zugewiesen werden. Menüeinträge können auch als `ComboBox`, `TextBox` oder `Separator` in Erscheinung treten.

MenuStrip

Möchten Sie ein »normales« Menü erzeugen, platzieren Sie einfach eine `MenuStrip`-Komponente auf das Formular. Es handelt sich zunächst um eine nicht sichtbare Komponente, die lediglich im Komponentenfach zu sehen ist. Doch halt, auch in der Kopfzeile des Formulars tut sich etwas, sobald die Komponente markiert wird: Das Menü wird genau dort bearbeitet, wo es sich zur Laufzeit auch befindet. Klicken Sie also in den Text »Hier eingeben« und tragen Sie beispielsweise »Datei« ein. Automatisch werden bereits zwei weitere potenzielle Menüpunkte erzeugt (ein Menüpunkt auf der gleichen Ebene, ein untergeordneter Menüpunkt), die Sie auf die gleiche Weise bearbeiten können.

Hinweis

Möchten Sie einen Trennstrich einfügen, genügt die Eingabe eines einzelnen Minuszeichens (-) als Beschriftung! ■

Beispiel Die folgende Abbildung zeigt ein Datei-Menü mit zwei Einträgen (`MenuItems`). Dazwischen befindet sich ein Trennstrich. Die kleine Grafik bei *Datei/Öffnen* wurde diesem Menüpunkt über dessen `Image`-Eigenschaft zugewiesen.

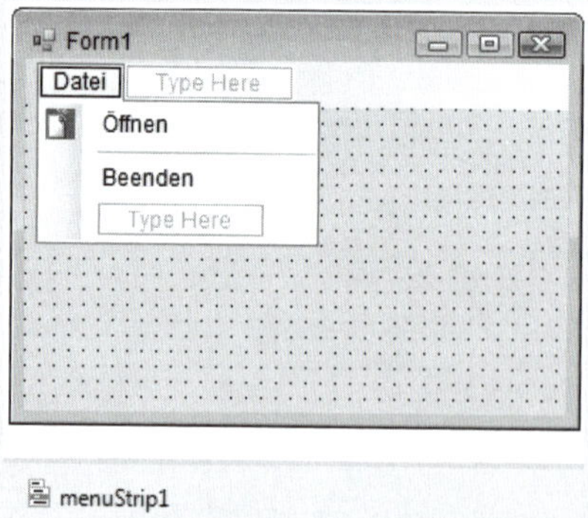

Um für einen Menüpunkt die Ereignisprozedur zu erzeugen genügt ein Doppelklick, und schon befinden Sie sich wieder im Code-Editor und programmieren die Funktionalität.

Die beiden Menüeinträge werden mit Code hinterlegt.

```
Public Class Form1

    Private Sub ÖffnenToolStripMenuItem_Click(ByVal sender As System.Object, _
                              ByVal e As System.EventArgs) Handles ÖffnenToolStripMenuItem.Click
        MessageBox.Show("Das ist nur ein Test!")
    End Sub

    Private Sub BeendenToolStripMenuItem_Click(ByVal sender As System.Object, _
                             ByVal e As System.EventArgs) Handles BeendenToolStripMenuItem.Click
        Me.Close()
    End Sub

End Class
```

Anstatt eines normalen Menüeintrags können auch eine `TextBox` oder eine `ComboBox` verwendet werden.

Beispiel Die oberste Menüebene des Vorgängerbeispiels wird um eine `ComboBox` erweitert, mit welcher man die Hintergrundfarbe des Formulars einstellen kann.

Die `Items`-Eigenschaft der `ComboBox` wird mit dem über das Eigenschaftenfenster erreichbaren Editor zeilenweise mit den Einträgen für die einzelnen Farben gefüllt. Zur Programmierung kann man das `SelectedIndexChanged`-Ereignis der `ComboBox` ausnutzen:

```
Private Sub ToolStripComboBox1_SelectedIndexChanged(ByVal sender As System.Object, _
                ByVal e As System.EventArgs) Handles ToolStripComboBox1.SelectedIndexChanged

    Dim c As Color = Color.White
    Select ToolStripComboBox1.SelectedIndex
        Case 0 : c = Color.Red
        Case 1 : c = Color.Green
        Case 2 : c = Color.Blue
        Case 3 : c = Color.Yellow
        Case 4 : c = Color.White
    End Select
    Me.BackColor = c
End Sub
```

Die Laufzeitansicht:

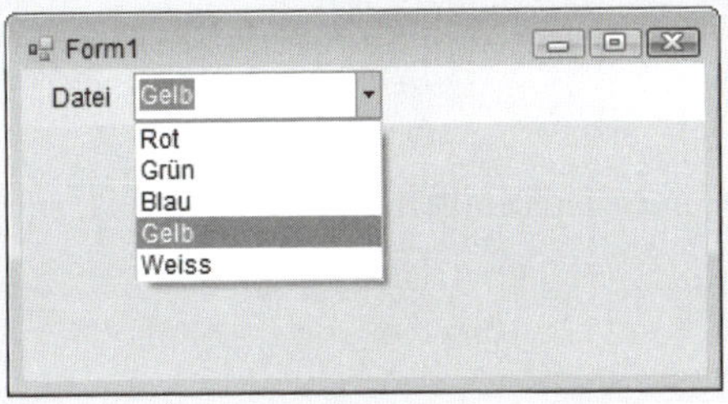

ContextMenuStrip

Die Programmierung eines Kontextmenüs unterscheidet sich nur unwesentlich von der eines normalen Menüs. Der Entwurfsprozess ist nahezu identisch.

Hinweis

Da sich ein Kontextmenü in der Regel auf ein bestimmtes visuelles Steuerelement bezieht, verfügen letztere über eine `ContextMenuStrip`-Eigenschaft. ■

Beispiel Eine `ContextMenuStrip`-Komponente wird mit einer `TextBox` ausgestattet, um zur Laufzeit eine `ListBox` mit Einträgen zu füllen. Die `ContextMenuStrip`-Eigenschaft der `ListBox` ist mit dem Kontextmenü zu verbinden!

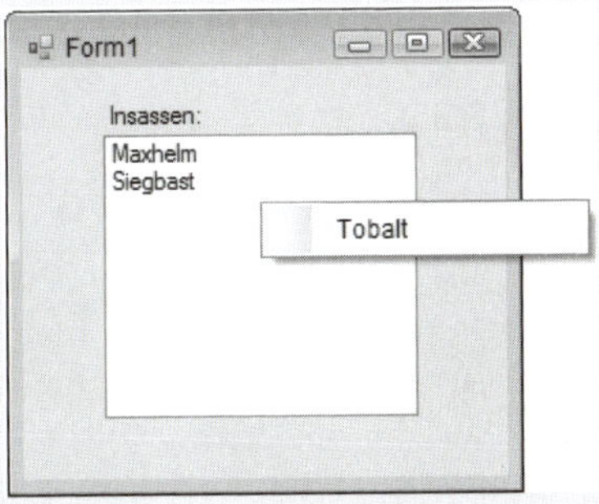

Nach Klick mit der rechten Maustaste auf die `ListBox` erscheint das Kontextmenü. Jeder neue Eintrag ist mittels *Enter*-Taste abzuschließen:

```
Private Sub ToolStripTextBox1_KeyUp(ByVal sender As System.Object, _
                ByVal e As System.Windows.Forms.KeyEventArgs) Handles ToolStripTextBox1.KeyUp
    If e.KeyCode = Keys.Enter Then
        ListBox1.Items.Add(ToolStripTextBox1.Text)
        ToolStripTextBox1.Text = String.Empty
    End If
End Sub
```

Weitere Eigenschaften von Menüeinträgen

Jeder Menüeintrag wird durch ein ToolStripMenuItem-Objekt dargestellt, hat also eigene Eigenschaften, von denen die Text-Eigenschaft die offensichtlichste ist. Auch viele der übrigen Eigenschaften erklären sich von selbst.

Beispiel Mit der Eigenschaft Checked bestimmen Sie, ob vor dem Menüpunkt ein Häkchen angezeigt werden soll oder nicht.

In der Ereignisprozedur können Sie den Wert entsprechend setzen oder auslesen:

```
Private Sub TestToolStripMenuItem1_Click(ByVal sender As System.Object, _
                             ByVal e As System.EventArgs) Handles TestToolStripMenuItem1.Click

    TestToolStripMenuItem1.Checked = Not TestToolStripMenuItem1.Checked
    If TestToolStripMenuItem1.Checked Then
        MessageBox.Show("Das ist nur ein Test!")
        TestToolStripMenuItem1.Checked = True
    End If
End Sub
```

Über die Eigenschaft Visible steuern Sie die Sichtbarkeit des Menüeintrags. Besser als das Ausblenden ist meist das Deaktivieren mit der Enabled-Eigenschaft. Über ShortcutKeys bzw. ShowShortcutKeys können Sie den Menüpunkt mit einer Tastenkombination verbinden (z.B. Alt+G oder F7).

9.3 MDI-Anwendungen

Ein Windows-Programm läuft oft als MDI-Applikation ab, d.h., innerhalb eines Rahmen- bzw. Mutterfensters können sich mehrere so genannte Kindfenster tummeln[1]. Diese werden vom Mutterfenster verwaltet und so »an der Leine gehalten«, dass sie z.B. auch dessen Bereich nicht verlassen können.

[1] Beispielweise Textverarbeitungsprogramme sind meist als MDI-Applikation aufgebaut. Die einzelnen Dokumente sind die Kindfenster.

9.3.1 Unsere Verwaltungszentrale: Das MDI-Hauptfenster

Möchten Sie MDI-Anwendungen programmieren, brauchen Sie zunächst ein als MDI-Container definiertes Hauptfenster. Daraus ergibt sich auch, dass beim Schließen dieses Hauptfensters die untergeordneten Kindfenster ebenfalls geschlossen werden. Setzen Sie zu diesem Zweck einfach die Eigenschaft `IsMdiContainer` auf `True`. Nachfolgend ändert sich schon zur Entwurfszeit das Aussehen des Formulars:

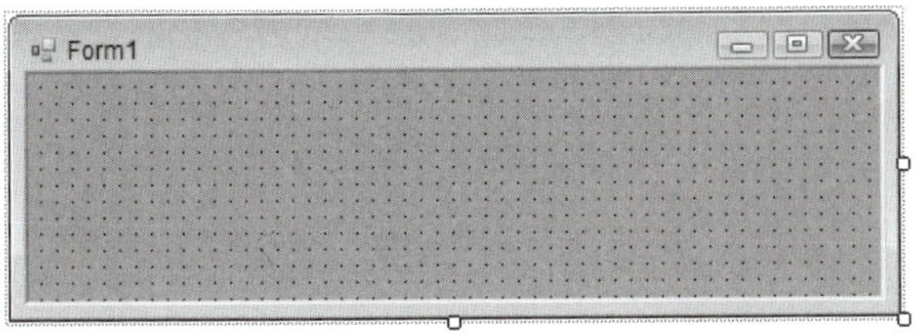

Abbildung 9.9
Ein als `MDIContainer` definiertes Fenster

Hinweis

Sie sollten keine weiteren Controls im MDIContainer platzieren, es sei denn, Sie richten diese mit Hilfe der `Dock`-Eigenschaft an den Außenkanten des Formulars aus (z.B. ein `Panel`). ■

9.3.2 Die Kindfenster

Die Kind- oder auch Child-Fenster werden über die Eigenschaft `MdiParent` kenntlich gemacht. Weisen Sie dieser Eigenschaft ein MDIContainer-Fenster zu, werden die Kindfenster bei ihrer Anzeige automatisch in den Clientbereich des MDIContainers verschoben.

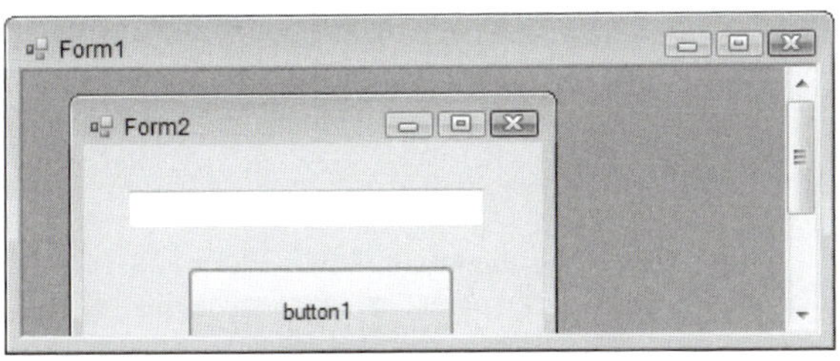

Abbildung 9.10
MDIContainer mit MDI-Kindfenster

Das Erzeugen und Anzeigen der Kindfenster entspricht der Vorgehensweise bei ganz normalen Fenstern mit dem einzigen Unterschied, dass Sie zusätzlich die Eigenschaft `MDIParent` setzen müssen.

Hinweis

Die `MDIParent`-Eigenschaft lässt sich nur zur Laufzeit zuweisen (also nicht über das Eigenschaftenfenster)! ■

Beispiel Zuweisen des `MDIParent` für ein MDI-Kindfenster

```
Public Class Form1
    Private Sub NeuesChildToolStripMenuItem_Click(ByVal sender As System.Object, _
                    ByVal e As System.EventArgs) Handles NeuesChildToolStripMenuItem.Click
        Dim f2 As New Form2()
        f2.MdiParent = Me
        f2.Show()
    End Sub
End Class
```

Vergrößern Sie ein MDI-Kindfenster auf Vollbild, so erscheint dessen Titel eingefasst in eckigen Klammern neben dem Titel des Hauptfensters:

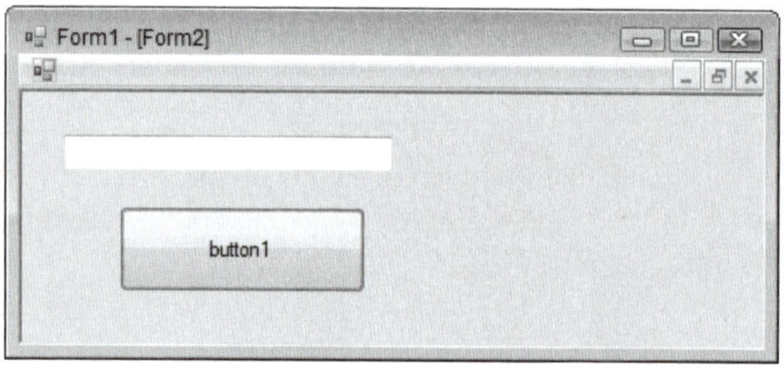

Abbildung 9.11
Übernahme des MDI-Kindfenster-Titels

Verfügen beide Fenster über eigene Menüs, so werden diese standardmäßig im Menü des MDIContainers kombiniert:

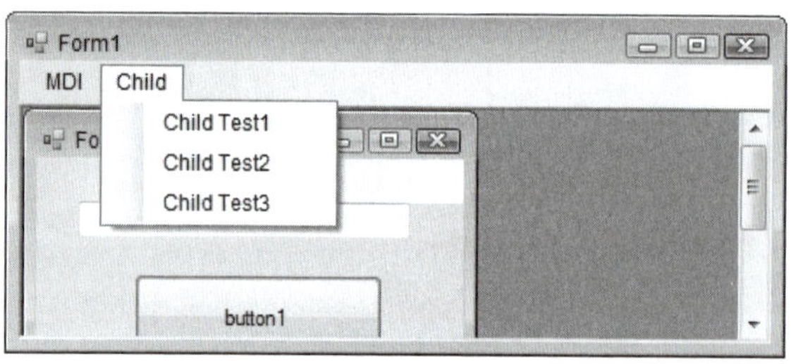

Abbildung 9.12
Kombination der Menüs beider Fenster

Gegenüber ihren konventionellen Kollegen besitzen die MDI-Kindfenster einige Einschränkungen, die durch das MDI-Konzept bedingt sind:

- MDI-Kindfenster werden nicht in der Windows-Taskleiste angezeigt.
- MDI-Kindfenster können den Clientbereich des MDIContainers nicht verlassen, verschieben Sie die Fenster aus dem sichtbaren Bereich des MDIContainers, werden automatisch die nötigen Bildlaufleisten im Container angezeigt.
- Maximieren Sie ein MDI-Kindfenster, erreicht dieses maximal die Größe des verbleibenden Clientbereichs des MDIContainers (abzüglich Statuszeile, Menüleiste und Toolbar). Die Schaltflächen für Maximieren, Minimieren und Schließen des Kindfensters werden in diesem Fall in die Menüleiste des MDIContainers eingefügt.

9.3.3 Automatisches Anordnen der Kindfenster

Ein MDIContainer verfügt über die Methode `LayoutMdi`, mit der die vorhandenen Kindfenster nebeneinander, überlappend oder als Symbole angeordnet werden können. Üblicherweise entspricht dies dem in vielen MDI-Anwendungen vorhandenen *Fenster*-Menü:

Abbildung 9.13 Übliche Menübefehle für das Anordnen von MDI-Kindfenstern

Beispiel MDI-Kindfenster automatisch hintereinander anordnen

```
Private Sub HintereinanderToolStripMenuItem_Click(ByVal sender As Object, _
                                ByVal e As EventArgs) Handles  HintereinanderToolStripMenuItem.Click
    Me.LayoutMdi(MdiLayout.Cascade)
End Sub
```

Das Ergebnis:

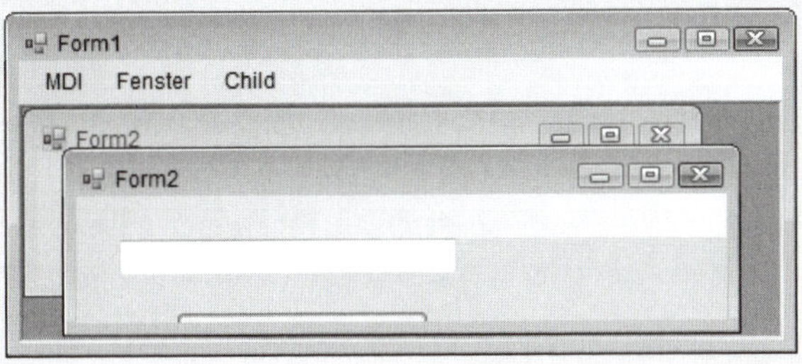

9.3.4 Zugriff auf die geöffneten MDI-Kindfenster

Über die Collection `MdiChildren` bietet sich die Möglichkeit, alle vorhandenen Kindfenster des MDIContainers zu verwaltet.

Beispiel Minimieren aller MDI-Kindfenster

```
Private Sub MinimierenToolStripMenuItem_Click(ByVal sender As Object, ByVal e As EventArgs) _
                                                       Handles  MinimierenToolStripMenuItem.Click
    For Each f As Form In Me.MdiChildren
        f.WindowState = FormWindowState.Minimized
    Next
End Sub
```

9.3.5 Zugriff auf das aktive MDI-Kindfenster

Neben der Liste aller Kindfenster ist meist auch das gerade aktuelle von besonderem Interesse für den Programmierer, muss er doch häufig auf Inhalte des aktuellen Fensters (z.B. Textfelder, Markierungen) zugreifen. Die per MDIContainer verfügbare Eigenschaft `ActiveMdiChild` lässt die aufkommende Freude recht schnell vergessen, liefert diese doch zunächst nur ein Objekt der Klasse `Form` zurück. Es ist also Ihre Aufgabe, das zurückgegebene Objekt entsprechend zu typisieren.

Beispiel Abfrage und Typisieren des aktuellen MDI-Kindfensters aus dem MDIContainer heraus

```
If Me.ActiveMdiChild IsNot Nothing Then
   Dim mdifrm As myMDIForm = CType(Me.ActiveMdiChild, myMDIForm)
   mdifrm.Label1.Text = "Ich bin aktiv"
End If
```

9.3.6 Kombinieren der Kindfenstermenüs mit dem MDIContainer

Das Vermischen der Menüs von MDIContainer und MDI-Kindfenstern kann über spezielle Eigenschaften (`AllowMerge`, `MergeAction`, `MergeIndex`) gesteuert werden und ist (fast) eine »Wissenschaft« für sich.

AllowMerge

Die Einstellungen der Eigenschaften `MergeAction` und `MergeIndex` wirken sich nur dann aus, wenn für den `MenuStrip` der Wert von `AllowMerge` auf `True` gesetzt ist, was standardmäßig der Fall ist. Setzen Sie den Wert auf `False`, erfolgt keine Mischung der Menüs.

MergeAction und MergeIndex

Mit der Eigenschaft `MergeAction` geben Sie vor, wie die Menüleisten von Container und Kind kombiniert werden, `MergeIndex` spezifiziert in einigen Fällen die Position des einzufügenden Menüelements. Folgende Einstellungen sind möglich:

Hinweis

Ein umfangreiches Beispiel dazu finden Sie im Kapitel 27 (Kleines Textverarbeitungsprogramm). ■

10

Wichtige Windows Forms-Komponenten

Dieses Kapitel behandelt die folgenden Themen:

- Allgemeine Hinweise zu Komponenten
- Übersicht zu den allgemeinen Komponenten
- Container-Komponenten
- Menüs und Symbolleisten

Nachdem Sie in den beiden vorhergehenden Kapiteln bereits die Grundlagen der Windows Formulare kennen gelernt haben, soll es Ziel dieses Kapitels sein, Ihnen einen Überblick über die wichtigsten visuellen Steuerelemente von Windows Forms-Anwendungen zu verschaffen. Da dieses Kapitel keine vollständige Referenz bereitstellt – diese Rolle kann die Ihnen zur Verfügung stehende Dokumentation viel effektiver übernehmen – werden nur die aus der Sicht des Praktikers wichtigsten Eigenschaften, Ereignisse und Methoden in Gestalt von Übersichten und knappen Beispielen vorgestellt.

10.1 Grundlegende Techniken

Visual Studio bietet Ihnen eine hervorragende Unterstützung bei der Entwicklung grafischer Benutzeroberflächen. Das grundlegende Handwerkszeug (Toolbox, Eigenschaftenfenster, ...) wurde Ihnen bereits im Einführungskapitel 1 (Abschnitt 1.3) sowie im Kapitel 2 (Abschnitte 2.5 bis 2.7) im ausreichenden Umfang vermittelt. Die Vorgehensweise beim Oberflächenentwurf ist so intuitiv, dass sich weitere Erklärungen erübrigen. Stattdessen erfolgen einige grundsätzliche Hinweise.

10.1.1 Hinzufügen von Komponenten

Die Anzahl der Steuerelemente hat mit jeder neuen Version des .NET Frameworks zugenommen, sodass es aus Gründen der Übersichtlichkeit nicht mehr zu empfehlen ist, alle zusammen in der Toolbox anzubieten. Außerdem wurden einige Steuerelemente durch neuere ersetzt (z.B. `MainMenu/ContextMenu` durch `MenuStrip/ContextMenuStrip`, `DataGrid` durch `DataGridView`, ...), die älteren Versionen müssen aber aus Gründen der Abwärtskompatibilität auch weiterhin zur Verfügung stehen, tauchen aber per Default nicht mehr in der Toolbox auf.

Wenn Sie das standardmäßige Angebot ändern wollen, können Sie der Toolbox weitere Steuerelemente hinzufügen oder welche davon entfernen. Über der entsprechenden Kategorie der Toolbox klicken Sie das Kontextmenü *Elemente auswählen ...* Im Dialog »Toolboxelemente auswählen« markieren Sie die gewünschten Steuerelemente bzw. entfernen bestimmte Häkchen.

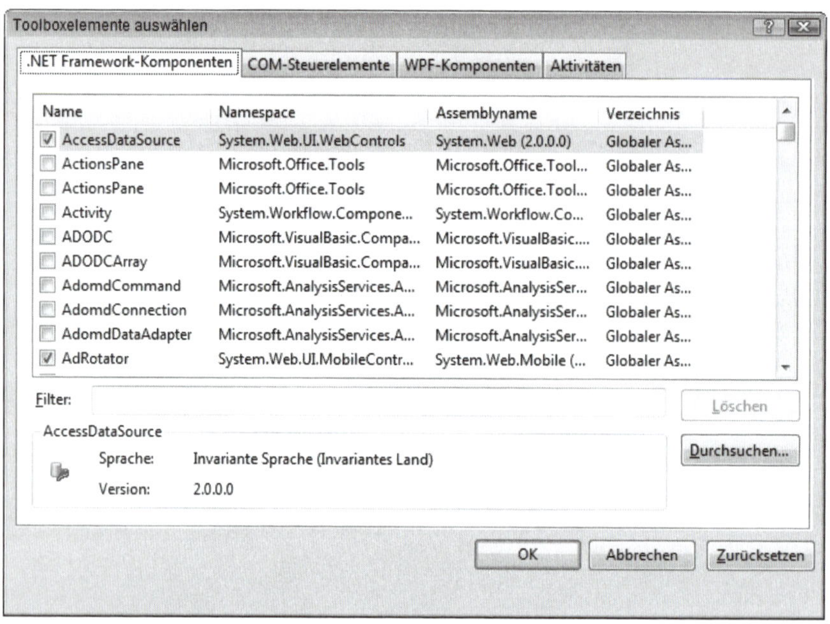

Abbildung 10.1 Auswahl zusätzlicher Komponenten

10.1.2 Komponenten zur Laufzeit erzeugen

Grundsätzlich haben Sie jederzeit die Möglichkeit, auf die Dienste des visuellen Designers zu verzichten und stattdessen den Code zur Erzeugung des Steuerelements eigenhändig zu schreiben. Obwohl das scheinbar mit einiger Mehrarbeit verbunden ist, kann es in einigen Fällen durchaus sinnvoll sein (z.B. beim Erzeugen von Steuerelemente-Arrays).

Beispiel Ein Array mit drei Schaltflächen wird per Code erzeugt

```
Public Class Form1
```

Mit zwei globalen Konstanten werden die Anzahl der gewünschten `Button`-Controls und die linke obere Ecke des ersten `Button` festgelegt:

```
    Private Const N As Integer = 3
    Private Const xpos As Integer = 10, ypos As Integer = 10
```

Die `Button`-Controls werden einfachheitshalber gleich mit im Konstruktorcode erzeugt:

```
    Public Sub New()
        InitializeComponent()
```

Ein Array, welches die Schaltflächen aufnehmen soll:

```
        Dim buttons() As Button
        ReDim buttons(N)
```

Das `Button`-Array durchlaufen:

```
        For i As Integer = 0 To N - 1
```

Einen `Button` »nackt« erzeugen:

```
            buttons(i) = New Button()
```

Eigenschaften zuweisen:

```
            buttons(i).Bounds = New Rectangle(New Point(xpos + i * 100, ypos), _
                                              New Size(100, 50))
            buttons(i).Text = "Button" & (i + 1).ToString()
```

Gemeinsame Ereignisbehandlung anmelden:

```
            AddHandler buttons(i).Click, AddressOf button_Click
        Next
```

Alle `Button`-Controls zum Formular hinzufügen:

```
        Me.Controls.AddRange(buttons)
    End Sub
```

Der gemeinsame Eventhandler für das `Click`-Ereignis:

```
    Private Sub Button_Click(ByVal sender As Object, ByVal e As EventArgs)
        Dim btn As Button = CType(sender, Button)
        MessageBox.Show(btn.Text & " wurde geklickt!")
    End Sub
End Class
```

Das Ergebnis:

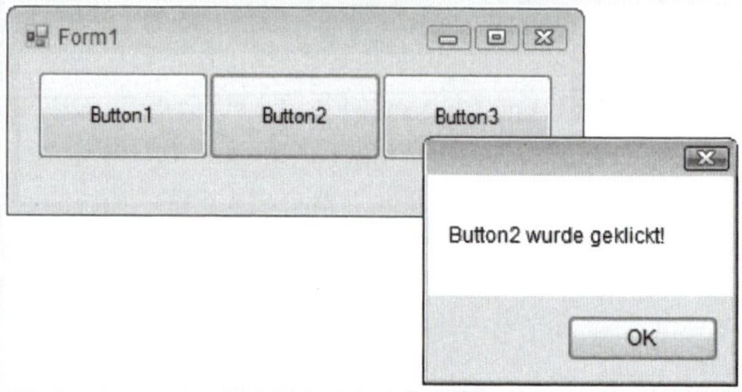

Alle Schaltflächen sind exakt nebeneinander ausgerichtet[1]. Das Vergrößern des Arrays ist mit keinem Mehraufwand an Code verbunden.

10.2 Allgemeine Steuerelemente

Diese Toolbox-Kategorie enthält standardmäßig die normalerweise am häufigsten benötigten Steuerelemente.

10.2.1 Label

Das harmlose, aber unverzichtbare `Label` dient, im Gegensatz zur `TextBox`, nur zur Anzeige von Text (`Text`-Property). Mit `BorderStyle` haben Sie die Auswahl zwischen drei Erscheinungsbildern:

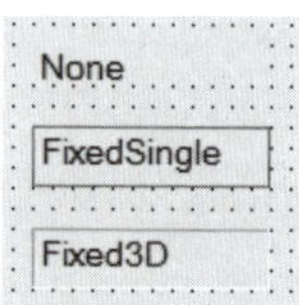

Abbildung 10.2
Beispiele für Labels

Hervorzuheben ist die `TextAlign`-Eigenschaft, welche die Ausrichtung des Textes auf insgesamt neun verschiedene Arten ermittelt bzw. setzt. Auch hier steht Ihnen ein komfortabler Property-Editor zur Verfügung. Wenn die `AutoSize`-Eigenschaft auf `True` gesetzt wird, passt sich die Breite des Labels automatisch dem aufzunehmenden Text an. Bei `False` ist auch die Anzeige von mehrzeiligem Text möglich.

[1] Wer öfters mit zittrigen Fingern pixelgenau positionieren muss, wird dankbar sein.

Beispiel Der Zeilenumbruch bei `AutoSize = False` erfolgt »intelligent«, also erst beim nächsten passenden Leerzeichen.

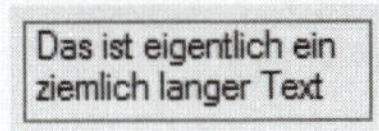

Hinweis

Möchten Sie ein &-Zeichen im `Label` verwenden, können Sie entweder die Eigenschaft `UseMnemonic` auf `False` setzen oder Sie müssen zwei &-Zeichen einfügen. ■

10.2.2 LinkLabel

Im Grunde handelt es sich bei dieser Komponente um ein `Label`, das mit etwas Funktionalität ergänzt wurde, um einen Hyperlink nachzubilden.

Konzeptionell kann dieses Control leider nur als missglückt angesehen werden. Mit viel Aufwand und Verspieltheit (Sie können mehrere Hyperlinks innerhalb des Controls definieren) wurde am Problem vorbei programmiert. Statt einer simplen `Link`-Eigenschaft, die den Hyperlink enthält und die sich auch zur Entwurfszeit zuweisen lässt, wurde noch eine Klasse integriert, die sich nur zur Laufzeit sinnvoll ansprechen lässt. Zu allem Überfluss muss auch noch die eigentliche Funktionalität, d.h. der Aufruf des Hyperlinks, selbst programmiert werden. Da ist man mit einem einfachen Label fast schneller am Ziel.

Wichtige Eigenschaften

Zur Gestaltung des optischen Erscheinungsbildes können Sie folgende Eigenschaften verwenden:

- `ActiveLinkColor` (der Hyperlink ist aktiv)
- `DisabledLinkColor` (der Hyperlink ist gesperrt)
- `LinkColor` (die Standardfarbe)
- `VisitedLinkColor` (der Hyperlink wurde bereits angeklickt)
- `LinkBehavior` (wie bzw. wann wird der Hyperlink unterstrichen)

Hyperlink einfügen

Verwenden Sie die `Links.Add`-Methode, um zur Laufzeit einen Hyperlink in das Control einzufügen. Übergabewerte sind der Bereich des Hyperlinks bezüglich der `Text`-Eigenschaft und der URL.

Beispiel Aufruf der MS-Homepage

Platzieren Sie einen Hyperlink mit dem Text »Microsoft im Internet« auf dem Formular. Weisen Sie im Formular-Konstruktor den Hyperlink zu:

```
Public Class Form1
    Public Sub New()
        InitializeComponent()
```

```
        LinkLabel1.Links.Add(12, 9, "www.microsoft.com")
    End Sub
```

Hinweis

Die Zahlenangaben bewirken, dass lediglich das Wort »Internet« als Hyperlink verwendet wird. ■

Mit dem Klick auf den `LinkLabel` wird das `LinkClicked`-Ereignis ausgelöst. Hier können Sie der Komponente zum einen mitteilen, dass der Hyperlink besucht wurde, zum anderen sind Sie dafür verantwortlich, den URL auszuwerten (wird im Parameter `e` übergeben) und aufzurufen:

Beispiel *(Fortsetzung)* Verwendung von `LinkClicked`

```
    Private Sub LinkLabel1_LinkClicked(ByVal sender As System.Object, ByVal e As _
            System.Windows.Forms.LinkLabelLinkClickedEventArgs) Handles LinkLabel1.LinkClicked
        LinkLabel1.Links(LinkLabel1.Links.IndexOf(e.Link)).Visited = True
        System.Diagnostics.Process.Start(e.Link.LinkData.ToString)
    End Sub

End Class
```

Das Ergebnis zur Laufzeit:

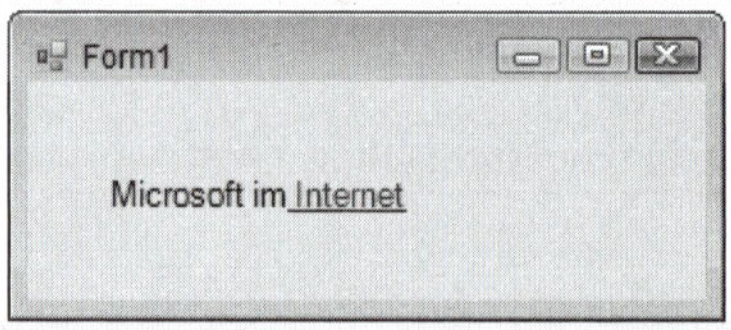

Wie Sie sehen, erhält der eigentliche Hyperlink auch den Fokus, Sie können also auch mit der Tabulator- und der Enter-Taste arbeiten.

10.2.3 Button

Dieses Steuerelement ist wohl aus (fast) keiner Applikation wegzudenken, über die Funktionalität brauchen wir deshalb kaum Worte zu verlieren.

Die folgende Abbildung zeigt vier Vertreter dieser Gattung mit unterschiedlich gesetzter `FlatStyle`-Eigenschaft:

Abbildung 10.3
Auswirkung der `FlatStyle`-Eigenschaft

Hinweis

Entgegen der üblichen Vorgehensweise legen Sie die `Default`-Taste in Dialogboxen nicht mehr über eine Eigenschaft des Buttons, sondern über die `AcceptButton`-Eigenschaft des Formulars fest. Das Gleiche gilt für `CancelButton`. ■

Mit der `Image`-Eigenschaft bietet sich ein weiteres gestalterisches Mittel, um die trostlosen Buttons etwas aufzupeppen. Alternativ können Sie als Quelle der Grafik auch eine `ImageList` verwenden, in diesem Fall wählen Sie die Grafik mit der `ImageIndex`-Eigenschaft aus.

10.2.4 TextBox

Im Unterschied zum `Label` besteht bei diesem wohl wichtigsten Eingabe-Control die Möglichkeit, den Text zur Laufzeit zu editieren oder zu markieren. All dies geschieht durch Zugriff auf die `Text`-Eigenschaft. Bei mehrzeiligem Text können Sie über die `Lines`-Eigenschaft auf die einzelnen Textzeilen zugreifen. Das äußere Erscheinungsbild wird, wie beim `Label`, im Wesentlichen durch die `BorderStyle`-Eigenschaft bestimmt:

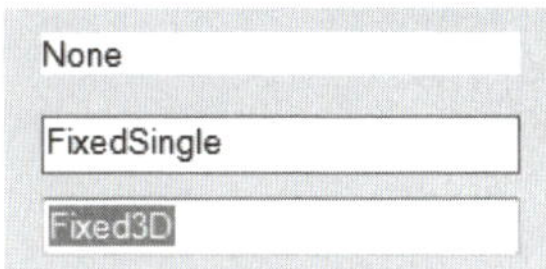

Abbildung 10.4
Auswirkung der `BorderStyle`-Eigenschaft

Hervorzuheben sind weiterhin folgende Properties:

Tabelle 10.1 Wichtige Eigenschaften der `TextBox`

Eigenschaft	Beschreibung

`AutoCompleteSource`
`AutoCompleteMode`
`AutoCompleteCustomSource`
	... ermöglichen automatisches Vervollständigen des einzugebenden Textes.

`TextAlign`	... bestimmt die Ausrichtung des Textes (`Left`, `Right`, `Center`).
`MaxLength`	... legt die maximale Anzahl einzugebender Zeichen fest (Standardeinstellung 32.767 Zeichen).
`ReadOnly`	... das Control ist schreibgeschützt.

Mehrzeilige Textboxen

Wichtige Eigenschaften in diesem Zusammenhang zeigt die folgende Tabelle.

Tabelle 10.2 Wichtige Eigenschaften mehrzeiliger Textfelder

Eigenschaft	Beschreibung
`MultiLine`	... erlaubt die Eingabe mehrzeiliger Texte (`True`). Für diesen Fall ist auch eine vertikale Scrollbar sinnvoll.
`ScrollBars`	... bestimmt, ob Bildlaufleisten enthalten sind. Die Eigenschaft zeigt nur bei `MultiLine=True` Wirkung.
`AcceptsReturn`	Ist diese Eigenschaft `True`, so können Sie mittels Enter-Taste einen Zeilenumbruch einfügen. Ein eventuell vorhandener `AcceptButton` wird damit außer Kraft gesetzt! Bleibt `WantReturns` auf `False`, müssten Sie nach wie vor Strg+Enter für einen Zeilenumbruch verwenden.

Eigenschaft	Beschreibung
WordWrap	Damit bestimmen Sie, ob der Text im Eingabefeld am rechten Rand umgebrochen wird (True). Der Umbruch wird lediglich auf dem Bildschirm angezeigt, der Text selbst enthält keinerlei Zeilenumbrüche, die nicht eingegeben wurden. Wenn WordWrap False ist, entsteht eine neue Zeile nur dort, wo auch ein Zeilenumbruch in den Text eingefügt wurde.
Lines	Zwar gibt es auch eine Text-Eigenschaft, doch ist diese für die praktische Arbeit weniger gut geeignet. Sie arbeiten besser mit der Lines-Eigenschaft, die einen gezielten Zugriff auf einzelne Zeilen gestattet und die Sie im Stringlisten-Editor oder auch per Quellcode zuweisen können, z.B. Auslesen einer Zeile: TextBox2.Text = TextBox1.Lines(3)

Markieren von Text

SelectionLength, SelectionStart, SelectedText gelten für markierte Textausschnitte. SelectionLength bestimmt bzw. liefert die Zeichenzahl, SelectionStart ermittelt die Anfangsposition, und SelectedText setzt bzw. ermittelt den Inhalt.

Hinweis

Auf diese Properties kann nur zur Laufzeit zugegriffen werden, sie befinden sich **nicht** im Eigenschaftenfenster! ■

Alternativ können Sie auch die Methoden SelectAll bzw. Select verwenden.

Beispiel Wenn mit der *Tab*-Taste zur TextBox gewechselt wird, soll das erste enthaltene Zeichen markiert werden.

```
Private Sub TextBox2_Enter1(ByVal sender As Object, ByVal e As EventArgs) _
                                                        Handles TextBox2.Enter
  TextBox2.Select(0, 1)
End Sub
```

oder

```
   TextBox2.SelectionStart  = 0
   TextBox2.SelectionLength = 1
```

Hinweis

Übrigens können Sie zur Laufzeit für jedes Editierfeld ein umfangreiches Kontextmenü aufrufen, über das die wichtigsten Operationen direkt ausführbar sind (siehe Abbildung 10.5). ■

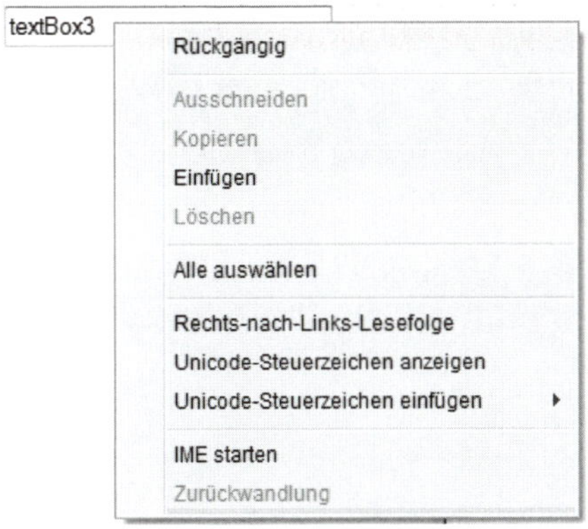

Abbildung 10.5
Kontextmenü der `TextBox`

PasswordChar

Diese Eigenschaft erlaubt das verdeckte Eingeben eines Passwortes. Sie können das gewünschte Zeichen entweder im Eigenschaften-Fenster oder per Quellcode zuweisen.

Beispiel Passworteingabe

```
TextBox1.PasswordChar = '*'
```

Das Ergebnis:

Automatisches Vervollständigen

Die Eigenschaften `AutoCompleteCustomSource`, `AutoCompleteSource` und `AutoCompleteMode` einer `TextBox` bewirken das automatische Vervollständigen des eingegebenen Textes durch Vergleich mit einer vorhandenen Liste. Das ist besonders vorteilhaft bei sich häufig wiederholenden Eingabewerten, wie z.B. URLs, Adressen oder Dateinamen.

Voraussetzung für die Verwendung der `AutoCompleteCustomSource`-Eigenschaft ist, dass Sie der `AutoCompleteSource`-Eigenschaft den Wert `CustomSource` zuweisen. Das »Wie« der Textvervollständigung legen Sie mit der `AutoCompleteMode`-Eigenschaft (`None`, `Suggest`, `Append`, `SuggestAppend`) fest.

Hinweis

`AutoComplete` gibt es auch für die `ComboBox`! ■

Beispiel Einer `TextBox` (`AutoCompleteSource = CustomSource`, `AutoCompleteMode = Suggest`) wird die folgende `AutoCompleteCustomSource`-Eigenschaft zugewiesen:

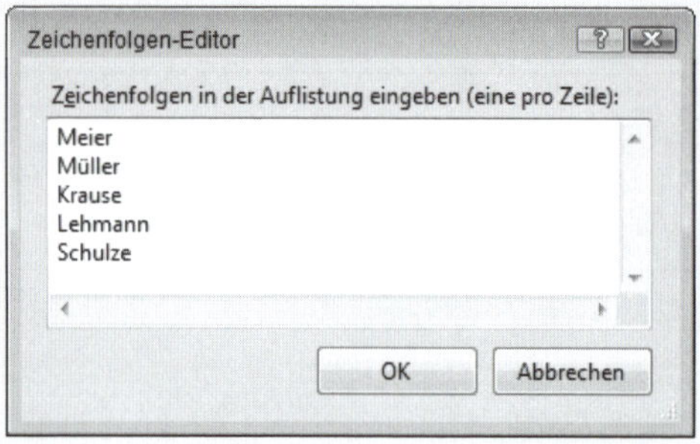

Nach Eingabe eines Buchstabens öffnet sich eine Liste mit passenden Einträgen (Auswahl über Maus oder Kursortasten):

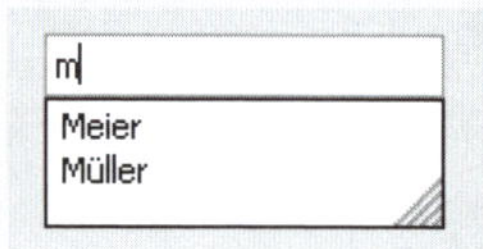

10.2.5 MaskedTextBox

Dieses von der abstrakten `TextBoxBase`-Klasse abgeleitete Steuerelement benutzt eine Maske die es erlaubt, Benutzereingaben zu filtern.

Von zentraler Bedeutung ist, wen wundert's, die `Mask`-Eigenschaft. Dies ist ein String, der sich aus bestimmten Zeichen zusammensetzt, von denen die wichtigsten in der folgenden Tabelle erklärt werden. Einige Zeichen sind optional, sie können durch Eingabe eines Leerzeichens übergangen werden.

Tabelle 10.3 Sonderzeichen für die `Mask`-Eigenschaft

Zeichen	Beschreibung	Zeichen	Beschreibung
0	Ziffer zwischen 0 und 9	.	Dezimal-Trennzeichen
9	Ziffer oder Leerzeichen, optional	,	Tausender-Trennzeichen
#	Ziffer oder Leerzeichen mit Plus(+) oder Minus(-), optional	:	Zeit-Trennzeichen
L	Buchstabe (a-z, A-Z)	/	Datums-Trennzeichen
?	Buchstabe (a-z, A-Z), optional	<	konvertiert alle folgenden Zeichen in Kleinbuchstaben
$	Währungssymbol	>	konvertiert alle folgenden Zeichen in Großbuchstaben
&	alphanumerisches Zeichen		

Dezimal-, und Tausender-Trennzeichen, sowie die Symbole für Datum, Zeit und Währung, entsprechen der standardmäßig eingestellten Kultur.

Beispiel Ein Währungswert von 0 bis 999999 wird in eine `MaskedTextBox` eingegeben. Ist die Eingabe komplett, so wird der Inhalt in ein `Label` übernommen. Währungssymbol, Dezimal- und Tausender-Trennzeichen werden zur Laufzeit durch die kulturspezifischen Einstellungen ersetzt.

```
MaskedTextBox1.Mask = "999,999.00 $"
...
Private Sub MaskedTextBox1_TextChanged(ByVal sender As Object, ByVal e As EventArgs) _
                                                        Handles MaskedTextBox1.TextChanged
    If MaskedTextBox1.MaskCompleted Then Label1.Text = MaskedTextBox1.Text
End Sub
```

Das Ergebnis:

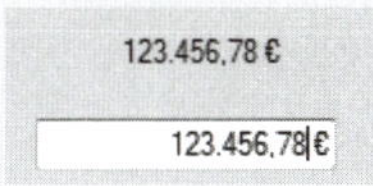

Hinweis

Eine Leerzeichenkette als Maske wird den vorhandenen Inhalt unverändert belassen, die `MaskedTextBox` benimmt sich dann wie eine einzeilige »normale« `TextBox`. ■

10.2.6 CheckBox

Bei der `CheckBox` entscheidet die `Checked`-Eigenschaft (`True`/`False`) darüber, ob das Häkchen gesetzt wurde oder nicht. Das äußere Erscheinungsbild kann über die `FlatStyle`-Eigenschaft geringfügig modifiziert werden. Für den Programmierer bietet sich zusätzlich die Möglichkeit, über `CheckState` alle drei Zustände zu bestimmen:

- `Checked`
- `Indeterminate`
- `Unchecked`

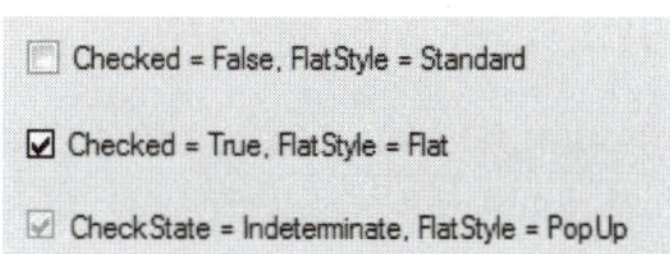

Abbildung 10.6
Die drei Zustände der `CheckBox`

Die `Appearance`-Eigenschaft erlaubt es Ihnen, die `CheckBox` optisch in einen Button zu verwandeln, das Verhalten bleibt jedoch gleich:

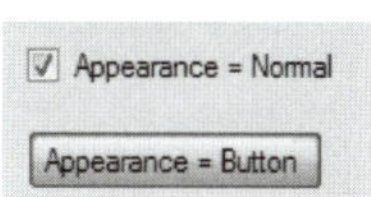

Abbildung 10.7
Auswirkung von `Appearance`

Eine Änderung der `Checked`-Eigenschaft löst das Ereignis `CheckedChanged` aus.

Beispiel Mit zwei CheckBox-Controls werden Schreibschutz und Hintergrundfarbe einer TextBox eingestellt.

```
Private Sub CheckBox_CheckedChanged(ByVal sender As Object, ByVal e As EventArgs) _
                                    Handles CheckBox1.CheckedChanged, CheckBox2.CheckedChanged
    If CheckBox1.Checked Then
        TextBox1.ReadOnly = True
    Else
        TextBox1.ReadOnly = False
    End If
    If CheckBox2.Checked Then
         TextBox1.BackColor = Color.Yellow
    Else
         TextBox1.BackColor = Color.White
    End If
End Sub
```

Eine weitere interessante Eigenschaft ist AutoCheck, ändert man ihren Wert von True nach False, so wird der Aktivierungszustand der CheckBox bei einem Klick nicht mehr automatisch umgeschaltet und der Programmierer muss sich selbst darum kümmern, z.B. durch Auswerten des Click-Ereignisses.

Beispiel Click-Eventhandler einer CheckBox bei AutoCheck = False

```
Private Sub CheckBox1_Click(ByVal sender As Object, ByVal e As EventArgs) _
                                                         Handles CheckBox1.Click
    CheckBox1.Checked =  Not CheckBox1.Checked
```

oder allgemeiner:

```
     Dim cb As CheckBox = CType(sender, CheckBox)
     cb.Checked = Not cb.Checked
End Sub
```

10.2.7 RadioButton

Dieses Steuerelement dient zur Auswahl von Optionen innerhalb einer Anwendung. Im Unterschied zur CheckBox kann aber innerhalb einer Gruppe immer nur ein einziger RadioButton aktiv sein.

Meist fasst man mehrere RadioButtons mittels GroupBox (oder Panel) zu einer Optionsgruppe zusammen. Auch bei dieser Komponente können Sie die Appearance-Eigenschaft dazu nutzen, das Erscheinungsbild so zu ändern, dass anstatt eines RadioButton ein Button dargestellt wird:

Abbildung 10.8
Auswirkung von Appearance

Ausgewertet wird der Status über die `Checked`-Eigenschaft.

Beispiel Ändern der Hintergrundfarbe des Formulars

```
Private Sub RadioButton_CheckedChanged(ByVal sender As Object, ByVal e As EventArgs) _
                      Handles RadioButton1.CheckedChanged, RadioButton2.CheckedChanged, _
                          RadioButton2.CheckedChanged
  If RadioButton1.Checked Then
    Me.BackColor = Color.White
  ElseIf RadioButton2.Checked Then
    Me.BackColor = Color.Yellow
  ElseIf RadioButton3.Checked Then
    Me.BackColor = Color.Red
  End If
End Sub
```

10.2.8 ListBox

Eine `ListBox` zeigt eine Auflistung von Einträgen an, von denen der Benutzer mittels Maus oder Tastatur einen oder auch mehrere auswählen kann.

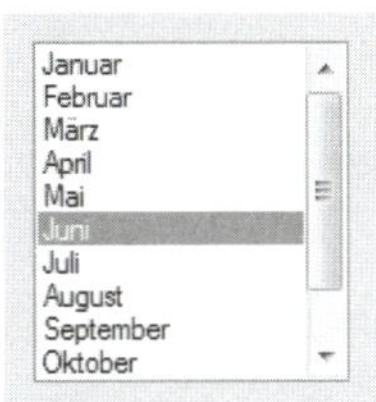

Abbildung 10.9
Eine `ListBox`

Die wichtigsten Eigenschaften zeigt die folgende Tabelle, auf datenbezogene Eigenschaften wird im Kapitel 16 (Datenbindung) näher eingegangen.

Tabelle 10.4 Wichtige Eigenschaften der `ListBox`

Eigenschaft	Beschreibung
`Items` `Items.Count`	... ist die Liste der enthaltenen Einträge, die Sie zur Entwurfszeit auch über den Zeichenfolgen-Editor eingeben können. Über `Items.Count` können Sie die Anzahl bestimmen.
`Sorted`	... legt fest, ob die Einträge alphabetisch geordnet erscheinen sollen (`True`/`False`).
`SelectedIndex`	... setzt bzw. ermittelt die Position (Index) des aktuellen Eintrags (-1, wenn nichts ausgewählt wurde).
`SelectionMode`	... entscheidet, ob Einzel- oder Mehrfachauswahl zulässig ist.
`SelectedItem`	... der Text des ausgewählten Eintrags.

Die Methoden `Items.Add` und `Items.Remove`/`ItemsRemoveAt` fügen Einträge hinzu bzw. entfernen sie, `Items.Clear` löscht den gesamten Inhalt.

Beispiel In die `ListBox` wird zehnmal »Hallo« eingetragen, anschließend wird der zweite Eintrag über seinen Index gelöscht.

```
For i As Integer = 1 To 10
    ListBox1.Items.Add(i.ToString & " Hallo")
Next
ListBox1.Items.RemoveAt(1)
```

Häufig will man auch den Inhalt eines (eindimensionalen) Arrays anzeigen.

Beispiel Der Inhalt eines `String`-Arrays wird in eine `ListBox` übertragen.

```
Private Sub Button1_Click(ByVal sender As Object, ByVal e As EventArgs) Handles Button1.Click
    Dim a() As String = {"Sesam", "Weizen", "Hafer", "Gerste"}
    For i As Integer = 0 To a.GetUpperBound(0)
        ListBox1.Items.Add(a(i))
    Next
    ListBox1.SelectedIndex = 3
End Sub
```

Für den Programmierer ist das `SelectedIndexChanged`-Ereignis von besonderem Interesse, da es bei jedem Wechsel zwischen den Einträgen aufgerufen wird.

Beispiel Nach Auswahl eines Eintrags aus einem Listenfeld wird dieser in eine `Textbox` übernommen.

```
Private Sub ListBox1_SelectedIndexChanged(ByVal sender As Object, ByVal e As EventArgs) _
                                                   Handles ListBox1.SelectedIndexChanged
    TextBox1.Text = ListBox1.SelectedItem.ToString
End Sub
```

Ob der Wechsel mittels Maus oder Tastatur erfolgt, ist in diesem Fall egal.

Hinweis

Ist die Eigenschaft `SelectionMode` auf `MultiSimple` oder `MultiExtended` festgelegt, können Sie auch mehrere Einträge gleichzeitig auswählen. Über `SelectedItems` greifen Sie auf diese Einträge zu. ■

10.2.9 CheckedListBox

Hierbei handelt es sich um einen nahen Verwandten der »gemeinen« `ListBox` mit dem Unterschied, dass die einzelnen Einträge gleichzeitig einen `True/False`-Wert (`Checked`) verwalten können.

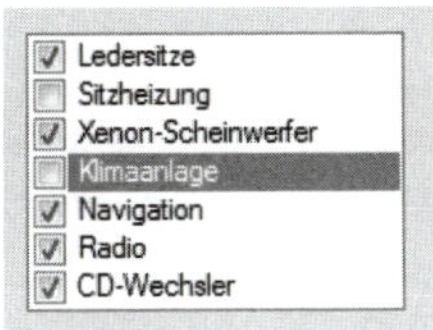

Abbildung 10.10
Die `CheckedListBox`

Für das Setzen der Häkchen per Programm verwenden Sie die `SetItemChecked`-Methode.

Beispiel Häkchen beim vierten Eintrag setzen

```
CheckedListBox1.SetItemChecked(3, True)
```

Über die `CheckedItems`-Collection haben Sie Zugriff auf alle markierten Einträge.

Beispiel Anzeige aller markierten Einträge in einer weiteren `ListBox`

```
For i As Integer = 0 To CheckedListBox1.CheckedItems.Count - 1
    ListBox1.Items.Add(CheckedListBox1.CheckedItems(i))
Next
```

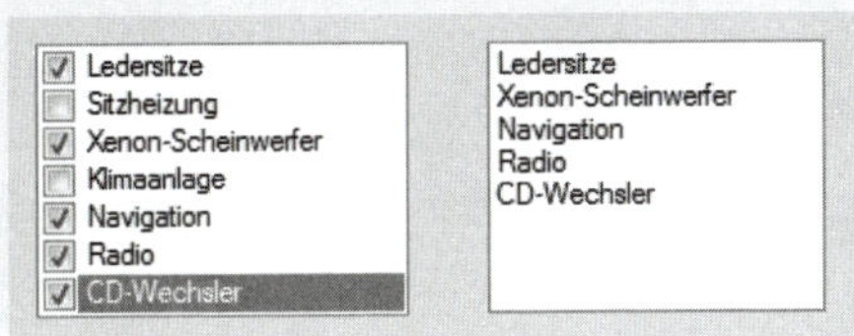

Hinweis
Da das Standardverhalten der `CheckedListBox` recht gewöhnungsbedürftig ist, sollten Sie besser die Eigenschaft `CheckOnClick` auf `True` setzen, damit nicht zweimal geklickt werden muss. ■

10.2.10 ComboBox

Eine `ComboBox` ist eine Mischung aus Text- und Listenfeld. Sie erlaubt also Eingaben und kann, im Unterschied zur `ListBox`, auch »aufgeklappt« werden:

Abbildung 10.11
Die `ComboBox`

Hervorzuheben sind die in Tabelle 10.5 genannten Eigenschaften.

Tabelle 10.5 Wichtige Eigenschaften der `ComboBox`

Eigenschaft	Beschreibung
`DropDownStyle`	... `Simple` (nur Texteingabe), `DropDown` (Texteingabe und Listenauswahl, `DropDownList` (nur Listenauswahl).
`Items`, `Items.Count`	... ist die Liste der angezeigten Werte. Über `Items.Count` können Sie die Anzahl bestimmen.
`MaxDropDownItems`	... die maximale Höhe der aufgeklappten `ListBox` in Einträgen.
`Sorted`	... legt fest, ob die Einträge alphabetisch geordnet erscheinen sollen (`True`/`False`).
`SelectedIndex`	... setzt bzw. ermittelt die Position (Index) des aktuellen Eintrags (-1, wenn nichts ausgewählt wurde).
`SelectionMode`	... entscheidet, ob Einzel- oder Mehrfachauswahl zulässig ist.
`Text`	... der Text des ausgewählten Eintrags.

Die Methoden `Items.Add` und `Items.Remove`/`ItemsRemoveAt` fügen Einträge hinzu bzw. entfernen sie, `Items.Clear` löscht den gesamten Inhalt.

Beispiel Eine `ComboBox` mit den Namen aller Monate füllen und den ersten Eintrag anzeigen

```
Dim monate() As String = { "Januar", "Februar", "März", "April", "Mai", "Juni", _
                "Juli", "August", "September", "Oktober", "November", "Dezember" }

ComboBox1.Items.AddRange(monate)
ComboBox1.SelectedIndex = 0          ' zeigt "Januar"
```

10.2.11 PictureBox

Dieses Control dient der Darstellung von fertigen Grafiken diverser Formate (BMP, GIF, TIFF, PNG ...). Außerdem kann mit Grafikmethoden in der `PictureBox` gezeichnet werden, weshalb man sie oft auch als »kleine Schwester« des Formulars bezeichnet. Mittels `Image`-Eigenschaft können Sie diesem Control direkt eine Bildressource zuweisen. Über die `SizeMode`-Eigenschaft steuern Sie, wie die Grafik in den Clientbereich des Controls eingepasst wird bzw. ob sich das Control an die Grafik anpasst.

Hinweis

Mehr zu dieser ebenso interessanten wie leistungsfähigen Komponente erfahren Sie im Kapitel »Grafikprogrammierung« (Abschnitt 11.2.1). ■

10.2.12 DateTimePicker

Geht es um die Platz sparende Auswahl eines Datums- oder eines Zeitwertes, sollten Sie sich mit der `DateTimePicker`-Komponente anfreunden. Diese funktioniert wie eine `ComboBox`, nach dem Aufklappen steht Ihnen ein recht komfortabler Kalender zur Verfügung:

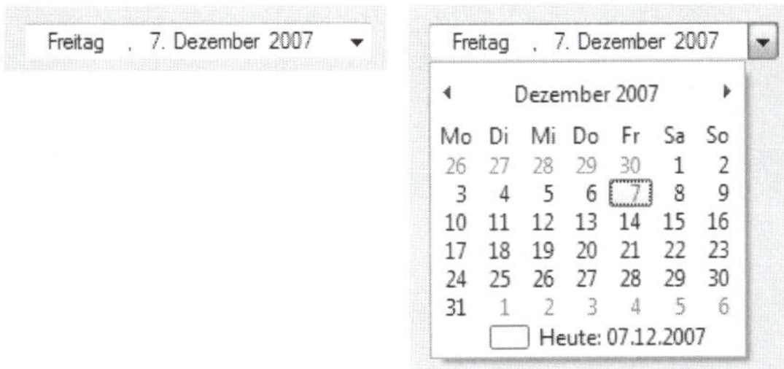

Abbildung 10.12
`DateTimePicker` in Aktion

Alternativ kann auch nur eine Uhrzeit bearbeitet werden (Eigenschaft `Format = Time`).

Auf alle Möglichkeiten der Konfiguration einzugehen, dürfte den Rahmen dieses Kapitels sprengen. Die wohl wichtigsten Eigenschaften dürften `MinDate`, `MaxDate` für die Beschränkung der Auswahl bzw. `Value` für den Inhalt des Controls sein.

Beispiel Anzeige des Auswahlwertes

```
Private Sub DateTimePicker1_ValueChanged(ByVal sender As Object, ByVal e As EventArgs) _
                                        Handles DateTimePicker1.ValueChanged
    MessageBox.Show(dateTimePicker1.Value.ToLongDateString())
End Sub
```

10.2.13 MonthCalendar

Funktionell ist diese Komponente dem `DateTimePicker` sehr ähnlich, der wesentliche Unterschied besteht darin, dass diese Komponente nicht auf- und zugeklappt werden kann und damit natürlich auch mehr Platz auf dem Formular verbraucht:

Abbildung 10.13
Der `MonthCalender` in Aktion

10.2.14 HScrollBar, VScrollBar

Diese Komponenten werden meist zum Scrollen von Bild- und Fensterinhalten verwendet.

`Maximum`, `Minimum` und `Value` legen den größten bzw. kleinsten Einstellungswert fest bzw. bestimmen den aktuellen Wert (zwischen `Minimum` und `Maximum`).

Klickt man neben den »Schieber«, so wird der aktuelle Wert (`Value`) um `LargeChange` geändert, beim Klicken auf die Begrenzungspfeile hingegen nur um `SmallChange`.

Eine wichtige Rolle spielt auch das `Scroll`-Ereignis, welches immer dann eintritt, wenn die Position des Schiebers verändert wurde (`e.NewValue` enthält den neu gewählten Wert).

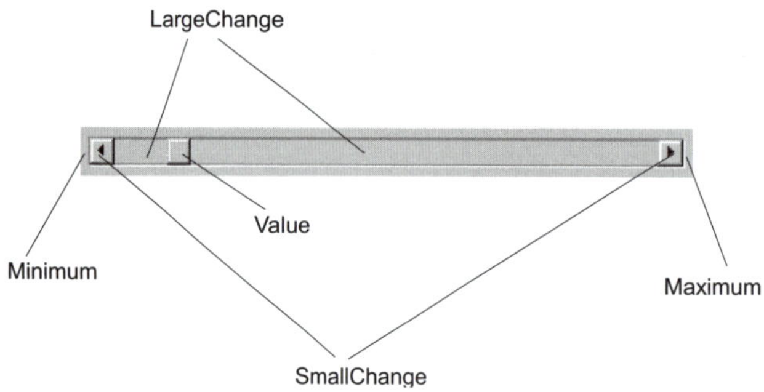

Abbildung 10.14 Zuordnung der wichtigsten Eigenschaften einer ScrollBar

Beispiel Einstellen der Formular-Hintergrundfarbe (Graustufe) mit einer horizontalen Scrollbar (`Minimum = 0, Maximum = 255`)

```
Private Sub HScrollBar1_Scroll(ByVal sender As Object, ByVal e As ScrollEventArgs) _
                                                        Handles HScrollBar1.Scroll
   Me.BackColor = Color.FromArgb(255, e.NewValue, e.NewValue, e.NewValue)
End Sub
```

Das Ergebnis je nach Scrollbar-Einstellung:

10.2.15 TrackBar

Neben den Scrollbars bietet sich auch die `TrackBar` für das schnelle Einstellen von Werten an. Hier zwei Varianten:

Abbildung 10.15
Varianten der `TrackBar`

Die Breite kann bei `AutoSize = False` verändert werden. Ob die `TrackBar` horizontal oder vertikal erscheinen soll, können Sie mittels der `Orientation`-Eigenschaft festlegen. Die Anzahl der Teilstriche ergibt sich aus der Division der `Maximum`-Eigenschaft durch den Wert von `TickFrequency`. Bei der Standardeinstellung `Maximum = 10` und `TickFrequenzy = 1` ergeben sich also 10 Teilstriche.

Mit der `TickStyle`-Eigenschaft bestimmen Sie, auf welcher Seite die Teilstriche angezeigt werden sollen.

Tabelle 10.6 Konstanten der TickStyle-Enumeration

Tickstyle	Erklärung
None	keine Teilstriche
TopLeft	Teilstriche oben (bei horizontaler Ausrichtung) bzw. links (bei vertikaler Ausrichtung)
BottomRight	Teilstriche unten (bei horizontaler Ausrichtung) bzw. rechts (bei vertikaler Ausrichtung (Standardeinstellung)
Both	Teilstriche auf beiden Seiten

Da die übrigen wichtigen Eigenschaften (Maximum, Minimum, Value, SmallChange, LargeChange), sowie Ereignisse (Scroll, ValueChanged), weitgehend mit denen der Scrollbar übereinstimmen, möchten wir an dieser Stelle auf den vorhergehenden Abschnitt verweisen.

10.2.16 NumericUpDown

Wer hatte nicht schon die Aufgabe, einen Integer- oder Währungswert abzufragen und war an den diversen Fehlermöglichkeiten gescheitert? NumericUpDown verspricht Abhilfe.

Das Steuerelement entspricht der Kombination einer einzeiligen Textbox mit einer vertikalen Scrollbar.

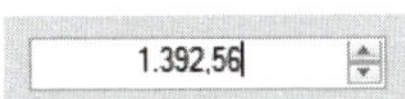

Abbildung 10.16 NumericUpDown

Angefangen vom Definieren eines zulässigen Bereichs (Maximum, Minimum) über die Anzahl der Nachkommastellen (DecimalPlaces) bis hin zum Inkrement (Increment) bzw. zur Anzeige von Tausender-Trennzeichen (ThousandsSeparator) ist alles vorhanden, was das Herz des Programmierers erfreut. Last but not least soll die Value-Eigenschaft nicht vergessen werden, hiermit fragen Sie den eingegebenen Wert ab.

Hinweis

Im Unterschied zu den Steuerelementen ScrollBar und TrackBar sind die gleichnamigen Eigenschaften von NumericUpDown vom Datentyp Decimal anstatt Integer. ■

Von besonderem Interesse sind auch hier die Ereignisse Scroll (beim Klicken auf eine der beiden Schaltflächen) und ValueChanged (beim Ändern des Werts).

Beispiel Meldung beim Überschreiten eines Limits anzeigen

```
Private Sub NumericUpDown1_ValueChanged(ByVal sender As Object, ByVal e As EventArgs) _
                                                 Handles NumericUpDown1.ValueChanged
    If NumericUpDown1.Value > 1000 Then
        MessageBox.Show("Wertebereichsüberschreitung!")
    End If
End Sub
```

10.2.17 DomainUpDown

Für die Auswahl von Werten aus einer vorgegebenen Liste können Sie anstatt einer ListBox oder einer ComboBox auch eine DomainUpDown-Komponente verwenden. Dieses Control kombiniert die Features eines NumericUpDown-Steuerelements mit denen einer ComboBox (lässt sich allerdings nicht aufklappen). Rein äußerlich scheint es zunächst keinen Unterschied zur NumericUpDown zu geben, die Funktionalität ist jedoch grundsätzlich verschieden, bestehen doch die Einträge nicht aus Zahlen, sondern aus Strings (Reihenfolge kann mittels Sort-Eigenschaft alphabetisch sortiert werden).

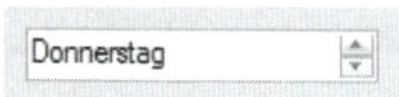

Abbildung 10.17 DomainUpDown

Die zulässigen Auswahlwerte übergeben Sie der Komponente in der Collection Items, den gewählten Wert ermitteln Sie mit der Text-Eigenschaft oder Sie können auch den Listenindex mit SelectedIndex abrufen.

Beispiel Der erste Listeneintrag wird angezeigt

```
DomainUpDown1.SelectedIndex = 0
```

10.2.18 ProgressBar

Ist Ihr Computer bei manchen Aufgaben nicht schnell genug, ist es sinnvoll, dem Nutzer ein Lebenszeichen, zum Beispiel in Gestalt eines Fortschrittbalkens, zu geben. Genau diese Aufgabe übernimmt die ProgressBar:

Abbildung 10.18 ProgressBar

Die Eigenschaften Minimum, Maximum und Value sind vergleichbar mit denen der ScrollBar. Sie können Value einen Wert zuweisen, andererseits aber auch die Methode PerformStep() aufrufen.

Beispiel Bei jedem Klick auf den Button bewegt sich der Balken weiter und hat nach zehnmaligem Klicken das Maximum erreicht.

```
Private Sub Button1_Click(ByVal sender As Object, ByVal e As EventArgs) Handles Button1.Click
    ProgressBar1.Maximum = 100
    ProgressBar1.Step = 10
    ProgressBar1.PerformStep()
End Sub
```

Hinweis

Mit der Style-Eigenschaft (Blocks, Continuous, Marquee) können Sie das Aussehen des Balkens verändern. ■

10.2.19 RichTextBox

Wollten Sie nicht schon immer einmal Ihre Anwendungen mit einem kleinen Texteditor vervollständigen, der auch verschiedene Schriftarten, Schrift- und Absatzformate sowie Grafiken zulässt? Dann sollten Sie sich unbedingt das `RichTextBox`-Control ansehen.

Hinweis
Mit RTF ist das »Rich Text«-Format gemeint, das als Austauschformat zwischen verschiedenen Textverarbeitungsprogrammen fungiert. ■

Viele Eigenschaften entsprechen denen der `TextBox`, so ist der gesamte Inhalt in der `Text`-Eigenschaft enthalten. Mit diversen `Selection...`-Eigenschaften lassen sich die markierten Textabschnitte formatieren.

Beispiel Selektierten Text in Fett- und Kursivschrift formatieren

```
RichTextBox1.SelectionFont = New Font(RichTextBox1.SelectionFont, _
                                      RichTextBox1.SelectionFont.Style OR FontStyle.Bold)
RichTextBox1.SelectionFont = New Font(RichTextBox1.SelectionFont, _
                                      RichTextBox1.SelectionFont.Style OR FontStyle.Italic)
```

Beispiel Schriftgröße und -farbe ändern, Kursivschrift einstellen und markierte Zeile zentrieren

```
RichTextBox1.SelectionFont = New Font(RichTextBox1.SelectionFont.Name, 20)
RichTextBox1.SelectionColor = Color.Red
RichTextBox1.SelectionAlignment = HorizontalAlignment.Center
```

Das Ergebnis:

Zum Laden bzw. Abspeichern von RTF-Dateien stehen die Methoden `LoadFile` und `SaveFile` zur Verfügung.

Beispiel Laden der Datei *test.rtf* aus dem Anwendungsverzeichnis

```
Private Sub Button1_Click(ByVal sender As Object, ByVal e As EventArgs) Handles Button1.Click
    Try
        RichTextBox1.LoadFile(Application.StartupPath & "\test.rtf")
    Catch ioe As System.IO.IOException
        MessageBox.Show(ioe.Message)
    End Try
End Sub
```

Bei der `RichTextBox` handelt es sich nur auf den ersten Blick um einen kompletten Texteditor, denn Sie haben sicherlich bereits festgestellt, dass Sie dazu ja auch noch ein Menü bzw. ein Toolbar benötigen.

Hinweis

Eine komplette kleine Textverarbeitung auf Basis der `RichTextBox` wird im Kapitel 27 beschrieben. ■

10.2.20 ListView

Die `ListView` ist eine ziemlich komplexe Komponente, sie ermöglicht Ihnen die Anzeige einer Liste mit Einträgen, die optional auch mit einem Icon zwecks Identifikation des Typs ausgestattet werden können, wozu zusätzlich eine oder mehrere `ImageList`-Komponenten erforderlich sind. Außerdem kann zu jedem Eintrag eine kleine `CheckBox` hinzugefügt werden, wodurch sich eine bequeme und übersichtliche Auswahlmöglichkeit ergibt.

Die Einsatzgebiete einer `ListView` sind äußerst vielgestaltig, z.B. Darstellen von Datenbankinhalten oder Textdateien. Außerdem kann die Komponente auch Nutzereingaben entgegennehmen, z.B. Dateiauswahl. Als Windows-Nutzer haben Sie garantiert schon mit diesem Control gearbeitet, jeder einzelne Ordner auf dem Desktop ist im Grunde ein `ListView`-Objekt und fungiert als eine Art Container für eine Anzahl von einzelnen Items, die über Grafik und Text verfügen können.

ListViewItem

Das `ListViewItem`-Objekt repräsentiert einen einzelnen Eintrag (Item) im `ListView`. Jedes `Item` kann mehrere `Subitems` haben, die zusätzliche Informationen bereitstellen.

Die Anzeige der Items ist auf vier verschiedene Arten möglich:

- mit großen Icons
- mit kleinen Icons
- mit kleinen Icons in einer vertikalen Liste
- Gitterdarstellung mit Spalten für Untereinträge (Detailansicht)

Die `ListView`-Komponente erlaubt einfache oder mehrfache Selektion, letztere funktioniert ähnlich wie bei einer `ListBox`-Komponente.

ImageList

Meist wird die `ListView` zusammen mit einer (oder auch mehreren) `ImageList`-Komponenten eingesetzt, welche die Bilddaten speichern. Die Zuweisung erfolgt über die Eigenschaften `LargeImageList` bzw. `SmallImageList`. Jede `ImageList`-Komponenten hat eine `Images`-Auflistung, die Sie über das Eigenschaften-Fenster (F4) erreichen und die Sie mit Hilfe des Bildauflistungs-Editors mit diversen Icons füllen können.

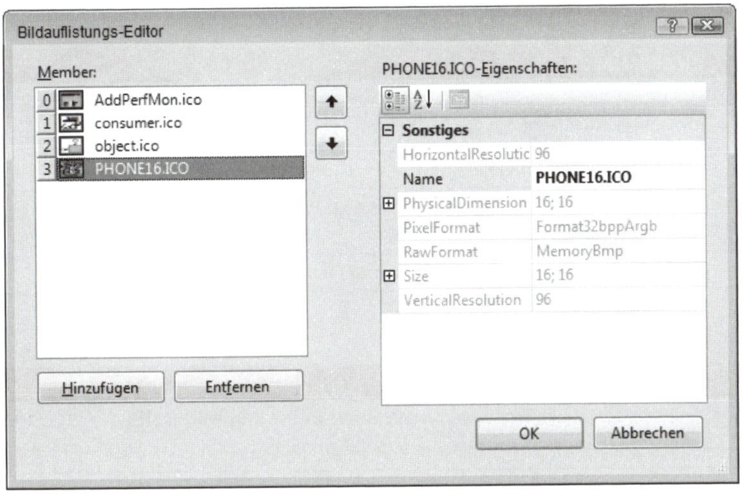

Abbildung 10.19 Bildauflistungs-Editor

Übersichten zur ListView

Tabelle 10.7 Wichtige Eigenschaften der `ListView`

Eigenschaft	Bedeutung
`View`	... ermöglicht die Einstellung des Anzeigemodus (siehe oben): `List`, `SmallIcon`, `LargeIcon`, `Details`

`LargeImageList`
`SmallImageList`
`StateImageList`
	Auswahl der `ImageList`-Objekte, welche die Bilddateien für große (32 x 32), kleine (16 x 16) Icons bzw. für die Darstellung der `CheckBox` bereitstellen (nur für `CheckBoxes = True`).

`CheckBoxes`	... Ein- bzw. Ausblenden der `CheckBox` (`True`/`False`)
`CheckItems`	... Zugriff auf die `CheckedListViewItemCollection`, um die aktivierten Einträge festzustellen
`Columns`	... Zugriff auf die `ColumnHeaderCollection` (nur für `View = View.Details`)
`Items`	... Hinzufügen/Entfernen von Einträgen durch Zugriff auf die `ListViewItemCollection`, die entsprechende Methoden bereitstellt
`ImageIndex`	... der Bildindex
`LabelEdit`	... erlaubt/verbietet das Editieren von Einträgen (`True`)
`Sorting`	... alphabetisches Sortieren der Einträge (`None`, `Ascending`,`Descending`)
`AllowColumnReorder`	nur für Detailansicht (`View = View.Details`): ... erlaubt Vertauschen der Spalten zur Laufzeit durch Anfassen mit der Maus (`True`)
`FullRowSelect`	... komplette Zeile wird selektiert (`True`)
`GridLines`	... Anzeige von Gitterlinien (`True`)
`HeaderStyle`	... versteckt Spaltentitel (`None`), zeigt ihn an (`NoneClickable`) bzw. Spaltentitel funktioniert wie ein Button (`Clickable`)
`HideSelection`	... selektierte Einträge bleiben markiert, wenn die `ListView` den Fokus verliert (`False`)

Tabelle 10.8 Wichtige Methoden der `ListView`

Methode	Beschreibung
`BeginUpdate` `EndUpdate`	... erlaubt das Hinzufügen von mehreren Items, ohne dass `ListView` jedes Mal neu gezeichnet wird
`Clone`	... überträgt Items in andere `ListView`
`GetItemAt`	... ermöglicht das Bestimmen des `Items` durch Klick mit der Maus auf ein `SubItem (View = View.Details)`
`EnsureVisible`	... ermöglicht die Anzeige eines gewünschten Eintrags nach Neuaufbau

Tabelle 10.9 Wichtige Ereignisse der `ListView`

Ereignis	... wird ausgelöst
`BeforeLabelEdit` `AfterLabelEdit`	... bevor bzw. nachdem ein Eintrag editiert wurde (nur bei `LabelEdit = True`), kann zur Gültigkeitsüberprüfung benutzt werden
`ItemActivate`	... wenn ein bestimmtes Item ausgewählt wurde, kann zum Auslösen von Aktionen benutzt werden
`ColumnClick`	... wenn einen Spaltentitel geklickt wurde, kann z.B. zum Sortieren verwendet werden
`ItemCheck`	... wenn auf eine `CheckBox` geklickt wurde (nur für `CheckBoxes = True`)

Die Vorgehensweise scheint recht einfach zu sein:

- Verknüpfen Sie die `ListView` mit einer `ImageList` mit großen Icons (z.B. 32 x 32) per `LargeImageList`-Eigenschaft und mit einer weiteren `ImageList` die kleinen Icons (16 x 16) per `SmallImageList`-Eigenschaft.
- Neue Einträge erstellen Sie zur Entwurfszeit über die `Items`-Eigenschaft, die auch einen eigenen Editor bereitstellt. Wie Sie der folgenden Abbildung entnehmen können, verfügt jeder Eintrag wiederum über eine Auflistung `SubItems`, die den einzelnen Spalten in der Detailansicht entsprechen.

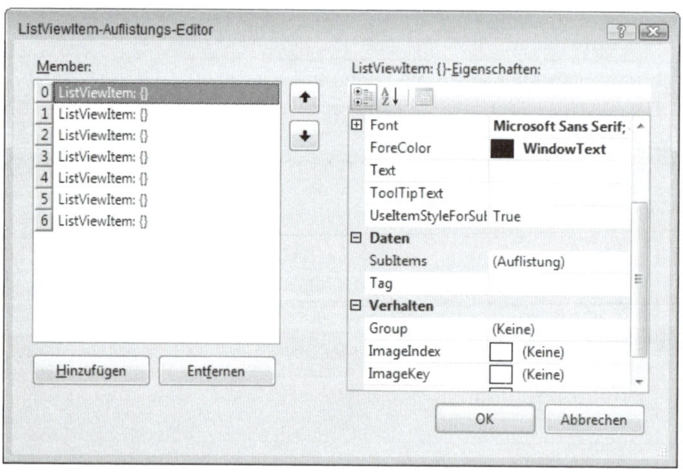

Abbildung 10.20 ListViewItem-Auflistungs-Editor

- Wichtig sind vor allem die Eigenschaften `ImageIndex` und `Text`, da beide das Aussehen des `Items` beeinflussen.
- Möchten Sie in der Detailansicht weitere Daten (Spalten) anzeigen, können Sie diese mit der `Columns`-Eigenschaft hinzufügen. Eingetragen werden später die `Text`-Eigenschaften der `SubItems`.
- Die Art der Anzeige legen Sie mit der `View`-Eigenschaft der `ListView` fest (Liste, Details etc.).

Beispiel Es soll ein einfacher »Stundenplan« erstellt werden. Die folgende Abbildung gibt einen Überblick über die Anordnung der Komponenten. Wichtig sind die `ListView`-Komponente (oben) und die beiden `ImageList`-Komponenten, die automatisch im Komponentenfach abgelegt werden.

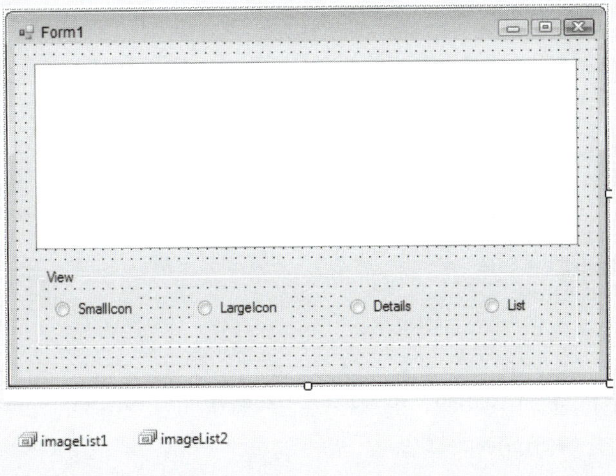

Füllen Sie mit dem Bildauflistungs-Auflistungs-Editor (siehe oben) die erste `ImageList` mit »großen« und die zweite `ImageList` mit »kleinen« Icons. Weisen Sie der `LargeImageList`- und der `SmallImageList`-Eigenschaft der `ListView` die beiden `ImageList`-Komponenten zu.

```
Public Class Form1
```

Im Konstruktor von `Form1` wird dem `Click`-Ereignis der vier `RadioButton`-Controls ein gemeinsamer Event-Handler zugewiesen:

```
    Public Sub New()
        InitializeComponent()

        AddHandler RadioButton1.Click, AddressOf Me.commonClick
        AddHandler RadioButton2.Click, AddressOf Me.commonClick
        AddHandler RadioButton3.Click, AddressOf Me.commonClick
        AddHandler RadioButton4.Click, AddressOf Me.commonClick
    End Sub
```

Der gemeinsame Event-Handler:

```
    Private Sub commonClick(ByVal sender As Object, ByVal e As System.EventArgs)
```

```
        If RadioButton1.Checked Then showListView(ListView1, View.SmallIcon)
        If RadioButton2.Checked Then showListView(ListView1, View.LargeIcon)
        If RadioButton3.Checked Then showListView(ListView1, View.Details)
        If RadioButton4.Checked Then showListView(ListView1, View.List)
    End Sub
```

Die Anzeige der `ListView`:

```
    Private Sub showListView(ByVal lv As ListView, ByVal lvV As View)
        lv.Items.Clear()
        lv.Columns.Clear()
        lv.View = lvV
```

Spalten für `Items` and `SubItems` definieren:

```
        With lv
            .Columns.Add("", -2, HorizontalAlignment.Left)
            .Columns.Add("Montag", -2, HorizontalAlignment.Left)
            .Columns.Add("Dienstag", -2, HorizontalAlignment.Left)
            .Columns.Add("Mittwoch", -2, HorizontalAlignment.Center)
            .Columns.Add("Donnerstag", -2, HorizontalAlignment.Left)
            .Columns.Add("Freitag", -2, HorizontalAlignment.Center)
            .LabelEdit = True                      ' Editieren erlauben:
            .AllowColumnReorder = True             ' Ändern der Spaltenanordnung erlauben
            .CheckBoxes = True
            .FullRowSelect = True
            .GridLines = True
            .Sorting = SortOrder.Ascending
        End With
```

Schließlich drei `Items` mit Gruppen von `SubItems` erzeugen und zur `ListView` hinzufügen:

```
        Dim item1 As New ListViewItem("item1", 0)
        With item1
            .Checked = True
            .SubItems.Add("Deutsch")
            .SubItems.Add("Geschichte")
            .SubItems.Add("Mathe")
            .SubItems.Add("Englisch")
            .SubItems.Add("Sport")
        End With
        lv.Items.Add(item1)
        Dim item2 As New ListViewItem("item2", 1)
        item1.Checked = True
        With item2
            .SubItems.Add("Mathe")
            .SubItems.Add("Mathe")
            .SubItems.Add("Ethik")
            .SubItems.Add("Informatik")
            .SubItems.Add("")
        End With
        lv.Items.Add(item2)
        Dim item3 As New ListViewItem("item3", 2)
        With item3
```

```
            item3.Checked = True
            item3.SubItems.Add("7")
            item3.SubItems.Add("8")
            item3.SubItems.Add("9")
        End With
        lv.Items.Add(item3)
    End Sub
End Class
```

Das soll vorerst reichen. Starten Sie das Programm und experimentieren Sie nun mit den verschiedenen Ansichten. Die Abbildung zeigt die Detailansicht:

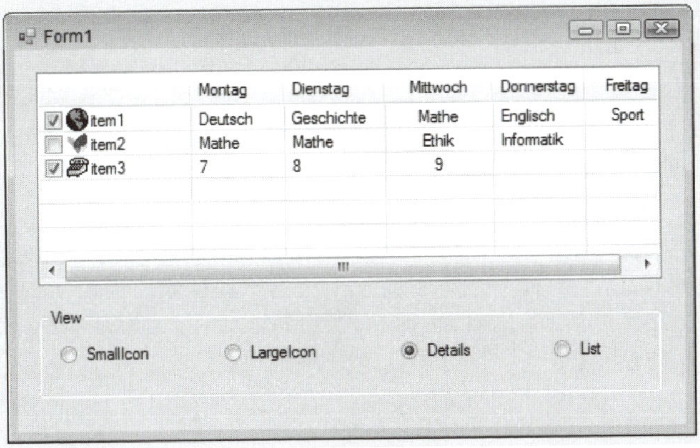

Hinweis

Leider können wir an dieser Stelle nicht auf alle Aspekte der `ListView`-Programmierung eingehen, die sich nur anhand von mehreren Beispielen plausibel erklären lässt, siehe dazu unser [Visual Basic Kochbuch]. ■

10.2.21 TreeView

Wollen Sie den Anwendern Ihrer Programme mehr bieten als nur langweilige Listendarstellungen und primitive Eingabemasken? Oder müssen Sie hierarchische Abhängigkeiten grafisch darstellen? Falls ja, dann kommen Sie wohl kaum um die Verwendung der `TreeView`-Komponente herum. Ganz abgesehen davon, dass hier eine Baumdarstellung wesentlich übersichtlicher ist als eine Tabelle, können Sie durch den Einsatz grafischer Elemente auch noch reichlich Eindruck schinden.

Wie auch die `ListView`-Komponente dient die `TreeView` »lediglich« als Container für eine Liste von `TreeNodes` (Knoten), die jedoch im Gegensatz zur `ListView` hierarchisch angeordnet sind. D.h., ausgehend von einem Knoten werden weitere Unterknoten angeordnet usw.

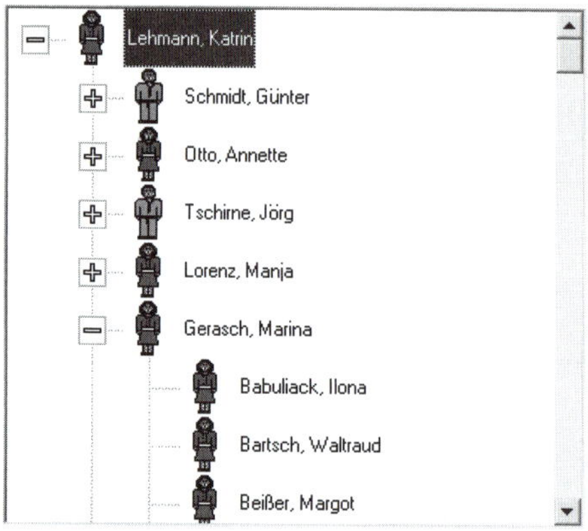

Abbildung 10.21
TreeView mit Grafikelementen

Zur Entwurfszeit können Sie diese Knoten mit einem eigenen Editor (Eigenschaft `Nodes`) hinzufügen (ähnlich dem Erzeugen von Verzeichnissen auf einer Festplatte):

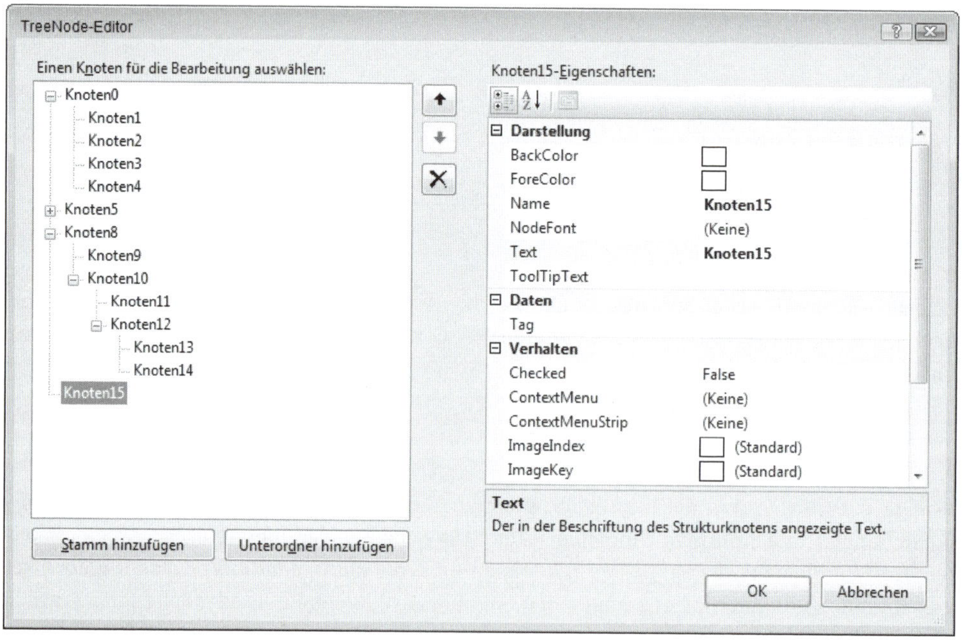

Abbildung 10.22 TreeNode-Editor

Knoten zur Laufzeit erzeugen

Zur Laufzeit gestaltet sich dieses Vorgehen schon etwas aufwändiger und erfordert vom Programmierer einiges Vorstellungsvermögen, gilt es doch, sich mit Hilfe von Collections und Methoden buchstäblich durch den Baum zu »hangeln«.

Beispiel Erzeugen einer Baumansicht (siehe Ergebnis)

Zunächst den Baum löschen und die automatische Aktualisierung ausschalten (bessere Performance):

```
With TreeView1
    .BeginUpdate
    .Nodes.Clear
```

Wir fügen den ersten (Root-)Knoten bzw. Stammelement ein:

```
    .Nodes.Add("Deutschland")
```

Da der erste Knoten den Index 0 in der `Nodes`-Collection erhält, können wir direkt über den Index auf diesen Knoten zugreifen und weitere untergeordnete Knoten erzeugen, die zur `Nodes`-Auflistung des Knotens hinzugefügt werden:

```
    .Nodes(0).Nodes.Add("Bayern")
    .Nodes(0).Nodes.Add("Sachsen")
    .Nodes(0).Nodes.Add("Thüringen")
```

Das gleiche Prinzip auf die nächstfolgende Knotenebene angewendet:

```
    .Nodes(0).Nodes(0).Nodes.Add("München")
    .Nodes(0).Nodes(0).Nodes.Add("Nürnberg")
End With
```

Doch eigentlich wird jetzt die Schreiberei etwas zu aufwändig. Bequemer ist die folgende Variante, bei der ein `TreeNode`-Objekt von der `Add`-Methode zurückgegeben wird:

```
Dim n As TreeNode = TreeView1.Nodes(0).Nodes(1)

n.Nodes.Add("Dresden")
n.Nodes.Add("Leipzig")
n.Nodes.Add("Chemnitz")
```

Es genügt also, dass wir uns auf einen bestimmten Knoten beziehen, um weitere Unterknoten zu erzeugen.

Zum Schluss noch die Aktualisierung einschalten, sonst ist nichts zu sehen:

```
TreeView1.EndUpdate()
```

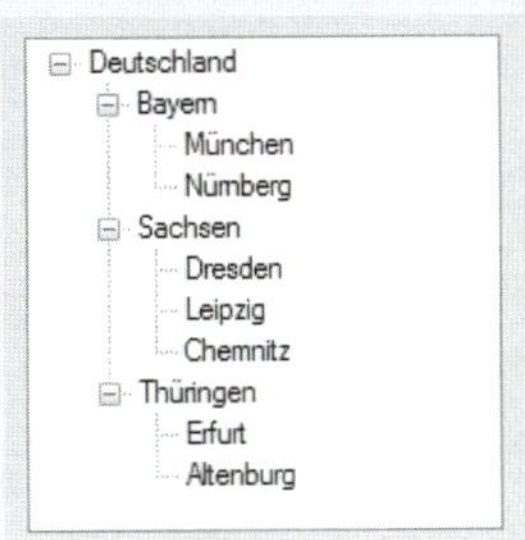

Auswerten des aktiven Knotens

Über das AfterSelect-Ereignis können Sie auswerten, welcher Knoten gerade aktiviert wurde. Der Knoten selbst wird als e.Node-Objekt-Parameter übergeben:

```
Private Sub TreeView1_AfterSelect(ByVal sender As Object, ByVal e As TreeViewEventArgs) _
                                                        Handles TreeView1.AfterSelect
    MessageBox.Show(e.Node.Text)
    MessageBox.Show(e.Node.FullPath)
End Sub
```

Während Node.Text lediglich die Beschriftung des aktuellen Knotens zurückgibt, enthält Node.-FullPath den kompletten Pfad bis zur Root:

Abbildung 10.23
Das Ergebnis

Die TreeView ist ein hochkomplexes Steuerelement und verfügt über eine Flut von Eigenschaften, Methoden und Ereignissen, bei denen man schnell die Übersicht verlieren kann. Gerade deshalb ist es sinnvoll, wenn man wenigstens die wichtigsten Klassenmitglieder kennt. Dabei müssen wir natürlich auch die untergeordnete Klasse TreeNode, welche einen einzelnen Knoten innerhalb von TreeView repräsentiert, mit einbeziehen.

Tabelle 10.10 Wichtige Eigenschaften von TreeView

Eigenschaft	Beschreibung
CheckBoxes	... legt fest, ob CheckBoxen angezeigt werden (True/**False**)
FullRowSelect	... legt fest, ob die gesamte Breite farblich hervorgehoben wird (True/**False**)
HideSelection	... entfernt farbliche Hervorhebung des selektierten Knotens (**True**/False)
HotTracking	... legt fest, ob Knotenbezeichnung als Hyperlink erscheint (True/**False**)
ImageIndex	Index des Bildchens welches erscheint, wenn Knoten nicht selektiert ist
ImageList	... verweist auf die zugeordnete ImageList.
Indent	... Einzugsbreite der untergeordneten Knoten (Pixel)
LabelEdit	... legt fest, ob Anwender Knotenbeschriftung editieren kann (True/**False**)
Nodes	... Auflistung mit allen TreeNode-Objekten der untergeordneten Ebene
SelectedImageIndex	... Index des Bildchens, welches bei selektiertem Knoten angezeigt wird
SelectedNode	... liefert selektiertes TreeNode-Objekt
ShowLines	... gibt an, ob Linien zwischen den Knoten gezeichnet werden sollen (**True**/False)

Tabelle 10.11 Wichtige Methoden von TreeView

Methode	Beschreibung
BeginUpdate()	... deaktiviert das Neuzeichnen des Controls
CollapseAll()	... reduziert alle Knoten
EndUpdate()	... aktiviert das Neuzeichnen des Controls
ExpandAll()	... expandiert alle Knoten
Sort()	... sortiert alle Knoten

Beim Aufklappen und Schließen der Knoten löst TreeView bestimmte Ereignispärchen aus.

Tabelle 10.12 Wichtige Ereignisse von TreeView

Ereignisse	Ereignis wird ausgelöst,
BeforeExpand AfterExpand	... bevor/nachdem Knoten geöffnet worden ist.
BeforeSelect AfterSelect	... bevor/nachdem Knoten ausgewählt wurde.
BeforeCollaps AfterCollaps	... bevor/nachdem Knoten geschlossen wurde.
NodeMouseClick	... wenn Benutzer auf einen Knoten klickt.

Tabelle 10.13 Wichtige Eigenschaften von TreeNode

Eigenschaft	Beschreibung
FirstNode	Der erste untergeordnete TreeNode-Objekt in der Nodes-Auflistung des aktuellen Knotens.
Index	Position des aktuellen Knotens in der Nodes-Auflistung des übergeordneten Knotens.
IsExpanded	True, falls TreeNode-Objekt expandiert ist.
IsSelected	True, falls TreeNode-Objekt selektiert ist.
LastNode	Das letzte untergeordnete TreeNode-Objekt in der Nodes-Auflistung des aktuellen Knotens.
NextNode	Das nächste gleichrangige TreeNode-Objekt .
Nodes	Auflistung, die alle TreeNode-Objekte der untergeordneten Ebene enthält..
Parent	Das übergeordnete TreeNode-Objekt.
PrevNode	Das vorhergehende gleichrangige TreeNode-Objekt .

Tabelle 10.14 Wichtige Methoden von TreeNode

Methode	Beschreibung
Collapse()	Das TreeNode-Objekt wird reduziert.
Expand()	Das TreeNode-Objekt wird expandiert.
ExpandAll()	Alle untergeordneten TreeNode-Objekte werden expandiert.
Toggle()	TreeNode wechselt zwischen reduziertem und erweitertem Zustand.

10.2.22 WebBrowser

Seit der Einführung von Windows Forms 2.0 steht ein solches hochkomplexes Steuerelement zur Verfügung (es handelt sich um eine verwaltete Wrapper-Klasse für das bekannte Internet Explorer ActiveX Control).

Die `Url`-Eigenschaft des `WebBrowser`-Controls ist vom Typ `Uri`. Diese Klasse repräsentiert einen *Uniform Resource Identifier* (URI) und kapselt den Zugriff auf die Bestandteile eines URI. Weitere wichtige Eigenschaften sind `IsWebWebBrowserContextMenuEnabled`, `SecurityLevel` und `WebBrowserShortcutEnabled`.

Die Programmierung eines (fast) voll funktionsfähigen Internetbrowsers erfordert erstaunlich wenig Aufwand, wie es das folgende Beispiel zeigt.

Beispiel Programmierung eines voll funktionsfähigen Internetbrowsers

Nachdem Sie das `WebBrowser`-Control von der Toolbox auf das Formular gezogen haben (`Dock = Bottom`), brauchen Sie nur noch eine `TextBox` für die URL und einen `Button` mit folgendem Ereigniscode hinzuzufügen:

```
Private Sub Button1_Click(ByVal sender As Object, ByVal e As EventArgs) _
                                                    Handles Button1.Click
    Dim aUri As New Uri(TextBox1.Text)
    WebBrowser1.Url = aUri
End Sub
```

Das Ergebnis:

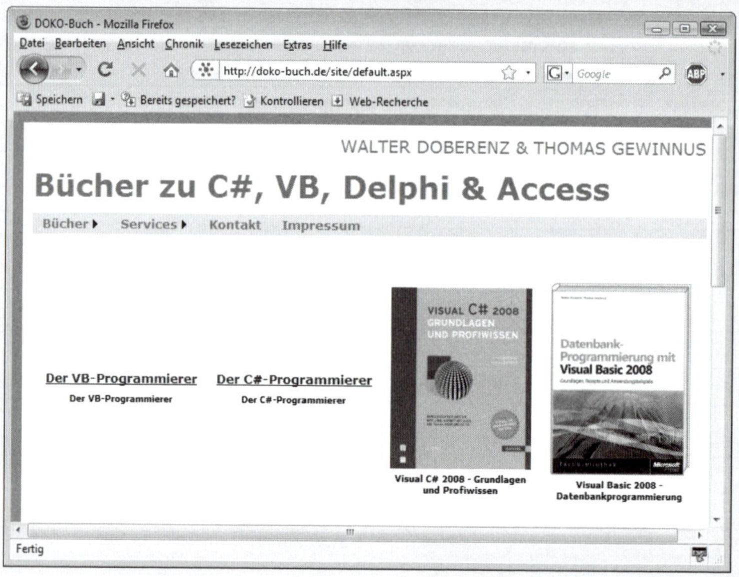

Hinweis

Weitere Funktionen, wie die Aktualisierung der Anzeige etc., sind über das Kontextmenü des Webbrowsers verfügbar. ■

10.3 Container

Mit diesen Komponenten können Sie ein übersichtliches und anpassungsfähiges Outfit der Bedienoberfläche Ihrer Anwendung erreichen.

10.3.1 FlowLayout/TableLayout/SplitContainer

Diese mit .NET 2.0 eingeführten Komponenten ermöglichen ein flexibles Formularlayout und wurden bereits ab Seite 300 im Abschnitt 9.2.7 näher beschrieben.

10.3.2 Panel

Die auf den ersten Blick etwas unscheinbar wirkende `Panel`-Komponente dürfte eines der wichtigsten Gestaltungsmittel für Dialog-Oberflächen sein. Die wesentlichste Fähigkeit dieser Komponente: sie kann weitere Komponenten in ihrem Clientbereich aufnehmen. Damit verhält sie sich fast wie ein Formular, es gibt eine `Controls`-Auflistung und sogar eine `AutoScroll`-Eigenschaft ist vorhanden!

Wie auch bei der `GroupBox` gilt:

Hinweis

Beachten Sie beim Entwurf, dass zuerst das `Panel` angelegt werden muss und erst dann Steuerelemente innerhalb desselben abgelegt werden können. ■

Oberflächen gestalten

Im Zusammenhang mit der `Dock`- bzw. `Anchor`-Eigenschaft bieten sich fast unbegrenzte Möglichkeiten, den Clientbereich des Formulars in einzelne Arbeitsbereiche aufzuteilen und dynamisch auf Größenänderungen zu reagieren.

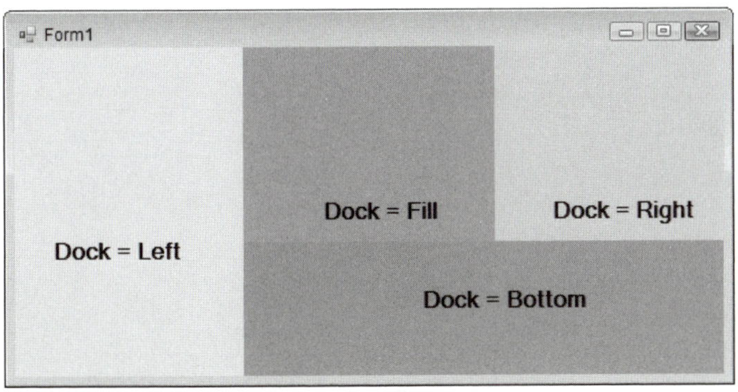

Abbildung 10.24 Mehrere mit Dock ausgerichtete Panels

Hinweis

Die SplitContainer-Komponente ermöglicht es dem Nutzer, zur Laufzeit die Größe der Panels zu ändern. ■

10.3.3 GroupBox

Wenn man mehrere Steuerelemente mit einer GroupBox umgibt, können diese zu einer Einheit zusammengefasst werden. Insbesondere beim Gruppieren von mehreren RadioButton-Komponenten dürfte die GroupBox die erste Wahl sein.

Wie auch das Panel verfügt die GroupBox über eine eigene Controls-Auflistung, zu der weitere Elemente mit Add bzw. AddRange hinzugefügt werden können.

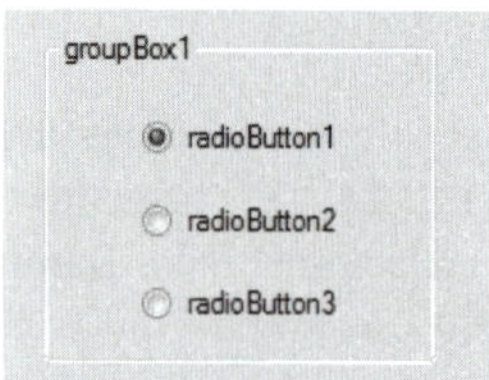

Abbildung 10.25
GroupBox

Eine GroupBox reiht sich zwar mit ihrer TabIndex-Eigenschaft in die Tabulator-Reihenfolge der übrigen Steuerelemente des Formulars ein, für die in der GroupBox enthaltenen Elemente gibt es jedoch eine eigene Reihenfolge, die mit TabIndex = 0 beginnt.

Hinweis

Beachten Sie beim Entwurf, dass zuerst die GroupBox angelegt werden muss und erst dann Steuerelemente innerhalb derselben abgelegt werden können. ■

10.3.4 TabControl

Diese Komponente bietet die Funktionalität eines Panels und die Möglichkeit, über ein Register auf weitere Seiten zuzugreifen:

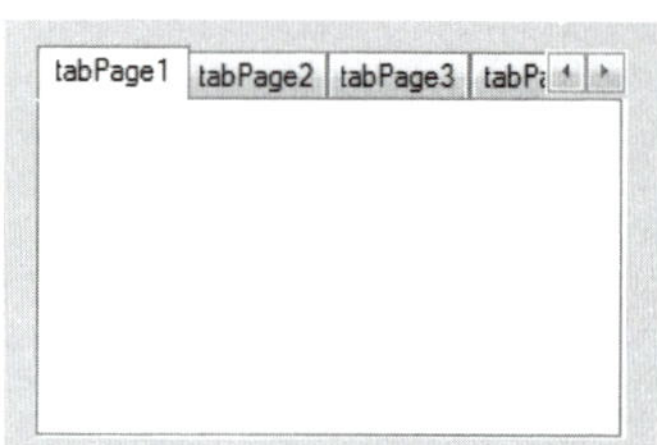

Abbildung 10.26
Ein TabControl

Für das Zuweisen der Eigenschaften und für das Hinzufügen neuer Registerblätter steht Ihnen der TabPage-Auflistungs-Editor zur Verfügung (Eigenschaft TabPages):

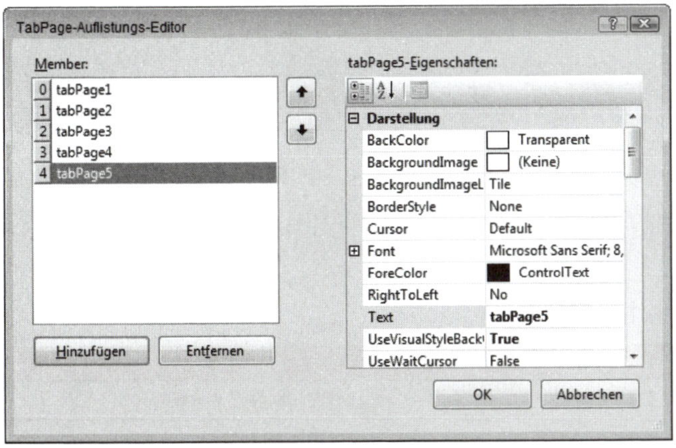

Abbildung 10.27 Der TabPage-Auflistungs-Editor

Um per Code neue Registerkarten (`TabPage`-Objekte) hinzuzufügen, verwenden Sie (wie könnte es bei einem Container-Control auch anders sein) die `Add`-Methode der `Controls`-Auflistung des `TabControl`-Objekts.

Beispiel Eine Registerkarte mit der Beschriftung »XYZ« wird zu einem `TabControl` hinzugefügt.

```
Dim tabPg As New TabPage("XYZ")
TabControl1.Controls.Add(tabPg)
```

Tabelle 10.15 Wichtige Eigenschaften des `TabControl`

Eigenschaft	Beschreibung
`Alignment`	... bestimmt die Anordnung der Kartei-Reiter
`Appearance`	... bestimmt das Erscheinungsbild des `TabControls`
`ImageList`	... die `ImageList` mit den auf den Registerkarten anzuzeigenden Bildern
`ItemSize`	... bestimmt die Größe der Registerkarten
`MultiLine`	... legt fest, ob Kartei-Reiter mehrzeilig sein können
`Padding`	... bestimmt Abstand zwischen Beschriftung und Rand eines Kartei-Reiters
`RowCount`	... liest Anzahl der Zeilen eines Kartei-Reiters
`SelectedIndex`	... legt Index der aktuellen Registerkarte fest
`SelectedTab`	... bestimmt aktuell ausgewählte Registerkarte
`TabPages`	... liest Auflistung der Registerkarten des `TabControls`

Beispiel `Appearance = Buttons`

Beispiel `Appearance = FlatButtons`

Wenn sich die aktuelle Registerkarte ändert, haben wir es mit folgender Ereigniskette zu tun:

`Deselecting` ⇨ `Deselected` ⇨ `Selecting` ⇨ `Selected`

Tabelle 10.16 Wichtige Ereignisse des `TabControl`

Ereignisse	Beschreibung
`Deselecting/Deselected`	Übergabe eines Objekts vom Typ `TabControlCancelEventArgs`.
`Selecting/Selected`	Übergabe eines Objekts vom Typ `TabControlEventArgs`

Mit diesen Ereignissen können Sie auf einen Seitenwechsel reagieren (z.B. Sichern der Eingabewerte oder Initialisieren der enthaltenen Controls).

Hinweis

Mit der `Cancel`-Eigenschaft von `TabControlCancelEventArgs` können Sie den eingeleiteten Vorgang abbrechen (vgl. `FormClosing`-Event). ■

Außer den oben aufgeführten Ereignissen ist noch das (ab .NET 2.0 obsolete) `SelectedIndexChanged`-Ereignis erwähnenswert, welches bei Ändern der `SelectedIndex`-Eigenschaft auftritt.

10.3.5 ImageList

Um es gleich vorwegzunehmen, das `ImageList`-Steuerelement allein ist nur von begrenztem Nutzen, es fungiert lediglich als (zur Laufzeit unsichtbarer) Container für mehrere (gleich große) Bitmaps, die Sie über ihren Index in der Liste ansprechen und in folgenden Steuerelementen anzeigen lassen können:

- `Label`, `Button`
- `ListView`, `TreeView`
- `ToolBar`
- `TabControl`

Um diese Controls mit der `ImageList` zu verbinden, setzen Sie einfach die jeweils vorhandene `ImageList`-Eigenschaft. Dies kann zur Entwurfszeit erfolgen, Sie dürfen aber auch zur Laufzeit diese Eigenschaft zuweisen.

Bevor Sie die Grafik in die Komponente einlesen, sollten Sie sich für die endgültige Größe (Eigenschaft `ImageSize`) entscheiden, da alle Grafiken auf diese Werte skaliert werden, egal wie groß sie vorher waren.

Über die `Images`-Collection rufen Sie zur Entwurfszeit einen eigenen Editor auf, in den Sie die Grafiken einfügen und, was auch wichtig ist, sie dann sortieren können.

Grafiken laden Sie zur Laufzeit, mit der `Add`-Methode der `Images`-Collection.

Beispiel Hinzufügen von Grafiken zur Laufzeit

```
ImageList1.Images.Add(New Bitmap("C:\temp\Bold.bmp"))
ImageList1.Images.Add(New Icon("C:\temp\Italic.ico"))
```

Beispiel Anzeige in einem `Button`

```
Button1.Text = String.Empty
Button1.ImageList = ImageList1
Button1.ImageIndex = 0
```

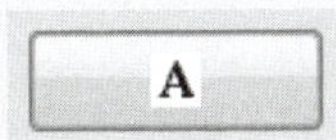

Hinweis

Verwenden Sie die Eigenschaft `ImageAlign`, um die Grafik in der jeweiligen Komponente auszurichten. ■

10.4 Menüs und Symbolleisten

In diesem Toolbox-Abschnitt finden Sie diverse komplexe Komponenten, die die bequeme Bedienbarkeit einer Anwendung ermöglichen.

10.4.1 MenuStrip und ContextMenuStrip

Auf beide Menü-Komponenten, die ab .NET 2.0 die veralteten `MainMenu` und `ContextMenu` abgelöst haben, wurde bereits im Vorgängerkapitel ausführlicher eingegangen. Im Zusammenhang damit sind u.a. die folgenden Objekte von Bedeutung:

- `ToolStripMenuItem`
- `ToolStripComboBox`
- `ToolStripTextBox`

Hinweis

Beachten Sie, dass sowohl `ToolStripComboBox` als auch `ToolStripTextBox` keine Untermenüs enthalten können. ■

10.4.2 ToolStrip

Dieses Steuerelement ist Nachfolger der `ToolBar` und erlaubt einen komfortablen Entwurf von frei konfigurierbaren Werkzeugleisten, die man mit unterschiedlichen Schalt- und Anzeigeelementen (`Button`, `Label`, `SplitButton`, `ProgressBar` ...) besetzen kann.

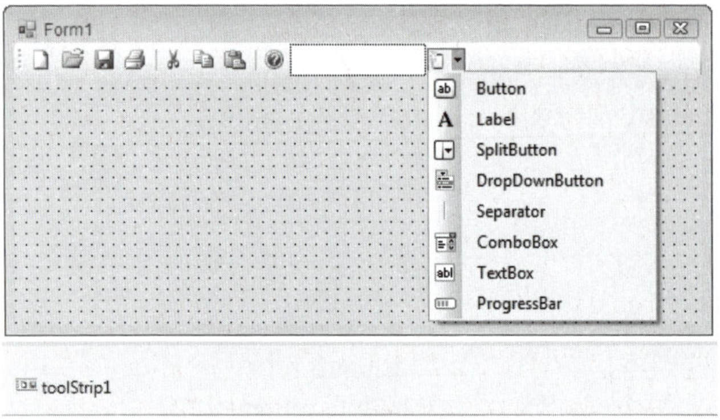

Abbildung 10.28
Verwendung von `ToolStrip`

10.4.3 StatusStrip

Hier handelt es sich um den Nachfolger der altbekannten `StatusBar`, wie sie in der Regel an den unteren Rand des Formulars angedockt wird. Genauso wie das `ToolStrip` kann man diese Komponente mit unterschiedlichen Schalt- und Anzeigeelementen (`Button`, `Label`, `SplitButton`, `ProgressBar`, ...) bestücken.

10.4.4 ToolStripContainer

Diese Container-Komponente übernimmt das flexible Positionieren von `MenuStrip` und `StatusStrip`, die zur Entwurfszeit in einen der vier Seitenbereiche (bzw. Panels) des `ToolStripContainers` gezogen werden. Der Zentralbereich enthält die eigentlichen Steuerelemente des Formulars.

Die Seitenbereiche sind Objekte vom Typ `ToolStripPanel` und können durch Klick auf die entsprechende Markierung geöffnet werden.

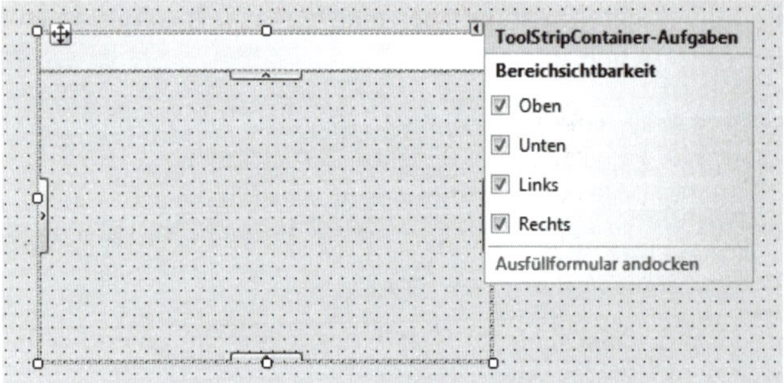

Abbildung 10.29
`ToolStripContainer` andocken

In der Regel setzen Sie die `Dock`-Eigenschaft des `ToolStripContainer`-Controls auf `Fill`, sodass diese Komponente den gesamten Clientbereich des Formulars einnimmt.

Alternativ können Sie aber auch im SmartTag-Fensterchen den Eintrag »Ausfüllformular andocken« wählen um festzulegen, an welchen Seitenrändern Menü- und Symbolleisten zur Laufzeit angedockt werden können.

11 Grafikausgabe und Drucken

Dieses Kapitel behandelt die folgenden Themen:

- Grundlegende Konzepte
- Die wichtigsten Grafikmethoden
- Die wichtigsten Grafikobjekte
- Druckvorschau und -ausgabe

Nachdem wir uns in den vorhergehenden Kapiteln mit Windows Formularen und deren Komponenten beschäftigt haben, wollen wir jetzt einen Blick auf das Erzeugen und Darstellen von Grafiken werfen. Ob es sich beim Ausgabegerät um ein Windows Formular oder, wie am Ende dieses Kapitels gezeigt, einen Drucker handelt, ist vollkommen uninteressant, da es sich um eine geräteunabhängige Ausgabe handelt.

Nach einer kurzen Übersicht zum Konzept der Grafikausgabe wollen wir Ihnen zunächst die Möglichkeiten der reinen Grafikdarstellung mittels `PictureBox`-Komponente aufzeigen. Anschließend geht es um die Verwendung der Grafikmethoden (z.B. `DrawLine`, `DrawEllipse` ...) mit dem `Graphics`-Objekt, die Sie beispielsweise für die Darstellung von Diagrammen etc. benötigen. Das erworbene Wissen können Sie abschließend dazu nutzen, diese dynamisch erstellten Grafiken auch zu Papier zu bringen.

11.1 Grundlegende Konzepte

Bevor wir zu den Details kommen, sollten wir zunächst einen Blick auf das Gesamtkonzept werfen.

11.1.1 Die Grafikzentrale: GDI+

Für die Grafikausgabe in .NET-Anwendungen steht Ihnen GDI+ (*Graphics Design Interface*) zur Verfügung, das im Gegensatz zum alten GDI[1] wesentlich umfangreicher und übersichtlicher ist.

Ein zentrales Grafikausgabe-Objekt

Im Gegensatz zu GDI, wo Sie die Grafikmethoden von einzelnen Komponenten genutzt haben, arbeiten Sie in .NET mit einem einzigen `Graphics`-Objekt, das Sie bestimmten Objekten zuordnen können bzw. es von diesen ableiten. Nur dieses Objekt verfügt über relevante Grafikmethoden und -eigenschaften.

Die Grafikausgabe ist zustandslos

Eine der wichtigsten und zugleich einschneidendsten Änderungen zur Win32-Programmierung betrifft die Organisation der Grafikausgabe. Haben Sie bisher zunächst die Parameter für Linien (Breite, Farbe, Style etc.), Pinsel oder Schriftarten gesetzt und nachfolgend mit diesen Grafikausgaben getätigt, ist dafür nun jede einzelne Grafikmethode zuständig. D.h., für eine Grafikmethode ist es vollkommen unerheblich, welche Linienart vorher genutzt wurde, alle erforderlichen Parameter werden an die Methode bei **jedem** Aufruf übergeben. Die gleiche Vorgehensweise trifft auch auf Texte oder Pinsel zu.

Beispiel Zeichnen einer Linie im Formular

```
Dim g As Graphics
Dim mypen As New Pen(Color.Aqua)              ' Neuen Stift erzeugen

g = Me.CreateGraphics                         ' Graphics-Objekt erzeugen
g.DrawLine(mypen, 10, 10, 100, 100)           ' Linie mit dem neuen Stift zeichnen
...
```

Wichtige GDI+-Features

Die wichtigsten Features auf einen Blick:

- GDI+ bietet eine verbesserte Farbverwaltung sowie mehr vordefinierte Farben.
- GDI+ unterstützt eine breite Palette an Bildformaten (.bmp,.gif, .jpeg, .exif, .png, .tiff, .ico, .wmf, .emf).
- Antialiasing-Funktionalität

[1] Dieses kommt immer noch in Win32-Anwendungen zum Einsatz.

- Farbverläufe für Pinsel
- Splines
- Bildtransformationen (Rotation, Translation, Skalierung)
- Gleitkomma-Unterstützung
- Unterstützung des Alpha-Kanals und damit auch Alpha-Blending
- ...

11.1.2 Wo finde ich was?

Bevor Sie im weiteren Verlauf mit der Fehlermeldung »Der Typ XYZ ist nicht definiert.« konfrontiert werden, möchten wir Ihnen die im Zusammenhang mit der Grafikausgabe relevanten Namespaces vorstellen:

- `System.Drawing`
- `System.Drawing.Drawing2D`
- `System.Drawing.Imaging`
- `System.Drawing.Printing`
- `System.Drawing.Design`
- `System.Drawing.Text`

Die ausführliche Behandlung der einzelnen Strukturen und Objekte erfolgt in den weiteren Abschnitten, hier nur eine kurze Übersicht.

System.Drawing

Dieser standardmäßig eingebundene Namespace enthält die meisten Klassen, Typen, Auflistungen etc., die Sie für die Basisfunktionen der Grafikausgabe benötigen.

Tabelle 11.1 Wichtige Typen von `System.Drawing`

Typ	Beschreibung
`Color`	... verwaltet ARGB-Farbwerte (Alpha-Rot-Grün-Blau), Konvertierungsfunktionen sowie diverse vordefinierte Farbkonstanten.
`Point` `PointF`	... verwaltet 2-D-Koordinaten (x, y) als Integer- bzw. Floatwert.
`Rectangle` `RectangleF`	... verwaltet die Koordinaten eines Rechtecks als Integer- bzw. Floatwert.
`Size`	... verwaltet die Größe eines rechteckigen Bereichs (Breite, Höhe).

Tabelle 11.2 Wichtige Klassen von `System.Drawing`

Klasse	Beschreibung
`Graphics`	Das zentrale Grafikausgabe-Objekt
`Pen`	Objekt für die Definition des Linientyps

Klasse	Beschreibung
Brush, Brushes, SolidBrush, TextureBrush	Objekte für die Definition des Füllstils (Pinsel) von Objekten (Kreise, Rechtecke etc.)
Font, FontFamily	Objekt für die Definition von Schriftarten (Farbe, Größe etc.)
Bitmap, Image	Objekt für die Verwaltung von Bitmaps bzw. Grafiken

System.Drawing.Drawing2D

Dieser Namespace bietet Funktionen für Farbverläufe sowie Unterstützung für 2-D- und Vektorgrafiken (Matrix für geometrische Transformationen).

System.Drawing.Imaging

Mit Hilfe dieses Namespace können Sie erweiterte Funktionen wie

- Direktzugriff auf Bitmap-Daten (Pointer),
- Unterstützung für Metafiles,
- Farbverwaltung,
- Grafikkonvertierung,
- Abfrage von Grafikeigenschaften

realisieren.

System.Drawing.Printing

Basisklassen für die Druckausgabe, siehe Abschnitt 11.7.

System.Drawing.Text

Abfrage von Informationen über die installierten Schriftarten.

11.2 Grafikanzeige und -manipulation

Bevor wir Sie in den folgenden Abschnitten mit Dutzenden von Objekten, Methoden und Eigenschaften überfrachten, wollen wir uns zunächst die wohl trivialste Form der Grafikdarstellung etwas näher ansehen. Die Rede ist von der PictureBox-Komponente, die in diesem Zusammenhang alle wesentlichen Aufgaben übernehmen kann. Untrennbar mit dieser Komponente ist auch das Image-Objekt verbunden, über das die eigentlichen Grafikdaten verwaltet werden (Laden, Manipulieren, Eigenschaften).

11.2.1 Grafikanzeige mit der PictureBox

Platzieren Sie zunächst eine PictureBox im Formular, können Sie diese wie jedes andere Objekt positionieren und die Größe bestimmen. Über die Eigenschaft Image lässt sich bereits zur Entwurfszeit eine Grafikdatei zuweisen, die nachfolgend fest in das Projekt und damit auch die EXE-Datei übernommen wird.

Wie diese Grafik formatiert, d.h. skaliert wird, bestimmen Sie mit der SizeMode-Eigenschaft. Wie Sie den folgenden Abbildungen entnehmen können, skaliert die Stretch-Variante zwar die Grafik auf die gewünschte Größe, leider bleibt dabei aber das Seitenverhältnis der Grafik auf der Strecke.

Tabelle 11.3 Mögliche Werte für SizeMode

Sizemode	Ergebnis
Normal	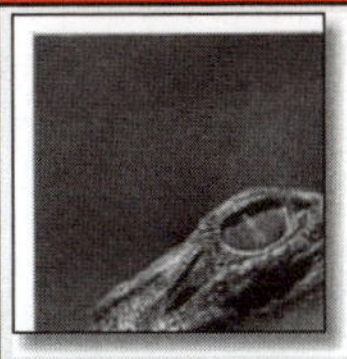
CenterImage	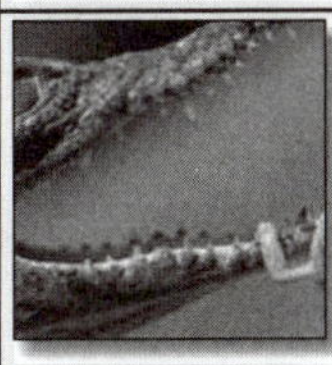
StretchImage	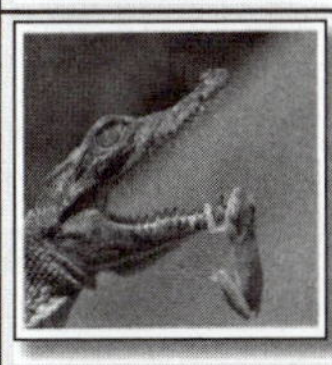
AutoSize	

Wie Sie die Proportionen zur Laufzeit wiederherstellen können, zeigt das folgende Beispiel.

Beispiel Ein Bild proportional skalieren

```
Dim xy As Single
  xy = PictureBox1.Image.Width / PictureBox1.Image.Height
  If PictureBox1.Image.Width > PictureBox1.Image.Height Then
     PictureBox1.Height = PictureBox1.Width / xy
  Else
     PictureBox1.Width = PictureBox1.Height * xy
  End If
```

Die Vorgehensweise: Sie weisen der Eigenschaft `SizeMode` den Wert `Stretch` zu und skalieren jeweils die Außenmaße der `PictureBox` so, dass die Grafik möglichst optimal angezeigt wird. Über die `BorderStyle`-Eigenschaft können Sie zwischen *keinem*, *einfachem* und *dreidimensionalem* Rahmen wählen.

Damit sind auch schon alle wesentlichen Eigenschaften der `PictureBox` beschrieben. Ziemlich dürftig, werden Sie sicher sagen. Aber dieser Eindruck täuscht, wenn wir uns die bereits erwähnte Eigenschaft `Image` näher ansehen, bei der es sich um ein recht komplexes Objekt handelt.

11.2.2 Die Image-Klasse

Mit der `Image`-Klasse bietet sich nicht nur die Möglichkeit, zur Entwurfszeit eine Grafik in die `PictureBox` einzubetten, sondern es stehen auch diverse Grafikbearbeitungsfunktionen und die dazu nötigen Informationen über die Grafik zur Verfügung.

Zwei Wege führen zum `Image`-Objekt:

- Haben Sie bereits zur Entwurfszeit eine Grafik geladen, können Sie direkt über `Picture.Image` auf die gewünschten Eigenschaften/Methoden zugreifen.
- Andernfalls müssen Sie zunächst ein `Image`-Objekt erzeugen und der `PictureBox` zuweisen.

Beispiel Erzeugen eines neuen `Image`-Objekts (eine Bitmap 100 x 100 Pixel)

```
Dim img As Image
  img = New Bitmap(100, 100)
  PictureBox1.Image = img
```

Alternativ lässt sich ein Image auch aus einer Grafikdatei erzeugen:

```
Dim img As Image
   img = Image.FromFile("c:\test.jpg")
   PictureBox2.Image = img
```

Womit wir auch schon beim Laden von Grafiken angekommen sind.

11.2.3 Grafiken zur Laufzeit zuweisen

Wie bereits im vorhergehenden kurzen Beispiel gezeigt, stellt es kein Problem dar, ein `Image` aus einer bereits existierenden Datei[1] zu laden. Je nach Dateityp handelt es sich dabei um eine Pixel-, Vektorgrafik (WMF, EMF) oder ein Icon (ICO).

Hinweis

Vorsicht: Nicht jedes Grafikformat unterstützt auch alle Grafikmethoden des `Image`-Objekts. Laden Sie beispielsweise eine WMF-Grafik in das Image, können Sie diese nicht mit der Funktion `RotateFlip` drehen oder spiegeln. ■

Statt mit

```
Dim img As Image
img = Image.FromFile("c:\test.bmp")
PictureBox2.Image = img
```

können Sie auch direkt den gewünschten Imagetyp erzeugen:

```
Dim img As Image
img = Bitmap.FromFile("c:\test.bmp")
PictureBox1.Image = img
```

Das Resultat ist in beiden Fällen dasselbe.

11.2.4 Grafiken in verschiedenen Formaten sichern

Ähnlich einfach wie das Laden ist auch das Speichern von Grafiken. Mit der `Image`-Methode `Save` können Sie die Grafik in einem der unterstützten Dateiformate sichern.

Beispiel Speichern im PNG-Format

```
PictureBox1.Image.Save("c:\test.png")
```

Auf diese Weise können Sie auch einen Dateikonverter programmieren, Sie brauchen nicht einmal eine `PictureBox` dafür.

Beispiel Konvertieren vom BMP- ins PNG-Format

```
Imports System.Drawing.Imaging
...
  Dim img As Image
  ...
  img = Bitmap.FromFile("c:\test.bmp")
  img.Save("c:\test.png", ImageFormat.Png)
```

[1] Die unterstützten Dateiformate wurden bereits im Abschnitt 11.1.1 vorgestellt.

11.2.5 Wichtige Grafikeigenschaften ermitteln

Breite und Höhe der Grafik

Breite und Höhe der Grafik können Sie über die Eigenschaften `Width` und `Height` des **`Image`**-Objekts abrufen.

Hinweis

Die Abmessungen des `Image`-Objekts, d.h. der Grafik, stehen in keinem Zusammenhang mit den Abmessungen der `PictureBox`. ■

Auflösung

Die vertikale bzw. horizontale Auflösung der Grafik können Sie mit den Eigenschaften `VerticalResolution` bzw. `HorizontalResolution` abfragen. Beide geben einen Wert in *dpi* (Punkte pro Inch) zurück.

Grafiktyp

Den aktuell geladenen Grafiktyp fragen Sie über die Eigenschaft `Rawformat` ab. Rückgabewerte sind die verschiedenen Bildtypen, die von der `Image`-Komponente unterstützt werden (BMP, GIF etc.).

Interner Bitmap-Aufbau

Um welchen Typ von Bitmap (Farbtiefe) bzw. um welches Speicherformat (RGB, ARGB etc.) es sich handelt, verrät Ihnen die schreibgeschützte Eigenschaft `PixelFormat`.

11.2.6 Erzeugen von Vorschaugrafiken (Thumbnails)

Sicher sind Ihnen unter Windows auch schon die kleinen Vorschaugrafiken in den Explorerfenstern aufgefallen. Bevor Sie jetzt an aufwändige Algorithmen und Funktionen zur Skalierung von Bitmaps denken, vergessen Sie es besser wieder. GDI+ unterstützt Sie an dieser Stelle mit einer einfach verwendbaren Methode:

```
Function GetThumbnailImage(ByVal Breite As Integer, ByVal Höhe As Integer, _
                           ByVal callback As Image.GetThumbnailImageAbort, _
                           ByVal callbackData As IntPtr) As Image
```

Die beiden ersten Parameter dürften leicht verständlich sein, *callback* erwartet einen Verweis auf einen Delegate (optional `Nothing`).

Leider müssen Sie sich um die Proportionen des zu erzeugenden Image selbst kümmern. Übergeben Sie beispielsweise 100 für Breite und Höhe und haben Sie eine Ausgangsgrafik mit anderem Höhen-/Seitenverhältnis, wird die Vorschaugrafik gestaucht, was sicher nicht sehr professionell aussieht. Fragen Sie also vorher das Höhen-/Seitenverhältnis der Grafik ab und setzen Sie Breite und Höhe entsprechend.

Beispiel Funktion zum Erzeugen einer proportionalen Vorschaugrafik

```
Function GetThumb(ByVal size As Integer, ByVal img As Image) As Image
    Dim xy As Single

    xy = img.Width / img.Height
    If xy > 1 Then
        GetThumb = img.GetThumbnailImage(size, size / xy, Nothing, Nothing)
    Else
        GetThumb = img.GetThumbnailImage(size * xy, size, Nothing, Nothing)
    End If
End Function
```

Der Aufruf ist einfach:

```
Private Sub Button1_Click(ByVal sender As System.Object, ByVal e As System.EventArgs) _
                          Handles Button1.Click

   PictureBox2.Image = GetThumb(100, PictureBox1.Image)
End Sub
```

Das Ergebnis:

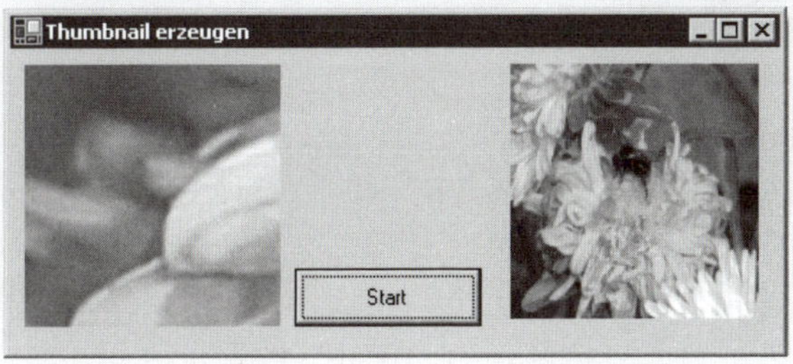

11.2.7 Grafiken drehen

Mit der Methode `RotateFlip` stehen Ihnen rudimentäre Manipulationsfunktionen für die Grafikausgabe zur Verfügung (drehen, spiegeln). Übergeben Sie der Methode einfach die gewünschte Konstante und aktualisieren Sie gegebenenfalls die übergeordnete `PictureBox`-Komponenten, schon ist die Grafik gedreht oder gespiegelt.

Beispiel Drehen um 180° und vertikal kippen

```
PictureBox1.Image.RotateFlip(RotateFlipType.Rotate180FlipY)
PictureBox1.Refresh()
```

11.2.8 Skalieren von Grafiken

Eine Grafik mit GDI+ zu skalieren stellt eines der kleinsten Probleme dar. Mit einer einzigen Zeile Code können Sie beispielsweise die Größe einer Grafik verdreifachen.

Beispiel Bitmap auf dreifache Größe skalieren

```
PictureBox1.Image = New Bitmap(PictureBox1.Image, New Size(PictureBox1.Image.Width * 3, _
                                   PictureBox1.Image.Height * 3))
```

Wahrscheinlich bekommen nur verkappte C++-Programmierer bei diesem Anblick »feuchte Augen«. Für alle anderen nehmen wir die Anweisung noch einmal auseinander bzw. deklarieren die Objekte für eine bessere Übersicht:

Eine temporäre Bitmap deklarieren:

```
Dim b As Bitmap
```

Eine Variable für die neue Größe deklarieren:

```
Dim s As Size
```

Die neue Größe bestimmen:

```
    s.Width = PictureBox1.Image.Width * 3
    s.Height = PictureBox1.Image.Height * 3
```

Die neue Bitmap erzeugen:

```
    b = New Bitmap(PictureBox1.Image, s)
```

Die Bitmap dem Image zuweisen:

```
    PictureBox1.Image = b
```

Damit sind die wichtigsten Möglichkeiten von `PictureBox` und `Image` aufgezählt, und wir können uns der eigentlichen Grafikprogrammierung, d.h. dem Erzeugen von Grafiken, zuwenden.

11.3 Koordinatensystem von GDI+

Bevor Sie sich mit dem Zeichnen von Linien, Kreisen oder der Ausgabe von Bitmaps beschäftigen, sollten Sie einen Blick auf das .NET-Koordinatensystem werfen.

11.3.1 Grundsätzlicher Aufbau

Auf den ersten Blick bietet sich nichts Ungewohntes, der Koordinatenursprung für alle Grafikmethoden liegt in der linken oberen Ecke des jeweils gewählten Ausgabefensters (das kann auch ein Steuerelement sein). Positive x-Werte werden nach rechts, positive y-Werte nach unten abgetragen:

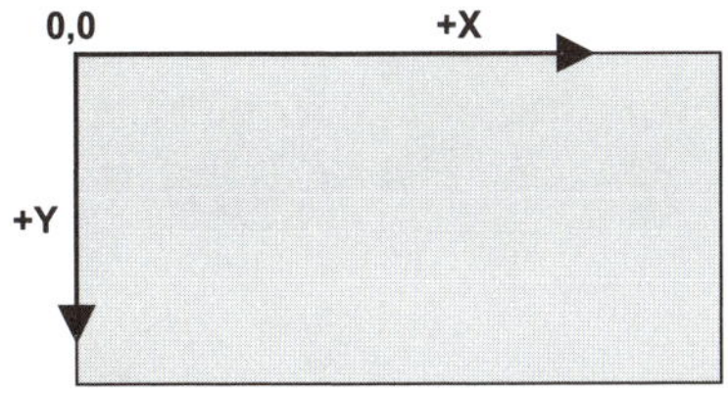

Abbildung 11.1
Das Koordinatensystem

Hinweis
Die Maßeinheit ist für alle Ausgaben das Pixel. ■

GDI+ unterscheidet im Zusammenhang mit der Grafikausgabe drei verschiedene Koordinatensysteme:

- globale Koordinaten,
- Seitenkoordinaten und
- Gerätekoordinaten.

11.3.2 Globale Koordinaten

Hierbei handelt es sich um das ursprüngliche Koordinatensystem. Dieses wird über bestimmte Transformationen in Seiten- und damit auch Gerätekoordinaten umgewandelt.

Ausgangspunkt bei der Maßeinheit Pixel: Ein Pixel in globalen Koordinaten entspricht zunächst einem Pixel auf dem endgültigen Ausgabegerät (Bildschirm, Drucker).

Beispiel Es soll ein Kreis mit dem Radius 50 (Pixel) auf dem Formular gezeichnet werden (an dieser Stelle müssen wir leider etwas vorgreifen, mit den folgenden Anweisungen wird im `Paint`-Ereignis des Formulars der Kreis gezeichnet):

```
Private Sub Form1_Paint(ByVal sender As System.Object, _
                        ByVal e As System.Windows.Forms.PaintEventArgs) Handles MyBase.Paint
    e.Graphics.DrawEllipse(New Pen(Color.Black), -50, -50, 100, 100)
End Sub
```

Das Ergebnis auf dem Bildschirm:

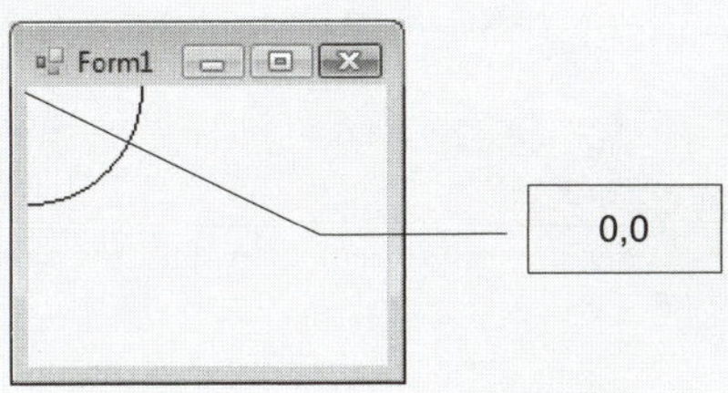

11.3.3 Seitenkoordinaten (globale Transformation)

Möchten Sie den Nullpunkt des Koordinatensystems verschieben, sodass der gesamte Kreis sichtbar wird, müssen Sie den Nullpunkt verschieben, d.h., eine globale Transformation durchführen.

Translation (Verschiebung)

Mit Hilfe der Methode `TranslateTransform` lässt sich diese Aufgabe bewältigen.

Beispiel Verschieben des Nullpunkts um jeweils 50 Pixel in x- und y-Richtung

```
e.Graphics.TranslateTransform(50, 50)
e.Graphics.DrawEllipse(New Pen(Color.Black), -50, -50, 100, 100)
```

Das Ergebnis der Grafikausgabe:

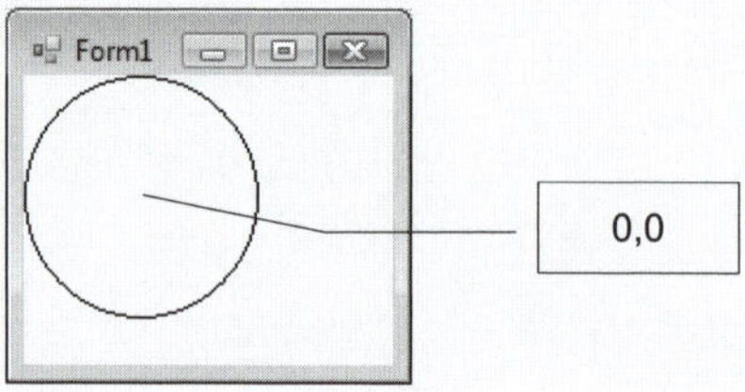

Skalierung (Vergrößerung/Verkleinerung)

Ähnlich verhält es sich mit einer Skalierung zwischen globalen und Seitenkoordinaten: Möchten Sie beispielsweise den Kreis auf dem Bildschirm doppelt so groß ausgeben, können Sie dies mit der Eigenschaft `PageScale` steuern.

Beispiel Ein Pixel global soll zwei Pixeln Seiteneinheit entsprechen

```
e.Graphics.TranslateTransform(50, 50)
e.Graphics.PageScale = 2
e.Graphics.DrawEllipse(New Pen(Color.Black), -50, -50, 100, 100)
```

Wie Sie sehen, sind alle Zeichenanweisungen, inklusive der Strichstärke, von dieser Skalierung betroffen:

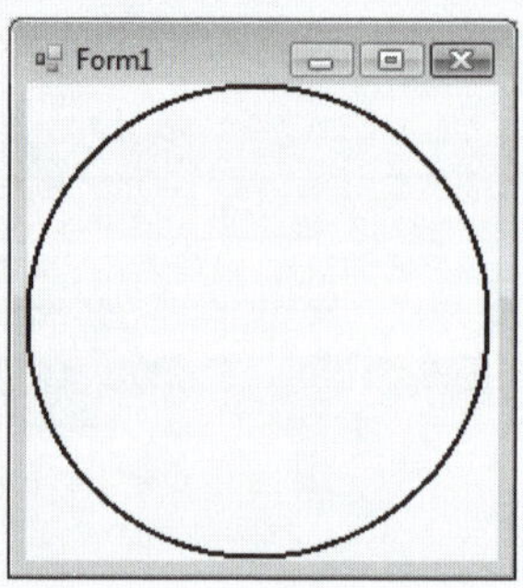

Alternativ können Sie mit `ScaleTransform` auch unterschiedliche Skalierungsfaktoren für x und y einführen.

Hinweis

Sollen auch Images im korrekten Verhältnis wiedergegeben werden, müssen Sie `ScaleTransform` verwenden! ■

Rotation

Als letzte Variante bleibt das Drehen des Koordinatensystems. Verantwortlich dafür ist die Methode `RotateTransform`, der Sie einfach den Drehwinkel übergeben.

Beispiel Drehen des Koordinatensystems um 45° (Uhrzeigersinn)

```
e.Graphics.RotateTransform(45)
e.Graphics.TranslateTransform(50, 50)
e.Graphics.DrawEllipse(New Pen(Color.Black), -50, -50, 100, 100)
```

Die folgende Abbildung zeigt das Resultat, die eingezeichnete Linie deutet die Position der x-Achse (y = 0) an:

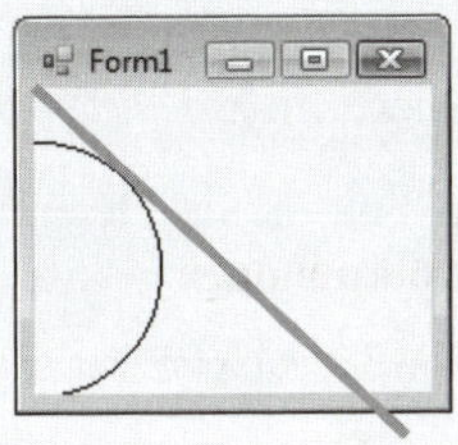

11.3.4 Gerätekoordinaten (Seitentransformation)

Das dritte Koordinatensystem bezieht sich auf das endgültige Ausgabegerät, z.B. ein Drucker oder ein Bildschirm. Diese Geräte verfügen über vorgegebene Auflösungen, die in Dots per Inch (dpi) angegeben werden. Beispielsweise verfügt der Bildschirm meist über eine Auflösung von 96 dpi, Laserdrucker werden mit Auflösungen von 300 bis weit über 1000 dpi angeboten.

Solange Sie nicht mit Geräteeinheiten arbeiten, werden Sie je nach Geräteauflösung zu unterschiedlichen Ergebnissen kommen. Aus diesem Grund unterstützt das .NET-Koordinatensystem auch gerätespezifische Einheiten wie Millimeter oder Inch. Über die Eigenschaft `PageUnit` können Sie die Einheit für Ihr Koordinatensystem ändern.

11.4 Wichtige Grafikmethoden

Im vorhergehenden Abschnitt hatten Sie ja bereits ersten Kontakt mit einigen Zeichenfunktionen, auf die wir nun in diesem Abschnitt näher eingehen wollen.

11.4.1 Das zentrale Graphics-Objekt

Wie bereits angedeutet, sind mit GDI+ die Zeiten des unbekümmerten Programmierens vorbei. Um den ausufernden Möglichkeiten etwas Einhalt zu gebieten und eine einheitliche Schnittstelle für die Grafikausgabe zu schaffen, wurde die `Graphics`-Klasse eingeführt.

Nur Objekte dieses Typs verfügen über Grafikausgabemethoden und die notwendigen Parameter. Alle anderen Komponenten, und dazu zählen auch Formulare und Drucker, können lediglich `Graphics`-Objekte zur Verfügung stellen.

Wie erzeuge ich ein Graphics-Objekt?

Drei wesentliche Varianten bieten sich an:

- Für Formulare können Sie das `Paint`-**Ereignis** nutzen, der übergebene Parameter `e` stellt auch ein `Graphics`-Objekt zur Verfügung.
- Für alle anderen Komponenten nutzen Sie die `CreateGraphics`-**Methode** des jeweiligen Objekts. Diese gibt ein `Graphics`-Objekt zurück.
- Möchten Sie auch auf `Images` (BMP etc.) per `Graphics`-Objekt zugreifen, verwenden Sie einfach die `Graphics.FromImage`-**Methode**.

Beispiel Zeichnen im `Paint`-Ereignis

```
Private Sub Form1_Paint(ByVal sender As Object, ByVal e As PaintEventArgs) _
                                                    Handles MyBase.Paint
  e.Graphics.DrawEllipse(New Pen(Color.Black), -50, -50, 100, 100)
End Sub
```

Beispiel Verwenden von `CreateGraphics`

```
Private Sub Button1_Click_1(ByVal sender As System.Object, ByVal e As System.EventArgs) _
                                                              Handles Button1.Click
    Dim g As Graphics
    g = Me.CreateGraphics
    g.DrawEllipse(New Pen(Color.Black), 0, 0, 100, 100)
End Sub
```

Um die Ausgabe auf einem Button statt auf dem Formular vorzunehmen genügt es, wenn Sie das `Graphics`-Objekt mit `button1.CreateGraphics` erzeugen.

Beispiel Verwenden von `Graphics.FromImage`

```
Dim g As Graphics
g = Graphics.FromImage(PictureBox1.Image)
g.DrawEllipse(New Pen(Color.Black), 0, 0, 100, 100)
PictureBox1.Refresh()
```

Hinweis

Für alle Grafikausgaben gilt: Nach dem Verdecken eines Formulars müssen Sie sich um das Aktualisieren der Bildschirmanzeige selbst kümmern. Einzige Ausnahme ist die `PictureBox`, wenn Sie, wie im letzten Beispiel gezeigt, über `Graphics` in das `Image` schreiben. ■

Die Invalidate-Methode

Nutzen Sie das `Paint`-Ereignis für die Ausgabe der Grafik und muss diese zwischenzeitlich aktualisiert werden, können Sie die Methode `Invalidate` zum Aktualisieren der Anzeige verwenden.

Beispiel Mittels `Timer` soll ein kontinuierlich größer werdender Kreis gezeichnet werden

Globale Variable für den Offset:

```
Dim x As Integer
```

Das `Tick`-Ereignis:

```
Private Sub Timer1_Tick(ByVal sender As System.Object, ByVal e As System.EventArgs) _
                                                               Handles Timer1.Tick
   x += 1
   Me.Invalidate()
End Sub
```

Die eigentliche Zeichenroutine im `Paint`-Ereignis:

```
Private Sub Form1_Paint(ByVal sender As Object, ByVal e As _
                           System.Windows.Forms.PaintEventArgs) Handles MyBase.Paint
   e.Graphics.DrawEllipse(New Pen(Color.Black), 0, 0, 100 + x, 100 + x)
End Sub
```

Im Weiteren wollen wir uns mit den wichtigsten Grafikgrundoperationen beschäftigen, auch wenn Sie bereits einige in den vorhergehenden Beispielen kennen gelernt haben.

11.4.2 Punkte zeichnen/abfragen

Tja, da sieht es gleich ganz düster aus. Eine entsprechende Funktion existiert zunächst nicht. Einzige Ausnahme: Die `GetPixel`-/`SetPixel`-Methoden des `Bitmap`-Objekts.

```
Function GetPixel(ByVal x As Integer, ByVal y As Integer) As Color
```

```
Sub SetPixel( ByVal x As Integer, ByVal y As Integer, ByVal color As Color)
```

Beiden Methoden übergeben Sie die gewünschten Koordinaten, GetPixel gibt Ihnen einen Color-Wert zurück, SetPixel müssen Sie einen Color-Wert übergeben.

Hinweis

Mehr zu Farben und dem Color-Objekt finden Sie in Abschnitt 11.5.3. ■

Beispiel Setzen von Pixeln in einer Bitmap, abhängig von der vorhergehenden Farbe

```
Dim b As Bitmap
Dim c As Color
Dim x As Integer

  b = PictureBox1.Image                ' Erzeugen bzw. Abfragen einer Bitmap
  For x = 1 To 50
     If b.GetPixel(x, x).ToArgb = Color.Black.ToArgb Then
        b.SetPixel(x, x, c.Red)
     Else
        b.SetPixel(x, x, c.Aqua)
     End If
  Next
  PictureBox1.Refresh()                ' Zum Schluss muss aktualisiert werden
```

Die folgende Ausschnittsvergrößerung zeigt das Resultat:

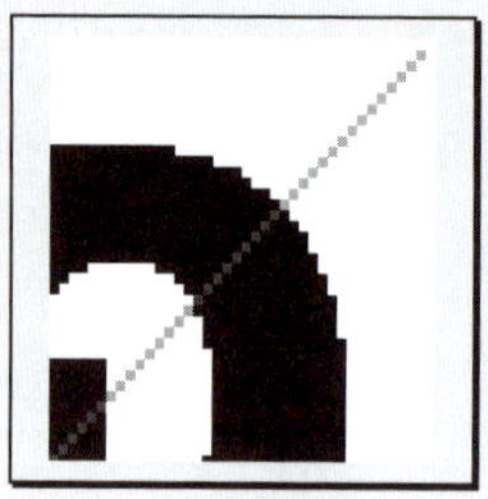

11.4.3 Linien

Das Zeichnen von Linien gestaltet sich unter VB relativ einfach, sieht man einmal davon ab, dass Sie bei **jedem** Aufruf von DrawLine auch einen geeigneten Pen übergeben müssen. An dieser Stelle wollen wir zunächst noch nicht auf die verschiedenen Stifttypen eingehen, mit denen Sie sowohl Farbe, Muster, Endpunkte etc. beeinflussen können. Mehr Infos zu diesem Thema finden Sie erst in Abschnitt 11.5.

Die weiteren Parameter der DrawLine-Methode: Entweder Sie übergeben jeweils ein Paar x, y-Koordinaten oder Sie verwenden gleich die vordefinierte Struktur Point (eine x- und eine y-Koordinate).

Beispiel Mit New Pen(Color.Black) erzeugen wir einen schwarzen Stift der Linienbreite 1.

```
Dim g As Graphics = Me.CreateGraphics
  g.DrawLine(New Pen(Color.Black), 10, 10, 100, 100)
```

11.4.4 Kantenglättung mit Antialiasing

Im Zusammenhang mit der Ausgabe von Linien kommen wir auch schnell mit einem ersten »Problem« in Berührung. Die Rede ist von der »Treppchen«- bzw. »Stufen«-Bildung von Linien, die einen von 0° bzw. 90° verschiedenen Winkel aufweisen.

Beispiel Ausschnittsvergrößerung einer Linie

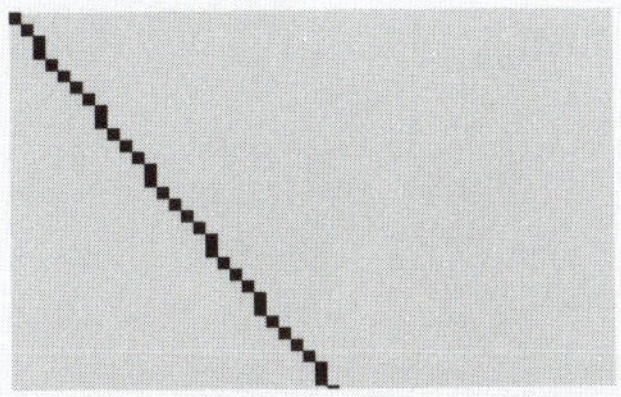

Ursache ist die begrenzte Bildschirmauflösung, es können nur die Pixel gesetzt werden, die in das xy-Raster passen. Zwangsläufig kommt es bei einer Abweichung von Raster und gewünschtem Linienverlauf zu Sprüngen, die sich als hässliche Treppchen bemerkbar machen.

Mit Hilfe der Antialiasing-Technik können diese Effekte vermindert werden. Hintergrund dieser Technik ist ein »Glätten« des Linienrandes durch Auffüllen mit Pixeln, deren Farbe aus Linien- **und** Hintergrundfarbe berechnet wird.

GDI+ bietet Ihnen zu diesem Zweck die Methode `SetSmoothingMode`, mit der Sie die Form der Kantenglättung beeinflussen können. Zwei Extreme sind möglich:

- `SmoothingModeHighSpeed` (schnell, aber kantig)
- `SmoothingModeHighQuality` (langsam(er), aber sauber)

Beispiel Ein- und Ausschalten der Kantenglättung

```
Dim g As Graphics = Me.CreateGraphics

  g.SetSmoothingMode(SmoothingModeHighQuality)
  g.DrawLine(New Pen(Color.Black), 10, 10, 100, 100)
  g.SetSmoothingMode(SmoothingModeHighSpeed)
```

Die folgende Abbildung zeigt das Ergebnis:

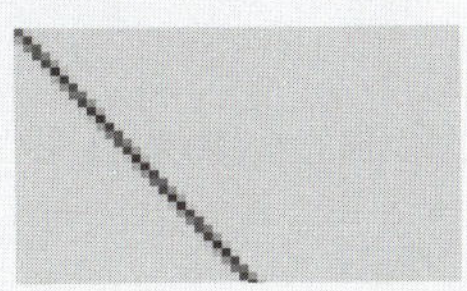

Hinweis

Diese Form der Kantenglättung wirkt sich nicht auf Textausgaben, sondern nur auf alle Arten von Linien aus. Für Textausgaben verwenden Sie die Eigenschaft `TextRenderingHint`. ■

11.4.5 PolyLine

Möchten Sie mehr als eine Linie zeichnen und stimmen die Endpunkte mit den Anfangspunkten der folgenden Linien überein, verwenden Sie zum Zeichnen von Linien am besten die Methode `DrawLines`. Übergabewert ist wie gewohnt ein initialisierter `Pen` sowie ein Array von Punkten (`Point` oder `PointF`).

Beispiel Zeichnen von zwei Linien

```
Dim g As Graphics = Me.CreateGraphics
Dim punkte() As PointF = {New PointF(0, 0), New PointF(100, 100), New PointF(20, 80)}

g.DrawLines(New Pen(Color.Black), punkte
```

Hinweis

Selbstverständlich können Sie auch ein frei definiertes Array verwenden, das zur Laufzeit mit Werten gefüllt wird. ■

11.4.6 Rechtecke

Für das Zeichnen von Rechtecken können Sie entweder die Methode `DrawRectangle` (nur Rahmen) oder `FillRectangle` (gefülltes Rechteck) verwenden.

DrawRectangle

Diese Methode erwartet als Übergabeparameter einen `Pen` sowie die Koordinaten (als x, y, Breite, Höhe oder als `Rectangle`-Struktur).

Beispiel Zeichnen von Rechtecken

```
Dim g As Graphics = Me.CreateGraphics
g.DrawRectangle(New Pen(Color.Black), 10, 10, 100, 100)
```

Alternativ können Sie auch die folgenden Anweisungen verwenden:

```
Dim rec As Rectangle = New Rectangle(10, 10, 100, 100)
g.DrawRectangle(New Pen(Color.Black), rec)
```

FillRectangle

Im Unterschied zur `DrawRectangle`-Methode erwartet `FillRectangle` einen initialisierten `Brush`, d.h. die Information, wie das Rechteck zu füllen ist.

Hinweis

Die Methode füllt lediglich das Rechteck, es wird kein Rahmen gezeichnet! ■

Beispiel Rotes Rechteck zeichnen

```
Dim g As Graphics = Me.CreateGraphics
Dim rec As Rectangle = New Rectangle(10, 10, 100, 100)

  g.FillRectangle(New SolidBrush(Color.Red), rec)
  g.DrawRectangle(New Pen(Color.Black), rec)
```

Wie auch bei `DrawRectangle` können Sie alternativ eine `Rectangle`-Struktur übergeben. Dies bietet sich beispielsweise an, wenn man das Rechteck auch mit einem Rahmen versehen will.

Beispiel Verwendung `Rectangle`

```
Dim g As Graphics = Me.CreateGraphics
Dim rec As Rectangle = New Rectangle(10, 10, 100, 100)

  g.FillRectangle(New SolidBrush(Color.Red), rec)
  g.DrawRectangle(New Pen(Color.Black), rec)
```

DrawRectangles/FillRectangles

Nicht genug der Pein, neben den beiden genannten Methoden können Sie auch `DrawRectangles` und `FillRectangles` verwenden, um gleich mehrere Rechtecke auf einmal zu zeichnen. Übergeben wird in diesem Fall ein Array von `Rectangle`-Strukturen.

Beispiel Zeichnen zweier gefüllter Rechtecke

```
Dim g As Graphics = Me.CreateGraphics
Dim rec() As Rectangle = {New Rectangle(10, 10, 100, 100), New Rectangle(50, 50, 200, 120)}

  g.FillRectangles(New SolidBrush(Color.Red), rec)
```

11.4.7 Polygone

Möchten Sie ein n-Eck zeichnen, nutzen Sie die Methode `DrawPolygon`. Soll dieses Vieleck auch gefüllt werden, können Sie dies mit `FillPolygon` realisieren. Beide Funktionen arbeiten ähnlich wie die Funktionen zum Zeichnen von Rechtecken, der einzige Unterschied: `DrawPolygon` bzw. `FillPolygon` erwarten als Übergabeparameter ein Array von `Point`-Strukturen (x- und y-Koordinate) sowie jeweils einen `Pen` bzw. einen `Brush`.

Beispiel Zeichnen eines Vielecks

```
Dim g As Graphics = Me.CreateGraphics
Dim Ps(5) As Point
   Ps(0) = New Point(30, 60)
   Ps(1) = New Point(150, 40)
   Ps(2) = New Point(212, 1)
   Ps(3) = New Point(190, 50)
   Ps(4) = New Point(244, 150)
   Ps(5) = New Point(130, 180)
   g.DrawPolygon(New Pen(Color.Red), Ps)
```

Das Ergebnis:

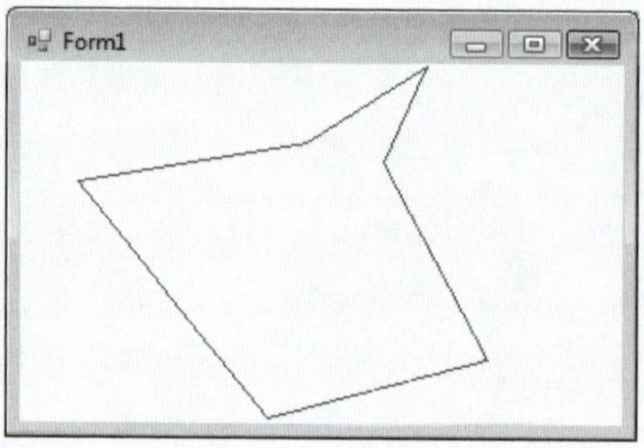

Hinweis

Die letzte Linie, zurück zum ersten Punkt, wird automatisch gezeichnet, um die Figur zu schließen. ■

11.4.8 Splines

Möchten Sie Diagramme zeichnen, stehen Sie häufig vor dem Problem, dass die entstehende Kurve ziemlich eckig ist, da Sie aus Zeitgründen nur wenige Stützpunkte berechnet haben. Das lineare Verbinden ist in diesem Fall nicht der ideale Weg. Besser ist hier die Verwendung von Splines, d.h. Linienzügen, die bei einem Wechsel des Anstiegs weiche Übergänge realisieren.

GDI+ bietet Ihnen die Methode `DrawCurve`, der Sie zunächst die gleichen Parameter wie `DrawLines` übergeben können (Stift, Point-Array).

```
DrawCurve(Pen, Point(), Start As Integer, Anzahl As Integer, Spannung As Single)
```

Zusätzlich können Sie bestimmen, ab welchem Punkt in der Liste die Spline-Kurve gezeichnet wird bzw. wie viele Punkte gezeichnet werden. Der letzte Parameter bestimmt die Spannung, d.h., wie der Übergang zwischen zwei Teilstrecken hergestellt wird. Ein Beispiel wird für mehr Klarheit sorgen.

Beispiel Spline zeichnen

Neues Graphics-Objekt erzeugen:

```
Dim g As Graphics = Me.CreateGraphics
```

Array für die Punkte erstellen:

```
Dim Ps(5) As PointF
```

Die Spannung, verändern Sie diesen Wert wie gewünscht:

```
Dim u As Single = 0.6F
   Ps(0) = New PointF(0, 100)
   Ps(1) = New PointF(100, 0)
   Ps(2) = New PointF(200, 100)
   Ps(3) = New PointF(300, 200)
   Ps(4) = New PointF(400, 100)
   Ps(5) = New PointF(500, 0)
```

Zunächst zeichnen wir zum Vergleich eine »normale Kurve«:

```
   g.DrawLines(New Pen(Color.Black, 2), Ps)
```

Und jetzt die Spline-Kurve:

```
   g.DrawCurve(New Pen(Color.Red, 2), Ps, 0, 5, u)
```

Die Ansicht:

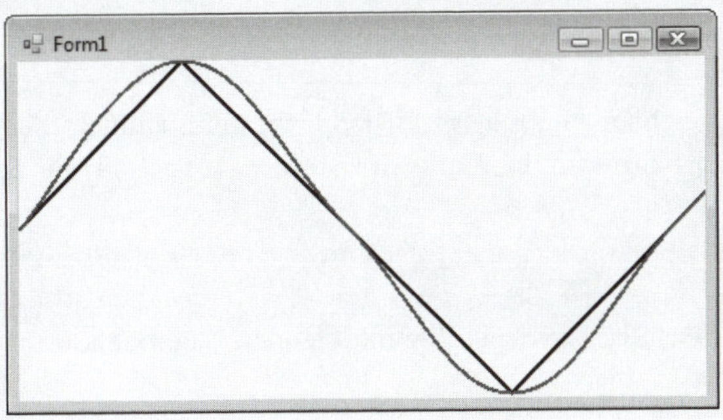

11.4.9 Bézierkurven

Für einfache Zeichnungen dürften die bisherigen Zeichenfunktionen ausreichen. Kompliziertere Gebilde bekommen Sie mit der Bézierfunktion in den Griff. Wie bei einer »normalen« Linie übergeben Sie Anfangs- und Endpunkt, zusätzlich jedoch noch zwei Stützpunkte, mit denen die Linie wie ein Gummiband »gezogen« werden kann.

```
DrawBezier(Pen, Start As Point, Stütz1 As Point, Stütz2 As Point, Ende As Point)
```

Beispiel Zeichnen einer Bézierkurve

```
Dim g As Graphics = Me.CreateGraphics
Dim start, Stützl, stütz2, ende As Point

  start = New Point(0, 100)
  Stützl = New Point(100, 0)
  stütz2 = New Point(200, 200)
  ende = New Point(300, 100)
  g.DrawBezier(New Pen(Color.Black, 2), start, Stützl, stütz2, ende)
```

Das Ergebnis:

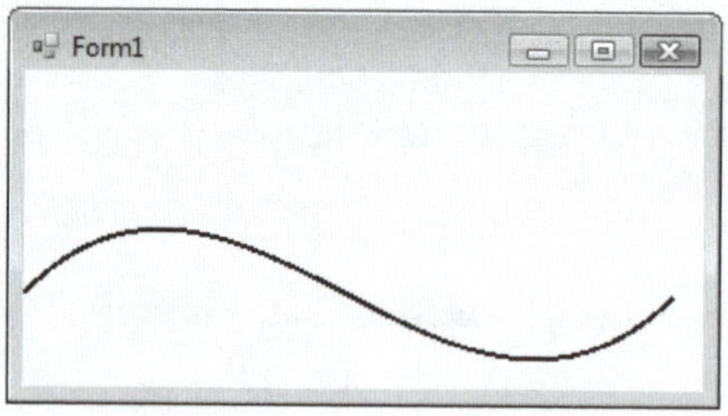

Hinweis

Mit `DrawBeziers` können Sie mehrere Bézierkurven gleichzeitig zeichnen. ■

11.4.10 Kreise und Ellipsen

Kreise und Ellipsen zeichnen Sie mit `DrawEllipse` bzw. gefüllt mit `FillEllipse`. Übergabeparameter ist eine `Rectangle`-Struktur bzw. die linke obere Ecke und die Breite und Höhe der Ellipse.

Hinweis

Kreisbögen und Kuchenstücke zeichnen Sie mit eigenen Methoden. ■

Beispiel Zeichnen einer Ellipse

Zeichnen einer Ellipse

```
Dim g As Graphics = Me.CreateGraphics
Dim rec As Rectangle = New Rectangle(10, 10, 150, 100)

  g.DrawEllipse(New Pen(Color.Black, 2), rec)
```

11.4.11 Tortenstück (Segment)

Die Methode `DrawPie` zeichnet ein Tortenstück, das durch eine Ellipse und zwei Linien begrenzt ist. Die Begrenzungslinien werden über den Startwinkel bzw. den Bogenwinkel bestimmt.

```
DrawPie(Pen, Rectangle, Startwinkel, Bogenwinkel)
```

Hinweis
Winkel werden im Uhrzeigersinn abgetragen. ■

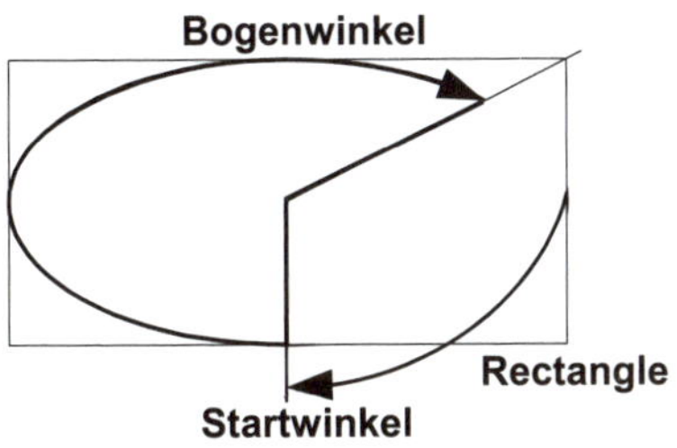

Abbildung 11.2
DrawPie-Parameter

Hinweis
Mit `FillPie` erstellen Sie ein gefülltes Tortenstück. ■

Beispiel Tortenstück zeichnen

```
Dim g As Graphics = Me.CreateGraphics
Dim rec As Rectangle = New Rectangle(10, 10, 150, 100)

   g.DrawPie(New Pen(Color.Black, 2), rec, 10, 90)
```

Zeichnet folgendes Tortenstück:

Kuchendiagramme

Da die Funktionen Winkel als Parameter erwarten, gestaltet sich das Zeichnen von Kuchendiagrammen besonders leicht. Ausgehend von einer einheitlichen `Rectangle`-Struktur brauchen Sie lediglich die Winkelangaben zu variieren.

Beispiel Zeichnen eines Kuchendiagramms (100°, 60°, 200°)

```
Dim g As Graphics = Me.CreateGraphics
Dim rec As Rectangle = New Rectangle(10, 10, 200, 200)

   g.FillPie(New SolidBrush(Color.Red), rec, 0, 100)
   g.FillPie(New SolidBrush(Color.Green), rec, 100, 60)
   g.FillPie(New SolidBrush(Color.Blue), rec, 160, 200)
```

Das Ergebnis kann sich durchaus sehen lassen:

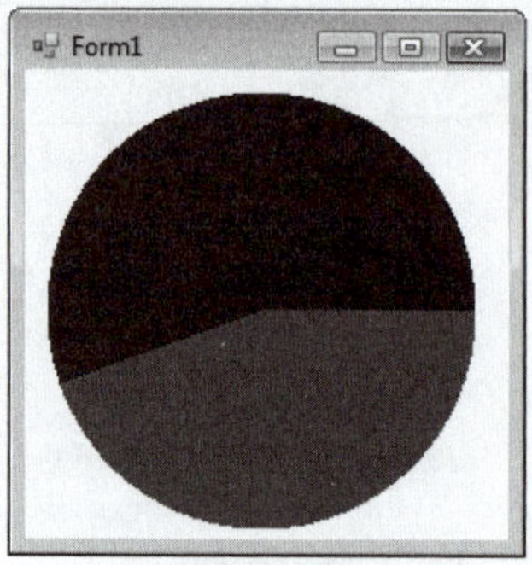

11.4.12 Bogenstück

Die Methode `DrawArc` zeichnet im Gegensatz zur Methode `DrawPie` nur den Bogen, nicht die Verbindungen zum Ellipsenmittelpunkt. Aus diesem Grund kann diese Figur auch nicht gefüllt werden.

```
DrawArc(Pen, Rectangle, Startwinkel, Bogenwinkel)
```

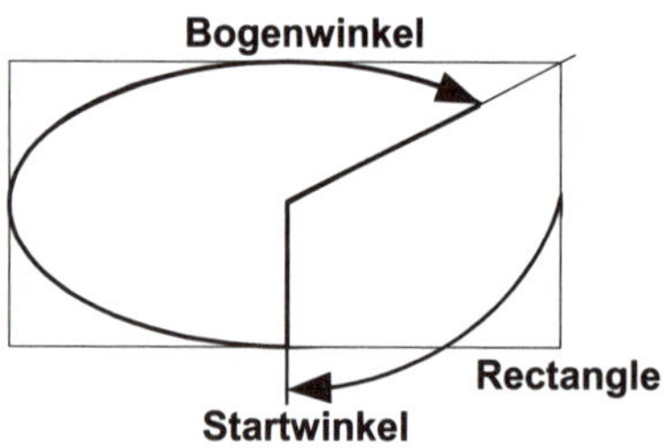

Abbildung 11.3 DrawArc-Parameter

Hinweis

Positive Winkelangaben werden im Uhrzeigersinn abgetragen. ■

Beispiel Bogenstück zeichnen

```
Dim g As Graphics = Me.CreateGraphics
Dim rec As Rectangle = New Rectangle(10, 10, 200, 200)

   g.DrawArc(New Pen(Color.Black, 2), rec, 45, 180)
```

Das Ergebnis:

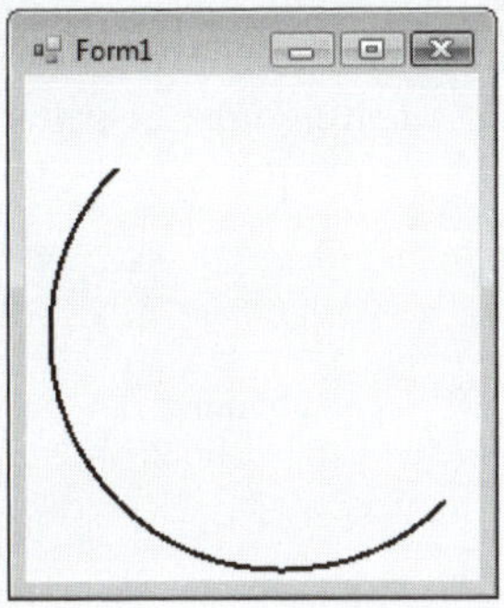

11.4.13 Textausgabe

Neben den grafischen Primitiven wie Kreis oder Linie wird auch Text unter Windows als Grafik ausgegeben. GDI+ bietet dafür die recht universelle Methode `DrawString`. Leider gibt es reichlich Variationen dieser Methode, was es dem Anfänger sicher nicht einfacher macht. Wir beschränken uns auf zwei wichtige Vertreter:

`DrawString(``String, Font, Brush, X, Y, [StringFormat]`

... Ausgabe eines Textes `String` mit der Schrift `Font` und der Füllung `Brush` an der Stelle `XY`. Wenn notwendig, können Sie weitere Formatierungsanweisungen in `StringFormat` übergeben.

`DrawString(``String, Font, Brush, Rectangle)`

... Ausgabe eines Textes `String` mit der Schrift `Font` und der Füllung `Brush` in einem Rechteck `Rectangle`.

Hinweis

Details über das Erstellen der benötigten `Font`- bzw. `Brush`-Objekte finden Sie im Abschnitt 11.5. ■

Beispiel Ausgabe eines Textes an der Position 70,70

```
Dim g As Graphics = Me.CreateGraphics
Dim w As Integer
  g.DrawString("Textausgabe", New Font("Arial", 18), New SolidBrush(Color.Black), 70, 70)
```

Texteigenschaften

Haben Sie einen String, wie zum Beispiel

```
s = "Rotationswinkel 27""
```

... und möchten Sie diesen **zentriert** ausgeben, brauchen Sie Informationen darüber, wie hoch und wie breit der auszugebende Text ist.

In diesem Zusammenhang ist die Methode `MeasureString` interessant. Für einen vorgegebenen String mit dem gewählten Font werden Breite und Höhe in einer `SizeF`-Struktur zurückgegeben. Während `SizeF.Height` der Schrifthöhe in der jeweils gewählten Skalierung entspricht, ist `SizeF.Width` von der Anzahl der Buchstaben und der Schriftart abhängig:

Abbildung 11.4
Höhe und Breite einer Zeichenkette

Beispiel

Die Ausgabeposition berechnet sich wie folgt:

```
Dim g As Graphics = Me.CreateGraphics
Dim mySize As SizeF
Dim myfont As New Font("Arial", 36)
   mySize = g.MeasureString("Textausgabe", myfont)
   g.DrawString("Textausgabe", myfont, New SolidBrush(Color.Black), _
               (Me.Width - mySize.Width) \ 2, 150)
```

Ausgabe von mehrzeiligem Text

Für die Ausgabe von mehrzeiligem Text nutzen Sie eine überladene Variante von `DrawString`, die zusätzlich eine `Rectangle`-Struktur als Parameter akzeptiert.

Beispiel Ausgabe von mehrzeiligem Text

```
Dim g As Graphics = Me.CreateGraphics
Dim mySize As SizeF
Dim myfont As New Font("Arial", 12)
   g.DrawString("Textausgabe im Rechteck", myfont, Brushes.Red, _
                                      New RectangleF(10, 10, 60, 180))
   g.DrawRectangle(New Pen(Color.Black), New Rectangle(10, 10, 60, 180))
```

Das Ergebnis:

Hinweis

Möchten Sie die Anzahl der entstehenden Zeilen und Spalten ermitteln, können Sie ebenfalls die Methode `MeasureString` nutzen. ■

Textattribute

Über den Parameter StringFormat können Sie zusätzliche Formatierungsanweisungen an die DrawString-Methode übergeben. Auf die einzelnen Parameter wollen wir an dieser Stelle nicht eingehen, da diese im Normalfall kaum gebraucht werden. Lediglich der Parameter DirectionVertical dürfte Ihr Interesse wecken, zu vermuten ist, dass Sie damit einen senkrechten Text (StringFormatFlags.DirectionVertical) ausgeben können.

Und wo bleibt eine Methode zum Drehen von Text?

Sie werden auch bei intensivster Suche weder beim Font-Objekt noch bei der Methode DrawString einen Weg finden, gedrehten Text auszugeben. Wer das Kapitel bis hierher aufmerksam gelesen hat, wird sich an die Graphics-Methode RotateTransform erinnern[1]. Für alle anderen gilt: »Gehe zurück zum Abschnitt 11.3.3«.

Beispiel Rotation von Text um 15°

```
Dim g As Graphics = Me.CreateGraphics

  g.RotateTransform(15)
  g.DrawString("Textausgabe", New Font("Arial", 18), New SolidBrush(Color.Black), 70, 70)
```

Kommen wir noch einmal auf unser Beispiel aus dem vorhergehenden Abschnitt zurück. Testen Sie das Beispiel mit gedrehtem Text, werden Sie folgendes Ergebnis erhalten:

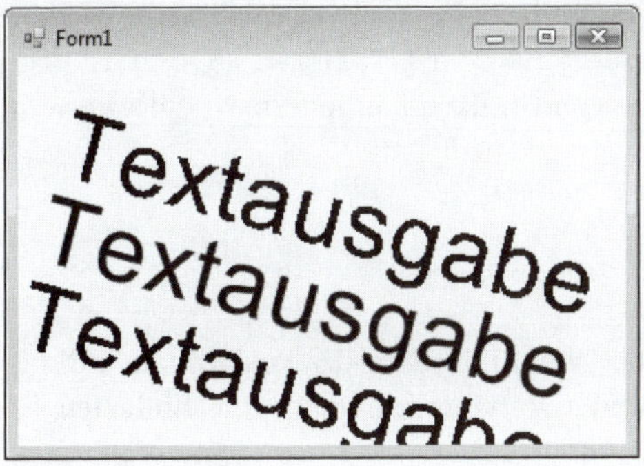

Hinweis

Möchten Sie nacheinander Text mit verschiedenen Winkeln ausgeben, entscheiden Sie mit dem optionalen Parameter MatrixOrder, ob die Winkel inkrementell oder absolut angegeben werden. ■

Beispiel Absolute Angabe

```
g.RotateTransform(10, System.Drawing.Drawing2D.MatrixOrder.Prepend)
```

[1] Diese Form der Umsetzung ist allerdings doch etwas »sinnfrei«, berechnen Sie einmal schnell die neuen x,y-Koordinaten, wenn Sie einen Text im Winkel von 90° an einem Rechteck ausrichten wollen.

Beispiel Inkrementelle Angabe

```
g.RotateTransform(10, System.Drawing.Drawing2D.MatrixOrder.Append)
```

11.4.14 Ausgabe von Grafiken

Unter »Ausgabe von Grafiken« möchten wir an dieser Stelle die Wiedergabe von fertigen Grafiken (Bitmaps, Icons, Metafiles) auf einem `Graphics`-Objekt verstehen.

DrawImageUnscaled|DrawIcon`(Image|Icon,X,Y)`

... zeichnet die angegebene Grafik an der durch x und y angegebenen Position.

Hinweis

Die anderen Varianten von `DrawImageUnscaled` können Sie getrost vergessen, trotz angekündigtem Beschneidens der Grafik erfolgt dies nicht. ■

Beispiel Verwendung von `DrawImageUnscaled`

```
Dim g As Graphics = Me.CreateGraphics
  g.DrawImageUnscaled(PictureBox1.Image, 0, 0)
```

Skalieren

Für die skalierte Ausgabe von Grafiken können Sie `DrawImage` verwenden:

DrawImage `(Image, X, Y, Breite, Höhe)`

DrawImage `(Image, Rectangle, GraphicsUnit)`

Während die erste Syntax-Variante neben der Position auch die Breite und Höhe erwartet, können Sie bei der zweiten Variante zusätzlich die Einheiten (`GraphicsUnit`) angeben (z.B. beim Drucker).

Beispiel Verkleinerte, aber proportionale Ausgabe eines `Image`

```
Dim g As Graphics = Me.CreateGraphics
Dim faktor As Single

  faktor = PictureBox1.Image.Height / PictureBox1.Image.Width
  g.DrawImage(PictureBox1.Image, 30, 30, 100, 100 * faktor)
```

11.5 Die wichtigsten Grafikobjekte

Nachdem Sie sich im vorhergehenden Abschnitt mit diversen Grafikmethoden herumgeschlagen haben, wollen wir Ihnen jetzt die einzelnen »Werkzeuge« des Grafikprogrammierers sowie deren Konfigurationsmöglichkeiten näher vorstellen.

11.5.1 Einfache Objekte

Zunächst sollten wir kurz auf einige grundlegende Strukturen im Zusammenhang mit der Grafikausgabe eingehen.

Point, FPoint

Für die Angabe von Koordinaten wird bei vielen Grafikmethoden ein `Point`-Objekt (Integer) bzw. ein `PointF` (Gleitkommawert) verwendet. Die beiden wichtigsten Eigenschaften: x, y.

Beispiel Deklaration eines neuen `Point`-Objekts (`x = 10, y = 10`)

```
Dim p As New Point(10, 10)
```

Beispiel Direktes Verändern der x-Koordinate

```
Dim p As New Point(10, 10)
  p.X = 100
```

Beispiel Verschieben des Punktes

```
Dim p As New Point(10, 10)
  p.Offset(10, 10)
```

Beispiel Vergleich von zwei Punktkoordinaten

```
Dim p1 As New Point(10, 10)
Dim p2 As New Point(10, 10)
  If p1.Equals(p2) Then MsgBox("Punkte sind gleich")
```

Beispiel Konvertieren in einen Gleitkomma-Point (`PointF`)

```
Dim p1 As New Point(10, 10)
Dim p2 As PointF
  p2 = CType(p1, PointF)
```

Size, FSize

Ähnlich wie `Point` verwaltet `Size` (bzw. `SizeF`) ein Koordinatenpaar, nur dass es sich in diesem Fall um die Breite (`Width`) bzw. Höhe (`Height`) handelt.

Beispiel Deklarieren und Verändern der Breite

```
Dim mySize As New Size(100, 80)
  mySize.Width = 130
```

Rectangle, FRectangle

Das dritte Grundobjekt versteht sich als Kombination der beiden vorhergehenden Objekte. Die folgende Skizze zeigt die verschiedenen Formen des Zugriffs auf die Koordinatenpaare:

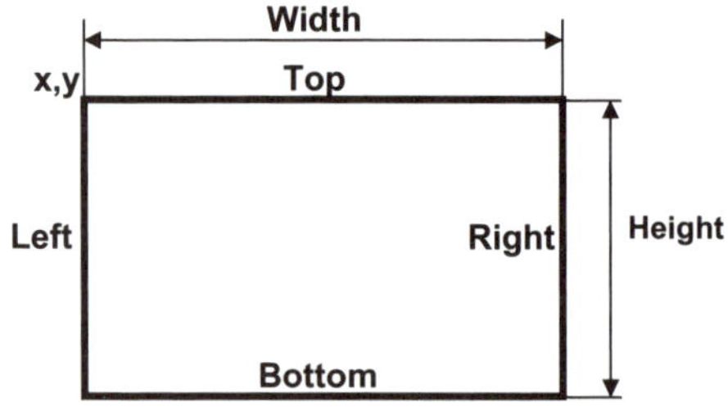

Abbildung 11.5
Rectangle-Parameter

Beispiel Deklarieren und verwenden von `Rectangle`

```
Dim g As Graphics = Me.CreateGraphics
Dim rec As New Rectangle(10, 10, 200, 100)
   g.FillRectangle(New SolidBrush(Color.Red), rec)
```

11.5.2 Vordefinierte Objekte

Vielleicht hatte irgendein Microsoft-Programmierer ein Einsehen und entschied sich dafür, wenigstens einige Grafikobjekte vorzudefinieren, d.h., ohne dass diese erst mit viel Aufwand und umfangreichen Parameterlisten initialisiert werden müssten.

Drei Gruppen lassen sich unterscheiden:

- vordefinierte Pinsel (Brushes)
- vordefinierte Stifte (Pens)
- vordefinierte Farben (Colors)
- vordefinierte Grafiken (Icons)

Vordefinierte Pinsel

Neben `Brushes` (alle relevanten Farben) können Sie auch `SystemBrushes` (die vordefinierten Systemfarben) verwenden.

Beispiel Erzeugen einer leicht gelb getönte Fläche (Farbe der Hints)

```
Dim g As Graphics = Me.CreateGraphics
Dim rec As New Rectangle(10, 10, 200, 100)
  g.FillRectangle(systembrushes.Info, rec)
```

Vordefinierte Stifte

Über das SystemPens-Objekt bzw. dessen Eigenschaften rufen Sie vordefinierte Stifte (Breite = 1 Pixel) für alle Windows-Farben ab:

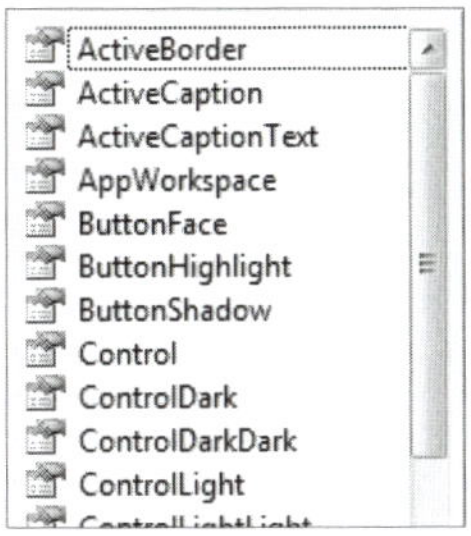

Abbildung 11.6 SystemPens

Beispiel Verwendung eines SystemPens

```
Dim g As Graphics = Me.CreateGraphics
  g.DrawRectangle(SystemPens.ControlText, 10, 10, 100, 100)
```

Vordefinierte Farben

Farben können Sie entweder über SystemColors (die Farben der Windows-Elemente) oder über Color abrufen.

Beispiel Verwendung von Color

```
Dim g As Graphics = Me.CreateGraphics
  g.FillPie(New SolidBrush(Color.Red), New Rectangle(10, 10, 200, 200), 0, 100)
```

Vordefinierte Icons

Über SystemIcons können Sie die wichtigsten System-Icons direkt abrufen:

Tabelle 11.4 Eigenschaften von SystemIcons

Eigenschaft
Application
Asterisk
Error
Exclamation
Hand
Information
Question
Warning
WinLogo

Beispiel Verwendung eines System-Icons

```
Dim g As Graphics = Me.CreateGraphics
   g.DrawIcon(SystemIcons.Application, 0, 0)
```

Die Grafikausgabe:

11.5.3 Farben/Transparenz

Farben setzen sich auch unter Windows aus der additiven Überlagerung der drei Grundfarben Rot, Grün und Blau zusammen (RGB). Da jeder Farbanteil in 256 Farbstufen unterteilt ist, ergibt sich eine maximale Anzahl von ca. 16 Mio. Farben. Bei dieser Auflösung ist das menschliche Auge nicht mehr in der Lage, einzelne Abstufungen wahrzunehmen, man spricht von Echtfarben.

ARGB-Farben

GDI+ verwendet für die Verwaltung von Farbinformationen so genannte ARGB-Werte, d.h. 4 Byte- bzw. Integer-Werte. Auch die bereits vordefinierten Farbwerte (siehe vorhergehender Abschnitt) verwenden dieses Farbmodell.

Um zu verstehen, wie die Farbwerte gespeichert werden können, müssen wir wissen, dass zur Darstellung **eines** Bytes **zwei** Hexziffern benötigt werden. Eine einzelne Hexziffer wird durch eines der 16 Zeichen 0, 1, 2, 3, 4, 5, 6, 7, 8, 9, A, B, C, D, E, F dargestellt. Die drei niederwertigen Bytes geben die RGB-Farbintensität für Blau, Grün und Rot an.

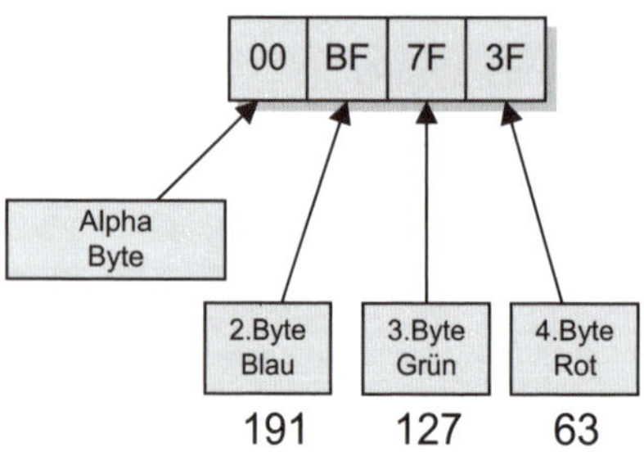

Abbildung 11.7 ARGB-Farbwert

Beispiel Da pro Byte 256 Werte gespeichert werden können, entspricht der Wert `0x00FF0000` einem reinen Blau mit voller Intensität, der Wert `0x0000FF00` einem reinen Grün und der Wert `0x000000FF` einem reinen Rot. `0x00000000` gibt Schwarz und `0x00FFFFFF` Weiß an. In obiger Abbildung wird eine graublaue Farbe definiert.

Hinweis
Möchten Sie einen Graustufenwert erzeugen, müssen die einzelnen Farbanteile jeweils den gleichen Wert aufweisen. ■

11.5.4 Stifte (Pen)

Für Grafikmethoden, die Linien verwenden, benötigen Sie ein initialisiertes `Pen`-Objekt. Dieses enthält unter anderem Informationen über:

- die Farbe
- die Dicke
- die Linienenden
- die Verbindung zweier zusammenhängender Linien
- den Füllstil

Bevor wir Sie mit einer Fülle von Eigenschaften erschlagen, sollen einige Beispiele für mehr Klarheit sorgen.

Einfarbige Stifte

Einfarbige Stifte werden mit einer der vordefinierten Farben oder einem ARGB-Wert als Parameter erzeugt.

Beispiel Erzeugen eines roten Stifts

```
Dim myPen As New Pen(Color.Red)
```

Beispiel Erzeugen eines einfarbigen Pens mit 50 % Transparenz und 10 Pixeln Breite

```
Dim myPen As New Pen(Color.FromArgb(128, 17, 69, 137), 10)
```

Beispiel Zeichnen von zwei aufeinander folgenden roten Linien (15 Pixel breit) mit einem Pfeil am Anfang und einem runden Ende

```
Dim g As Graphics = Me.CreateGraphics
```

Zunächst einen einfarbigen `Pen` der Stärke 15 erzeugen:

```
Dim myPen As New Pen(Color.Red, 15)
```

Die Punkte für die Linienenden festlegen:

```
Dim punkte() As PointF = {New PointF(10, 10), New PointF(100, 100), New PointF(50, 150)}
```

Den Linienstart festlegen (Pfeil):

```
  myPen.StartCap = Drawing.Drawing2D.LineCap.ArrowAnchor
```

Das Linienende festlegen (rund):

```
  myPen.EndCap = Drawing.Drawing2D.LineCap.Round
```

Die Verbindung der zwei Teillinien festlegen (rund):

```
myPen.LineJoin = Drawing.Drawing2D.LineJoin.Round
```

Linien zeichnen:

```
g.DrawLines(myPen, punkte)
```

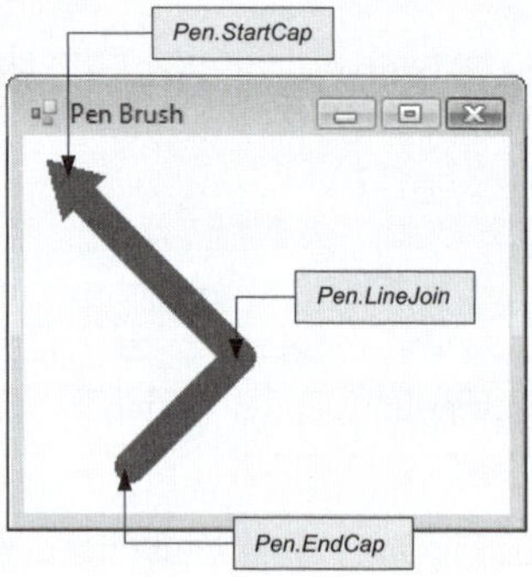

Tabelle 11.5 Wichtige Linieneigenschaften auf einen Blick

Eigenschaft	Beschreibung
`Alignment`	... beschreibt die Position (`Center`, `Inset`, `Outset`, `Left`, `Right`) der Linie bezüglich der gedachten Ideallinie zwischen zwei Punkten. 
`Color`	... die Füllfarbe des Stifts.
`LineJoin`	... beschreibt den Übergang (`Bevel`, `Miter`, `MiterClipped`, `Round`) zwischen zwei aufeinander folgenden Linien. Siehe dazu vorhergehendes Beispiel.
`StartCap`, `EndCap`	... beschreibt die Form der Linienenden (`Flat`, `Round`, `Square ...`). Siehe dazu vorhergehendes Beispiel.
`DashCap`	... beschreibt die Form der einzelnen Punkte/Linienabschnitte bei gestrichelten Linien (`Flat`, `Round Triangle`).
`DashStyle`	... beschreibt die Form von gestrichelten Linien (`Custom`, `Dash`, `DashDot`, `DashDotDot`, `Dot`, `Solid`).
`PenType`	... beschreibt die Stiftart (`SolidColor`, `Hatchfill`, `LinearGradient`, `PathGradient`, `TextureFill`). Diese Eigenschaft ist schreibgeschützt.

Hinweis

Verwechseln Sie nicht Stifte mit Pinseln. Mit Stiften können Sie niemals eine Figur füllen, mit Pinseln können Sie keine Figuren zeichnen, sondern nur füllen. ■

11.5.5 Pinsel (Brush)

Damit sind wir bei einem der wohl komplexesten Zeichenobjekte angelangt. Neben dem bereits mehrfach in diesem Kapitel verwendeten `SolidBrush` und dem im vorhergehenden Abschnitt bereits angesprochenen `HatchBrush` finden Sie noch weitere drei Vertreter dieser Gattung.

Tabelle 11.6 Alle Pinsel auf einen Blick

Typ	Beschreibung
`SolidBrush`	... ein Pinsel mit einheitlicher Farbe und ohne Muster.
`HatchBrush`	... ein Pinsel mit einem Linienmuster sowie Vordergrund- (Linie) und Hintergrundfarbe.
`TextureBrush`	... ein Pinsel mit Images/Bitmaps als Füllmuster.
`LinearGradientBrush`	... ein Pinsel mit einem Farbverlauf als Füllung (Verlauf zwischen zwei Farben).
`PathGradientBrush`	... ein Pinsel mit mehreren Farbverläufen (Verlauf zwischen einer Farbe und mehreren anderen).

Gefüllte Objekte, basierend auf den oben genannten Pinseln, erzeugen Sie mit den entsprechenden `Fill...`-Methoden (z.b: `FillRectangle`) des `Graphics`-Objekts.

11.5.6 SolidBrush

Das Erzeugen eines `SolidBrush` dürfte Sie kaum vor Probleme stellen, übergeben Sie einfach eine Farbe oder verwenden Sie die Methode `FromArgb`, um eine neue Farbe zu definieren.

Beispiel Roter Pinsel

```
Dim myBrush As New SolidBrush(Color.Red)
```

Beispiel Teilweise transparenter Pinsel mit selbst definierter Farbe

```
Dim myBrush As New SolidBrush(Color.FromArgb(123, 10, 17, 36))
```

11.5.7 HatchBrush

Bevor Sie sich näher mit dieser Pinselvariante beschäftigen können, müssen Sie den notwendigen Namespace einbinden:

```
Imports System.Drawing.Drawing2D
...
```

Ein `HatchBrush` besteht aus einem Vordergrundmuster mit eigener Farbe und einer Hintergrundfarbe. Der Konstruktor:

HatchBrush(*hatchstyle* As HatchStyle, *foreColor* As Color, *backColor* As Color)

Beispiel Erzeugen und verwenden einer HatchBrush

```
Dim g As Graphics = Me.CreateGraphics
Dim myBrush As HatchBrush = New HatchBrush(HatchStyle.SolidDiamond, Color.Black, Color.Yellow)

  g.FillRectangle(myBrush, 10, 10, 200, 100)
```

Das erzeugte Rechteck:

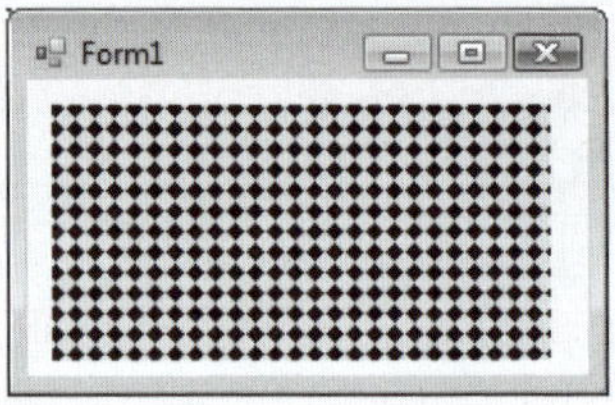

Hinweis

Eine Skalierung des Ausgabegeräts mit der Methode ScaleTransform hat keinen Einfluss auf die Mustergröße. ■

11.5.8 TextureBrush

Mit einem TextureBrush lassen sich Flächen mit Bitmap-Mustern füllen. Ist die Bitmap zu klein, um die gesamte Fläche auszufüllen, wird diese wiederholt dargestellt.

Beispiel Basierend auf den System-Icons soll ein Rechteck mit Error-Symbolen gefüllt werden.

```
Dim g As Graphics = Me.CreateGraphics
Dim myBrush As TextureBrush = New TextureBrush(SystemIcons.Error.ToBitmap)
   g.FillRectangle(myBrush, 10, 10, 200, 100)
```

Die Ausgabe:

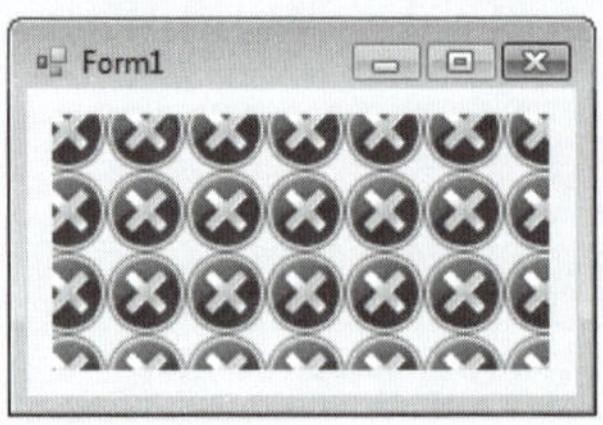

Natürlich stellt es auch kein Problem dar, die Grafik aus einer Datei zu laden.

Beispiel Laden der Datei *Bitmap1.bmp* als TextureBrush

```
Dim g As Graphics = Me.CreateGraphics
Dim img As Image = New Bitmap("bitmap1.bmp")
Dim myBrush As TextureBrush = New TextureBrush(img)
  g.FillRectangle(myBrush, 10, 10, 200, 100)
```

11.5.9 LinearGradientBrush

Mit dem LinearGradientBrush bringen Sie im wahrsten Sinne des Wortes mehr Farbe in Ihre Anwendungen. Das Grundprinzip: Sie geben zwei Farben und eine Richtung (daher das »linear«) an, und GDI+ berechnet Ihnen den zugehörigen Farbverlauf.

An den Konstruktor müssen Sie folgende Werte übergeben:

```
LinearGradientBrush(Rectangle, StartFarbe, EndFarbe, LinearGradientMode)
```

Rectangle gibt ein Rechteck an (es sind auch zwei Point-Werte zulässig), in dem der Farbverlauf berechnet wird. Die Betonung liegt auf »berechnet«, welche Ausgabefläche Sie später mit dem neuen Brush füllen, ist eine ganz andere Frage.

Start- und Endfarbe sind normale ARGB-Color-Werte mit Transparenzangabe, d.h., wenn Sie beispielsweise zwei gleiche Farben, aber unterschiedliche Alpha-Werte angeben, können Sie einen Farbverlauf mit zu- bzw. abnehmender Transparenz realisieren.

Tabelle 11.7 Zulässige LinearGradientMode-Werte

Konstante	Beschreibung
BackwardDiagonal	Farbverlauf von rechts oben nach links unten
ForwardDiagonal	Farbverlauf von links oben nach rechts unten
Horizontal	Farbverlauf von links nach rechts
Vertical	Farbverlauf von oben nach unten

Beispiel Ein vertikaler Farbverlauf von Rot nach Gelb soll realisiert werden.

```
Dim g As Graphics = Me.CreateGraphics
Dim rect As Rectangle = New Rectangle(10, 10, 200, 185)
Dim myBrush As LinearGradientBrush = New LinearGradientBrush(rect, Color.Red, Color.Yellow, _
                                                             LinearGradientMode.Vertical)
  g.FillRectangle(myBrush, rect)
```

Wer ganz genau hinsieht, wird allerdings schnell »das Haar in der Suppe« finden. Die erste Zeile des Ausgaberechtecks ist nicht rot, sondern gelb. Die Ursache ist vermutlich die Wiederholung des Farbverlaufs, wenn der berechnete Verlauf kleiner als die Ausgabefläche ist. Nehmen Sie folgende Änderung vor, um die gelbe Zeile zu entfernen:

```
Dim rect As Rectangle = New Rectangle(10, 10, 200, 185)
Dim myBrush As LinearGradientBrush = New LinearGradientBrush(rect, Color.Red, Color.Yellow, _
                                                       LinearGradientMode.Vertical)
  g.FillRectangle(myBrush, New Rectangle(10, 10, 200, 180))
```

11.5.10 PathGradientBrush

Hier haben wir es mit einer Spezialform von Gradienten zu tun, die es uns erlaubt, recht eindrucksvolle Farbeffekte zu realisieren. Ausgehend von einer zentralen Farbe können Sie innerhalb eines `Path`-Objekts (siehe dazu Abschnitt 11.4.12) mehrere Farbverläufe zu verschiedenen Farben realisieren.

Beispiel Erzeugen und verwenden eines `PathGradientBrush`

```
Dim g As Graphics = Me.CreateGraphics
```

Zunächst erzeugen wir das `Path`-Objekt:

```
Dim path As New GraphicsPath()
    path.AddLine(10, 10, 300, 10)
    path.AddLine(300, 10, 250, 200)
    path.AddLine(250, 200, 150, 250)
    path.AddLine(150, 250, 50, 200)
```

Jetzt können wir mit diesem `Path` den `PathGradientBrush` erzeugen und konfigurieren:

```
Dim myBrush As New PathGradientBrush(path)
```

Ein Array mit den Farben für die jeweiligen Eckpunkte im `Path`:

```
Dim myColors() As Color = {Color.Yellow, Color.Green, Color.Red, Color.Cyan, Color.Blue}
```

Die Farbe im Mittelpunkt[1] und an den Ecken des `Path`:

```
   myBrush.CenterColor = Color.Blue
   myBrush.SurroundColors = myColors
```

Wir geben den `Path` aus:

```
   g.FillPath(myBrush, path)
```

Hier das Ergebnis:

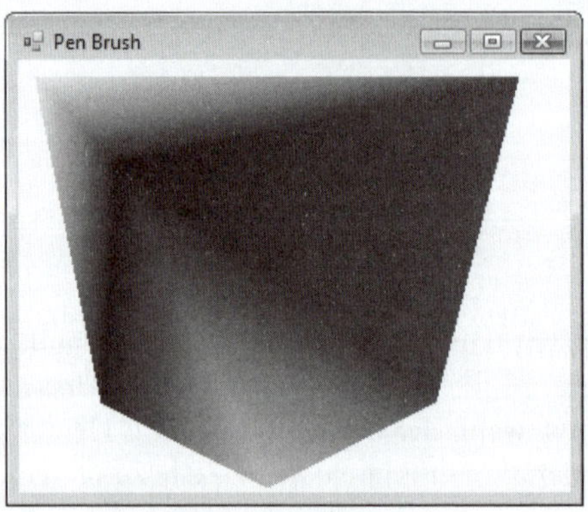

[1] Mittelpunkt sollten Sie nicht zu genau nehmen, über *CenterPoint* können Sie den Mittelpunkt selbst definieren.

11.5.11 Fonts

Wie bei Stiften und Pinseln handelt es sich auch bei Schriften (Fonts) um Objekte, die Sie zunächst erzeugen müssen. Sage und schreibe dreizehn(!) verschiedene Konstruktoren werden Ihnen angeboten, wir belassen es bei den beiden folgenden Varianten:

Font(Name, Größe)

Font(Name, Größe, Attribute)

Was mit familyName und emSize gemeint ist, dürfte klar sein, über style können Sie eine Kombination der folgenden FontStyle-Werte zuweisen:

- Bold (Fett)
- Italic (Kursiv)
- Regular (Normal)
- Strikeout (Durchgestrichen)
- Underline (Unterstrichen)

Kombinieren können Sie die Werte durch die Verknüpfung mit dem OR-Operator.

Hinweis

Die Farbe bzw. die Füllung der Schriftart legen Sie erst bei der Ausgabe mittels DrawString über einen entsprechenden Brush fest. Damit können Sie auch Farbverläufe oder Transparenzeffekte bei Fonts erreichen. ■

Genug der Theorie, ein praktisches Beispiel zeigt die Verwendung.

Beispiel Erzeugen und verwenden eines neuen Font-Objekts

```
Dim g As Graphics = Me.CreateGraphics
Dim f As New Font("Arial", 24, FontStyle.Italic Or FontStyle.Bold)

   g.DrawString("Test Schriftarten", f, New SolidBrush(Color.Blue), 10, 10)
```

Das Ergebnis:

Ein Blick auf die Eigenschaften des Font-Objekts macht uns neugierig: Mit Bold, Italic, Size etc. stehen uns alle Möglichkeiten zur Konfiguration der Schriftart zur Verfügung. Doch ach: Alle wünschenswerten Eigenschaften sind schreibgeschützt, Sie müssen also wohl oder übel eine neue Schriftart erzeugen.

11.6 Die Grafik-Standarddialoge

Was wäre der Programmierer ohne die Standarddialoge? Auch im Zusammenhang mit der Bearbeitung von Grafiken stehen Ihnen zwei wesentliche Dialoge zur Verfügung:

- Schriftauswahl
- Farbauswahl

11.6.1 FontDialog für die Schriftauswahl

Der wohl jedem bekannte Dialog zur Auswahl einer Schrift bzw. deren Parameter (Größe, Farbe etc.) lässt sich über die entsprechende Komponente `FontDialog` in Ihre Anwendung einbinden.

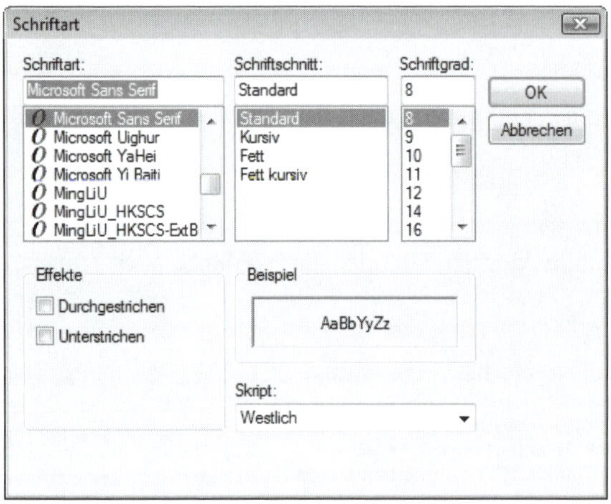

Abbildung 11.8
`FontDialog`

Die Anzeige erfolgt zur Laufzeit mittels `ShowDialog`-Methode:

```
If FontDialog1.ShowDialog = DialogResult.OK Then
   ...
End If
```

Über den Rückgabewert der Methode können Sie den Status beim Beenden der Dialogbox ermitteln (`DialogResult.OK` oder `DialogResult.Abort`).

Die zweifelsfrei interessanteste Eigenschaft dieser Komponente ist `Font`. Sie können diese Eigenschaft sowohl vor dem Aufruf des Dialogs initialisieren als auch nach der Anzeige der Dialogbox auswerten.

Das Zuweisen der Fontattribute zum Beispiel an einen Button gestaltet sich absolut simpel:

```
Button1.Font = FontDialog1.Font
```

Außer `Font` sind die in der folgenden Tabelle aufgeführten Eigenschaften für das Verhalten bzw. das Aussehen der Dialogbox von Bedeutung:

Tabelle 11.8 Wichtige `FontDialog`-Eigenschaften

Eigenschaft	Beschreibung
`AllowScriptChange`	Skript (Westlich, Arabisch, Türkisch etc.) kann geändert werden.
`AllowSimulations`	Windows (GDI) darf Schriften simulieren.
`AllowVectorFonts`	Auswahl von Vektorschriftarten zulassen.
`AllowVerticalFonts`	Vertikale Fonts sind zulässig.
`Color`	Die aktuelle Schriftfarbe.
`FixedPitchOnly`	Es werden nur Schriftarten mit fester Zeichenbreite angezeigt.
`FontMustExist`	Es können nur vorhandene Schriftarten ausgewählt werden.
`MaxSize, MinSize`	Maximaler und minimaler Schriftgrad, der ausgewählt werden kann.
`ShowColor`	Anzeige der Farbauswahl-Combobox.
`ShowEffects`	Anzeige der Effekte (Durchstreichen, Unterstreichen, Farbe).
`ShowHelp`	Anzeige des Hilfe-Buttons.

11.6.2 Farbauswahl mit ColorDialog

Für die Auswahl von Farben zur Laufzeit können Sie den Standarddialog `ColorDialog` verwenden. Wie auch beim `FontDialog` genügt der einfache Aufruf der Methode `ShowDialog`, um den Dialog anzuzeigen (Abbildung 11.9).

Über den Rückgabewert der Methode können Sie den Status beim Beenden der Dialogbox ermitteln (`DialogResult.OK` oder `DialogResult.Abort`).

Im Mittelpunkt der Komponente steht die Eigenschaft `Color` (ein ARGB-Wert), die Sie sowohl vor dem Aufruf des Dialogs initialisieren als auch nach der Anzeige der Dialogbox auswerten können.

Beispiel Verändern der Formularfarbe

```
ColorDialog1.Color() = Me.BackColor
If ColorDialog1.ShowDialog = DialogResult.OK Then Me.BackColor() = ColorDialog1.Color
```

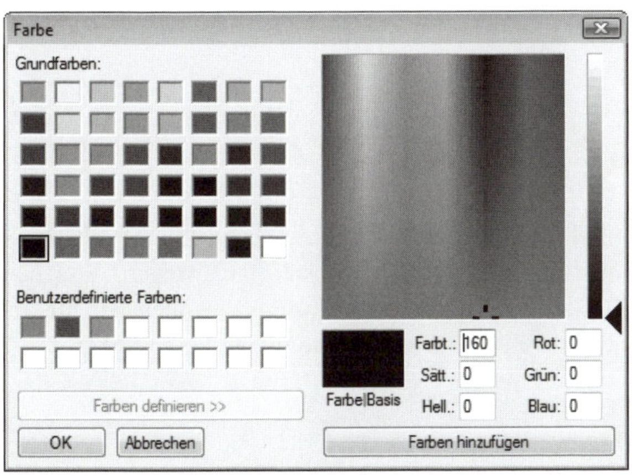

Abbildung 11.9
Der angezeigte Farbauswahldialog

Die wichtigsten Eigenschaften des Dialogs zeigt die folgende Tabelle:

Tabelle 11.9 Wichtige Eigenschaften von `ColorDialog`

Eigenschaft	Bemerkung
`AllowFullOpen`, `FullOpen`	Ein-/Ausblenden der rechten Seite des Dialogs zum Definieren eigener Farben zulassen
`AnyColor`	Anzeigen aller verfügbaren Farben
`Color`	Ruft die von den Benutzern ausgewählte Farbe ab oder legt diese fest
`CustomColors`	Definieren oder Abfragen von nutzerdefinierten Farben (siehe Beispiel)
`FullOpen`	Ein-/Ausblenden der rechten Seite des Dialogs zum Definieren eigener Farben beim Öffnen des Dialogs
`SolidColorOnly`	Nur Volltonfarben können ausgewählt werden

Beispiel Zuweisen von nutzerdefinierten Farben

```
ColorDialog1.AllowFullOpen = False
ColorDialog1.CustomColors = New Integer() {6975964, 231202, 1294476}
If ColorDialog1.ShowDialog = DialogResult.OK Then ...
```

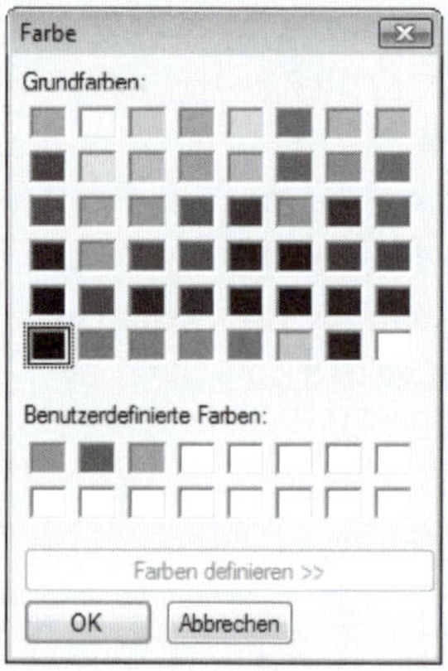

11.7 Druckausgabe/Druckvorschau

Nachdem wir uns im bisherigen Kapitel darum bemüht haben, Grafiken auf Windows Formularen auszugeben, wollen wir nun den Schritt zur Druckausgabe wagen. Von den diversen Möglichkeiten, unter Visual Basic etwas zu Papier zu bringen, wollen wir uns im Rahmen dieses Buches auf die Verwendung der `PrintDocument`-Komponente beschränken.

11.7.1 Grundkonzept

Bevor Sie mit viel Faktenwissen, endlosen Tabellen etc. gepeinigt werden, möchten wir Ihnen an einem Kurzbeispiel das Grundkonzept der Druckausgabe über `PrintDocument` demonstrieren.

Beispiel Druckausgabe eines 10 x 10 cm großen Rechtecks auf dem Standarddrucker

Fügen Sie zunächst in Ihr Formular eine `PrintDocument`-Komponente ein:

Ergänzen Sie dann das `PrintPage`-Ereignis um folgende Zeilen:

```
Private Sub PrintDocument1_PrintPage(ByVal sender As System.Object, _
            ByVal e As Printing.PrintPageEventArgs) Handles PrintDocument1.PrintPage

    e.Graphics.PageUnit = GraphicsUnit.Millimeter
    e.Graphics.FillRectangle(New SolidBrush(Color.Blue), 30, 30, 100, 100)
End Sub
```

Fügen Sie nun noch einen Button ein, mit dem Sie die `Print`-Methode von `PrintDocument1` aufrufen:

```
Private Sub Button1_Click(ByVal sender As System.Object, ByVal e As System.EventArgs) _
                                                             Handles Button1.Click
    PrintDocument1.Print()
End Sub
```

Das war es auch schon, nach dem Klick auf den Button dürfte sich Ihr Drucker in Bewegung setzen.

Wie Sie sehen, wird auch hier mit einem `Graphics`-Objekt gearbeitet, das in diesem Fall im `PrintPage`-Ereignis der `PrintDocument`-Komponente übergeben wird. Doch was ist der Vorteil einer derartigen ereignisorientierten Programmierung beim Drucken? Die Antwort finden Sie, wenn Sie statt der Druckausgabe zunächst eine Druckvorschau am Bildschirm realisieren möchten.

Beispiel (Fortsetzung) Anzeige einer Druckvorschau

Fügen Sie einfach eine `PrintPreviewDialog`-Komponente in das Formular ein und verknüpfen Sie diese über die Eigenschaft `Document` mit der bereits vorhandenen `PrintDocument`-Komponente.

Der folgende Aufruf zeigt Ihnen bereits die Druckvorschau mit dem Rechteck an:

```
Private Sub Button1_Click(ByVal sender As System.Object, ByVal e As System.EventArgs) _
                                                             Handles Button1.Click
  PrintPreviewDialog1.ShowDialog()
End Sub
```

Das erzeugte Druckvorschaufenster:

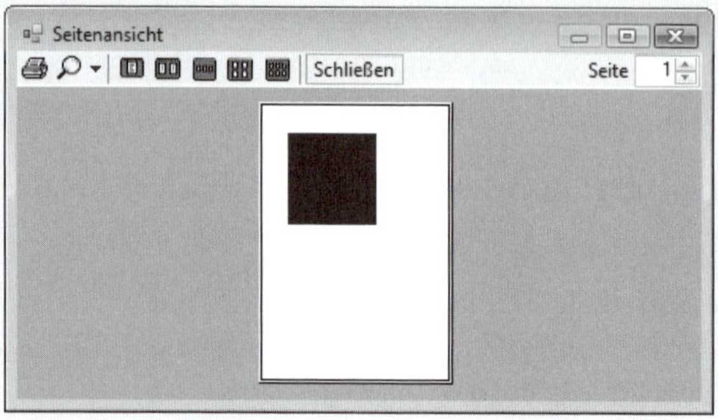

Hinweis

Eine Trennung beim Ausgabemedium (Papier, Druckvorschau am Bildschirm) gibt es nicht mehr, Sie entwickeln lediglich **eine** Ausgabelogik im `PrintPage`-Ereignis. Alle Ausgaben erfolgen systemneutral über ein dort bereitgestelltes `Graphics`-Objekt. ■

11.7.2 Programmiermodell

Wie Sie bereits dem vorhergehenden Beispiel entnehmen konnten, handelt es sich um ein ereignisorientiertes Programmiermodell. Die Skizze in Abbildung 11.10 soll Ihnen das Grundprinzip noch einmal verdeutlichen.

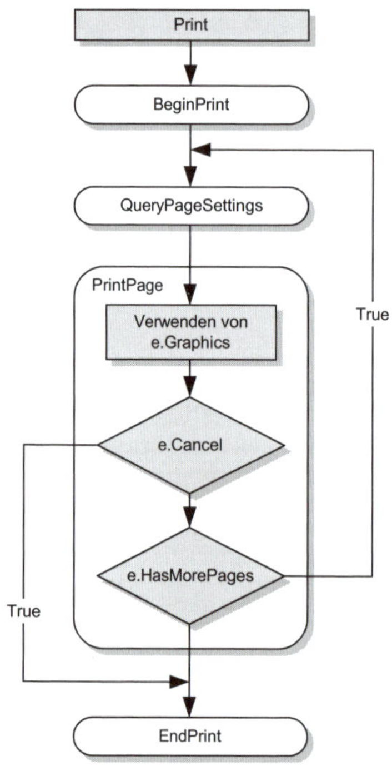

Abbildung 11.10
Grundprinzip der Druckausgabe

Mit Aufruf der Print-Methode wird zunächst das BeginPrint-Ereignis von PrintDocument ausgelöst. Hier bietet sich Ihnen die Möglichkeit, diverse Einstellungen einmalig zu konfigurieren. Nachfolgend wird das Ereignis QueryPageSettings vor dem Druck jeder Seite aufgerufen. Darauf folgt das wohl wichtigste Ereignis: PrintPage. Über den Parameter e erhalten Sie Zugriff auf das Graphics-Objekt des Druckers. Weiterhin legen Sie hier fest, ob weitere Seiten gedruckt werden sollen (e.HasMorePages) oder ob der Druck abgebrochen (e.Cancel) werden soll. Steht der Druck weiterer Seiten an, wird die Ereigniskette, wie oben abgebildet, erneut durchlaufen.

Damit wird auch klar, dass Sie selbst dafür verantwortlich sind, welche Seite zu welchem Zeitpunkt gedruckt werden soll. Insbesondere im Zusammenhang mit den Druckersetup-Dialogen werden wir noch einigen Aufwand treiben müssen, aber das sind Sie ja bereits gewohnt.

11.7.3 Komponenten für die Druckausgabe

Folgende Komponenten stehen Ihnen im Zusammenhang mit der Druckausgabe in Windows Forms-Anwendungen zur Verfügung:

Tabelle 11.10 Komponenten für die Druckausgabe

Komponente	Beschreibung
PrintDocument	Der Dreh- und Angelpunkt der Druckausgabe. Über dieses Objekt bestimmen Sie den gewünschten Drucker, die Papierausrichtung, die Auflösung, die zu druckenden Seiten usw. Über das PrintPage-Ereignis erhalten Sie Zugriff auf das Graphics-Objekt des Druckers. Weiterhin steuern Sie hier den Druckverlauf (Anzahl der Seiten, Seitenauswahl, Abbruch). Mehr zu dieser Komponente finden Sie in den beiden folgenden Abschnitten.
PrintDialog	Der Windows-Standarddialog zur Auswahl eines Druckers sowie der wichtigsten Druckparameter (Seiten, Exemplare, Auflösung)
PageSetupDialog	Der Windows-Standarddialog zur Konfiguration der Druckausgabe (Seitenausrichtung, Papierausrichtung, Seitenränder)
PrintPreviewDialog	Eine komplette Druckvorschau, mit Navigationstasten, Zoom etc.
PrintPreviewControl	Eine Alternative für den PrintPreviewDialog. Bei dieser Komponente ist lediglich der Preview-Bereich vorhanden, für die Ansteuerung und Konfiguration sind Sie selbst verantwortlich.

Alle Komponenten können über die Document-Eigenschaft mit der PrintDocument-Komponente verknüpft werden, Sie müssen also die Parameter nicht »von Hand« übergeben.

11.7.4 Praktische Aufgabenstellungen

In den folgenden Beispielen wollen wir für praktische Aufgabenstellungen, wie Sie im täglichen Gebrauch recht häufig sind, Lösungen aufzeigen.

Beispiel Ausgabe aller Druckernamen in einer `ComboBox` und markieren des aktiven Druckers

Einen Überblick, welche Drucker auf dem aktuellen System installiert sind, können Sie sich über die Collection `InstalledPrinters` verschaffen.

```
...
Imports System.Drawing.Printing
...
Dim Printername As String
Dim doc As New Drawing.Printing.PrintDocument()
```

Füllen der *ListBox*:

```
For Each Printername In Drawing.Printing.PrinterSettings.InstalledPrinters
    ComboBox1.Items.Add(Printername)
Next
```

Auswahl des aktiven Druckers:

```
ComboBox1.Text = doc.PrinterSettings.PrinterName
```

Beispiel Test auf Standarddrucker

Möchten Sie überprüfen, ob der aktuell gewählte Drucker gleichzeitig auch der System Standarddrucker ist, können Sie dies mit Hilfe der Eigenschaft `IsDefaultPrinter` realisieren.

```
If PrintDocument1.PrinterSettings.IsDefaultPrinter Then
   MessageBox.Show("Standarddrucker")
```

Hinweis

Den Standarddrucker erkennen Sie in der Systemsteuerung an einem kleinen Häkchen, auch wenn dieser nicht verfügbar ist. ■

Beispiel Anzeige aller Papierformate im Ausgabe-Fenster

Geht es um die Abfrage, welche Papierarten der Drucker unterstützt, können Sie einen Blick auf die `PaperSizes`-Collection werfen. Diese gibt Ihnen nicht nur Auskunft über die Blattgröße (`Height`, `Width`), sondern auch über die Blattbezeichnung (`PaperName`) und den Typ (`Kind`).

```
Imports System.Drawing.Printing
Imports System.Diagnostics
...
Imports System.Drawing.Printing
...
Private Sub Button6_Click(ByVal sender As System.Object, ByVal e As System.EventArgs) _
                                                                  Handles Button6.Click
```

```
    Dim ps As PaperSize

    For Each ps In PrintDocument1.PrinterSettings().PaperSizes
        Debug.WriteLine(ps)
    Next
End Sub
```

Die Anzeige im Ausgabe-Fenster:

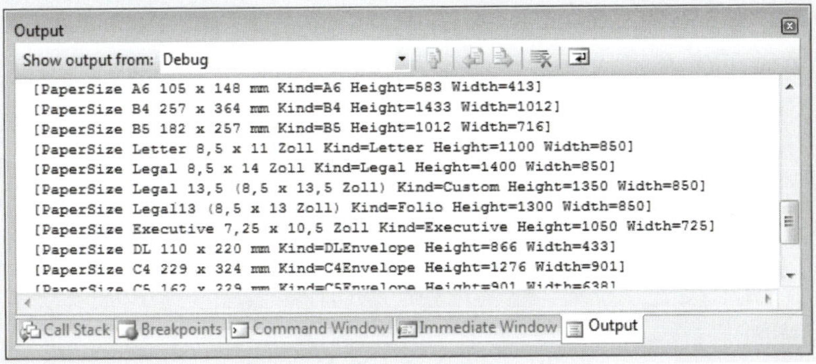

Hinweis
Die Blattabmessungen werden in 1/100 Zoll zurückgegeben! Der Umrechnungsfaktor in Millimetern ist 0,254. ■

Beispiel Anzeige der physikalischen Blattränder

Leider druckt nicht jeder Drucker bis zu den Blatträndern. Aus diesem Grund ist es wichtig, den eigentliche Druckbereich und insbesondere den Offset des Druckbereichs zu bestimmen. Verwenden Sie dazu die Eigenschaften `HardMarginX`, `HardMarginY` sowie `PrintableArea`.

```
Private Sub Form1_Load(ByVal sender As System.Object, ByVal e As System.EventArgs) _
                                                         Handles MyBase.Load
    Dim pd As PrintDocument = New PrintDocument()
    Debug.WriteLine("Linker Rand:" & pd.DefaultPageSettings.HardMarginX * 0.254)
    Debug.WriteLine("Oberer Rand:" & pd.DefaultPageSettings.HardMarginY * 0.254)
    Debug.WriteLine("Druckbreite:" & pd.DefaultPageSettings.PrintableArea.Width * 0.254)
    Debug.WriteLine("Druckhöhe:" & pd.DefaultPageSettings.PrintableArea.Height * 0.254)
End Sub
```

Die Anzeige im Ausgabe-Fenster:

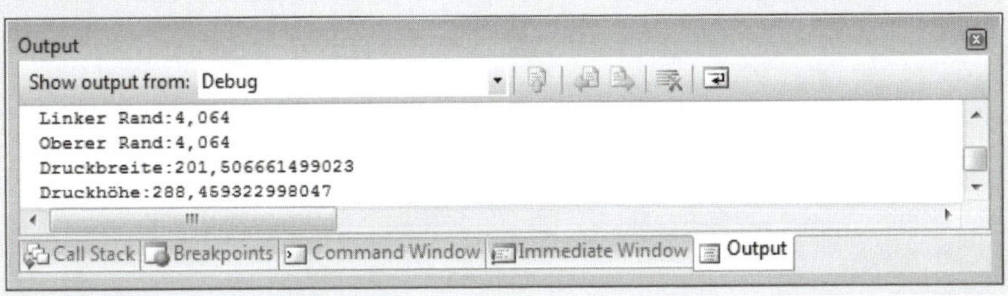

Beispiel Einen Drucker auswählen

Der wohl erste Schritt, wenn mehr als ein Drucker zur Verfügung steht, ist die Auswahl des Druckers. Wir setzen die `PrinterName`-Eigenschaft und prüfen nachfolgend mit `IsValid`.

```
PrintDocument1.PrinterSettings.PrinterName = ComboBox1.Text
If PrintDocument1.PrinterSettings.IsValid Then PrintPreviewDialog1.ShowDialog()
```

Beispiel Drucken in Millimetern

Setzen der Maßeinheit im `PrintPage`-Ereignis

```
Private Sub PrintDocument1_PrintPage(ByVal sender As System.Object, _
                    ByVal e As System.Drawing.Printing.PrintPageEventArgs) _
                                                  Handles PrintDocument1.PrintPage
    e.Graphics.PageUnit = GraphicsUnit.Millimeter
    e.Graphics.DrawLine(New Pen(Color.Black, 10), 50, 100, 150, 200)
...
```

11.7.5 Die Druckdialoge

Im Folgenden wollen wir Ihnen kurz die drei wesentlichen Druckdialoge und deren wichtigste Parameter im Zusammenspiel mit der Druckausgabe vorstellen.

PrintDialog

Der allgemein bekannte Standarddruckdialog wird mit der Komponente `PrintDialog` eingebunden.

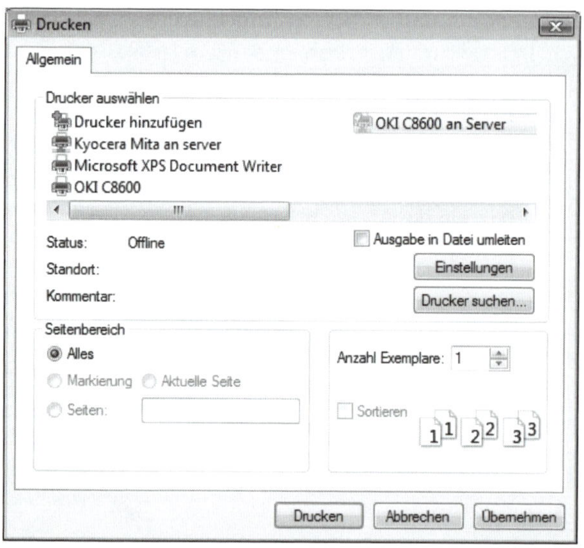

Abbildung 11.11
Drucken-Dialog

Die Komponente selbst können Sie mittels `Document`-Eigenschaft direkt an ein `PrintDocument`-Control binden. Alle gewählten Parameter werden automatisch an `PrintDocument` übergeben.

Tabelle 11.11 Wichtige Eigenschaften von `PrintDialog`

Eigenschaft	Beschreibung
`AllowPrintToFile`	... aktiviert das Kontrollkästchen »Ausgabe in Datei«.
`AllowSelection`	... aktiviert das Optionsfeld »Seiten von ... bis ...«.
`AllowSomePages`	... aktiviert das Optionsfeld »Seiten«.
`ShowHelp`	... aktiviert die Schaltfläche »Hilfe«.
`ShowNetwork`	... aktiviert die Schaltfläche »Netzwerk« (nur in der Theorie).
`PrinterSettings`	Über diese Eigenschaft können Sie Standardwerte vorgeben sowie die Einstellungen des Dialogfelds abfragen.
`PrintToFile`	... fragt den Wert des Kontrollkästchens »Ausgabe in Datei« ab.

Beispiel Anzeige des Dialogs und Abfrage des gewählten Druckers

```
If PrintDialog1.ShowDialog = DialogResult.OK Then
    MessageBox.Show(PrintDialog1.PrinterSettings.PrinterName, "Hinweis", _
                                MessageBoxButtons.OK, MessageBoxIcon.Exclamation)
End If
```

PageSetupDialog

Aus vielen Programmen dürfte Ihnen der folgende Dialog bekannt sein, mit dem Sie einen Menüpunkt »Seite einrichten« realisieren können.

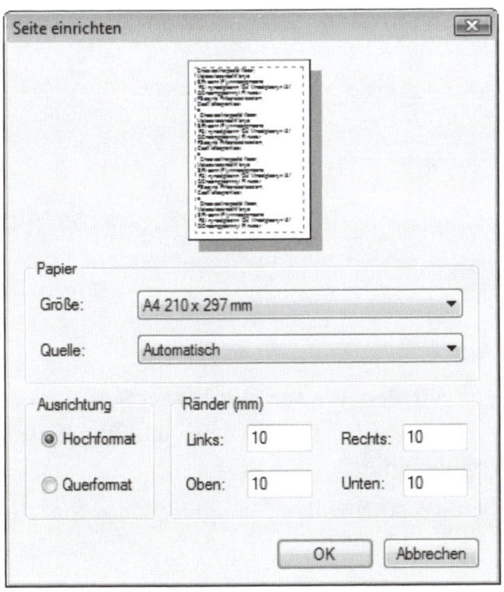

Abbildung 11.12
Seite einrichten-Dialog

Auch diese PageSetupDialog-Komponente können Sie mittels Document-Eigenschaft direkt an eine PrintDocument-Komponente binden, um die eingestellten Parameter automatisch zu übernehmen.

Tabelle 11.12 Wichtige Eigenschaften von PageSetupDialog

Eigenschaft	Beschreibung
AllowMargins	... aktiviert den Bereich »Ränder«.
AllowOrientation	... aktiviert den Bereich »Orientierung«.
AllowPaper	... aktiviert den Bereich »Papier«.
AllowPrinter	... aktiviert die Schaltfläche »Drucker...«.
ShowHelp	... aktiviert die Schaltfläche »Hilfe«.
MinMargins	... legt die minimalen Werte für die Ränder fest.
PageSettings PrinterSettings	... hier können Sie Standardwerte vorgeben bzw. die Werte abfragen.

Beispiel Aufruf der Dialogbox und Anzeige der neu gesetzten Ränder

```
If PageSetupDialog1.ShowDialog = DialogResult.OK Then
   MessageBox.Show(PageSetupDialog1.PageSettings.Margins.ToString, "Hinweis", _
               MessageBoxButtons.OK, MessageBoxIcon.Exclamation)
End If
```

Das Ergebnis:

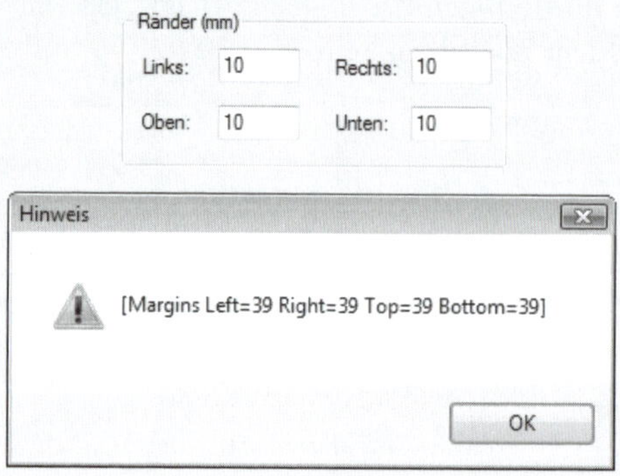

Hinweis

Die Werte der eingestellten Ränder stimmen nicht mit den Werten der Eigenschaft Margins überein (aus einem Zoll Vorgabewert werden in der Anzeige 10 Millimeter und aus diesen wiederum korrekte 0,39 Zoll). Eine fragwürdige Umrechnung.

Deshalb der folgende Workaround: Rufen Sie **vor** dem Aufruf der Dialogbox jedes Mal die folgenden Anweisungen auf:

```
PageSetupDialog1.PageSettings.Margins.Left *= 2.54
PageSetupDialog1.PageSettings.Margins.Top *= 2.54
PageSetupDialog1.PageSettings.Margins.Right *= 2.54
```

```
PageSetupDialog1.PageSettings.Margins.Bottom *= 2.54
PageSetupDialog1.ShowDialog
```

Nach dem Aufruf stehen Ihnen die Seitenränder wieder in der korrekten 1/100-Zoll-Angabe zur Verfügung. ■

PrintPreviewDialog

Im Grunde ist die Verwendung des `PrintPreviewDialog` recht simpel. Nach dem Einfügen der Komponente brauchen Sie diese lediglich über die `Documents`-Eigenschaft mit der `PrintDocument`-Komponente zu verknüpfen und die Methode `ShowDialog` aufrufen.

Bis auf die Eigenschaft `UseAntialias` (Verbessern der Anzeigequalität) können Sie kaum weitere Einstellungen vornehmen. Die Ausnahme stellt die Eigenschaft `PrintPreviewControl` dar, mit der Sie direkt das Aussehen und Verhalten der Vorschau beeinflussen können.

Beispiel Gleichzeitige Anzeige von zehn Seiten

```
PrintPreviewDialog1.PrintPreviewControl.Rows = 2
PrintPreviewDialog1.PrintPreviewControl.Columns = 5
PrintPreviewDialog1.ShowDialog()
```

Hinweis

Mehr zur Konfiguration und Verwendung der `PrintPreviewControl`-Komponente finden Sie im folgenden Abschnitt 11.7.6. ■

Weiterhin dürfte die Eigenschaft `WindowState` in Zusammenhang mit der Anzeige der Dialogbox von Interesse sein. Hiermit steuern Sie die Art der Anzeige (Vollbild etc.).

Beispiel Vollbildanzeige aktivieren

```
PrintPreviewDialog1.WindowState = FormWindowState.Maximized
PrintPreviewDialog1.ShowDialog()
```

11.7.6 Ein eigenes Druckvorschau-Fenster

Wem die `PrintPreview`-Komponente zu wenig Eingriffsmöglichkeiten bietet, der kann sich mit der `PrintPreviewControl`-Komponente selbst eine eigene Druckvorschau zusammenbauen.

Abbildung 11.13
`PrintPreview`-Komponente zur Entwurfszeit

Bis auf den reinen Druckvorschaubereich müssen Sie sich um alle Einstellungen und optischen Spielereien nun selbst kümmern. Die folgende Tabelle listet die wichtigsten Eigenschaften auf:

Tabelle 11.13 Wichtige Eigenschaften der `PrintPreview`-Komponente

Eigenschaft	Beschreibung
`AutoZoom`	Ist der Wert auf `True` gesetzt, werden die Seiten so skaliert, dass die vorgegebene Anzahl von Seiten flächenfüllend dargestellt wird. AutoZoom = False 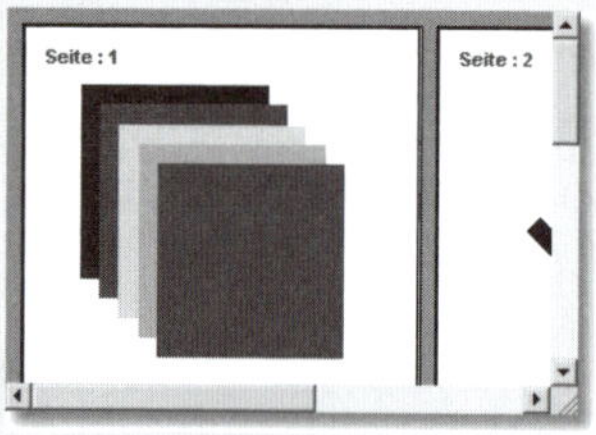 AutoZoom = True 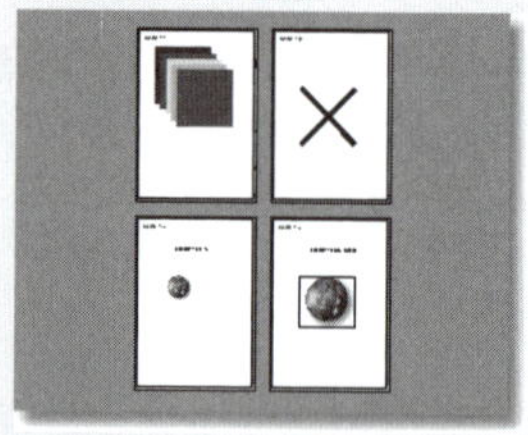
`BackColor`	... die Hintergrundfarbe für die Druckvorschau.
`Columns`	... die Anzahl von Spalten, d.h., wie viele Seiten nebeneinander dargestellt werden.
`Rows`	... die Anzahl von Zeilen, d.h., wie viele Seiten untereinander dargestellt werden.
`Document`	... die Verknüpfung zum `PrintDocument`-Objekt.
`StartPage`	... die Seitenzahl der linken oberen Seite. Durch Verändern dieses Wertes können Sie die weiteren Seiten anzeigen.
`Zoom`	... legt explizit einen Zoomfaktor fest.

11.7.7 DEMO: Komplette Druckausgabe

Das Ziel dieses umfassenden Beispiels ist eine Darstellung des Zusammenspiels der einzelnen Drucker-Komponenten sowie deren Konfiguration per Code bzw. per Dialogbox. Insgesamt zehn Beispielseiten verdeutlichen die verschiedenen Möglichkeiten der Gestaltung des Druckbildes.

Oberfläche (Hauptformular Form1)

Entwerfen Sie eine Oberfläche entsprechend folgender Abbildung 11.14. Verknüpfen Sie die vier nicht sichtbaren Komponenten (siehe unterer Bildrand) über die `Documents`-Eigenschaft mit `PrintDocument1`.

Sowohl die `TextBox` als auch die `PictureBox` dienen uns lediglich als Container für einen zu druckenden Text bzw. eine zu druckende Grafik.

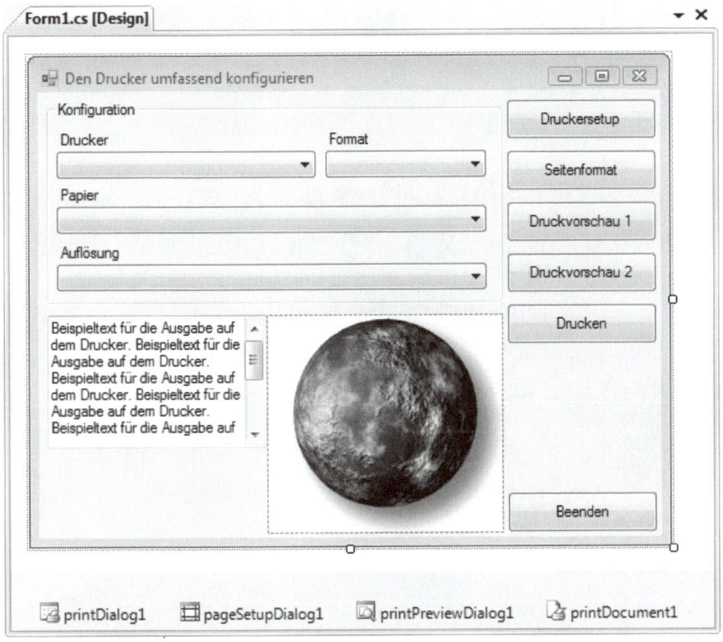

Abbildung 11.14 Entwurfsansicht Form1

Oberfläche (Druckvorschau Form2)

Mit der folgenden Oberfläche wollen wir keinen Schönheitspreis gewinnen, es geht lediglich um die Darstellung des Grundprinzips. Welche Komponenten Sie für die Oberflächengestaltung nutzen, bleibt Ihrer Fantasie überlassen. Wichtig ist vor allem das PrintPreview-Control:

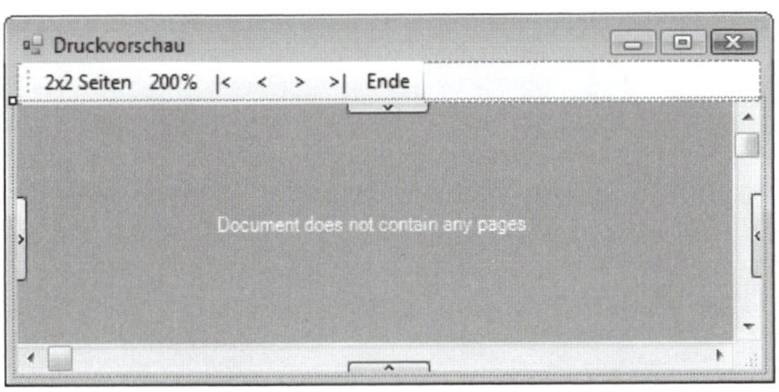

Abbildung 11.15 Entwurfsansicht Form2

Quelltext (Form1)

```
Imports System.Drawing.Printing

Public Class Form1
```

Eine globale Variable erleichtert uns die Anzeige bzw. den Druck der richtigen Seite:

```
    Private page As Integer
```

Die folgende Routine aktualisiert die ComboBox-Controls nach Änderungen über die Standarddialoge:

```
Private Sub aktualisieren()
```

Der aktuelle Drucker:

```
    ComboBox1.Text = PrintDocument1.PrinterSettings.PrinterName
```

Die verschiedenen Papierformate:

```
    ComboBox2.Items.Clear()
    For Each ps As PaperSize In PrintDocument1.PrinterSettings.PaperSizes
        ComboBox2.Items.Add(ps)
    Next
    ComboBox2.Text = PrintDocument1.DefaultPageSettings.PaperSize.ToString()
```

Die Seitenausrichtung:

```
    If PrintDocument1.DefaultPageSettings.Landscape Then
        ComboBox3.SelectedIndex = 0
    Else
        ComboBox3.SelectedIndex = 1
    End If
```

Die Druckauflösung:

```
    ComboBox4.Items.Clear()
    For Each res As PrinterResolution In PrintDocument1.PrinterSettings.PrinterResolutions
        ComboBox4.Items.Add(res)
    Next
    ComboBox4.Text = PrintDocument1.DefaultPageSettings.PrinterResolution.ToString()
End Sub
```

Beim Programmstart füllen wir zunächst ComboBox1 mit den Namen der verfügbaren Drucker und aktualisieren die Anzeige:

```
Private Sub Form1_Load(ByVal sender As System.Object, ByVal e As System.EventArgs) _
                       Handles MyBase.Load
    For Each s As String In PrinterSettings.InstalledPrinters
        ComboBox1.Items.Add(s)
    Next
    aktualisieren()
End Sub
```

Die Anzeige des Standard-Druckerdialogs:

```
Private Sub Button2_Click(ByVal sender As System.Object, ByVal e As System.EventArgs) _
                          Handles Button2.Click
    PrintDialog1.ShowDialog()
    aktualisieren()
End Sub
```

Das Einrichten der Seite (Fehler bei der Umrechnung beachten!):

```
Private Sub Button3_Click(ByVal sender As System.Object, ByVal e As System.EventArgs) _
                                                                   Handles Button3.Click
```

```
    PageSetupDialog1.PageSettings.Margins.Left = _
                CType((PageSetupDialog1.PageSettings.Margins.Left * 2.54), Integer)
    PageSetupDialog1.PageSettings.Margins.Top = _
                CType((PageSetupDialog1.PageSettings.Margins.Top * 2.54), Integer)
    PageSetupDialog1.PageSettings.Margins.Right = _
                CType((PageSetupDialog1.PageSettings.Margins.Right * 2.54), Integer)
    PageSetupDialog1.PageSettings.Margins.Bottom = _
                CType((PageSetupDialog1.PageSettings.Margins.Bottom * 2.54), Integer)
    PageSetupDialog1.ShowDialog()
    aktualisieren()
End Sub
```

Start des Druckvorgangs bzw. der Druckvorschau:

```
Private Sub PrintDocument1_BeginPrint(ByVal sender As System.Object, _
                 ByVal e As System.Drawing.Printing.PrintEventArgs) _
                                    Handles PrintDocument1.BeginPrint
    page = 1
    PrintDocument1.DocumentName = "Mein erstes Testdokument"
End Sub
```

Das eigentliche Drucken der Seiten passiert wie immer im `PrintPage`-Event unseres `PrintDocument`-Objekts:

```
Private Sub PrintDocument1_PrintPage(ByVal sender As System.Object, _
              ByVal e As System.Drawing.Printing.PrintPageEventArgs) _
                                    Handles PrintDocument1.PrintPage
```

Eine Zufallszahl für optische Spielereien:

```
    Dim rnd As Random = New Random()
```

Einen `Pen` definieren:

```
    Dim p As New Pen(System.Drawing.Color.Black, 1)
```

Eine Variable für den einfacheren Zugriff auf das *Graphics*-Objekt:

```
    Dim g As Graphics = e.Graphics
```

Die aktuell zu druckende Seite:

```
    Dim printpage As Integer = 0
```

Umschalten in Millimeter:

```
    g.PageUnit = GraphicsUnit.Millimeter
```

Berücksichtigung des Druckbereichs:

```
    Select Case e.PageSettings.PrinterSettings.PrintRange
        Case PrintRange.SomePages
            printpage = page + e.PageSettings.PrinterSettings.FromPage - 1
        Case PrintRange.AllPages
            printpage = page
    End Select
```

Drucken der jeweiligen Seite (1 bis 10):

```
Select Case printpage
    Case 1
```

Ein paar Rechtecke (10 x 10 cm):

```
        g.FillRectangle(New SolidBrush(Color.Blue), 30, 30, 100, 100)
        g.FillRectangle(New SolidBrush(Color.Green), 40, 40, 100, 100)
        g.FillRectangle(New SolidBrush(Color.Yellow), 50, 50, 100, 100)
        g.FillRectangle(New SolidBrush(Color.Cyan), 60, 60, 100, 100)
        g.FillRectangle(New SolidBrush(Color.Red), 70, 70, 100, 100)
    Case 2
```

Einige Linien auf Seite 2:

```
        g.DrawLine(New Pen(Color.Black, 10), 50, 100, 150, 200)
        g.DrawLine(New Pen(Color.Black, 10), 50, 200, 150, 100)
    Case 3
```

Ausgabe der Grafik in Originalgröße:

```
        g.DrawString("Grafik 100%", New Font("Arial", 10, FontStyle.Bold, _
                     GraphicsUnit.Millimeter), Brushes.Black, 70, 50)
        g.DrawImage(PictureBox1.Image, 50, 100)
    Case 4
```

Skalieren der Grafik auf 10 cm Breite:

```
        g.DrawString("Grafik 10cm breit", New Font("Arial", 10, FontStyle.Bold, _
                     GraphicsUnit.Millimeter), Brushes.Black, 70, 50)
        g.DrawImage(PictureBox1.Image, 50, 100, 100, _
                     PictureBox1.Image.Height * 100 Mod PictureBox1.Image.Width)
        g.DrawRectangle(New Pen(Color.Black, 0.1F), 50, 100, 100, _
                     PictureBox1.Image.Height * 100 Mod PictureBox1.Image.Width)
    Case 5
```

Anzeige der Seitenränder:

```
        g.DrawString("Seitenränder", New Font("Arial", 10, FontStyle.Bold, _
                   GraphicsUnit.Millimeter), Brushes.Black, 70, 50)
        g.PageUnit = GraphicsUnit.Display
        g.DrawRectangle(New Pen(Color.Black), e.MarginBounds)
        g.PageUnit = GraphicsUnit.Millimeter
    Case 6
```

Ausgabe von Text (linksbündig):

```
        Dim rect As New RectangleF()
        rect = CType(e.MarginBounds, RectangleF)
        g.PageUnit = GraphicsUnit.Display
        g.DrawString(TextBox1.Text, New Font("Arial", 10, FontStyle.Bold, _
                   GraphicsUnit.Millimeter), Brushes.Black, rect)
        g.PageUnit = GraphicsUnit.Millimeter
    Case 7
```

Ausgabe von Text (zentriert):

```
            Dim rect1 As New RectangleF()
            Dim format As New StringFormat()
            format.Alignment = StringAlignment.Center
            rect1 = CType(e.MarginBounds, RectangleF)
            g.PageUnit = GraphicsUnit.Display
            g.DrawString(TextBox1.Text, New Font("Arial", 10, FontStyle.Bold, _
                      GraphicsUnit.Millimeter), Brushes.Black, rect1, format)
            g.PageUnit = GraphicsUnit.Millimeter
        Case 8
```

Ausgabe von zufälligen Linien über den gesamten Blattbereich:

```
            g.DrawString("Zufallslinien ohne Clipping", New Font("Arial", 10, _
                      FontStyle.Bold, GraphicsUnit.Millimeter), Brushes.White, 70, 50)
            g.PageUnit = GraphicsUnit.Display
            For i As Integer = 0 To 500
                g.DrawLine(p, 0, 0, rnd.Next(e.PageBounds.Width), _
                         rnd.Next(e.PageBounds.Height))
            Next
        Case 9
```

Hinweis

Vergleichen Sie den Ausdruck mit der Druckvorschau werden Sie feststellen, dass die Druckvorschau die physikalischen Seitenränder nicht berücksichtigt. ■

Berücksichtigung der Seitenränder bei der Druckausgabe:

```
            g.DrawString("Zufallslinien mit Clipping", New Font("Arial", 10, _
                      FontStyle.Bold, GraphicsUnit.Millimeter), Brushes.White, 70, 50)
            g.PageUnit = GraphicsUnit.Display
            g.SetClip(e.MarginBounds)
            For i As Integer = 0 To 500
                g.DrawLine(p, 0, 0, rnd.Next(e.PageBounds.Width), _
                         rnd.Next(e.PageBounds.Height))
            Next
        Case 10
```

Berücksichtigung der Seitenränder sowie Verschieben des Offsets bei der Druckausgabe:

```
            g.PageUnit = GraphicsUnit.Display
            g.SetClip(e.MarginBounds)
            g.TranslateTransform(e.MarginBounds.Left, e.MarginBounds.Top)
            For i As Integer = 0 To 500
                g.DrawLine(p, 0, 0, rnd.Next(e.PageBounds.Width), _
                         rnd.Next(e.PageBounds.Height))
            Next
    End Select
```

Seitennummer einblenden:

```
    g.DrawString("Seite : " & printpage.ToString(), New Font("Arial", 10, _
              FontStyle.Bold, GraphicsUnit.Millimeter), Brushes.Red, 10, 10)
```

Vorbereiten der nächsten Seite:

```
        page += 1
```

Berücksichtigung des Druckbereichs:

```
        Select Case e.PageSettings.PrinterSettings.PrintRange
            Case PrintRange.SomePages
                e.HasMorePages = (printpage < e.PageSettings.PrinterSettings.ToPage)
                Exit Select
            Case PrintRange.AllPages
                e.HasMorePages = (page < 11)
                Exit Select
        End Select
    End Sub
```

Aktuellen Drucker wechseln:

```
    Private Sub ComboBox1_SelectedIndexChanged(ByVal sender As System.Object, _
                        ByVal e As System.EventArgs) Handles ComboBox1.SelectedIndexChanged
        PrintDocument1.PrinterSettings.PrinterName = ComboBox1.Text
        aktualisieren()
    End Sub
```

Seitenausrichtung ändern:

```
    Private Sub ComboBox3_SelectedIndexChanged(ByVal sender As System.Object, _
                        ByVal e As System.EventArgs) Handles ComboBox3.SelectedIndexChanged
        PrintDocument1.DefaultPageSettings.Landscape = (ComboBox3.SelectedIndex = 0)
        aktualisieren()
    End Sub
```

Papierformat ändern:

```
    Private Sub ComboBox2_SelectedIndexChanged(ByVal sender As System.Object, _
                          ByVal e As System.EventArgs) Handles ComboBox2.SelectedIndexChanged
        PrintDocument1.DefaultPageSettings.PaperSize = _
        PrintDocument1.PrinterSettings.PaperSizes(ComboBox2.SelectedIndex)
    End Sub
```

Druckauflösung ändern:

```
    Private Sub ComboBox4_SelectedIndexChanged(ByVal sender As System.Object, _
                          ByVal e As System.EventArgs) Handles ComboBox4.SelectedIndexChanged
        PrintDocument1.DefaultPageSettings.PrinterResolution = _
              PrintDocument1.PrinterSettings.PrinterResolutions(ComboBox4.SelectedIndex)
    End Sub
```

Druckvorschau anzeigen (Vollbild):

```
    Private Sub Button1_Click(ByVal sender As System.Object, ByVal e As System.EventArgs) _
                               Handles Button1.Click
        PrintPreviewDialog1.WindowState = FormWindowState.Maximized
        PrintPreviewDialog1.ShowDialog()
    End Sub
```

Die eigene Druckvorschau anzeigen:

```
    Private Sub Button4_Click(ByVal sender As System.Object, ByVal e As System.EventArgs) _
                              Handles Button4.Click
        Dim f2 As New Form2()
        f2.PrintPreviewControl1.Document = PrintDocument1
        f2.ShowDialog()
    End Sub
```

Den Druckvorgang starten:

```
    Private Sub Button5_Click(ByVal sender As System.Object, ByVal e As System.EventArgs) _
                              Handles Button5.Click
        PrintDocument1.Print()
    End Sub
End Class
```

Quelltext (Form2)

Im Formular `Form2` geht es im Wesentlichen nur um die Konfiguration der `PrintPreviewControl`-Komponente.

Die Navigation zwischen den Seiten:

```
Public Class Form2
    ...
```

Nächste Seite:

```
    Private Sub toolStripButton4_Click(ByVal sender As System.Object, _
                ByVal e As System.EventArgs) Handles toolStripButton4.Click
        PrintPreviewControl1.StartPage += 1
    End Sub
```

Vorhergehende Seite:

```
    Private Sub toolStripButton3_Click(ByVal sender As System.Object, _
                ByVal e As System.EventArgs) Handles toolStripButton3.Click
        If PrintPreviewControl1.StartPage > 0 Then PrintPreviewControl1.StartPage -= 1
    End Sub
```

Erste Seite:

```
    Private Sub toolStripButton6_Click(ByVal sender As System.Object, _
                 ByVal e As System.EventArgs) Handles toolStripButton6.Click
        PrintPreviewControl1.StartPage = 0
    End Sub
```

Letzte Seite (setzen Sie einfach einen Wert, der groß genug ist):

```
    Private Sub toolStripButton7_Click(ByVal sender As System.Object, _
                 ByVal e As System.EventArgs) Handles toolStripButton7.Click
        PrintPreviewControl1.StartPage = 999
    End Sub
```

Seite auf 200 Prozent skalieren:

```
Private Sub toolStripButton2_Click(ByVal sender As System.Object, _
            ByVal e As System.EventArgs) Handles toolStripButton2.Click
    PrintPreviewControl1.AutoZoom = False
    PrintPreviewControl1.Zoom = 200
End Sub
```

Vier Seiten gleichzeitig anzeigen (eingepasst in die Komponente):

```
Private Sub toolStripButton1_Click(ByVal sender As System.Object, _
            ByVal e As System.EventArgs) Handles toolStripButton1.Click
    PrintPreviewControl1.Columns = 2
    PrintPreviewControl1.Rows = 2
    PrintPreviewControl1.AutoZoom = True
End Sub
End Sub
```

Test

Nach Programmstart sollten alle Druckerparameter korrekt in den ComboBox-Komponenten angezeigt werden.

Hinweis

Testen Sie, was passiert, wenn Sie Änderungen in den ComboBox-Controls bzw. mit Hilfe der Druckerdialoge vornehmen.

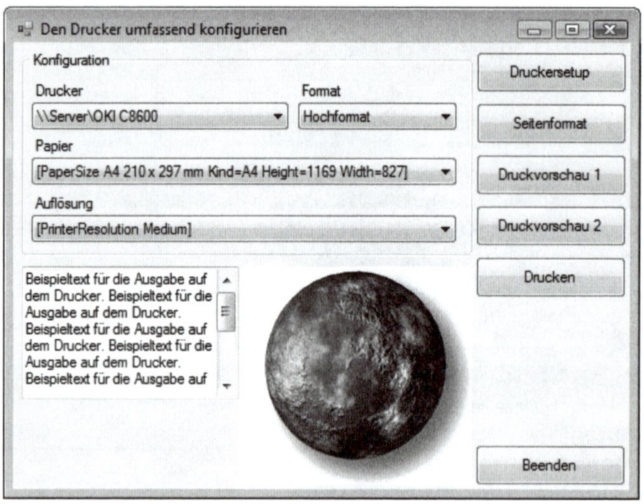

Abbildung 11.16 Laufzeitansicht Form1

Nun haben Sie die Möglichkeit, sich die 10 verschiedenen Druckseiten in einer der beiden Druckvorschauen zu betrachten oder zu Papier zu bringen:

Als Beispiel hier unsere »selbst gebastelte« Druckvorschau in Aktion:

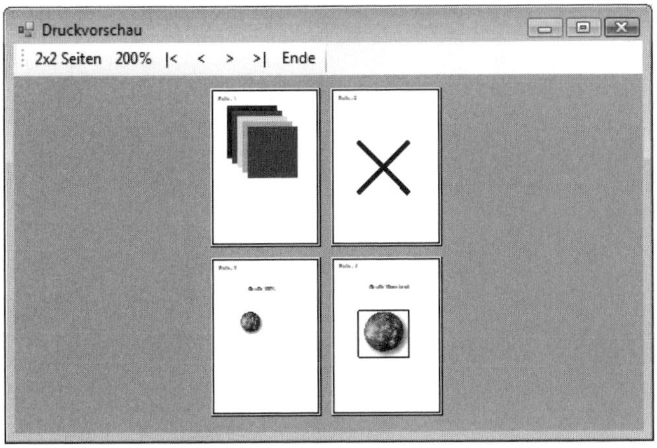

Abbildung 11.17 Laufzeitansicht Form2

12 Zugriff auf das Dateisystem

Dieses Kapitel behandelt die folgenden Themen:

- Klassen für Verzeichnis- und Dateioperationen
- Operationen auf Verzeichnisebene
- Weitere wichtige Klassen

Inhalt dieses Kapitels ist die Arbeit auf Verzeichnisebene, womit das Erstellen, Löschen, Kopieren, Verschieben, Umbenennen, Durchsuchen und Überwachen von Verzeichnissen und Dateien gemeint ist.

Hinweis

Zum Lesen und Schreiben von Dateiinhalten sowie der Arbeit mit Streams kommen wir erst im nachfolgenden Kapitel. ■

12.1 Grundlagen

Dateien dienen dazu, Daten auf Festplatte (oder anderen Speichermedien) dauerhaft zu sichern bzw. Daten zwischen einer Quelle und einem Ziel zu transportieren. Das .NET-Framework stellt dafür im Namespace `System.IO` eine Anzahl leistungsfähiger Klassen zur Verfügung, die diese Aufgabe vereinfachen sollen.

12.1.1 Das Datei-System von Windows

Wenn Sie an Dateien denken, so fallen Ihnen dazu meist Begriffe wie Dateinamen, Dateigröße, Dateiattribute und Dateiverzeichnis ein. Als Programmierer sollten Sie aber auch den tieferen Sinn des Datei-Systems von Windows verstanden haben:

- Eine **Datei** unter Windows ist eine geordnete und benannte Sammlung von Byte-Folgen, die persistent (meist auf der Festplatte) abgespeichert sind.
- Ein **Verzeichnis** (bzw. Ordner) in Windows ist einfach ein anderer Dateityp, der wiederum andere Dateien und Unterverzeichnisse enthalten kann.

In früheren Programmiersprachen waren Sie meist auf das `FileSystemObject` oder den Direktzugriff auf die Win32 API angewiesen, um Ihre Datei-Operationen zu implementieren.

Hinweis

Unter .NET stellt der `System.IO`-Namensraum eine ausreichende Anzahl robuster Objekte zur Verfügung, mit der die Interaktion mit dem Windows-Dateisystem erleichtert und vereinfacht werden kann. ■

12.1.2 Klassen für Verzeichnis- und Dateioperationen

Die wichtigsten Klassen für Manipulationen mit Verzeichnissen und Dateien sind die Pärchen `Directory`/ `DirectoryInfo` und `File`/`FileInfo`, die sich vor allem hinsichtlich ihrer Instanziierbarkeit unterscheiden. Weitere interessante Klassen des `System.IO`-Namespace entnehmen Sie der folgenden Tabelle.

Übersicht

Tabelle 12.1 Wichtige Klassen für Verzeichnis- und Dateioperationen

Klasse	Beschreibung
`Directory`	Die statischen Methoden erlauben das Erstellen, Verschieben und Benennen von Verzeichnissen und Unterverzeichnissen.
`DirectoryInfo`	Ähnelt der `Directory`-Klasse, enthält aber nur Instanz-Methoden.
`Path`	Die statischen Methoden erlauben die plattformübergreifende Arbeit mit Verzeichnissen.
`File`	Die statischen Methoden erlauben das Erzeugen, Kopieren, Löschen, Verschieben und Öffnen von Dateien.

Klasse	Beschreibung
`FileInfo`	Ähnelt der `File`-Klasse, enthält aber nur Instanz-Methoden.
`FileSystemWatcher`	Löst Ereignisse zum Überwachen des Dateisystems aus.
`DriveInfo`	Liefert Laufwerksinformationen

Die Methoden der Klassen `File` und `FileInfo` liefern auch die Voraussetzungen für den Schreib- und Lesezugriff auf Dateien.

Hinweis

Beachten Sie auch die Unter-Namensräume wie `System.IO.Compression` (Komprimieren von Daten) und `System.IO.Ports` (Zugriff auf die serielle Schnittstelle des PC). ■

12.1.3 Statische versus Instanzen-Klassen

Bei **statischen Klassen** müssen Sie jeder Methode den Dateinamen oder den Verzeichnispfad übergeben. Das kann dann ziemlich lästig werden, wenn Sie diese Methoden öfters hintereinander aufrufen müssen. Die entsprechenden Eigenschaften der **Instanzen-Klassen** `FileInfo` und `DirectoryInfo` hingegen erlauben es Ihnen, den Datei- oder Verzeichnisnamen bereits im Konstruktor einmalig zu spezifizieren.

Beispiel Zwei alternative Möglichkeiten zum Anzeigen von Erstellungsdatum und Zeitpunkt des letzten Zugriffs auf die Datei *c:\test\info.txt*:

```
Imports System.IO
```

Mit statischer Klasse:

```
Label1.Text = File.GetCreationTime("c:\test\info.txt").ToString
Label2.Text = File.GetLastAccessTime("c:\test\info.txt").ToString
```

oder mit Instanzen-Klasse:

```
Dimo myFile As New FileInfo("c:\test\info.txt")
Label1.Text = myFile.CreationTime.ToString
Label2.Text = myFile.LastAccessTime.ToString
```

Ein weiterer wichtiger Unterschied zwischen beiden Klassen soll keinesfalls verschwiegen werden:

Hinweis

Wenn Sie mit den Methoden der statischen Klassen `File`, `Directory` und `Path` arbeiten, werden Sicherheitsüberprüfungen bei **jedem** Methodenaufruf vorgenommen, bei den Instanzen-Methoden der Klassen `FileInfo` und `DirectoryInfo` geschieht dies nur ein einziges Mal. ■

12.2 Operationen auf Verzeichnisebene

Wir behandeln hier das Erstellen, Löschen, Kopieren, Verschieben, Umbenennen, Durchsuchen und Überwachen von Verzeichnissen und Dateien.

12.2.1 Verzeichnisse erzeugen und löschen

Wie es für viele Dateioperationen typisch ist, haben Sie auch hier die Qual der Wahl zwischen zwei Klassen.

Mit Directory-Klasse

Die einfachsten Möglichkeiten zum Erzeugen und Löschen von Verzeichnissen bieten die statischen Methoden `CreateDirectory` und `Delete` der `Directory`-Klasse.

Beispiel Ein Verzeichnis erzeugen und anschließend wieder löschen.

```
Imports System.IO
...
Dim pfad As String = "C:\Temp"
Directory.CreateDirectory(pfad)        ' falls Verzeichnis bereits vorhanden, passiert nichts!
Directory.Delete(pfad, True)           ' löscht auch vorhandene Unterverzeichnisse und Dateien
```

Mit DirectoryInfo-Klasse

Das gleiche Ziel, allerdings etwas umständlicher, erreicht man mit der `Create`-Methode der instanziierbaren `DirectoryInfo`-Klasse, wobei mittels `CreateSubdirectory` auch das Hinzufügen von Unterverzeichnissen möglich ist.

Beispiel Ein Verzeichnis und ein Unterverzeichnis anlegen und wieder löschen.

```
Imports System.IO
...
Dim di As New DirectoryInfo("C:\Temp")
di.Create()
di.CreateSubdirectory("Temp1")
di.Delete(True)                   ' löscht inklusive vorhandener Unterverzeichnisse und Dateien
```

Hinweis

Der Aufruf von `Delete` ohne Parameterangabe funktioniert nur, wenn das Verzeichnis leer ist! ■

12.2.2 Verzeichnisse umbenennen und verschieben

Für beide Aufgaben verwenden Sie am besten die Move-Methode der statischen Directory-Klasse.

Beispiel Verzeichnis *c:\tempX* wird nach *c:\beispiele* verschoben und umbenannt in *tempY*

```
Imports System.IO
...
Directory.Move("c:\TempX", "C:\Beispiele\TempY")
```

Hinweis
Leider gibt sowohl in der Directory- als auch in der DirectoryInfo-Klasse noch keine Methode, die das Kopieren eines kompletten Verzeichnisses ermöglicht. ■

12.2.3 Aktuelles Verzeichnis bestimmen

Verwenden Sie dazu die GetCurrentDirectory- bzw. SetCurrentDirectory-Methode der (statischen) Directory-Klasse.

Beispiel Festlegen und Anzeigen des aktuellen Arbeitsverzeichnisses.

```
Imports System.IO
...
Directory.SetCurrentDirectory("C:\Test")
Label1.Text = Directory.GetCurrentDirectory()     ' zeigt "C:\Test"
```

Hinweis
Wenn der Dateiname **ohne** Pfad angegeben wird, bezieht sich die Datei automatisch auf das Projekt- bzw. Arbeitsverzeichnis. ■

Beispiel Im Projektverzeichnis wird ein Verzeichnis *\temp* angelegt.

```
Imports System.IO
...
Directory.CreateDirectory("Temp")
```

12.2.4 Unterverzeichnisse ermitteln

Um **alle** Unterverzeichnisse zu ermitteln, verwenden Sie die GetDirectories-Methode der DirectoryInfo-Klasse.

Beispiel Es werden alle Unterverzeichnisse von *c:* in einer ListBox angezeigt.

```
Imports System.IO
...
```

```
Dim myDir As New DirectoryInfo("C:\")       ' neues DirectoryInfo-Objekt
Dim myDirs() As DirectoryInfo               ' Array zum Speichern der Unterverzeichnisse

myDirs = myDir.GetDirectories()             ' Unterverzeichnisse ermitteln und im Array ablegen
For i As Integer = 0 To  myDirs.Length-1    ' alle Unterverzeichnisse durchlaufen ...
    ListBox1.Items.Add(myDirs(i).Name)      ' ... und Verzeichnisnamen zur ListBox hinzufügen
Next i
```

Eine alternative Lösung bietet sich mit der gleichnamigen Methode der (statischen) Directory-Klasse:

Beispiel Lösung des gleichen Problems wie im Vorgängerbeispiel

```
Imports System.IO
...
Dim myDirs() As String = Directory.GetDirectories("C:\")

For i As Integer = 0 To myDirs.Length-1
    ListBox1.Items.Add(myDirs(i))
Next i
```

12.2.5 Alle Laufwerke ermitteln

Die Klasse DriveInfo ermöglicht den Zugriff auf Laufwerksinformationen.

Beispiel Auflisten aller Laufwerke des Systems mit den dazugehörigen Informationen

```
For Each di As System.IO.DriveInfo In System.IO.DriveInfo.GetDrives()
    With ListBox1.Items
        .Add("Laufwerk: " & di.Name)
        If di.IsReady Then
            .Add("Bezeichnung: " & di.VolumeLabel)
            .Add("Typ: " & di.DriveType)
            .Add("Bezeichnung: " & di.DriveFormat)
            .Add("Größe: " & di.TotalSize)
            .Add("Freier Platz: " & di.TotalFreeSpace)
            .Add("---------------------------------")
        Else
            .Add("Laufwerk ist nicht bereit!")
            .Add("---------------------------------")
        End If
    End With
Next di
```

12.2.6 Im Verzeichnis enthaltene Dateien ermitteln

Gewissermaßen als Ergänzung zu `GetDirectories` können Sie mit der `GetFiles`-Methode der Klasse `DirectoryInfo` alle in einem Verzeichnis enthaltenen Dateien ermitteln.

Beispiel Alle im Rootverzeichnis *c:* abgelegten Dateien werden in einer `ListBox` angezeigt.

```
Imports System.IO
...
Dim myDir As New DirectoryInfo("c:\")          ' neues DirectoryInfo-Objekt
Dim myFiles() As FileInfo = myDir.GetFiles()   ' Dateien ermitteln und im Array ablegen

For i As Integer = 0 To myFiles.Length - 1     ' alle Dateien durchlaufen ...
    ListBox1.Items.Add(myFiles(i).Name)        ' ... und Dateinamen zur ListBox hinzufügen
Next i
```

Noch kürzer ist der Code bei Verwendung der (statischen) `Directory`-Klasse.

Beispiel Das gleiche Problem wie im Vorgängerbeispiel wird gelöst.

```
Imports System.IO
...
Dim myFiles() As String = Directory.GetFiles("c:\")   ' String-Array füllen

For i As Integer = 0 To myFiles.Length -1              ' alle Einträge durchlaufen
    ListBox1.Items.Add(myFiles(i))                     ' ... und anzeigen
Next i
```

12.2.7 Dateien kopieren und verschieben

Am einfachsten realisieren Sie diese Aufgabe mit den statischen `Copy`- bzw. `Move`-Methoden der `File`-Klasse.

Beispiel Datei kopieren und anschließend verschieben.

```
Imports System.IO
...
Dim sourcePath As String = "C:\Sample.txt"
Dim destPath As String = "C:\Sample1.txt"
Dim movePath As String = "C:\Temp\Sample1.txt"

File.Copy(sourcePath, destPath)             ' kopieren
File.Move(sourcePath, movePath)             ' verschieben
```

Falls Sie lieber mit Instanzen arbeiten, können Sie die Methoden `CopyTo` und `MoveTo` der Klasse `FileInfo` verwenden.

Beispiel Obiges Beispiel wird mit Methoden der `FileInfo`-Klasse realisiert.

```
Imports System.IO
...
Dim sourcePath As String = "C:\Sample.txt"
Dim destPath As String = "C:\Sample1.txt"
Dim movePath As String = "C:\Temp\Sample1.txt"
Dim myFile As New FileInfo(sourcePath)

myFile.CopyTo(destPath)             ' kopieren
myFile.MoveTo(movePath)             ' verschieben
```

12.2.8 Dateien umbenennen

Leider bietet das .NET-Framework keinerlei Möglichkeit zum direkten Umbenennen einer Datei, da die `Name`-Eigenschaft der `FileInfo`-Klasse schreibgeschützt ist und eine `Rename`-Methode fehlt. Verwenden Sie zum Umbenennen also die Methoden `Move` der Klasse `File` bzw. `MoveTo` der Klasse `FileInfo`.

Beispiel Umbenennen der Datei *info.txt* in *info_1.txt*.

```
Imports System.IO
...
Dim myFile As New FileInfo("C:\Test\Info.txt")
myFile.MoveTo("C:\Test\Info_1.txt")
```

12.2.9 Dateiattribute feststellen

Um die Dateiattribute zu ermitteln, kann man entweder auf die Eigenschaften der `FileInfo`-Klasse oder aber auch auf die entsprechenden (statischen) Methoden der `File`-Klasse zugreifen:

Tabelle 12.2 Eigenschaften und Methoden der FileInfo/File-Klasse

Eigenschaft FileInfo-Klasse	Methode File-Klasse	Beschreibung
Attributes	GetAttributes() SetAttributes()	Wert basiert auf Dateiattribute-Flags (*Archive, Compressed, Directory, Hidden* ...)
CreationTime	GetCreationTime() SetCreationTime()	Datum/Uhrzeit der Erstellung
LastAccessTime	GetLastAccessTime() SetLastAccessTime()	Datum/Uhrzeit des letzten Zugriffs
LastWriteTime	GetLastWriteTime() SetLastWriteTime()	Datum/Uhrzeit des letzten Schreibzugriffs
Exists	Exists()	Liefert True, falls Datei physikalisch existiert

Beispiel Anzeige des Erstellungsdatums einer Datei.

```
Label1.Text = File.GetCreationTime("Liesmich.txt").ToString()
```

Beispiel Feststellen, ob eine Datei im Arbeitsverzeichnis existiert.

```
Imports System.IO
...
If File.Exists("Liesmich.txt") Then MessageBox.Show("Datei ist vorhanden!")
```

oder

```
Dim myFile As New FileInfo("Liesmich.txt")
if myFile.Exists Then MessageBox.Show("Datei ist vorhanden!")
```

12.2.10 Die FileAttribute-Enumeration

Die verschiedenen Attribute für Dateien und Verzeichnisse sind in der FileAttribute-Enumeration anzutreffen. Die folgende Tabelle zeigt nur die wichtigsten:

Tabelle 12.3 Die FileAttribute-Enumeration

Member	Beschreibung
Archive	Entspricht dem Archiv-Status der Datei, wie er häufig zum Markieren einer zu löschenden oder einer Backup-Datei verwendet wird
Compressed	Entspricht einer gepackten Datei
Directory	Zeigt an, dass die Datei in Wirklichkeit ein Verzeichnis ist
Encrypted	Die Datei ist verschlüsselt
Hidden	Die Datei ist versteckt und demzufolge in einem gewöhnlichen Verzeichnis unsichtbar
Normal	Es wurden keine Datei-Attribute gesetzt
ReadOnly	Die Datei kann nicht verändert, sondern nur gelesen werden
System	Die Datei gehört zum Betriebssystem oder wird exklusiv von diesem benutzt
Temporary	Die Datei ist temporär, sie wird vom Programm angelegt und wieder gelöscht

Um das Vorhandensein eines bestimmten Datei-Attributes festzustellen, muss eine bitweise ODER-Verknüpfung durchgeführt werden.

Beispiel In einer CheckBox wird angezeigt, ob es sich um eine Archiv-Datei handelt.

```
Dim attbs As FileAttributes = File.GetAttributes("C:\Beispiele\Test.dat")
If attbs = (attbs Or FileAttributes.Archive) Then
    CheckBox2.Checked = True
Else
    CheckBox2.Checked = False
End If
```

12.3 Mehr zur FileInfo-Klasse

Werfen wir noch einen kurzen Blick auf weitere wichtige Member der FileInfo-Klasse.

12.3.1 Weitere wichtige Eigenschaften

Die folgende Tabelle liefert eine kurze Zusammenstellung.

Tabelle 12.4 Wichtige Eigenschaften der FileInfo-Klasse

Eigenschaft	Beschreibung
Directory	Liefert Instanz des übergeordneten Verzeichnisses
DirectoryName	Liefert den vollständigen Dateipfad
Extension	Liefert Dateiextension (z.B. *txt* für Textdateien)
FullName	Liefert den vollständigen Dateipfad plus Dateinamen
Length	Liefert die Dateigröße in Bytes
Name	Liefert den Dateinamen

Beispiel Der Pfad der Datei *liesmich.txt* wird in einem Label angezeigt.

```
Imports System.IO
...
Dim myFile As New FileInfo("Liesmich.txt")
Label1.Text = myFile.DirectoryName
```

12.3.2 GetFileSystemInfos-Methode

Im Zusammenhang mit der Directory-Eigenschaft der FileInfo-Klasse verdient die GetFileSystemInfos-Methode der DirectoryInfo-Klasse unsere besondere Aufmerksamkeit.

Beispiel In einer TextBox (MultiLine = True) werden neben dem Verzeichnis einer Datei alle weiteren sich im gleichen Verzeichnis befindlichen Dateien und Unterverzeichnisse angezeigt.

```
Imports System.IO
...
Dim myFile As New FileInfo("Test.txt")     ' öffnet oder erzeugt Datei im Anwendungsverzeichnis
Dim myDir As DirectoryInfo = myFile.Directory          ' Verweis auf Verzeichnis erzeugen
Dim fsi() As FileSystemInfo = myDir.GetFileSystemInfos()      ' alle Einträge ermitteln
TextBox1.Text = myDir.FullName & Environment.NewLine          ' vollständigen Pfad anzeigen
For Each info As FileSystemInfo In fsi   ' ... alle weiteren Unterverzeichnisse und Dateien
    TextBox1.Text &= info.Name & Environment.NewLine
Next info
```

12.4 Zugriffsberechtigungen

Die Klassenpärchen Directory-/DirectoryInfo- und File-/FileInfo verfügen über die GetAccessControl-Methode. Diese liefert ein DirectorySecurity- bzw. FileSecurity-Objekt, welches die *Access Control List* (ACL) der Datei bzw. des Verzeichnisses kapselt (Namespace System.Security.AccessControl).

12.4.1 ACL und ACE

Eine ACL enthält *Access Control Entries* (ACE), welche die Zugriffsregeln von Benutzern oder Benutzergruppen zur Ausführung spezieller Aktionen für eine gegebene Datei oder ein Verzeichnis beschreiben.

Die AddAccessRule-Method des DirectorySecurity- bzw. FileSecurity-Objekts fügt eine neue ACE zur vorhandenen ACL hinzu. Analog dazu entfernt die RemoveAccessRule-Methode diese Zugriffsregel wieder.

Eine Zugriffsregel wird in einer Instanz der FileSystemAccessRule-Klasse gekapselt, sie spezifiziert den User Account, den Zugriffstyp (read, write usw.) und ob dieses Recht gewährt oder abgelehnt wird.

Hinweis

Im Namespace System.Security.AccessControl finden sich zahlreiche weitere Klassen zum Verwalten von Zugriffsberechtigungen (ACLs). ■

12.4.2 SetAccessControl-Methode

Um eine neue oder geänderte ACL-Information dauerhaft für ein Verzeichnis oder eine Datei zu speichern verwenden Sie die SetAccessControl-Methode.

Beispiel Ein neues Verzeichnis wird angelegt. Jedem Benutzer werden die uneingeschränkten Zugriffsrechte auf dieses Verzeichnisses verwehrt. Es wird also nicht gelingen, das angelegte Verzeichnis zu löschen.

```
Imports System.IO
Imports System.Security.AccessControl
...
Dim dir As String = "Testverzeichnis"

Directory.CreateDirectory(dir)

Dim account As String = "Jeder"
Dim dsc As DirectorySecurity = Directory.GetAccessControl(dir)
Dim rights As FileSystemRights = FileSystemRights.FullControl
Dim controlType As AccessControlType = AccessControlType.Deny
Dim fsar As New FileSystemAccessRule(account, rights, controlType)

dsc.AddAccessRule(fsar)                        ' Zugriffsrechte hinzufügen
Directory.SetAccessControl(dir, dsc)           ' ... und speichern
```

12.4.3 Zugriffsrechte anzeigen

Die einzelnen Zugriffsrechte (ACEs) sind in der `AuthorizationRuleCollection` des `DirectorySecurity`- bzw. `FileSecurity`-Objekts enthalten.

Beispiel Die ACL des im Vorgängerbeispiel erzeugten Verzeichnisses wird ausgelesen, die einzelnen ACEs werden in einer `ListBox` angezeigt.

```
Imports System.IO
Imports System.Security.AccessControl
...
Dim dir As String = "Testverzeichnis"
Dim fsc As DirectorySecurity = Directory.GetAccessControl(dir)
Dim arcoll As AuthorizationRuleCollection = fsc.GetAccessRules(True, True, _
                                  Type.GetType("System.Security.Principal.NTAccount"))

For Each fsar As FileSystemAccessRule In arcoll
    With ListBox1.Items
        .Add(fsar.IdentityReference.ToString())
        .Add(fsar.FileSystemRights.ToString())
        .Add(fsar.AccessControlType.ToString())
        .Add("------------------------")
    End With
Next
```

12.5 Weitere wichtige Klassen

Die Ausführungen dieses Kapitels sollen mit zwei weiteren interessanten Klassen abgerundet werden: Als Alternative zur `Directory`-Klasse kommt auch die `Path`-Klasse infrage und Änderungen im Dateisystem lassen sich mit Hilfe der Klasse `FileSystemWatcher` überwachen.

12.5.1 Die Path-Klasse

Bei Verwendung dieser Klasse ist etwas Vorsicht geboten, denn die meisten Member der `Path`-Klasse wirken nicht mit dem Dateisystem zusammen und überprüfen deshalb nicht, ob die durch eine Pfadzeichenfolge angegebene Datei auch tatsächlich vorhanden ist.

Die zahlreichen (statischen) Methoden sollen hier lediglich anhand eines Beispiels demonstriert werden.

Beispiel Ausgabe von Dateiinfos in einer `ListBox`

```
Imports System.IO.Path
...
Dim verz As String = "C:\Test\Info.txt"
With ListBox1.Items
    .Add("Verzeichnis : " & GetDirectoryName(verz))
    .Add("Dateiname : " & GetFileName(verz))
    .Add("Dateiname ohne Extension : " & GetFileNameWithoutExtension(verz))
    .Add("Dateiextension : " & GetExtension(verz))
    .Add("Rootverzeichnis : " & GetPathRoot(verz))
    .Add("Temporäres Verzeichnis : " & GetTempPath())
    .Items.Add("Neues Tempfile : " & GetTempFileName())
End With
```

```
Verzeichnis : C:\Test
Dateiname : Info.txt
Dateiname ohne Extension : Info
Dateiextension : .txt
Rootverzeichnis : C:\
Temporäres Verzeichnis : C:\Users\Chef\AppData\Local\Temp\
Neues Tempfile : C:\Users\Chef\AppData\Local\Temp\tmpF2B7.tmp
```

12.5.2 Die Klasse FileSystemWatcher

Die Klasse `FileSystemWatcher` dient dem einfachen Beobachten des Dateisystems. So löst sie beispielsweise Ereignisse aus, wenn Dateien oder Verzeichnisse geändert werden.

Die folgende Tabelle zeigt einige wichtige Eigenschaften:

Tabelle 12.5 Wichtige Eigenschaften von `FileSystemWatcher`

Eigenschaft	Beschreibung
`NotifyFilter`	Typ der zu überwachenden Änderung
`Filter`	Filterzeichenfolge für die zu überwachenden Dateien
`EnableRaisingEvents`	Aktivieren der Komponente (`True`/`False`)

Die verschiedenen Werte der `NotifyFilter`-Eigenschaft sind in der `NotifyFilters`-Enumeration enthalten:

Tabelle 12.6 `NotifyFilters`-Enumeration

Mitglied	Typ der zu überwachenden Änderung
`Attributes`	Attribute der Datei oder des Verzeichnisses
`CreationTime`	Zeitpunkt der Erstellung der Datei oder des Verzeichnisses
`DirectoryName`	Name des Verzeichnisses
`FileName`	Name der Datei
`LastAccess`	Datum des letzten Öffnens der Datei oder des Verzeichnisses
`LastWrite`	Datum des letzten Schreibzugriffs auf die Datei oder das Verzeichnis
`Security`	Sicherheitseinstellungen der Datei oder des Verzeichnisses
`Size`	Größe der Datei oder des Verzeichnisses

Die folgende Tabelle zeigt wichtige Ereignisse:

Tabelle 12.7 Wichtige Ereignisse von `FileSystemWatcher`

Ereignis	... tritt ein wenn im übergebenen Pfad ...
`Changed`	... eine Datei oder ein Verzeichnis geändert wird
`Created`	... eine Datei oder ein Verzeichnis erzeugt wird
`Deleted`	... eine Datei oder ein Verzeichnis gelöscht wird
`Renamed`	... eine Datei oder ein Verzeichnis umbenannt wird

Beispiel Überwachen von vier Ereignissen von *.txt*-Dateien im Verzeichnis *c:\Beispiele*

```
Private fsWatcher As New System.IO.FileSystemWatcher
```

Alle erforderlichen Eigenschaftszuweisungen und das Anmelden der Ereignisbehandlungen werden bequemlichkeitshalber gleich mit im Konstruktorcode des Formulars erledigt:

```
Public Sub New()
    ' Dieser Aufruf ist für den Windows Form-Designer erforderlich.
     InitializeComponent()
    ' Fügen Sie Initialisierungen nach dem InitializeComponent()-Aufruf hinzu.

    With fsWatcher
        .Path = System.IO.Directory.GetCurrentDirectory
        .NotifyFilter = System.IO.NotifyFilters.LastAccess Or System.IO.NotifyFilters.FileName
        .Filter = "*.txt"
        AddHandler .Changed, AddressOf Me.OnChanged     ' Datei wurde geändert
        AddHandler .Created, AddressOf Me.OnChanged     ' Datei wurde neu hinzugefügt
        AddHandler .Deleted, AddressOf Me.OnChanged     ' Datei wurde gelöscht
        AddHandler .Renamed, AddressOf Me.OnRenamed     ' Datei wurde umbenannt
    End With
End Sub
...
```

13 Dateien lesen und schreiben

Dieses Kapitel behandelt die folgenden Themen:

- Dateien und Streams
- Dateiparameter
- Text- und Binärdateien
- Sequenzielle Dateien
- Dateien verschlüsseln und komprimieren
- Dateidialoge

Im Vorgängerkapitel haben wir uns nur mit Operationen auf Verzeichnisebene beschäftigt. Dieses Kapitel hingegen widmet sich der eigentlichen Dateiarbeit.

Zu den wichtigsten Dateitypen gehören

- Textdateien,
- Binärdateien (Bilddateien etc.),
- sequenzielle Dateien und
- Dateien mit wahlfreien Zugriff (Random Access).

Da allerdings .NET keine typisierten bzw. strukturierten Dateien unterstützt, müssen sequenzielle und Random-Access-Dateien durch geeignete Programmiermaßnahmen auf Binärdateien zurückgeführt werden.

13.1 Das Prinzip der Datenpersistenz

Während ein Programm mit *temporären* bzw. *transienten Daten* arbeitet, die im Arbeitsspeicher abgelegt sind, bezeichnet man die in einer Datei dauerhaft gespeicherten Informationen als *persistente Daten.*

13.1.1 Dateien und Streams

Wie Sie der folgenden Abbildung entnehmen, gewährleisten Streams quasi als »Verbindungskanäle« die Kommunikation zwischen Datei und Programm.

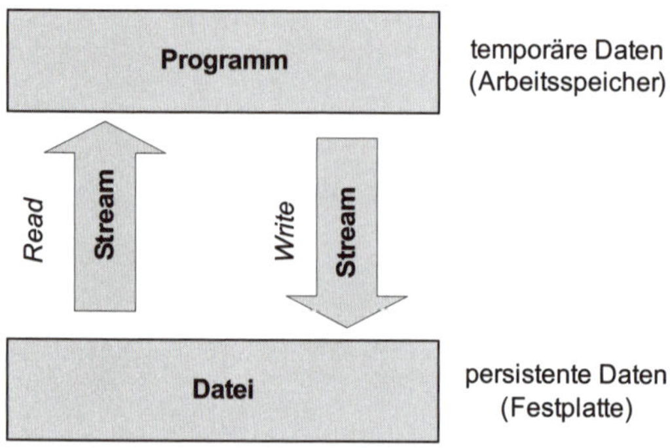

Abbildung 13.1
Das Stream-Konzept

Ganz allgemein ist ein Stream eine Aufeinanderfolge von Bytes. Gemeinsame Basisklasse für alle Stream-Klassen ist `System.IO.Stream`. Die wichtigsten der davon abgeleiteten Klassen sind `System.IO.FileStream` (Inhalt einer Text- oder Binärdatei), `System.IO.MemoryStream` (Bytefolge im Hauptspeicher), `System.Security.Cryptography.CryptoStream` (verschlüsselte Bytefolge), `System.IO.Compression.GZipStream` (komprimierte Bytefolge) oder `System.Net.Sockets.NetworkStream` (Bytefolge, die über ein Netzwerk gesendet wird).

Die Basisklasse `System.IO.Stream` stellt einfache Operationen wie `Read`, `Write` und `Close` sowie Eigenschaften wie `CanRead` und `CanWrite` zur Verfügung. Für komplexere Operationen wie `ReadLine`, `WriteLine`, `Peek` gibt es spezielle Reader-/Writer-Klassenpärchen, z.B. `StreamReader`/`StreamWriter` für ASCII-Streams oder `BinaryReader`/`BinaryWriter` für beliebige Bytefolgen.

13.1.2 Die wichtigsten Klassen

Nicht nur zum Kopieren, Löschen und Verschieben von Dateien, sondern auch für das Erzeugen von Stream-Objekten werden in der Regel die Klassen `File` bzw. `FileInfo` benötigt. Die folgende Tabelle zeigt weitere wichtige Klassen für Stream-Operationen.

Tabelle 13.1 Wichtige Klassen für Stream-Operationen

Klasse	Beschreibung
`File`	Unterstützt das Erstellen von `FileStream`-Objekten (statisch)
`FileInfo`	Unterstützt das Erstellen von `FileStream`-Objekten (instanziierbar)
`FileStream`	Erlaubt, basierend auf einer Datei, das Erstellen einer `Stream`-Instanz
`StreamReader`	Implementiert ein `TextReader`-Objekt, welches Zeichen von einem Byte-Stream in einer bestimmten Kodierung liest
`StreamWriter`	Implementiert ein `TextWriter`-Objekt, welches Zeichen in einen Stream in einer speziellen Kodierung liest
`StringReader`	Implementiert ein `TextReader`-Objekt, das Daten von einem String liest
`StringWriter`	Implementiert ein `TextWriter`-Objekt, das Daten in einen String schreibt, die Daten werden in einer darunter liegenden `StringBuilder`-Klasse gespeichert
`BinaryReader`	Erlaubt das binäre Lesen von Dateien
`BinaryWriter`	Erlaubt das binäre Schreiben in Dateien
`BinaryFormatter`	Kann Objekte in einen Stream serialisieren bzw. von dort deserialisieren

13.1.3 Erzeugen eines Streams

Voraussetzung für jeglichen Dateizugriff ist das Vorhandensein eines `Stream`-Objekts. Letzteres kann entweder über die `Open`-Methode eines `FileInfo`-Objekts oder der (statischen) `File`-Klasse erzeugt werden.

Beispiel Die (im Arbeitsverzeichnis befindliche) Datei *temp.txt* soll für den exklusiven Schreib-/Lesezugriff geöffnet werden. Falls nicht vorhanden, wird sie neu erzeugt.

```
Imports System.IO
...
Dim myFile As New FileInfo("tmp.txt")
Dim myStream As FileStream = myFile.Open(FileMode.OpenOrCreate, FileAccess.ReadWrite, FileShare.None)
```

oder

```
Dim myStream As FileStream = File.Open("tmp.txt", FileMode.OpenOrCreate, _
                                       FileAccess.ReadWrite,  FileShare.None)
```

Zur Bedeutung der Parameter kommen wir im folgenden Abschnitt.

13.2 Dateiparameter

In den Methoden bzw. Konstruktoren der Klassen `File`, `FileInfo` und `FileStream` werden bestimmte Parameter übergeben, die in Aufzählungstypen (Enumerationen) gekapselt sind.

13.2.1 Die FileAccess-Enumeration

Diese Enumeration bezeichnet den Zugriffslevel auf eine Datei.

Tabelle 13.2 Die FileAccess-Enumeration

Mitglied	Beschreibung
Read	Erlaubt Lesezugriff
ReadWrite	Erlaubt Lese- und Schreibzugriff
Write	Erlaubt Schreibzugriff

13.2.2 Die FileMode-Enumeration

Diese Enumeration bestimmt den Öffnungsmodus einer Datei.

Tabelle 13.3 Die FileMode-Enumeration

Mitglied	Beschreibung
Append	Eine existierende Datei wird geöffnet und der Dateizeiger an das Ende bewegt, oder eine neue Datei wird erstellt (FileAccess.Write ist erforderlich, Leseversuche schlagen fehl)
Create	Eine neue Datei wird erzeugt. Falls die Datei bereits existiert, wird sie überschrieben
Open	Eine existierende Datei wird geöffnet
OpenOrCreate	Falls die Datei existiert, wird sie geöffnet, andernfalls wird sie neu erzeugt
Truncate	Eine existierende Datei wird geöffnet und die Dateigröße auf null Bytes beschnitten

13.2.3 Die FileShare-Enumeration

Diese Enumeration verwenden Sie, um festzulegen, ob auf eine Datei gleichzeitig von mehreren Prozessen aus zugegriffen werden kann.

Tabelle 13.4 Die FileShare-Enumeration

Mitglied	Beschreibung
None	Die Datei ist für den gleichzeitigen Zugriff gesperrt. Alle weiteren Anforderungen zum Öffnen werden abgelehnt, es sei denn, die Datei ist geschlossen
Read	Auch andere Benutzer bzw. Prozesse dürfen die Datei lesen. Versuche zum Schreiben bzw. Abspeichern schlagen fehl
ReadWrite	Die Datei kann von mehreren Benutzern bzw. Prozessen sowohl zum Lesen als auch zum Schreiben geöffnet werden (problematisch, da der letzte Benutzer auch die Änderungen anderer Benutzer abspeichert)
Write	Die Datei ist für den gleichzeitigen Schreibzugriff geöffnet. In Kombination mit Read kann das den ReadWrite-Parameter ersetzen

Beispiel Mit dem folgenden FileStream-Konstruktor wird eine vorhandene Datei geöffnet und weiteren Benutzern der schreibgeschützte Zugriff gewährt (FileShare.Read).

```
Imports System.IO
...
Dim myStream As New FileStream("c:\test.txt", FileMode.Open, _
                               FileAccess.Read, FileShare.Read)
```

13.3 Textdateien

Das Lesen und Schreiben von Textdateien gestaltet sich im .NET-Framework mit den Klassen StreamReader und StreamWriter (beide von TextReader/TextWriter abgeleitet) ziemlich einfach.

13.3.1 Eine Textdatei beschreiben bzw. neu anlegen

Um eine neue Textdatei anzulegen, verwenden Sie die Methode CreateText der File- bzw. FileInfo-Klasse.

Beispiel Textdatei im Arbeitsverzeichnis erzeugen und mit dem Inhalt einer Textbox füllen.

```
Imports System.IO
...
Dim writer As StreamWriter = File.CreateText("Liesmich.txt")
For Each s As String In TextBox1.Lines
  writer.WriteLine(s)
Next
writer.Close()
```

Die AppendText-Methode erstellt einen StreamWriter zum Hinzufügen von Text zu einer Textdatei. Falls die Datei nicht vorhanden ist, wird sie neu erzeugt.

Beispiel Zehnmal »Hallo« an das Ende einer vorhandenen Textdatei schreiben.

```
Imports System.IO
...
Dim pfad As String =  "Liesmich.txt"
Dim file As New FileInfo(pfad)
Dim writer As StreamWriter = file.AppendText()
For i As Integer = 0 To 9
    writer.Write("Hallo")
    writer.Write(Environment.NewLine)
Next i
writer.Close()
```

13.3.2 Eine Textdatei lesen

Sowohl die File- als auch die FileInfo-Klasse bieten eine Methode OpenText, die das Öffnen einer Textdatei und das Auslesen mit Hilfe der zurückgegebenen StreamReader-Instanz ermöglicht.

Beispiel Der Inhalt einer Textdatei wird in einer Textbox angezeigt.

```
Imports System.IO
...
TextBox1.Text = String.Empty
Dim reader As StreamReader = File.OpenText("Liesmich.txt")
While reader.Peek() > -1
    TextBox1.Text &= reader.ReadLine() & Environment.NewLine
End While
reader.Close()
```

Die ReadToEnd-Methode vereinfacht den Leseprozess.

Beispiel Eine alternative Variante des Vorgängerbeispiels

```
...
Dim reader As New StreamReader("Liesmich.txt")
TextBox1.Text &= reader.ReadToEnd()
reader.Close()
```

Noch einfacher geht es allerdings mit der ReadAllText-Methode der File-Klasse, die den StreamReader überflüssig macht:

Beispiel Die kürzeste Variante des Vorgängerbeispiels

```
...
TextBox1.Text = File.ReadAllText("Liesmich.txt")
```

13.4 Binärdateien

Der Zugriff auf binäre Daten ist dem auf die zuvor beschriebenen Textdateien sehr ähnlich.

13.4.1 Lese-/Schreibzugriff

Auf Basis einer Instanz der FileStream-Klasse können die Klassen BinaryReader und BinaryWriter zum Lese-/Schreibzugriff instanziiert werden.

Zum Auslesen des jeweils nächsten Zeichens stellt Ihnen BinaryReader vielfältige Methoden zur Verfügung (ReadBoolean, ReadByte, ReadInt32, ReadDouble, ReadChar, ReadString ...).

Hinweis

Über die Methode PeekChar kann das Dateiende abgeprüft werden (liefert dann –1). ■

Der Schreibzugriff ist über eine der zahlreichen Überladungen der Write-Methode des BinaryWriter möglich.

Beispiel Byteweises Auslesen eines Bildes und Kopieren in ein anderes[1].

```
Dim file_A As New FileStream("c:\Bild_A.bmp", FileMode.Open)
Dim reader As New BinaryReader(file_A)
Dim file_B As New FileStream("c:\Bild_B.bmp", FileMode.OpenOrCreate)
Dim writer As New BinaryWriter(file_B)
While reader.PeekChar() > -1
      writer.Write(reader.ReadByte())   ' liest und schreibt ein Byte
End While
writer.Close()
reader.Close()
```

13.4.2 Die Methoden ReadAllBytes/WriteAllBytes

Mit Einführung der ReadAllBytes/WriteAllBytes-Methodenpärchens wurde seit .NET 2.0 auch hier den Zugriff vereinfacht:

Beispiel Alternative Realisierung des Vorgängerbeispiels (der Dateiinhalt wird in einem Bytearray zwischengespeichert).

```
Dim bytes() As Byte = File.ReadAllBytes("c:\Bild_A.bmp")
File.WriteAllBytes("c:\Bild_B.bmp", bytes)
```

13.4.3 Varianten zum Erzeugen von BinaryReader/BinaryWriter

Der Konstruktor von BinaryReader/BinaryWriter erwartet als Argument ein FileStream-Objekt. Es bleibt Ihnen überlassen, ob Sie dieses direkt erzeugen oder aber indirekt über die OpenRead/OpenWrite-Methode eines FileInfo-Objekts.

Beispiel Zwei Varianten zum Erzeugen eines BinaryReader-Objekts.

Variante 1:

```
Dim readStream As New FileStream(pfad, FileMode.OpenOrCreate, FileAccess.Read)
Dim reader As New BinaryReader(readStream)
```

Variante 2:

```
Dim file As New FileInfo(pfad)
Dim reader As New BinaryReader(file.OpenRead())
```

[1] Eine komplette Datei lässt sich natürlich auch mit der (statischen) *Copy*-Methode der *File*-Klasse kopieren.

13.5 Sequenzielle Dateien

Sequenzielle Dateien sind gewöhnlich auch typisiert, d.h., sie enthalten gleichartig aufgebaute Datensätze. Ein wahlfreier Zugriff (Random Access) ist in der Regel nicht möglich, um z.B. einen bestimmten Datensatz zu erreichen, müssen zunächst die davor stehenden Datensätze hintereinander ausgelesen werden.

13.5.1 Lesen und schreiben von strukturierten Daten

Da .NET typisierte Dateien nicht direkt unterstützt, müssen Sie sich selbst um deren Strukturierung kümmern, Sie müssen also typisierte Dateien quasi wie Binärdateien behandeln.

Beispiel Ein Array `pListe`, welches die Daten eines `Structure`-Datentyps (*Nachname*, *Geburtsdatum*, *Student (Ja/Nein)*) speichert, wird in einer sequenziellen Datei zwischengespeichert. Diese Methode schreibt den Arrayinhalt in die Datei:

Die Struktur:

```
Private Structure Person
   Dim Vorname, NachName As String
   Dim Geburt As Date
   Dim Student As Boolean
End Structure
```

Die Datei befindet sich einfachheitshalber gleich mit im Projektverzeichnis:

```
Private pfad As String = "Personen.dat"
...
```

Diese Methode schreibt den Arrayinhalt in die Datei:

```
 Private Sub writeFile()
      Dim wStream As New FileStream(pfad, FileMode.OpenOrCreate, FileAccess.Write)
      Dim binWriter As New BinaryWriter(wStream)
      For i As Integer = 0 To pmax - 1              ' alle Datensätze durchlaufen
         With pListe(i)
```

Die `Write`-Methode des `BinaryWriter` verfügt über eine Überladung für fast jeden Datentyp:

```
            binWriter.Write(.Vorname)
            binWriter.Write(.Nachname)
            binWriter.Write(.Geburt.ToShortDateString())
            binWriter.Write(.Student)
         End With
      Next i
      binWriter.Flush()   ' Puffer => Disk
      binWriter.Close()
      wStream.Close()
  End Sub
```

Die folgende Methode macht es umgekehrt, sie füllt ein Array mit dem Dateiinhalt:

```
Private Sub readFile()
    Dim rStream As New FileStream(pfad, FileMode.OpenOrCreate, FileAccess.Read)
    Dim binReader As New BinaryReader(rStream)
    If (rStream.Length > 0) Then ' nicht bei neu erzeugter Datei
        For i As Integer = 0 To pmax - 1 ' alle Datensätze durchlaufen
            With pListe(i)
```

Der `BinaryReader` verfügt für fast jeden Datentyp über eine spezielle Lesemethode:

```
                .Vorname = binReader.ReadString()
                .Nachname = binReader.ReadString()
                .Geburt = Convert.ToDateTime(binReader.ReadString())
                .Student = binReader.ReadBoolean()
            End With
        Next i
    End If
    binReader.Close()
    rStream.Close()
End Sub
```

13.5.2 Serialisieren von Objekten

Nicht nur einfache und strukturierte Datentypen, auch komplette Objekte können in eine Datei geschrieben bzw. von dort gelesen werden. Voraussetzung ist eine Serialisierung, wie sie durch Voranstellen des `Serializable`-Attributs vor die Klassendeklaration vorbereitet wird. Eine zentrale Rolle spielt dabei das `BinaryFormatter`-Objekt, welches hier quasi `BinaryReader` und `BinaryWriter` ersetzt.

Beispiel Ein `CKunde`-Objekt in eine sequenzielle Datei schreiben und wieder lesen.

```
Imports System.IO
Imports System.Runtime.Serialization.Formatters.Binary
...
<Serializable> _       ' Wichtig!
Public Class CKunde
    ...                ' irgendeine Klassenimplementierung
End Class
```

Objekt serialisieren und in Datei schreiben:

```
Dim kunde As New CKunde(10, Max, Müller, 100.65)        ' initialisiertes Record-Objekt erzeugen
Dim fileOutput As New FileStream("c:\Kunden.dat", FileMode.OpenOrCreate, FileAccess.Write)
Dim binFttr As New BinaryFormatter()
binFttr.Serialize(fileOutput, kunde)
```

Objekt aus Datei zurück lesen und wieder »zusammenbauen« (deserialisieren):

```
Dim kunde As New CKunde()                          ' leeres Record-Objekt erzeugen
Dim fileInput As New FileStream("c:\Kunden.dat", FileMode.Open, FileAccess.Read)
kunde = CType(binFttr.Deserialize(fileInput), CPerson)  ' explizite Typumwandlung erforderlich!
```

Das Serialisieren/Deserialisieren von Daten, auch als Marshalling/Unmarshalling bekannt, ermöglicht die Datenübertragung über Prozessgrenzen hinweg.

Die drei .NET-Serialisierer (Binär, SOAP, XML) unterstützen nicht nur die Serialisierung einzelner Objekte, sondern auch die kompletter Objektbäume.

13.6 Dateien verschlüsseln und komprimieren

Das einfache Verschlüsseln von Dateien wird z.B. den Windows XP/Vista-Nutzern bekannt sein. Der Benutzer, der die Datei verschlüsselt hat, merkt davon allerdings nichts und muss kein Kennwort eingeben um den Inhalt zu sehen. Will aber ein anderer Benutzer die Datei lesen, kommt eine Fehlermeldung, und der Zugriff auf die Datei wird verweigert.

Hinweis

Wenn man die Dateiverschlüsselung nutzt, sollte man auf jeden Fall das so genannte »Zertifikat zur Datenverschlüsselung« sichern, da es ohne dieses nicht möglich ist nach einem Systemcrash mit folgender Neuinstallation an die verschlüsselten Daten heranzukommen. ■

13.6.1 Das Methodenpärchen Encrypt-/Decrypt

Die `File`-Klasse verfügt über die Methoden `Encrypt` und `Decrypt`, mit denen eine Datei auf einfache Weise verschlüsselt und entschlüsselt werden kann.

Beispiel Die Datei *Beispiel.txt* wird ver- und entschlüsselt.

```
Imports System.IO
...
File.Encrypt("Beispiel.txt")
File.Decrypt("Beispiel.txt")
```

Hinweis

Erkennen kann man die Verschlüsselung durch die grüne Farbe des Dateinamens und – wenn die Dateiattribute angezeigt werden – durch das E-Attribut (für *Encrypted*). ■

13.6.2 Verschlüsseln unter Windows XP/Vista

Um eine Datei oder einen Ordner zu verschlüsseln wählen Sie im Kontextmenü den Eintrag *Eigenschaften* und klicken im Eigenschaftenfenster auf die Schaltfläche »Erweitert...«. Es öffnet sich das Dialogfenster »Erweiterte Attribute« (Abbildung 13.2), in welchem Sie das

Häkchen bei »Inhalt verschlüsseln, um Daten zu schützen« setzen. Um die Verschlüsselung wieder aufzuheben, gehen Sie den umgekehrten Weg.

Wie aber können Sie Ihre verschlüsselten Dateien anderen Anwendern zugänglich machen?

Klicken Sie dazu auf die Schaltfläche »Details« im Fenster »Erweiterte Attribute«. Im Fenster »Verschlüsselungsdetails« können Sie sich über die »Hinzufügen«-Schaltfläche die Benutzer anzeigen lassen, für die auf dem Rechner ein Benutzerkonto angelegt ist und die schon mindestens eine Datei verschlüsselt haben. Selektieren Sie den gewünschten User mit der Maus und klicken Sie die »OK«-Schaltfläche.

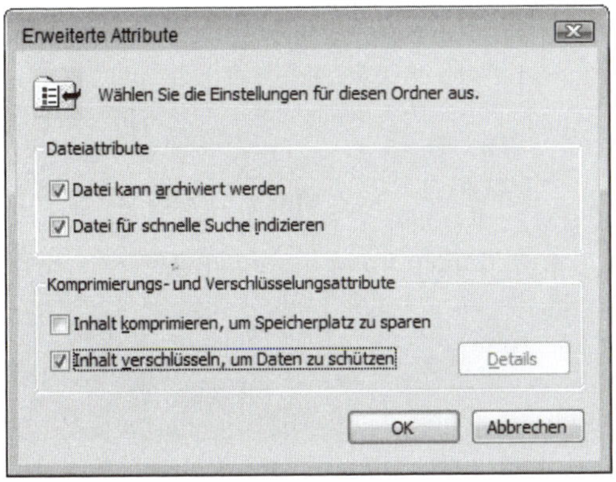

Abbildung 13.2
Erweiterte Pfad-Attribute

Hinweis

Kopiert man eine verschlüsselte Datei auf ein anderes Laufwerk, bleibt die Verschlüsselung nur erhalten, wenn auch dieses mit NTFS formatiert ist, andernfalls entschlüsselt Windows die Datei. ■

Auf eine andere Art von Verschlüsselung kommen wir im folgenden Abschnitt zu sprechen.

13.6.3 Verschlüsseln mittels der CryptoStream-Klasse

Die `CryptoStream`-Klasse im `System.Security.Cryptography`-Namespace ermöglicht das Verschlüsseln und Entschlüsseln des Inhalts eines beliebigen Datenstreams.

Der Konstruktor ist wie folgt definiert:

```
Public Sub New (argument As Stream, transform As ICryptoTransform, mode As CryptoStreamMode )
```

Zu den einzelnen Parametern:

- *argument*
  ... definiert den Stream, auf welchem die kryptografische Transformation ausgeführt wird, das kann ein beliebiger von `System.IO.Stream` abgeleiteter Stream sein, beispielsweise eine Instanz von `System.IO.FileStream`, um eine Datei zu verschlüsseln.

- *transform*
  ... definiert die kryptografische Transformation, die auf dem Stream ausgeführt wird. Alle symmetrischen Encryption-/Decryption-Algorithmen, die von der SymmetricAlgorithm-Klasse abgeleitet sind, besitzen CreateEncryptor- und CreateDecryptor-Methoden, die eine Instanz einer ICryptoTransform-Implementierung zurückgeben.
- *mode*
  ... definiert, ob Sie auf dem Stream lesend oder schreibend zugreifen wollen, übergeben Sie also entweder die Konstante CryptoStreamMode.Write oder CryptoStreamMode.Read.

Die CryptoStream-Klasse implementiert die standardmäßigen Methoden, um ein Byte-Array vom Stream zu lesen oder ein Byte-Array in den Stream zu schreiben. Der Anwendungscode muss lediglich den Byte-Puffer bereitstellen und die entsprechende Read- oder Write-Methode auf dem Stream aufrufen.

Beispiel Der Inhalt eines Byte-Arrays wird nach dem Data Encryption Standard (DES) verschlüsselt und in der Datei *EncryptedFile.txt* abgelegt.

```
Imports System.IO
Imports System.Security.Cryptography
...
Private des As New DESCryptoServiceProvider()
...
Dim desEncrypt As ICryptoTransform = des.CreateEncryptor()
Dim fs As New FileStream("EncryptedFile.txt", FileMode.Create, FileAccess.Write)
Dim cryptoStrm As New CryptoStream(fs, desEncrypt, CryptoStreamMode.Write)
cryptoStrm.Write(byteArr, 0, byteArr.Length)
cryptoStrm.Close()
```

13.6.4 Dateien komprimieren

Mit den Klassen des System.IO.Compression-Namespace ist es möglich, Daten zu komprimieren und zu dekomprimieren.

Beispiel Unter Verwendung der GZipStream-Klasse wird der Inhalt einer Datei gepackt und entpackt (die GZipStream Klasse eignet sich nur zum Komprimieren von Dateien kleiner als 4 GB!).

```
Imports System.IO
Imports System.IO.Compression

Public Class Form1
    Private QuellDatei As String = "Test1.txt"
    Private KompDatei As String = "Test.zip"
    Private ZielDatei As String = "Test2.txt"
```

Ein Puffer-Array zum Zwischenspeichern:

```
    Private fileBytes() As Byte = Nothing
```

Quelldatei in den Puffer einlesen:

```
    Private Sub Button1_Click(ByVal sender As System.Object, ByVal e As System.EventArgs) _
                                                                   Handles Button1.Click
        Dim strm1 As New FileStream(QuellDatei, FileMode.Open)
        Dim len As Integer = CType(strm1.Length, Integer)
        ReDim fileBytes(len)
        strm1.Read(fileBytes, 0, fileBytes.Length)
        strm1.Close()
    End Sub
```

Datei komprimieren:

```
    Private Sub Button2_Click(ByVal sender As System.Object, ByVal e As System.EventArgs) _
                                                                   Handles Button2.Click
        Dim strm2 As New FileStream(KompDatei, FileMode.Create)
        Dim compStrm As New GZipStream(strm2, CompressionMode.Compress)
        compStrm.Write(fileBytes, 0, fileBytes.Length)
        compStrm.Flush()          ' internen Puffer leeren
        compStrm.Close()
        strm2.Close()
    End Sub
```

Datei dekomprimieren:

```
    Private Sub Button3_Click(ByVal sender As System.Object, ByVal e As System.EventArgs) _
                                                                   Handles Button3.Click
        Dim strm3 As New FileStream(KompDatei, FileMode.Open)
        Dim decompStrm As New GZipStream(strm3, CompressionMode.Decompress)
        Dim reader As New StreamReader(decompStrm)
        File.WriteAllText(ZielDatei, reader.ReadToEnd())
        reader.Close()
        strm3.Close()
    End Sub
End Class
```

13.7 Dateidialoge

Fast jedes Windows-Programm hat eine Menüoption zum Laden (Öffnen) bzw. Sichern (Speichern) von Dateien. Sollten Sie einen solchen Dateidialog schon einmal »zu Fuß« programmiert haben, so wissen Sie, welcher Aufwand dafür nötig ist. .NET bietet Ihnen dafür die Controls `OpenFileDialog` und `SaveFileDialog`, welche direkt die Windows-API »anzapfen«. Damit erhalten Ihre eigenen Programmschöpfungen die gleichen Dateidialoge wie auch andere »professionelle« Windows-Applikationen.

13.7.1 Anzeige und Auswertung

Durch Aufruf der Methode `ShowDialog` wird die entsprechende Dialogbox (Abbildung 13.3) angezeigt. Über den Rückgabewert können Sie auswerten, welche Taste (OK/Abbruch) der Nutzer gedrückt hat, die Eigenschaft `FileName` enthält dann den Namen und den kompletten Pfad der ausgewählten Datei.

Beispiel Auswahl einer einzelnen Datei

```
Dim dateiname As String = String.Empty
If OpenFileDialog1.ShowDialog() = DialogResult.OK Then dateiname = OpenFileDialog1.FileName
```

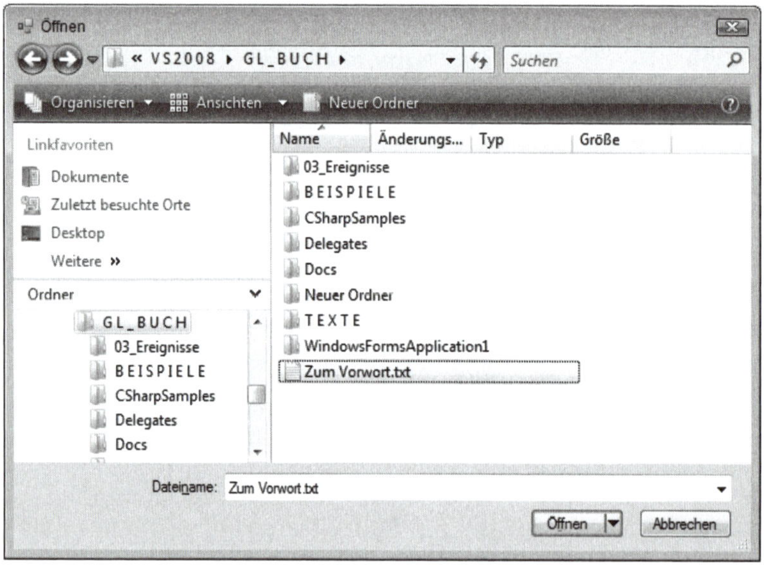

Abbildung 13.3 »Datei öffnen«-Dialog

Beispiel Auswahl von mehreren Dateien (`MultiSelect=True`)

```
If OpenFileDialog1.ShowDialog() = DialogResult.OK Then
    For i As Integer = 0 To OpenFileDialog1.FileNames.GetUpperBound(0)
        MessageBox.Show(OpenFileDialog1.FileNames(i))
    Next
End If
```

13.7.2 Wichtige Eigenschaften

Tabelle 13.5 Wichtige Eigenschaften der Dateidialoge

Eigenschaft	Beschreibung
`Title`	Die Beschriftung des Dialogfeldes.
`FileName`	Das Ausgangsverzeichnis bzw. ein bereits vorgegebener Dateiname.

Eigenschaft	Beschreibung
`Filters`	Über diese Eigenschaft werden alle Dateifilter für das Dialogfeld bestimmt.
`FilterIndex`	... legt den Standardfilter beim Öffnen des Dialogs fest.
`MultiSelect`	Mit `True` legen Sie fest, dass mehr als eine Datei markiert werden kann.
`CheckFileExists`	... prüft, ob die Datei auch physikalisch vorhanden ist.
`CheckPathExits`	... prüft, ob der Pfad vorhanden ist.
`DereferenceLinks`	... bestimmt, ob Hyperlinks aufgelöst werden, d.h., ob der Ursprungsdateiname zurückgegeben wird.

13.7.3 Verwenden von Dateifiltern

Die `Filter`-Eigenschaft legt die Dateitypen fest, die im Feld »Dateityp« zur Auswahl stehen. Die Syntax bietet einige Besonderheiten:

```
Dialog.Filter[ = descr1 |filter1 |descr2 |filter2 ...]
```

Wählen Sie z.B. den Filter **.TXT*, so werden nur Textfiles angezeigt. Als Separator zwischen der Beschreibung (*descr*) und dem Filter wird der senkrechte Strich verwendet.

Hinweis

Vor und nach diesem Trennstrich dürfen keine Leerzeichen stehen! ■

Beispiel Mehrfachauswahl

```
OpenFileDialog1.Filter = "Text (*.txt)|*.txt|Bild(*.bmp*.ico)|*.bmp*.ico"
```

Dieser Filter erlaubt es, sowohl Textdateien als auch Grafiken (Bitmaps und Icons) zur Anzeige auszuwählen. Die `FilterIndex`-Eigenschaft legt fest, welcher Filter der aktuelle ist.

14 Einführung in ADO.NET

Dieses Kapitel behandelt die folgenden Themen:

- Übersicht
- Connection-Objekt
- Command-Objekt
- Verwendung von Parametern
- CommandBuilder
- DataReader
- DataAdapter

ADO.NET ist die zentrale Datenzugriffstechnologie des .NET-Frameworks und befähigt Entwickler, effiziente mehrschichtige Datenbankanwendungen für Intranet und Internet zu erstellen. Das vorliegende Kapitel ist das erste von insgesamt drei Kapiteln zu ADO.NET. Der Inhalt bezieht sich auf eine Einführung in die ADO.NET-Technologie, wobei der Schwerpunkt auf dem ersten Teil des Objektmodells, den Datenprovidern, liegt.

14.1 Eine Übersicht

Die umfangreichen Klassenbibliotheken von ADO.NET verlangen vom Einsteiger eine erheblich steilere »Lernkurve« als dies bei der Vorgängertechnologie, den alten COM-basierten *ActiveX Data Objects* (ADO), der Fall war.

14.1.1 Die ADO.NET-Klassenhierarchie

ADO.NET setzt sich aus einer ziemlich komplexen Hierarchie vieler Klassen zusammen. Die daraus erzeugten Objekte lassen sich zunächst in zwei Gruppen aufteilen:

- Datenprovider
- Datenkonsument

Während der *Datenprovider* die Daten zur Verfügung stellt, ist der *Datenkonsument* der Teil der Applikation, welche die Dienste eines Datenproviders nutzt, um auf beliebige Daten zuzugreifen, sie zu lesen, zu speichern und zu ändern.

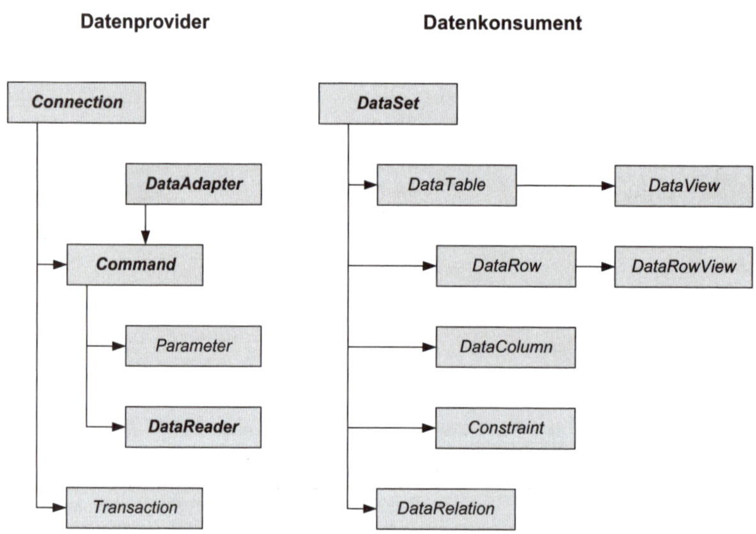

Abbildung 14.1 Datenprovider/Datenkonsument

Die Objekte `Connection`, `Command`, `DataReader` und `DataAdapter` sind die Hauptelemente des .NET-Datenprovider-Modells.

Man bezeichnet die Datenprovider auch als *Verbundene Objekte*, da sie immer in Beziehung zu einer bestimmten Datenquelle stehen. Die Datenkonsumenten hingegen sind *Unverbundene Objekte*, weil sie – ganz im Sinne der ADO.NET-Philosophie – unabhängig von einer Datenquelle ihr völlig autarkes Dasein führen.

Der allen übergeordnete Datenkonsument ist das `DataSet`, es ist gewissermaßen das Kernobjekt von ADO.NET und vergleichbar mit den vom alten ADO her bekannten *Recordset-*

Objekten, allerdings ist es weitaus komplexer, da es z.B. mehrere `DataTable`-Objekte und die Beziehungen (Relationen) zwischen ihnen kapseln kann. Ein `DataSet` kann (unter Verwendung eines `DataAdapters`) direkt von der Datenquelle geladen werden, es kann aber auch – ähnlich einem Array – völlig unabhängig von einer Datenbank mit Werten gefüllt werden. Der `DataAdapter` ist quasi das Verbindungsglied zwischen Datenprovider (Datenbank) und Datenkonsument (unverbundene Objekte).

14.1.2 Die Klassen der Datenprovider

Im Einklang mit dem ADO.NET-Objektmodell sind Datenprovider stets in mehrfacher Ausfertigung vorhanden. Die Präfixe charakterisieren die Zugehörigkeit zu einem bestimmten *.NET-Datenprovider,* z.B.:

- *OleDb...*
  Diese Klassen (z.B. `OleDbConnection`) dienen dem OLE Db-Zugriff auf unterschiedlichste Datenbanktypen, für die ein Treiber installiert ist.
- *Sql...*
  Diese Klassen (z.B. `SqlConnection`) dienen dem schnelleren Direktzugriff auf den »hauseigenen« Microsoft SQL Server.

Der *Datenprovider* im .NET Framework kapselt die Datenbank und ermöglicht den Zugriff über eine einheitliche Schnittstelle, er fungiert quasi als Brücke zwischen einer Anwendung und einer Datenbank und wird zum Abrufen von Daten aus einer Datenbank und zum Abgleichen von Änderungen an diesen Daten mit der Datenbank verwendet.

Die Datenquelle selbst kann eine beliebige Struktur haben und sich an einem beliebigen Ort befinden, z.B. eine lokale Access-Datenbank, ein SQL Server oder aber auch verschiedene Adressen des Internets, auf die über Webdienste zugegriffen wird.

.NET-Datenprovider

In der folgenden Tabelle sind wichtige Klassen der *OleDb*- und *SqlServer*-Provider paarweise aufgelistet:

Tabelle 14.1 Wichtige Klassen der *OleDb*- und *SqlServer*-Provider

System.Data.OleDb	System.Data.SqlClient	Bedeutung
`OleDbConnection`	`SqlConnection`	Stellt die Verbindung zur Datenquelle her
`OleDbCommand`	`SqlCommand`	Führt eine SQL-Abfrage aus
`OleDbDataReader`	`SqlDataReader`	Ermöglicht einen sequenziellen Nur-Lese-Zugriff auf die Datenquelle
`OleDbDataAdapter`	`SqlDataAdapter`	Ermöglicht das Füllen eines `DataSet` mit den Ergebnissen einer SQL-Abfrage
`OleDbCommandBuilder`	`SqlCommandBuilder`	Erstellt automatisch `Command`-Objekte für die Übernahme der in einem `DataSet` vorgenommenen Änderungen in die Datenbank
`OleDbTransaction`	`SqlTransaction`	Organisiert die Anwendung von Transaktionen

Weitere Datenprovider

Die Liste der .NET-Datenprovider ist keinesfalls nur auf die nach einer Standardinstallation vorhandenen Provider beschränkt. Neben *OleDb* und *SqlClient* sind in ADO.NET u.a. auch die folgenden Provider enthalten:

- `System.Data.Odbc`
- `System.Data.SqlServerCe`
- `System.Data.OracleClient`

Nach einer Standardinstallation von Visual Studio werden Sie jedoch noch keine der Datenprovider-Komponenten in der Toolbox vorfinden, was bei der Vielfalt auch nicht sinnvoll wäre. Falls Sie die Komponenten nicht – wie bei den meisten unserer Beispiele – per Code (`New`-Operator), sondern durch Abziehen von der Toolbox erzeugen wollen, wählen Sie das Toolbox-Kontextmenü *Elemente auswählen...* (oder direkt das Menü *Extras/Toolboxelemente auswählen* ...) und fügen Sie die gewünschten Komponenten hinzu:

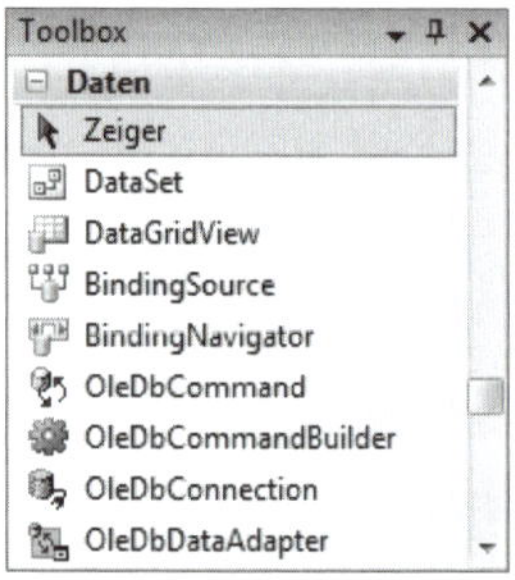

Abbildung 14.2
Die hinzugefügten OleDb-Komponenten

Anzeige der installierten Datenprovider

Einen Überblick über alle auf Ihrem System installierten ADO.NET-Datenprovider können Sie mit der Methode `GetFactoryClasses` der `DbProviderFactories`-Auflistung aus dem `System.Data.Common`-Namespace gewinnen.

Beispiel Alle verfügbaren Datenprovider in einer `ListBox` anzeigen.

```
Dim providers As DataTable = System.Data.Common.DbProviderFactories.GetFactoryClasses()

For Each provider As DataRow In providers.Rows
    For Each col As DataColumn In providers.Columns
         ListBox1.Items.Add(col.ColumnName & " : " & provider(col))
    Next
    ListBox1.Items.Add("-----------------------------------------")
Next
```

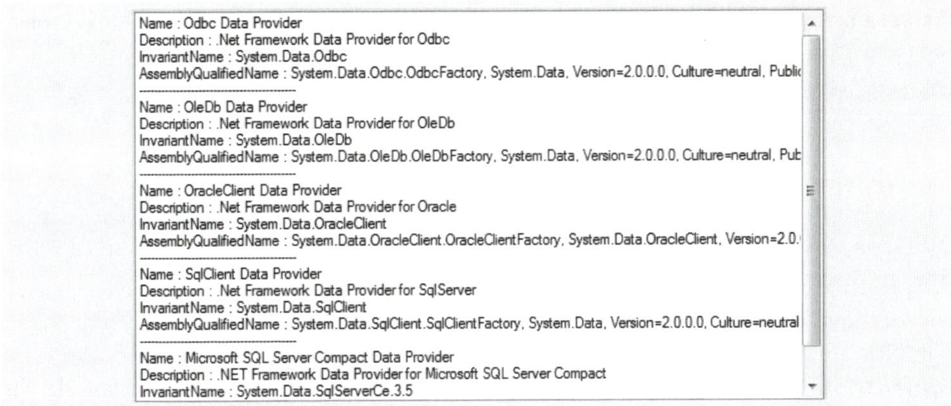
Name : Odbc Data Provider
Description : .Net Framework Data Provider for Odbc
InvariantName : System.Data.Odbc
AssemblyQualifiedName : System.Data.Odbc.OdbcFactory, System.Data, Version=2.0.0.0, Culture=neutral, Public
----
Name : OleDb Data Provider
Description : .Net Framework Data Provider for OleDb
InvariantName : System.Data.OleDb
AssemblyQualifiedName : System.Data.OleDb.OleDbFactory, System.Data, Version=2.0.0.0, Culture=neutral, Pub
----
Name : OracleClient Data Provider
Description : .Net Framework Data Provider for Oracle
InvariantName : System.Data.OracleClient
AssemblyQualifiedName : System.Data.OracleClient.OracleClientFactory, System.Data.OracleClient, Version=2.0.

Name : SqlClient Data Provider
Description : .Net Framework Data Provider for SqlServer
InvariantName : System.Data.SqlClient
AssemblyQualifiedName : System.Data.SqlClient.SqlClientFactory, System.Data, Version=2.0.0.0, Culture=neutral
----
Name : Microsoft SQL Server Compact Data Provider
Description : .NET Framework Data Provider for Microsoft SQL Server Compact
InvariantName : System.Data.SqlServerCe.3.5

14.1.3 Beziehungen zwischen den ADO.NET-Klassen

In der Abbildung wird versucht, das Zusammenspiel zwischen den ADO.NET-Klassen in vereinfachter Form zu verdeutlichen:

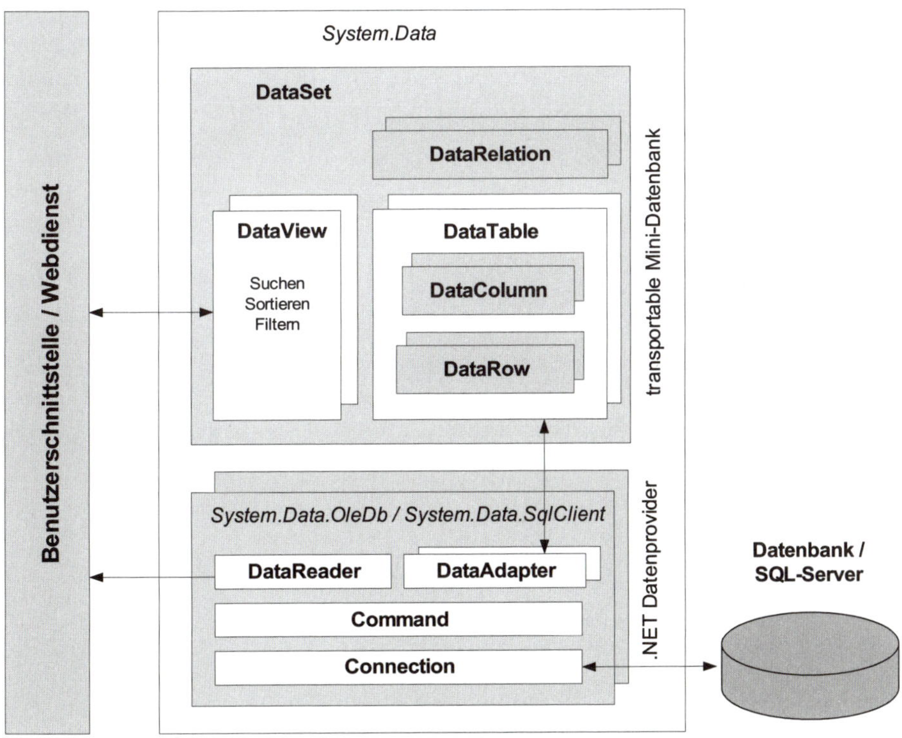

Abbildung 14.3 Zusammenwirken von ADO.NET-Klassen

Die in obiger Abbildung angegebenen Namespaces (Namensräume) für die ADO.NET-Klassen sind:

- `System.Data`
- `System.Data.OleDb`
- `System.Data.SQLClient`

Das `DataSet` ist vollständig von der Datenbank entkoppelt, denn dazwischen hat sich ein *.NET-Datenprovider* geschoben, der im Bedarfsfall den Datentransport (über die OLE DB- bzw. die direkte SQL Server-Schnittstelle) übernimmt.

Hinweis

Eine einfache und schnellere Möglichkeit für den Zugriff auf die Datenquelle ist der `DataReader`, da mit ihm auf direktem Wege – also ohne `DataAdapter` und `DataSet` – Daten in die Benutzeroberfläche eingelesen werden können. ■

14.1.4 DEMO: ADO.NET-Objekte im Einsatz

Dieses einführende Beispiel macht Sie mit dem Grundkonzept von ADO.NET vertraut. Wir demonstrieren den Lesezugriff auf eine Access-Datenbank mit dem Datenprovider *Microsoft.Jet.OLEDB.4.0*. Voraussetzung ist das Vorhandensein der Datenbankdatei *Nordwind.mdb* (siehe Beispieldaten). Dabei kommen wichtige ADO.NET-Klassen zum Einsatz: `OleDbConnection`, `OleDbCommand`, `OleDbDataAdapter` und `DataSet`.

Oberfläche

Sie brauchen lediglich eine `ListBox` und einen `Button` zum Beenden (siehe Laufzeitansicht).

Quellcode

```
Imports System.Data.OleDb
Public Class Form1
```

Alles beginnt mit dem Festlegen der Verbindungszeichenfolge (`ConnectionString`) zur Access-Datenbank, die wir aus Bequemlichkeitsgründen gleich mit in das Anwendungsverzeichnis kopiert haben, um nicht den kompletten Datenbankpfad eintragen zu müssen:

```
Protected Overrides Sub OnLoad(ByVal e As EventArgs)
        Dim conn As New OleDbConnection( _
                              "Provider=Microsoft.Jet.OLEDB.4.0; Data Source=Nordwind.mdb")
        Dim cmdStr As String = _
            "SELECT ArtikelNr,Artikelname,Liefereinheit,Einzelpreis,Mindestbestand FROM Artikel"
        Dim cmd As New OleDbCommand(cmdStr, conn)
```

Nun geht es um das Füllen des `DataSets` mit Hilfe des `DataAdapters`:

```
        Dim da As New OleDbDataAdapter(cmd)
        Dim ds As New DataSet()
        conn.Open()
        da.Fill(ds, "ArtikelListe")
        conn.Close()
```

Die Datenbankverbindung ist ab jetzt wieder getrennt und der Benutzer arbeitet mit dem abgekoppelten DataSet quasi wie mit einer Minidatenbank:

```
        Dim dt As DataTable = ds.Tables("ArtikelListe")
```

Die Rows- und Columns-Auflistungen zählen zu den wichtigsten Eigenschaften der DataTable-Klasse, weil sie den Zugriff auf sämtliche Spalten und Zeilen der Tabelle ermöglichen.

Nachdem je eine Zeilen- und Spaltenvariable definiert sind, sorgen zwei ineinander verschachtelte For Each-Schleifen für den Durchlauf der Auflistungen, wobei auf DataRow- und DataColumn-Objekte zugegriffen wird:

```
        For Each cRow As DataRow In dt.Rows
            For Each cCol As DataColumn In dt.Columns
                ListBox1.Items.Add(cCol.ColumnName & " = " & cRow(cCol.Ordinal).ToString())
            Next
            ListBox1.Items.Add("-------------------------------------------------")
        Next

        MyBase.OnLoad(e)
    End Sub
End Class
```

Test

Sofort nach Programmstart erscheint der Inhalt der *Artikel*-Tabelle in der ListBox.

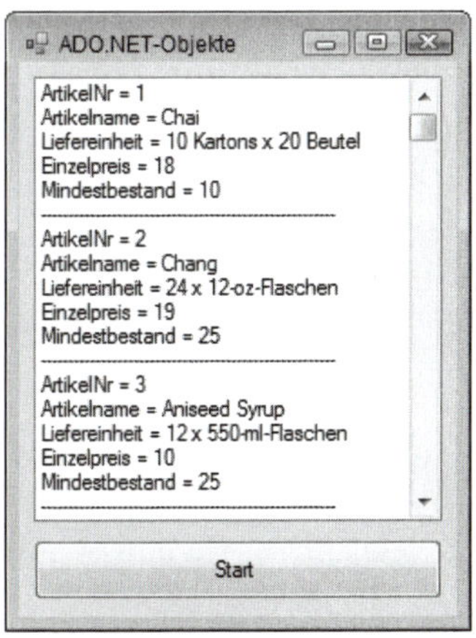

Abbildung 14.4
Laufzeitansicht

Bemerkungen

- Am Quellcode können Sie den typischen Ablauf eines Datenbankzugriffs studieren: Verbindung öffnen, Daten übertragen, Verbindung schließen.
- Beim Durchlaufen der Datensätze werden Sie vielleicht die vom alten DAO-Recordset-Objekt her bekannten Methoden wie MoveFirst, MoveNext etc. vermissen. Dafür besteht unter ADO.NET keinerlei Notwendigkeit mehr, da alle Datensätze im DataSet quasi wie in einem Array gespeichert sind und ein sofortiger (indizierter) Zugriff möglich ist, ohne dass man sich erst mühsam »hinbewegen« muss.

14.2 Das Connection-Objekt

Um überhaupt auf eine Datenbank zugreifen zu können, muss als Erstes eine Verbindung zu ihr hergestellt werden. Dazu führt in der Regel kein Weg am `Connection`-Objekt vorbei.

14.2.1 Allgemeiner Aufbau

Der am häufigsten zum Erzeugen und Initialisieren eines `Connection`-Objekts benutzte Konstruktor nimmt einen `ConnectionString` als Parameter entgegen:

```
Dim conn As New Connection(ConnectionString As String)
```

Der `ConnectionString` – die gleichzeitig auch wichtigste Eigenschaft des `Connection`-Objekts – kapselt alle erforderlichen Verbindungsparameter.

Durch Aufruf der (parameterlosen) `Open`-Methode erhält das `Connection`-Objekt eine offene Verbindung aus dem Verbindungspool, falls diese verfügbar ist. Andernfalls wird eine neue Verbindung mit der Datenquelle erstellt.

Nach einer Standardinstallation von Visual Studio stehen – je nach Auswahl des .NET-Providers – verschiedene `Connection`-Objekte zur Verfügung, z.B.:

- `OleDbConnection`-Objekt
  ... gewährleistet den Zugriff auf eine Vielzahl von Datenquellen, angefangen von einfachen Textdateien über Tabellen bis hin zu kompletten Datenbanken.
- `SqlConnection`-Objekt
  ... ist speziell für die Verwendung mit dem SQL Server optimiert, indem die OLE DB-Schicht umgangen wird.

14.2.2 OleDbConnection

Parameter für OleDb-Zugriff

Die Parameter des `ConnectionString` (bzw. Eigenschaften des `Connection`-Objekts) hängen vom gewählten Datenprovider ab. Die Tabelle zeigt die wichtigsten Angaben für den OLE DB-Zugriff:

Tabelle 14.2 `ConnectionString`-Parameter

Parameter	Bedeutung
`Provider`	Name des OLE DB-Providers, so wie in Registry abgelegt (z.B. Microsoft.Jet.OLEDB.4.0 für Microsoft Access)
`Data Source`	Name der Datenquelle (bei Access-Datenbanken ein Dateiname, z.B. Nordwind.mdb)
`DSN`	Falls auf dem lokalen PC eine Benutzer- oder System-DSN (`Data Source Name`) vorhanden ist, kann auch über diesen Alias auf die Datenbank zugegriffen werden (Angabe von `Data Source` in diesem Fall nicht notwendig)

Parameter	Bedeutung
`User`	Wenn der Zugriff auf die Datenbank geschützt ist, kann hier der Benutzername angegeben werden
`Password`	Falls ein User notiert wurde, kann hier das zugehörige Passwort übergeben werden

OleDb-Provider für Access Datenbank

Beispiel Öffnen einer OLE DB-Verbindung zur Access-Datenbank *Nordwind.mdb*, die sich im aktuellen Anwendungsverzeichnis befindet.

```
Imports System.Data.OleDb
...
Dim conn As New OleDbConnection( _
                          "Provider=Microsoft.Jet.OLEDB.4.0; Data Source=Nordwind.mdb;")
conn.Open()
```

Im obigen Beispiel wurde der `ConnectionString` dem `New`-Konstruktor übergeben. Man kann ihn aber auch separat zuweisen, wie es das folgende Beispiel zeigt.

Beispiel Eine zum Vorgängerbeispiel äquivalente Variante

```
Imports System.Data.OleDb
...
Dim conn As New OleDbConnection()
conn.ConnectionString = "Provider=Microsoft.Jet.OLEDB.4.0; Data Source=Nordwind.mdb;"
conn.Open()
```

Wie Sie erkennen, besteht ein `ConnectionString` aus einer Zeichenfolge mit Attribut/Wert-Paaren für Informationen, die zum Anmelden an eine Datenbank und Zeigen auf eine bestimmte Datenbank erforderlich sind.

Hinweis
Die Reihenfolge der Parameter im `ConnectionString` ist ohne Bedeutung! ■

Im obigen Beispiel sind als Minimum nur der (OleDb-)*Provider* und die `DataSource` (Datenquelle) angegeben. Beide Parameter sind wiederum Eigenschaften des `Connection`-Objekts, die man allerdings nur lesen kann (`ReadOnly`).

Hinweis
Ein `ConnectionString` ist eine Art »Behälter« für die zahlreichen Eigenschaften eines `Connection`-Objekts. ■

14.2.3 Schließen einer Verbindung

Nachdem die Daten übertragen worden sind, sollte die Verbindung mit Hilfe der `Close`-Methode wieder geschlossen werden. Ansonsten bleibt die Connection weiter geöffnet, auch nachdem die `Connection`-Instanz selbst terminiert wurde!

Um die Netzbelastung gering zu halten, sollte man – ganz im Sinne der ADO.NET-Philosophie – das Öffnen und Schließen einer Verbindung möglichst innerhalb einer einzigen Befehlskette durchführen.

Beispiel Es wird kurzzeitig eine Verbindung zur Access-Datenbank *Firma.mdb* geöffnet, um die Kundentabelle in ein `DataSet` zu übertragen. Danach wird die Verbindung sofort wieder geschlossen.

```
Imports System.Data.OleDb
...

    Dim conn As New OleDbConnection("Provider=Microsoft.Jet.OLEDB.4.0; Data Source=Firma.mdb;")
```

Verbindung öffnen:

```
    conn.Open()
```

Daten übertragen:

```
    Dim ds As New DataSet()
    Dim da As New OleDbDataAdapter("SELECT * FROM Kunden", conn)
    da.Fill(ds, "Kunden")
```

Verbindung schließen:

```
    conn.Close()
```

14.2.4 Eigenschaften des Connection-Objekts

Da wir im Verlauf dieses Abschnittes viele Eigenschaften des `Connection`-Objekts en passant besprochen haben, soll die folgende knappe Zusammenfassung den Überblick erleichtern und gleichzeitig einige zusätzliche Informationen liefern.

ConnectionString-Eigenschaft

Diese zweifelsohne wichtigste Eigenschaft des `Connection`-Objekts kapselt sämtliche Verbindungsinformationen zur Datenbank. Außerdem ist es die einzige Eigenschaft, die nicht schreibgeschützt ist (wenn keine Verbindung zur Datenquelle besteht).

Database- und DataSource-Eigenschaft

Was ist der Unterschied zwischen beiden Eigenschaften? Die `DataSource`-Eigenschaft des `Connection`-Objekts entspricht dem `Data Source`-Attribut innerhalb des `ConnectionString`s und enthält den Speicherort der Datenquelle.

Für eine serverbasierte Datenquelle (Microsoft SQL Server, Oracle) bedeutet der Speicherort den Namen des Computers, auf dem der Server installiert ist. Bei dateibasierten Datenbanken, wie z.B. Access, verweist diese Eigenschaft auf den Datenbankpfad (z.B. *c:\Beispiele\Nordwind.mdb*).

Die `Database`-Eigenschaft ist hingegen für Datenquellen, wie z.B. den SQL Server, gedacht, die mehrere Datenbanken unterstützen und entspricht dem Attribut `Initial Catalog` im `Connection-`

String. Beim *SQL Server OleDb-Provider* können wir aber alternativ beide Attributebezeichner verwenden.

Beispiel Zwei gleichwertige Möglichkeiten.

```
conn.ConnectionString = "Provider=SQLOLEDB.1; Data Source=.\SQLEXPRESS; " & _
                        "Initial Catalog=Northwind; Integrated Security=SSPI"
```

oder

```
conn.ConnectionString = "Provider=SQLOLEDB.1; Data Source=.\SQLEXPRESS; " & _
                        "Database=Northwind;Integrated Security=SSPI"

Label1.Text = conn.DataSource              ' liefert ".\SQLEXPRESS"
Label2.Text = conn.Database                ' liefert "Northwind"
```

Provider-Eigenschaft

Das klingt möglicherweise etwas verwirrend: Während wir unter dem Begriff *.NET-Datenprovider* eine Klassenbibliothek für den Datenzugriff verstehen, ist Provider auch eine Eigenschaft des OleDbConnection-Objekts.

Die Provider-Eigenschaft bezeichnet hier die OLE DB-Schnittstelle, welche die Datenquelle des jeweiligen Herstellers kapselt. Die Tabelle erklärt einige häufig benutzte OLE DB-Schnittstellen:

Tabelle 14.3 Häufig benutzte OLE DB-Schnittstellen

Datenquelle	Provider-Eigenschaft
Microsoft Access	Microsoft.Jet.OLEDB.4.0
Microsoft SQL Server	SQLOLEDB.1
Microsoft Indexing Service	MSIDXS.1
Oracle	MSDAORA.1

ServerVersion-Eigenschaft

Diese Eigenschaft liefert eine Zeichenfolge zurück, die die Version der Datenbank enthält. Durch Abprüfen von ServerVersion können Sie z.B. gewährleisten, dass keine Abfragen an den Server geschickt werden, die von diesem nicht unterstützt werden (z.B. Abfrageergebnisse als XML liefern).

ConnectionTimeout-Eigenschaft

Obwohl diese Eigenschaft schreibgeschützt ist, haben Sie trotzdem die Möglichkeit, innerhalb des ConnectionString anzugeben, wie viel Sekunden der OleDb-Provider versuchen soll, die Verbindung zur Datenbank herzustellen.

Beispiel Die Zeit bis zum Timeout der Verbindungsaufnahme wird auf 10 Sekunden festgelegt.

```
conn.ConnectionString = "Provider=SQLOLEDB.1; Data Source=.\SQLEXPRESS; Connect Timeout=10; ... "
```

State-Eigenschaft

Diese Eigenschaft liefert den aktuellen Verbindungsstatus. Die möglichen Werte sind Mitglieder der `ConnectionState`-Enumeration.

Tabelle 14.4 Die `ConnectionState`-Enumeration

Konstante	Verbindungszustand
`Open`	Geöffnet
`Closed`	Geschlossen
`Connecting`	Verbindung wird aufgebaut
`Executing`	Eine Abfrage wird ausgeführt
`Fetching`	Daten werden abgerufen
`Broken`	Unterbrochen

14.2.5 Methoden des Connection-Objekts

Open- und Close-Methode

Wenn Sie die `Open`-Methode auf einem bereits geöffneten `Connection`-Objekt ausführen, wird ein Fehler ausgelöst. Hingegen verursacht der Aufruf von `Close` über einer bereits geschlossenen Verbindung keinen Fehler.

Hinweis
Da Sie standardmäßig mit Verbindungspooling arbeiten, wird die Verbindung nicht wirklich geschlossen, sondern nur zurück an den Pool gesendet. ■

Es ist keine Vergesslichkeit der Autoren, wenn in manchen Beispielen das `Connection`-Objekt weder mit `Open` geöffnet noch mit `Close` geschlossen wird. Gewissermaßen im Hintergrund können `Fill`- und `Update`-Methode eines `DataAdapter`-Objekts automatisch die Verbindung öffnen (wenn sie nicht schon geöffnet ist) und sie auch wieder schließen, wenn die Operation beendet ist.

ChangeDatabase-Methode

Viele Server, wie z.B. auch der SQL Server, unterstützen mehrere Datenbanken. Mit der `ChangeDatabase`-Methode können Sie die Datenbank zur Laufzeit wechseln, ohne den `USE`-Befehl verwenden zu müssen.

Beispiel Zwei äquivalente Varianten zum Wechseln der Datenbank.

```
conn.ChangeDatabase("Northwind")
```

oder

```
Dim cmd As OleDbCommand = conn.CreateCommand()
cmd.CommandText = "USE Northwind"
cmd.ExecuteNonQuery()
```

CreateCommand-Methode

Mit dieser Methode können Sie ein neues `Command`-Objekt erzeugen und damit etwas Schreibarbeit einsparen (siehe obiges Beispiel).

14.2.6 Der ConnectionStringBuilder

Um das Zusammenbauen eines `ConnectionStrings` etwas übersichtlicher zu gestalten, gibt es die providerspezifische `ConnectionStringBuilder`-Klasse.

Beispiel Vergleich von zwei Möglichkeiten für das Erstellen einer Verbindungszeichenfolge zur *Northwind*-Datenbank des SQL Servers

```
Imports System.Data.SqlClient
```

Variante 1: Ohne `ConnectionStringBuilder`

```
Dim connStr As String = _
        "Data Source = .\SQLEXPRESS; Initial Catalog=Northwind; Integrated Security=True"
conn = New SqlConnection(connStr)
```

Variante 2: Mit `ConnectionStringBuilder`

```
Dim csb As New SqlConnectionStringBuilder()
csb.DataSource = ".\SQLEXPRESS"
csb.IntegratedSecurity = True
csb.InitialCatalog = "Northwind"
```

14.3 Das Command-Objekt

An Abfragen aller Art (SQL-Queries, Stored Procedures) führt beim Programmieren von Datenbankanwendungen kein Weg vorbei. Unter ADO.NET werden für alle Datenbankabfragen `Command`-Objekte benutzt, die zentraler Bestandteil der jeweiligen .NET-Datenprovider sind.

14.3.1 Erzeugen und Anwenden eines Command-Objekts

Wie bei fast allen anderen ADO.NET-Objekten, bieten sich auch zum Erzeugen eines `Command`-Objekts verschiedene Konstruktoren an. Eine übliche Vorgehensweise ist es, die gewünschte Abfrage neben dem zuvor angelegten `Connection`-Objekt an den Konstruktor der Klasse zu übergeben:

```
Dim cmd As New Command(sql As String, conn As Connection)
```

Das so erzeugte und initialisierte Command-Objekt kann dann z.B. an den Konstruktor der DataAdapter-Klasse weitergereicht werden, um letztendlich ein DataSet zu füllen.

Aber es geht auch ohne DataAdapter und DataSet, denn um SQL-Anweisungen direkt gegen die Datenquelle zu fahren, kann eine der Execute-Methoden (ExecuteNonQuery, ExecuteReader, ExecuteScalar) aufgerufen werden.

Beispiel Es werden zwei OleDbCommand-Objekte erstellt. Mit dem ersten werden die Namen der Firmen aller Pariser Kunden aus *Nordwind.mdb* geändert, mit dem zweiten wird ein DataAdapter erstellt, der zum Befüllen eines DataSet-Objekts mit den Kunden-Datensätzen dient.

```
Dim conn As New OleDbConnection("Provider=Microsoft.Jet.OLEDB.4.0; Data Source=Nordwind.mdb;")
Dim updCmd As New OleDbCommand( _
                         "UPDATE Kunden SET Firma = 'Pariser Kunde' WHERE Ort = 'Paris'", conn)
Dim selCmd As New OleDbCommand( _
                      "SELECT Firma, Kontaktperson, Ort FROM Kunden WHERE Ort = 'Paris'", conn)

Dim da As New OleDbDataAdapter(selCmd)
Dim ds As New DataSet()
conn.Open()
```

UPDATE-Befehl wird gegen die Datenbank »gefahren«:

```
updCmd.ExecuteNonQuery()
```

DataSet erhält neue Tabelle (*PariserKunden*) mit Datensätzen gemäß SELECT-Befehl:

```
da.Fill(ds, "PariserKunden")
conn.Close()
```

14.3.2 Erzeugen mittels CreateCommand-Methode

Auch mit Hilfe der CreateCommand-Methode eines Connection-Objekts können Sie ein Command-Objekt erzeugen. Damit ersparen Sie sich etwas Schreibarbeit.

Beispiel Zwei äquivalente Varianten, wenn ein gültiges Connection-Objekt conn vorliegt.

Variante A:

```
Dim cmd As New OleDbCommand()
cmd.Connection = conn
```

Variante B:

```
Dim cmd As OleDbCommand = conn.CreateCommand()
```

14.3.3 Eigenschaften des Command-Objekts

Wir werden uns auch hier auf eine knappe Darstellung der wichtigsten Eigenschaften beschränken.

Connection- und CommandText-Eigenschaft

Beide Eigenschaften werden üblicherweise bereits im Konstruktor übergeben (siehe oben), man kann sie aber auch separat zuweisen.

Beispiel Zwei Varianten, um ein OleDbCommand-Objekt zu erzeugen und zu initialisieren

```
Dim cmd As New OleDbCommand( _
                        "UPDATE Kunden SET Firma = 'Pariser Firma' WHERE Ort = 'Paris'", conn)
```

... ist äquivalent zu:

```
Dim cmd As New OleDbCommand()
cmd.Connection = conn
cmd.CommandText = "UPDATE Kunden SET Firma = 'Pariser Firma' WHERE Ort = 'Paris'"
```

CommandTimeout-Eigenschaft

Um festzulegen, wie lange die Ausführung einer Abfrage maximal dauern darf, können Sie der CommandTimeout-Eigenschaft einen Wert in Sekunden zuweisen (Standardwert = 30 Sekunden).

Beispiel Ein DataSet wird mit der Kundenliste der SQL-Datenbank *Northwind* gefüllt, wofür maximal 10 Sekunden zur Verfügung stehen.

```
Dim conn As New SqlConnection( _
                   "Data Source=(local);Integrated Security=sspi;Initial Catalog=Northwind")
Dim cmd As New SqlCommand("SELECT CustomerID, CompanyName FROM Customers", conn)
```

Die Ausführung der Abfrage darf maximal 30 sek dauern:

```
cmd.CommandTimeout = 30
Dim da As New SqlDataAdapter()
da.SelectCommand = cmd
Dim ds As New DataSet()
conn.Open()
da.Fill(ds, "Kunden")
conn.Close()
```

Hinweis

Sollte eine Abfrage dennoch zu lange dauern, so können Sie diese innerhalb einer asynchronen Umgebung mit Hilfe der Cancel-Methode abbrechen. ■

Zur Ausführung einfacher Datenbankabfragen (wie im obigen Beispiel), können Sie auf das explizite Erzeugen eines Command-Objekts verzichten, denn man kann den SQL-String auch direkt dem DataAdapter als Parameter übergeben.

Beispiel Eine gleichwertige Realisierung des Vorgängerbeispiels

```
Dim da As New SqlDataAdapter("SELECT CustomerID, CompanyName FROM Customers", conn)
da.SelectCommand.CommandTimeout = 30
```

CommandType-Eigenschaft

Mit der CommandType-Eigenschaft definieren Sie die auszuführende Operation. Mittels der gleichnamigen Enumeration stehen drei Möglichkeiten zur Verfügung:

- Text (Standardwert)
  Hier können Sie eine frei definierbare SQL-Abfrage übergeben.
- StoredProcedure
  Hier soll eine in der Datenbank gespeicherte Prozedur bzw. Auswahlabfrage aufgerufen werden.
- TableDirect
  Hier wird direkt der Name einer Tabelle angegeben (entspricht der SQL-Anweisung SELECT * FROM <Tabellenname>).

Beispiel Aufruf der Stored Procedure »Sales by Years« in der Datenbank *Northwind*

```
Dim cmd As New SqlCommand("Sales by Year", conn)
cmd.CommandType = CommandType.StoredProcedure
Dim parm1 As New SqlParameter("@Beginning_Date", SqlDbType.DateTime)
```

Definition als Input-Parameter:

```
parm1.Direction = ParameterDirection.Input
```

Das *Beginn*-Datum wird der ersten TextBox entnommen:

```
parm1.Value = Convert.ToDateTime(TextBox1.Text)
```

Parameter hinzufügen:

```
cmd.Parameters.Add(parm1)
```

Hinweis

Der nach gleichem Prinzip funktionierende Aufruf einer in der Datenbank *Nordwind.mdb* gespeicherten Auswahlabfrage wird im folgenden Beispiel erklärt. ■

14.3.4 DEMO: Eine Auswahlabfrage absetzen

Die unter Microsoft Access gespeicherten Auswahlabfragen kann man durchaus als Pendant zu den Stored Procedures des Microsoft SQL Servers betrachten. Öffnen Sie das Datenbankfenster von *Nordwind.mdb* und Sie sehen das zahlreiche Angebot an vorbereiteten Abfragen, die Sie natürlich auch selbst um weitere ergänzen können (Abbildung 14.5).

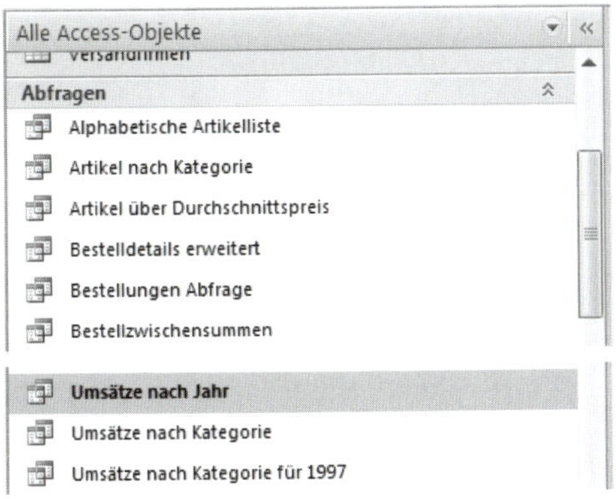

Abbildung 14.5
Die Abfragen von *Northwind.mdb*

Hinter jeder Auswahlabfrage verbirgt sich in der Regel eine parametrisierte SQL-SELECT-Anweisung, die Sie sich im Access-Datenbankprogramm durch Öffnen der Entwurfsansicht über den Kontextmenübefehl *SQL-Ansicht* anschauen können. Dabei finden Sie auch die zu übergebenden Parameter und deren Datentypen leicht heraus:

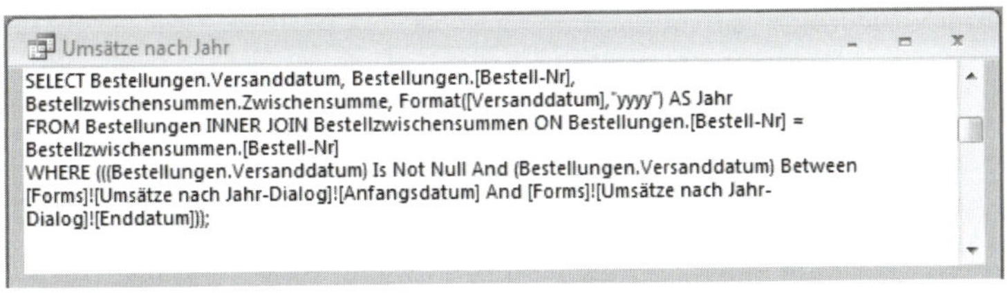

Abbildung 14.6 SQL-Ansicht

Oberfläche

Ein `DataGridView`, zwei `TextBoxen` und ein `Button` sollen für unseren Test genügen (siehe Laufzeitansicht am Schluss).

Quellcode

```
Imports System.Data.OleDb

Public Class Form1
    Private Sub Button1_Click(ByVal sender As Object, ByVal e As EventArgs) _
                                                           Handles Button1.Click
        Dim connStr As String = "Provider=Microsoft.Jet.OLEDB.4.0; Data Source=Nordwind.mdb;"
        Dim conn As New OleDbConnection(connStr)

        Dim cmd As New OleDbCommand("[Umsätze nach Jahr]", conn)
        cmd.CommandType = CommandType.StoredProcedure
```

Die Definition der beiden Parameter und das Hinzufügen zur `Parameters`-Auflistung des `Command`-Objekts:

```
        Dim parm1 As New OleDbParameter("@Anfangsdatum", OleDbType.DBDate)
        parm1.Direction = ParameterDirection.Input
```

```
        parm1.Value = Convert.ToDateTime(TextBox1.Text)
        cmd.Parameters.Add(parm1)

        Dim parm2 As New OleDbParameter("@EndDatum", OleDbType.DBDate)
        parm2.Direction = ParameterDirection.Input
        parm2.Value = Convert.ToDateTime(TextBox2.Text)
        cmd.Parameters.Add(parm2)
```

Das Command-Objekt wird dem Konstruktor des DataAdapters übergeben. Nach dem Öffnen der Connection wird die Abfrage ausgeführt. Die zurückgegebenen Datensätze werden in einer im DataSet neu angelegten Tabelle mit einem von uns frei erfundenen Namen *Jahresumsätze* gespeichert:

```
        Dim da As New OleDbDataAdapter(cmd)
        Dim ds As New DataSet()
        Try
            conn.Open()
            da.Fill(ds, "Jahresumsätze")
            conn.Close()
        Catch ex As Exception
            MessageBox.Show(ex.ToString())
        End Try
```

Die Anzeige:

```
        DataGridView1.DataSource = ds
        DataGridView1.DataMember = "Jahresumsätze"
```

Wenigstens die Währungsspalte sollte eine ordentliche Euro-Formatierung erhalten:

```
        DataGridView1.Columns.Remove("Zwischensumme")
        Dim tbc A New DataGridViewTextBoxColumn()
        With tbc
            .DataPropertyName = "Zwischensumme"
            .HeaderText = "Zwischensumme"
            .Width = 80
            .DefaultCellStyle.Format = "c"
            .DefaultCellStyle.Alignment = DataGridViewContentAlignment.MiddleRight
            .DefaultCellStyle.Font = New Font(DataGridView1.Font, FontStyle.Bold)
            .DisplayIndex = 2
        End With
        DataGridView1.Columns.Add(tbc)
```

Wie Sie sehen, ist das Formatieren der Spalten des DataGridView mit einigem Aufwand verbunden. Bei den übrigen Spalten belassen wir es deshalb bei den Standardeinstellungen.

```
    End Sub
End Class
```

Test

Nach Eingabe sinnvoller Datumswerte dürfte sich Ihnen der folgende Anblick bieten:

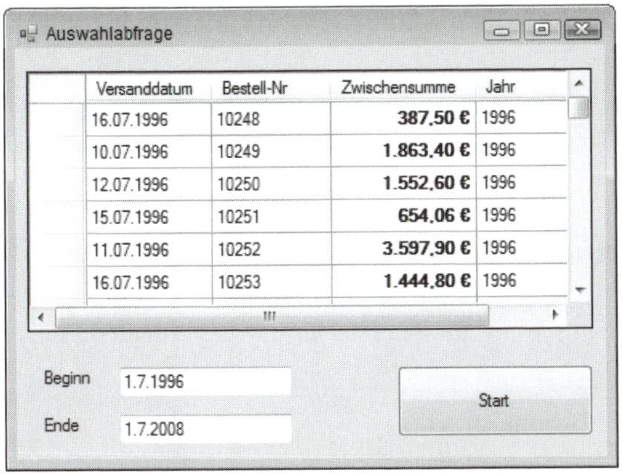

Abbildung 14.7
Laufzeitansicht der Testanwendung

14.3.5 Methoden des Command-Objekts

ExecuteNonQuery-Methode

Diese Methode setzen Sie vor allem ein, um Aktionsbefehle auf Basis von UPDATE, INSERT oder DELETE direkt gegen die Datenbank auszuführen (also ohne Verwendung von `DataAdapter` und `DataSet`). Rückgabewert ist hier die Anzahl der betroffenen Datensätze (sonst –1).

Beispiel Ein `OleDbCommand`-Objekt wird erzeugt und eine UPDATE-Anweisung gegen die Datenbank gefahren. Die Anzahl betroffener Datensätze wird angezeigt (ein gültiges `OleDbConnection`-Objekt `conn` wird vorausgesetzt).

```
Dim updStr As String = "UPDATE Kunden SET Firma = 'Pariser Firma' WHERE Ort = 'Paris'"
Dim updCmd As New OleDbCommand(updStr, conn)
conn.Open()
```

SQL-Anweisung ausführen und Anzahl betroffener Datensätze anzeigen:

```
Label1.Text = cmd.ExecuteNonQuery.ToString()
```

Hinweis
Ein weiteres Beispiel finden Sie unter 14.3.6 (Aktionsabfrage). ■

Weitere Möglichkeiten für Aktionsbefehle sind die Abfrage der Struktur einer Datenbank oder das Erstellen von Datenbankobjekten, wie z.B. Tabellen.

ExecuteReader-Methode

Auf Basis eines SELECT-Befehls erzeugt diese Methode ein `DataReader`-Objekt. Ein Instanziieren des `DataReaders` mittels `New`-Konstruktor entfällt deshalb.

Beispiel Auf Basis eines gültigen `OleDbConnection`-Objekts und eines SELECT-Befehls wird ein `OleDbCommand`-Objekt erstellt und zum Erzeugen eines `DataReader`-Objekts verwendet.

```
Dim selStr As String = "SELECT Firma, Kontaktperson, Ort FROM Kunden WHERE Ort = 'Paris'"
Dim selCmd As New OleDbCommand(selStr, conn)
conn.Open()
Dim dr As OleDbDataReader = selCmd.ExecuteReader(CommandBehavior.CloseConnection)
```

ExecuteScalar-Methode

Rückgabewert dieser Methode ist das Objekt der ersten Spalte der ersten Zeile aus der Menge der zurückgegebenen Datensätze. Generell eignet sich die `ExecuteScalar`-Methode des `Command`-Objekts für alle Abfragen, bei denen man nur an der Rückgabe eines einzigen Wertes interessiert ist.

Beispiel Abfrage des Namens der Firma eines bestimmten Kunden.

```
Dim cmd As New SqlCommand("SELECT Firma FROM Kunden WHERE KundenCode = 'ALFKI'", conn)
conn.Open()
Label1.Text = Convert.ToString(cmd.ExecuteScalar)
```

Besonders vorteilhaft kann man `ExecuteScalar` zur Ausführung von Aggregatfunktionen verwenden, was weniger Aufwand erfordert als die Anwendung der `ExecuteReader`-Methode.

Beispiel Aus der Datenbank *Northwind* wird die Anzahl der in Paris wohnhaften Kunden abgefragt und angezeigt.

```
Dim cmd As New SqlCommand()
cmd.Connection = conn
cmd.CommandText = "SELECT COUNT(*) AS Anzahl FROM Customers WHERE City = 'Paris'"
cmd.Connection.Open()                                       ' oder auch: conn.Open()
Label1.Text = cmd.ExecuteScalar().ToString()
cmd.Connection.Close()
```

14.3.6 DEMO: Eine Aktionsabfrage ausführen

Wir wollen an die *Nordwind.mdb*-Beispieldatenbank folgendes SQL-Statement absetzen:

```
UPDATE Kunden SET Firma = 'Londoner Firma' WHERE Ort = 'London'
```

Das vorliegende Beispiel zeigt, wie Sie dazu die `ExecuteNonQuery`-Methode des `Command`-Objekts verwenden können.

Oberfläche

Sie brauchen ein `DataGridView`, zwei `TextBoxen`, zwei `Buttons` und einige `Labels` (siehe Laufzeitansicht). Beide `TextBoxen` sollen dazu dienen, dass Sie die Einträge für den Firmennamen und den Ort zur Laufzeit verändern können.

Quellcode

Für das Ausführen des Beispiels wären eigentlich ein `Connection`- und ein `Command`-Objekt völlig ausreichend. Da wir uns aber auch von der Wirkung des UPDATE-Befehls überzeugen wollen, müssen wir einigen zusätzlichen Aufwand für die Anzeige betreiben: Das DataGridView benötigt ein DataSet als Datenquelle, welches wiederum von einem DataAdapter gefüllt wird.

```
Imports System.Data.OleDb

Public Class Form1
    Private conn As New OleDbConnection( _
                        "Provider=Microsoft.Jet.OLEDB.4.0;Data Source=Nordwind.mdb;")
    Private ds As New DataSet()
    Private cmd As New OleDbCommand()
```

Aktionsabfrage starten:

```
    Private Sub Button1_Click(ByVal sender As Object, ByVal e As EventArgs) _
                                                        Handles Button1.Click
        Dim da As New OleDbDataAdapter( _
                    "SELECT Firma, Kontaktperson, Ort FROM Kunden ORDER BY Firma", conn)
        ds.Clear()
        cmd.Connection = conn
```

Das »Zusammenbasteln« des UPDATE-Strings verlangt etwas Fingerspitzengefühl, darf man doch auch die Apostrophe ('), die die Feldbezeichner einschließen, nicht vergessen:

```
        cmd.CommandText = "UPDATE Kunden SET Firma = '" & TextBox1.Text & "' WHERE Ort = '" & _
                                                                  TextBox2.Text & "'"
```

Sicherheitshalber haben wir diesmal den kritischen Programmteil in eine Fehlerbehandlungsroutine eingebaut:

```
        Try
            conn.Open()
```

Die folgende Anweisung führt den UPDATE-Befehl aus und zeigt gleichzeitig die Anzahl der in der Datenbank geänderten Datensätze an:

```
            Label1.Text = cmd.ExecuteNonQuery().ToString()
        Catch ex As Exception
            MessageBox.Show(ex.Message)
        End Try

        da.Fill(ds, "Kunden")
        conn.Close()
```

Das DataGridView an das DataSet »anklemmen«:

```
        DataGridView1.DataSource = ds
        DataGridView1.DataMember = "Kunden"
    End Sub
End Class
```

Test

Stimmt die Verbindungszeichenfolge des Connection-Objekts, dürfte es keine Probleme beim Ausprobieren unterschiedlicher Updates geben.

Bemerkungen

- Bei SQL-Aktionsabfragen werden keine Datensätze gelesen bzw. zurückgeliefert, sondern es geht lediglich um direkte Änderungen in der Datenquelle per SQL-Befehl (UPDATE, INSERT, DELETE). Ein `DataSet` ist dabei nicht beteiligt!
- Wie Sie die Änderungen zuerst in einer `DataTable` vornehmen und erst danach in die Datenbank zurückschreiben, erfahren Sie in 14.7.5 (Datenbank aktualisieren).

14.4 Parameter-Objekte

In vielen Fällen enthält ein `Command`-Objekt Parameter bzw. Parameter-Auflistungen, mit denen parametrisierte Abfragen durchführbar sind.

14.4.1 Erzeugen und Anwenden eines Parameter-Objekts

Einer der möglichen Konstruktoren:

```
Dim prm As New Parameter(pName As String, pType As DbType)
```

Nach dem Zuweisen weiterer Eigenschaften erfolgt das Hinzufügen zur `Parameters`-Auflistung des `Command`-Objekts:

```
cmd.Parameters.Add(prm As Parameter)
```

Beispiel Ein `SqlParameter`-Objekt `p1` wird zur `Parameters`-Collection eines vorhandenen `SqlCommand`-Objekts hinzugefügt.

Im Konstruktor Namen und Datentyp übergeben:

```
Dim p1 As New SqlParameter("@Geburtstag", SqlDbType.DateTime)
```

Datumswert aus einer `TextBox` zuweisen ...

```
p1.Value = Convert.ToDateTime(TextBox1.Text)
```

... und zum `SqlCommand`-Objekt hinzufügen:

```
cmd.Parameters.Add(p1)
```

Die so erzeugten Parameter werden zur Laufzeit in die `CommandText`-Eigenschaft des `Command`-Objekts »eingebaut«.

Beispiel Der im Vorgängerbeispiel definierte Parameter `@Geburtstag` wird in eine SQL-Abfrage eingefügt.

```
cmd.CommandText = "SELECT * FROM Employees WHERE (BirthDate > @Geburtstag)"
```

14.4.2 Eigenschaften des Parameter-Objekts

ParameterName- und Value-Eigenschaft

Beide Eigenschaften dürften selbsterklärend sein.

Beispiel Eine alternative Zuweisung für das obige erste Beispiel wäre:

```
p1.ParameterName = "@Geburtstag"
p1.Value =  Convert.ToDateTime(TextBox1.Text)
```

DbType, OleDbType und SqlDbType-Eigenschaft

Durch das Spezifizieren des Datentyps wird der Wert des Parameters dem Datentyp des .NET-Datenproviders angepasst, bevor er an die Datenquelle weitergereicht wird. Fehlt die Typangabe, so leitet ihn ADO.NET von der `Value`-Eigenschaft des `Parameter`-Objekts ab.

Alternativ zu `OleDbType`- bzw. `SqlDbType`-Eigenschaft kann der Datentyp eines Parameters auch allgemein (generisch) aus `System.Data.DbType` abgeleitet werden.

Beispiel Ein `Byte`-Parameter wird erzeugt, initialisiert und zur `Parameters`-Collection eines `SqlCommand`-Objekts hinzugefügt.

```
Dim prm As SqlParameter = cmd.Parameters.Add("@p2", SqlDbType.TinyInt)
```

Direction-Eigenschaft

Die Eigenschaft bestimmt die Richtung des Parameters relativ zum `DataSet`. Die `ParameterDirection`-Enumeration enthält die in der Tabelle aufgeführten Werte:

Tabelle 14.5 Die `ParameterDirection`-Enumeration

Member	Beschreibung
`Input`	Es handelt sich um einen Eingabeparameter (Standard).
`InputOutput`	Der Parameter unterstützt sowohl Ein- als auch Ausgabe.
`Output`	Es handelt sich um einen Ausgabeparameter.
`ReturnValue`	Der Parameter ist ein Rückgabewert aus einer Operation.

Beispiel Ein `OleDbParameter` wird erstellt und seine `Direction`-Eigenschaft festgelegt.

```
Public Sub CreateOleDbParameter()
    Dim p1 As New OleDbParameter("Description", OleDbType.VarChar, 50)
    p1.IsNullable = True
    p1.Direction = ParameterDirection.Output
End Sub
```

14.5 Das CommandBuilder-Objekt

Das manuelle Zuweisen der Insert-, Update- und DeleteCommand-Eigenschaften des DataAdapters ist mitunter eine ziemlich aufwändige Angelegenheit. Falls Ihr DataAdapter nur auf einer einzigen Datenbanktabelle aufsetzt, können Sie vorteilhaft den CommandBuilder zum automatischen Generieren der Command-Objekte verwenden.

14.5.1 Erzeugen

Voraussetzung für den Einsatz eines CommandBuilder-Objekts ist, dass dem DataAdapter vorher die SelectCommand-Eigenschaft zugewiesen wurde. Eine einzige Anweisung reicht dann aus, um einen CommandBuilder mit einem DataAdapter zu verkoppeln:

```
Dim cmdBuilder As New CommandBuilder(da As DataAdapter)
```

Der CommandBuilder verfolgt nun aufmerksam alle am DataSet vorgenommenen Änderungen und generiert die erforderlichen Queries bzw. Command-Objekte selbstständig im Hintergrund.

14.5.2 Anwenden

Die Update-Methode des DataAdapters würde im folgenden Beispiel ohne OleDbCommandBuilder fehlschlagen.

Beispiel Aktualisieren der Kunden-Tabelle aus *Nordwind.mdb*.

Beim Instanziieren erhält der DataAdapter automatisch auch seine SelectCommand-Eigenschaft, sodass diese nicht explizit zugewiesen werden muss:

```
Dim da As New OleDbDataAdapter("SELECT * FROM Kunden", conn)
```

Ein OleDbCommandBuilder wird mit dem OleDbDataAdapter verbunden:

```
Dim cmdB As New OleDbCommandBuilder(da)
```

Ein DataSet wird mit den Daten gefüllt:

```
Dim ds As New DataSet()
conn.Open()
da.Fill(ds, "Kunden")
...
```

Nachdem die Daten geändert wurden, werden die Änderungen in die Datenbank zurückgeschrieben:

```
da.Update(ds, "Kunden")
```

Beim Aufruf von `Dispose` wird die Zuordnung von `CommandBuilder` zu `DataAdapter` aufgehoben, und die generierten Befehle werden nicht mehr verwendet.

Hinweis

Ein Beispiel für den Einsatz des `CommandBuilders` finden Sie im Abschnitt 14.7.5 (Datenbank aktualisieren). ■

14.6 Das DataReader-Objekt

Häufig genügt ein Lesezugriff auf die Datensätze. Dabei müssen im Frontend meist nur einige für die Listendarstellung benötigte Komponenten gefüllt bzw. aktualisiert werden (`ListBox`, `ComboBox`, `ListView`, `TreeView`, `DataGridView` usw.).

Im .NET Framework gibt es für diesen Zweck den `DataReader`. Diese Klasse ist für einen einmaligen ReadOnly-Hochgeschwindigkeitszugriff auf eine Datensatzgruppe optimiert und ähnelt anderen `Reader`-Objekten wie `TextReader`, `StreamReader` und `XmlReader`. In Abhängigkeit vom verwendeten .NET-Datenprovider gibt es auch hier unterschiedliche Typen (`SqlDataReader`, `OleDbDataReader`).

14.6.1 DataReader erzeugen

Einen `DataReader` erzeugt man in der Regel nicht mit dem `New`-Konstruktor, sondern mit der `ExecuteReader`-Methode des zugrunde liegenden `Command`-Objekts:

```
Dim myReader As DataReader = cmd.ExecuteReader()
```

Mitunter wird auch dem `Execute`-Konstruktor als Argument der Wert `CloseConnection` (aus der `CommandBehavior`-Enumeration) übergeben. Damit ist gewährleistet, dass die Verbindung automatisch nach dem Durchlauf des `DataReaders` geschlossen wird.

Beispiel Ein `DataReader`, der auch das Schließen des `Connection`-Objekts erledigt, wird instanziiert.

```
Dim dr As DataReader = cmd.ExecuteReader(CommandBehavior.CloseConnection)
```

14.6.2 Daten lesen

Das Auslesen der Informationen innerhalb einer Schleife ist typisch für die Arbeit mit dem `DataReader`.

Beispiel Die Kundentabelle aus *Nordwind.mdb* wird zeilenweise in eine `ListBox` ausgelesen.

```
Const SQL As String = "SELECT * FROM Kunden ORDER BY KundenCode"
Dim conn As New OleDbConnection( _
                        "Provider=Microsoft.Jet.OLEDB.4.0; Data Source=Nordwind.mdb;")
Dim cmd As New OleDbCommand(SQL, conn)
Dim dr As OleDbDataReader
conn.Open()
dr = cmd.ExecuteReader()
Dim str As String = String.Empty
Dim tab As String = "  "
While dr.Read()
    str = dr("KundenCode") & tab
    str &= dr("Firma") & tab
    str &= dr("Kontaktperson") & tab
    str &= dr("Strasse") & tab
    str &= dr("PLZ") & tab
    str &= dr("Ort")
    ListBox1.Items.Add(str)
End While
dr.Close()
conn.Close()
```

Hier das Ergebnis:

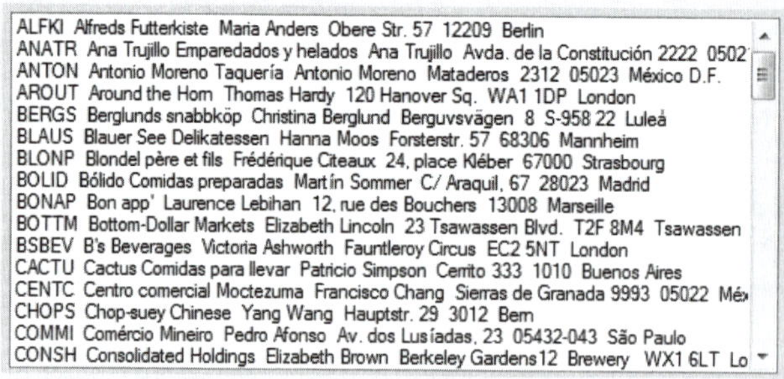

Hinweis

Es ist wichtig, dass Sie den `DataReader` so schnell wie möglich nach dem Auslesen der Daten wieder schließen, da sonst das `Connection`-Objekt blockiert ist! ■

14.6.3 Eigenschaften DataReaders

Item-Eigenschaft

Diese Eigenschaft ermöglicht den Zugriff auf die aktuelle Spalte, der Rückgabewert ist vom `Object`-Datentyp (ähnlich der `Item`-Eigenschaft des `DataRow`-Objekts). Falls der Datentyp vorher bekannt ist, sollte man eine der `Get`-Methoden (siehe unten) für den Zugriff verwenden.

FieldCount-Eigenschaft

Diese Eigenschaft liefert die Gesamtanzahl der Datensätze.

IsClosed-Eigenschaft

Der Wert ist True, falls der DataReader geschlossen ist.

14.6.4 Methoden des DataReaders

Read-Methode

Damit wird das automatische Weiterbewegen zum nächsten Datensatz innerhalb der While-Schleife ermöglicht (Rückgabewert True/False).

GetValue- und GetValues-Methode

Während GetValue – ähnlich der Item-Eigenschaft – den Wert einer Spalte (basierend auf dem Spaltenindex) zurückgibt, nimmt GetValues ein Array entgegen, in welchem der DataReader den Inhalt der aktuellen Zeile ablegt. Mit GetValues wird beste Performance erreicht.

GetOrdinal- und ähnliche Methoden

Eine Vielzahl von Get...-Methoden ermöglichen ein Konvertieren der gelesenen Werte in fast jeden Datentyp.

Beispiel Ein Datumswert aus der *Employee*-Tabelle der *Northwind*-Datenbank wird ausgelesen.

```
Dim aDate As DateTime
aDate = dr.GetDateTime(dr.GetOrdinal("BirthDate"))
```

14.7 Das DataAdapter-Objekt

Datenadapter werden in einer Art »Brückenfunktion« dazu genutzt, Daten mittels SQL-Anweisungen aus Datenquellen in DataSets zu transportieren bzw. um Datenquellen mit den geänderten Inhalten von DataSets zu aktualisieren. Das DataAdapter-Objekt verwendet das Connection-Objekt des jeweiligen .NET-Datenproviders, um eine Verbindung zu einer Datenquelle herzustellen, und ist außerdem auf verschiedene Command-Objekte angewiesen.

Hin- und Rücktransport der Daten zwischen Datenquelle und DataSet werden mit der Fill- und Update-Methode des DataAdapters realisiert. Beide lösen die entsprechenden SQL-Anweisungen aufgrund der dem DataAdapter übergebenen Command-Objekte aus.

14.7.1 DataAdapter erzeugen

Mehrere überladene Konstruktoren stellen den Einsteiger vor die Qual der Wahl.

Konstruktor mit SELECT-String und Connection-Objekt

Im einfachsten Fall kommt man sogar ohne Command-Objekt aus, es genügt, dem Konstruktor des DataAdapter-Objekts eine SELECT-Anweisung und das Connection-Objekt als Parameter zu übergeben:

```
Dim myDataAdapter As New DataAdapter(selectStr As String, conn As Connection)
```

Beispiel Ein DataAdapter füllt ein DataSet mit Datensätzen aus *Nordwind.mdb*.

```
Imports System.Data.OleDb
...
Dim conn As New OleDbConnection( _
                        "Provider=Microsoft.Jet.OLEDB.4.0; Data Source=Nordwind.mdb;")
Dim da As New OleDbDataAdapter("SELECT * FROM Kunden WHERE Ort = 'Paris'", conn)
Dim ds As New DataSet()
conn.Open()
da.Fill(ds, "PariserKunden")
conn.Close()
```

Konstruktor mit SelectCommand-Objekt

Eine weitere Möglichkeit ist die Verwendung eines Konstruktors, dem ein Command-Objekt (SELECT-Befehl) zu übergeben ist:

```
Dim myDataAdapter As New DataAdapter(selectCommand As Command)
```

Beispiel Das Vorgängerbeispiel wird mit einem Command-Objekt realisiert.

```
Imports System.Data.OleDb
...

Dim conn As New OleDbConnection("Provider=Microsoft.Jet.OLEDB.4.0; Data Source=Nordwind.mdb;")
Dim cmd As New OleDbCommand("SELECT Firma FROM Kunden WHERE Ort = 'Paris'")
cmd.Connection = conn
Dim da As New OleDbDataAdapter(cmd)
Dim ds As New DataSet()
conn.Open()
da.Fill(ds, "PariserKunden")
conn.Close()
```

14.7.2 Command-Eigenschaften

Ein DataAdapter benötigt für die komplette Zusammenarbeit mit der Datenquelle vier verschiedene Command-Objekte, die als Eigenschaften zugewiesen werden:

- SelectCommand zur Abfrage
- UpdateCommand zur Aktualisierung
- InsertCommand zum Einfügen
- DeleteCommand zum Löschen

Beispiel Realisierung der Vorgängerbeispiele mittels SelectCommand-Eigenschaft

```
Imports System.Data.OleDb
...
Dim conn As New OleDbConnection("Provider=Microsoft.Jet.OLEDB.4.0;Data Source=Nordwind.mdb;")
Dim cmd As New OleDbCommand("SELECT Firma FROM Kunden WHERE Ort = 'Paris'")

cmd.Connection = conn
Dim da As New OleDbDataAdapter()

da.SelectCommand = cmd
Dim ds As New DataSet()
conn.Open()
da.Fill(ds, "PariserKunden")
conn.Close()
```

Die SelectCommand-Eigenschaft muss gesetzt werden, **bevor** die Fill-Methode des DataAdapters aufgerufen wird.

14.7.3 Fill-Methode

Die relativ unkomplizierte Fill-Methode des DataAdapter hatten Sie bereits in zahlreichen Beispielen kennen gelernt. Hier noch einmal die am häufigsten benutzte Aufrufvariante:

```
myDataAdapter.Fill(ds As DataSet, tblName As String)
```

Beispiel Ein DataSet wird mit der Kundentabelle aus *Nordwind.mdb* gefüllt. Im DataSet sollen die Namen aller Firmen aus Paris geändert werden in »Pariser Firma«.

```
Dim conn As New OleDbConnection("Provider=Microsoft.Jet.OLEDB.4.0; Data Source=Nordwind.mdb;")
Dim da As New OleDbDataAdapter("SELECT * FROM Kunden", conn)
Dim ds As New DataSet()

da.Fill(ds, "Kunden")
```

Das Arbeiten mit den Daten im DataSet:

```
Dim dt As DataTable = ds.Tables("Kunden")
```

Alle Zeilen der `DataTable` durchlaufen:

```
For Each cRow As DataRow In dt.Rows
    If cRow("Ort").ToString() = "Paris" Then cRow("Firma") = "Pariser Firma"
    ...
```

Hinweis

Das Beispiel wird im folgenden Abschnitt fortgesetzt! ■

Begrenzen der Datenmenge

Geht es nur um die Übertragung kleinerer Datenmengen, so ist die bislang praktizierte Vorgehensweise problemlos, nicht aber wenn es sich um Hunderte von Datensätzen handelt.

Abhilfe schafft eine (überladene) Version der `Fill`-Methode, die die Anzahl der zu transportierenden Datensätze begrenzt:

```
Dim z As Integer = myDataAdapter.Fill(ds As DataSet, start As Integer, anzahl As Integer, _
                                      tblName As String)
```

start = Nummer der Startzeile
anzahl = Anzahl der abzurufenden Datensätze
z = Anzahl der tatsächlich zurückgegebenen Datensätze

Beispiel Ab Zeile 100 werden 50 Zeilen aus der Datenbank abgerufen und in die »Kunden«-Tabelle gefüllt.

```
Dim z As Integer = da.Fill(ds, 100, 50, "Kunden")
```

14.7.4 Update-Methode

Irgendwann einmal müssen die im `DataSet` vorgenommenen Änderungen in die Datenquelle zurückgeschrieben werden. Zu diesem Zweck wird (kurzzeitig) eine Verbindung zur Datenbank aufgebaut. Genauso wie beim Füllen spielt auch hier ein `DataAdapter`-Objekt die Vermittlerrolle, wobei dessen `Update`-Methode gewissermaßen das Pendant zur `Fill`-Methode ist und zum Zurückschreiben der im `DataSet` vorgenommenen Änderungen in die Datenquelle dient.

Genauso wie die `Fill`-Methode benötigt die `Update`-Methode als Parameter die Instanz eines `DataSet`s und (optional) den Namen der `DataTable`.

```
myDataAdapter.Update(ds As DataSet, tblName As String)
```

Bei der `Update`-Methode läuft es nicht ganz so einfach ab wie bei der `Fill`-Methode, da ein `DataSet` völlig autark existiert und nur gelegentlich mit der Datenbank verbunden wird.

Beispiel (*Fortsetzung*) Ziel ist das Zurückschreiben der in der Spalte »Firma« (und nur dort!) vorgenommenen Änderungen in die Datenquelle. Grundlage ist eine UPDATE-Anweisung mit zwei Parametern (die ? sind die Platzhalter):

```
...
Dim cmd As New OleDbCommand("UPDATE Kunden SET Firma = ? WHERE KundenCode = ?", conn)
```

Der Add-Methode werden Parametername, Datentyp, Spaltenbreite und Spaltenname übergeben:

```
cmd.Parameters.Add("@p1", OleDbType.VarChar, 30, "Firma")
```

Für die Schlüsselspalte eine Extrawurst:

```
Dim prm As OleDbParameter = cmd.Parameters.Add("@p2", OleDbType.VarChar)
prm.SourceColumn = "KundenCode"
```

Der ursprüngliche Wert (beim Füllen des DataSets) ist maßgebend:

```
prm.SourceVersion = DataRowVersion.Original

da.UpdateCommand = cmd
da.Update(ds, "Kunden")
```

Hinweis

Der Kern der Aktualisierungslogik liegt in der WHERE-Bedingung der UPDATE-Anweisung. Der Datensatz wird nur dann aktualisiert, wenn der Wert der Schlüsselspalte, mit dem er geladen wurde, noch vorhanden ist. ■

Bemerkungen

- Durch Einsatz eines CommandBuilder-Objekts kann das manuelle Erstellen der UpdateCommand-, InsertCommand- und DeleteCommand-Eigenschaften automatisiert werden.
- Ein komplettes Beispiel finden Sie im folgenden Abschnitt.

14.7.5 DEMO: Die Datenbank aktualisieren

Aktualisieren (UPDATE), Hinzufügen (INSERT) und Löschen (DELETE) von Datensätzen zählen zu den kritischen Datenbankoperationen, die auch unter ADO.NET weitaus mehr Aufmerksamkeit erfordern, als eine einfache SELECT-Abfrage.

Ganz im Einklang mit der ADO.NET-Philosophie müssen wir dabei in drei Etappen vorgehen:

- Das DataSet mit der Datenbank verbinden, um bestimmte Datensätze von dort abzuholen (hierzu wird das SelectCommand-Objekt des DataAdapters eingesetzt).
- Bei abgekoppelter Datenbank die Änderungen direkt im DataSet vornehmen (hierzu ist eine SQL-Anweisung leider untauglich, da das DataSet kein SQL kennt).

- Das DataSet irgendwann mal wieder mit der Datenbank verbinden, um die Inhalte zu aktualisieren (hierzu werden UpdateCommand-, InsertCommand- und DeleteCommand-Objekt des DataAdapters gebraucht).

Wir wollen das anhand der Artikel-Tabelle aus der Datenbank *Nordwind.mdb* demonstrieren.

Oberfläche

Neben zwei Buttons zum Anzeigen und Aktualisieren brauchen wir noch eine DataGridView-Komponente (siehe Laufzeitabbildung).

Quellcode

```
Imports System.Data.OleDb

Public Class Form1
```

Die wichtigsten Objekte sollten global verfügbar sein:

```
    Private conn As New OleDbConnection( _
                          "Provider=Microsoft.Jet.OLEDB.4.0;Data Source=Nordwind.mdb;")
    Private da As OleDbDataAdapter = Nothing
    Private ds As DataSet = Nothing
```

Die folgende Methode getArtikel liefert ein gefülltes DataSet zurück:

```
    Public Function getArtikel() As DataSet
```

Das SelectCommand für DataAdapter erstellen:

```
        Dim selStr As String = "SELECT ArtikelNr, Artikelname, Einzelpreis, " & _
                               "Mindestbestand FROM Artikel ORDER BY Artikelname"
        da = New OleDbDataAdapter(selStr, conn)
```

Neu hinzugefügte Datensätze erhalten sofort einen Primärschlüssel:

```
        da.MissingSchemaAction = MissingSchemaAction.AddWithKey
        conn.Open()
        Dim ds As New DataSet()
        da.Fill(ds, "Artikel")
        conn.Close()
        Return ds
    End Function
```

Der Methode setArtikel wird ein gefülltes DataSet per Referenz übergeben. Mit Hilfe eines CommandBuilders werden im Hintergrund für den DataAdapter die UpdateCommand, InsertCommand- und DeleteCommand-Objekte erstellt, die für das Zurückschreiben der im *DataSet* vorgenommenen Änderungen in die Datenbank verantwortlich zeichnen.

```
    Public Sub setArtikel(ByRef ds As DataSet)
        Dim cb As New OleDbCommandBuilder(da)              ' !!!
        conn.Open()
        da.Update(ds, "Artikel")
```

```
        conn.Close()
    End Sub
```

Anzeigen:

```
    Private Sub Button1_Click(ByVal sender As Object, ByVal e As EventArgs) _
                                                                  Handles Button1.Click
        DataGridView1.DataSource = Nothing
        ds = getArtikel()
```

Das DataGridView mit dem DataSet verbinden:

```
        DataGridView1.DataSource = ds
        DataGridView1.DataMember = "Artikel"
        formatDataGridView(DataGridView1)
    End Sub
```

Aktualisieren:

```
    Private Sub Button2_Click(ByVal sender As Object, ByVal e As EventArgs) _
                                                                  Handles Button2.Click
```

Nur die Änderungen zurück in die Datenbank schreiben:

```
        Dim ds1 As DataSet = ds.GetChanges()
        If ds1 IsNot Nothing Then
            Try
                setArtikel(ds1)
```

Die per Referenz zurückgegebenen Datensätze werden mit dem Original-DataSet zusammengeführt:

```
                ds.Merge(ds1)
                ds.AcceptChanges()
                MessageBox.Show("Datenbank wurde aktualisiert!", "Erfolg")
            Catch ex As Exception
                ds.RejectChanges()
                MessageBox.Show(ex.Message, "Fehler")
            End Try
        End If
    End Sub
End Class
```

Test

Klicken Sie auf die »Artikel anzeigen«-Schaltfläche, um das DataSet anzuzeigen. Nehmen Sie dann einige Änderungen direkt im DataGridView vor, fügen Sie Datensätze hinzu (dazu an das Ende des DataGridView scrollen) oder löschen Sie Datensätze (mit *Entf*-Taste, vorher komplette Zeile markieren). Klicken Sie auf »Artikel aktualisieren« um die Änderungen in die Datenbank zu übertragen. Lassen Sie sich dann erneut die Artikel anzeigen um sich davon zu überzeugen, dass alle Änderungen tatsächlich in der Datenbank angekommen sind.

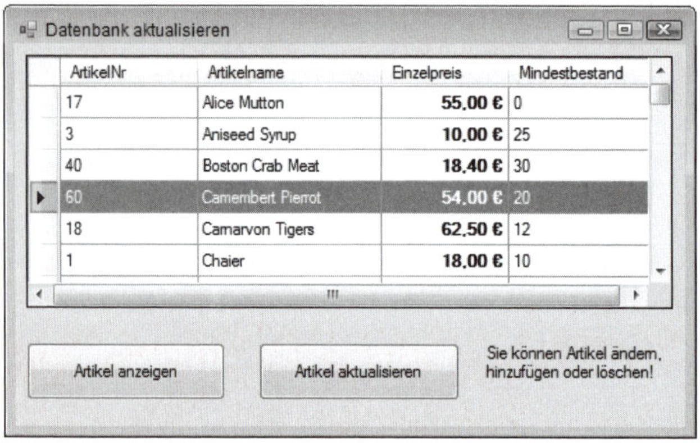

Abbildung 14.8
Laufzeitansicht

Bemerkungen

- Der Code zur Formatierung der *Einzelpreis*-Spalte des `DataGridView` wurde hier nicht mit abgedruckt (siehe Beispieldaten).
- Es ist auch möglich, mehrere Datensätze hintereinander zu ändern, hinzuzufügen bzw. zu löschen bevor der Abgleich mit der Datenbank erfolgt.
- In der Regel werden Sie nur die von Ihnen selbst hinzugefügten Datensätze löschen können, da die originalen Datensätze in Relationen zu anderen Tabellen eingebunden sind.

15 Das DataSet

Dieses Kapitel behandelt die folgenden Themen:

- Grundlagen
- DataTable
- DataView
- Typisierte DataSets

Das `DataSet` ist das Kernobjekt von ADO.NET. Da wir im Zusammenhang mit der `Fill`- und `Update`-Methode des `DataAdapter`-Objekts bereits ausführlich auf den Datentransport zwischen Datenquelle und `DataSet` eingegangen sind, können wir uns im Folgenden ganz auf den inneren Aufbau und die spezifischen Funktionalitäten des `DataSets` konzentrieren.

15.1 Grundlagen

Im Gegensatz zum klassischen Recordset ist das ADO.NET-`DataSet` konsequent objektorientiert aufgebaut. Dabei handelt sich um eine ziemlich komplexe »Minidatenbank«, die komplett im Arbeitsspeicher gehalten wird und deren Interaktion mit vorhandenen Datenbanken in der Regel vom DataAdapter-Objekt gesteuert wird. Allerdings hinkt der Vergleich mit einer Minidatenbank etwas, denn das DataSet kennt keinerlei Datenbankmanager (wie z.B. die Jet-Engine bei Access), es kennt keinen aktuellen Datensatz, keinen Cursor und kein SQL. Genau genommen ist das DataSet ein clientseitiger Datencache (Pufferspeicher), der die Änderungen mitprotokolliert.

Es spielt auch keine Rolle, von welchem der .NET-Datenprovider das DataSet mit Daten gefüllt wurde oder ob es seine Daten auf andere Weise (z.B. aus einer XML-Datei oder direkt aus dem Programm) erhalten hat. Sie werden beim DataSet-Objekt auch keine Eigenschaften oder Methoden finden, die Aufschluss über die Datenherkunft geben.

Hinweis

Dem DataSet ist es völlig egal, woher die Daten kommen! ■

15.1.1 Die wichtigsten Klassen

Die folgende Tabelle verhilft Ihnen zunächst zu einem groben Überblick über die wichtigsten Klassen aus System.Data.

Tabelle 15.1 Wichtige Klassen von System.Data

Klasse	Bedeutung
DataSet	Repräsentiert eine »Mini-Datenbank«, die (ohne Verbindung zur Datenquelle) autark im Arbeitsspeicher existiert und sowohl Daten (das können mehrere Tabellen sein) als auch Strukturinformationen (Metadaten) und Beziehungen (Relationen) zwischen den Tabellen enthält.
DataTable	Entspricht einer einzelnen Tabelle im DataSet-Objekt.
DataView	Visualisiert eine DataTable bzw. einen Ausschnitt davon und erlaubt den Zugriff auf einzelne Zeilen und Spalten.
DataRow	Entspricht einer einzelnen Zeile innerhalb eines DataTable-Objekts.
DataColumn	Entspricht einer einzelnen Spalte (quasi Felddefinition) innerhalb eines DataTable-Objekts.
DataRelation	Stellt die Verknüpfung zwischen einzelnen Tabellen im DataSet her und überwacht die referenzielle Integrität.

15.1.2 Die Objekthierarchie

Eine detaillierte Darstellung der Objekthierarchie zeigt die nachfolgende Abbildung 15.1.

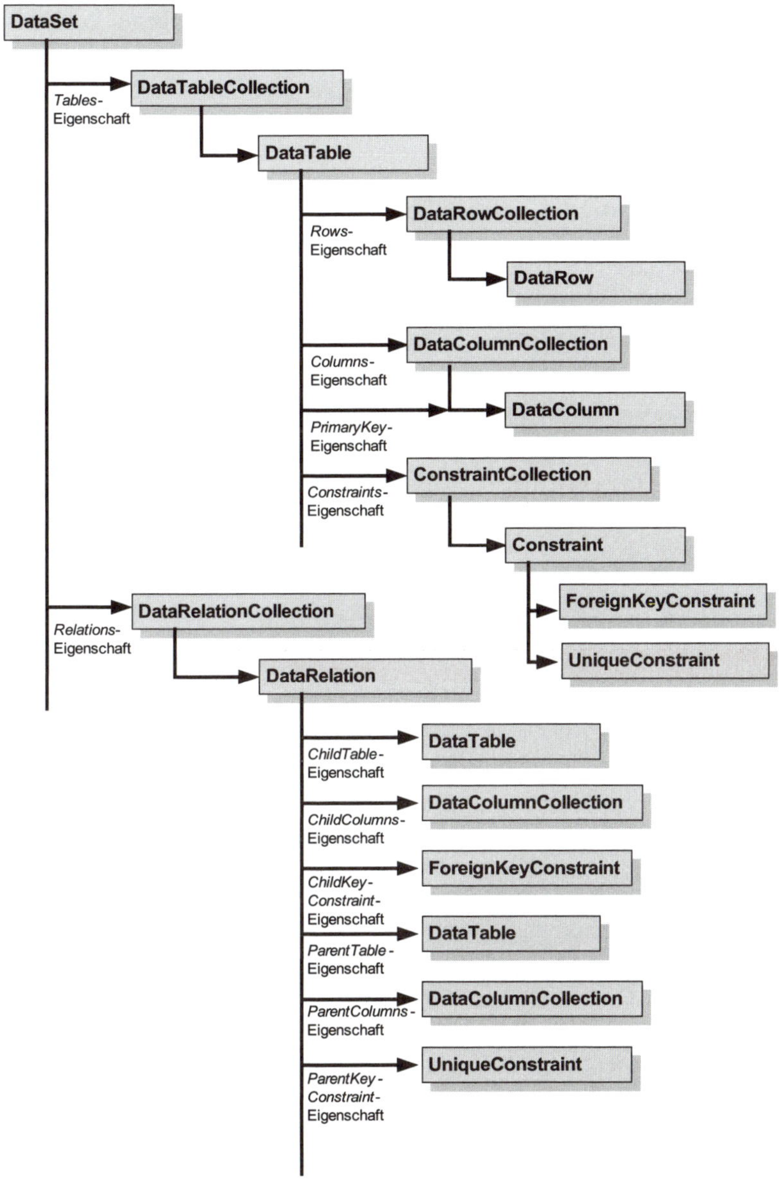

Abbildung 15.1 DataSet-Objekthierarchie

15.1.3 Erzeugen eines DataSets

Bisher haben wir die `DataSet`-Instanzen meist durch Aufrufen eines argumentfreien `DataSet`-Konstruktors erstellt. Dabei wurde die `Name`-Eigenschaft des `DataSets` automatisch auf `NewDataSet` festgelegt.

Mit einem anderen Konstruktor lässt sich auch ein Namensargument übergeben:

```
Dim myDataSet As New DataSet(Name As String)
```

Beispiel Das Erstellen einer DataSet-Instanz.

```
Dim kuDS As New DataSet("KundenListe")
```

Sie können ein neues DataSet aber auch auf Basis eines bereits vorhandenen DataSets erstellen. Beim Kopieren stehen Ihnen folgende Möglichkeiten zur Verfügung:

- Eine exakte Kopie, einschließlich Schema, Daten, Informationen zum Zeilenstatus und Zeilenversionen (siehe Copy-Methode).
- Eine Teilmenge des DataSets, die nur die geänderten Zeilen enthält (siehe GetChanges-Methode).
- Ein leeres DataSet, welches nur das Schema und die relationale Struktur enthält (siehe Clone-Methode).

Hinweis

Diese Möglichkeiten gelten auch für DataTable-Objekte! ■

Copy-Methode

Diese Methode verwenden Sie zum Erstellen einer exakten Kopie des DataSets, die sowohl das Schema (Struktur) als auch die Daten enthält.

Beispiel Erstellen einer exakten Kopie von kuDS.

```
Dim copyDS As DataSet = kuDS.Copy()
```

Clone-Methode

Die mit der Clone-Methode erzeugte Kopie eines DataSets enthält hingegen nur die Struktur- bzw. Schemainformationen.

Beispiel Ein Klon eines DataSets wird erstellt.

```
Dim klonDS As DataSet = DS.Clone()
```

GetChanges-/HasChanges-Methode

Mit der GetChanges-Methode erstellen Sie eine Kopie, die das Schema und nur die geänderten Daten enthält, die

- Added-Zeilen,
- Modified-Zeilen oder
- Deleted-Zeilen

darstellen.

Mit GetChanges können außerdem nur Zeilen mit einem bestimmten Zeilenstatus geliefert werden, indem beim Aufruf ein DataRowState-Wert übergeben wird.

Beispiel Übergabe eines DataRowState beim Aufrufen von GetChanges.

```
Dim changeDS As DataSet= custDS.GetChanges()                     ' alle Änderungen kopieren
Dim addedDS As DataSet = custDS.GetChanges(DataRowState.Added)   ' nur neue Zeilen kopieren
```

Hinweis

Durch den Einsatz von GetChanges können Sie den Datenverkehr zwischen Geschäftslogik und Datenbank optimieren, weil nicht das gesamte DataSet übergeben werden muss, um Änderungen abzugleichen. ■

Die HasChanges-Methode hat eine ähnliche Syntax wie GetChanges, nur dass der Rückgabewert True/False ist, je nachdem ob Zeilen im DataSet geändert wurden oder nicht.

Beispiel Die folgende Bedingung ist dann erfüllt, wenn zum DataSet ds neue Zeilen hinzugefügt wurden. Die neu hinzugefügten Zeilen werden dann in ein weiteres DataSet ds1 kopiert.

```
If ds.HasChanges(DataRowState.Added) Then
   Dim ds1 As DataSet = ds.GetChanges(DataRowState.Added)
End If
```

15.2 Die DataTable

Die eigentliche Datenspeicherung erfolgt in den DataTable-Objekten des DataSets. Es ist deshalb logisch, dass die DataTable als wichtigstes und komplexestes Mitglied der DataSet-Hierarchie unsere besondere Aufmerksamkeit verdient.

15.2.1 DataTable erzeugen

Bereits im Vorgängerkapitel hatten wir im Zusammenhang mit der Fill-Methode des DataAdapters häufig DataTable-Objekte erzeugt.

Beispiel In ein vorhandenes DataSet wird mittels eines DataAdapter-Objekts da ein neues DataTable-Objekt dt mit der TableName-Eigenschaft »Artikel_Liste« eingefügt.

```
da.Fill(ds, "Artikel_Liste")
```

Sie können eine neue DataTable auch direkt an die Tables-Collection des DataSets anfügen.

Beispiel Eine DataTable wird erzeugt.

```
Dim dt As DataTable = ds.Tables.Add("Ku_Liste")
```

15.2.2 Spalten hinzufügen

Das Schema bzw. die Struktur der DataTable wird – zusammen mit etwaigen Einschränkungen (Constraints) – durch eine Auflistung von DataColumn-Objekten bestimmt (Columns-Eigenschaft).

Zum Erstellen von DataColumn-Objekten gibt es die beiden .NET-typischen Möglichkeiten

- DataColumn-Konstruktor verwenden oder
- Add-Methode der Columns-Eigenschaft der DataTable aufrufen.

Die Add-Methode akzeptiert optionale ColumnName-, DataType- und Expression-Argumente oder auch ein vorhandenes DataColumn-Objekt. Weil DataTable-Objekte nicht spezifisch für einen bestimmten .NET-Datenprovider ausgelegt sind, werden für den Datentyp die .NET Framework-Typen verwendet.

Beispiel Eine DataTable wird erzeugt und vier Spalten werden hinzugefügt. Die Eigenschaften für die *KundenCode*-Spalte verbieten DBNull-Werte und verlangen, dass die Werte eindeutig sein müssen.

```
Dim dt As New DataTable("Kunden")
Dim col As DataColumn = dt.Columns.Add("KundenCode", GetType(System.Int32))
col.AllowDBNull = False
col.Unique = True
dt.Columns.Add("Firma", GetType(System.String))
dt.Columns.Add("Kontaktperson", GetType(System.String))
dt.Columns.Add("Gehalt", GetType(System.Double))
```

Hinweis

Geben Sie für eine Spalte keinen Namen an, so erhält sie den inkrementellen Standardnamen »ColumnN...«, beginnend mit »Column1«, wenn sie zur DataColumnCollection hinzugefügt wird. ■

15.2.3 Zeilen zur DataTable hinzufügen

Haben Sie ein oder mehrere DataTable-Objekte erstellt und deren Struktur mit Hilfe von DataColumn-, Constraint- und DataRelation-Objekten definiert, können Sie den Tabellen beliebig viele neue Datenzeilen hinzufügen.

NewRow-Methode

Verwenden Sie die NewRow-Methode der DataTable, so hat die erzeugte Zeile sofort die zur Tabelle passende Struktur.

```
Dim myRow As DataRow = myTable.NewRow()
```

Anschließend lässt sich die neu hinzugefügte Zeile mit Hilfe von Spaltennamen oder Index bearbeiten.

Beispiel Eine neue Zeile wird erzeugt, mit Werten gefüllt und zur DataTable hinzugefügt.

```
Dim dt As DataTable = ds.Tables("KundenListe")
Dim rw As DataRow = dt.NewRow()
rw("Firma") = "Catering Service"                ' Zugriff über Spaltennamen
rw(2) = "Willy Schneider"                       '   ...   über Index
dt.Rows.Add(rw)                                 ' Hinzufügen zur DataTable
```

Beispiel Sieht trickreich aus, aber es funktioniert: Eine neue leere Zeile wird zu einer DataTable hinzugefügt.

```
dt.Rows.Add(dt.NewRow())
```

ImportRow-Methode

Um vorhandene Zeilen zu einem DataTable-Objekt hinzuzufügen, können Sie die ImportRow-Methode der DataTable verwenden. Diese übergibt die Daten, den Zeilenstatus sowie Versionsinformationen.

Hinweis

Spaltenwerte werden nur berücksichtigt, wenn der Spaltenname übereinstimmt und wenn der Datentyp kompatibel ist! ■

Beispiel Nachdem ein Klon des DataSets erstellt ist, werden all die Zeilen aus dem ursprünglichen DataSet zur *Kunden*-Tabelle im DataSet-Klon für Kunden hinzugefügt, deren *Land*-Spalte den Wert »Österreich« hat.

```
Dim kuGermDS As DataSet = kuDS.Clone()
Dim cRows() As DataRow = kuDS.Tables("Kunden").Select("Land = 'Österreich'")
Dim kuTable As DataTable = kuGermDS.Tables("Kunden")
For Each cRow As DataRow In cRows
    kuTable.ImportRow(cRow)
Next
```

15.2.4 Zugriff auf den Inhalt einer DataTable

Eine DataTable ist (stark vereinfacht) durchaus mit einem zweidimensionalen Array vergleichbar, wie es die meisten Programmiersprachen kennen. Trotzdem gestaltet sich der Zugriff auf die Array-Elemente etwas komplizierter, denn die gnadenlose Objektorientierung von .NET verlangt, dass anstatt der einfachen Übergabe von Zeilen- und Spaltenindex komplette Objekte (DataRow, DataColumn) zu überreichen sind.

Columns- und Rows-Eigenschaften

Die beiden wichtigsten Eigenschaften der `DataTable`-Klasse sind die `Columns`- und `Rows`-Auflistungen, weil sie den Zugriff auf Zeilen und Spalten der `DataTable` ermöglichen.

Beispiel Alle Zeilen und Spalten einer `DataTable` werden innerhalb von zwei geschachtelten `For-Each`-Schleifen in eine `ListBox` ausgegeben.

```
Dim dt As DataTable = ds.Tables("ArtikelListe")
For Each cRow As DataRow In dt.Rows
    For Each cCol As DataColumn In dt.Columns
           ListBox1.Items.Add(cCol.ColumnName & " = " & cRow(cCol.Ordinal))
    Next
    ListBox1.Items.Add("-----------------------------------------------------")
Next
```

Hinweis

Den vollständigen Quellcode finden Sie im Beispiel 14.1.4 (ADO.NET-Objekte im Einsatz). ■

TableName- und ColumnName-Eigenschaften

Der Name einer Tabelle bzw. Spalte ist über die Eigenschaften `TableName` bzw. `ColumnName` erreichbar. Der Zugriff auf die einzelnen Daten erfolgt über den Indexer, dem entweder der Namen der Spalte, deren fortlaufende Ordinalnummer (beginnend mit 0) oder aber auch eine Instanz der zugehörigen `DataColumn` übergeben werden können.

Normalerweise sind also zwei Schritte auszuführen:

- Das entsprechende `DataRow`-Objekt auswählen und
- über dessen Indexer auf die gewünschte Spalte zugreifen.

Beispiel Die *Firma* des dritten Kunden eines `DataSets` soll in einer `TextBox` ausgegeben werden.

```
Dim dt As DataTable = ds.Tables("Kunden")
Dim rw As DataRow = dt.Rows(2)                        ' Auswahl der dritten Zeile
TextBox1.Text = rw(1).ToString()                      ' Zugriff auf Firma über Index
```

oder

```
TextBox1.Text = rw("Firma").ToString()                ' Zugriff über Spaltennamen
```

Man kann auf eine einzelne Zelle aber auch mit einer einzigen Anweisung zugreifen.

Beispiel Der äquivalente Code zum Vorgängerbeispiel

```
TextBox1.Text = ds.Tables("Kunden").Rows(2)("Firma").ToString
```

Find-Methode

Für das Auffinden einer bestimmten Zeile kann man auch die Find-Methode der Rows-Auflistung der DataTable verwenden. Der Zugriff funktioniert allerdings nur dann, wenn der DataTable vorher eine PrimaryKey-Eigenschaft zugewiesen wurde.

Beispiel Der alternative Code zu den Vorgängerbeispielen, wobei aber die Zeilenauswahl über den Primärschlüssel erfolgt (die dritte Zeile hat den *KundenCode* ANTON).

```
Dim dt As DataTable = ds.Tables("Kunden")
Dim colArr(1) As DataColumn                   ' Array mit einem Feld deklarieren
colArr(0) = dt.Columns("KundenCode")          ' Array füllen mit Primärschlüsselspalte
dt.PrimaryKey = colArr                        ' Primärschlüssel zuweisen
Dim rw As DataRow = dt.Rows.Find("ANTON")     ' Zeilenauswahl über Primärschlüssel
TextBox1.Text = rw("Firma").ToString          ' Spaltenauswahl und Zugriff
```

Zeilen löschen

Es gibt zwei grundsätzlich verschiedene Methoden, um ein DataRow-Objekt aus seinem DataTable-Objekt zu entfernen:

- Die Remove-Methode des Rows-Collection-Objekts und
- die Delete-Methode des DataRow-Objekts.

Remove löscht eine DataRow aus der Rows-Collection, während Delete die Zeile nur zum Löschen markiert.

Beispiel Die Remove-Methode der Rows-Collection erhält eine DataRow als Argument und entfernt diese aus der Auflistung.

```
dt.Rows.Remove(rw)
```

Beispiel Die Delete-Methode einer DataRow wird aufgerufen, um deren RowState in Deleted zu ändern.

```
rw.Delete
```

15.3 Die DataView

Das Trennen der Daten von ihrer Darstellung macht es möglich, von einer DataTable ganz verschiedene Ansichten zu erstellen, ohne dass die Daten im Speicher dupliziert werden müssen. Die DataView-Klasse liefert die Ansicht einer DataTable nicht nur zwecks Datenanzeige, sondern erlaubt auch das Filtern, Sortieren und Suchen von Datensätzen.

15.3.1 Erzeugen einer DataView

Dem üblichen Konstruktor wird das zugrunde liegende DataTable-Objekt übergeben:

```
Dim dv AS New DataView(dt As DataTable)
```

Beispiel Zwei verschiedene Sichten der *Artikel*-Tabelle von *Nordwind.mdb* werden erzeugt.

```
Dim conn As New OleDbConnection("Provider=Microsoft.Jet.OLEDB.4.0;  Data Source=Nordwind.mdb;")
Dim cmd As New OleDbCommand("SELECT * FROM Artikel", conn)
Dim da As New OleDbDataAdapter(cmd)
Dim ds As New DataSet()
conn.Open()
da.Fill(ds, "Artikel_Liste")
conn.Close()
Dim dt As DataTable = ds.Tables(0)
Dim dv1 As New DataView(dt)
...
Dim dv2 As New DataView(dt)
...
```

15.3.2 Sortieren und Filtern von Datensätzen

Zum Sortieren übergeben Sie der Sort-Eigenschaft einfach die kommaseparierten Spalten, nach denen sortiert werden soll. Anschließend steht »ASC« für eine aufsteigende und »DESC« für eine absteigende Sortierfolge.

Das Filtern von Datensätzen ähnelt der WHERE-Klausel in einer SQL-Abfrage. Die gewünschte Filterbedingung wird der RowFilter-Eigenschaft zugewiesen. Die anschließende Sicht auf die DataTable enthält nur noch die Datensätze, auf welche die Bedingung zutrifft.

Beispiel Aus der Tabelle *Artikel* werden alle Artikel mit einem Preis unter 20 Euro herausgefiltert und nach dem Artikelnamen (mit »Z« beginnend) umsortiert.

```
Dim dt As DataTable = ds.Tables("Artikel")
Dim dv As New DataView(dt)
dv.RowFilter = "Einzelpreis < 20"
dv.Sort = "Artikelname DESC"
```

Hinweis

Den kompletten Code enthält das folgende Beispiel. ■

15.3.3 DEMO: Im DataView sortieren/filtern

Ein DataView-Objekt visualisiert die Daten eines DataTable-Objekts und ermöglicht gleichzeitig ein bequemes Suchen und Filtern. Das vorliegende Beispiel zeigt eine einfache Anwendung zum Sortieren und Filtern auf Basis der *Artikel*-Tabelle aus *Nordwind.mdb*.

Oberfläche

Wir brauchen ein DataGridView, einen Button und zwei TextBoxen. Letztere dienen der Eingabe der Sort- und der RowFilter-Eigenschaft des DataView-Objekts. Die Syntax dieser Eigenschaften ist SQL-orientiert. Um beim Experimentieren nicht jedes Mal komplett die Sort- und RowFilter-Eigenschaften neu eintippen zu müssen, sollten Sie gleich zur Entwurfszeit beiden TextBoxen gültige Anfangswerte zuweisen, z.B.

- Sort: Artikelname DESC
- RowFilter: Artikelname LIKE 'F%' AND Einzelpreis < 60

Quellcode

```
Imports System.Data.OleDb

Public Class Form1
```

Das DataView-Objekt wird global referenziert:

```
    Private dv As DataView = Nothing
```

Beim Laden der Anwendung erfolgt das Instanziieren und Initialisieren der übrigen Objekte:

```
    Protected Overrides Sub OnLoad(ByVal e As EventArgs)
        Dim conn As New OleDbConnection( _
                        "Provider=Microsoft.Jet.OLEDB.4.0; Data Source=Nordwind.mdb;")
        Dim cmd As New OleDbCommand( _
                "SELECT ArtikelNr, Artikelname,Liefereinheit,Einzelpreis FROM Artikel", conn)
        Dim da As New OleDbDataAdapter(cmd)
        Dim dt As New DataTable()
```

Die DataTable füllen:

```
        da.Fill(dt)
```

Erzeugen des DataView in Standardansicht:

```
        dv = dt.DefaultView
```

Datengitter an DataView anbinden:

```
        DataGridView1.DataSource = dv

        MyBase.OnLoad(e)
    End Sub
```

Zum Filtern und Sortieren werden dem DataView-Objekt die Inhalte aus den beiden TextBox-Controls zugewiesen:

```
Private Sub Button1_Click(ByVal sender As Object, ByVal e As EventArgs) Handles Button1.Click
        dv.Sort = TextBox1.Text
        dv.RowFilter = TextBox2.Text
    End Sub
End Class
```

Test

Nach Programmstart zeigt die DataView zunächst alle Artikel in Standardansicht an. Nach dem Anklicken der »Start«-Schaltfläche werden z.B. nur noch alle mit »F« beginnenden Artikel mit einem Einzelpreis von z.B. unterhalb *60 Euro* in umgekehrter alphabetischer Reihenfolge angezeigt.

Weiteren Experimenten steht nun nichts mehr im Wege (bescheidene SQL-Kenntnisse vorausgesetzt).

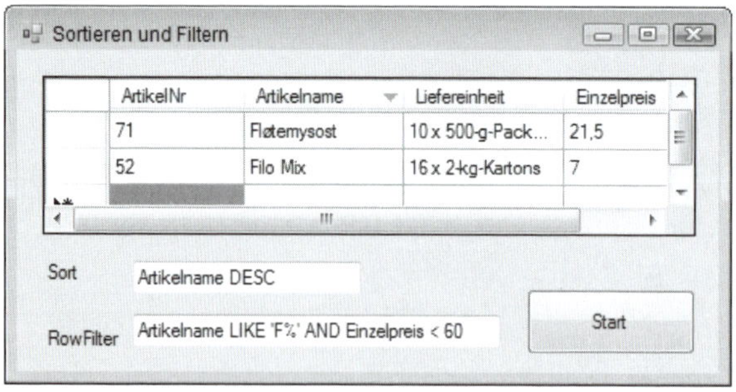

Abbildung 15.2 Laufzeitansicht

Bemerkungen

- Die SQL-Syntax der RowFilter-Eigenschaft ist dieselbe wie die der Expression-Eigenschaft des DataColumn-Objekts.
- Neben dem »%«-Platzhalterzeichen können Sie auch das Zeichen »*« verwenden.

15.3.4 Suche von Datensätzen

Die beiden Methoden Find und FindRows erlauben (in Kombination mit einer vorgegebenen Sortierung) das Auffinden von Zeilen, bei denen die Sortierspalten mit den angegebenen Werten übereinstimmen.

Die Find-Methode liefert nur den Index der ersten Fundstelle bzw. −1, wenn kein Datensatz gefunden wurde. Hingegen überbringt die FindRows-Methode ein DataRowView-Array mit allen passenden Zeilen.

Beispiel In der *Kunden*-Tabelle der *Nordwind*-Datenbank wird der erste Kunde mit der *Kontaktperson* »Hanna Moos« gesucht und in einem DataGridView markiert.

```
Dim dv As DataView =  ds.DefaultViewManager.CreateDataView(dt)
dv.Sort = "Kontaktperson"                          ' in dieser Tabellenspalte wird gesucht
Dim i As Integer = dv.Find("Hanna Moos")           ' Zeile wird gesucht

DataGridView1.CurrentCell = DataGridView1.Rows(i).Cells(0)      ' Zeile wird vorn markiert
If i = -1 Then  MessageBox.Show("Keinen Datensatz gefunden!")
```

15.3.5 DEMO: Datensätze suchen

Die im Beispiel 15.3.3 (Im DataView sortieren und filtern) vorgestellte `RowFilter`-Eigenschaft ermöglicht unter Verwendung der SQL-Syntax (LIKE) und des Platzhalterzeichens »%« auch eine komfortable Suche. Dabei muss nicht der komplette Suchbegriff eingegeben werden, sondern die ersten Buchstaben reichen aus, um ähnliche Datensätze herauszufiltern.

Oberfläche

Für das Startformular benötigen Sie lediglich ein `DataGridView`, eine `ComboBox` und eine `TextBox` (siehe Laufzeitansicht am Schluss).

Quellcode

```
Imports System.Data.OleDb
Public Class Form1
    Private dv As DataView = Nothing

    Protected Overrides Sub OnLoad(ByVal e As EventArgs)
        Dim conn As New OleDbConnection( _
                              "Provider=Microsoft.Jet.OLEDB.4.0; Data Source=Nordwind.mdb;")
        Dim cmd As New OleDbCommand("SELECT * FROM Kunden", conn)
        Dim da As New OleDbDataAdapter(cmd)
        Dim dt As New DataTable("Kundenliste")
        conn.Open()
        da.Fill(dt)
        conn.Close()
        dv = New DataView(dt)           ' oder dv = dt.DefaultView
```

Die Übertragung der Spaltenbezeichner in die `ComboBox`:

```
        For Each c As DataColumn In dt.Columns
            ComboBox1.Items.Add(c.ColumnName)
        Next
```

Standardanzeige einstellen:

```
        ComboBox1.SelectedIndex = 1              ' Spalte "Firma"
        TextBox1.Text = "L"                      ' Default-Suchbegriff
        DataGridView1.DataSource = dv

        MyBase.OnLoad(e)
    End Sub
```

Die Suche startet nach Betätigen der Enter-Taste:

```
        Private Sub TextBox1_KeyUp(ByVal sender As Object, ByVal e As KeyEventArgs) _
                                                                   Handles TextBox1.KeyUp
        If e.KeyCode = Keys.Enter Then
            dv.Sort = ComboBox1.Text
            dv.RowFilter = dv.Sort & " LIKE '" & TextBox1.Text & "%'"
        End If
    End Sub
End Class
```

Test

Stellen Sie in der `ComboBox` zuerst die Spalte ein, die Sie durchsuchen möchten. Geben Sie dann in die `TextBox` ein oder mehrere Zeichen für die Anfangsbuchstaben des zu suchenden Begriffs ein und beenden Sie die Eingabe mit der `Enter`-Taste.

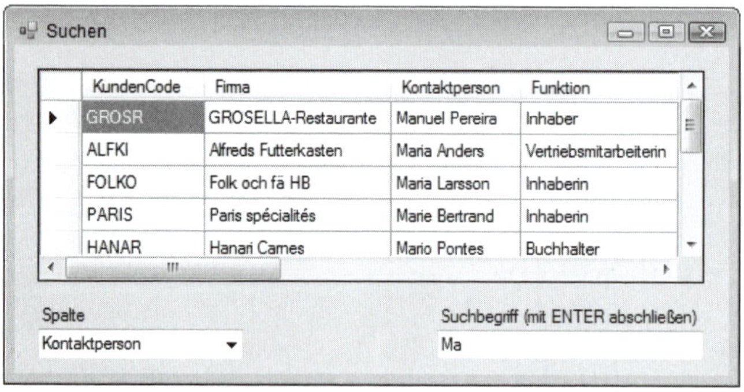

Abbildung 15.3 Laufzeitansicht

Geben Sie einen leeren Suchbegriff ein, wird wieder die komplette Tabelle angezeigt.

15.4 Typisierte DataSets

Visual Studio verfügt über Assistenten bzw. Designer, mit deren Hilfe man so genannte »Typisierte DataSets« (*Typed DataSets*) erstellen kann. Auf den Einsteiger mögen diese Konstrukte durchaus verwirrend wirken, hat er doch mit den »normalen« `DataSets` bereits genug zu kämpfen.

15.4.1 Was ist ein typisiertes DataSet?

Ein »typisiertes DataSet« ist eine von der Klasse `DataSet` abgeleitete Klasse mit Eigenschaften und Methoden, die einen wesentlich bequemeren, weil streng objektorientierten, Zugriff auf den Inhalt ermöglichen, als dies beim konventionellen DataSet der Fall ist.

Zu einem typisierten DataSet gehören auch eine XML-Schema-Beschreibung (*.xsd*-Datei) sowie die Beschreibung der Anordnung der Daten in der grafischen Ansicht (*.xss*- und *.xcs*-Dateien).

Wie erzeuge ich ein typisiertes DataSet?

Dank Assistenten-Unterstützung ist diese Arbeit in wenigen Schritten erledigt, die wir hier nur stichpunktartig aufzählen wollen.

Wählen Sie das Menü *Projekt/Neues Element hinzufügen...* und die Vorlage »DataSet«. Es wird eine *.xsd*-Datei (*DataSet1.xsd*) für ein typisiertes DataSet erzeugt.

Anschließend öffnet sich der DataSet-Designer, der z.B. per Drag & Drop aus dem Server-Explorer gefüllt werden kann. Sie können aber auch, wie in der folgenden Abbildung gezeigt, einen `TableAdapter` hinzufügen, um direkt auf eine bestimmte Datenbank zuzugreifen.

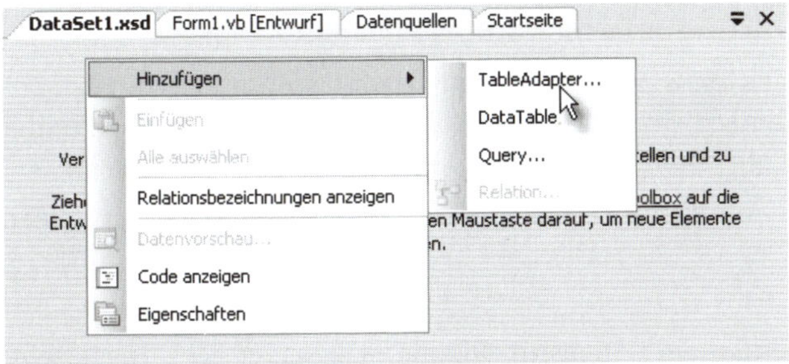

Abbildung 15.4
Hinzufügen eines `TableAdapters`

Mit dem `TableAdapter`-*Konfigurations-Assistenten* wählen Sie Ihre Datenverbindung aus und geben im nachfolgenden SQL-Dialog z.B. die Anweisung »SELECT * FROM Kunden« ein.

Wenn der Assistent fertig ist, bieten Ihnen das Datenquellen-Fenster (Menü *Daten/Datenquellen anzeigen*) und der DataSet-Designer den in der folgenden Abbildung gezeigten Anblick.

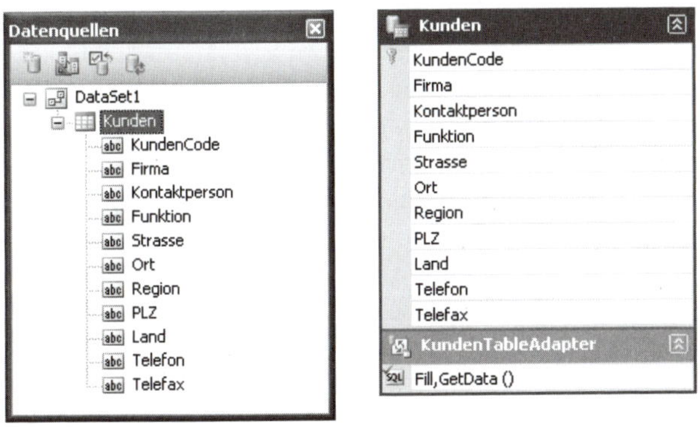

Abbildung 15.5
Das Datenquellenfenster mit der zugehörigen `DataTable`

Das typisierte DataSet kann zur Drag & Drop-Datenbindung in Windows Forms-Fenstern oder per Programmcode verwendet werden.

Hinweis

Beachten Sie, dass es sich beim typisierten DataSet um eine Klasse handelt, die vor ihrer Verwendung erst noch zu instanziieren ist! ■

Beispiel Das typisierte DataSet `DataSet1` (siehe obige Abbildung) wird instanziiert, mit Daten gefüllt und angezeigt.

```
Imports DataSet1TableAdapters                  ' Namespace für TableAdapter

Dim kta As New KundenTableAdapter()            ' TableAdapter instanziieren
Dim ds1 As New DataSet1()                      ' typ. DataSet instanziieren
```

```
kta.Fill(ds1.Kunden)                          ' typ. DataSet füllen
DataGridView1.DataSource = ds1.Kunden         ' ... und anzeigen
```

15.4.2 Das Konzept der Datenquellen

Wie Sie bereits erfahren haben, sind typisierte DataSets und Datenquellen eng miteinander verknüpft. Ganz allgemein repräsentiert eine Datenquelle die Daten, die für die Applikation verfügbar sind. Die Daten müssen aber nicht unbedingt von einer Datenbank kommen.

Der *Assistent zum Konfigurieren von Datenquellen* erlaubt Daten aus drei verschiedenen Quellen:

- **Datenbank**
  Das kann entweder eine serverbasierte Datenbank wie der SQL Server oder Oracle sein, oder eine filebasierte Datenbank wie Access. Visual Studio generiert automatisch typisierte DataSets und andere Klassen und fügt diese zu Ihrem Projekt hinzu.
- **Objekt**
  Irgendein Objekt mit öffentlichen Eigenschaften kann ebenfalls als Datenquelle dienen. Es ist nicht notwendig, dafür ein spezielles Interface zu implementieren.
- **Webservice**
  Beim Erzeugen einer Datenquelle von einem Webdienst werden Objekte erstellt, die mit dem Datentyp korrespondieren, der vom Webdienst geliefert wird.

Eine Datenquelle dient einem doppelten Zweck: Zum Ersten ist es ein Weg um das Erstellen streng typisierter Klassen zu spezifizieren, welche die Anwendungsdaten repräsentieren, zum Zweiten stellt die Datenquelle einen flexiblen Mechanismus zur schnellen Entwicklung attraktiver und funktioneller WinForms- und WebForms-Benutzerschnittstellen bereit.

Hinweis

Eine schrittweise Anleitung zum Einrichten einer Datenquelle bietet Ihnen das Beispiel im Abschnitt 16.2.5 (Arbeiten mit einer Datenquelle). ■

15.4.3 Typisierte DataSets und TableAdapter

Eine Datenbank-Datenquelle ist die Kombination eines streng typisierten `DataSets` mit einem oder mehreren Pärchen von streng typisierten `DataTables` und `TableAdapters`.

Ein typisiertes DataSet ist, soviel wissen wir bereits, eine automatisch generierte Wrapper-Klasse, welche die `DataSet`-Klasse »umhüllt« und ein definiertes Schema zusammen mit Eigenschaften und Methoden besitzt. Das ist aber noch nicht alles. Zusätzlich werden für jede `DataTable` des `DataSets` drei abgeleitete Klassen generiert: eine typisierte `DataTable`, eine typisierte `DataRow` und eine typisierte `DataRowChangeEvent` Klasse.

Beispiel Eine Datenquelle, basierend auf der `Customers` Tabelle der `Northwind`-Datenbank, führt zum Generieren folgender typisierter Klassen:

```
NorthwindDataSet
CustomersDataTable
CustomersDataRow
CustomersRowChangeEvent
CustomersTableAdapter
```

Bereits die ersten vier Klassen des Beispiels charakterisieren ein typisiertes `DataSet`. In Visual Studio wird aber noch eine fünfte Klasse generiert, ein typisierter `TableAdapter` mit dem Namen `CustomersTableAdapter`, auf den wir noch ausführlicher zu sprechen kommen werden.

Warum sollte man ein typisiertes DataSet einsetzen?

Hier die wichtigsten Vorzüge im Detail:

- `DataSets`, `DataTables`, `DataRows` und `RowChangeEvent` sind vom Datenschema abhängig.
- `Tables`, `Columns` und `Relations` stehen als benannte Eigenschaften zur Verfügung und nicht mehr als allgemeine Mitglieder einer Auflistung.
- Der Programmierer hat unter Visual Studio die volle Unterstützung der IntelliSense (automatische Codevervollständigung), was die Entwicklung des Codes beschleunigt und die Wahrscheinlichkeit von Tippfehlern verringert.
- Fehlerprüfungen erfolgen bereits beim Kompilieren (z.B. führt ein falscher Feldname bereits zu einem Kompilier- und nicht erst zu einem Laufzeitfehler).
- Der Code ist konsistenter und lesbarer (siehe folgendes Beispiel).

Beispiel Vergleich der Schreibweisen beim Zugriff auf die *ContactName*-Spalte in der vierten Zeile der *Customers*-Tabelle der *Northwind*-Datenbank.

Normales `DataSet`:

```
Dim cName As String = ds.Tables ("Customers").Rows(3)("ContactName").ToString
```

Typisiertes `DataSet`:

```
Dim cName As String = NorthwindDataSet.Customers(3).ContactName
```

Die zweite Variante ist doch viel transparenter – oder? Die von seinem untypisierten Vorfahren geerbte Funktionalität bleibt natürlich erhalten, Sie können deshalb ein typisiertes DataSet optional auch mit der gleichen Syntax wie ein normales DataSet abfragen.

Der TableAdapter

Ein `TableAdapter` ist das streng typisierte Äquivalent zum normalen `DataAdapter`.

Sie verwenden den `TableAdapter` zunächst genauso wie den `DataAdapter`, d.h. zur Verbindungsaufnahme mit einer Datenbank, zum Ausführen von Abfragen (oder gespeicherten Prozeduren) und zum Befüllen einer `DataTable` mit Daten.

Beispiel Die (typisierte) Tabelle `northwindDataSet.Customers` wird mit Daten gefüllt.

```
Me.CustomersTableAdapter.Fill(Me.NorthwindDataSet.Customers)
```

Mit dem `TableAdapter` von Visual Studio muss man nach Definition einer `Fill`..-Abfragemethode lediglich eine einzige Zeile Code schreiben um einen (oder auch mehrere) Parameterwerte zu übergeben:

Beispiel Der Abfragemethode `FillByCity` wird als Parameter der Name einer Stadt aus einer `TextBox` übergeben.

```
Me.CustomersTableAdapter.FillByCity (Me.NorthwindDataSet.Customers, Me.TextBox1.Text)
```

Da die Abfragemethoden streng typisiert sind, erhalten Sie beim Schreiben von Code die volle Unterstützung der Intellisense von Visual Studio.

Hinweis
Eine Anleitung, wie Sie zu einem `TableAdapter` Abfragemethoden hinzufügen, erhalten Sie im Beispiel 16.2.5 (Arbeiten mit einer Datenquelle). ■

16 Datenbindung unter ADO.NET

Dieses Kapitel behandelt die folgenden Themen:

- Allgemeine Varianten der Datenbindung
- Master- Detail-Beziehungen
- Spezielle Datenbindungen
- Navigieren im DataSet
- Binden an eine Datenquelle

Sie haben in den beiden Vorgängerkapiteln die Grundlagen von ADO.NET kennen gelernt und wissen, wie man Datenbanken abfragen und aktualisieren kann. Um Ein- und Ausgaben zu realisieren, hatten wir dort bereits mit einfacher Datenbindung gearbeitet (meist unter Verwendung des `DataGridView`).

Das vorliegende Kapitel nimmt die Datenbindung genauer unter die Lupe und zeigt weitere Varianten der Ein- und Ausgabe von Daten unter ADO.NET.

16.1 Allgemeine Varianten der Datenbindung

Datenbindung ist ganz allgemein die Verknüpfung zwischen einer Steuerelementeigenschaft und einer Datenquelle. In Abhängigkeit von der Beantwortung der beiden Fragen

- *Will ich die Datenbindung manuell oder mit Drag & Drop-Assistentenunterstützung programmieren?*
- *Sollen komplette Listen bzw. Tabelleninhalte oder nur einzelne Felder an die Controls angebunden werden?*

... kann man das Gebiet der Datenbindung grob in vier Bereiche aufteilen:

- Manuelle Datenbindung an einfache Datenfelder
- Manuelle Datenbindung an Listen/Tabelleninhalte
- Entwurfszeit-Datenbindung an ein typisiertes DataSet
- Drag & Drop-Datenbindung

Wer wenig Code schreiben will, wird, soweit es geht, die Hilfe der Assistenten in Anspruch nehmen. Der solide Handwerker, der lieber etwas mehr Code schreibt und dafür aber die volle Kontrolle über sein Programm behält, wird die manuelle Datenbindung bevorzugen.

16.1.1 Manuelle Datenbindung an einfache Datenfelder

Bestimmte Eigenschaften vieler Windows Forms-Controls lassen sich an eine Datenquelle binden. Damit ändert der Wert in der Datenquelle den Wert der gebundenen Eigenschaft und umgekehrt.

Beispiel Ein DataSet `ds` enthält die Tabelle »Personal«. Eine `TextBox` soll an das Feld »Nachname« angebunden werden. Fügen Sie von der Toolbox eine `BindingSource`-Komponente zum Formular hinzu.

```
BindingSource1.DataSource = ds
BindingSource1.DataMember = "Personal"
```

Die `Text`-Eigenschaft der `TextBox` wird angebunden:

```
TextBox1.DataBindings.Add("Text", BindingSource1, "Nachname")
```

Um die Datensätze weiterblättern zu können brauchen Sie nur noch eine `BindingNavigator`-Komponente hinzuzufügen, deren `BindingSource`-Eigenschaft Sie auf `BindingSource1` setzen.

BindingSource erzeugen

Die ab .NET 2.0 eingeführte `BindingSource` löst die inzwischen veralteten (aber natürlich nach wie vor unterstützten) Klassen `BindingManagerBase` bzw. `CurrencyManager` ab. Eine `BindingSource` kapselt die Datenquelle des Formulars, sie schiebt sich quasi als zusätzliche Schicht zwischen Datenquelle und Anzeigecontrols. Mittels DataSource- bzw. DataMember-Eigenschaft wird eine BindingSource mit der Datenquelle verbunden.

Beispiel Verschiedene Varianten zum Erzeugen einer BindingSource und ihrer Verbindung mit der Tabelle »Personal« eines DataSet-Objekts ds.

```
Dim bs As New BindingSource()
bs.DataSource = ds
bs.DataMember = "Personal"
```

oder

```
Dim bs As New BindingSource(ds, "Personal")
```

oder

```
Dim dt As DataTable = ds.Tables("Personal")
Dim bs As New BindingSource()
bs.DataSource = dt
```

oder

```
Dim dv As DataView = ds.Tables("Personal").DefaultView
Dim bs As New BindingSource()
bs.DataSource = dv
```

Binding-Objekt

Ein Binding-Objekt ermöglicht die einfache Bindung zwischen dem Wert einer Objekteigenschaft und dem Wert einer Steuerelementeigenschaft. Bei der Instanziierung sind drei Parameter zu übergeben:

- die zu bindende Eigenschaft des Controls (z.B. Text),
- die Datenquelle, an die zu binden ist (BindingSource, DataSet, DataTable, DataView),
- das Feld innerhalb der Datenquelle, das angebunden werden soll (z.B. Vorname).

Beispiel Die Steuerelementeigenschaft Text wird an die Eigenschaft Geburtsdatum der *Personal*-Tabelle gebunden.

```
Dim bs As New BindingSource(ds, "Personal")
Dim b1 As New Binding("Text", bs, "Geburtsdatum")
```

DataBindings-Collection

Die Datenanbindung für einfache Steuerelemente, wie z.B. Label oder TextBox, wird durch Hinzufügen von Binding-Objekten zur DataBindings-Auflistung des Steuerelements komplettiert. Der Add-Methode sind entweder ein komplettes Binding-Objekt oder aber dessen drei Argumente zu übergeben.

Beispiel (*Fortsetzung*) Das im Vorgängerbeispiel erzeugte Binding-Objekt wird zur DataBindings-Collection einer TextBox hinzugefügt:

```
TextBox1.DataBindings.Add(b1)
```

Eine Überladung der Add-Methode, die ohne explizit erzeugtes Binding-Objekt auskommt:

```
TextBox1.DataBindings.Add("Text", bs, "Geburtsdatum")
```

Bemerkungen

- Mit der Control-Eigenschaft können Sie das Steuerelement abrufen, zu dem die DataBindings-Collection gehört.
- Nachdem die Steuerelemente angebunden sind, werden lediglich die Werte der ersten Zeile der DataTable angezeigt, Möglichkeiten zum Navigieren bzw. Blättern sind noch nicht vorhanden.

16.1.2 Manuelle Datenbindung an Listen und Tabelleninhalte

Bei dieser komplexeren Form der Datenbindung wollen wir Steuerelemente, die mehrere Werte anzeigen können, an eine Liste von Werten binden. Die dafür am häufigsten verwendeten Steuerelemente sind DataGridView, ComboBox oder ListBox.

DataGridView

Das DataGridView ist ein sehr leistungsfähiges Datengitter-Steuerelement, welches wir in diesem Kapitel bereits sehr häufig für die Anzeige von Tabelleninhalten benutzt haben.

Beispiel Anzeige der *Personal*-Tabelle im DataGridView

```
DataGridView1.DataSource = ds
DataGridView1.DataMember = "Personal"
```

oder

```
Dim bs As New BindingSource(ds, "Personal")
DataGridView1.DataSource = bs
```

Datenbindung von ComboBox und ListBox

Häufig werden ComboBox und ListBox zum Implementieren sogenannter »Nachschlagefunktionalität« bei DataTables (oder DataViews) eingesetzt, zwischen denen eine Master-Detail-Relation besteht. Um die ComboBox/ListBox mit der Master-Tabelle zu verknüpfen, muss zunächst die SelectedValueEigenschaft an den in der Mastertabelle enthaltenen Fremdschlüssel angebunden werden. Anschließend werden den DataSource-, DisplayMember- und ValueMember-Eigenschaften die entsprechenden Spalten der Detailtabelle zugewiesen.

Beispiel Die Tabellen *Bestellungen* und *Personal* der *Nordwind*-Datenbank sind durch eine Master-Detail-Beziehung verknüpft. In der ComboBox soll der zur aktuellen Bestellung gehörige *Nachname* aus der *Personal*-Tabelle angezeigt werden.

Verbinden der ComboBox mit der Mastertabelle:

```
BindingSourceBest.DataSource = ds.Tables("Bestellungen")
ComboBox1.DataBindings.Add("SelectedValue", BindingSourceBest, "PersonalNr")
```

Anbinden der Detaildaten an die ComboBox:

```
BindingSourcePers.DataSource = ds.Tables("Personal")
With ComboBox1
    .DataSource = BindingSourcePers
    .DisplayMember = "Nachname"
    .ValueMember = "PersonalNr"
End With
```

16.1.3 DEMO: Master-Detailbeziehungen im DataGrid

Das gute alte DataGrid kann kann mehrere Tabellen gleichzeitig verwalten, dies ist fast der einzige (wenn auch nicht unbedeutende) Vorteil gegenüber dem strahlenden Nachfolger DataGridView. Im vorliegenden Beispiel zeigen wir, wie man ohne viel Mehraufwand eine Darstellung von zwei verknüpften Tabellen (*Kunden* und *Bestellungen* aus der *Nordwind*-Datenbank) erreichen kann. Dabei lernen wir, wie man eine DataRelation erstellt und anwendet.

Oberfläche

Ein DataGrid und ein Button genügen für einen kleinen Test. Da Visual Studio mittlerweile das DataGrid aus der Toolbox verbannt hat, müssen wir es aus der »Mottenkiste« wieder herausholen (Kontextmenü *Elemente auswählen...* und unter ».NET Framework-Komponenten« suchen).

Quellcode

```
Imports System.Data.OleDb

Public Class Form1
```

Einrichten der Verbindung zur Datenbank:

```
    Private Sub Button1_Click(ByVal sender As Object, ByVal e As EventArgs) _
                                                        Handles Button1.Click
        Dim connStr As String = "Provider=Microsoft.Jet.OLEDB.4.0; Data Source=Nordwind.mdb;"
        Dim conn As New OleDbConnection(connStr)
```

Die Kunden-Tabelle wird in das DataSet geladen:

```
        Dim selStr As String = "SELECT KundenCode, Firma, Kontaktperson, Telefon FROM Kunden"
        Dim da As New OleDbDataAdapter(selStr, conn)
        Dim ds As New DataSet()
        conn.Open()
```

```
        da.Fill(ds, "Kunden")
```

Die Bestellungen werden geladen:

```
        selStr = "SELECT Bestellungen.BestellNr, Bestellungen.KundenCode," & _
                 " Bestellungen.Bestelldatum, Bestellungen.Versanddatum" & _
                 " FROM Kunden, Bestellungen" & _
                 " WHERE (Kunden.KundenCode = Bestellungen.KundenCode)"
        da = New OleDbDataAdapter(selStr, conn)
        da.Fill(ds, "Bestellungen")
        conn.Close()
```

Die DataRelation wird zum DataSet hinzugefügt:

```
        ds.Relations.Add("KundenBestellungen", ds.Tables("Kunden").Columns("KundenCode"), _
                          ds.Tables("Bestellungen").Columns("KundenCode"))
```

Anbinden des DataGrid:

```
        DataGrid1.SetDataBinding(ds, "Kunden")
    End Sub
End Class
```

Test

Das DataGrid zeigt zunächst eine scheinbar normale Darstellung der Kundenliste. Nach Klick auf das Kreuzchen in der ersten Tabellenspalte können Sie die Darstellung expandieren. Nachdem Sie auf den Hotspot »KundenBestellungen« geklickt haben, erscheinen im DataGrid die gewünschten Detaildatensätze.

Hinweis

Um zur Master-Tabelle zurückzukehren, klicken Sie auf den kleinen Pfeil rechts oben in der Titelleiste der Detailansicht. ■

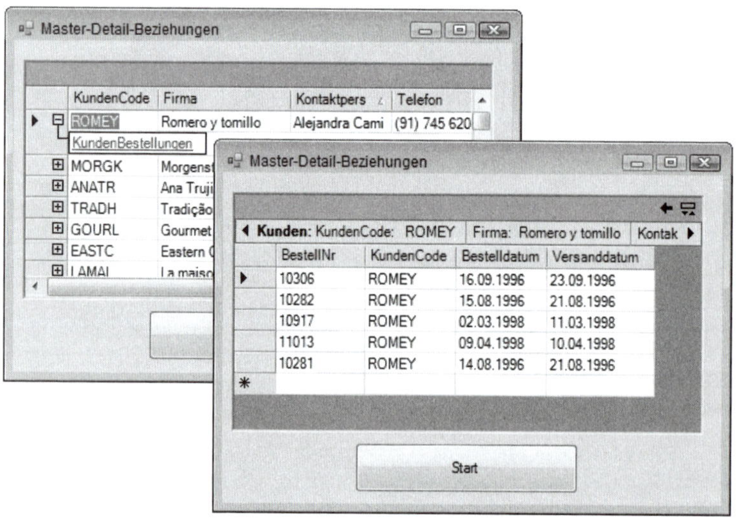

Abbildung 16.1 Laufzeitansicht

16.2 Spezielle Datenbindungen

Visual Studio erleichtert Ihnen auf auf verschiedene Weise die Verbindung der Daten mit der Benutzerschnittstelle. Der folgende Abschnitt erläutert einige wichtige Möglichkeiten.

16.2.1 Entwurfszeit-Datenbindung an ein typisiertes DataSet

Zwar basiert ADO.NET auf dem Prinzip der strikten Trennung der Benutzerschnittstelle von der Datenbank, doch gibt es trotzdem die Möglichkeit der Entwurfszeitanbindung der Steuerelemente. Allerdings muss dazu eine Datenquelle (typisiertes DataSet) vorhanden sein, welche nur mit Assistentenhilfe sinnvoll zu erstellen ist.

Beispiel Die folgende Abbildung zeigt, wie Sie über den `(DataBindings)`-Knoten im Eigenschaftenfenster die Datenbindung für ein `Label`-Steuerelement vornehmen. Die Datenfelder stehen dabei als `BindingSource`-Elemente zur Verfügung.

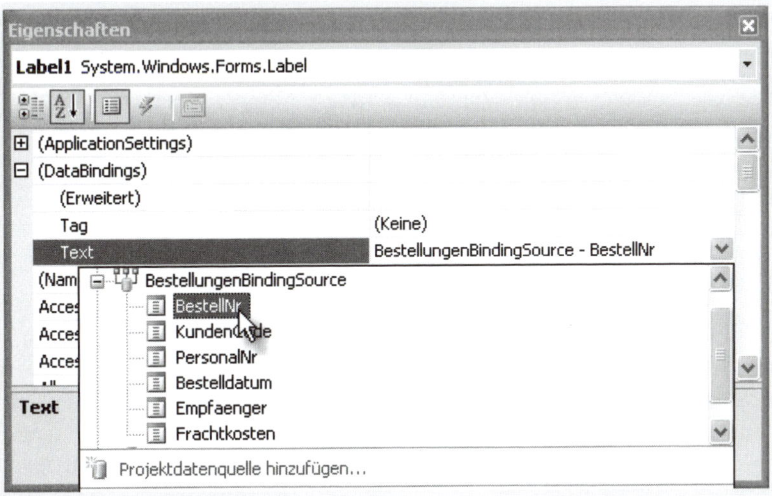

Auf analoge Weise realisieren Sie z.B. auch Entwurfszeit-Datenbindungen für `TextBox`, `ComboBox` und `ListBox` sowie mit dem `DataGridView`.

Beispiel Ein DataGridView wird über eine BindingSource mit der Tabelle »Bestellungen« eines typisierten DataSets verbunden. Bereits zur Entwurfszeit zeigt das DataGridView die Datenstruktur.

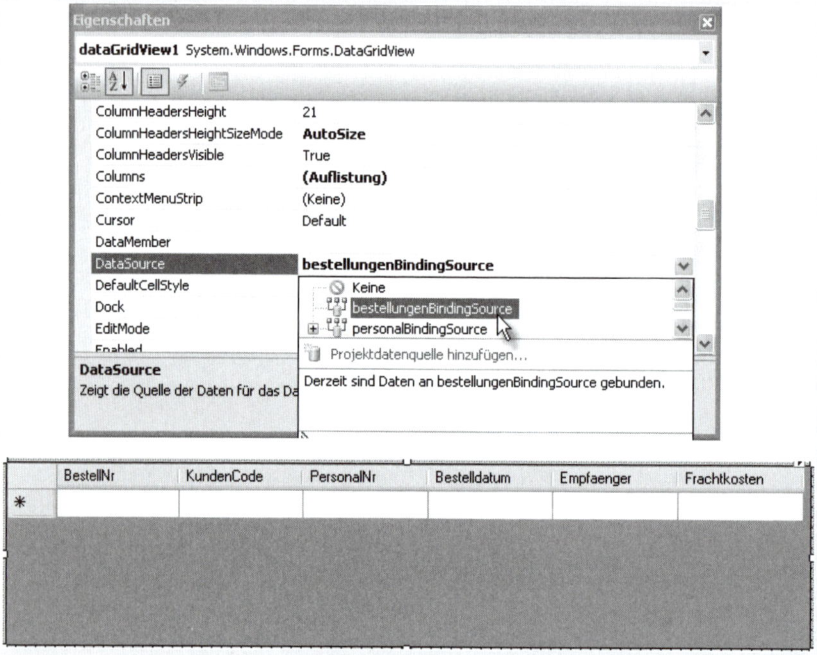

16.2.2 Drag & Drop-Datenbindung

Unter der Voraussetzung, dass eine Datenquelle vorhanden ist, brauchen Sie nur noch per Drag& Drop komplette Tabellen aus dem Datenquellen-Fenster auf das Formular zu ziehen. Neben einer fertigen Eingabemaske (wahlweise Einzelkomponenten mit BindingNavigator oder als DataGridView) werden auch eine Unmenge von Datenzugriffskomponenten (DataSet, BindingSource, TableAdapter, ...) generiert und im Komponentenfach abgelegt.

Hinweis

Eine komplette Anleitung finden Sie im Beispiel 16.2.5 (Arbeiten mit einer Datenquelle). ■

16.2.3 Navigieren im DataSet

Für das Durchblättern der Datensätze sowie für Editieren, Hinzufügen und Löschen haben Sie hauptsächlich zwei Möglichkeiten:

- Sie können die verschiedenen Methoden der BindingSource verwenden oder
- Sie verwenden einen BindingNavigator, der die Methodenaufrufe kapselt.

Vor- und Rückwärtsblättern

So wie das gute alte Recordset-Objekt aus den Zeiten vor .NET hat auch die BindingSource die Methoden MoveNext, MovePrevious, MoveFirst und MoveLast.

Beispiel Bewegen zum ersten Datensatz

```
Dim bs As New BindingSource(ds, "Personal")
Private Sub Button1_Click(ByVal sender As Object, ByVal e As EventArgs)
    bs.MoveFirst()
End Sub
```

Hinzufügen und Löschen

Dafür bietet die BindingSource die Methoden Add, AddNew, Remove, RemoveAt, RemoveCurrent und RemoveFilter.

Beispiel Ein neuer Datensatz wird hinzugefügt:

```
bs.AddNew()
```

Der aktuelle Datensatz wird gelöscht:

```
bs.RemoveCurrent()
```

Aktualisieren und Abbrechen

Mit der EndEdit- bzw. CancelEdit-Methode der BindingSource kann der aktuelle Editiervorgang beendet bzw. abgebrochen werden.

Beispiel Die geänderten Daten werden vom DataTable-Objekt dt in die Datenbank übertragen.

```
bs.EndEdit()
da.Update(dt)
```

Hinweis
Wenn Sie die EndEdit-Methode nicht aufrufen, werden die geänderten Daten erst beim Weiterblättern in die DataTable übernommen. ■

BindingNavigator

Ein BindingNavigator eignet sich nur für die Zusammenarbeit mit einer BindingSource.

Beispiel Ein BindingNavigator wird mit einem BindingSource-Objekt bs verknüpft.

```
BindingNavigator1.BindingSource = bs
```

Der BindingNavigator bietet alle Funktionen zum Weiterblättern, sowie zum Hinzufügen und zum Löschen – mit Ausnahme der »Speichern«- und der »Abbrechen«-Schaltfläche, die Sie selbst hinzufügen und implementieren müssen.

Beispiel Ein BindingNavigator, dem Sie zwei Schaltflächen hinzugefügt haben, wird für das Speichern eines DataTable-Objekts dt und für das Abbrechen der aktuellen Operation »nachgerüstet«.

Speichern:

```
Private Sub ToolStripButton1_Click(ByVal sender As Object, ByVal e As EventArgs)
    bs.EndEdit()
    da.Update(dt)
End Sub
```

Abbrechen:

```
Private Sub ToolStripButton2_Click(ByVal sender As Object, ByVal e As EventArgs)
    bs.CancelEdit()
End Sub
```

16.2.4 Die Anzeige formatieren

Zum Formatieren der Inhalte manuell gebundener Steuerelemente ist einiger zusätzlicher Aufwand erforderlich. Die Binding-Objekte müssen separat erzeugt und mit Event-Handlern für das Format- und für das Parse-Event nachgerüstet werden.

Beispiel Die Anzeige des Geburtsdatums wird formatiert.

```
Dim b1 As New Binding("Text", bs, "Geburtstag")
```

Eventhandler anmelden:

```
AddHandler b1.Format, New ConvertEventHandler(AddressOf DateToDateString)
AddHandler b1.Parse, New ConvertEventHandler(AddressOf DateStrToDate)

TextBox3.DataBindings.Add(b1)
```

Datenquelle => Anzeige:

```
Private Sub DateToDateString(ByVal sender As Object, ByVal e As ConvertEventArgs)
    Try
        e.Value = Convert.ToDateTime(e.Value).ToString("d.M.yyyy")
    Catch
    End Try
```

Anzeige => Datenquelle:

```
Private Sub DateStringToDate(ByVal sender As Object, ByVal e As ConvertEventArgs)
    e.Value = Convert.ToDateTime(e.Value)
End Sub
```

16.2.5 DEMO: Arbeiten mit einer Datenquelle

Im Zusammenhang mit dem Konzept der Datenquellen spielt der `TableAdapter` eine wichtige Rolle. Um Sinn und Zweck dieser assistentengestützten Technologie zu erkunden, wollen wir auf Basis einer Datenquelle ein Formular entwickeln, welches Informationen aus der `Customers`-Tabelle der *Northwind*-Datenbank des SQL Servers anzeigt.

Assistent zum Konfigurieren von Datenquellen

- Nachdem Sie ein neues Projekt vom Typ »Windows Forms-Anwendung« erzeugt haben, bringen Sie über das Menü *Daten/Datenquellen anzeigen* das Datenquellen-Fenster zur Anzeige.
- Oben links im Datenquellen-Fenster klicken Sie die Schaltfläche »Neue Datenquelle hinzufügen«. Es startet der *Assistent zum Konfigurieren von Datenquellen.*
- Klicken Sie auf das »Datenbank«-Symbol und dann auf »Weiter«.
- Im folgenden Dialogfenster wählen Sie die Schaltfläche »Neue Verbindung...« und es erscheint das Dialogfenster »Datenquelle auswählen«.
- Hier klicken Sie auf den Eintrag »Microsoft SQL Server-Datenbankdatei«. Genauso gut hätten Sie aber auch »Microsoft SQL Server« wählen können. Wir aber gehen diesmal davon aus, dass die Datenbank nicht auf dem SQL Server installiert ist, sondern als separate Datei *Northwind.mdf* zur Verfügung steht[1].

Abbildung 16.2 Datenquelle auswählen

- Nach erfolgreichem Verbindungstest steht die Datenverbindung nun unter dem Namen *Northwind.mdf* zur Auswahl bereit.
- Anschließend werden Sie von einem Meldungsfenster befragt, ob Sie diese Datei in das Projekt kopieren wollen. Bestätigen Sie mit »Ja«, denn Sie sparen sich damit eine Menge Ärger beim Pflegen der Anwendung bzw. bei deren späterer Weitergabe.
- Im nun folgenden Dialog können Sie guten Gewissens das Häkchen setzen, damit die Verbindungszeichenfolge als »NorthwindConnectionString« in der Anwendungskonfi-

[1] Die ca. 3,7 MB große Datei *Northwind.mdf* ist in den Beispieldaten zum Buch enthalten.

gurationsdatei gespeichert wird (ein Blick in die Datei *app.config* bestätigt Ihnen, dass der Eintrag in der *connectionStrings*-Sektion gelandet ist). Wenn Sie wollen, können Sie später per Code wie folgt darauf zugreifen:

```
...
Dim connStr As String = My.Settings.NorthwindConnectionString
...
```

- Schließlich offeriert Ihnen der Assistent, nachdem er die Datenbankinformationen abgerufen hat, das Dialogfenster »Datenbankobjekte auswählen«. Hier können Sie die Tabellen, Ansichten, Gespeicherten Prozeduren oder Funktionen auswählen, die Sie für Ihre konkrete Anwendung brauchen.
- Die Datenquelle steht Ihnen jetzt im »Datenquellen«-Fenster zur freien Verfügung.

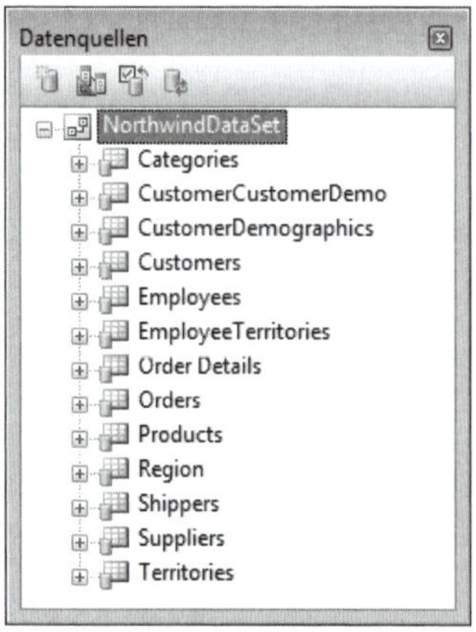

Abbildung 16.3
Anzeige der Datenquelle

Verwenden der Datenquelle

Nachdem Sie per Drag & Drop die *Customers*-Tabelle vom Datenquellen-Fenster auf `Form1` gezogen haben geschehen wundersame Dinge: Wie von Geisterhand entfaltet sich ein `DataGridView`-Datengitter, dessen Spalten bereits beschriftet sind, auf dem Formular. Am oberen Rand hat ein `BindingNavigator` Platz genommen. Im vollen Komponentenfach tummeln sich folgende Objekte:

- `NorthwindDataSet`
  eine Instanz des typisierten DataSets
- `CustomersTableAdapter`
  ein typisierter `DataAdapter` für die `Customers`-Tabelle
- `CustomersBindingSource`
  die Datenanbindung des Formulars
- `CustomersBindingNavigator`
  navigiert `CustomersBindingSource`

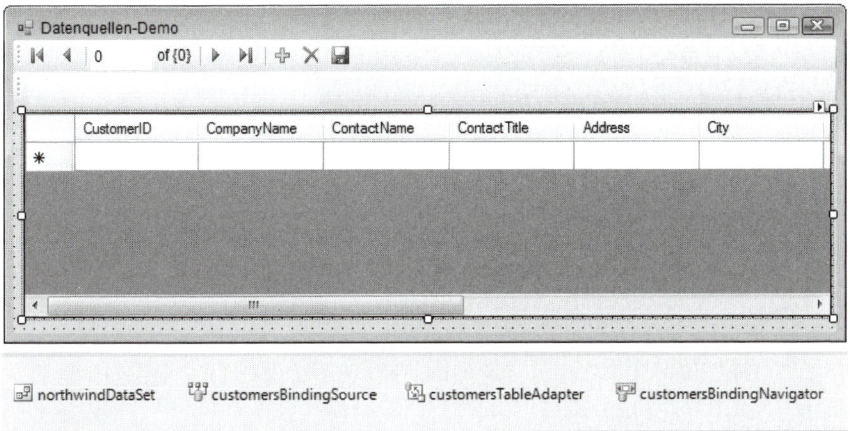

Abbildung 16.4 Entwurfszeitansicht

Hinweis

Die Komponenten `NorthwindDataSet` und `CustomersTableAdapter` lassen sich im komfortablen DataSet-Designer weiter bearbeiten (Aufruf über Kontextmenü). ■

Test

Ohne dass Sie eine einzige Zeile Code geschrieben haben, liegt bereits eine voll funktionsfähige Anwendung vor, in der Sie nicht nur durch die Datensätze blättern können. Auch Editieren, Hinzufügen und (sofern die referenzielle Integrität nicht verletzt wird) Löschen sind möglich.

Abfragemethoden hinzufügen

Wir haben bis jetzt nur die Spitze des Eisbergs gesehen. Das Kontextmenü des `CustomersTableAdapter` bietet zum Beispiel auch einen Eintrag *Abfrage hinzufügen...*

Im nachfolgenden Dialog vergeben Sie z.B. den Abfragenamen `FillByCity` und als Abfragetext den in Abbildung 16.5 angegebenen SQL-Befehl.

Nach dem OK wird abermals gezaubert: Unterhalb der Navigatorleiste erscheint ein automatisch generierter `ToolStrip` mit einer `TextBox` und einem `Button`. Nach Eingabe der gewünschten Stadt und Klick auf den Button »FillByCity« sehen Sie im `DataGridView` bereits das Abfrageergebnis (Abbildung 16.6).

Abbildung 16.5 Neue Abfrage erstellen

Abbildung 16.6 Das Ergebnis der Abfrage

III.

Teil III: Methoden und Werkzeuge der Softwareentwicklung

17 Fehlersuche/-Fehlerbehandlung

Dieses Kapitel behandelt die folgenden Themen:

- Fehlersuche mit dem Debugger
- Anweisungen zur Fehlerbehandlung
- Eigene Fehlerklassen

17.1 Fehlersuche

Kaum ein Programm funktioniert auf Anhieb 100%-ig. Besonders tückisch sind die logischen Fehler, die weder zur Entwurfs- noch zur Laufzeit auftreten und die sich lediglich in einer fehlerhaften Funktion des Programms (z.B. falsche Rechenergebnisse) äußern. Für uns Grund genug, den in Visual Studio integrierten Debugger etwas genauer unter die Lupe zu nehmen (siehe auch VB-Crashkurs, Abschnitt 2.7).

17.1.1 Der Debugger

Beim Debugging spielt der aktuelle Modus des Programms (Entwurfsmodus, Ausführungsmodus oder Unterbrechungs- bzw. Debuggingmodus) eine entscheidende Rolle. Die Beschriftung der Visual Studio-Titelleiste informiert Sie, in welchem der drei Modi sich das Programm gegenwärtig befindet. Gleichzeitig zeigt Ihnen der Zustand der Schaltflächen *Starten*, *Unterbrechen* und *Beenden* die möglichen Alternativen zum Wechseln des aktuellen Modus.

Tabelle 17.1 Die verschiedenen Symbolleisten beim Debugging

Modus	Symbolleiste
Entwurfsmodus	
Ausführungsmodus	
Unterbrechungs-/Debuggingmodus	

Das eigentliche Debugging wird in der Regel im Unterbrechungsmodus vollzogen. Die Zeile, an welcher die Programmausführung unterbrochen ist, erscheint dabei gelb hinterlegt:

Hinweis

Sie können auch im Debugging-Modus Ihren Code editieren und danach das Programm fortsetzen. Allerdings kann nicht alles Mögliche editiert werden, so können Sie zum Beispiel private Felder oder Methoden hinzufügen, entfernen dürfen Sie aber keine. ■

Über das Menü *Ansicht|Weitere Fenster* bzw. *Debuggen|Fenster* lassen sich nachfolgende Debugging-Fenster aufrufen:

- Befehlsfenster
- Ausgabefenster
- Direktfenster
- Lokalfenster
- Überwachungsfenster

Befehlsfenster

Unabhängig vom aktuellen Programm können Sie in diesem Fenster nach Belieben mit VB-Anweisungen experimentieren.

Beispiel Ausführen einer Rechenaufgabe (10+20*3,45=79,0) im unmittelbaren Modus

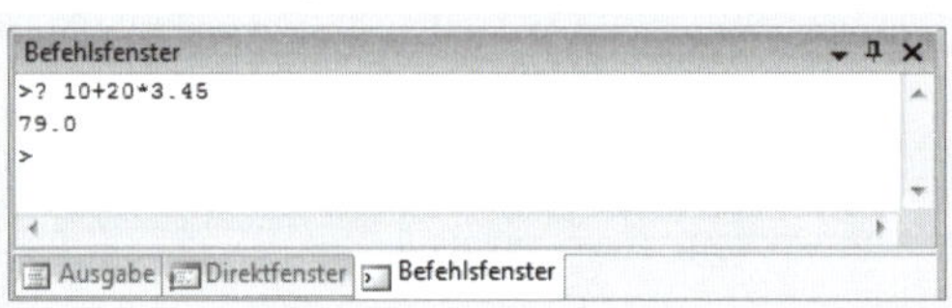

Sie können sich Variablenwerte ausgeben lassen (? <variablenname>), Variablenwerte ändern oder komplexe Ausdrücke verarbeiten. Dabei müssen Sie zwischen

- dem unmittelbaren Modus (am Zeilenanfang steht ein Größerzeichen »>«) und
- dem Befehlsmodus

unterscheiden. Wechseln können Sie mit der einzugebenden Anweisung »> cmd« für den Befehlsmodus bzw. »immed« für unmittelbaren Modus.

Beispiel Setzen eines Variablenwertes (`a=100`) im unmittelbaren Modus

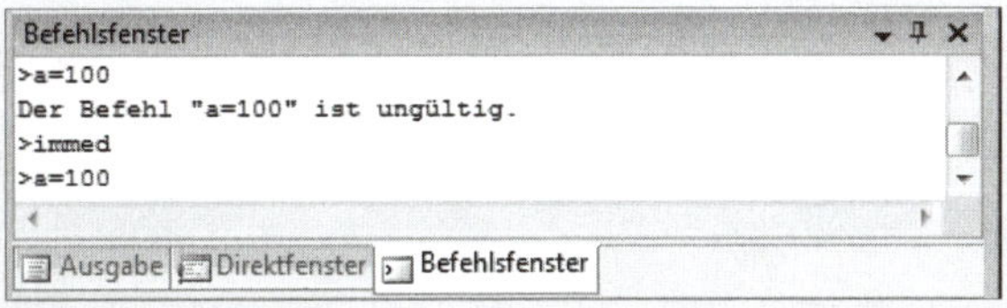

Wie Sie sehen können, war der erste Versuch, den Variablenwert im Befehlsmodus zu ändern, nicht vom Erfolg gekrönt.

Hinweis

Nützlich ist das Befehlsfenster unter anderem auch für das schnelle Ausprobieren diverser Optionen, zum Beispiel `Format`-Anweisungen o.ä. ■

Ausgabefenster

In diesem Fenster werden Ihnen neben diversen Statusmeldungen von Visual Studio auch die Ausgaben des `Debug`- bzw. `Trace`-Objekts angezeigt.

Beispiel Anzeige von Werten im Ausgabefenster

```
Imports System.Diagnostics
...
    Dim a,b As Integer
    a = 20
    Debug.WriteLine("Wert von a:" & a)
```

Das dazugehörige Ausgabefenster:

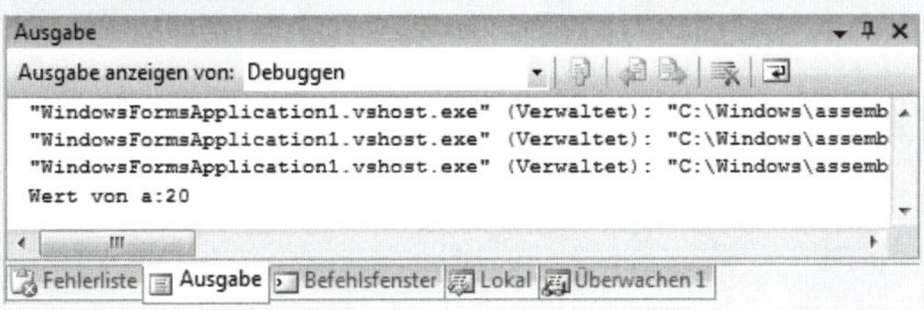

Direktfenster

Das Direktfenster erlaubt es Ihnen, sich während des Debugging-Prozesses Werte von Variablen oder Ausdrücken ausgeben zu lassen, oder sogar diese Werte zu ändern. Das Programm muss sich dazu im Unterbrechungsmodus befinden, den Sie z.B. durch Setzen eines Haltepunktes erzwingen können.

Beispiel Sie erzeugen im Entwurfsmodus einen Haltepunkt (einfach durch Klick auf die linke Randleiste) und gelangen somit nach Programmstart in den Unterbrechungsmodus:

```
Private Sub Button2_Click(ByVal sender As System.Object,
    Dim a, b, c As Integer
    a = 20
    b = 10
    c = a * b
End Sub
```

Im Direktfenster können Sie nun verschiedene Operationen durchführen:

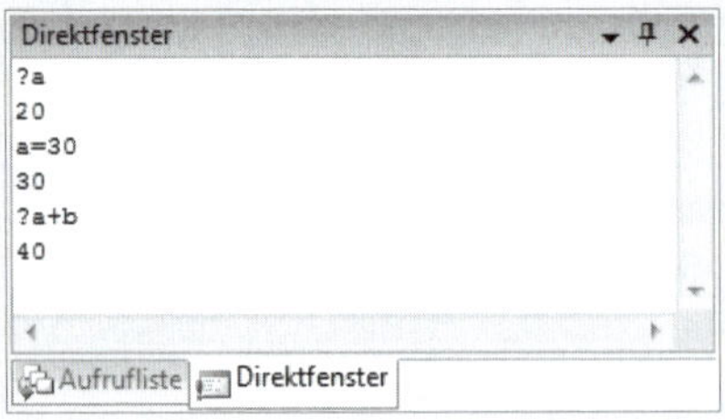

Lokal-Fenster

Hier lassen sich – vorausgesetzt das Programm befindet sich im Unterbrechungsmodus – Namen, Wert und Typ aller aktuellen Variablen und Objekte anzeigen:

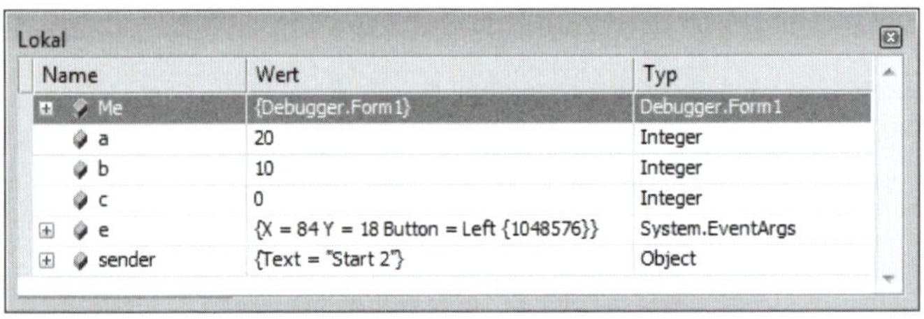

Abbildung 17.1 Beispielansicht des Lokal-Fensters

Überwachungsfenster

Der Wert bestimmter Variablen bzw. Ausdrücke (Watch-Expressions) kann hier während der Laufzeit überwacht werden. Welche Variablen oder Ausdrücke Sie überwachen wollen, bestimmen Sie durch die Eingabe in die Spalte `Name`:

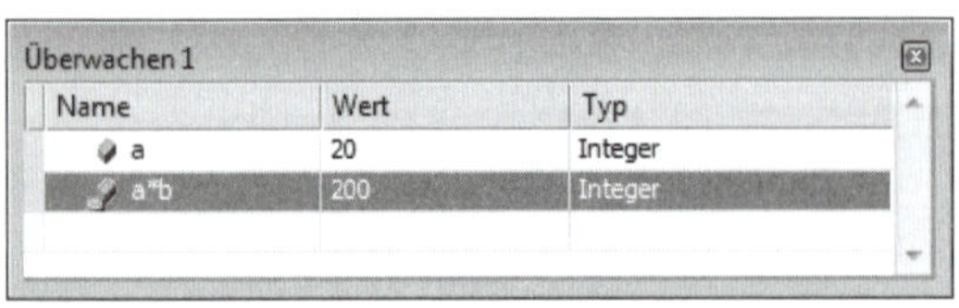

Abbildung 17.2 Beispielansicht des Überwachungs-Fensters

Aus der Anzahl der Einträge im Menü *Debuggen* (bzw. in der Symbolleiste *Debuggen*, die Sie über das Menü *Ansicht/Symbolleisten öffnen*) erkennen Sie die Vielfalt der Debugging-Werkzeuge:

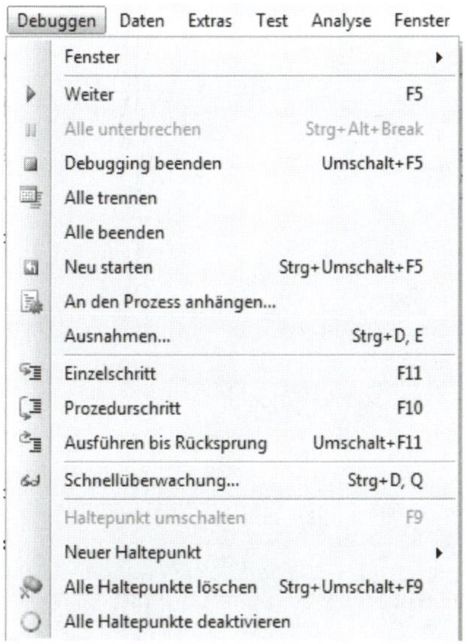

Abbildung 17.3
Optionen des *Debuggen*-Menüs

Viele Fehler lassen sich nur durch schrittweises Abarbeiten des Quelltextes entdecken, Sie können dabei zwischen mehreren Varianten wählen:

17.1.2 Einzelschritt-Modus

Im *Single-Step*-(Einzelschritt-)Modus durchlaufen Sie das Programm zeilenweise. Nach der Ausführung einer Anweisung liegt der Unterbrechungsmodus vor.

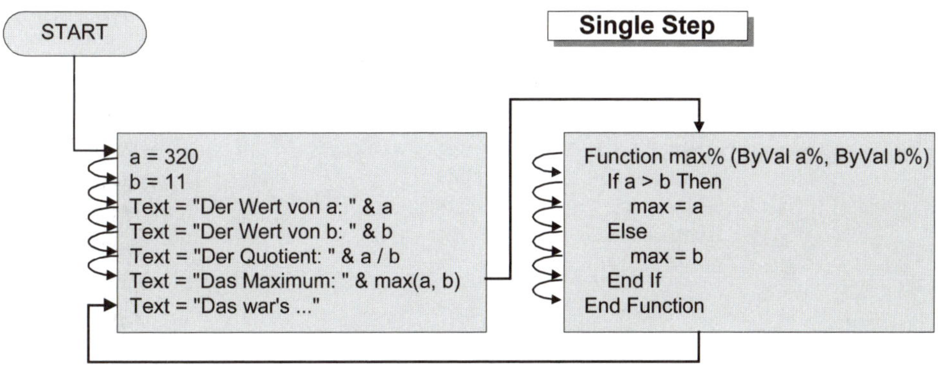

Abbildung 17.4 Prinzip des Einzelschritt-Modus

17.1.3 Prozedurschritt-Modus

Bei umfangreicheren Programmen ist das zeilenweise Abarbeiten recht mühsam. Abhilfe schafft hier der *Procedure-Step*-(Prozedurschritt-)Modus. Zwar wird nach wie vor jede einzelne Zeile verarbeitet, innerhalb von Unterprogrammen wird allerdings nicht mehr angehalten.

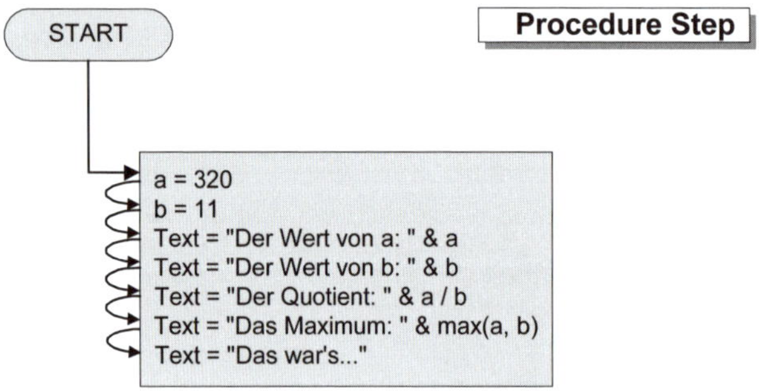

Abbildung 17.5 Prinzip des Prozedurschritt-Modus

17.1.4 DEMO: Wichtige Debugging-Möglichkeiten

Um die einzelnen Betriebsarten auszuprobieren, können Sie natürlich eine beliebige Anwendung nehmen. Die folgenden Ausführungen beziehen sich auf ein sehr einfaches Demoprogramm, das sich an obige Abbildungen anlehnt und das aus einem Formular mit zwei Buttons (»Ausführen« und »Beenden«) besteht.

Nach dem Klick auf den Button werden die folgenden Anweisungen ausgeführt:

```
Private Sub Button1_Click(ByVal sender As System.Object, ByVal e As System.EventArgs) _
                                                          Handles Button1.Click
        Dim a, b As Integer
        a = 320
        b = 11
        For i As Integer = 0 To 14
            b = b + a + 10
            b = b - 12 * a
        Next i
        Debug.WriteLine("Der Wert von a: " & a.ToString)
        Debug.WriteLine("Der Wert von b: " & b.ToString)
        Debug.WriteLine("Der Quotient: " & (a / b).ToString)
        Debug.WriteLine("Das Maximum: " & max(a, b).ToString)
        Debug.WriteLine("Das war's ...")
    End Sub
```

Die dazu erforderliche Funktion *Max*:

```
    Private Function Max(ByVal a As Integer, ByVal b As Integer) As Integer
        If b > a Then
            Return b
        Else
            Return a
```

```
    End If
End Function
```

Hinweis

Das Programm hat, wie Sie sehen, keinerlei sinnvolle Funktion – hier geht es lediglich um die Erläuterung des Grundprinzips. ■

Haltepunkte setzen

Einen Breakpoint setzen Sie entweder über das Menü *Debuggen|Neuer Haltepunkt* oder Sie klicken einfach mit der Maus auf den linken grauen Rand des Codefensters, und es erscheint ein fetter dunkelroter Punkt, auch die gesamte Zeile wird markiert. Genauso einfach lassen sich die Haltepunkte wieder entfernen – Sie brauchen nur darauf zu klicken.

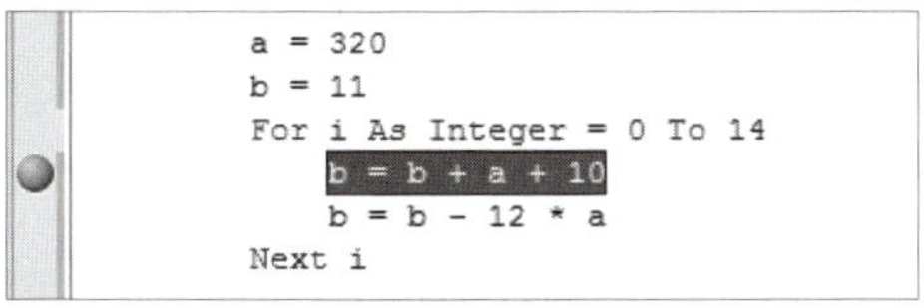

Abbildung 17.6 Haltepunkt setzen

Nach dem Programmstart (*F5*) werden alle Anweisungen bis **vor** die Breakpoint-Zeile ausgeführt. Anschließend können Sie schrittweise mit *F11* (Einzelschritt) bzw. *F10* (Prozedurschritt) fortfahren. Natürlich lassen sich auch mehrere Breakpoints setzen.

Eine sehr praktikable Möglichkeit ist das Setzen von Haltepunkten nicht zur Entwurfs-, sondern erst zur Laufzeit. Sie starten dazu Ihr Programm ganz normal mit *F5*. Nachdem z.B. das Eröffnungsformular erschienen ist, holen Sie das entsprechende Codefenster nach vorne und setzen den oder die Haltepunkt(e). Nun klicken Sie z.B. auf einen Button, und das Programm setzt die Ausführung bis zum Haltepunkt fort.

Besonders dann, wenn Sie mehrere Breakpoints gesetzt haben, sind Sie für eine Übersicht dankbar. Wählen Sie dazu das Menü *Debuggen|Fenster|Haltepunkte*. Es erscheint die Liste aller Haltepunkte. Wie Sie der folgenden Abbildung entnehmen, werden die Haltepunkte anhand ihrer Zeilennummer und des Moduls unterschieden.

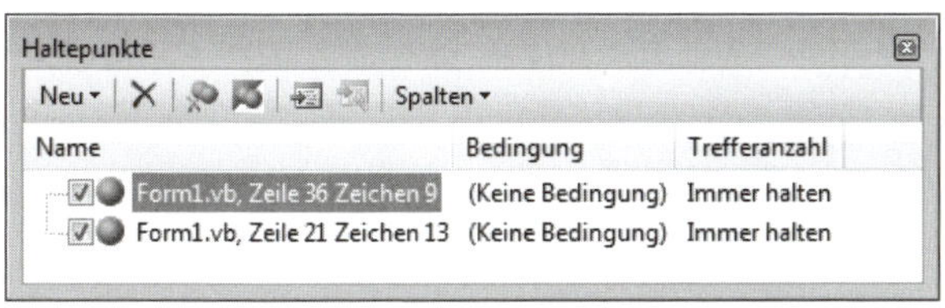

Abbildung 17.7 Anzeige der Haltepunkte

Hinweis

Um zu einem bestimmten Breakpoint zu springen, klicken Sie einfach doppelt auf den Eintrag, der Kursor springt automatisch zur gewünschten Stelle. ■

Abbruchbedingung setzen

Jeder Haltepunkt kann mit einer Abbruchbedingung verknüpft werden. Öffnen Sie zunächst die Liste der Haltepunkte und klicken Sie dann mit der rechten Maustaste auf den Breakpoint, dem Sie eine Bedingung zuordnen möchten. Im PopUp-Menü wählen Sie »Eigenschaften«. In das sich öffnende Dialogfenster wird von Ihnen z.B. die Bedingung `b > 850` eingetragen und mit »OK« bestätigt:

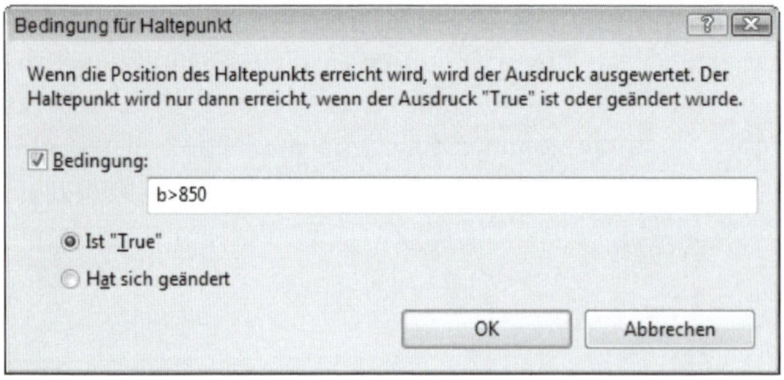

Abbildung 17.8
Abbruchbedingung setzen

Wenn Sie jetzt unser Demoprogramm normal starten (*F5*), dürfte der Debugger erst dann die Programmausführung anhalten, wenn `c` einen Wert größer zwei hat (`b` ist zu diesem Zeitpunkt größer als `850`).

Hinweis

Alternativ können Sie den Breakpoint auch setzen wenn sich eine Bedingung ändert. ■

Trefferanzahl verwenden

Reichen Ihnen die bisherigen Bedingungen nicht aus, können Sie zusätzlich auch eine Trefferzahl als Stopp-Bedingung festlegen. Unabhängig davon, ob Sie bereits eine Abbruchbedingung gesetzt haben, kann hier das Erreichen des Breakpoints bei der Programmausführung berücksichtigt werden. Welche Bedingungen zulässig sind, zeigt die folgende Abbildung:

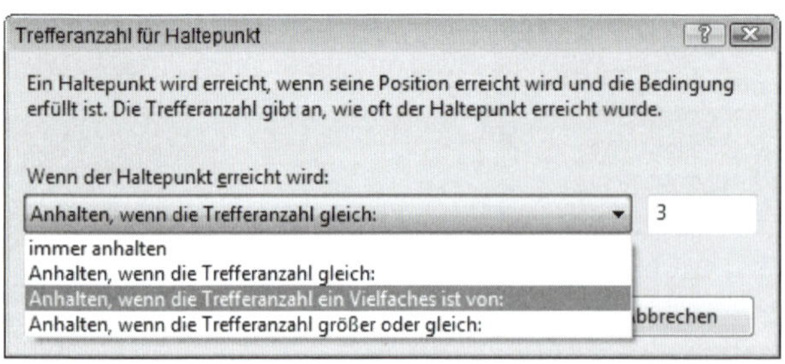

Abbildung 17.9
Trefferanzahl verwenden

Nach obiger Einstellung und bei Beibehaltung unserer Abbruchbedingung stoppt der Debugger, wenn die Variable `c` den Wert fünf hat (zwei Durchläufe für die Abbruchbedingung und drei für die Trefferanzahl).

Einzelschritt-Modus

Haben Sie einen Breakpoint zum Beispiel in der ersten Zeile des `Form_Load`-Ereignisses gesetzt, können Sie ab hier mit *F11* zeilenweise den Programmfortschritt beobachten (gelber Pfeil und gelbe Zeilenmarkierung).

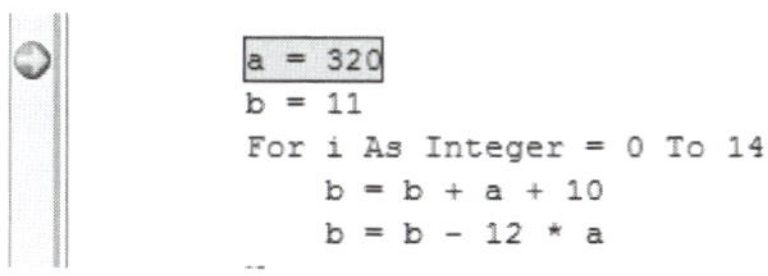

Abbildung 17.10
Programmfortschritt beobachten

Die Werte einzelner Variablen in der Ausführungsposition können Sie nun per gelber QuickInfo kontrollieren, indem Sie den Mauskursor darauf setzen und einen Moment verweilen:

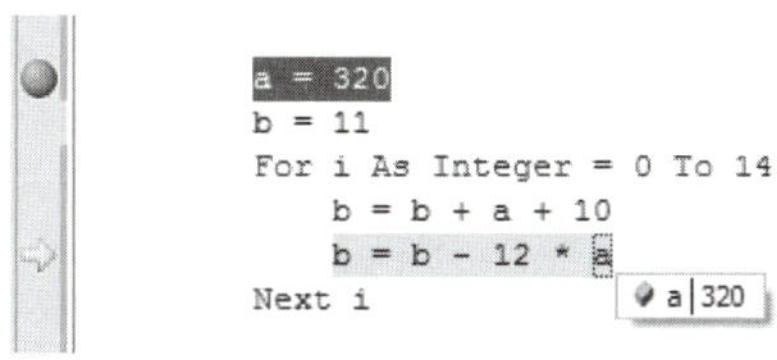

Abbildung 17.11
QuickInfo anzeigen lassen

Für diese wie für alle anderen Betriebsarten des Debuggers gilt, dass Sie über *Strg+Alt+Break)* (bzw. das Menü *Debuggen|Debugging beenden*) den Debug-Modus verlassen können, um in den normalen Entwurfsmodus zurückzukehren.

Prozedurschritt

Bei dieser Variante verfahren Sie völlig analog zum Einzelschritt. Sie werden in unserem Beispiel beobachten, dass bei den Anweisungen innerhalb der `Max`-Methode **nicht** angehalten wird. Den Prozedurschritt werden Sie also nur dann verwenden, wenn es schnell gehen muss und Sie die Fehlerursache außerhalb einer aufgerufenen Methode vermuten.

Ausführen bis Rücksprung

Haben Sie die Möglichkeit des Einzelschritts genutzt und sind Sie in der Methode `Max` angelangt, stellen aber fest, dass der Fehler hier ganz bestimmt nicht zu finden ist, können Sie über den Menüpunkt *Debuggen|Ausführen bis Rücksprung* die gesamte Prozedur übergehen und direkt zum eigentlichen Methodenaufruf zurückspringen.

Auswerten von Ausdrücken

Im Einzelschrittmodus arbeiten Sie sich bis zu einer bestimmten Quelltextzeile vor, anschließend markieren Sie den gewünschten Ausdruck und warten auf die Quick-Info:

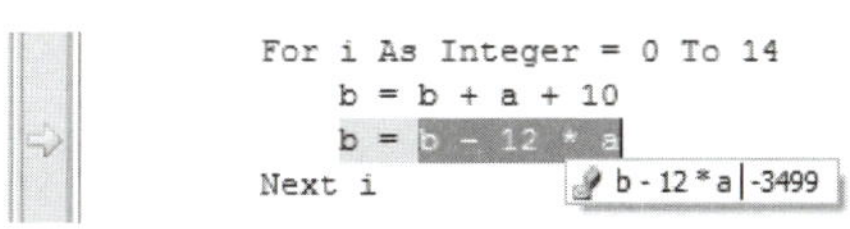

Abbildung 17.12
Auswerten von Ausdrücken

Insbesondere für mehrfach verschachtelte Funktionsaufrufe und umfangreichere Berechnungen ist dies das Mittel der Wahl, um dem Fehler auf die Schliche zu kommen.

Hinweis

Ist der Ausdruck zu umfangreich oder möchten Sie die Funktion direkt editieren, können Sie das Befehlsfenster aufrufen, um den Ausdruck auszuwerten. Dabei können Sie auf alle aktiven Variablen zugreifen und diese gegebenenfalls auch ändern. ■

17.1.5 Das Debug-Objekt

Für den Profi bietet sich mit der `Debug.WriteLine`-Anweisung eine weitere recht praktische Möglichkeit des Debuggings, die an fast jeder gewünschten Stelle des Programms untergebracht werden kann.

Hinweis

Bevor Sie mit dem `Debug`-Objekt arbeiten können, müssen Sie den Namespace `System.Diagnostics` einbinden. ■

```
Debug.WriteLine("Der Wert von a: " & a.ToString)
Debug.WriteLine("Der Wert von b: " & b.ToString)
Debug.WriteLine("Der Quotient: " & (a/b).ToString)
Debug.WriteLine("Das Maximum: " & max(a,b).ToString)
```

Nach der Ausführung obiger Anweisungen finden sich im Ausgabefenster die folgenden Zeilen:

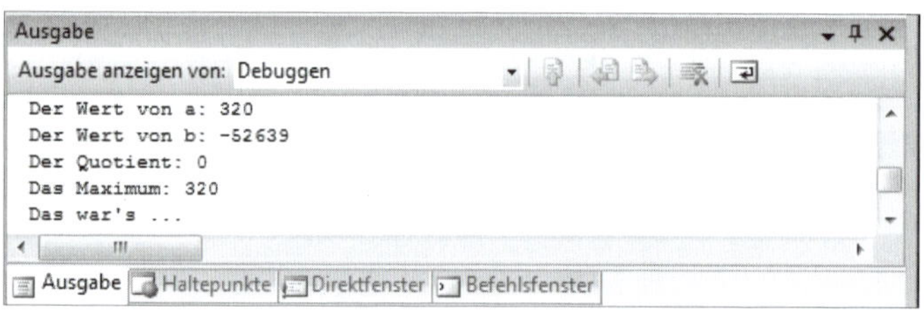

Abbildung 17.13 Ausgabefenster

Damit dürfte sich die Funktion für das asynchrone Debuggen von Programmen oder Hintergrund-Threads hervorragend eignen.

Alternativ können Sie auch die `Write`-Methode (kein Zeilenumbruch) oder `WriteIf`- bzw. `WriteLineIf`- (Ausgabe, wenn eine anzugebende Bedingung `True` ist) nutzen.

17.2 Fehlerbehandlung

Neben den logischen Fehlern, die Sie mit dem Debugger aufspüren können, enthält jeder Code auch eine ganze Reihe weiterer potenzieller Fehlermöglichkeiten, auf die Sie als Programmierer gefasst sein müssen.

17.2.1 Fehlermöglichkeiten

Beispiele für Fehler gibt es zahlreiche:

- falsche bzw. unerwartete Anwendereingaben in einem Formular
- eine fehlerhafte Anmeldung am SQL Server
- gesperrte Dateien, fehlende Disketten etc.
- zu wenig Speicher
- die berüchtigte Division durch null und andere mathematische Unwägbarkeiten

Ist Ihr Programm auf einen Fehler nicht vorbereitet, wird der bedauernswerte Anwender zum Beispiel mit folgender Meldung konfrontiert:

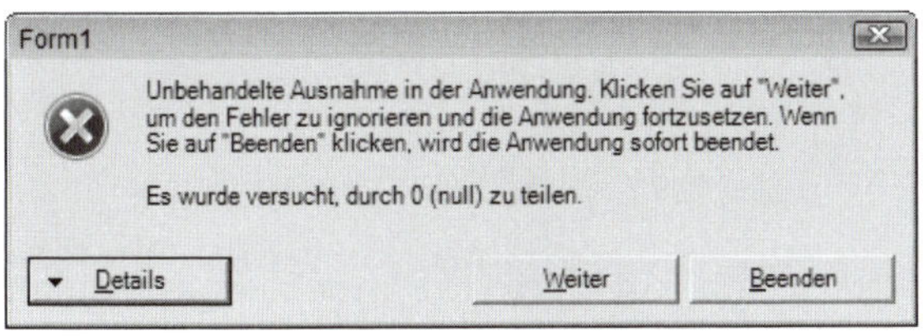

Abbildung 17.14
Eine der »beliebten« Fehlermeldungen

Keinesfalls wollen Sie einen solchen Anblick nicht zum Markenzeichen Ihrer Programme werden lassen. VB bietet genügend Möglichkeiten für eine angemessene Fehlerbehandlung:

- `Try-Catch`-Blöcke
- `Try-Finally`-Blöcke
- das `Application.OnThreadException`-Ereignis

17.2.2 Der Try-Catch-Block

Programmblöcke, die einen Fehler auslösen können, werden in so genannten `Try-Catch`-Blöcken »gekapselt« (Abbildung 17.15).

Tritt innerhalb des geschützten Blocks (d.h. zwischen `Try` und `Catch`) ein Fehler auf, wird die Programmausführung in diesem Block unterbrochen und hinter `Catch` fortgesetzt. Sollte wider Erwarten doch kein Fehler auftreten, wird der `Catch`-Block **nie** durchlaufen.

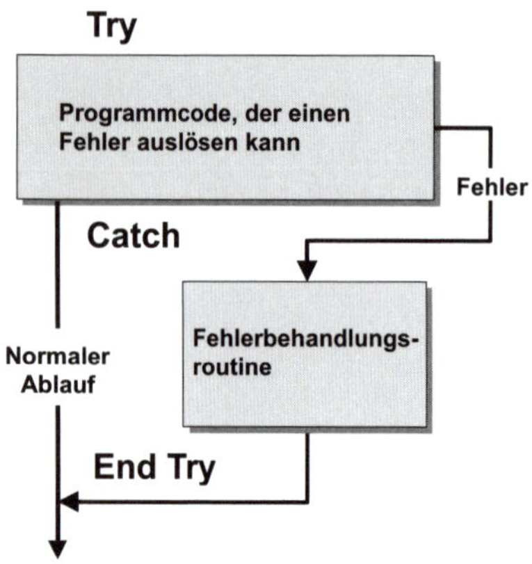

Abbildung 17.15
Prinzip von Try-Catch

Beispiel Try-Catch

```
Dim a, b, c As Integer

a = 10
b = 0
Try
    c = a / b
    Me.Text = c.ToString
Catch
    Me.Text = "Fehler"
End Try
```

Tritt im Try-Catch-Block ein Fehler auf, werden alle Anweisungen im Catch-Block ausgeführt, d.h., es wird hier statt des Ergebnisses der String »Fehler« in der Titelleiste des Formulars angezeigt.

Ausnahmen über Fehlerklassen auswerten

Neben der pauschalen Anzeige einer Dialogbox können Sie auch gezielt einzelne Fehlerklassen behandeln. Verwenden Sie dazu das folgende Konstrukt.

Beispiel »Gezielte« Fehlerbehandlung

```
Dim a, b, c As Integer
a = 10
b = 0
Try
    c = a / b
    Me.Text = c.ToString
Catch mye As Exception
    MessageBox.Show(mye.Message)
    Me.Text = "Fehler"
End Try
```

In diesem Fall wird der Fehler über ein `Exception`-Objekt ausgewertet, Sie können sich die systeminterne Fehlermeldung anzeigen lassen:

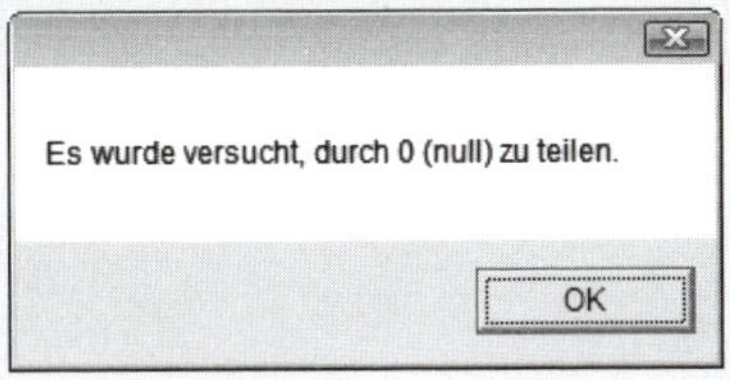

Spezifische Fehlerklassen auswerten

Tritt ein Fehler in einem größeren Codeblock auf, ist es sicher interessant festzustellen, um welche Art von Fehler es sich handelt. Bei den bisher vorgestellten Varianten wurde Ihnen zwar der Fehlertext übergeben, dessen Auswertung dürfte jedoch viel zu aufwändig sein. Besser ist die Verwendung von spezifischen Fehlerklassen, mit denen Sie Fehler in bestimmte Kategorien einordnen und getrennt behandeln können.

Beispiel Spezifische Fehlerklasse verwenden

```
Dim a, b, c As Integer
a = 10
b = 0
Try
    c = a / b
    Me.Text = c.ToString
```

Spezielle(Fehlerklasse)

```
Catch mye As System.OverflowException
    MessageBox.Show("Mal wieder eine Division durch null!")
```

Zur Sicherheit auch noch eine allgemeine Fehlerbehandlung:

```
Catch mye As Exception
    MessageBox.Show(mye.Message)
    Me.Text = "Fehler"
End Try
```

Ein paar Probleme dieser Art von Fehlerbehandlung werden Sie sicher auch schon erkannt haben:

- Woher soll man die verschiedenen Fehlerklassen kennen?
- Welche Fehlerklasse tritt bei welcher Ausnahme auf?

Für die erste Frage dürfte es zumindest eine Antwort geben, wenn Sie unter dem Menüpunkt *Debuggen|Ausnahmen* nachsehen.

Ein weiterer Aspekt ist der doch recht hohe Code-Aufwand, wenn mehrere Fehlerarten ausgewertet werden sollen.

Fehler erneut auslösen

Bei den beiden oben genannten Varianten der Fehlerbehandlung wird die Programmausführung normal fortgesetzt. Möchten Sie jedoch, dass der Fehler zu einem Programmabbruch führt, können Sie diesen im Catch-Block erneut auslösen. Verwenden Sie dazu die Throw-Anweisung.

Beispiel Verwendung von Throw

```
Dim a, b, c As Integer

a = 10
b = 0
Try
    c = a / b
    Me.Text = c.ToString
Catch mye As System.OverflowException
    MessageBox.Show("Mal wieder eine Division durch null!")
    Throw mye
End Try
```

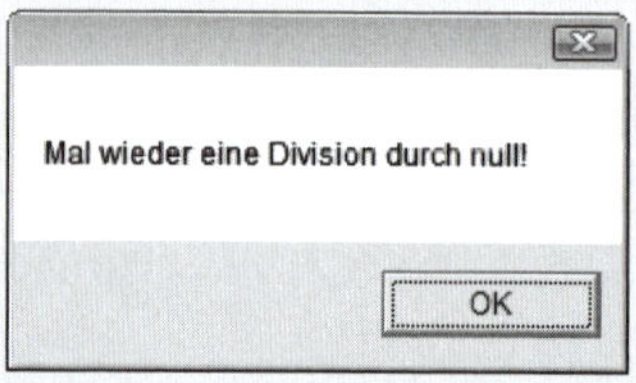

Ihre eigene Fehlermeldung wird nun zwar angezeigt, nach dem Aufruf von Throw verhält sich das Programm jedoch so, als ob keinerlei Fehlerbehandlung vorhanden ist, es sei denn, Sie haben eine übergeordnete Fehlerbehandlung realisiert.

Beispiel Weiterreichen eines Fehlers an eine übergeordnete Fehlerbehandlung

```
Private Sub Test()
    Dim a, b, c As Integer
    a = 10
    b = 0
    Try
        c = a / b
        Me.Text = c.ToString
    Catch mye As System.OverflowException
        MessageBox.Show("Mal wieder eine Division durch null!")
        Throw mye
    End Try
    MessageBox.Show("Alles OK in Testprozedur!")
End Sub

Private Sub Button5_Click(ByVal sender As System.Object, ByVal e As System.EventArgs) _
                                                        Handles Button5.Click
    Try
        Test()
```

```
        Catch
            MessageBox.Show("Fehler in Testprozedur!")
        End Try
        MessageBox.Show("Alles Ok im Hauptprogramm!")
    End Sub
```

Was läuft hier ab? Zunächst wird durch den Button-Klick die Prozedur Test in einem `Try-Catch`-Block gestartet. In der Prozedur Test tritt beim Ausführen der Division ein Overflow auf, der zwar kurzzeitig abgefangen wird, aber durch die `Throw`-Anweisung erneut ausgelöst wird.

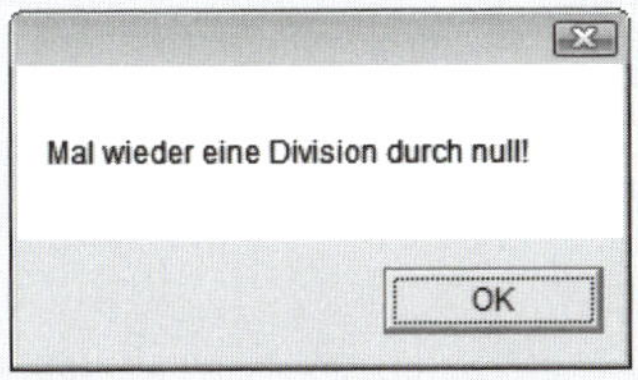

Die Anweisung `MessageBox.Show(»Alles OK in Test!«)` wird nie ausgeführt, da der erneut auftretende Fehler direkt in die übergeordnete Fehlerbehandlung, d.h. bei `Button_Click`, verzweigt. Hier wird der Fehler endgültig abgearbeitet:

Die Programmausführung wird anschließend normal fortgesetzt:

17.2.3 Der Try-Finally-Block

Ein weiteres Konstrukt zur Fehlerbehandlung ist dann von Interesse, wenn das »Kind schon in den Brunnen gefallen ist«. Nach dem Motto »Retten, was zu retten ist« geht es darum, Systemressourcen etc. auch im Fehlerfall sicher wieder freizugeben. Die Rede ist von den `Try-Finally`-Blöcken.

Sollte ein Fehler den gewohnten Ablauf stören, wird die Programmausführung im geschützten Block unterbrochen und **nach** `Finally` in jedem Fall fortgesetzt.

Hinweis

Dieser Teil wird auch beim »normalen« Programmablauf ausgeführt.

Diese Art der Fehlerbehandlung sollten Sie für das Reservieren/Freigeben von Ressourcen verwenden (Speicher, Objekte und dergleichen).

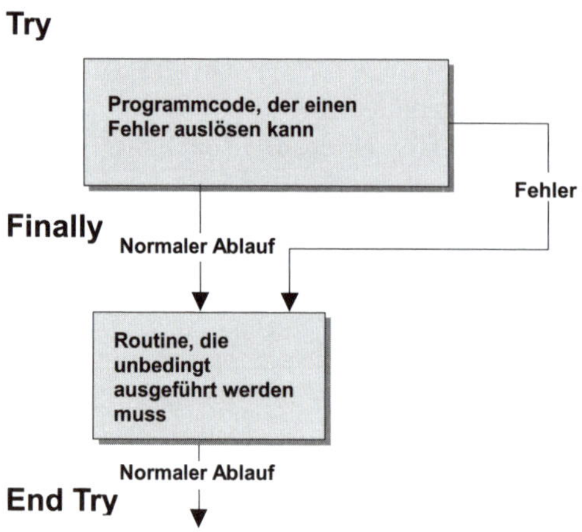

Abbildung 17.16
`Try-Finally`

Beispiel `Try-Finally` beim Versuch, eine Access-Datenbank zu öffnen

```
Imports System.Data.OleDb
...
    Dim conn1 As New OleDbConnection("Provider=Microsoft.Jet.OLEDB.4.0;Data Source=Test.mdb")
    Try
        conn1.Open()
    Finally
        MessageBox.Show("Dateien schließen!")
        conn1.Close()
    End Try
```

Der Versuch, die Connection zu öffnen, wird fehlschlagen, da die Datei nicht vorhanden ist. Nachfolgend werden folgende Dialogboxen angezeigt[1]:

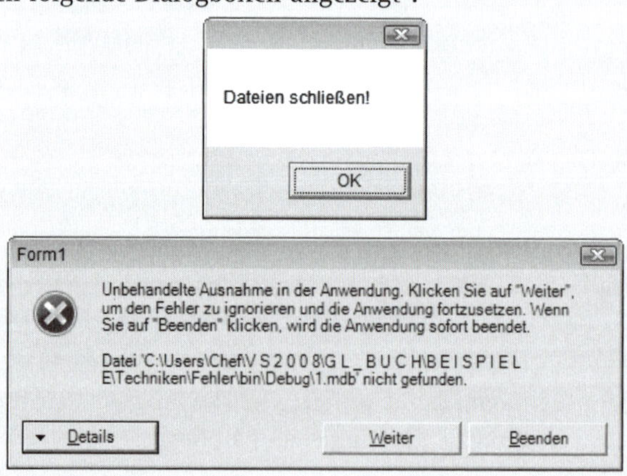

[1] In der Visual Studio-IDE erscheinen die Dialoge in einer anderen Reihenfolge, für uns ist jedoch das reine Laufzeitverhalten von Interesse.

Ob es zu einem Programmabbruch kommt, hängt von der Reaktion des Nutzers in der zweiten Dialogbox ab.

Hinweis

Sie können diese Art von Fehlerbehandlung auch mit der `Try-Catch`-Fehlerbehandlung verbinden, um die Fehlerdialogbox zu vermeiden. ■

Beispiel `Try-Catch-Finally` (siehe Vorgängerbeispiel)

```
Dim conn1 As New OleDbConnection("Provider=Microsoft.Jet.OLEDB.4.0 Data Source=Test.mdb")
Try
    conn1.Open()
Catch
    MessageBox.Show("Leider konnte die Datei nicht gefunden werden!")
Finally
    MessageBox.Show("Datei schließen!")
    conn1.Close()
End Try
MessageBox.Show("Fertig!")
```

Die Reihenfolge der Dialogboxen:

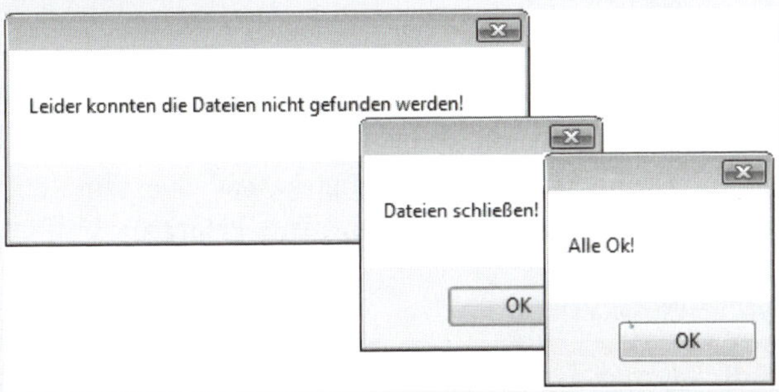

Wie Sie sehen, wird die Programmausführung anschließend normal fortgesetzt.

17.2.4 Das Standardverhalten bei Ausnahmen festlegen

Ganz kurz hatten wir ihn schon angesprochen, den Menüpunkt *Debuggen|Ausnahmen ...*, hinter dem sich u.a. folgende Dialogbox versteckt (Abbildung 17.17).

Neben der reinen Darstellung einer hierarchisch gegliederten Liste der möglichen Ausnahmen bietet die Dialogbox auch die Möglichkeit, das Verhalten des Debuggers bei Ausnahmen anzupassen. Zwei Optionen sind zu unterscheiden:

- das Verhalten, wenn eine Ausnahme ausgelöst wird (also noch vor der eigentlichen Fehlerbehandlung)
- das Verhalten, wenn eine Ausnahme nicht durch das Programm behandelt wird (z.B. `Try-Catch`)

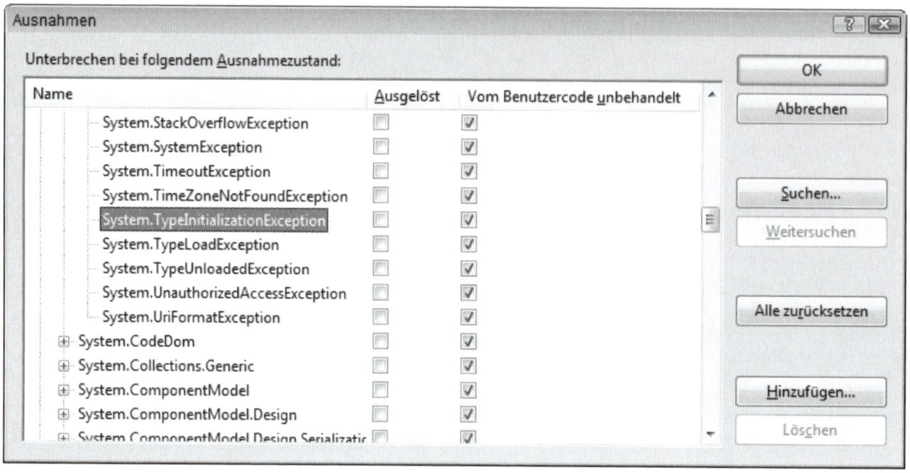

Abbildung 17.17 Ausnahmen festlegen

Hinweis

Alle hier vorgenommenen Einstellungen gelten nur für den Entwurf. Die Release-Version wird davon nicht beeinflusst. ■

17.2.5 Die Exception-Klasse

Was genau ist eigentlich eine Exception? In .NET ist die Antwort schnell gefunden, wie immer handelt es sich um eine Klasse bzw. ein Objekt, das über seine Eigenschaften Informationen zur gerade aufgetretenen Ausnahme bzw. zum Fehler zur Verfügung stellt:

Tabelle 17.2 Eigenschaften der `Exception`-Klasse

Eigenschaft	Beschreibung
`HelpLink`	... Verweis (z.B. URL, Link) auf eine ausführliche Beschreibung des Fehlers (z.B. Hilfedatei)
`HResult`	... eine eindeutige Fehlernummer
`InnerException`	... ein Verweis auf die ursprüngliche `Exception`
`Message`	... ein beschreibender Text
`Source`	... Anwendung bzw. Objekt, in dem der Fehler aufgetreten ist
`StackTrace`	... liefert Informationen vom Aufruf-Stack
`TargetSite`	... ein Verweis auf die Methode, die die Ausnahme verursacht hat

Wie Sie eine Ausnahme auslösen bzw. wie Sie neue Ausnahmen erzeugen, zeigen Ihnen die folgenden Abschnitte. Ausgangspunkt für eigene `Exceptions` ist in jedem Fall die `Exception`-Klasse mit den o.g. Eigenschaften.

17.2.6 Fehler/Ausnahmen auslösen

Neben den vom System bzw. vom Framework ausgelösten `Exceptions` können Sie auch selbst Ausnahmen auslösen. Die dafür notwendige Anweisung `Throw` hatten Sie bereits in einem der vorhergehenden Abschnitte kennen gelernt. Ziel in den vorhergehenden Abschnitten war das erneute Auslösen einer `Exception`, nachdem eine Fehlerbehandlung eingesetzt hatte. Der Fehler führte in diesem Fall entweder zur erneuten Fehlerbehandlung in einem übergeordneten `Try-Catch`-Konstrukt oder zu den schon bekannten Fehlerdialogboxen.

Der Anweisung selbst wird als Parameter ein initialisiertes `Exception`-Objekt übergeben. Den Typ bestimmen Sie anhand der Ausnahme.

Beispiel Eine Prozedur `Test` erwartet zwei Argumente `a` und `b`, die einen festgelegten Wertebereich haben. Wird dieser überschritten, löst die Prozedur eine Exception aus.

```
Private Sub Test(ByVal a As Integer, ByVal b As Integer)
   If (a > 80000) Or (b > 100000) Then
     Throw New System.Exception("Wertebereich nicht eingehalten")
   End If
End Sub
```

Wird die Prozedur mit ungültigen Parametern gestartet, erhalten Sie folgende Meldung (Release):

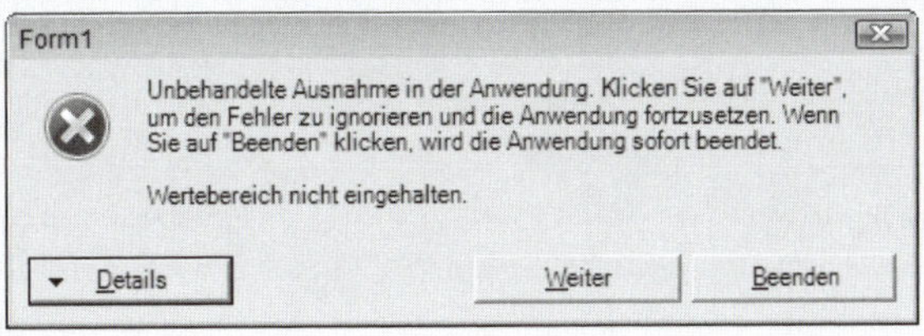

17.2.7 Eigene Fehlerklassen entwickeln

So schön auch die bisherigen Varianten sind, in einigen Fällen möchte man doch eigene Fehlerklassen erzeugen, sei es, dass spezielle Parameter übergeben werden oder das Verhalten geändert werden soll. Auch die Auswertung der Fehler kann wesentlich differenzierter erfolgen. Last, but not least sind eigene Fehlerklassen im Zusammenhang mit der Komponentenentwicklung interessant.

Ein vielleicht etwas abwegiges, dafür aber leicht verständliches Beispiel soll Ihnen die Vorgehensweise vermitteln.

Beispiel Es soll eine neue Fehlerklasse entwickelt werden, die in der Lage ist, eine E-Mail über den aktuellen E-Mail-Client zu versenden bzw. dort zunächst anzuzeigen.

Die Klasse (wir leiten von der `Exception`-Klasse ab):

```
Public Class CMyError
Inherits Exception
```

Der Konstruktor:

```
    Public Sub New(ByVal message As String)
        MyBase.New()
    End Sub
```

Eine zusätzliche Methode zum Versenden der E-Mail:

```
    Public Sub SendMailMessage()
        System.Diagnostics.Process.Start("mailto:support@nirgendwo.de?subject" & _
                                         "=Fehler&Body=" & Me.Message)
    End Sub
End Class
```

Selbstverständlich könnten Sie hier auch weitere Parameter definieren, zum Beispiel eine Zieladresse etc.

Die Verwendung (Auslösen der neuen Exception):

```
Private Sub test1(ByVal a As Integer, ByVal b As Integer)
   If (a > 80000) Or (b > 100000) Then Throw New CMyError("Wertebereich nicht eingehalten")
End Sub
```

Die Verwendung (Fehlerbehandlung):

```
Private Sub Button8_Click(ByVal sender As System.Object, ByVal e As System.EventArgs) _
                                                                     Handles Button8.Click
     Try
         Test1(77777777, 8)
     Catch mye As CMyError
         mye.SendMailMessage()
     End Try
 End Sub
```

Nach dem Aufruf der Methode SendMailMessage öffnet sich der aktuelle E-Mail-Client, die Meldungstexte und die Adresse sind bereits eingetragen.

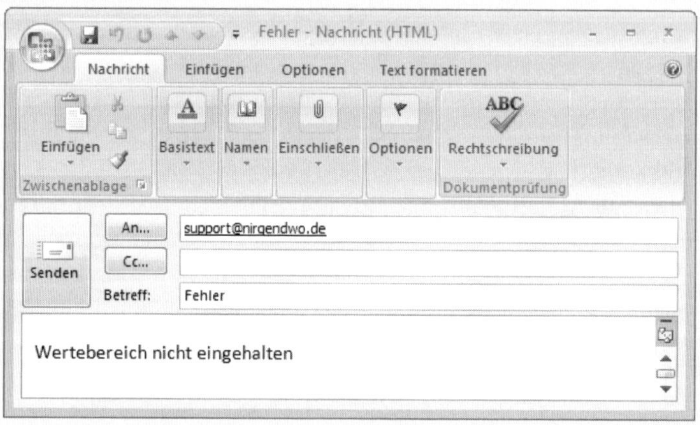

17.2.8 Exceptions zur Entwurfszeit behandeln

Auch während der Programmentwicklung erhalten Sie durch Visual Studio eine komfortable Unterstützung bei der Fehlersuche. Der Exception-Dialog ist nicht modal, d.h., Sie können mit Ihrer Arbeit am Quellcode fortfahren, ohne den Dialog vorher schließen zu müssen. Falls der Dialog stört, verschieben Sie ihn einfach in eine beliebige Ecke des Codefensters (während des Verschiebens erscheint der Dialog transparent).

Beispiel Exception-Dialog beim fehlgeschlagenen Versuch, eine Verbindung zum SQL Server herzustellen

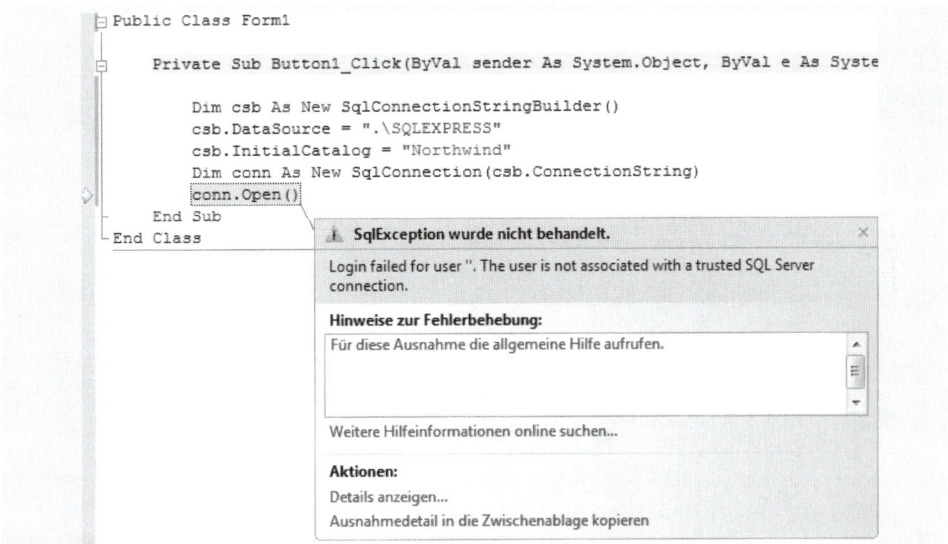

Klicken Sie auf »Details anzeigen ...«, um weitere Informationen zu erhalten. Außer einer Fehlerbeschreibung gibt Ihnen die Dialogbox mittels diverser Links auch Hinweise zur Fehlerbehebung.

18 Testprojekte

Dieses Kapitel behandelt die folgenden Themen:

- Testgetriebene Entwicklung (TDD)
- Einfache Tests
- Datengetriebene Tests (DDT)
- Asserts, Testkontext, Testattribute

Tests spielten bei der Programmentwicklung schon immer eine große Rolle, sie sichern nicht nur die generelle Funktionsfähigkeit ab, sondern sie steigern auch die Qualität und die Zuverlässigkeit eines Softwareprodukts in erheblichem Maße. In größeren Projekten verschlingt das Testen mittlerweile fast die Hälfte der Kosten des kompletten Softwareentwicklungsprozesses.

Hinweis

Die Praxis hat gezeigt, dass Unit Tests das beste Kosten-Nutzen-Verhältnis im Vergleich zu anderen Testmethoden aufweisen. Der höhere anfängliche Aufwand für das Erstellen der Tests wird durch geringere Folgekosten bei der späteren Fehlersuche und Fehlerbeseitigung wett gemacht. ■

In Visual Studio (ab Professional Edition) ist deshalb eine Testumgebung für Unit-Testing integriert. Die darin enthaltenen Werkzeuge ermöglichen es Ihnen, Ihre Anwendungen nach den Prinzipien der *Testgetriebenen Entwicklung* schrittweise und systematisch zusammenzubauen und zu testen. Das vorliegende Kapitel soll Ihnen dazu eine kurze, praxisorientierte Einführung geben.

Sie werden überrascht sein, wie einfach das Arbeiten mit Unit-Test ist. Haben Sie das Prinzip erst einmal verstanden, werden Sie bei zukünftigen Projekten nicht mehr auf dieses Werkzeug verzichten wollen.

18.1 Testgetriebene Entwicklung (TDD)

Um die Philosophie des Test Driven Development (TDD) zu verstehen, wollen wir zunächst einen Blick auf die klassische Vorgehensweise werfen, wie sie jeder von uns, mehr oder weniger unbewusst, aus eigenem Erleben kennt.

18.1.1 Konventionelle Vorgehensweise

Konventionelle Entwicklertests sind vor allem durch folgende Merkmale gekennzeichnet:

- Handeingaben in die Benutzerschnittstelle (GUI)
- Schrittweise Programmabarbeitung (Debuggen)
- Überall im Programm ist Testcode verstreut

Debugging und Standardausgaben führen gerade bei komplexeren Konstrukten wie zum Beispiel bei Schleifen häufig zu unübersichtlichem Code. Hat eine Schleife viele Durchläufe, so sind die Ausgaben kaum noch überschaubar.

Außerdem haben vielleicht auch Sie schon die folgende negative Erfahrung gemacht:

Hinweis

Insbesondere bei Programmen mit mehreren Threads ist Debugging sehr umständlich und fehleranfällig. ■

18.1.2 Testgetriebene Entwicklung

Die Philosophie des Test Driven Development (TDD) versucht, den Nachteilen der konventionellen Tests entgegenzuwirken. Dabei ist zu unterscheiden zwischen dem TDD im Kleinen (Unit-Tests) und TDD im Großen (Systemtests).

Unit-Tests sind der effektivste Weg um möglichst viele Fehler im Code aufzudecken. Sie bieten eine Alternative gegenüber Debugging und Standardausgaben,

Unit-Tests und die mit ihnen getesteten kleinen Code-Einheiten (Units) werden in der Regel parallel entwickelt. Die eigentliche Programmierung erfolgt in kleinen Schritten, die aus den folgenden drei Aktivitäten bestehen, die wir hier nur grob skizzieren wollen:

- Es sind Tests für das erwünschte fehlerfreie Verhalten Ihres Programms zu schreiben. Ihr Programmcode wird diese Tests erst einmal nicht erfüllen oder der Code ist überhaupt noch nicht vorhanden.
- Sie ergänzen bzw. ändern den Programmcode solange, bis alle Tests bestanden werden.
- Sie räumen Ihren Code auf (Refactoring), d.h., Sie entfernen Wiederholungen, optimieren die Datentypen, benennen die Bezeichner entsprechend der verbindlichen Codekonventionen usw. Abschließend wird natürlich wieder getestet. Ziel des Refactoring ist es, den Code transparent und leicht erweiterbar und wartbar zu machen.

Dieser Zyklus wird so lange wiederholt, bis alle Tests bestanden werden und Ihnen keine sinnvollen neuen Tests mehr einfallen.

Eine konsequente Einhaltung dieser Teststrategie entspricht einem evolutionären Entwurf, bei welchem die Weiterentwicklung eines Systems durch ständige Änderungen erreicht wird.

18.1.3 Unit-Tests unter Visual Studio

Unit-Tests können Sie in jedes Projekt integrieren. Um die Anwendungen, die Sie an Ihre Kunden ausliefern, nicht mit Testcode zu überfrachten, werden Unit-Tests grundsätzlich in einem separaten Testprojekt implementiert, welches in die Projektmappe integriert wird.

Die IDE macht es Ihnen einfach, einen Testrahmen für ein Projekt anzulegen. Per Klick mit der rechten Maustaste in das Codefenster wählen Sie den Befehl zum Anlegen eines Komponententests aus. Visual Studio fügt daraufhin automatisch ein neues Testprojekt hinzu, in welchem Sie für jede der zuvor in einem Dialogfeld ausgewählten Methoden entsprechende Testmethoden vorfinden. Sind alle Tests vorbereitet, starten Sie das Testprojekt und lassen sich die Testergebnisse in einem eigenen Fenster anzeigen.

18.2 Einfache Tests

Vorerst genug der Theorie! Anstatt weiterer allgemeiner Ausführungen wollen wir die Anwendung von Unit-Tests zunächst anhand eines konkreten Beispiels demonstrieren (weitere allgemeine Grundlagen finden Sie am Ende des Kapitels).

18.2.1 DEMO: Test einer Klasse CKugel

Lasst uns eine zur Berechnung des Kugelvolumens entwickelte Klasse `CKugel` auf Herz und Nieren testen.

Die zu testende Klasse CKugel

Unsere Klasse `CKugel` exportiert die Methoden `Durchmesser_Volumen` und `Volumen_Durchmesser`:

```
Public Class CKugel
    Private Shared Pi As Double = Math.PI
```

Die Methode `Durchmesser_Volumen` liefert das Volumen einer Kugel (als `Double`-Zahl) und nimmt den Durchmesser (ebenfalls als `Double`-Zahl) als Parameter entgegen:

```
    Public Shared Function Durchmesser_Volumen(ByVal dur As Double) As Double
        Dim vol As Double = Math.Pow(dur, 3) * Pi / 6.0
        Return vol
    End Function
```

Die Methode `Volumen_Durchmesser` macht es genau umgekehrt, sie berechnet den Kugeldurchmesser bei gegebenem Volumen:

```
    Public Shared Function Volumen_Durchmesser(ByVal vol As Double) As Double
        Dim dur As Double = Math.Pow(6 / Pi * vol, 1 / 3.0)
        Return dur
    End Function

End Class
```

Die Klasse `CKugel` ist Teil eines Projekts, welches noch um ein Eingabeformular ergänzt wird (vollständiger Code siehe Beispieldaten):

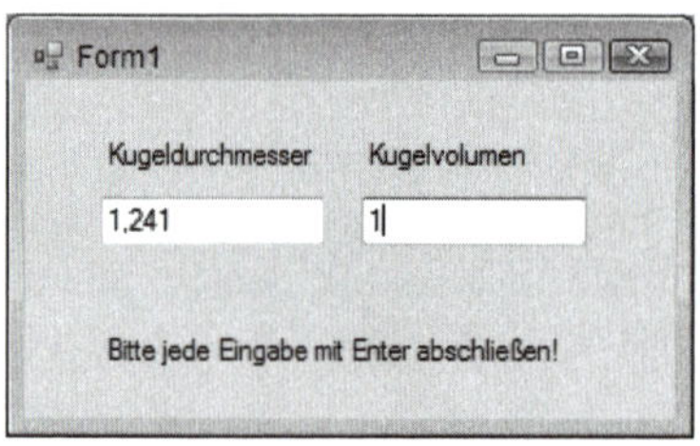

Abbildung 18.1
Benutzerschnittstelle für die Klasse `CKugel`

Testprojekt erstellen

Ein *Testprojekt* ist ein Container für einen oder mehrere Tests.

Klicken Sie mit der rechten Maustaste auf den Code der zu testenden Klasse (im obigen Beispiel `CKugel`) und wählen Sie im Kontextmenü die Option *Komponententests erstellen...*[1]:

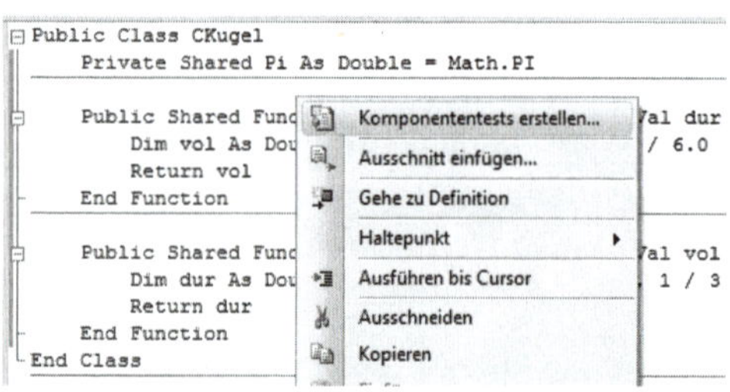

Abbildung 18.2
Das Kontextmenü
Komponententests erstellen...

[1] Unter Visual Studio bezeichnet man einen Unit-Test auch als Komponententest.

Im Dialogfenster *Komponententests erstellen* werden alle Methoden der Klasse aufgelistet. Markieren Sie hier die Methoden `Durchmesser_Volumen` und `Volumen_Durchmesser` und kicken Sie auf »OK«.

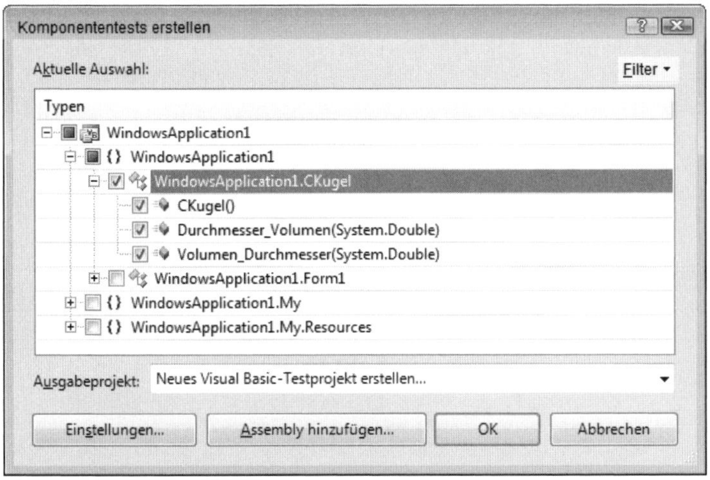

Abbildung 18.3 Beispieldialog zum Erstellen eines Komponententests

Falls vorher noch kein Testprojekt angelegt wurde, erscheint ein Dialogfenster, in welches Sie den Namen des neuen Testprojekts eingeben sollen. In unserem Beispiel belassen wir es bei dem standardmäßig vorgegebenen Namen *TestProject1*.

Nach Klick auf die Schaltfläche »Erstellen« erscheint kurzzeitig ein Meldungsfenster, welches Sie per Fortschrittsanzeige darauf hinweist, dass ein neues Testprojekt angelegt wird und dass die erforderlichen Testmethoden generiert werden. Unser automatisch generiertes Testprojekt ist jetzt ebenfalls im Projektmappen-Explorer zu sehen.

Wie Sie erkennen, benötigt unser Testprojekt einen Verweis auf das zu testende Projekt (*WindowsFormsApplication1*), ansonsten könnte es ja nicht auf die Kasse `CKugel` zugreifen.

Anschließend finden wir uns im Quellcode der automatisch generierten Klasse `CKugelTest` wieder.

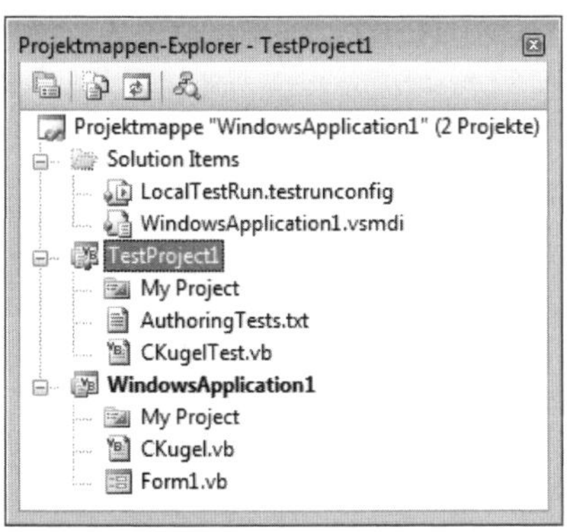

Abbildung 18.4
Die Unit-Test-Demo-Projektmappe im Projektmapper-Explorer

Die Testklasse CKugelTest

Die Testklasse `CKugelTest` enthält vorbereiteten Code für den Test der Klasse `CKugel`.

```
Imports Microsoft.VisualStudio.TestTools.UnitTesting
Imports WindowsApplication1
```

Eine Testklasse wird mit dem Attribut `<TestClass()>` markiert:

```
<TestClass()> _
Public Class CKugelTest
    Private testContextInstance As TestContext
```

Die folgende Eigenschaft `TestContext` liest oder schreibt den Testkontext, der Informationen über die Funktionalität für den aktuellen Testlauf liefert:

```
    Public Property TestContext() As TestContext
        Get
            Return testContextInstance
        End Get
        Set(ByVal value As TestContext)
            testContextInstance = Value
        End Set
    End Property
```

In der nun folgenden, vorerst auskommentierten, Region können Sie später unter Verwendung zusätzlicher Attribute spezielle Testaufgaben implementieren:

```
        #Region "Zusätzliche Testattribute"
          ...
```

Mehr zu den zusätzlichen Testattributen später (Abschnitt 18.4.3).

```
        #End Region
```

Der nun folgende Code verdient unsere besondere Aufmerksamkeit, denn er enthält die von Visual Studio automatisch generierten Testmethoden.

Der Test für die Methode `Durchmesser_Volumen`:

```
    <TestMethod()> _
    Public Sub Durchmesser_VolumenTest()
        Dim dur As Double = 0.0!          ' TODO: Passenden Wert initialisieren
        Dim expected As Double = 0.0!     ' TODO: Passenden Wert initialisieren
        Dim actual As Double
        actual = CKugel.Durchmesser_Volumen(dur)
        Assert.AreEqual(expected, actual)
        Assert.Inconclusive("Überprüfen Sie die Richtigkeit dieser Testmethode.")
    End Sub
```

Analog der Test für die Methode `Volumen_Durchmesser`:

```
    <TestMethod()> _
    Public Sub Volumen_DurchmesserTest()
        Dim vol As Double = 0.0!         ' TODO: Passenden Wert initialisieren
        Dim expected As Double = 0.0!    ' TODO: Passenden Wert initialisieren
        Dim actual As Double
```

```
        actual = CKugel.Volumen_Durchmesser(vol)
        Assert.AreEqual(expected, actual)
        Assert.Inconclusive("Überprüfen Sie die Richtigkeit dieser Testmethode.")
    End Sub
    ...
```

Es folgt noch ein Test für den Konstruktor von *CKugel*, worauf wir aber hier verzichten können.

```
End Class
```

Hinweis

Beide obigen Testmethoden sind für die Durchführung von sinnvollen Tests noch nicht bereit, worauf auch die TODO-Kommentare hinweisen. ■

Testwerte initialisieren

In den Unit-Tests geht es vor allem darum, Behauptungen (Asserts) auf ihre Richtigkeit zu überprüfen. Die im obigen Code mit TODO-Kommentaren markierten Zuweisungen für die Variablen `vol` und `expected` sind deshalb von Ihnen so zu initialisieren, dass daraus eine sinnvoll überprüfbare Behauptung entsteht.

So behaupten wir beispielsweise, dass eine Kugel mit dem Durchmesser von einem Meter ein Volumen von 0,524 Kubikmetern haben muss und nehmen die im Folgenden fett markierten Änderungen im Code vor:

```
    <TestMethod()> _
    Public Sub Durchmesser_VolumenTest()
        Dim dur As Double = 1.0
        Dim expected As Double = 0.524
        ...
    End Sub

   <TestMethod()> _
    Public Sub Volumen_DurchmesserTest()
        Dim vol As Double = 0.524
        Dim expected As Double = 1.0
        ...
    End Sub
```

Tests ausführen

Klappen Sie das Menü *Test* auf. Wie Sie sehen, bietet es eine ganze Menge Optionen, die sich zum großen Teil selbst erklären bzw. in der Textdatei *AuthoringTests.txt* beschrieben werden. Klicken Sie auf *Ausführen|Alle Tests in der Projektmappe.*

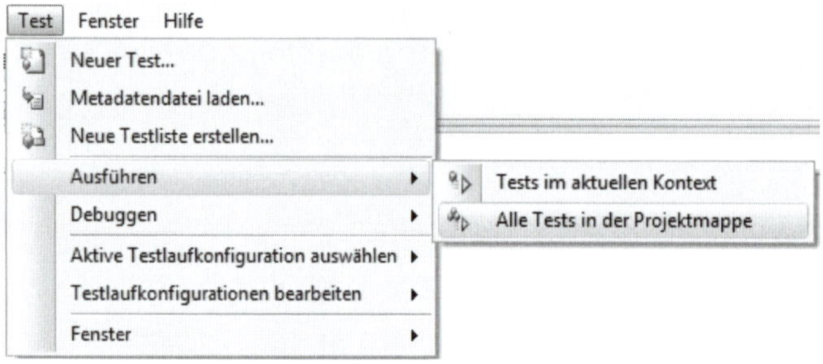

Abbildung 18.5 Test ausführen

Nach kurzer Wartezeit erscheint das Fenster Testergebnisse (falls nicht, holen Sie es über das Menü *Test/Fenster/Testergebnisse* herbei).

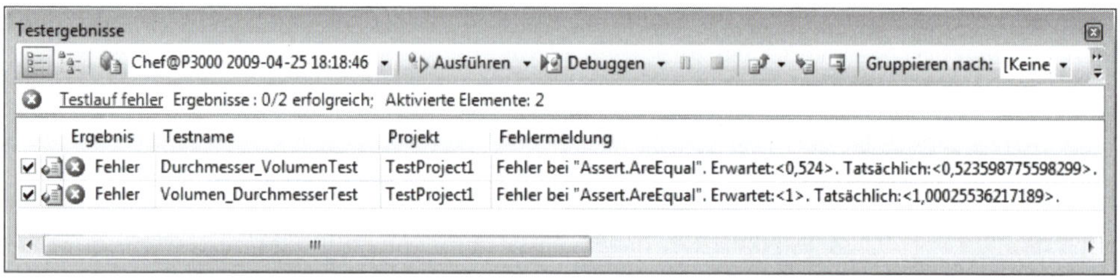

Abbildung 18.6 Die Testergebnisse sind fehlerhaft

Nanu, wieso sind beide Tests fehlgeschlagen? Wir haben die Testwerte doch vorher mit dem Taschenrechner berechnet!

Tests auswerten

Die Fehlermeldungen im Fenster »Testergebnisse« weisen uns auf die Ursachen fehlgeschlagener Tests hin: Wir haben als erwartetes Ergebnis der Variablen *expected* gerundete Werte zugewiesen. Da beide zu testende Methoden aber doppeltgenaue Werte liefern, ergibt der Aufruf von *Assert.AreEqual* keine exakte Übereinstimmung der erwarteten (*expected*) mit den tatsächlichen (*actual*) Werten.

Zum Glück gibt es eine Überladung der `AreEqual`-Methode, die die zusätzliche Übergabe einer zulässigen Abweichung ermöglicht. Korrigieren Sie deshalb beide Methodenaufrufe wie folgt:

```
Assert.AreEqual(expected, actual, 0.001)
```

Ein wiederholter Testlauf zeigt diesmal zwar keine Fehler, weist aber als Ergebnis »Nicht eindeutig« aus.

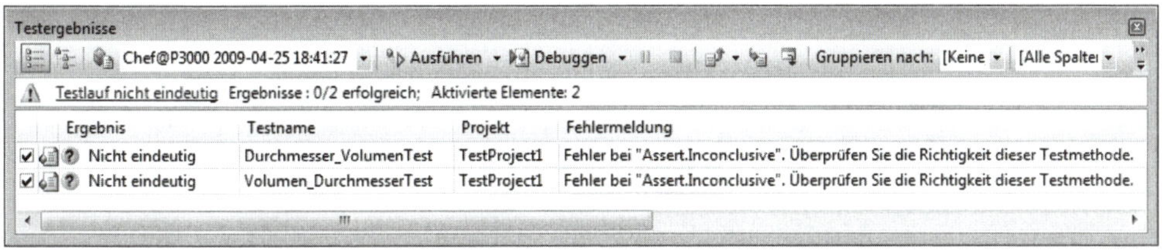

Abbildung 18.7 Testergebnisse nicht eindeutig

Erst nachdem wir in beiden Testmethoden den hier überflüssigen Aufruf von *Assert.Inconclusive* auskommentiert haben, werden beide Funktionen mit dem Prädikat »Erfolgreich« getestet.

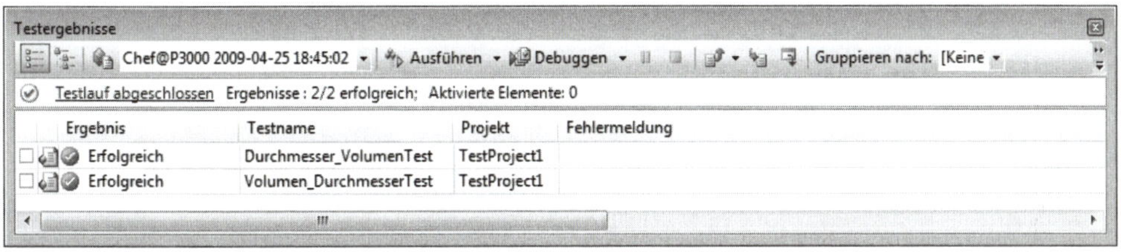

Abbildung 18.8 Beide Tests sind erfolgreich

18.2.2 Eigene Testmethoden hinzufügen

Das Unit-Testing ist nicht nur auf Einzeltests der Methoden des zu testenden Projekts beschränkt, wie sie in der vom Assistenten standardmäßig erzeugten Testklasse automatisch vorbereitet werden. Innerhalb der Testklasse können Sie per Hand beliebige eigene Testmethoden hinzufügen und frei programmieren.

Beispiel Wir ergänzen unsere Testklasse `CKugelTest` um eine weitere Testmethode `spezialTest1`:

```
<TestMethod()> _
Public Sub spezialTest1()
    Dim dur1 As Double = 1.0
    Dim vol As Double = CKugel.Durchmesser_Volumen(dur1)
    Dim dur2 As Double = CKugel.Volumen_Durchmesser(vol)
    Assert.AreEqual(dur1, dur2)
End Sub
```

Hier werden beide Methoden der Klasse `CKugel` im Zusammenspiel getestet. Wir geben lediglich einen Wert für den Kugeldurchmesser vor (1.0). Zuerst wird mit der Methode `Durchmesser_Volumen` das Volumen berechnet. Das Ergebnis dient dazu, um anschließend mit der Methode `Volumen_Durchmesser` den Durchmesser zu berechnen. Logischerweise muss das Ergebnis wieder exakt 1.0 sein. Auf die Angabe eines Rundungsparameters für die `AreEqual`-Methode können wir deshalb verzichten.

Für unser Beispiel dürfte dieser Test erfolgreich verlaufen:

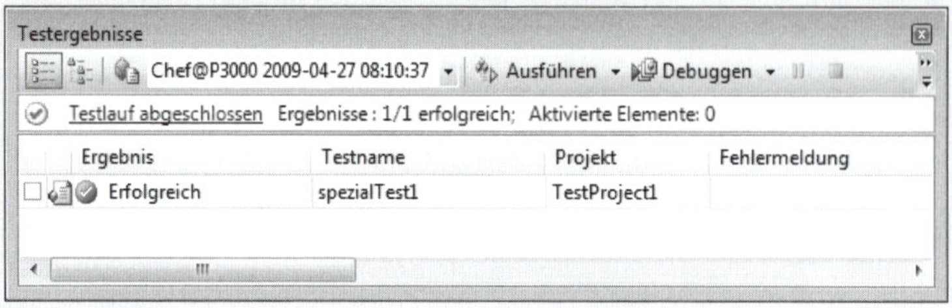

Hinweis

Der Test `spezialTest1` allein reicht nicht aus, um die Richtigkeit der Methoden der Klasse `CKugel` zu beweisen. ■

18.3 Datengetriebene Tests (DDT)

Für Tests mit vielen Testdaten sind die bisher beschriebenen Testmethoden offensichtlich ungeeignet, denn wir wollen ja nicht für jede einzelne Behauptung (Assert) eine neue Testmethode anlegen müssen. Grund genug, sich mit so genannten *Datengetriebenen Tests* (Data Driven Testing, DDT) auseinanderzusetzen, wie sie von Unit-Tests in Visual Studio ebenfalls hervorragend unterstützt werden.

18.3.1 Das DDT-Prinzip

Das Prinzip datengetriebener Tests besteht kurz gesagt darin, einen Testfall mehrfach mit dem selben Ablauf, aber unterschiedlichen Eingabe- und Vergleichswerten durchzuführen.

Unter Visual Studio werden die Testdaten (Übergabeargumente an die zu testenden Methoden und die erwarteten Ergebnisse) entweder in einer Datenbank (Zugriff über ADO.NET) oder in einer XML-Datei gespeichert.

Die Verbindung zur Datenquelle wird über Attribute gesteuert, das geht auch per Hand, bequemer ist allerdings der Einsatz des Assistenten.

Das folgende Beispiel demonstriert einen typischen Einsatzfall für datengetriebene Tests.

18.3.2 DEMO: Test von Spesenberechnungen

Es soll eine Berechnungsmethode für Reisespesen überprüft werden. Die verschiedenen Testdaten (Beginn- und Endedatum der Reise, Höhe der Spesen) werden vorher in einer XML-Datei abgelegt.

Spesentabelle

Grundlage sei folgende Tabelle zur Berechnung der Verpflegungspauschale[1]:

Tabelle 18.1 Pauschbeträge für Verpflegungspauschale

Dauer	Pauschbetrag
>= 24 Std.	24 €
>= 14 ... <24 Std.	12 €
>= 8 ... <14	6,00 €

Für jeden einzelnen Tag wird der Pauschbetrag gemäß obiger Tabelle ermittelt und zur Gesamtsumme addiert.

Beispiel Eine Inlandsdienstreise beginnt am 10.10.2009 um 17 Uhr und endet am 13.10.2009 um 16 Uhr.

Der Verpflegungsmehraufwand ergibt sich zu 60 Euro, die sich wie folgt zusammensetzen:

- 0 Euro für den ersten Tag, da weniger als 8 Stunden unterwegs;
- 48 Euro zusammen für den zweiten und dritten Tag, da jeden Tag 24 Stunden unterwegs;
- 12 Euro für den Abreisetag, da mehr als 14 Stunden unterwegs.

Quellcode

Obige Spesentabelle wird in einer relativ aufwändigen Funktion `getExpenses` umgesetzt, deren Implementierung hier keine Rolle spielt (siehe Beispieldaten zum Buch), denn wir wollen sie ja »nur« testen.

Die Funktion ist einfachheitshalber direkt im Code von `Form1` untergebracht und empfängt den Beginn und das Ende der Reise als `DateTime`-Parameter und liefert den Spesenbetrag als `decimal`-Zahl zurück.

```
Public Class Form1
    ...
    Public Function getExpenses(ByVal beginn As DateTime, ByVal ende As DateTime) As Decimal
        ...
    End Function
End Class
```

Testgerüst generieren

Zunächst gehen Sie so vor, wie bei den bisherigen einfachen Tests:

Nachdem Sie das Projekt geladen haben, klicken Sie mit der rechten Maustaste auf den Code von *Form1.vb* und wählen im Kontextmenü den Eintrag *Komponententests erstellen...*, im sich anschließend öffnenden Dialogfenster markieren Sie die Methode `getExpenses` und

[1] Die Tabelle erhebt keinerlei Anspruch auf Übereinstimmung mit der aktuellen Steuergesetzgebung : -)

fahren fort, bis der Assistent den Rahmencode für Ihr neues Testprojekt *TestProject1* (ggf. ändern Sie den Namen) erzeugt hat.

XML-Datei erstellen

Klicken Sie im Projektmappen-Explorer mit de rechten Maustaste auf *TestProject1* und wählen Sie *Hinzufügen|Neues Element...*

Im sich öffnenden Dialog wählen Sie »XML-Datei« und speichern die leere Datei unter dem Namen *TestDaten1.xml* ab.

Ergänzen Sie die XML-Datei mit beliebig vielen Datensätzen, in denen Sie Behauptungen (Asserts) aufstellen, z.B.:

```
<?xml version="1.0" encoding="utf-8" ?>
<getSpesenTestData>
  <data beginDate="10.10.2008 17:00" endDate="13.10.2008 16:00" spesen="60"/>
  <data beginDate="10.10.2008 16:05" endDate="11.10.2008 7:55" spesen="0"/>
  <data beginDate="10.10.2008 16:05" endDate="11.10.2008 8:00" spesen="12"/>
</getSpesenTestData>
```

Datenbindung herstellen

Der Test muss jetzt noch mit der XML-Datei verbunden werden. Wählen Sie das Menü *Test|Fenster|Testansicht* und öffnen Sie das Fenster *Testansicht*:

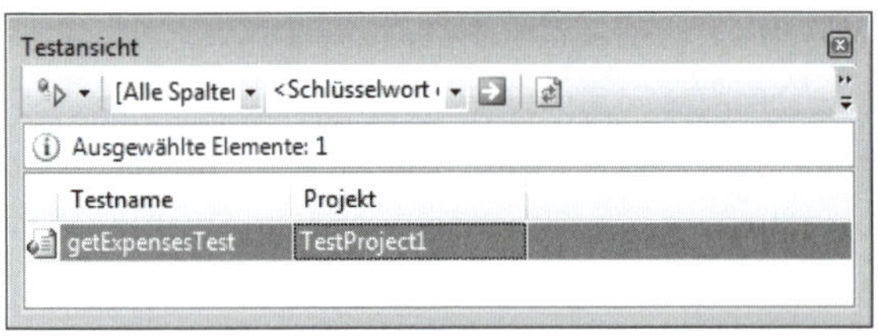

Abbildung 18.9 Testansicht

Öffnen Sie das Eigenschaftenfenster der Methode `getExpensesTest` (F4 oder Kontextmenü):

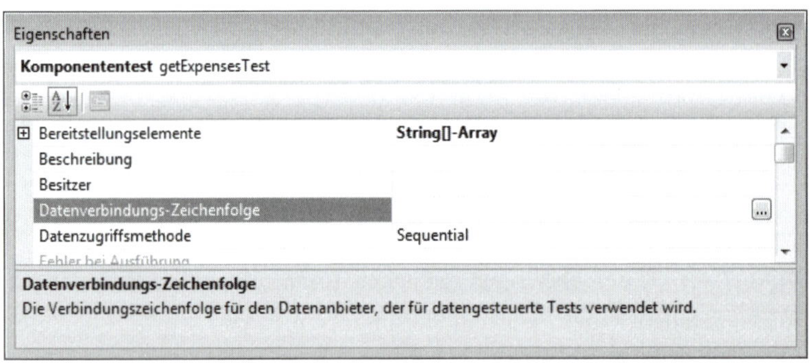

Abbildung 18.10 Eigenschaften von `getExpensesTest`

Markieren Sie den Eintrag Datenverbindungs-Zeichenfolge und klicken Sie auf die kleine Schaltfläche rechts. Es erscheint der »Assistent für neue Datenquellen«, wählen Sie »XML File«, »Weiter« und »XML-Datei auswählen«.

Im Dateidialog wählen Sie *TestDaten1.xml* aus und stellen ggf. noch den standardmäßig vergebenen Tabellennamen »Data« ein. In der Datenvorschau (Abbildung 18.11) müssten Sie nun den Inhalt der XML-Datei sehen. Klicken Sie auf »Weiter« und dann auf »Fertig stellen«.

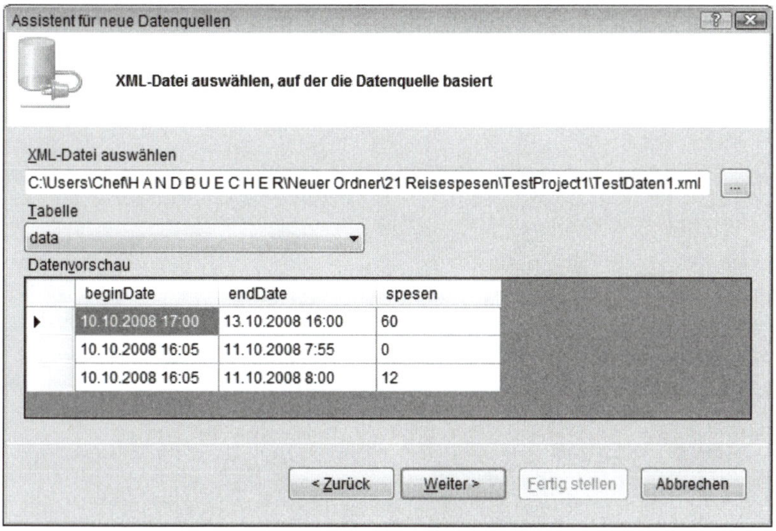

Abbildung 18.11 Auswahl der XML-Datei mit den Testdaten

Test programmieren

Zurück im Codefenster *Form1Test.vb* des Testprojekts sehen Sie, dass die Verbindung zur Datenquelle über einige zusätzliche Attribute (fett gedruckt) gesteuert wird, die der Assistent für Sie generiert hat:

```
<DataSource("Microsoft.VisualStudio.TestTools.DataSource.XML", _
        "|DataDirectory|\TestDaten1.xml", "data", _
         DataAccessMethod.Sequential)> _
         <DeploymentItem("TestProject1\TestDaten1.xml")> _
         <TestMethod()> _
```

Die Bedeutung der einzelnen Attribute für die Spezifikation der Datenquelle dürfte weitestgehend selbst erklärend sein. Wichtig: `DataAccessMethod.Sequential` heißt, dass die Methode `getExpensesTest` nacheinander für jeden vorhandenen Testdatensatz ausgeführt werden soll.

Die bereits vorhandene, automatisch erzeugte Implementierung der Testmethode `getExpensesTest` können Sie komplett löschen und wie folgt ersetzen:

```
Public Sub getExpensesTest()
```

Beim Einlesen der Testdaten wird die `DataRow`-Eigenschaft des `TestContext` verwendet:

```
Dim bDate As DateTime = Convert.ToDateTime(Me.TestContext.DataRow("beginDate"))
```

```
        Dim eDate As DateTime = Convert.ToDateTime(Me.TestContext.DataRow("endDate"))
        Dim expectedSpesen As Decimal = Convert.ToDecimal(Me.TestContext.DataRow("spesen"))
```

Der folgende Code unterscheidet sich vom Prinzip her nicht von einfachen Tests.

Testobjekt referenzieren:

```
        Dim target As New Form1
```

Tests durchführen:

```
        Dim actual As Decimal = target.getExpenses(bDate, eDate)

        Assert.AreEqual(expectedSpesen, actual)
    End Sub
End Class
```

Testergebnisse auswerten

Unser datengetriebene Test kann nun gestartet werden. In unserem Fall wird im Fenster Testergebnisse ein Fehler angezeigt, für den wir uns (nach Doppelklick) die Details ausgeben lassen (Abbildung 18.12).

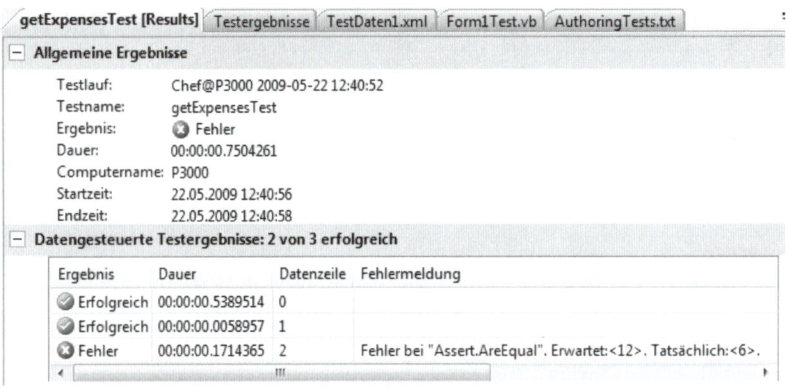

Abbildung 18.12 Details zum Fehler anzeigen

Ursache des Übels ist der dritte Testdatensatz, denn er liefert ein fehlerhaftes Ergebnis. Nochmaliges Nachrechnen zeigt, dass die Ursache nicht eine falsche Implementierung der Methode `getExpenses` ist, sondern dass der in der XML-Datei gespeicherte Erwartungswert falsch ist. Tatsächlich ergibt laut Spesentabelle eine am 10.10.2008 um 16:05 beginnende und am 11.10.2008 8:00 endende Reise lediglich einen Anspruch von 6 Euro anstatt, wie behauptet, von 12 Euro.

Nach entsprechender Korrektur in *TestDaten1.xml* dürfte dieser datengetriebene Test erfolgreich abgeschlossen werden.

18.4 Begriffe und Ergänzungen

Nachdem Sie nun eine praktische Vorstellung vom Wesen und von den Möglichkeiten der Unit-Tests haben, dürfte es Ihnen leichter fallen, auch die folgenden Begriffe und Ergänzungen zum Thema zu verstehen.

18.4.1 Behauptungen (Asserts)

Mit Hilfe von Behauptungen kann der Entwickler überprüfen, ob ein Programm oder Programmabschnitt die vorgegebenen Spezifikationen erfüllt. Der Entwickler kann Asserts in die Testobjekte einbauen. Treffen diese Behauptungen nicht zu, schlägt der Test fehl.

Zum eigentlichen Testen verwenden Sie einige spezielle (überladene) Methoden der statischen Klasse `Assert`. Diese Klasse enthält mehrere statische Methoden für die Auswertung einer booleschen Bedingung. Ist diese Bedingung `True`, so war die Assertion erfolgreich (siehe Tabelle 18.2).

Tabelle 18.2 Methoden der Klasse `Assert`

Methode	Beschreibung
`AreEqual` `AreNotEqual`	... testet, ob die übergebenen Werte gleich/ungleich sind.
`AreSame` `AreNotSame`	... testet, ob die angegebenen Objektvariablen auf gleiche/unterschiedliche Objekte verweisen.
`Fail`	... lässt eine Assertion fehlschlagen, ohne Bedingungen zu überprüfen.
`Inconclusive`	... zeigt an, dass eine Assertion noch nicht implementiert wurde, oder dass nicht festgestellt werden kann, ob eine Assertion den Wert `True` oder `False` liefert.
`IsTrue` `IsFalse`	... testet, ob die angegebene Bedingung den Wert `True`/`False` hat.
`IsNull` `IsNotNull`	... testet, ob ein angegebenes Objekt den Wert `Nothing` hat oder nicht.
`IsInstanceOfType` `IsNotInstanceOfType`	... testet, ob ein angegebenes Objekt eine/keine Instanz des angegebenen Typs ist.
`ReplaceNullChars`	... ersetzt NULL-Zeichen ('\0') in einer Zeichenfolge durch »\\0«.

18.4.2 Der Testkontext

Innerhalb der Testklasse erhalten Sie über die `TestContext`-Eigenschaft Zugriff auf den Kontext des Tests. Der Test-Kontext liefert Infos über den aktuellen Test, gibt bei datengetriebenen Tests Zugriff auf die Daten und stellt einige hilfreiche Eigenschaften und Methoden bereit (siehe Tabellen 18.3 und 18.4).

Tabelle 18.3 Eigenschaften von `TestContext`

Eigenschaft	Beschreibung
`CurentTestOutcome`	... können Sie in einer `TestCleanup`-Methode verwenden, um das Ergebnis eines ausgeführten Tests zu ermitteln.
`DataConnection`	... ruft bei datengetriebenen Tests die aktuelle Datenverbindung ab.
`DataRow`	... ruft bei datengetriebenen Tests die aktuelle Datenzeile ab.
`TestDir`	... liefert den Pfad zum Testverzeichnis.
`TestlogsDir`	... liefert den Pfad zum Verzeichnis des Testprotokolls.
`TestName`	... liefert den Namen des Tests.

Beispiel Abrufen eines Eintrags aus einer XML-Datei bei einem datengetriebenen Test (siehe 18.3.2)

```
Dim bDate As DateTime = Convert.ToDateTime(Me.TestContext.DataRow("beginDate"))
```

Tabelle 18.4 Methoden von `TestContext`

Methode	Beschreibung
`AddResultFile`	In einer abgeleiteten Klasse wird ein Dateinamen zur Liste in `TestResult.ResultFileNames` hinzugefügt.
`BeginTimer` `EndTimer`	In einer abgeleiteten Klasse wird ein Zeitgeber mit dem angegebenen Namen gestartet/beendet.
`WriteLine`	Damit können Sie Infos schreiben, die im Testprotokoll unter »Zusätzliche Informationen« erscheinen.

Beispiel Die in 18.2.2 von uns entwickelte eigene Testmethode `spezialTest1` soll als zusätzliche Information noch Durchmesser und Volumen der Kugel ausgeben.

```
<TestMethod()> _
Public Sub spezialTest1()
        Dim dur1 As Double = 1.0
        Dim vol As Double = CKugel.Durchmesser_Volumen(dur1)
        Dim dur2 As Double = CKugel.Volumen_Durchmesser(vol)
        Assert.AreEqual(dur1,dur2)
        TestContext.WriteLine( _
                "Durchmesser: " & dur2.ToString() & " ; " & "Volumen: " & vol.ToString())
End Sub
```

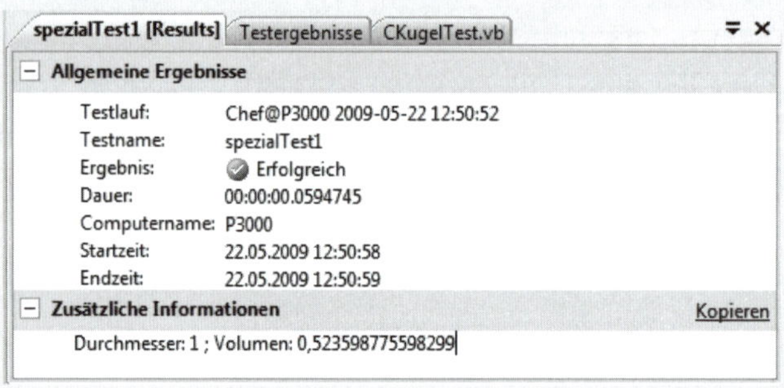

18.4.3 Zusätzliche Testattribute

In der Region *Zusätzliche Testattribute* treffen Sie auf einige vorbereitete Methodenrümpfe, mit denen Sie Ihre Tests verfeinern können.

Mit `ClassInitialize` führen Sie Code aus, **bevor** Sie den ersten Test in der Klasse ausführen:

```
<ClassInitialize()> _
Public Shared Sub MyClassInitialize(ByVal testContext As TestContext)
End Sub
```

Mit `ClassCleanup` führen Sie Code aus, **nachdem** alle Tests in einer Klasse ausgeführt wurden.

```
<ClassCleanup()> _
Public Shared Sub MyClassCleanup()
End Sub
```

Mit `TestInitialize` können Sie **vor** jedem einzelnen Test Code ausführen.

```
<TestInitialize()> _
Public Sub MyTestInitialize()
End Sub
```

Mit `TestCleanup` können Sie **nach** jedem einzelnen Test Code ausführen.

```
<TestCleanup()> _
Public Sub MyTestCleanup()
End Sub
```

18.5 Praktische Einsatzkriterien

Die Beispiele dieses Kapitels dürften Sie davon überzeugt haben, wie einfach Unit-Tests unter Visual Studio zu erstellen sind. Wann lohnen sie sich und wann nicht?

18.5.1 Nutzen von Unit-Tests

Da Tests noch vor der eigentlichen Funktionalität implementiert werden, zwingen sie den Entwickler, sich zum frühestmöglichen Zeitpunkt intensiv mit seinem Code zu beschäftigen.

Entwickeln Sie also passende Unit-Tests bereits vor dem Implementieren der eigentlichen Klasse oder Methode und später dann parallel zum Programmfortschritt. Das bietet Ihnen die Möglichkeit, Ihren Code umgehend zu prüfen und gegebenenfalls zu ändern. Visual Studio bietet Ihnen ein Framework für die Testerstellung sowie für das Zusammenfassen und Ausführen verschiedener Tests. Die Tests berühren den eigentlichen Programmcode nicht, da sie in eine eigene Testklasse ausgelagert werden. Die Testergebnisse werden in übersichtlicher Form angezeigt.

Von einer stetigen Wiederholung aller Tests (Regressionstests) ist eine erhebliche Qualitätssteigerung Ihres Programms zu erwarten.

Bedenken Sie aber stets:

Hinweis

Vernünftige Unit-Tests zu entwickeln ist besonders in komplexen Programmen keine einfache Aufgabe! ■

18.5.2 Grenzen von Unit-Tests

Ein Unit-Test findet nicht jeden Fehler, auch Performance-Engpässe lassen sich damit schlecht ermitteln und nicht jeder denkbare Input kann geprüft werden. Auch direkte Benutzereingaben werden unter Visual Studio noch nicht unterstützt.

Insbesondere Fehler, die programmextern entstehen, wie Timingfehler, Thread-Deadlocks und Fehler bei der RS232-Kommunikation, können mit Unit-Tests kaum entdeckt werden.

Ebenfalls kann es an der nötigen Testabdeckung mangeln, wenn nicht alle potenziellen Eingaben einer Funktion getestet werden können. Dies ist etwa der Fall, wenn die Eingabe aus sehr vielen Einzeldaten besteht, dann kann aus Aufwandsgründen nicht mehr jede mögliche Kombination von Eingabedaten getestet werden.

An der testgetriebenen Entwicklung (TDD) scheitern vor allem Programmierer, die auf diesem Gebiet noch keinerlei Erfahrung besitzen. Sie begreifen nicht, wie man etwas testen soll, das doch noch gar nicht vorhanden ist. Das kann dazu führen, dass sie die Prinzipien von TDD vernachlässigen, was den Zusammenbruch des Entwicklungsprozesses zur Folge haben kann. Ohne ausreichende Unit-Tests wird keine ausreichende Testabdeckung für das Refactoring und die gewünschte Qualität der Software erreicht.

19 Arbeiten mit dem Klassendesigner

Dieses Kapitel behandelt die folgenden Themen:

- Anlegen eines Klassendiagramms
- UML-Elemente des Klassendiagramms
- Praktischer Einsatz des Klassendesigners
- Das Objekt-Testcenter

Eines der interessantesten Tools von Visual Studio ist sicher der integrierte Klassendesigner. Dieser ermöglicht es Ihnen, die Struktur von Klassen und anderen Typen zu visualisieren und deren Code auf einfache und transparente Weise zu editieren. Das Klassendiagramm kann somit Ihren Code grafisch präsentieren. Änderungen am Klassendiagramm werden sofort im Code sichtbar und umgekehrt.

Der Klassen-Designer enthält zahlreiche Features die Ihnen dabei helfen, Ihren Code schneller und besser zu strukturieren. So können z.B. Bezeichner bequem umbenannt werden, Methoden lassen sich einfach überschreiben und Klassen und Strukturen automatisch generieren. Auch Eigenschaften und Schnittstellen lassen sich leicht implementieren, da auch hier die Methodenrümpfe automatisch erstellt werden.

Nicht zu unterschätzen ist die Rolle des Klassen-Designers als Kommunikationstool zwischen den an einem Softwareprojekt beteiligten Programmierern. Die Klassendiagramme können ausgedruckt oder z.B. als HTML-Seite oder PowerPoint-Präsentation bereitgestellt werden.

Hinweis
Wer nicht an einer allgemeinen Beschreibung des Klassendesigners interessiert ist, sondern lieber gleich mit der Arbeit beginnen möchte, sollte sich das Komplettbeispiel im Abschnitt 19.3 näher anschauen! ■

19.1 Der Klassendesigner im Überblick

Anhand mehrerer kleiner Beispiele wollen wir den Aufbau und die einzelnen Werkzeuge des Klassendesigners untersuchen.

19.1.1 Wie komme ich zu einem Klassendiagramm?

Bereits für eine neu erzeugte und ansonsten leere Windows Anwendung können Sie sich sofort das Klassendiagramm betrachten, Sie brauchen dazu nur im Kontextmenü des Projektmappen-Explorers auf *Klassendiagramm anzeigen* zu klicken.

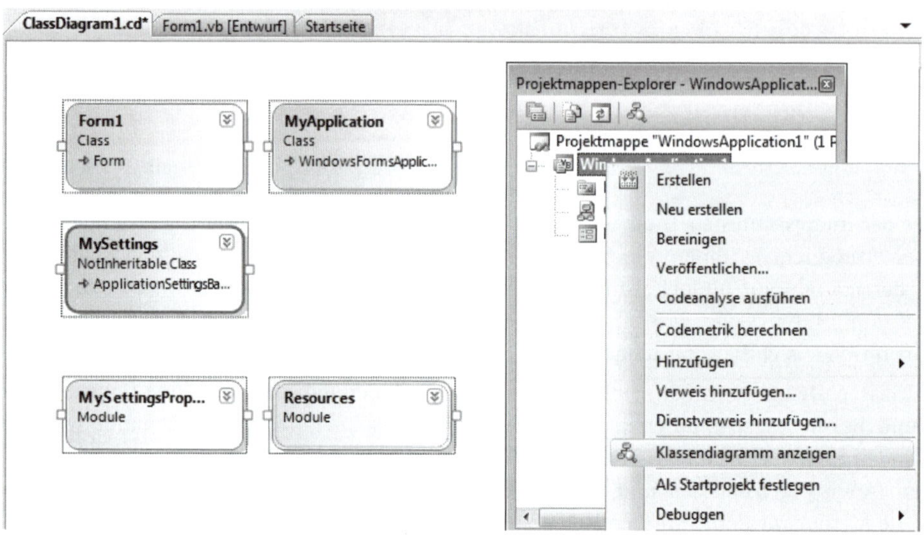

Abbildung 19.1 Klassendiagramm im Klassendesigner

Wie es die Abbildung 19.1 verdeutlicht, zeigt das Klassendiagramm die in jedem neuen Windows Forms Projekt bereits standardmäßig vorhandenen Klassen `Form1`, `MyApplication` und `MySettings` und die Module `Ressources` und `MySettingsProperty`.

Hinweis
Beachten Sie auch, dass das Hauptmenü der IDE ein neues Element *Klassendiagramm* bekommen hat. ■

Da keinerlei Verpflichtung besteht, alle im Projekt vorhandenen Klassen im Klassendiagramm darzustellen, werden Sie in der Regel mit einem leeren Klassendiagramm beginnen und dort nur die für Sie wirklich interessanten Klassen hinzufügen. Auch mehrere Klassendiagramme pro Projekt sind möglich. Sie selbst treffen die Entscheidung, welche Klassen in welchem Diagramm dargestellt werden sollen!

Um ein neues Klassendiagramm zu Ihrem Projekt hinzuzufügen wählen Sie das Menü *Projekt|Neues Element hinzufügen...* und die Vorlage »Klassendiagramm«.

Legen Sie den Namen des Diagramms fest und Visual Studio erzeugt das Element mit dem definierten Namen und einer *.cd* Dateinamenserweiterung.

Hinweis
Das (oder die) Klassendiagramm(e) sind kein Bestandteil Ihres Projekts sondern lediglich Hilfsmittel, d.h., sie werden nicht mit kompiliert! ■

Sie können vorhandene Klassen auf dem Klassen-Designer darstellen, indem Sie diese einfach vom Projektmappen-Explorer bzw. der Klassenansicht auf die Entwurfsoberfläche ziehen. Außerdem können Sie neue Klassen oder andere Typen hinzufügen, indem Sie diese von der Toolbox auf den Klassen-Designer absetzen und dort editieren.

Hinweis
Das Klassendiagramm speichert nur visuelle Informationen und implementiert selbst keinerlei Code. Das Löschen der *.cd*-Datei eines Klassendiagramms führt deshalb zu keinerlei Codeverlusten! ■

19.1.2 Ein Blick in die Toolbox

Wenn der Klassen-Designer geöffnet ist, zeigt die Toolbox (Menü *Ansicht|Toolbox*) die Elemente, die Sie auf die Oberfläche des Designers ziehen können (Abbildung 19.2). Wie Sie sehen, ist die Anzahl der verfügbaren UML-Elemente begrenzt und schöpft bei weitem nicht alle Möglichkeiten der UML aus. Für die Entwicklung von einfachen Klassendiagrammen dürfte das Angebot aber ausreichen.

Hinweis
Im Unterschied zur bekannten Toolbox für Windows Forms-Anwendungen müssen Sie hier die linke Maustaste gedrückt halten, während Sie ein UML-Element von der Toolbox auf die Oberfläche des Klassen-Designers ziehen. ■

Abbildung 19.2
Toolbox des Klassendesigners

Da man in der UML meist die englischen Originalbezeichner beibehält, zeigt die nachfolgende Tabelle beide Sprachversionen der Toolbox-Elemente:

Tabelle 19.1 Gegenüberstellung der Bezeichner für die Toolbox-Elemente

eingedeutschte Bezeichnung	englische Originalbezeichnung
Klasse	Class
Enumeration	Enum
Schnittstelle	Interface
Abstrakte Klasse	Abstract Class
Struktur	Structure
Delegat	Delegate
Vererbung	Inheritance
Zuordnung	Association
Kommentar	Comment

19.2 Die Bausteine des Klassen-Designers

In diesem Abschnitt wollen wir die einzelnen in der Toolbox verfügbaren Elemente des Klassen-Designers näher beleuchten.

19.2.1 Enumeration

Das mit Abstand harmloseste Element, welches Sie mit dem Klassen-Designer erzeugen können, ist die *Enumeration* (eine Sammlung miteinander verwandter Aufzählungstypen, siehe Kapitel 3). Nachdem Sie dieses Element von der Toolbox abgezogen und im Designer abgesetzt haben, sind in einem kleinen Dialogfenster zunächst die für alle UML-Elemente typischen Vorentscheidungen zu treffen (Namensvergabe, Zugriffslevel, Dateiname).

Beispiel Eine Enumeration für die Tage einer Woche

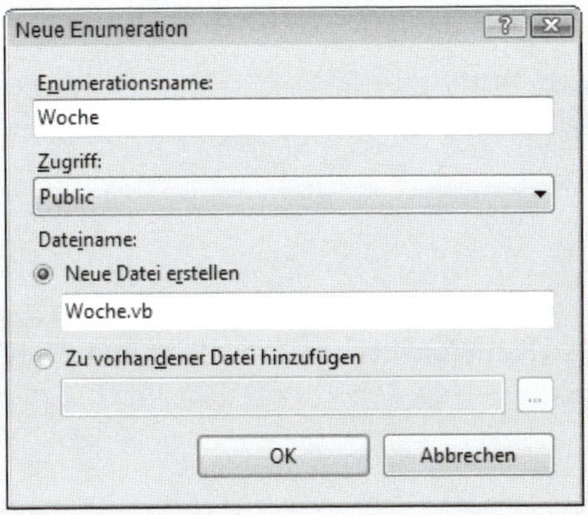

Über das Kontextmenü *Hinzufügen|Member* definieren Sie die Mitglieder der Enumeration:

Im Fenster *Klassendetails* (über das Kontextmenü zu öffnen) geben Sie jedem Eintrag einen bestimmten Wert:

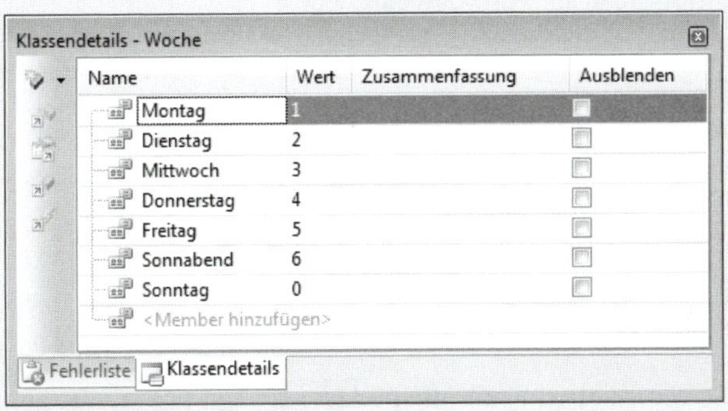

Die Datei *Woche.vb* enthält jetzt folgenden Code:

```
Public Enum Woche
  Montag = 1
  Dienstag = 2
  Mittwoch = 3
  Donnerstag = 4
  Freitag = 5
```

```
  Sonnabend = 6
  Sonntag = 0
End Enum
```

Beispiel Zugriff auf die Enumeration:

```
Const ersterTag As Woche = Woche.Montag
MessageBox.Show(ersterTag.ToString)                ' zeigt Montag
```

19.2.2 Klasse

Die Klasse ist zweifelsfrei das wichtigste Element eines Klassendiagramms (siehe Kapitel 4), sie wird standardmäßig durch ein Rechteck mit vier Abschnitten symbolisiert:

- Name
- Felder
- Eigenschaften
- Methoden

Beispiel Eine Klasse `CKunde` mit einem Feld, zwei Eigenschaften und einer Methode (Konstruktor).

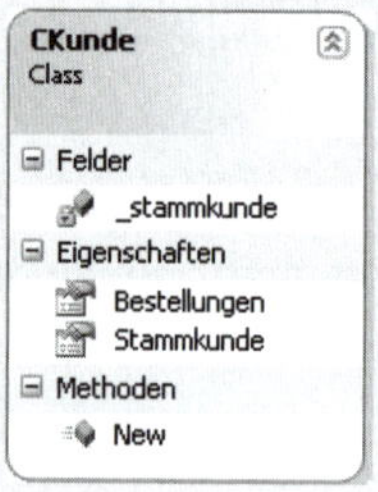

Um Platz zu sparen, kann die Darstellung der Klasse auf ihren Namen reduziert werden, klicken Sie dazu auf das kleine Symbol in der rechten oberen Ecke:

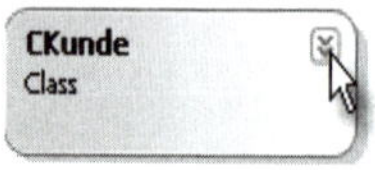

Abbildung 19.3
Klassenansicht reduzieren

Über das umfangreiche Kontextmenü einer Klasse lassen sich zahlreiche weitere Optionen einstellen, auch ein Abschnitt für Ereignisse kann hinzugefügt werden.

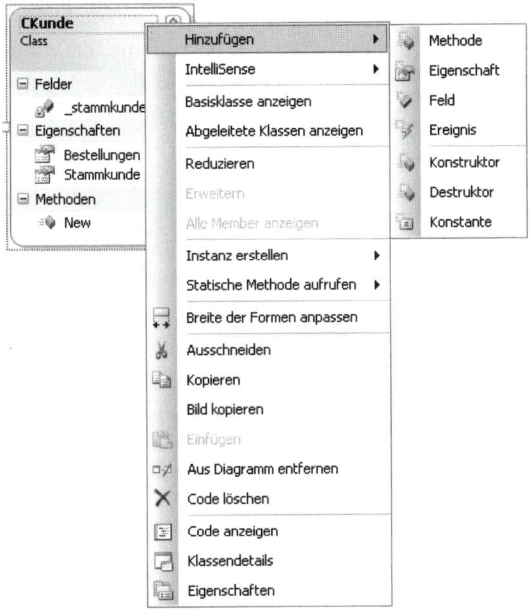

Abbildung 19.4
Hinzufügen neuer Klassenmitglieder

Klassendetails-Fenster

Das Fenster »Klassendetails« öffnen Sie über das Kontextmenü der Klasse (siehe oben). Es handelt sich hierbei um eine editierbare Liste von Feldern, Methoden, Eigenschaften und Ereignissen, wobei Sie wichtige Details eingeben können, wie

- Datentypen,
- Parameter,
- Sichtbarkeitsmodifizierer (`Public`, `Private`, `Friend`, `Protected`),
- Zusammenfassungen bzw. Kommentare zu jedem Klassenmitglied und
- Ausblenden von bestimmten Klassenmitgliedern.

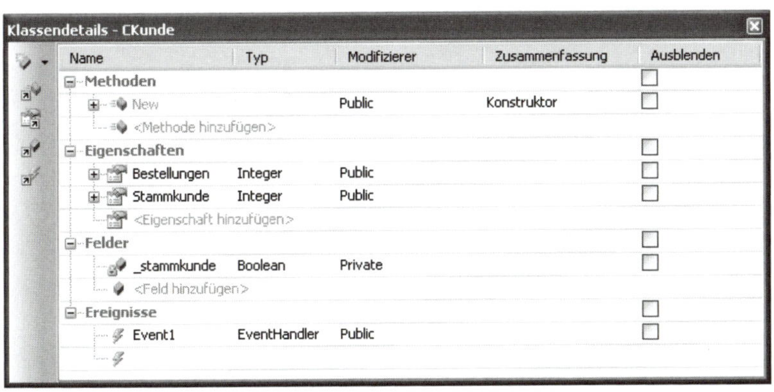

Abbildung 19.5 Klassendetails für die Klasse `CKunde` (siehe oben)

Allerdings ist es nicht zwingend erforderlich, dass Sie alle Einträge im Klassendiagramm vornehmen. Die Philosophie des Klassen-Designers basiert darauf, dass Änderungen wahlweise im Code oder im Diagramm vorgenommen werden können. Wenn Sie also z.B. einen bestimmten Datentyp im Code geändert haben, so wird diese Änderung automatisch und sofort auch im Klassendetails-Fenster sichtbar (und umgekehrt)!

Hinweis

Es ist sowohl von der Problemstellung als auch vom persönlichen Geschmack des Programmierers abhängig, wie er seine Arbeit zwischen Diagramm- und Codefenster aufteilt! ■

19.2.3 Struktur

Strukturen sind komplexe Datentypen, die starke Ähnlichkeiten zu Klassen haben. Im Unterschied zu diesen handelt es sich hier aber nicht um Referenz- sondern um Wertetypen, was die Einsatzszenarien stark beschränkt.

Genauso wie zu einer Klasse können Sie also auch zu einer *Struktur* Felder, Eigenschaften, Methoden, Ereignisse und Konstruktoren hinzufügen.

Beispiel Eine Struktur `Kunde`

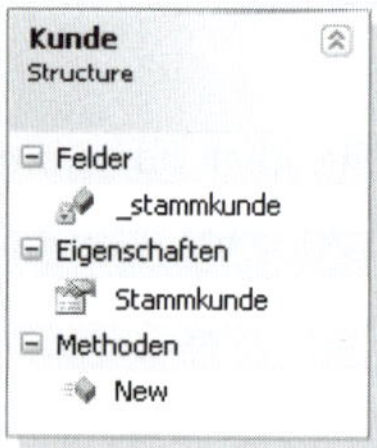

Der automatisch generierte Code:

```
Public Structure Kunde

    Private _stammkunde As Boolean

    Sub New()

    End Sub

    Public Property Stammkunde() As Boolean
        Get

        End Get
        Set(ByVal value As Boolean)

        End Set
    End Property

End Structure
```

19.2.4 Abstrakte Klasse

Von einer abstrakten Klasse dürfen keine Instanzen gebildet werden, sie ist lediglich dazu da, ihr »Erbmaterial« an die Nachkommen weiterzugeben. Rein optisch ist sie im Designer u.a. dadurch zu erkennen, dass der Klassenname kursiv gedruckt ist.

Beispiel Eine abstrakte Klasse `CFahrzeug` mit dem Nachkommen `CAuto`

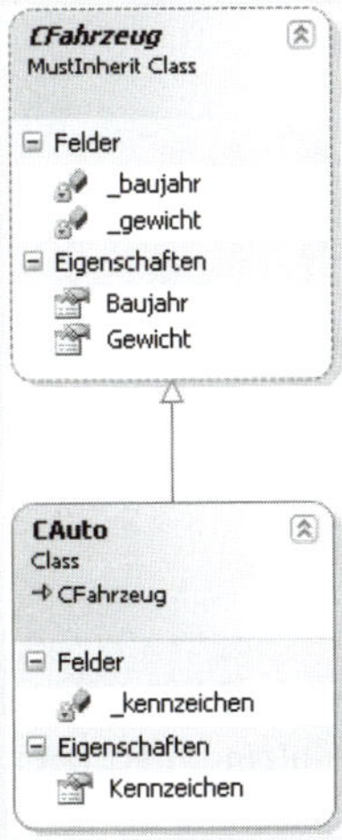

Der vom Designer generierte Code mit den von Ihnen vorgenommenen Ergänzungen (fettgedruckt):

```
Public MustInherit Class CFahrzeug

    Private _baujahr As Integer
    Private _gewicht As Single

    Public Property Baujahr() As Integer
        Get
            Return _baujahr
        End Get
        Set(ByVal value As Integer)
            _baujahr = value
        End Set
    End Property

    Public Property Gewicht() As Single
        Get
            Return _gewicht
        End Get
        Set(ByVal value As Single)
            _gewicht = value
        End Set
    End Property
End Class
```

Die abgeleitete Klasse CAuto (die fettgedruckten Zeilen müssen von Ihnen hinzugefügt werden):

```
Public Class CAuto
    Inherits CFahrzeug

    Private _kennzeichen As String

    Public Property Kennzeichen() As String
        Get
            Return _kennzeichen
        End Get
        Set(ByVal value As String)
            _kennzeichen = value
        End Set
    End Property
End Class
```

19.2.5 Schnittstelle

Eine Schnittstelle (Interface) können Sie sich wie eine »leere« abstrakte Klasse vorstellen, die lediglich Deklarationen (also keine Implementierungen) von Methoden, Eigenschaften und Ereignissen enthält (siehe Kapitel 4). Jede andere Klasse, die von dieser Schnittstelle »erbt«, übernimmt auch die Verpflichtung, ausnahmslos alle Schnittstellenmitglieder zu implementieren. Weitere eigene Mitglieder können hinzugefügt werden.

Hinweis

Eine Klasse kann zwar von mehreren Schnittstellen, aber nur von einer einzigen Klasse erben[1]! ■

Beispiel Entwurf einer Schnittstelle IPerson mit drei Eigenschaften und einer Methode

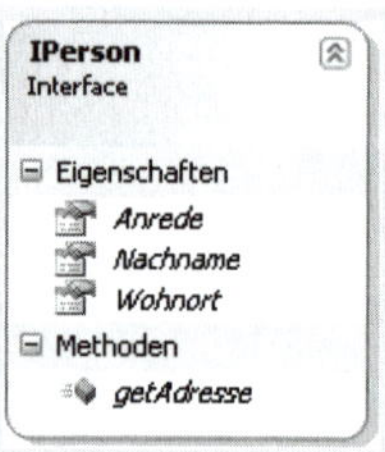

Der Code der automatisch angelegten Schnittstelle *IPerson.vb:*

```
Public Interface IPerson
    Property Anrede() As String
    Property Nachname() As String
    Property Wohnort() As String
```

[1] Mehrfachvererbung ist, und das aus gutem Grund, unter .NET nach wie vor tabu.

```
    Function getAdresse() As String
End Interface
```

Fügen Sie eine Klasse CStudent hinzu und zeichnen Sie eine Vererbungsbeziehung von CStudent nach CPerson. Im Ergebnis übernimmt die Klasse CStudent alle Schnittstellenelemente von IPerson:

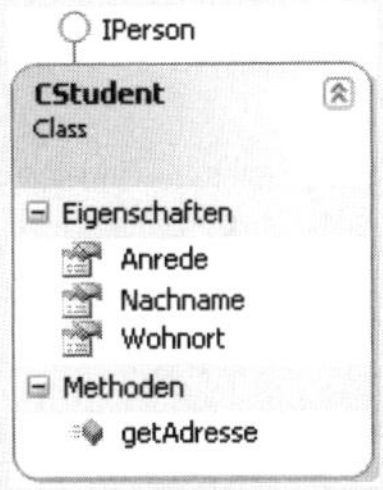

Wenn wir jetzt einen Blick auf den Quellcode von CStudent werfen, sehen wir, dass alle Eigenschaften- und Methodenrümpfe vorbereitet sind. Bevor wir aber mit dem Implementieren beginnen können, wollen wir noch entsprechende Felder (_anrede, _nachname, _wohnort) hinzufügen, auf welche die einzelnen Methoden zugreifen können.

Um den Unterschied zwischen den von der Schnittstelle »geerbten« und »eigenen« Klassenmitgliedern zu verdeutlichen, fügen wir noch ein privates Feld _semester hinzu.

Ein abschließender Blick auf das »Gemeinschaftswerk« von Klassen Designer und Entwickler (der vom Entwickler hinzugefügte Code ist fett gedruckt):

```
Public Class CStudent
    Implements IPerson

    Private _anrede As String
    Private _nachname As String
    Private _wohnort As String
    Private _semester As Integer

    Public Property Anrede() As String Implements IPerson.Anrede
        Get
            Return _anrede
        End Get
        Set(ByVal value As String)
            _anrede = value
        End Set
    End Property

    Public Property Nachname() As String Implements IPerson.Nachname
        Get
            Return _nachname
        End Get
        Set(ByVal value As String)
            _nachname = value
        End Set
    End Property
```

```
    Public Property Wohnort() As String Implements IPerson.Wohnort
        Get
            Return _wohnort
        End Get
        Set(ByVal value As String)
            _wohnort = value
        End Set
    End Property

    Public Function getAdresse() As String Implements IPerson.getAdresse
        Return _anrede & "  " & _nachname & "  " & _wohnort
    End Function
End Class
```

19.2.6 Delegate

Ein Delegate charakterisiert den Typ einer Methode (ähnlich wie eine Klasse den Typ eines Objekts darstellt).

Beispiel Ein Delegate für Methoden, die zwei Integer-Zahlen als Parameter entgegennehmen und das Ergebnis als Integer-Zahl zurückgeben, soll bereitgestellt und angewendet werden.

Nachdem wir das Delegate-Element auf die Oberfläche des Klassen-Designers gezogen haben, legen wir im Eröffnungsdialog fest, dass der Delegate keine eigene Datei erhält, sondern mit in die Datei *Form1.vb* aufgenommen wird.

Per Kontextmenü *Hinzufügen|Parameter* werden die Parameter `x` und `y` eingetragen:

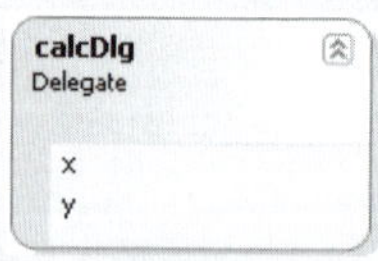

Im Fenster *Klassendetails* erfolgt das Festlegen des Delegaten und der Parametertypen (`Integer`):

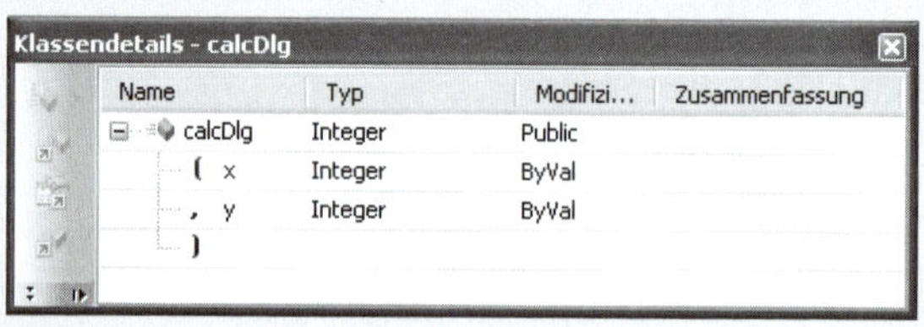

Der Designer hat den Delegaten in *Form1.vb* im Anschluss an die Implementierung der Klasse `Form1` eingetragen:

```
Public Class Form1
...
End Class
```

```
Public Delegate Function calcDlg(ByVal x As Integer, ByVal y As Integer) As Integer
```

Zur Klasse Form1 fügen wir je eine Methode zum Addieren und Multiplizieren von Integer-Zahlen hinzu. Dabei bleibt es uns überlassen, ob wir die Implementierung selbst komplett im Codefenster erledigen oder ob wir für den Rahmencode die Hilfe des Klassen Designers in Anspruch nehmen:

```
Private Function addInt(ByVal a As Integer, ByVal b As Integer) As Integer
    Return a + b
End Function

Private Function multInt(ByVal a As Integer, ByVal b As Integer) As Integer
    Return a * b
End Function
```

Die Signatur der Methoden addInt und multInt muss der Signatur (dem Typ) des Delegaten entsprechen!

```
Private Sub Button1_Click(ByVal sender As System.Object, ByVal e As System.EventArgs) _
                                                                Handles Button1.Click
```

Eine Methodenreferenz auf den Delegaten:

```
Dim calcMethod As calcDlg
```

In Abhängigkeit von der gewünschten Operation (Addition/Multiplikation) wird der Delegat mit der Methode addInt oder multInt instanziiert:

```
If RadioButton1.Checked Then
     calcMethod = AddressOf addInt
Else
     calcMethod = AddressOf multInt
End If
```

Jetzt kann mit der »universellen« calcMethod gerechnet werden:

```
    Dim z1 As Integer = Int32.Parse(TextBox1.Text)
    Dim z2 As Integer = Int32.Parse(TextBox2.Text)
    Label1.Text = calcMethod(z1, z2).ToString
End Sub
```

Der Test:

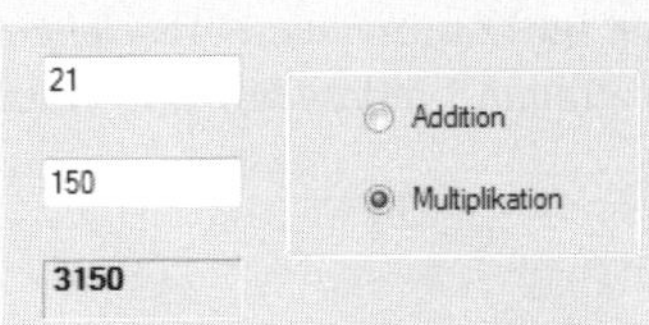

19.2.7 Zuordnung (Assoziation)

Felder kann man entweder als *Feld* oder als *Zuordnung* darstellen (Kontextmenü *Als Zuordnung anzeigen* bzw. *Als Feld anzeigen*).

Beispiel Das Feld `_kennzeichen` der Klasse `CAuto` wird einmal als *Feld* (oben) und ein anderes Mal als *Zuordnung* (unten) angezeigt.

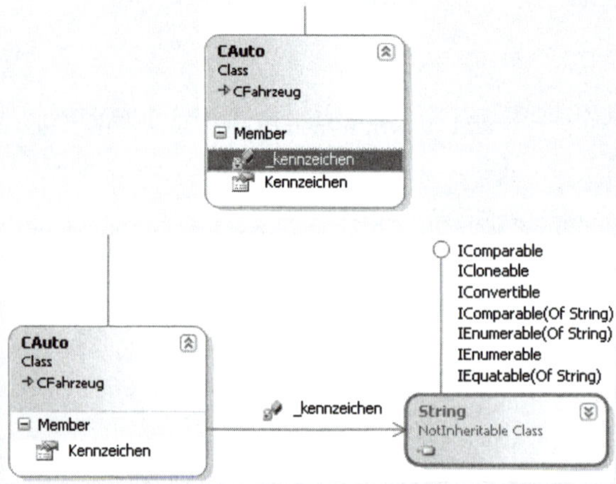

Wie Sie sehen erscheint ein als *Zuordnung* dargestelltes Feld nicht mehr im Klassendiagramm, sondern verweist mit einem Pfeil auf seine eigene Klassenherkunft (bzw. Datentyp).

Es gibt auch eine *Auflistungszuordnung* (*Collection Association*) für Listen (Kontextmenü *Als Auflistungszuordnung anzeigen*), diese funktioniert allerdings nur bei parametrisierten Listen (Generics).

19.2.8 Vererbung anzeigen

Um die Basisklasse einer Unterklasse anzuzeigen, klicken Sie mit der rechten Maustaste in den Kopfbereich der Klasse und wählen im Kontextmenü *Basisklasse anzeigen*.

Es gibt auch einen umgekehrten Weg: Um die Klassen anzuzeigen, die von einer existierenden Klasse erben, wählen Sie im Kontextmenü *Abgeleitete Klassen anzeigen*. Die erbenden Klassen erscheinen im Diagramm, verbunden mit einer Vererbungslinie (siehe obige Beispiele).

19.2.9 Die Anzeige der Diagramme anpassen

Die Anzeigeeigenschaften der Klassendiagramme sind einstellbar, die meisten davon über das Hauptmenü *Klassendiagramm*.

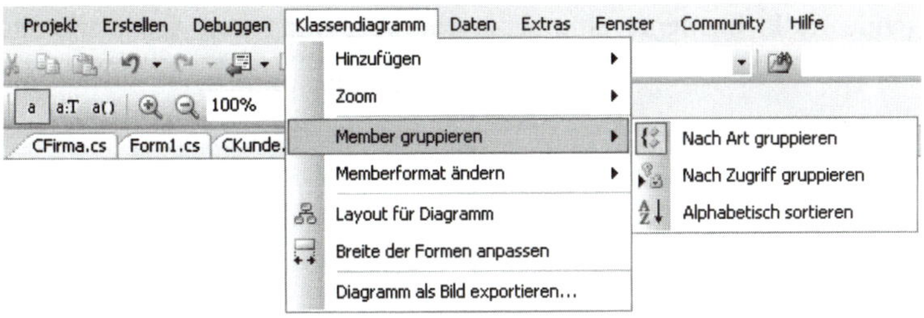

Abbildung 19.6 Anpassen der Anzeige

Die folgende Abbildung zeigt die Auswirkungen des Menübefehls *Member gruppieren*:

- Nach Art gruppieren (links)
- Nach Zugriff gruppieren (Mitte)
- Alphabetisch sortieren (rechts)

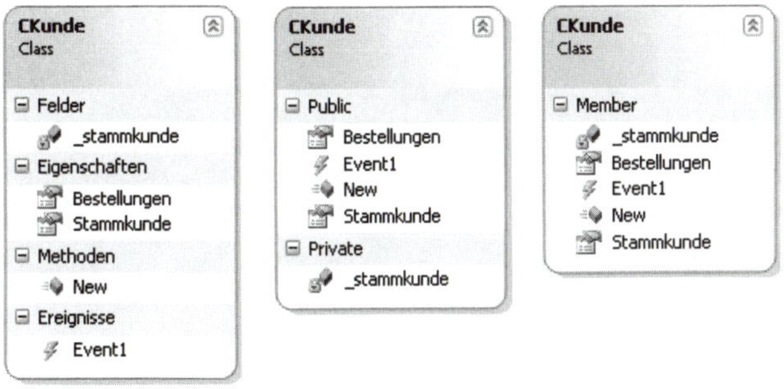

Abbildung 19.7 Auswirkung des Menübefehls *Member gruppieren*

19.3 DEMO: Modellierung des Bestellsystems einer Firma

Das folgende komplexe Beispiel demonstriert nicht nur die Anwendung des Klassen-Designers, auch andere Features, wie generische Listen und Schnittstellen, `BindingSource`, `BindingNavigator` und `DataGridView`, kommen zum Einsatz.

19.3.1 Unser Ziel

Damit gleich zu Beginn klar wird, in welche Richtung wir uns bewegen wollen, soll das anzustrebende Ergebnis bereits jetzt angezeigt werden.

Das abgebildete Klassendiagramm (Abbildung 19.8) modelliert ein Projekt, welches die Kunden einer Firma und die von jedem Kunden aufgegebenen Bestellungen verwaltet.

Dabei werden grundlegende UML[1]-Elemente eingesetzt, wie Vererbung und Assoziationen mit einfacher und mehrfacher Kardinalität (Multiplizität).

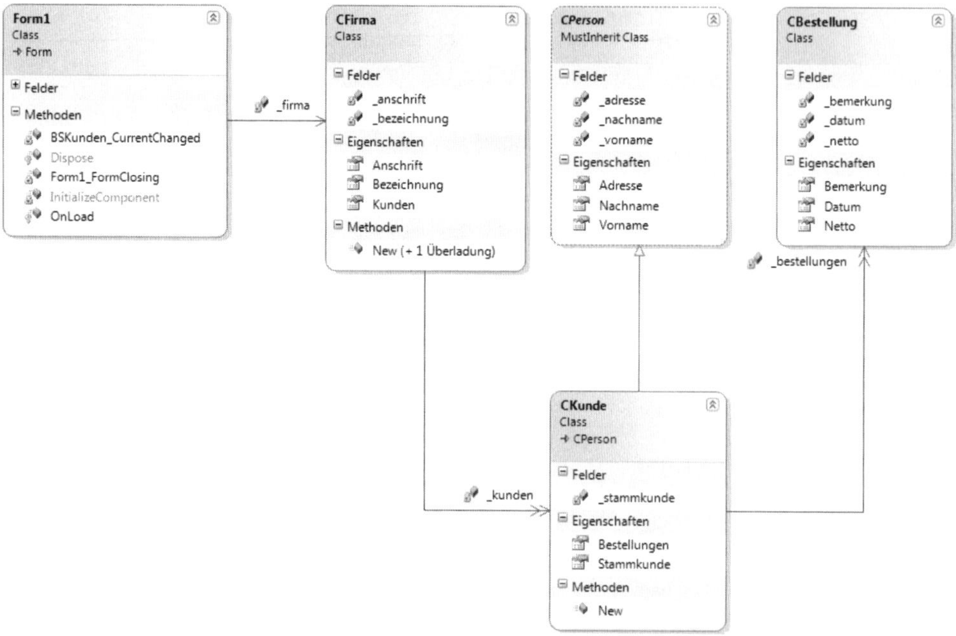

Abbildung 19.8 Unser Klassendiagramm

Die Benutzerschnittstelle `Form1` ist über die Assoziation `_firma` mit der Geschäftslogik verbunden. Diese besteht aus den Klassen `CFirma`, `CKunde` und `CBestellung` sowie der abstrakten Klasse `CPerson`, welche an `CKunde` vererbt. Die Assoziationen zwischen den Klassen `CFirma` und `CKunde`, sowie zwischen `CKunde` und `CBestellung`, fallen durch doppelte Pfeilspitzen auf. Hier handelt es sich um Assoziationen der Multiplizität 0..*, die in der deutschen Übersetzung etwas verwirrend als »Auflistungszuordnungen« bezeichnet werden. In unserem Beispiel bedeutet das, dass eine Firma keinen, einen oder viele Kunden und ein Kunde keine, eine oder viele Bestellungen haben kann.

Um obiges Klassendiagramm in ein funktionierendes Programm umzusetzen öffnen Sie eine neue Windows-Forms Anwendung mit dem Namen `Firma1`. Das Startformular `Form1` bleibt zunächst unbeachtet liegen, denn die Benutzerschnittstelle liefert nur das i-Tüpfelchen unserer Anwendung und kommt deshalb erst ganz zum Schluss an die Reihe.

Wählen Sie das Menü *Projekt|Neues Element hinzufügen ...* und klicken Sie im Dialogfenster auf die Vorlage *Klassendiagramm*. Der standardmäßige Namen *ClassDiagram1.cd* kann beibehalten werden.

[1] Uniform Modelling Language

19.3.2 Die Klasse CBestellung

Beginnen Sie zweckmäßigerweise mit dem relativ einfachen Diagramm der Klasse `CBestellung`. Diese Klasse repräsentiert eine einzelne Bestellung und hat die drei Felder `_datum`, `_netto` und `_bemerkung`, welche durch gleichlautende Eigenschaften gekapselt sind.

Ziehen Sie von der Toolbox eine »Klasse« auf die Oberfläche des Klassen-Designers, vergeben Sie im Dialogfeld den Namen `CBestellung` und legen Sie den Zugriff auf `Public` fest.

Über das Kontextmenü der rechten Maustaste werden die Felder `_datum`, `_netto` und `_bemerkung` zur Klasse hinzugefügt.

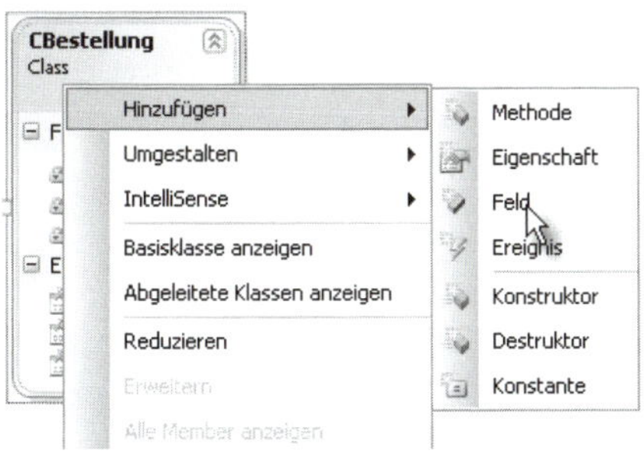

Abbildung 19.9 Hinzufügen von Feldern

Vergessen Sie nicht, jedem Feld seinen Datentyp zuzuweisen (standardmäßig `Integer`). Klicken Sie dazu mit der rechten Maustaste auf das Feld und öffnen Sie dann per Kontextmenü das Fenster *Klassendetails*. In die »Typ«-Spalte tragen Sie den passenden Datentyp ein, wobei die Intellisense bei der Auswahl hilft.

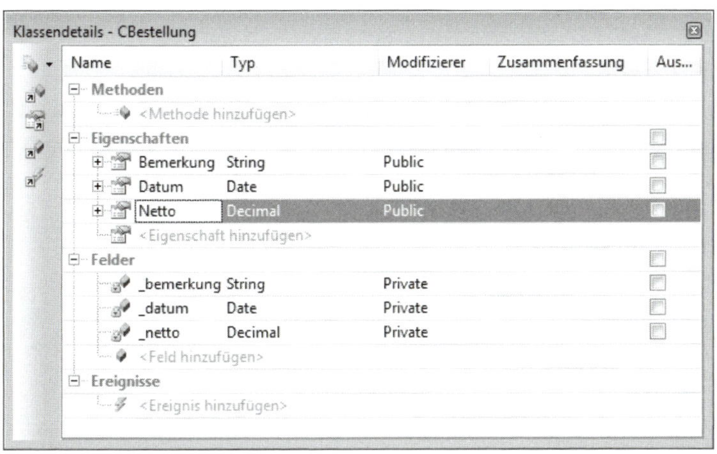

Abbildung 19.10 Festlegen des Datentyps

Hier der fertige Code der Klasse (was wir selbst hinzufügen müssen, ist fett hervorgehoben):

```
Public Class CBestellung
    Private _bemerkung As String
    Private _datum As DateTime
```

```
    Private _netto As Decimal
    Public Property Datum() As DateTime
        Get
            Return _datum
        End Get
        Set(ByVal value As DateTime)
            _datum = value
        End Set
    End Property

    Public Property Netto() As Decimal
        Get
            Return _netto
        End Get
        Set(ByVal value As Decimal)
            _netto = value
        End Set
    End Property

    Public Property Bemerkung() As String
        Get
            Return _bemerkung
        End Get
        Set(ByVal value As String)
            _bemerkung = value
        End Set
    End Property
End Class
```

19.3.3 Die Klasse CPerson

Diese Klasse wird nicht instanziiert, sondern sie soll lediglich ihr »Erbmaterial« an untergeordnete Klassen (in unserem Fall CKunde) weitergeben. Von der Toolbox ziehen Sie das Element »Abstrakte Klasse« auf die Oberfläche des Designers und vergeben dafür den Namen CPerson. Fügen Sie die String-Felder _vorname, _nachname, _adresse hinzu und kapseln Sie diese als Eigenschaften, die Vorgehensweise ist dieselbe wie bei der Klasse CBestellungen.

Der resultierende Code der Klasse:

```
Public MustInherit Class CPerson

    Private _vorname As String
    Private _nachname As String
    Private _adresse As String

    Public Property Vorname() As String
        Get
            Return _vorname
        End Get
        Set(ByVal value As String)
            _vorname = value
```

```
        End Set
    End Property

    Public Property Nachname() As String
        Get
            Return _nachname
        End Get
        Set(ByVal value As String)
            _nachname = value
        End Set
    End Property

    Public Property Adresse() As String
        Get
            Return _adresse
        End Get
        Set(ByVal value As String)
            _adresse = value
        End Set
    End Property
End Class
```

19.3.4 Die Klasse CKunde

Unterhalb von `CPerson` platzieren Sie eine normale »Klasse« mit dem Namen `CKunde`.

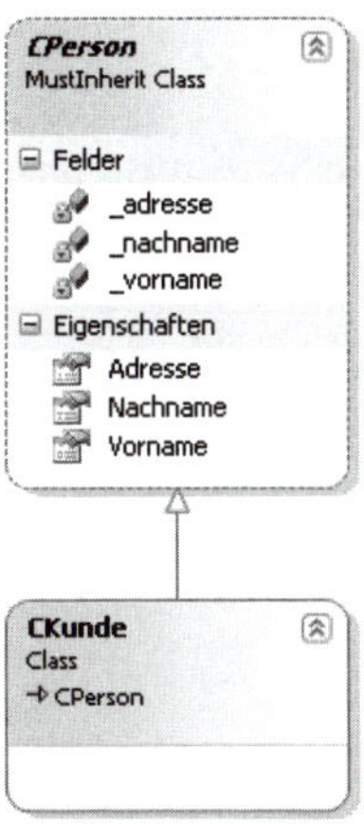

Abbildung 19.11
Vererbung zwischen `CPerson` und `CKunde`

Wählen Sie in der Toolbox das Element »Vererbung« und ziehen Sie damit eine Linie von `CKunde` nach `CPerson`. Beide Klassen sind dann durch eine Vererbungsbeziehung miteinander verbunden (Abbildung 19.13).

Fügen Sie zu `CKunde` ein Feld `_stammkunde` vom `Boolean`-Datentyp hinzu und kapseln Sie es mit der entsprechenden Eigenschaft.

Etwas komplizierter wird es mit dem Feld `_bestellungen`, welches ebenfalls hinzuzufügen ist. Der Datentyp ist `IList(Of CBestellung)`, also eine generische Liste vom Typ `CBestellung`.

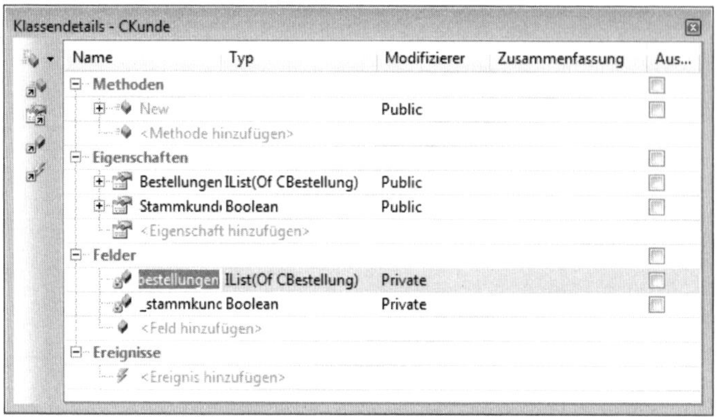

Abbildung 19.12 Datentyp festlegen

Um die Assoziation zur Klasse `CBestellung` einzutragen, wählen Sie im Kontextmenü des Felds `_bestellungen` den Eintrag *Als Auflistungszuordnung anzeigen*.

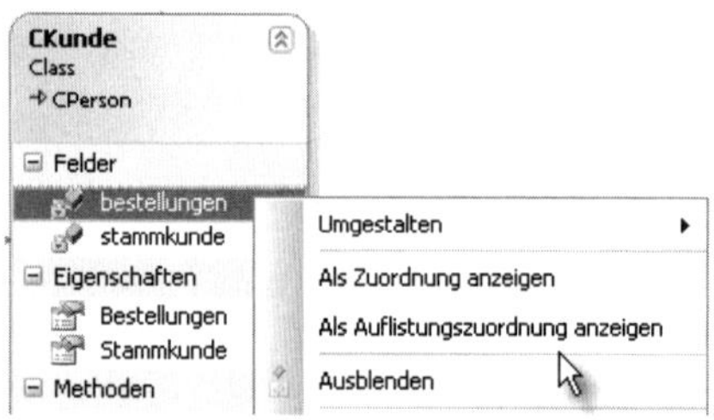

Abbildung 19.13
Auflistungszuordnung anzeigen

Im Ergebnis ist das Feld `_bestellungen` verschwunden und stattdessen eine Auflistungszuordnung (multiple Assoziation) von der Klasse `CKunde` zur Klasse `CBestellung` im Klassendiagramm sichtbar (erkennbar auch an den doppelten Pfeilspitzen).

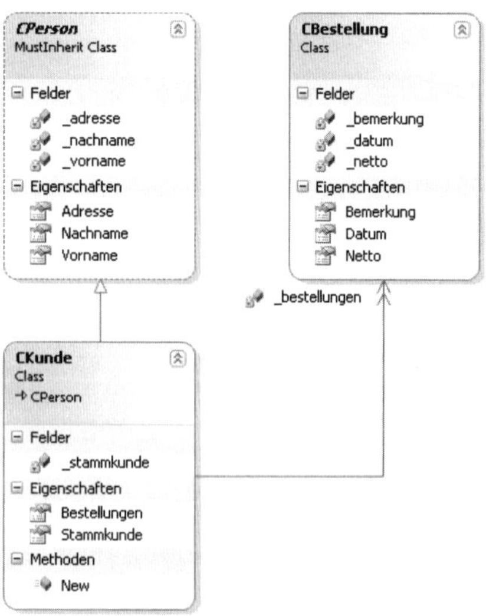

Abbildung 19.14
Neues Klassendiagramm

Wie Sie im obigen Klassendiagramm erkennen, haben wir zur Klasse CKunde noch einen Konstruktor hinzugefügt (Kontextmenü *Hinzufügen|Konstruktor*).

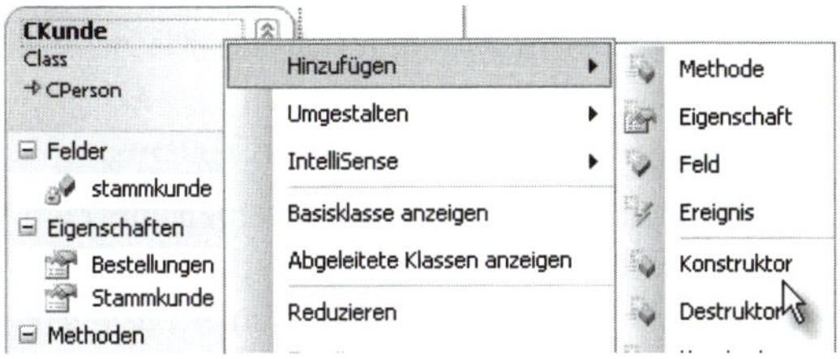

Abbildung 19.15
Konstruktor hinzufügen

Den Konstruktor brauchen wir, um beim Erzeugen eines Kunden-Objekts auch gleichzeitig eine (leere) Liste der Bestellungen zu erzeugen. Allerdings müssen wir diese Implementierung selbst vornehmen, da der Klassen-Designer nur Methodenrümpfe generieren kann:

```
Public Class CKunde
    Inherits CPerson

    Private _stammkunde As Boolean
    Private _bestellungen As IList(Of CBestellung)

    Sub New()
        _bestellungen = New List(Of CBestellung)
    End Sub

    Public Property Stammkunde() As Boolean
        Get
            Return _stammkunde
        End Get
        Set(ByVal value As Boolean)
            _stammkunde = value
        End Set
    End Property

    Public Property Bestellungen() As IList(Of CBestellung)
        Get
            Return _bestellungen
        End Get
        Set(ByVal value As IList(Of CBestellung))
            _bestellungen = value
        End Set
    End Property
End Class
```

19.3.5 Die Klasse CFirma

Mittlerweile sind Sie beim Entwurf von Klassen so routiniert, dass nicht mehr erklärt werden muss, wie Sie die Klasse CFirma hinzufügen, mit den Feldern _anschrift und _bezeichnung ausstatten und diese durch entsprechende Eigenschaften kapseln.

Auch mit dem Feld _kunden, dem Sie den generischen Datentyp IList(Of CKunde) zuweisen, dürften Sie keine Probleme haben, denn die Vorgehensweise ist völlig analog zum Feld _bestellungen der Klasse CKunde.

Die Assoziation zwischen den Klassen CFirma und CKunde wird erst dann in das Klassendiagramm eingezeichnet, wenn Sie dem Feld _kunden per Kontextmenü den Eintrag *Als Auflistungszuordnung anzeigen* zuweisen. Am Quellcode selbst ändert sich dadurch nichts!

Die Klasse erhält einen eigenen Konstruktor (die Methode CFirma), diesem werden die Parameter für Bezeichnung und Anschrift der Firma übergeben. Den dazu erforderlichen Eintrag der Parameter ans und bez nehmen Sie im Fenster *Klassendetails* vor (Klick auf *<Parameter hinzufügen>*), alternativ könnten Sie das aber auch direkt im Code (siehe nachfolgendes Listing) vornehmen.

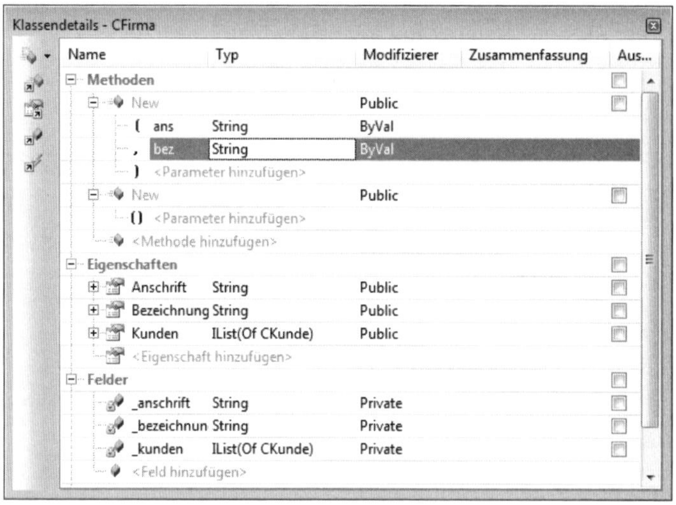

Abbildung 19.16 Parameter hinzufügen

Wichtigste Aufgabe des Konstruktors ist das Erzeugen einer Instanz der Kundenliste, wobei die Implementierung von Ihnen im Codefenster ergänzt werden muss.

Der vollständige Code der Klasse CFirma:

```
Public Class CFirma
    Private _anschrift As String
    Private _bezeichnung As Integer
    Private _kunden As IList(Of CKunde)

    Sub New(ByVal ans As String, ByVal bez As String)
        _kunden = New List(Of CKunde)
    End Sub

    Public Property Anschrift() As String
        Get
            Return _anschrift
        End Get
```

```
        Set(ByVal value As String)
            _anschrift = value
        End Set
    End Property

    Public Property Bezeichnung() As Integer
        Get
            Return _bezeichnung
        End Get
        Set(ByVal value As Integer)
            _bezeichnung = value
        End Set
    End Property

    Public Property Kunden() As IList(Of CKunde)
        Get
            Return _kunden
        End Get
        Set(ByVal value As IList(Of CKunde))
            _kunden = value
        End Set
    End Property
End Class
```

19.3.6 Die Klasse Form1

Die Geschäftslogik unseres Programms haben wir mit Hilfe des Klassendesigners fertig gestellt, was an Arbeit übrig bleibt, ist die Entwicklung einer geeigneten Benutzerschnittstelle (Frontend) auf Basis der bereits vorhandenen `Form1`.

Abbildung 19.17
`Form1` in der Entwurfsansicht

Neben sechs Textfeldern einer CheckBox und einigen Label-Komponenten benötigen wir für die Datenbindung zwei BindingSource- und zwei BindingNavigator-Komponenten (Abbildung 19.17).

Das Verbinden der beiden BindingNavigator-Komponenten mit ihrer Datenquelle erledigen wir gleich im Eigenschaftenfenster, indem wir die BindingSource-Eigenschaft auf BSKunden bzw. BSBestellungen setzen.

```
Public Class Form1
```

Eine private Variable _firma dient – wie wir später im Klassendiagramm noch sehen werden – als assoziative Verbindung zur Geschäftslogik (Klasse CFirma):

```
    Private _firma As CFirma
```

Beim Laden des Formulars instanziieren wir die Geschäftslogik und verbinden die Steuerelemente mit der Kundenliste:

```
    Protected Overrides Sub OnLoad(ByVal e As System.EventArgs)
```

Instanz erzeugen:

```
        _firma = New CFirma("04600 Altenburg, Fleischergasse 12", "DataBook")
```

Eine BindingSource kann neben der komplexen Datenbindung (DataSet) auch einfache Datenbindungen, wie die zu Auflistungen, verwalten:

```
        BSKunden.DataSource = _firma.Kunden
```

Steuerelemente anbinden:

```
        TextBox1.DataBindings.Add(New Binding("Text", BSKunden, "Vorname", True))
        TextBox2.DataBindings.Add(New Binding("Text", BSKunden, "Nachname", True))
        TextBox3.DataBindings.Add(New Binding("Text", BSKunden, "Adresse", True))
        CheckBox1.DataBindings.Add(New Binding("Checked", BSKunden, "Stammkunde", True))
        MyBase.OnLoad(e)
    End Sub
```

Bei Auswahl eines neuen Kunden wird das CurrentChanged-Ereignis der für die Kundenliste zuständigen BindingSource ausgelöst:

```
    Private Sub BSKunden_CurrentChanged(ByVal sender As Object, _
                    ByVal e As System.EventArgs) Handles BSKunden.CurrentChanged
```

Der aktuelle Kunde kann über die Current-Eigenschaft der BindingSource gewonnen werden:

```
        Dim kunde As CKunde = CType(BSKunden.Current, CKunde)
```

Jetzt ist auch der Zugriff auf die Bestellungen dieses Kunden möglich:

```
        BSBestellungen.DataSource = kunde.Bestellungen
```

Da sich die Datenquelle geändert hat, müssen alle Anzeige-Elemente neu angebunden werden:

```
        TextBox4.DataBindings.Clear()
        TextBox4.DataBindings.Add("Text", BSBestellungen, "Datum", True)
        TextBox5.DataBindings.Clear()
        TextBox5.DataBindings.Add("Text", BSBestellungen, "Netto", True)
```

```
        TextBox6.DataBindings.Clear()
        TextBox6.DataBindings.Add("Text", BSBestellungen, "Bemerkung", True)
    End Sub

End Class
```

Bevor wir mit dem Test der Anwendung beginnen, wollen wir noch das Klassendiagramm vervollständigen. Dazu brauchen wir aber die Klasse Form1 nicht neu zu zeichnen (sie ist ja bereits vorhanden), sondern wir ziehen sie per Drag & Drop direkt vom Projektmappen-Explorer auf die Oberfläche des Klassen-Designers. Der Abschnitt »Felder« verwirrt mit einer unglaublichen Vielzahl von Einträgen, die vor allem von den beiden doch ziemlich komplexen BindingNavigator-Komponenten stammen. Unsere Aufmerksamkeit gilt aber vor allem dem _firma-Feld, auf welches wir das Kontextmenü *Als Zuordnung anzeigen* anwenden.

Als Ergebnis erscheint im Klassen-Designer eine Assoziation zwischen den Klassen Form1 und CFirma:

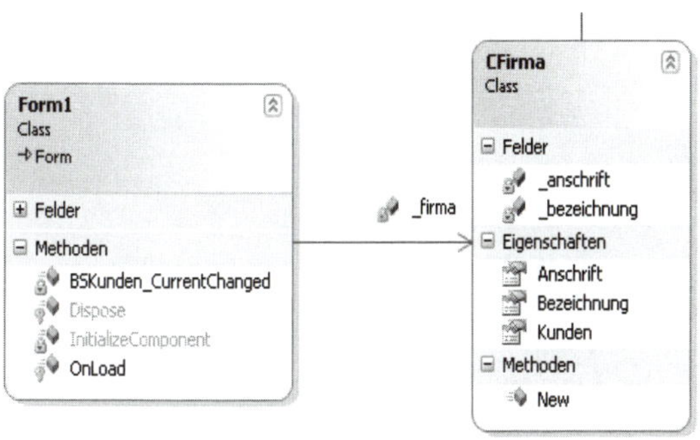

Abbildung 19.18
Die Assoziation zwischen den beiden Klassen

Sie liegen richtig wenn Sie vermuten, dass man im obigen Quellcode auf das explizite Deklarieren der Variablen _firma auch hätte verzichten können und diese stattdessen als Feld im Klassen-Designer hinzufügt, der Designer würde die Variable dann automatisch in den Quellcode eintragen.

Hinweis

Es ist eine Frage des persönlichen Geschmacks des Entwicklers, ob er Typ- oder Variablendeklarationen, Methodensignaturen etc. im Klassen-Designer oder im Quellcode vornimmt – die Änderungen werden sofort synchron auf die jeweils andere Sicht übertragen. ■

19.3.7 Abschlusstest

Nach Kompilieren und Starten der Anwendung erzeugen Sie zunächst einen oder auch mehrere Kunden. Klicken Sie also zuerst auf die »+« bzw. »Neu hinzufügen«-Schaltfläche des oberen BindingNavigators, ehe Sie die Eingabemaske füllen!

Abbildung 19.19
BindingNavigator

Zu jedem Kunden fügen Sie keine, eine oder mehrere Bestellungen hinzu. Auch hier klicken Sie zuerst die »Neu hinzufügen«-Schaltfläche des unteren `BindingNavigators`, ehe Sie mit den Eintragungen beginnen.

Sie können beliebig in den Kunden und Bestellungen blättern und weitere Einträge hinzufügen bzw. löschen.

Abbildung 19.20
`Form1` zur Laufzeit

Das Programm arbeitet erstaunlich robust – der Klassen-Designer hat uns viel Arbeit abgenommen!

Bemerkungen

- Leider sind alle mühevoll eingegebenen Datensätze nach Beendigen des Programms futsch. Der Einbau einer zusätzlichen Persistenzschicht unter Verwendung serialisierter Objekte dürfte aber für den fortgeschrittenen Programmierer kein Problem sein (Lösung siehe Beispieldaten zum Buch, auch Abschnitt 20.2.5 hilft weiter).
- Um den Code nicht noch weiter aufzublähen wurde auf eine Fehlerbehandlung verzichtet.

19.4 Mehr zum Klassen-Designer

Der Klassen-Designer ist, wie Sie gesehen haben, ein sehr leistungsfähiges Tool. Leider können wir es aus Platzgründen hier nicht ausführlicher beschreiben. Auf einige kleinere Ergänzungen wollen wir dennoch nicht verzichten.

19.4.1 Diagramme anpassen

Die Anzeigeeigenschaften der Klassendiagramme sind einstellbar, die meisten davon über das Hauptmenü *Klassendiagramm*.

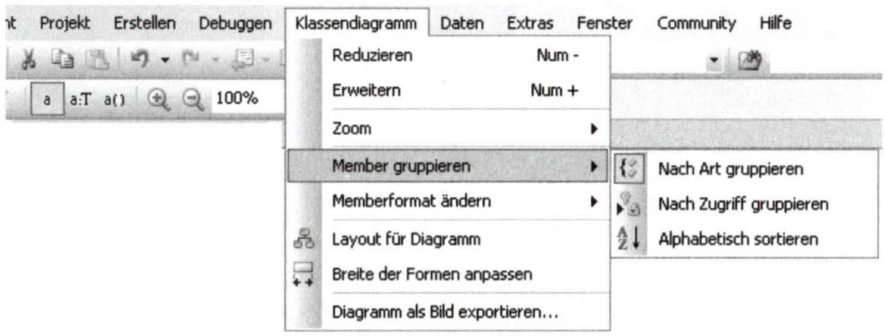

Abbildung 19.21 Hauptmenü *Klassendiagramm*

Die folgende Abbildung zeigt die Auswirkungen des Menübefehls *Member gruppieren*:

- Nach Art gruppieren (links)
- Nach Zugriff gruppieren (Mitte)
- Alphabetisch sortieren (rechts)

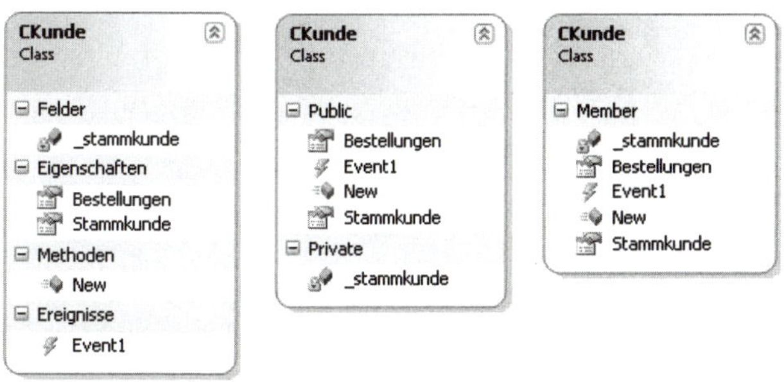

Abbildung 19.22
Auswirkung des Gruppierens

19.4.2 Das Objekt-Testcenter

Bereits zur Entwurfszeit haben Sie die Möglichkeit, die von Ihnen entworfenen Klassen bzw. Strukturen und deren Methoden zu testen. Wählen Sie im Kontextmenü einer Klasse[1] oder Struktur den Eintrag *Instanz erstellen*, so zeigt ein Untermenü alle öffentlichen Konstruktoren der Klasse an.

Beispiel Die Klasse *CFirma* soll getestet werden.

```
Public Class CFirma

   Private _name As String
   Private _ort As String
```

[1] Es dürfte klar sein, dass dies nicht für *Abstrakte Klassen* gilt, denn von diesen dürfen keine Instanzen erzeugt werden.

```
    Sub New(ByVal name As String, ByVal ort As String)
        _name = name
        _ort = ort
    End Sub

    Public Property Name() As String
        ...
    End Property

    Public Property Ort() As String
        ...
    End Property

    Public Function getAnschrift() As String
        Return _name & "   " & _ort
    End Function

End Class
```

Da die Klasse nur einen einzigen Konstruktor besitzt, fällt die Auswahl leicht:

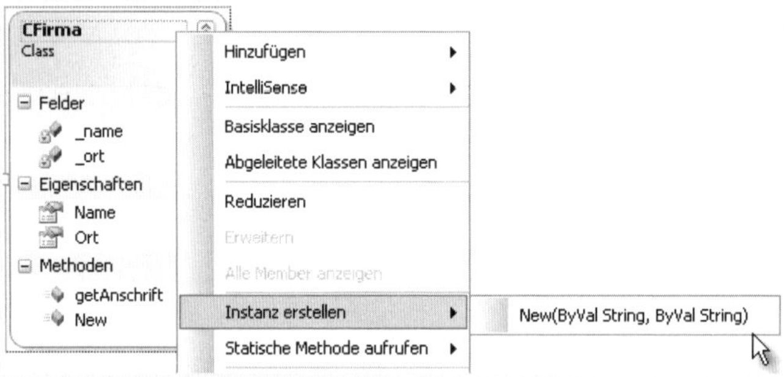

In der nun folgenden Dialogbox tragen wir die beiden Parameter ein und geben dem Objekt einen Namen (wir belassen es hier bei der Standardvorgabe):

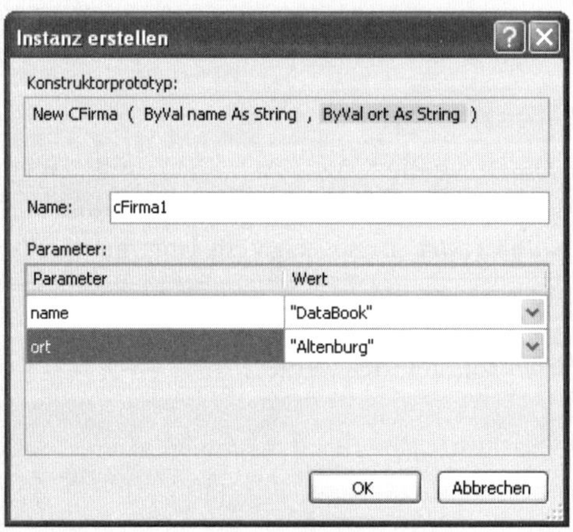

Das erzeugte Objekt erscheint jetzt im Objekttestcenter (*Object Test Bench tool window*). Im Kontextmenü werden alle öffentlichen Methoden zum Testen angeboten:

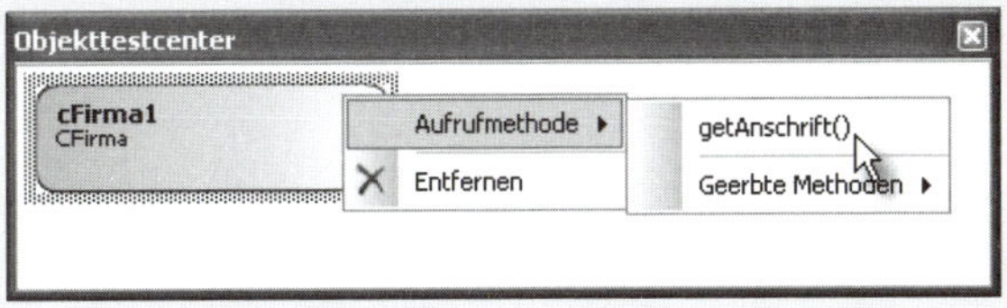

Schließlich informiert Sie eine Dialogbox über Erfolg oder Misserfolg der Aktion:

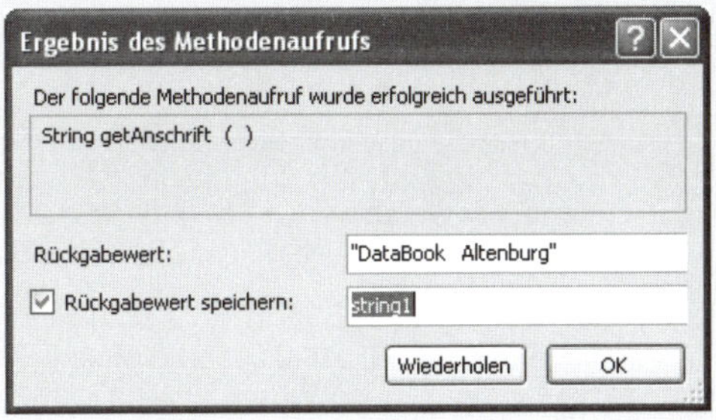

19.4.3 Wann lohnt sich der Einsatz des Klassen-Designers?

Der Klassen-Designer erleichtert Ihnen den Einstieg in die UML, allerdings ist dies nur ein Anfang, da die UML viel mehr leisten kann. Als reines Entwurfshilfsmittel stellt der Klassen-Designer zusätzlich zum Codefenster eine weitere Sicht auf das Projekt zur Verfügung. Änderungen im Code und im Klassendiagramm sind immer synchron!

Eine gleichwertige Alternative zum Codefenster kann der Klassen-Designer natürlich nicht sein, da er lediglich Typen, Methodenrümpfe und -signaturen und deren Beziehungen visualisiert. Die konkrete Implementierung bleibt nach wie vor Sache des Codefensters!

Pro Projekt sind mehrere Klassendiagramme möglich, wobei die folgende Empfehlung gilt:

Hinweis

Verwenden Sie lieber viele einfache anstatt nur wenige komplizierte Klassendiagramme! ■

Selbst für bislang hartnäckige OOP-Verweigerer dürfte der Einsatz des Klassen-Designers ein verlockendes Angebot sein, sich die Technologie der UML-Klassendiagramme ohne viel Aufwand anzueignen. So kann man z.B. schnell aufschlussreiche Erkenntnisse gewinnen, wenn man sich zu seinen bereits vorhandenen Projekten nachträglich Klassendiagramme generieren lässt und diese analysiert.

20 Das Microsoft Event Pattern

Dieses Kapitel behandelt die folgenden Themen:

- Das Subjekt-Observer-Entwurfsmuster
- Programmierung des MS Event Pattern
- Zustandsloses User-Interface

Wer glaubt, dass die zahlreichen inzwischen bekannten Entwurfsmuster (Design Pattern) nur etwas für Profis sind, den wollen wir in diesem Kapitel eines Besseren belehren. Zumindest mit dem dem Microsoft Event-Pattern sollte sich bereits der Einsteiger so früh wie möglich bekannt machen, denn dieses Entwurfsmuster liefert die Grundlage für das gesamte .NET-Ereignismodell.

20.1 Das Subjekt-Observer-Entwurfsmuster

Entwurfsmuster (Design Pattern) ermöglichen es, dass bestimmte Problemgruppen nach einem einheitlichen und bewährten Muster gelöst werden können[1].

20.1.1 Warum ist das Observer-Pattern besonders wichtig?

Bei fast jeder komplexen Applikation ist eine klare Trennung zwischen dem User-Interface und dem darunter liegenden Geschäftsmodell von großer Wichtigkeit[2].

In der Regel wird dazu das Observer Pattern benutzt, welches manchmal auch als MVC-Pattern (Model View Controler) bezeichnet wird. Seine Anwendung bezieht sich heute nicht nur auf die Abgrenzung zwischen UI und Geschäftslogik, sondern überall darauf, wo eine klare und rückwirkungsfreie Trennung zwischen verschiedenen Objekten im System erforderlich ist.

Die .NET-Entwickler hatten von Anbeginn an die Bedeutung dieses Pattern erkannt und das komplette Multicast-Ereignismodell von .NET darauf aufgebaut.

Zusammen mit einer formalen Namenskonvention für Delegates. Events und Methodenaufrufe, die am Nachrichtenaustausch zwischen verschiedenen Objekten beteiligt sind, entstand so das Microsoft Event Pattern.

20.1.2 Grundprinzip des Observer-Pattern

Das Grundprinzip des Observer-Pattern ist eigentlich recht leicht zu verstehen:

- Ein Objekt (das Subjekt) sendet Informationen (d.h., es löst Ereignisse aus), welches Objekt sie empfängt ist ihm egal.
- Ein anderes Objekt (der Observer) meldet sich nach Belieben bei bestimmten Ereignissen eines bestimmten Subjekts an oder ab und wertet diese aus, das Subjekt merkt davon nichts.

Hinweis

Der Einsatzbereich des Observer-Pattern, bzw. hier des MS Event-Pattern, ist deshalb nicht nur auf das Zusammenwirken zwischen Benutzerschnittstelle und darunter liegender Geschäfts- bzw. Datenschicht beschränkt, sondern erstreckt sich ganz allgemein auf den Nachrichtenaustausch zwischen beliebigen Objekten einer Anwendung. ■

---

[1] Das Standardwerk dazu heißt »Design-Patterns – Elements of Reusable Object-Oriented Software« der legendären »Gang of 4«.

[2] Bei kleineren Anwendungen, wie es fast alle Beispiele dieses Buchs sind, gilt dies allerdings nur eingeschränkt.

20.2 DEMO: Personalverwaltung

Anstatt Sie weiter mit theoretischen Ausführungen zu peinigen, wollen wir Anwendung und Bedeutung des Microsoft Event Patterns besser gleich anhand eines konkreten Beispiels demonstrieren und die erforderlichen Grundlagen gewissermaßen en passant vermitteln.

Wir wollen eine an Einfachheit kaum noch zu unterbietende »Personaldatenbank« programmieren. Sie werden zunächst überrascht sein, wie grundlegend sich die Programmarchitektur, insbesondere der zustandslose Aufbau des User-Interface, von Ihren bisherigen Gewohnheiten unterscheidet. Haben Sie das Prinzip aber erst einmal verstanden, werden Sie bei Ihren zukünftigen Projekten nicht mehr auf dieses Pattern verzichten wollen.

20.2.1 Die Datenstruktur

Hinweis

Den Kern eines jeden Programms bilden dessen Daten! ■

Entwurfsmuster hin oder her – Ausgangspunkt eines jeden Projekts sollte immer die zugrunde liegende Datenstruktur sein (Abbildung 20.1).

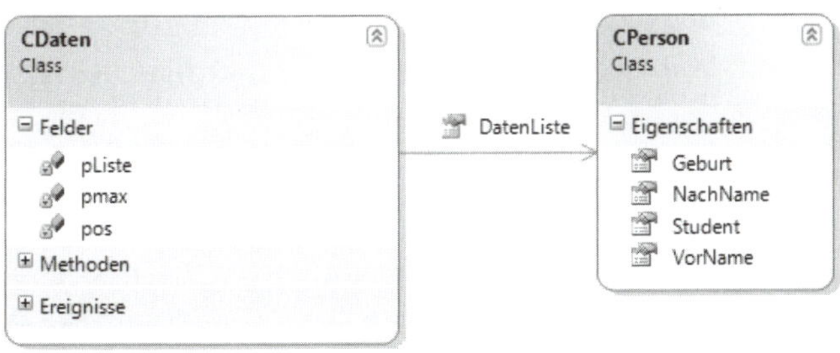

Abbildung 20.1 Klassendiagramm der Datenstruktur

Die Klasse CPerson

Die Klasse `CPerson` definiert eine einzelne Person mit vier Eigenschaften.

Das `Serializable`-Attribut ist Voraussetzung für die spätere Serialisierung der Instanzen dieser Klasse in eine Datei (siehe Klasse `CPersistenz`):

```
<Serializable()> _
Public Class CPerson
```

Alle Eigenschaften werden einfachheitshalber als öffentliche Felder implementiert:

```
    Public VorName As String
    Public NachName As String
    Public Geburt As String
    Public Student As Boolean
End Class
```

Die Klasse CDaten (Teil 1)

Diese zentrale Klasse (das Subjekt unseres Observer-Pattern) kapselt die Daten der Anwendung.

```
Public Class CDaten
```

Ein ganz normales Array[1] dient als Datenspeicher, d.h., zur Aufnahme von Objekten der Klasse `CPerson`:

```
    Private pListe() As CPerson
```

Die Länge des Arrays:

```
    Private pmax As Integer
```

Der Positionszähler:

```
    Private pos As Integer = 0
```

Etwas ungewöhnlich aber für unser kleines Beispiel durchaus sinnvoll: Der komplette Datenspeicher wird hier als Eigenschaft der Klasse `CDaten` zugewiesen:

```
    Public Property DatenListe() As CPerson()
    Get
        Return pListe
     End Get
     Set(ByVal value As CPerson())
        pListe = value
```

Ganz nebenbei wird noch die Anzahl der Datensätze ermittelt, die der Datenspeicher aufnehmen kann:

```
        pmax = pListe.Length
     End Set
  End Property
  ...
```

Hier endet der datenspezifische Teil der Klasse.

Später werden wir zur Klasse `CDaten` noch einige Ergänzungen hinzufügen, die streng genommen in eine eigene, zur eigentlichen Geschäftslogik gehörige, Klasse ausgelagert werden müssten. Aber lasst uns hier mal nicht päpstlicher sein als der Papst!

20.2.2 Die Ereignisdefinition

Nun können wir die Grundlagen für unser Event-Pattern legen. Ja, diese Arbeit ist notwendig aber leider etwas lästig, wird aber nach einiger Praxis schnell zur Routine.

Den Ereignistyp definieren

Zunächst muss der Ereignistyp (ein Delegate) festgelegt werden. Die Namensgebung sollte laut Microsoft-Konvention dem Namen des Ereignisses mit dem angehängten Wort `Handler`

[1] In unserem Fall ist das die einfachste und transparenteste Lösung, eleganter wäre natürlich eine generische Collection.

entsprechen. Wir aber wollen mehrere Ereignisse desselben Typs mit unterschiedlichen Namen deklarieren und können deshalb dieser Empfehlung nicht konsequent folgen. Stattdessen einigen wir uns auf den unverbindlichen Namen `MyEventHandler`.

Die Deklaration erfolgt global (auf derselben Ebene wie Klassendefinitionen) und legt die Signatur aller mit diesem Ereignis verbundenen Eventhandler fest:

```
Public Delegate Sub MyEventHandler(ByVal sender As Object, ByVal e As MyEventArgs)
```

Abbildung 20.2
Typdiagramm von `MyEventHandler`

Die Signatur des Delegaten besteht laut MS-Konvention immer aus zwei Parametern, der erste heißt `sender` und ist eine Referenz auf das Objekt, welches das Ereignis auslöst. Dieser Parameter ist vom Typ `System.Object` mit der Absicht, dass der Delegate potenziell an jede Methode eines jeden Objekts der Anwendung gebunden werden kann.

Der Namen des zweiten Parameters ist einfach nur `e`, er befähigt das Objekt (das Subjekt), willkürlich beliebig viele mit dem Ereignis zusammenhängenden Daten an ein anderes Objekt (den Observer) zu übermitteln. Falls eine solche Information nicht benötigt wird, genügt ein Platzhalter mit einer Instanz der Klasse `System.EventArgs`. Anderenfalls muss, wie in unserem Beispiel, eine Klasse von `EventArgs` abgeleitet werden.

Eine Klasse MyEventArgs von EventArgs ableiten

Abbildung 20.3
Klassendiagramm von `MyEventArgs`

Die Namensgebung der abzuleitenden Klasse sollte konventionsgemäß dem Ereignisnamen mit dem angehängten Wort `EventArgs` entsprechen. Da wir jedoch, wie bereits erwähnt, mehrere Ereignisse des gleichen Typs definieren wollen, einigen wir uns stattdessen auf den allgemeinen Namen `MyEventArgs`.

```
Public Class MyEventArgs
    Inherits EventArgs
```

Ein Ereignis kann beliebige Informationen übermitteln. Wir wollen sowohl ein `CPerson`-Objekt als auch einen spezifischen Integer-Parameter übergeben, letzterer soll Details über die Verarbeitung des `CPerson`-Objekts festlegen. Damit kommen wir, wie Sie noch sehen werden, in unserem Programm mit einem einzigen Ereignistyp aus und ersparen uns einiges an Schreibarbeit.

```
    Private _person As Object
    Private _info As Object
```

Im Konstruktor werden obige Zustandsvariablen zugewiesen:

```
     Public Sub New(ByVal ps As Object, ByVal inf As Object)
        _person = ps                              ' Boxing
        _info = inf
    End Sub
```

Nun zur Definition der Eigenschaften, die im Parameter `e` übergeben werden sollen:

Ein `CPerson`-Objekt, wie es zwischen UI und Datenklasse ausgetauscht wird (Unboxing):

```
     Public ReadOnly Property Person() As CPerson
        Get
            Return CType(_person, CPerson)
        End Get
    End Property
```

Ein beliebiger Integer (dient als Parameter für Zusatzinformationen, die die Ereignisverarbeitung spezifizieren):

```
    Public ReadOnly Property Info() As Integer
        Get
            Return CType(_info, Integer)
        End Get
    End Property

End Class
```

20.2.3 Die Ereignislogik

Wir verfügen jetzt über alle Mittel, um die bereits halbfertige Klasse `CDaten` mit Ereignislogik zu vervollständigen. Wie es die folgende Abbildung zeigt, handelt es sich hierbei um zwei Methoden (`OnPersonChanged` und `UpdateData`) sowie um ein Ereignis (`Person_Changed`).

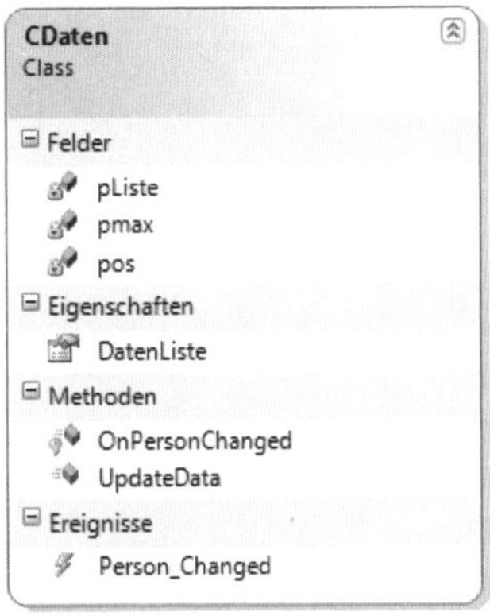

Abbildung 20.4
Klassendiagramm von `CDaten`

...

Wir deklarieren das Ereignis `Person_Changed` mit dem Typ unseres bereits oben definierten Delegaten:

```
Public Event Person_Changed As MyEventHandler
```

Das Ereignis soll immer dann feuern, wenn Daten geändert wurden. Laut MS-Konvention soll ein Ereignis immer innerhalb einer speziellen Methode ausgelöst werden, deren Namen sich aus dem Namen des Ereignisses mit dem Präfix `On` ergibt:

```
Protected Sub OnPersonChanged(ByVal ps As CPerson)
```

Dem Ereignis werden der `sender`-Parameter (hier `Me`), sowie eine Instanz der `MyEventArgs`-Klasse mitgegeben. Letztere wird per Konstruktoraufruf mit einer Instanz von `CPerson` (hier `ps`) und der aktuellen Position `pos` des Datensatzzeigers initialisiert:

```
    RaiseEvent Person_Changed(Me, New MyEventArgs(ps, pos))
End Sub
```

Schließlich müssen wir noch einen Eventhandler schreiben, der allerdings nichts mit dem gerade definierten Ereignis zu tun hat, sondern ein vom User-Interface kommendes Ereignis auswerten soll (zur Definition des Ereignisses `Btn_Clicked` siehe Klasse `Form1`). Aufgabe dieses Handlers ist es, Eingabewerte aus dem UI als Daten abzuspeichern.

```
Public Sub UpdateData(ByVal sender As Object, ByVal e As MyEventArgs)
```

Vorwärts blättern:

```
    If (e.Info = 1) And (pos < pmax - 1) Then
```

Speichern des aktuellen Datensatzes:

```
        pListe(pos) = e.Person
```

Wechseln zur nächsten Position:

```
        pos += 1
    End If
```

Rückwärts blättern:

```
        If (e.Info = 2) And (pos > 0) Then
            pListe(pos) = e.Person
            pos -= 1
        End If
```

In jedem Fall wird das `Person_Changed`-Ereignis ausgelöst, um die UI-Aktualisierung nach dem Weiterblättern zu veranlassen:

```
        Me.OnPersonChanged(pListe(pos))
    End Sub
End Class
```

20.2.4 Das User-Interface

Erst jetzt ist es an der Zeit, sich mit dem Observer, d.h. mit der Benutzerschnittstelle, auseinanderzusetzen. Im Gegensatz zur traditionellen Programmierpraxis steht das User Interface nicht mehr im Mittelpunkt einer Anwendung, denn letztendlich ist das in Abbildung 20.5 gezeigte UI nur einer von vielen möglichen Observern.

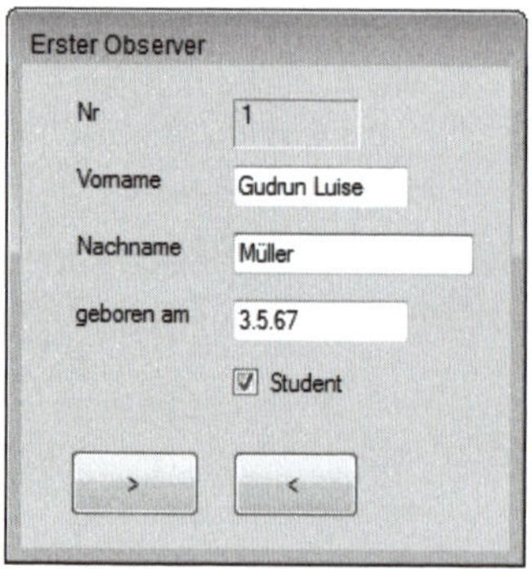

Abbildung 20.5
User-Interface

Setzen Sie die `ControlBox`-Eigenschaft auf `False` um zu verhindern, dass das Formular separat vom User geschlossen wird.

In den Augen des UI-Puristen ist es eine schwere Sünde, das UI mit Geschäfts-Intelligenz zu überfrachten, er hält sich an folgende Faustregel:

Hinweis

Das UI ist zustandslos und passiv, es besitzt keinerlei Intelligenz (also auch keine Eingabevalidierungen!) und reflektiert lediglich den Zustand der Daten. ■

Abbildung 20.6
Klassendiagramm von `Form1`

```
Public Class Form1
```

Zustandsvariablen werden Sie an dieser Stelle nicht finden, denn ein gut entworfenes UI ist dumm und zustandslos!

```
...
```

Die folgende Methode löst das `OnClicked`-Ereignis (siehe unten) mit dem Parameter `0` aus. Als Reaktion auf dieses Ereignis feuert die Klasse `CDaten` das `Person_Changed`-Ereignis, welches dafür sorgt, dass sofort nach erfolgter Registrierung der erste Datensatz angezeigt wird:

```
Public Sub Init()
    Me.OnClicked(0)
End Sub
```

Die folgende Methode liefert die aktuellen Werte der Eingabemaske als `CPerson`-Objekt:

```
Private Function getUI() As CPerson
    Dim ps As New CPerson()
    ps.VorName = TextBox1.Text
    ps.NachName = TextBox2.Text
    ps.Geburt = TextBox3.Text
    ps.Student = CheckBox1.Checked
    Return ps
End Function
```

Das folgende Pendant obiger Methode setzt die Eingabemaske entsprechend des übergebenen `CPerson`-Objekts und der übergebenen Position:

```
Private Sub setUI(ByVal ps As CPerson, ByVal pos As Integer)
    Label1.Text = (pos + 1).ToString()
    TextBox1.Text = ps.VorName
    TextBox2.Text = ps.NachName
    TextBox3.Text = ps.Geburt
    CheckBox1.Checked = ps.Student
End Sub
```

Der hinter den UI-Elementen liegende Ereigniscode unterscheidet sich gravierend von der traditionellen Programmierung, wie wahrscheinlich auch Sie sie bislang praktiziert haben. Anstatt Informationen zu verarbeiten, wie zum Beispiel Methoden von Objekten aufzurufen, werden lediglich benutzerdefinierte Ereignisse ausgelöst!

Die folgenden beiden Eventhandler können automatisch von der IDE erzeugt werden:

Vorwärts blättern:

```
Private Sub Button1_Click(ByVal sender As System.Object, ByVal e As System.EventArgs) _
                                                                    Handles Button1.Click
```

Benutzerdefiniertes Ereignis auslösen (1 = vorwärts):

```
    Me.OnClicked(1)
End Sub
```

Rückwärts blättern:

```
Private Sub Button2_Click(ByVal sender As System.Object, ByVal e As System.EventArgs) _
                                                                    Handles Button2.Click
```

Benutzerdefiniertes Ereignis auslösen (2 = rückwärts):

```
    Me.OnClicked(2)
End Sub
```

Das benutzerdefinierte Ereignis, welches einen Klick auf eine der Navigationsschaltflächen an die darunter liegende Daten-Klasse melden soll:

```
Public Event Btn_Clicked As MyEventHandler
```

Mit diesem Ereignis wird die aktuelle Anzeige des UI als `CPerson`-Objekt (`getUI`) transportiert. Weiterhin wird ein Parameter `m` mit übergeben, der Zusatzinformationen enthält:

```
 Protected Sub OnClicked(ByVal m As Integer)
    RaiseEvent Btn_Clicked(Me, New MyEventArgs(Me.getUI(), m))
End Sub
```

Last but not least: Der Eventhandler für ein hereinkommendes Daten-Ereignis, welcher die Anzeige aktualisieren soll:

```
    Public Sub UpdateUI(ByVal sender As Object, ByVal e As MyEventArgs)
        setUI(e.Person, e.Info)
    End Sub
End Class
```

Bemerkungen

- Dem aufmerksamen Leser wird nicht entgangen sein, dass bei der Dateneingabe das Subjekt (die Klasse `CDaten`) und der Observer (die Klasse `Form1`) vorübergehend ihre Rollen getauscht haben. Das ist allerdings kein Grund zur Beunruhigung, denn wie anders soll die Klasse `CDaten` denn erfahren, dass der User eine Eingabe vorgenommen hat? Das heißt, die Klasse `CDaten` muss in unserem Programm die Klasse `Form1` »belauschen«, so wie es auch umgekehrt der Fall ist. Wie Sie sehen, ist das Observer-Pattern nicht an starre

Regeln gebunden, sondern offen für Interpretationen, was die Rollenverteilung »Subjekt« und »Observer« angeht.

- Auf Eingabevalidierungen und Fehlerbehandlungen wurde bewusst verzichtet. Diese gehören grundsätzlich nicht in ein sauberes UI!
- Das UI kommuniziert ausschließlich über Ereignisse mit der darunter liegenden Geschäfts- bzw. Datenebene.
- Ein ideales UI ist zustandslos und passiv, es besitzt keinerlei Intelligenz (also auch keine Eingabevalidierungen!) und reflektiert nur den Zustand der Daten (normalerweise liegt zwischen UI und Daten noch Businesslogik).

20.2.5 Die Datenpersistenz

Unsere mühsam eingegebenen Datensätze sollen natürlich das Ende des Programms überleben und nach einem erneuten Programmstart wieder zur Verfügung stehen. Unter Verwendung von Klassen aus dem Namespace `System.Runtime.Serialization.Formatters.Binary` kann man bequem komplette Objekte serialisieren und in einer Datei abspeichern, ohne sich dabei um einzelne Datentypen kümmern zu müssen.

Die Klasse `CPersistenz` exportiert die statischen Methoden `readFile` und `writeFile`.

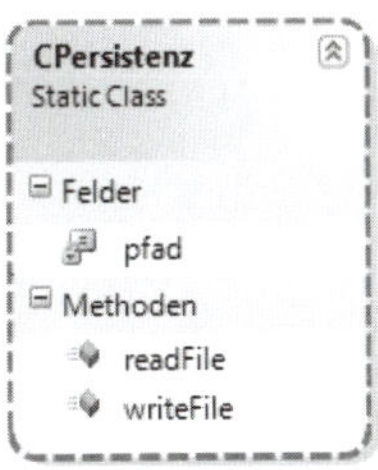

Abbildung 20.7
Klassendiagramm von `CPersistenz`

```
Imports System.IO
Imports System.Runtime.Serialization.Formatters.Binary

Public Class CPersistenz
```

Wir sparen uns einen umständlichen Dateidialog und legen die Datei unter einem festen Namen direkt im Anwendungsverzeichnis an:

```
    Private Const pfad As String = "Personen.dat"
```

Der `readFile`-Methode wird die gewünschte Anzahl von Datensätzen als Parameter übergeben, Rückgabewert ist das mit Datensätzen prall gefüllte oder auch leere Array:

```
    Public Shared Function readFile(ByVal pmax As Integer) As CPerson()
```

Zunächst müssen wir uns um das Erstellen und Initialisieren des Objekt-Arrays kümmern:

```
        Dim pListe(pmax) As CPerson
        For i As Integer = 0 To pmax - 1
            pListe(i) = New CPerson()
        Next i
```

Nun kann der Dateizugriff erfolgen:

```
    Dim rStream As New FileStream(pfad, FileMode.OpenOrCreate, FileAccess.Read)
    Dim binReader As New BinaryFormatter()
```

Die folgende Abfrage schließt eine neu erzeugte, also leere, Datei aus:

```
    If rStream.Length > 0 Then
```

Alle Datensätze durchlaufen:

```
        For i As Integer = 0 To pmax - 1
```

Jedes Objekt wird aus der Datei gelesen, deserialisiert und im Array abgespeichert:

```
            pListe(i) = CType(binReader.Deserialize(rStream), CPerson)
        Next i
    End If
    rStream.Close()
    Return pListe
End Function
```

Das Pendant zur readFile- ist die writeFile-Methode:

```
Public Shared Sub writeFile(ByVal pListe() As CPerson)
    Dim pmax As Integer = pListe.Length - 1
    Dim wStream As New FileStream(pfad, FileMode.OpenOrCreate, FileAccess.Write)
    Dim binWriter As New BinaryFormatter()
```

Alle Datensätze des Arrays durchlaufen:

```
    For i As Integer = 0 To pmax - 1
```

Objekt serialisieren und in Datei schreiben:

```
        binWriter.Serialize(wStream, pListe(i))
    Next i
    wStream.Close()
  End Sub
End Class
```

Hinweis

Wenn pmax vergrößert wird, muss vorher die alte Datei gelöscht werden! ■

20.2.6 Die Verwaltung des Pattern

Fast haben wir es geschafft. Was noch fehlt ist die »Verdrahtung« des Observer-Pattern, d.h., die Registrierung der Observer beim Subjekt. Welche Eventhandler welcher Klasse sollen mit welchem Ereignis welcher Klasse verbunden werden? Sie können sich das durchaus wie einen »Schaltschrank« vorstellen, in welchem die Verbindungen zwischen den miteinander kommunizierenden Objekten hergestellt oder wieder gelöst werden.

Außerdem müssen die am Observer-Pattern beteiligten Klassen Form1 und CDaten noch instanziiert werden. All diese Verwaltungsaufgaben verlagert man am besten in eine separate Klasse, die den Nachrichtenaustausch koordiniert, wir nehmen dazu einfach ein neues Formular MainForm, welches mit zwei CheckBox-Komponenten und einer Schaltfläche ausgestattet ist (siehe Abbildung 20.8).

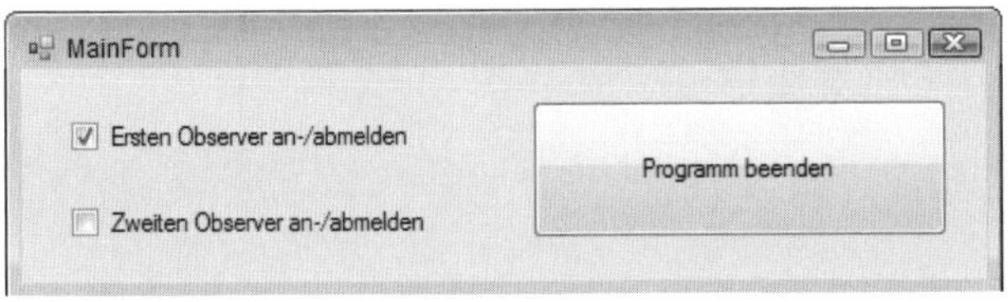

Abbildung 20.8
Das MainForm

Die zweite CheckBox bereitet den Anschluss eines zweiten Observers vor, den wir aber aus Platzgründen hier nicht beschreiben wollen (siehe Beispieldaten zum Buch).

```
Public Class MainForm
```

Wir legen die maximale Anzahl von Datensätzen fest:

```
    Private const pmax As Integer = 100
```

Die am Event-Pattern beteiligten Klassen werden referenziert:

```
    Private personen As CDaten = Nothing
    Private UI_1 As Form1 = Nothing
```

Beim Laden des Formulars kümmern wir uns um das Erzeugen der an unserem Observer-Pattern beteiligten Objekte:

```
    Private Sub MainForm_Load(ByVal sender As System.Object, ByVal e As System.EventArgs) _
                                                                    Handles MyBase.Load
```

Datenklasse instanziieren und initialisieren:

```
        personen = New CDaten()
```

Datei einlesen bzw. neue leere erzeugen:

```
        personen.DatenListe = CPersistenz.readFile(pmax)
```

Observer erzeugen und anzeigen:

```
        UI_1 = New Form1()
        UI_1.Show()
    End Sub
```

Der Observer wird »verdrahtet«:

```
    Private Sub CheckBox1_CheckedChanged(ByVal sender As System.Object, ByVal e As System.EventArgs) _
                                                              Handles CheckBox1.CheckedChanged
        If (CheckBox1.Checked) Then
```

Verbindung zwischen UI und Daten herstellen:

```
            AddHandler personen.Person_Changed, AddressOf UI_1.UpdateUI
            AddHandler UI_1.Btn_Clicked, AddressOf personen.UpdateData
```

Den ersten Datensatz anzeigen:

```
            UI_1.Init()
```

```
        Else
```

Verbindung zwischen UI und Daten lösen:

```
            RemoveHandler personen.Person_Changed, AddressOf UI_1.UpdateUI
            RemoveHandler UI_1.Btn_Clicked, AddressOf personen.UpdateData
        End If
    End Sub
```

Das Programm beenden:

```
   Private Sub Button1_Click(ByVal sender As System.Object, ByVal e As System.EventArgs) _
                                                                     Handles Button1.Click
        Me.Close()
    End Sub
```

Anstatt eines umständlichen Dateidialogs »Datei speichern«, taucht beim Schließen des Formulars lediglich ein Meldungsfenster auf (siehe Abbildung 20.9):

```
   Private Sub MainForm_FormClosing(ByVal sender As System.Object, _
                  ByVal e As System.Windows.Forms.FormClosingEventArgs) Handles MyBase.FormClosing
        If MessageBox.Show("Änderungen in Datei speichern?", "Datei speichern", _
                       MessageBoxButtons.YesNo, MessageBoxIcon.Question) = DialogResult.Yes Then
```

Datenliste in Datei schreiben:

```
              CPersistenz.writeFile(personen.DatenListe)
        End If
   End Sub
End Class
```

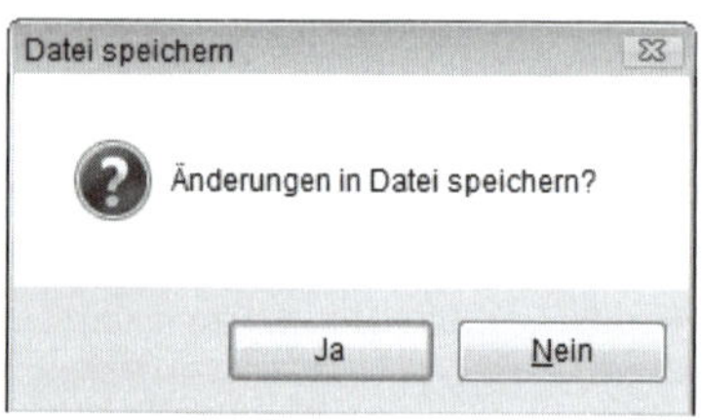

Abbildung 20.9
Meldungsfenster

Damit dieses Formular zum Startformular der Anwendung wird, müssen Sie den Projekteigenschaften-Dialog öffnen und auf der Registerseite Anwendung das Startformular in *MainForm* ändern.

20.2.7 Test und Diskussion

Wenn Sie das Programm erstmalig in Betrieb nehmen, wird automatisch eine neue, leere Datei angelegt.

Nach jedem Neustart des Programms müssen Sie zunächst den gewünschten Observer anmelden. Erst dann können Sie durch die Datensätze blättern, editieren oder neue Werte eingeben, anderenfalls werden im Observer keine Daten angezeigt.

Hinweis

Das Abspeichern der vorgenommenen Änderungen erfolgt bei dieser Observer-Variante erst nach dem Weiterblättern! ■

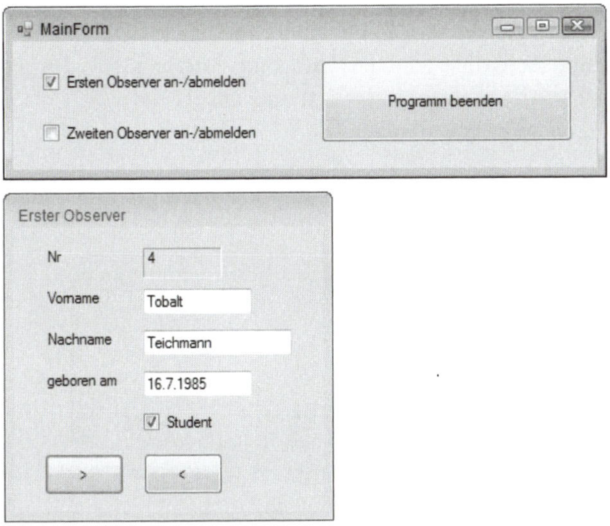

Abbildung 20.10
Laufzeitansicht

Wenn Sie zum Beispiel vorwärts blättern, wird im standardmäßigen Eventhandler des Buttons keinerlei Verarbeitung vorgenommen, sondern eine Ereigniskette (quasi ein Methoden-Callback) in Gang gesetzt:

1. Es wird das benutzerdefinierte `OnClicked`-Ereignis ausgelöst. Dieses Ereignis transportiert den im UI aktuell dargestellten Datensatz.
2. Da die Klasse `CDaten` das `OnClicked`-Ereignis abonniert hat, wird es dort im `UpdateData`-Eventhandler ausgewertet. Das mit dem Ereignis übergebene `CPerson`-Objekt wird abgespeichert, der Datensatzzeiger wird inkrementiert und das benutzerdefinierte Ereignis `Person_Changed` wird ausgelöst, mit ihm wird das nächste `CPerson`-Objekt übergeben.
3. Da das `Person_Changed`-Ereignis von der Klasse `Form1` abonniert wurde, wird es dort im `UpdateUI`-Eventhandler verarbeitet, d.h., das übergebene `CPerson`-Objekt wird im UI angezeigt.

Noch einmal das Wesentliche: Anstatt auf althergebrachte Weise in den von der IDE standardmäßig generierten Eventhandlern für die UI-Controls (Schaltflächen etc.) Informationen zu verarbeiten, wie zum Beispiel Methoden von Objekten aufzurufen, werden nacheinander zwei benutzerdefinierte Ereignisse ausgelöst und verarbeitet.

Eine ganze Menge Aufwand für eine simple Dateiverwaltung mit Eingabemaske, nicht wahr? Ok, für unser einfaches Beispiel lohnt sich das kaum. Aber völlig anders sieht es aus, wenn sich nicht nur ein, sondern mehrere Observer beim Subjekt registriert haben.

20.2.8 Ein zweiter Observer – kein Problem!

Die Abbildung 20.11 zeigt unser Beispiel mit einem zweiten Observer. Dieser besitzt eine erweiterte Funktionalität, auch das Abspeichern geschieht diesmal nicht automatisch beim Weiterblättern, sondern nur beim Klicken der »Speichern«-Schaltfläche.

Laden Sie sich den Code von den Beispieldaten des Buchs und experimentieren Sie! Egal mit welcher der beiden Benutzerschnittstellen Sie arbeiten, wie von Geisterhand werden die Änderungen sofort im anderen UI sichtbar, vorausgesetzt, es ist angemeldet.

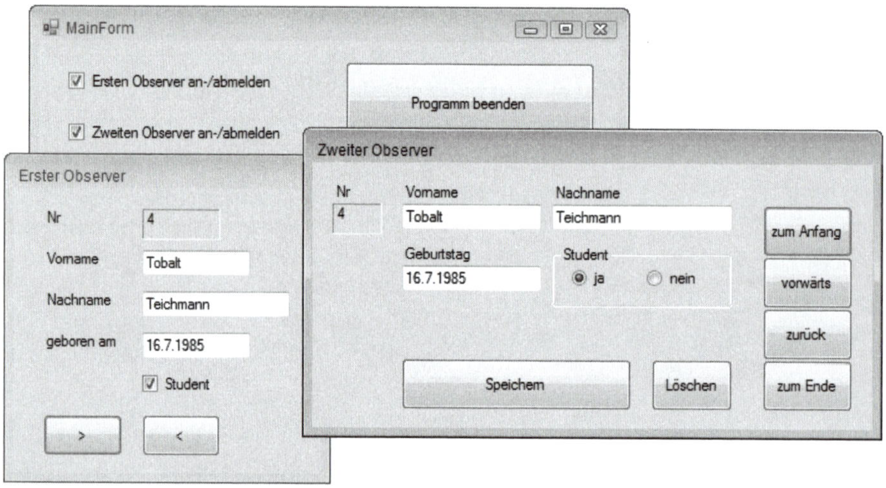

Abbildung 20.11 Zwei Observer im Einsatz

Würden Sie das Problem mehrerer Observer auf traditionelle Weise lösen wollen, würde Ihr Programm mit wachsender Anzahl von Observern mehr und mehr im Chaos versinken. Wer das nicht glaubt, soll es bitte selbst einmal ausprobieren! Denkbar wäre z.B. ein weiterer Observer, der zur Anzeige ein Tabellen-Control (z.B. `DataGridView`) verwendet.

Dank Multicast-Events dürfen sich mehrere Observer (bzw. deren Eventhandler) bei einem bestimmten Ereignis des Subjekts registrieren. Es sind nur geringe Code-Ergänzungen erforderlich, um weitere Ereignisse zu beliebigen Objekten (Subjekten) hinzuzufügen und diese in beliebigen anderen Objekten (Observern) zu behandeln.

20.2.9 Zusammenfassung

Zur Implementierung eines Microsoft Event-Pattern sind grundsätzlich folgende Schritte erforderlich:

1. Definition eines Delegaten, der den Ereignistyp beschreibt. Dieser entspricht der Signatur der Eventhandler, die Parameter sind `sender` und `e`.
2. Definition einer von `EventArgs` abgeleiteten Klasse, welche die vom Ereignis zu übergebenden Informationen beschreibt.

3. Auslösen des Ereignisses im Subjekt innerhalb einer `On...`-Methode. Dabei werden eine Referenz auf die Subjekt-Klasse (`sender`) und eine Instanz der von `EventArgs` abgeleiteten Klasse (`e`) mit übergeben.
4. Definition eines `Update`-Eventhandlers für dieses Ereignis im Observer.
5. Verbinden des Observers mit dem Subjekt, d.h., Verbinden des Ereignisses mit dem Eventhandler. Diese Verbindung kann jederzeit wieder gelöst werden (Registrieren/Deregistrieren).

In unserem Beispiel sind die Klassen `Form1` (bzw. `Form2`) und `CDaten` sowohl Subjekt als auch Observer.

Charakteristisch für das Observer-Pattern ist die lose Kopplung der Objekte, die jederzeit leicht wieder aufgelöst werden kann. Damit ist den gefürchteten zirkulären Referenzen der Nährboden entzogen, denn die miteinander interagierenden Objekte instanziieren sich nicht gegenseitig, sondern »belauschen« sich nur und reagieren entsprechend, die klassischen Methoden-Callbacks sind hier überflüssig geworden.

Mit wachsender Projektgröße macht sich der Mehraufwand an Schreibarbeit schnell bezahlt, als Lohn der Mühe winken Stabilität, Übersichtlichkeit und Erweiterbarkeit, sowie das tolle Gefühl, auf den Höhen der OOP zu wandeln.

21 Verteilte Anwendungen in Microkernel-Architektur

Dieses Kapitel behandelt die folgenden Themen:

- Grundlagen der Webdienstprogrammierung
- Klassische Realisierung als Client-Server-Architektur
- Verwendung der Microkernel-Architektur
- Implementieren eines Windows Forms-Clients

Dieses Kapitel liefert die Bauanleitung eines erweiterungsfähigen offroad-tauglichen Webdienstes, der mit geringem Aufwand zu installieren und zu betreiben ist. Dabei werden nicht nur die moderne Microkernel-Architektur sowie der Einsatz des `DataGridView`-Steuerelements vermittelt, sondern en passant auch wichtige .NET-Grundlagen wie ADO.NET und Schnittstellenprogrammierung.

Hinweis

Konkretes Ziel unserer Beispielanwendung ist das Abrufen und Editieren von Buch-Informationen über einen Webdienst. Als Nutzerschnittstelle ist eine Windows Forms-Anwendung vorgesehen. ■

Zu Beginn erfolgt eine kurze allgemeine Einführung in die Grundlagen von Webdiensten.

21.1 Grundkonzepte von Webdiensten

Um einen XML-Web-Service mit Visual Studio zu erstellen, sind eigentlich keine detaillierten Kenntnisse der dahinter liegenden Technologien wie SOAP und WSDL erforderlich, trotzdem sollten wir zu Beginn ein paar Begrifflichkeiten klarstellen und dabei auch die zugrunde liegende Technologie näher beleuchten.

Hinweis

Zwar gibt es mit WCF[1] inzwischen eine Nachfolger-Technologie, jedoch sind klassische Webdienste nach vor weit verbreitet und erfreuen sich großer Beliebtheit, sodass wir das Beispiel in dieser bewährten Technologie implementieren werden. ■

21.1.1 Zur Bedeutung von Webdiensten

Ein Webdienst ist keine selbstständig lauffähige Anwendung, sondern lediglich eine Komponente, die ihre Funktionalität diversen Clients – in der Regel über Internet/Intranet – zur Verfügung stellt. Wenn Sie nach Analogien zu DCOM (*Distributed Component Object Model*) suchen, so liegen Sie nicht völlig daneben, denn auch diese COM-Weiterentwicklung dient dazu, Komponenten in Windows-Netzwerken global verfügbar zu machen. Während allerdings das DCOM-Protokoll an ein ganz bestimmtes Objektmodell gebunden ist, verwenden Webdienste ein standardisiertes Protokoll im XML-Format.

In welcher Programmiersprache (VB.NET, C#, Delphi.NET, C++, ...) Sie einen Webdienst erstellen ist dem Client völlig egal. Seine Aufgabe ist es lediglich, die Methoden des Webdienstes über Standard-Internetprotokolle aufzurufen, wobei Parameter und Rückgabewerte im XML-Format übergeben bzw. ausgewertet werden.

Auch ein Webdienst selbst kann wiederum Client eines anderen Webdienstes sein. Auf dieser und anderen Überlegungen resultiert die Vision des programmierbaren Webs, wo man komplette Systeme bausteinartig aus unterschiedlichsten Webdiensten zusammensetzen will. In diesem Zusammenhang sind Ihnen vielleicht schon einmal Schlagwörter wie *Business-To-Business-* (B2B) oder *Business-To-Customer*-Anwendungen (B2C) zu Ohren gekommen.

21.1.2 Kommunikation per SOAP

Ein Webdienst »spricht« SOAP, um mit seinen Clients zu kommunizieren. Hinter SOAP (*Simple Object Access Protocol*) verbirgt sich ein plattformübergreifender RPC (*Remote Procedure Call*)-Mechanismus. Üblicherweise wird SOAP in Web-Service-Szenarien für die Zwei-Wege-Kommunikation verwendet, d.h., es ist immer ein Nachrichtenpaar an einer SOAP-Kommunikation beteiligt: für die Anfrage und für die Antwort.

[1] *Windows Communication Foundation*

SOAP verwendet zum Übertragen der Daten das XML-Format, welches wiederum auf dem HTTP-Protokoll aufsetzt. Die SOAP-Spezifikation umfasst die Vorschriften zum Übertragen von XML-Nachrichten über ein standardisiertes Transportprotokoll.

Grob kann man SOAP mit DCOM, RMI, IIOP oder CORBA vergleichen, obwohl der Vergleich etwas hinkt, denn letztere Protokolle erledigen weitaus komplexere Aufgaben (Verwalten von Objekten, Objektübergabe per Referenz), SOAP ist dafür viel allgemeiner und universeller.

Der entscheidendste Vorzug aber ist, dass SOAP auf dem HTTP-Protokoll aufsetzt, wodurch die Übertragung via Internet problemlos ist, da kein Firewall im Wege steht.

21.1.3 Die Sprache WSDL

Wir wissen, dass ein Webdienst Klassen zur Verfügung stellt, deren Methoden über das Internet zugänglich sind. Ein Webdienstclient »weiß« allerdings nicht, wie eine exakte SOAP-Anfrage an den Web Service auszusehen hat. Woher kennt der Client die Schnittstelle der Klasse, woher weiß er, welche Eigenschaften und Methoden angeboten werden und welche Parameter übergeben werden?

Um diese Frage zu beantworten wurde die *Web Service Description Language* (WSDL) geschaffen, es handelt sich hierbei um einen speziellen XML-Dialekt, der fehlende aber notwendige Metadaten für Web Services beschreibt.

Auf Anfrage des Clients veröffentlicht der Webdienst seine Klassendefinition in Form einer SOAP-Meldung. Der Client ist nunmehr in der Lage, eine Proxy-Klasse zu erstellen, die Methodenaufrufe in SOAP-Anfragen konvertieren kann.

21.1.4 Zum Funktionsprinzip von Webdiensten

Anlegen der Proxy-Klasse

Um überhaupt mit den Eigenschaften und Methoden des Webdienstes arbeiten zu können, muss der Client als erstes eine so genannte Proxy-(Stellvertreter-)Klasse anlegen. Die prinzipielle Vorgehensweise erläutert die folgende Abbildung:

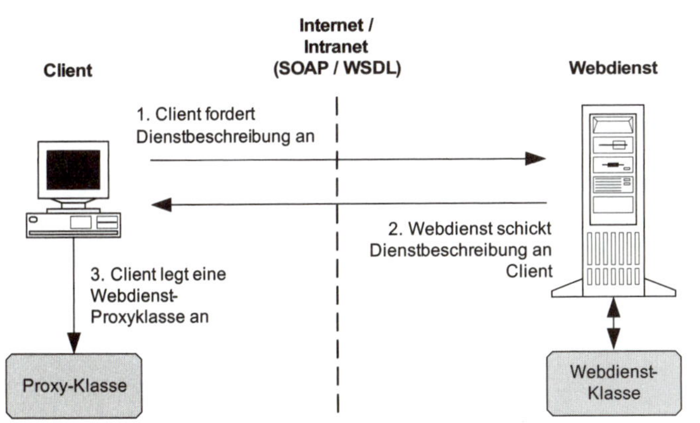

Abbildung 21.1 Grundprinzip eines Webdienstes

In dieser – der eigentlichen Verwendung des Webdienstes vorgeschalteten – Phase erfolgt die Interaktion zwischen Webdienstclient und Webdienst in folgenden Schritten:

- Der Client ermittelt die URL des Webdienstes und fordert vom Webdienst eine Dienstbeschreibung an.
- Der Webdienst schickt die Klassen- bzw. Schnittstellendefinition als WSDL-Dokument an den Client, wobei zum Übertragen das SOAP-Protokoll verwendet wird.
- Der Client legt eine Proxy-Klasse für den Webdienst an, welche die gleiche Schnittstelle wie der Webdienst hat.

Der Client braucht sich nicht um XML und SOAP zu kümmern, da beides durch den Proxy verborgen wird, er »merkt« nichts vom Proxy, er »denkt«, dass es sich um die originale Klasse handelt. In Wirklichkeit stellt die Proxy-Klasse aber nur die Schnittstelle bereit, da sie selbst keinerlei Funktionalität im Sinne der Programmlogik implementiert.

Instanziieren und verwenden der Proxy-Klasse

Ist die Proxy-Klasse auf dem Client angelegt, kann die Clientanwendung die Eigenschaften und Methoden so verwenden, als ob diese Klasse in einer lokalen Komponente implementiert wäre. Den genaueren Ablauf erläutert die nachfolgende Abbildung.

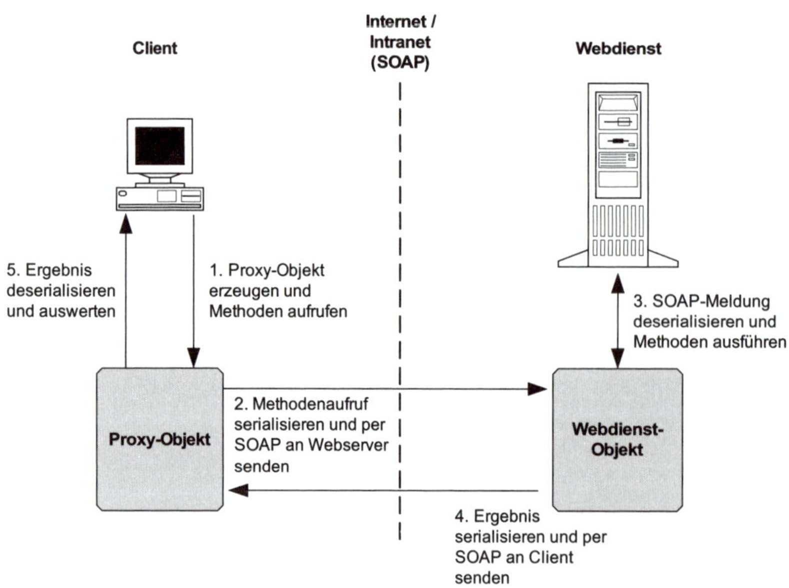

Abbildung 21.2 Verwendung der Proxy-Klasse

Nochmals die einzelnen Schritte in der Zusammenfassung:

1. Die Proxy-Klasse wird vom Client instanziiert, d.h. ein Objekt wird erzeugt, mit dem der Client so arbeiten kann, als ob es sich um ein lokales Objekt handeln würde.

2. Bei Aufruf einer Methode der Proxy-Klasse werden vom Clientrechner die Parameter des Methodenaufrufs in eine SOAP-Meldung serialisiert und an den Webserver geschickt, wobei das im WSDL-Dokument angegebene Format benutzt wird.
3. Während der Client auf die Antwort des Webdienstes wartet, werden im Server die SOAP-Meldung deserialisiert und die angeforderte Webmethode ausgeführt.
4. Das Ergebnis der Webmethode wird wieder serialisiert und per SOAP an den Client zurückgeschickt.
5. Auf Basis des im WSDL-Dokument angegebenen Formats deserialisiert der Client die SOAP-Meldung und kann sie als Rückgabewert vom Proxy-Objekt entgegennehmen.

Sie sehen, dass doch allerhand Overhead notwendig ist, um die Kommunikation zwischen Webdienstclient und Webdienst zu verwalten. Dank der in Visual Studio eingebauten Tools läuft dieser Vorgang aber weitestgehend automatisch ab, sodass Sie als Entwickler von SOAP, WSDL etc. eigentlich gar nichts davon merken.

21.1.5 Anforderungen an eine Webklasse

Für eine Webklasse gelten bestimmte Einschränkungen gegenüber normalen lokalen Klassen. Da sich ein Webdienst nichts »merken« kann, darf die Webklasse auch keine Eigenschaften (Properties) haben. Beim nächsten Aufruf der Webmethode wäre eh alles wieder »vergessen«. Einfache Zustandsvariablen bleiben deshalb wirkungslos, denn bei jedem erneuten Aufruf werden sie wieder mit ihren Anfangswerten initialisiert. Logischerweise hat die Webdienstklasse auch nur einen leeren Konstruktor (also einen ohne Parameter). In der Regel sind alle für die Ausführung der Web-Methode erforderlichen Parameter im Client vorzuhalten und mit jedem Methodenaufruf aufs Neue zu übergeben.

Der Client wiederum sollte nur soviel Intelligenz kapseln, wie es für die Entgegennahme der Benutzereingaben und deren Weiterleitung an den Webdienst-Server unbedingt erforderlich ist. Gleiches gilt umgekehrt für die Darstellung der Serverantwort.

Dies führt letztendlich zum Paradoxon »schlauer aber vergesslicher« Server und »dummer aber merkfähiger Client«, was eine ganze Reihe gravierender Änderungen bzw. Anpassungen nach sich zieht, um bereits funktionierende lokale Klassen »webdiensttauglich« zu machen.

21.1.6 Schnittstellen-Kompatibilität

Im Unterschied zu einer ASP.NET-Anwendung, bei welcher der Internetbrowser die Rolle des Clients spielt, sollte man an einem Webdienst dann nicht mehr unbekümmert herumdoktern, wenn bereits Clients existieren. Falls Änderungen am Webdienst zu einer inkompatiblen Schnittstelle führen, werden auch die Clients nicht mehr funktionieren und müssten neu programmiert bzw. ausgetauscht werden.

21.2 Grundkonzept unseres Webdienstes

Im Mittelpunkt einer jeden Anwendung stehen die Daten und so sollten wir uns zunächst Gedanken über deren Austausch und deren Struktur machen.

21.2.1 Datenaustausch

Das ADO.NET-basierte Grundkonzept eines Webdienstes, bei dem zwischen Client und Server per XML/SOAP komplette DataSets ausgetauscht werden, zeigt die Abbildung 21.3.

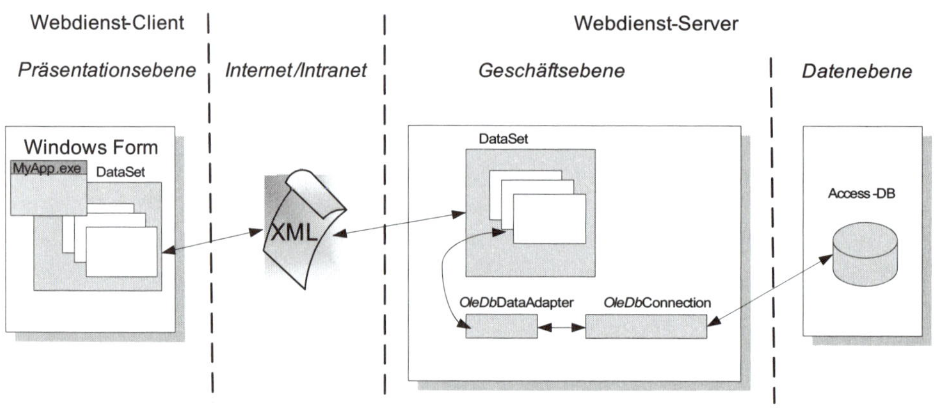

Abbildung 21.3 Das Grundkonzept unserer Webdienst-Anwendung

Das Windows-Frontend ist dabei nur sporadisch – zwecks Datenaustausch – mit dem Server verbunden und arbeitet die meiste Zeit völlig autonom.

Als Backend kommt eine beliebige Datenbank in Betracht, für die es einen .NET-Datenprovider gibt. Wir haben uns in diesem Fall für eine Access-Datenbank entschieden. Obwohl Access-Datenbanken nicht für viele simultane Anwender entwickelt wurden, relativ schlecht skalierbar sind und gewisse Sicherheitsrisiken bergen, lassen sie sich sehr einfach erstellen und verwalten und können in vielen Fällen auch für Web-Anwendungen eine durchaus brauchbare Alternative zum SQL Server sein. Hinzu kommt, dass die meisten Internet-Provider recht saftige Extragebühren für die Nutzung eines SQL Servers in Rechnung stellen.

Die »Intelligenz« unseres Servers bezieht sich dabei auf die für den Datenbankzugriff erforderliche Geschäftslogik, der Client hingegen soll sich auf seine Aufgabe als Frontend, nämlich die Informationsein- und ausgabe, beschränken.

Hinweis

Jeder Webdienst kann natürlich auch von einem anderen Webdienst oder von einer ASP.-NET-Anwendung in Anspruch genommen werden. In letzterem Fall wäre aber das Frontend wieder der Internetbrowser. ■

21.2.2 Datenbankstruktur

Die Datenbank *doko.mdb* besteht aus den Tabellen *Autoren*, *Buecher*, *Verlage* und *Benutzer*, wobei die Mastertabelle *Buecher* über die Fremdschlüssel *AutorenNr* und *VerlagNr* mit den entsprechenden Detailtabellen verknüpft ist. Der Einfachheit halber (der Aufwand für eine zusätzliche Interselektionstabelle wäre kaum zu rechtfertigen) werden auch mehrere Autoren pro Buch wie einzelne Autoren behandelt, z.B. »Doberenz und Gewinnus«.

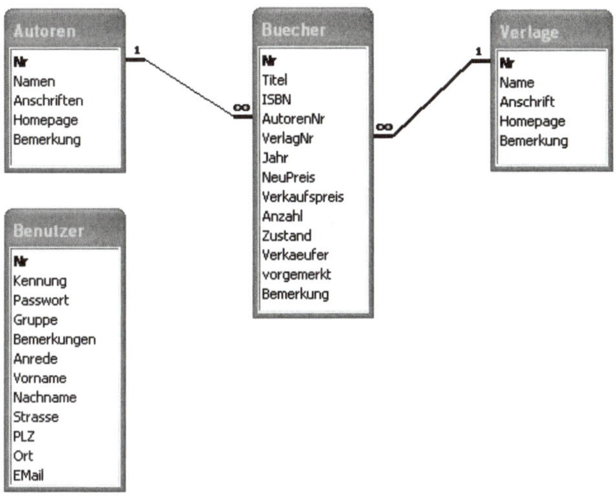

Abbildung 21.4
Datenbankstruktur

Die isolierte Tabelle *Benutzer* ermöglicht eine einfache und frei konfigurierbare Benutzerdatenverwaltung, die eine rollenbasierte Vergabe von Zugriffsrechten für die vom Webdienst bereitgestellten Methoden ermöglicht (siehe dazu Tabelle 21.2).

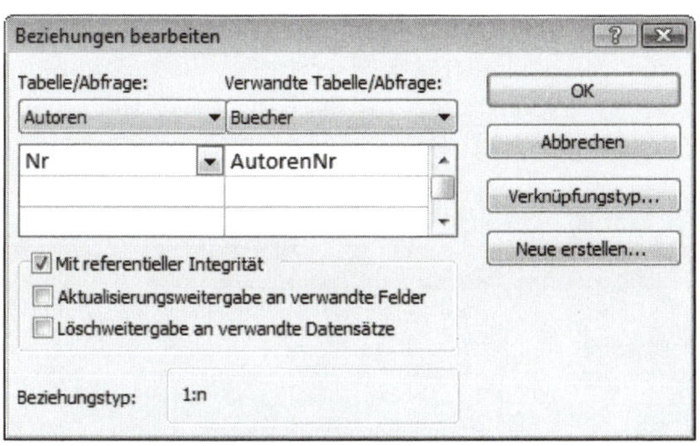

Abbildung 21.5
Die Relationen sind unter MS Access mit referentieller Integrität auszustatten

Die beiden 1:n-Beziehungen sind mit referentieller Integrität ausgestattet. Damit werden verwaiste Datensätze in der *Buecher*-Tabelle, die durch ein versehentliches Löschen von Autoren oder Verlagen entstehen können, verhindert.

21.3 Klassische Realisierung

Zu Vergleichszwecken wollen wir unseren Webdienst zunächst »quick and dirty« auf klassische Weise in der typischen flachen und leider auch recht phantasielosen »Architektur« entwickeln.

21.3.1 Klassendiagramm

Wie es die Abbildung 21.6 zeigt, enthält die einzige Klasse `BookService` zahlreiche Webmethoden für das Lesen und Schreiben der unterschiedlichsten DataSets.

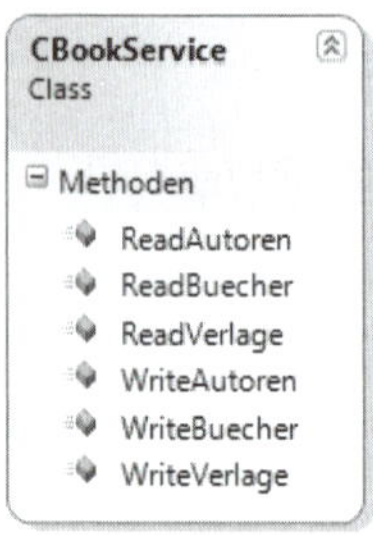

Abbildung 21.6
Klassendiagramm der klassischen Version des Webdienstes

Da jedem Webdienst das »Gedächtnis« fehlt, hat die Klasse `BookService` keine Eigenschaften und Zustandsvariablen bzw. Felder, sondern nur Methoden, denen bei jedem Aufruf alle zu ihrer Ausführung erforderlichen Parameter (DataSet, Benutzerkennung, Passwort, ...) immer wieder aufs Neue zu übergeben sind.

21.3.2 Webmethoden

Die folgende Tabelle gibt einen Überblick.

Tabelle 21.1 Die Webmethoden der klassischen Version des Webdienstes

Methode	Erklärung
`Function` **`getBuecher_L(`** `_` `ByVal bn As String, ByVal pw As String) As DataSet`	DataSet der Tabelle *Buecher* laden, Editieren nicht möglich!
`Function` **`getBuecher(`** `_` `ByVal bn As String, ByVal pw As String) As DataSet`	DataSet der Tabelle *Buecher* laden, anschließendes Editieren und Zurückschreiben mit `setBuecher` möglich

Methode	Erklärung

`Function setBuecher( _`
`ByRef ds As DataSet, ByVal bn As String, _`
`ByVal pw As String) As Integer`
	Zurückschreiben der Änderungen in die Tabelle *Buecher* (nach Aufruf von `getBuecher`)

`Function getVerlage( _` `ByVal bn As String, pw As String) As DataSet`	analog zu `getBuecher/setBuecher`

`Function setVerlage( _`
`ByRef ds As DataSet, ByVal bn As String, _`
`ByVal pw As String) As Integer`	

`Function getAutoren( _` `ByVal bn As String, ByVal pw As String) As DataSet`	analog zu `getBuecher/setBuecher`

`Function setAutoren( _`
`ByRef ds As DataSet, ByVal bn As String, _`
`ByVal pw As String) As Integer`	

`Function getBenutzer( _` `ByVal bn As String, ByVal pw As String) As DataSet`	Zugriff auf die Benutzerdatenbank (nur für Administratoren!)

`Function setBenutzer( _`
`ByRef ds As DataSet, ByVal bn As String, _`
`ByVal pw As String) As Integer`	

`Function getMeineAdresse( _` `ByVal bn As String, ByVal pw As String) As DataSet`	Der »normale« Benutzer hat die Möglichkeit, seine Anschrift in der *Benutzer*-Tabelle zu editieren. Kein Zugriff auf den sicherheitsrelevanten Teil der Tabelle (Benutzerkennung, Passwort, Rechte)!

`Function setMeineAdresse( _`
`ByRef ds As DataSet, ByVal bn As String, _`
`ByVal pw As String) As Integer`	

Ist lediglich ein Lesezugriff beabsichtigt (wie z.B. bei `getBuecher_L`), so hat man alle Freiheiten bei der Gestaltung des entsprechenden SQL-SELECT-Befehls. Anders sieht es aus, wenn auch ein Editieren geplant ist. Hier müssen *get...*- und *set...*-Methoden »zusammenpassen«, denn man kann in der Regel nur solche Elemente in die Datenbank zurückschreiben, von denen Struktur- bzw. Schlüsselinformationen vorher bekannt sind. Bereits beim Laden des DataSets ist deshalb darauf zu achten, dass die verfügbaren Informationen auch für ein Update ausreichen. So hat es z.B. wenig Sinn, einen neuen Datensatz zur *Buecher*-Tabelle hinzuzufügen, wenn nicht gleichzeitig die kompletten Inhalte der *Autoren*- und *Verlage*-Tabelle zur Verfügung stehen.

Für eine kleine Überraschung sorgt eventuell die `ByRef`-Übergabe des `DataSet`-Parameters an die `set`-Methoden. Dadurch werden alle Änderungen am `DataSet` auch im `DataSet` der aufrufenden Funktion sichtbar. Allerdings wird dadurch keine »echte« Referenz übergeben, denn das wäre im Internet gar nicht möglich. Tatsächlich erfolgt eine Übertragung des DataSets per SOAP vom Client zum Server und (nach Beendigung der Methode) auf umgekehrtem Weg zurück, wodurch das clientseitige Zusammenführen (Mergen) der Datensätze möglich wird.

Hinweis

Betrachten Sie die hier gezeigte klassische Variante des Webdienstes nur als vorbereitende »Trockenübung«. Auf eine konkrete Implementierung verzichten wir, denn wir haben im nächsten Abschnitt Besseres vor. ■

21.4 Realisierung in Microkernel-Architektur

Aufgrund der nicht überzeugenden Wartbarkeit, Übersichtlichkeit und Erweiterbarkeit der klassischen Webdienst-Variante wollen wir mit einer grundlegend neuen Architektur nach Vorbild eines Microkernel nun auf den Höhen der Softwareentwicklung wandeln.

21.4.1 UML-Klassendiagramm

Ein Microkernel ist für das Auffinden (Discovery) und Instanziieren (Factory) der internen Server zur Laufzeit zuständig. Das Aufbrechen der flachen Architektur der klassischen Version und deren Umsetzung in eine Microkernel-Architektur erfolgt in drei Schritten:

- Als Schnittstellen für die internen Server werden `IEditData` und `IGetData` spezifiziert.
- Jede Webmethode der Version 1 wird in einen internen Server verlagert. Als interne Server werden somit die Klassen `CBooks`, `CAuthors`, `CPublischers`, `CMyAddress` ... spezifiziert mit den Methoden `getData` und `setData` implementiert.
- Die Klasse `CBookService` mutiert zum Microkernel, der das entsprechende Interface in die konkrete Klasse übersetzt.

Das Ergebnis (Abbildung 21.7) zeigt, dass der Webdienst jetzt nur noch die Methoden `ReadDataSet()` und `WriteDataSet()` exportiert.

Jeder der internen Server implementiert entweder die Schnittstelle `IEditData` und/oder `IGetData` und erbt allgemeine Funktionalität von der abstrakten Klasse `CCommon`.

Trotz der gegenüber der ursprünglichen Version dramatisch gesteigerten Modularisierung hat sich der Programmieraufwand insgesamt kaum erhöht, letztendlich wurden die in Tabelle 21.1 aufgelisteten Methoden nur in einzelne Klassen mit entsprechenden Methoden verlagert.

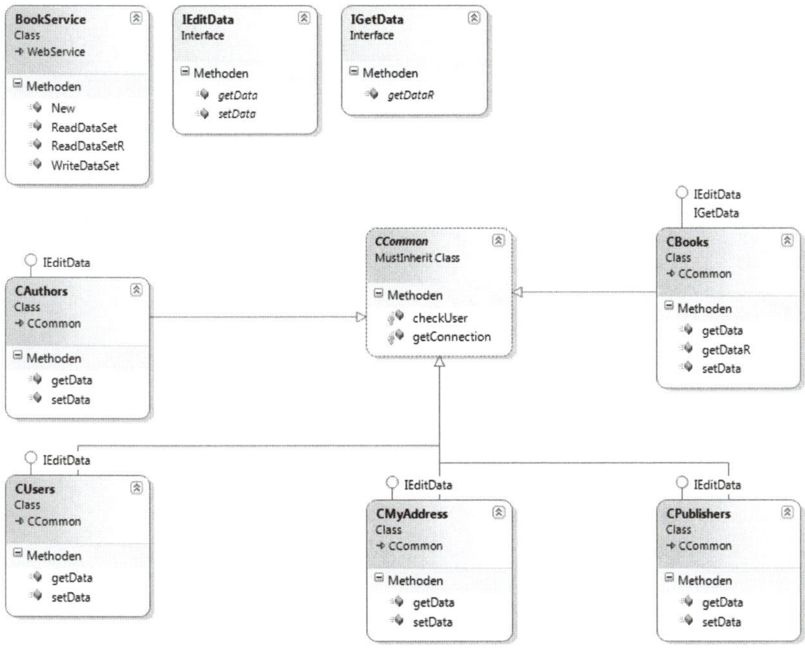

Abbildung 21.7 UML-Klassendiagramm der MicroKernel-Version des Webdiensts

21.4.2 Sequenzdiagramm

Das im Folgenden abgebildete Sequenzdiagramm soll die Kommunikationsvorgänge zwischen Webdienst-Client und Webdienst-Server verdeutlichen.

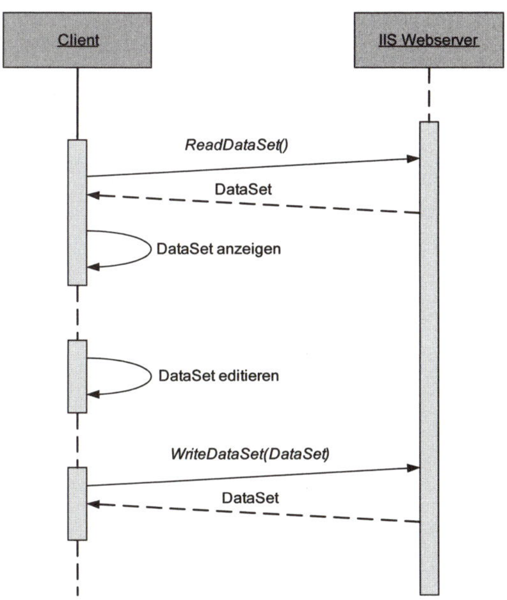

Abbildung 21.8
UML-Sequenzdiagramm der zweiten Webdienst-Version

21.4.3 Die Klasse BookService als Microkernel

Diese Klasse, wie sie von Visual Studio beim Öffnen eines neuen Webdienst-Projekts standardmäßig angelegt wird, implementiert den Microkernel, der die internen Server nur bei Bedarf lädt.

```
<WebService(Namespace := "http://tempuri.org/"), _
     WebServiceBinding(ConformsTo := WsiProfiles.BasicProfile1_1)> _
Public Class BookService
    Inherits System.Web.Services.WebService
  ...
```

Die Webmethoden `ReadDataSet()` und `WriteDataSet()` liefern die Einspringpunkte für den Client. Die rollenspezifische Unterscheidung über die zur Laufzeit zu instanziierenden internen Server erfolgt anhand einer vom Client als zusätzliches Argument übergebenen Kennung (`id`).

Die Schnittstellenmethoden `getData()` und `setData()` sind zunächst ganz normale Methoden der sie implementierenden Klassen, es gibt jedoch eine Besonderheit, der wir die Steuerung des Microkernel verdanken:

Hinweis

Schnittstellen sind grundsätzlich polymorph, d.h., Sie können von einer Schnittstelle eine Variable definieren und dieser jedes Objekt zuweisen, dessen Klasse die Schnittstelle implementiert hat. ■

Über die Variable kann man dann auf die Schnittstellenelemente des Objekts zugreifen.

Der Lesezugriff:

```
    <WebMethod> _
    Public Function ReadDataSet(ByVal id As String, ByVal bk As String, ByVal pw As String) _
                                                                                As DataSet
        Dim IED As IEditData             ' Schnittstellen sind von Natur aus polymorph!
```

Das Interface wird nun in die konkrete Klasse übersetzt:

```
        Select Case id
            Case "Buecher"
                IED = New CBooks()
            Case "Autoren"
                IED = New CAuthors()
            Case "Verlage"
                IED = New CPublishers()
            Case "Benutzer"
                IED = New CUsers()
            Case "MeineAdresse"
                IED = New CMyAddress()
            Case Else
                Return Nothing
        End Select
```

```
        Return IED.getData(bk, pw) ' polymorpher Aufruf
    End Function
```

Der Schreibzugriff:

```
    Public Function WriteDataSet(ByVal id As String, ByRef ds As DataSet, ByVal bk As String, _
                                                              ByVal pw As String) As Integer
        Dim IED As IEditData
```

Das Interface wird wieder in die konkrete Klasse übersetzt:

```
        Select Case id
            Case "Buecher"
                IED = New CBooks()
            Case "Autoren"
                IED = New CAuthors()
            Case "Verlage"
                IED = New CPublishers()
            Case "Benutzer"
                IED = New CUsers()
            Case "MeineAdresse"
                IED = New CMyAddress()
            Case Else
                Return 0
        End Select
```

In diesem Fall wird jedoch die `setData`-Methode aufgerufen:

```
        Return IED.setData(ds, bk, pw)
    End Function
```

21.4.4 Die Klasse CCommon

Diese Klasse ist abstrakt, das heißt, sie gestattet es nicht, eine Instanz mit `New` anzulegen. Für immer wiederkehrende Aufgaben, die jede Webmethode zu erledigen hat, stellt sie zwei Hilfsroutinen für die internen Server bereit. So holt sich die `getConnection`-Methode ein Verbindungsobjekt zur Datenbank, wobei der Datenbankpfad aus der *web.config* (siehe Listing) herausgezogen wird:

```
Imports Microsoft.VisualBasic
Imports System
Imports System.Data
Imports System.Data.OleDb
Imports System.Configuration

    Public MustInherit Class CCommon
```

Die folgende Methode liefert das Verbindungsobjekt zur Datenbank:

```
        Protected Function getConnection() As OleDbConnection
            Dim connStr As String = ConfigurationManager.AppSettings("connStr")
            Dim conn As New OleDbConnection(connStr)
            Return (conn)
        End Function
```

Die checkUser-Methode benötigt neben einer geöffneten Verbindung auch Benutzername und Passwort, um diese gegen die Tabelle *Benutzer* zu prüfen. Rückgabewert ist die Benutzergruppe (0 ... 8):

```
    Protected Function checkUser(ByVal bk As String, ByVal pw As String, _
                                 ByRef cn As OleDbConnection) As Integer
        ' Übergabe: Benutzerkennung, Passwort und geöffnete(!) Verbindung
        ' Rückgabewert: die Gruppe (0=kein Zugriff, 1=Gäste, ..., 10=Superadmin)
        Dim checkSQL As String = "SELECT * FROM Benutzer WHERE ('" & bk & _
                                 "'= Kennung) AND ('" & pw & "'=Passwort)"
        Dim da As New OleDbDataAdapter(checkSQL, cn)
        Dim dt As New DataTable()
        da.Fill(dt)
        If dt.Rows.Count > 0 Then
            Dim dr As DataRow = dt.Rows(0) ' normalerweise gibt es nur eine Zeile
            Return (Convert.ToInt32(dr("Gruppe")))
        Else
            Return (0)
        End If
    End Function

End Class
```

Hinweis

Ganz so einfach wie es sich die Autoren im obigen Fall gemacht haben, sollten Sie es sich allerdings bei einer echten Applikation nicht machen. Statt der String-Addition zum Erstellen der SQL-Anweisung sollten Sie besser eine Stored Procedure verwenden, der Sie die obigen Werte übergeben. Auf diese Weise können Sie sicherstellen, dass der Client nicht per SQL-Injection unerwünschte und/oder schädliche Anweisungen an den Server übermittelt. Gleiches gilt auch für alle folgenden Methoden in denen von direkter String-Addition für die SQL-Anweisungen Gebrauch gemacht wird. ■

21.4.5 Die internen Server

Nun zur Implementierung der internen Server, welche die Schnittstellen IEditData bzw. IGetData implementieren:

IEditData und IGetData

```
Imports Microsoft.VisualBasic
Imports System
Imports System.Data

  ' ---------------------------- Schnittstellen der internen Server ----------------------------
```

Editierpärchen (Lesen/Schreiben):

```
Public Interface IEditData
    Function getData(ByVal bk As String, ByVal pw As String) As DataSet
    Function setData(ByRef ds As DataSet, ByVal bk As String, ByVal pw As String) As Integer
```

```
    End Interface
```

Nur Lesezugriff:

```
    Public Interface IGetData
        Function getDataR(ByVal bk As String, ByVal pw As String) As DataSet
    End Interface
```

CBooks.getDataR

Die Methode `CBooks.getDataR` dient dem schnellen Lesezugriff auf die *Buecher*-Tabelle, sie eignet sich grundsätzlich nicht für das anschließende Editieren, da die DataSets der über Relationen verknüpften Tabellen *Autoren* und *Verlage* nicht verfügbar sind. Wie bei allen anderen Lesemethoden auch, wurde aus Gründen der Übersichtlichkeit generell auf eine Begrenzung der herunterzuladenden Datenmenge verzichtet, was aber natürlich problemlos möglich wäre (SELECT TOP ...).

```
Imports System
Imports System.Data
Imports System.Data.OleDb

    Public Class CBooks
        Inherits CCommon
        Implements IEditData, IGetData
        Public Function getDataR(ByVal bk As String, ByVal pw As String) As DataSet _
                                                    Implements IGetData.getDataR

            Dim conn As OleDbConnection = getConnection()
            Dim selSQL As String = "SELECT b.Titel, b.ISBN, b.Jahr, b.Verkaufspreis, " & _
                                   "b.Zustand, b.Bemerkung, a.Namen AS Autoren, v.Name " & _
                                   "AS Verlag FROM Buecher b, Autoren a, Verlage v " & _
                                 "WHERE (b.VerlagNr = v.Nr) AND (b.AutorenNr = a.Nr) ORDER BY b.Titel"

            Dim cmdSel As New OleDbCommand(selSQL, conn)
            Dim da As New OleDbDataAdapter(cmdSel)
            Dim ds As New DataSet()
            conn.Open()
            da.Fill(ds, "Buecher")
            conn.Close()
            If checkUser(bk, pw, conn) >= 0 Then
                Return (ds)
            Else
                Return (Nothing)
            End If
        End Function
```

CBooks.getData

Im Gegensatz zur vorhergehenden Methode liefert `CBooks.getData` ein editierbares DataSet für die *Buecher*-Tabelle:

```
        Public Function getData(ByVal bk As String, ByVal pw As String) As DataSet _
                                                    Implements IEditData.getData
```

```
        Dim conn As OleDbConnection = getConnection()
        Dim daB As New OleDbDataAdapter("SELECT * FROM Buecher ORDER BY Titel", conn)
```

Die `MissingSchemaAction`-Eigenschaft des `DataAdapter` ermöglicht u.a. auch eine Primärschlüsselinfo zum clientseitigen Mergen, d.h. beim Zusammenführen der geänderten und der originalen Datensätze (beim Hinzufügen eines neuen Datensatzes erscheint sofort ein Primärschlüssel!):

```
        daB.MissingSchemaAction = MissingSchemaAction.AddWithKey
```

Für die beiden verknüpften Tabellen sind jeweils nur die für die clientseitige Anzeige benötigten zwei Felder erforderlich:

```
        Dim daA As New OleDbDataAdapter("SELECT * FROM Autoren ORDER BY Namen", conn)
        Dim daV As New OleDbDataAdapter("SELECT * FROM Verlage", conn)
        Dim ds As New DataSet()
        conn.Open()
        daB.Fill(ds, "Buecher")
        daA.Fill(ds, "Autoren")
        daV.Fill(ds, "Verlage")
        conn.Close()
        If checkUser(bk, pw, conn) > 0 Then
            Return (ds)
        Else
            Return (Nothing)
        End If
    End Function
```

CBooks.setData

Das Zurückschreiben von am `DataSet` vorgenommenen Änderungen in die Datenquelle ist immer wesentlich kritischer als das pure Lesen, muss man dabei doch immer mit Horrormeldungen wie Parallelitäts- oder Integritätsverletzungen etc. rechnen. Beim Erstellen der erforderlichen Update-SQL-Befehle verlassen wir uns voll und ganz auf die Dienste eines CommandBuilders:

```
    Public Function setData(ByRef ds As DataSet, ByVal bk As String, ByVal pw As String) _
                                                        As Integer Implements IEditData.setData
        Dim conn As OleDbConnection = getConnection()
        Dim da As New OleDbDataAdapter("SELECT * FROM Buecher", conn)
        Dim cb As New OleDbCommandBuilder(da)
        conn.Open()
```

Ist der Benutzer zum Update berechtigt und ist dieses erfolgreich, so liefert die Funktion den Wert Eins zurück, anderenfalls Null:

```
        If checkUser(bk, pw, conn) >= 5 Then
            Dim dt As DataTable = ds.Tables("Buecher")
            da.Update(dt)
            conn.Close()
            Return (1)
        Else
            conn.Close() : Return (0)
        End If
```

```
        End Function
    End Class
```

CUsers

Diese Klasse ermöglicht Administratoren den Zugriff auf alle Daten der Benutzer-Tabelle:

```
Public Class CUsers
    Inherits CCommon
    Implements IEditData

    Public Function getData(ByVal bk As String, ByVal pw As String) As DataSet _
                                                    Implements IEditData.getData
        Dim conn As OleDbConnection = getConnection()
        Dim selSQL As String = "SELECT * FROM Benutzer ORDER BY Kennung"
        Dim cmdSel As New OleDbCommand(selSQL, conn)
        Dim da As New OleDbDataAdapter(cmdSel)
        da.MissingSchemaAction = MissingSchemaAction.AddWithKey
        Dim ds As New DataSet()
        conn.Open()
        da.Fill(ds, "Benutzer")
        conn.Close()
```

Ein Administrator hat hier die Gruppenzugehörigkeit 7 oder 8 (siehe Tabelle 2):

```
        If checkUser(bk, pw, conn) >= 7 Then
            Return (ds)
        Else
            Return (Nothing)
        End If
    End Function
```

Das Zurückschreiben der Daten:

```
    Public Function setData(ByRef ds As DataSet, ByVal bk As String, ByVal pw As String) _
                                                As Integer Implements IEditData.setData
        Dim conn As OleDbConnection = getConnection()
        Dim da As New OleDbDataAdapter("SELECT * FROM Benutzer", conn)
        Dim cb As New OleDbCommandBuilder(da)
        conn.Open()
        If checkUser(bk, pw, conn) >= 8 Then
            Dim dt As DataTable = ds.Tables("Benutzer")
            da.Update(dt)
            conn.Close()
            Return (1)
        Else
            conn.Close()
            Return (0)
        End If
    End Function
End Class
```

CMyAddress

Ein registrierter Benutzer hat hier die Möglichkeit, seine Anschrift in der Benutzer-Tabelle zu editieren und natürlich keinen Zugriff auf den sicherheitsrelevanten Teil der Tabelle (Benutzerkennung, Passwort, Gruppe). Im Unterschied zu den anderen Klassen wird hier nur auf einen einzelnen Datensatz zugegriffen (Löschen und Neuhinzufügen sind natürlich nicht möglich):

```
Public Class CMyAddress
    Inherits CCommon
    Implements IEditData
    Public Function getData(ByVal bk As String, ByVal pw As String) As DataSet _
                                                    Implements IEditData.getData
        Dim conn As OleDbConnection = getConnection()
```

Im SQL-String muss auch der Primärschlüssel (`Nr`) mit erfasst werden, ansonsten funktioniert das clientseitige Mergen nicht (der Datensatz wird mit dem vorhandenen nicht zusammengeführt):

```
        Dim selSQL As String = "SELECT Nr, Anrede, Vorname, Nachname, Strasse, PLZ, Ort, " & _
                "EMail FROM Benutzer WHERE ('" & bk & "'= Kennung) AND ('" & pw & "'=Passwort)"
        Dim cmdSel As New OleDbCommand(selSQL, conn)
        Dim da As New OleDbDataAdapter(cmdSel)
        da.MissingSchemaAction = MissingSchemaAction.AddWithKey ' !
        Dim ds As New DataSet()
        conn.Open()
        da.Fill(ds, "Adresse")
        conn.Close()
```

Jeder registrierte Benutzer darf seine Adresse selbst ändern:

```
        If checkUser(bk, pw, conn) > 1 Then
            Return(ds)
        Else
            Return(Nothing)
        End If
    End Function
```

Die passende Methode zum Zurückschreiben der Adressdaten wird diesmal ohne Zuhilfenahme eines `CommanBuilders` implementiert, was den Aufwand deutlich erhöht:

```
    Public Function setData(ByRef ds As DataSet, ByVal bk As String, ByVal pw As String) _
                                                As Integer Implements IEditData.setData
        Dim conn As OleDbConnection = getConnection()
        Dim da As New OleDbDataAdapter()
        Dim cmd As New OleDbCommand("UPDATE Benutzer SET Anrede = ?, Vorname = ?, " & _
                    Nachname = ?, Strasse = ?, PLZ = ?, Ort = ?, EMail = ? WHERE ('" & _
                    bk & "'= Kennung) AND ('" & pw & "'=Passwort)")
        cmd.Connection = conn
        cmd.Parameters.Add("@p1", OleDbType.VarChar, 10, "Anrede")
        cmd.Parameters.Add("@p2", OleDbType.VarChar, 20, "Vorname")
        cmd.Parameters.Add("@p3", OleDbType.VarChar, 30, "Nachname")
        cmd.Parameters.Add("@p4", OleDbType.VarChar, 50, "Strasse")
        cmd.Parameters.Add("@p5", OleDbType.VarChar, 8, "PLZ")
```

```
            cmd.Parameters.Add("@p6", OleDbType.VarChar, 50, "Ort")
            cmd.Parameters.Add("@p7", OleDbType.VarChar, 40, "EMail")

            da.UpdateCommand = cmd
            conn.Open()
            If checkUser(bk, pw, conn) > 1 Then ' jeder registrierte Benutzer
                Dim dt As DataTable = ds.Tables("Adresse")
                da.Update(dt)
                conn.Close()
                Return(1)
            Else
                conn.Close()
                Return(0)
            End If
        End Function

    End Class
```

CAuthors und CPublishers

Diese Klassen werden analog zu `CUsers` implementiert (Quellcode siehe Buch-Beispieldaten).

21.4.6 Ein erster Test

Nach dem Kompilieren des Webdienstes ist zunächst nur ein Test der `ReadDataSet()`-Methode möglich, wobei das zurückgegebene DataSet im IE als XML-Diffgram sichtbar wird.

Geben Sie dazu in das entsprechende Testformular die in Abbildung 21.9 gezeigten Werte ein.

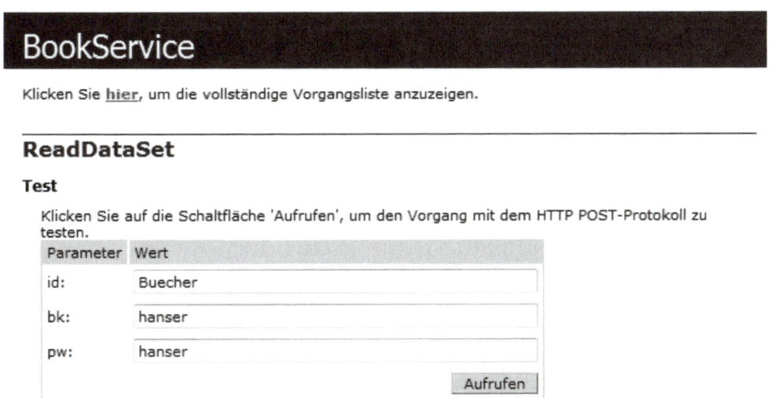

Abbildung 21.9 Das Testformular mit den erforderlichen Übergabedaten

Nachfolgend können Sie im Browser die Antwortdaten im XML-Format bewundern (Abbildung 21.10).

```
- <diffgr:diffgram xmlns:msdata="urn:schemas-microsoft-com:xml-msdata"
    xmlns:diffgr="urn:schemas-microsoft-com:xml-diffgram-v1">
  - <NewDataSet xmlns="">
    - <Buecher diffgr:id="Buecher1" msdata:rowOrder="0">
        <Nr>145</Nr>
        <Titel>.NET Enterprise Services</Titel>
        <ISBN>3-446-22153-0</ISBN>
        <AutorenNr>86</AutorenNr>
        <VerlagNr>1</VerlagNr>
        <Jahr>2003</Jahr>
        <Verkaufspreis>8</Verkaufspreis>
        <Zustand>1</Zustand>
        <Verkaeufer>1</Verkaeufer>
        <vorgemerkt>true</vorgemerkt>
        <Bemerkung />
      </Buecher>
    - <Buecher diffgr:id="Buecher2" msdata:rowOrder="1">
        <Nr>64</Nr>
        <Titel>.NET Security</Titel>
        <ISBN>3-446-22151-4</ISBN>
        <AutorenNr>22</AutorenNr>
        <VerlagNr>1</VerlagNr>
```


Abbildung 21.10 Das zurückgegebene DataSet als XML-Diffgram

Hinweis

Um auch die `WriteDataSet()`-Methode ordentlich testen zu können, kommen Sie um das Erstellen eines Clients nicht herum. ■

21.5 Webdienst-Client

Unser Windows Forms-Client soll so einfach wie möglich sein und deshalb mit einem einzigen Formular mit Datengitter sowie mit möglichst wenig Navigationsschaltflächen auskommen.

21.5.1 Das User-Interface

Die Abbildung 21.11 zeigt die Benutzerschnittstelle. Das Datengitter, ein `DataGridView`-Komponente, erscheint zur Entwurfszeit als trostloser schwarzer Kasten, aber lassen Sie sich davon nicht abschrecken!

Als Statusanzeige kommt das `StatusStrip`-Steuerelement zum Einsatz, dessen `Items`-Auflistung vielgestaltige Erscheinungsformen (`StatusLabel`, `ProgressBar`, `DropDownButton`, `SplitButton`) ermöglicht.

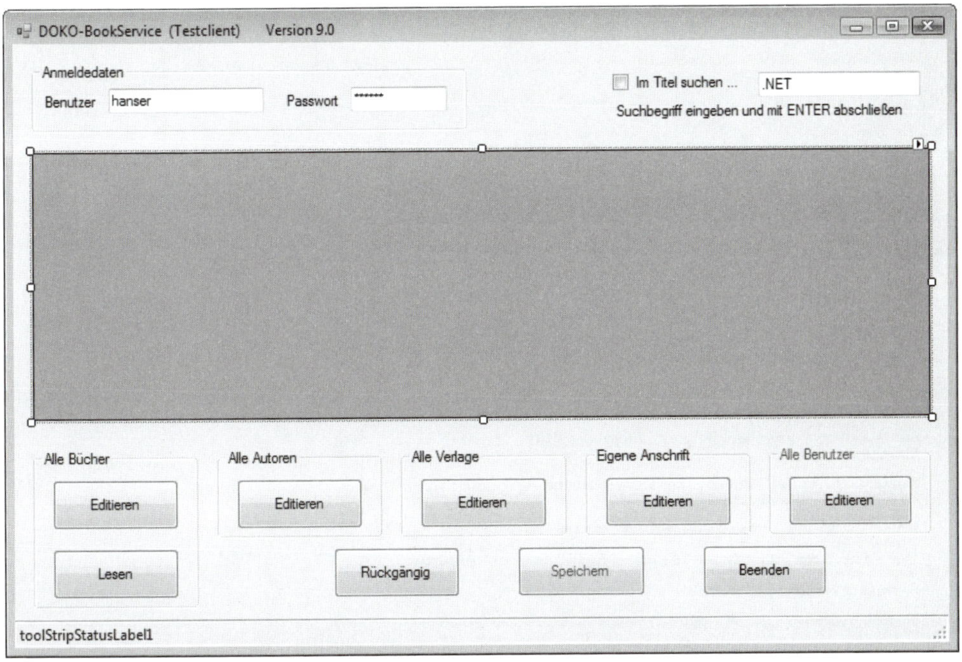

Abbildung 21.11 Oberfläche des Webdienstclients in der Entwurfsansicht

21.5.2 Die Programmierung

Zunächst ist der Webverweis auf den Webdienst einzurichten. Die Adresse ist bei einem lokalen Webdienst z.B.

http://localhost:52524/BookService1/BookService.asmx

oder wenn Sie ganz sicher gehen möchten, nutzen Sie doch einfach den Webdienst über die Autoren-Website:

http://www.doko-buch.de/BookService1/BookService.asmx

Den Webverweis erstellen Sie über den gleichnamigen Menüpunkt unter dem Menüeintrag *Projekt* (Abbildung 21.12).

Als Name für den Webverweis wird Ihnen in diesem Fall der Eintrag »de.doko-buch.-de.www« angeboten. Diesen Bezeichner benötigen Sie nachfolgend für das Erzeugen einer Proxyklassen-Instanz.

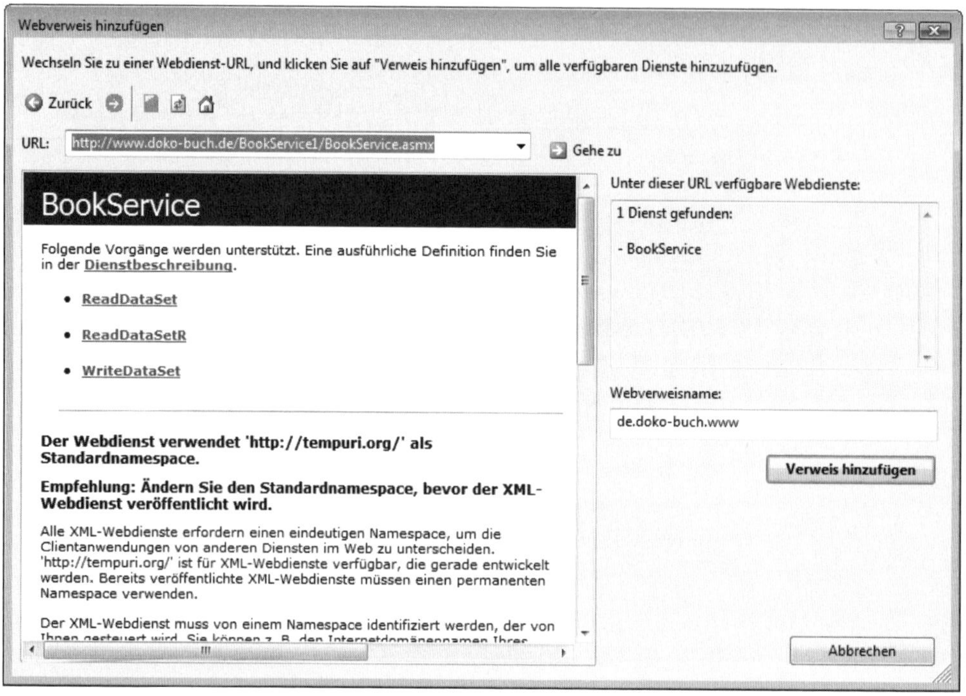

Abbildung 21.12 Hinzufügen des Webverweises

Nun kann es losgehen.

```
Public Class Form1
```

Zunächst die Instanziierung des Webdienst-Proxy:

```
  Private ws As New localhost.BookService()
```

oder

```
  Private ws As New de.doko_buch.www.BookService()          ' Webdienst-Proxy
```

Ein globales `DataSet` dient als Speichermedium für die übergebenen Daten:

```
  Private ds As New DataSet()
```

Eine Zustandsvariable, die die aktuell gespeicherten Daten kennzeichnet, steuert den Programmablauf und dient gleichzeitig als Kennungsstring für den Aufruf des gewünschten internen Servers des Webdienstes:

```
  Private mID As String ' Kennung des aktuellen DataSet
```

Zur Datenbindung des `DataGridView` an das `DataSet` und dem Datenmanagement (Hinzufügen, Löschen, ...) gibt es pro anzuzeigende Tabelle eine `BindingSource`:

```
  Private bsBooks As New BindingSource()
  Private bsAuthors As New BindingSource()
  Private bsPublishers As New BindingSource()
  Private bsUsers As New BindingSource()
```

Im Form1_Load-Ereignis erfolgen einige Initialisierungen und die Anmeldung eines Errorhandlers für das DataGridView:

```
Private Sub Form1_Load(ByVal sender As System.Object, ByVal e As System.EventArgs) _
                                                            Handles MyBase.Load
    ToolStripStatusLabel1.Text = "Bitte geben Sie zuerst Benutzernamen und Passwort ein!"
    DataGridView1.AutoGenerateColumns = False
    DataGridView1.BorderStyle = BorderStyle.Fixed3D
```

Wir wollen eine mehrzeilige Darstellung innerhalb einer Textzelle ermöglichen, was einen Zeilenumbruch erforderlich macht und – wie wir später beim Testen feststellen werden – leider auch etwas Performance kostet:

```
    DataGridView1.DefaultCellStyle.WrapMode = DataGridViewTriState.True ' Zeilenumbruch
    DataGridView1.AutoSizeRowsMode = DataGridViewAutoSizeRowsMode.AllCellsExceptHeaders
    AddHandler DataGridView1.DataError, AddressOf dataGridView1_DataError
End Sub
```

Nun können die einzelnen Webdienstmethoden aufgerufen werden, wobei neben dem Kennungsstring für den internen Server grundsätzlich auch Benutzername und Passwort mitzugeben sind.

Aus Platzgründen sollen hier nur die interessanten Passagen der wichtigsten Methoden wiedergegeben werden (kompletter Code siehe Beispieldaten). Am interessantesten ist das Editieren der »Buecher«-Tabelle, da hier Master-Detail-Relationen zu den Tabellen »Autoren« und »Verlage« zu berücksichtigen sind:

```
Private Sub Button1_Click(ByVal sender As System.Object, ByVal e As System.EventArgs) _
                                                            Handles Button1.Click
    mID = "Buecher"
    Try
        ds = ws.ReadDataSet(mID, TextBox1.Text, TextBox2.Text) ' Webdienst-Aufruf
        If ds Is Nothing Then
            DataGridView1.DataSource = Nothing
            ToolStripStatusLabel1.Text = "Lesezugriff nicht möglich!"
        Else
            DataGridView1.SuspendLayout()
            bsAuthors.DataSource = ds ' ausführliche Variante
            bsAuthors.DataMember = "Autoren"
            bsPublishers.DataSource = ds.Tables("Verlage").DefaultView
            bsBooks.DataSource = ds.Tables("Buecher").DefaultView
            DataGridView1.DataSource = bsBooks.List
```

Ein wesentlicher Teil des Implementierungsaufwands bezieht sich auf die Formatierung des DataGridView:

```
            DataGridView1.ReadOnly = False
            DataGridView1.AllowUserToDeleteRows = True
            DataGridView1.AllowUserToAddRows = True
            DataGridView1.Columns.Clear()
```

Alle Spalten werden nun individuell formatiert, wobei die Eigenschaften größtenteils selbst erklärend sind. Die ersten beiden Spalten sind vom standardmäßig vom Typ `DataGridView-TextBoxColumn`:

```
DataGridView1.Columns.Add("N", "Nr")
DataGridView1.Columns(0).Width = 30
DataGridView1.Columns(0).DataPropertyName = "Nr"
```

Die Spalte mit dem Buchtitel wird »eingefroren«, damit sie auch nach dem Weiterscrollen nach rechts noch sichtbar bleibt:

```
        DataGridView1.Columns.Add("T", "Buchtitel")
        DataGridView1.Columns(1).Width = 150
        DataGridView1.Columns(1).DataPropertyName = "Titel"
        DataGridView1.Columns(1).Frozen = True ' feste Spalte
...
```

Interessant wird es bei den Spalten für Autoren und Verlage, die vom Typ `DataGridView-ComboBoxColumn` sein müssen:

```
Dim cbc1 As New DataGridViewComboBoxColumn()
cbc1.DataSource = bsAuthors.List ' Detailtabelle
cbc1.DataPropertyName = "AutorenNr" ' Fremdschlüssel
cbc1.ValueMember = "Nr" ' Primärschlüssel
cbc1.DisplayMember = "Namen" ' Detailanzeige
cbc1.HeaderText = "Autor(en)"
```

Mit `cbc1.Sorted = True` lässt sich leider keine sortierte Anzeige der Liste erzwingen, hier muss bereits im Webdienst mit einer entsprechenden SQL-Abfrage vorgesorgt werden (... ORDER BY Namen).

```
' cbc1.Sorted = True   geht leider nicht!
```

Damit nicht in allen Zellen der Spalte eine `ComboBox` erscheint, sondern nur in der jeweils aktiven Zelle:

```
        cbc1.DisplayStyle = DataGridViewComboBoxDisplayStyle.Nothing
        DataGridView1.Columns.Add(cbc1)
...
```

Die Spalte für den Preis soll eine ordentliche Währungsformatierung erhalten:

```
Dim tbc4 As New DataGridViewTextBoxColumn()
tbc4.DataPropertyName = "Verkaufspreis"
tbc4.HeaderText = "Preis"
tbc4.AutoSizeMode = DataGridViewAutoSizeColumnMode.DisplayedCells
tbc4.DefaultCellStyle.Format = "c"
tbc4.DefaultCellStyle.Alignment = DataGridViewContentAlignment.MiddleRight
```

Man kann die Spalte auch noch durch spezielle Fonteigenschaften und Färbung des Hintergrunds optisch hervorheben:

```
        tbc4.DefaultCellStyle.BackColor = Color.LightYellow
        DataGridView1.Columns.Add(tbc4)
...
```

Die Spalte »vorgemerkt« ist vom Typ `DataGridViewCheckBoxColumn`:

```
                Dim chbcl As New DataGridViewCheckBoxColumn()
                chbcl.DataPropertyName = "vorgemerkt"
                chbcl.HeaderText = "res."
                chbcl.Width = 40
                DataGridView1.Columns.Add(chbcl)
...
                DataGridView1.ResumeLayout()
                ToolStripStatusLabel1.Text = bsBooks.Count.ToString() & " Bücher sind geladen!"
            End If
        Catch ex As Exception
            MessageBox.Show(ex.Message.ToString())
        End Try
    End Sub
```

Der hinter den übrigen »Lesen«- und »Editieren«-Schaltflächen liegende Code ist analog aufgebaut und bietet keine Besonderheiten (siehe Beispieldaten).

Interessantes bietet die »Speichern«-Schaltfläche:

```
    Private Sub Button7_Click(ByVal sender As System.Object, ByVal e As System.EventArgs) _
                        Handles Button7.Click
        If (ds IsNot Nothing) AndAlso (mID <> "") Then
            Try
```

Die geänderten Datensätze werden nur dann extrahiert und gespeichert, wenn tatsächlich Änderungen am `DataSet` vorgenommen wurden:

```
                If ds.HasChanges() Then
                    Dim ds1 As DataSet = ds.GetChanges()
```

Jetzt erst erfolgt der Aufruf der `WriteDataSet()`...-Webdienstmethode, wobei aus Performancegründen natürlich nicht das komplette `DataSet`, sondern nur die geänderten Datensätze zum Webdienstserver übertragen werden. Die gleichzeitig übertragene `mID` sichert ab, dass im Microkernel des Webdienstes immer der richtige interne Server instanziiert wird:

```
                    Dim i As Integer = ws.WriteDataSet(mID, ds1, TextBox1.Text, TextBox2.Text) ' !

                    If i > 0 Then
```

Zusammenführen des aktuellen DataSets mit den im Webdienst vorgenommenen Änderungen:

```
                        ds.Merge(ds1)
```

Die `Merge`-Methode funktioniert nur richtig, wenn dem `DataSet` explizit ein `PrimaryKey` zugewiesen wurde (sonst erfolgt doppelte Anzeige im `DataGridView`). Dazu muss im Webdienst beim Lesezugriff auf die Datenbank die `MissingSchemaAction`-Eigenschaft des `DataAdapter` auf den Wert `AddWithKey` gesetzt sein.

Vergessen Sie die nachfolgende Anweisung nicht, denn ansonsten bleibt der Änderungsstatus von `ds1` erhalten (`ds1.HasChanges = True`) und es kommt auch ohne Änderungen am DataSet beim Betätigen der »Speichern«-Schaltfläche zum sinnlosen Abspeichern:

```
                    ds.AcceptChanges()
                    ToolStripStatusLabel1.Text = "Änderungen wurden übernommen!"
                Else
                    ds.RejectChanges()
                    ToolStripStatusLabel1.Text = "Schreibzugriff nicht möglich! " & _
                          "Wahrscheinlich haben Sie nicht die dazu erforderlichen Rechte."
                End If
            Else
                ToolStripStatusLabel1.Text = "Keine Änderungen, deshalb gibt es auch" & _
                                             " nichts zu speichern!"
            End If
        Catch ex As Exception
            MessageBox.Show(ex.Message.ToString())
            ds.RejectChanges()
        End Try
    Else
        ToolStripStatusLabel1.Text = "Speichern nicht möglich!"
    End If
End Sub
```

Der »Rückgängig«-Button:

```
Private Sub Button10_Click(ByVal sender As System.Object, ByVal e As System.EventArgs) _
                        Handles Button10.Click
    Try
        ds.RejectChanges()
    Catch
    End Try
End Sub
```

Im Fall eines Fehlers im `DataGridView` wird bis zur entsprechenden Zelle gescrollt:

```
Private Sub dataGridView1_DataError(ByVal sender As Object, _
                                    ByVal e As DataGridViewDataErrorEventArgs)
    dataGridView1.CurrentCell = dataGridView1.Rows(e.RowIndex).Cells(e.ColumnIndex)
    Throw New Exception("Fehler bei der Anzeige im Datengitter ! ")
End Sub
```

Das Suchen nach bestimmten in den Buchtiteln vorkommenden Wörtern wird mit der `CheckBox` ein- bzw. ausgeschaltet, wobei ein Eventhandler für das `CellFormatting`-Event der `DataGridView` an- bzw. abgemeldet wird:

```
Private Sub CheckBox1_CheckStateChanged(ByVal sender As System.Object, _
                        ByVal e As System.EventArgs) Handles CheckBox1.CheckStateChanged
    If mID = "Buecher" Then
        If CheckBox1.Checked Then
            AddHandler DataGridView1.CellFormatting, AddressOf DataGridView1_CellFormatting
            TextBox3.Enabled = True
            Label3.Visible = True
        Else
            RemoveHandler DataGridView1.CellFormatting, AddressOf DataGridView1_CellFormatting
            TextBox3.Enabled = False
            Label3.Visible = False
```

```
        End If
    End If
End Sub
```

Im CellFormatting-Eventhandler erfolgt das Durchsuchen der Zellinhalte und die farbliche Markierung der gefundenen Zellen:

```
Private Sub DataGridView1_CellFormatting(ByVal sender As System.Object, _
                     ByVal e As System.Windows.Forms.DataGridViewCellFormattingEventArgs) _
                                                     Handles DataGridView1.CellFormatting
    If DataGridView1.Columns(e.ColumnIndex).Name = "T" Then
        Try
            If (e.RowIndex < DataGridView1.Rows.Count) And (Not IsNothing(e.Value)) Then
                If e.Value.ToString().IndexOf(TextBox3.Text) >= 0 Then ' Suchbegriff gefunden
                    e.CellStyle.ForeColor = Color.Red
                    e.CellStyle.BackColor = Color.Yellow
                End If
            End If
        Catch ex As Exception
            MessageBox.Show(ex.Message.ToString())
        End Try
    End If
End Sub
```

Der zu suchende Begriff wird in TextBox3 eingegeben, der Suchvorgang startet mit Betätigung der Enter-Taste:

```
Private Sub TextBox3_KeyUp(ByVal sender As System.Object, _
                          ByVal e As System.Windows.Forms.KeyEventArgs) Handles TextBox3.KeyUp
    If e.KeyCode = Keys.Enter Then
        DataGridView1.Refresh()
    End If
End Sub

End Class
```

21.5.3 Abschlusstest

Bevor Sie den Client in Betrieb nehmen können, müssen Sie sich natürlich auf direktem Weg erstmal selbst als Superadministrator (Gruppe = 8) in die Benutzerdatenbank eintragen.

Anschließend starten Sie den Client, loggen sich ein und haben Zugriff auf alle zu administrierenden Funktionen und können nun z.B. weitere Benutzer mit eingeschränkten Rechten hinzufügen (siehe Tabelle 21.2).

Tabelle 21.2 Matrix für die Rechtevergabe in der Benutzerdatenbank

Gruppe	Rolle	ReadDataSet				WriteDataSet		
		Buecher/ Autoren/ Verlage	BuecherL	Adresse	Benutzer	Buecher/ Autoren/ Verlage	Adresse	Benutzer
0	Gast		X					
1	Leser unreg.	X	X					
2	Leser reg.	X	X	X			X	
3								
4								
5	Anbieter	X	X	X		X	X	
6								
7	Admin	X	X	X	X	X	X	
8	Superadmin	X	X	X	X	X	X	X

Um Datensätze neu hinzuzufügen, müssen Sie bis zur letzten Zeile des Datengitters scrollen, um dort den Eintrag vorzunehmen und anschließend abzuspeichern. Bei neuen Buchtiteln müssen Sie vorher allerdings Autoren und Verlage in die entsprechenden Tabellen eingetragen haben, damit diese dann per `ComboBox` zugewiesen werden können. Die `ComboBox` erscheint erst nach Doppelklick auf die entsprechende Zelle.

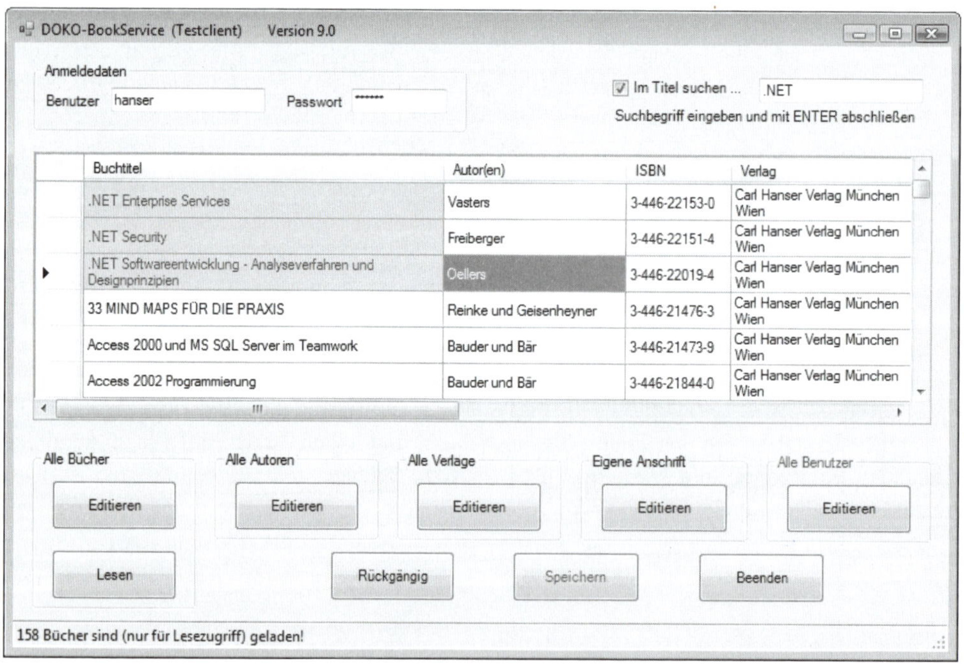

Abbildung 21.13 Unser Webdienstclient in Aktion

Das Löschen von Datensätzen geschieht durch einfaches Markieren der Zeile am linken Rand und Betätigen der Entf-Taste. Autoren oder Verlage lassen sich natürlich nur dann löschen, wenn vorher alle Bücher gelöscht wurden, die darauf verweisen.

Durch Klicken auf den Spaltenkopf lassen sich die Einträge in auf- oder absteigender Reihenfolge sortieren.

Die standardmäßig vorgesehene Suchfunktion markiert alle Buchtitel farbig, die den in der Abbildung 21.13 oben rechts eingetragenen Suchbegriff enthalten. Dieses Feature, sowie die automatische Anpassung der Zeilenhöhe bei fester Spaltenbreite, kosten leider etwas Performance, so dass man bei einigen hundert Buchtiteln schon mal einige Sekunden bis zum Aufbau der kompletten Liste warten kann.

Hinweis

Wer sich mit dem Webdienst der Autoren verbunden hat, kann als Benutzernamen »hanser« und mit dem originellen Passwort »hanser« auf die Tabellen *Buecher*, *Autoren* und *Verlage* lesend zugreifen. ■

21.5.4 Fehlerbeseitigung

Wenn Sie beim Ausführen des Clients die berüchtigte Fehlermeldung wie »HTTP Status 401: Access Denied« erhalten, obwohl sich der Webdienst allein problemlos testen lässt, so sollten Sie zunächst einmal im IIS den anonymen Zugriff auf die Seite aktivieren.

Weiterhin kann es passieren, dass auf dem lokalen PC die Webdienst-Anwendung erwartungsgemäß funktioniert, aber nach dem Portieren der Access-Datenbank auf den Web-Server höchstens nur noch das Lesen geht und Sie beim Schreib- bzw. Änderungsversuch eine Fehlermeldung wie z.B. »Server konnte die Anforderung nicht verarbeiten« erhalten.

Die Ursache liegt meist bei der *.ldb*-Sperrdatei (locking file), die beim Öffnen einer Access-Datenbank von der Jet-Engine erzeugt wird, um die verschiedenen Sperren zu verfolgen, die die Anwender auf bestimmte Datensätze und Tabellen gesetzt haben. Der Fehler wird deshalb durch fehlende Schreibrechte für den Nutzer »ASPNET«[1] auf NTFS-Ebene verursacht. Es gibt allerdings auch einige Fälle, wo die Sicherheitseinstellung der Datenbank selbst (also auf Ebene von Access) geändert werden müssen, wenn die Datenbank jedoch lokal funktioniert, ist dies eher unwahrscheinlich.

Hinweis

Der Benutzer »ASPNET« benötigt neben den standardmäßig vorbelegten Leserechten zumindest auf das Datenbankverzeichnis auch Schreibrechte! ■

Es macht also wenig Sinn, hier an den Zugriffsberechtigungen im IIS oder der *Web.config* herumzudoktern, vielmehr müssen Sie über den Windows-Explorer den entsprechenden Benutzer hinzufügen und ihm alle erforderlichen Rechte erteilen.

[1] Unter Windows Server 2003 und Windows Vista handelt es sich um den Nutzer NT-AUTORITÄT\NETZWERKDIENST

21.5.5 Schlussbemerkungen

Obwohl der hier beschriebene Webdienst in der Praxis real funktioniert – jeder kann sich durch Installation des beigefügten Clients selbst davon überzeugen – ist er in erster Linie als Studienobjekt gedacht, soll zum Experimentieren anregen und jedem die Scheu nehmen, sich aus der allzu innigen Umklammerung von ASP.NET zu befreien.

Um eine Überfrachtung an Funktionalität zu vermeiden, empfehlen sich verschiedene Clientversionen, z.B. eine für Administratoren und eine für »Otto Normalbenutzer«.

Performance-Verbesserungen wären z.B. durch asynchrone Webmethodenaufrufe oder durch Überwachen der `IsCompleted`-Eigenschaft der `IAsyncResult`-Klasse möglich. Auch könnte am Code und seiner Modularisierung sicherlich noch etwas herumgefeilt werden.

22 Verwenden von Ressourcen

Dieses Kapitel behandelt die folgenden Themen:

- Manifestressourcen
- Typisierte und streng typisierte Ressourcen
- Lokalisieren von Anwendungen

Über Ressourcen können Sie externe Informationen in Ihr Programm aufnehmen. Das betrifft Texte, Grafiken und andere Elemente, die sich nicht ohne weiteres per Code darstellen lassen. Das .NET-Framework kennt prinzipiell zwei Typen von Ressourcen:

- Manifestressourcen und
- typisierte Ressourcen.

Mit beiden Ressourcentypen und ihren Ableitungen (streng typisierte Ressourcen) werden wir uns in diesem Kapitel auseinandersetzen.

Eine besondere Bedeutung haben typisierte Ressourcen vor allem im Zusammenhang mit der Lokalisierung von Anwendungen (siehe Abschnitt 22.4).

22.1 Manifestressourcen

Manifestressourcen können nahezu beliebige Dateien sein, die zur Entwurfszeit (als Ergebnis des Build-Prozesses) in die Assembly integriert werden. Eine Assembly kann mehrere Manifestressourcen enthalten. »Manifestressource« heißt es deshalb, weil die Namen der Ressourcen im Manifest der Assembly abgelegt sind. Zur Laufzeit kann jede Manifestressource über ihren Namen als Stream ausgelesen werden.

22.1.1 Erstellen von Manifestressourcen

Normalerweise verwendet man zum Anlegen einer Manifestressource den Assembly Linker (*al.exe*). Besitzer von Visual Studio können aber auf dieses Tool locker verzichten, da sie die entsprechenden Dateien lediglich zum Projekt hinzufügen und die `Buildvorgang`-Eigenschaft auf `Eingebettete Ressource` setzen müssen.

Beispiel Um die Bilddatei *BeimChef.jpg* als Manifestressource anzulegen, wählen Sie im Kontextmenü des Projektmappen-Explorers *Hinzufügen|Vorhandenes Element...* (oder Hauptmenü *Projekt|Vorhandenes Element hinzufügen...*) und selektieren die Datei *BeimChef.jpg*. Im Kontextmenü von *BeimChef.jpg* klicken Sie auf *Eigenschaften*:

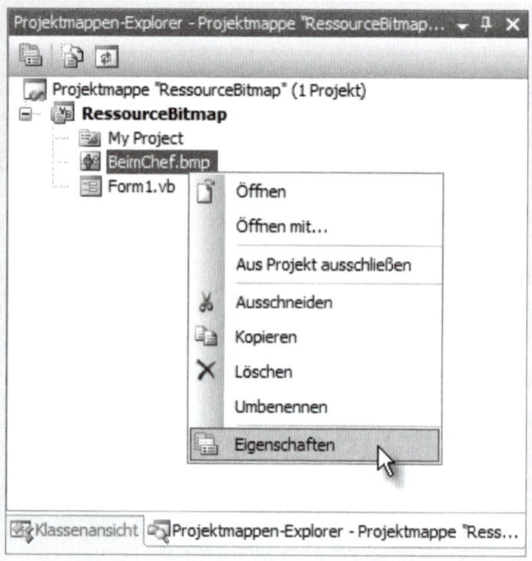

Im Eigenschaftendialog stellen Sie die Eigenschaft `Buildvorgang` auf `Eingebettete Ressource`:

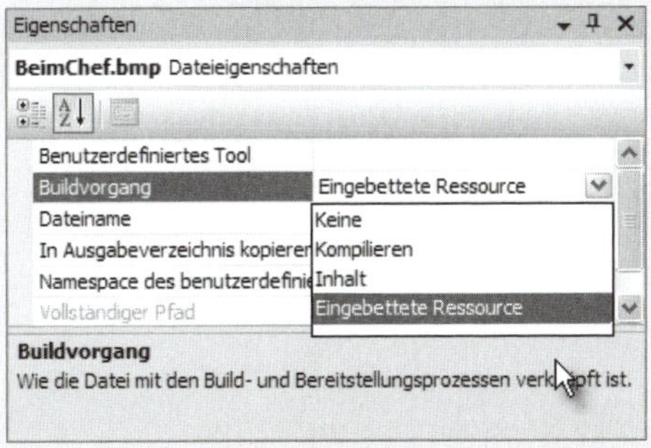

Nach dem Kompilieren der Anwendung befindet sich die Bilddatei in der erzeugten Assembly, Sie brauchen also keine weitere Datei mitzugeben.

22.1.2 Zugriff auf Manifestressourcen

Der übliche Weg zu eingebetteten Ressourcen führt über die Methoden der `Assembly`-Klasse. So kann man die `GetManifestResourceNames`- bzw. `GetManifestResourceStream`-Methode verwenden, um alle eingebetteten Ressourcen einer bestimmten Assembly aufzulisten bzw. zu laden. Bevor wir aber zu Einzelheiten kommen, wollen wir erläutern, nach welchem Muster die Namensvergabe erfolgt.

Namensgebung eingebetteter Ressourcen

Allgemein entspricht der Name einer eingebetteten Ressource folgendem Muster:

```
<DefaultNamespace>.Dateiname
```

Der `DefaultNamespace` wird in den Projekteigenschaften festgelegt und ist meist identisch mit dem Namen der Assembly (z.B. *WindowsApplication1*).

Hinweis

Im Gegensatz zu C# werden von VB keine Unterverzeichnisse bei den Ressourcen unterstützt, auch wenn Sie die Ressource im Projektmappen-Explorer in einem Unterverzeichnis abgelegt haben. ■

Auflisten aller eingebetteten Ressourcen

Für diesen Zweck kommt die `GetManifestResourceNames`-Methode der `Assembly`-Klasse zur Anwendung.

Beispiel Über einen Dateidialog wird eine Assembly geladen. Die Namen aller darin enthaltenen Ressourcen werden in einer `ListBox` angezeigt.

```
Imports System.Reflection
Imports System.IO
...
```

```
ass = Assembly.LoadFrom(openFileDialog1.FileName)
Dim resNames As String() = ass.GetManifestResourceNames()
ListBox1.Items.Clear()
If resNames.Length > 0 Then
    ListBox1.BeginUpdate()
    For Each resName As String In resNames
        ListBox1.Items.Add(resName)
    Next
    ListBox1.EndUpdate()
End If
```

Die Inhalte eingebetteter Ressourcen auslesen

Hierfür verwenden Sie die `GetManifesResourceStream`-Methode der `Assembly`-Klasse:

Beispiel Eine in der eigenen Assembly eingebettete Bildressource wird angezeigt.

```
Imports System.Reflection
Imports System.IO
...
ass = Assembly.GetExecutingAssembly()
if PictureBox1.Image IsNot Nothing Then PictureBox1.Image.Dispose()
Dim strm As Stream = ass.GetManifestResourceStream("RessourceBitmap.Bild1.jpg")
PictureBox1.Image = New Bitmap(strm)
```

Die `GetManifestResourceStream`-Methode hat zwei Überladungen. Die erste erwartet den Namen der Ressource, die zweite erwartet stattdessen einen Typ und einen String. Das vereinfacht die Namensgewinnung für die Ressource: Intern wird der Namespace des Typs genommen und mit dem String wird der Name vervollständigt.

Einige Klassen des .NET Frameworks verwenden dieses Verfahren ebenfalls, aber anstatt `Stream`-Objekte zurückzugeben erzeugen sie damit ein bestimmtes Objekt. So hat die `Bitmap`-Klasse einen Konstruktor, welcher eine eingebettete Ressource in ein `Bitmap`-Objekt laden kann.

Beispiel Eine deutlich kürzere Version des obigen Beispiels.

```
If PictureBox1.Image IsNot Nothing Then PictureBox1.Image.Dispose()
PictureBox1.Image = New Bitmap(Me.GetType(), "BeimChef.bmp")
```

Dem `Bitmap`-Konstruktor wird auf diese Weise mitgeteilt, eine Ressource zu finden, deren `Namespace` dem von `Form1` entspricht (weil `Form1` im Rootverzeichnis des Projekts liegt).

22.2 Typisierte Ressourcen

Typisierte Ressourcen bauen auf einfachen Manifestressourcen auf. Es handelt sich hierbei um Zusammenstellungen von Schlüssel-Wert-Paaren, wobei der Schlüssel ein eindeutiger String und der Wert ein beliebiges Objekt ist. Im Gegensatz zu den Manifestressourcen sind diese Ressourcen typisiert und wesentlich effizienter, da sie nicht streambasiert arbeiten. Die Bereitstellung erfolgt in der Regel als Datei mit der Extension *.resources*.

22.2.1 Erzeugen von .resources-Dateien

Dazu benötigen Sie einen `ResourceWriter` aus dem Namespace `System.Resources`.

Beispiel Die Methode `createResources` erzeugt eine Ressourcendatei, die Texte für beliebige Meldungen enthält.

```
Shared Sub createResources()
    Dim rw As ResourceWriter = New ResourceWriter("Messages.resources")
```

Die String-Ressourcen als Schlüssel-Wert-Paar hinzufügen:

```
    rw.AddResource("1", "Wahrscheinlich haben Sie recht.")
    rw.AddResource("2", "Ja, natürlich.")
    rw.AddResource("3", "Versuchen Sie es später noch einmal!")
    rw.AddResource("4", "Bitte keine Ablenkungsmanöver!")
    rw.AddResource("5", "Leider nein.")
    rw.AddResource("6", "Wie ich sehe - ja!")  ...
```

Die Datei *Messages.resources* wird erzeugt und geschlossen:

```
    rw.Generate()
    rw.Close()
End Sub
```

Nach Aufruf von `createResources()` werden Sie im Unterverzeichnis *\bin\Debug* die Datei *Messages.resources* vorfinden.

22.2.2 Hinzufügen der .resources-Datei zum Projekt

Die erzeugte Ressourcendatei *Messages.resources* fügen Sie – genauso wie oben für eine Manifestressource beschrieben – dem Projekt hinzu. Wählen Sie also das Menü *Projekt|Vorhandenes Element hinzufügen...* und setzen Sie die `Buildvorgang`-Eigenschaft auf `Eingebettete Ressource`. Alternativ können Sie auch das *Hinzufügen*-Kontextmenü im Projektmappen-Explorer verwenden.

Hinweis

Da die Datei *Messages.ressources* nach dem Kompilieren in der Assembly *ResourcesTest.exe* eingebettet ist, können Sie sie auch aus dem Verzeichnis *\bin\Debug* löschen. ■

22.2.3 Zugriff auf die Inhalte von .resources-Dateien

Für den Zugriff spielt die Klasse `ResourceManager` (Namespace `System.Resources`) eine wichtige Rolle, sie benötigt zur Instanziierung zwei Parameter: einen Verweis auf die *resources*-Datei, die als Manifestressource in der Assembly abgelegt ist, sowie einen Verweis auf die Assembly selbst.

Der *ResourceManager* stellt für den Zugriff auf Ressourcen-Elemente die Methoden `GetString`, `GetObject` und `GetStream` bereit. Anzugeben ist der Name des Ressourcen-Elements unter Beachtung der Groß-/Kleinschreibung. Die Bedeutung der Groß-/Kleinschreibung kann aber mittels `IgnoreCase`-Eigenschaft deaktiviert werden.

Beispiel Der Zugriff auf die im Projekt *ResourcesTest* eingebettete Datei *Messages.resources* erfolgt über die `GetString`-Methode des `ResourceManager`, wobei der Methode der Schlüssel als Parameter übergeben wird. Um einen einfachen Test zu ermöglichen, erzeugen wir den Schlüssel mit einem Zufallsgenerator, der zugehörige Wert wird in einem `Label` angezeigt.

```
Imports System.Resources
...
   Private rm As ResourceManager = New System.Resources.ResourceManager( _
         "RessourceTest.Messages", System.Reflection.Assembly.GetExecutingAssembly())
       ...
       Dim z As System.Random = New System.Random()
       Dim num As String = z.Next(1, 41).ToString()
       Label1.Text = rm.GetString(num)
```

Bemerkungen zum Zugriff auf .resources-Dateien

- Die Extension *resources* ist **kein** Bestandteil des Namens, der dem Konstruktor als Argument übergeben wird.
- Das Objekt für die Assembly, in der sich der laufende Code befindet, erhält man über die Methode `System.Reflection.Assembly.GetExecutingAssembly`.
- Die `GetString`-Methode des `ResourceManager` ist eine typsichere Alternative zur `GetObject`-Methode.

22.2.4 ResourceManager direkt aus der .resources-Datei erzeugen

Wollen Sie die Ressourcen nachträglich manipulieren, so ist die gezeigte Vorgehensweise nicht geeignet, da die *.resources*-Datei unmittelbar nach ihrem Erzeugen erst per Hand in das Projekt »eingebettet« werden muss und nach dem Kompilieren – wie jede andere Manifestressource auch – nicht nachträglich manipuliert werden kann.

Ein Ausweg bietet sich, wenn Sie die Datei nicht in die Assembly einbetten, sondern als separate Datei mitführen. Dann können Sie einen passenden `ResourceManager` mithilfe der statischen Methode `CreateFilebasedResourceManager` erzeugen.

Beispiel Erzeugen eines `ResourceManager` aus der Datei *Messages.resources*.

```
Private rm As ResourceManager = ResourceManager.CreateFileBasedResourceManager( _
                                    "myMessages", Application.StartupPath, Nothing)
```

In diesem Fall befindet sich die Datei *Messages.resources* im gleichen Verzeichnis wie die Assembly.

Bemerkungen

- Das Pendant zum `ResourceWriter` ist der `ResourceReader`, mit dem sich – als Alternative zum gezielten Zugriff per `ResourceManager` – komplette Ressourcendateien verarbeiten lassen.
- Bequemer als per Code können Ressourcen auch mit dem in Visual Studio integrierten Ressourceneditor angelegt werden (Menü *Projekt|Neues Element hinzufügen...| Ressourcendatei*) .

22.2.5 Was sind .resx-Dateien?

Ressourcen liegen in *resources*-Dateien in einem binären Format vor. Anstatt, wie oben gezeigt, mittels `RessourceWriter` lassen sie sich aber auch aus **.resx*-Dateien erzeugen.

Hinweis

resx-Dateien sind XML-Dokumente! ■

Zur Umwandlung einer binären *resources*- in eine XML-basierte *resx*-Datei können Sie das Tool *resgen.exe* (*Resource File Generator*) einsetzen.

Visual Studio bietet einen komfortablen Editor für *resx*-Dateien. Der Aufruf erfolgt über den Menüpunkt *Projekt|Neues Element hinzufügen... Ressourcendatei* oder einfach durch Doppelklick auf eine vorhandene *resx*-Datei im Projektmappen-Explorer.

Hinweis

resx-Ressourcendateien haben besondere Bedeutung im Zusammenhang mit der Lokalisierung von Anwendungen, siehe ab Seite 637! ■

22.3 Streng typisierte Ressourcen

Beim Arbeiten mit dem `ResourceManager`-Objekt kann es häufig zu Fehlern kommen, da die Namen der Ressourcenelemente als Zeichenketten vorliegen und Tippfehler dazu führen, dass das Element nicht gefunden wird. Aus diesem Grund werden im .NET-Framework auch streng typisierte Ressourcen (*strongly-typed resources*) unterstützt.

So bietet das Tool *resgen.exe* die neue Option, eine Wrapper-Klasse für eine beliebige Ressource-Datei zu generieren, sodass der Programmierer mit *early binding* auf die Ressourcennamen zugreifen kann. Laufzeitfehler aufgrund falscher Ressourcennamen lassen sich so vermeiden.

22.3.1 Erzeugen streng typisierter Ressourcen

Visual Studio stellt einen Designer bereit, der unter anderem auch das automatische Generieren von Wrapper-Klassen für Ressourcen übernimmt. Die Bedienung ist sehr einfach:

Über das Menü *Projekt|...-Eigenschaften...* (oder durch Doppelklick auf den *Properties*-Eintrag im Projektmappen-Explorer) öffnen Sie die Seite »Ressourcen« des Projektdesigners.

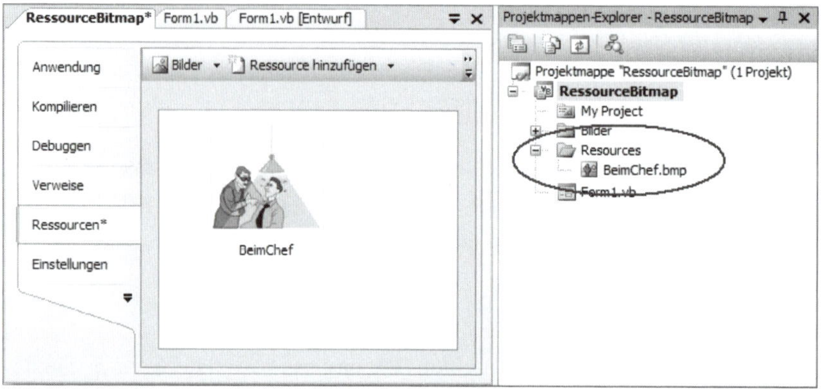

Abbildung 22.1 Visual Studio Ressource-Designer

Im Ergebnis wurde innerhalb des Projektverzeichnisses ein neues Unterverzeichnis namens */Resources* angelegt, in welchem die Bitmap gespeichert ist.

22.3.2 Verwenden streng typisierter Ressourcen

Die Verwendung der streng typisierten Ressourcen ist recht simpel, der Zugriff erfolgt über das `My.Resources`-Objekt.

Beispiel Anzeige einer Bitmap

```
PictureBox1.Image = My.Resources.BeimChef
```

Da auch eine Unterstützung per Intellisense erfolgt, wird die Fehleranfälligkeit deutlich verringert:

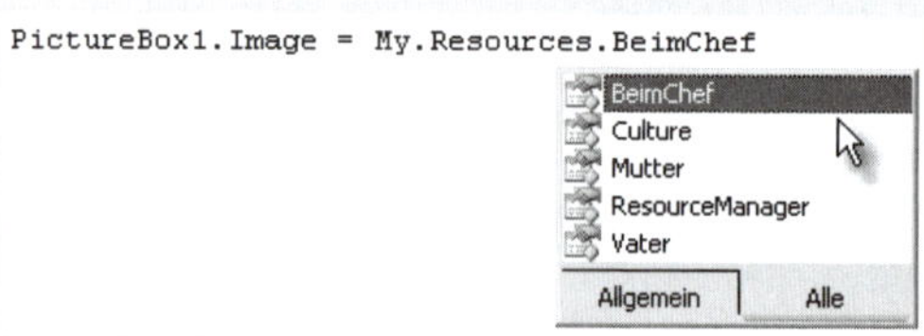

22.3.3 Streng typisierte Ressourcen per Reflection auslesen

Für den Zugriff auf Ressourcen wie Grafiken, Videos, Sound etc. bietet sich die `GetManifestResourceStream`-Methode an.

Doch ach, ab Version 2.0 des Frameworks hat sich auch hier eine kleine Änderung eingeschlichen, wie eine Kontrolle mit dem .NET-Reflector zeigt:

Beispiel Unterschiede je nach .NET-Version

.NET 1.x, (Eingelagerte Ressourcen werden direkt unter *Resources* gespeichert, z.B. *Sonnenuntergang.jpg*):

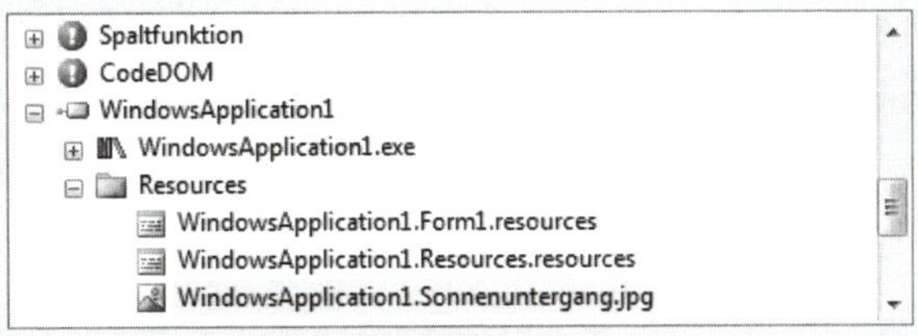

Ab .NET 2.x (das Verhalten für eingelagerte Ressourcen hat sich zwar nicht geändert, Ressourcen, die über die Projekt-Eigenschaften hinzugefügt wurden, sind aber jetzt im Stream *...Properties.Resources.resources* gespeichert):

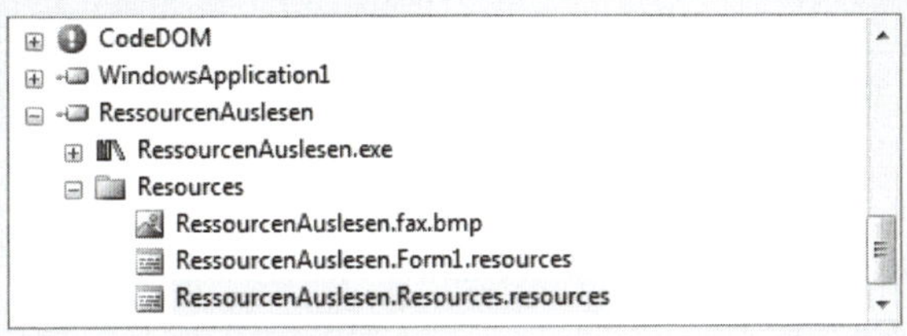

Wir müssen uns deshalb auch beim Auslesen der Ressourcen etwas mehr bemühen als bisher.

Beispiel Alle Ressourcen ermitteln

```
Imports System.Reflection
Imports System.IO
Imports System.Resources
Imports System.Collections

Public Class Form1

   Private myass As Assembly
```

Assembly laden:

```
   Private Sub Button3_Click(ByVal sender As System.Object, ByVal e As System.EventArgs) _
                                                                    Handles Button3.Click
      myAss = Assembly.GetExecutingAssembly()          ' alternativ auch externe Assembly
      For Each s As String In myAss.GetManifestResourceNames()
```

Hier bestimmen wir zunächst die einzelnen Ressource-Streams:

```
            ListBox1.Items.Add(s)
            If s.ToLower().EndsWith(".resources") Then
```

Wenn in diesem Stream weitere Ressourcen enthalten sind:

```
            If s.ToLower().EndsWith(".resources") Then
                Dim stream As Stream = myAss.GetManifestResourceStream(s)
                Dim Reader As New ResourceReader(stream)
                Dim id As IDictionaryEnumerator = Reader.GetEnumerator()
                While id.MoveNext()
```

`ID.key` bezeichnet die gleiche Ressource, die Sie auch mit `My.Resources.xyz` auslesen können:

```
                    ListBox2.Items.Add(id.Key & "-" & id.Value.ToString())
```

Über `id.Value` können wir direkt auf die einzelnen Bitmaps zugreifen:

```
                    If TypeOf id.Value Is Bitmap Then
```

Typisierung muss sein:

```
                        Dim bmp As Bitmap = TryCast(id.Value, Bitmap).Clone()
                        bmp.Save(id.Key & ".bmp")
                    End If
                End While
                Reader.Close()
            End If
        Next
    End Sub

End Class
```

Die Anzeige in `listBox1` und `listBox2`:

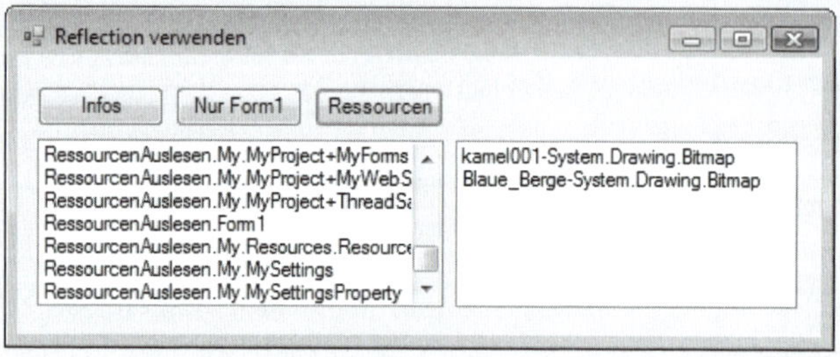

Hinweis

Nach dem Ausführen obigen Beispiels (siehe Buch-Beispieldaten), werden alle Bitmaps aus der Assembly extrahiert. ■

Beispiel Auslesen der eingebetteten Ressource *fax.bmp* und speichern in einer externen Datei bei Doppelklick auf den entsprechenden Eintrag in `listBox1`:

```
...
    Private Sub ListBox1_MouseDoubleClick(ByVal sender As System.Object, _
          ByVal e As System.Windows.Forms.MouseEventArgs) Handles ListBox1.MouseDoubleClick
        Dim bmp As New Bitmap( _
          Assembly.GetExecutingAssembly().GetManifestResourceStream(ListBox1.SelectedItem))
        bmp.Save(DirectCast(ListBox1.SelectedItem, String))
    End Sub
...
```

Hinweis

Achten Sie beim Zugriff auf die Ressourcen peinlichst auf die korrekte Schreibweise (Groß-/Kleinschreibung!). ■

22.4 Lokalisierte Anwendungen

Das .NET Framework ermöglicht die komfortable Lokalisierung von Anwendungen. Texte und andere sprachabhängige Informationen befinden sich nicht mehr im eigentlichen Quellcode, sondern werden in eigenen Assemblys (so genannte Satelliten-Assemblys) bereitgestellt, die parallel zur eigentlichen Assembly existieren, darüber hinaus jedoch keinen Code beinhalten.

22.4.1 Localizable und Language

Visual Studio kann automatisch die Ressourcendateien für die zu lokalisierenden Elemente der Benutzerschnittstelle, wie z.B. Beschriftungen der Steuerelemente eines Formulars, erzeugen. Von Bedeutung sind dabei die Formulareigenschaften `Localizable` und `Language`.

Hinweis

`Localizable` und `Language` sind »künstliche« Formulareigenschaften, sie sorgen lediglich dafür, dass der Designer bei der Code-Generierung die zu lokalisierenden Informationen in der richtigen *.resx*-Datei ablegt. ■

22.4.2 DEMO: Landesfahnen

In einer neuen Windows-Anwendung setzen wir die `Localizable`-Eigenschaft von `Form1` auf `True`, die `Language`-Eigenschaft verbleibt zunächst auf ihrem Standardwert (*Default*). Auf `Form1` befinden sich ein `Label`, eine `PictureBox` und ein `Button`. Der `Image`-Eigenschaft der `PictureBox` weisen wir per Dialog eine Bitmap mit der deutschen Flagge zu:

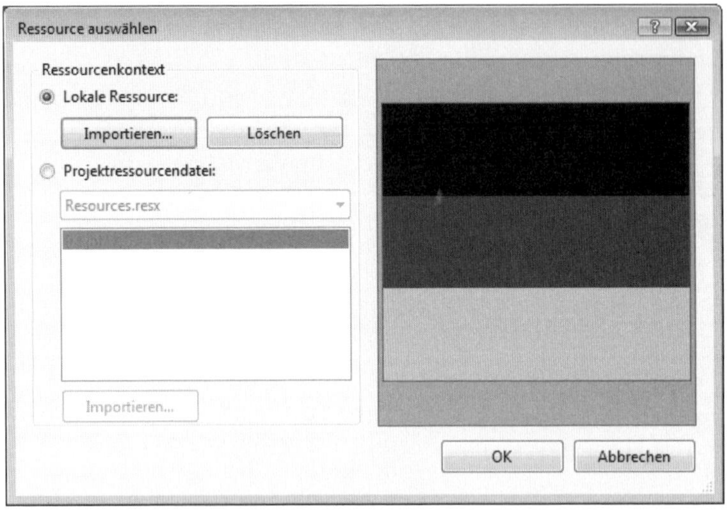

Abbildung 22.2 Zuweisen einer Bild-Ressource

Die Beschriftung erfolgt in deutscher Sprache, sodass die Standardversion etwa so aussieht:

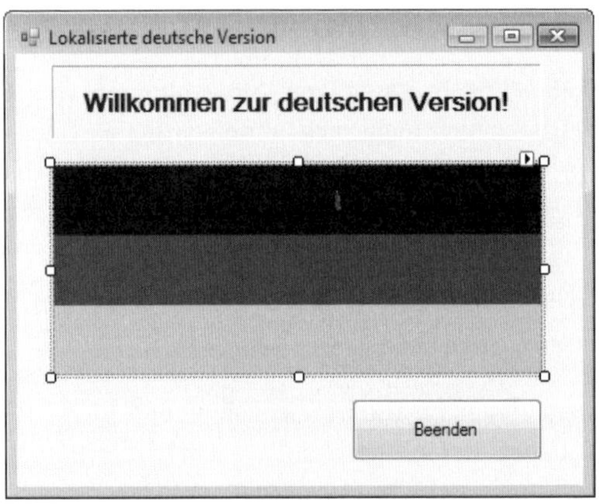

Abbildung 22.3
Das Formular in der Standardversion

Nun stellen wir im Eigenschaftenfenster von `Form1` die `Language`-Eigenschaft auf `Deutsch` ein. Dazu selektieren wir unser Land aus einer schier endlos langen Liste, in welcher (fast) jedes Land der Erde vertreten ist.

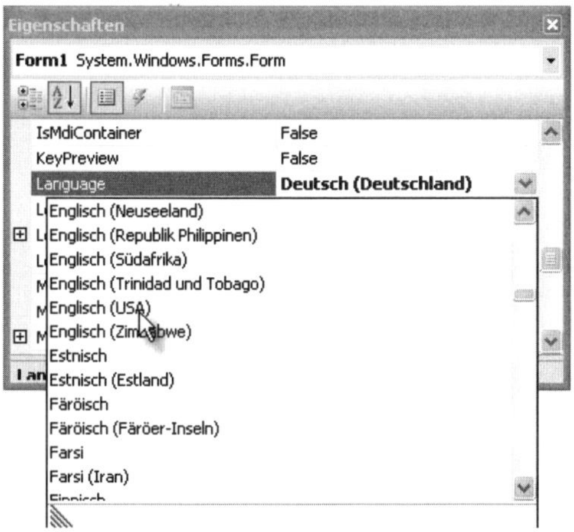

Abbildung 22.4
Ändern der Eigenschaft `Language`

Wählen Sie im Anschluss `Englisch (USA)` als neue `Language` und gestalten Sie auf analoge Weise die US-Version von `Form1`:

Abbildung 22.5
Das Formular nach den nötigen Anpassungen in der Sprachversion *Englisch (USA)*

Ein Blick in den Projektmappen-Explorer zeigt, dass die Ressourcen-Dateien *Form1.de.resx* und *Form1.en-US.resx*, welche die sprachabhängigen Informationen kapseln, hinzugekommen sind.

Wie z.B. ein Doppelklick auf *Form1.en-US.resx* zeigt, sind die Text-Ressourcen als Schlüssel-Wertepaare hinterlegt:

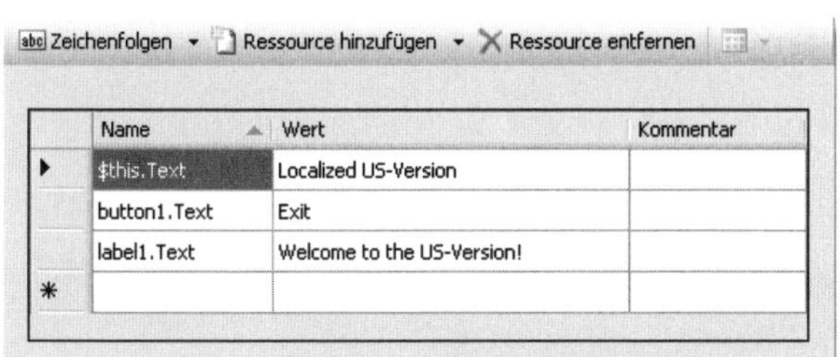

Abbildung 22.6
Die hinterlegten Ressourcen

Nach dem Kompilieren werden wir zunächst nur die deutsche Version des Programms zu Gesicht bekommen, es sei denn, wir ändern die Spracheinstellung des aktuellen Threads. Dazu fügen wir die fett gedruckten Programmzeilen hinzu:

Hinweis

Nach wie vor haben wir es mit einem einzigen Formular (`Form1`) zu tun, es ist deshalb völlig egal, von welcher Formularansicht aus wir das Quellcodefenster öffnen. ■

```
Imports System.Globalization
Imports System.Threading

Public Class Form1
```

Wichtig ist, dass die Einstellung der *CurrentUICulture* vor dem Aufruf von *InitializeComponent()* erfolgt:

```
    Public Sub New()
        Thread.CurrentThread.CurrentUICulture = New CultureInfo("en-US")
        InitializeComponent()
    End Sub
```

22.4.3 Einstellen der aktuellen Kultur zur Laufzeit

Damit zum Ändern der `CurrentUICulture` nicht immer das Programm neu kompiliert werden muss, empfiehlt sich für Demozwecke das Vorschalten eines weiteren Formulars `Form2`, in welchem die gewünschte Sprache zur Laufzeit gewechselt werden kann:

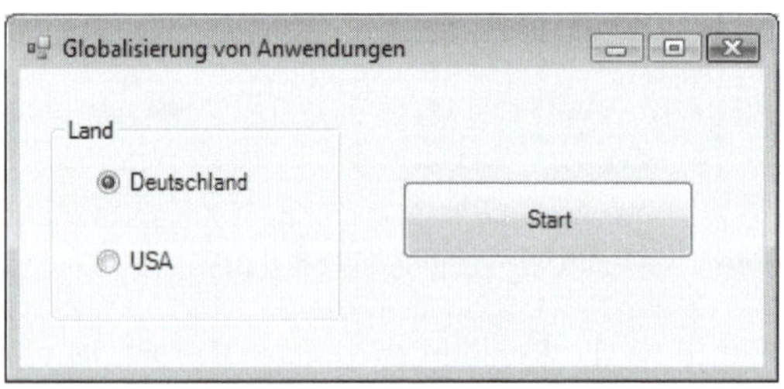

Abbildung 22.7
Auswahlformular

Der Code des »Vorschaltformulars« `Form2`:

```
    Private Sub Button1_Click(ByVal sender As System.Object, ByVal e As System.EventArgs) _
                                                                Handles Button1.Click
        Dim ci As String = "de-DE"
        If radioButton2.Checked Then ci = "en-US"
        Dim frm As Form1 = New Form1(ci)
        frm.Show()
    End Sub
```

Den Konstruktor von `Form1` ändern wir wie folgt:

```
    Public Sub New(ByVal ci As String)
        Thread.CurrentThread.CurrentUICulture = New CultureInfo(ci)
```

```
        InitializeComponent()
    End Sub
```

Schließlich muss das Startformular der Anwendung im Hauptprogramm (siehe Datei *Application.Designer.vb*) auf Form2 gesetzt werden:

```
...
        <Global.System.Diagnostics.DebuggerStepThroughAttribute()> _
        Protected Overrides Sub OnCreateMainForm()
            Me.MainForm = Global.Lokalisierung.Form2
        End Sub
```

Bemerkungen

- Neben der Hauptassembly wurden zwei neue Ordner (*\de* und *\en-US*) erzeugt, die jeweils eine Satelliten-Assembly **.resources.dll* enthalten (Satelliten-Assemblies bestehen nur aus Ressourcen).
- Die Original-Bilddateien der deutschen und der amerikanischen Flagge sind nur für den Entwurf des Projekts, nicht aber für die Weitergabe der kompilierten Anwendung erforderlich, da auch die kompletten Bildressourcen in den Satelliten-Assemblies eingelagert sind.
- Die Lokalisierung von .NET-Anwendungen beschränkt sich nicht nur auf das Anlegen von Text-Ressourcen. Nahezu jede Eigenschaft, wie z.B. die Höhe oder Breite eines Formulars oder Steuerelements, lässt sich landesspezifisch anpassen
- Zwar ist es auch möglich, Grafiken und andere Dateien direkt als Ressourcen in eine Assembly einzubetten oder mit der Assembly zu verlinken, allerdings unterstützen diese Ressourcen nicht die Lokalisierung, denn dazu müssen Grafiken etc. in eine *.resx*-Datei integriert werden.
- Die Spracheinstellung des aktuellen Threads richtet sich beim Programmstart nach den Spracheinstellungen von Windows. Zur Laufzeit können Sie die Sprache wechseln, z.B. mit:

  ```
  Thread.CurrentThread.CurrentUICulture = New System.Globalization.CultureInfo("en-GB")
  ```

- Die aktuelle Sprache ermitteln Sie mit

  ```
  System.Threading.Thread.CurrentThread.CurrentUICulture.Name
  ```

  oder

  ```
  System.Threading.Thread.CurrentThread.CurrentUICulture.NativName
  ```

  Name liefert den englischen Sprachnamen, NativName den Namen der Sprache in der aktuellen Sprache.

23 Verteilen von Anwendungen

Dieses Kapitel behandelt die folgenden Themen:

- ClickOnce-Deployment
- Setup-Projekte

Dem .NET-Programmierer bieten sich zwei Hauptvarianten für das Verteilen seiner Anwendung an seine Endkunden[1]:

- ClickOnce-Deployment
- Setup-Projekt

Wir wollen in diesem Kapitel beide Verfahren anhand praktischer Beispiele demonstrieren.

---

[1] Sehen wir einmal von den Distributionsmöglichkeiten für Webanwendungen ab.

23.1 Übersicht

Während es sich beim ClickOnce-Deployment um eine noch recht junge Technologie handelt, bei der die Anwendungen über das Web abgerufen/aktualisiert werden können, sind die Setup-Projekte sicher jedem bekannt, der bereits Windows-Anwendungen installiert hat.

23.1.1 Was ist ClickOnce-Deployment?

Mit *ClickOnce* bietet sich dem .NET-Entwickler eine interessante Möglichkeit, seine Programme zu verteilen. Das Grundprinzip dieses Verfahrens ist es, das Verteilen und Aktualisieren von Anwendungen zu zentralisieren und damit auch zu vereinfachen.

Im Gegensatz zu den lokal installierten Windows-Anwendungen werden bei ClickOnce die Applikationen von einem zentralen Ort aus zur Verfügung gestellt. Dies kann eine Website, eine FTP-Server oder auch ein Dateipfad sein. Installiert bzw. ausgeführt werden kann die Anwendung von einer CD/DVD, einer Website oder einem UNC-Pfad.

Hinweis

Sie entscheiden bereits beim Erstellen des Projekts, ob die ClickOnce-Anwendung nur online oder auch offline verfügbar ist. Im letzteren Fall wird dem Startmenü des Anwenders ein entsprechender Eintrag hinzugefügt. ■

Beim Herunterladen der Anwendungsdateien werden diese jedoch nicht wie gewohnt unterhalb des Verzeichnis *\Programme* abgelegt, sondern im Benutzerprofil des aktuellen Nutzers (*\\Dokumente und Einstellungen\<Benutzer>\Lokale Einstellungen\Apps*).

Hinweis

Aus dieser Tatsache resultieren auch einige Einschränkungen der ClickOnce-Distribution, so steht keine Möglichkeit zur Pfadauswahl zur Verfügung, auch die Installation selbst muss auf administrative Rechte/Aufgaben (Dateisystem, Registry) verzichten. ■

Ist die Anwendung auch offline verfügbar, bietet das ClickOnce-Verfahren die Möglichkeit, die Anwendungsdateien automatisch zu aktualisieren, ohne das sich der Nutzer explizit darum kümmern muss.

Gesteuert wird das Verhalten der ClickOnce-Anwendung mit zwei Manifestdateien.

- Das Anwendungsmanifest beschreibt die für die Applikation erforderlichen Assemblies und weitere Dateien.
- Über das Bereitstellungsmanifest werden Versionsinformationen, Speicherorte und der Pfad des Anwendungsmanifests beschrieben.

Hinweis

Die beiden Manifestdateien werden im Hintergrund vom Visual Studio-Assistenten, basierend auf Ihren Vorgaben, erstellt, Sie brauchen sich also nicht selbst darum zu kümmern. Statt weiterer allgemeiner Erklärungen verweisen wir Sie auf das Demobeispiel 23.2. ■

23.1.2 Was sind Setup-Projekte?

Mit Hilfe dieser Projekte können Sie ein »professionelles« Setup-Programm erstellen. Alle zu einem Setup-Projekt gehörenden Dateien sowie die Anweisungen zur Steuerung des Setups werden von Setup-Assistenten in eine *.msi*-Datei gepackt (das gilt auch im wörtlichen Sinne). Diese kann auf dem Ziel-Computer mittels Windows Installer-Service installiert werden. Zusätzlich erstellt der Assistent auch eine *setup.exe*, die gegebenenfalls den Windows Installer-Service aktualisiert und erst nachfolgend die .msi-Datei ausführt. Spätestens diese Datei dürfte Ihnen als Windowsanwender bekannt vorkommen. Alles Weitere dürfte Ihnen anhand des Beispiels 23.3 deutlich werden.

23.2 DEMO: ClickOnce-Deployment

Wir wollen die Vorgehensweise am Beispiel einer aus zwei Komponenten bzw. Projekten (Client und Server) bestehenden Anwendung demonstrieren.

Da Sie zum *ClickOnce* Deployment keinerlei zusätzlichen Code schreiben müssen steht es Ihnen frei, stattdessen auch ein beliebiges anderes Projekt aus Ihrem Fundus zu verwenden. Allerdings sollte es nicht zu komplex sein, da während der Installation keinerlei Administratorenrechte zur Verfügung stehen und z.B. Einträge in die Registry nicht vorgenommen werden können.

Visual Studio bietet zumindest zwei Wege, um das *ClickOnce*-Deployment vorzubereiten:

- Manuelle Einstellung der Deployment-Optionen auf den Registerkarten *Sicherheit* und *Veröffentlichen*, die Teil der Projekteigenschaften sind, und anschließendes Betätigen der Schaltfläche »Jetzt veröffentlichen...« auf der Registerkarte *Veröffentlichen.*
- Verwenden des Webpublishing-Assistenten durch Betätigen der Schaltfläche »Webpublishing-Assistent...« auf der Registerkarte *Veröffentlichen* oder Aufruf des Kontextmenüs *Veröffentlichen* im Projektmappen-Explorer.

Wir wollen zunächst den ersten der oben genannten beiden Wege beschreiten, also auf den direkten Einsatz des Webpublishing-Assistenten verzichten.

23.2.1 Ort der Veröffentlichung

Rufen Sie das Menü *Projekt*|*ResClient*-Eigenschaften... des Projekts *ResClient* auf und wählen Sie die Registerseite »Veröffentlichen« (siehe Abbildung 23.1).

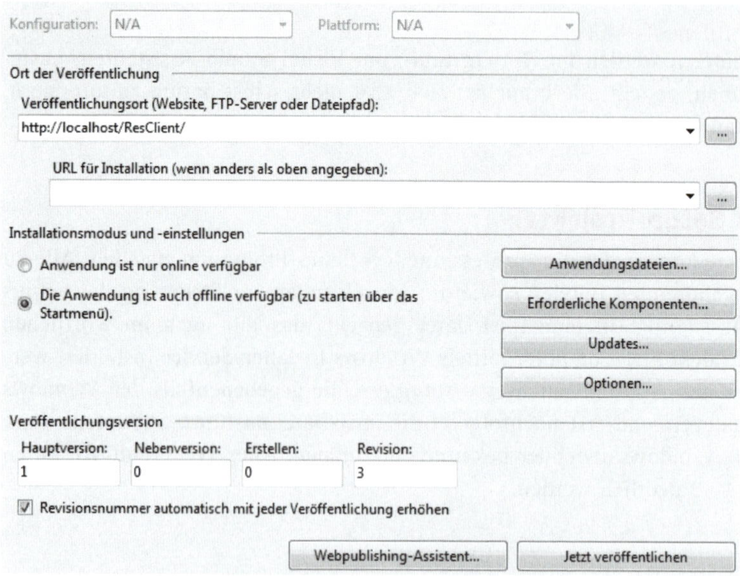

Abbildung 23.1 Die Optionen der Registerseite »Veröffentlichen«

Tragen Sie dort den Ort der Veröffentlichung ein, für einen ersten Test eignet sich der lokale Webserver (IIS), alternativ können Sie auch einen Pfad oder einen FTP-Server angeben.

Hinweis

Die Registerseiten *Sicherheit* und *Veröffentlichen* werden Sie beim *ResServer*-Projekt vergeblich suchen, da es sich hier um keine für das Deployment geeignete (**.exe*-) Anwendung handelt. ■

23.2.2 Anwendungsdateien

Klicken Sie auf die Schaltfläche »Anwendungsdateien...« so öffnet sich ein Dialog, in dem Sie angeben können, welche Dateien auf den Deployment-Server zu kopieren sind. *ClickOnce* erkennt selbstständig, welche Abhängigkeiten zwischen den Dateien bestehen und welche Dateien unbedingt erforderlich sind. Seien Sie also unbesorgt, wenn die für unser Beispiel erforderliche *ResServer.dll* nicht mit in der Liste aufgeführt ist.

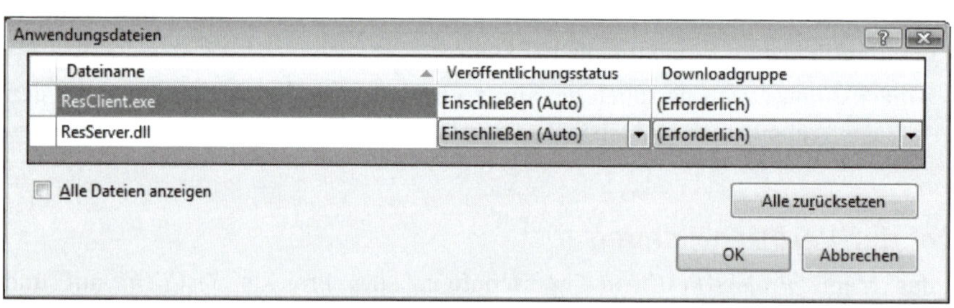

Abbildung 23.2 Bestimmen der erforderlichen Anwendungsdaten

23.2.3 Erforderliche Komponenten

Nach Klick auf die Schaltfläche »Erforderliche Komponenten...« zeigt Ihnen ein Dialog die Komponenten an, die bei Bedarf ebenfalls mit auf den Deployment-Server kopiert werden können.

Neben dem *.NET Framework 2.0, 3.0, 3.5* stehen momentan die *MDAC 2.8*, der *Windows Installer 2.0/3.1*, *Crystal Reports für .NET* und einige andere zur Verfügung. Für unser einfaches Beispiel können wir aber auf zusätzliche Komponenten verzichten.

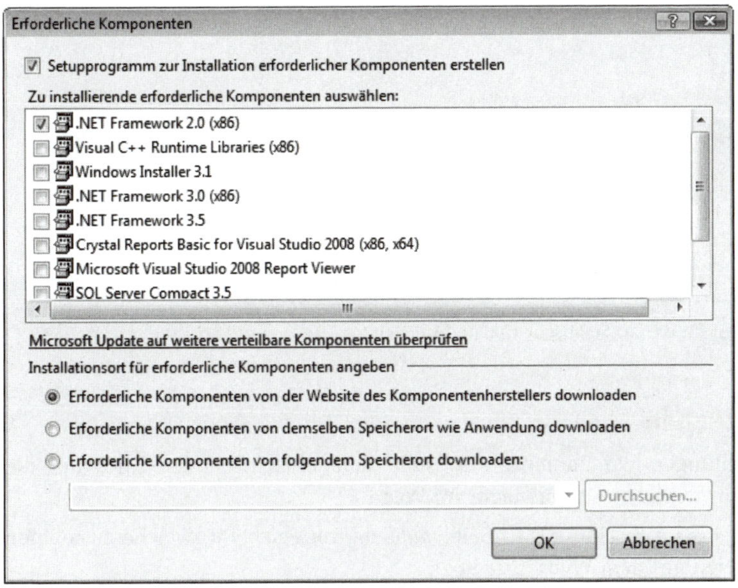

Abbildung 23.3 Erforderliche Komponenten auswählen

23.2.4 Aktualisierungen

Ein entscheidendes Merkmal der *ClickOnce*-Technologie ist das Update-Management, welches auf Wunsch auch vollautomatisch ablaufen kann.

Nach Klick auf die »Updates...«-Schaltfläche öffnet sich der entsprechende Dialog, der – wie übrigens alle anderen auch – so gut beschriftet ist, dass zusätzliche Erklärungen an dieser Stelle pure Papierverschwendung wären (siehe Abbildung 23.4).

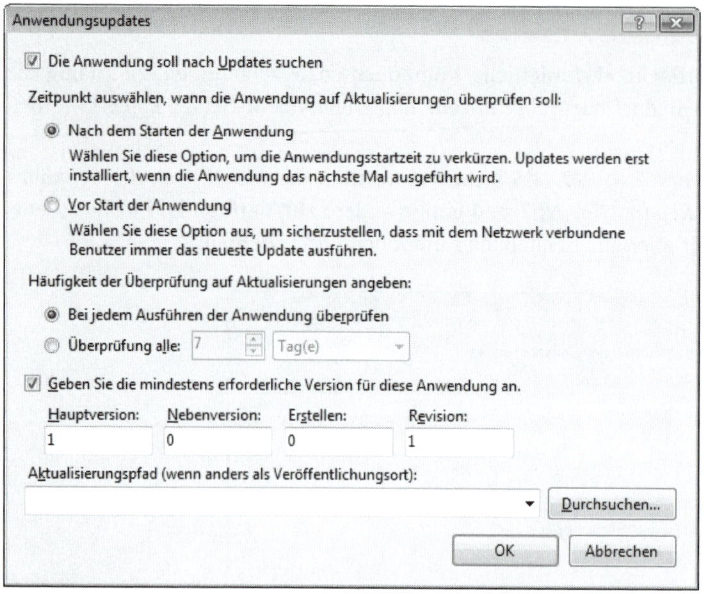

Abbildung 23.4 Optionen für das automatische Update festlegen

23.2.5 Veröffentlichen

Haben Sie alle Einstellungen vorgenommen, so steht dem entscheidenden Klick auf die Schaltfläche »Jetzt veröffentlichen« nichts mehr im Wege.

Es vergeht etwas Zeit, bis im IE eine HTML-Seite *publish.htm* erscheint, welche zusammen mit den Programmdateien auf dem Webserver liegt.

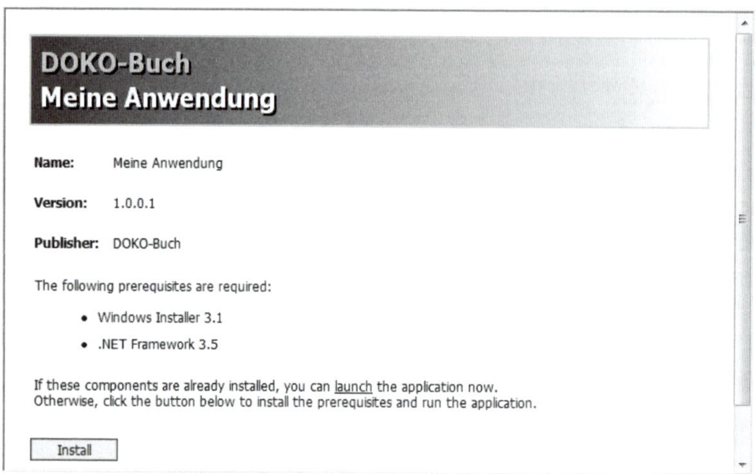

Abbildung 23.5 Die Installationswebsite

23.2.6 Verzeichnisstruktur

Auf dem Webserver wird das Verzeichnis *\ResClient* mit der abgebildeten Struktur angelegt:

Abbildung 23.6 Die erzeugten Dateien

Ein paar Worte zu den einzelnen Dateien:

- Die Datei *publish.htm* liefert den Einsprung für den Anwender (siehe oben).
- Die Datei *setup.exe* startet die Installation über die Datei *publish.htm*.
- *ResClient.application* und *ResClient_1_0_0_1.application* sind XML-Dateien, sie enthalten Deployment Manifeste, welche Setup und Update der Anwendung konfigurieren.
- Im Unterverzeichnis *\ResClient_1_0_0_1* befindet sich das eigentliche Programm. Es besteht aus der *exe*-Datei *ResClient.exe.deploy*, der Klassenbibliothek *ResServer.dll.deploy* und dem Application-Manifest *ResClient.exe.manifest*.

Es folgen mehrere Sicherheitswarnungen, die Sie aber – zumindest für unser Beispiel – bedenkenlos ignorieren können (Schaltfläche »Ausführen« bzw. »Installieren« wählen):

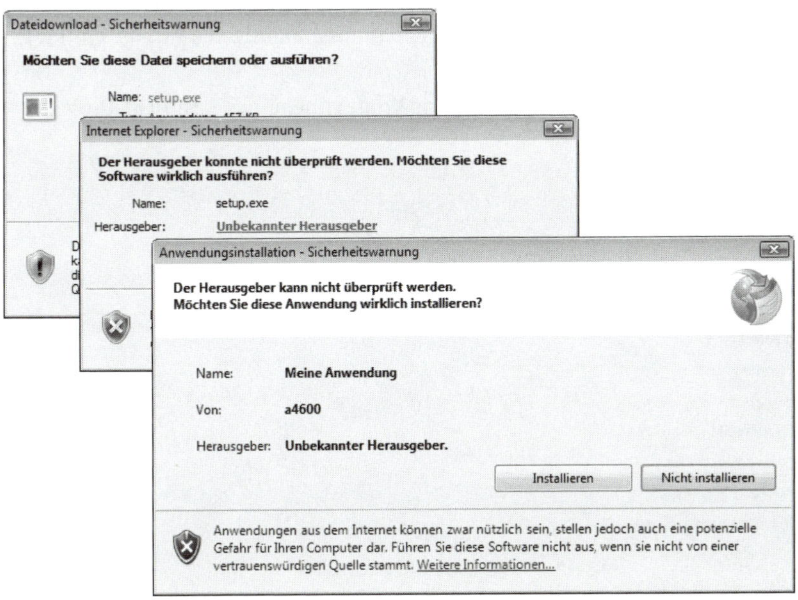

Abbildung 23.7 Ohne Sicherheitsabfrage läuft nichts!

Nach dem Klick auf die »Installieren«-Schaltfläche und erfolgreichem Abschluss der Installation wird das Programm gestartet. Außerdem können Sie es – wie jedes andere Programm auch – über die »Start«-Schaltfläche des Windows Desktop aufrufen, selbst wenn keine Verbindung zum Netzwerk mehr besteht. Über *Systemeinstellungen|Software* lässt sich das Programm wieder deinstallieren, wobei Sie hier sogar die Option haben, die Vorgängerversion zu restaurieren.

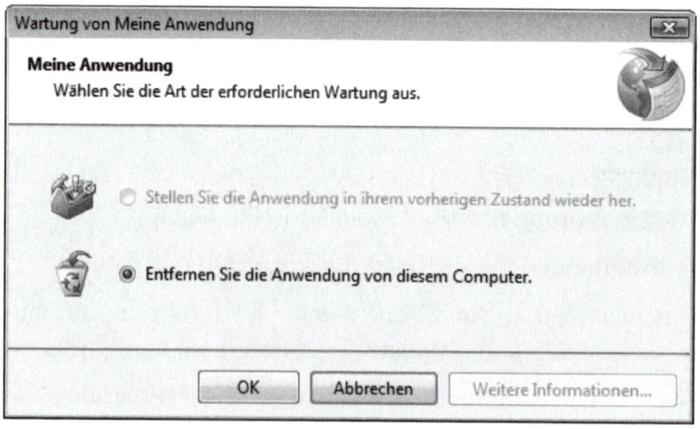

Abbildung 23.8
Deinstallieren der Anwendung

23.2.7 Der Webpublishing-Assistent

Dieser Assistent soll vor allem dem Einsteiger die Arbeit erleichtern, da dieser die wichtigsten Deployment-Optionen nicht mehr unbedingt auf den Registerseiten *Sicherheit* und *Veröffentlichen* des Projekteigenschaften-Dialogs einstellen muss. Stattdessen erfolgt ein Frage-Antwort-Spiel.

Am einfachsten starten Sie den Assistenten über das Kontextmenü des *ResClient*-Projekts:

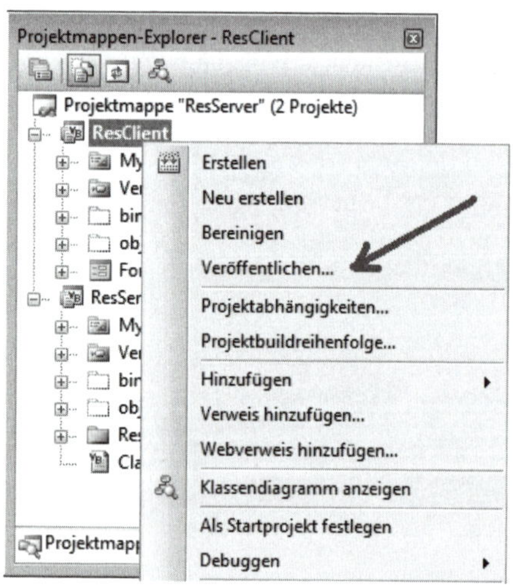

Abbildung 23.9
Aufruf des Webpublishing-Assistenten

Nach Beantwortung einfacher Fragen (»Wird die Anwendung offline verfügbar sein?«, »Wo möchten Sie die Anwendung veröffentlichen?«) landet man auch hier bei *publish.htm*, und es geht weiter wie oben bereits beschrieben.

23.2.8 Neue Versionen erstellen

Um sich in *ClickOnce* so richtig fit zu machen, sollten Sie bereits jetzt eine neue Version der Anwendung erstellen, zum Beispiel mit einer neuen Grafikressource im *ResServer*-Projekt oder einfach nur mit einer veränderten Beschriftung im *ResClient*. Nach erneutem Aufruf des Webpublishing-Assistenten werden Sie auf dem Webserver ein neues Verzeichnis *\ResClient_1_0_0_2* entdecken, in welchem die neue Programmversion abgelegt ist. Das Deployment-Manifest *ResClient.application* wurde so geändert, dass es jetzt auf das Application-Manifest der neuen Version verweist.

In Abhängigkeit von den vorgenommenen Einstellungen wird die Anwendung beim Aufruf sofort automatisch oder erst auf Nachfrage aktualisiert. Läuft etwas schief, so können Sie problemlos die Vorgängerversion zurückholen.

23.3 Demo: Setup-Projekt

Wer die Ausgaben für einen »richtigen« Setup-Generator scheut, muss mit dem vorlieb nehmen, was in Visual Studio enthalten ist.

23.3.1 Ein neues Setup-Projekt

Öffnen Sie zunächst das VB-Projekt für das ein Setup erstellt werden soll. Starten Sie danach den Menüpunkt *Datei|Neu|Projekt...* und wählen Sie unter *Andere Projekttypen / Setup und Bereitstellung* die Vorlage *Setup-Projekt* (zur Projektmappe hinzufügen), wenn Sie eine Windows-Anwendung vertreiben möchten. Für ASP.NET-Projekte wählen Sie stattdessen *Websetup-Projekt*.

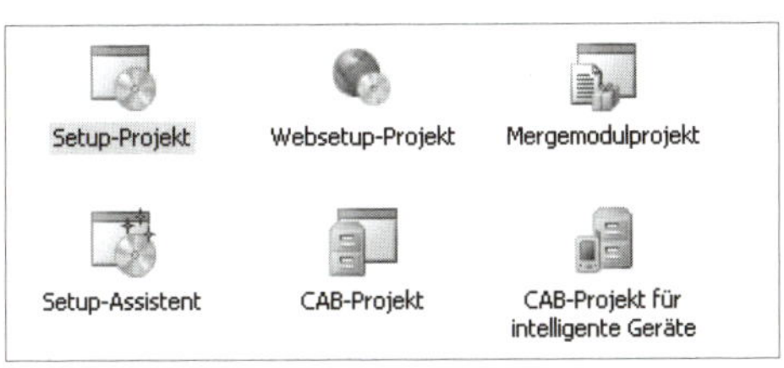

Abbildung 23.10
Setup-Projekt erstellen

Hinweis

Sie sollten gleich zu Beginn dem Projekt einen sinnvollen Namen geben, um auch später noch damit etwas anfangen zu können. ■

Nachfolgend finden Sie im Projektmappen-Explorer ein neues Projekt vor:

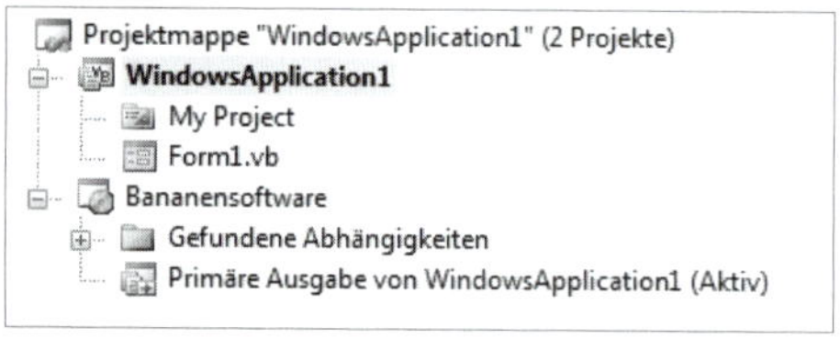

Abbildung 23.11 Das Setup-Projekt im Projektmappen-Explorer

Markieren Sie dieses, sollten folgende Eigenschaften verfügbar sein:

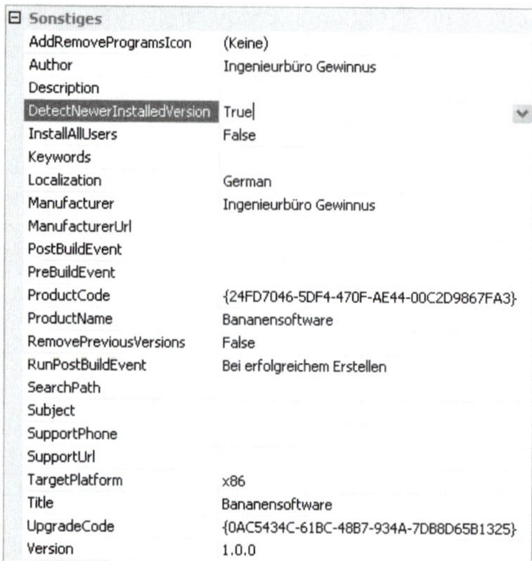

Abbildung 23.12 Projekt-Eigenschaften

Die Bedeutung der einzelnen Eigenschaften dürfte sich vielfach bereits aus deren Namen ergeben.

Hinweis

Die Eigenschaft *ProductName* wird vom Setup-Programm für den zukünftigen Ordnernamen und die Anzeige unter *Systemsteuerung|Software* genutzt. ■

Viel wichtiger ist die Frage, wie Sie Dateien hinzufügen und Registry-Einträge ändern können. Ein Blick auf die Kopfleiste des Projektmappen-Explorers zeigt einige neue Icons, die für die weitere Arbeit von Bedeutung sind:

Abbildung 23.13 Kopfleiste des Projektmappen-Explorers

Die Funktionen von links nach rechts:

- Eigenschaften
- Dateisystem-Editor
- Registrierungs-Editor

- Dateityp-Editor
- Benutzeroberflächen-Editor
- Editor für benutzerdefinierte Aktionen
- Editor für Startbedingungen

23.3.2 Dateisystem-Editor

Mit diesem Editor können Sie alle dateirelevanten Operationen des Setup-Programms festlegen. Möchten Sie beispielsweise ein bestehendes VB-Projekt hinzufügen, markieren Sie im Dateisystem-Editor den Eintrag *Anwendungsordner* und fügen Sie per Kontextmenü eine Projektausgabe hinzu:

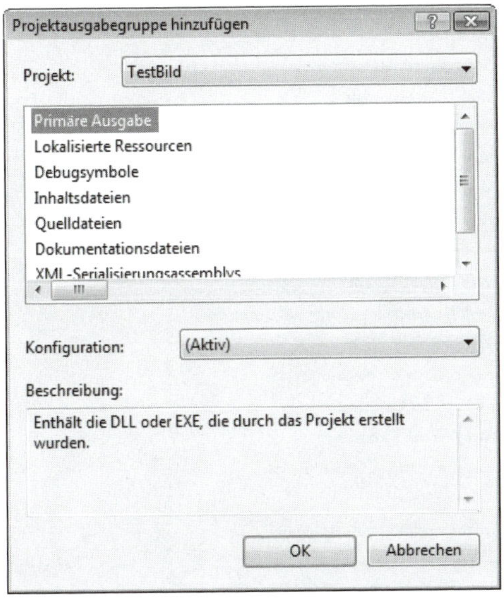

Abbildung 23.14 Auswahl der Projektausgabegruppe

Wählen Sie den Eintrag *Primäre Ausgabe* und bestätigen Sie mit OK. Danach findet sich folgender Eintrag im Dateisystem-Editor:

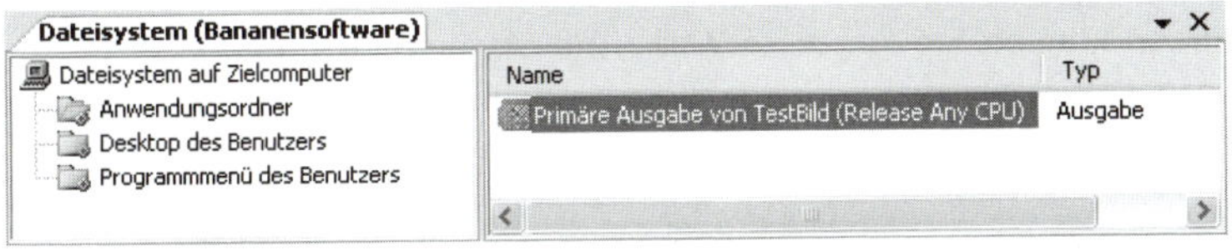

Abbildung 23.15 Die neue Gruppe

Klicken Sie auf diesen Eintrag und wählen Sie im Kontextmenü den Punkt *Verknüpfung erstellen*. Die neue Verknüpfung ziehen Sie einfach per Drag&Drop in den Folder *Programmmenü des Benutzers*. Auf diese Weise ist bereits der Eintrag im Startmenü erzeugt.

Die gleiche Vorgehensweise nutzen Sie für das Erzeugen eines Desktop-Links, nur dass Sie die Verknüpfung in diesem Fall in den Folder *Desktop des Benutzers* ziehen.

Hinweis

Geben Sie den neu erstellten Verknüpfungen einen sinnvollen Namen, denn wie sie hier benannt werden, erscheinen sie auch im Startmenü oder auf dem Desktop. ■

Falls gewünscht können Sie natürlich auch weitere Order auf dem Zielsystem mit Ihren Daten füllen. Fügen Sie dazu per Kontextmenü einfach einen weiteren Ordner hinzu, Abbildung 23.16 zeigt die vom Assistenten bereits vordefinierten Pfade.

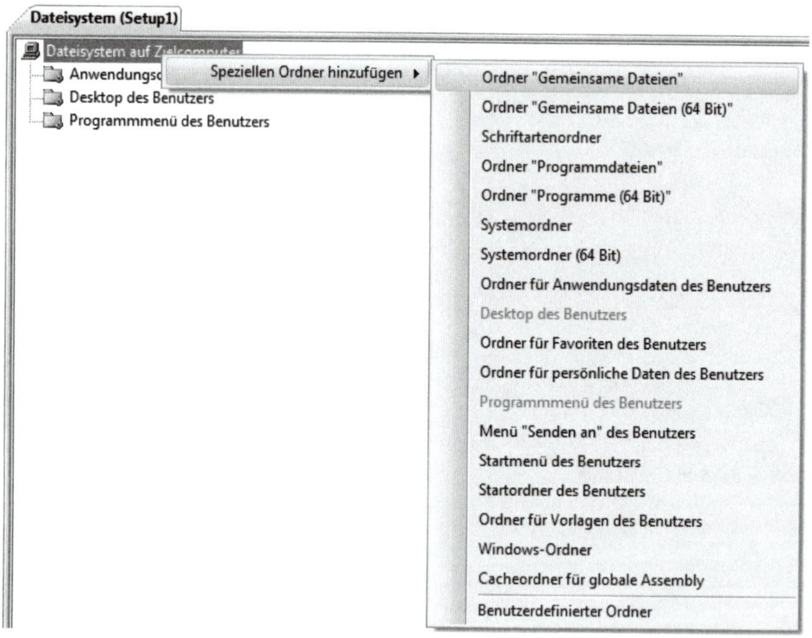

Abbildung 23.16 Hinzufügen weiterer Ordner

Hinweis

Beachten Sie auch den Eintrag »Cacheordner für globale Assembly«. Verfügt Ihre Assembly über einen starken Namen, können Sie auf diese Weise Ihre Assemblies im GAC speichern und von dieser zentralen Stelle aus nutzen, ohne diese in jedem Anwendungsverzeichnis abzulegen. ■

Hinweis

Selbstverständlich können Sie auch ein beliebiges anderes Verzeichnis auf dem Zielsystem des Endanwenders erstellen, das sich relativ zu einem der obigen Pfade befindet. ■

23.3.3 Ein erster Test

Eigentlich spricht jetzt nichts mehr gegen einen ersten Test. Wählen Sie den Menüpunkt *Erstellen|Setup erstellen*. Nach einigem Festplattenrattern verkündet das Protokoll den Erfolg (oder auch Misserfolg). Ein Blick in das Verzeichnis *Release* zeigt die gewünschten Dateien:

Abbildung 23.17
Die erstellten Setup-Dateien

Klicken Sie auf *Bananensoftware.msi*, um das Setup direkt zu starten (der nötige Microsoft Installer dürfte auf Ihrem PC bereits vorhanden sein). Nach einigen bekannten Dialogboxen (Begrüßung, Verzeichnis, Fertig) ist das Programm auf Ihrem PC ordnungsgemäß installiert und in das Startmenü eingetragen. Testen Sie die Funktionsweise der Verknüpfungen und räumen Sie dann Ihren PC über die Systemsteuerung (Software) wieder auf:

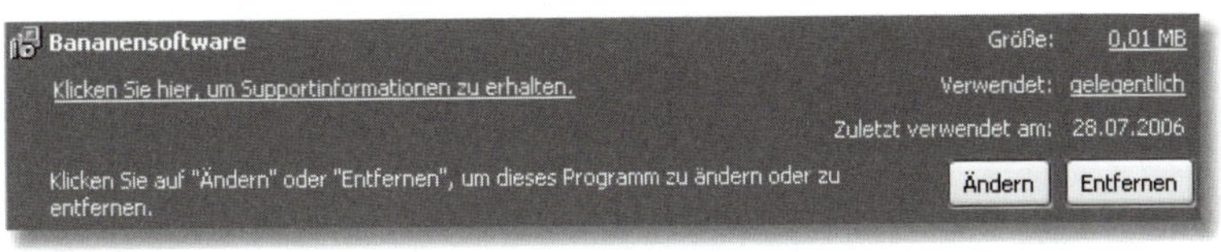

Abbildung 23.18 Der Eintrag in der Systemsteuerung

Damit steht bereits das erste Grundgerüst, und wir können weitere Features hinzufügen.

23.3.4 Registrierungs-Editor

Auch das Erzeugen von Registry-Einträgen ist mit den Setup-Projekten kein Problem. Öffnen Sie den Registrierungs-Editor (nicht den in Windows, sondern den in Visual Studio). Es erwartet Sie ein reduziertes Abbild der Registrierdatenbank mit den für eine Installation wichtigen Baumzweigen (siehe Abbildung 23.19).

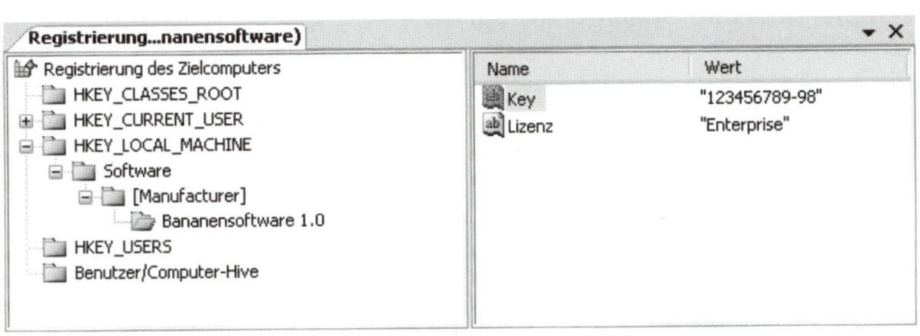

Abbildung 23.19 Neue Einträge für die Registrierdatenbank erstellen

Legen Sie Einträge die alle Nutzer betreffen (Installationspfade etc.) im Baumzweig HKEY-_LOCAL_MACHINE ab, nutzerspezifische Daten (letzte geöffnete Datei etc.) im Baumzweig

HKEY_CURRENT_USER. Für das Format der Registry-Einträge hat sich die folgende Notation eingebürgert:

```
…\<Software>\<Herstellername>\<Anwendungsname>\<Version>
```

Im obigen Beispiel haben wir auch gleich noch zwei Values (*Key* und *Lizenz*) erzeugt.

Hinweis

Ob die Einträge beim Installieren überschrieben werden sollen oder bei einer Deinstallation gelöscht werden, entscheiden Sie über die Eigenschaften der jeweiligen Knoten bzw. Values. ■

Nach dem erneuten Generieren des Setup-Programms und der Installation finden sich die vordefinierten Registry-Einträge auch an den gewünschten Stellen wieder:

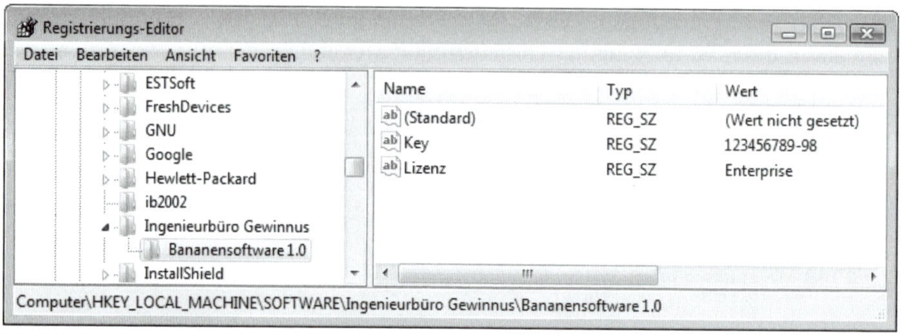

Abbildung 23.20 Die erstellten Einträge nach Ausführen des Setups

23.3.5 Dateityp-Editor

Haben Sie eigene Dateitypen für Ihre Anwendung definiert (z.B. **.dat*, **.ooo*) und möchten Sie, dass diese Dateitypen mit Ihrer Anwendung verknüpft werden (Doppelklick öffnet die Datei), dann sollten Sie den Dateityp-Editor verwenden. Öffnen Sie diesen und erstellen Sie einen neuen Dateityp (Kontextmenü). Nun können Sie die verschiedenen Aktionen auflisten, die Ihre Anwendung unterstützt (auch Verben genannt):

Abbildung 23.21 Definieren der unterstützten Aktionen

Für unser Beispiel unterstützen wir das Öffnen (*Open*) und das Drucken (*Print*), wobei wir bei *Print* mit Hilfe eines Kommandozeilenschalters (/P) den *Print*-Befehl vom normalen *Open*-Befehl unterscheiden.

Beispiel Eigenschaften der *Print*-Aktion

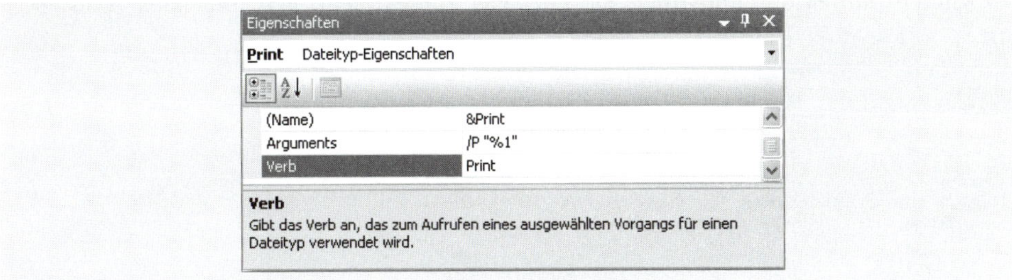

Hinweis

Beachten Sie, dass der Platzhalter für den Dateinamen in Anführungszeichen zu setzen ist, andernfalls kommt es bei Dateien mit Leerzeichen im Namen bzw. im Pfad zu Problemen, da das Leerzeichen auch als Parameter-Trenner fungiert. ■

Beim Test genügt es, wenn Sie eine beliebige Datei in **.Banane* umbenennen. Klicken Sie auf die Datei, muss sich die verknüpfte Anwendung öffnen.

Unter *Ordner-Optionen|Dateitypen* können Sie die erzeugten Verknüpfungen überprüfen:

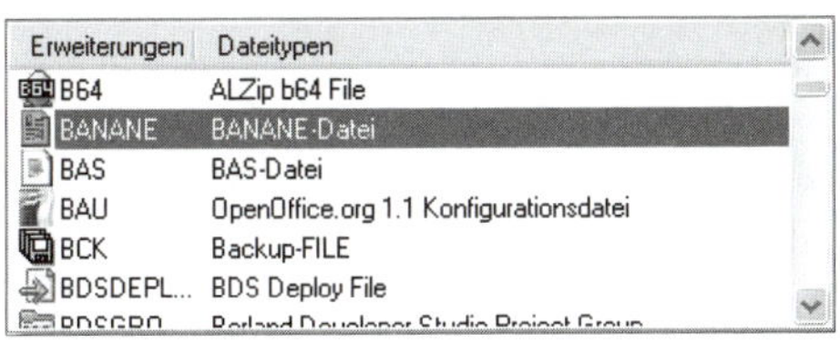

Abbildung 23.22
Die erstellte Verknüpfung

23.3.6 Benutzeroberflächen-Editor

Mit diesem Editor konfigurieren Sie das optische Erscheinungsbild Ihres Setup-Programms. Hier legen Sie fest, was in den Dialogen angezeigt werden soll.

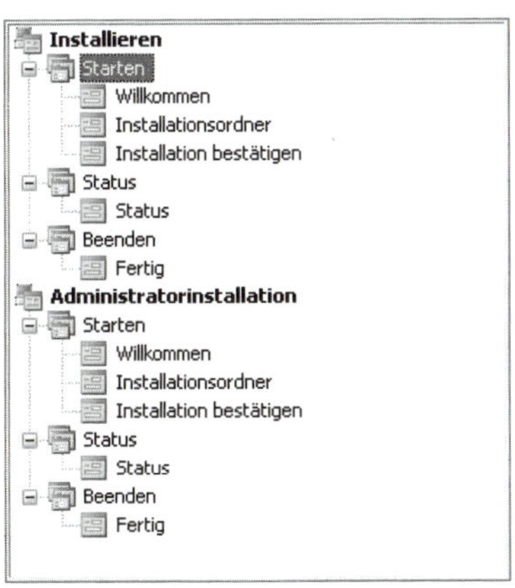

Abbildung 23.23
Auswahl der gewünschten Dialoge

Neben den bereits angezeigten Dialogen können Sie weitere hinzufügen. Wählen Sie dazu den Knoten *Starten* aus und rufen Sie über das Kontextmenü den folgenden Assistenten auf:

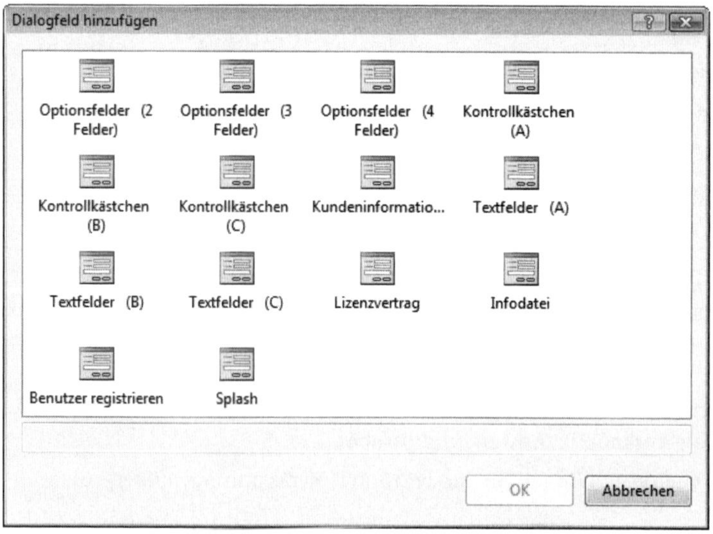

Abbildung 23.24 Die etwas einfallslose Auswahl der Dialoge

Mehr als die obigen kleinen Icons bekommen Sie leider von den Dialogen nicht zu sehen. Erst beim Test im Setup-Programm erfahren Sie, dass zum Beispiel das Formular *Textfelder (C)* wie in Abbildung 23.25 aussieht.

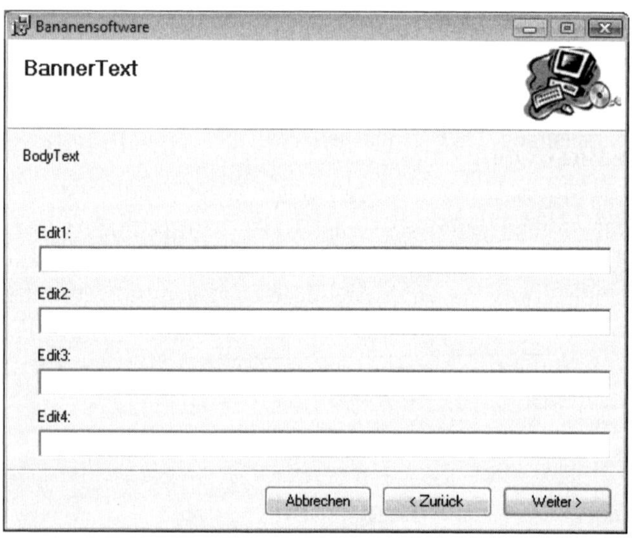

Abbildung 23.25 Formular *Textfelder (C)*

Die Beschriftungen können Sie natürlich über die Eigenschaften an Ihre Bedürfnisse anpassen. Die Anzeigereihenfolge der Dialoge ändern Sie durch einfaches Verschieben im Baum.

Interessant ist auch das Formular »Kundeninformationen«, dessen endgültiges Aussehen Sie in Abbildung 23.26 bewundern können.

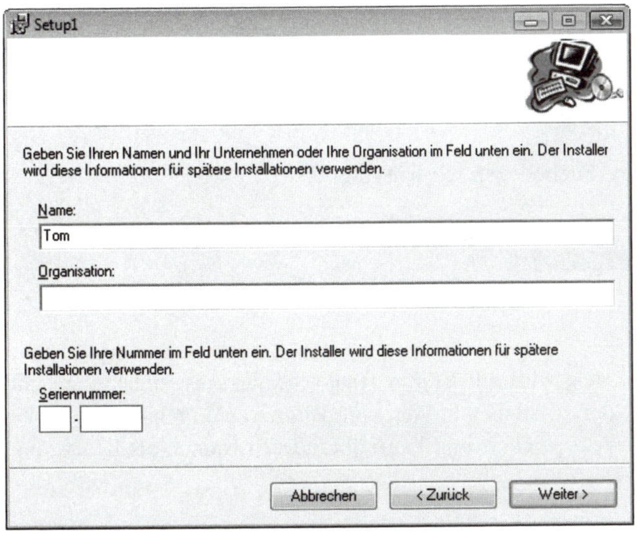

Abbildung 23.26 Formular *Kundeninformationen*

Über die Eigenschaft `SerialNumerTemplate` des o.g. Formulars können Sie einen recht einfachen Algorithmus aus numerischen und alphanumerischen Feldern bestimmen, der zulässige Seriennummern bestimmt. Versprechen Sie sich allerdings nicht allzu viel davon, dieser Algorithmus ist es sicher nicht wert, dass man ihn einsetzt. Besser ist da schon ein eigener Weg mit der Freigabe über einen Online-Verbindung.

23.3.7 Editor für Startbedingungen

So gern Sie auch Ihr Programm auf fremden PCs sehen, nicht in jedem Fall entspricht die Konfiguration des Endanwenders Ihren Festlegungen. So kann es sein, dass Sie Ihre Anwendung gezielt für Windows 2000/XP/Vista entwickelt haben und Funktionen nutzen, die in Windows ME gar nicht enthalten sind. In diesem Fall sollte schon das Setup jeden Versuch verhindern, die Anwendung zu installieren.

Diese Aufgabenstellung übernimmt der *Editor für Startbedingungen*. Hier legen Sie fest, welche Anwendungen installiert, welche Registry-Zweige vorhanden sein müssen etc.

Beispiel Voraussetzung für Ihre Anwendung soll MDAC ab Version 2.8 sein.

Wählen Sie den *Editor für Startbedingungen* und fügen Sie dem Knoten *Zielcomputer durchsuchen* einen Eintrag *Registrierungssuche* (Kontextmenü) hinzu. Automatisch wird auch eine Bedingung erzeugt, die jedoch noch keinerlei Funktionalität aufweist.

Mit dem Durchsuchen des Zielcomputers nach Dateien, Registry-Einträgen oder Komponenten wird lediglich ein aktueller Status bestimmt, den Sie später mit den Bedingungen auswerten können.

Die Eigenschaften für die Registry-Suche legen wir wie folgt fest:

Sonstiges	
(Name)	Nach RegistryEntry1 suchen
Property	MDACVER
RegKey	Software\Microsoft\DataAccess
Root	vsdrrHKLM
Value	FullInstallVer

Der zu durchsuchende Registry-Zweig wird mit *RegKey* festgelegt, der Ausgangsknoten mit *Root* (HKEY_LOCAL_MACHINE), der zu suchende Wert mit *Value*. Das Ergebnis der Suche wird in einer »Variablen« *Property* gespeichert und kann über diesen Namen als Bedingung auch abgerufen werden.

Die Bedingungseigenschaften legen Sie auf die gleiche Weise fest, wählen Sie die Bedingung im Baum aus und übernehmen Sie die folgenden Eigenschaften (wir nehmen `2.99`, um einen Fehler auszulösen):

Sonstiges	
(Name)	Bedingung1
Condition	MDACVER > "2.99"
InstallUrl	
Message	Installieren Sie die aktuelle MDAC-Version 2.99!

Die *Message*-Eigenschaft enthält den im Fehlerfall anzuzeigenden Text. *Condition* stellt eine Bedingung für den weiteren Ablauf des Installationsprogramms dar.

23.3.8 Finaler Test

Nach dem Aufruf des Menüpunkts *Erstellen|Setup erstellen* finden Sie die schon beschriebenen zwei Dateien im *Release*-Verzeichnis vor.

Nach dem Aufruf von *Setup.exe* und einer eventuellen Installation des Frameworks finden Sie sich dann in Ihrem selbst erstellten Installationsprogramm (**.msi*) wieder (siehe die folgenden Abbildungen).

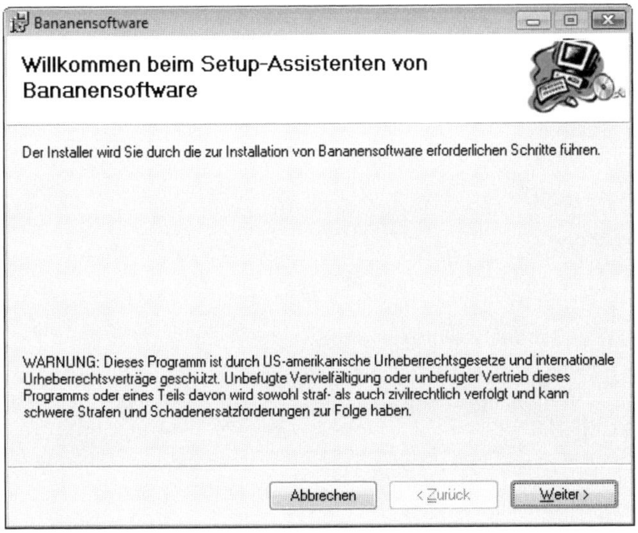

Abbildung 23.27 Installationsstart

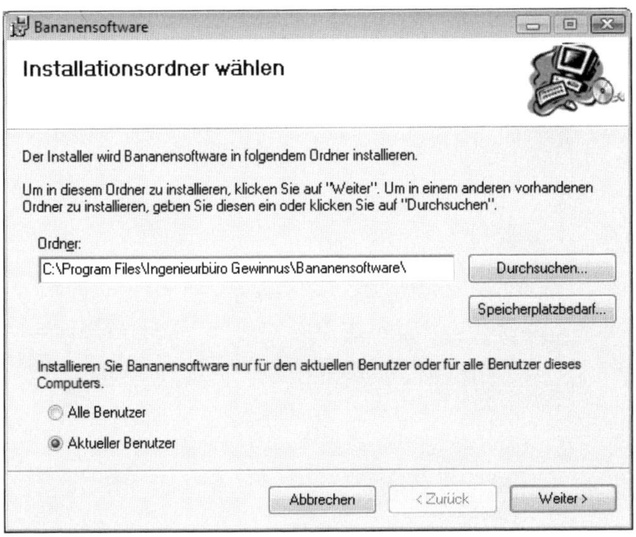

Abbildung 23.28 Unser Installationsprogramm in Aktion

IV.

Teil IV: Rezepte/Lösungen

24 Wie kann ich ... (Sprache/OOP)

Dieses Kapitel behandelt die folgenden Themen:

- Portieren von Anwendungen
- Grundlegende Sprachkonstrukte
- Zeit- und Datumsfunktionen
- Mathematische Berechnungen
- Objektorientiertes Programmieren
- LINQ

24.1 ... Code von C# nach Visual Basic portieren?

Sie haben einen in C# geschriebenen Quellcode und wollen diesen nach Visual Basic übertragen? Das vorliegende Rezept soll Ihnen die Übersetzung erleichtern.

Leider können wir Ihnen für eine automatisierte Durchführung keine Patentlösung geben. Im Internet werden zwar diverse Übersetzungshilfen angeboten, sie sind allerdings so mit Mängeln behaftet, dass wir sie Ihnen beim besten Willen nicht empfehlen wollen.

Am schnellsten und zuverlässigsten geht das Portieren immer noch in »Handarbeit«:

- Öffnen Sie das zu übersetzende C#-Projekt unter Visual Studio.
- Laden Sie eine zweite Instanz von Visual Studio und öffnen Sie ein neues VB-Projekt.
- Kopieren Sie über die Windows-Zwischenablage die visuellen Komponenten (keine Formulare!) von der C#- in die VB-Entwicklungsumgebung.
- Kopieren Sie abschnittsweise den C#-Code in das VB-Codefenster und ersetzen Sie dort Schritt für Schritt die C#- durch die VB-Syntax.

Die folgenden Ausführungen sollen Ihnen die Arbeit erleichtern.

24.1.1 Die augenfälligsten Unterschiede

Beim Vergleich beider Programmiersprachen stechen zunächst die folgenden Unterschiede ins Auge:

- **Abschluss einer Befehlszeile**
  Während in Visual Basic der Zeilenumbruch eine Befehlszeile abschließt, übernimmt in C# das Semikolon diese Funktion, sodass sich Anweisungen über mehrere Zeilen erstrecken können!
- **Groß-/Kleinschreibung**
  Hier dürfte es kaum Probleme geben, denn in Visual Basic spielt die Groß-/Kleinschreibung keine Rolle, C# hingegen ist eine casesensitive Sprache, die in »Oberlehrermanier« peinlichst zwischen Groß- und Kleinschreibung unterscheidet.
- **Kommentare**
  In C# sind auch mehrzeilige, in VB hingegen nur einzeilige, Kommentare möglich.
- **`this` wird zu `Me`**
  Als Bezug auf die eigene Klasseninstanz benutzt man unter C# das Schlüsselwort `this`, unter VB aber `Me`.
- **Gültigkeitsbereiche**
  Während die Gültigkeitsbereiche der lokalen Variablen sich in C# eindeutig aus der durch die geschweiften Klammern eingegrenzten Blockstruktur ergeben, kann man in VB die Blöcke nur indirekt aus der Struktur der Anweisungen ableiten.
- **Namespaces**
  Während ein Namensraum unter VB mit `Imports` eingebunden wird, erfolgt dies unter C# mit `using`.

Ehe wir weiter ins Detail gehen, zeigt die folgende Tabelle eine zeilenweise Gegenüberstellung von zwei kompletten Programmen (Konsolenanwendungen).

Tabelle 24.1 Gegenüberstellung gleichwertiger C#/VB-Programme

C#

```
using System;      // Namespace einbinden
class Program      /* Das Programm ist eine
                      Konsolenanwendung */
{
  static void Main(string[] args)
  {
    char c;
    Console.WriteLine("Umrechnung Euro-Dollar");
    do
    {
       float kurs, euro, dollar;
       Console.Write("Kurs 1 : ");
       kurs = Convert.ToSingle(Console.ReadLine());
       Console.Write("Euro: ");
       euro = Convert.ToSingle(Console.ReadLine());
       dollar = euro * kurs;
       Console.WriteLine("Sie erhalten " +
                  dollar.ToString("0.00 Dollar"));
         Console.Write("Programm beenden? (j/n)");
         string s = Console.ReadLine(); c = s[0];
    } while(c != 'j');
  }
}
```

VB

```
Imports System     ' Namespace einbinden
Module Module1     ' Das Programm ist eine
                   ' Konsolenanwendung

Sub Main()

    Dim c As Char
    Console.WriteLine("Umrechnung Euro-Dollar")
    Do

        Dim kurs, euro, dollar As Single
        Console.Write("Kurs 1 : ")
        kurs = CSng(Console.ReadLine())
        Console.Write("Euro: ")
        euro = CSng(Console.ReadLine())
        dollar = euro * kurs
        Console.WriteLine("Sie erhalten " & _
        dollar.ToString("0.00 Dollar"))
        Console.Write("Programm beenden? (j/n)")
        c = CChar(Console.ReadLine())
      Loop While c <> "j"
   End Sub
End Module
```

Hinweis

Den Quellcode beider Programme finden Sie in den Buchbeispielen! ■

24.1.2 Datentypen

C#- und VB-Datentypen werden durch die .NET-Klassenbibliothek zwingend vorgegeben.

Tabelle 24.2 Vergleich der Datentypen

C#-Datentyp	VB.NET-Datentyp	.NET-CLR-Typ
byte	Byte	System.Byte
sbyte	SByte	System.SByte
short	Short	System.Int16
ushort	UShort	System.UInt16
int	Integer	System.Int32
uint	UInteger	System.UInt32
long	Long	System.Int64
ulong	ULong	System.UInt64
float	Single	System.Single
double	Double	System.Double
decimal	Decimal	System.Decimal

C#-Datentyp	VB.NET-Datentyp	.NET-CLR-Typ
char	Char	System.Char
bool	Boolean	System.Boolean
string	String	System.String
object	Object	System.Object

Dazu einige Bemerkungen:

- Die vorzeichenlosen C#-Datentypen `sbyte`, `ushort`, `uint` und `ulong` wurden erst ab .NET 2.0 auch von Visual Basic unterstützt.
- Der `Date`-Datentyp aus VB wird in C# durch die komplexe `DateTime`-Struktur ersetzt.

24.1.3 Operatoren

Tabelle 24.3 Gegenüberstellung der Operatoren

<table>
<tr><th>C#</th><th>VB</th><th>C#</th><th>VB</th><th>C#</th><th>VB</th></tr>
<tr><td>= + -</td><td>= + -</td><td>&</td><td>And</td><td>==</td><td>=</td></tr>
<tr><td>++</td><td></td><td>|</td><td>Or</td><td>< ></td><td>< ></td></tr>
<tr><td>* /</td><td>* /</td><td>^</td><td>Xor</td><td><= >=</td><td><= >=</td></tr>
<tr><td></td><td>\</td><td>&&</td><td>AndAlso</td><td>!=</td><td><></td></tr>
<tr><td>%</td><td>Mod</td><td>||</td><td>OrElse</td><td></td><td></td></tr>
<tr><td></td><td>^</td><td>!</td><td>Not</td><td></td><td></td></tr>
</table>

24.1.4 Verzweigungen

Tabelle 24.4 Vergleich der Verzweigungsanweisungen

<table>
<tr><th>C#</th><th>VB</th></tr>
<tr><td>if (zensur == 1)
 label1.Text = "Sehr gut!";
else if (zensur == 2)
 label1.Text = "Gut";
else if (zensur == 3)
 label1.Text = "Befriedigend";
else
 label1.Text = "Nicht erlaubte Zensur!";</td><td>If zensur = 1 Then
  Label1.Text = "Sehr gut!"
ElseIf zensur = 2 Then
  Label1.Text = "Gut"
ElseIf zensur = 3
  Label1.Text = "Befriedigend"
Else
 Label1.Text = "Nicht erlaubte Zensur!"
End If</td></tr>
<tr><td>switch (zensur)
{ case 1: label1.Text = "Sehr gut"; break;
  case 2: label1.Text = "Gut"; break;
  case 3: label1.Text = "Mmmm"; break;
  default:
  label1.Text = "????"; break;
}</td><td>Select Case zensur
  Case 1: Label1.Text = "Sehr gut"
  Case 2: Label1.Text = "Gut"
  Case 3: Label1.Text = "Mmmm"
  Case Else
    Label1.Text = "????"
End Select</td></tr>
</table>

C#	VB

try
{
  c = a / b;
  this.Text = c.ToString();
}
catch(Exception ex)
{
  MessageBox.Show(ex.Message);
}
	Try
	  c = a / b
	  Me.Text = c.ToString
	Catch ex As Exception
	  MessageBox.Show(ex.Message)
	End Try

24.1.5 Schleifen

Tabelle 24.5 Vergleich der Schleifenkonstrukte

C#	VB

for (int i = 1; i <= 10; i++)
    listBox1.Items.Add(" Hallo!");
	For i As Integer = 1 To 10
	     ListBox1.Items.Add("Hallo!")
	Next i

while (i <= 10)
{ listBox1.Items.Add("Hallo!");
  i++;
}
	Do While i <= 10
	  ListBox1.Items.Add("Hallo!")
	  i += 1
	Loop

do { listBox1.Items.Add("Hallo!"); i ++; } while (i <= 10);	Do ListBox1.Items.Add("Hallo!") i +=1 Loop While i <=10

24.1.6 Arrays

Tabelle 24.6 Vergleich der Array-Konstrukte

C#	VB
double[] A = new double[100]; A[0] = 12.5;	Dim A(100) As Double A(0) = 12.5

foreach (double feld in A)
{
  MessageBox.Show(feld.ToString());
}
	Dim feld As Double
	For Each feld In A
	  MessageBox.Show(feld.ToString)
	Next feld

24.1.7 Strukturen

Tabelle 24.7 Vergleich der Struktur-Konstrukte

<table>
<tr><th>C#</th><th>VB</th></tr>
<tr><td><pre>struct Person
{ public string vorName, nachName;
  public int alter;
}</pre></td><td><pre>Structure Person
  Public vorName, nachName As String
  Public alter As Integer
End Structure</pre></td></tr>
</table>

24.1.8 Enumerationen

Tabelle 24.8 Vergleich der Syntax für Enumerationen

<table>
<tr><th>C#</th><th>VB</th></tr>
<tr><td><pre>enum erstesQuartal: byte
{
   JANUAR = 1,
   FEBRUAR,
   MÄRZ
}</pre></td><td><pre>Enum erstesQuartal As Byte
  JANUAR = 1
  FEBRUAR
  MÄRZ
End Enum</pre></td></tr>
</table>

- Arrays sind in .NET alle dynamisch und beginnen grundsätzlich mit dem Index 0, dieser ist in C# in eckige, in VB hingegen in runde Klammern einzuschließen.
- In VB ist einfaches Umdimensionieren von Arrays zur Laufzeit mittels `ReDim`-Anweisung möglich.

24.1.9 Funktionen, Prozeduren, Methoden

Tabelle 24.9 Syntaxvergleich für Funktionen, Prozeduren, Methoden

<table>
<tr><th>C#</th><th>VB</th></tr>
<tr><td><pre>double Kugel(double ra, double sg)
{
   double vol =
     4 / 3.0 * Math.PI * Math.Pow(ra, 3);
   return(sg * vol);
}</pre></td><td><pre>Function Kugel(ByVal ra As Double, _
              ByVal sg As Double) As Double
  Dim vol As Double = _
         4 / 3 * Math.Pi * Math.Pow(ra, 3)
  Return sg * vol
End Function</pre></td></tr>
<tr><td><pre>void Kugel(double ra, double sg)
{
  double vol =
      4 / 3F * Math.PI * Math.Pow(ra, 3);
  gew = sg * vol;
}</pre></td><td><pre>Sub Kugel(ByVal ra As Double, _
              ByVal sg As Double)
 Dim vol As Double = _
        4 / 3 * Math.Pi * Math.Pow(ra, 3)
 gew = sg * vol
End Sub</pre></td></tr>
</table>

C#	VB

`[DllImport("user32.dll")]`
`static extern int GetDC(int hwnd);`
 	
`...`
`int dc = GetDC(0);`
	`Declare Function GetDC Lib "user32" _`
	`  Alias "GetDC" (ByVal hwnd As Integer) _`
	`  As Integer`
	`...`
	`Dim dc As Integer = GetDC(0)`

Hinweis
VB unterscheidet zwischen Funktionen und Prozeduren, C# kennt nur noch Methoden mit und ohne (`void`) Rückgabewert. ■

24.1.10 Klassendefinition

Tabelle 24.10 Klassendefinitionen in C# und in VB

C#:

```
public class CKunde
{
  public static const double mwst = 0.19;
  private string _anrede, _name;

  public CKunde(string anr, string nam)
  {
    _anrede = anr;  _name = nam;
  }

  public string name
  {
    get
    {return(_name);}
    set
    {_name = value;}
  }


  public string adresse()
  {
    string s = _anrede + " " + _name;
    return(s);
  }
}
```

VB:

```
Public Class CKunde

  Public Shared Const mwst As Double = 0.19
  Private _anrede, _name As String

  Public Sub New(ByVal anr As String, _
                 ByVal nam As String)
    _anrede = anr: _name = nam
  End Sub

  Public Property name() As String
    Get
      Return _name
    End Get
    Set(ByVal Value As String)
      _name = Value
    End Set
  End Property

  Public Function adresse() As String
    Dim s As String = _anrede & " " & _name
    Return s
  End

End Class
```

24.1.11 Erzeugen eines Objekts

Tabelle 24.11 Objekte in C# und in VB erzeugen

C#	VB
private CKunde kunde1; kunde1 = **new** CKunde1("Frau", "Maus");	Private kunde1 As CKunde kunde1 = **New** CKunde("Frau", "Maus")
private CKunde kunde1 = **new** CKunde("Frau", "Maus");	Private kunde1 As New CKunde("Frau", "Maus")

24.1.12 Ereignis definieren und auslösen

Tabelle 24.12 Ereignisse in C# und in VB definieren und auslösen

C#	VB
public **delegate** void EreignisTyp(object sender, string e); public **event** EreignisTyp ereignis; ... ereignis(this, "Hallo");	public **Delegate** Sub Ereignistyp(_ ByVal sender As Object, ByVal e As String) Public **Event** ereignis As Ereignistyp ... **RaiseEvent** ereignis(Me, "Hallo")

24.1.13 Ereignis mit Ereignishandler verbinden

Tabelle 24.13 In C# und in VB Ereignisse mit ihren Eventhandlern verbinden

C#	VB
private CKunde kunde1; kunde1 = new CKunde(); **kunde1.ereignis += this.ereignisHandler;** ... private void ereignisHandler(object sender, string e) { ... }	Private **WithEvents** kunde1 As CKunde kunde1 = New CKunde **AddHandler** kunde1.ereignis, _ **AddressOf** Me.ereignisHandler ... Private Sub ereignisHandler(_ ByVal sender As Object, ByVal e As String) ... End Sub

Hinweis

Das unter VB übliche (statische) Zuweisen eines Eventhandlers mittels Handles-Klausel ist unter C# nicht möglich. ■

24.2 ... einen String in ein Array kopieren?

Es gibt die verschiedensten Gründe, einen String zu »zerpflücken« und seine Bestandteile in einem Array abzuspeichern (Formelparser, Compiler, Suchfunktionen, ...). Dieses Rezept zeigt die Vorgehensweise und dürfte gleichzeitig ein gutes Beispiel für das Zusammenwirken von Instanzen- und Klassenmethoden sein (`Split` und `Join`).

Benutzerschnittstelle

Um die Wirkungsweise anschaulich zu demonstrieren, zeigen wir den Stringinhalt links in einer `TextBox` an und den Arrayinhalt rechts in einer `ListBox`. Die drei `RadioButtons` dienen uns zum Einstellen des gewünschten Trennzeichens (Zeilenumbruch, Leerzeichen oder Komma). Die folgende Abbildung zeigt die Laufzeitansicht.

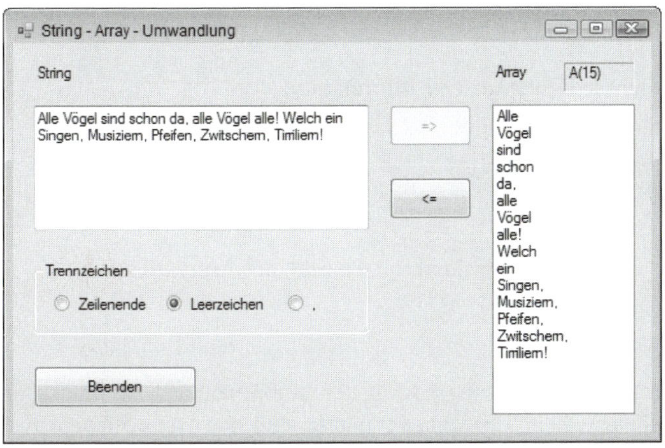

Abbildung 24.1 Laufzeitansicht

Programmierung

```
Public Class Form1
```

Das Trennzeichen bestimmt die Aufteilung des Strings:

```
    Private tz As Char
```

Ein dynamisches Array soll als Behälter für die Bestandteile des Strings dienen:

```
    Private A() As String
```

Damit Sie sich das mühselige Eintippen eines Beispieltextes ersparen, wird die `Textbox` bereits beim Laden des Formulars gefüllt:

```
    Private Sub Form1_Load(ByVal sender As System.Object, ByVal e As System.EventArgs) _
                           Handles MyBase.Load
```

```
        TextBox1.Text = "Alle Vögel sind schon da, alle Vögel alle! "
        TextBox1.Text &= "Welch ein Singen, Musizieren, "
        TextBox1.Text &= "Pfeifen, Zwitschern, Tirrilieren!"
    End Sub
```

Zum Kopieren des Strings in das Array wird die `Split`-Methode des Strings ausgeführt, der man als Parameter das Trennzeichen übergibt. Rückgabewert ist das gefüllte Array.

```
    Private Sub Button1_Click( _
            ByVal sender As System.Object, ByVal e As System.EventArgs) Handles Button1.Click

        Dim s As String = TextBox1.Text
```

Die Auswahl des Trennzeichens (nur erstes Zeichen nehmen):

```
        If radioButton1.Checked Then tz = CChar(Environment.NewLine)
        If radioButton2.Checked Then tz = CChar(" ")
        If radioButton3.Checked Then tz = CChar(",")
        TextBox1.Text = String.Empty
```

Hier erfolgt die Trennung:

```
        A = s.Split(tz)
```

Die Anzeige des Arrayinhalts dient lediglich unserer Information:

```
        ListBox1.Items.Clear()
        For i As Integer = 0 To A.Length - 1
            ListBox1.Items.Add(A(i))
        Next
```

Ebenfalls nur der Befriedigung unserer Neugier dient die Anzeige der Arraygröße:

```
        Label1.Text = "A(" & A.Length.ToString & ")"
    End Sub
```

Die Rückverwandlung des Arrays in einen String ist mit der (statischen) `Join`-Methode der `String`-Klasse eine einfache Angelegenheit. Übergabeparameter sind das Trennzeichen und das gefüllte Array. Rückgabewert ist der zusammengesetzte String:

```
    Private Sub Button2_Click( _
            ByVal sender As System.Object, ByVal e As System.EventArgs) Handles Button2.Click
        ListBox1.Items.Clear()
        Dim s As String = String.Join(tz, A)
        TextBox1.Text = s
    End Sub

End Class
```

Test

Kopieren Sie die Strings unter Verwendung verschiedener Trennzeichen hin und zurück (siehe obige Laufzeitansicht)!

24.3 ... ein Byte-Array in einen String konvertieren?

Haben Sie beispielsweise ein Byte-Array mit acht Feldern und möchten die ersten fünf Felder in einen ersten String und die letzten in einen zweiten String kopieren, so sind Sie als Einsteiger ratlos. Als »richtiger« Programmierer wissen Sie sich natürlich zu helfen. Getreu der Devise »Hauptsache es funktioniert« werden Sie mit den Ihnen bekannten elementaren String-Funktionen natürlich zu einer Lösung kommen.

Erst wenn Sie sich ein wenig in der gigantischen Klassenbibliothek des .NET-Frameworks auskennen, wird Ihnen vielleicht eine elegantere Lösung einfallen und Sie wissen, dass die `Encoding`-Klasse Methoden bereitstellt, mit deren Hilfe Arrays und Zeichenfolgen von Unicode-Zeichen aus direkt in Byte-Arrays konvertiert werden können, die für eine bestimmte Zielcodepage codiert sind.

Das vorliegende Rezept bietet durch Gegenüberstellung beider Varianten gute Vergleichsmöglichkeiten.

Benutzerschnittstelle

Zwei `Buttons` und zwei `Label` genügen für einen Test (siehe Laufzeitabbildung).

Programmierung

```
Public Class Form1
```

Die Quelle ist ein gefülltes Byte-Array, welches den Zeichen *A, B, C, D, E, F, G, H* entspricht:

```
    Private ba() As Byte = {65, 66, 67, 68, 69, 70, 71, 72}
```

Das Ziel sind zwei Strings, in welche die ersten fünf bzw. die letzten drei Elemente des Arrays kopiert werden sollen:

```
    Private s1, s2 As String
```

Beginnen wir mit der umständlichen Lösung, bei der wir jedes einzelne Byte in einer `For-Next`-Schleife aus dem Array herauskopieren und mittels explizitem Typecasting in einen `Char`-Datentyp verwandeln und zum Ergebnisstring hinzuaddieren:

```
    Private Sub Button1_Click( _
            ByVal sender As System.Object, ByVal e As System.EventArgs) Handles Button1.Click
        Dim i As Integer
        For i = 0 To 4
            s1 &= Convert.ToChar(ba(i))
        Next i
        For i = 5 To 7
            s2 &= Convert.ToChar(ba(i))
            ' s2 &= CChar(ba(i))        ' geht nicht!
            ' s2 &= CType(ba(i), Char) ' geht nicht!
```

```
        Next i
        Label1.Text = s1 & Environment.NewLine & s2
    End Sub
```

Jetzt die einfache Lösung, bei der jeweils eine Anweisung genügt, um mittels `GetString`-Methode das Byte-Array zu decodieren:

```
    Private Sub Button2_Click( _
             ByVal sender As System.Object, ByVal e As System.EventArgs) Handles Button2.Click
        ' decodiert Byte-Array:
        s1 = System.Text.Encoding.Default.GetString(ba, 0, 5)   ' 5 Zeichen ab Position 0
        s2 = System.Text.Encoding.Default.GetString(ba, 5, 3)   ' 3 Zeichen ab Position 5
        Label2.Text = s1 & Environment.NewLine & s2
    End Sub
End Class
```

Test

Die aus dem `Byte`-Array erzeugten Strings werden rechts angezeigt. Wie man sieht, kommen beide Varianten zum gleichen Ergebnis.

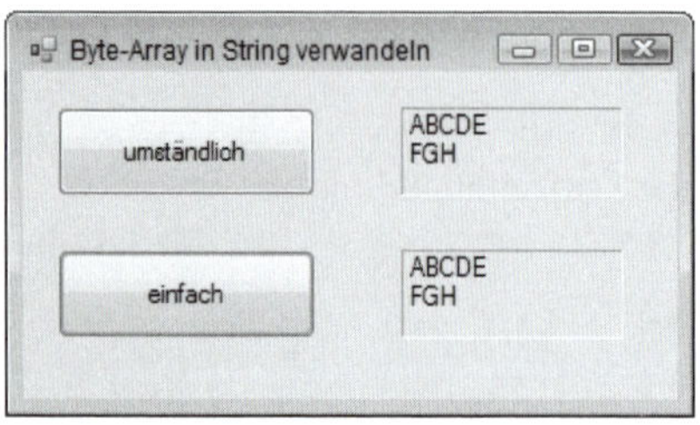

Abbildung 24.2
Laufzeitansicht

24.4 ... Strukturvariablen in Arrays einsetzen?

Dieses Lernrezept zeigt dem Einsteiger anschaulich, wie man ein Array von Strukturvariablen erzeugen und darauf zugreifen kann. Ziel ist eine kleine Personalverwaltung, in welcher wir Daten von maximal zehn Personen ablegen wollen.

Hinweis

Strukturvariablen kann man durchaus als Vorläufer der Objekte bezeichnen. Wer ihre Verwendung beherrscht, dem wird auch der Übergang zur OOP (Objektorientierte Programmierung) nicht schwer fallen. ■

Benutzerschnittstelle

Die Abbildung zeigt die Laufzeitansicht der aus drei `TextBox`en, einer `CheckBox` und mehreren `Label`s und `Button`s bestehenden Bedienoberfläche:

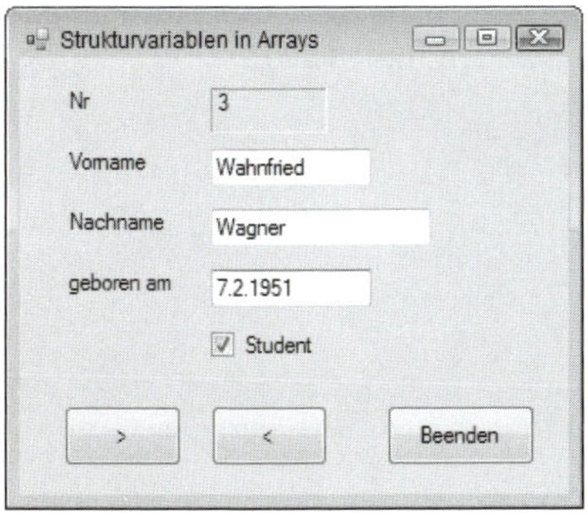

Abbildung 24.3
Entwurfsansicht

Programmierung

```
Public Class Form1
```

Die Struktur definieren:

```
    Private Structure Person
        Dim Vorname, Nachname As String
        Dim Geburt As Date
        Dim Student As Boolean
    End Structure
```

Einige globale Variablen:

```
    Const pmax As Integer = 10                   ' maximale Anzahl Personen
    Private pListe(pmax) As Person               ' statisches Array aus Strukturvariablen
    Private pos As Integer = 1                   ' Positionszähler
```

Die Methode zum Anzeigen eines Datensatzes:

```
    Private Sub anzeigen()
        Label1.Text = pos.ToString
        With pListe(pos)
            TextBox1.Text = .Vorname
            TextBox2.Text = .Nachname
            TextBox3.Text = CStr(.Geburt)
            CheckBox1.Checked = .Student
        End With
    End Sub
```

Die Methode zum Speichern eines Datensatzes:

```
    Private Sub speichern()
        With pListe(pos)
            .Vorname = TextBox1.Text
            .Nachname = TextBox2.Text
            .Geburt = CDate(TextBox3.Text)
```

```
            .Student = CheckBox1.Checked
        End With
    End Sub
```

Es folgen vier Ereignisbehandlungsroutinen (Eventhandler).

Beim Laden des Formulars wird die Anzeige mit Anfangswerten initialisiert:

```
    Private Sub Form1_Load( _
            ByVal sender As System.Object, ByVal e As System.EventArgs) Handles MyBase.Load
        Label1.Text = "1"
        TextBox1.Text = ""
        TextBox2.Text = ""
        TextBox3.Text = "00:00:00"
    End Sub
```

Vorwärts blättern mit der »>«-Schaltfläche:

```
    Private Sub Button1_Click( _
            ByVal sender As System.Object, ByVal e As System.EventArgs) Handles Button1.Click
        If pos < pmax Then
            Call speichern()
            pos += 1
            Call anzeigen()
        End If
    End Sub
```

Rückwärts blättern mit der »<«-Schaltfläche:

```
    Private Sub Button2_Click( _
            ByVal sender As System.Object, ByVal e As System.EventArgs) Handles Button2.Click
        If pos > 1 Then
            Call speichern()
            pos -= 1
            Call anzeigen()
        End If
    End Sub
    ...
End Class
```

Test

Nach dem Programmstart (F5) können Sie das leere `Personal`-Array mit Daten füllen.

Hinweis

Die Übernahme in den Speicher erfolgt hier erst nach dem Weiterblättern! ■

24.5 ... eine einzelne Spalte aus einer Matrix kopieren?

Leider funktioniert in diesem Fall die Anweisung *System.Array.CopyTo* nicht, weil die Elemente einer Spalte nicht direkt hintereinander im Speicher angeordnet sind (der unterste Index ist immer null!).

Beispiel Ein Array mit fünf Spalten und drei Zeilen

```
Dim A(4, 2) As Double
```

hat folgenden Aufbau (dritte Spalte fett gedruckt):

```
[0,0] [1,0] [2,0] [3,0] [4,0]
[0,1] [1,1] [2,1] [3,1] [4,1]
[0,2] [1,2] [2,2] [3,2] [4,2]
```

Man muss also eine Schleife verwenden, um auf die Elemente einer Spalte zuzugreifen. Das vorliegende Rezept zeigt eine Funktion, die diese Aufgabe erledigt.

Benutzerschnittstelle

Eine kleine `ListBox` zur Kontrollanzeige des Inhalts der kopierten Spalte soll uns genügen.

Programmierung

```
Public Class Form1
```

Die Funktion `getColumn` liefert ein eindimensionales `Integer`-Array mit dem Inhalt der Spalte `c` des übergebenen zweidimensionalen `Integer`-Arrays `A`:

```
    Private Function getColumn(ByVal A(,) As Integer, ByVal c As Integer) As Integer()
        Dim zmax As Integer = A.GetLength(1)        ' Anzahl Zeilen des Quell-Arrays ermitteln
        Dim B(zmax - 1) As Integer                  ' eindimensionales Ziel-Array passender Größe
```

Array `B` mit Inhalt der Spalte `c` aus `A` füllen:

```
         For i As Integer = 0 To zmax - 1           ' Spalte in Ziel-Array kopieren
            B(i) = A(c, i)
        Next i
        Return B
    End Function
```

Der Test der Methode `getColumn` erfolgt hier beim Laden des Formulars:

```
    Private Sub Form1_Load( _
            ByVal sender As System.Object, ByVal e As System.EventArgs) Handles MyBase.Load
```

Array mit 4 Spalten und 3 Zeilen erzeugen und mit irgendwelchen Werten initialisieren:

```
        Dim A(,) As Integer = {{1, 2, 3}, {4, 5, 6}, {7, 8, 9}, {10, 11, 12}}
```

Eindimensionales Ziel-Array erzeugen und mit Inhalt der zweiten Spalte von A füllen:

```
        Dim B() As Integer = getColumn(A, 1)
```

Kontrollanzeige:

```
        For i As Integer = 0 To B.Length - 1
            ListBox1.Items.Add(B(i).ToString)       ' zeigt 4, 5, 6
        Next i
    End Sub
End Class
```

Test

Nach dem Start wird der Inhalt der zweiten Spalte von A in der ListBox ausgegeben:

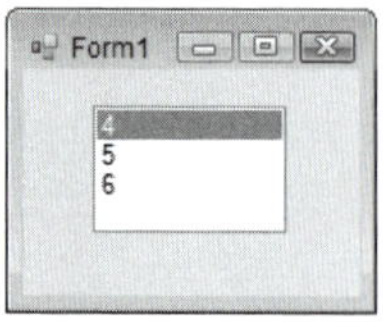

Abbildung 24.4
Laufzeitansicht

24.6 ... in einer ArrayList suchen und sortieren?

Bei einer ArrayList handelt es sich um eine universell einsetzbare Sammlung (Collection) von Objekten, die vom standardmäßig eingebundenen Namensraum System.Collections bereitgestellt wird.

Das vorliegende Rezept zeigt nicht nur, wie man in der ArrayList sortiert oder sucht, sondern auch wie man deren Inhalt ausliest und in einer ListBox zur Anzeige bringt.

Benutzerschnittstelle

Auf dem Startformular Form1 platzieren Sie eine ListBox, eine TextBox und drei Buttons (siehe Laufzeitabbildung am Schluss).

Programmierung

```
Imports System.Collections

Public Class Form1
    Private al As ArrayList
```

Nach dem Programmstart wird die ArrayList erzeugt, mit Werten gefüllt und angezeigt:

```
    Private Sub Form1_Load( _
            ByVal sender As System.Object, ByVal e As System.EventArgs) Handles MyBase.Load
        al = New ArrayList()          ' Instanziierung der ArrayList
        ' Initialisierung:
        al.Add("Das") : al.Add("ist") : al.Add("ein") : al.Add("Test") : al.Add("mit")
        al.Add("der") : al.Add("ArrayList.") : al.Add("Das") : al.Add("ist") : al.Add("ok.")
        listeAnzeigen(al)
    End Sub
```

Die Routine zur Anzeige des Inhalts in der ListBox:

```
    Private Sub listeAnzeigen(ByVal al As ArrayList)
        ListBox1.Items.Clear()
        For i As Integer = 0 To al.Count - 1
            ListBox1.Items.Add(al(i))
        Next i
    End Sub
```

Aufsteigend sortieren:

```
    Private Sub Button2_Click( _
            ByVal sender As System.Object, ByVal e As System.EventArgs) Handles Button2.Click
        al.Sort()
        listeAnzeigen(al)
    End Sub
```

Absteigend sortieren:

```
    Private Sub Button3_Click( _
            ByVal sender As System.Object, ByVal e As System.EventArgs) Handles Button3.Click
        al.Reverse()
        listeAnzeigen(al)
    End Sub
```

Suchen:

```
    Private ix As Integer = -1              ' Index des letztmaligen Vorkommens
    Private Sub Button1_Click( _
           ByVal sender As System.Object, ByVal e As System.EventArgs) Handles Button1.Click
        Dim i As Integer = al.IndexOf(TextBox1.Text, ix + 1)    ' Suche wird ab ix fortgesetzt
        If i < 0 Then
            MessageBox.Show("Das Element wurde nicht gefunden!" & _
                             Environment.NewLine & " Suche beginnt wieder von vorn!")
            ix = -1
            ListBox1.SelectedIndex = -1       ' Zeilenmarkierung entfernen
        Else
            ListBox1.SelectedIndex = i        ' gefundenes Wort markieren
            ix = i
        End If
    End Sub

End Class
```

Test

Die Abbildung zeigt eine erfolgreiche Suche ohne vorherige Sortierung.

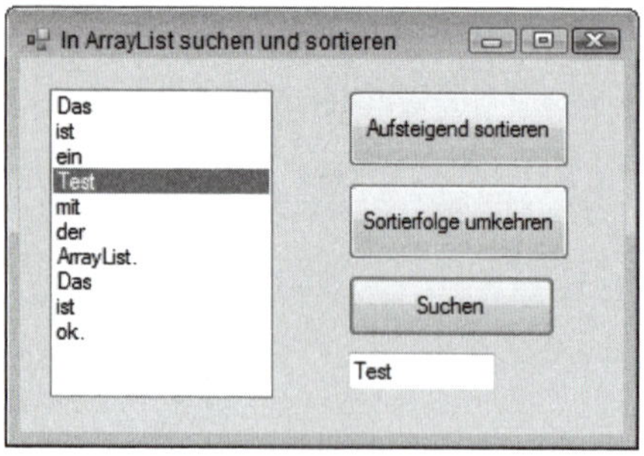

Abbildung 24.5
Laufzeitansicht: erfolgreiche Suche

Abbildung 24.6
Aufsteigend und absteigend sortierte Liste

24.7 ... in einer generischen Liste suchen und sortieren?

Generics sind Klassen bzw. Methoden, denen die Typinformationen erst zur Laufzeit zugewiesen werden. Die variablen Datentypen werden mittels `Of`-Klausel unmittelbar nach dem Klassen- bzw. Methodenbezeichner angegeben. Im Namespace `System.Collections.Generic` finden sich zahlreiche generische Klassen, wie z.B. die `List`, welche als Alternative zur altbekannten `ArrayList` infrage kommt.

Unser Beispiel löst das gleiche Problem wie im Vorgängerrezept 24.6 »... in einer `ArrayList` suchen und sortieren« mittels einer generischen `List`.

Benutzerschnittstelle

Die Bedienoberfläche entspricht dem Vorgängerrezept.

Programmierung

Alle Änderungen gegenüber dem Vorgängerrezept sind fett hervorgehoben. Wie Sie sehen, können `ArrayList` und `List` direkt ausgetauscht werden, da sie über dieselben Methoden (`Add`, `Sort`, `Reverse`, `IndexOf`) verfügen.

```
Imports System.Collections.Generic

Public Class Form1
```

Die generische *List* vom Datentyp `String` wird deklariert:

```
    Private gl As List(Of String)

    Private Sub Form1_Load( _
              ByVal sender As System.Object, ByVal e As System.EventArgs) Handles MyBase.Load
       gl = New List(Of String)          ' Instanziierung der generischen List
       ' Initialisierung:
       gl.Add("Das") : gl.Add("ist") : gl.Add("ein") : gl.Add("Test") : gl.Add("mit")
       gl.Add("der") : gl.Add("ArrayList.") : gl.Add("Das") : gl.Add("ist") : gl.Add("ok.")
       listeAnzeigen(gl)
    End Sub

    Private Sub listeAnzeigen(ByVal gl As List(Of String))
      ListBox1.Items.Clear()
      For i As Integer = 0 To gl.Count-1
         LstBox1.Items.Add(gl(i))
      Next i
    End Sub

    ...

    ' restlicher Code siehe Vorgängerrezept
End Class
```

Test

Das Programm zeigt erwartungsgemäß das gleiche Verhalten wie das Vorgängerrezept.

Bemerkungen

Gegenüber der `ArrayList` des Vorgängerrezepts bietet die generische `List` alle Vorteile einer typsicheren Programmierung:

- Anstatt eines Laufzeitfehlers erhalten Sie bereits einen Compiler-Fehler, falls Sie einen falschen Datentyp in der `List` speichern wollen.
- Eine Typumwandlung (Typecasting) entfällt, wenn Sie auf die Werte der generischen `List` zugreifen wollen.
- Das Boxing von Wertetypen ist nicht mehr erforderlich, weil `List(Of String)` in unserem Beispiel jetzt »weiß«, welcher Datentyp zu speichern ist und wie viel Speicher man dafür reservieren muss.

24.8 ... mit Bubblesort sortieren?

Das vorliegende Rezept realisiert einen einfachen Sortieralgorithmus (Bubblesort) unter Verwendung eines Delegaten als Methodenzeiger.

Benutzerschnittstelle

Auf das Startformular setzen wir drei `ListBox`-Controls und einen `Button` (siehe Laufzeitansicht).

Programmierung

```
Public Class Form1
```

Wir deklarieren unseren Delegaten:

```
    Delegate Function CompareFunc(ByVal x As Integer, ByVal y As Integer) As Boolean
```

`CompareDeleg` soll auf die Funktionen `SortAscending` oder `SortDescending` zeigen, deren Signatur natürlich zum Delegaten passen muss.

Vergleichsfunktion für die aufsteigende Suche:

```
    Function SortAscending(ByVal x As Integer, ByVal y As Integer) As Boolean
        If y < x Then SortAscending = True
    End Function
```

Vergleichsfunktion für die absteigende Suche:

```
    Function SortDescending(ByVal x As Integer, ByVal y As Integer) As Boolean
        If y > x Then SortDescending = True
    End Function
```

Die folgende Sortier-Routine arbeitet nach dem Bubblesort-Verfahren und empfängt als Parameter einen Delegaten als Funktionszeiger (dieser bestimmt, ob auf- oder absteigend sortiert werden soll) und das zu sortierende Integer-Array:

```
    Sub BubbleSort(ByVal compMethod As CompareFunc, ByVal intArr() As Integer)
        Dim tmp As Integer
        For i As Integer = 0 To intArr.Length
            For j As Integer = i + 1 To intArr.Length - 1
```

Ob `SortAscending` oder `SortDescending` aufgerufen wird, bestimmt der Methodenzeiger `compMethod`:

```
                If compMethod(intArr(i), intArr(j)) Then    ' Aufruf der Methode
```

Falls erforderlich, muss getauscht werden:

```
                    tmp = intArr(j) : intArr(j) = intArr(i) :  intArr(i) = tmp
                End If
            Next j
        Next i
    End Sub
```

Wir testen die Sortierfunktion mit einem Array, welches mit 20 Zufallszahlen gefüllt wird:

```
Private Sub Button1_Click(ByVal sender As System.Object, _
                                         ByVal e As System.EventArgs) Handles Button1.Click
    Dim rnd As New Random()
    Dim max As Integer = 20
    ListBox1.Items.Clear(): ListBox2.Items.Clear() :  ListBox3.Items.Clear()
    Dim iArr(max - 1) As Integer
```

Das Array füllen:

```
    For i As Integer = 0 To max - 1
        iArr(i) = rnd.Next(0, 100)
        ListBox1.Items.Add(iArr(i).ToString)
    Next
```

Aufsteigend sortieren:

```
    BubbleSort(AddressOf SortAscending, iArr)
    For i As Integer = 0 To max - 1
        ListBox2.Items.Add(iArr(i).ToString)
    Next
```

Absteigend sortieren:

```
    BubbleSort(AddressOf SortDescending, iArr)
    For i As Integer = 0 To max - 1
        ListBox3.Items.Add(iArr(i).ToString)
    Next
  End Sub
End Class
```

Test

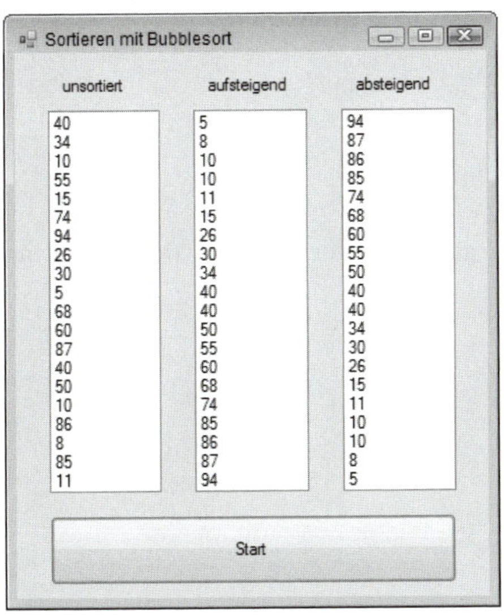

Abbildung 24.7 Laufzeitansicht

24.9 ... Zufallszahlen erzeugen?

Das .NET-Framework enthält eine Klasse mit dem Namen `Random`, die Sie zum Erzeugen zufälliger Integer-Werte verwenden können. Das vorliegende Rezept zeigt die Realisierung eines Zufallszahlengenerators.

Benutzerschnittstelle

Auf dem Startformular finden ein `Label` und zwei `NumericUpDown`-Komponenten ihren Platz (siehe Laufzeitabbildung). Außerdem wird noch ein `Timer` benötigt (`Interval=1000; Enabled=True`).

Um das Beispiel optisch etwas aufzuwerten, können Sie die `FormBorderStyle`-Eigenschaft von `Form1` auf `Fixed3D` setzen und auch die Eigenschaften `Font.Size` und `Font.Bold` von `Label1` ändern.

Programmierung

```
Public Class Form1
```

Öffnen Sie die »Ereignisse«-Seite des Eigenschaftenfensters des `Timers` und lassen Sie den Rahmencode für den Eventhandler des `Tick`-Ereignisses erzeugen, welches Sie anschließend wie folgt besetzen:

```
  Private Sub Timer1_Tick(ByVal sender As System.Object, _
                                    ByVal e As System.EventArgs) Handles Timer1.Tick
      Dim uWert As Integer = CType(NumericUpDown1.Value, Integer)
      Dim oWert As Integer = CType(NumericUpDown2.Value, Integer)
      If oWert >= uWert Then
          Dim rnd As New System.Random()
          Dim z As Integer = rnd.Next(uWert, oWert + 1)   ' Zufallszahl generieren
          Label1.Text = z.ToString()
      Else
          Label1.Text = String.Empty
      End If
  End Sub
End Class
```

Test

Nach dem Programmstart ändern sich die Zufallszahlen zwischen beiden Grenzwerten im Sekundentakt.

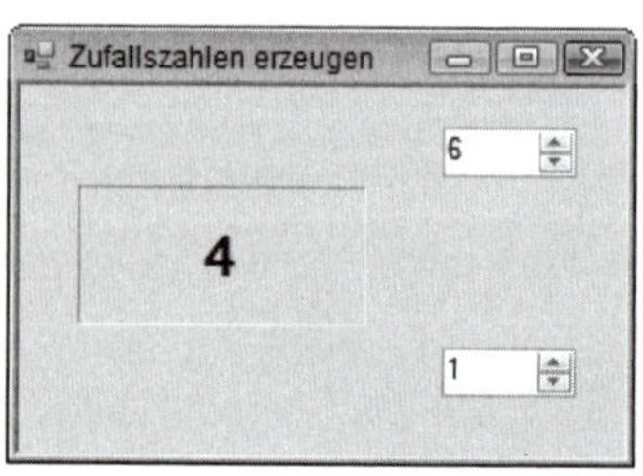

Abbildung 24.8
Laufzeitansicht

Bemerkungen

Der `Next`-Methode eines `Random`-Objekts werden in unserem Beispiel die beiden Bereichsgrenzen als Parameter übergeben, wobei die erzeugte Zufallszahl größer oder gleich dem unteren Grenzwert, aber kleiner als der obere Grenzwert ist. Zwei weitere Überladungen der `Next`-Methode erlauben die Übergabe des oberen Grenzwerts als einzigen Parameter (der untere Grenzwert ist 0) oder einen parameterlosen Aufruf (es wird der gesamte positive Integer-Bereich ausgeschöpft).

24.10 ... Iterationen verstehen?

Eigentlich ist ein Computer ja »dumm« und erscheint uns nur dadurch »intelligent«, dass er primitive Rechenoperationen in hoher Geschwindigkeit erledigt. Der pfiffige Programmierer kann dies ausnutzen, indem er dem Computer Aufgaben stellt, die sich nicht sofort, sondern nur durch schrittweises Ausprobieren lösen lassen. Typisch für diese Sorte von Aufgaben ist eine so genannte *Iterationsschleife*, die mit einer *Startnäherung* beginnt und an deren Ende eine *Abbruchbedingung* überprüft wird. Wie viele Male die Schleife durchlaufen wird, kann nicht exakt vorausbestimmt werden.

Ohne auf die mathematischen Grundlagen näher einzugehen, wollen wir in diesem Rezept eine Iterationsschleife für das Ziehen der Quadratwurzel demonstrieren. Wir verzichten also auf die `Sqrt`-Funktion, wie sie standardmäßig von der `Math`-Klasse bereitgestellt wird, und programmieren eine eigene Lösung.

Programmablaufplan

Obwohl in der objekt- und ereignisorientierten Programmierung der PAP völlig aus der Mode gekommen ist, eignet er sich nach wie vor gut zur Veranschaulichung von Iterationszyklen.

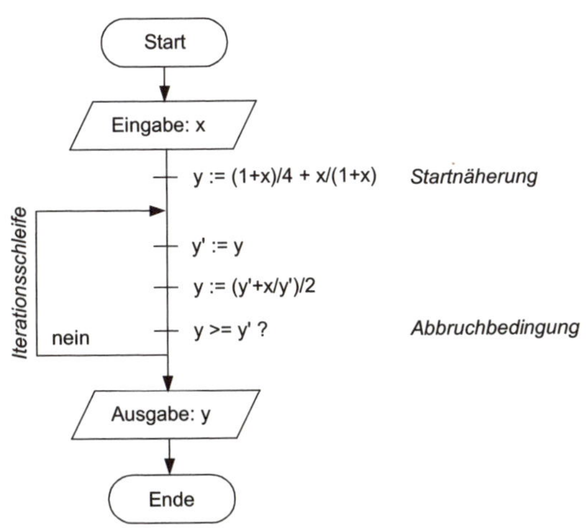

Abbildung 24.9
PAP

Benutzerschnittstelle

Für die Eingabe findet eine `TextBox`- und für die Ausgabe eine `Label`-Komponente Verwendung. Die Iterationsschleife starten wir mit einem `Button`. Eine `ListBox` ist nicht unbedingt erforderlich, aber wir sind ja neugierig und wollen auch die Zwischenergebnisse betrachten (siehe Laufzeitabbildung).

Programmierung

Die programmtechnische Umsetzung des obigen PAP führt (in Verbindung mit dem Code für die Ein- und Ausgabe und für die Anzeige von Zwischenergebnissen) zu folgender Lösung:

```
Public Class Form1
```

Die Schaltfläche »Quadratwurzel>>«:

```
    Private Sub Button1_Click(ByVal sender As System.Object, _
                                        ByVal e As System.EventArgs) Handles Button1.Click
```

Einige Variablen deklarieren und den Eingabewert explizit in einen `Double`-Wert konvertieren:

```
        Dim x, y, ya As Double
        x = Convert.ToDouble(TextBox1.Text)
```

Die Quadratwurzel darf nur aus positiven Zahlen gezogen werden:

```
        If x > 0 Then
```

Inhalt der `ListBox` löschen:

```
            ListBox1.Items.Clear()
```

Die Startnäherung:

```
            y = (1 + x) / 4 + x / (1 + x)
```

Wie geschaffen für unsere Iterationsschleife ist die `Do...Loop Until`-Anweisung:

```
            Do
                ya = y
                y = (ya + x / ya) / 2
```

Das Zwischenergebnis anzeigen und Abbruchbedingung prüfen:

```
                ListBox1.Items.Add(y.ToString)
            Loop Until y >= ya
```

Das Endergebnis anzeigen:

```
            Label1.Text = y.ToString
        Else
            Label1.Text = "Bitte geben Sie einen positiven Wert ein!"
        End If
    End Sub

End Class
```

Test

Die Zwischenergebnisse nähern sich schrittweise der endgültigen Lösung.

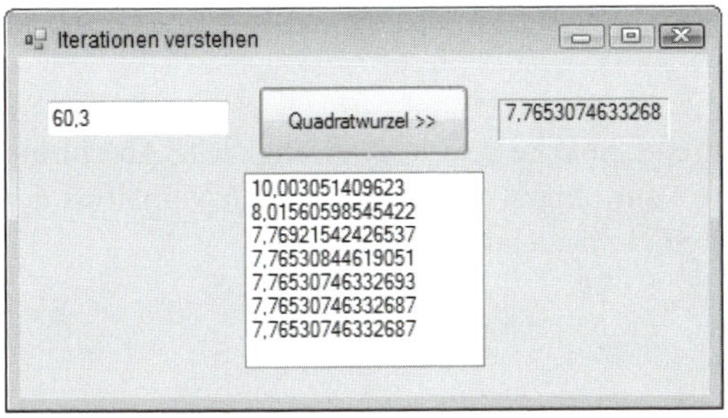

Abbildung 24.10
Laufzeitansicht

Sie werden feststellen, dass circa fünf bis sieben Iterationen notwendig sind, um die Abbruchbedingung zu erfüllen, d.h., die Quadratwurzel in einer für `Double`-Zahlen ausreichenden Genauigkeit zu ermitteln:

Ergänzung

Der fortgeschrittene Programmierer wird obigen Code – besonders im Hinblick auf seine Wiederverwendbarkeit – in eine Funktion `qWurzel` verpacken. Da die Testphase abgeschlossen ist, kann auch auf die Anzeige der Zwischenergebnisse in der `ListBox` verzichtet werden:

```
Public Function qWurzel(ByVal x As Double) As Double
    Dim y, ya As Double

    y = (1 + x) / 4 + x / (1 + x)    ' Startnäherung
    Do
        ya = y
        y = (ya + x / ya) / 2
    Loop Until y >= ya               ' Abbruchbedingung
    Return y
End Function
```

Der Aufruf gestaltet sich nun wesentlich übersichtlicher:

```
Private Sub Button1_Click(ByVal sender As System.Object, _
                                   ByVal e As System.EventArgs) Handles Button1.Click


    Dim x As Double = Convert.ToDouble(TextBox1.Text)
    If x > 0 Then
        Label1.Text = qWurzel(x).ToString
    Else
        Label1.Text = "Bitte geben Sie einen positiven Wert ein!"
    End If
End Sub
```

24.11 ... den Goldenen Schnitt ermitteln?

Der so genannte »Goldene Schnitt« unterteilt eine Strecke c so in zwei ungleiche Abschnitte a und b, dass das Verhältnis der Gesamtlänge c zur langen Seite a gleich dem Verhältnis der langen Seite a zur kurzen Seite b ist, also gelten die Beziehungen:

```
c = a + b
```

und

```
c / a = a / b
```

Im Ergebnis entsteht die quadratische Gleichung

$$a^2 - ab - b^2 = 0$$

deren Lösung für a einen Wert von 61,8 % und für b einen Wert von 38,2 % der Gesamtlänge c ergibt.

Jeder, der nicht mehr ganz so sattelfest in Mathematik ist, kann sich die Mühen der Berechnung sparen und stattdessen eine Lösung mittels Iterationsschleife versuchen.

Benutzerschnittstelle

Um den Goldenen Schnitt auf anschauliche Weise zu demonstrieren, verwenden wir eine `ProgressBar` mit den Starteigenschaften `Minimum = 0`, `Maximum = 100` und `Value = 0`. Weiterhin werden ein `Button` und zwei `Labels` auf `Form1` platziert (siehe Laufzeitansicht).

Programmierung

```
Public Class Form1
    Private Sub Button1_Click(ByVal sender As System.Object, ByVal e As System.EventArgs) _
                                                                        Handles Button1.Click
        Dim a As Double = 0
```

Die folgende Schleife vergrößert die Variable a in kleinen Schritten (0.001) solange, bis ihr Verhältnis zur kurzen Seite (100-a) dem Goldenen Schritt entspricht:

```
        Do
            a += 0.001
            ProgressBar1.Value = Convert.ToInt32(a)
        Loop While (100 / a > a / (100 - a))
```

Die Prozentanzeige der beiden Teilabschnitte:

```
        Label1.Text = a.ToString("#0.00") & " %"
        Label2.Text = (100 - a).ToString("#0.00") & " %"
    End Sub

End Class
```

Test

Nach Klick auf die »Start«-Schaltfläche dauert es nur Sekundenbruchteile, bis Sie sich optisch und prozentual einen Eindruck über diese gesetzmäßig vorgegebene, optimale Längenaufteilung verschaffen können.

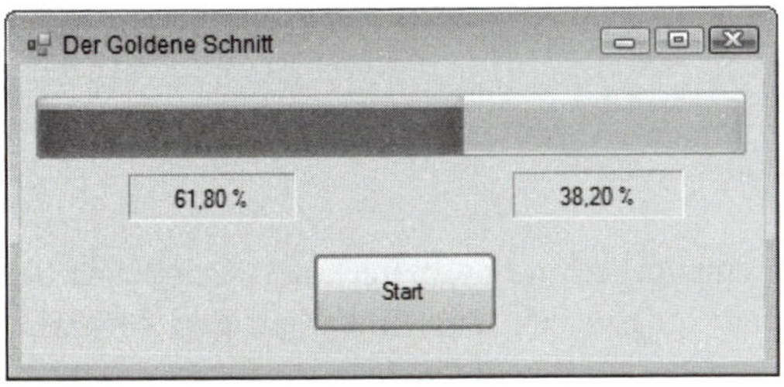

Abbildung 24.11
Laufzeitansicht

24.12 ... Funktionen rekursiv aufrufen?

Dass eine Funktion sich wiederholt auch selbst aufrufen kann, um damit quasi eine Iterationsschleife in Gang zu setzen, wollen wir am Beispiel der `Fibonacci`[1]-Zahlenreihe demonstrieren.

Benutzerschnittstelle

Auf das Startformular setzen wir eine `TextBox`, einen `Button` und ein `Label` (siehe Laufzeitabbildung).

Programmierung

```
Public Class Form1
```

Die Funktion zur Berechnung der Fibonacci-Zahl für den Zeittakt `n` sieht zwar kurz und harmlos aus, hat es aber in sich:

```
    Private Function berechneFibo(ByVal n As Integer) As Integer
        If n <= 0 Then Return 0
        If n = 1 Then Return 1
```

Hintereinander erfolgen hier zwei rekursive Aufrufe:

```
        Return berechneFibo(n - 1) + berechneFibo(n - 2)
    End Function
```

[1] Wer sich für die nicht unbedeutende Rolle dieser Zahlen bei diversen Naturprozessen interessiert, der mag ja mal in einem Mathe-Grundlagenbuch nachschauen, ansonsten tut der theoretische Hintergrund nichts zur Sache.

Die Auswertung:

```
    Private Sub Button1_Click(ByVal sender As System.Object, _
                                 ByVal e As System.EventArgs) Handles Button1.Click
        Dim n As Integer = CType(TextBox1.Text, Integer)
        Dim res As Integer = berechneFibo(n)
        Label1.Text = res.ToString
    End Sub
End Class
```

Test

Es empfiehlt sich nicht, Werte größer als 50 einzugeben, da die Berechnungszeit selbst bei einem superschnellen Rechner ins Uferlose ansteigt bzw. ein Zahlenüberlauf gemeldet wird (für den Wert 40 warten Sie etwa 5 bis 10 Sekunden auf das Ergebnis).

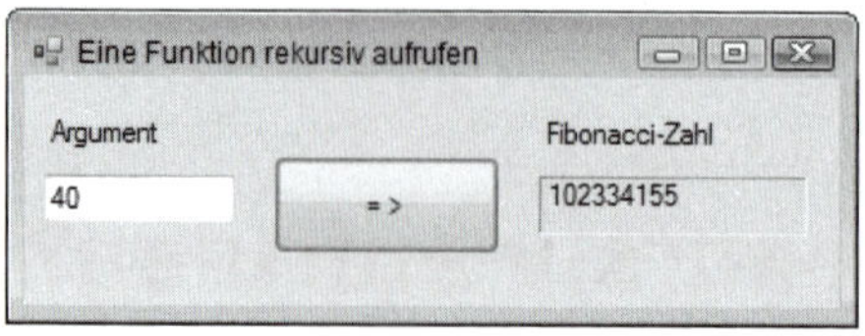

Abbildung 24.12 Laufzeitansicht

24.13 ... Zeitmessungen durchführen?

In diesem Rezept erfahren Sie, wie man mit Hilfe der `TimeSpan`-Klasse die Zeitdauer von Rechenoperationen ermitteln kann. Dazu nehmen wir ein äußerst sinnvolles Beispiel. Wir wollen uns davon überzeugen, was für ein gefährlicher Zeit- und Speicherplatzfresser die einfache Stringaddition mittels +-Operator sein kann und welch gewaltige Performancesteigerung man durch Verwendung eines `StringBuilder`-Objekts erreicht.

Benutzerschnittstelle

Öffnen Sie eine neue Windows Forms-Anwendung und gestalten Sie die in Abbildung 24.13 gezeigte Benutzerschnittstelle. Weisen Sie der `TrackBar` die Werte `Maximum = 50000`, `Minimum = 1000`, `SmallChange = 1000`, `LargeChange = 10000` zu.

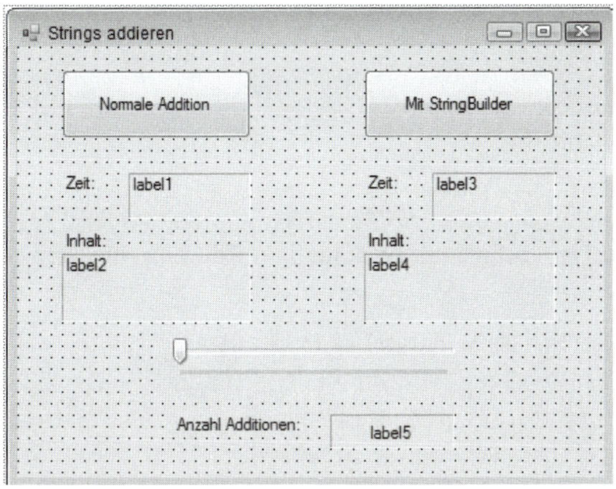

Abbildung 24.13
Entwurfsansicht

Programmierung Klasse CTest

Über das Menü *Projekt|Klasse hinzufügen...* fügen Sie zum Projekt eine neue Datei mit dem Namen *Test.vb* hinzu.

```
Imports System.Text
...
```

Die Klasse `CTest` stellt zwei statische Methoden bereit, welche die beiden Verfahren zur Stringaddition demonstrieren sollen. Als Rückgabewert der beiden Methoden dient die Struktur `TestResult`, deren Felder den Ergebnisstring und die zur Addition benötigte Zeit (in Millisekunden) kapseln:

```
Public Structure TestResult
    Dim inhalt As String
    Dim zeit As Integer
End Structure

Public Class CTest
```

Beide Methoden addieren in einer Schleife (beginnend mit Eins) die ganzen Zahlen fortlaufend zu einem Teststring. Beim Aufruf wird ein Parameter `nr` übergeben, welcher die Anzahl der Schleifendurchläufe bzw. Additionsoperationen festlegt.

Die erste Methode demonstriert die übliche Stringaddition mittels »&«-Operator. Für die Zeitmessung wird die `TimSpan`-Klasse benutzt:

```
    Public Shared Function addNormal(ByVal nr As Integer) As TestResult
        Dim t1 As DateTime = DateTime.Now
        Dim r As TestResult
```

String addieren:

```
        Dim str As String = String.Empty
        For i As Integer = 0 To nr - 1
            str &= i.ToString() & " "
        Next i
        r.inhalt = str
```

Zeitmessung:

```
        Dim t2 As DateTime = DateTime.Now
        Dim ts As New TimeSpan(t2.Ticks - t1.Ticks)
        r.zeit = Convert.ToInt32(ts.TotalMilliseconds)
        Return r
    End Function
```

Analog ist die Methode addWithStringBuilder aufgebaut, welche zur Addition die Append-Methode der StringBuilder-Klasse benutzt:

```
    Public Shared Function addWithStringBuilder(ByVal nr As Integer) As TestResult
        Dim t1 As DateTime = DateTime.Now
        Dim r As TestResult
```

Mit StringBuilder addieren:

```
        Dim sb As New StringBuilder()
        For i As Integer = 0 To nr - 1
            sb.Append(i.ToString() & " ")
        Next i
        r.inhalt = sb.ToString()
```

Zeitmessung:

```
        Dim t2 As DateTime = DateTime.Now
        Dim ts As New TimeSpan(t2.Ticks - t1.Ticks)
        r.zeit = Convert.ToInt32(ts.TotalMilliseconds)
        Return r
    End Function
End Class
```

Programmierung Form1

```
Public Class Form1
```

Die normale Stringaddition:

```
    Private Sub Button1_Click(ByVal sender As System.Object, ByVal e As System.EventArgs) _
                                                                    Handles Button1.Click
        Label1.Text = String.Empty
        Label2.Text = String.Empty
        Me.Refresh()
        Me.Cursor = Cursors.WaitCursor
        Dim tr As TestResult = CTest.addNormal(TrackBar1.Value)
        Label1.Text = tr.zeit.ToString() & " ms"
        Dim s As String = tr.inhalt
```

Da es sinnlos ist, einen tausende Zeichen langen String komplett in einem Label anzuzeigen, beschränken wir uns hier auf die letzten hundert Zeichen:

```
        Label2.Text = s.Substring(0, 100)
        Me.Cursor = Cursors.Default
    End Sub
```

Die Addition mittels StringBuilder:

```
Private Sub Button2_Click(ByVal sender As System.Object, ByVal e As System.EventArgs) _
                                                        Handles Button2.Click
    Label3.Text = String.Empty
    Label4.Text = String.Empty
    Me.Refresh()
    Me.Cursor = Cursors.WaitCursor
    Dim tr As TestResult = CTest.addWithStringBuilder(TrackBar1.Value)
    Label3.Text = tr.zeit.ToString() & " ms"
    Dim s As String = tr.inhalt
    Label4.Text = s.Substring(0, 100)
    Me.Cursor = Cursors.Default
End Sub
```

Die Anzeige der Anzahl der Schleifendurchläufe wird aktualisiert:

```
Private Sub TrackBar1_ValueChanged(ByVal sender As System.Object, _
                            ByVal e As System.EventArgs) Handles TrackBar1.ValueChanged
    Label5.Text = TrackBar1.Value.ToString()
End Sub
End Class
```

Test

Kompilieren Sie das Programm und stellen Sie zuerst die gewünschte Anzahl von Additionen ein. Das Ergebnis ist eindrucksvoll. Wie das abgebildete Beispiel zeigt, bringt hier bei 50000 Durchläufen die Verwendung eines StringBuilders einen Performancegewinn um weit mehr als den Faktor 1000! Allerdings wächst dieses Verhältnis nicht linear. Bei nur 20000 Durchläufen war das Verhältnis immerhin noch 16ms zu 6250ms zugunsten des StringBuilders (Pentium 2,6 GHz).

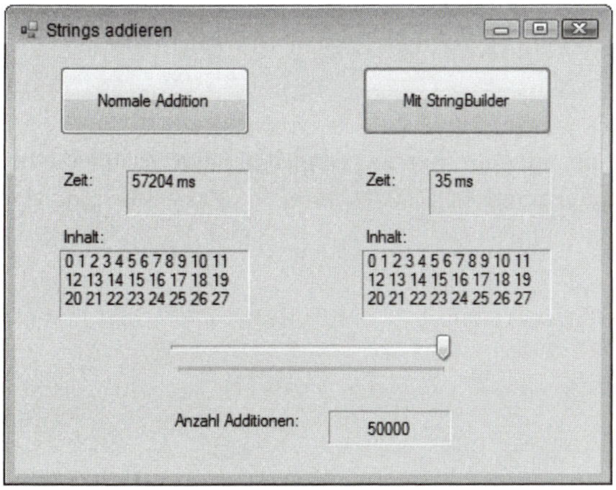

Abbildung 24.14
Laufzeitansicht

Bemerkungen

- Da jede Änderung an einer String-Variablen einen neuen Wert erzeugt, wird dadurch ein Verhalten quasi wie bei Wertetypen erreicht, obwohl es sich bei Strings – genauso wie z.B. bei Arrays – um Referenztypen handelt.
- Bei der einfachen Stringaddition muss pro Addition stets eine Kopie des Strings im Speicher angelegt werden, selbst wenn nur ein einzelnes Zeichen hinzuzufügen ist. Das ist sehr zeit- und speicherplatzaufwändig.
- Werden, wie in unserem Beispiel, viele Additionen nacheinander ausgeführt, so kommen Sie kaum um die Verwendung eines StringBuilders umhin, wenn Sie Ihr Programm nicht total ausbremsen wollen.
- Wenn Sie beim Instanziieren der StringBuilder-Klasse die möglichst gut geschätzte Anfangsgröße des internen Arrays übergeben, können Sie den Code beschleunigen.

24.14 ... Strings vergleichen?

Man kann Strings entweder über ihre Referenz oder über ihren Inhalt miteinander vergleichen:

- Die ReferenceEquals-Methode der Object-Klasse vergleicht die Speicheradressen zweier Variablen. Damit stellt man fest, ob es sich tatsächlich um identische Objekte handelt.
- Um nur den Inhalt von Strings miteinander zu vergleichen, stehen die Methoden Equals und Compare/CompareTo entweder als statische Methoden der String-Klasse oder (teilweise) als Instanzenmethoden des aktuellen Strings zur Verfügung.

In diesem Rezept demonstrieren wir einige Vergleichsmöglichkeiten von Zeichenketten.

Benutzerschnittstelle

Außer den beiden TextBox-Controls für die Eingabe der zu vergleichenden Zeichenketten werden noch einige in eine GroupBox eingebetteten RadioButtons, zwei CheckBoxen sowie diverse Labels benötigt (siehe Laufzeitabbildung).

Programmierung

```
Public Class Form1
```

Die Schaltfläche »Vergleichen«:

```
    Private Sub Button1_Click(ByVal sender As System.Object, _
                                   ByVal e As System.EventArgs) Handles Button1.Click
        Dim s1 As String = TextBox1.Text
        Dim s2 As String = TextBox2.Text
```

Vergleich der Objektreferenzen:

```
If RadioButton1.Checked Then
    If CheckBox2.Checked Then s2 = s1
    If (Object.ReferenceEquals(s1, s2)) Then
        Label1.Text = "s1 ist dasselbe Objekt wie s2"
    Else
        Label1.Text = "s1 und s2 sind unterschiedliche Objekte"
    End If
End If
```

Bei der von uns verwendeten (überladenen) Version der (statischen) Compare-Methode wird neben den beiden zu vergleichenden Zeichenketten auch ein boolescher Parameter übergeben, der das Ignorieren der Groß-/Kleinschreibung einschaltet (True) bzw. ausschaltet (False).

```
If RadioButton2.Checked Then
    Dim i As Integer = String.Compare(s1, s2, CheckBox1.Checked)
    Select Case i
        Case -1 : Label1.Text = "s1 ist kleiner als s2"
        Case 0 : Label1.Text = "s1 ist gleich s2"
        Case 1 : Label1.Text = "s1 ist größer als s2"
    End Select
End If
```

Die Equals-Methode der statischen String-Klasse liefert einen booleschen Rückgabewert (zum StringComparision-Parameter, siehe Bemerkungen am Schluss):

```
If RadioButton3.Checked Then
    Dim b As Boolean
    If CheckBox1.Checked Then
        b = String.Equals(s1, s2, StringComparison.InvariantCultureIgnoreCase)
    Else
        b = String.Equals(s1, s2, StringComparison.InvariantCulture)
    End If
    If (b) Then
        Label1.Text = "s1 ist gleich s2"
    Else
        Label1.Text = "s1 ist ungleich s2"
    End If
End If
```

Die Equals-Methode kann auch als Methode des aktuellen Strings zum Einsatz kommen:

```
If RadioButton4.Checked Then
    If s1.Equals(s2) Then
        Label1.Text = "s1 ist gleich s2"
    Else
        Label1.Text = "s1 ist ungleich s2"
    End If
End If
```

Natürlich kann der Inhalt von Strings auch mit dem simplen Gleichheitsoperator (=) verglichen werden (Operation wird intern auf Equals-Methode zurück geführt):

```
        If RadioButton5.Checked Then
            If s1 = s2 Then
                Label1.Text = "s1 ist gleich s2"
            Else
                Label1.Text = "s1 ist ungleich s2"
            End If
        End If
    End Sub
End Class
```

Test

Überzeugen Sie sich von den verschiedenen Möglichkeiten des Vergleichs von Zeichenketten.

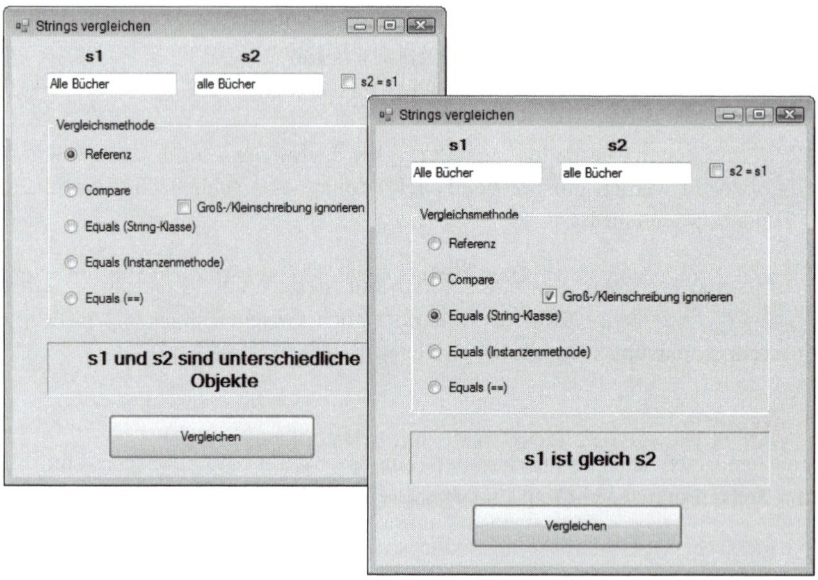

Abbildung 24.15 Laufzeitansichten

Hinweis

Eine Berücksichtigung der Groß-/Kleinschreibung ist in diesem Beispiel nur bei den Vergleichsmethoden `Compare`- und der statischen `Equals`-Methode möglich! ■

Bemerkungen

- Unter .NET 2.0 wurde die `Compare`-Methode um einige neue Überladungen erweitert.
- Sowohl `Compare`- als auch `Equals`-Methode verwenden den neuen .NET 2.0-Typ `StringComparision`, der die (kulturabhängigen) Regeln des Stringvergleichs definiert.
- Der Wert `InvariantCulture` aus `StringComparision` ist weder eine neutrale noch eine spezifische Kultur, sondern dient zum Stringvergleich ohne das Risiko kulturspezifischer Fehler (vorher auf ordinalen Vergleich umstellen).

24.15 ... Datumsdifferenzen ermitteln?

Zwar ist es uns bereits im 24.13 »... Zeitmessungen durchführen?« mit Hilfe von Methoden der TimeSpan-Klasse gelungen, genaue Zeitdifferenzen zwischen zwei Datumswerten zu berechnen, allerdings nur in den Einheiten »Tage«, »Stunden«, »Minuten« oder »Sekunden«.

Was aber, wenn die Differenz zwischen zwei Datumswerten als Summe von Jahren, Monaten und Tagen ausgedrückt werden soll? An dieser an und für sich simplen Aufgabenstellung hat sich schon mancher die Zähne ausgebissen, da .NET hierfür keine direkte Unterstützung anbietet. Der Grund ist, dass – im Unterschied zu Tagen, Stunden etc. – Monate und Jahre keine konstante Länge haben. Monate können 28, 29, 30 oder 31 Tage lang sein und Schaltjahre sind einen Tag länger als normale Jahre.

Um das Problem zu lösen müssen wir zunächst herausfinden, wie wir als Menschen an diese Aufgabe herangehen würden. Für uns ist ein Jahr dann vergangen, wenn dasselbe Datum (Tag und Monat) im Folgejahr erreicht ist. Analog dazu ist ein Monat dann verstrichen, wenn derselbe Tag im Folgemonat herangekommen ist.

Wir addieren also zum ersten Datum so viele Jahre bis das zweite Datum ohne Überlauf erreicht ist. Anschließend werden entsprechend viele Monate und schließlich Tage hinzuaddiert bis das Zieldatum erreicht ist.

Beispiel Die Differenz zwischen dem 28.2.2004 und dem 1.4.2006 beträgt 2 Jahre, 1 Monat und 4 Tage. Die gleiche Differenz wird aber auch zwischen dem 28.2.2005 und dem 1.4.2007 berechnet, obwohl 2004 ein Schaltjahr war.

Benutzerschnittstelle

Im Wesentlichen benötigen wir zur Eingabe der Datumswerte zwei DateTimePicker-Controls, einen Button zum Starten der Berechnung und drei Labels zur Anzeige der Ergebnisse (Jahre, Monate, Tage).

Programmierung

```
Public Class Form1
```

Als Rückgabewert der Funktion calcDateDiff definieren wir einen neuen Datentyp, welcher die berechneten Jahre, Monate und Tage kapselt:

```
    Private Structure DateDiff
        Dim years, months, days As Integer
    End Structure
```

Die Funktion calcDateDiff erwartet als Parameter zwei Datumswerte (das Datum d1 muss immer vor d2 liegen, ansonsten liefert die Funktion falsche Ergebnisse!):

```
    Private Function calcDateDiff(ByVal d1 As DateTime, ByVal d2 As DateTime) As DateDiff
        Dim years, months, days As Integer

        years = d2.Year - d1.Year
```

```
        Dim dt As DateTime = d1.AddYears(years)
        If dt > d2 Then
            years = years - 1
            dt = d1.AddYears(years)
        End If
        months = d2.Month - d1.Month
        If (d2.Day < d1.Day) Then months = months - 1
        months = (months + 12) Mod 12
        dt = dt.AddMonths(months)
        days = (d2 - dt).Days + 1
        Dim ddf As DateDiff
        ddf.years = years
        ddf.months = months
        ddf.days = days
        Return ddf
    End Function
```

Bevor die Berechnung gestartet werden kann, müssen die Datumswerte übergeben und und validiert werden:

```
    Private Sub Button1_Click(ByVal sender As System.Object, _
                              ByVal e As System.EventArgs) Handles Button1.Click

        Label1.Text = String.Empty :
        Label2.Text = String.Empty :
        Label3.Text = String.Empty
        Try
            Dim d1 As DateTime = DateTimePicker1.Value
            Dim d2 As DateTime = DateTimePicker2.Value
            If d2 > d1 Then
                Dim ddf As DateDiff = calcDateDiff(d1, d2)
                Label1.Text = ddf.years.ToString()
                Label2.Text = ddf.months.ToString()
                Label3.Text = ddf.days.ToString()
            Else
                MessageBox.Show("Datum2 muss größer Datum1 sein!", "Falsche Eingabewerte!")
            End If
        Catch ex As Exception
            MessageBox.Show(ex.Message, "Kein gültiges Datum!")
        End Try
    End Sub

End Class
```

Test

Sie können jetzt z.B. das erreichte Lebensalter Ihres Hundes genau berechnen (siehe Abbildung 24.16)

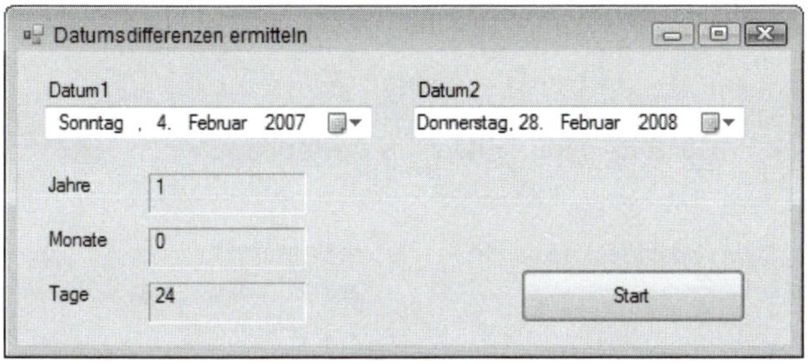

Abbildung 24.16
Laufzeitansicht

Bei Eingabe eines ungültigen Datums erhalten Sie die Meldung:

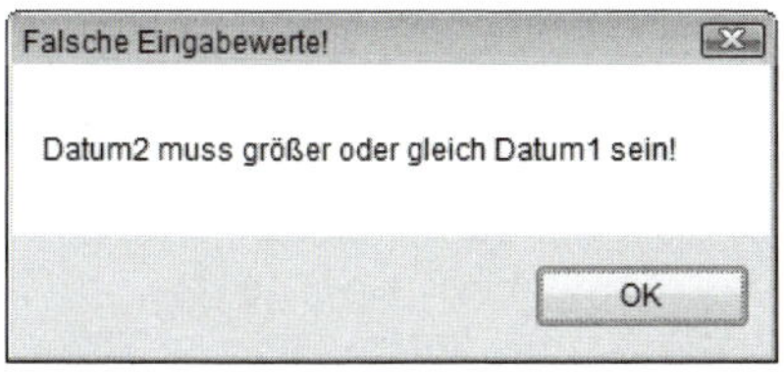

Abbildung 24.17
Fehlermeldung

24.16 ... das Alter in Jahren bestimmen?

Das Alter einer Person wird in der Regel in Jahren (ganzzahlig) angegeben. Wenn Sie aber »quick and dirty« nur die Differenz aus der aktuellen Jahreszahl und dem Geburtsjahr bilden, so ist das Ergebnis nur dann exakt, wenn die Person im aktuellen Jahr bereits Geburtstag hatte. Anderenfalls wird ein Jahr zuviel berechnet.

Beispiel Ein Kind, das am 31.12.2004 geboren wurde, wäre am 1.1.2005 bereits 1 Jahr alt, was höchst unsinnig ist.

Die hier demonstrierte Lösung ist eine vereinfachte Variante des Vorgängerrezepts 24.15.

Benutzerschnittstelle

Auf einem Formular (`Form1`) platzieren Sie im Wesentlichen zwei `TextBoxen` für die Datumseingaben und ein `Label` zur Ausgabe des Alters (siehe Laufzeitansicht am Schluss).

Programmierung

```
Public Class Form1
```

Aus Bequemlichkeitsgründen weisen wir bereits beim Laden des Formulars beiden TextBoxen gültige Werte zu:

```
    Private Sub Form1_Load(ByVal sender As System.Object, ByVal e As System.EventArgs) _
                                                                      Handles MyBase.Load
        TextBox1.Text = "3.4.1975"                            ' beliebiges Datum
        TextBox2.Text = DateTime.Now.ToString("dd.MM.yyyy")   ' aktuelles Datum
    End Sub
```

Die folgende Funktion ermittelt das exakte Alter einer Person (in Jahren) zum Zeitpunkt heute:

```
    Public Function berechneAlter(ByVal gebTag As DateTime, ByVal heute As DateTime) As Integer

        Dim alter As Integer = heute.Year - gebTag.Year     ' grobe Ermittlung des Alters
        Dim gth As DateTime = gebTag.AddYears(alter)        ' Geburtstag im Jahr von heute
        If gth > heute Then alter -= 1 ' falls noch kein Geburtstag dann korrigieren
        Return alter
    End Function
```

Berechnung starten:

```
    Private Sub Button1_Click(ByVal sender As System.Object, ByVal e As System.EventArgs) _
                                                                      Handles Button1.Click
        Dim alter As Integer = berechneAlter(DateTime.Parse(TextBox1.Text), _
                                                              DateTime.Parse(TextBox2.Text))
        Label1.Text = " Die Person ist " & alter.ToString() & " Jahre alt!"
    End Sub
End Class
```

Test

Geben Sie verschiedene Datumswerte ein und überprüfen Sie z.B. auch das Alter vor, zum und nach dem Geburtstag.

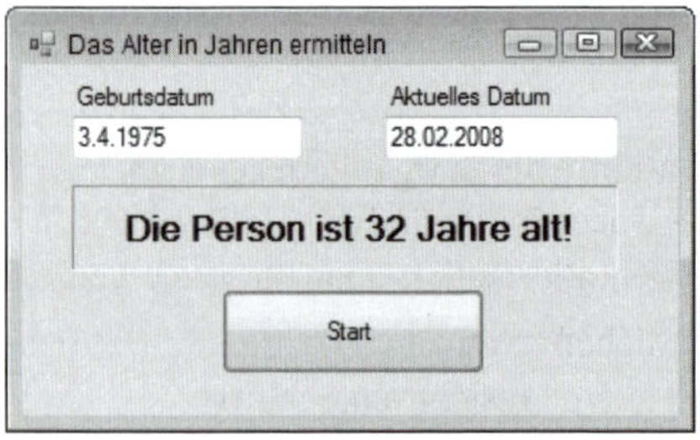

Abbildung 24.18
Laufzeitansicht

24.17 ... die Monatsdifferenz berechnen?

Es gibt Fälle, wo man die Anzahl von Monaten zwischen zwei Datumswerten wissen muss, z.B. bei rückständigen Mietzahlungen. Zur Lösung des Problems stellen wir hier zwei Varianten vor.

Benutzerschnittstelle

Ein Formular mit zwei TextBoxen, drei Labels und zwei Buttons genügt zum Testen (siehe Laufzeitansicht am Schluss).

Variante 1

Bei dieser Variante können wir auf die AddYears-Methode sowie die Month- und Day-Eigenschaften von DateTime-Variablen zurückgreifen.

```
Private Function calcMonths_1(ByVal d1 As DateTime, ByVal d2 As DateTime) As Integer
    Dim years As Integer = d2.Year - d1.Year
    Dim dt As DateTime = d1.AddYears(years)
    If dt > d2 Then years -= 1
    Dim months As Integer = d2.Month - d1.Month
    If d2.Day < d1.Day Then months -= 1
    months = (months + 12) Mod 12 + years * 12
    Return months
End Function
```

Der Aufruf:

```
Private Sub Button1_Click(ByVal sender As System.Object, ByVal e As System.EventArgs) _
                                                                    Handles Button1.Click
    Label3.Text = "Die Differenz beträgt " & _
            calcMonths_1(DateTime.Parse(TextBox1.Text), _
                    DateTime.Parse(TextBox2.Text)).ToString & " Monate!"
End Sub
```

Variante 2

Diese Variante der calcMonths-Funktion ist vielleicht etwas zeitaufwändiger, dafür aber leichter zu verstehen. Unter Verwendung der AddMonths-Methode addiert man in einer Schleife immer wieder einen Monat zu d1 bis das Zieldatum d2 erreicht ist:

```
Private Function calcMonths_2(ByVal d1 As DateTime, ByVal d2 As DateTime) As Integer
    Dim i As Integer = 0
    Do
        d1 = d1.AddMonths(1)
        i += 1
    Loop While d1 <= d2
```

```
    Return i - 1
  End Function
```

Der Aufruf entspricht dem von Variante 1.

Test

Beide Varianten müssen natürlich zum gleichen Ergebnis führen.

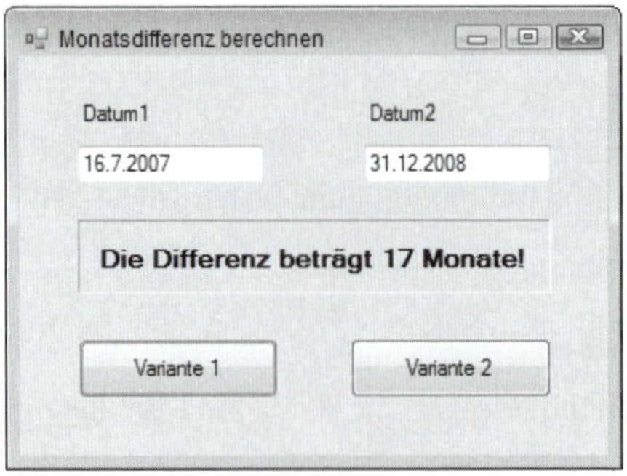

Abbildung 24.19
Laufzeitansicht

24.18 ... das Datum beweglicher Feiertage berechnen?

Der Schlüssel zur Berechnung des Datums beweglicher Feiertage liegt beim Ostersonntag. Dies ist der erste Sonntag des Jahres, der dem Tag des ersten Vollmonds nach dem Frühjahrsäquinoktium (Tag- und Nacht-Gleiche) folgt.

Relativ zum Ostersonntag lassen sich folgende Feiertage einfach ermitteln:

- Aschermittwoch (-46 Tage)
- Karfreitag (-2 Tage)
- Ostermontag (1 Tag)
- Christi Himmelfahrt (+ 39 Tage)
- Pfingstsonntag (+49 Tage)
- Pfingstmontag (+50 Tage)
- Fronleichnam (+60 Tage)

Benutzerschnittstelle

Das Startformular `Form1`, eine `TextBox` und ein `Label` genügen.

Programmierung

Die folgende Funktion liefert das Datum des Ostersonntags ab dem Jahr 1583 (Einführung des bis heute gültigen Gregorianischen Kalenders)[1].

```
Public Class Form1
    Public Function Ostern(ByVal year As Integer) As DateTime
        Dim c1 As Integer = year Mod 19
        Dim c2 As Integer = year \ 100
        Dim c3 As Integer = year Mod 100
        Dim c4 As Integer = c2 \ 4
        Dim c5 As Integer = c2 Mod 4
        Dim c6 As Integer = (c2 + 8) \ 25
        Dim c7 As Integer = (c2 - c6 + 1) \ 3
        Dim c8 As Integer = (19 * c1 + c2 - c4 - c7 + 15) Mod 30
        Dim c9 As Integer = c3 \ 4
        Dim c10 As Integer = c3 Mod 4
        Dim c11 As Integer = (32 + 2 * c5 + 2 * c9 - c8 - c10) Mod 7
        Dim c12 As Integer = (c1 + 11 * c8 + 22 * c11) \ 451
        Dim c13 As Integer = c8 + c11 - 7 * c12 + 114
        Dim c14 As Integer = c13 \ 31          ' Monat
        Dim c15 As Integer = c13 Mod 31 + 1    ' Tag
        Dim res As DateTime = New DateTime(year, c14, c15)
        Return res
    End Function
```

Der Aufruf:

```
    Private Sub TextBox1_KeyUp(ByVal sender As System.Object, _
                     ByVal e As System.Windows.Forms.KeyEventArgs) Handles TextBox1.KeyUp
        If (e.KeyCode = Keys.Enter) AndAlso (TextBox1.Text <> String.Empty) Then
            Dim jahr As Integer = Int32.Parse(TextBox1.Text)
            If (jahr > 1582) Then Label1.Text = "Der Ostersonntag ist der " & _
                                        Ostern(jahr).ToString("d.M.yyyy") & " !"
        Else
            Label1.Text = "Berechnung nicht möglich!"
        End If
    End Sub
End Class
```

Test

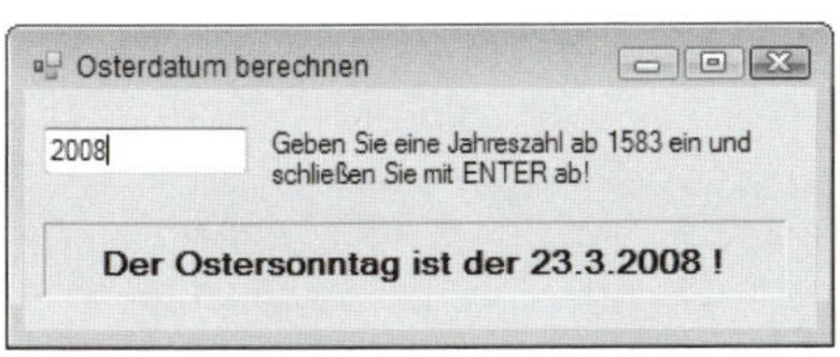

Abbildung 24.20
Laufzeitansicht

[1] Die verwendete Berechnungsformel entstammt dem Buch *Astronomical Formulae for Calculators* von *Jean Meeus, Willmann Bell Verlag 1982.*

Andere Feiertage berechnen

Die anderen beweglichen Feiertage lassen sich aufgrund ihrer bekannten relativen Verschiebung zu Ostern (siehe ganz oben) mittels `AddDays`-Methode einfach berechnen.

Beispiel Pfingsten

```
Dim pfingsten As DateTime = Ostern(jahr).AddDays(49)
```

24.19 ... ersten und letzten Wochentag eines Monats bestimmen?

Mitunter möchte man wissen, auf welchen Wochentag der Monatsanfang oder das Monatsende fallen. Das vorliegende Rezept zeigt eine Lösung auf Basis der beiden selbst definierten Funktionen `getFirstDayOfMonth` und `getLastDayOfMonth`, die wiederum auf den Funktionen `AddMonths` und `AddDays` beruhen. Außerdem wird die Anwendung der `Format`-Methode der statischen `String`-Klasse demonstriert.

Benutzerschnittstelle

Die folgende Abbildung zeigt die Laufzeitansicht:

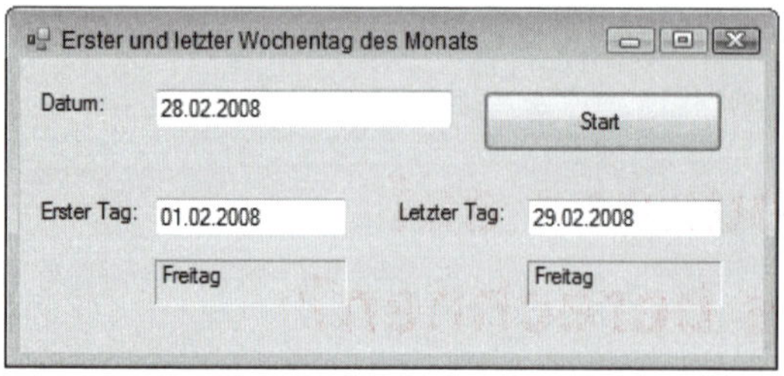

Abbildung 24.21 Laufzeitansicht

Programmierung

```
Public Class Form1
```

Die beiden Funktionen:

```
    Private Function getFirstDayOfMonth(ByVal dat As DateTime) As DateTime
        Return dat.AddDays(-(dat.Day - 1))
    End Function

    Private Function getLastDayOfMonth(ByVal dat As DateTime) As DateTime
        Dim d As DateTime = dat.AddMonths(1)
        Return d.AddDays(-(d.Day))
    End Function
```

Der Aufruf:

```
    Private Sub Button1_Click(ByVal sender As System.Object, ByVal e As System.EventArgs) _
                                                                     Handles Button1.Click
        Dim dat As DateTime = Convert.ToDateTime(TextBox1.Text)

        dat = getFirstDayOfMonth(dat)
        TextBox2.Text = dat.ToShortDateString()
        Label1.Text = String.Format("{0:dddd}", dat)
        dat = getLastDayOfMonth(dat)
        TextBox3.Text = dat.ToShortDateString()
        Label2.Text = String.Format("{0:dddd}", dat)
    End Sub
End Class
```

Test

Geben Sie ein gültiges Datum ein und klicken Sie die »Start«-Schaltfläche (siehe obige Laufzeitansicht).

Bemerkungen

- Die nahe liegende Verwendung der Instanzenmethode DayOfWeek ist weniger zweckmäßig, da die Wochentagsnamen dann nur in englischer Sprache erscheinen:

```
Label1.Text = dat.DayOfWeek.ToString    ' liefert z.B. "Thursday"
```

- In die obere Textbox kann das Datum auch in einem anderen Format eingegeben werden, z.B. als »20.November 08«.

24.20 ... Abschreibungen auf Monatsbasis berechnen?

Jetzt verlangt das Finanzamt auch vom Freiberufler nicht mehr die Aufsplittung der Abschreibungskosten auf jährlicher bzw. halbjährlicher, sondern auf monatlicher Basis. Das macht sich vor allem bei relativ teuren kurzlebigen Wirtschaftsgütern, wie z.B. Computern, deutlich bemerkbar, wo Sie z.B. im ersten Jahr nur noch den monatlichen Anteil an der Gesamtlebenszeit als Kosten ansetzen können.

Beispiel Sie kaufen sich am 23.12.2006 für 1000 € einen Computer, für den Sie eine Lebenszeit von drei Jahren festlegen, was einer jährlichen Abschreibungsrate von 33,3%, d.h. 333,33 €, entspricht. Bislang konnten Sie dafür im Anschaffungsjahr noch die Hälfte, das sind 166,66 €, als Kosten ansetzen, obwohl der Computer nur ca. einen Monat da war. Jetzt sind dafür höchstens noch 27,78 € möglich (monatliche Abschreibungsrate = 33,3 % / 12 = 2,78%).

Es ist üblich, dass ein vollständig abgeschriebenes Wirtschaftsgut nicht den Restwert null erhält, sondern mit einem so genannten »Erinnerungswert« (1€) so lange in den Büchern verbleibt, bis es explizit »verschrottet« wird.

Die Programmierung einer entsprechenden Funktion scheint zunächst nicht sonderlich schwierig zu sein. Wie Sie aber sehen werden, bereiten vor allem das erste und das letzte Jahr der Lebensdauer gewisse Probleme.

Benutzerschnittstelle

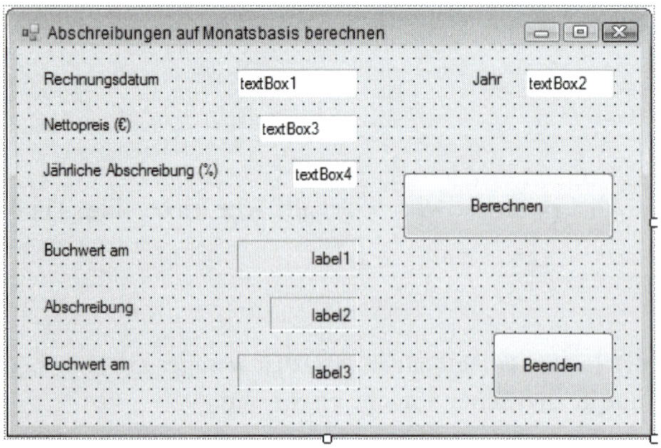

Abbildung 24.22
Entwurfsansicht

Programmierung

```
Public Class Form1
```

Es sieht professioneller aus, wenn wir die Rückgabewerte der Funktion `calcAbschreibung` – anstatt in mehreren »lose herumflatternden« globalen Variablen – in einer Struktur kapseln, dabei sind `abz` die Abschreibungskosten im abzurechnenden Jahr, `bw1` der Buchwert am 31.12. des Vorgängerjahrs und `bw2` der Buchwert am 31.12. des abzurechnenden Jahrs.

```
    Private Structure TAbschreibung
        Dim abz, bw1, bw2 As Decimal
    End Structure
```

Die an die Funktion `calcAbschreibung` zu übergebenden Parameter sind das Datum der Anschaffung `dr`, das abzurechnende Jahr `jahr`, der Anschaffungspreis `netto` und die jährliche Abschreibung in % `apj`:

```
    Private Function calcAbschreibung(ByVal dr As DateTime, ByVal jahr As Integer, _
                            ByVal netto As Decimal, ByVal apj As Decimal) As TAbschreibung

        Dim AB As TAbschreibung                     ' Rückgabewert der Funktion
        Dim am As Decimal = apj / 100 / 12 * netto  ' monatliche Abschreibung in Euro
```

Durchlaufen aller Monate mit folgenden Startwerten:

```
        Dim rw As Decimal = netto   ' Restwert entspricht zu Beginn Netto
        Dim ad As DateTime = dr     ' lfd. Datum entspricht zu Beginn dem Rechnungsdatum
        Dim bw As Decimal = 0       ' Buchwert im Vorgängerjahr
```

Wiederholen, solange Restwert > 0 und Jahr nicht größer als Auswertungsjahr ist:

```
Do While ((rw > 1) AndAlso (ad.Year <= jahr)) ' wdhl., solange Restwert > 0  und
                                              ' Auswertungsjahr nicht überschritten ist
    Dim betrag As Decimal          ' Abschreibungsbetrag
    Dim rw1 As Decimal = rw - am   ' neuer Restwert
    If (rw1 < 1.0) Then rw1 = 0    ' wenn neuer Restwert unter 1Euro => auf Null runden
    ' Restwert herabsetzen:
    If rw1 > 0 Then                ' volle Monatsrate kann abgezogen werden
        betrag = am
        rw -= betrag
    Else                          ' letzte Monatsrate kann nicht größer als Restwert sein
        betrag = rw - 1
        rw = 1                    ' Erinnerungswert
    End If
```

Abschreibungen im Auswertungsjahr akkumulieren:

```
    If ad.Year = jahr Then AB.abz += betrag
```

Buchwert für Dezember des Vorgängerjahrs:

```
     If (ad.Year = (jahr - 1)) AndAlso (ad.Month = 12) Then bw = rw
    ad = ad.AddMonths(1)              ' nächster Monat
Loop
```

Die Buchwerte ermitteln:

```
If jahr = dr.Year Then     ' im Anschaffungsjahr gibt es keinen Buchwert bw1
    AB.bw1 = 0
    AB.bw2 = netto - AB.abz
Else
    AB.bw1 = bw
    AB.bw2 = AB.bw1 - AB.abz
End If
```

Erinnerungswert 1 € auch bei Jahren nach Ende der Lebensdauer beibehalten:

```
 If jahr > ad.Year Then
    AB.bw1 = 1
    AB.bw2 = 1
End If
Return AB
End Function
```

Die Schaltfläche »Berechnen« realisiert das bekannte EVA-Prinzip (Eingabe-Verarbeitung-Ausgabe):

```
Private Sub Button1_Click(ByVal sender As System.Object, ByVal e As System.EventArgs) _
                                                                  Handles Button1.Click
    Label2.Text = String.Empty
    Label1.Text = String.Empty
    Label3.Text = String.Empty
    Try
```

Eingabe:

```
            Dim dr As DateTime = DateTime.Parse(TextBox1.Text)
            Dim jahr As Integer = Int32.Parse(TextBox2.Text)
            Dim netto As Decimal = Decimal.Parse(TextBox3.Text)
            Dim afm As Decimal = Decimal.Parse(TextBox4.Text)
```

Verarbeitung:

```
            Dim ab As TAbschreibung = calcAbschreibung(dr, jahr, netto, afm)
```

Ausgabe:

```
            Label1.Text = ab.bw1.ToString("c")
            Label2.Text = ab.abz.ToString("c")
            Label3.Text = ab.bw2.ToString("c")
            Label4.Text = "Buchwert am " & "31.12." & (jahr - 1).ToString
            Label5.Text = "Abschreibungen in " & jahr.ToString
            Label6.Text = "Buchwert am " & "31.12." & (jahr).ToString
        Catch ex As Exception
            MessageBox.Show(ex.Message.ToString)
        End Try
    End Sub
    ...
End Class
```

Test

In unserem Beispiel berechnen wir für das Jahr 2008 die Kosten, die man in der Gewinnermittlung für einen im September 2005 angeschafften 1000 €-Computer mit einer Lebenszeit von 3 Jahren (Abschreibung = 33,33 % pro Jahr) ansetzen kann. Wie Sie sehen, ist der Computer im Jahr 2008 abgeschrieben und verbleibt mit einem Erinnerungswert von 1 € in den Büchern.

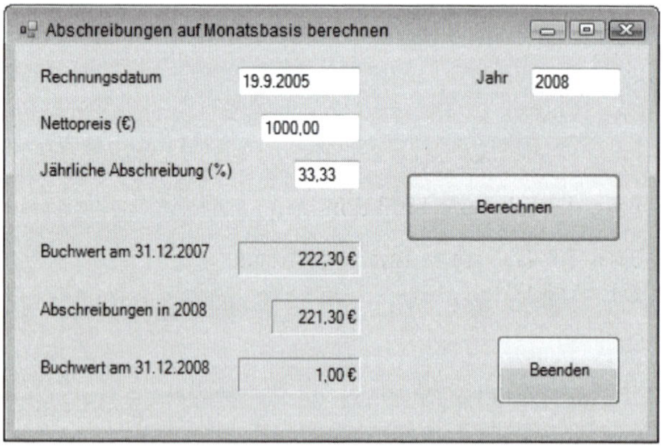

Abbildung 24.23
Laufzeitansicht

Hinweis

Zwecks Kontrolle ermitteln Sie nacheinander die jährlichen Abschreibungskosten (2005 = 111,10 €; 2006 = 333,30 €; 2007 = 333,30 €; 2008 = 221,30 €). Die Summe plus Erinnerungswert 1 € muss exakt den Neuwert von 1000 € ergeben. ■

24.21 ... Geldbeträge kaufmännisch runden?

Wie schafft man es, einen Betrag immer auf 50 Cent aufzurunden, z.B. von 11,35 € auf 11,50 € oder von 11,52 € auf 12,00 €? Mit der Round-Funktion der Math-Klasse ist das nicht zu schaffen, denn die rundet auf oder ab, je nach nächstliegendem ganzzahligen Wert.

Wir entwickeln eine Funktion, die dieses Problem löst!

Benutzerschnittstelle

Im Wesentlichen benötigen wir nur eine TextBox für die Eingabe eines Geldbetrags und ein Label für die Anzeige des gerundeten Betrags (siehe Laufzeitabbildung).

Programmierung

Da auch die expliziten Typkonvertierungen CInt, Convert.ToInt32 bzw. CType alle auf den nächstliegenden Integer-Wert runden, muss zunächst eine Hilfsfunktion definiert werden, die nur abrundet, also immer nur den ganzzahligen Anteil einer Gleitkommazahl zurückgibt. Rettung naht in Gestalt der Floor-Funktion der Math-Klasse, die den nächstliegenden gleichgroßen oder kleineren ganzzahligen Wert zurückgibt:

```
Public Class Form1
    Private Function Int(ByVal z As Double) As Double
        Return (Math.Floor(z))
    End Function
```

Das kaufmännische Runden erledigt dann die folgende Funktion:

```
    Public Function betragK(ByVal betr As Double, ByVal rdUp As Double) As Double
        Return (rdUp * (1 + Int((betr - 0.001) / rdUp)))
    End Function
```

Im Folgenden wird die Anwendung der Funktion betragK im KeyUp-Event der TextBox gezeigt. Der Berechnungsvorgang startet nach Betätigen der Enter-Taste:

```
    Private Sub TextBox1_KeyUp(ByVal sender As System.Object, _
                       ByVal e As System.Windows.Forms.KeyEventArgs) Handles TextBox1.KeyUp
        If e.KeyCode = Keys.Enter Then
            Dim geld As Double = Double.Parse(TextBox1.Text)
```

```
            Label1.Text = betragK(geld, 0.5D).ToString("c")         ' rundet auf 50 Cent
        End If
    End Sub
End Class
```

Test

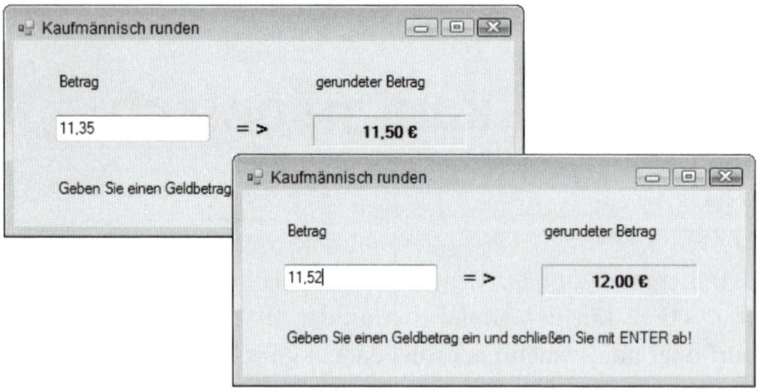

Abbildung 24.24 Laufzeitansichten

Hinweis

Überprüfen Sie auch das Runden glatter Werte, z.B. dürfen 12,00 € nicht auf 12,50 € aufgerundet werden! ■

Bemerkungen

- Der Formatstring »c« formatiert das Ergebnis entsprechend der in der Windows-Systemeinstellung vorgenommenen Währungseinstellung.
- Durch Ändern des Übergabeparameters beim Aufruf der `betragK`-Funktion kann natürlich auch eine andere Rundungsschwelle als `50 Cent` gewählt werden.

24.22 ... Fehler bei mathematischen Operationen behandeln?

Dieses Rezept soll nur nebenbei die (doch relativ triviale) Anwendung der mathematischen Grundoperationen demonstrieren. Vor allem soll auf die Möglichkeiten der Fehlerbehandlung mittel `Try-Catch`-Blöcken und `Throw Exception` hingewiesen werden.

Benutzerschnittstelle

Die Abbildung zeigt einen sehr einfachen »Taschenrechner«, der nur für ganze Zahlen (`Integer`) ausgelegt ist.

In einer `GroupBox` sind fünf `RadioButtons` angeordnet. Das Textfeld für die Ergebnisanzeige (`TextBox4`) ist deshalb so breit, weil dort auch die eventuellen Fehlermeldungen erscheinen sollen.

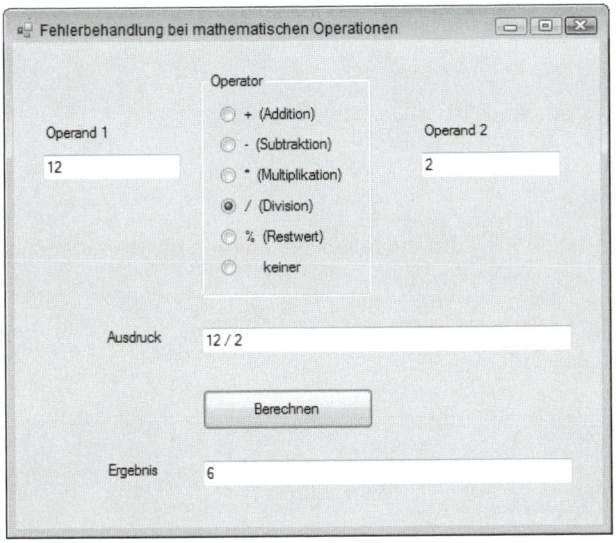

Abbildung 24.25
Laufzeitansicht

Programmierung

```
Public Class Form1
```

Für jede der fünf arithmetischen Grundoperationen wird eine eigene Funktion definiert, welche die Anzeige des Ausdrucks übernimmt und die Berechnung durchführt.

Alle fünf Operationen nehmen nur `Integer`-Werte als Operanden entgegen und liefern als Ergebnis einen `Integer`-Wert zurück!

Die Addition:

```
Private Function addiere(ByVal op1 As Integer, ByVal op2 As Integer) As Integer
    TextBox3.Text = op1.ToString() & " + " & op2.ToString()
    Return op1 + op2
End Function
```

Die Subtraktion:

```
Private Function subtrahiere(ByVal op1 As Integer, ByVal op2 As Integer) As Integer
    TextBox3.Text = op1.ToString() & " - " & op2.ToString()
    Return op1 - op2
End Function
```

Das Multiplizieren:

```
Private Function multipliziere(ByVal op1 As Integer, ByVal op2 As Integer) As Integer
    TextBox3.Text = op1.ToString() & " * " & op2.ToString()
    Return op1 * op2
End Function
```

Die Integer-Division:

```
Private Function dividiere(ByVal op1 As Integer, ByVal op2 As Integer) As Integer
    TextBox3.Text = op1.ToString() & " / " & op2.ToString()
    Return (op1 \ op2)
End Function
```

Die Restwert-Division:

```
Private Function modulo(ByVal op1 As Integer, ByVal op2 As Integer) As Integer
    TextBox3.Text = op1.ToString() & " % " & op2.ToString()
    Return op1 Mod op2
End Function
```

In Abhängigkeit vom angeklickten `RadioButton` führt die folgende Funktion die Operation aus bzw. liefert eine Fehlermeldung:

```
Private Function berechne(ByVal op1 As Integer, ByVal op2 As Integer) As Integer
    Dim res As Integer = 0
    If RadioButton1.Checked Then
        res = addiere(op1, op2)
    ElseIf (RadioButton2.Checked) Then
        res = subtrahiere(op1, op2)
    ElseIf (RadioButton3.Checked) Then
        res = multipliziere(op1, op2)
    ElseIf (RadioButton4.Checked) Then
        res = dividiere(op1, op2)
    ElseIf (RadioButton5.Checked) Then
        res = modulo(op1, op2)
    Else
        Throw New InvalidOperationException("Kein Operator ausgewählt!")
    End If
    Return res
End Function
```

Die Schaltfläche »Berechnen«:

```
Private Sub Button1_Click(ByVal sender As System.Object, ByVal e As System.EventArgs) _
                                                            Handles Button1.Click
    Try
        Dim op1 As Integer = System.Int32.Parse(TextBox1.Text)
        Dim op2 As Integer = System.Int32.Parse(TextBox2.Text)
        Dim res As Integer = berechne(op1, op2)
        TextBox4.Text = res.ToString()
    Catch ex As System.Exception
        TextBox4.Text = ex.Message
    End Try
End Sub
End Class
```

Hinweis

Achten Sie darauf, dass im obigen Code an zwei unterschiedlichen Stellen eine Fehlerbehandlung erfolgt (Fettdruck)! ■

Test

Ihrer Experimentierfreude sind nun keine Grenzen gesetzt, dank der doppelten Fehlerbehandlung werden Sie großzügig mit Informationen versorgt und es wird Ihnen nicht gelingen, das Programm zum Absturz zu bewegen.

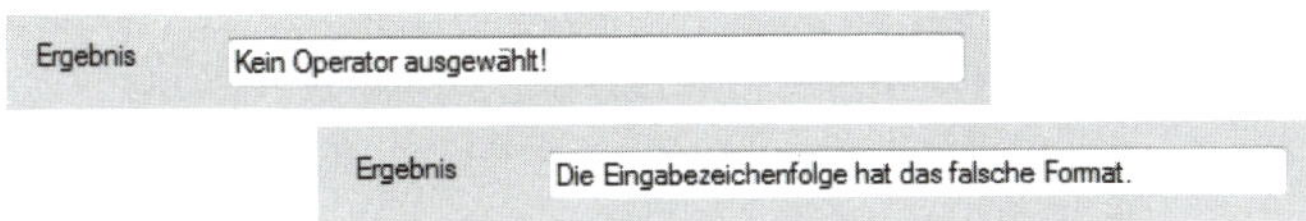

Abbildung 24.26 Laufzeitmeldungen

Auch bei der gefürchteten Division durch Null erfolgt anstelle des Ergebnisses eine vernünftige Fehlermeldung:

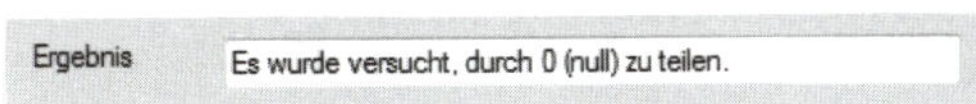

Abbildung 24.27
Division durch Null

Bemerkungen

- Sie können leicht nachprüfen, dass das Ergebnis der Modulo-Division gleich dem Restwert ist, wie er bei Integer-Division übrig bleibt, z.B.:

  ```
  10 \ 3 = 3
  ```

  Der Rest ist 1:

  ```
  10 Mod 3 = 1
  ```

- Einen weiteren »Taschenrechner« finden Sie in 24.25 »... Delegates verstehen?«.

24.23 ... mit Potenzen und Wurzeln rechnen?

Ein gutes Beispiel, um den Umgang mit Wurzeln und Potenzen zu trainieren, bietet die Formel zur Berechnung des Volumens einer Kugel:

$$V = 4 / 3 * \pi * r^3$$

Benutzerschnittstelle

Ein Formular mit zwei TextBoxen genügt.

Programmierung

```
Public Class Form1
```

Mit Hilfe der Pow-Methode der (statischen) Math-Klasse ist es kein Problem, ausgehend von obiger Formel die entsprechenden Funktionen zu entwickeln, wobei wir anstatt des Radius den Durchmesser der Kugel als Parameter bzw. Rückgabewert verwenden. Die Genauigkeit wird auf drei Nachkommastellen begrenzt.

```
    Public Function Kugeldurchmesser(ByVal v As Double) As Double
        Dim d As Double = Math.Pow((6.0 / Math.PI * v), 1 / 3.0)  ' Pow berechnet dritte Wurzel
        Return d
    End Function

    Public Function Kugelvolumen(ByVal d As Double) As Double
        Dim v As Double = Math.PI * Math.Pow(d, 3) / 6          ' Pow berechnet dritte Potenz
        Return v
    End Function
```

Nun zur Anwendung der beiden Funktionen. Wenn in einer der beiden TextBoxen ein Wert geändert wurde, soll auch der Wert in der jeweils anderen TextBox aktualisiert werden.

Der Kugeldurchmesser wurde geändert:

```
    Private Sub TextBox1_KeyUp(ByVal sender As System.Object, _
                        ByVal e As System.Windows.Forms.KeyEventArgs) Handles TextBox1.KeyUp
        If e.KeyCode = Keys.Enter Then
            TextBox2.Text = Kugelvolumen(Double.Parse(TextBox1.Text)).ToString("#,#0.000")
        End If
    End Sub
```

Das Kugelvolumen wurde geändert:

```
    Private Sub TextBox2_KeyUp(ByVal sender As System.Object, _
                         ByVal e As System.Windows.Forms.KeyEventArgs) Handles TextBox2.KeyUp
        If e.KeyCode = Keys.Enter Then
            TextBox1.Text = Kugeldurchmesser(Double.Parse(TextBox2.Text)).ToString("#,#0.000")
        End If
    End Sub

End Class
```

Test

Geben Sie in eine der beiden Textboxen einen Wert ein und schließen Sie die Eingabe mit der Enter-Taste ab. Die Maßeinheit ist auf beiden Seiten immer gleich. Das Ergebnis laut folgender Abbildung bedeutet also zum Beispiel:

Eine Kugel mit 10 Kubikmetern Inhalt (10.000 Liter) hat einen Durchmesser von 2,673 Metern, eine mit 10 Kubikzentimetern Inhalt (10 mL) einen Durchmesser von 2,673 Zentimetern.

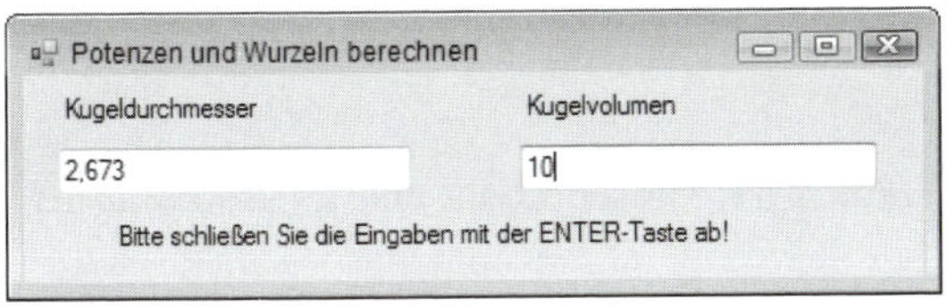

Abbildung 24.28
Laufzeitansicht

24.24 ... überladene/überschriebene Methoden unterscheiden?

Für den Einsteiger scheint es ziemlich schwierig zu sein, beide ähnlich lautenden »Methodentypen« auseinanderzuhalten, sodass es oft zu Verwechslungen oder gar Verwirrungen kommt. Zunächst bleibt festzuhalten, dass es sich in beiden Fällen um Methoden mit gleich lautenden Namen handelt, die in einem Programm in mehreren Versionen existieren können. Damit enden aber auch schon die Gemeinsamkeiten.

- *Überladen von Methoden*
  Innerhalb einer Klasse können zwei und mehr gleichnamige Methoden konfliktfrei nebeneinander existieren, wenn sie eine unterschiedliche Signatur (Reihenfolge und Datentyp der Übergabeparameter) besitzen. Eine besondere Kennzeichnung ist nicht erforderlich.
- *Überschreiben von Methoden*
  Im Unterschied zum Überladen findet das Überschreiben von Methoden innerhalb einer Vererbungshierarchie statt, d.h., eine in der Oberklasse als `Overridable` definierte (virtuelle) Methode kann in den Unterklassen mittels `Overrides` überschrieben werden. Dabei bleibt die Signatur dieselbe. Was sich ändert, ist der Methodenkörper, also die Implementierung.

Im vorliegenden Rezept demonstrieren wir die Unterschiede anhand einer Methode `addGuthaben` einer Klasse `CKunde`, von der eine Klasse `CPrivatKunde` erbt. Die Methode `addGuthaben` wollen wir in zwei überladenen und in einer überschriebenen Version implementieren[1].

Damit wir gut vergleichen können, erfüllen alle drei Methodenversionen den gleichen Zweck, sie erhöhen das Guthaben eines Privatkunden um denselben Betrag.

Benutzerschnittstelle

Zum Testen benötigen wir ein Formular mit drei Schaltflächen (damit rufen wir die verschiedenen Versionen der Methode `addGuthaben` auf) und einem repräsentativen Label für die Ergebnisanzeige (siehe folgende Laufzeitansicht).

[1] Eigentlich handelt es sich um drei überladene Methoden, von denen die dritte zusätzlich noch überschreibbar (virtuell) ist.

Programmierung

```
Public Class Form1
```

Um den Code überschaubar zu machen, wurden die Klassen CKunde und CPrivatKunde innerhalb von Form1 implementiert.

```
    Public Class CKunde
```

Jeder Kunde hat ein Netto-Guthaben:

```
        Public guthaben As Decimal
```

Die erste Methodenüberladung nimmt als Parameter den Nettobetrag entgegen:

```
        Public Overloads Sub addGuthaben(ByVal netto As Decimal)
            guthaben += netto
        End Sub
```

Die zweite Methodenüberladung benötigt zwei Parameter, den Bruttobetrag und die Mehrwertsteuer:

```
        Public Overloads Sub addGuthaben(ByVal brutto As Decimal, ByVal mwst As Decimal)
            guthaben += brutto / (1 + mwst)
        End Sub
```

Die dritte Überladung der Methode erhöht das Kundenguthaben um 5 Euro, allerdings ist sie auch als Overridable deklariert und kann deshalb (muss aber nicht) in der Nachkommen-Klasse CPrivatKunde überschrieben werden.

```
        Public Overridable Overloads Sub addGuthaben()
            guthaben += 5
        End Sub
    End Class
```

Die Klasse CPrivatKunde erbt von CKunde und überschreibt (Overrides) die Methode addGuthaben:

```
    Public Class CPrivatKunde
        Public Class CPrivatKunde
     Inherits CKunde

     Public Overrides Sub addGuthaben()
```

Zunächst wird die Methode der Basisklasse aufgerufen, die 5 Euro addiert:

```
            MyBase.addGuthaben()
```

Weitere 5 Euro werden addiert, sodass sich das Guthaben insgesamt um 10 Euro erhöht:

```
            guthaben += 5
        End Sub
    End Class
```

Um alle Methoden zu testen, wird zunächst ein Privatkunde erzeugt:

```
    Private kunde1 As New CPrivatKunde()
```

Die erste Methodenüberladung aufrufen und dabei das Netto-Guthaben des Kunden um 10 Euro erhöhen:

```
Private Sub Button1_Click(ByVal sender As System.Object, ByVal e As System.EventArgs) _
                                                          Handles Button1.Click
    kunde1.addGuthaben(10)
    Label1.Text = "Das Guthaben beträgt " & kunde1.guthaben.ToString("c")
End Sub
```

Zweite Methodenüberladung aufrufen (die übergebenen Parameter für Bruttobetrag und Mehrwertsteuer sind so gewählt, dass sich auch hier das Netto-Guthaben um 10 Euro erhöht):

```
Private Sub Button2_Click(ByVal sender As System.Object, ByVal e As System.EventArgs) _:
                                                          Handles Button2.Click
    kunde1.addGuthaben(11.9D, 0.19D)
    Label1.Text = "Das Guthaben beträgt " & kunde1.guthaben.ToString("c")
End Sub
```

Die überschriebene Methodenversion aufrufen:

```
Private Sub Button3_Click(ByVal sender As System.Object, ByVal e As System.EventArgs) _
                                                          Handles Button3.Click
    kunde1.addGuthaben()
    Label1.Text = "Das Guthaben beträgt " & kunde1.guthaben.ToString("c")
End Sub
End Class
```

Test

Egal auf welche Schaltfläche Sie klicken, in jedem Fall erhöht sich das Guthaben in 10 Euro-Schritten.

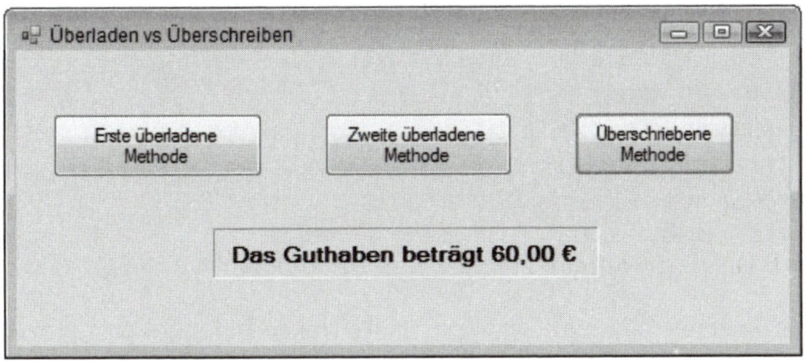

Abbildung 24.29 Laufzeitansicht

Bemerkungen

Während das Überladen mehrere Versionen einer Methode innerhalb einer Klasse erlaubt, wird durch das Überschreiben eine geerbte Methode ersetzt.

- Überladung wird beispielsweise verwendet, wenn eine Methode mehrere optionale Parameter besitzen soll. Die Auswahl unter Visual Studio fällt leicht, da die Intellisense alle Überladungen und deren Signaturen anzeigt.

- Überschreibung kommt bei der Vererbung zum Einsatz. So kann eine Basisklasse die Implementierung einer Methode vorschreiben, die jedoch bei jeder Ableitung – trotz gleicher Signatur – eine unterschiedliche Aufgabe lösen soll. Dieses Verhalten ist als »Polymorphie« bekannt und gehört mit zu den zentralen OOP-Konzepten.

24.25 ... Delegates verstehen?

Delegates sind typisierte Funktionszeiger und als solche für den Ein- und Umsteiger etwas gewöhnungsbedürftig. Das vorliegende Rezept soll das Prinzip am Beispiel eines einfachen »Taschenrechners« erläutern.

Benutzerschnittstelle

Auf das Startformular `Form1` setzen wir zwei `TextBoxen` für die Eingabe der Operanden und ein attraktives `Label` zur Ergebnisanzeige. Die durchzuführende Rechenoperation (Addition, Multiplikation, Division) wird über drei `RadioButtons` ausgewählt, die in einer `GroupBox` angeordnet sind (siehe Laufzeitabbildung).

Programmierung

```
Public Class Form1
```

Das Anmelden der Eventhandler lassen wir diesmal nicht von Visual Studio erledigen, sondern nehmen das selbst in die Hand. Grund dafür ist, dass sowohl beide `TextBoxen` als auch alle drei `RadioButtons` jeweils gemeinsame Eventhandler verwenden sollen.

```
    Private Sub Form1_Load(ByVal sender As System.Object, _
                                        ByVal e As System.EventArgs) Handles MyBase.Load
        AddHandler TextBox1.KeyUp, AddressOf TextBox_KeyUp
        AddHandler TextBox2.KeyUp, AddressOf TextBox_KeyUp
        AddHandler RadioButton1.CheckedChanged, AddressOf RadioButton_CheckedChanged
        AddHandler RadioButton2.CheckedChanged, AddressOf RadioButton_CheckedChanged
        AddHandler RadioButton3.CheckedChanged, AddressOf RadioButton_CheckedChanged
    End Sub
```

Zum eigentlichen Thema dieses Rezepts kommen wir erst jetzt: Unser Delegate soll einen Methodentyp definieren, welcher zwei Gleitkommazahlen als Parameter entgegennimmt und eine Gleitkommazahl zurückliefert:

```
    Private Delegate Function calcDlg(ByVal x As Single, ByVal y As Single) As Single
```

Die drei Rechenmethoden müssen der Signatur des Delegaten entsprechen:

```
    Private Function addFloat(ByVal a As Single, ByVal b As Single) As Single
        Return a + b
    End Function
```

```
    Private Function multFloat(ByVal a As Single, ByVal b As Single) As Single
        Return a * b
    End Function

    Private Function divFloat(ByVal a As Single, ByVal b As Single) As Single
        Return a / b
    End Function
```

Die folgende allgemeine Rechenmethode calc weist dem Delegaten eine konkrete Methodenadresse zu, führt die Rechenoperation aus und zeigt das Ergebnis auf zwei Nachkommastellen genau an:

```
    Private Sub calc()
        Dim calcMethod As calcDlg = Nothing
        If RadioButton1.Checked Then
            calcMethod = AddressOf addFloat
        ElseIf RadioButton2.Checked Then
            calcMethod = AddressOf multFloat
        ElseIf RadioButton3.Checked Then
            calcMethod = AddressOf divFloat
        End If
        Dim z1 As Single = Single.Parse(TextBox1.Text)
        Dim z2 As Single = Single.Parse(TextBox2.Text)
        Label1.Text = calcMethod(z1, z2).ToString("#,##0.00")
    End Sub
```

Der Rest bietet keine Besonderheiten:

```
    Private Sub TextBox_KeyUp(ByVal sender As Object, ByVal e As KeyEventArgs)
        If (e.KeyCode = Keys.Enter) Then calc()        ' Neuberechnung bei Enter-Taste
    End Sub
    Private Sub RadioButton_CheckedChanged(ByVal sender As Object, ByVal e As EventArgs)
        calc()                              ' Neuberechnung bei Ändern der Operation
    End Sub

End Class
```

Test

Wenn Sie die Eingabe eines Operanden mittels Enter-Taste abschließen oder eine andere Rechenoperation einstellen wird das Ergebnis sofort aktualisiert.

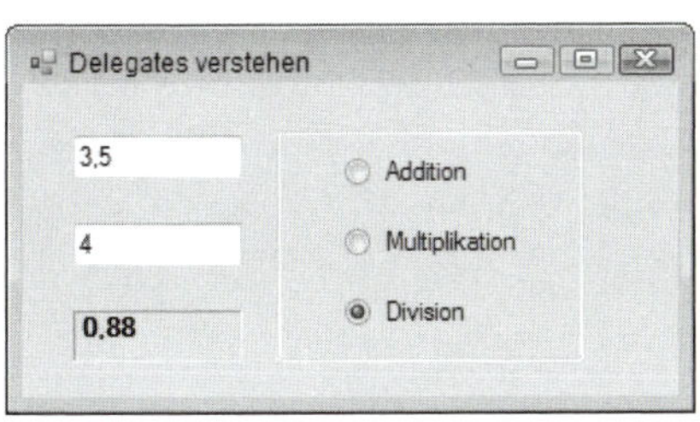

Abbildung 24.30
Laufzeitansicht

24.26 ... LINQ-Abfragen verstehen?

In diesem Rezept lernen Sie den prinzipiellen Aufbau von LINQ[1]-Abfragen kennen. Im Zusammenhang damit kommen die ab .NET 3.0 eingeführten Sprachfeatures wie Typinferenz, Lambda-Ausdrücke und Erweiterungsmethoden zum Einsatz.

Prinzipiell gibt es zwei verschiedene Syntaxformen für LINQ-Abfragen:

- *Query Expression Syntax*
  Hier werden Standard-Query-Operatoren verwendet.
- *Extension Method Syntax*
  Hier kommen Erweiterungsmethoden zum Einsatz.

Im Folgenden werden beide Syntaxformen demonstriert, um den Inhalt eines Integer-Arrays zu verarbeiten. Außerdem wird eine Mischform vorgeführt.

Benutzerschnittstelle

Auf dem Startformular `Form1` finden eine `ListBox` und vier `Buttons` ihren Platz (siehe Laufzeitansicht).

Programmierung

In der Regel ist der `System.Linq`-Namespace bereits standardmäßig eingebunden, sodass die folgende Anweisung entfallen kann:

```
Imports System.Linq

Public Class Form1
```

Das abzufragende Integer-Array enthält irgendwelche ganzzahligen Werte:

```
    Private zahlen() As Integer = {5, -4, 18, 26, 0, 19, 16, 2, -1, 0, 9, -5, 8, 15, 19}
```

Die Abfrage in Query Expression Syntax:

```
    Private Sub Button1_Click(ByVal sender As System.Object, ByVal e As System.EventArgs) _
                                                                    Handles Button1.Click
```

Im Abfrageergebnis sollen alle Zahlen, die größer als 10 sind, enthalten sein und nach ihrer Größe sortiert werden. Im Abfrageausdruck kommen die SQL-ähnlichen Standard-Abfrageoperatoren (`From`, `Where`, `Order By`, `Select`) zum Einsatz:

```
        Dim expr = From z In zahlen _
                   Where z > 10 _
                   Order By z _
                   Select z
```

[1] *Language Integrated Query*

Ausführen der Abfrage und Anzeige des Abfrageergebnisses:

```
        For Each z As Integer In expr
            ListBox1.Items.Add(z.ToString)
        Next z
    End Sub
```

Dieselbe Abfrage in Extension Method Syntax:

```
    Private Sub Button2_Click(ByVal sender As System.Object, ByVal e As System.EventArgs) _
                                                                  Handles Button2.Click
```

Hier werden im Abfrageausdruck so genannte Erweiterungsmethoden (`Where, OrderBy, Select`) zusammen mit Lambda-Ausdrücken (`Function(z) z`) benutzt:

```
    Dim expr = _
        zahlen.Where(Function(z) z > 10). _
        OrderBy(Function(z) z). _
        Select(Function(z) z)
```

Ausführen der Abfrage und Anzeige des Abfrageergebnisses:

```
        For Each z As Integer In expr
            ListBox1.Items.Add(z.ToString)
        Next z
    End Sub
```

Schließlich die gleiche Abfrage in gemischter Syntax:

```
    Private Sub Button3_Click(ByVal sender As System.Object, ByVal e As System.EventArgs) _
                                                                  Handles Button3.Click
```

Hier wird der erste (geklammerte) Teil des Abfrageausdrucks in Query Expression Syntax, und der zweite (mit einem Punkt eingeleitete) Teil in Extension Method Syntax geschrieben:

```
        Dim expr = _
            (From z In zahlen _
             Where z > 10 _
             Select z). _
             OrderBy(Function(z) z)
```

Ausführen der Abfrage und Anzeige des Abfrageergebnisses:

```
        For Each z As Integer In expr
            ListBox1.Items.Add(z.ToString)
        Next z
    End Sub
```

`ListBox`-Inhalt löschen:

```
    Private Sub Button4_Click(ByVal sender As System.Object, ByVal e As System.EventArgs) _
                                                                  Handles Button4.Click
        ListBox1.Items.Clear()
    End Sub
End Class
```

Test

Egal, welche der drei Schaltflächen Sie klicken, das Ergebnis wird stets dasselbe sein:

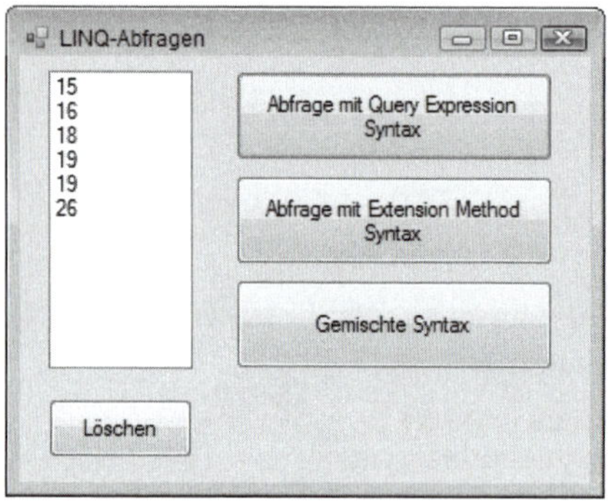

Abbildung 24.31
Laufzeitansicht

Bemerkung

Nicht nur Zahlen-Auflistungen, wie im vorliegenden Rezept, sondern jede Collection, die das `System.Collections.Generic.IEnumerable`-Interface (oder das Interface `IEnumerable(Of T)`) unterstützt, kann mit LINQ verarbeitet werden.

24.27 ... Eigenschaften sinnvoll kapseln?

Das Deklarieren von Eigenschaften als öffentliche Variablen der Klasse heißt immer, das Brett an der dünnsten Stelle zu bohren. Der fortgeschrittene Programmierer verwendet stattdessen sogenannte Property-Methoden, die einen kontrollierten Zugriff erlauben. Außerdem ermöglichen die Property-Methoden auch die Implementierung von *berechneten Eigenschaften*, die aus den (privaten) Zustandsvariablen ermittelt werden. Im vorliegenden Beispiel handelt es sich um eine Klasse `CKreis` mit den Eigenschaften `Radius`, `Umfang` und `Fläche`. Diese Klasse speichert intern eine einzige Zustandsvariable `radZ`, aus welcher direkt beim Zugriff alle Eigenschaften berechnet werden.

Benutzerschnittstelle

Um einen weiteren Vorteil der OOP zu demonstrieren, d.h. ohne viel Mehraufwand beliebig viele Instanzen aus einer Klasse bilden, wollen wir mit zwei Objekten (`Kreis1` und `Kreis2`) arbeiten.

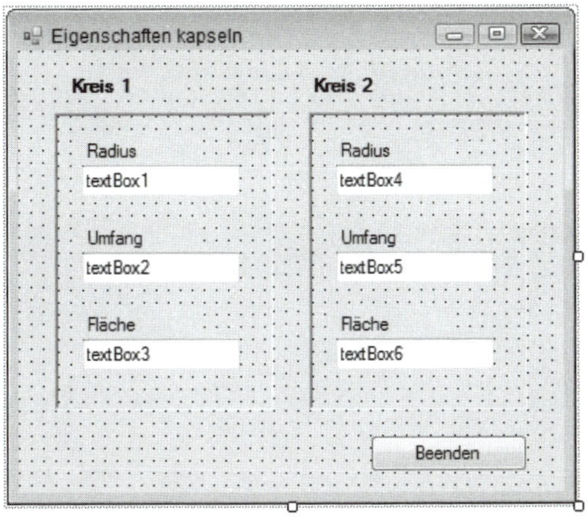

Abbildung 24.32
Entwurfsansicht

Programmierung (CKreis)

Unsere Klasse wird außerhalb von `Form1` definiert, wir werden sie sogar in ein separates Klassenmodul auslagern. Wählen Sie das Menü *Projekt|Klasse hinzufügen...* und geben Sie dem Klassenmodul den Namen *CKreis.vb*.

```
Public Class CKreis
```

Die private Zustandsvariable speichert den Wert des Radius:

```
    Private radZ As Double
```

Die Eigenschaft `Radius` (Rahmencode wird automatisch erzeugt!):

```
    Public Property Radius() As String
        Get
            Return radZ.ToString("#,#0.00")
        End Get
        Set(ByVal value As String)
            If value <> String.Empty Then
                radZ = CDbl(value)
            Else
                radZ = 0
            End If
        End Set
    End Property
```

Die Eigenschaft `Umfang`:

```
    Public Property Umfang() As String
        Get
            Return (2 * Math.PI * radZ).ToString("#,#0.00")
        End Get
        Set(ByVal value As String)
            If value <> String.Empty Then
                radZ = CDbl(value) / 2 / Math.PI
            Else
                radZ = 0
            End If
```

```
        End Set
    End Property
```

Die Eigenschaft `Fläche`:

```
    Public Property Fläche() As String
        Get
            Return (Math.PI * Math.Pow(radZ, 2)).ToString("#,#0.00")
        End Get
        Set(ByVal value As String)
            If value <> String.Empty Then
                radZ = Math.Sqrt(CDbl(value) / Math.PI)
            Else
                radZ = 0
            End If
        End Set
    End Property
End Class
```

Programmierung (Form1)

Wechseln Sie in den Klassencode von `Form1`.

```
Public Class Form1
```

Ein Objekt wird erzeugt:

```
    Private Kreis1 As New CKreis()
```

Die folgenden Event-Handler sind einfach und übersichtlich, da die Objekte die inneren Funktionalitäten wegkapseln. Den Radius ändern:

```
    Private Sub TextBox1_KeyUp(ByVal sender As Object, _
                 ByVal e As System.Windows.Forms.KeyEventArgs) Handles TextBox1.KeyUp
        With Kreis1
            .Radius = TextBox1.Text
            TextBox2.Text = .Umfang
            TextBox3.Text = .Fläche
        End With
    End Sub
```

Den Umfang ändern:

```
    Private Sub TextBox2_KeyUp(ByVal sender As Object, _
                ByVal e As System.Windows.Forms.KeyEventArgs) Handles TextBox2.KeyUp
        With Kreis1
            .Umfang = TextBox2.Text
            TextBox1.Text = .Radius
            TextBox3.Text = .Fläche
        End With
    End Sub
```

Die Fläche ändern:

```
    Private Sub TextBox3_KeyUp(ByVal sender As Object, _
                   ByVal e As System.Windows.Forms.KeyEventArgs) Handles TextBox3.KeyUp
```

```
        With Kreis1
            .Fläche = TextBox3.Text
            TextBox1.Text = .Radius
            TextBox2.Text = .Umfang
        End With
    End Sub
```

Der Code für Kreis2 ist analog aufgebaut und braucht deshalb hier nicht wiederholt zu werden (siehe Beispieldaten).

```
End Class
```

Test

Sobald Sie eine beliebige Eigenschaft ändern, werden die anderen zwei sofort aktualisiert! Wegen der in der Klasse eingebauten Eingabeprüfung verursacht ein leerer Eingabewert keinen Fehler. Aus Gründen der Übersichtlichkeit wurde aber auf das Abfangen weiterer Eingaben, die sich nicht in einen numerischen Wert konvertieren lassen, verzichtet.

Hinweis

Geben Sie als Dezimaltrennzeichen immer das Komma (,) ein, als Tausender-Separator dürfen Sie den Punkt (.) verwenden. ■

Objektinitialisierer

Ab Visual Basic 2008 kann man ein Objekt auch dann erzeugen und initialisieren, wenn es dazu keinen Konstruktor gibt. Sie könnten also im Code von Form1 die Instanziierung der Klasse durch direktes Zuweisen ihrer Eigenschaften wie folgt vornehmen:

```
Private Kreis1 As New CKreis With {.Radius = "1.0"}
```

24.28 ... Aggregation und Vererbung unterscheiden?

Jeder »richtige« Programmierer hat den Ehrgeiz, mit möglichst wenig Schreibarbeit auszukommen und möglichst viel von seinem Code wieder verwenden zu können. Voraussetzung dafür sind optimale Klassendiagramme, für die es unter dem Aspekt der Wiederverwendbarkeit bzw. Vererbung von Code zwei wesentliche Beziehungen gibt:

- Aggregation/Komposition
- Vererbung

Ob wir von *Aggregation* oder *Komposition* sprechen ist in diesem Zusammenhang unerheblich, denn die *Komposition* stellt lediglich die stärkere Form der *Aggregation* dar.

Unter Vererbung ist hier genau genommen die *Implementierungsvererbung* gemeint, denn die unter .NET ebenfalls mögliche *Interfacevererbung* erspart keinerlei Schreibarbeit.

Hinweis

Sowohl Aggregation/Komposition als auch Vererbung verlangen eine spezifische Herangehensweise bei der Implementierung, die clientseitige Nutzung der Klasse ist aber identisch. ■

In unserem Beispiel soll dies an Hand einer kleinen Personalverwaltung demonstriert werden, wobei alle Personen in einer Auflistung gespeichert sind, welche die Funktionalität der recht leistungsfähigen `Hashtable`-Klasse nutzt.

In der folgenden Abbildung sind die Klassendiagramme beider Varianten gegenübergestellt.

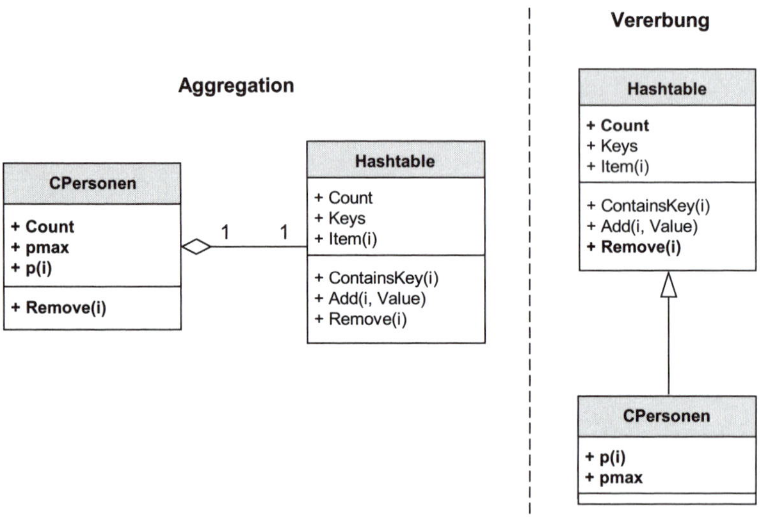

Abbildung 24.33 Aggregation versus Vererbung

Die Klasse `CPersonen` soll über die Standardeigenschaft `p(i)` einen indizierten Lese- und Schreibzugriff auf die Elemente der Auflistung bereitstellen, um damit die `Item`- und die `Add`-Methode von `Hashtable` zu kapseln. Weitere Eigenschaften sind `Count` (Gesamtzahl der abgespeicherten Personen) sowie `pmax` (höchster Index bzw. Schlüsselwert innerhalb der Auflistung). Die von `Hashtable` direkt geerbte `Remove`-Methode ermöglicht das Löschen einer bestimmten Person.

Benutzerschnittstelle

Das abgebildete Hauptformular bedarf wohl keiner besonderen Erläuterung:

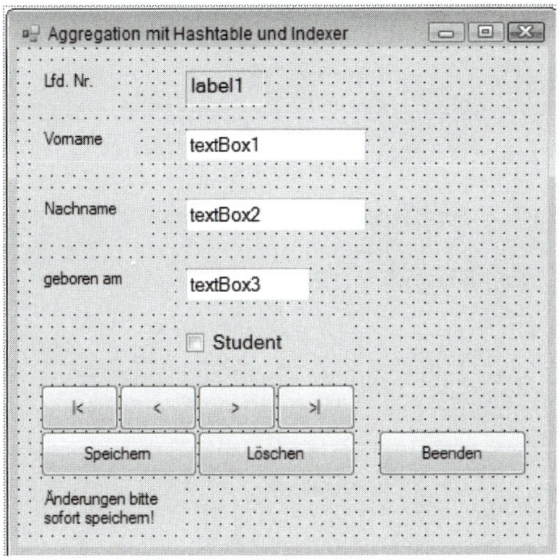

Abbildung 24.34
Entwurfsansicht

Variante 1: Klassen CPerson und CPersonen mit Aggregation

Der Einfachheit wegen haben wir hier den Code beider Klassen zum `Form1`-Klassenmodul hinzugefügt, Sie könnten ihn aber auch in ein oder zwei separate Klassenmodule auslagern.

```
Public Class Form1
```

Der Übersichtlichkeit halber haben wir hier den Code beider Klassen zum `Form1`-Klassenmodul hinzugefügt, Sie könnten ihn aber auch ohne weiteres in ein oder zwei separate Klassenmodule auslagern.

```
    Public Class CPerson
        Public Vorname, Nachname As String
        Public Geburt As Date
        Public student As Boolean
    End Class

    Public Class CPersonen
```

Innerhalb der Klasse `CPersonen` wird die Klasse `Hashtable` instanziiert – das ist Aggregation pur!

```
        Private ht As New Hashtable()
```

Mit einem kleinen Trick, wir definieren eine Eigenschaft `p` als Standardeigenschaft, implementieren wir einen *Quasi-Indexer*[1] für den indizierten Zugriff auf die Personenliste.

Mittels dieser Standardeigenschaft kann eine `CPersonen`-Collection auf die gleiche Weise wie ein Array indiziert werden!

```
        Default Public Property p(ByVal i As Integer) As CPerson
            Get
                If ht.ContainsKey(i) Then
                    Return CType(ht.Item(i), CPerson)
```

---

[1] Im Unterschied zu C# erlaubt Visual Basic nicht die direkte Implementierung eines Indexers.

```
            Else
                Return Nothing
            End If
        End Get
        Set(ByVal value As CPerson)
            If ht.ContainsKey(i) Then
                ht.Item(i) = value          ' überschreiben, falls Schlüssel vorhanden
            Else
                ht.Add(i, value)            ' anhängen, falls Schlüssel noch nicht besetzt
            End If
        End Set
    End Property
```

Das Löschen eines Elements der Auflistung:

```
    Public Sub Remove(ByVal i As Integer)
        ht.Remove(i)
    End Sub
End Class
```

Nachdem die Klassen `CPerson` und `CPersonen` implementiert sind, geht es mit dem eigentlichen Code von `Form1` weiter.

Form1

Objekte instanziieren:

```
Private pListe As New CPersonen()       ' die Personenliste
Private person As CPerson               ' die aktuelle Person
```

Zustandsvariablen zum Steuern der Anzeige:

```
Private pos As Integer = 1              ' die aktuelle Position
Private pmax As Integer                 ' die max. Anzahl von Personen
```

Die Startaktivitäten:

```
Protected Overrides Sub OnLoad(ByVal e As System.EventArgs)
    Label1.Text = pos.ToString()
    anzeigeLöschen()
    MyBase.OnLoad(e)
End Sub
```

Die Anzeige der aktuellen Person:

```
Private Sub anzeigen()
    Label1.Text = pos.ToString()
    person = pListe(pos)               ' Zugriff wie über Indexer!
    Try
        With person
            TextBox1.Text = .Vorname
            TextBox2.Text = .Nachname
            TextBox3.Text = .Geburt.ToString("dd.MM.yyyy")
            CheckBox1.Checked = .student
        End With
```

```
        Catch
            anzeigeLöschen()
        End Try
    End Sub
```

Die Hilfsroutine zum Löschen der Anzeige:

```
    Private Sub anzeigeLöschen()
        Label1.Text = String.Empty
        TextBox1.Text = String.Empty : TextBox2.Text = String.Empty
        TextBox3.Text = "00:00:00"
        CheckBox1.Checked = False
    End Sub
```

Vorwärts blättern:

```
    Private Sub Button3_Click(ByVal sender As System.Object, ByVal e As System.EventArgs) _
                                                                        Handles Button3.Click
        pos += 1
        anzeigen()
    End Sub
```

Rückwärts blättern:

```
    Private Sub Button2_Click(ByVal sender As System.Object, ByVal e As System.EventArgs) _
                                                                        Handles Button2.Click
        If pos > 1 Then
            pos -= 1
            anzeigen()
        End If
    End Sub
```

Zum Anfang:

```
    Private Sub Button1_Click(ByVal sender As System.Object, ByVal e As System.EventArgs) _
                                                                        Handles Button1.Click
        pos = 1
        anzeigen()
    End Sub
```

Zum Ende:

```
    Private Sub Button4_Click(ByVal sender As System.Object, ByVal e As System.EventArgs) _
                                                                        Handles Button4.Click
        pos = pmax
        anzeigen()
    End Sub
```

Speichern der aktuellen Person:

```
    Private Sub Button5_Click(ByVal sender As System.Object, ByVal e As System.EventArgs) _
                                                                        Handles Button5.Click
        person = New CPerson()              ' nur Instanzen können hinzugefügt werden!!!
        With person
            .Vorname = TextBox1.Text
            .Nachname = TextBox2.Text
```

```
            .Geburt = Convert.ToDateTime(TextBox3.Text)
            .student = CheckBox1.Checked
        End With
        pListe(pos) = person              ' Zugriff wie über Indexer
        If pos > pmax Then pmax = pos     ' max. Schlüsselwert
       anzeigen()
    End Sub
```

Löschen der aktuellen Person:

```
    Private Sub Button6_Click(ByVal sender As System.Object, ByVal e As System.EventArgs) _
                                                                    Handles Button6.Click
        pListe.Remove(pos)
        anzeigeLöschen()
    End Sub
    ...
End Class
```

Test

Es können beliebig viele Personen eingegeben werden. Der zugeteilte Schlüsselwert entspricht der »Lfd.Nr«-Anzeige.

Abbildung 24.35 Laufzeitansicht

Hinweis

Das Abspeichern passiert nicht automatisch beim Weiterblättern, sondern Sie müssen vor dem Weiterblättern die »Speichern«-Schaltfläche klicken (ansonsten sind die Änderungen futsch)! ■

Es werden nur Personen abgespeichert, bei denen mindestens das Feld für den Vornamen ausgefüllt ist. Wenn unter dem Schlüssel bereits eine Person existiert, wird diese überschrieben, anderenfalls neu angelegt.

Variante 2: Klasse CPersonen mit Vererbung

Alternativ zur Aggregation können wir die Klasse `CPersonen` auch so implementieren, dass die Eigenschaften/Methoden direkt von der Klasse `Hashtable` »geerbt« werden.

```
Public Class CPersonen
    Inherits Hashtable              ' Vererbung

    Default Public Property p(ByVal i As Integer) As CPerson
        Get
            If ContainsKey(i) Then
                Return CType(Item(i), CPerson)
            Else
                Return Nothing
            End If
        End Get
        Set(ByVal value As CPerson)
            If ContainsKey(i) Then
                Item(i) = value         ' überschreiben, falls Schlüssel vorhanden
            Else
                Add(i, value)           ' anhängen, falls Schlüssel noch nicht besetzt
            End If
        End Set
    End Property
End Class
```

Vergleichen Sie diesen Code mit der ersten Variante, so stellen Sie fest, dass eine Instanziierung von `Hashtable` nicht mehr erforderlich ist. Stattdessen können die benötigten Eigenschaften und Methoden der Basisklasse direkt aufgerufen werden.

Da dank Implementierungsvererbung alle öffentlichen Eigenschaften/Methoden von `Hashtable` auch in der Schnittstelle von `CPersonen` verfügbar sind, entfallen die Implementierungen von `Count`-Eigenschaft und `Remove`-Methode.

Test

Das Ergebnis ist identisch mit Variante 1.

Hinweis

Damit der mühsam eingegebene Personalbestand das Ausschalten des Rechners überlebt, ist das Abspeichern in eine Datei erforderlich. ■

25 Wie kann ich ... (Oberfläche/Komponenten)

Dieses Kapitel behandelt die folgenden Themen:

- Windows Formulare und Komponenten
- Grafikausgabe
- Drag & Drop

25.1 ... den Inhalt des UI sichern?

Häufig kommt es vor, dass man nach Programmstart das User Interface wieder in dem Zustand vorfinden möchte, in dem man es verlassen hat. Eine einfache Möglichkeit besteht darin, den Inhalt in der Konfigurationsdatei *user.config* zu sichern. Alternativ kann man die Werte aber auch in eine Datei streamen.

Benutzerschnittstelle

Die Abbildung 25.1 zeigt eine primitive Eingabemaske, deren Einstellungen wir sichern wollen.

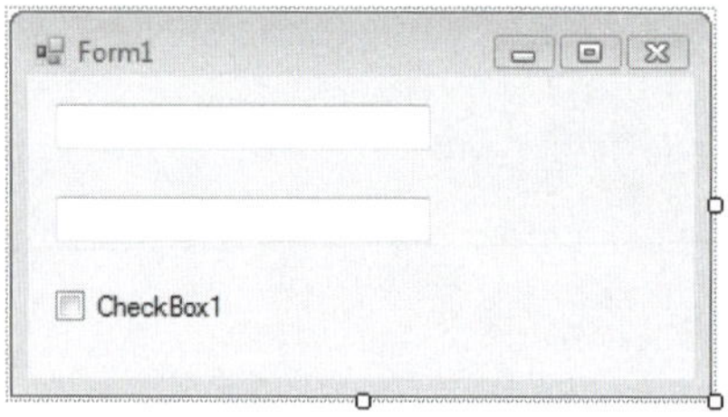

Abbildung 25.1 Entwurfsansicht

Variante 1: Abspeichern in einer Konfigurationsdatei

Öffnen Sie das Eigenschaftenfenster von `TextBox1` und klicken Sie unter `ApplicationSettings` auf `PropertyBinding`. Im Dialogfenster für die Anwendungseinstellungen klappen Sie die `Text`-Eigenschaft auf und klicken ganz unten auf (*Neu...*). Weisen Sie im nachfolgenden Dialog eine neue Anwendungseinstellung zu, z.B. unter dem Namen `Wert1`. Analog verfahren Sie für `TextBox2`, nehmen aber für die entsprechende Anwendungseinstellung einen anderen Namen (`Wert2`). Die gleiche Vorgehensweise gilt auch für `CheckBox1`, nur dass Sie hier nicht die `Text`-, sondern die `Checked`-Eigenschaft an eine neue Anwendungseinstellung (hier `Wert3`) binden.

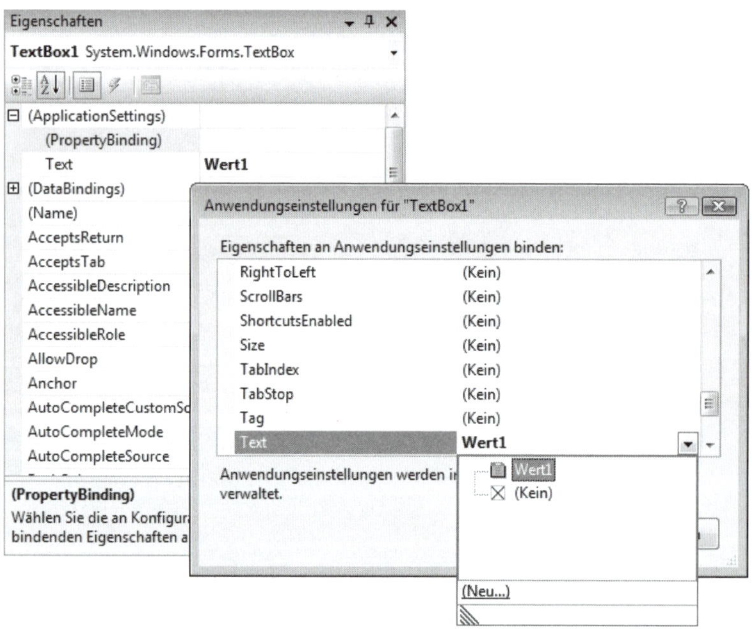

Abbildung 25.2 Binden der Eigenschaften

Nun müssen Sie nur noch dafür sorgen, dass beim Schließen von `Form1` die Anwendungseinstellungen gesichert werden. Öffnen Sie dazu einen Eventhandler für das `FormClosing`-Ereignis und besetzen Sie diesen wie folgt:

```
Private Sub Form1_FormClosing(ByVal sender As Object, _
                ByVal e As System.Windows.Forms.FormClosingEventArgs) Handles Me.FormClosing
    My.Settings.Save()
End Sub
```

Nun können Sie das Beispiel starten und Einträge in die Benutzerschnittstelle vornehmen. Nach dem Schließen des Formulars und einem Neustart sollten diese Einträge wieder zu sehen sein.

Alternativ kann das automatische Speichern der Settings auch über das Anwendungsframework realisiert werden (*Projekt|Eigenschaften|Anwendung*):

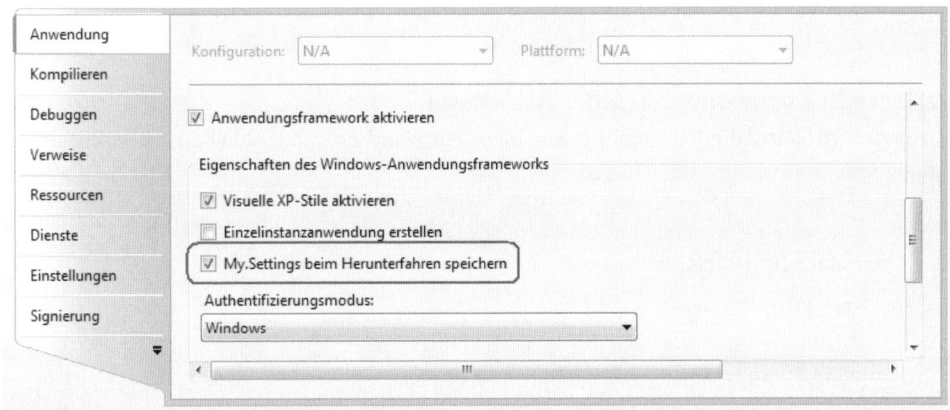

Abbildung 25.3 Automatisches Sichern der Settings

Wenn Sie die Projekteinstellungen öffnen (Menüpunkt *Projekt/Eigenschaften...* oder per Doppelklick auf den Knoten *Settings.settings* im Projektmappen-Explorer) können Sie einen Blick auf die vorhandenen Anwendungseinstellungen werfen (siehe Abbildung 25.4).

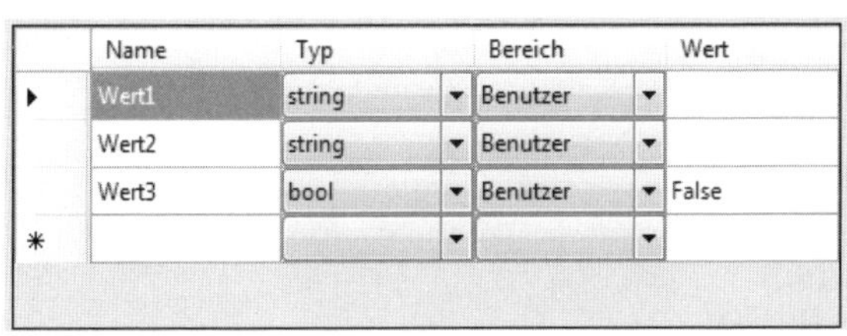

Abbildung 25.4
Anwendungseinstellungen

Die aktuell gesicherten Werte finden Sie hier allerdings nicht, sondern in der XML-Datei *user.config* im Verzeichnis *...\Benutzer\IhrName\AppData\Local\IhrAnwendungsname\...* Wenn Sie beispielsweise in `TextBox1` den Text »Wie geht es Ihnen?« und in `TextBox2` »Heute schlechter als gestern, aber besser als morgen!« eingetragen haben und das Häkchen von `CheckBox1` aktiviert haben, dann erhält nach Schließen des Formulars die Datei *user.config* das folgende Aussehen (gespeicherte Werte fett gedruckt):

```
<?xml version="1.0" encoding="utf-8"?>
<configuration>
    <userSettings>
        <WindowsFormsApplication1.Properties.Settings>
            <setting name="Wert1" serializeAs="String">
                <value>Wie geht es Ihnen?</value>
            </setting>
```

```
            <setting name="Wert2" serializeAs="String">
                <value>Heute schlechter als gestern, aber besser als morgen!</value>
            </setting>
            <setting name="Wert3" serializeAs="String">
                <value>True</value>
            </setting>
        </WindowsFormsApplication1.Properties.Settings>
    </userSettings>
</configuration>
```

Variante 2: Abspeichern in einer Binärdatei

Mit dieser Variante, die (einmalig) etwas mehr Aufwand erfordert, bleiben Sie völlig unabhängig von den Anwendungseinstellungen.

```
...
```

Der Namespace für Dateioperationen:

```
Imports System.IO

Public Class Form1
    ...
```

Der Name der Binärdatei, die sich hier direkt im Anwendungsverzeichnis befindet:

```
    Private pfad As String = "Einstellungen.dat"
```

Die Methode zum Laden der Einstellungen:

```
        Dim rStream As New FileStream(pfad, FileMode.OpenOrCreate, FileAccess.Read)
        Dim binReader As New BinaryReader(rStream)

        If rStream.Length > 0 Then
```

Hier beginnt der UI-spezifische Code:

```
            TextBox1.Text = binReader.ReadString()
            TextBox2.Text = binReader.ReadString()
            CheckBox1.Checked = binReader.ReadBoolean()
             ...
```

Hier endet der UI-spezifische Code.

```
        End If
        binReader.Close()
        rStream.Close()
    End Sub
```

Die Methode zum Speichern der Einstellungen:

```
    Private Sub writeFile()
        Dim wStream As New FileStream(pfad, FileMode.OpenOrCreate, FileAccess.Write)
        Dim binWriter As New BinaryWriter(wStream)
```

Hier beginnt der UI-spezifische Code:

```
        binWriter.Write(TextBox1.Text)
        binWriter.Write(TextBox2.Text)
        binWriter.Write(CheckBox1.Checked)
        ...
```

Hier endet der UI-spezifische Code.

```
        binWriter.Flush()
        binWriter.Close()
        wStream.Close()
    End Sub
```

Beim Laden des Formulars werden die UI-Einstellungen eingelesen. Falls die Datei *Einstellungen.dat* nicht vorhanden ist, wird automatisch eine neue leere Datei angelegt:

```
    Private Sub Form1_Load(ByVal sender As System.Object, ByVal e As System.EventArgs) _
                       Handles MyBase.Load
        readFile()
    End Sub
```

Beim Schließen des Formulars werden die Einstellungen automatisch abgespeichert:

```
    Private Sub Form1_FormClosing(ByVal sender As Object, _
              ByVal e As System.Windows.Forms.FormClosingEventArgs) Handles Me.FormClosing
        writeFile()
    End Sub
End Class
```

Wie Sie sehen, ist der zusätzliche Aufwand für Erzeugen, Lesen und Schreiben der Binärdatei nur einmal erforderlich. Für jedes UI-Control ist dann sowohl in der `readFile`- als auch in der `writeFile`-Methode jeweils nur eine Codezeile hinzuzufügen.

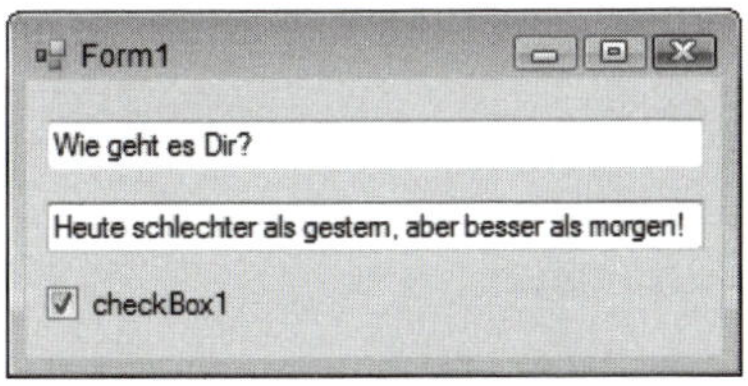

Abbildung 25.5
Laufzeitansicht

25.2 ... die Anzeige löschen?

Hat eine Benutzerschnittstelle zahlreiche gleichartige Steuerelemente, wie Textboxen oder Kontrollkästchen, so wäre es ziemlich aufwändig, deren Inhalte einzeln zu löschen bzw. zurückzusetzen. Einfacher kommt man zum Ziel, wenn man über alle Steuerelemente des Formulars iteriert und dabei die einzelnen Typen herausfiltert und gemeinsam behandelt.

Hinweis

Dieses Rezept ist auch ein gutes Beispiel für Typisierung. ■

Benutzerschnittstelle

Fügen Sie einem Windows Form einige `Text`- und `ComboBox`-Komponenten hinzu (siehe Laufzeitansicht).

Programmierung

```
Public Class Form1

    Private Sub button1_Click(ByVal sender As System.Object, ByVal e As System.EventArgs) _
                        Handles button1.Click
        For i As Integer = 0 To Controls.Count - 1
            Dim c As Control = Controls(i)
            If TypeOf c Is TextBox Then c.Text = String.Empty
            If TypeOf c Is CheckBox Then CType(c, CheckBox).Checked = False
        Next
    End Sub

End Class
```

Test

Nach dem Klick auf die Schaltfläche verschwinden die Inhalte aller Textfelder und Checkboxen:

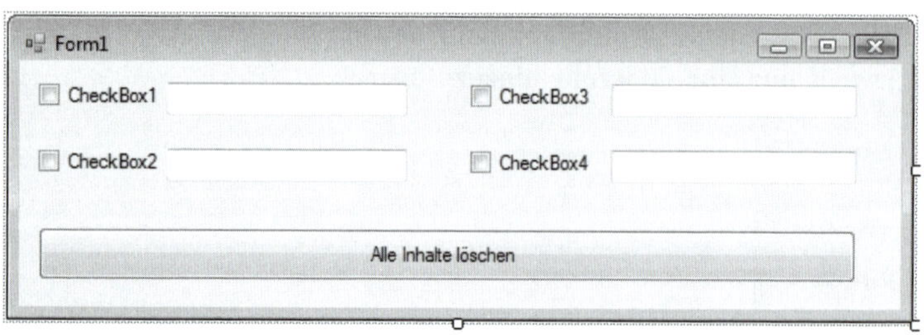

Abbildung 25.6 Laufzeitansicht

25.3 ... die Maus abfragen?

Im Ereignisparameter `e` eines Maus-Ereignisses werden sowohl die aktuellen Koordinaten übermittelt als auch die Information darüber, welche Maustaste gedrückt wurde. Das vorliegende Rezept zeigt dazu ein einfaches Beispiel.

Benutzerschnittstelle

Auf das Startformular `Form1` setzen wir lediglich zwei dicke fette `Label` zwecks Koordinatenanzeige (siehe Laufzeitabbildung).

Programmierung

```
Public Class Form1
    Private rec As Rectangle = New Rectangle(50, 50, 100, 150)
```

Im `Paint`-Ereignis des Formulars wird das Rechteck gezeichnet:

```
    Private Sub Form1_Paint(ByVal sender As System.Object, _
                       ByVal e As System.Windows.Forms.PaintEventArgs) Handles MyBase.Paint
        e.Graphics.DrawRectangle(New Pen(Color.Black), rec)
    End Sub
```

Jede Mausbewegung löst das `MouseMove`-Event aus, welches wir wie folgt besetzen:

```
    Private Sub Form1_MouseMove(ByVal sender As System.Object, _
                    ByVal e As System.Windows.Forms.MouseEventArgs) Handles MyBase.MouseMove
        Label1.Text = "X = " & e.X.ToString()
        Label2.Text = "Y = " & e.Y.ToString()
```

Die `Contains`-Methode des `Rectangle`-Objekts ermittelt, ob die Mauskoordinaten innerhalb des Rechtecks liegen. Die Ereignisdaten werden dem übergebenen Objekt `e` entnommen:

```
        If (rec.Contains(e.X, e.Y)) AndAlso _
                          (e.Button = System.Windows.Forms.MouseButtons.Right) Then
            Me.Cursor = Cursors.WaitCursor      ' Mauszeiger ändert sich (Sanduhr)
        Else
            Me.Cursor = Cursors.Default         ' Mauszeiger wird zurückgesetzt (Pfeil)
        End If
    End Sub
End Class
```

Test

Die aktuellen Mauskoordinaten werden kontinuierlich angezeigt. Sobald Sie den Kursor im Bereich des Rechtecks bewegen und dabei die rechte Maustaste drücken, wird er sein Aussehen ändern.

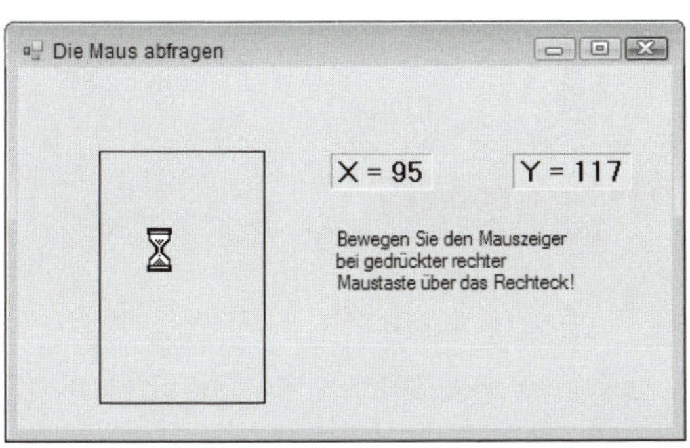

Abbildung 25.7
Laufzeitansicht

25.4 ... Dezimalkomma in Dezimalpunkt umwandeln?

Das Rezept zeigt, wie ein eingegebenes Zeichen nach jedem Tastendruck auf das Komma geprüft und dann »gewaltsam« in einen Punkt verwandelt wird.

Benutzerschnittstelle

Eine TextBox – mehr brauchen Sie nicht für diesen kleinen Test. Sie können – müssen aber nicht – die TextAlign-Eigenschaft der TextBox auf Right setzen und außerdem die Schrift über die Font.Size-Eigenschaft etwas vergrößern.

Programmierung

```
Public Class Form1
```

Wir verwenden das KeyPress-Event der TextBox, um das Komma (aus dem übergebenen Ereignisobjekt e) herauszufiltern und stattdessen einen Punkt einzufügen.

```
    Private Sub TextBox1_KeyPress(ByVal sender As Object, ByVal e As KeyPressEventArgs) _
                                                                    Handles TextBox1.KeyPress
        If e.KeyChar = "," Then e.KeyChar = CChar(".")
    End Sub

End Class
```

Test

Immer wenn Sie versuchen, ein Komma einzugeben, wird es »wie von Geisterhand« in einen Punkt umgewandelt.

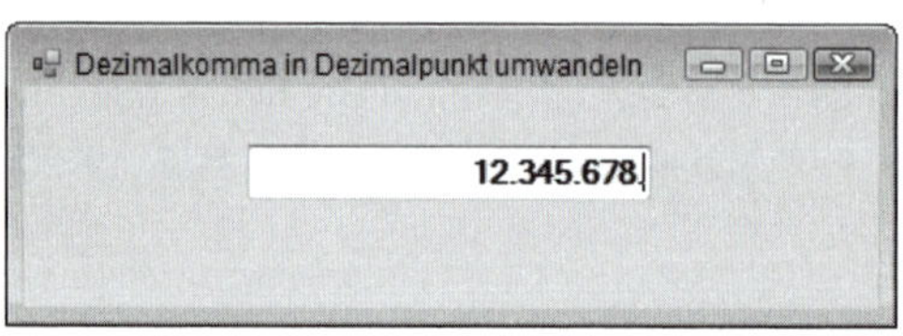

Abbildung 25.8 Laufzeitansicht

25.5 ... mit der TextBox arbeiten?

Die TextBox gehört zweifelsfrei mit zu den wichtigsten Steuerelementen einer Windows-Benutzeroberfläche. In diesem kleinen Rezept wollen wir uns näher mit ihr beschäftigen.

Benutzerschnittstelle

Entwerfen Sie eine Oberfläche mit zwei TextBoxen und einigen Buttons (siehe Laufzeitabbildung). Die MultiLine-Eigenschaft beider TextBoxen setzen Sie auf True.

Programmierung

```
Public Class Form1
```

Text zuweisen:

```
    Private Sub Button1_Click(ByVal sender As Object, ByVal e As EventArgs) _
                                                          Handles Button1.Click
        TextBox1.Text = "Ein erster Test mit der TextBox!" & Environment.NewLine & _
                                                      "Das ist die zweite Zeile!"
    End Sub
```

Den Text löschen:

```
    Private Sub Button2_Click(ByVal sender As Object, ByVal e As EventArgs) _
                                                          Handles Button2.Click
        TextBox1.Clear()
    End Sub
```

11 Zeichen ab dem 4. Zeichen markieren:

```
    Private Sub Button3_Click(ByVal sender As Object, ByVal e As EventArgs) _
                                                          Handles Button3.Click
        TextBox1.Select(4, 11)
```

oder

```
        ' TextBox1.SelectionStart = 4
        ' TextBox1.SelectionLength = 11
```

Selektierten Text markieren:

```
        TextBox1.Focus()
    End Sub
```

Die Verbindung zur Windows-Zwischenablage verwaltet das Clipboard-Objekt.

Möchten Sie den selektierten Inhalt in die Zwischenablage kopieren, genügt der folgende Aufruf:

```
    Private Sub Button4_Click(ByVal sender As Object, ByVal e As EventArgs) _
                                                          Handles Button4.Click
        If TextBox1.SelectedText <> String.Empty Then
            Clipboard.SetText(TextBox1.SelectedText)
```

```
        Else
            MessageBox.Show("Kein Text selektiert!")
        End If
    End Sub
```

Das Einfügen von Daten aus der Zwischenablage in TextBox2:

```
    Private Sub Button5_Click(ByVal sender As Object, ByVal e As EventArgs) _
                                                             Handles Button5.Click
        If Clipboard.ContainsText() Then
            TextBox2.Text = Clipboard.GetText()
        Else
            MessageBox.Show("Keine geeigneten Daten in der Zwischenablage!")
        End If
    End Sub
```

Die zweite Zeile von TextBox1 in TextBox2 anzeigen:

```
    Private Sub Button6_Click(ByVal sender As Object, ByVal e As EventArgs) _
                                                             Handles Button6.Click
        If TextBox1.Lines.Length > 1 Then
            TextBox2.Text = TextBox1.Lines(1)
        End If
    End Sub
End Class
```

Test

Starten Sie das Programm und testen Sie alle Möglichkeiten.

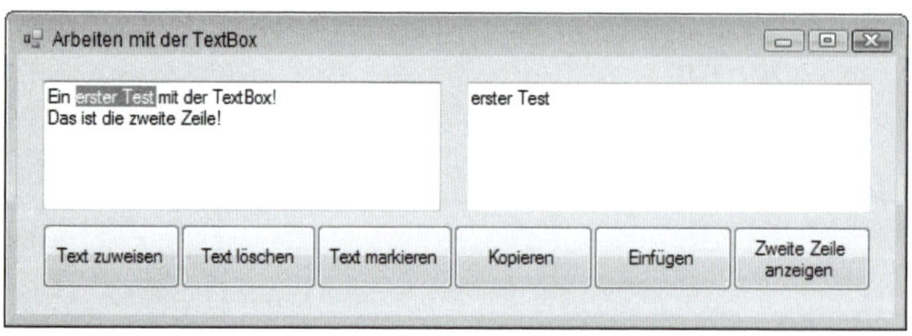

Abbildung 25.9 Laufzeitansicht

Falls vor dem Einfügen kein Text in die Zwischenablage kopiert wurde, werden Sie wachgerüttelt:

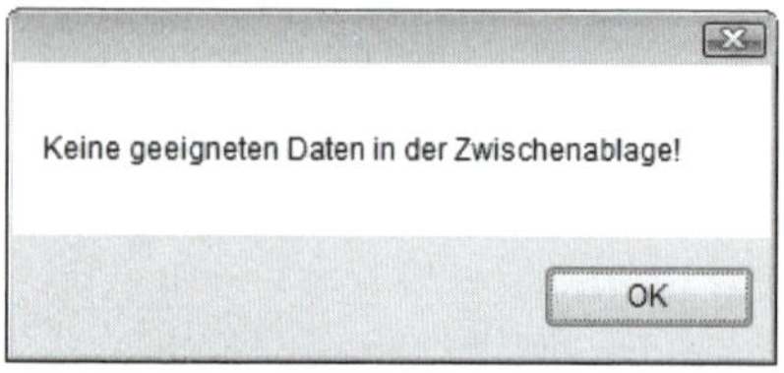

Abbildung 25.10 Fehlermeldung

25.6 ... in einer TextBox suchen?

In diesem Rezept erfahren Sie, wie Sie die IndexOf-Methode der String-Klasse zum Suchen innerhalb eines Textes einsetzen. Außerdem wird gezeigt, wie man mit der SelectionStart- und SelectionLength-Eigenschaft einer TextBox bestimmte Textstellen markieren kann.

Benutzerschnittstelle

Neben dem Startformular benötigen wir im Wesentlichen zwei TextBoxen zur Eingabe eines Textes und eines Suchbegriffs, ein Label zum Melden des Suchergebnisses sowie einen Button zum Starten der Suche (siehe Laufzeitabbildung).

Setzen Sie die HideSelection-Eigenschaft von textBox1 auf False und MultiLine auf True.

Programmierung

```
Public Class Form1
```

Zwei globale Variablen für die Position des ersten Zeichens und die Länge der zu suchenden Zeichenfolge:

```
    Private pos, len As Integer
```

Die folgenden Anfangsinitialisierungen dienen lediglich der Arbeitserleichterung:

```
    Private Sub Form1_Load(ByVal sender As Object, ByVal e As EventArgs) Handles MyBase.Load
        TextBox1.Text = "Willkommen in der Skatstadt Altenburg!"
        TextBox2.Text = "Altenburg"
        Label1.Text = String.Empty
        pos = 0
        Button1.Select()          ' Eingabefokus
    End Sub
```

Die Suche geht los:

```
    Private Sub Button1_Click(ByVal sender As Object, ByVal e As EventArgs) _
                                                              Handles Button1.Click
        If pos = 0 Then                ' Suche starten
            pos = TextBox1.Text.IndexOf(TextBox2.Text, 0)
        Else                         ' Suche fortsetzen
```

Wenn am Ende, dann die Position auf den Anfang zurücksetzen:

```
        If pos > TextBox1.Text.Length - 1 Then pos = -1 ' Position zurücksetzen
            pos = TextBox1.Text.IndexOf(TextBox2.Text, pos + 1)     ' Suche ab pos fortsetzen
        End If
```

Anzeige der Suchergebnisse:

```
        If pos >= 0 Then
            len = TextBox2.Text.Length
            Label1.Text = "Wort gefunden an Position  " & pos.ToString() & _
                                        " bis " & (pos + len - 1).ToString() & " !"
```

Markieren der Fundstelle:

```
            TextBox1.SelectionStart = pos
            TextBox1.SelectionLength = len
            TextBox1.Select()
        Else
            Label3.Text = "Leider nichts (mehr) gefunden!"
        End If
    End Sub

End Class
```

Test

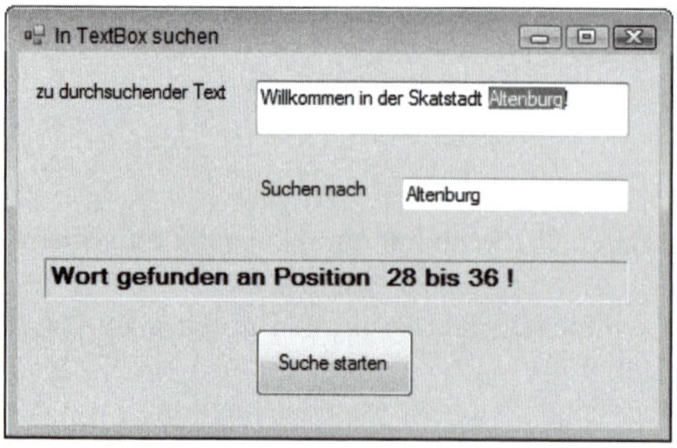

Abbildung 25.11
Laufzeitansicht

Hinweis

Suchen Sie auch nach mehrfach vorkommenden Zeichen bzw. Wörtern. Durch wiederholtes Betätigen der Schaltfläche wird, falls vorhanden, die nächste »Fundstelle« angezeigt. ■

25.7 ... die ListBox kennen lernen?

Die `ListBox` gehört zu den häufiger benutzten Standardkomponenten von Visual Studio. Im vorliegenden Rezept lernen Sie dazu einige grundlegende Programmiertechniken kennen:

- Füllen einer `ListBox` mit mehreren Einträgen
- Löschen des Inhalts einer `ListBox`
- Löschen des selektierten Eintrags
- Lesezugriff auf den selektierten Eintrag
- Hinzufügen eines Eintrags
- Suchen nach einem bestimmten Eintrag

Die getroffene Auswahl ist keinesfalls vollständig, trotzdem ist es für Sie sicherlich angenehm, dass Sie den Blick auf das zunächst Wesentliche richten können.

Benutzerschnittstelle

Unser Experimentierprogramm besteht aus einer `ListBox`, einer `TextBox` und mehreren `Buttons` (siehe Laufzeitansicht).

Im Eigenschaften-Fenster (F4) der `ListBox` nehmen Sie folgende Einstellungen vor:

- `SelectionMode = One`
  Damit ist die Auswahl nur eines einzigen Eintrags erlaubt. Alternativen wären `None`, `MultiSimple` und `MultiExtended`, womit Sie keine Auswahl oder eine Mehrfachauswahl (durch gleichzeitiges Drücken der Leertaste bzw. der Shift-Taste) erreichen.
- `Sorted = True`
  Die Einträge erscheinen in alphabetischer Reihenfolge geordnet.

Programmierung

Die zentrale Rolle bei einer `ListBox` spielt die `Items`-Auflistung, in welcher alle Einträge enthalten sind und deren vielfältige Eigenschaften und Methoden eine Manipulation ermöglichen. Sie können die `Items`-Auflistung bereits sehr bequem im Eigenschaften-Fenster (F4) zuweisen, es öffnet sich dazu ein kleiner Texteditor (ein Eintrag pro Zeile), wir aber wollen das im Folgenden per Code erledigen und füllen die `ListBox` mittels `Add`-Methode zunächst mit zehn Einträgen.

Hinweis

Beachten Sie, dass die Indizierung der Einträge in allen Auflistungen prinzipiell mit null beginnt, der erste Eintrag also immer den Index 0 hat! ■

```
Public Class Form1
```

Die `ListBox` mit 10 Einträgen füllen:

```
    Private Sub Button1_Click(ByVal sender As System.Object, ByVal e As System.EventArgs) _
                                                                Handles Button1.Click
        ListBox1.BeginUpdate()                  ' Anzeige ausschalten
        For i As Integer = 1 To 10
            ListBox1.Items.Add("Eintrag " + i.ToString())    ' 10 Einträge hinzufügen
        Next i
        ListBox1.EndUpdate()                     ' Anzeige einschalten
        ListBox1.SetSelected(0, True)            ' ersten Eintrag markieren
    End Sub
```

Die oben angewendeten `BeginUpdate`-/`EndUpdate`-Methoden sorgen dafür, dass die `ListBox` während des Füllens nicht immer wieder neu angezeigt wird.

Um einen selektierten Eintrag zu löschen, muss zunächst dessen Index ermittelt und der `RemoveAt`-Methode der `Items`-Auflistung übergeben werden:

```
    Private Sub Button2_Click(ByVal sender As System.Object, ByVal e As System.EventArgs) _
                                                                Handles Button2.Click
```

```
        If ListBox1.SelectedItems.Count > 0 Then
            Dim i As Integer = ListBox1.SelectedIndices(0)    ' Index des selektierten Eintrags
            ListBox1.Items.RemoveAt(i)
        End If
    End Sub
```

Beachten Sie, dass die Methode `SelectedIndices(0)` den Index des ersten selektierten Eintrags zurückliefert. Da die `SelectionMode`-Eigenschaft auf `One` eingestellt ist, gibt es nur natürlich immer nur einen einzigen selektierten Eintrag.

Den selektierten Eintrag in die `TextBox` kopieren:

```
    Private Sub Button3_Click(ByVal sender As System.Object, ByVal e As System.EventArgs) _
                                                                        Handles Button3.Click
        TextBox1.Text = ListBox1.SelectedItems(0).ToString()
        ListBox1.ClearSelected()                          ' Selektion aufheben
    End Sub
```

Einen einzelnen Eintrag hinzufügen:

```
    Private Sub Button4_Click(ByVal sender As System.Object, ByVal e As System.EventArgs) _
                                                                        Handles Button4.Click
        ListBox1.Items.Add(TextBox1.Text)
    End Sub
```

Einen bestimmten Eintrag suchen, der vorher in die `TextBox` eingegeben wurde:

```
    Private Sub Button5_Click(ByVal sender As System.Object, ByVal e As System.EventArgs) _
                                                                        Handles Button5.Click
        Dim i As Integer = ListBox1.FindString(TextBox1.Text)
        If i >= 0 Then
            ListBox1.SetSelected(i, True)    ' gefundenen Eintrag markieren
        Else
            ListBox1.ClearSelected()
        End If
    End Sub
```

Allerdings wird nur der erste Eintrag markiert, dessen Anfangszeichenfolge dem in der `TextBox` eingegebenen Suchstring entspricht.

Den kompletten Inhalt der `ListBox` löschen wir mit der `Clear`-Methode der `Items`-Auflistung:

```
    Private Sub Button6_Click(ByVal sender As System.Object, ByVal e As System.EventArgs) _
                                                                        Handles Button6.Click
        ListBox1.Items.Clear()
    End Sub
End Class
```

Test

Nach dem Programmstart (F5) haben Sie nun die Chance, durch »Herumspielen« die Wirkung der einzelnen Funktionen in der Praxis zu überprüfen und mit dem Quellcode zu vergleichen.

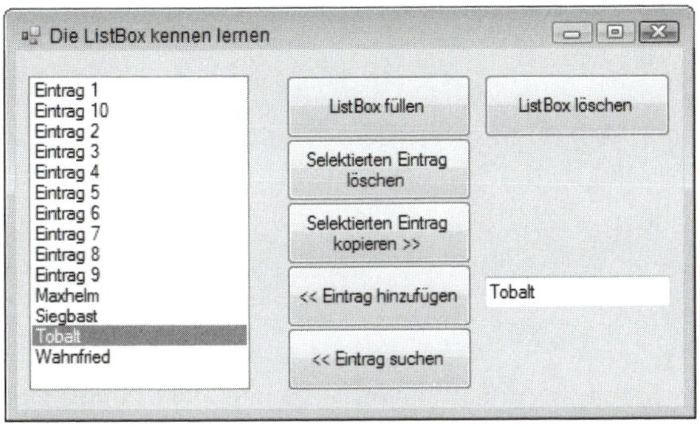

Abbildung 25.12
Laufzeitansicht

Bemerkungen

- Setzen Sie die `MultiColumn`-Eigenschaft der `ListBox` auf `True`, so ist eine mehrspaltige Anzeige möglich. Allerdings erreichen Sie damit keine Tabellendarstellung, die Spalte »bricht« lediglich um, wenn der untere Rand erreicht ist, sodass ein vertikaler Bildlauf vermieden wird. Für mehrspaltige Ausgaben in Tabellenform sollten Sie deshalb ein `DataGridView` oder eine `ListView` verwenden.
- Als Alternative zur `Add`-Methode der `Items`-Eigenschaft können Sie eine `ListBox` auch noch über deren `DataSource`-Eigenschaften füllen.

25.8 ... RadioButtons und CheckBoxen einsetzen?

Für das Auswerten von Optionen und Einstellungen werden häufig Steuerelemente vom Typ `RadioButton` oder `CheckBox` eingesetzt. Während Erstere immer eine `1` aus `n` Auswahl realisieren (also gegeneinander verriegelt sind), arbeiten Letztere völlig unabhängig voneinander. Das vorliegende Rezept zeigt die Verwendung beider Komponententypen.

Benutzerschnittstelle

In eine `GroupBox` setzen Sie vier `RadioButtons`. Außerhalb platzieren Sie vier `CheckBoxen`. Zusätzlich werden jeweils zwei `Buttons` zum Setzen bzw. Abfragen benötigt (siehe Laufzeitansicht).

Hinweis

Achten Sie immer darauf, dass die `RadioButtons` direkt in die `GroupBox` eingefügt werden, dazu müssen Sie die `GroupBox` vorher markieren! ■

Programmierung

```
Public Class Form1
```

Setzen des dritten RadioButtons, der vorher aktive Button verliert dadurch automatisch die Markierung:

```
    Private Sub Button1_Click(ByVal sender As Object, ByVal e As EventArgs) _
                                                            Handles Button1.Click
        RadioButton3.Checked = True
    End Sub
```

Beim Auswerten der RadioButtons können Sie in jedem Fall davon ausgehen, dass immer nur ein einziger Button markiert ist:

```
    Private Sub Button2_Click(ByVal sender As Object, ByVal e As EventArgs) _
                                                            Handles Button2.Click
        If RadioButton1.Checked Then
            MessageBox.Show("RadioButton 1 gesetzt")
        ElseIf RadioButton2.Checked Then
            MessageBox.Show("RadioButton 2 gesetzt")
        ElseIf RadioButton3.Checked Then
            MessageBox.Show("RadioButton 3 gesetzt")
        ElseIf RadioButton4.Checked Then
            MessageBox.Show("RadioButton 4 gesetzt")
        End If
    End Sub
```

Setzen Sie hingegen eine CheckBox, so bleibt der Status der anderen CheckBoxen erhalten.

```
    Private Sub Button4_Click(ByVal sender As Object, ByVal e As EventArgs) _
                                                            Handles Button4.Click
        CheckBox3.Checked = True
    End Sub
```

Die Auswertung der CheckBoxen erfolgt wie bei den RadioButtons, hier aber können durchaus mehrere Meldungsfenster nacheinander erscheinen:

```
    Private Sub Button3_Click(ByVal sender As Object, ByVal e As EventArgs) _
                                                            Handles Button3.Click
        If CheckBox1.Checked Then MessageBox.Show("CheckBox 1 gesetzt")
        If CheckBox2.Checked Then MessageBox.Show("CheckBox 2 gesetzt")
        If CheckBox3.Checked Then MessageBox.Show("CheckBox 3 gesetzt")
        If CheckBox4.Checked Then MessageBox.Show("CheckBox 4 gesetzt")
    End Sub
End Class
```

Test

Starten Sie das Programm und studieren Sie die Funktionalität der beiden Komponententypen! Das Setzen der Komponenten kann natürlich auch direkt erfolgen.

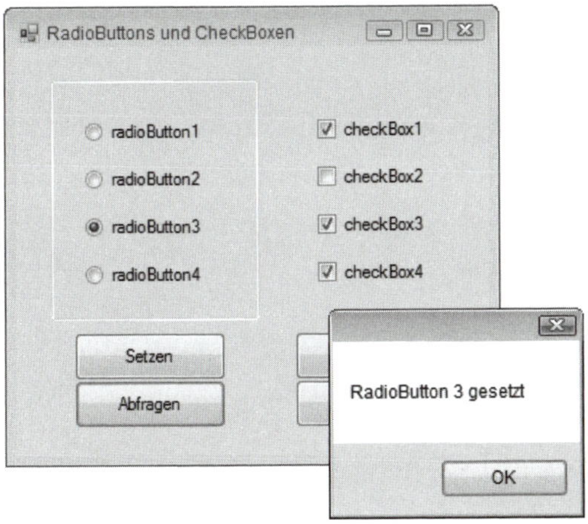

Abbildung 25.13
Laufzeitansicht

25.9 ... Objekte in ListBox und ComboBox anzeigen?

Neben der Anwendung der `Items`-Auflistung gibt es mit den Eigenschaften `DataSource`, `ValueMember` und `DisplayMember` eine weitere Möglichkeit, um eine `ComboBox` bzw. `ListBox` mit Daten zu füllen.

Das vorliegende Rezept zeigt, wie man damit die in einer `ArrayList` gespeicherten Objekte anzeigt.

Benutzerschnittstelle

Auf das Startformular `Form1` setzen Sie eine `ComboBox` und eine `ListBox` (siehe Laufzeitabbildung).

Programmierung der Klasse CPerson

Bevor wir Objekte anzeigen können, müssen wir uns um ihre Definition kümmern. Über das Menü *Projekt|Klasse hinzufügen* ... erweitern Sie das Projekt um eine weitere Klasse:

```
Public Class CPerson
```

Zwei Zustandsvariablen:

```
    Private _vorN As String
    Private _nachN As String
```

Ein einfacher Konstruktor erlaubt es uns, dass die Objekte sofort beim Erzeugen mit Vornamen und Nachnamen initialisiert werden können:

```
    Public Sub New(ByVal vorN As String, ByVal nachN As String)
```

```
        _vorN = vorN
        _nachN = nachN
    End Sub
```

Der einfache Lesezugriff genügt uns:

```
    Public ReadOnly Property Vorname() As String
        Get
            Return _vorN
        End Get
    End Property

    Public ReadOnly Property Nachname() As String
        Get
            Return _nachN
        End Get
    End Property
```

Die `ToString`-Methode wird überschrieben, sie liefert uns jetzt den kompletten Namen (Nachname + Vorname):

```
    Public Overrides Function ToString() As String
        Return (_nachN & ", " & _vorN)
    End Function
End Class
```

Programmierung Form1

```
Public Class Form1
```

Eine generische *List* dient als (typisierter) Behälter für unsere Objekte:

```
     Private personen As List(Of CPerson)
```

Bei Programmstart wird die `List` mit Objekten gefüllt und anschließend in der `ListBox` angezeigt:

```
    Private Sub Form1_Load(ByVal sender As System.Object, ByVal e As System.EventArgs) _
                                                                        Handles MyBase.Load
        personen = New List(Of CPerson)
        personen.Add(New CPerson("Maxhelm", "Müller"))
        personen.Add(New CPerson("Wahnfried", "Wagner"))
        personen.Add(New CPerson("Susi", "Sägezahn"))
        personen.Add(New CPerson("Siegbast", "Sorglos"))
        ListBox1.DisplayMember = "NachName"    ' Eigenschaft, die angezeigt wird
        ListBox1.ValueMember = "VorName"       ' Eigenschaft, die angebunden wird
        ListBox1.DataSource = personen         ' Datenquelle zuweisen
    End Sub
```

Ein Eintrag in der `ListBox` wird selektiert und in der `ComboBox` angezeigt:

```
    Private Sub ListBox1_SelectedValueChanged(ByVal sender As System.Object, _
                            ByVal e As System.EventArgs) Handles ListBox1.SelectedValueChanged
        Dim i As Integer = ListBox1.SelectedIndex
        If i <> -1 Then
```

```
            ComboBox1.DataSource = personen
            ComboBox1.DisplayMember = personen(i).ToString()
        End If
    End Sub
End Class
```

Test

Wenn Sie links auf einen Eintrag klicken, wird er nach rechts übernommen:

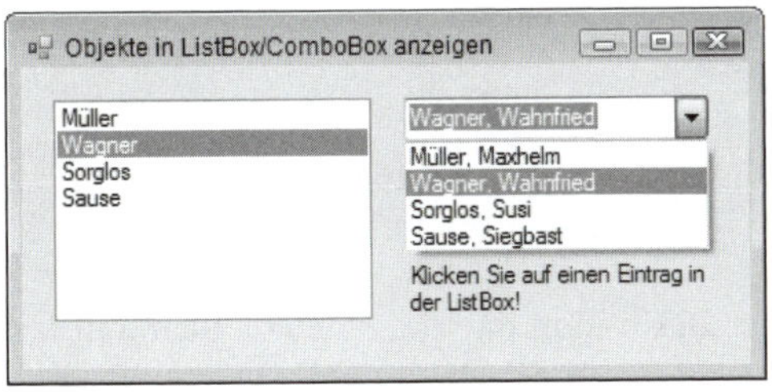

Abbildung 25.14
Laufzeitansicht

Bemerkungen

- Ist die DataSource-Eigenschaft einmal festgelegt, kann der Benutzer die Elementauflistung nicht mehr ändern.
- Zum Sortieren sollten Sie anstatt der Sort-Eigenschaft von ListBox/ComboBox besser die Sort-Methode der ArrayList verwenden.

25.10 ... zur Laufzeit ein Steuerelement erzeugen?

Wie Sie beliebige Controls nicht von der Toolbox abziehen, sondern selbst per Code erzeugen können, zeigt dieses einfache Rezept.

Aufgabe ist es, zu einem Formular einen Button hinzuzufügen, mit dem das Formular geschlossen werden kann.

Benutzerschnittstelle

Das leere Startformular Form1 genügt!

Programmierung

```
Public Class Form1
```

Auf globaler Ebene deklarieren Sie zunächst eine Objektvariable vom Typ Button:

```
    Private Button1 As Button
```

In unserem Beispiel soll Button1 beim Laden von Form1 erzeugt werden:

```
    Private Sub Form1_Load(ByVal sender As System.Object, ByVal e As System.EventArgs) _
                                                                   Handles MyBase.Load
```

Eine Instanz der Button-Klasse wird erzeugt:

```
        Button1 = New Button()
```

Nun die wichtigsten Eigenschaften zuweisen, wie Position der linken oberen Ecke (200, 100), die Abmessungen (Breite = 100, Höhe = 50) und die Beschriftung:

```
        Button1.Bounds = New Rectangle(New Point(200, 100), New Size(100, 50))
        Button1.Text = "Beenden"
```

Der frisch erzeugte Button muss zur Controls-Auflistung von Form1 hinzugefügt werden:

```
        Controls.Add(Button1)
```

Last but not least soll unser Button nicht nur zur Dekoration da sein, sondern auch auf das Click-Ereignis reagieren:

```
        AddHandler Button1.Click, AddressOf Button1_Click
    End Sub
```

Den Rahmencode für den Eventhandler müssen Sie diesmal komplett per Hand eintippen, da Ihnen Visual Studio dabei nicht helfen kann:

```
    Private Sub Button1_Click(ByVal sender As Object, ByVal e As System.EventArgs)
        Me.Close()
    End Sub
End Class
```

Test

Sofort nach dem Start ist wie von Geisterhand der neue Button da und erfüllt seine Aufgabe:

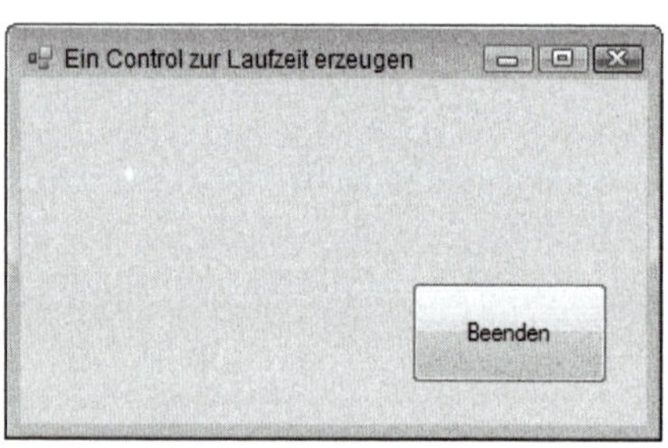

Abbildung 25.15
Laufzeitansicht

Hinweis

Nach dem gleichen Prinzip können Sie jedes beliebige Steuerelement zur Laufzeit erzeugen. ■

25.11 ... Eingaben validieren?

Dieses Rezept zeigt Ihnen eine weitere Möglichkeit, wie Sie den Anwender Ihres Programms zu gültigen Eingaben zwingen können. In diesem Zusammenhang verdienen insbesondere die `CausesValidation`-Eigenschaft der Steuerelemente und ihr `Validating`-Event Beachtung.

Benutzerschnittstelle

Wir benötigen drei TextBoxen für die Eingabe einiger Personendaten und zwei `Buttons` für das Abbrechen der Eingabe bzw. das Beenden des Programms.

Der folgende Hinweis ist besonders wichtig, weil sonst ein Verlassen des Programms bei ungültigen Eingaben unmöglich wird:

Hinweis

Setzen Sie die `CausesValidation`-Eigenschaft der »Abbrechen«-Schaltfläche auf `False`! ■

Programmierung

```
Public Class Form1
```

Im `Validating`-Event der ersten `TextBox` wird der Namen überprüft:

```
    Private Sub TextBox1_Validating(ByVal sender As System.Object, _
                ByVal e As System.ComponentModel.CancelEventArgs) Handles TextBox1.Validating
        If TextBox1.Text = String.Empty Then
            MessageBox.Show("Geben Sie einen Namen ein!")
            e.Cancel = True
        End If
    End Sub
```

Das Geburtsdatum überprüfen:

```
    Private Sub TextBox2_Validating(ByVal sender As System.Object, _
                ByVal e As System.ComponentModel.CancelEventArgs) Handles TextBox2.Validating
        Dim d As DateTime
        Try
            d = Convert.ToDateTime(TextBox2.Text)
        Catch
            MessageBox.Show("Geben Sie ein gültiges Datum ein!")
            e.Cancel = True
        End Try
    End Sub
```

Das Gehalt überprüfen:

```
    Private Sub TextBox3_Validating(ByVal sender As System.Object, _
                ByVal e As System.ComponentModel.CancelEventArgs) Handles TextBox3.Validating
        Dim d As Decimal
        Try
            d = Convert.ToDecimal(TextBox3.Text)
            If d < 100 Then
```

```
                MessageBox.Show("Geben Sie Betrag größer 100   ein!")
                e.Cancel = True
            End If
        Catch
            MessageBox.Show("Geben Sie einen gültigen Betrag ein!")
            e.Cancel = True
        End Try
    End Sub
```

Die »Abbrechen«-Schaltfläche:

```
    Private Sub Button1_Click(ByVal sender As System.Object, ByVal e As System.EventArgs) _
                                                                 Handles Button1.Click
        TextBox1.CausesValidation = False
        TextBox2.CausesValidation = False
        TextBox3.CausesValidation = False
        Button1.Focus()
    End Sub
```

Nicht vergessen werden darf das Rücksetzen von `CausesValidation` bei Eintritt in eine `TextBox`:

```
    Private Sub TextBox_Enter(ByVal sender As Object, ByVal e As System.EventArgs)
        CType(sender, TextBox).CausesValidation = True
    End Sub
```

Obige gemeinsame Behandlung des Enter-Events wird beim Laden des Formulars zugewiesen:

```
    Private Sub Form1_Load(ByVal sender As System.Object, ByVal e As System.EventArgs) _
                                                                 Handles MyBase.Load
        AddHandler TextBox1.Enter, AddressOf TextBox_Enter
        AddHandler TextBox2.Enter, AddressOf TextBox_Enter
        AddHandler TextBox3.Enter, AddressOf TextBox_Enter
        Button1.CausesValidation = False           ' ermöglicht Abbrechen!
    End Sub
```

Beenden:

```
    Private Sub Button2_Click(ByVal sender As System.Object, ByVal e As System.EventArgs) _
                                                                 Handles Button2.Click
        Me.Validate()
        Me.Close()
    End Sub
End Class
```

Test

Es wird Ihnen zunächst nicht gelingen, nach einer ungültigen Eingabe eine `TextBox` zu verlassen oder die Anwendung zu beenden. Sie werden jedes Mal gnadenlos zurückgepfiffen, selbst wenn beim Datum mit dem Schaltjahr geschummelt wird.

Hinweis

Erlösung aus dem Teufelskreis ist nur durch gültige Eingaben oder durch Betätigen der »Abbrechen«-Schaltfläche möglich. ■

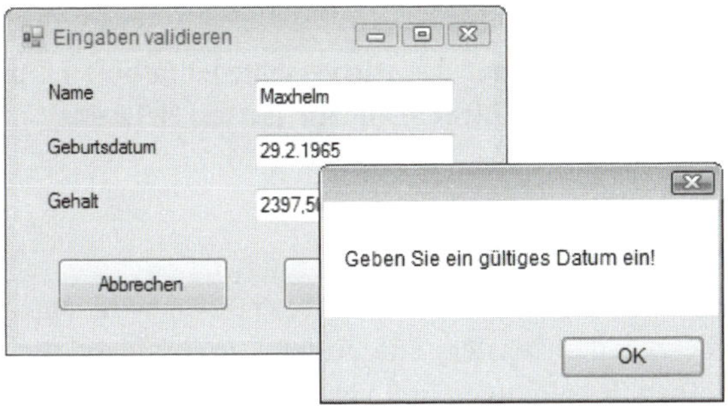

Abbildung 25.16
Laufzeitansicht

Bemerkungen

- Die gezeigte Eingabevalidierung ist nur direkt nach Verlassen eines Steuerelementes sinnvoll. Wenn Sie erst nach Betätigen des OK-Schalters prüfen wollen, dann verwenden Sie besser das `Click`-Event dieses Schalters.
- Durch Aufruf der `Validate`-Methode des Formulars können Sie auch das Steuerelement, welches zuletzt den Fokus hatte, überprüfen.

25.12 ... ein Graphics-Objekt erzeugen?

In klassischen Programmiersprachen ist es üblich, mit Methoden direkt auf die Zeichenoberfläche eines Formulars oder eines Picture-Controls zuzugreifen. Als .NET-Programmierer müssen Sie umdenken:

Zugriff auf alle wesentlichen Grafik-Methoden erhalten Sie über ein `Graphics`-Objekt. Im Vergleich mit anderen .NET-Objekten hat es allerdings die Besonderheit, dass man es nicht mit dem `New`-Konstruktor erzeugen kann. Woher also nehmen wir es? Das vorliegende Rezept zeigt
Ihnen vier Möglichkeiten:

- Nutzung des im `Paint`-Event des Formulars übergebenen `Graphics`-Objekts,
- Nutzung des in der überschriebenen `OnPaint`-Methode übergebenen `Graphics`-Objekts,
- Erzeugen eines neuen `Graphics`-Objekts mit der `CreateGraphics`-Methode des Formulars,
- Nutzung des im `Paint`-Event einer `PictureBox` (oder einer anderen Komponente, die über dieses Ereignis verfügt) übergebenen `Graphics`-Objekts.

Lassen Sie uns also ein wenig experimentieren!

Benutzerschnittstelle

Zunächst soll uns ein nacktes Windows `Form` genügen, auf das wir verschiedenfarbige Ellipsen zeichnen wollen. Später ergänzen wir noch weitere Steuerelemente (`Button`, `PictureBox`).

25.12.1 Variante 1: Verwendung des Paint-Events

Die in der `System.Windows.Forms.Form`-Basisklasse implementierte `OnPaint`-Methode wird automatisch nach jedem Freilegen und Verdecken des Fensters aufgerufen, sie löst das `Paint`-Ereignis aus, das wir in einem `Paint`-Eventhandler abfangen und behandeln wollen.

Über das Argument des Events ist ein `Graphics`-Objekt verfügbar:

```
Private Sub Form1_Paint(ByVal sender As Object, ByVal e As PaintEventArgs)
    Dim g As Graphics = e.Graphics
    g.FillEllipse(New SolidBrush(Color.Red), 10, 30, 200, 100)        ' rote Ellipse
End Sub
```

Test

Die rote Ellipse erscheint sofort nach Programmstart und ist auch nach Freilegen und Verdecken des Fensters zu sehen:

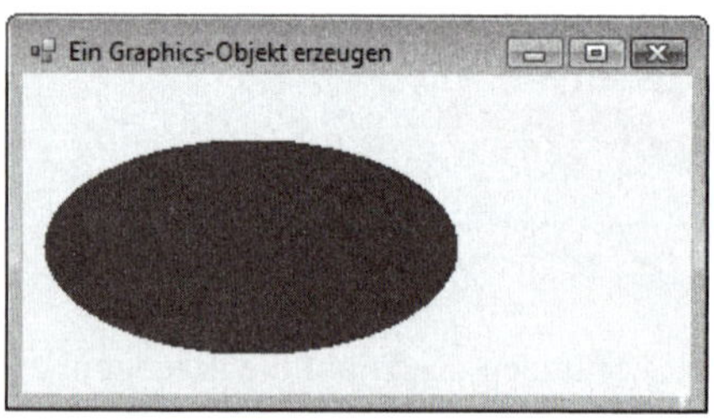

Abbildung 25.17
Variante 1

25.12.2 Variante 2: Überschreiben der OnPaint-Methode

Dies ist die in der MS .NET-Dokumentation favorisierte Realisierung, bei der Sie keinen neuen Eventhandler verwenden müssen, sondern lediglich die `OnPaint`-Methode der Basisklasse überschreiben. Wir wollen nach diesem Prinzip eine versetzte blaue Ellipse zeichnen. Implementieren Sie die Überschreibung wie folgt:

```
Protected Overrides Sub OnPaint(ByVal e As PaintEventArgs)
    Dim g As Graphics = e.Graphics
    g.FillEllipse(New SolidBrush(Color.Blue), 40, 60, 200, 100)        ' blaue Ellipse
    MyBase.OnPaint(e)        ' Aufruf der Basisklassenmethode
End Sub
```

Test

An der Reihenfolge (unten Blau, oben Rot) erkennen Sie, dass die überschriebene `OnPaint`-Methode zuerst abgearbeitet wurde und erst anschließend der bereits vorhandene `Paint`-Eventhandler:

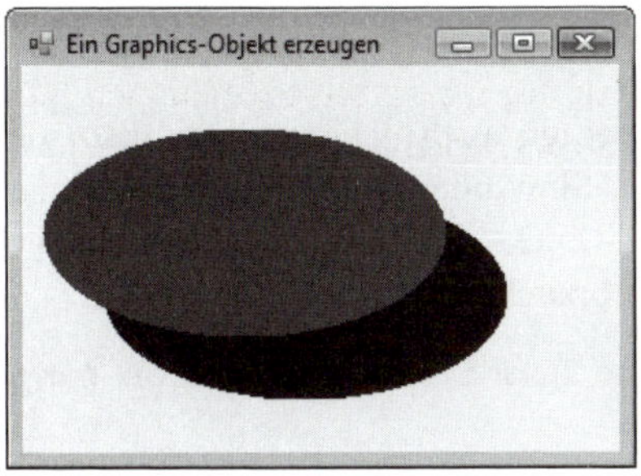

Abbildung 25.18
Variante 2

Hinweis

Wenn Sie die Anweisung `base.OnPaint(e)` auskommentieren, wird das `Paint`-Ereignis nicht mehr ausgelöst, und nur noch die blaue Ellipse erscheint! ■

25.12.3 Variante 3: Graphics-Objekt mit CreateGraphics erzeugen

Diese Variante nutzt die Möglichkeit, über die `CreateGraphics`-Methode des Formulars ein neues `Graphics`-Objekt zu erzeugen. Allerdings benötigen wir hier einen `Button`, um das Zeichnen (versetzte gelbe Ellipse) zu demonstrieren.

```
Private Sub Button1_Click(ByVal sender As System.Object, ByVal e As System.EventArgs) _
                                                     Handles Button1.Click
    Dim g As Graphics = Me.CreateGraphics()
    g.FillEllipse(New SolidBrush(Color.Yellow), 70, 90, 200, 100)        ' gelbe Ellipse
End Sub
```

Test

Die gelbe Ellipse erscheint erst nach Klick auf den Button. Im Unterschied zur roten und blauen Ellipse (Variante 1 und 2) verschwindet diese Ellipse wieder, nachdem das Formular vorübergehend verdeckt wurde.

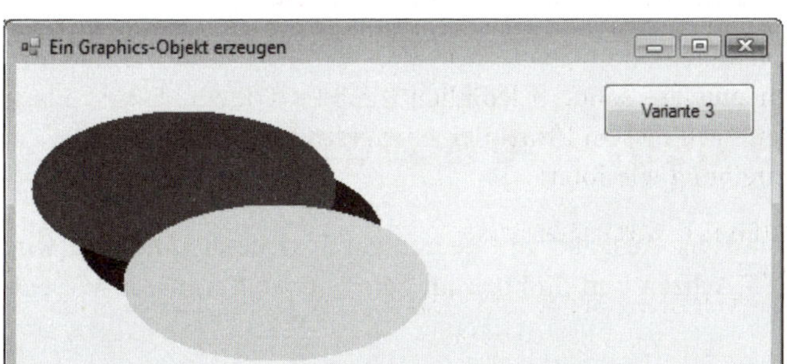

Abbildung 25.19 Variante 3

25.12.4 Variante 4: Graphics-Objekts einer PictureBox nutzen

Bei einer PictureBox – wie bei vielen anderen Komponenten auch – können Sie über die CreateGraphics-Methode auf die Zeichenfläche zugreifen. Sinnvoller ist allerdings auch hier die Nutzung des im Paint-Event übergebenen Graphics-Objekts, da Sie sich dann um die Restaurierung des Bildinhalts nicht weiter zu kümmern brauchen.

Ergänzen Sie die Oberfläche des Testformulars um eine PictureBox und erzeugen Sie einen Eventhandler für das Paint-Ereignis der PictureBox:

```
Private Sub PictureBox1_Paint(ByVal sender As System.Object, _
                              ByVal e As System.Windows.Forms.PaintEventArgs) _
                              Handles PictureBox1.Paint
    Dim g As Graphics = e.Graphics
    g.FillEllipse(New SolidBrush(Color.Red), 10, 30, 200, 100)
End Sub
```

Abschlusstest

Alle vier Varianten im Überblick:

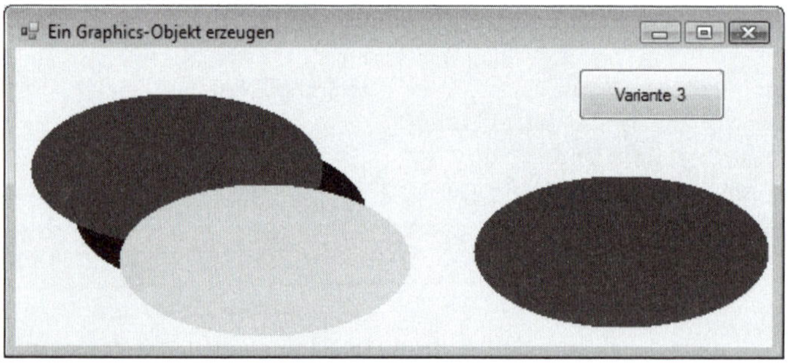

Abbildung 25.20 Alle Varianten auf eine Blick

25.13 ... Texte gedreht ausgeben?

Wer sich in der Vor-.NET-Ära mit der Ausgabe von gedrehtem Text beschäftigt hat, wird sich vielleicht mit einem leichten Ächzen und Stöhnen an den Aufwand erinnern. Wesentlich einfacher geht es mit GDI+.

Benutzerschnittstelle

Erforderlich ist nur ein Windows Form.

Programmierung

```
Public Class Form1
```

Zur Abwechslung überschreiben wir die `OnPaint`-Methode, Sie können jedoch auch die anderen Varianten, wie in 25.12 gezeigt, verwenden:

```
    Protected Overrides Sub OnPaint(ByVal e As PaintEventArgs)
        Dim s As String = "Gedrehter Text ..."
        Dim f As Font
```

Wir verschieben zunächst das Koordinatensystem in die Mitte des Fensters:

```
        e.Graphics.TranslateTransform(Me.ClientSize.Width / 2, Me.ClientSize.Height / 2)
```

Und jetzt geht's rund:

```
        For i As Integer = 1 To 24
```

Unterschiedlich große Schriften definieren:

```
            f = New Font("Arial", i)
```

Textausgabe:

```
            e.Graphics.DrawString(s, f, Brushes.Black, i + 10, 0, _
                                     StringFormat.GenericTypographic)
```

Drehwinkel verändern:

```
            e.Graphics.RotateTransform(18)
        Next
```

Nicht vergessen, die Basis-Methode aufrufen:

```
        MyBase.OnPaint(e)
    End Sub
End Class
```

Test

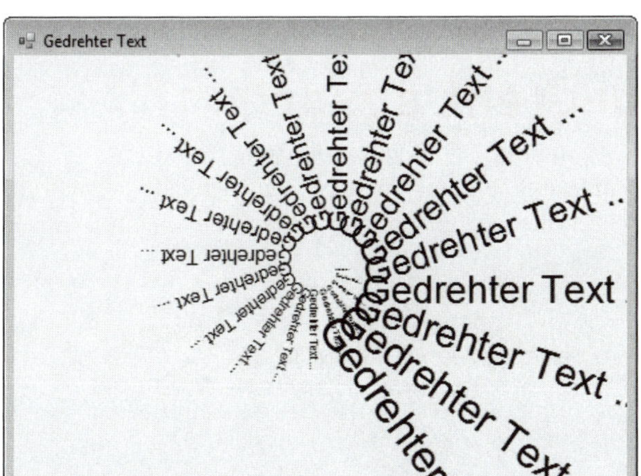

Abbildung 25.21
Laufzeitansicht

25.14 ... einen Markierungsrahmen erzeugen?

So wie den Autoren wird es auch sicher manchem Leser ergangen sein. Mit der Umstellung auf .NET bzw. auf GDI+ fehlte plötzlich ein XOR-Zeichenmodus, bei dem das erneute Zeichnen mit den gleichen Koordinaten die vorhergehende Zeichnung wieder löscht (Gummiband).

Wir zeigen Ihnen eine einfach zu realisierende Lösung.

Benutzerschnittstelle

Es genügt uns ein nacktes Windows `Form`.

Programmierung

```
Public Class Form1
```

Zunächst zwei Variablen, in denen wir uns die Koordinaten merken:

```
    Private p1 As Point
    Private p2 As Point
```

Mit dem Klicken der Maus speichern wir die Position ab:

```
    Private Sub Form1_MouseDown(ByVal sender As Object, ByVal e As MouseEventArgs) _
                                 Handles MyBase.MouseDown
        p1 = e.Location
        p2 = e.Location
    End Sub
```

Bewegt sich die Maus und ist die linke Maustaste gedrückt:

```
    Private Sub Form1_MouseMove(ByVal sender As Object, ByVal e As MouseEventArgs) _
                                 Handles MyBase.MouseMove
        If e.Button = Windows.Forms.MouseButtons.Left Then
```

Löschen des vorher gezeichneten Rechtecks:

```
            ControlPaint.DrawReversibleFrame(New Rectangle(PointToScreen(p1), _
                    New Size(p2.X - p1.X, p2.Y - p1.Y)), Color.Black, FrameStyle.Dashed)
```

Neue Koordinate bestimmen:

```
            p2 = e.Location
```

Zeichnen des neuen Rechtecks:

```
            ControlPaint.DrawReversibleFrame(New Rectangle(PointToScreen(p1), _
                     New Size(p2.X - p1.X, p2.Y - p1.Y)), Color.Black, FrameStyle.Dashed)
        End If
    End Sub
```

Soll zum Schluss das Markierungsrechteck gelöscht werden, müssen wir noch einmal die Zeichenoperation ausführen:

```
    Private Sub Form1_MouseUp(ByVal sender As Object, ByVal e As MouseEventArgs) _
                                  Handles MyBase.MouseUp
        ControlPaint.DrawReversibleFrame(New Rectangle(PointToScreen(p1), _
                             New Size(p2.X - p1.X, p2.Y - p1.Y)), Color.Black, FrameStyle.Dashed)
    End Sub

End Class
```

Test

Ziehen Sie einfach einen Rahmen im Fenster auf:

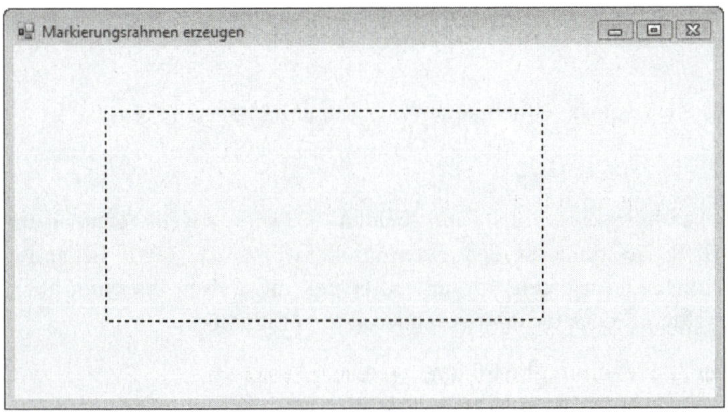

Abbildung 25.22 Das Programm in Aktion

25.15 ... mit Drag & Drop arbeiten?

Drag & Drop-Operationen gehören mit zur Kernfunktionalität von Windows Forms-Anwendungen. Im Zusammenhang mit dem »Ziehen und Loslassen« sind allerdings eine Vielzahl von Objekten, Ereignissen und Methoden zu beachten. Das vorliegende Rezept zeigt anhand zweier einfacher Beispiele wie es geht.

Benutzerschnittstelle

Platzieren Sie auf dem Startformular zwei `ListBoxen` und zwei `PictureBoxen`, deren `SizeMode`-Eigenschaft Sie zweckmäßigerweise auf `StretchImage` setzen.

Kopieren Sie in das Anwendungsverzeichnis eine beliebige Bilddatei (*Bild1.jpg*).

Programmierung

```
Public Class Form1
    Private Sub Form1_Load(ByVal sender As System.Object, ByVal e As System.EventArgs) _
                                                                    Handles MyBase.Load
```

Alle vier Controls werden zu potenziellen Drag & Drop-Ablagezielen erklärt:

```
        ListBox1.AllowDrop = True
        ListBox2.AllowDrop = True
        PictureBox1.AllowDrop = True
        PictureBox2.AllowDrop = True
```

Einige Anfangswerte zuweisen:

```
        Dim liste() As String = {"Müller", "Schulze", "Lehmann", "Krause", "Fischer", "Wagner"}
        ListBox1.Items.AddRange(liste)
        PictureBox1.Image = Image.FromFile("Bild1.jpg")
    End Sub
```

Der nachfolgende Code besteht aus zwei voneinander völlig unabhängigen Teilen.

1. Drag & Drop zwischen ListBox1 und ListBox2:

Die folgenden Ereignisbehandlungen werden von beiden ListBoxen jeweils gemeinsam benutzt. Am besten erstellen Sie zunächst den Eventhandler für ListBox1 auf bekannte Weise, benennen ihn anschließend im Eigenschaftenfenster um und weisen ihn dann auch der ListBox2 zu (analog verfahren Sie später mit den anderen Eventhandlern).

Das zu ziehende Objekt (ein ListBox-Eintrag) wird angefasst:

```
    Private Sub ListBox_MouseDown(ByVal sender As Object, _
                ByVal e As System.Windows.Forms.MouseEventArgs) _
                        Handles ListBox1.MouseDown, ListBox2.MouseDown
```

Nur wenn die linke Maustaste gedrückt und ein Eintrag selektiert wurde, startet die Drag & Drop-Operation durch Aufruf der DoDragDrop-Methode der ListBox:

```
        If e.Button = System.Windows.Forms.MouseButtons.Left Then
            Dim lbSrc As ListBox = CType(sender, ListBox)
            If lbSrc.SelectedIndex > -1 Then
                Dim dat As System.Object = lbSrc.Items(lbSrc.SelectedIndex)
```

Der DoDragDrop-Methode werden ein Objekt mit den zu übertragenden Informationen und der Typ des DragDrop-Vorgangs als Parameter übergeben. Hier ist lediglich das Verschieben (Move) von Text erwünscht (kein Copy, Link, Scroll oder None!).

```
                Dim dropEffect As DragDropEffects = lbSrc.DoDragDrop(dat, DragDropEffects.Move)
```

Die Drag & Drop-Operation startet. Nur bei Erfolg wird der Eintrag in der Quellen-ListBox gelöscht. Der Rückgabewert präsentiert das Ergebnis der Operation, er kann deshalb benutzt werden, um notwendige »Aufräumarbeiten« in der Quelle zu erledigen, in unserem Fall soll der Eintrag in der Quellen-ListBox gelöscht werden:

```
                If dropEffect = DragDropEffects.Move Then
                    lbSrc.Items.RemoveAt(lbSrc.SelectedIndex)
```

```
                End If
            End If
        End If
    End Sub
```

Das DragEnter-Ereignis wird dann ausgelöst, wenn ein gezogenes Objekt in den Zielbereich eintritt. Im Eventhandler legen wir den Typ des Drag & Drop-Vorgangs fest (Move), falls das gezogene Objekt Text enthält (Form des Mauszeigers ändert sich und signalisiert die Bereitschaft zum Ablegen):

```
    Private Sub ListBox_DragEnter(ByVal sender As Object, _
                    ByVal e As System.Windows.Forms.DragEventArgs) _
                                   Handles ListBox1.DragEnter, ListBox2.DragEnter
```

Jetzt den Typ des Drag & Drop-Vorgangs festlegen, nur das Verschieben (Move) von Text ist erlaubt (kein Copy, Link oder Scroll):

```
        If e.Data.GetDataPresent(DataFormats.Text) = True Then
            e.Effect = DragDropEffects.Move
        Else
            e.Effect = DragDropEffects.None
        End If
    End Sub
```

Das gezogene Objekt wird losgelassen und löst damit das DragDrop-Ereignis aus:

```
    Private Sub ListBox_DragDrop(ByVal sender As Object, _
                   ByVal e As System.Windows.Forms.DragEventArgs) _
                                   Handles ListBox1.DragDrop, ListBox2.DragDrop
        Dim lbDest As ListBox = CType(sender, ListBox)
```

Dem Parameter *e* können nun die übertragenen Textdaten entnommen werden:

```
        Dim txt As String = e.Data.GetData(DataFormats.Text).ToString
```

Eintrag zur Ziel-ListBox hinzufügen:

```
        lbDest.Items.Add(txt)
    End Sub
```

2. Drag & Drop zwischen PictureBox1 und PictureBox2:

Auch hier ist der Drag & Drop-Vorgang durch die Aufeinanderfolge des MouseDown-Ereignisses des Quellenobjektes sowie des DragEnter- und DragDrop-Ereignisses des Zielobjekts charakterisiert. Da die Programmierung analog zu den ListBoxen erfolgt, kann auf weitere Erläuterungen verzichtet werden.

```
    Private Sub PictureBox_MouseDown(ByVal sender As Object, _
                 ByVal e As System.Windows.Forms.MouseEventArgs) _
                                  Handles PictureBox1.MouseDown, PictureBox2.MouseDown
        If e.Button = System.Windows.Forms.MouseButtons.Left Then
            Dim pbSrc As PictureBox = CType(sender, PictureBox)
            Dim dropEffect As DragDropEffects
```

```
            If Not (pbSrc.Image Is Nothing) Then
                dropEffect = pbSrc.DoDragDrop(pbSrc.Image, DragDropEffects.Move)
            End If
            If dropEffect = DragDropEffects.Move Then pbSrc.Image = Nothing
        End If
    End Sub

    Private Sub PictureBox_DragEnter(ByVal sender As Object, _
                          ByVal e As System.Windows.Forms.DragEventArgs) _
                                      Handles PictureBox1.DragEnter, PictureBox2.DragEnter
        If e.Data.GetDataPresent(DataFormats.Bitmap) Then
            e.Effect = DragDropEffects.Move
        Else
            e.Effect = DragDropEffects.None
        End If
    End Sub

    Private Sub PictureBox_DragDrop(ByVal sender As Object, _
                       ByVal e As System.Windows.Forms.DragEventArgs) _
                                        Handles PictureBox1.DragDrop, PictureBox2.DragDrop
        Dim pbDest As PictureBox = CType(sender, PictureBox)
        pbDest.Image = CType(e.Data.GetData(DataFormats.Bitmap), Bitmap)
    End Sub
End Class
```

Test

Sie können die Objekte beliebig hin- und herschieben. In bekannter Windows-Manier signalisiert die Gestalt des Mauszeigers, ob ein Ablegen erlaubt ist.

Abbildung 25.23
Laufzeitansicht

Interessant dürfte für Sie die Entdeckung sein, dass Sie die Drag & Drop-Operation auch innerhalb einer einzigen `ListBox` ausführen können. In diesem Fall kommt es lediglich zu einem Umsortieren der Reihenfolge der Einträge!

Hinweis

Testen Sie auch Drag & Drop zwischen zwei Instanzen des Programms! ■

Bemerkungen

- Das `GiveFeedback`-Ereignis ermöglicht der Quelle des Zieh-Ereignisses, die Darstellung des Mauszeigers zu ändern (visuelles Feedback).
- Tritt der Mauszeiger in ein anderes Steuerelement ein, so wird `DragEnter` für dieses Steuerelement ausgelöst. Verlässt die Benutzeraktion das Fenster, wird das `DragLeave`-Ereignis ausgelöst.
- Ein Bewegen der Maus, ohne das Steuerelement zu verlassen, löst das `DragOver`-Ereignis aus. `DragOver`- und `GiveFeedback`-Ereignis können zusammengefasst werden, damit der Benutzer beim Bewegen der Maus über das Ablageziel eine aktuelle Rückmeldung von der Mausposition erhält.
- Ändert sich der Tastatur- oder Maustastenzustand, so wird das `QueryContinueDrag`-Ereignis ausgelöst. Entsprechend dem Wert der `Action`-Eigenschaft von `QueryContinueDragEventArgs` wird bestimmt, ob der Ziehvorgang fortgesetzt, die Daten abgelegt oder der Vorgang abgebrochen werden soll.

25.16 ... eine Komponente zur Farbauswahl entwickeln?

In diesem Rezept wollen wir zeigen, wie einfach Sie unter Visual Studio eigene Steuerelemente entwickeln und zur Toolbox hinzufügen können.

Als Beispiel soll die uns bereits bestens bekannte `ComboBox` so modifiziert werden, dass später ohne zusätzlichen Programmieraufwand 16 Grundfarben angezeigt und über eine `SelectedColor`-Eigenschaft abgefragt werden können. Alternativ soll diese Information auch über ein Ereignis `SelectedColorChange` bereitgestellt werden.

Vorbereitungen

Öffnen Sie ein neues Projekt vom Typ *Windows-Steuerelementebibliothek* und geben Sie ihm den Namen `ColorComboBox` (Abbildung 25.24).

Löschen Sie im neu erstellten Projekt das bereits vorhandene Benutzersteuerelement und erzeugen Sie über *Projekt|Neues Element hinzufügen* ein neues »Benutzerdefiniertes Steuerelement« mit dem Namen *ColorComboBox.vb*.

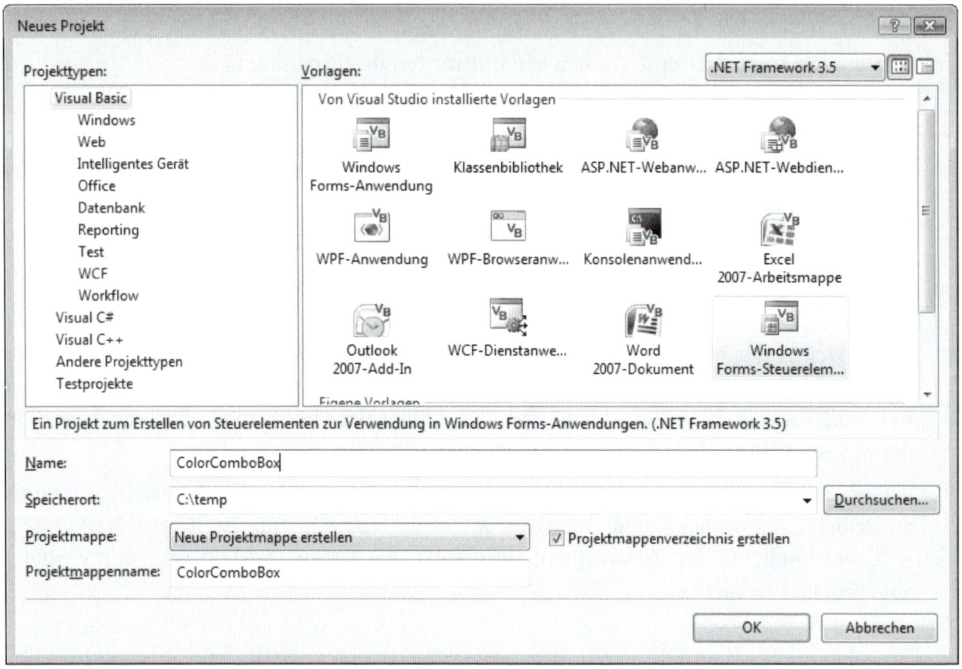

Abbildung 25.24 Neues Windows Forms-Steuerelement erstellen

Programmierung

Wechseln Sie zur Codeansicht:

```
Public Class UserControl1
    Inherits System.Windows.Forms.UserControl
    ...
End Class
```

Erster Schritt zur fertigen Komponente ist in der Regel das Ableiten von einer bereits vorhandenen. Ändern Sie deshalb die ersten beiden Zeilen wie folgt:

```
Public Class FarbComboBox
    Inherits System.Windows.Forms.ComboBox
   ...
```

Zunächst erzeugen Sie eine weitere Klasse für die vom neuen Ereignis gelieferten Informationen:

```
Public Class ColorChangeEventArgs
     Inherits EventArgs
     Private myColor As Color
```

Die neue Eigenschaft:

```
     Public Property SelectedColor() As Color
         Get
                 Return myColor
         End Get
```

```
        Set(ByVal Value As Color)
            myColor = Value
        End Set
    End Property
End Class
```

Nun wieder zurück in den Körper der eigentlichen Klasse `ColorComboBox`:

```
Public Class FarbComboBox
    Inherits System.Windows.Forms.ComboBox
```

Fügen Sie zum Konstruktor die beiden unteren Zeilen hinzu:

```
  Public Sub New()
    MyBase.New()

    'Dieser Aufruf ist für den Komponenten-Designer erforderlich.
    InitializeComponent()

    Me.DrawMode = System.Windows.Forms.DrawMode.OwnerDrawFixed
    Me.DropDownStyle = System.Windows.Forms.ComboBoxStyle.DropDownList
  End Sub
```

Die ReadOnly-Eigenschaft `SelectedColor` wird über den gewählten Index in der `ComboBox` ermittelt:

```
  Public Property SelectedColor() As Color
    Get
      Select Case Me.SelectedIndex
        Case 0 : Return Color.Blue
        Case 1 : Return Color.Red
        Case 2 : Return Color.Green
        Case 3 : Return Color.Cyan
        Case 4 : Return Color.Yellow
        Case 5 : Return Color.Lime
        Case 6 : Return Color.DarkBlue
        Case 7 : Return Color.DarkRed
        Case 8 : Return Color.DarkGreen
        Case 9 : Return Color.DarkCyan
        Case 10 : Return Color.Maroon
        Case 11 : Return Color.White
        Case 12 : Return Color.LightGray
        Case 13 : Return Color.DarkGray
        Case 14 : Return Color.Gray
        Case 15 : Return Color.Black
        Case Else : Return Color.White
      End Select
    End Get
    Set(ByVal Value As Color)
      ' hier könnten Sie sich weiter betätigen, müssen aber nicht
    End Set
  End Property
```

Eigentlich hatten wir vor, bereits im Konstruktor die 16 Einträge für die `ComboBox` zu erzeugen, aber leider macht uns die IDE einen Strich durch die Rechnung. Mit dem Einfügen des Steuerelements aus der Toolbox wird auch der Konstruktor abgearbeitet, folgerichtig würden 16 Einträge erzeugt werden. Das wäre soweit auch in Ordnung, leider ist die IDE aber so »komfortabel«, dass bereits im `Form`-Konstruktor diese 16 Einträge abgespeichert und damit zur Laufzeit auch erneut erzeugt werden. Zusammen mit den 16 Einträgen des Steuerelements haben wir dann aber bereits 32, was wohl nicht im Sinne des Erfinders ist.

Besser ist die folgende Lösung, bei der die Elemente zu einem späteren Zeitpunkt erzeugt werden. Selbst wenn bereits Elemente vorliegen, werden diese mit `Clear` zuverlässig gelöscht. Überschreiben Sie also die Methode `InitLayout`:

```
Protected Overloads Overrides Sub InitLayout()
  Me.Items.Clear()
  For i As Integer = 1 To 16
    Me.Items.Add(i.ToString)
  Next
End Sub
```

Zum Zeichnen der einzelnen Einträge überschreiben wir die Methode `OnDrawItem`:

```
Protected Overloads Overrides Sub OnDrawItem(ByVal e As DrawItemEventArgs)
  Select Case e.Index
    Case 0 : e.Graphics.FillRectangle(Brushes.Blue, e.Bounds)
    Case 1 : e.Graphics.FillRectangle(Brushes.Red, e.Bounds)
    Case 2 : e.Graphics.FillRectangle(Brushes.Green, e.Bounds)
    Case 3 : e.Graphics.FillRectangle(Brushes.Cyan, e.Bounds)
    Case 4 : e.Graphics.FillRectangle(Brushes.Yellow, e.Bounds)
    Case 5 : e.Graphics.FillRectangle(Brushes.Lime, e.Bounds)
    Case 6 : e.Graphics.FillRectangle(Brushes.DarkBlue, e.Bounds)
    Case 7 : e.Graphics.FillRectangle(Brushes.DarkRed, e.Bounds)
    Case 8 : e.Graphics.FillRectangle(Brushes.DarkGreen, e.Bounds)
    Case 9 : e.Graphics.FillRectangle(Brushes.DarkCyan, e.Bounds)
    Case 10 : e.Graphics.FillRectangle(Brushes.Maroon, e.Bounds)
    Case 11 : e.Graphics.FillRectangle(Brushes.White, e.Bounds)
    Case 12 : e.Graphics.FillRectangle(Brushes.LightGray, e.Bounds)
    Case 13 : e.Graphics.FillRectangle(Brushes.DarkGray, e.Bounds)
    Case 14 : e.Graphics.FillRectangle(Brushes.Gray, e.Bounds)
    Case 15 : e.Graphics.FillRectangle(Brushes.Black, e.Bounds)
  End Select
End Sub
```

Unser neues Ereignis:

```
Public Event SelectedColorChange(ByVal sender As Object, ByVal e As ColorChangeEventArgs)
```

Zum Schluss bleibt nur noch das Auslösen des Ereignisses:

```
Protected Overrides Sub OnSelectedIndexChanged(ByVal e As EventArgs)
  MyBase.OnSelectedIndexChanged(e)
```

Wir erzeugen und parametrieren eine neue Instanz von `ColorChangeEventArgs`:

```
  Dim args As New ColorChangeEventArgs()
  args.SelectedColor = Me.SelectedColor
```

Das Auslösen des Ereignisses:

```
    RaiseEvent SelectedColorChange(Me, args)
  End Sub

End Class
```

Erzeugen des neuen Steuerelements

Kompilieren Sie das Projekt über das Menü *Erstellen/ColorComboBox erstellen.*

Wählen Sie das Menü *Extras|Toolboxelemente auswählen* ... und dort die Seite ».NET Framework-Komponenten«. Klicken Sie auf die »Durchsuchen«-Schaltfläche und wählen Sie die eben erzeugte Assembly *ColorComboBox.dll* (im *\bin\Debug*-Unterverzeichnis des Projektordners).

Klicken Sie auf die »OK«-Schaltfläche, um die Komponente in die Toolbox zu übernehmen:

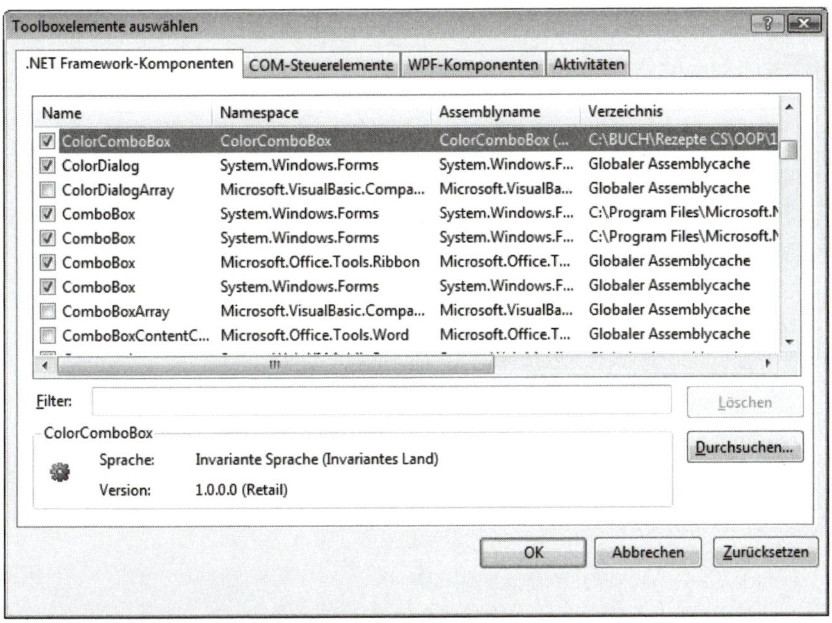

Abbildung 25.25 Komponente in die Toolbox einbinden

Sie finden Ihr neues Steuerelement auf der »Alle Windows Forms«-Seite der Toolbox:

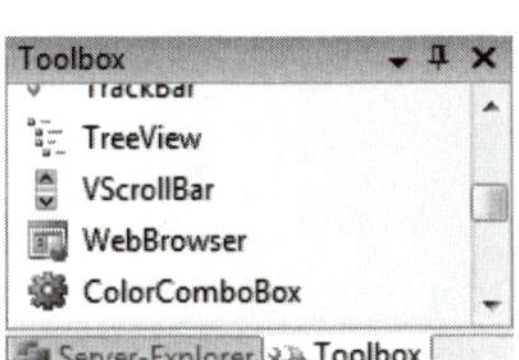

Abbildung 25.26
Die Komponente in der Toolbox

Testprogramm

Öffnen Sie ein neues Projekt als normale Windows Forms-Anwendung und platzieren Sie die `ColorComboBox` auf dem Formular. Fügen Sie den folgenden Code für das `SelectedColorChange`-Ereignis hinzu:

```
Private Sub ColorComboBox1_SelectedColorChange(ByVal sender As Object, _
                        ByVal e As ColorComboBox.ColorChangeEventArgs) _
                                        Handles ColorComboBox1.SelectedColorChange
  Me.BackColor = e.SelectedColor
End Sub
```

Jetzt können Sie sich von der Funktionsfähigkeit der neuen Komponente überzeugen und das Formular beliebig bunt einfärben:

Abbildung 25.27
Die neue Komponente in Aktion

26 Wie kann ich ... (Sonstiges)

Dieses Kapitel behandelt die folgenden Themen:

- Zwischenablage
- Reflection
- Systeminformationen
- Code-Editor

26.1 ... die Zwischenablage verwenden?

Die Zwischenablage dient der Übertragung von Datenobjekten zwischen verschiedenen Anwendungen, entweder auf Grund von Befehlseingaben des Benutzers (*Einfügen*, *Kopieren*) oder programmgesteuert. Für diesen Zweck werden globale Speicherblöcke verwendet, auf die jede angemeldete Applikation zugreifen kann.

Hintergrundwissen

Die Verbindung zur Windows-Zwischenablage hält unter .NET das `Clipboard`-Objekt. Neben den universellen Methoden

- `SetDataObject` und
- `GetDataObject`

bieten sich jede Menge typspezifischer Methoden an. Zu jedem der Datentypen `Data`, `Text`, `Audio`, `Image`, `FileDropList` gibt es eine `Contains`-, eine `Get`- und eine `Set`-Methode, z.B. `ContainsText()`, `GetText()` und `SetText()`.

Eine `Contains`- Methode (`True/False`) überprüft, ob in der Zwischenablage eine Information im gewünschten Format vorliegt. Die `Get`- und `Set`-Methoden übernehmen das Kopieren bzw. Einfügen.

Möchten Sie einen Text oder den Inhalt eines Textfeldes in die Zwischenablage kopieren, genügt der Aufruf von `SetText`, wie es auch das vorliegende Rezept zeigt.

Hinweis

Es muss ein Objekt (Text, Grafik etc.) vorhanden sein, wenn Sie versuchen, die Daten zu kopieren. Andernfalls werden Sie mit einem Laufzeitfehler beglückt. ■

Das Einfügen von Daten aus der Zwischenablage gestaltet sich naturgemäß etwas schwieriger, da man nicht unbedingt weiß, was in der Zwischenablage enthalten ist.

Prüfen Sie zunächst, ob der gewünschte Datentyp vorhanden ist. Dazu müssen Sie

- die Methode `GetDataObject` aufrufen, diese gibt wiederum ein `IDataObjekt` zurück, das über seine Methode `GetDataPresent` auf ein bestimmtes Datenformat prüft,
- oder Sie verwenden eine der `Contains...`-Methoden, um gleich auf einen speziellen Datentyp (Text, Grafik) zu prüfen.

Der eigentlich Abruf der Daten kann dann mit den jeweiligen `Get...`-Methoden erfolgen.

Benutzerschnittstelle

In ein Windows `Form` fügen Sie eine `PictureBox`, eine `TextBox` (`MultiLine=True`) sowie vier `Buttons` ein (siehe Laufzeitansicht).

Programmierung

```
Public Class Form1
```

Text in die Zwischenablage kopieren:

```
    Private Sub Button2_Click(ByVal sender As System.Object, ByVal e As System.EventArgs) _
                            Handles Button2.Click
        If TextBox1.SelectedText <> String.Empty Then
            Clipboard.SetText((TextBox1.SelectedText))
        Else
            MessageBox.Show("Kein Text selektiert!")
        End If
    End Sub
```

Text aus der Zwischenablage einfügen:

```
Private Sub Button4_Click(ByVal sender As System.Object, ByVal e As System.EventArgs) _
                          Handles Button4.Click
    If Clipboard.ContainsText() Then
        TextBox1.Text = Clipboard.GetText()
    Else
        MessageBox.Show("Keine geeigneten Daten im Clipboard!")
    End If
End Sub
```

Grafik in die Zwischenablage kopieren:

```
Private Sub Button1_Click(ByVal sender As System.Object, ByVal e As System.EventArgs) _
                          Handles Button1.Click
    If PictureBox1.Image IsNot Nothing Then
        Clipboard.SetImage(PictureBox1.Image)
    Else
        MessageBox.Show("Keine Grafik enthalten!")
    End If
End Sub
```

Grafik aus der Zwischenablage einfügen:

```
Private Sub Button3_Click(ByVal sender As System.Object, ByVal e As System.EventArgs) _
                          Handles Button3.Click
    If Clipboard.ContainsImage() Then
        Dim pic As System.Drawing.Image = Clipboard.GetImage()
        PictureBox1.Image = pic
    Else
        MessageBox.Show("Keine Bitmap im Clipboard!")
    End If
End Sub

End Class
```

Test

Kopieren Sie mit einem Zeichenprogramm (z.B. Paint) eine Grafik in die Zwischenablage und versuchen Sie diese in das Programm einzufügen:

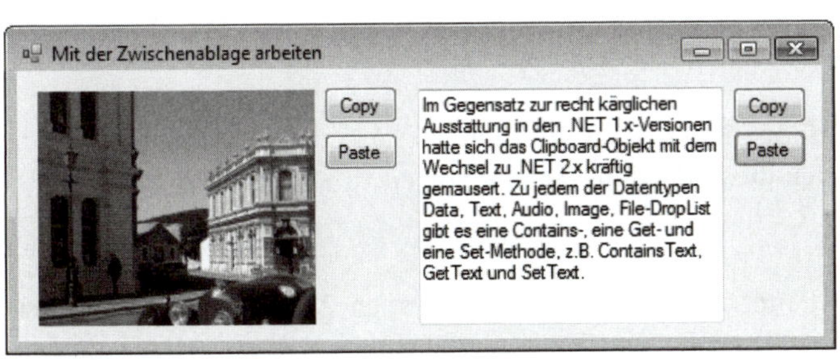

Abbildung 26.1 Laufzeitansicht

Bemerkung

Im Zusammenhang mit der Zwischenablage finden Sie unter dem Menüpunkt Bearbeiten fast immer die folgenden Befehle:

- Kopieren (*Strg+C*)
- Ausschneiden (*Strg+X*)
- Einfügen (*Strg+V*)

Wie trivial diese umzusetzen sind, entnehmen Sie den folgenden Beispielen:

Beispiel Kopieren

```
Private Sub Button1_Click(ByVal sender As Object, ByVal e As EventArgs) _
                                                         Handles Button1.Click
   TextBox1.Copy()
End Sub
```

Beispiel Ausschneiden

```
Private Sub Button1_Click(ByVal sender As Object, ByVal e As EventArgs) _
                                                         Handles Button1.Click
   TextBox1.Cut()
End Sub
```

Beispiel Einfügen

```
Private Sub Button2_Click(ByVal sender As Object, ByVal e As EventArgs) _
                                                         Handles Button2.Click
   TextBox1.Paste()
End Sub
```

26.2 ... mittels Reflection Typinformationen sammeln?

Möchten Sie zur Laufzeit Informationen über die aktuelle Assembly oder auch andere Assemblies gewinnen, bietet sich die Reflection-Technologie an.

Hinweis

Reflection funktioniert selbst dann, wenn die Typen in externen Assemblierungen gespeichert sind und Sie den zugrunde liegenden Quellcode nicht kennen. ■

Hintergrundwissen

.NET-Reflections ermöglichen neben dem Abrufen von Typ-Informationen zur Laufzeit auch den Aufruf von Methoden per `Invoke`. Damit haben Sie alle Werkzeuge zur Hand, um zum Beispiel AddIns oder spezielle Filter zu programmieren, die jederzeit austauschbar sind.

Die dazu erforderlichen Klassen finden Sie im `System.Reflection`-Namensraum.

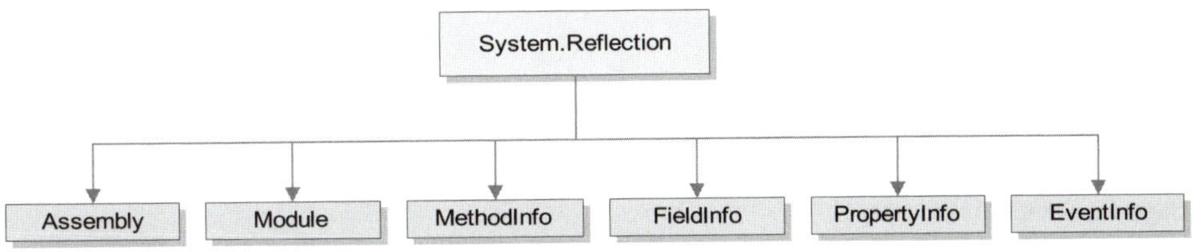

Abbildung 26.2 Die wichtigsten Klassen auf einen Blick

Bevor Sie sich in die Untiefen der `Reflection`-Klassen stürzen, müssen Sie entscheiden, ob es sich um die aktuell geladene Assembly oder eine externe ungeladene Assembly handelt. Im letzteren Fall müssen Sie zunächst die gewünschte Assembly mit dem Methodenaufruf `Assembly.LoadFrom` laden. Der Rückgabewert ist eine Instanz der `Assembly`-Klasse.

Beispiel Laden einer Assembly

```
Imports System.Reflection
...
    Private myAss As Assembly
    ...
    myAss = Assembly.LoadFrom("xxxxx")...
```

Beispiel Geht es um die aktuell ausgeführte Assembly, können Sie mit `GetExecutingAssembly` die Instanz abrufen:

```
myAss = Assembly.GetExecutingAssembly()
```

Nachdem Sie eine Instanz der `Assembly`-Klasse gebildet haben, können Sie sich den »inneren« Werten zuwenden. Erster Anlaufpunkt ist die Methode `GetTypes`, die ein Array aller enthaltenen Klassen zurück gibt.

Die `Type`-Klasse hilft Ihnen mit den folgenden, selbsterklärenden Eigenschaften weiter:

- `Name, FullName`
- `Namespace`
- `IsClass`
- `IsInterface`
- `IsAbstract`
- `IsCOMObject`
- `IsEnum`

- IsSealed
- IsPublic

Einige wichtige Methoden:

- GetMembers
- GetFields
- GetProperties
- GetMethods

Alle Methoden liefern ein Array des jeweils abgerufenen Typs zurück.

Benutzerschnittstelle

Ein Formular mit einer ListBox und einem Button zum Beenden genügt.

Programmierung

```
Imports System.Reflection

Public Class Form1
    ...
    Private Sub Form1_Load(ByVal sender As System.Object, ByVal e As System.EventArgs) _
                           Handles MyBase.Load

        Dim kunde As New CKunde()
        Dim tp As Type = kunde.GetType()
        ListBox1.Items.Clear()
        ListBox1.Items.Add("      Typ = " + tp.Name.ToString())
        ListBox1.Items.Add("")
```

Falls es sich um eine Klasse handelt:

```
        If tp.IsClass Then
```

Alle Eigenschaften auflisten:

```
            ListBox1.Items.Add("------- Eigenschaften ------")
            For Each p As PropertyInfo In tp.GetProperties()
                ListBox1.Items.Add(p.Name.ToString())
            Next
            ListBox1.Items.Add("")
```

Alle Methoden auflisten:

```
            ListBox1.Items.Add("-------- Methoden --------")
            For Each m As MethodInfo In tp.GetMethods()
                If m.IsPublic AndAlso Not m.IsSpecialName Then
                    ListBox1.Items.Add(m.Name.ToString())
                End If
            Next
            ListBox1.Items.Add("")
```

Alle Felder auflisten:

```
            ListBox1.Items.Add("-------- Felder --------")
            For Each f As FieldInfo In tp.GetFields()
                ListBox1.Items.Add(f.Name.ToString())
            Next
        End If

    End Sub
End Class
```

Hinweis

Fügen Sie dem Quellcode noch die Klasse CKunde hinzu (siehe Buch-Beispiel). ■

Test

Nach dem Start finden Sie in der ListBox bereits detaillierte Informationen über die Klasse CKunde vor.

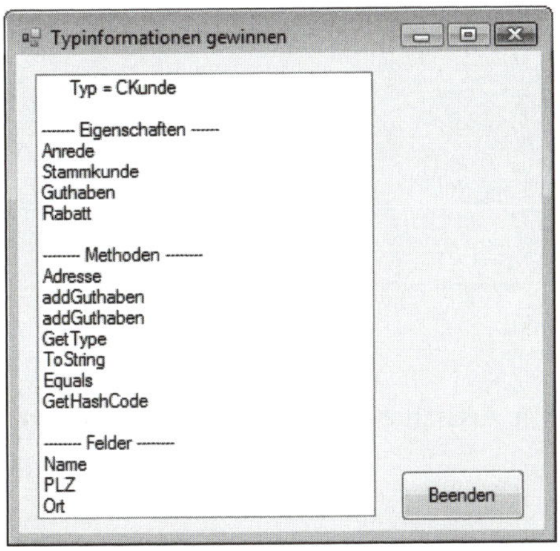

Abbildung 26.3
Laufzeitansicht

Bemerkungen

- Das zweimalige Vorkommen von addGuthaben erklärt sich aus den beiden Überladungen.
- Felder werden in unserem Beispiel nur angezeigt, wenn sie Public sind, in der Klasse CKunde ist aber alles sauber verborgen.
- Wenn Sie selbst Typen bzw. Klassen entwickeln, können Sie diese durch Zuordnen von Attributen beschreiben. Der Anwender kann die Attribute per Reflection auslesen.

26.3 ... den mehrfachen Anwendungsstart verhindern?

Seien Sie froh, dass Sie sich für Visual Basic anstatt für C# entschieden haben. Statt vieler Codezeilen für die Lösung dieses Problems genügt es, wenn Sie in den Projektoptionen die entsprechende Einstellung aktivieren:

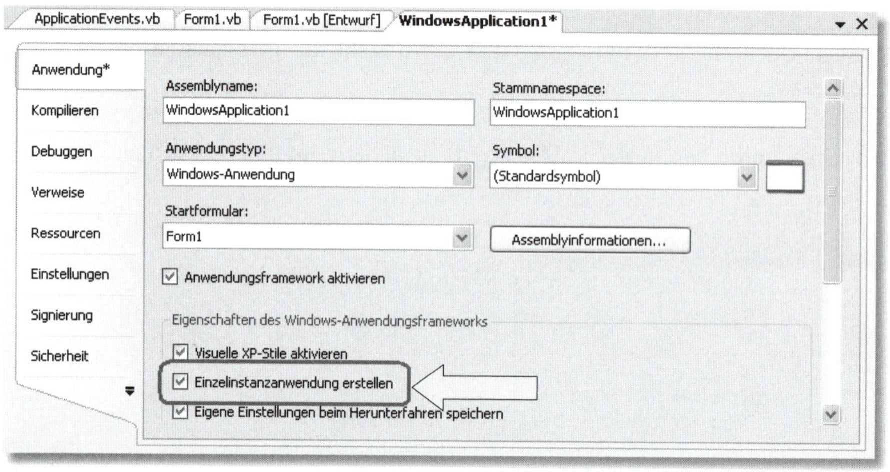

Abbildung 26.4 Anwendungseinstellungen

Visual Basic bringt, im Gegensatz zu C#, bereits ein zusätzliches "Anwendungsframework" mit, das neben obiger Aufgabenstellung noch weitere Aufgaben übernehmen kann (Styles, Ereignisse etc.).

Oberfläche

Nur ein Windows `Form` und ein `Label`.

Quelltext

Möchten Sie den Anwender darauf aufmerksam machen, dass bereits eine laufende Instanz des Programms vorhanden ist, können Sie ein vom Anwendungsframework bereitgestelltes Ereignis dafür nutzen:

```
Namespace My

' Für MyApplication sind folgende Ereignisse verfügbar:
' Startup: Wird beim Starten der Anwendung noch vor dem Erstellen des Startformulars ausgelöst.
' Shutdown: Wird nach dem Schließen aller Anwendungsformulare ausgelöst. Dieses Ereignis wird
' nicht ausgelöst, wenn die Anwendung nicht normal beendet wird.
' UnhandledException: Wird ausgelöst, wenn in der Anwendung eine unbehandelte Ausnahme auftritt.
' StartupNextInstance: Wird beim Starten einer Einzelinstanzanwendung ausgelöst, wenn diese
```

```
' bereits aktiv ist.
' NetworkAvailabilityChanged: Wird beim Herstellen oder Trennen der Netzwerkverbindung
' ausgelöst.
Partial Friend Class MyApplication

   Private Sub MyApplication_StartupNextInstance(ByVal sender As Object, _
         ByVal e As Microsoft.VisualBasic.ApplicationServices.StartupNextInstanceEventArgs) _
                                                        Handles Me.StartupNextInstance
            MessageBox.Show("Es läuft bereits eine Instanz!", "Hinweis")
        End Sub
    End Class

End Namespace
```

Hinweis

Die obige Datei *ApplicationEvents.vb* erreichen Sie über *Projekt|Eigenschaften|Anwendungsereignisse.* ■

Test

Starten Sie die Anwendung und versuchen Sie eine weitere Instanz aufzurufen:

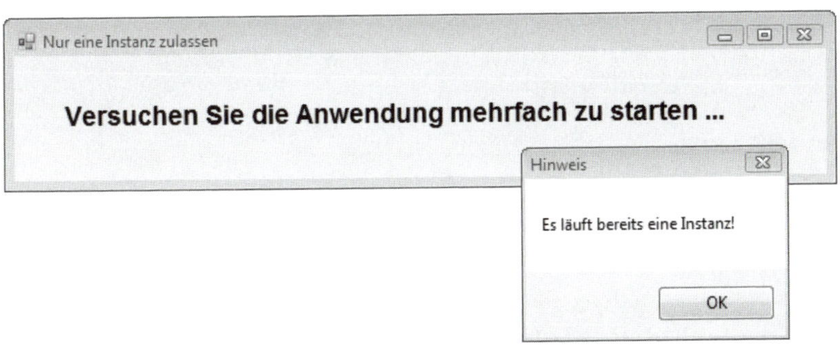

Abbildung 26.5 Laufzeitansicht

26.4 ... eine Pause realisieren?

Einen `Delay`-Befehl werden Sie unter Visual Basic vergeblich suchen, und das ist auch gut so, schließlich ist Windows ein Multitasking-System.

Wir zeigen in diesem Rezept zwei Varianten, mit denen Sie sich helfen können:

- Sie verwenden eine Hilfsprozedur `delay(zeit)` mit einer `DoEvents`-Schleife. Die `DoEvents`-Anweisung ermöglicht anderen Anwendungen (auch einem `Timer` oder weiterem Thread Ihrer Anwendung), ihre »Tätigkeit« fortzusetzen. Sollten Sie diese Anweisung weglassen, »steht« der Rechner für die angegebene Zeit.

- Alternativ können Sie auch die `Thread.Sleep`-Methode verwenden. Ihre Anwendung ist für einige Sekunden in den Tiefschlaf versetzt und benötigt überhaupt keine Rechenzeit mehr. Allerdings lässt sich die Anwendung nicht mehr bedienen, der gesamte Prozess, und dazu gehören auch alle Funktionen der Oberfläche, »schläft«.

Benutzerschnittstelle

Zwei `Buttons` und eine `ListBox` für die Statusanzeige genügen.

Programmierung

```
Public Class Form1
   ...
```

Variante 1:

```
   Private Sub delay(ByVal zeit As Integer)
      Dim zeit1 As Integer = System.Environment.TickCount

      While (System.Environment.TickCount - zeit1) < zeit
         Application.DoEvents()
      End While
   End Sub

   Private Sub Button1_Click(ByVal sender As System.Object, ByVal e As System.EventArgs) _
                            Handles Button1.Click

      ListBox1.Items.Add("Start")
      delay(5000)
      ListBox1.Items.Add("Stop")
   End Sub
```

Variante 2:

```
   Private Sub Button2_Click(ByVal sender As System.Object, ByVal e As System.EventArgs) _
                            Handles Button2.Click

      ListBox1.Items.Add("Start")
      Application.DoEvents()
      System.Threading.Thread.Sleep(5000)
      ListBox1.Items.Add("Stop")
   End Sub

End Class
```

Hinweis

Das `Application.DoEvents` ist unverzichtbar, da sonst die Startmeldung nicht angezeigt wird. ■

Test

Beide Varianten liefern hier eine Zeitverzögerung von etwa 5 Sekunden (Abbildung 26.6).

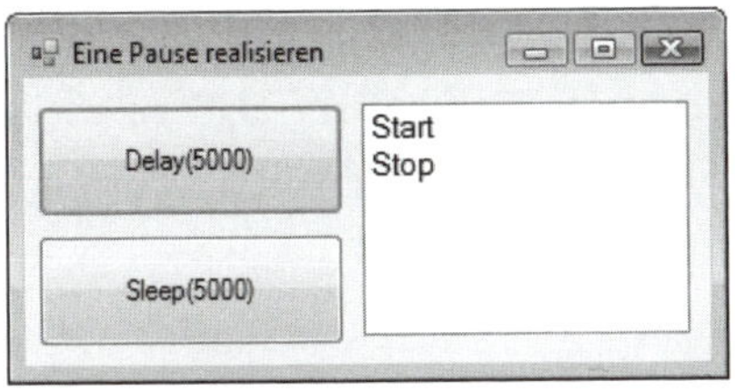

Abbildung 26.6
Laufzeitansicht

Hinweis
Die `delay`-Methode nach Variante 1 ist vorzuziehen, da sie der Anwendung Gelegenheit gibt, notwendige Funktionen auszuführen. Lediglich der aktuelle Programmablauf (Ereignisprozedur etc.) ist unterbrochen, andere Ereignisse, z.B. `Timer` oder `MouseClick`, können weiterhin ausgelöst werden. ■

26.5 ... Systemtöne und WAV-Dateien wiedergeben?

Im Multimedia-Zeitalter darf auch die Sound-Unterstützung Ihrer Programme nicht fehlen. Für kurze Musikeinlagen und Hinweistöne empfiehlt sich das WAVE-Format.

Drei Quellen für Sounddaten bieten sich an:

- eingebettete Sound-Ressourcen,
- externe Sounddateien
- und Systemtöne.

Unser Beispielprogramm demonstriert Ihnen die Verwendung der drei o.g. »Lärmquellen«.

Benutzerschnittstelle

Ein einfaches Windows `Form` mit einigen `Buttons` genügt für unseren Test.

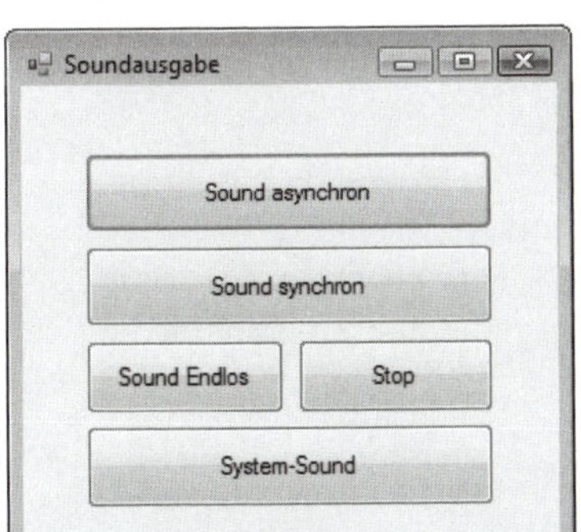

Abbildung 26.7
Laufzeitansicht

Programmierung

```
Imports System.Media

Public Class Form1
    ...
```

Eine Instanz des SoundPlayers erzeugen:

```
    Private sp1 As New SoundPlayer()
```

Einfaches Abspielen einer externen Datei:

```
    Private Sub Form1_Load(ByVal sender As System.Object, ByVal e As System.EventArgs) _
                                                                   Handles MyBase.Load
        Dim sp As New SoundPlayer("notify.wav")
        sp.Play()
    End Sub
```

Abspielen einer eingebetteten Ressource:

```
    Private Sub Button1_Click(ByVal sender As System.Object, ByVal e As System.EventArgs) _
                                                                   Handles Button1.Click
        Dim sp As New SoundPlayer(My.Resources.tada)
        sp.Play()
    End Sub
```

Synchrones Abspielen einer eingebetteten Sounddatei:

```
    Private Sub Button2_Click(ByVal sender As System.Object, ByVal e As System.EventArgs) _
                                                                   Handles Button2.Click
        Dim sp As New SoundPlayer(My.Resources.tada)
        sp.PlaySync()
        ' oder (New SoundPlayer(My.Resources.tada)).PlaySync()
    End Sub
```

Endlos abspielen, die wohl beste Methode, um jemanden in den Wahnsinn zu treiben! Kombiniert mit dem asynchronen Abspielen der Dateien können Sie das Programm beenden und einen Rechner zurücklassen, der ununterbrochen Lärm verbreitet. Die Soundorgie kann erst durch eine Anweisung gestoppt werden:

```
    Private Sub Button3_Click(ByVal sender As System.Object, ByVal e As System.EventArgs) _
                                                                   Handles Button3.Click
        sp1.Stream = My.Resources.tada
        sp1.PlayLooping()
    End Sub
```

Ende des Lärms:

```
    Private Sub Button4_Click(ByVal sender As System.Object, ByVal e As System.EventArgs) _
                                                                   Handles Button4.Click
        sp1.Stop()
    End Sub
```

Einen Systemsound wiedergeben:

```
    Private Sub Button5_Click(ByVal sender As System.Object, ByVal e As System.EventArgs) _
                                                                          Handles Button5.Click
        SystemSounds.Beep.Play()
    End Sub
End Class
```

Test

Ein unmittelbares Klangerlebnis kann Ihnen dieses Buch leider nicht vermitteln, es sei denn, Sie wählen eine WAV-Datei, die Sie auch auf der Buch-Beispieldaten finden, aus und spielen diese ab.

26.6 ... diverse Systeminformationen ermitteln?

Wer sich eingehend mit der Umgebung des Programms (Betriebssystem, Hardware etc.) beschäftigen will, findet die gesuchten Informationen im Wesentlichen über die folgenden Klassen:

- `SystemInformation`
- `System.Environment`
- `Application`
- Windows Management Instrumentations kurz WMI.

Wir wollen im Folgenden die wichtigsten Informationen auslesen, einen Anspruch auf Vollständigkeit erheben wir lieber nicht.

Benutzerschnittstelle

Ein Windows `Form`, eine `ListBox` und ein `MenuStrip` (siehe Laufzeitansicht).

Binden Sie zusätzlich den Verweise auf `System.Management` in Ihr Projekt ein.

Programmierung

Hinweis

Um die Übersicht in diesem Rezept zu erhöhen und ein schnelles Nachschlagen zu erleichtern, wurden zusätzliche Zwischenüberschriften eingefügt. ■

Einbinden der erforderlichen Namespaces:

```
...
Imports System.Collections
```

```
Imports System.Management
Imports Microsoft.VisualBasic.Devices

Public Class Form1
...
```

26.6.1 Betriebssystem (Name, Version, Bootmode)

Über die Environment-Klasse stehen die gewünschten Informationen zur Verfügung:

```
Private Sub dToolStripMenuItem_Click(ByVal sender As System.Object, _
                ByVal e As System.EventArgs) Handles dToolStripMenuItem.Click
    ListBox1.Items.Add("OSVersion: " & Environment.OSVersion.ToString())
    ListBox1.Items.Add("OSVersion.Platform: " & Environment.OSVersion.Platform)
    ListBox1.Items.Add("OSVersion.ServicePack: " & Environment.OSVersion.ServicePack)
    ListBox1.Items.Add("OSVersion.Version: " & Environment.OSVersion.VersionString)
    ListBox1.Items.Add("OSFullName: " & (New ComputerInfo()).OSFullName)
    ListBox1.Items.Add("CurrentCulture: " & Application.CurrentCulture.ToString())
    ListBox1.Items.Add("Bootmode: " & SystemInformation.BootMode.ToString())
End Sub
```

Beispiel Ausgabe der obigen Anweisungen unter Windows Vista

```
OSVersion: Microsoft Windows NT 6.0.6000.0
OSVersion.Platform: Win32NT
OSVersion.ServicePack:
OSVersion.Version: Microsoft Windows NT 6.0.6000.0
OSFullName: Microsoft® Windows Vista™ Home Premium
CurrentCulture: de-DE
Bootmode: Normal
```

Wie Sie sehen, bietet nur die OSFullName-Eigenschaft den allgemein bekannten Betriebssystemnamen.

Meist genügt jedoch die Abfrage von Platform, wenn Sie zwischen Windows Me (ja, das gibt es teilweise noch) und einer der NT-Versionen (dies schließt Vista mit ein) unterscheiden wollen.

Beispiel Auslesen der Registry in Abhängigkeit vom Betriebssystem

```
    Select Case Environment.OSVersion.Platform
        Case PlatformID.Win32Windows
            Dim rk As RegistryKey = Registry.LocalMachine.OpenSubKey( _
                        "Software\Microsoft\Windows\CurrentVersion", False)
...
        Case PlatformID.Win32NT
            Dim rk As RegistryKey = Registry.LocalMachine.OpenSubKey( _
                        "Software\Microsoft\Windows NT\CurrentVersion", False)
...
    End Select
```

26.6.2 Schriftarten/-Informationen

```
Private Sub dToolStripMenuItem1_Click(ByVal sender As System.Object, _
            ByVal e As System.EventArgs) Handles dToolStripMenuItem1.Click
    ListBox1.Items.Add("IsFontSmoothingEnabled: " & _
                       SystemInformation.IsFontSmoothingEnabled.ToString)
    ListBox1.Items.Add("FontSmoothingType: " & _
                       SystemInformation.FontSmoothingType.ToString & _
                       "  (1=Default, 2=ClearType)")
    ListBox1.Items.Add("FontSmoothingContrast: " & _
                        SystemInformation.FontSmoothingContrast.ToString)
```

Die Liste der möglichen Schriftarten abrufen:

```
    For Each ff As FontFamily In FontFamily.Families
        ListBox1.Items.Add(ff.Name)
    Next
End Sub
```

Beispiel Ausgabe der obigen Anweisungen

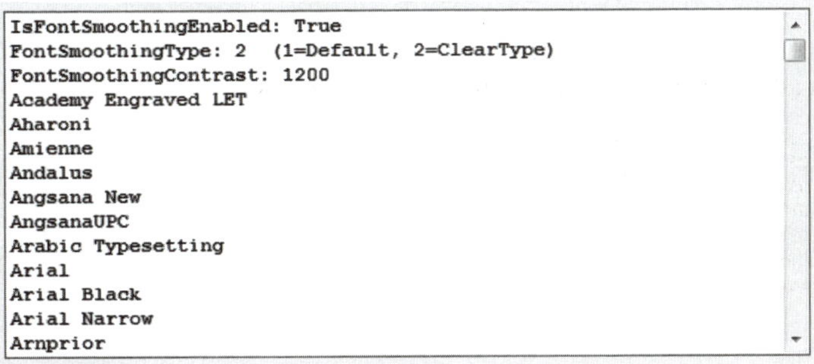

Tabelle 26.1 Die möglichen Werte für `FontSmoothingType`

Wert	Bedeutung
1	Standardschriftglättung.
2	ClearType-Schriftglättung.

26.6.3 Bildschirme

Dass mehr als ein Bildschirm möglich ist, hat sich sicher schon herumgesprochen. Das .NET-Framework bietet geeignete Möglichkeiten, die User-Konfiguration zu bestimmen, auch wenn es nicht ganz einfach ist, den Zusammenhang richtig zu interpretieren:

```
Private Sub dToolStripMenuItem2_Click(ByVal sender As System.Object, _
                ByVal e As System.EventArgs) Handles dToolStripMenuItem2.Click

    ListBox1.Items.Add("MonitorCount: " & SystemInformation.MonitorCount.ToString)
    ListBox1.Items.Add("MonitorsSameDisplayFormat: " & _
                       SystemInformation.MonitorsSameDisplayFormat.ToString)
    ListBox1.Items.Add("PrimaryMonitorMaximizedWindowSize: " & _
```

```
                         SystemInformation.PrimaryMonitorMaximizedWindowSize.ToString)
        ListBox1.Items.Add("PrimaryMonitorSize: " & _
                         SystemInformation.PrimaryMonitorSize.ToString)
        ListBox1.Items.Add("ScreenOrientation: " & _
                         SystemInformation.ScreenOrientation.ToString)
        ListBox1.Items.Add("VirtualScreen: " & SystemInformation.VirtualScreen.ToString)
        ListBox1.Items.Add("WorkingArea: " & SystemInformation.WorkingArea.ToString)
    End Sub
```

Beispiel Ausgabe der obigen Anweisungen

```
MonitorCount: 2
MonitorsSameDisplayFormat: True
PrimaryMonitorMaximizedWindowSize: {Width=1296, Height=1010}
PrimaryMonitorSize: {Width=1280, Height=1024}
ScreenOrientation: Angle0
VirtualScreen: {X=0,Y=0,Width=2960,Height=1050}
WorkingArea: {X=0,Y=0,Width=1280,Height=994}
```

Die oben ermittelten Informationen entsprechen folgender System-Konfiguration:

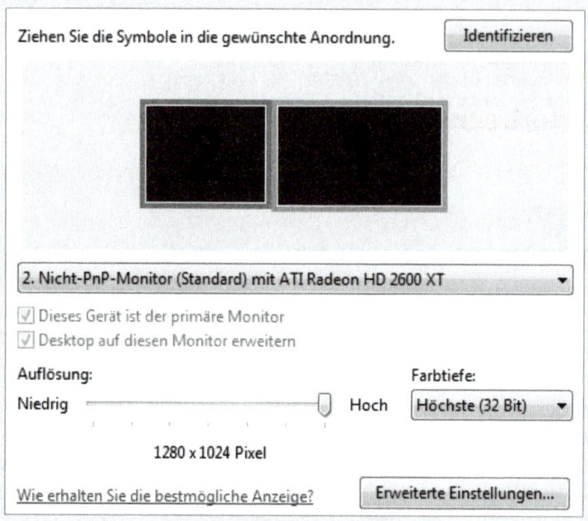

Screen2: 1280 x 1024 Pixel, *Screen2*: 1680 x 1050 Pixel

Hinweis

Weitere Informationen über die Bildschirme können Sie über die `Screen`-Klasse abrufen. ■

26.6.4 Environment Variablen auslesen

Nicht alle, aber viele Informationen über Betriebssystem etc. können Sie über die Environment-Variablen auslesen:

```
    Private Sub dToolStripMenuItem5_Click(ByVal sender As System.Object, _
                                ByVal e As System.EventArgs) Handles dToolStripMenuItem5.Click
        For Each de As DictionaryEntry In Environment.GetEnvironmentVariables()
```

```
        ListBox1.Items.Add(de.Key & " = " & de.Value)
    Next
End Sub
```

Beispiel Ausgabe

```
Path = C:\Program Files\CodeGear\RAD Studio\5.0\bin;C:\Users\Public\Documen
TEMP = C:\Users\Tom\AppData\Local\Temp
BDSCOMMONDIR = C:\Users\Public\Documents\RAD Studio\5.0
PATHEXT = .COM;.EXE;.BAT;.CMD;.VBS;.VBE;.JS;.JSE;.WSF;.WSH;.MSC
USERDOMAIN = AS1
PROCESSOR_ARCHITECTURE = x86
SystemDrive = C:
RoxioCentral = C:\Program Files\Common Files\Roxio Shared\9.0\Roxio Central
APPDATA = C:\Users\Tom\AppData\Roaming
windir = C:\Windows
LOCALAPPDATA = C:\Users\Tom\AppData\Local
SESSIONNAME = Console
TMP = C:\Users\Tom\AppData\Local\Temp
USERPROFILE = C:\Users\Tom
ProgramFiles = C:\Program Files
FP_NO_HOST_CHECK = NO
HOMEPATH = \Users\Tom
COMPUTERNAME = AS1
USERNAME = Tom
```

26.6.5 Netzwerk (User-Name, PC-Name ...)

Auch die wichtigsten Netzwerkinformationen lassen sich über die .NET-Klassen abrufen:

```
Private Sub dToolStripMenuItem3_Click(ByVal sender As System.Object, _
                        ByVal e As System.EventArgs) Handles dToolStripMenuItem3.Click

    ListBox1.Items.Add("ComputerName: " & SystemInformation.ComputerName.ToString)
    ListBox1.Items.Add("MachineName: " & Environment.MachineName)
    ListBox1.Items.Add("Network: " & SystemInformation.Network.ToString)
    ListBox1.Items.Add("TerminalServerSession: " & _
                        SystemInformation.TerminalServerSession.ToString)
    ListBox1.Items.Add("UserName: " & SystemInformation.UserName)
    ListBox1.Items.Add("UserDomainName: " & SystemInformation.UserDomainName)
    ListBox1.Items.Add("UserInteractive: " & SystemInformation.UserInteractive.ToString)
End Sub
```

Beispiel Ausgabe der obigen Anweisungen

```
ComputerName: AS1
MachineName: AS1
Network: True
TerminalServerSession: False
UserName: Tom
UserDomainName: AS1
UserInteractive: True
```

26.6.6 Hardware-Informationen

Möchten Sie einen Blick unter die »Motorhaube« Ihres PCs werfen, ohne gleich den Schraubenzieher zu bemühen, geht auch dies:

```
Private Sub dToolStripMenuItem6_Click(ByVal sender As System.Object, _
                          ByVal e As System.EventArgs) Handles dToolStripMenuItem6.Click
```

Abfrage der Prozessoranzahl:

```
    ListBox1.Items.Add("ProcessorCount: " & Environment.ProcessorCount.ToString())
```

Mit Hilfe der WMIs erfahren wir noch etwas mehr über die Prozessoren:

```
    Dim Query As New SelectQuery("Win32_Processor")
    Dim mos As New ManagementObjectSearcher(Query)
    For Each mo As ManagementObject In mos.Get()
        ListBox1.Items.Add("Manufacturer: " & mo("Manufacturer").ToString())
        ListBox1.Items.Add("Name: " & mo("Name").ToString())
        ListBox1.Items.Add("SocketDesignation: " & mo("SocketDesignation").ToString())
        ListBox1.Items.Add("ExtClock: " & mo("ExtClock").ToString())
        ListBox1.Items.Add("Description: " & mo("Description").ToString())
        ListBox1.Items.Add("AddressWidth: " & mo("AddressWidth").ToString())
        ListBox1.Items.Add("CurrentClockSpeed: " & mo("CurrentClockSpeed").ToString() & _
                          "MHz")
    Next
    mos.Dispose()
```

Speicherinfos sammeln:

```
    Dim ci As New ComputerInfo()
    ListBox1.Items.Add("AvailableVirtualMemory: " & ci.AvailableVirtualMemory.ToString())
    ListBox1.Items.Add("AvailablePhysicalMemory: " & ci.AvailablePhysicalMemory)
    ListBox1.Items.Add("TotalVirtualMemory: " & ci.TotalVirtualMemory)
    ListBox1.Items.Add("TotalPhysicalMemory: " & ci.TotalPhysicalMemory)
End Sub
```

Beispiel Die Ausgabe

```
ProcessorCount: 2
Manufacturer: GenuineIntel
Name: Intel(R) Core(TM)2 Duo CPU     E8500  @ 3.16GHz
SocketDesignation: Socket 775
ExtClock: 333
Description: x64 Family 6 Model 23 Stepping 6
AddressWidth: 32
CurrentClockSpeed: 1998MHz
AvailableVirtualMemory: 1989758976
AvailablePhysicalMemory: 2336964608
TotalVirtualMemory: 2147352576
TotalPhysicalMemory: 3218669568
```

Hinweis

Es kann etwas dauern, bitte nicht unruhig werden!

26.6.7 Energiestatus

Nicht jeder Computer ist ständig »an der Leine«, und so wird auch die Information über den Batteriestatus nicht ganz uninteressant sein:

```
Private Sub dToolStripMenuItem4_Click(ByVal sender As System.Object, _
                        ByVal e As System.EventArgs) Handles dToolStripMenuItem4.Click

    ListBox1.Items.Add("PowerStatus.BatteryChargeStatus: " & _
                        SystemInformation.PowerStatus.BatteryChargeStatus.ToString())
    ListBox1.Items.Add("PowerStatus.BatteryFullLifetime: " & _
                        SystemInformation.PowerStatus.BatteryFullLifetime.ToString())
    ListBox1.Items.Add("PowerStatus.BatteryLifePercent: " & _
                        SystemInformation.PowerStatus.BatteryLifePercent.ToString())
    ListBox1.Items.Add("PowerStatus.BatteryLifeRemaining: " & _
                        SystemInformation.PowerStatus.BatteryLifeRemaining.ToString())
    ListBox1.Items.Add("PowerStatus.PowerLineStatus: " & _
                        SystemInformation.PowerStatus.PowerLineStatus.ToString())
End Sub
```

Beispiel PC mit Netzversorgung

```
PowerStatus.BatteryChargeStatus: NoSystemBattery
PowerStatus.BatteryFullLifetime: -1
PowerStatus.BatteryLifePercent: 1
PowerStatus.BatteryLifeRemaining: -1
PowerStatus.PowerLineStatus: Online
```

26.6.8 Anwendung (Pfad, Name, Assembly)

Möchten Sie mehr über die aktuelle Anwendung erfahren, finden Sie die Informationen in verschiedenen Klassen:

```
Private Sub anwendungToolStripMenuItem_Click(ByVal sender As System.Object, _
                   ByVal e As System.EventArgs) Handles anwendungToolStripMenuItem.Click

    ListBox1.Items.Add("CommandLine: " & Environment.CommandLine.ToString())
    ListBox1.Items.Add("CurrentDirectory: " & Environment.CurrentDirectory)
    ListBox1.Items.Add("UserInteractive: " & Environment.UserInteractive.ToString())
    ListBox1.Items.Add("WorkingSet: " & Environment.WorkingSet)
    ListBox1.Items.Add("ProductName: " & Application.ProductName)
    ListBox1.Items.Add("ProductVersion: " & Application.ProductVersion)
    ListBox1.Items.Add("CompanyName: " & Application.CompanyName)
    ListBox1.Items.Add("ExecutablePath: " & Application.ExecutablePath)
    Dim info As New _
        ApplicationServices.AssemblyInfo(System.Reflection.Assembly.GetExecutingAssembly())
    ListBox1.Items.Add("Copyright: " & info.Copyright)
    ListBox1.Items.Add("Description: " & info.Description)
    ListBox1.Items.Add("LoadedAssemblies: ")
    For Each asm As System.Reflection.Assembly In info.LoadedAssemblies
        ListBox1.Items.Add("     Assembly: " & asm.FullName)
    Next
```

```
        ListBox1.Items.Add("Title: " & info.Title)
        ListBox1.Items.Add("Trademark: " & info.Trademark)
    End Sub
```

Hinweis

Weitere Detailinformationen über die aktuelle Assembly lassen sich mittels Reflection abrufen (Typen, Klassen etc.). ■

Beispiel Eine mögliche Ausgabe

```
CommandLine: "C:\BUCH\Rezepte VB\14 System\06 Infos\bin\Debug\WindowsApplication1.vshost.exe"
CurrentDirectory: C:\BUCH\Rezepte VB\14 System\06 Infos\bin\Debug
UserInteractive: True
WorkingSet: 26730496
ProductName: WindowsApplication1
ProductVersion: 1.0.0.0
CompanyName: Ingenieurbüro Gewinnus
ExecutablePath: C:\BUCH\Rezepte VB\14 System\06 Infos\bin\Debug\WindowsApplication1.EXE
Copyright: Copyright © Ingenieurbüro Gewinnus 2006
Description:
LoadedAssemblies:
     Assembly: mscorlib, Version=2.0.0.0, Culture=neutral, PublicKeyToken=b77a5c561934e089
     Assembly: Microsoft.VisualStudio.HostingProcess.Utilities, Version=9.0.0.0, Culture=neutral, P
     Assembly: System.Windows.Forms, Version=2.0.0.0, Culture=neutral, PublicKeyToken=b77a5c561934e
     Assembly: System, Version=2.0.0.0, Culture=neutral, PublicKeyToken=b77a5c561934e089
     Assembly: System.Drawing, Version=2.0.0.0, Culture=neutral, PublicKeyToken=b03f5f7f11d50a3a
     Assembly: Microsoft.VisualStudio.HostingProcess.Utilities.Sync, Version=9.0.0.0, Culture=neutr
     Assembly: Microsoft.VisualStudio.Debugger.Runtime, Version=9.0.0.0, Culture=neutral, PublicKey
     Assembly: vshost, Version=9.0.0.0, Culture=neutral, PublicKeyToken=b03f5f7f11d50a3a
     Assembly: mscorlib.resources, Version=2.0.0.0, Culture=de, PublicKeyToken=b77a5c561934e089
     Assembly: System.Data, Version=2.0.0.0, Culture=neutral, PublicKeyToken=b77a5c561934e089
     Assembly: System.Deployment, Version=2.0.0.0, Culture=neutral, PublicKeyToken=b03f5f7f11d50a3a
     Assembly: System.Management, Version=2.0.0.0, Culture=neutral, PublicKeyToken=b03f5f7f11d50a3a
     Assembly: System.Xml, Version=2.0.0.0, Culture=neutral, PublicKeyToken=b77a5c561934e089
```

26.6.9 Soundkarte(n)

Wer für Stimmung am Computer sorgen möchte, wird sicher auch etwas mehr über die Soundkarten erfahren wollen:

```
    Private Sub soundkartenToolStripMenuItem_Click(ByVal sender As System.Object, _
                ByVal e As System.EventArgs) Handles soundkartenToolStripMenuItem.Click

        Dim Query As New SelectQuery("Win32_SoundDevice")
        Dim mos As New ManagementObjectSearcher(Query)

        For Each mo As ManagementObject In mos.Get()
            ListBox1.Items.Add("Name: " & mo("Name").ToString())
            ListBox1.Items.Add("Manufacturer: " & mo("Manufacturer").ToString())
        Next
    End Sub
```

Beispiel Ausgabe

```
Name: High Definition Audio-Gerät
Manufacturer: Microsoft
Name: Realtek High Definition Audio
Manufacturer: Realtek
```

26.6.10 CLR-Version

Last, but not least sollten wir auch einen Blick auf die CLR bzw. deren Versionsnummer werfen, dies schon in Anbetracht möglicher Service Packs, Bugs etc.:

```
Private Sub dToolStripMenuItem7_Click(ByVal sender As System.Object, _
                          ByVal e As System.EventArgs) Handles dToolStripMenuItem7.Click

    ListBox1.Items.Add("CLR-Version: " & Environment.Version.ToString())
End Sub
```

Beispiel Mögliche Ausgabe

```
CLR-Version: 2.0.50727.1433
```

Test

Starten Sie die Anwendung und wählen Sie über das Menü die gewünschte Information aus:

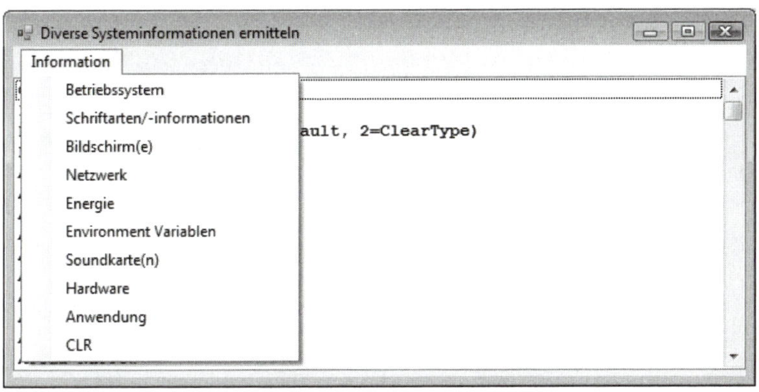

Abbildung 26.8 Die Laufzeitansicht der Beispielanwendung

V.

Teil V: Komplexbeispiele

27 Kleine Textverarbeitung

Dieses Kapitel behandelt die folgenden Themen:

- Erstellen einer MDI-Anwendung
- Verwenden der RichTextBox
- Datei- und Font-Dialoge
- Druckvorschau und Druckausgabe

Diese Beispielanwendung kann zwar kein ausgewachsenes Textverarbeitungsprogramm ersetzen, zeigt aber an einem durchgängigen Beispiel den Umgang mit MDI-Fenstern, zusammengesetzten Menüs, der `RichTextBox` sowie Datei- und Fontdialogen. Auch eine einfache Druckausgabe wird hinzugefügt.

27.1 Oberflächenentwurf

Unsere Applikation besteht aus zwei Formularen, dem MDI-Rahmenfenster und einem Kindfenster.

27.1.1 Das MDI-Rahmenfenster

Zunächst haben wir es nur mit dem Startformular `Form1` zu tun, denn das Kindfenster wird erst zur Laufzeit hinzugefügt und kann sich beliebig oft vermehren.

Die `IsMDIContainer`-Eigenschaft von `Form1` setzen wir auf `True`. Sie werden feststellen, dass sich die Hintergrundfarbe des Formulars ein wenig verdunkelt. Ändern Sie jetzt noch die `Name`-Eigenschaft in `MDIForm`.

Ziehen Sie aus der Toolbox eine `MenuStrip`-Komponente auf das Formular und erstellen Sie im Menü-Editor die in der folgenden Abbildung bzw. Tabelle gezeigten Einträge:

&Datei	&Fenster	&Hilfe
& Neu	& Nebeneinander	&Info
&Schließen	&Hintereinander	
-		
& Beenden		

Hinweis

Der Shortcut entsteht durch Voranstellen eines »&«-Zeichens. ■

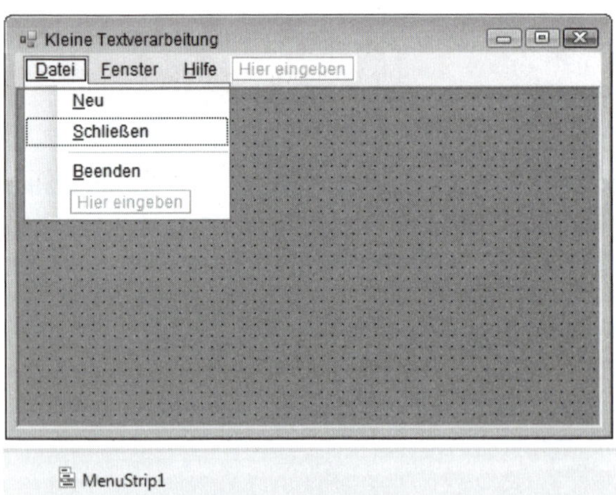

Abbildung 27.1
Entwurfsansicht des Formulars

27.1.2 MDI-Kindfenster

Obwohl wir in unserer Applikation mit mehreren Dokumenten bzw. MDI-Kindfenstern gleichzeitig arbeiten wollen, genügt es, wenn wir einen einzigen »Prototyp« entwerfen. Fügen Sie über *Projekt|Windows Form hinzufügen...* ein weiteres Formular (`Form2`) hinzu, dessen Namen Sie in `MDIChild` ändern. Dort findet eine `RichTextBox`-Komponente ihren Platz, die nach Setzen ihrer `Dock`-Eigenschaft auf `Fill` das Fenster vollkommen ausfüllt.

Hinweis

Die `RichTextBox` ähnelt der `TextBox`, ist aber weitaus leistungsfähiger, da sie fast die Funktionalität eines kleinen Textverarbeitungsprogramms kapselt. ■

Schließlich fügen Sie noch eine `MenuStrip`-, eine `ContextMenuStrip`-, eine `OpenFileDialog`-, eine `SaveFileDialog`- und eine `FontDialog`- Komponente hinzu:

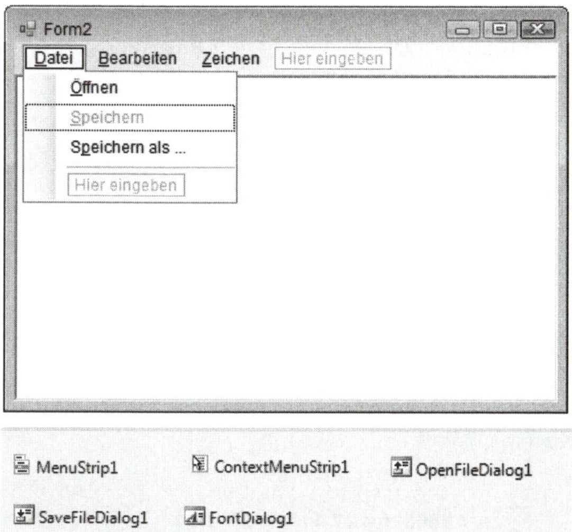

Abbildung 27.2
Die zusätzlich eingefügten Dialog-Komponenten

Der Menüentwurf für diese `MainMenu`-Komponente gestaltet sich etwas aufwändiger als der für das MDI-Rahmenfenster:

&Datei	&Bearbeiten	&Zeichen
&Öffnen	&Ausschneiden	&Links
&Speichern	&Kopieren	&Rechts
S&peichern als ...	&Einfügen	Z&entriert
-	&Löschen	-
	-	&Font ...
	A&lles auswählen	

Hinweis

Die Enabled-Eigenschaft des Eintrags *Speichern* sollten Sie zunächst auf False setzen, damit der Anwender gezwungen wird, der Datei zuerst einen Namen zuzuweisen (*Speichern als…*). ■

27.1.3 Menüs zusammenführen

Wenn Sie möchten, dass sowohl Haupt- als auch Kindfenster ihre Menüs nicht vermischen, sondern getrennt anzeigen, so setzen Sie einfach die AllowMerge-Eigenschaft der MenuStrip-Komponente des MDIChild-Formulars auf False.

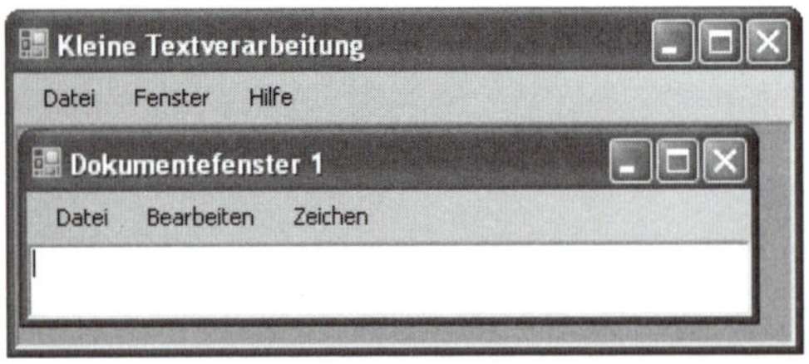

Abbildung 27.3
AllowMerge =False

Standardmäßig hat aber die AllowMerge-Eigenschaft einer MenuStrip-Komponente den Wert True und da außerdem die MergeType-Eigenschaft aller Menüelemente die Standardeinstellung Append hat, wird zur Laufzeit die Menüleiste des Kindfensters an die des Hauptfensters angehängt:

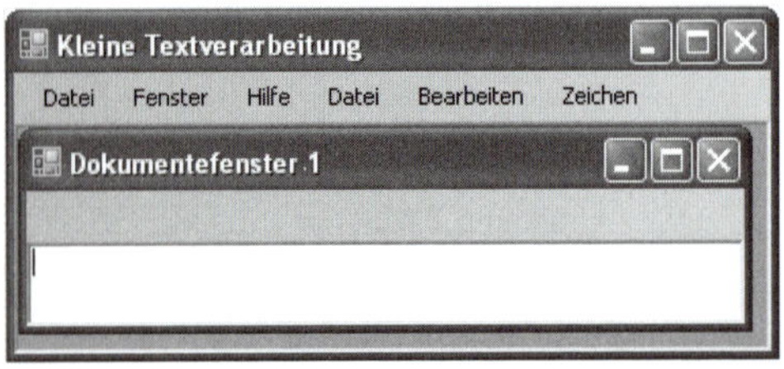

Abbildung 27.4
AllowMerge = True

Die obige Anordnung kann uns aber keineswegs befriedigen, denn das *Datei*-Menü ist doppelt vorhanden und auch die Reihenfolge entspricht nicht dem Windows-Standard (*Fenster-* und *Hilfe*-Menü erscheinen nicht am Ende der Leiste).

Wünschenswert wäre aber eine Menügestaltung gemäß folgender Abbildung:

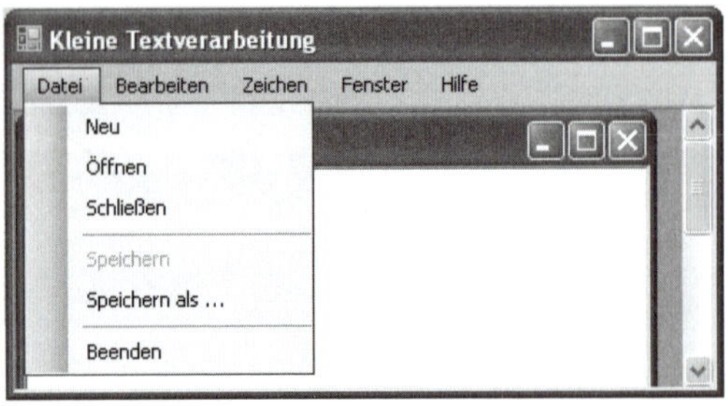

Abbildung 27.5
Geänderte Menügestaltung

Wie Sie sehen, haben sich die Datei-Menüs von Haupt- und Kindfenster sinnvoll miteinander vermischt und auch die Anordnung der übrigen Menüelemente entspricht jetzt dem Windows-Standard. Um aber obiges Ergebnis zu erreichen, müssen Sie die `MergeAction`- und `MergeIndex`-Eigenschaften der `MenuStrip`-Komponente des `MDIChild`-Formulars gemäß der folgenden Tabelle zuweisen:

Tabelle 27.1 Zuordnung von `MergeAction` und `MergeIndex`

Menüeintrag im Kindfenster	MergeAction	MergeIndex
Datei	`MatchOnly`	-1
Öffnen	`Insert`	1
Speichern	`Insert`	4
Speichern als ...	`Insert`	5
-	`Insert`	6
Bearbeiten	`Insert`	1
Zeichen	`Insert`	2

Das Setzen der `MergeAction`-Eigenschaft auf den Wert `MatchOnly` erzwingt ein Vermischen mit dem gleichnamigen Dateimenü des Hauptformulars, allerdings müssen dazu beide `Text`-Eigenschaften »&Datei« exakt übereinstimmen!

Die `MergeIndex`-Eigenschaft im Zusammenhang mit `MergeAction = Insert` bestimmt die Position, an welcher die Untereinträge des Kindmenüs in das Dateimenü des Hauptfensters eingefügt werden (das erste Element hat den Index 0). Zur Laufzeit erscheinen im gemeinsamen *Datei*-Menü die Menüeinträge dann in der Reihenfolge, wie es die folgende Tabelle zeigt:

Tabelle 27.2 Reihenfolge der Menüeinträge

Gemischtes Datei-Menü	MergeIndex	Position
Neu	-1	0
Öffnen	1	1
Schließen	-1	2
-	-1	3
Speichern	4	4
Speichern als ...	5	5
-	6	6
Beenden	-1	7

Hinweis

Die Eigenschaften `MergeType` und `MergeIndex` der Hauptmenüelemente können beim Vermischen auf ihren Standardwerten (`Append` = Anhängen und -1 = ungesetzt) verbleiben. ■

Da in unserem Beispiel die Kindfenster keine eigenen Menüs mehr haben, kann man auch auf die leere Menüleiste verzichten, indem man einfach die `Visible`-Eigenschaft der `MenuStrip`-Komponente auf `False` setzt.

Weitere Behandlungsmöglichkeiten für gleichnamige Haupt- und Kindfenstermenüelemente ergeben sich durch die `MergeType`-Eigenschaften `Replace` und `Remove`:

- `Replace` für ein Kindfenstermenüelement bedeutet, dass dieses im Hauptfenster erscheint und dort ein gleichnamiges Menüelement komplett ersetzt.
- `Remove` für ein Kindfenstermenüelement bedeutet, dass das gleichnamige Menüelement des Hauptfensters gelöscht wird.

Durch eigene Experimente mit dem Datei-Menü können Sie selbst Licht in diese scheinbar ziemlich verwirrenden Zusammenhänge bringen.

27.1.4 Ein PopUp-Menü hinzufügen

Zwecks Definition des Kontextmenüs (Popup-Menü) doppelklicken Sie auf die `Context-MenuStrip`-Komponente und erstellen im Menüeditor die folgenden Einträge:

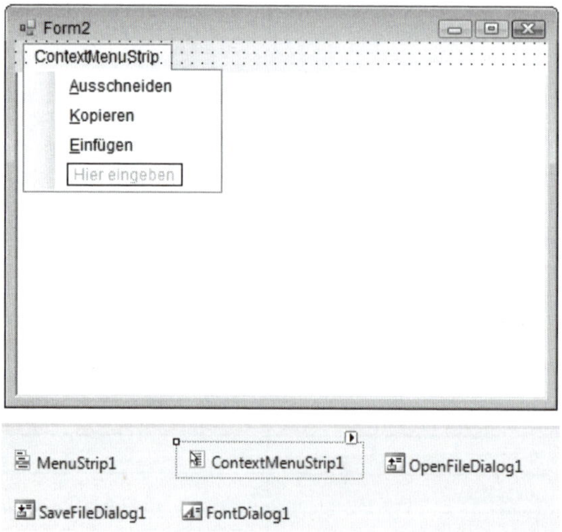

Abbildung 27.6
Kontextmenü definieren

Hinweis

Der Menüeditor des Popup-Menüs erscheint zur Entwurfszeit hilfsweise so wie für eine `MenuStrip`-Komponente mit dem Namen `ContextMenStrip` (siehe obige Abbildung 27.6). ■

Verbinden Sie nun die `ContextMenuStrip`-Eigenschaft von `RichTextBox1` mit `ContextMenuStrip1`.

27.2 Quellcode für MDI-Hauptfenster

```
Public Class MDIForm

   Private childCount As Integer = 0          ' Zähler für Kindfenster
```

Durch Aufruf der `newChild()`-Methode (siehe unten) im Konstruktor sorgen wir dafür, dass gleich zu Programmstart ein leeres Kindfenster zur Verfügung steht:

```
   Public Sub New()
      ' Dieser Aufruf ist für den Windows Form-Designer erforderlich.
      InitializeComponent()
      ' Fügen Sie Initialisierungen nach dem InitializeComponent()-Aufruf hinzu.
      newChild()                              ' neues Kindfenster anzeigen
   End Sub
```

27.2.1 Datei-Menü

Die `newChild()`-Methode erzeugt eine Instanz des `MDIChild`-Formulars und setzt die `MDIParent`-Eigenschaft auf das Hauptformular. Die beiden letzten Anweisungen sorgen dafür, dass die Titelleiste des Kindfensters eine ordentliche Beschriftung mit der laufenden Nummer erhält:

```
   Private Sub newChild()
      Dim cf As New MDIChild()
      cf.MdiParent = Me
      cf.Show()              ' Kindfenster anzeigen
      childCount += 1        ' lfd. Nummer erhöhen
      cf.Text = "Dokumentefenster " & childCount.ToString
   End Sub
```

Hinweis

Auf die `MDIParent`-Eigenschaft können Sie nur zur Laufzeit – also nicht über das Eigenschaftenfenster – zugreifen! ■

Falls Sie auf das Zuweisen von `MDIParent` verzichten, wird das Kindfenster als normales Formular außerhalb des Hauptfensters angezeigt.

Der weitere Code ist im Handumdrehen erstellt und beschränkt sich auf die Definition von drei Eventhandlern.

Hinweis

Um den Rahmencode der Eventhandler automatisch erzeugen zu lassen, klicken Sie im Entwurfsmodus auf den entsprechenden Menüeintrag! ■

Datei|Neu:

```
   Private Sub NeuToolStripMenuItem_Click(ByVal sender As System.Object, _
                          ByVal e As System.EventArgs) Handles NeuToolStripMenuItem.Click
```

```
        newChild()
    End Sub
```

Datei|Schließen:

Mittels ActiveChild-Eigenschaft ist es generell möglich, vom Hauptformular aus auf das gerade aktive Kindfenster zuzugreifen.

```
    Private Sub SchließenToolStripMenuItem_Click(ByVal sender As System.Object, _
                         ByVal e As System.EventArgs) Handles SchließenToolStripMenuItem.Click
        Dim af As Form = Me.ActiveMdiChild
        If af IsNot Nothing Then af.Close()
    End Sub
```

Datei|Beenden:

```
    Private Sub BeendenToolStripMenuItem_Click(ByVal sender As System.Object, _
                         ByVal e As System.EventArgs) Handles BeendenToolStripMenuItem.Click
        Me.Close()
    End Sub
```

27.2.2 Fenster-Menü

Zwecks ordentlicher Ausrichtung der Kindfenster wird die LayoutMdi-Methode des Hauptfensters aufgerufen:

Fenster|Nebeneinander:

```
    Private Sub NebeneiToolStripMenuItem_Click(ByVal sender As System.Object, _
                         ByVal e As System.EventArgs) Handles NebeneiToolStripMenuItem.Click
        Me.LayoutMdi(MdiLayout.TileHorizontal)
    End Sub
```

Fenster|Hintereinander:

```
    Private Sub HintereinanderToolStripMenuItem_Click(ByVal sender As System.Object, _
                    ByVal e As System.EventArgs) Handles HintereinanderToolStripMenuItem.Click
        Me.LayoutMdi(MdiLayout.Cascade)
    End Sub
```

Hilfe|Info:

```
    Private Sub InfoToolStripMenuItem_Click(ByVal sender As System.Object, _
                              ByVal e As System.EventArgs) Handles InfoToolStripMenuItem.Click
        Dim inf As New InfoForm()
        inf.ShowDialog()
    End Sub
End Class
```

27.2.3 Hilfe-Menü

Wie in fast jedem »richtigen« Programm üblich, soll auch hier das *Hilfe*-Menü zumindest einen *Info*-Dialog anzeigen. Erzeugen Sie also über *Projekt|Windows Form hinzufügen...* ein weiteres Formular (`InfoForm`) und stellen Sie folgende Eigenschaften ein: `FormBorderStyle = FixedDialog`; `ControlBox = False`; `Text = Info`.

Ein Bildchen für die `PictureBox` wird zweckmäßigerweise vorher als Ressource in die Assembly eingebettet. Kopieren Sie dazu die Bilddatei (`Bild1.bmp`) in das Projektverzeichnis, fügen Sie die Datei zum Projekt hinzu (*Projekt|Vorhandenes Element hinzufügen...*) und setzen Sie die `Buildvorgang`-Eigenschaft auf »Eingebettete Ressource«.

Abbildung 27.7
Unser Info-Dialog

Beispiel

```
Public Class InfoForm
```

Der Zugriff auf die eingebettete Bildressource kann im Konstruktor erfolgen:

```
    Public Sub New()
        ' Dieser Aufruf ist für den Windows Form-Designer erforderlich.
        InitializeComponent()
        ' Fügen Sie Initialisierungen nach dem InitializeComponent()-Aufruf hinzu.
        PictureBox1.Image = New Bitmap(Me.GetType(), "BeimChef.bmp")     ' Ressource laden
    End Sub
    ...
```

Die »OK«-Schaltfläche:

```
    Private Sub Button1_Click(ByVal sender As System.Object, ByVal e As System.EventArgs) _
                                                                Handles Button1.Click
        Me.Close()
    End Sub
End Class
```

27.3 Quellcode für MDI-Kindfenster

```
Public Class MDIChild

    Private pfad As String                          ' aktueller Dateipfad
```

27.3.1 Datei-Menü

Zum Öffnen und Speichern einer Datei kommen die LoadFile- und die SaveFile-Methoden der RichTextBox in Zusammenarbeit mit den OpenFileDialog- und SaveFileDialog-Komponenten zum Einsatz:

Datei|Öffnen:

```
Private Sub ÖffnenToolStripMenuItem_Click(ByVal sender As System.Object, _
                    ByVal e As System.EventArgs) Handles ÖffnenToolStripMenuItem.Click
    OpenFileDialog1.Filter = "RTF Dateien|*.rtf"
    OpenFileDialog1.DefaultExt = "*.rtf"
```

Die folgende Anweisung sorgt dafür, dass der initiale Pfad des Dateidialogs zwei Verzeichnisebenen oberhalb des Anwendungspfads liegt. Sie können diese Anweisung variieren oder aber auch ganz weglassen:

```
    OpenFileDialog1.InitialDirectory = "..\..\"
```

Der Dialog wird modal geöffnet:

```
    Dim bClick As DialogResult = OpenFileDialog1.ShowDialog()

    If bClick = Windows.Forms.DialogResult.OK Then
        pfad = OpenFileDialog1.FileName
        RichTextBox1.LoadFile(pfad, RichTextBoxStreamType.RichText)
        SpeichernToolStripMenuItem.Enabled = True      ' Speichern freischalten
        Me.Text = pfad                                 ' Dateiname in Titelleiste anzeigen
    End If
End Sub
```

Datei|Speichern:

```
Private Sub SpeichernToolStripMenuItem_Click(ByVal sender As System.Object, _
                    ByVal e As System.EventArgs) Handles SpeichernToolStripMenuItem.Click
    RichTextBox1.SaveFile(pfad)
End Sub
```

Datei|Speichern als...:

```
Private Sub SpeichernAlsToolStripMenuItem_Click(ByVal sender As System.Object, _
                ByVal e As System.EventArgs) Handles SpeichernAlsToolStripMenuItem.Click

    SaveFileDialog1.Filter = "RTF Dateien|*.rtf"
    SaveFileDialog1.DefaultExt = "*.rtf"
    Dim bClick As DialogResult = SaveFileDialog1.ShowDialog()
    If bClick = Windows.Forms.DialogResult.OK Then
        pfad = SaveFileDialog1.FileName
        RichTextBox1.SaveFile(pfad)
        SpeichernToolStripMenuItem.Enabled = True         ' Speichern freischalten
    End If
End Sub
```

27.3.2 Bearbeiten-Menü

Der Clipboard-Zugriff ist – dank Cut-, Copy-, Paste-Methoden der RichTextBox – ein Kinderspiel.

Bearbeiten|Ausschneiden:

```
Private Sub AusschneidenToolStripMenuItem_Click(ByVal sender As System.Object, _
            ByVal e As System.EventArgs) Handles AusschneidenToolStripMenuItem.Click
    RichTextBox1.Cut()
End Sub
```

Bearbeiten|Kopieren:

```
Private Sub KopierenToolStripMenuItem_Click(ByVal sender As System.Object, _
            ByVal e As System.EventArgs) Handles KopierenToolStripMenuItem.Click
    RichTextBox1.Copy()
End Sub
```

Bearbeiten|Einfügen:

```
Private Sub EinfügenToolStripMenuItem_Click(ByVal sender As System.Object, _
            ByVal e As System.EventArgs) Handles EinfügenToolStripMenuItem.Click
    RichTextBox1.Paste()
End Sub
```

Bearbeiten|Löschen:

```
Private Sub LöschenToolStripMenuItem_Click(ByVal sender As System.Object, _
            ByVal e As System.EventArgs) Handles LöschenToolStripMenuItem.Click
    RichTextBox1.Clear()
End Sub
```

Bearbeiten|Alles auswählen:

```
Private Sub AllesAuswählenToolStripMenuItem_Click(ByVal sender As System.Object, _
            ByVal e As System.EventArgs) Handles AllesAuswählenToolStripMenuItem.Click
    RichTextBox1.SelectAll()
End Sub
```

27.3.3 Zeichen-Menü

Zur Ausrichtung des Textes steht die SelectionAlignment-Eigenschaft der RichTextBox zur Verfügung:

Zeichen|Links:

```
Private Sub LinksToolStripMenuItem_Click(ByVal sender As System.Object, _
            ByVal e As System.EventArgs) Handles LinksToolStripMenuItem.Click
    RichTextBox1.SelectionAlignment = HorizontalAlignment.Left
End Sub
```

Zeichen|Rechts:

```
Private Sub RechtsToolStripMenuItem_Click(ByVal sender As System.Object, _
            ByVal e As System.EventArgs) Handles RechtsToolStripMenuItem.Click
```

```
        RichTextBox1.SelectionAlignment = HorizontalAlignment.Right
    End Sub
```

Zeichen|Zentriert:

```
    Private Sub ZentriertToolStripMenuItem_Click(ByVal sender As System.Object, _
                         ByVal e As System.EventArgs) Handles ZentriertToolStripMenuItem.Click
        RichTextBox1.SelectionAlignment = HorizontalAlignment.Center
    End Sub
```

Zeichen|Font: Auch die Schriftarteinstellungen sind, dank der Komplexität des `FontDialogs`, kein unüberwindliches Hindernis:

```
    Private Sub FontToolStripMenuItem_Click(ByVal sender As System.Object, _
                         ByVal e As System.EventArgs) Handles FontToolStripMenuItem.Click
        If FontDialog1.ShowDialog() = Windows.Forms.DialogResult.OK Then _
            RichTextBox1.SelectionFont = FontDialog1.Font
    End Sub
```

27.3.4 PopUp-Menü programmieren

Einige Funktionen des *Bearbeiten*-Menüs sollten auch über das PopUp-Menü ausführbar sein:

Bearbeiten|Ausschneiden:

```
    Private Sub AusschneidenToolStripMenuItem1_Click(ByVal sender As System.Object, _
                   ByVal e As System.EventArgs) Handles AusschneidenToolStripMenuItem1.Click
        RichTextBox1.Cut()
    End Sub
```

Bearbeiten|Kopieren:

```
    Private Sub KopierenToolStripMenuItem1_Click(ByVal sender As System.Object, _
                         ByVal e As System.EventArgs) Handles KopierenToolStripMenuItem1.Click
        RichTextBox1.Copy()
    End Sub
```

Bearbeiten|Einfügen:

```
    Private Sub EinfügenToolStripMenuItem1_Click(ByVal sender As System.Object, _
                         ByVal e As System.EventArgs) Handles EinfügenToolStripMenuItem1.Click
        RichTextBox1.Paste()
    End Sub
End Class
```

27.3.5 Programmtest

Es hieße wohl Eulen nach Athen zu tragen, wollten wir Sie hier über den Umgang mit einer Windows-typischen MDI-Applikation belehren. Probieren Sie einfach alle Möglichkeiten aus und scheuen Sie sich nicht, auch am Quelltext etwas herumzudoktern (Abbildung 27.8).

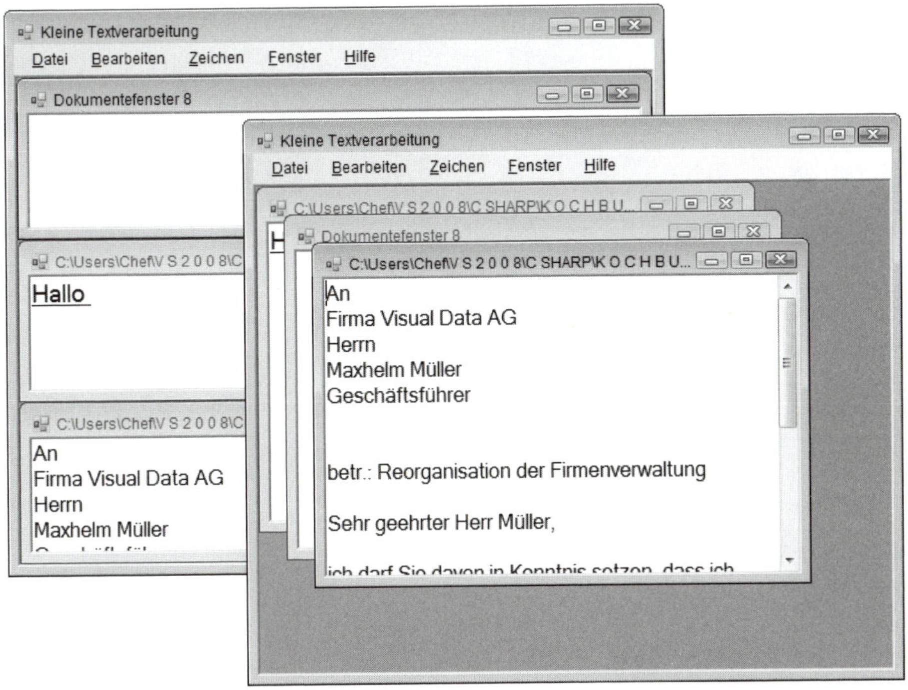

Abbildung 27.8 Ein erster Test

27.4 Dokumente drucken

Leider verfügt die `RichTextBox` über keinerlei Methoden, die ein direktes Ausdrucken des Inhalts ermöglichen. Nach wie vor ist also Handarbeit angesagt.

27.4.1 Ergänzungen der Oberfläche der Kindfenster

Fügen Sie zum *Datei*-Menü der `MDIChild`-Form die Einträge *Druckvorschau*, *Drucken* sowie einen *Separator* hinzu und setzen Sie deren `MergeAction`-Eigenschaft auf `Insert` und den `MergeIndex` auf die Werte 7, 8 bzw. 9.

Weiterhin werden eine `PrintDocument`-, eine `PrintDialog`- und eine `PrintPreviewDialog`-Komponente benötigt. Verbinden Sie `PrintDialog1` und `PrintPreviewDialog1` über ihre `Document`-Eigenschaft mit `PrintDocument1`.

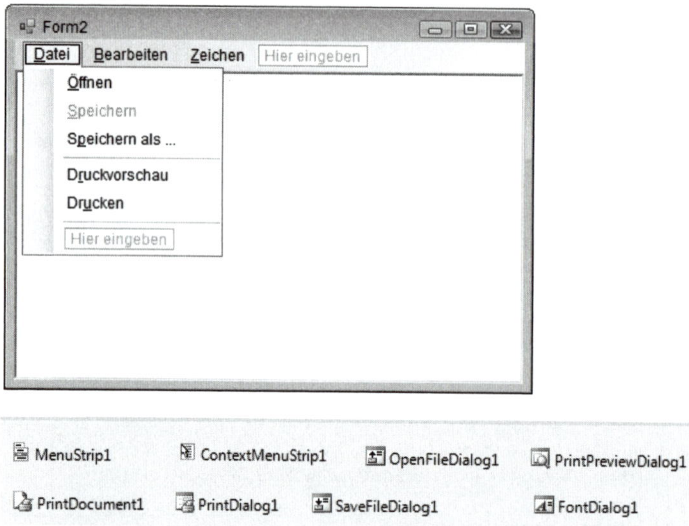

Abbildung 27.9 `PrintDialog` und `PrintPreviewDialog` einbinden

Hinweis

Setzen Sie die `AllowSomePages`-Eigenschaft von `PrintDialog1` auf `True`, damit Sie bei mehrseitigen Dokumenten nicht alles ausdrucken müssen, sondern einen bestimmten Bereich angeben können (*Seite von ... bis ...*).

27.4.2 Ergänzungen zum Quellcode der ChildForm

Eine globale Variable speichert die aktuelle Seitennummer:

```
Private pNr As Integer
...
```

Datei|Druckvorschau:

```
Private Sub DruckvorschauToolStripMenuItem_Click(ByVal sender As System.Object, _
            ByVal e As System.EventArgs) Handles DruckvorschauToolStripMenuItem.Click
    PrintPreviewDialog1.ShowDialog()
End Sub
```

Datei|Drucken:

```
Private Sub DruckenToolStripMenuItem_Click(ByVal sender As System.Object, _
            ByVal e As System.EventArgs) Handles DruckenToolStripMenuItem.Click
    If PrintDialog1.ShowDialog() = Windows.Forms.DialogResult.OK Then
        Try
            PrintDocument1.Print()
        Catch
            MessageBox.Show("Fehler beim Drucken", "Fehler")
        End Try
    End If
End Sub
```

Zu Beginn des Druckvorgangs wird das BeginPrint-Event der PrintDocument-Komponente ausgewertet. Hier fällt die Entscheidung, ob alle Seiten gedruckt werden sollen oder nur ein bestimmter Seitenbereich:

```
Private Sub PrintDocument1_BeginPrint(ByVal sender As System.Object, _
     ByVal e As System.Drawing.Printing.PrintEventArgs) Handles PrintDocument1.BeginPrint
   If PrintDocument1.PrinterSettings.PrintRange = _
                                    System.Drawing.Printing.PrintRange.SomePages Then
      pNr = PrintDocument1.PrinterSettings.FromPage
   Else
      pNr = 1
   End If
End Sub
```

Der eigentliche Druck findet grundsätzlich im PrintPage-Eventhandler statt:

```
Private Sub PrintDocument1_PrintPage(ByVal sender As System.Object, _
  ByVal e As System.Drawing.Printing.PrintPageEventArgs) Handles PrintDocument1.PrintPage
  Dim g As Graphics = e.Graphics
  Dim printRec As Rectangle = e.MarginBounds
  Dim fnt As Font = RichTextBox1.Font
```

Zeilenzahl pro Seite ermitteln:

```
  Dim sf As SizeF = g.MeasureString("W", fnt)
  Dim lMax As Integer = Convert.ToInt32(printRec.Height / sf.Height)
```

Aufruf der nutzerdefinierten printPage-Methode (siehe unterhalb), um alle Seiten zu drucken:

```
   e.HasMorePages = printPage(g, printRec, RichTextBox1.Lines, fnt, lMax, pNr)
   If e.HasMorePages Then
      pNr += 1
```

Die Seiten im Bereich (entsprechend der Einstellungen im PrinterDialog) werden gedruckt:

```
       If e.PageSettings.PrinterSettings.PrintRange = _
                                 System.Drawing.Printing.PrintRange.SomePages Then
         If pNr > e.PageSettings.PrinterSettings.ToPage Then
           e.HasMorePages = False
         End If
      End If
   End If
End Sub
```

Die folgende »selbstgebastelte« printPage()-Methode druckt eine einzelne Seite. Übergabeparameter sind ein Graphics-Objekt (g), der Druckbereich als Rectangle-Struktur (printRec), ein String-Array mit dem zu druckenden Text (txtLines), der Zeichenfont (fnt), die maximal zulässige Zeilenzahl pro Seite (lMax) und die aktuelle Seitennummer (pNr).

```
Private Function printPage(ByVal g As Graphics, ByVal printRec As Rectangle, _
         ByVal txtLines() As String, ByVal fnt As Font, ByVal lMax As Integer, _
                                             ByVal pNr As Integer) As Boolean
```

Druckposition auf linke obere Ecke setzen:

```
Dim x As Single = printRec.X
Dim y As Single = printRec.Y
```

Zeilenhöhe ermitteln:

```
Dim lineH As Single = g.MeasureString("X", fnt).Height
```

Seitennummer drucken:

```
 g.DrawString("Seite " & pNr.ToString, fnt, Brushes.Black, x + printRec.Width - 100, y)
y += 2 * lineH
```

Das Layoutformat festlegen (die `NoWrap`-Option deaktiviert den Textumbruch während des Formatierens):

```
Dim sf As New StringFormat(StringFormatFlags.NoWrap)
```

Alle Zeilen durchlaufen:

```
For i As Integer = lMax * (pNr - 1) To (lMax * pNr) - 1
    Dim rectF As New RectangleF(x, y, printRec.Width, lineH)
    If i < txtLines.Length Then
```

Zeile drucken:

```
        g.DrawString(RichTextBox1.Lines(i), fnt, Brushes.Black, rectF, sf)
        y += lineH
    End If
Next
```

Der Rückgabewert der Funktion ist `False`, sobald die letzte Zeile der Seite gedruckt ist:

```
        If i >= txtLines.Length - 1 Then
            Return False
        Else
            Return True
        End If
    End Function

End Class
```

27.4.3 Test

Laden Sie ein Dokument und überzeugen Sie sich zunächst in der Druckvorschau, ob alles wie geplant funktioniert (Abbildung 27.10).

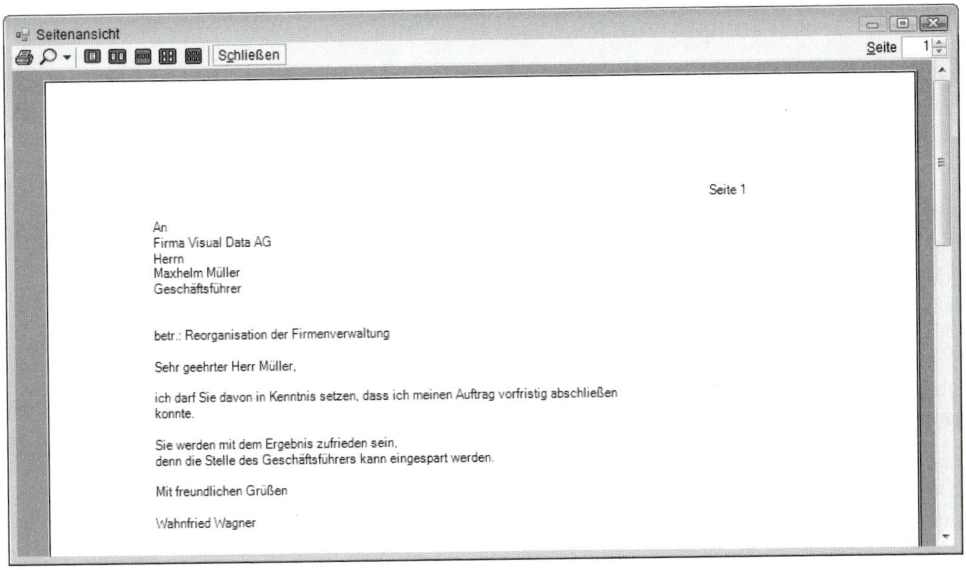

Abbildung 27.10 Druckvorschau

Pfeifen Sie auf den Papierverbrauch, testen Sie den Druck mehrseitiger Dokumente und geben Sie auch mal einen Seitenbereich ein:

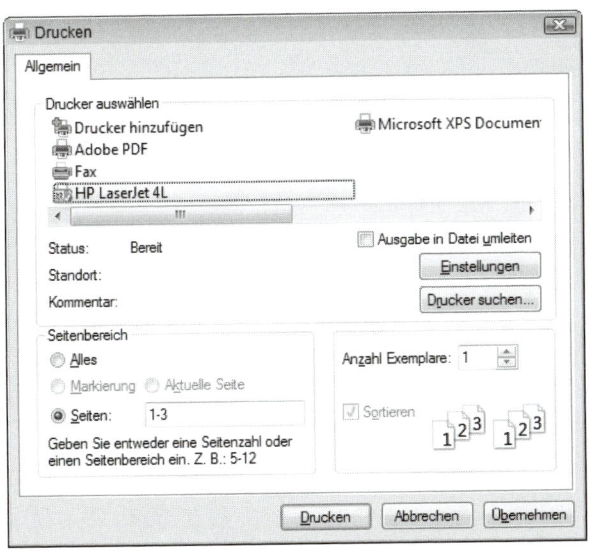

Abbildung 27.11
Drucker-Dialog

Hinweis

Falls sich im Seitenbereich nur die Option »Alles« aktivieren lässt, haben Sie vergessen, die `AllowSomePages`-Eigenschaft der `PrintDialog`-Komponente auf `True` zu setzen! ■

27.4.4 Bemerkungen zur RichTextBox

Leider verfügt die `RichTextBox` über keine »eingebaute« Methode zum Drucken ihres Inhalts, sodass, wie Sie es gesehen haben, ein nicht unerheblicher Programmieraufwand erforderlich ist.

Übrigens kann die `RichTextBox` nicht nur **.rtf*-Dateien, sondern auch normale **.txt*-Textdateien verarbeiten.

Beispiel Eine Textdatei wird geladen

```
RichTextBox1.LoadFile(pfad, RichTextBoxStreamType.PlainText)
```

Über die zahlreichen weiteren Features der `RichTextBox` (wie z.B. Suchfunktionen, farbiger Text, ...) informieren Sie sich am besten in der Online-Hilfe.

Hinweis

Da die speziellen Formatierungsmöglichkeiten der `RichTextBox` in unserem Beispiel nicht genutzt wurden, könnten Sie diese Komponente ohne Programmänderung auch durch eine einfache `TextBox` (`MultiLine = True`) ersetzen. ■

28 Wissenschaftlicher Rechner

Dieses Kapitel behandelt die folgenden Themen:

- Arbeiten mit Reflection
- Verwenden des Code-DOM zum Erstellen von Assemblies
- Dateifunktionen
- Diagrammausgabe per GDI+

Jeder, der sich in einer Mathematik-Ausbildung befindet oder im Bereich wissenschaftlich-technischer Anwendungen tätig ist, hat sicher schon vor der Aufgabe gestanden, Berechnungen von Formelausdrücken durchzuführen, sei es um eine Werteliste zu erstellen oder um eine Diagramm auszudrucken.

Wer jetzt befürchtet, dafür erst einen aufwändigen Formelparser entwickeln zu müssen, den können wir beruhigen, denn unter .NET erlaubt das *Code Document Object Model* aus dem Namensraum `System.CodeDOM` eine verblüffend einfache Realisierungsmöglichkeit: Sie können den Quellcode einer .NET-Programmiersprache zur Laufzeit »zusammenbasteln«, kompilieren und ausführen! Aus der so erzeugten Assembly können mittels Reflexion die »zusammengebastelte« Funktion aufgerufen und das Ergebnis ausgewertet werden!

Hinweis

Ein Rechner nach diesem Prinzip stellt bezüglich seiner Leistungsfähigkeit die bekannten Windows-Taschenrechner weit in den Schatten! ■

In welcher Sprache Sie die zu berechnende Formel zusammenbauen ist egal, Voraussetzung ist lediglich das Vorhandensein eines zum Compiler passenden *CodeDomProviders*. Im vorliegenden Fall haben wir uns, wen wundert's, für VB entschieden. Wir hätten aber auch den C#-Provider nehmen können, für den Endanwender ist aber die VB-Syntax einfacher zu verstehen, scheitern doch viele bereits an der peniblen Groß-/Kleinschreibung von C#.

Hinweis

Ganz abgesehen von seinem Nutzen als universeller Formelrechner bietet dieses Rezept eine eindrucksvolle Demonstration des Prinzips und der Leistungsfähigkeit des Reflection-Mechanismus von .NET. ■

28.1 Basisversion des Rechners

Das Grundprinzip des Formelrechners soll zunächst an einer auf das Wesentliche beschränkten Variante demonstriert werden.

28.1.1 Entwurf der Benutzerschnittstelle

Öffnen Sie eine neue Windows Forms-Anwendung und erstellen Sie ein Formular mit folgendem Aussehen:

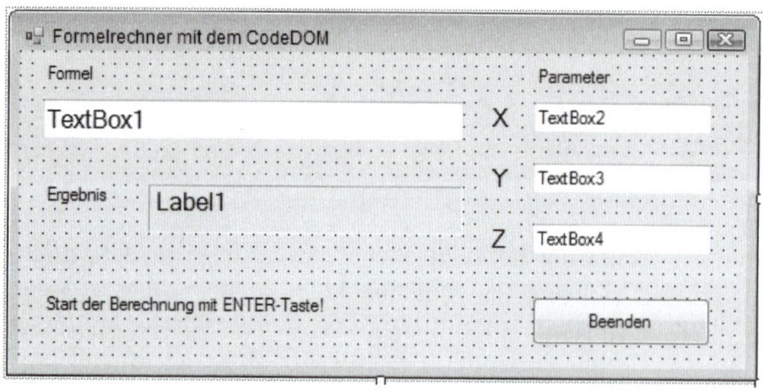

Abbildung 28.1 Eingabedialog in der Entwurfsansicht

Bei der Gestaltung der Benutzerschnittstelle (`Form1`) haben Sie viel Spielraum, sodass obige Abbildung lediglich als Vorschlag zu verstehen ist. Wir können sogar auf eine Ergebnis-Schaltfläche verzichten, da wir die Berechnung durch einfaches Betätigen der Enter-Taste starten wollen.

Außerdem gönnen wir uns noch drei weitere `TextBox`en, um auch Parameter in die Formel einbauen zu können (es empfiehlt sich, dazu die `KeyPreview`-Eigenschaft des Formulars auf `True` zu setzen).

28.1.2 Klasse Calculator

Fügen Sie zum Projekt eine neue Klasse mit dem Namen CCalculator hinzu. Die Klasse stellt einzig und allein die statische Methode Calc() bereit, welcher der zu berechnende Ausdruck als String zu übergeben ist. Der Rückgabewert (Double) entspricht dem Ergebnis der Berechnung.

Die Calc()-Methode erzeugt den Quellcode für ein gültiges VB-Modul mit einer Klasse, die eine ganz einfache Funktion (ebenfalls mit dem Namen Calc) zur Berechnung dieses Ausdrucks kapselt. Der Code wird kompiliert und ausgeführt. Um den Code dem VB-Compiler zu übergeben, kommt das CodeDOM (*Code Document Object Model*) zum Einsatz, mit dem sich aus einer Anwendung heraus Programmcode erzeugen lässt. Nach dem Kompilieren wird mittels Reflection auf die erzeugte Assembly zugegriffen und der Ausdruck berechnet.

```
Imports System.CodeDom.Compiler
Imports System.Reflection

Public Class CCalculator
```

Zwischenspeichern der Assembly und der Verweise:

```
    Private Shared ass As Assembly
    Private Shared aClass As Type
    Private Shared aMethode As MethodInfo
    Private Shared obj As Object
```

Der Berechnungsfunktion wird der Formelausdruck als String übergeben:

```
    Public Shared Function Calc(ByVal expr As String) As Double
        If expr.Length = 0 Then Return 0.0
```

Im Formelausdruck werden die Dezimalkommas durch Dezimalpunkte ersetzt:

```
        expr = expr.Replace(",", ".")
```

Compilerparameter definieren:

```
        Dim opt As New CompilerParameters(Nothing, String.Empty, False)
        opt.GenerateExecutable = False
        opt.GenerateInMemory = True
```

Den zu kompilierenden VB-Quellcode müssen wir natürlich noch zeilenweise zusammenbauen, mittendrin findet sich unser zu berechnender Ausdruck. Durch die Anweisung Imports System.Math können wir mathematische Funktionen wie Sin ... auch ohne vorangestellten Namespace schreiben:

```
        Dim src As String = "Imports System.Math" & vbCrLf & _
                    "Public Class Calculate" & vbCrLf & _
                        "Public Function Calc() As Double" & vbCrLf & _
                            "Return " & expr & vbCrLf & _
                        "End Function" & vbCrLf & _
                    "End Class" & vbCrLf
```

Nun kann unser VB-Quellcode kompiliert werden:

```
        Dim res As CompilerResults = New VBCodeProvider().CompileAssemblyFromSource(opt, src)
```

Auf eine Fehlerauswertung sollte nicht verzichtet werden:

```
        If res.Errors.Count > 0 Then
            Dim errors As String = String.Empty
            For Each cerr As CompilerError In res.Errors
                errors = errors & cerr.ToString() & vbCrLf
            Next
            ass = Nothing
            expr = String.Empty
            Throw New ApplicationException(errors)
        End If
```

Die vom Compiler erzeugte Assembly kann jetzt ermittelt und mit dem *Reflection*-Mechanismus ausgewertet werden:

```
        ass = res.CompiledAssembly
```

Die interne Klasse aus der Assembly »herausziehen«:

```
        aClass = ass.GetType("Calculate")
```

Jetzt kommen wir auch an die interne `Calc`-Methode heran:

```
        aMethod = aClass.GetMethod("Calc")
```

Eine Instanz der internen Klasse erzeugen:

```
        obj = Activator.CreateInstance(aClass)
```

Die interne `Calc`-Methode aufrufen und das Ergebnis zurück liefern:

```
        Return Convert.ToDouble(aMethod.Invoke(obj, Nothing))
    End Function

End Class
```

28.1.3 Quellcode Form1

```
Public Class Form1
```

Die zentrale Anlaufstelle nach Änderung der Eingabewerte ist der Aufruf dieser Methode:

```
    Private Sub Berechnung()
```

Den Formelausdruck zuweisen:

```
        Dim str As String = TextBox1.Text.ToUpper()
```

Die Parameter X, Y, Z direkt in den Formelausdruck einbauen:

```
        str = str.Replace("X", TextBox2.Text).Replace("Y", TextBox3.Text). _
                                                Replace("Z", TextBox4.Text)
```

Start der Berechnung (eine Instanziierung der Klasse `CCalculator` kann entfallen, da lediglich ein statischer Methodenaufruf erfolgt). Aufgrund der vielen möglichen Compilerfehler bei Syntaxverstößen wird der entscheidende Methodenaufruf in einer Fehlerbehandlung gekapselt:

```
        Try
            Dim res As Double = CCalculator.Calc(str)
            str = res.ToString()
```

Um das Dezimaltrennzeichen einheitlich als Punkt darzustellen, wandeln wir im Ergebnisstring das Komma einfach in einen Punkt um:

```
            Label1.Text = str.Replace(",", ".")
        Catch ex As Exception
            Label1.Text = String.Empty
            MessageBox.Show(ex.Message)
        End Try
    End Sub
```

Alle vier TextBoxen verwenden den folgenden gemeinsamen `KeyPress`-Eventhandler, er sorgt dafür, dass die Berechnung mittels Enter-Taste gestartet wird:

```
    Private Sub TextBox_KeyPress(ByVal sender As Object, ByVal e As KeyPressEventArgs) _
            Handles TextBox1.KeyPress, TextBox4.KeyPress, TextBox3.KeyPress, TextBox2.KeyPress
        If e.KeyChar = ChrW(Keys.Enter) Then
            Berechnung()
            e.Handled = True
        End If
    End Sub
    ...
End Class
```

28.1.4 Test

Geben Sie einen beliebig komplizierten bzw. verschachtelten arithmetischen Ausdruck ein (mit oder ohne Parameter `x`, `y`, `z`). Grundlage ist zwar die VB-Syntax, d.h. auch, die Groß-/Kleinschreibung ist ohne Bedeutung.

Starten Sie die Berechnung mit der Enter-Taste!

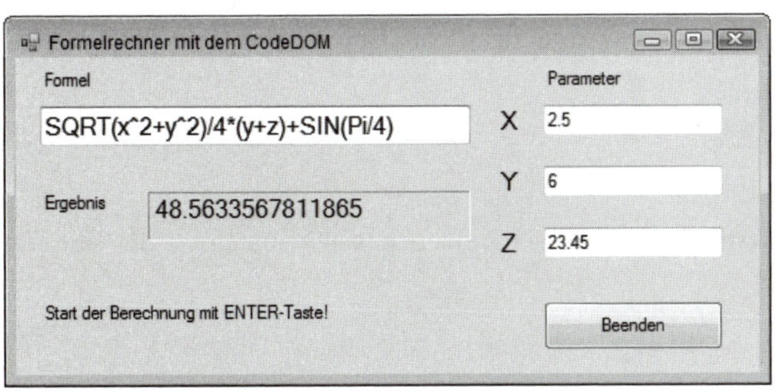

Abbildung 28.2 Testen der Berechungsfunktion

Bei syntaktischen Verstößen erfolgen in der Regel recht ausführliche Fehlermeldungen. Das Beispiel in der folgenden Abbildung zeigt die Meldung, wenn versehentlich der VB-Quadratwurzel-Operator `SQRT` mit `SQR` verwechselt wurde:

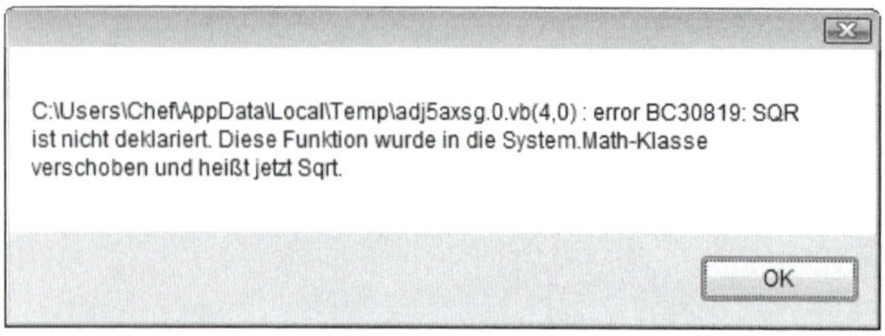

Abbildung 28.3
Vorsicht bei der Syntax

Bemerkungen

- Die Klasse `CCalculator` ist ausbaufähig, denn sie kann nicht nur einen einzigen Ausdruck, sondern auch einen kompletten Algorithmus berechnen, in welchem weitere Funktionen aufgerufen werden können. In diesem Fall empfiehlt sich ein mehrzeiliges Textfeld, in das der VB-Code einzugeben ist. Vorher ist auf das Vorhandensein der `Return`-Anweisung zu prüfen, sodass diese nur im Bedarfsfall (wie in unserem Beispiel) per Programmcode hinzugefügt werden muss.
- Wollen Sie für den zu berechnenden Ausdruck nicht die VB-, sondern die C#-Syntax verwenden, muss natürlich ein anderer Quellcode »zusammengebaut« werden und Sie müssen den entsprechende C#-Codeprovider instanziieren. Bei der Eingabe der Berechnungsformel wäre dann penibel auf die Groß-/Kleinschreibung zu achten.

28.2 Die Assembly als Datei speichern

In Erweiterung der Grundversion des Formelrechners möchten wir das Programm so modifizieren, dass eine Assembly nicht nur im Arbeitsspeicher dynamisch erstellt wird, sondern in persistenter Form auf der Festplatte abgelegt und zu einem späteren Zeitpunkt erneut geladen und genutzt werden kann.

28.2.1 Oberfläche

Erweitern Sie das Formular um zwei zusätzliche Schaltflächen, sowie um einen `OpenFileDialog` und einen `SaveFileDialog`:

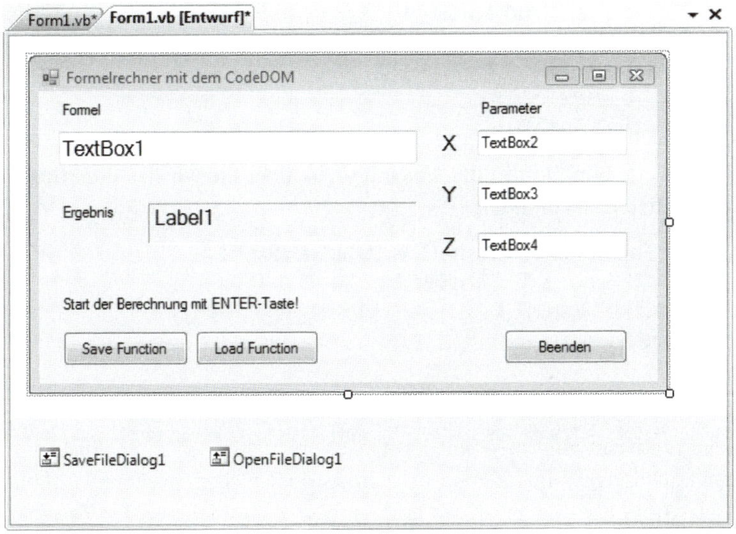

Abbildung 28.4 Das geänderte Eingabeformular

28.2.2 Quelltext (Form1)

Hinweis

Wir beschränken uns auf die Änderungen im Programm. ■

```
Imports System.CodeDom.Compiler
Imports System.Reflection

Public Class Form1
...
```

Die Assembly als Datei erstellen:

```
    Private Sub Button2_Click(ByVal sender As System.Object, ByVal e As System.EventArgs) _
                                                                     Handles Button2.Click
```

Dateinamen ermitteln:

```
        If SaveFileDialog1.ShowDialog() = DialogResult.OK Then
```

Gleicher Ablauf wie bei der Klasse `Calculator`:

```
            Dim expr As String = TextBox1.Text.Trim().ToLower()
            If expr.Length = 0 Then Exit Sub
            Dim opt As New CompilerParameters(Nothing, "", False)
            opt.GenerateExecutable = False
```

Doch hier kommt der Unterschied:

```
            opt.GenerateInMemory = False
            opt.OutputAssembly = SaveFileDialog1.FileName
            Dim src As String = "Imports System.Math" & vbCrLf & _
```

```
                    "Public Class Calculate" & vbCrLf & _
                    "Public Function Calc(X As Double, Y As Double, " & _
                    "Z As Double) As Double" & vbCrLf & _
                    "Return " & expr & vbCrLf & _
                    "End Function" & vbCrLf & _
```

Zusätzlich fügen wir eine zweite Funktion in die Assembly ein, über die wir das Funktionsergebnis als String zurückgeliefert bekommen:

```
                    "Public Function CalcExpression() As String" & vbCrLf & _
                    "Return """ & expr & """" & vbCrLf & _
                    "End Function" & vbCrLf & _
                    "End Class" & vbCrLf
```

Etwas Fehlerbehandlung:

```
        Dim res As CompilerResults = New VBCodeProvider().CompileAssemblyFromSource(opt, src)

        If (res.Errors.Count > 0) Then
            Dim errors As String = ""
            For Each cerr As CompilerError In res.Errors
                errors = errors & cerr.ToString() & vbCrLf
            Next
            MessageBox.Show(errors)
        End If
    End If
End Sub
```

Ist eine Assembly erstellt, können wir diese zu jedem späteren Zeitpunkt wieder laden:

```
Private Sub Button3_Click(ByVal sender As System.Object, ByVal e As System.EventArgs) _
                                  Handles Button3.Click

    If OpenFileDialog1.ShowDialog() = DialogResult.OK Then
        Dim x, y, z As Double
        x = Convert.ToDouble(TextBox2.Text)
        y = Convert.ToDouble(TextBox3.Text)
        z = Convert.ToDouble(TextBox4.Text)
```

Typ abrufen:

```
        Dim typ As Type = Assembly.LoadFrom(OpenFileDialog1.FileName).GetType("Calculate")
```

Instanz erstellen:

```
        Dim obj As Object = Activator.CreateInstance(typ)
```

Die beiden Methoden parametrieren und aufrufen:

```
        Dim meth1 As MethodInfo = typ.GetMethod("Calc")
        Dim ret1 As Double = CDbl(meth1.Invoke(obj, New Object() {x, y, z}))
        Dim meth2 As MethodInfo = typ.GetMethod("CalcExpression")
        Dim ret2 As String = CStr(meth2.Invoke(obj, New Object() {}))
```

Anzeige der Funktionsergebnisse:

```
            MessageBox.Show("Funktion = " & ret2.ToString())
            MessageBox.Show("Ergebnis = " & ret1.ToString())
        End If
    End Sub
End Class
```

28.2.3 Test

Geben Sie einen beliebig komplizierten bzw. verschachtelten arithmetischen Ausdruck ein (mit oder ohne Parameter x, y, z) und speichern Sie nach erfolgreichem Test die Assembly ab. Mit dem .NET-Reflector können Sie jetzt einen Blick in die neu erstellte Assembly werfen:

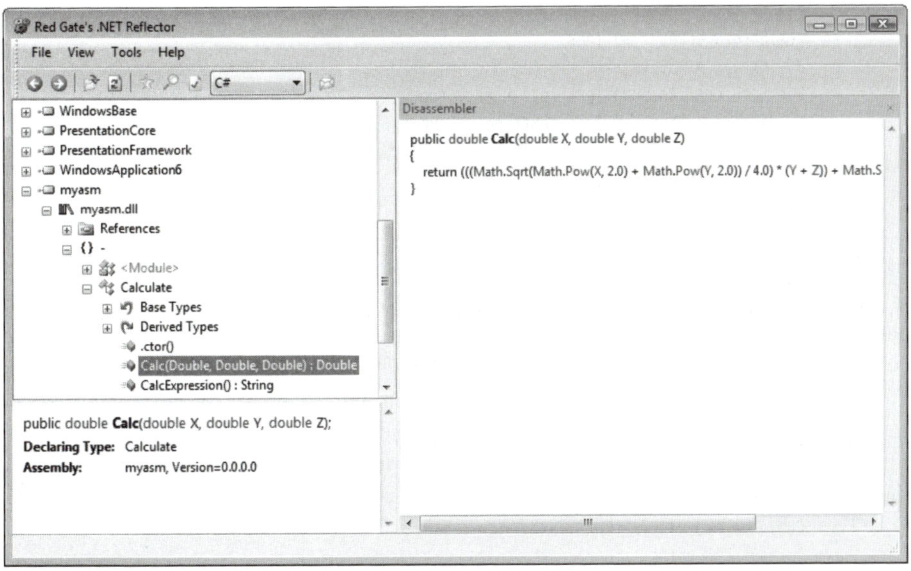

Abbildung 28.5 Ein Blick in unsere selbst erstellte Assembly

Wie nicht anders zu erwarten, finden sich hier beide Methoden, auch der zugehörige Quellcode dürfte Ihnen bekannt vorkommen.

Nach dem Laden der Assembly werden die Werte der drei Textboxen für die Berechnung herangezogen (Abbildung 28.6).

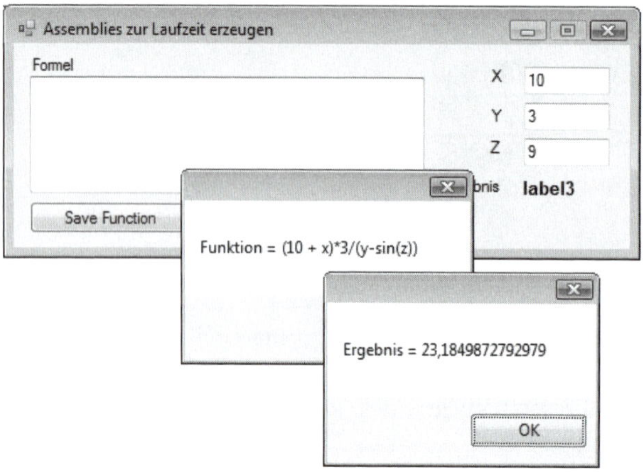

Abbildung 28.6
Die Ausgabewerte unserer Assembly

28.3 Berechnungsergebnisse als Diagramm darstellen

In der Basisversion des Formelrechners wurde gezeigt, wie man mittels CodeDOM beliebig komplizierte mathematische Formeln auswerten kann. Will man allerdings eine grafische Auswertung (Funktionsdiagramm) vornehmen, so sind in der Regel einige hundert aufeinanderfolgende Aufrufe der Formel bei schrittweise sich ändernden Parametern erforderlich. Damit stößt das unter 28.1 gezeigte Verfahren an seine Grenzen, denn das wiederholte Kompilieren und Auswerten würde auch bei einem schnellen Rechner unzumutbar viel Zeit verbrauchen.

Hinweis

Da es nicht sinnvoll ist, bei gleichem Formelausdruck und geänderten Variablen die Assembly immer wieder erneut zu kompilieren, speichern wir die entsprechenden Verweise auf die einmal erzeugte Assembly intern (im Arbeitsspeicher) ab und greifen bei Bedarf darauf zu. ■

Wir wollen die Vorgehensweise anhand einer bescheidenen Grafik für die bekannte Spaltfunktion `sin(x)/x` erläutern.

28.3.1 Oberfläche

Das nackte Startformular (`Form1`), ausgestattet mit einer einzigen `TextBox`, genügt! Weisen Sie der `TextBox` die `Text`-Eigenschaft »`sin(x)/x`« zu (Leerzeichen und Groß-/Kleinschreibung spielen keine Rolle).

28.3.2 Die Klasse CCalculatorX

Die Änderungen gegenüber der Klasse `CCalculator` in 28.1 sind durch Fettdruck hervorgehoben:

```
Imports System.CodeDom.Compiler
Imports System.Reflection

Public Class CCalculatorX
    Private Shared ass As Assembly
    Private Shared aClass As Type
    Private Shared aMethod As MethodInfo
    Private Shared obj As Object
    Private Shared expression As String

    Public Shared Function Calc(ByVal expr As String, ByVal x As Double) As Double
        If expr.Length = 0 Then Return 0.0
        expr = expr.Replace(",", ".")
```

Ein erneutes Kompilieren ist nur dann erforderlich, wenn sich der Formelausdruck `expr` geändert hat:

```
        If expr <> expression Then
            expression = expr
            Dim opt As New CompilerParameters(Nothing, String.Empty, False)
            opt.GenerateExecutable = False
            opt.GenerateInMemory = True

            Dim src As String = "Imports System.Math" & vbCrLf & _
            "Public Class Calculate" & vbCrLf & _
                "Public Function Calc(X As Double) As Double" & vbCrLf & _
                    "Return " & expr & vbCrLf & _
                "End Function" & vbCrLf & _
            "End Class" & vbCrLf

            Dim res As CompilerResults = New VBCodeProvider().CompileAssemblyFromSource( _
                                                                                opt, src)
            If res.Errors.Count > 0 Then
                Dim errors As String = String.Empty
                For Each cerr As CompilerError In res.Errors
                    errors = errors & cerr.ToString() & vbCrLf
                Next
                ass = Nothing
                expr = String.Empty
                Throw New ApplicationException(errors)
            End If
            ass = res.CompiledAssembly
            aClass = ass.GetType("Calculate")
            aMethod = aClass.GetMethod("Calc")
            obj = Activator.CreateInstance(aClass)
        End If
```

Falls sich expr nicht geändert hat, genügt die Übergabe des neuen Wertes für den Para meter x:

```
        Return Convert.ToDouble(aMethod.Invoke(obj, New Object() {x}))
    End Function
End Class
```

28.3.3 Quellcode Form1

```
Public Class Form1
```

Wir überschreiben die OnPaint-Methode des Formulars, dadurch wird auch nach vorübergehendem Verdecken des Fensters das Diagramm automatisch neu erstellt:

```
    Protected Overrides Sub OnPaint(ByVal e As System.Windows.Forms.PaintEventArgs)
```

Um den Quellcode überschaubar zu halten, haben wir die Einstellungen des Koordinatensystems für das Diagramm der Funktion y = sin(x)/x optimiert:

```
        Dim x As Single = -40
        Dim y As Single = 0
        Dim xold As Single = x
        Dim yold As Single = y
        Dim scalex As Single = Me.Width / (2 * x)
        Dim scaley As Single = -(Me.Height - 20) / 2
        Dim incr As Single = 80.0F / Me.Width
        Dim p As New Pen(Color.Black, 2)
```

Graphics-Objekts, auf welches das Diagramm gezeichnet werden kann:

```
        Dim g As Graphics = e.Graphics
```

Koordinatensystem verschieben:

```
        g.TranslateTransform(Me.Width / 2, Me.Height / 2)
```

Koordinatenachsen zeichnen:

```
        g.DrawLine(Pens.Red, -Me.Width, 0, Me.Width, 0)
        g.DrawLine(Pens.Red, 0, -Me.Height, 0, Me.Height)
```

Anzeige optimieren:

```
        g.SmoothingMode = System.Drawing.Drawing2D.SmoothingMode.AntiAlias
```

Die einzelnen Funktionswerte berechnen und zeichnen:

```
        For i As Integer = 0 To Me.Width - 1
            If x = 0 Then x += 0.000001F
            y = Convert.ToSingle(CCalculatorX.Calc(TextBox1.Text, x))
            x += incr
            g.DrawLine(p, x * scalex, y * scaley, xold * scalex, yold * scaley)
            xold = x
            yold = y
        Next
```

Die folgende Anweisung nicht vergessen, sonst wird das `Paint`-Event nicht ausgelöst:

```
        MyBase.OnPaint(e)
    End Sub
```

Der folgende Eventhandler sorgt für die Umwandlung eines Dezimalkommas in einen Dezimalpunkt und für das Neuzeichnen des Formulars nach Betätigen der Enter-Taste:

```
    Private Sub TextBox1_KeyPress(ByVal sender As Object, ByVal e As KeyPressEventArgs) _
                                                                Handles TextBox1.KeyPress
        If e.KeyChar = "," Then
            e.KeyChar = "."
        Else
            If e.KeyChar = ChrW(Keys.Enter) Then
                Me.Refresh()
                e.Handled = True
            End If
        End If
    End Sub
End Class
```

28.3.4 Test

Gleich nach Programmstart erscheint das Diagramm der Funktion `sin(x)/x`. Die Grafik wird auch nach vorübergehendem Verdecken des Fensters schnell wieder aufgebaut, da nur einmal kompiliert werden muss.

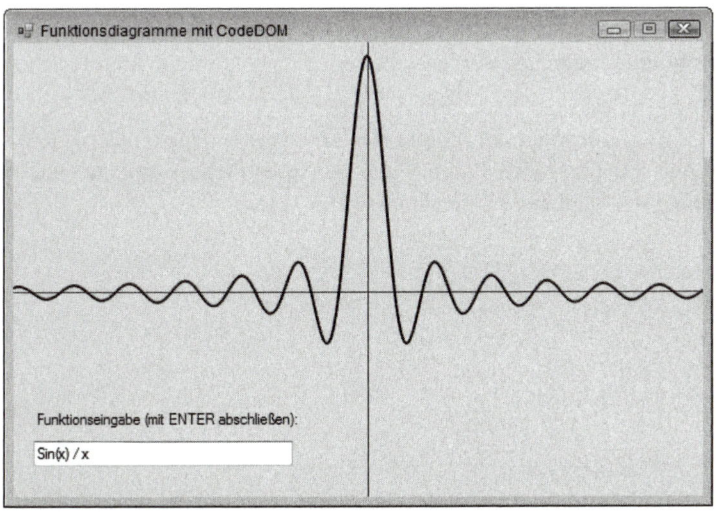

Abbildung 28.7 Ausgabe der Spaltfunktion

Ändern Sie den Formelausdruck und schließen Sie mit der Enter-Taste ab. Unter der Voraussetzung, dass das starre Koordinatensystem eine geeignete Darstellung ermöglicht, lassen sich interessante Experimente durchführen:

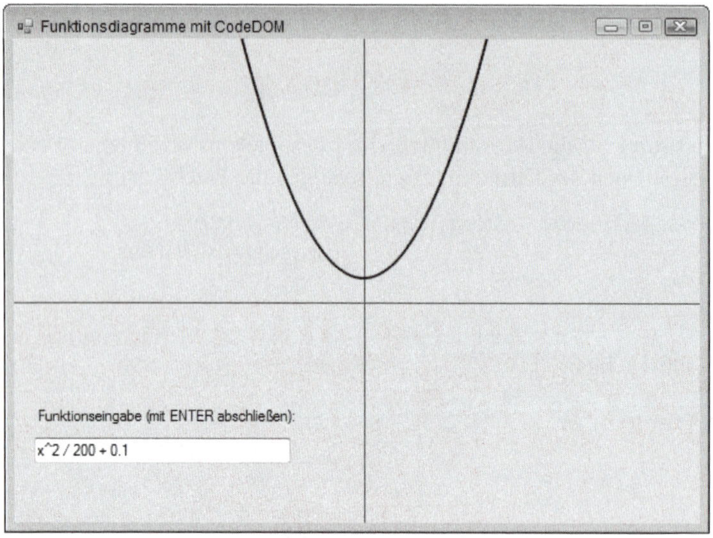

Abbildung 28.8 Eigene Experimente

Bemerkungen

- Das Programm lässt sich durch Hinzufügen weiterer Bedienelemente für Inkremente, Maßstabsfaktoren, Skalenteilung etc. so verfeinern, dass eine optimale Darstellung nahezu beliebiger Funktionen ermöglicht wird.
- Die spezialisierte Klasse `CCalculatorX` hat gegenüber der Klasse `CCalculator` den Vorteil, dass sie wiederholte Berechnungen mit einem geänderten Parameter `x` gestattet, ohne dass dazu die Assembly erneut erzeugt werden müsste. Das bedeutet einen erheblichen Performancegewinn.
- Der Klasse `CCalculator` bleibt hingegen der Vorteil der universellen Verwendbarkeit für beliebige Ausdrücke mit beliebig vielen Parametern, sie eignet sich deshalb besonders für einmalig auszuführende komplizierte Berechnungen.

29 Datenverwaltung mittels Random Access Datei

Dieses Kapitel behandelt die folgenden Themen:

- Entwicklung eines Geschäftsmodells
- Schneller Direktzugriff auf Datensätze
- Dateioperationen

Für den schnellen Direktzugriff sind sequenzielle Dateien ungeeignet, da eine solche Datei in der Regel satzweise von vorn nach hinten durchlaufen werden muss, um zu einem bestimmten Datensatz zu gelangen. Random Access Dateien fressen zwar bedeutend mehr Speicherplatz als sequenzielle Dateien (ein Problem, das heute allerdings kaum noch Bedeutung hat), sie gestatten aber einen bedeutend schnelleren Zugriff, was z.B. bei technischen Anwendungen mit riesigen Datensatzbeständen (z.B. Messwerterfassung) von größter Wichtigkeit ist.

Das .NET-Framework unterstützt von Haus aus nur den sequenziellen Dateizugriff, sodass wir die Fähigkeit des Direktzugriffs (Random Access) in unsere Applikationen selbst einbauen müssen. Dazu existieren vielfältige Techniken, die einfachste davon ist das Speichern der Daten in exakt gleichlangen Datensätzen (Records). Dadurch wird es auf Basis von Recordlänge und Recordnummer möglich, die exakte Position des Datensatzes vorweg zu berechnen, um den Dateizeiger sofort auf diese Position setzen zu können.

29.1 Vorbereitungen

Zu Beginn möchten wir Ihnen kurz die verwendeten Klassen und eine mögliche Bedienoberfläche vorstellen.

29.1.1 Klassenübersicht

Die Anwendung besteht aus insgesamt vier Klassen:

- `CRandomKunde`
  repräsentiert einen einzelnen Datensatz
- `CNewRandomFile`
  dient dem Erzeugen einer neuen leeren Random Access Datei der gewünschten Größe
- `CRandomAccess`
  enthält die Zugriffsmethoden auf die Random Access Datei
- `Form1`
  Benutzerschnittstelle, die auf `CRandomAccess` zugreift

29.1.2 Entwurf der Benutzerschnittstelle

Öffnen Sie eine neue Windows Forms-Anwendung und gestalten Sie das Startformular `Form1` entsprechend der folgenden Abbildung:

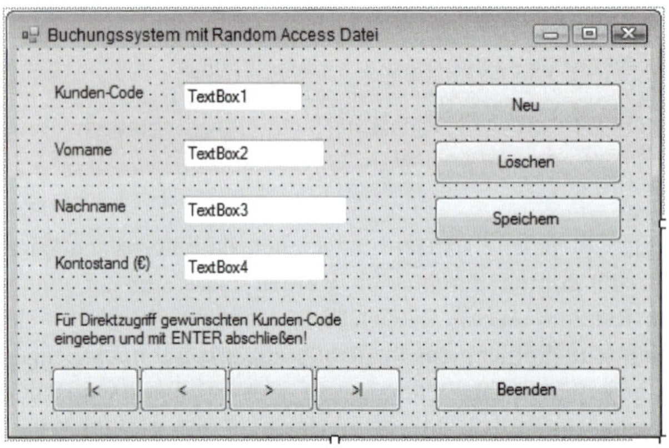

Abbildung 29.1
Entwurfsansicht `Form1`

Hinweis

Zur endgültigen Programmierung der Benutzerschnittstelle kommen wir erst im Abschnitt 29.3.1. ■

29.2 Programmieren des Geschäftsmodells

Zum Geschäftsmodell, welches die »Intelligenz« der Anwendung kapselt, gehören die Klassen `CRandomKunde`, `CNewRandomFile` und `CRandomAccess`.

29.2.1 Klasse CRandomKunde

Die Klasse `CRandomKunde` schafft die Grundvoraussetzung für den Direktzugriff auf Datensätze, indem sie exakt gleichlange Kunden-Records erzeugt. Wählen Sie *Projekt|Klasse hinzufügen...* und fügen Sie eine neue Klasse `CRandomKunde` hinzu. Diese Klasse repräsentiert einen einzelnen Kunden-Datensatz und hat die vier Eigenschaften `Code`, `Vorname`, `Nachname` und `Saldo`. Weiterhin verfügt die Klasse über zwei Konstruktoren, um die privaten Felder wahlweise auf Standardwerte oder auf durch Parameter spezifizierte Werte zu setzen.

```
Public Class CRandomKunde
```

Zunächst einige Konstanten, aus denen sich die exakte Länge der einzelnen Recordfelder ergibt:

```
    Private Const L_CHARARR As Integer = 15   ' Char-Array: je 15 Zeichen (für Vor-/NachName)
    Private Const B_CHAR As Integer = 2       ' Unicode = 2 Byte   (für ein Zeichen)
    Private Const B_INT32 As Integer = 4      ' Integer = 4 Byte   (für Kunden-Code)
    Private Const B_DOUBLE As Integer = 8     ' Double = 8 Byte    (für Saldo)
```

Die Gesamtlänge des Records beträgt demnach 72 Byte und ist öffentlich:

```
    Public Const SIZE As Integer = B_INT32 + 2 * (B_CHAR * L_CHARARR) + B_DOUBLE
```

Die vier Record-Felder, wie sie später als Datensatz konstanter Länge in die Random-Datei geschrieben werden:

```
    Private _code As Integer = 0
    Private _vorName(L_CHARARR - 1) As Char
    Private _nachName(L_CHARARR - 1) As Char
    Private _saldo As Double = 0
```

Der erste (parameterlose) Konstruktor scheint auf den ersten Blick überflüssig zu sein, doch der VB-Compiler erstellt einen solchen Konstruktor nur dann automatisch, wenn kein parameterbehafteter Konstruktor vorhanden ist:

```
   Public Sub New()
   End Sub
```

Zusätzlich ein überladener Konstruktor, welcher die Eigenschaften auf spezifische Werte setzt:

```
  Public Sub New(ByVal codeVal As Integer, ByVal vorNVal As String, _
                                ByVal nachNVal As String, ByVal saldoVal As Double)
      _code = codeVal
```

```
        Vorname = vorNVal.ToCharArray
        Nachname = nachNVal.ToCharArray
        _saldo = saldoVal
    End Sub
```

Die Eigenschaft Code:

```
    Public Property code() As Integer
        Get
            Return _code
        End Get
        Set(ByVal value As Integer)
            _code = value
        End Set
    End Property
```

Auch die Eigenschaft Saldo ist trivial:

```
    Public Property Saldo() As Double
        Get
            Return _saldo
        End Get
        Set(ByVal value As Double)
            _saldo = value
        End Set
    End Property
```

Die Eigenschaften VorName und NachName sind erheblich komplizierter zu implementieren, wobei besonders der Schreibzugriff einigen Aufwand erfordert, da die Länge auf exakt 15 Zeichen getrimmt bzw. aufgefüllt werden muss:

```
    Public Property Vorname() As String
        Get
            Return _vorName          ' String kann Char-Array direkt zugewiesen werden!
        End Get
```

Die Set-Methode erhält als Argument einen beliebig langen String. Durch Auffüllen von Leerzeichen bzw. Abschneiden von Zeichen wird dieser String passend auf die Länge des Char-Arrays getrimmt. Die Gesamtlänge eines Records beträgt somit immer 4 + 30 + 30 + 8 = 72 Byte:

```
        Set(ByVal Value As String)
            For i As Integer = 0 To Value.Length - 1
                If i > L_CHARARR - 1 Then Exit For      ' abschneiden, falls Vorname zu lang
                _vorName(i) = Value.Chars(i)
            Next
        End Set
    End Property
```

Auf identische Weise wird die Eigenschaft Nachname implementiert, weshalb wir uns den ausführlichen Quellcode an dieser Stelle sparen wollen:

```
    Public Property Nachname() As String
        ...
End Class
```

Einige Erläuterungen

- Wenn Sie das <Serializable>-Attribut vor der Klassendefinition vermissen, hat das seinen guten Grund, denn wir können diese Klasse nicht serialisieren, weil das .NET-Framework keine Möglichkeit zur Verfügung stellt, die exakte Größe eines Record-Objekts zur Laufzeit zu ermitteln. Wenn wir die Klasse trotzdem serialisieren würden, ließe sich keine konstante Länge der Records garantieren, was aber wiederum die Grundvoraussetzung für den Random-Zugriff ist.
- Anstatt die Klasse zu serialisieren, haben wir für eine konstante Länge der Recordfelder gesorgt, um diese dann später als normalen Byte-Stream in die Datei zu schreiben. Die Gewährleistung einer konstanten Länge ist für die Felder `code` und `saldo` kein Problem, da die Länge eines `Integer` bzw. `Double` bekannt ist (4 bzw. 8 Byte).

29.2.2 Klasse CNewRandomFile

Wählen Sie *Projekt|Klasse hinzufügen...* und fügen Sie eine neue Klasse mit dem Namen `CNewRandomFile` hinzu. Diese Klasse ist statisch (kann also nicht instanziiert werden) und beschäftigt sich ausschließlich mit dem Erzeugen der (leeren) Random Access Datei.

```
Imports System.IO

Public Class CNewRandomFile
```

Die Klasse exportiert eine einzige (statische) Methode `createRandomFile()`, der als Parameter die gewünschte Anzahl von Datensätzen (`recCount`) und der Name der zu erzeugenden Datei (`fileName`) übergeben wird:

```
    Public Shared Sub createRandomFile(ByVal recCount As Integer, ByVal fileName As String)
        Dim blRecord As New CRandomKunde()        ' leerer Datensatz
        Dim fileOut As FileStream = Nothing       ' Stream für Schreiben serialisierter Daten
        Dim binOut As BinaryWriter = Nothing      ' schreibt Stream byteweise in Datei
        Try
```

`FileStream`-Objekt zum Schreiben der Records erzeugen:

```
            fileOut = New FileStream(fileName, FileMode.Create, FileAccess.Write)
```

Dateilänge setzen (`SIZE` ist öffentliche Konstante der Klasse `CRandomKunde`!):

```
            fileOut.SetLength(CRandomKunde.SIZE * recCount)
```

Objekt zum Schreiben der Bytes erzeugen:

```
            binOut = New BinaryWriter(fileOut)
```

Leere Records nacheinander in Datei schreiben:

```
            For i As Integer = 0 To recCount - 1
                fileOut.Position = i * CRandomKunde.SIZE      ' nächste Position
```

Die `Write`-Methode des `BinaryWriter` hat Überladungen für jeden einfachen Datentyp:

```
                binOut.Write(blRecord.code)
                binOut.Write(blRecord.Vorname)
```

```
            binOut.Write(blRecord.Nachname)
            binOut.Write(blRecord.Saldo)
        Next i
        MessageBox.Show("Datei " & fileName & " wurde erzeugt!", "Erfolg", _
                              MessageBoxButtons.OK, MessageBoxIcon.Information)
```

Auf eine Fehlerbehandlung sollte man an dieser Stelle nicht verzichten:

```
    Catch ex As IOException
       MessageBox.Show(ex.Message)
    End Try
    If fileOut IsNot Nothing Then fileOut.Close()      ' FileStream schließen
    If binOut IsNot Nothing Then binOut.Close()        ' BinaryWriter schließen
  End Sub

End Class
```

Bemerkungen

- Auf Basis des festgelegten Dateinamens wird ein `FileStream`-Objekt erzeugt, welches entweder die Datei neu erzeugt oder eine bestehende Datei überschreibt.
- Um Bytes in eine Datei zu schreiben, verwenden wir die Klasse-`BinaryWriter`, deren Konstruktor als Argument eine Instanz der Klasse `System.IO.Stream` entgegennimmt.
- Die Felder der Records sind vorerst mit »Dummies« der Klasse `CRandomKunde` gefüllt, d.h. mit den (leeren) Standardwerten der privaten Felder `Code`, `VorName`, `NachName` und `Saldo`.

29.2.3 Klasse CRandomAccess

Wählen Sie *Projekt|Klasse hinzufügen...* und fügen Sie eine neue Klasse mit dem Namen `CRandomAccess` hinzu. Diese Klasse ist ebenfalls statisch und kapselt sämtliche Dateioperationen.

```
Imports System.IO

Public Class CRandomAccess

  Private Shared fileName As String            ' Dateiname
  Private Shared recordCount As Integer        ' max. Anzahl der Records
  Private Shared lfdNr As Integer = 1          ' Datensatzzeiger
```

Da eine diese Klasse über keinen öffentlichen Konstruktor verfügt, werden die erforderlichen Initialisierungen an eine Methode `initFile()` übertragen:

```
  Public Shared Sub initFile(ByVal fName As String, ByVal rCount As Integer)
    fileName = fName
    recordCount = rCount
```

Die Random Access Datei erzeugen, falls noch nicht vorhanden:

```
    If Not File.Exists(fileName) Then CNewRandomFile.createRandomFile(recordCount, _
                                                                  fileName)
  End Sub
```

Zunächst zwei Hilfsmethoden, welche letztendlich dazu dienen, ein Kundenobjekt in der Eingabemaske anzuzeigen bzw. umgekehrt, den Inhalt der Eingabemaske in ein Kundenobjekt zu schreiben (der Zustand der Eingabemaske wird in einem String-Array übergeben, siehe Quellcode Form1):

Kundenobjekt aus übergebenem Stringarray generieren:

```
Private Shared Function getKuObject(ByVal values As String()) As CRandomKunde
    Dim code As Integer = Convert.ToInt32(values(0))
    Dim saldo As Double = Convert.ToDouble(values(3))
    Return New CRandomKunde(code, values(1), values(2), saldo)
End Function
```

Kundenobjekt in Stringarray verwandeln:

```
Private Shared Function getStrArray(ByVal kunde As CRandomKunde) As String()
    Dim values(3) As String
    values(0) = kunde.code.ToString
    values(1) = kunde.Vorname
    values(2) = kunde.Nachname
    Dim saldo As Double = kunde.Saldo
    values(3) = saldo.ToString("#,##0.00")
    If values(0) = String.Empty Then values = Nothing
    Return values
End Function
```

Die Methode saveCurrentRecord() schreibt den aktuellen Record an der aktuellen Position in die Datei (values = Stringarray mit Inhalt der Eingabemaske):

```
Public Shared Sub saveCurrentRecord(ByVal values As String())
    Dim fileOut As New FileStream(fileName, FileMode.Open, FileAccess.Write)
    Dim binOut As New BinaryWriter(fileOut)
    If Not (values(0) = String.Empty) Then
      Try
```

Der Code wird aus dem Feld values[0] herausgezogen:

```
        lfdNr = Int32.Parse(values(0))
        If (lfdNr > 0) And (lfdNr <= recordCount) Then
```

Dateizeiger positionieren:

```
            fileOut.Position = (lfdNr - 1) * CRandomKunde.SIZE
```

Kundenobjekt erzeugen und in Datei schreiben:

```
            Dim kunde As CRandomKunde = getKuObject(values)
            binOut.Write(kunde.code)
            binOut.Write(kunde.Vorname)
            binOut.Write(kunde.Nachname)
            binOut.Write(kunde.Saldo)
        Else
            MessageBox.Show("Code muss zwischen 1 und " + recordCount.ToString() + _
                                       " liegen!")
        End If
```

```
            Catch ex As FormatException
                MessageBox.Show(ex.Message)
          End Try
        End If
        lfdNr -= 1
```

Die beiden folgenden Anweisungen sind unbedingt erforderlich, da die Streams geschlossen werden müssen (ansonsten wäre z.B. ein nachfolgender Lesezugriff nicht möglich):

```
        If binOut IsNot Nothing Then binOut.Close()
        If fileOut IsNot Nothing Then fileOut.Close()
    End Sub
```

Die Methode `readRecordDirect()` liest einen Record aus der Datei, wobei als Parameter der Kundencode übergeben wird. Da der Dateizeiger sofort an die richtige Stelle positioniert wird, kommen hier die Geschwindigkeitsvorteile von Random Access Dateien voll zur Geltung:

```
    Public Shared Function readRecordDirect(ByVal code As String) As String()
        Dim fileInp As New FileStream(fileName, FileMode.Open, FileAccess.Read)
        Dim binInp As New BinaryReader(fileInp)
        Dim kunde As New CRandomKunde()
```

Stringarray mit Nullwerten initialisieren:

```
        Dim values As String() = getStrArray(kunde)
        If Not (code = String.Empty) Then
            Try
                lfdNr = Int32.Parse(code)
                If (lfdNr > 0) AndAlso (lfdNr <= recordCount) Then
```

Datensatzzeiger direkt positionieren:

```
                    fileInp.Position = (lfdNr - 1) * CRandomKunde.SIZE
                    kunde.code = binInp.ReadInt32()
                    kunde.Vorname = binInp.ReadString()
                    kunde.Nachname = binInp.ReadString()
                    kunde.Saldo = binInp.ReadDouble()
                    values = getStrArray(kunde)
                End If
            Catch
                MessageBox.Show("Fehler!")
            End Try
        End If
        If binInp IsNot Nothing Then binInp.Close()
        If fileInp IsNot Nothing Then fileInp.Close()
        Return values
    End Function
```

Analog funktioniert die Methode `clearCurrentRecord()` zum Löschen eines Records mit einem bestimmten Kundencode. Tatsächlich wird der Record nicht gelöscht, sondern nur mit Standardwerten überschrieben (Code = 0):

```
    Public Shared Sub clearCurrentRecord(ByVal code As String)
        Dim fileOut As New FileStream(fileName, FileMode.Open, FileAccess.Write)
```

```
    Dim binOut As New BinaryWriter(fileOut)
    If Not (code = String.Empty) Then
        Try
            lfdNr = Int32.Parse(code)
            If (lfdNr > 0) AndAlso (lfdNr <= recordCount) Then
               fileOut.Position = (lfdNr - 1) * CRandomKunde.SIZE
```

Neuen Record mit Standardwerten erzeugen und in die Datei schreiben:

```
               Dim kunde As New CRandomKunde()
               binOut.Write(kunde.code)
               binOut.Write(kunde.Vorname)
               binOut.Write(kunde.Nachname)
               binOut.Write(kunde.Saldo)
            Else
               MessageBox.Show("Code muss zwischen 1 und " & recordCount.ToString() & " liegen!")
            End If
        Catch ex As FormatException
            MessageBox.Show(ex.Message)
        End Try
    End If
    If binOut IsNot Nothing Then binOut.Close()
    If fileOut IsNot Nothing Then fileOut.Close()
End Sub
```

Die folgenden Lesemethoden dienen lediglich der bequemeren Bedienung (Durchblättern der Datensätze) und machen keinen Gebrauch von den eigentlichen Geschwindigkeitsvorteilen die der Direktzugriff auf Random Access Dateien bietet. Innerhalb einer Schleife wird sich vom aktuellen Datensatz zum jeweils nächstliegenden »besetzten« Record »durchgehangelt«.

Lesen des nächsten Records in Vorwärtsrichtung:

```
Public Shared Function readNextRecord() As String()
    Dim fileInp As New FileStream(fileName, FileMode.Open, FileAccess.Read)
    Dim binInp As New BinaryReader(fileInp)
    Dim kunde As New CRandomKunde()
    Dim values As String() = getStrArray(kunde)
    Try
```

Suche bis zum nächsten besetzten Record:

```
        Do While ((kunde.code = 0) AndAlso (lfdNr < recordCount))
            lfdNr += 1
            fileInp.Position = lfdNr * CRandomKunde.SIZE
```

Recordfelder einlesen:

```
            kunde.code = binInp.ReadInt32()
            kunde.Vorname = binInp.ReadString()
            kunde.Nachname = binInp.ReadString()
            kunde.Saldo = binInp.ReadDouble()
        Loop
```

Temporäres Stringarray als Zwischenspeicher füllen:

```
            values = getStrArray(kunde)
        Catch ex As IOException
            MessageBox.Show(ex.Message, "Keine Datensätze vorhanden!", _
                                    MessageBoxButtons.OK, MessageBoxIcon.Information)
        End Try
        If binInp IsNot Nothing Then binInp.Close()
        If fileInp IsNot Nothing Then fileInp.Close()
        Return values
    End Function
```

Das Lesen des vorhergehenden besetzten Records (Rückwärtsrichtung) funktioniert analog:

```
    Public Shared Function readPreviousRecord() As String()
        ...
    End Function
```

Ersten besetzten Record lesen:

```
    Public Shared Function readFirstRecord() As String()
        lfdNr = -1
        Return readNextRecord()
    End Function
```

Letzten besetzten Record lesen:

```
    Public Shared Function readLastRecord() As String()
        lfdNr = recordCount
        Return readPreviousRecord()
    End Function
End Class
```

29.3 Abschließende Arbeiten

Die Programmierung der Bedienoberfläche wird bei der professionellen Entwicklung komplexerer Anwendungen häufig erst kurz vor dem Abschlusstest vorgenommen.

29.3.1 Programmieren der Bedienoberfläche

Wie man es von einem objekt- und schichtenorientierten Entwurf erwartet, beschränkt sich die »dumme« Benutzerschnittstelle auf die Bedienfunktionen zur Eingabe und Anzeige der Datensätze und benutzt dazu die von der Klasse `CRandomAccess` bereitgestellte »Intelligenz«.

```
Public Class Form1
```

Die folgenden beiden Konstanten könnten später durchaus auch als Variablen deklariert werden, deren Änderung über zusätzliche Dialoge erfolgt:

```
Private Const RECORDCOUNT As Integer = 1000             ' Anzahl Datensätze
Private Const FILENAME As String = "Kunden.dat"         ' Dateiname
```

Der Konstruktor übernimmt auch die Initialisierung der Anwendungsdaten:

```
Public Sub New()
    InitializeComponent()
```

Statische Dateiklasse initialisieren:

```
    CRandomAccess.initFile(FILENAME, RECORDCOUNT)
```

Ersten Record einlesen:

```
    Me.setUI(CRandomAccess.readFirstRecord())
End Sub
```

Die folgenden zwei Hilfsmethoden dienen dem bequemen Handling der Eingabemaske.

Inhalt aller Textboxen löschen:

```
Private Sub clearUI()
    For Each ct As Control In Me.Controls
        Dim tb As TextBox = TryCast(ct, TextBox)
        If tb IsNot Nothing Then tb.Text = String.Empty
```

Eine alternative Variante wäre:

```
        'If TypeOf ct Is TextBox Then ct.Text = String.Empty
    Next
End Sub
```

Übernahme der Eingabewerte in ein Stringarray:

```
Private Function getUI() As String()
    Dim values(3) As String
    values(0) = TextBox1.Text
    values(1) = TextBox2.Text
    values(2) = TextBox3.Text
    values(3) = TextBox4.Text
    Return values
End Function
```

Anzeige des Inhalts eines Stringarrays (muss mindestens vier Felder haben):

```
Private Sub setUI(ByVal values As String())
    If values.Length <> 4 Then
        Throw (New ArgumentException("Fehler beim Füllen der TextBoxen!"))
    Else
        TextBox1.Text = values(0)
        TextBox2.Text = values(1)
        TextBox3.Text = values(2)
        TextBox4.Text = values(3)
    End If
End Sub
```

Nun zu den eigentlichen Bedienfunktionen.

Der Sofortaufruf eines Kunden bei Eingabe seines Codes und Abschluss mittels Enter-Taste:

```
Private Sub TextBox1_KeyUp(ByVal sender As System.Object, _
             ByVal e As System.Windows.Forms.KeyEventArgs) Handles TextBox1.KeyUp
    If (e.KeyCode = Keys.Enter) AndAlso Not (TextBox1.Text = String.Empty) Then
        Me.setUI(CRandomAccess.readRecordDirect(TextBox1.Text))
    End If
End Sub
```

Neuer Kunde:

```
Private Sub Button1_Click(ByVal sender As System.Object, ByVal e As System.EventArgs) _
                                                              Handles Button1.Click
    Me.clearUI()
End Sub
```

Kunde speichern:

```
Private Sub Button3_Click(ByVal sender As System.Object, ByVal e As System.EventArgs) _
                                                              Handles Button3.Click
    CRandomAccess.saveCurrentRecord(Me.getUI())
End Sub
```

Kunde löschen:

```
Private Sub Button2_Click(ByVal sender As System.Object, ByVal e As System.EventArgs) _
                                                              Handles Button2.Click
    CRandomAccess.clearCurrentRecord(Me.TextBox1.Text)
    Me.clearUI()
End Sub
```

Die folgenden Navigationen beziehen sich natürlich nur auf die mit Kunden besetzten Records (leere Records werden übersprungen!).

Zum nächsten Kunden (>):

```
Private Sub Button6_Click(ByVal sender As System.Object, ByVal e As System.EventArgs) _
                                                              Handles Button6.Click
    Me.setUI(CRandomAccess.readNextRecord())
End Sub
```

Zum vorhergehenden Kunden (<):

```
Private Sub Button5_Click(ByVal sender As System.Object, ByVal e As System.EventArgs) _
                                                              Handles Button5.Click
    Me.setUI(CRandomAccess.readPreviousRecord())
End Sub
```

Zum ersten Kunden (|<):

```
Private Sub Button4_Click(ByVal sender As System.Object, ByVal e As System.EventArgs) _
                                                              Handles Button4.Click
    Me.setUI(CRandomAccess.readFirstRecord())
End Sub
```

Zum letzten Kunden (>|):

```
    Private Sub Button7_Click(ByVal sender As System.Object, ByVal e As System.EventArgs) _
                                                                  Handles Button7.Click
        Me.setUI(CRandomAccess.readLastRecord())
    End Sub
...
End Class
```

29.3.2 Programmtest

Unmittelbar nach dem erstmaligen Programmstart sollte die folgende Meldung erscheinen:

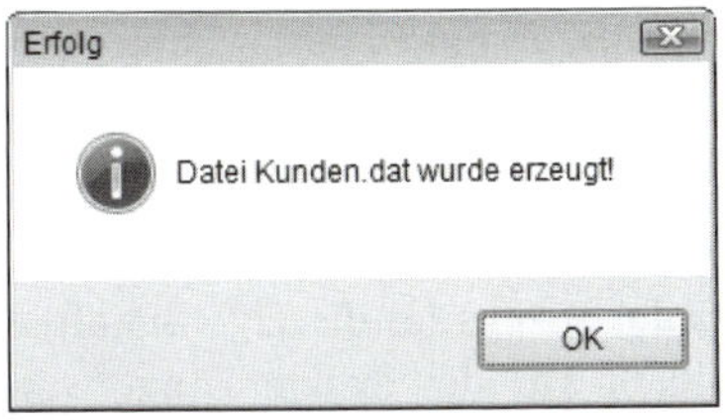

Abbildung 29.2
Statusmeldung

Nach dieser Erfolgsmeldung finden Sie die ca. 71 kByte große Datei (1000 * 72 Byte) im Anwendungsverzeichnis vor, sie steht nun bereit, um als Datenbasis für unser Buchungssystem zu dienen. Bei späteren Programmstarts wird obige Meldung nicht mehr erscheinen, es sei denn, Sie löschen die Datei *Kunden.dat* »per Hand« im Windows-Explorer.

Nun können Sie mit der Eingabe von Datensätzen beginnen. Die Reihenfolge der Eingabe kann beliebig sein. Bedingung ist lediglich, dass sich der Kunden-Code im zulässigen Bereich (1 ... 1000) bewegt.

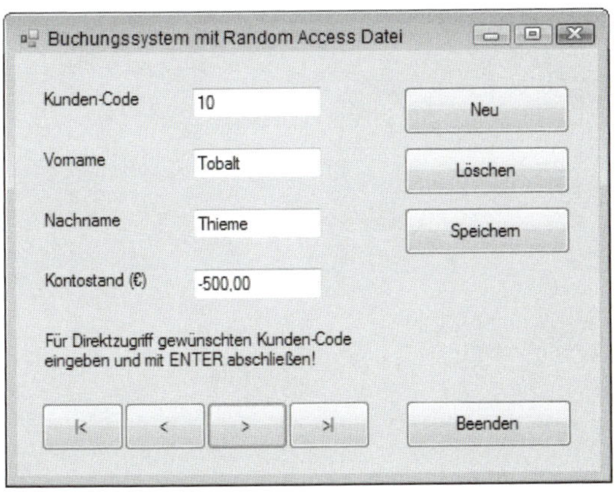

Abbildung 29.3
Laufzeitansicht der Anwendung

Beim Weiterblättern werden immer nur die besetzten Records angezeigt. Wenn Sie beim letzten Kunden angekommen sind, informiert Sie ein Meldungsfenster:

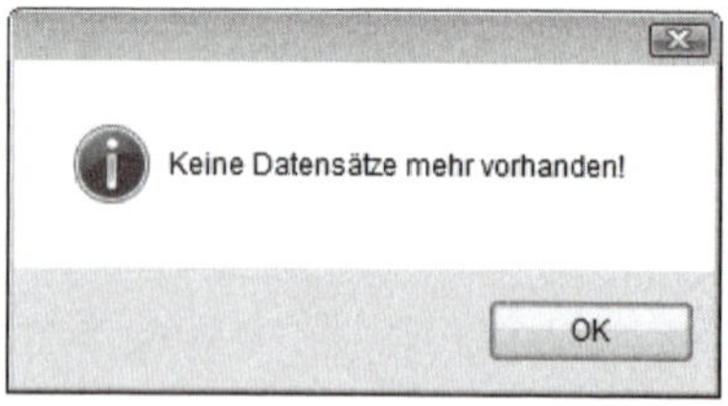

Abbildung 29.4
Statusmeldung

Bemerkungen

- Nach dem Vorbild der Methode `readRecordDirect` dürfte es wohl kein Problem sein, das Programm mit speziellen Suchfunktionen auszustatten.
- Auch eine Million Datensätze lassen sich mit dem Programm problemlos verwalten, der dafür benötigte Festplattenspeicherplatz liegt bei ca. 80 MByte und es gibt – zumindest beim Direktzugriff – keinerlei Geschwindigkeitsprobleme!
- Während der Entwicklungsphase kann es – meistens beim Lesezugriff – zu Fehlern kommen, die ihre Ursache in einer falschen Positionierung des Dateizeigers haben. Überzeugen Sie sich in einem solchen Fall davon, dass die Strings für die Eigenschaften `VorName` und `NachName` in der `CRandomKunde`-Klasse tatsächlich auf die exakte Länge von 15 Zeichen beschnitten bzw. aufgefüllt werden.
- Ein nicht zu unterschätzender Vorteil von Random Access Dateien gegenüber sequenziellen Dateien ist, dass neue Datensätze eingefügt werden können, ohne andere Daten dabei zu zerstören. Auch Update- oder Löschoperationen sind einfacher realisierbar, da die komplette Datei nicht jedes Mal umgeordnet bzw. neu geschrieben werden muss.

30 Verkehrsmanagement per Multithreading

Dieses Kapitel behandelt die folgenden Themen:

- Objekte mit Threads verbinden
- Threads initialisieren und parametrieren
- Threads synchronisieren
- Thread-Zustände auswerten
- Kritische Abschnitte sichern
- Callback-Timer verwenden
- Anwendungen threadsicher programmieren

Verkehrsmanagement per Multithreading? Ein neugieriger Blick auf das Endergebnis dieses Kapitels wird bei Ihnen die Vermutung nähren, dass diesmal die Autoren ihrem geradezu lächerlichen Spieltrieb hoffnungslos erlegen sind. Doch wir wollen Ihnen eigentlich nur die Thread-Thematik anschaulich vermitteln.

Alles eigentlich staubtrockene Themen, aber ein bisschen Spaß hilft auch in solch einem Fall die Langeweile zu vertreiben und das Interesse zu wecken!

Hinweis

Für alle Nörgler und Besserwisser: Überblättern Sie ganz schnell dieses »Beispiel«, denn Sie haben dafür ganz sicher eine wesentlich bessere Lösung parat und haben auch bereits erkannt, dass Threads **nicht** die allerbeste Lösung für dieses Problem sind. Hier geht es jedoch um die Demonstration des Multithreading und nicht um eine superoptimale Realisierung. ■

30.1 Etwas Theorie

Threads stehen im Mittelpunkt der so genannten »asynchronen Programmierung«. Darunter verstehen wir all jene Technologien, die es einer Anwendung ermöglichen, Code auszuführen ohne das aktuelle Programm (den aktuellen Thread) an dieser Stelle anzuhalten. Meist ist dies im Zusammenhang mit dem Warten auf relativ unbestimmte Ereignisse oder lang andauernde Vorgänge/Berechnungen von Belang. Die Anwendung soll weiter durch den Nutzer bedienbar bleiben, gleichzeitig wird im Hintergrund zum Beispiel eine Grafik konvertiert oder eine Dateioperation abgeschlossen.

30.1.1 Kurzeinführung Threading

Im Zusammenhang mit dem quasi parallelen Abarbeiten von Aufgaben durch den Computer tauchen immer wieder zwei Begriffe auf, die Sie unbedingt unterscheiden sollten:

- Multitasking
- Multithreading

Während beim Multitasking jedem Prozess (eigener Speicherbereich, eigener Heap, eigene Variablen) durch das System eine bestimmte Prozessorzeit zugeteilt wird[1], werden beim Multithreading einzelne Ablaufstränge (Fäden → Threads) innerhalb des Prozesses gesteuert.

Die folgende Abbildung zeigt die grundsätzliche Aufteilung (unterschiedlich viele Threads können zu unterschiedlichen Zeiten innerhalb der Prozesse ausgeführt werden).

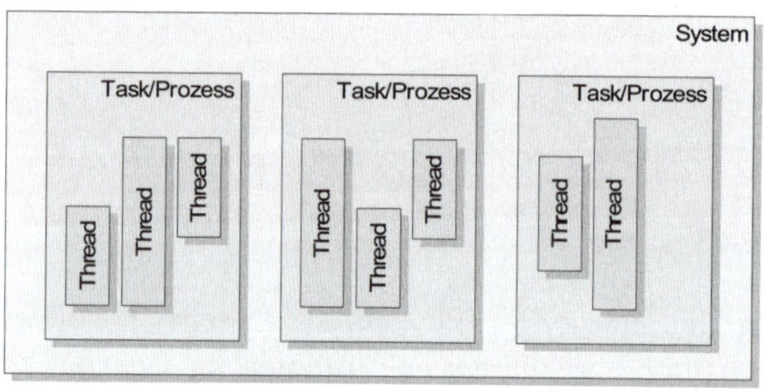

Abbildung 30.1
Wie lassen sich Threads einordnen

So schön und wünschenswert die Verwendung von Threads auch ist, die einzelnen Threads müssen sich – im Gegensatz zu einzelnen Prozessen – die Prozessressourcen (z.B. Speicher und Variablen) teilen, was zu Problemen führen kann:

- **Deadlocks**, d.h., ein oder mehrere Threads warten auf gegenseitig aufeinander, ohne je zu einem Ende zu kommen.
- **Racing**, d.h., mehr als ein Thread nutzt eine Ressource (z.B. Datei). Durch unterschiedlich schnelle Verarbeitung der Threads kommt es zu undefinierten Zuständen.

---

[1] Echte parallele Ausführung ist nur auf Mehrprozessorsystemen möglich.

Doch keine Sorge, ein reichhaltiges Sortiment an Tools hilft Ihnen dabei, die Übersicht zu behalten.

30.1.2 Wichtige Thread-Methoden

Mit einigen Methoden der *Thread*-Klasse hatten wir es im vorhergehenden Beispiel bereits zu tun, nun zu den Einzelheiten:

Tabelle 30.1 Wichtige `Thread`-Methoden

Methode	Beschreibung
`Thread`	Der Konstruktor erwartet einen Delegate, der auf die auszuführende Methode verweist. Dieser Delegate kann parameterlos sein oder die Übergabe eines `Object`-Typs ermöglichen.
`Start`	Die Ausführung des Threads beginnt. Vorher haben Sie noch die Möglichkeit, zum Beispiel den Namen oder die Priorität des Threads festzulegen.
`Suspend`	Hält den Thread an. Der Thread verbraucht keine Prozessorzeit mehr. Achtung: Diese Methode ist veraltet!
`Resume`	Setzt die Ausführung des Threads fort, egal wie oft vorher `Suspend` aufgerufen wurde. Achtung: Diese Methode ist veraltet!
`Interrupt`	Unterbricht einen Thread, der sich im Wait-, Sleep- oder Join-Zustand befindet. Hierdurch wird eine `ThreadInterruptedException` ausgelöst, die Sie abfangen sollten.
`Join`	Blockiert die Ausführung des aktuellen Threads, bis der angegebene Thread beendet ist. 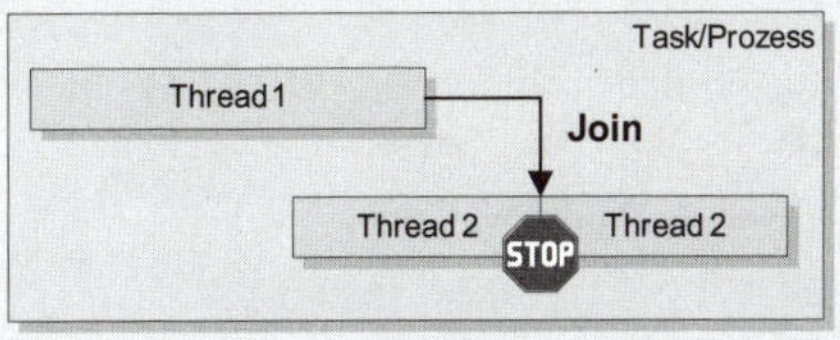
`Sleep`	Hält die Ausführung des Threads für eine vorgegebene Anzahl von Millisekunden oder eine Zeitspanne (`TimeSpan`) an, bevor die Ausführung automatisch fortgesetzt wird. Der Thread verbraucht währenddessen keine Prozessorzeit. Achtung: Sie können nur `Thread.Sleep` aufrufen. Dies bezieht sich immer auf den aktuellen Thread.
`Abort`	Beginnt den Abbruch des Threads. Ein erneuter Start ist nicht mehr möglich.

Hinweis

Generell kann ein Thread nach seiner Abarbeitung nicht wieder gestartet werden. Sie müssen eine neue Instanz erzeugen und diese starten. ■

Eine Übersicht, wie Sie die Methoden einsetzen um zwischen den einzelnen Zuständen des Threads zu wechseln, zeigt die folgende Abbildung 30.2.

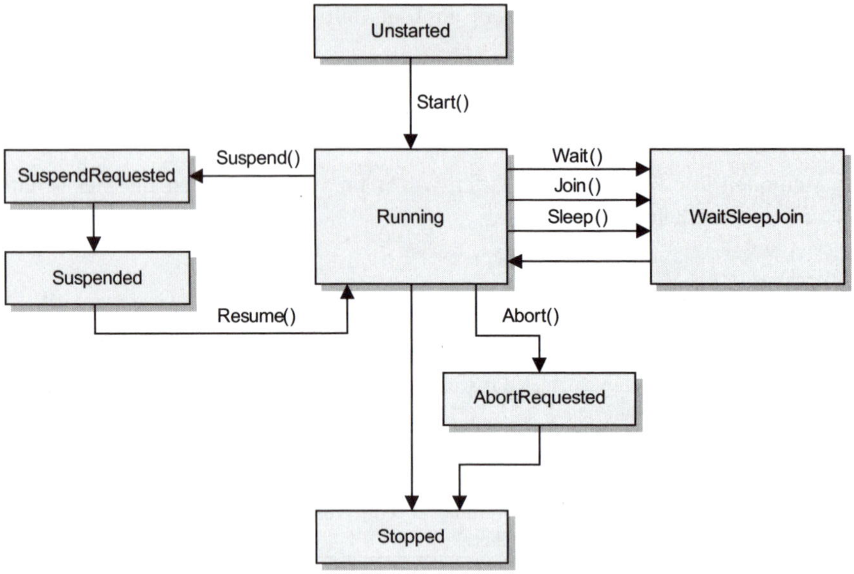

Abbildung 30.2 Thread-Zustände mit möglichen Übergängen

Hinweis

Mehrere Zustände können auch gleichzeitig aktiv sein (z.B. `WaitSleepJoin` und `AbortRequested`). ■

30.1.3 Wichtige Thread-Eigenschaften

Folgende Eigenschaften sind von Interesse:

Tabelle 30.2 Wichtige `Thread`-Eigenschaften

Eigenschaft	Beschreibung
`IsAlive`	`True`: Der Thread ist gestartet und noch nicht beendet. Dieser Wert ist auch `True`, wenn sich der Thread im Sleep-Zustand befindet.
`Name`	Ein Name für den Thread, diesen können Sie aus dem Thread heraus mit `Thread.CurrentThread.Name` auslesen.
`Priority`	Die Ausführungspriorität des Threads: `Highest`, `AboveNormal`, `Normal`, `BelowNormal`, `Lowest`.
`ThreadState`	Der aktuelle Status des Threads: `Aborted`, `AbortRequested`, `Background`, `Running`, `Stopped`, `StopRequested`, `Suspended`, `SuspendRequested`, `Unstarted`, `WaitSleepJoin`.
`IsBackGround`	Es handelt sich um einen Hintergrund-Thread, d.h., der Thread wird beim Beenden der Anwendung (Vordergrund-Thread) automatisch von der CLR beendet. Sie können diese Eigenschaft für Ihre Threads selbst festlegen. Ist die Eigenschaft auf `False` gesetzt, wird die Anwendung erst nach dem Ende des Threads beendet. Dies kann zu unerwünschten Nebeneffekten führen, wenn Sie zu diesem Zeitpunkt noch auf den Vordergrund-Thread zugreifen wollen.

30.2 Vorbereitungen

Nachdem wir mit den theoretischen Grundlagen einigermaßen vertraut sind, möchten wir die Aufgabenstellung präzisieren und Ihnen kurz die verwendeten Klassen und die Bedienoberfläche vorstellen.

30.2.1 Aufgabenstellung

Ausgehend von der Benutzereingabe sollen in einem Lager Kisten hinzugefügt werden. Diese werden von drei LKWs zu einem Schiff transportiert. Ist das Schiff mit fünf Kisten beladen, transportiert es diese weiter, löscht die Ladung und kehrt zurück, um erneut Kisten zu laden usw. Einzige Ausnahme: Ist mindestens eine Kiste an Bord und nach 10 Sekunden keine neue Ladung zu erwarten, legt das Schiff trotzdem ab. Ist das Schiff nicht da, müssen die LKWs natürlich am Hafen warten.

30.2.2 Klassenübersicht

Ganz grob können wir das »Problem« zunächst auf drei Klassen aufteilen:

- `LKW`
- `Schiff`
- `Controller` (Lager-Controller)

Jede Klasse verfügt über einen fest zugeordneten Thread, auf den wir auch von außen (`public`) zugreifen können.

Hinweis

Wir werden darauf verzichten, Eigenschaften und enthaltene Objekte zu kapseln, so bleibt der Blick frei für das Wesentliche. Eine threadsichere Programmierung haben wir zwar weitgehend angestrebt, können aber keine Gewähr für die volle Funktionstüchtigkeit unter allen Umständen geben. ■

30.2.3 Oberfläche

Auf das Startformular `Form1` einer Windows-Anwendung setzen Sie zwei `Panel`-, einige `PictureBox`- sowie diverse `Label`- und `Button`-Komponenten entsprechend der Abbildung 30.4.

Hinweis

Achten Sie darauf, dass die »LKWs« und das »Schiff« direkt in die Panels eingefügt werden (Clientbereich) und nicht darüber liegen. ■

Die Bilder selbst fügen Sie als Ressourcen in das Projekt ein (Abbildung 30.3).

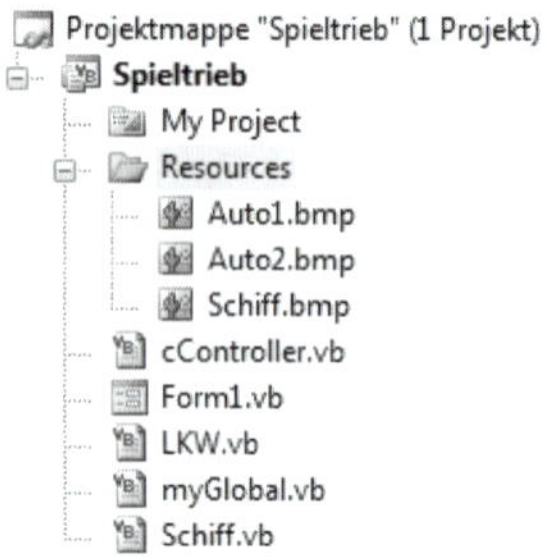

Abbildung 30.3
Einfügen der Ressourcen

Hinweis

Um threadsicher arbeiten zu können, müssen die Ressourcen vor Programmstart in die einzelnen Objekte geladen werden, wir kommen später darauf zurück. ■

In den `Label`-Controls wird der jeweilige Füllstand bzw. der Kilometerstand angezeigt, die `ListBox` meldet Ihnen wichtige Ereignisse, so behalten Sie immer die Übersicht.

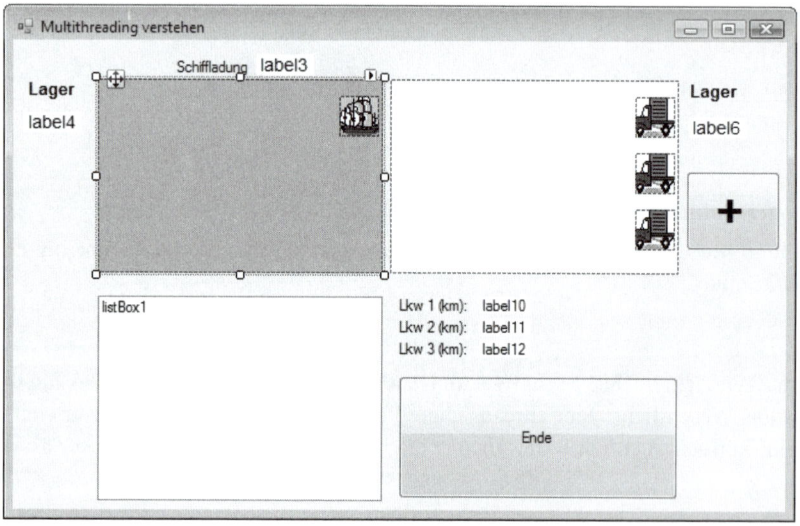

Abbildung 30.4 Entwurfsansicht unseres Beispielprogramms

30.3 Programmierung

Versetzen wir uns nun in die Lage eines »Hafenmeisters« und machen uns an die Programmierung!

30.3.1 Klasse LKW

Neben seinem Thread-Objekt speichert die Klasse noch die zugeordnete Images, d.h. die Bildchen für Hin- und Rückfahrt. Die Zuordnung des Bildes aus den Anwendungsressourcen erfolgt bereits mit dem Aufruf des Konstruktors.

Die öffentliche Methode Abtransport wird später vom Controller-Objekt ausgelöst, diese startet wiederum den Thread mit der Methode Fahrt().

```
Imports System.Text
Imports System.Threading
Imports System.Drawing
Imports System.Drawing.Imaging

Class cLKW
```

Die Fahrzeugnummer:

```
    Public Nr As Integer
```

Die aktuelle Position:

```
    Public Pos As Integer
```

Der Kilometerstand:

```
    Public kmStand As Integer
```

Der Thread:

```
    Public myThread As Thread
```

Die Bilder:

```
    Private Img1 As Image
    Private Img2 As Image
```

Das aktuelle Bild:

```
    Public Image As Image
```

Ein Verweis auf das aufrufende Formular:

```
    Private myForm As Form1
```

Grundzustand initialisieren und Thread-Objekt erzeugen:

```
    Public Sub New(ByVal nr As Integer, ByVal myf As Form1)
        nr = nr
        kmStand = 0
```

```
        Pos = 280
        myForm = myf
        myThread = New Thread(AddressOf Fahren)
        myThread.IsBackground = True
        Img1 = My.Resources.Auto1
        Img2 = My.Resources.Auto2
        Image = Img1
    End Sub
```

Die spätere Thread-Methode:

```
    Public Sub Fahren()
```

Bild und Position zuweisen:

```
        Image = Img1
        Pos = 280
```

Die Fahrt beginnt:

```
        For posi As Integer = 280 To 1 Step -2
```

Damit es nicht ganz so schnell geht, werden ein paar Pausen eingelegt:

```
            Thread.Sleep(30)
            Pos = posi
            kmStand += 1
```

Hier rufen wir die zentrale Anzeigeroutine in `Form1` auf:

```
            myForm.FormRefresh("")
        Next
```

Hinweis

Obige Methode greift nicht direkt auf die Steuerelemente von `Form1` zu, was auch nicht zu empfehlen ist, da der Aufruf aus einem Hintergrund-Thread erfolgen wird. Per `Invoke` erfolgt das Weiterreichen des Aufruf an den Vordergrund-Thread. ■

Ankunft im Hafen und Warten auf das Schiff:

```
        If myGlobal.Schiff.myThread.IsAlive Then
            myGlobal.Schiff.myThread.Join()
        End If
```

Ist der Thread des Schiffs aktiv[1], können wir davon ausgehen, dass das Schiff unterwegs ist, andernfalls liegt es im Hafen und wir können es beladen:

```
        myGlobal.Schiff.Beladen()
```

Rückfahrt (Bildwechsel und langsam nach rechts verschieben):

```
        Image = Img2
```

[1] Um den Thread abfragen zu können, muss das Objekt auch vorhanden sein. Deshalb werden die Threads schon in den Konstruktoren der Objekte erzeugt.

```
        For posi As Integer = 0 To 279 Step 2
            Thread.Sleep(20)
            Pos = posi
            kmStand += 1
            myForm.FormRefresh("")
        Next
```

Letzte Statusmeldung für den LKW ausgeben, dann ist der Thread am Ende:

```
        myForm.FormRefresh("Lkw_" & Nr.ToString() & ": Fahrtende")
    End Sub
```

Ruft der Controller die Methode `Abtransport` auf, wird eine Kiste umgeladen (Lagerbestand verringert sich), die Änderung wird angezeigt und der Thread gestartet:

```
    Public Sub Abtransport()
        myGlobal.Controller.Lagerbestand -= 1
        myForm.FormRefresh("Lkw_" & Nr.ToString() & ": Fahrtbeginn")
        myThread = New Thread(AddressOf Fahren)
        myThread.IsBackground = True
        myThread.Start()
    End Sub
End Class
```

30.3.2 Klasse Schiff

Das Schiff muss neben der reinen Fahrt (wie beim LKW) noch eine Zusatzaufgabe erfüllen. Gemeint ist die Abfahrt bei mindestens einer Kiste und 10 Sekunden Inaktivität. Hier bietet sich ein `CallbackTimer` an.

```
Imports System.Text
Imports System.Threading

Class Schiff
```

Die Eigenschaften:

```
    Public Ladung As Integer
    Public Transportiert As Integer
    Private Wartezeit As Integer
    Public myForm As Form1
    Public pos As Integer
```

`Timer` und `Thread`:

```
    Public tim As Timer
    Public myThread As Thread
```

Der Konstruktor:

```
    Public Sub New(ByVal mf As Form1)
```

Position festlegen, `Thread` und `Timer` erzeugen:

```
        pos = 200
```

```
        myThread = New Thread(AddressOf Me.Main)
        myThread.IsBackground = True
        tim = New Timer(AddressOf OnTimer, Nothing, 0, 3000)
        Wartezeit = 0
```

Verweis auf `Form1` abspeichern (für die Anzeige der Daten):

```
        myForm = mf
        Transportiert = 0
    End Sub
```

Die Hauptroutine (Thread-Methode):

```
    Private Sub Main()
```

Benutzerschnittstelle aktualisieren:

```
        myForm.FormRefresh("Schiff: Abfahrt")
```

Nach links fahren:

```
        For posi As Integer = 200 To 1 Step -2
            Thread.Sleep(100)
            pos = posi
            myForm.FormRefresh("")
        Next
```

Im Hafen die Ladung löschen:

```
        myForm.FormRefresh("Schiff: Ladung löschen")
        While Ladung > 0
            Thread.Sleep(400)
```

Absichern:

```
            Monitor.Enter(Me)
            Ladung -= 1
            Transportiert += 1
            myForm.FormRefresh("")
            Monitor.[Exit](Me)
        End While
```

Rückfahrt:

```
        For posi As Integer = 0 To 199 Step 2
            Thread.Sleep(60)
            pos = posi
            myForm.FormRefresh("")
        Next
        Wartezeit = 0
        myForm.FormRefresh("Schiff: Warten ...")
    End Sub
```

Starten des Threads:

```
    Public Sub Transport()
        myThread = New Thread(AddressOf Main)
        myThread.IsBackground = True
```

```
        myThread.Start()
    End Sub
```

Das Schiff wird durch die LKWs »beladen«:

```
    Public Sub Beladen()
        Monitor.Enter(Me)
        Wartezeit = 0
        Ladung += 1
        myForm.FormRefresh("Schiff: Beladen (" & Ladung.ToString() & ")")
```

Fünf Kisten an Bord, dann Abtransport:

```
        If Ladung = 5 Then Transport()
        Monitor.Exit(Me)
    End Sub
```

Hinweis

Verzichten Sie auf das Sichern des Abschnitts, werden Sie später den visuellen Schwund von Kisten bemerken. Dies ist der Fall, wenn bereits LKWs am Hafen warten (*Join*). Alle LKW-Threads werden gleichzeitig freigegeben und es kommt zu Überschneidungen beim Aufruf der *Beladen*-Methode! ■

Der `Timer` ist mal wieder abgelaufen:

```
    Private Sub OnTimer(ByVal state As Object)
```

Absichern des Abschnitts, sonst kommen uns noch andere Threads in die Quere:

```
        Monitor.Enter(Me)
```

Ist der eigene Thread inaktiv (Hafen!) verlängert sich die Wartezeit:

```
        If Not Me.myThread.IsAlive Then Wartezeit += 1
```

Ist die Wartezeit abgelaufen und mehr als eine Kiste vorhanden:

```
        If (Wartezeit > 9) And (Ladung > 0) Then
```

Abfahrt:

```
            myForm.FormRefresh("Schiff: Zeit abgelaufen")
            Wartezeit = 0
            Transport()
        End If
```

Der sichere Abschnitt wird verlassen:

```
        Monitor.Exit(Me)
    End Sub

End Class
```

30.3.3 Klasse Controller

Hier haben wir es mit »Big Brother« zu tun. Unermüdlich, d.h. in einer Endlosschleife, wird der Lagerbestand überprüft und, wenn möglich, auf die LKWs verladen.

```
Imports System.Text
Imports System.Threading

Class cController
    Public Lagerbestand As Integer
    Public myThread As Thread
```

Wir sind am Leben:

```
    Public IsAlive As Boolean
    Private myForm As Form1
```

Das Objekt startet bereits im Konstruktor seinen Endlos-Thread:

```
    Public Sub New(ByVal mf As Form1)
        myForm = mf
        myThread = New Thread(AddressOf Main)
```

Wir sind nicht ganz so wichtig, deshalb etwas weniger Rechenzeit:

```
        myThread.Priority = ThreadPriority.BelowNormal
        myThread.IsBackground = True
        myThread.Start()
        IsAlive = True
    End Sub
```

Unser »Hauptprogramm«:

```
    Private Sub Main()
```

Ein paar Aktualisierungen des Formulars:

```
        myForm.FormRefresh(String.Empty)
        myForm.FormRefresh("Controller: Gestartet")
        Dim i As Integer = 0
```

Die Endlosschleife:

```
        While True And IsAlive
```

Es ist was im Lager:

```
            While Lagerbestand > 0
```

Einen der drei LKWs aussuchen[1]:

```
                If i > 2 Then i = 0
```

[1] Bei den späteren Tests werden Sie feststellen, dass die LKWs durch diese Auswahl recht gleichmäßig belastet werden, kein LKW ist im Dauereinsatz.

Ist der LKW nicht unterwegs (kein laufender Thread), dann beladen:

```
                If Not myGlobal.LKWs(i).myThread.IsAlive Then
                    myForm.FormRefresh("Controller: Lkw beladen")
                    Thread.Sleep(200)
                    ' Ladezeit
                    myGlobal.LKWs(i).Abtransport()
                Else
```

Sonst warten wir etwas (0,5 Sekunden) auf diesen LKW:

```
                    myGlobal.LKWs(i).myThread.Join(500)
```

Ist er jetzt da, dann beladen:

```
                    If Not myGlobal.LKWs(i).myThread.IsAlive Then
                        myForm.FormRefresh("Controller: Lkw beladen")
                        Thread.Sleep(200)
                        ' Ladezeit
                        myGlobal.LKWs(i).Abtransport()
                    End If
                End If
                i += 1
            End While
```

Hier »ruht« sich der Controller etwas aus (Mittagsschlaf):

```
            Thread.Sleep(100)
        End While
        myForm.FormRefresh("Controller: Gestoppt")
    End Sub
End Class
```

Wer aufmerksam war hat sicher erkannt, dass wir es – abgesehen von der Oberfläche – bei obiger Routine mit dem Hauptprogramm zu tun haben. Der Controller wartet auf LKWs und belädt diese. Damit wird der gesamte Kreislauf immer wieder angestoßen sobald Kisten vorhanden sind. Die Oberfläche unserer Anwendung agiert völlig unabhängig von diesen Hintergrundereignissen!

30.3.4 Klasse Global

Wie Sie sicher bemerkt haben, rufen die Objekte/Klassen untereinander Methoden auf und greifen auf zentrale Objekte zu. Dies lässt sich am einfachsten mit einer statischen Klasse realisieren:

```
...
Class myGlobal
    Public Shared Controller As cController
    Public Shared Schiff As Schiff
    Public Shared LKWs As cLKW() = New cLKW(3) {}
End Class
```

30.3.5 Klasse Form1

Wer hier noch viel Quellcode erwartet, den müssen wir leider enttäuschen. Außer dem Initialisieren der Objekte, dem Erhöhen des Lagerbestands und der Anzeige bleiben keine Aufgaben übrig. Um alles andere kümmern sich die Objekte selbst.

```
Imports System.Threading

Public Class Form1
```

Für den `Invoke`-Aufruf von `MyRefresh` (auf die Steuerelemente können wir nur aus dem Vordergrund-Thread zugreifen) brauchen wir einen Delegate:

```
    Private Delegate Sub MyRefreshDelegate(ByVal msg As String)
```

Die »sichere« Methode für die Anzeige:

```
    Private Sub MyRefresh(ByVal msg As String)
```

Nochmal absichern:

```
        SyncLock Me
```

Handelt es sich um eine Textmeldung, dann nur die `ListBox` aktualisieren:

```
            If msg <> "" Then
                ListBox1.Items.Add(msg)
            Else
```

Sonst die allgemeinen Daten abfragen und setzen:

```
                Label3.Text = myGlobal.Schiff.Ladung.ToString()
                Label4.Text = myGlobal.Schiff.Transportiert.ToString()
                Label6.Text = myGlobal.Controller.Lagerbestand.ToString()
                Label10.Text = myGlobal.LKWs(0).kmStand.ToString()
                Label11.Text = myGlobal.LKWs(1).kmStand.ToString()
                Label12.Text = myGlobal.LKWs(2).kmStand.ToString()
                PictureBox2.Image = myGlobal.LKWs(0).Image
                PictureBox3.Image = myGlobal.LKWs(1).Image
                PictureBox4.Image = myGlobal.LKWs(2).Image
                PictureBox1.Left = myGlobal.Schiff.pos
                PictureBox2.Left = myGlobal.LKWs(0).Pos
                PictureBox3.Left = myGlobal.LKWs(1).Pos
                PictureBox4.Left = myGlobal.LKWs(2).Pos
            End If
        End SyncLock
    End Sub
```

Für den Aufruf aus den Threads:

```
    Public Sub FormRefresh(ByVal msg As String)
```

Fehlerbehandlung ist wichtig, da teilweise noch Meldungen kommen, wenn das Formular schon abgebaut wird (`Close`):

```
        Try
```

Und ab mit dem Aufruf in den Vordergrund-Thread:

```
            Me.Invoke(New MyRefreshDelegate(AddressOf MyRefresh), New Object() {msg})
        Catch
        End Try
    End Sub
```

Und hier erzeugen wir die Objekte (nicht im Konstruktor, sonst fehlt für den Controller das Fensterhandle):

```
    Private Sub Form1_Load(ByVal sender As System.Object, ByVal e As System.EventArgs) _
                                                            Handles MyBase.Load
        PictureBox1.Image = My.Resources.Schiff
        myGlobal.LKWs(0) = New cLKW(0, Me) :  myGlobal.LKWs(1) = New cLKW(1, Me)
        myGlobal.LKWs(2) = New cLKW(2, Me) :  myGlobal.Schiff = New Schiff(Me)
        myGlobal.Controller = New cController(Me)
    End Sub
```

Das ist unser ganzer Eingriff ins System, wir füllen das Lager mit Kisten:

```
    Private Sub Button1_Click(ByVal sender As System.Object, ByVal e As System.EventArgs) _
                                                           Handles Button1.Click
        myGlobal.Controller.Lagerbestand += 1
    End Sub
```

Und hier kommt unser Sorgenkind. Dass wir exzessiv von Threads Gebrauch machen, rächt sich an dieser Stelle. Der Nutzer drückt irgendwann auf die »Ende«-Schaltfläche. Doch was machen wir mit unseren ganzen »herumlaufenden« Threads?

Ein paar Lösungsansätze zeigt die folgende Routine:

```
    Private Sub Button2_Click(ByVal sender As System.Object, ByVal e As System.EventArgs) _
                                                                  Handles Button2.Click
```

Die LKW-Threads werden »brutal« zerstört:

```
        If myGlobal.LKWs(0).myThread IsNot Nothing Then myGlobal.LKWs(0).myThread.Abort()
        If myGlobal.LKWs(1).myThread IsNot Nothing Then myGlobal.LKWs(1).myThread.Abort()
        If myGlobal.LKWs(2).myThread IsNot Nothing Then myGlobal.LKWs(2).myThread.Abort()
```

Beim Schiff bevorzugen wir die sanfte Variante:

```
        myGlobal.Schiff.tim.Dispose()
        If myGlobal.Schiff.Ladung > 0 Then
            myGlobal.Schiff.Transport()
            MessageBox.Show("Bitte erneut versuchen, Schiff muss noch arbeiten ...")
            Return
        End If
        If myGlobal.Schiff.myThread IsNot Nothing Then myGlobal.Schiff.myThread.Abort()
```

Unseren Controller beenden wir ganz sauber:

```
        myGlobal.Controller.IsAlive = False
        While myGlobal.Controller.IsAlive
            Thread.Sleep(200)
        End While
```

```
        Close()
    End Sub
End Class
```

Hinweis

Es gibt noch eine weitere Methode um die noch existenten Threads auf schnelle Art und Weise loszuwerden. Dazu genügt es, wenn Sie beim Erzeugen des Threads dessen `IsBackground`-Eigenschaft auf `True` setzen. Wird der Vordergrund-Thread (Fenster etc.) beendet, werden automatisch auch alle Hintergrundthreads beendet. ■

30.3.6 Abschlusstest

Und jetzt geht's endlich los. Starten Sie das Programm und fügen Sie reichlich Kisten hinzu. Prüfen Sie, ob auch der Timer funktioniert (nur eine Kiste versenden). Entfernen Sie ruhig einmal die `Monitor`-Objekte und lassen Sie mehrere LKWs am Hafen warten. Sehen Sie sich dabei die »Schiffsladung« an.

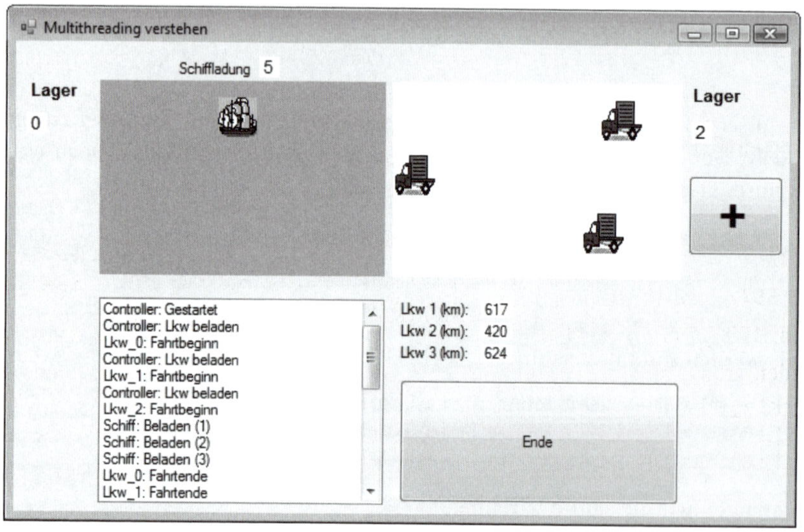

Abbildung 30.5 Laufzeitansicht

Bemerkungen

- Wie bereits eingangs erwähnt: Threads sind **nicht** die ideale Lösung für obiges Problem, da zum einen das Programm schnell an Übersichtlichkeit verliert und zum anderen reichlich Rechenzeit verschwendet wird.
- »Verbesserungen« und Erweiterungen sind natürlich immer möglich. Insbesondere der direkte Zugriff auf die jeweiligen Threads ist nicht empfehlenswert. Auch die Verwendung eines Thread-Pools (z.B. für die LKWs) wäre denkbar.

Register

A

B

D

G

J

K

L

M

N

O

P

Q

R

S

T

U

SERVICE PACK 1
ZU .NET 3.5
Jörg WEGENER
.NET BIBLIOTHEK
hrsg. von dr. holger SCHWICHTENBERG
WINDOWS
PRESENTATION
FOUNDATION
.NET WPF
GRAFISCHE BENUTZER-
SCHNITTSTELLEN MIT .NET
www.IT-Visions.de
HANSER